GABRIEL MAN

THE ASIAN FOOTBALL YEARBOOK

2024 – 2025

British Library Cataloguing in Publication Data
A catalogue record for this book is available from the British Library

ISBN: 978-1-86223-521-2

Copyright © 2024, SOCCER BOOKS LIMITED (01472 696226)
72 St. Peter's Avenue, Cleethorpes, N.E. Lincolnshire, DN35 8HU,
United Kingdom

Website   www.soccer-books.co.uk
e-mail   info@soccer-books.co.uk

All rights are reserved. No part of this publication may be reproduced, stored in a retrieval system or transmitted, in any form or by any means, electronic, mechanical, photocopying, recording, or otherwise, without the prior written permission of Soccer Books Limited.

Printed in the UK by 4edge Ltd

Dear Readers,

As was the case in the previous season, Qatar once again played an important role in Asian football during 2023/2024, hosting the finals tournament of the AFC Asian Cup 2023. The tournament was originally scheduled to be held in China between June and July 2023, but the AFC announced that China could not be hosts due to issues caused by the COVID-19 pandemic and China's Zero-COVID policy in place at the time. As Qatar had an array of tournament-ready stadia following the 2022 World Cup, it was the obvious choice to host the final tournament which was rescheduled for January and February 2024. In the tournament itself, the Qatari team took advantage of playing on home soil to win their second consecutive continental title, but it should be noted that they were helped by some poor performances from the supposedly stronger teams. Japan was eliminated by Iran, who were in turn defeated in the semi-finals by Qatar itself. South Korea, after eliminating Australia were not able to overcome Jordan, undoubtedly the big revelation of the tournament. In the Final itself played in Lusail, Qatar defeated Jordan 3-1, and it is true that all of the Qatari goals came from penalties, but the eyewitnesses of the match (including the author himself!), can confirm that all three were correctly awarded. Jordan played in a heroic manner, coming back from a goal down and dominating the game for a long time, but ultimately succumbed in the last 15 minutes of the game. Regardless, this was a great performance for the Jordanian team!

Due to the rescheduling, even before the AFC Asian Cup 2023 (the 18th edition) was completed, the preliminaries for the 19th edition began during the autumn of 2023. The final tournament of this competition will be played in 2027 in Saudi Arabia and, similarly to previous editions, the preliminaries for the AFC Asian Cup 2027 will also count as qualifiers for the FIFA World Cup 2026. This is an excellent idea to avoid excessive travel and the pointless fatigue of the players, especially those who play in Europe. The results of the 9 qualification groups for the 2026 World Cup were unremarkable but the eliminated teams will be able to continue fighting for the qualification to the AFC Asian Cup, where there are still 6 vacant places. The remaining 18 teams continue in their attempts to qualify for the World Cup. Detailed results of the preliminaries can be found in this book.

At club level, Al Ain FC (United Arab Emirates) won the 2023/2024 AFC Champions League, their second title, comprehensively defeating Yokohama F. Marinos (Japan) 6-3 on aggregate. The 2023/2024 AFC Cup was won by the Australian club Central Coast Mariners who won 1-0 in the Final played in Muscat against Al Ahed from Lebanon.

Starting with the new season, three new continental competitions will start: the AFC Champions League Elite (reserved for 24 teams after a short preliminary phase), the AFC Champions League Two (which will feature 32 teams in the group stage) and the AFC Challenge League (successor to the AFC President's Cup which last contested in 2014 – it will feature 20 teams).

This 16th edition of the Asian Football Yearbook contains complete statistics for the national championships of the Asian countries with league tables and national cup competition finals for the season 2023 or 2023/2024. Asian club competitions are presented with complete statistics as are all international matches played by Asian national teams during the last season. As usual, the most important championships from Asia are presented with details about the clubs and players used in the top divisions. You will also find complete details about the AFC Asian Cup 2023, with complete squads of the participants plus information about the qualifying competition for the next AFC Asian Cup and FIFA World Cup.

Please enjoy the read!

The Author

ABBREVIATIONS

GK Goalkeeper
DF Defender
MF Midfielder
FW Forward

DOB Date of birth
Pos Position of player on the field

M Matches played
G Goals scored
(s) Matches played as substitute

(F) International friendly matches
(AFC) 2023 AFC Asian Cup Final Tournament
(WCQ) 2026 FIFA World Cup Final Tournament

FIFA COUNTRY CODES – ASIA

AFG	Afghanistan		**MAS**	Malaysia
AUS	Australia		**MDV**	Maldives
BHR	Bahrain		**MNG**	Mongolia
BAN	Bangladesh		**MYA**	Myanmar
BHU	Bhutan		**NEP**	Nepal
BRU	Brunei		**NMI**	Northern Mariana Islands
CAM	Cambodia		**OMA**	Oman
CHN	China P.R.		**PAK**	Pakistan
TPE	Chinese Taipei		**PLE**	Palestine
GUM	Guam		**PHI**	Philippines
HKG	Hong Kong		**QAT**	Qatar
IND	India		**KSA**	Saudi Arabia
IDN	Indonesia		**SIN**	Singapore
IRN	Iran		**SRI**	Sri Lanka
IRQ	Iraq		**SYR**	Syria
JPN	Japan		**TJK**	Tajikistan
JOR	Jordan		**THA**	Thailand
PRK	Korea D.P.R.		**TLS**	Timor-Leste
KOR	Korea Republic		**TKM**	Turkmenistan
KUW	Kuwait		**UAE**	United Arab Emirates
KGZ	Kyrgyz Republic		**UZB**	Uzbekistan
LAO	Laos		**VIE**	Vietnam
LIB	Lebanon		**YEM**	Yemen
MAC	Macau			

FIFA COUNTRY CODES – EUROPE

Code	Country	Code	Country
ALB	Albania	KAZ	Kazakhstan
ARM	Armenia	LVA	Latvia
AUT	Austria	LTU	Lithuania
AZE	Azerbaijan	LUX	Luxembourg
BLR	Belarus	MDA	Moldova
BEL	Belgium	MNE	Montenegro
BIH	Bosnia and Herzegovina	NED	Netherlands
BUL	Bulgaria	MKD	North Macedonia
CRO	Croatia	NOR	Norway
CYP	Cyprus	POL	Poland
CZE	Czech Republic	POR	Portugal
DEN	Denmark	IRL	Republic of Ireland
ENG	England	ROU	Romania
EST	Estonia	RUS	Russia
FRO	Faroe Islands	SCO	Scotland
FIN	Finland	SRB	Serbia
FRA	France	SVK	Slovakia
GEO	Georgia	SVN	Slovenia
GER	Germany	ESP	Spain
GRE	Greece	SWE	Sweden
HUN	Hungary	SUI	Switzerland
ISL	Iceland	TUR	Turkey
ISR	Israel	UKR	Ukraine
ITA	Italy		

FIFA COUNTRY CODES – AFRICA

Code	Country	Code	Country
ALG	Algeria	LBR	Liberia
ANG	Angola	LBY	Libya
BEN	Benin	MAD	Madagascar
BOT	Botswana	MLI	Mali
CMR	Cameroon	MTN	Mauritania
CPV	Cape Verde Islands	MAR	Morocco
CTA	Central African Republic	NIG	Niger
COM	Comoros Islands	NGA	Nigeria
CGO	Congo	SEN	Senegal
COD	D.R. Congo	SLE	Sierra Leone
EGY	Egypt	RSA	South Africa
GAB	Gabon	SSD	South Sudan
GAM	Gambia	TOG	Togo
GHA	Ghana	TUN	Tunisia
GUI	Guinea	UGA	Uganda
GNB	Guinea-Bissau	ZAM	Zambia
CIV	Ivory Coast	ZIM	Zimbabwe
KEN	Kenya		

FIFA COUNTRY CODES – SOUTH AMERICA

ARG	Argentina
BRA	Brazil
CHI	Chile
COL	Colombia
PER	Peru
URU	Uruguay
VEN	Venezuela

FIFA COUNTRY CODES – NORTH AND CENTRAL AMERICA

CAN	Canada
CRC	Costa Rica
CUW	Curaçao
SLV	El Salvador
HAI	Haiti
HON	Honduras
JAM	Jamaica
MTQ	Martinique
MEX	Mexico
VIN	Saint Vincent and the Grenadines
SUR	Suriname
USA	United States of America

FIFA COUNTRY CODES – OCEANIA

FIJ	Fiji
NZL	New Zealand
VAN	Vanuatu

SUMMARY

Editorial	*3*
Abbreviations, FIFA Country Codes	*4*
Summary	*7*

COMPETITIONS FOR NATIONAL TEAMS

2023 AFC Asian Cup of Nations - Final Tournament	*8*
2023 AFC Asian Cup of Nations - Squads	*12*
2026 FIF World Cup / 2027 AFC Asian Cup Qualifiers	*28*

ASIAN CONTINENTAL COMPETITIONS FOR CLUB TEAMS

AFC Champions League 2023/2024	*35*
AFC Cup 2023/2024	*86*
Arab Club Champions Cup 2023	*128*

NATIONAL ASSOCIATIONS — *133*

Afghanistan	*134*		*Malaysia*	*423*
Australia	*141*		*Maldives*	*434*
Bahrain	*160*		*Mongolia*	*439*
Bangladesh	*171*		*Myanmar*	*446*
Bhutan	*179*		*Nepal*	*454*
Brunei	*185*		*Northern Mariana Islands*	*460*
Cambodia	*192*		*Oman*	*465*
China P.R.	*200*		*Pakistan*	*475*
Chinese Taipei	*223*		*Palestine*	*482*
Guam	*230*		*Philippines*	*491*
Hong Kong	*235*		*Qatar*	*498*
India	*254*		*Saudi Arabia*	*520*
Indonesia	*272*		*Singapore*	*546*
Iran	*283*		*Sri Lanka*	*563*
Iraq	*306*		*Syria*	*569*
Japan	*318*		*Tajikistan*	*578*
Jordan	*343*		*Thailand*	*587*
Korea D.P.R.	*355*		*Timor-Leste*	*610*
Korea Republic	*360*		*Turkmenistan*	*614*
Kuwait	*381*		*United Arab Emirates*	*621*
Kyrgyz Republic	*391*		*Uzbekistan*	*644*
Laos	*401*		*Vietnam*	*665*
Lebanon	*406*		*Yemen*	*692*
Macau	*417*			

AFC ASIAN CUP 2023
FINAL TOURNAMENT

The final tournament of the 18th edition of the AFC Asian Cup of Nations was hosted by Qatar from 12 January to 10 February 2024. 24 qualified teams competed in nine venues from five cities: Al Khor, Lusail, Al Rayyan, Doha and Al Wakrah. The six groups for the Final Tournament were as follows:

GROUP A
Qatar
China P.R.
Tajikistan
Lebanon

GROUP B
Australia
Uzbekistan
Syria
India

GROUP C
Iran
United Arab Emirates
Hong Kong
Palestine

GROUP D
Japan
Indonesia
Iraq
Vietnam

GROUP E
Korea Republic
Malaysia
Jordan
Bahrain

GROUP F
Saudi Arabia
Thailand
Kyrgyz Republic
Oman

List of venues:

City	Stadium	Capacity
Al Khor	Al Bayt Stadium	68,895
Lusail	Lusail Stadium	88,966
Al Rayyan	„Ahmad bin Ali" Stadium	45,032
	Education City Stadium	44,667
	„Jassim bin Hamad" Stadium	15,000
	Khalifa International Stadium	45,857
Doha	„Abdullah bin Khalifa" Stadium	10,000
	Al Thumama Stadium	44,400
Al Wakrah	Al Janoub Stadium	44,325

GROUP STAGE

GROUP A

Date	Venue	Match	Result
12.01.2024	Lusail	Qatar - Lebanon	3-0 (1-0)
13.01.2024	Doha	China P.R. - Tajikistan	0-0
17.01.2024	Doha	Lebanon - China P.R.	0-0
17.01.2024	Al Khor	Tajikistan - Qatar	0-1 (0-1)
22.01.2024	Al Rayyan	Qatar - China P.R.	1-0 (0-0)
22.01.2024	Al Rayyan	Tajikistan - Lebanon	2-1 (0-1)

FINAL STANDINGS

	Team	P	W	D	L	GF		GA	Pts
1.	**Qatar**	3	3	0	0	5	-	0	9
2.	**Tajikistan**	3	1	1	1	2	-	2	4
3.	China P.R.	3	0	2	1	0	-	1	2
4.	Lebanon	3	0	1	2	1	-	5	1

GROUP B

Date	Venue	Match	Result
13.01.2024	Al Rayyan	Australia - India	2-0 (0-0)
13.01.2024	Al Rayyan	Uzbekistan - Syria	0-0
18.01.2024	Al Rayyan	Syria - Australia	0-1 (0-0)
18.01.2024	Al Rayyan	India - Uzbekistan	0-3 (0-3)
23.01.2024	Al Wakrah	Australia - Uzbekistan	1-1 (1-0)
23.01.2024	Al Khor	Syria - India	1-0 (0-0)

FINAL STANDINGS

	Team	P	W	D	L	GF		GA	Pts
1.	**Australia**	3	2	1	0	4	-	1	7
2.	**Uzbekistan**	3	1	2	0	4	-	1	5
3.	Syria	3	1	1	1	1	-	1	4
4.	India	3	0	0	3	0	-	6	0

GROUP C

Date	Venue	Match	Result
14.01.2024	Al Rayyan	United Arab Emirates - Hong Kong	3-1 (1-0)
14.01.2024	Al Rayyan	Iran - Palestine	4-1 (3-1)
18.01.2024	Al Wakrah	Palestine - United Arab Emirates	1-1 (0-1)
19.01.2024	Al Rayyan	Hong Kong - Iran	0-1 (0-1)
23.01.2024	Al Rayyan	Iran - United Arab Emirates	2-1 (1-0)
23.01.2024	Doha	Hong Kong - Palestine	0-3 (0-1)

FINAL STANDINGS

	Team	P	W	D	L	GF		GA	Pts
1.	**Iran**	3	3	0	0	7	-	2	9
2.	**United Arab Emirates**	3	1	1	1	5	-	4	4
3.	Palestine	3	1	1	1	5	-	5	4
4.	HongKong	3	0	0	3	1	-	7	0

GROUP D

14.01.2024	Doha	Japan - Vietnam	4-2(3-2)
15.01.2024	Al Rayyan	Indonesia - Iraq	1-3(1-2)
19.01.2024	Al Rayyan	Iraq - Japan	2-1(2-0)
19.01.2024	Doha	Vietnam - Indonesia	0-1(0-1)
24.01.2024	Doha	Japan - Indonesia	3-1(1-0)
24.01.2024	Al Rayyan	Iraq - Vietnam	3-2(0-1)

FINAL STANDINGS

1.	**Iraq**	3	3	0	0	8 - 4	9
2.	**Japan**	3	2	0	1	8 - 5	6
3.	Indonesia	3	1	0	2	3 - 6	3
4.	Vietnam	3	0	0	3	4 - 8	0

GROUP E

15.01.2024	Al Rayyan	Korea Republic - Bahrain	3-1(1-0)
15.01.2024	Al Wakrah	Malaysia - Jordan	0-4(0-3)
20.01.2024	Doha	Jordan - Korea Republic	2-2(2-1)
20.01.2024	Al Rayyan	Bahrain - Malaysia	1-0(0-0)
25.01.2024	Al Wakrah	Korea Republic - Malaysia	3-3(1-0)
25.01.2024	Al Rayyan	Jordan - Bahrain	0-1(0-1)

FINAL STANDINGS

1.	**Bahrain**	3	2	0	1	3 - 3	6
2.	**Korea Republic**	3	1	2	0	8 - 6	5
3.	Jordan	3	1	1	1	6 - 3	4
4.	Malaysia	3	0	1	2	3 - 8	1

GROUP F

16.01.2024	Doha	Thailand - Kyrgyz Republic	2-0(1-0)
16.01.2024	Al Rayyan	Saudi Arabia - Oman	2-1(0-1)
21.01.2024	Doha	Oman - Thailand	0-0
21.01.2024	Al Rayyan	Kyrgyz Republic - Saudi Arabia	0-2(0-1)
25.01.2024	Al Rayyan	Saudi Arabia - Thailand	0-0
25.01.2024	Doha	Kyrgyz Republic - Oman	1-1(0-1)

FINAL STANDINGS

1.	**Saudi Arabia**	3	2	1	0	4 - 1	7
2.	**Thailand**	3	1	2	0	2 - 0	5
3.	Oman	3	0	2	1	2 - 3	2
4.	Kyrgyz Republic	3	0	1	2	1 - 5	1

Ranking of third-placed teams

1.	E	Jordan	3	1	1	1	6 - 3	4
2.	C	Palestine	3	1	1	1	5 - 5	4
3.	B	Syria	3	1	1	1	1 - 1	4
4.	D	Indonesia	3	1	0	2	3 - 6	3
5.	F	Oman	3	0	2	1	2 - 3	2
6.	A	China P.R.	3	0	2	1	0 - 1	2

SECOND ROUND OF 16

Date	Venue	Match	Result
28.01.2024	Al Rayyan	Australia - Indonesia	4-0(2-0)
28.01.2024	Al Rayyan	Tajikistan - United Arab Emirates	1-1(1-0,1-1,1-1); 5-3 pen
29.01.2024	Al Rayyan	Iraq - Jordan	2-3(0-1)
29.01.2024	Al Khor	Qatar - Palestine	2-1(1-1)
30.01.2024	Al Wakrah	Uzbekistan - Thailand	2-1(1-0)
30.01.2024	Al Rayyan	Saudi Arabia - Korea Republic	1-1(0-0,1-1,1-1); 2-4 pen
31.01.2024	Doha	Bahrain - Japan	1-3(0-1)
31.01.2024	Doha	Iran - Syria	1-1(1-0,1-1,1-1); 5-3 pen

QUARTER-FINALS

Date	Venue	Match	Result
02.02.2024	Al Rayyan	Tajikistan - Jordan	0-1(0-0)
02.02.2024	Al Wakrah	Australia - Korea Republic	1-2(1-0,1-1)
03.02.2024	Al Rayyan	Iran - Japan	2-1(0-1)
03.02.2024	Al Khor	Qatar - Uzbekistan	1-1(1-0,1-1,1-1); 3-2 pen

SEMI-FINALS

Date	Venue	Match	Result
06.02.2024	Al Rayyan	Jordan - Korea Republic	2-0(0-0)
07.02.2024	Doha	Iran - Qatar	2-3(1-2)

FINAL

10.02.2024, Lusail Stadium, Lusail; Attendance: 86,492
Referee: Ma Ning (China P.R.)
JORDAN - QATAR   **1-3(0-1)**
JOR: Yazeed Moien Hasan Abu Laila, Alem Mahmoud Suleiman Al Ajaleen, Ihsan Nabil Farhan Haddad, Abdallah Mousa Musallam Nasib, Yazan Mousa Mahmoud Abu Al Arab, Mahmoud Nayef Ahmad Al Mardi (80.Saleh Ibrahim Rateb Saleh), Noor Al Deen Mahmoud Ali Al Rawabdeh, Nizar Mahmoud Ahmed Al Rashdan, Mousa Mohammad Mousa Sulaiman Al Tamari, Yazan Abdallah Ayed Al Naimat, Ali Iyad Ali Olwan (90+5.Anas Ahmad Mahmoud Hammad Al Awadat). Trainer: Hussein Ammouta (Morocco).
QAT: Meshaal Aissa Mohammed Barsham, Lucas Michel Mendes, Almahdi Ali Mukhtar Mohammed (81.Boualem Khoukhi), Tarek Salman Suleiman Odeh, Ahmed Fathi Abdulla Mansi, Mohammed Waad Abdulwahhab Jadoua Al Bayati, Jassem Gaber Abdulsallam (53.Ali Assadalla Thaimn Qambar), Hassan Khalid Hassan Al Haydos (53.Abdulaziz Hatem Mohammed Abdullah), Almoez Ali Zainalabedeen Mohamed Abdulla, Akram Hassan Afif Yahya Afif Al Yafei, Yusuf Abdurisag Yusuf (63.Ismaeel Mohammad Mohammad). Trainer: Bartolomé Márquez López (Spain).
Goals: 0-1 Akram Hassan Afif Yahya Afif Al Yafei (22 penalty), 1-1 Yazan Abdallah Ayed Al Naimat (67), 1-2 Akram Hassan Afif Yahya Afif Al Yafei (73 penalty), 1-3 Akram Hassan Afif Yahya Afif Al Yafei (90+5 penalty).

BEST GOALSCORER: Akram Hassan Afif Yahya Afif Al Yafei (Qatar) – 8 goals
BEST PLAYER OF THE TOURNAMENT: Akram Hassan Afif Yahya Afif Al Yafei (Qatar)

Please note: squads of participating teams are shown on the next pages.

AUSTRALIA

Trainer:	Graham James Arnold	03.08.1963

Nr	Pos	Name	DOB	Club
1	GK	Mathew David Ryan	08.04.1992	AZ Alkmaar (NED)
12	GK	Lawrence Andrew Kingsley Thomas	09.05.1992	Western Sydney Wanderers FC
18	GK	Joe Anthony Gauci	04.07.2000	Adelaide United FC
2	DF	Thomas Jok Deng	20.03.1997	Albirex Niigata (JPN)
3	DF	Nathaniel Caleb Atkinson	13.06.1999	Heart of Midlothian FC (SCO)
4	DF	Kye Francis Rowles	24.06.1998	Heart of Midlothian FC (SCO)
5	DF	Jordan Jacob Bos	29.10.2002	KVC Westerlo (BEL)
16	DF	Aziz Eraltay Behich	16.12.1990	Melbourne City FC
19	DF	Harry James Souttar	22.10.1998	Leicester City FC (ENG)
20	DF	Lewis Miller	24.08.2000	Hibernian FC Edinburgh (SCO)
21	DF	Cameron Robert Burgess	21.10.1995	Ipswich Town FC (ENG)
25	DF	Gethin Wynne Jones	13.10.1995	Bolton Wanderers FC (ENG)
8	MF	Connor Isaac Metcalfe	05.11.1999	FC St. Pauli Hamburg (GER)
13	MF	Aiden Connor O'Neill	04.07.1998	R Standard Liège (BEL)
14	MF	Riley Patrick McGree	02.11.1998	Middlesbrough FC (ENG)
17	MF	Keanu Kole Baccus	07.06.1998	St. Mirren FC Paisley (SCO)
22	MF	Jackson Alexander Irvine	07.03.1993	FC St. Pauli Hamburg (GER)
24	MF	Patrick Yazbek	05.04.2002	Viking FK Stavanger (NOR)
6	FW	Martin Callie Boyle	25.04.1993	Hibernian FC Edinburgh (SCO)
7	FW	Samuel Silvera	25.10.2000	Middlesbrough FC (ENG)
9	FW	Bruno Fornaroli Mezza	07.09.1987	Melbourne Victory FC
10	FW	Kusini Boja Yengi	15.01.1999	Portsmouth FC (ENG)
11	FW	Marco Tilio	23.08.2001	Celtic Glasgow FC (SCO)
15	FW	Mitchell Thomas Duke	18.01.1991	FC Machida Zelvia (JPN)
23	FW	Craig Alexander Goodwin	16.12.1991	Al-Wehda FC Makkah (KSA)
26	FW	John Warwick Iredale	01.08.1999	SV Wehen Wiesbaden (GER)

BAHRAIN

Trainer:	Juan Antonio Pizzi Torroja (Spain)	07.06.1968

Nr	Pos	Name	DOB	Club
1	GK	Abdulkarim Fardan Abdulkarim Abdulla	25.04.1992	Al Riffa SC
21	GK	Sayed Mohammed Jaffer Sabet Abbas	25.08.1985	Al Muharraq SC
22	GK	Ebrahim Khalil Ebrahim Abdulla Lutfalla	24.09.1992	Al Ahli Club Manama
2	DF	Amine Mohamad Hassan Benaddi	09.05.1993	Al Muharraq SC
3	DF	Waleed Mohammed Abdulla Ali Al Hayam	04.11.1988	Al Muharraq SC
4	DF	Sayed Mahdi Baqer Jaafar Mahdi Naser	14.04.1994	Al Riffa SC
17	DF	Salem Hussain Ahmed Abdulla Salem	13.02.2001	Al Shabab Club Jidhafs
18	DF	Mohamed Adel Mohamed Ali Hasan	20.09.1996	Al Khalidiya SC Hamad Town
19	DF	Hazza Ali Hazza Ateeq Mubarak	09.06.1995	Al Riffa SC
23	DF	Abdulla Sultan Ahmed Mohamed Al Khalasi	02.09.2003	Al Muharraq SC
26	DF	Hussain Ali Abdulhusain Habib Mohamed Al Eker	30.09.2001	Al Riffa SC
5	MF	Mohamed Abdulwahab Ahmed Shaban	13.11.1989	Al Hidd SCC

6	MF	Mohammed Yusuf Abdulla Ahmed Hasan Al Hardan	06.10.1997	Al Khalidiya SC Hamad Town
7	MF	Ali Jaafar Mohamed Ahmed Madan	30.11.1995	Ajman Club (UAE)
8	MF	Mohamed Jasim Mohamed Ali Abdulla Marhoon	12.02.1998	Al Kuwait SC Kalfan (KUW)
10	MF	Kamil Hassan Abdulla Ahmed Al Aswad	08.04.1994	Al Riffa SC
12	MF	Ali Hasan Isa Saeed	21.05.1999	Al Riffa SC
13	MF	Moses Atede Jona	17.12.1997	Sitra Club
15	MF	Jasim Ahmed Jasim Abdulla Al Shaikh	01.02.1996	Al Riffa SC
16	MF	Mohammed Abdul Qayoom Dur	04.06.2001	Al Riffa SC
24	MF	Jasim Khelaif Wahab Al Salama	22.02.1998	East Riffa SCC
25	MF	Ibrahim Al Wali Moustapha Al Mahdi	12.06.1997	Al Najma SC Manama
9	FW	Abdullah Yousef Abdulrahim Mohammed Helal	12.06.1993	FK Mladá Boleslav (CZE)
11	MF	Ahmed Ebrahim Mubarak Isa Al Khattal	19.09.2000	Manama Club
14	FW	Abdulla Duaij Abdulla Khalifa Al Hashah	25.01.1996	Al Ahli Club Manama
20	FW	Mahdi Faisal Ebrahim Al Humaidan	19.05.1993	Al Khalidiya SC Hamad Town

CHINA P.R.

Trainer: Aleksandar Janković (Serbia)   06.05.1972

Nr	Pos	Name	DOB	Club
1	GK	Yan Junling	28.01.1991	Shanghai Port FC
12	GK	Jian Tao	22.06.2001	Chengdu Rongcheng FC
14	GK	Wang Dalei	10.01.1989	Shandong Taishan FC
25	GK	Liu Dianzuo	25.06.1990	Wuhan Three Towns FC
2	DF	Jiang Guangtai	30.05.1994	Shanghai Port FC
3	DF	Zhu Chenjie	23.08.2000	Shanghai Shenhua FC
4	DF	Li Lei	30.05.1992	Beijing Guoan FC
5	DF	Zhang Linpeng	09.05.1989	Shanghai Port FC
13	DF	Xu Haofeng	27.01.1999	Shenzhen FC
19	DF	Liu Yang	17.06.1995	Shandong Taishan FC
22	DF	Wu Shaocong	20.03.2000	Gençlerbirliği SK Ankara (TUR)
24	DF	Jiang Shenglong	24.12.2000	Shanghai Shenhua FC
6	MF	Wang Shangyuan	02.06.1993	Henan FC Zhengzhou
8	MF	Xu Xin	19.04.1994	Shanghai Port FC
10	MF	Xie Pengfei	29.06.1993	Wuhan Three Towns FC
15	MF	Wu Xi	19.02.1989	Shanghai Shenhua FC
16	MF	Gao Tianyi	01.07.1998	Beijing Guoan FC
17	MF	Chen Pu	15.01.1997	Shandong Taishan FC
18	MF	Dai Wai Tsun	25.07.1999	Shanghai Shenhua FC
21	MF	Liu Binbin	16.06.1993	Shandong Taishan FC
26	MF	Wang Qiuming	09.01.1993	Tianjin Jinmen Tiger FC
7	FW	Wu Lei	19.11.1991	Shanghai Port FC
9	FW	Zhang Yuning	05.01.1997	Beijing Guoan FC
11	FW	Tan Long	01.04.1988	Changchun Yatai FC
20	FW	Wei Shihao	08.04.1995	Wuhan Three Towns FC
23	FW	Lin Liangming	04.06.1997	Dalian Professional FC

HONG KONG

Trainer: Jørn Andersen (Norway)　　　03.02.1963

Nr	Pos	Name	DOB	Club
1	GK	Yapp Hung Fai	21.03.1990	Eastern Sports Club
18	GK	Ng Wai Him	30.06.2002	Southern District R. & SA Ltd
19	GK	Tse Ka Wing	04.09.1999	Tai Po FC
2	DF	Sean Tse Ka Keung	03.05.1992	Radcliffe FC (ENG)
3	DF	Oliver Benjamin Gerbig	12.12.1998	Kitchee SC
4	DF	Vasudeva Das Lllley Núñez	22.11.1995	Dalian Professional FC (CHN)
5	DF	Hélio José de Souza Gonçalves	31.01.1986	Kitchee SC
7	DF	Law Tsz Chun	02.03.1997	Kitchee SC
13	DF	Li Ngai Hoi	15.10.1994	Hong Kong Rangers FC
17	DF	Chan Shinichi	05.09.2002	Kitchee SC
21	DF	Yue Tze Nam	12.05.1998	Meizhou Hakka FC (CHN)
23	DF	Sun Ming Him	19.06.2000	Eastern Sports Club
6	MF	Wu Chun Ming	21.11.1997	Lee Man FC
8	MF	Tan Chun Lok	15.01.1996	Kitchee SC
10	MF	Wong Wai	17.09.1992	Lee Man FC
12	MF	Lam Hin Ting	09.12.1999	Hong Kong Rangers FC
15	MF	Marcus Chang Hei Yin	06.04.2000	Lee Man FC
16	MF	Philip Chan Siu Kwan	01.08.1992	Tai Po FC
22	MF	Jesse Yu Joy Yin	08.10.2001	Eastern Sports Club
24	MF	Ju Yingzhi	24.07.1987	Southern District R. & SA Ltd
9	FW	Matthew Elliot Orr Wing Kai	01.01.1997	Guangxi Pingguo Haliao (CHN)
11	FW	Everton Camargo	25.05.1991	Lee Man FC
14	FW	Max Poon Pui Hin	03.10.2000	Kitchee SC
20	FW	Michael Chibuikem Udebuluzor	01.04.2004	FC Ingolstadt 04 (GER)
25	FW	Stefan Figueiredo Pereira	16.04.1988	Southern District R. & SA Ltd
26	FW	Walter Soares Belitardo Júnior "Juninho"	11.12.1990	Kitchee SC

INDIA

Trainer: Igor Štimac (CRO)　　　06.09.1967

Nr	Pos	Name	DOB	Club
1	GK	Gurpreet Singh Sandhu	03.02.1992	Bengaluru FC
13	GK	Vishal Kaith	22.07.1996	Mohun Bagan SG Kolkata
23	GK	Amrinder Singh	27.05.1993	Odisha FC Bhubaneswar
2	DF	Rahul Shankar Bheke	06.12.1990	Mumbai City FC
3	DF	Subhasish Prodyut Bose	18.08.1995	ATK Mohun Bagan Kolkata
4	DF	Lal Chungnunga	25.12.2000	East Bengal Club Kolkata
5	DF	Sandesh Jhingan	21.07.1993	FC Goa Margao
6	DF	Akash Mishra	27.11.2001	Mumbai City FC
20	DF	Pritam Kotal	08.09.1993	Kerala Blasters FC
21	DF	Nikhil Chandra Shekhar Poojary	03.09.1995	Hyderabad FC
22	DF	Mehtab Singh	05.06.1998	Mumbai City FC
7	MF	Anirudh Thapa	15.01.1998	Mohun Bagan SG Kolkata

8	MF	Suresh Singh Wangjam	07.08.2000	Bengaluru FC
10	MF	Brandon Fernandes	20.09.1994	FC Goa Margao
14	MF	Naorem Mahesh Singh	01.03.1999	East Bengal Club Kolkata
15	MF	Kumam Udanta Singh	14.06.1996	FC Goa Margao
16	MF	Rahul Kannoly Praveen	16.02.2000	Kerala Blasters FC
18	MF	Sahal Abdul Samad	01.04.1997	Mohun Bagan SG Kolkata
19	MF	Lalengmawia Ralte	17.10.2000	Mumbai City FC
25	MF	Deepak Tangri	01.02.1999	Mohun Bagan SG Kolkata
9	FW	Manvir Singh	06.11.1995	Mohun Bagan SG Kolkata
11	FW	Sunil Chhetri	03.08.1984	Bengaluru FC
12	FW	Liston Colaço	12.11.1998	Mohun Bagan SG Kolkata
17	FW	Lallianzuala Chhangte	08.06.1997	Mumbai City FC
24	FW	Vikram Partap Singh Sandhu	16.01.2002	Mumbai City FC
26	FW	Ishan Pandita	26.05.1998	Kerala Blasters FC

INDONESIA

Trainer:	Shin Tae-yong (Korea Republic)	11.10.1970

Nr	Pos	Name	DOB	Club
1	GK	Muhammad Riyandi	03.01.2000	Persatuan Sepakbola Indonesia Surakarta
21	GK	Ernando Ari Sutaryadi	27.02.2002	Persatuan Sepakbola Surabaya
26	GK	Nadeo Argawinata	09.03.1997	Borneo FC Samarinda
3	DF	Elkan William Tio Baggott	23.10.2002	Ipswich Town FC (ENG)
4	DF	Jordi Amat Maas	21.03.1992	Johor Darul Ta'zim FC (MAS)
5	DF	Rizky Ridho Ramadhani	21.11.2001	Persatuan Sepakbola Indonesia Jakarta
6	DF	Sandy Henny Walsh	14.03.1995	KV Mechelen (BEL)
12	DF	Pratama Arhan Alif Rifai	21.12.2001	Tokyo Verdy (JPN)
14	DF	Asnawi Mangkualam Bahar	04.10.1999	Jeonnam Dragons FC Gwangyang (KOR)
19	DF	Wahyu Prasetyo	21.03.1998	Persatuan Sepakbola Indonesia Semarang
20	DF	Shayne Elian Jay Pattynama	11.08.1998	Viking FK Stavanger (NOR)
25	DF	Justin Quincy Hubner	14.09.2003	Wolverhampton Wanderers FC (ENG)
2	MF	Yakob Sayuri	22.09.1997	Persatuan Sepakbola Makassar
7	MF	Marselino Ferdinan Philipus	09.09.2004	KMSK Deinze (BEL)
8	MF	Witan Sulaeman	08.10.2001	Bhayangkara Presisi Indonesia FC Bekasi
10	MF	Egy Maulana Vikri	07.07.2000	Dewa United FC Bandar Lampung
13	MF	Mohammed Edo Febriansyah	25.07.1997	Persatuan Sepakbola Indonesia Bandung
15	MF	Ricky Richardo Kambuaya	05.05.1996	Dewa United FC Bandar Lampung
17	MF	Adam Alis Setyano	19.12.1993	Borneo FC Samarinda
23	MF	Marc Anthony Klok	20.04.1993	Persatuan Sepakbola Indonesia Bandung
24	MF	Ivar Jenner	10.01.2004	FC Utrecht (NED)
9	FW	Muhammad Dimas Drajad	30.03.1997	Pe. Sep. Indonesia Kabupaten Bogor 1973
11	FW	Rafael William Struick	27.03.2003	ADO Den Haag (NED)
16	FW	Hokky Caraka Bintang Brilliant	21.08.2004	Perserikatan Sepakbola Sleman
18	FW	Muhammad Ramadhan Sananta	27.11.2002	Persatuan Sepakbola Indonesia Surakarta
22	FW	Dendy Sulistyawan	12.10.1996	Bhayangkara FC Jakarta

IRAN

Trainer:	Ardeshir "Amir" Ghalenoei	22.11.1963

Nr	Pos	Name	DOB	Club
1	GK	Alireza Safar Beiranvand	22.09.1992	Persepolis Tehran FC
12	GK	Seyed Payam Niazmand Ghader	06.04.1995	Sepahan Isfahan FC
22	GK	Seyed Hossein Hosseini	30.06.1992	Esteghlal Tehran FC
2	DF	Sadegh Moharrami Getgasari	24.03.1996	GNK Dinamo Zagreb (CRO)
3	DF	Ehsan Hajsafi	25.02.1990	AEK Athína (GRE)
4	DF	Shojae Khalilzadeh	31.05.1989	Tractor Sazi FC Tabriz
5	DF	Milad Mohammadi	29.09.1993	AEK Athína (GRE)
13	DF	Mohammad Hossein Kanaani Zadegan	23.03.1994	Persepolis Tehran FC
17	DF	Ali Gholizadeh Nojedeh	10.03.1996	R Charleroi SC (BEL)
19	DF	Seyed Majid Hosseini	20.06.1996	Kayseri Spor Kulübü (TUR)
24	DF	Aria Yousefi	22.04.2002	Sepahan Isfahan FC
25	DF	Saman Fallah Varnami	12.05.2001	Gol Gohar Sirjan FC
6	MF	Saeid Ezatolahi Afagh	01.10.1996	Vejle BK (DEN)
7	MF	Alireza Jahanbakhsh Jirandeh	11.08.1993	Feyenoord Rotterdam (NED)
8	MF	Omid Ebrahimi Zarandini	16.09.1987	Al-Shamal SC (QAT)
14	MF	Seyed Saman Ghoddos	06.09.1993	Brentford FC London (ENG)
15	MF	Rouzbeh Cheshmi	24.07.1993	Esteghlal Tehran FC
16	MF	Mehdi Torabi	10.09.1994	Persepolis Tehran FC
21	MF	Mohammad Mohebi	20.12.1998	FK Rostov (RUS)
23	MF	Ramin Rezaeian Semeskandi	21.03.1990	Sepahan Isfahan FC
9	FW	Mehdi Taremi	18.07.1992	FC do Porto (POR)
10	FW	Karim Adil Ansarifard	03.04.1990	AC Omonia Nicosia (CYP)
11	FW	Reza Asadi	17.01.1996	Sepahan Isfahan FC
18	FW	Mehdi Ghayedi	05.12.1998	Al Ittihad Kalba SCC (UAE)
20	FW	Sardar Azmoun	01.01.1995	AS Roma (ITA)
26	FW	Shahriyar Moghanlou	21.12.1994	Sepahan Isfahan FC

IRAQ

Trainer:	Jesús Casas García (Spain)	23.10.1973

Nr	Pos	Name	DOB	Club
1	GK	Fahad Talib Raheem	21.10.1994	Sanat Naft FC Abadan (IRN)
12	GK	Jalal Hassan Mohsen Hachim	18.05.1991	Al-Zawra'a SC Baghdad
22	GK	Ahmed Basil Fadhil Al Fadhli	19.08.1996	Al Shorta SC Baghdad
2	DF	Rebin Gharib Sulaka Adhamat	12.04.1992	IF Brommapojkarna (SWE)
3	DF	Hussein Ali Haidar	01.03.2002	SC Heerenveen (NED)
4	DF	Saad Natiq Naji	19.03.1994	Abha FC (KSA)
5	DF	Frans Dhia Jirjis Haddad "Putros"	14.07.1993	Port FC Bangkok (THA)
6	DF	Ali Adnan Kadhim Al Tameemi	19.12.1993	Mes Rafsanjan FC (IRN)
15	DF	Allan Mohideen	11.11.1993	Utsiktens BK (SWE)
23	DF	Merchas Ghazi Salih Doski	07.12.1999	1. FC Slovácko U.Hradiště (CZE)
24	DF	Zaid Tahseen Abd Zaid Hantoosh	29.01.2001	Al Talaba SC Baghdad
25	DF	Ahmed Yahya Mahmood Al Hajjaj Al Abadi	27.05.1997	Al Shorta SC Baghdad

8	MF	Ibrahim Bayesh Kamil Al Kaabawi	01.05.2000	Al Quwa Al Jawiya FC Baghdad
11	MF	Zidane Aamar Iqbal	27.04.2003	FC Utrecht (NED)
13	MF	Bashar Resan Bonyan Albu-Mohammed	22.12.1996	Qatar SC Doha (QAT)
14	MF	Akam Hashim Rahman	16.08.1998	Erbil SC
16	MF	Amir Fouad Aboud Al Ammari	27.07.1997	Halmstads BK (SWE)
17	MF	Ali Jasim El Aibi Al Tameemi	20.01.2004	Al Quwa Al Jawiya FC Baghdad
19	MF	Danilo Andrés Al Saed Alvarado	24.02.1999	Sandefjord Fotball (NOR)
20	MF	Osama Jabbar Shafeeq Rashid	13.01.1992	FC de Vizela (POR)
21	MF	Ahmad Allé	29.04.1996	FC Rouen (FRA)
7	FW	Youssef Wali Faeq Amyn	21.08.2003	TSV Eintracht Braunschweig (GER)
9	FW	Ali Ibrahim Karim Ali Al Hamadi	01.03.2002	AFC Wimbledon (ENG)
10	FW	Mohanad Ali Kadhim Al Shammari	20.06.2000	Al Shorta SC Baghdad
18	FW	Aymen Hussein Ghadhban Al Mafraje	22.03.1996	Al Quwa Al Jawiya FC Baghdad
26	FW	Montader Madjed	24.04.2005	Hammarby IF Stockholm (SWE)

JAPAN

Trainer:	Hajime Moriyasu	23.08.1968	

Nr	Pos	Name	DOB	Club
1	GK	Daiya Maekawa	08.09.1994	Vissel Kobe
12	GK	Taishi Brandon Nozawa	25.12.2002	FC Tokyo
23	GK	Zion Suzuki	21.08.2002	K Sint-Truidense VV (BEL)
2	DF	Yukinari Sugawara	28.06.2000	AZ Alkmaar (NED)
3	DF	Shogo Taniguchi	15.07.1991	Al-Rayyan Sports Club (QAT)
4	DF	Ko Itakura	27.01.1997	Borussia Vfl Mönchengladbach (GER)
15	DF	Kōki Machida	25.08.1997	Royale Union Saint-Gilloise (BEL)
16	DF	Seiya Maikuma	16.10.1997	Cerezo Osaka
19	DF	Yūta Nakayama	16.02.1997	Huddersfield Town AFC (ENG)
21	DF	Hiroki Itō	12.05.1999	VfB Stuttgart (GER)
22	DF	Takehiro Tomiyasu	05.11.1998	Arsenal FC London (ENG)
24	DF	Tsuyoshi Watanabe	05.02.1997	KAA Gent (BEL)
5	MF	Hidemasa Morita	10.05.1995	Sporting Clube de Portugal Lisboa (POR)
6	MF	Wataru Endō	09.02.1993	Liverpool FC (ENG)
7	MF	Kaoru Mitoma	20.05.1997	Brighton & Hove Albion FC (ENG)
8	MF	Takumi Minamino	16.01.1995	AS Monaco FC (FRA)
10	MF	Ritsu Dōan	16.06.1998	SC Freiburg (GER)
13	MF	Keito Nakamura	28.07.2000	Stade de Reims (FRA)
14	MF	Junya Itō	09.03.1993	Stade de Reims (FRA)
17	MF	Reo Hatate	21.11.1997	Celtic FC Glasgow (SCO)
20	MF	Takefusa Kubo	04.06.2001	Real Sociedad San Sebastián (ESP)
26	MF	Kaishū Sano	30.12.2000	Kashima Antlers FC
9	FW	Ayase Ueda	28.08.1998	Feyenoord Rotterdam (NED)
11	FW	Mao Hosoya	07.09.2001	Kashiwa Reysol
18	FW	Takuma Asano	10.11.1994	VfL Bochum (GER)
25	FW	Daizen Maeda	20.10.1997	Celtic FC Glasgow (SCO)

JORDAN

Trainer:	Hussein Ammouta (Morocco)	24.10.1969	

Nr	Pos	Name	DOB	Club
1	GK	Yazeed Moien Hasan Abu Laila	08.01.1993	Al-Jabalain FC Ha'il (KSA)
12	GK	Abdallah Ra'ed Mahmoud Al Fakhouri	22.01.2000	Al Wehdat Club Amman
22	GK	Ahmad Mohannad Talab Al Juaidi	09.04.2001	Shabab Al Ordon Al Qadisiya
2	DF	Mohammad Ali Hasan Abu Hasheesh	09.05.1995	Al Ahed FC Beirut (LIB)
3	DF	Abdallah Mousa Musallam Nasib	25.02.1993	Al Hussein SC Irbid
4	DF	Bara'a Sami Musa Marei	13.04.1994	Al Faisaly Club Amman
5	DF	Yazan Mousa Mahmoud Abu Al Arab	31.01.1996	Al Shorta SC Baghdad (IRQ)
16	DF	Feras Zeyad Yousef Shelbaieh	27.11.1993	Al Wehdat Club Amman
17	DF	Salem Mahmoud Suleiman Al Ajaleen	18.02.1988	Al Faisaly Club Amman
19	DF	Anas Walid Khaled Bani Yaseen	29.11.1988	Al Faisaly Club Amman
23	DF	Ihsan Nabil Farhan Haddad	05.02.1994	Al Faisaly Club Amman
6	MF	Mohannad Mahmoud Saleh Abu Taha	02.02.2003	Al Wehdat Club Amman
8	MF	Noor Al Deen Mahmoud Ali Al Rawabdeh	24.02.1997	Selangor FC Shah Alam (MAS)
13	MF	Mahmoud Nayef Ahmad Al Mardi	06.10.1993	Al Hussein SC Irbid
14	MF	Rajaei Ayed Fadel Hasan	25.07.1993	Al Hussein SC Irbid
15	MF	Ibrahim Mohammad Sami Sa'deh	27.04.2000	Al-Khor SC (QAT)
18	MF	Saleh Ibrahim Rateb Saleh	18.12.1994	Al Wehdat Club Amman
21	MF	Nizar Mahmoud Ahmed Al Rashdan	23.03.1999	Al Faisaly Club Amman
24	MF	Yousef Abdel Rahman Yousef Abu Jalboush	15.06.1998	Al Faisaly Club Amman
25	MF	Anas Ahmad Mahmoud Hammad Al Awadat	29.05.1998	Al Wehdat Club Amman
26	MF	Fadi Mahmoud Awad Saleh	26.03.1993	Polis DiRaja Malaysia FC (MAS)
7	FW	Mohammad Faisal Yousef Abu Zraiq	30.12.1997	unattached
9	FW	Ali Iyad Ali Olwan	26.03.2000	Al-Shamal SC (QAT)
10	FW	Mousa Mohammad Mousa Sulaiman Al Tamari	10.06.1997	Montpellier Hérault SC (FRA)
11	FW	Yazan Abdallah Ayed Al Naimat	04.06.1999	Al Ahli SC Doha (QAT)
20	FW	Hamza Ali Khaled Al Dardour	12.05.1991	Al Hussein SC Irbid

KOREA REPUBLIC

Trainer:	Jürgen Klinsmann (Germany)	30.07.1964	

Nr	Pos	Name	DOB	Club
1	GK	Kim Seung-gyu	30.09.1990	Al-Shabab FC Riyadh (KSA)
12	GK	Song Bum-keun	15.10.1997	Shonan Bellmare (JPN)
21	GK	Jo Hyeon-woo	25.09.1991	Ulsan Hyundai FC
2	DF	Lee Ki-je	09.07.1991	Suwon Samsung Bluewings FC
3	DF	Kim Jin-su	13.06.1992	Jeonbuk Hyundai Motors FC Jeonju
4	DF	Kim Min-jae	15.11.1996	FC Bayern München (GER)
15	DF	Jung Seung-hyun	03.04.1994	Ulsan Hyundai FC
19	DF	Kim Young-gwon	27.02.1990	Ulsan Hyundai FC
22	DF	Seol Young-woo	05.12.1998	Ulsan Hyundai FC
23	DF	Kim Tae-hwan	24.07.1989	Ulsan Hyundai FC
24	DF	Kim Ju-sung	12.12.2000	FC Seoul
25	DF	Kim Ji-soo	24.12.2004	Brentford FC London (ENG)

Nr	Pos	Name	DOB	Club
5	MF	Park Yong-woo	10.09.1993	Al-Ain FC (UAE)
6	MF	Hwang In-beom	20.09.1996	FK Crvena zvezda Beograd (SRB)
8	MF	Hong Hyun-seok	16.06.1999	KAA Gent (BEL)
10	MF	Lee Jae-sung	10.08.1992	1. FSV Mainz 05 (GER)
13	MF	Lee Soon-min	22.05.1994	Gwangju FC
16	MF	Park Jin-seop	23.10.1995	Jeonbuk Hyundai Motors FC Jeonju
17	MF	Jeong Woo-yeong	20.09.1999	VfB Stuttgart (GER)
18	MF	Lee Kang-in	19.02.2001	Paris St-Germain FC (FRA)
26	MF	Yang Hyun-jun	25.05.2002	Celtic FC Glasgow (SCO)
7	FW	Son Heung-min	08.07.1992	Tottenham Hotspur FC London (ENG)
9	FW	Cho Gue-sung	25.01.1998	FC Midtjylland Herning (DEN)
11	FW	Hwang Hee-chan	26.01.1996	Wolverhampton Wanderers FC (ENG)
14	FW	Moon Seon-min	09.06.1992	Jeonbuk Hyundai Motors FC Jeonju
20	FW	Oh Hyeon-gyu	12.04.2001	Celtic FC Glasgow (SCO)

KYRGYZ REPUBLIC

Trainer: Štefan Tarkovič (Slovakia) 18.02.1973

Nr	Pos	Name	DOB	Club
1	GK	Erjan Tokotayev	17.07.2000	Şanliurfaspor (TUR)
13	GK	Sultan Chomoev	20.01.2003	FC Dordoi Bishkek
16	GK	Marsel Islamkulov	18.04.1994	FC Abdish-Ata Kant
2	DF	Khristiyan Brauzman	15.08.2003	FC Abdish-Ata Kant
3	DF	Tamirlan Kozubayev	01.07.1994	Eastern Sports Club (HKG)
5	DF	Ayzar Akmatov	24.08.1998	FC Abdish-Ata Kant
6	DF	Amantur Shamurzayev	25.01.2000	FC Abdish-Ata Kant
11	DF	Bekzhan Sagynbayev	11.09.1994	FC Dordoi Bishkek
14	DF	Aleksandr Mishchenko	30.07.1997	FC Dordoi Bishkek
17	DF	Suyuntbek Mamyraliev	07.01.1998	FC Dordoi Bishkek
18	DF	Kairat Zhyrgalbek uulu	13.06.1994	FC Abdish-Ata Kant
4	MF	Adil Kadyrjanov	14.07.2000	FC Dordoi Bishkek
8	MF	Azim Azarov	20.09.1996	FC Abdish-Ata Kant
10	MF	Gulzhigit Alykulov	25.11.2000	FC Neman Grodno (BLR)
12	MF	Odiljon Abdurakhmanov	18.03.1996	FC Maqtaaral Jetisay (KAZ)
20	MF	Bakhtiyar Duyshobekov	03.06.1995	Muras United Jalal-Abad
21	MF	Farkhat Musabekov	03.01.1994	FC Abdish-Ata Kant
22	MF	Alimardon Shukurov	28.09.1999	FC Neman Grodno (BLR)
23	MF	Nurdoolot Stalbekov	13.09.2001	FC Alay Osh
24	MF	Kimi Merk	06.07.2004	Pakhtakor FC Tashkent (UZB)
26	MF	Atay Jumashev	15.09.1998	FC Abdish-Ata Kant
7	FW	Joel Kojo	21.08.1998	FC Dinamo Samarqand (UZB)
9	FW	Ernist Batyrkanov	21.02.1998	FC Abdish-Ata Kant
15	FW	Kai Merk	26.08.1998	Union Titus Pétange (LUX)
19	FW	Beknaz Almazbekov	23.06.2005	Galatasaray SK Istanbul (TUR)
25	FW	Dastanbek Toktosunov	02.09.2002	FC Neftchi Kochkor-Ata

LEBANON

Trainer: Miodrag Radulović (Montenegro)   23.10.1967

Nr	Pos	Name	DOB	Club
1	GK	Mehdi Salim Khalil	19.09.1991	Al Faisaly Club Amman (JOR)
21	GK	Mostafa Ali Matar	10.09.1995	Al Ahed FC Beirut
23	GK	Ali Abbas Sabeh	24.06.1994	Nejmeh SC Beirut
3	DF	Maher Mohammed Sabra	14.01.1992	Nejmeh SC Beirut
4	DF	Nour Nayef Mansour	22.10.1989	Al Ahed FC Beirut
5	DF	Nassar Mahmoud Nassar	01.01.1992	Al Ansar FC Beirut
6	DF	Hussein Ali Zein	27.01.1995	Al Ahed FC Beirut
12	DF	Robert Alexander Robert Michel Melki	14.11.1992	Al Ansar FC Beirut
13	DF	Khalil George Khamis	12.01.1995	Al Ahed FC Beirut
18	DF	Kassem Mohammed El Zein	02.12.1990	Nejmeh SC Beirut
26	DF	Hassan Samih Chaitou	16.06.1991	Safa SC Beirut
2	MF	Yahya Mosbah El Hindi	24.09.1998	Al Ansar FC Beirut
10	MF	Mohamad Faouzi Haidar	08.11.1989	Al Ahed FC Beirut
14	MF	Mouhammed-Ali Najib Dhaini	01.03.1994	Al Ansar FC Beirut
15	MF	Jihad Khaled Ayoub	30.03.1995	Persatuan Sepakbola Sleman (IDN)
16	MF	Walid Adel Shour	10.06.1996	Al Ahed FC Beirut
20	MF	Alee Samir Tneich	16.07.1992	Al Ansar FC Beirut
19	MF	Daniel Lajud Martínez	22.01.1999	Atlante FC Cd.de México (MEX)
22	MF	Bassel Zakaria Jradi	06.07.1993	Bangkok United FC (THA)
25	MF	Hasan Bassem Srour	18.12.2001	Al Ahed FC Beirut
7	FW	Hassan Ali Maatouk	10.08.1987	Al Ansar FC Beirut
8	FW	Hassan Ali "Soony" Saad	17.08.1992	Penang FC George Town (MAS)
9	FW	Hilal Bassam El Helwe	24.11.1994	Bourj FC Bourj el-Barajneh
11	FW	Omar Chaaban Khaled Bugiel	03.01.1994	AFC Wimbledon (ENG)
17	FW	Ali Jamal Al Haj	02.02.2001	Al Ahed FC Beirut
24	FW	Gabriel Walid Bitar	23.08.1998	Vancouver FC (CAN)

MALAYSIA

Trainer: Kim Pan-gon (Korea Republic)   01.05.1969

Nr	Pos	Name	DOB	Club
1	GK	Muhammad Azri Abdul Ghani	30.04.1999	Kuala Lumpur City FC
16	GK	Ahmad Syihan Hazmi Mohamed	22.02.1996	Johor Darul Ta'zim FC Johor Bahru
23	GK	Sikh Izhan Nazrel Sikh Azman	22.03.2002	Negeri Sembilan FC Seremban
2	DF	Matthew Thomas Davies	07.02.1995	Johor Darul Ta'zim FC Johor Bahru
3	DF	Mohd Shahrul Mohd Saad	08.07.1993	Johor Darul Ta'zim FC Johor Bahru
4	DF	Daniel Sang Ting	01.12.1992	Sabah FC
6	DF	Dominic Tan Jun Jin	12.03.1997	Sabah FC
15	DF	Junior Gunnar Putera Nadher Marhan Maderner Eldstål	16.09.1991	Johor Darul Ta'zim FC Johor Bahru
21	DF	Dion Johan Cools	04.06.1996	Buriram United FC (THA)
22	DF	La'Vere Lawrence Corbin-Ong	22.04.1991	Johor Darul Ta'zim FC Johor Bahru
25	DF	Ahmad Khuzaimi Piee	11.11.1993	Selangor FC Shah Alam

5	MF	Muhammad Syahmi Safari	05.02.1998	Johor Darul Ta'zim FC Johor Bahru
8	MF	Stuart John Wilkin	12.03.1998	Sabah FC
10	MF	Endrick dos Santos Parafita	07.03.1995	Johor Darul Ta'zim FC Johor Bahru
14	MF	Mohammad Syamer Kutty Abba	01.10.1997	Johor Darul Ta'zim FC Johor Bahru
17	MF	Paulo Josué Stürmer dos Reis	13.03.1989	Kuala Lumpur City FC
18	MF	Brendan Gan Seng Ling	03.06.1988	Selangor FC Petaling Jaya
20	MF	Muhammad Afiq Fazail	29.09.1994	Johor Darul Ta'zim FC Johor Bahru
24	MF	Ignacio "Natxo" Insa Bohigues	09.06.1996	Johor Darul Ta'zim FC Johor Bahru
7	FW	Mohd Faisal Abdul Halim	07.01.1998	Selangor FC Shah Alam
9	FW	Darren Lok Yee Deng	09.03.1991	Sabah FC
11	FW	Muhammad Safawi Rasid	05.03.1997	Johor Darul Ta'zim FC Johor Bahru
12	FW	Arif Aiman Mohd Hanapi	04.05.2002	Johor Darul Ta'zim FC Johor Bahru
13	FW	Mohamadou Sumareh	20.09.1994	Johor Darul Ta'zim FC Johor Bahru
19	FW	Muhammad Akhyar Abdul Rashid	01.05.1999	Johor Darul Ta'zim FC Johor Bahru
26	FW	Romel Oswaldo Morales Ramírez	23.08.1997	Kuala Lumpur City FC

OMAN

Trainer: Branko Ivanković (Croatia)   28.02.1954

Nr	Pos	Name	DOB	Club
1	GK	Ibrahim Saleh Al Mukhaini	20.06.1997	Al Nahda Club Al Buraimi
18	GK	Faiz Issa Khadoom Al Rushaidi	19.07.1988	Manama Club (BHR)
22	GK	Ahmed Faraj Abdullah Al Rawahi	05.05.1994	Al-Seeb Club
2	DF	Ghanim Ramadhan Bashir Al Habashi	04.08.1994	Al Nahda Club Al Buraimi
5	DF	Juma Marhoon Juma Al Habsi	28.01.1996	Ibri Club
6	DF	Ahmed Mohammed Khalfan Al Khamisi	26.11.1991	Al-Seeb Club
14	DF	Ahmed Khalifa Said Al Kaabi	15.09.1996	Al Nahda Club Al Buraimi
16	DF	Khalid Nasser Fadhil Al Braiki	03.07.1993	Al-Shabab SC Barka
17	DF	Ali Sulaiman Al Busaidi	21.01.1991	Al-Seeb Club
19	DF	Mahmood Mabrook Nasib Al Mushaifri	14.01.1993	Al-Nasr SCS Salalah
21	DF	Abdulaziz Mubarak Zayid Al Gheilani	14.05.1995	Al Nahda Club Al Buraimi
3	MF	Fahmi Said Rajab Nasib Bait Durbin	10.10.1993	Al-Nasr SCS Salalah
4	MF	Arshad Said Saleh Al Alawi	12.04.2000	Al-Seeb Club
8	MF	Zahir Sulaiman Abdullah Al Aghbari	28.05.1999	Al-Seeb Club
9	MF	Omar Mohammed Rashid Al Malki	04.01.1994	Al Nahda Club Al Buraimi
12	MF	Abdullah Fawaz Arfah Bait Abdulghafur	03.10.1996	Al Nahda Club Al Buraimi
13	MF	Mataz Saleh Abd-Raboh Bait	05.12.1994	Dhofar Club Salalah
15	MF	Musaab Hamed Al Mamari	22.01.2000	Al-Nasr SCS Salalah
20	MF	Salaah Said Salim Al Yahyaei	17.08.1998	Al Nahda Club Al Buraimi
23	MF	Harib Jamil Zaid Al Saadi	01.02.1990	Al Nahda Club Al Buraimi
24	MF	Tameem Haitham Shambeh Al Balushi	03.11.1999	Al-Seeb Club
7	FW	Issam Abdallah Saif Al Sabhi	01.05.1997	Al Nahda Club Al Buraimi
10	FW	Jameel Saleem Jameel Al Yahmadi	04.01.1994	Al Kharaitiyat SC (QAT)
11	FW	Muhsen Saleh Abdullah Ali Al Ghassani	27.03.1997	Al-Seeb Club
25	FW	Abdullah Salim Said Al Mushaifri	17.11.2001	Dhofar Club Salalah
26	FW	Abdulrahman Al Mushaifri	28.11.1997	Al-Seeb Club

PALESTINE

Trainer:	Makram Daboub (Tunisia)	30.12.1972	

Nr	Pos	Name	DOB	Club
1	GK	Amr Kaddoura	01.07.1994	Landskrona BoIS (SWE)
16	GK	Naim Rafat Naim Abuaker	20.01.1995	Shabab Al-Dhahiriya SC Dura
22	GK	Rami Kamal Anis Hamada	24.03.1994	Shabab Al-Khalil SC
26	GK	Baraa Ali Abdulrahim Kharoub	20.03.1998	Markaz Balata Nablus
2	DF	Mohammed Abdulkarim Mohammed Khalil	05.04.1998	Hilal Al-Quds Jerusalem
4	DF	Yaser Mohammed Abdulrahman Hamed Mayor	09.12.1997	NorthEast United FC (IND)
5	DF	Mohammed Nuaman Abdelfatah Saleh	18.07.1993	Unattached
7	DF	Musab Khaled Ismail Battat Al Battat	12.11.1993	Shabab Al-Dhahiriya SC Dura
12	DF	Camilo Ignacio Saldaña Inostroza	13.07.1999	Unión San Felipe (CHI)
15	DF	Michel Milad Tareq Ziad Termanini	08.05.1998	Kazma Sporting Club (KUW)
17	DF	Mousa Basheer Mousa Farawi	22.03.1998	Hilal Al-Quds Jerusalem
18	DF	Amid Mahajneh	11.10.1996	Hapoel Umm al-Fahm FC (ISR)
24	DF	Mahdi Issa	03.11.1998	Jabal Al-Mokaber Jerusalem
25	DF	Samer Samer Saber Jondi	27.09.1996	Hilal Al-Quds Jerusalem
3	MF	Mohammed Bassim Ahmed Rashid	03.07.1995	Bali United FC Gianyar (IDN)
6	MF	Oday Ali Abdulrahim Kharoub	05.02.1993	Hilal Al-Quds Jerusalem
9	MF	Tamer Mohammed Sobhi Seyam	25.11.1992	PT Prachuap FC (THA)
10	MF	Mahmoud Naser Mahmoud Abu Warda	31.05.1995	Markaz Balata Nablus
14	MF	Samer Mustafa Ramadan Zubaida	26.04.2001	Hilal Al-Quds Jerusalem
21	MF	Islam Mohamed Mousa Al Batran	01.10.1994	Al Ahli SC Tripoli (LBY)
23	MF	Ataa Jaber	03.10.1994	Neftçi PFK Bakı (AZE)
8	FW	Alaa Aldeen Hassan	31.01.2000	Bnei Sakhnin FC (ISR)
11	FW	Oday Ibrahim Mohammad Dabbagh	03.12.1998	Royal Charleroi SC (BEL)
13	FW	Shehab Rizq Ibrahim Qumbor	10.08.1997	Jabal Al-Mokaber Jerusalem
19	FW	Mahmoud Manar Said Wadi	19.12.1994	Al-Moqawloon al-Arab (EGY)
20	FW	Zaid Ashraf Omar Qunbar	04.09.2002	Jabal Al-Mokaber Jerusalem

QATAR

Trainer:	Bartolomé Márquez López (Spain)	07.01.1962	

Nr	Pos	Name	DOB	Club
1	GK	Saad Abdullah Mohammed Ibrahim Al Sheeb	19.02.1990	Al-Sadd SC Doha
21	GK	Salah Zakaria Mohamed Mousa Hassan	24.04.1999	Al-Duhail SC Doha
22	GK	Meshaal Aissa Mohammed Barsham	14.02.1998	Al-Sadd SC Doha
2	DF	Pedro Miguel Carvalho Deus Correia	06.06.1990	Al-Sadd SC Doha
3	DF	Almahdi Ali Mukhtar Mohammed	02.03.1992	Al-Wakrah SC
5	DF	Tarek Salman Suleiman Odeh	05.12.1997	Al-Sadd SC Doha
12	DF	Lucas Michel Mendes	03.07.1990	Al-Wakrah SC
14	DF	Homam El Amin Mohamed Ahmed	25.08.1999	Al-Gharafa SC Doha
15	DF	Bassam Hisham Ali Al Rawi	16.12.1997	Al-Rayyan SC
16	DF	Boualem Khoukhi	07.09.1990	Al-Sadd SC Doha
18	DF	Sultan Hussain Mohamed Al Brake	07.04.1996	Al-Duhail SC Doha
4	MF	Mohammed Waad Abdulwahhab Jadoua Al Bayati	18.09.1999	Al-Sadd SC Doha

6	MF	Abdulaziz Hatem Mohammed Abdullah	28.10.1990	Al-Rayyan SC
8	MF	Ali Assadalla Thaimn Qambar	19.01.1993	Al-Sadd SC Doha
10	MF	Hassan Khalid Hassan Al Haydos	11.12.1990	Al-Sadd SC Doha
13	MF	Khalid Muneer Ali Abu Bakr Mazeed	24.02.1998	Al-Wakrah SC
20	MF	Ahmed Fathi Abdulla Mansi	25.01.1993	Al-Arabi SC Doha
23	MF	Moustafa Tarek Moustafa Mashaal	28.03.2001	Al-Sadd SC Doha
24	MF	Jassem Gaber Abdulsallam	20.02.2002	Al-Arabi SC Doha
26	MF	Khaled Mohammed Mohammed Saleh	07.06.2000	Al-Duhail SC Doha
7	FW	Ahmed Alaaeldin Abdelmotaal	31.01.1993	Al-Gharafa SC Doha
9	FW	Yusuf Abdurisag Yusuf	06.08.1999	Al-Sadd SC Doha
11	FW	Akram Hassan Afif Yahya Afif Al Yafei	18.11.1996	Al-Sadd SC Doha
17	FW	Ismaeel Mohammad Mohammad	05.04.1990	Al-Duhail SC Doha
19	FW	Almoez Ali Zainalabedeen Mohamed Abdulla	19.08.1996	Al-Duhail SC Doha
25	FW	Ahmed Mohamed Hussein Kassim Al Ganehi	22.09.2000	Al-Gharafa SC Doha

SAUDI ARABIA

Trainer:	Roberto Mancini (Italy)		27.11.1964	

Nr	Pos	Name	DOB	Club
1	GK	Mohammed Faraj Saeed Al Rubaie Al Yami	14.08.1997	Al-Ahli Saudi Club Jeddah
21	GK	Raghid Alaa Mohammed Al Najjar	20.09.1996	Al-Nassr FC Riyadh
22	GK	Ahmed Ali Al Kassar	08.05.1991	Al-Fayha FC Al Majma'ah
2	DF	Fawaz Ali Marzouq Al Saqour Al Yami	23.04.1996	Al-Shabab FC Riyadh
3	DF	Awn Mutlaq Al Saluli Al Bishi	02.09.1998	Al-Taawoun FC Buraidah
4	DF	Ali Mohammed Lajami	24.04.1996	Al-Nassr FC Riyadh
5	DF	Ali Hadi Mohammed Al Bulaihi	21.11.1989	Al-Hilal Saudi FC Riyadh
12	DF	Saud Abdullah Salem Abdulhamid	18.07.1999	Al-Hilal Saudi FC Riyadh
17	DF	Hassan Mohammed Osama Al Tambakti	09.02.1999	Al-Hilal Saudi FC Riyadh
19	DF	Rayan Mohammed Bilko Hamed	13.04.2002	Al-Ahli Saudi Club Jeddah
25	DF	Mohammed Ibrahim Mohammed Al Burayk	15.09.1992	Al-Hilal Saudi FC Riyadh
6	MF	Eid Mohammed Saeed Al Muwallad	14.02.2001	Al-Okhdood Club Najran
7	MF	Mukhtar Abdullahi Ali	30.10.1997	Al Fateh Sports Club Al-Hasa
8	MF	Abdulellah Saad Hameed Al Wahbi Al Malki	11.10.1994	Al-Hilal Saudi FC Riyadh
10	MF	Salem Mohammed Shafi Al Dawsari	19.08.1991	Al-Hilal Saudi FC Riyadh
13	MF	Hassan Kadesh Mahboob	06.09.1992	Al-Ittihad Club Jeddah
15	MF	Abdullah Mohammed Al Khaibari	16.08.1996	Al-Nassr FC Riyadh
16	MF	Sami Khalil Nasser Al Najei	07.02.1997	Al-Nassr FC Riyadh
18	MF	Abdulrahman Abdullah Ghareeb	31.03.1997	Al-Nassr FC Riyadh
23	MF	Mohamed Ibrahim Abdullah Kanno	22.09.1994	Al-Hilal Saudi FC Riyadh
24	MF	Nasser Eissa Shafi Al Shardan Al Dawsari	19.12.1998	Al-Hilal Saudi FC Riyadh
26	MF	Faisal Abdulrahman Saeed Al Ghamdi	13.08.2001	Al-Ittihad Club Jeddah
9	FW	Firas Tariq Nasser Al Buraikan	14.05.2000	Al-Ahli Saudi Club Jeddah
11	FW	Saleh Khaled Mohammed Al Shehri	01.11.1993	Al-Hilal Saudi FC Riyadh
14	FW	Talal Abubakr Abdullah Haji	16.09.2007	Al-Ittihad Club Jeddah
20	FW	Abdullah Hadi Radif	21.01.2003	Al-Shabab FC Riyadh

SYRIA

Trainer:	Héctor Raúl Cúper (Argentina)	16.11.1955

Nr	Pos	Name	DOB	Club
1	GK	Ibrahim Rafik Almeh	18.10.1991	Tishreen SC Latakia
22	GK	Ahmad Madania	1990	Jableh Sporting Club
23	GK	Taha Mosa	30.05.1987	Al Fotuwa SC Deir ez-Zor
26	GK	Maksim Sarraf	15.03.2005	FK CSKA Moskva (RUS)
2	DF	Aiham Hanz Ousou	09.01.2000	Cádiz CF (ESP)
3	DF	Moayad Samir Al Ajan	16.02.1993	Al Jaish SC Damascus
5	DF	Omar Al Midani	26.01.1994	Al Nasr SC Ardiyah (KUW)
6	DF	Amro Jenyat	15.01.1993	Al Wahda SC Damascus
13	DF	Thaer Sami Krouma	02.02.1990	Al Fotuwa SC Deir ez-Zor
15	DF	Khaled Kurdaghli	31.01.1997	Al Wehdat Club Amman (JOR)
19	DF	Moayad Aref Al Khouli	16.10.1993	Al Jaish SC Damascus
24	DF	Abdul Rahman Weiss	14.06.1998	PAE Athens Kallithea (GRE)
4	MF	Alessio Ezequiel Naim Ham	10.03.1994	Independiente Rivadavia (ARG)
8	MF	Kamel Hmeisheh	23.07.1998	Al-Ahli SC Manama (BHR)
10	MF	Mohammad Al Marmour	17.09.1995	Al Ahed FC Beirut (LIB)
12	MF	Ammar Manaf Ramadan	05.01.2001	FK DAC 1904 Dunajská S.(SVK)
14	MF	Mouhamad Anez	14.05.1995	Al Riffa Sports Club (BHR)
16	MF	Elmar Abraham	01.03.1999	Skövde AIK (SWE)
17	MF	Fahad Youssef Youssef	15.05.1987	Al Shorta SC Baghdad (IRQ)
18	MF	Jalil Juan José Elías	25.04.1996	Johor Darul Ta'zim FC (MAS)
21	MF	Ibrahim Fares Hesar	15.11.1993	CA Belgrano Córdoba (ARG)
25	MF	Mahmoud Al Aswad	14.09.2003	Al Karamah SC Homs
7	FW	Omar Mader Khribin	01.02.1993	Al Wahda FC Abu Dhabi (UAE)
9	FW	Alaa-Aldin Yasin Dali	03.01.1997	Naft Maysan FC Amarah (IRQ)
11	FW	Pablo David Sabbag Daccarett	11.06.1997	Club Alianza Lima (PER)
20	FW	Antonio Tino Lucas Yakoub	12.06.2002	Gefle IF (SWE)

TAJIKISTAN

Trainer:	Petar Šegrt (Croatia)	08.05.1966

Nr	Pos	Name	DOB	Club
1	GK	Rustam Yatimov	13.07.1998	Istiqlol FK Dushanbe
16	GK	Dalerçon Barotov	29.01.1999	FK Istaravshan
23	GK	Muhriddin Hasanov	23.09.2002	Istiqlol FK Dushanbe
2	DF	Zoir Juraboev	16.09.1998	Neftchi Fergana FK (UZB)
3	DF	Tabrezi Davlatmir	06.06.1998	Istiqlol FK Dushanbe
4	DF	Kholmurod Nazarov	04.02.1992	Ravşan Kulob
5	DF	Manuchehr Safarov	31.05.2001	Neftchi Fergana FK
6	DF	Vahdat Hanonov	25.07.2000	Persepolis Tehran FC (IRN)
12	DF	Sodiqjon Qurbonov	19.01.2003	Istiqlol FK Dushanbe
19	DF	Akhtam Nazarov	08.02.1988	Istiqlol FK Dushanbe
24	DF	Daler Imomnazarov	31.05.1995	FK Eskhata Xuçand
7	MF	Parvizjon Umarbaev	01.11.1994	FC CSKA 1948 Sofia (BUL)

Nr	Pos	Name	DOB	Club
8	MF	Komron Tursunov	24.04.1996	Gokulam Kerala FC (IND)
10	MF	Alisher Jalilov	29.08.1993	Istiqlol FK Dushanbe
11	MF	Hasan Muhammadjon Rakhimov	15.10.1998	FK Buxoro (UZB)
13	MF	Hamadoni Kamolov	16.01.2003	Istiqlol FK Dushanbe
14	MF	Alisher Shukurov	30.03.2002	FC Kuktosh Rudaki
15	MF	Shervoni Mabatshoev	04.12.2000	Istiqlol FK Dushanbe
17	MF	Ehsoni Panjshanbe	12.05.1998	Istiqlol FK Dushanbe
18	MF	Ruslan Khayloev	29.10.2003	FK Tyumen (RUS)
20	MF	Alijoni Ayni	06.08.2004	Istiqlol FK Dushanbe
9	FW	Rustam Soirov	12.09.2002	FK Lokomotiv Tashkent (UZB)
21	FW	Vajsiddin Safarov	15.04.1996	CSKA Pomir Dushanbe
22	FW	Shakhrom Samiev	08.02.2001	FC Milsami Orhei (MDA)
25	FW	Nuriddin Khamrokulov	25.10.1999	Regar-TadAZ Tursunzoda
26	FW	Muhammadali Azizboev	04.01.2003	Hosilot Farkhor

THAILAND

Trainer: Masatada Ishii (Japan)   01.02.1967

Nr	Pos	Name	DOB	Club
1	GK	Siwarak Tedsungnoen	20.04.1984	Buriram United FC
20	GK	Saranon Anuin	24.03.1994	Chiangrai United FC
23	GK	Patiwat Khammai	24.02.1994	Bangkok United FC
3	DF	Theerathon Bunmathan	06.02.1990	Buriram United FC
4	DF	Elias Dolah	21.04.1993	Bali United FC Gianyar (IDN)
12	DF	Look Saa Nicholas Kengkhetkid Mickelson	24.07.1999	Odense Boldklub (DEN)
16	DF	Jakkaphan Praisuwan	16.08.1994	BG Pathum United FC
17	DF	Pansa Hemviboon	08.07.1990	Buriram United FC
21	DF	Suphanan Bureerat	10.10.1993	Port FC Bangkok
26	DF	Suphan Thongsong	26.08.1994	Bangkok United FC
2	MF	Santiphap Channgom	23.09.1996	BG Pathum United FC
5	MF	Kritsada Kaman	18.03.1999	BG Pathum United FC
6	MF	Sarach Yooyen	30.05.1992	BG Pathum United FC
8	MF	Picha Autra	07.01.1996	Muangthong United FC Nonthaburi
13	MF	Jaroensak Wonggorn	18.05.1997	Muangthong United FC Nonthaburi
14	MF	Rungrath Poomchantuek	05.01.1992	Bangkok United FC
18	MF	Weerathep Pomphan	27.07.1997	Muangthong United FC Nonthaburi
19	MF	Pathompol Charoenrattanapirom	21.04.1994	Port FC Bangkok
22	MF	Channarong Promsrikaew	17.04.2001	Chonburi FC
24	MF	Worachit Kanitsribampen	24.08.1997	Port FC Bangkok
25	MF	Peeradon Chamrasamee	15.09.1992	Buriram United FC
7	FW	Supachok Sarachat	22.05.1998	Hokkaido Consadole Sapporo (JPN)
11	FW	Bordin Phala	20.12.1994	Port FC Bangkok
9	FW	Supachai Chaided	01.12.1998	Buriram United FC
10	FW	Suphanat Mueanta	02.08.2002	Oud-Heverlee Leuven (BEL)
15	FW	Teerasak Poeiphimai	21.09.2002	Port FC Bangkok

UNITED ARAB EMIRATES

Trainer:	Paulo Jorge Gomes Bento (Portugal)	20.06.1969

Nr	Pos	Name	DOB	Club
1	GK	Ali Khaseif Humad Khaseif Housani	09.06.1987	Al Jazira SCC Abu Dhabi
17	GK	Khalid Eisa Mohammad Bilal Saeed	15.09.1989	Al-Ain FC
22	GK	Hassan Hamza Ali Hussain	10.11.1994	Shabab Al Ahli Dubai FC
2	DF	Abdulla Idrees Saqer Mubarak Al Hammadi	16.08.1999	Al Jazira SCC Abu Dhabi
4	DF	Khalid Mohammed Ahmed Al Hashemi	18.03.1997	Al-Ain FC
12	DF	Khalifa Mubarak Khalfan Khairi Al Hammadi	07.11.1998	Al Jazira SCC Abu Dhabi
13	DF	Mohammed Omar Zain Mohsen Zain Al Attas	05.09.1997	Al Jazira SCC Abu Dhabi
19	DF	Khaled Ibrahim Helal Al Dhanhani	17.01.1997	Sharjah FC
24	DF	Ahmad Abdulla Jamil Abdulla Suroor	16.01.1999	Shabab Al Ahli Dubai FC
25	DF	Abdelrahman Saleh Rade Reda Khamis	03.06.1999	Al Wasl SC Dubai
26	DF	Bader Nasser Abdelaziz Mohammad	16.09.2001	Shabab Al Ahli Dubai FC
3	MF	Zayed Sultan Ahmed Jassim Ibrahim Al Zaabi	11.04.2001	Al Jazira SCC Abu Dhabi
5	MF	Ali Hassan Ali Salmeen Al Balooshi	04.02.1995	Al Wasl SC Dubai
6	MF	Majid Rashid Sultan Al Khabeel Al Mehrzi	16.05.2000	Sharjah FC
8	MF	Tahnoon Hamdan Saeed Salem Salmeen Al Zaabi	10.04.1999	Al Wahda FC Abu Dhabi
10	MF	Fábio Virginio de Lima	30.06.1993	Al Wasl SC Dubai
14	MF	Abdulla Hamad Mohamed Salmeen Al Menhali	18.09.2001	Al Wahda FC Abu Dhabi
15	MF	Yahia Nader Mostafa Al Sherif	11.09.1998	Al-Ain FC
16	MF	Mohammed Abbas Ahmed Abdulla Hasan Al Blooshi	30.09.2002	Al-Ain FC
18	MF	Abdalla Ramadan Bekheet Soliman Bekheet	07.03.1998	Al Jazira SCC Abu Dhabi
7	FW	Ali Ahmed Mabkhout Mohsen Omran Al Hajeri	05.10.1990	Al Jazira SCC Abu Dhabi
9	FW	Ali Saleh Ali Saleh Amro	22.01.2000	Al Wasl SC Dubai
11	FW	Caio Canedo Corrêa	09.08.1990	Al Wasl SC Dubai
20	FW	Yahya Ali Saeed Al Ghassani	18.04.1998	Shabab Al Ahli Dubai FC
21	FW	Harib Abdulla Suhail Al Musharrakh Al Maazmi	26.11.2002	Shabab Al Ahli Dubai FC
23	FW	Sultan Adil Mohamed Abdalla Al Ameeri	04.05.2004	Al Ittihad Kalba SCC

UZBEKISTAN

Trainer:	Srečko Katanec (Slovenia)	16.07.1963

Nr	Pos	Name	DOB	Club
1	GK	Utkir Yusupov	04.01.1991	Navbahor Namangan FK
12	GK	Abduvohid Nematov	20.03.2001	Nasaf Qarshi FC
16	GK	Botirali Ergashev	23.06.1995	FC AGMK Olmaliq
2	DF	Mukhammadkodir Khamraliev	06.07.2001	Pakhtakor FC Tashkent
3	DF	Khojiakbar Alijonov	19.04.1997	Pakhtakor FC Tashkent
4	DF	Farrukh Sayfiyev	17.01.1991	Pakhtakor FC Tashkent
5	DF	Rustam Ashurmatov	07.07.1996	FK Rubin Kazan (RUS)
13	DF	Sherzod Nasrullayev	23.07.1998	Nasaf Qarshi FC
15	DF	Umar Eshmurodov	30.11.1992	Nasaf Qarshi FC
18	DF	Abdulla Abdullaev	01.09.1997	Khor Fakkan Club (UAE)
25	DF	Abdukodir Khusanov	29.02.2004	Racing Club de Lens (FRA)
26	DF	Zafarmurod Abdurakhmatov	28.04.2003	Nasaf Qarshi FC

6	MF	Diyor Kholmatov	22.07.2002	Pakhtakor FC Tashkent
7	MF	Otabek Shukurov	22.06.1996	Fatih Karagümrük SK (TUR)
8	MF	Jamshid Iskanderov	16.10.1993	Navbahor Namangan FK
9	MF	Odiljon Hamrobekov	13.02.1996	Pakhtakor FC Tashkent
10	MF	Jaloliddin Masharipov	01.09.1993	PAE Panserraikos Serres (GRE)
11	MF	Oston Urunov	19.12.2000	Navbahor Namangan FK
14	MF	Jamshid Boltaboev	03.10.1996	Navbahor Namangan FK
19	MF	Azizbek Turgunboev	01.10.1994	Pakhtakor FC Tashkent
20	MF	Khojimat Erkinov	29.05.2001	FK Torpedo Moskva (RUS)
22	MF	Abbosbek Fayzullaev	03.10.2003	FK CSKA Moskva (RUS)
23	MF	Shokhboz Umarov	09.03.1999	FC Ordabasy Shymkent (KAZ)
17	FW	Bobur Abdikholikov	23.04.1997	FC Ordabasy Shymkent (KAZ)
21	FW	Igor Sergeyev	30.04.1993	BG Pathum United FC (THA)
24	FW	Azizbek Amonov	30.10.1997	Khor Fakkan Club (UAE)

VIETNAM

Trainer: Philippe Omar Troussier (France)   21.03.1955

Nr	Pos	Name	DOB	Club
1	GK	Filip Nguyễn	14.09.1992	CLB Công An Hà Nội
21	GK	Nguyễn Đình Triệu	04.11.1991	CLB Hải Phòng
23	GK	Nguyễn Văn Việt	12.07.2002	CLB Sông Lam Nghệ An Vinh
2	DF	Đỗ Duy Mạnh	29.09.1996	CLB Hà Nội
3	DF	Võ Minh Trọng	24.10.2001	CLB Becamex Bình Dương
4	DF	Hồ Tấn Tài	06.11.1997	CLB Công An Hà Nội
5	DF	Giáp Tuấn Dương	07.09.2002	CLB Công An Hà Nội
6	DF	Nguyễn Thanh Bình	02.11.2000	CLB Viettel Hà Nội
12	DF	Phan Tuấn Tài	07.01.2001	CLB Viettel Hà Nội
17	DF	Vũ Văn Thanh	14.04.1996	CLB Công An Hà Nội
20	DF	Bùi Hoàng Việt Anh	01.01.1999	CLB Công An Hà Nội
26	DF	Lê Ngọc Bảo	29.03.1998	CLB Bình Định
7	MF	Phạm Xuân Mạnh	09.02.1996	CLB Hà Nội
8	MF	Đỗ Hùng Dũng	08.09.1993	CLB Hà Nội
11	MF	Nguyễn Tuấn Anh	16.05.1995	CLB Hoàng Anh Gia Lai
13	MF	Trương Tiến An	25.04.1999	CLB Viettel Hà Nội
14	MF	Nguyễn Văn Trường	09.10.2003	CLB Hà Nội
16	MF	Nguyễn Thái Sơn	13.07.2003	CLB Thanh Hóa
18	MF	Nguyễn Hải Long	27.08.2000	CLB Hà Nội
19	MF	Nguyễn Quang Hải	12.04.1997	CLB Công An Hà Nội
25	MF	Lê Phạm Thành Long	05.06.1996	CLB Công An Hà Nội
9	FW	Nguyễn Văn Toàn	12.04.1996	CLB Nam Định
10	FW	Phạm Tuấn Hải	19.05.1998	CLB Hà Nội
15	FW	Nguyễn Đình Bắc	19.08.2004	CLB Quảng Nam
22	FW	Khuất Văn Khang	11.05.2003	CLB Viettel Hà Nội
24	FW	Nguyễn Văn Tùng	02.06.2001	CLB Hà Nội

FIFA WORLD CUP 2026 QUALIFIERS

The 23rd edition of the FIFA World Cup will be jointly hosted by Canada, Mexico and the United States from June 11 to July 19, 2026. This final tournament will be the first to include 48 teams.

The Asian section of the qualification process involves five rounds; the first two also serving as qualification for the 2027 AFC Asian Cup. All FIFA-affiliated Asian nations entered the joint qualification process for both the 2026 FIFA World Cup and 2027 AFC Asian Cup. Northern Mariana Islands, who is not a FIFA member, would have entered through the 2027 AFC Asian Cup qualification play-off round. For the 2026 FIFA World Cup finals, 8 direct slots are allocated to Asia, 1 separate slot could be obtained after Inter-continental Play-offs.

The format of the qualifiers will be as follows:

First round: A total of 20 teams (ranked 27–46) will play home-and-away over two legs.

World Cup: the ten winners will advance to the second round.

AFC Asian Cup: the best loser were qualified for the 2027 AFC Asian Cup qualification third round, while the remaining teams qualified for the 2027 AFC Asian Cup qualification – play-off round.

Second round: 36 teams (ranked 1–26 and ten first-round winners) will be divided into nine groups of four teams. The teams will play against each other on a home-and-away basis.

World Cup: the **nine group winners** and **group runners-up** will advance to the third round of FIFA World Cup qualification as well as were **automatically qualified for the 2027 AFC Asian Cup finals (18 teams)**.

AFC Asian Cup: the remaining teams were qualified for the 2027 AFC Asian Cup qualification third round to decide the remaining 6 teams for the 2027 AFC Asian Cup finals..

Third round: the 18 teams which advance from the second round will be divided into three groups of six teams. The teams will play against each other on a home-and-away basis. The top two teams of each group will qualify for the 2026 FIFA World Cup (**6 teams**), the third and fourth-placed teams advance to the fourth round.

Fourth round: six third and fourth-placed teams from the third round are divided into two groups of three teams each. The teams will play against each other once in a neutral venue. The winners of each group will qualify for the World Cup finals (**2 teams**), and the runners-up of each group advance to the fifth round.

Fifth round: the group runners-up in the fourth round will compete home-and-away over two legs to determine the Asian representation at the inter-confederation play-offs (1 team).

The draw for the first and second rounds of joint qualification took place in Kuala Lumpur (Malaysia) on 27.07.2023. The 46 Asian teams were divided into five pots, depending on the ranking in the July 2023 FIFA Rankings (see brackets):

Teams competing in **First Round**	
Pot 4	**Pot 5**
Hong Kong (149)	Macau (182)
Indonesia (150)	Mongolia (183)
Chinese Taipei (153)	Bhutan (185)
Maldives (155)	Laos (187)
Yemen (156)	Bangladesh (189)
Afghanistan (157)	Brunei (190)
Singapore (158)	East Timor (192)
Myanmar (160)	Pakistan (201)
Nepal (175)	Guam (203)
Cambodia (176)	Sri Lanka (204)

Bye to the **Second Round**		
Pot 1	**Pot 2**	**Pot 3**
Japan (20)	Uzbekistan (74)	Lebanon (100)
Iran (22)	China P.R. (80)	Tajikistan (110)
Australia (27)	Jordan (82)	Thailand (113)
Korea Republic (28)	Bahrain (86)	Korea D.P.R. (115)
Saudi Arabia (54)	Syria (94)	Philippines (135)
Qatar (59)	Vietnam (95)	Malaysia (136)
Iraq (70)	Palestine (96)	Kuwait (137)
United Arab Emirates (72)	Kyrgyz Republic (97)	Turkmenistan (138)
Oman (73)	India (99)	

FIRST ROUND

First leg:

12.10.2023	Dushanbe/TJK	Afghanistan - Mongolia	1-0(0-0)
12.10.2023	Malé	Maledives - Bangladesh	1-1(0-0)
12.10.2023	Kallang	Singapore - Guam	2-1(2-0)
12.10.2023	Khamis Mushait/KSA	Yemen - Sri Lanka	3-0(1-0)
12.10.2023	Yangon	Myanmar - Macao	5-1(1-0)
12.10.2023	Phnom Penh	Cambodia - Pakistan	0-0
12.10.2023	Kaohsiung	Chinese Taipei - Timor-Leste	4-0(1-0)
12.10.2023	Jakarta	Indonesia - Brunei Darussalam	6-0(2-0)
12.10.2023	Hong Kong	Hong Kong - Bhutan	4-0(4-0)
12.10.2023	Kathmandu	Nepal - Laos	1-1(0-1)

Second leg:

17.10.2023	Ulaanbaatar	Mongolia - **Afghanistan**	0-1(0-0)
17.10.2023	Ḍhākā	**Bangladesh** - Maledives	2-1(1-1)
17.10.2023	Dededo	Guam - **Singapore**	0-1(0-0)
17.10.2023	Colombo	Sri Lanka - **Yemen**	1-1(0-1)
17.10.2023	Macau	Macao - **Myanmar**	0-0
17.10.2023	Islamabad	**Pakistan** - Cambodia	1-0(0-0)
17.10.2023	Kaohsiung /TPE	Timor-Leste - **Chinese Taipei**	0-3(0-3)
17.10.2023	Bandar Seri Begawan	Brunei Darussalam - **Indonesia**	0-6(0-3)
17.10.2023	Thimphu	**Bhutan** - Hong Kong	2-0(1-0)
17.10.2023	Vientiane	Laos - **Nepal**	0-1(0-0)

Teams in bold were qualified for the Second Round.

Ranking of best losing teams

1.	Bhutan	2	1	0	1	2	-	4	3
2.	Maldives	2	0	1	1	2	-	3	1
3.	Laos	2	0	1	1	1	-	2	1
4.	Cambodia	2	0	1	1	0	-	1	1
5.	Sri Lanka	2	0	1	1	1	-	4	1
6.	Macau	2	0	1	1	1	-	5	1
7.	Guam	2	0	0	2	1	-	3	0
8.	Mongolia	2	0	0	2	0	-	2	0
9.	Timor-Leste	2	0	0	2	0	-	7	0
10.	Brunei	2	0	0	2	0	-	12	0

Position 1-3 -> qualified for the 2027 AFC Asian Cup Qualifiers – Third Round.
Position 4-10 -> qualified for the 2027 AFC Asian Cup Qualifiers – Play-off Round (excepting Guam).

SECOND ROUND

GROUP A

16.11.2023	Al Rayyan	Qatar - Afghanistan	8-1(6-1)
16.11.2023	Kuwait City	Kuwait - India	0-1(0-0)
21.11.2023	Bhubaneswar	India - Qatar	0-3(0-1)
21.11.2023	Khobar/KSA	Afghanistan - Kuwait	0-4(0-1)
21.03.2024	Al Rayyan	Qatar - Kuwait	3-0(0-0)
21.03.2024	Khamis Mushait/KSA	Afghanistan - India	0-0
26.03.2024	Guwahati	India - Afghanistan	1-2(1-0)
26.03.2024	Farwaniya	Kuwait - Qatar	1-2(0-0)
06.06.2024	Kolkata	India - Kuwait	0-0
06.06.2024	Hofuf/KSA	Afghanistan - Qatar	0-0
11.06.2024	Kuwait City	Kuwait - Afghanistan	1-0(0-0)
11.06.2024	Doha	Qatar - India	2-1(0-1)

STANDINGS

1.	Qatar	6	5	1	0	18	-	3	16
2.	Kuwait	6	2	1	3	6	-	6	7
3.	India	6	1	2	3	3	-	7	5
4.	Afghanistan	6	1	2	3	3	-	14	5

Qatar and Kuwait were qualified for the 2026 FIFA World Cup qualifying Third Round.
India and Afghanistan were qualified for the 2027 Asian Cup qualifying Third Round.

GROUP B

Date	Venue	Match	Result
16.11.2023	Suita	Japan - Myanmar	5-0 (3-0)
16.11.2023	Jeddah/KSA	Syria - Korea D.P.R.	1-0 (1-0)
21.11.2023	Yangon	Myanmar - Korea D.P.R.	1-6 (0-3)
21.11.2023	Jeddah/KSA	Syria - Japan	0-5 (0-3)
21.03.2024	Tokyo	Japan - Korea D.P.R.	1-0 (1-0)
21.03.2024	Yangon	Myanmar - Syria	1-1 (1-0)
26.03.2024	-	Korea D.P.R. - Japan	0-3 *awarded*
26.03.2024	Dammam/KSA	Syria - Myanmar	7-0 (1-0)
06.06.2024	Yangon	Myanmar - Japan	0-5 (0-2)
06.06.2024	Vientiane/LAO	Korea D.P.R. - Syria	1-0 (0-0)
11.06.2024	Hiroshima	Japan - Syria	5-0 (3-0)
11.06.2024	Vientiane/LAO	Korea D.P.R. - Myanmar	4-1 (3-0)

STANDINGS

1.	Japan	6	6	0	0	24 - 0		18
2.	Korea D.P.R.	6	3	0	3	11 - 7		9
3.	Syria	6	2	1	3	9 - 12		7
4.	Myanmar	6	0	1	5	3 - 28		1

Japan and Korea D.P.R. were qualified for the 2026 FIFA World Cup qualifying Third Round.
Syria and Myanmar were qualified for the 2027 Asian Cup qualifying Third Round.

GROUP C

Date	Venue	Match	Result
16.11.2023	Seoul	Korea Republic - Singapore	5-0 (1-0)
16.11.2023	Bangkok	Thailand - China P.R.	1-2 (1-1)
21.11.2023	Kallang	Singapore - Thailand	1-3 (1-1)
21.11.2023	Shenzhen	China P.R. - Korea Republic	0-3 (0-2)
21.03.2024	Seoul	Korea Republic - Thailand	1-1 (1-0)
21.03.2024	Kallang	Singapore - China P.R.	2-2 (0-2)
26.03.2024	Tianjin	China P.R. - Singapore	4-1 (1-1)
26.03.2024	Bangkok	Thailand - Korea Republic	0-3 (0-1)
06.06.2024	Kallang	Singapore - Korea Republic	0-7 (0-2)
06.06.2024	Shenyang	China P.R. - Thailand	1-1 (0-1)
11.06.2024	Seoul	Korea Republic - China P.R.	1-0 (0-0)
11.06.2024	Bangkok	Thailand - Singapore	3-1 (1-0)

STANDINGS

1.	Korea Republic	6	5	1	0	20 - 1		16
2.	China P.R.	6	2	2	2	9 - 9		8
3.	Thailand	6	2	2	2	9 - 9		8
4.	Singapore	6	0	1	5	5 - 24		1

Korea Republic and China P.R. were qualified for the 2026 FIFA World Cup qualifying Third Round.
Thailand and Singapore were qualified for the 2027 Asian Cup qualifying Third Round.

GROUP D

Date	Venue	Match	Result
16.11.2023	Kuala Lumpur	Malaysia - Kyrgyz Republic	4-3(1-2)
16.11.2023	Muscat	Oman - Chinese Taipei	3-0(2-0)
21.11.2023	Taipei	Chinese Taipei - Malaysia	0-1(0-0)
21.11.2023	Bishkek	Kyrgyz Republic - Oman	1-0(0-0)
21.03.2024	Kaohsiung	Chinese Taipei - Kyrgyz Republic	0-2(0-0)
21.03.2024	Muscat	Oman - Malaysia	2-0(0-0)
26.03.2024	Bishkek	Kyrgyz Republic - Chinese Taipei	5-1(3-0)
26.03.2024	Kuala Lumpur	Malaysia - Oman	0-2(0-1)
06.06.2024	Taipei	Chinese Taipei - Oman	0-3(0-1)
06.06.2024	Bishkek	Kyrgyz Republic - Malaysia	1-1(1-1)
11.06.2024	Kuala Lumpur	Malaysia - Chinese Taipei	3-1(0-1)
11.06.2024	Muscat	Oman - Kyrgyz Republic	1-1(0-1)

STANDINGS

	Team	P	W	D	L	GF		GA	Pts
1.	Oman	6	4	1	1	11	-	2	13
2.	Kyrgyz Republic	6	3	2	1	13	-	7	11
3.	Malaysia	6	3	1	2	9	-	9	10
4.	Chinese Taipei	6	0	0	6	2	-	17	0

Oman and Kyrgyz Republic were qualified for the 2026 FIFA World Cup qualifying Third Round.
Malaysia and Chinese Taipei were qualified for the 2027 Asian Cup qualifying Third Round.

GROUP E

Date	Venue	Match	Result
16.11.2023	Aşgabat	Turkmenistan - Uzbekistan	1-3(1-0)
16.11.2023	Tehran	Iran - Hong Kong	4-0(2-0)
21.11.2023	Hong Kong	Hong Kong - Turkmenistan	2-2(1-2)
21.11.2023	Tashkent	Uzbekistan - Iran	2-2(0-2)
21.03.2024	Hong Kong	Hong Kong - Uzbekistan	0-2(0-0)
21.03.2024	Tehran	Iran - Turkmenistan	5-0(2-0)
26.03.2024	Tashkent	Uzbekistan - Hong Kong	3-0(1-0)
26.03.2024	Aşgabat	Turkmenistan - Iran	0-1(0-1)
06.06.2024	Hong Kong	Hong Kong - Iran	2-4(1-2)
06.06.2024	Tashkent	Uzbekistan - Turkmenistan	3-1(2-1)
11.06.2024	Aşgabat	Turkmenistan - Hong Kong	0-0
11.06.2024	Tehran	Iran - Uzbekistan	0-0

STANDINGS

	Team	P	W	D	L	GF		GA	Pts
1.	Iran	6	4	2	0	16	-	4	14
2.	Uzbekistan	6	4	2	0	13	-	4	14
3.	Turkmenistan	6	0	2	4	4	-	14	2
4.	Hong Kong	6	0	2	4	4	-	15	2

Iran and Uzbekistan were qualified for the 2026 FIFA World Cup qualifying Third Round.
Turkmenistan and Hong Kong were qualified for the 2027 Asian Cup qualifying Third Round.

GROUP F

Date	Venue	Match	Result
16.11.2023	Manila	Philippines - Vietnam	0-2(0-1)
16.11.2023	Basra	Iraq - Indonesia	5-1(2-1)
21.11.2023	Manila	Philippines - Indonesia	1-1(1-0)
21.11.2023	Hà Nội	Vietnam - Iraq	0-1(0-0)
21.03.2024	Jakarta	Indonesia - Vietnam	1-0(0-0)
21.03.2024	Basra	Iraq - Philippines	1-0(0-0)
26.03.2024	Manila	Philippines - Iraq	0-5(0-3)
26.03.2024	Hà Nội	Vietnam - Indonesia	0-3(0-2)
06.06.2024	Jakarta	Indonesia - Iraq	0-2(0-0)
06.06.2024	Hà Nội	Vietnam - Philippines	3-2(0-0)
11.06.2024	Jakarta	Indonesia - Philippines	2-0(1-0)
11.06.2024	Basra	Iraq - Vietnam	3-1(1-0)

STANDINGS

	Team	P	W	D	L	GF		GA	Pts
1.	Iraq	6	6	0	0	17	-	2	18
2.	Indonesia	6	3	1	2	8	-	8	10
3.	Vietnam	6	2	0	4	6	-	10	6
4.	Philippines	6	0	1	5	3	-	14	1

Iraq and Indonesia were qualified for the 2026 FIFA World Cup qualifying Third Round.
Vietnam and Philippines were qualified for the 2027 Asian Cup qualifying Third Round.

GROUP G

Date	Venue	Match	Result
16.11.2023	Dushanbe	Tajikistan - Jordan	1-1(0-0)
16.11.2023	Al-Mubarraz	Saudi Arabia - Pakistan	4-0(1-0)
21.11.2023	Islamabad	Pakistan - Tajikistan	1-6(1-4)
21.11.2023	Amman	Jordan - Saudi Arabia	0-2(0-2)
21.03.2024	Islamabad	Pakistan - Jordan	0-3(0-2)
21.03.2024	Riyadh	Saudi Arabia - Tajikistan	1-0(1-0)
26.03.2024	Dushanbe	Tajikistan - Saudi Arabia	1-1(0-0)
26.03.2024	Amman	Jordan - Pakistan	7-0(2-0)
06.06.2024	Islamabad	Pakistan - Saudi Arabia	0-3(0-2)
06.06.2024	Amman	Jordan - Tajikistan	3-0(0-0)
11.06.2024	Dushanbe	Tajikistan - Pakistan	3-0(1-0)
11.06.2024	Riyadh	Saudi Arabia - Jordan	1-2(1-2)

STANDINGS

	Team	P	W	D	L	GF		GA	Pts
1.	Jordan	6	4	1	1	16	-	4	13
2.	Saudi Arabia	6	4	1	1	12	-	3	13
3.	Tajikistan	6	2	2	2	11	-	7	8
4.	Pakistan	6	0	0	6	1	-	26	0

Jordan and Saudi Arabia were qualified for the 2026 FIFA World Cup qualifying Third Round.
Tajikistan and Pakistan were qualified for the 2027 Asian Cup qualifying Third Round.

GROUP H

16.11.2023	Dubai	United Arab Emirates - Nepal	4-0(4-0)
16.11.2023	Abha/KSA	Yemen - Bahrain	0-2(0-1)
21.11.2023	Kathmandu	Nepal - Yemen	0-2(0-0)
21.11.2023	Riffa	Bahrain - United Arab Emirates	0-2(0-1)
21.03.2024	Abu Dhabi	United Arab Emirates - Yemen	2-1(1-0)
21.03.2024	Kathmandu	Nepal - Bahrain	0-5(0-3)
26.03.2024	Riffa	Bahrain - Nepal	3-0(3-0)
26.03.2024	Khobar/KSA	Yemen - United Arab Emirates	0-3(0-3)
06.06.2024	Kathmandu	Nepal - United Arab Emirates	0-4(0-2)
06.06.2024	Riffa	Bahrain - Yemen	0-0
11.06.2024	Dubai	United Arab Emirates - Bahrain	1-1(1-1)
11.06.2024	Dammam/KSA	Yemen - Nepal	2-2(1-1)

STANDINGS

1.	United Arab Emirates	6	5	1	0	16	-	2	16
2.	Bahrain	6	3	2	1	11	-	3	11
3.	Yemen	6	1	2	3	5	-	9	5
4.	Nepal	6	0	1	5	2	-	20	1

United Arab Emirates and Bahrain were qualified for the 2026 FIFA World Cup qualifying Third Round.
Yemen and Nepal were qualified for the 2027 Asian Cup qualifying Third Round.

GROUP I

16.11.2023	Melbourne	Australia - Bangladesh	7-0(4-0)
16.11.2023	Sharjah/UAE	Lebanon - Palestine	0-0
21.11.2023	Ḍhākā	Bangladesh - Lebanon	1-1(0-0)
21.11.2023	Kuwait City/KUW	Palestine - Australia	0-1(0-1)
21.03.2024	Sydney	Australia - Lebanon	2-0(1-0)
21.03.2024	Kuwait City/KUW	Palestine - Bangladesh	5-0(2-0)
26.03.2024	Canberra/AUS	Lebanon - Australia	0-5(0-1)
26.03.2024	Ḍhākā	Bangladesh - Palestine	0-1(0-0)
06.06.2024	Ḍhākā	Bangladesh - Australia	0-2(0-1)
06.06.2024	Doha/QAT	Palestine - Lebanon	0-0
11.06.2024	Perth	Australia - Palestine	5-0(3-0)
11.06.2024	Al Rayyan/QAT	Lebanon - Bangladesh	4-0(2-0)

STANDINGS

1.	Australia	6	6	0	0	22	-	0	18
2.	Palestine	6	2	2	2	6	-	6	8
3.	Lebanon	6	1	3	2	5	-	8	6
4.	Bangladesh	6	0	1	5	1	-	20	1

Australia and Palestine were qualified for the 2026 FIFA World Cup qualifying Third Round.
Lebanon and Bangladesh were qualified for the 2027 Asian Cup qualifying Third Round.

ASIAN CLUB COMPETITIONS 2023/2024

AFC CHAMPIONS LEAGUE 2023/2024

53 clubs from 23 associations entered the highest ranked Asian club football tournament in the 2023/2024 edition:

List of participating clubs:

West Region (Groups A, B, C, D, E):

Bangladesh (1 team)	Bashundhara Kings Ḍhākā (1*)
India (1 team)	Mumbai City FC
Iran (4 teams)	Persepolis Tehran FC
	FC Nassaji Mazandaran Qa'em Shahr
	Sepahan Esfahan FC
	Tractor Sazi FC Tabriz (2*)
Iraq (1 team)	Al Quwa Al Jawiya FC Baghdad
Jordan (2 teams)	Al Faisaly Club Amman
	Al Wehdat Club Amman (1*)
Oman (1 team)	Al-Seeb Club (1*) [*2022 AFC Cup winners*]
Qatar (4 teams)	Al-Sadd Sports Club
	Al-Duhail Sports Club Doha
	Al-Arabi Sports Club Doha (2*)
	Al-Wakrah SC (2*)
Saudi Arabia (4 teams)	Al-Hilal FC Riyadh
	Al-Ittihad Club Jeddah
	Al-Fayha FC Al Majma'ah
	Al-Nassr FC Riyadh (2*)
Tajikistan (1 team)	Istiqlol FK Dushanbe
Turkmenistan (1 team)	FK Ahal Abadan
United Arab Emirates (3 teams)	Al-Ain FC
	Sharjah FC (1*)
	Shabab Al Ahli Dubai FC (1*)
Uzbekistan (4 teams)	FC Pakhtakor Tashkent
	Nasaf Qarshi FC
	FC AGMK Olmaliq (1*)
	Navbahor Namangan FC (2*)

East Region (Groups F, G, H, I, J):

Australia (1 team)	Melbourne City FC
China P.R. (4 teams)	Wuhan Three Towns FC
	Shandong Taishan FC
	Zhejiang Professional FC (2*)
	Shanghai Port FC (2*)
Hong Kong (3 teams)	Kitchee SC
	Lee Man FC (1*)
	Hong Kong Rangers FC (1*)
Indonesia (1 team)	Bali United FC Gianyar (1*)

Japan (4 teams)	Yokohama F. Marinos Ventforet Kofu Kawasaki Frontale Urawa Red Diamonds Saitama (2*)
Korea Republic (4 teams)	Ulsan Hyundai FC Jeonbuk Hyundai Motors FC Jeonju Pohang Steelers FC Incheon United FC (2*)
Malaysia (1 team)	Johor Darul Ta'zim FC Johor Bahru
Philippines (1 team)	Kaya FC Iloilo
Singapore (1 team)	Lion City Sailors FC
Thailand (4 teams)	Buriram United FC Bangkok United FC Bangkok Glass Pathum United FC (2*) Port FC Bangkok (2*)
Vietnam (2 teams)	CLB Hà Nội CLB Hải Phòng (1*)

(1*) qualifying play-off participants, entering in Preliminary Round
(2*) qualifying play-off participants, entering in Play-off Round

To determine the 40 best teams to enter the group stage, a qualifying Preliminary Round (East Asia) and play-off round (West and East Asia) was played. In the Group Stage, the 40 qualified teams will be drawn into ten groups of four: five groups each in the West Region (Groups A–E) and the East Region (Groups F–J). Group Winners and three best runners-up of each region will enter the Knockout stage.

PRELIMINARY ROUND

WEST ASIA

15.08.2023, Al Rashid Stadium, Dubai; Attendance: 3,014
Referee: Muhammad Nazmi Nasaruddin (Malaysia)
Shabab Al Ahli Dubai FC - Al Wehdat Club Amman 3-0(0-0)
Shabab Al Ahli: Majed Naser Humaid Bakheit Al Maqdemi, Yousif Jaber Naser Al Hammadi, Mohammed Marzooq Abdulla Mohd Al Matroushi, Saeed Suleiman Salem Mobarek (90.Abdulaziz Hussain Haikal Mubarak Al Balooshi), Renan Victor da Silva, Tariq Ahmed Mohamed Hassan Al Hammadi, Aziz Ganiev, Yuri César Santos de Oliveira Silva (77.Harib Abdalla Suhail Al Musharrakh Al Maazmi), Mu'nas Dabbur (89.Luka Milivojević), Yahya Ali Saeed Al Ghassani, Igor Jesus Maciel da Cruz. Trainer: Marko Nikolić (Serbia).
Al Wehdat: Abdallah Ra'ed Mahmoud Al Fakhouri, Arafat Mohammad Fahid, Feras Zeyad Yousef Shilbaya, Danial Ahmed Afaneh, Yousef Mohammad Salem Abu Al Jazar, Mohannad Nahmoud Saleh Abu Taha, Mário Manuel de Oliveira "Ito", Saleh Ibrahim Rateb, Mahmoud Shawkaat Aqel Musleh, Bernard Henri Cedric Doumbia (90.Mohammad Abdel-motalib Aburiziq), Anas Ahmad Mahmoud Hammad Al Awadat (90.Khaled Assam Yousef Mohammad). Trainer: Darko Nestorović (Bosnia and Herzegovina).
Goals: 1-0 Aziz Ganiev (57), 2-0 Renan Victor da Silva (65), 3-0 Mu'nas Dabbur (86).

15.08.2023, Sharjah Stadium, Sharjah; Attendance: 1,426
Referee: Nasrullo Kabirov (Tajikistan)
Sharjah FC - Bashundhara Kings Ḏhākā 2-0(1-0)
Sharjah: Darwish Mohammed Obaid Habib, Shaheen Abdalla Abdelrahman Shaheen Al Maazmi, Abdullah Ghanem Jumaa Al Alawi, Khaled Ibrahim Helal Al Dhanhani, Abdelaziz Salim Ali Salim Al Kaabi, Miralem Pjanić (77.Dhari Fahad Mousa Ibrahim Al Maazmi), Majed Suroor Masouz Al Yassi (57.Majid Rashid Sultan Al Khabeel Al Mehrzi), Luan Martins Pereira "Luanzinho" (77.Mohammad Abdulbasit Mohammad Amin Abbas Al Abdulla), Francisco „Paco" Alcácer García, Caio Lucas Fernandes (46.Saeed Obaid Saeed Obaid Al Kaabi), Ousmane Camara (86.Salem Saleh Mussallam

Salem Al Rejaibi). Trainer: Cosmin Aurelian Olăroiu (Romania).
Bashundhara: Anisur Rahman Zico, Boburbek Yuldashov, Topu Barman, Bishwanath Ghosh, Jean-Charles Didier Kpéhi Brossou (84.Mohammad Sohel Rana), Asror Gofurov (84.Shekh Morsalin), Miguel Ferreira Damasceno, Dorielton Gomes Nascimento "Dori", Robson Azevedo da Silva "Robinho", Mohammad Saad Uddin, Rakib Hossain (84.Mohammad Ibrahim). Trainer: Óscar Bruzón Barreras (Spain).
Goals: 1-0 Luan Martins Pereira "Luanzinho" (45+3), 2-0 Luan Martins Pereira "Luanzinho" (71).

15.08.2023, AGMK Stadium, Olmaliq; Attendance: 7,077
Referee: Hanna Hattab (Syria)
FC AGMK Olmaliq - Al-Seeb Club   **1-0(0-0)**
AGMK: Botirali Ergashev, Anzur Ismoilov, Sardor Rakhmanov, Sanjar Tursunov (90+2.Oybek Rustamov), Shokhrukh Gadoev, Siavash Haghnazari (82.Mirjakhon Mirakhmadov), Dilshod Akhmadaliev (82.Islom Tukhtakhuzhaev), Abdulla Abdullaev, Rubén Sánchez Pérez-Cejuela, Khurshid Giyosov (90+2.Vitaliy Denisov), Martin Boakye [*sent off 73*]. Trainer: Mirjalol Qosimov.
Al-Seeb: Ahmed Faraj Abdulla Al Rawahi, Mohammed Saleh Ali Al Musalami, Hassan Ahmed Ali Al Ajmi (82.Marwan Awlad Wadi Taaib), Ahmed Mohammed Khalfan Al Khamisi, Eid Mohammed Eid Al Farsi, Zaher Suleiman Al Aghbari (76.Issam Khamis Said Al Makhzoomi), Yazed Salim Al Maashani, Tameem Haitham Shambeh Al Balushi, Abdul Aziz Humaid Mubarak Al Muqbali, Ali Sulaiman Rashid Al Busaidi, Muhsen Saleh Abdullah Ali Al Ghassan. Trainer: Rashid Jaber Abdullah Al Yafai.
Goal: 1-0 Khurshid Giyosov (47).

EAST ASIA

15.08.2023, Mong Kok Stadium, Hong Kong; Attendance: 4,158
Referee: Omar Mohamed Al Ali (United Arab Emirates)
Hong Kong Rangers FC - CLB Hải Phòng   **1-4(1-0,1-1)**
Rangers FC: Leung Hing Kit, Ma Sang-hoon, Li Ngai Hoi (67.Jean-jacques Kilama), Park Jong-bum, Kim Min-kyu, Lam Ka Wai (105.Tse Wai Chun), Yumemi Kanda, Yiu Ho Ming (61.Lo Kwan Yee), Lam Hin Ting (89.Lau Chi Lok), Stefan Čađenović, Ibrahim Yakubu Nassam. Trainer: Vom Ca-nhum (Chinese Taipei).
Hải Phòng: Nguyễn Đình Triệu, Đặng Văn Tới, Bicou Bissainthe, Benjamin Patrick van Meurs, Nguyễn Hải Huy (90.Martin Lo), Lương Hoàng Nam (81.Nguyễn Tuấn Anh), Nguyễn Hữu Sơn (81.Hồ Minh Dĩ), Triệu Việt Hưng, Phạm Trung Hiếu (119.Nguyễn Thành Đồng), Yuri Souza Almeida „Yuri Mamute" (119.Lê Mạnh Dũng), Joseph Mbolimbo Mpande (64.Lương Xuân Trường). Trainer: Chu Đình Nghiêm.
Goals: 1-0 Yumemi Kanda (41), 1-1 Nguyễn Tuấn Anh (88), 1-2 Yuri Souza Almeida „Yuri Mamute" (108), 1-3 Martin Lo (111), 1-4 Yuri Souza Almeida „Yuri Mamute" (116).

16.08.2023, Hong Kong Stadium, Hong Kong; Attendance: 4,238
Referee: Abdullah Jamali (Kuwait)
Lee Man FC - Bali United FC Gianyar   **5-1(3-1)**
Lee Man: Chan Ka Ho, José Ángel Alonso Martín, Fernando Recio Comí (68.Yu Wai Lim), Tsui Wang Kit (80.Yu Pui Hong), Ngan Lok Fung (71.Diego Eli Moreira), Wong Wai (80.Chang Hei Yin), Mitchel Paulissen, Ryoya Tachibana, Henri Anier (71.Wu Chun Ming), Givanilton Martins Ferreira „Gil Martins", Everton Camargo. Trainer: Tsang Chiu Tat.
Bali United: Adilson Aguero dos Santos "Adilson Maringá", Elias Dolah, Ricky Fajrin Saputra, Haudi Abdillah (84.Jajang Mulyana), Éber Henrique Ferreira de Bessa (62.Ardi Idrus), Novri Setiawan, Mohammed Bassim Ahmed Rashid (62.Rizky Ramdani Lestaluhu), Mohammad Sidik Saimima, Ilija Spasojević, Jean Marie Privat Befolo Mbarga (75.Rahmat Arjuna Reski), Jefferson Mateus de Assis Estácio (46.Rahmat Syamsuddin Leo). Trainer: Alessandro Stefano Cugurra Rodrigues "Teco" (Brazil).
Goals: 1-0 Mitchel Paulissen (8), 1-1 Tsui Wang Kit (11 own goal), 2-1 Givanilton Martins Ferreira „Gil Martins" (13), 3-1 Everton Camargo (45+2), 4-1 Mitchel Paulissen (56), 5-1 José Ángel Alonso Martín (86).

PLAY-OFF ROUND

WEST ASIA

22.08.2023, "King Saud" University Stadium, Riyadh; Attendance: 20,600
Referee: Fu Ming (China P.R.)
Al-Nassr FC Riyadh - Shabab Al Ahli Dubai FC   **4-2(1-1)**
Al-Nassr: Nawaf Dhahi Faisal Al Suwaiti Al Aqidi, Mohammed Abdulhakim Mahdi Al Fatil, Sultan Abdullah Salem Al Ghanam, Ghislain N'Clomande Konan (88.Ayman Yahya Salem Ahmed), Abdulelah Ali Awadh Al Amri (67.Mukhtar Abdullahi Ali), Marcelo Brozović, Anderson Souza Conceição „Talisca", Abdulmajeed Mohammed Al Sulaiheem (55.Abdulrahman Abdullah Ghareeb), Abdullah Mohammed Al Khaibari, Cristiano Ronaldo dos Santos Aveiro, Sadio Mané. Trainer: Luís Manuel Ribeiro de Castro (Portugal).
Shabab Al Ahli: Majed Naser Humaid Bakheit Al Maqdemi, Waleed Abbas Murad Yousuf Al Balooshi, Bogdan Planić, Saeed Suleiman Salem Mobarek, Renan Victor da Silva, Luka Milivojević, Aziz Ganiev, Harib Abdalla Suhail Al Musharrakh Al Maazmi (65.Tariq Ahmed Mohamed Hassan Al Hammadi), Mu'nas Dabbur, Yahya Ali Saeed Al Ghassani, Igor Jesus Maciel da Cruz. Trainer: Marko Nikolić (Serbia).
Goals: 1-0 Anderson Souza Conceição „Talisca" (11), 1-1 Yahya Ali Saeed Al Ghassani (18), 1-2 Yahya Ali Saeed Al Ghassani (46), 2-2 Sultan Abdullah Salem Al Ghanam (88), 3-2 Anderson Souza Conceição „Talisca" (90+5), 4-2 Marcelo Brozović (90+7).

22.08.2023, Yadegar-e Emam Stadium, Tabriz; Attendance: 80,898
Referee: Kim Jong-hyeok (Korea Republic)
Tractor Sazi FC Tabriz - Sharjah FC   **1-3(0-1)**
Tractor Sazi: Hossein Pour Hamidi, Shojae Khalilzadeh, Mehdi Shiri, Aref Aghasi, Saeid Karimazar (72.Mehdi Hashemnejad), Gustavo Di Mauro Vagenin, Ricardo Alves Coelho da Silva, Safaa Hadi (72.Siamak Nemati), Amirhossein Hosseinzadeh, Álvaro José Jiménez Guerrero (83.Seyed Mehdi Hosseini), Mohammad Mehdi Ghanbari (72.Aref Rostami). Trainer: Francisco "Paco" Jémez Martín (Spain).
Sharjah: Adel Mohamed Ali Mohamed Al Hosani, Konstantinos Manolas, Shaheen Abdalla Abdelrahman Shaheen Al Maazmi, Alhassan Saleh Easa Ali Qutair Al Hennawi (90+2.Abdelaziz Salim Ali Salim Al Kaabi), Khaled Ibrahim Helal Al Dhanhani, Miralem Pjanić (90+2.Abdullah Ghanem Jumaa Al Alawi), Mohammad Abdulbasit Mohammad Amin Abbas Al Abdulla (75.Majed Suroor Masouz Al Yassi), Majid Rashid Sultan Al Khabeel Al Mehrzi, Luan Martins Pereira "Luanzinho", Caio Lucas Fernandes, Ousmane Camara. Trainer: Cosmin Aurelian Olăroiu (Romania).
Goals: 0-1 Shaheen Abdalla Abdelrahman Shaheen Al Maazmi (25), 0-2 Ousmane Camara (84), 1-2 Mehdi Hashemnejad (86), 1-3 Caio Lucas Fernandes (90 penalty).

22.08.2023, Al Thumama Stadium, Doha; Attendance: 6,617
Referee: Ko Hyung-jin (Korea Republic)
Al-Arabi SC Doha - FC AGMK Olmaliq   **0-1(0-0)**
Al-Arabi: Jasem Adel Al Hail, Hamid Ismaeil Hassan Khaleefa Hamid (90+1.Rami Suhali Ali Al Hamawende), Jassem Gaber Abdulsallam (77.Abdullah Nasser Murisi), Abdou-Lakhad Diallo, Wassim Keddari Boulif "Simo", Rafael Alcántara do Nascimento „Rafinha", Abdulla Hassan Abdulla Mohammed Maarafiya (86.Ahmad Moein Doozandeh), Ahmed Fathi Abdulla Mansi, Hilal Mohammed Ibrahim, Youssef Msakni, Omar Jehad Al Somah. Trainer: Younes Ali Rahmati.
AGMK: Botirali Ergashev, Anzur Ismoilov, Islom Tukhtakhuzhaev, Sardor Rakhmanov, Sanjar Tursunov (90+5.Vitaliy Denisov), Shokhrukh Gadoev, Mirjamol Kosimov (85.Oybek Rustamov), Siavash Haghnazari (85.Mirjakhon Mirakhmadov), Abdulla Abdullaev, Rubén Sánchez Pérez-Cejuela, Khurshid Giyosov. Trainer: Mirjalol Qosimov.
Goal: 0-1 Rubén Sánchez Pérez-Cejuela (69).

22.08.2023, Al Janoub Stadium, Al Wakrah; Attendance: 6,415
Referee: Hiroyuki Kimura (Japan)
Al-Wakrah SC - Navbahor Namangan FC   **0-1(0-0,0-0)**
Al-Wakrah: Omair Abdulla Al Sayed, Lucas Michel Mendes, Murad Naji Kamal Hussein (105.Mohamed Khaled Hassan), Trent Lucas Sainsbury, Ahmed Fadhel Hasabah (64.Rabh Yahia Boussafi), Ahmed Mohammed Al Sayed (85.Nabil Irfan), Hamdy Fathy Abdelhalim Abdelfattah, Hazem Ahmed Mohamed Ahmed Shehata (17.Khald Youssef Shurrab [*sent off 80*]), Ayoub Assal (86.Khalid Muneer Ali Abu Bakr Mazeed), Mohamed Benyettou (85.Youssef Tarek Ahmed El Khatib), Jacinto Muondo "Gelson" Dala. Trainer: Bartolomé Márquez López (Spain).
Navbahor Namangan: Utkir Yusupov, Igor Golban, Miloš Milović (90+5.Shakhboz Jurabekov), Filip Ivanović, Ibrokhim Yuldoshev, Jovan Đokić, Jamshid Boltaboev, Abrorbek Ismoilov (76.Doniyor Abdumannopov), Asad Sobirjonov (109.Jasur Yakhshiboev), Temurkhuja Abdukholikov, Toma Tabatadze (79.Jamshid Iskanderov). Trainer: Samvel Babayan.
Goal: 0-1 Doniyor Abdumannopov (98).

EAST ASIA

22.08.2023, Incheon Football Stadium, Incheon; Attendance: 5,206
Referee: Mouood Bonyadifar (Iran)
Incheon United FC - CLB Hải Phòng   **3-1(1-1)**
Incheon United: Kim Dong-heon, Oh Ban-suk (64.Hernandes Rodrigues da Silva), Kang Yun-koo (107.Kim Yeon-soo), Harrison Andrew Delbridge, Jung Dong-yoon, Mun Ji-hwan (87.Shin Jin-ho), Kim Dong-min, Paul-José M'Poku Ebunge (64.Kim Bo-sub), Lee Myung-joo (46.Kim Do-hyeok), Stefan Mugoša, Cheon Seong-hoon (46.Gerso Fernandes). Trainer: Jo Sung-hwan.
Hải Phòng: Nguyễn Đình Triệu, Đặng Văn Tới, Bicou Bissainthe, Benjamin Patrick van Meurs, Nguyễn Hải Huy (72.Lương Xuân Trường), Lương Hoàng Nam (72.Nguyễn Tuấn Anh; 105.Nguyễn Thành Đồng), Nguyễn Hữu Sơn (72.Hồ Minh Dĩ), Triệu Việt Hưng, Phạm Trung Hiếu, Yuri Souza Almeida „Yuri Mamute", Joseph Mbolimbo Mpande (105.Lê Mạnh Dũng). Trainer: Chu Đình Nghiêm.
Goals: 0-1 Yuri Souza Almeida „Yuri Mamute" (5), 1-1 Cheon Seong-hoon (17), 2-1 Hernandes Rodrigues da Silva (100), 3-1 Gerso Fernandes (120).

22.08.2023, Saitama Stadium 2002, Saitama; Attendance: 15,568
Referee: Sadullo Gulmurodi (Tajikistan)
Urawa Red Diamonds Saitama - Lee Man FC   **3-0(2-0)**
Urawa: Shusaku Nishikawa, Hiroki Sakai, Marius Christopher Høibråten, Takuya Iwanami, Takuya Ogiwara (82.Alex Adrianus Antonius Schalk), Yoshio Koizumi, Tomoaki Okubo (73.Takahiro Akimoto), Atsuki Ito (46.Kai Shibato), Kaito Yasui, Shinzo Koroki (46.Bryan Linssen), Shoya Nakajima (65.Takahiro Sekine). Trainer: Maciej Skorża (Poland).
Lee Man: Chan Ka Ho, José Ángel Alonso Martín, Fernando Recio Comí (87.Diego Eli Moreira), Tsui Wang Kit, Yu Wai Lim (59.Henri Anier), Ngan Lok Fung (87.Cheng Siu Kwan), Mitchel Paulissen, Wu Chun Ming (59.Wong Wai), Ryoya Tachibana, Givanilton Martins Ferreira „Gil Martins", Everton Camargo (87.Chang Hei Yin). Trainer: Tsang Chiu Tat.
Goals: 1-0 Yoshio Koizumi (3), 2-0 Shinzo Koroki (6), 3-0 Takahiro Sekine (90+3).

22.08.2023, Huzhou Olympic Sports Centre, Huzhou; Attendance: 15,608
Referee: Akhrol Risqullaev (Uzbekistan)
Zhejiang Professional FC - Port FC Bangkok   **1-0(0-0)**
Zhejiang: Zhao Bo, Dong Yu (86.Jin Haoxiang), Leung Nok Hang, Lucas Possignolo, Yue Xin (80.Gu Bin), Li Tixiang (90+2.Wang Yang), Franko Andrijašević, Zhang Jiaqi, Nyasha Mushekwi, Jean Evrard Kouassi (86.Cheng Jin), Leonardo Nascimento Lopes de Souza "Léo Souza" (80.Wang Dongsheng). Trainer: Jordi Vinyals Martori (Spain).
Port FC: Somporn Yos, Charlie David Clough (69.Pathompon Charoenrattanapirom), Frans Dhia Jirjis Putros, Kevin Deeromram (84.Nurul Sriyankem), Suphanan Bureerat (84.Pakorn Prempak), Guilherme Ferreira Pinto „Negueba", Tanaboon Kesarat, Bordin Phala, Noboru Shimura (60.Worachit Kanitsribumphen), Hamilton Soares de Sá, Tardeli Barros Machado Reis. Trainer: Surapong Kongthep.
Goal: 1-0 Franko Andrijašević (51).

22.08.2023, Pudong Football Stadium, Shanghai; Attendance: 15,013
Referee: Ammar Ebrahim Mahfoodh (Bahrain)
Shanghai Port FC - Bangkok Glass Pathum United FC   **2-3(1-2)**
Shanghai Port: Yan Junling, Zhang Linpeng, Jiang Guangtai, Wang Shenchao, Oscar dos Santos Emboaba Júnior, Mirahmetjan Muzepper (69.Yang Shiyuan), Cai Huikang (46.Li Shuai), Xu Xin (69.Liu Xiaolong), Wu Lei, Lu Wenjun (69.Markus Pink), Lucas Eduardo dos Santos João (46.Martín Matías Ezequiel Vargas). Trainer: Francisco Javier Pereira Megía (Spain).
BG Pathum: Chatchai Bootprom, Victor Mattos Cardozo, Irfan Fandi Ahmad, Jakkaphan Praisuwan, Ryhan Euan Griffin Stewart, Chanathip Songkrasin, Freddy Antonio Álvarez Rodríguez (89.Patrik Gustavsson), Sarach Yooyen, Phitiwat Sukjitthammakul (57.Apisit Sorada), Teerasil Dangda (73.Chaowat Veerachat), Igor Sergeyev (73.Danilo Almeida Alves). Trainer: Thongchai Sukkoki.
Goals: 0-1 Igor Sergeyev (12), 0-2 Igor Sergeyev (26), 1-2 Mirahmetjan Muzepper (31), 1-3 Igor Sergeyev (61), 2-3 Markus Pink (86).

GROUP STAGE

GROUP A

19.09.2023, Bunyodkor Stadium,Tashkent; Attendance: 8,117
Referee: Ko Hyung-jin (Korea Republic)
FC Pakhtakor Tashkent - Al-Ain FC   **0-3(0-2)**
Pakhtakor: Sandjar Kuvvatov, Matthew Steenvoorden, Farrukh Sayfiev, Dostonbek Tursunov (46.Shakhzod Azmiddinov), Khojiakbar Alijonov, Sardor Sabirkhodjaev (82.Bekhruz Askarov), Odiljon Hamrobekov, Azizbek Turgunboev (72.Dilshod Saitov), Diyor Kholmatov (59.Pulatkhuja Kholdorkhonov), Dragan Čeran, Przemysław Banaszak. Trainer: Maksim Shatskikh.
Al-Ain: Khalid Eisa Mohammed Bilal Saeed, Khalid Mohammed Ahmed Al Hashemi, Erik Jorgens de Menezes, Kouame Autonne Kouadio, Bandar Mohammed Mohammed Saeed Mahdi Al Ahbabi, Alejandro Sebastián Romero Gamarra (90+1.Hazem Mohammad Abdullah Abbas), Park Yong-woo, Khalid Mohammed Hussain Al Baloushi (46.Mohammed Abbas Ahmed Abdulla Hasan Al Baloushi), Yahya Nader Mostafa Sherif (64.Falah Waleed Juma Al Souri Al Junaibi), Kodjo Fo-Doh Laba (81.Eisa Khalfan Zayed Barout Al Harasi), Soufiane Rahimi (81.Ahmed Barman Ali Barman Shamroukh Hammoudi). Trainer: Alfred Schreuder (Netherlands).
Goals: 0-1 Kodjo Fo-Doh Laba (11), 0-2 Khalid Mohammed Hussain Al Baloushi (25), 0-3 Kodjo Fo-Doh Laba (66).

19.09.2023, Aşgabat Stadium, Aşgabat; Attendance: 19,966
Referee: Adham Mohammad Tumah Makhadmeh (Jordan)
FK Ahal Abadan - Al-Fayha FC Al Majma'ah   **1-0(0-0)**
FK Ahal: Rakhat Japarow, Şöhrat Söýünow, Ata Geldiýew, Hakmuhammet Bäşimow, Elman Tagaýew (88.Daýanç Meredow), Furkat Tursunow, Gurban Annaýew (58.Meýlis Diniýew), Alibek Abdyrahmanow (58.Begenc Mamiýew), Dovran Hojamämmedow, Yazgylych Gurbanow (79.Möwlamberdi Goşşanow), Adylbek Ravshanow (79.Salim Umarow). Trainer: Röwşen Muhadow.

Al-Fayha: Ahmed Ali Al Kassar, Mohammed Kareem Hamid Al Baqawi, Ghislain N'Clomande Konan, Muhannad Ahmed Al Qaydhi (61.Osama Yousef Al Khalaf), Mukhair Saleh Mukhir Al Rashidi, Gojko Cimirot, Abdulrahman Salem Al Safari (61.Saud Saad Abdullah Zaydan), Ricardo Ryller Ribeiro Lino Silva, Mohammed Yahya Ahmad Majrashi (86. Ali Fahd Ali Al Jubaya), Henry Chukwuemeka Onyekuru (75.Khalid Hussain Kaabi), Junior Fashion Sakala. Trainer: Vuk Rašović (Serbia).
Goal: 1-0 Elman Tagaýew (51).

03.10.2023, „Hazza bin Zayed" Stadium, Al Ain; Attendance: 8,126
Referee: Abdullah Jamali (Kuwait)
Al-Ain FC - FK Ahal Abadan **4-2(3-0)**
Al-Ain: Khalid Eisa Mohammed Bilal Saeed, Khalid Mohammed Ahmed Al Hashemi, Erik Jorgens de Menezes, Kouame Autonne Kouadio, Bandar Mohammed Mohammed Saeed Mahdi Al Ahbabi (90+9.Saeed Juma Hassan Juma Al Saadi), Alejandro Sebastián Romero Gamarra (81.Hazem Mohammad Abdullah Abbas), Park Yong-woo, Khalid Mohammed Hussain Al Baloushi (76.Falah Waleed Juma Al Souri Al Junaibi), Yahya Nader Mostafa Sherif, Kodjo Fo-Doh Laba (76.Eisa Khalfan Zayed Barout Al Harasi), Soufiane Rahimi (90+9.Sultan Saeed Suwaid Saeed Al Shamsi). Trainer: Alfred Schreuder (Netherlands).
FK Ahal: Rustem Ahallyýew, Şöhrat Söýünow, Ata Geldiýew, Hakmuhammet Başimow (90.Möwlamberdi Goşşanow), Elman Tagaýew (82.Daýanç Meredow), Furkat Tursunow, Gurban Annaýew (46.Meýlis Diniýew), Alibek Abdyrahmanow (70.Begenc Mamiyew), Dovran Hojamämmedow, Yazgylych Gurbanow, Adylbek Ravshanow (69.Salim Umarow). Trainer: Röwşen Muhadow.
Goals: 1-0 Erik Jorgens de Menezes (4), 2-0 Soufiane Rahimi (32), 3-0 Kodjo Fo-Doh Laba (41), 3-1 Elman Tagaýew (58), 4-1 Kouame Autonne Kouadio (70), 4-2 Daýanç Meredow (85).

03.10.2023, „Prince Faisal bin Fahd" Stadium, Riyadh; Attendance: 1,088
Referee: Mohanad Qasim Eessee Sarray (Iraq)
Al-Fayha FC Al Majma'ah - FC Pakhtakor Tashkent **2-0(1-0)**
Al-Fayha: Ahmed Ali Al Kassar, Mohammed Kareem Hamid Al Baqawi, Ghislain N'Clomande Konan, Sami Muhammad Saleh Al Khaibari, Mukhair Saleh Mukhir Al Rashidi, Abdulrahman Salem Al Safari (84.Hussain Hassan Kazim Al Shuwaish), Ricardo Ryller Ribeiro Lino Silva, Sultan Ahmed Mohammed Mandash (66.Mohammed Yahya Ahmad Majrashi), Abdelhamid Sabiri (79.Rakan Ali Ahmed Qadami Kaabi), Anthony Nnaduzor Nwakaeme (79.Malek Saad Al Abdulmenem), Junior Fashion Sakala. Trainer: Vuk Rašović (Serbia).
Pakhtakor: Sandjar Kuvvatov, Matthew Steenvoorden, Farrukh Sayfiev, Khojiakbar Alijonov, Shakhzod Azmiddinov, Sardor Sabirkhodjaev (76.Kimi Merk), Odiljon Hamrobekov, Dostonbek Khamdamov (72.Dilshod Saitov), Azizbek Turgunboev (72.Pulatkhuja Kholdorkhonov), Diyor Kholmatov (76.Bekhruz Askarov), Przemysław Banaszak (46.Michał Kucharczyk). Trainer: Maksim Shatskikh.
Goals: 1-0 Abdelhamid Sabiri (10), 2-0 Abdelhamid Sabiri (71).

24.10.2023, „Hazza bin Zayed" Stadium, Al Ain; Attendance: 7,126
Referee: Hanna Hattab (Syria)
Al-Ain FC - Al-Fayha FC Al Majma'ah **4-1(2-0)**
Al-Ain: Khalid Eisa Mohammed Bilal Saeed, Khalid Mohammed Ahmed Al Hashemi, Erik Jorgens de Menezes (89.Mansour Saeed Musabbeh Al Mahyoubi Al Shamsi), Kouame Autonne Kouadio, Bandar Mohammed Mohammed Saeed Mahdi Al Ahbabi (83.Saeed Juma Hassan Juma Al Saadi), Alejandro Sebastián Romero Gamarra (68.Mohammed Abbas Ahmed Abdulla Hasan Al Baloushi), Park Yong-woo, Khalid Mohammed Hussain Al Baloushi (46.Falah Waleed Juma Al Souri Al Junaibi), Yahya Nader Mostafa Sherif (68.Ahmed Barman Ali Barman Shamroukh Hammoudi), Kodjo Fo-Doh Laba, Soufiane Rahimi. Trainer: Alfred Schreuder (Netherlands).
Al-Fayha: Vladimir Stojković, Hussain Hassan Kazim Al Shuwaish (81.Muhannad Ahmed Al Qaydhi), Mohammed Kareem Hamid Al Baqawi, Sami Muhammad Saleh Al Khaibari, Mukhair Saleh Mukhir Al Rashidi, Ricardo Ryller Ribeiro Lino Silva (81.Rakan Ali Ahmed Qadami Kaabi), Sultan Ahmed Mohammed Mandash (71.Osama Yousef Al Khalaf), Abdelhamid Sabiri (71.Nawaf Khaled Al Harthi),

Saud Saad Abdullah Zaydan (63.Abdulrahman Salem Al Safari), Henry Chukwuemeka Onyekuru, Junior Fashion Sakala. Trainer: Vuk Rašović (Serbia).
Goals: 1-0 Kouame Autonne Kouadio (36), 2-0 Alejandro Sebastián Romero Gamarra (45+3), 3-0 Alejandro Sebastián Romero Gamarra (67), 3-1 Nawaf Khaled Al Harthi (84), 4-1 Soufiane Rahimi (90).

24.10.2023, Bunyodkor Stadium, Tashkent; Attendance: 2,110
Referee: Jumpei Iida (Japan)
FC Pakhtakor Tashkent - FK Ahal Abadan 3-0(2-0)
Pakhtakor: Pavel Pavlyuchenko, Farrukh Sayfiev, Khojiakbar Alijonov, Shakhzod Azmiddinov, Mukhammadkodir Khamraliev, Sardor Sabirkhodjaev (80.Kimi Merk), Odiljon Hamrobekov, Azizbek Turgunboev (80.Mukhammadali Urinboev), Khojimat Erkinov (74.Przemysław Banaszak), Diyor Kholmatov (87.Dilshod Saitov), Pulatkhuja Kholdorkhonov (73.Dostonbek Khamdamov). Trainer: Maksim Shatskikh.
FK Ahal: Rustem Ahallyýew, Şöhrat Söýünow, Ata Geldiýew, Hakmuhammet Bäşimow (87.Begenc Mamiyew), Elman Tagaýew, Furkat Tursunow (51.Azatmuhammet Hojamuhammedow), Dovran Hojamämmedow, Yazgylych Gurbanow, Adylbek Ravshanow (87.Salim Umarow), Meýlis Diniýew (60.Gurban Annaýew), Daýanç Meredow (60.Alibek Abdyrahmanow). Trainer: Serdar Geldiýew.
Goals: 1-0 Khojimat Erkinov (23), 2-0 Azizbek Turgunboev (27), 3-0 Azizbek Turgunboev (59).

07.11.2023, „King Fahd" International Stadium, Riyadh; Attendance: 1,002
Referee: Ma Ning (China P.R.)
Al-Fayha FC Al Majma'ah - Al-Ain FC 2-3(0-2)
Al-Fayha: Vladimir Stojković, Hussain Hassan Kazim Al Shuwaish, Osama Yousef Al Khalaf (70.Abdulrahman Ahmed Daghman Al Ashaji Al Anazi), Ghislain N'Clomande Konan, Muhanad Ahmed Al Qaydhi, Yousef Hussain Haqawi (90.Khaled Emad Abdullah Al Rammah), Gojko Cimirot (70.Nawaf Khaled Al Harthi), Sultan Ahmed Mohammed Mandash, Rakan Ali Ahmed Qadami Kaabi (46.Saud Saad Abdullah Zaydan), Anthony Nnaduzor Nwakaeme, Junior Fashion Sakala. Trainer: Vuk Rašović (Serbia).
Al-Ain: Khalid Eisa Mohammed Bilal Saeed, Khalid Mohammed Ahmed Al Hashemi (46.Mohammed Ali Shaker Ali Al Mahri), Erik Jorgens de Menezes, Kouame Autonne Kouadio, Bandar Mohammed Mohammed Saeed Mahdi Al Ahbabi (90+3.Saeed Juma Hassan Juma Al Saadi), Ahmed Barman Ali Barman Shamroukh Hammoudi, Alejandro Sebastián Romero Gamarra (82.Hazem Mohammed Abdullah Abbas), Park Yong-woo, Mohammed Abbas Ahmed Abdulla Hasan Al Baloushi (82.Falah Waleed Juma Al Souri Al Junaibi), Kodjo Fo-Doh Laba (90+3.Eisa Khalfan Zayed Barout Al Harasi), Soufiane Rahimi. Trainer: Alfred Schreuder (Netherlands).
Goals: 0-1 Kodjo Fo-Doh Laba (29), 0-2 Kodjo Fo-Doh Laba (40), 1-2 Anthony Nnaduzor Nwakaeme (53), 1-3 Soufiane Rahimi (64), 2-3 Muhanad Ahmed Al Qaydhi (90+6).

07.11.2023, Aşgabat Stadium, Aşgabat; Attendance: 17,270
Referee: Muhammad Nazmi Nasaruddin (Malaysia)
FK Ahal Abadan - FC Pakhtakor Tashkent 1-1(0-0)
FK Ahal: Rakhat Japarow, Şöhrat Söýünow, Ata Geldiýew, Hakmuhammet Bäşimow, Elman Tagaýew (87.Begenc Mamiyew), Gurban Annaýew (62.Daýanç Meredow), Alibek Abdyrahmanow, Dovran Hojamämmedow, Yazgylych Gurbanow, Adylbek Ravshanow (82.Salim Umarow), Meýlis Diniýew. Trainer: Serdar Geldiýew.
Pakhtakor: Pavel Pavlyuchenko, Farrukh Sayfiev, Shakhzod Azmiddinov, Mukhammadkodir Khamraliev, Sardor Sabirkhodjaev, Odiljon Hamrobekov [*sent off 64*], Azizbek Turgunboev (73.Przemysław Banaszak), Dilshod Saitov, Khojimat Erkinov, Diyor Kholmatov, Dragan Čeran (73.Pulatkhuja Kholdorkhonov). Trainer: Maksim Shatskikh.
Goals: 1-0 Alibek Abdyrahmanow (81), 1-1 Khojimat Erkinov (90+5).

28.11.2023, „Hazza bin Zayed" Stadium, Al Ain; Attendance: 2,926
Referee: Adham Mohammad Tumah Makhadmeh (Jordan)
Al-Ain FC - FC Pakhtakor Tashkent 1-3(1-0)
Al-Ain: Mohammed Saeed Abo Sandah, Mohammed Ali Shaker Ali Al Mahri, Khalid Ali Al Baloushi,

Mansour Saeed Musabbeh Al Mahyoubi Al Shamsi (62.Matías Damián Palacios), Bandar Mohammed Mohammed Saeed Mahdi Al Ahbabi, Alejandro Sebastián Romero Gamarra, Sultan Saeed Suwaid Saeed Al Shamsi (67.Khalid Mohammed Ahmed Al Hashemi), Jonatas da Anunciação Santos, Mohammed Abbas Ahmed Abdulla Hasan Al Baloushi (81.Hazem Mohammad Abdullah Abbas), Abdoul Karim Traoré (81.Falah Waleed Juma Al Souri Al Junaibi), Eisa Khalfan Zayed Barout Al Harasi (62.Josna Epifani Loulendo). Trainer: Hernán Jorge Crespo (Argentina).
Pakhtakor: Pavel Pavlyuchenko, Farrukh Sayfiev, Shakhzod Azmiddinov (90.Pulatkhuja Kholdorkhonov), Mukhammadkodir Khamraliev, Sardor Sabirkhodjaev, Azizbek Turgunboev (90.Mukhammadali Urinboev), Dilshod Saitov, Khojimat Erkinov (87.Dostonbek Khamdamov), Diyor Kholmatov, Bekhruz Askarov, Dragan Čeran. Trainer: Maksim Shatskikh.
Goals: 1-0 Eisa Khalfan Zayed Barout Al Harasi (18), 1-1 Khojimat Erkinov (55), 1-2 Khojimat Erkinov (62), 1-3 Dragan Čeran (78).

28.11.2023, „Prince Faisal bin Fahd" Stadium, Riyadh; Attendance: 133
Referee: Ahmad Faisal Al Ali (Kuwait)
Al-Fayha FC Al Majma'ah - FK Ahal Abadan 3-1(2-1)
Al-Fayha: Ahmed Ali Al Kassar, Mohammed Kareem Hamid Al Baqawi (88.Yousef Hussain Haqawi), Osama Yousef Al Khalaf (78.Nawaf Khaled Al Harthi), Ghislain N'Clomande Konan (78.Saud Saad Abdullah Zaydan), Muhannad Ahmed Al Qaydhi, Mukhair Saleh Mukhir Al Rashidi, Gojko Cimirot, Abdulrahman Salem Al Safari, Sultan Ahmed Mohammed Mandash, Anthony Nnaduzor Nwakaeme (78.Henry Chukwuemeka Onyekuru), Junior Fashion Sakala (90+2.Ali Fahd Ali Al Jubaya). Trainer: Vuk Rašović (Serbia).
FK Ahal: Rustem Ahallyýew, Şöhrat Söýünow, Ata Geldiýew, Hakmuhammet Bäşimow (82.Begenc Mamiyew), Elman Tagaýew, Gurban Annaýew (68.Daýanç Meredow), Alibek Abdyrahmanow, Dovran Hojamämmedow (68.Adylbek Ravshanow), Salim Umarow, Yazgylych Gurbanow, Meýlis Diniýew. Trainer: Serdar Geldiýew.
Goals: 1-0 Anthony Nnaduzor Nwakaeme (19 penalty), 1-1 Elman Tagaýew (36 penalty), 2-1 Junior Fashion Sakala (45+6), 3-1 Sultan Ahmed Mohammed Mandash (74).

05.12.2023, Bunyodkor Stadium, Tashkent; Attendance: 2,150
Referee: Ahmed Abu Bakar Said Al Kaf (Oman)
FC Pakhtakor Tashkent - Al-Fayha FC Al Majma'ah 1-4(1-1)
Pakhtakor: Pavel Pavlyuchenko, Farrukh Sayfiev, Dostonbek Tursunov, Mukhammadrasul Abdumajidov, Azizbek Turgunboev, Dilshod Saitov, Khojimat Erkinov (90+8.Mukhammadali Urinboev), Diyor Kholmatov, Bekhruz Askarov, Dragan Čeran, Pulatkhuja Kholdorkhonov. Trainer: Maksim Shatskikh.
Al-Fayha: Ahmed Ali Al Kassar, Hussain Hassan Kazim Al Shuwaish, Mohammed Kareem Hamid Al Baqawi, Osama Yousef Al Khalaf, Yousef Hussain Haqawi (77.Rakan Ali Ahmed Qadami Kaabi), Abdulrahman Salem Al Safari, Sultan Ahmed Mohammed Mandash, Nawaf Khaled Al Harthi (88.Khaled Emad Abdullah Al Rammah), Abdulrahman Ahmed Daghman Al Ashaja'i Al Anazi (58.Saud Saad Abdullah Zaydan), Milan Pavkov (58.Henry Chukwuemeka Onyekuru; 88.Ali Fahd Ali Al Jubaya), Junior Fashion Sakala. Trainer: Vuk Rašović (Serbia).
Goals: 1-0 Khojimat Erkinov (10), 1-1 Junior Fashion Sakala (40), 1-2 Sultan Ahmed Mohammed Mandash (46), 1-3 Henry Chukwuemeka Onyekuru (85), 1-4 Junior Fashion Sakala (90+4).

05.12.2023, Aşgabat Stadium, Aşgabat; Attendance: 9,544
Referee: Kim Jong-hyeok (Korea Republic)
FK Ahal Abadan - Al-Ain FC 1-2(1-2)
FK Ahal: Rustem Ahallyýew, Şöhrat Söýünow, Ata Geldiýew, Hakmuhammet Bäşimow, Elman Tagaýew, Gurban Annaýew (63.Gurbanmuhammet Esenow), Alibek Abdyrahmanow (88.Möwlamberdi Goşşanow), Dovran Hojamämmedow, Salim Umarow (46.Adylbek Ravshanow), Yazgylych Gurbanow, Meýlis Diniýew (75.Begenc Mamiyew). Trainer: Serdar Geldiýew.
Al-Ain: Khalid Eisa Mohammed Bilal Saeed, Saeed Juma Hassan Juma Al Saadi, Mohammed Ali Shaker Ali Al Mahri, Khalid Ali Al Baloushi, Kouame Autonne Kouadio, Ahmed Barman Ali Barman Shamroukh Hammoudi, Matías Damián Palacios, Mohammed Abbas Ahmed Abdulla Hasan Al Baloushi (83.Khalid Mohammed Hussain Al Baloushi), Omer Yosef Atzili (82.Sultan Saeed Suwaid

Saeed Al Shamsi), Soufiane Rahimi (90+4.Bandar Mohammed Mohammed Saeed Mahdi Al Ahbabi), Josna Epifani Loulendo (65.Mansour Saeed Musabbeh Al Mahyoubi Al Shamsi). Trainer: Hernán Jorge Crespo (Argentina).
Goals: 0-1 Soufiane Rahimi (13 penalty), 0-2 Omer Yosef Atzili (32 penalty), 1-2 Elman Tagaýew (35).

FINAL STANDINGS

1. Al-Ain FC	6	5	0	1	17	-	9	15
2. Al-Fayha FC Al Majma'ah	6	3	0	3	12	-	10	9
3. FC Pakhtakor Tashkent	6	2	1	3	8	-	11	7
4. FK Ahal Abadan	6	1	1	4	6	-	13	4

GROUP B

18.09.2023, Amman International Stadium, Amman; Attendance: 13,750
Referee: Mohanad Qasim Eessee Sarray (Iraq)
Al Faisaly Club Amman - Nasaf Qarshi FC   0-1(0-0)
Al Faisaly: Mehdi Salim Khalil, Anas Walid Khaled Bani Yaseen, Salem Al Ajalin, Mohannad Khairullah Al Souliman, Obeida Al Samarneh, Nizar Mahmoud Al Rashdan (90+3.Ahmad Alhareth Tha'er Mahmoud Abu Sha'ireh), Amin Farid Mohammad Al Shanaineh (80.Hatem Sultan Abdallah Al Rushadi), Mohammad Ahmad Ali Al Kloub, Rafik Kamergi (46.Mohammad Ahmad Suleimanan Al Eikish), Khaled Zakaria Waleed Eid, Aref Haitham Aref Al Haj Mohammad (66.Reziq Mohammed Saleh Bani Hani). Trainer: Wassim Moalla (Qatar).
Nasaf Qarshi: Abduvohid Nematov, Shukhrat Mukhammadiev, Umar Eshmurodov, Golib Gaybullaev, Sherzod Nasrullayev, Bakhrom Abdurakhimov (46.Jaba Jigauri), Javokhir Sidikov (65.Marko Stanojević), Sukhrob Nurullaev (65.Azizbek Amanov), Akmal Mozgovoy, Oybek Bozorov (87.Doniyor Narzullaev), Mateus Lima Cruz (78.Zafarmurod Abdirakhmatov). Trainer: Ruziqul Berdiev.
Goal: 0-1 Zafarmurod Abdirakhmatov (90+7).

18.09.2023, „Jassim bin Hamad" Stadium, Doha; Attendance: 9,831
Referee: Muhammad Taqi Aljaafari Jahari (Singapore)
Al-Sadd SC - Sharjah FC   0-0
Al-Sadd: Meshaal Aissa Barsham, Boualem Khoukhi, Pedro Miguel Carvalho Deus Correia "Ró-ró" (87.Musab Kheder Kamal Djebril Mohamed Al Khader), Paulo Otávio Rosa da Silva, Tarek Salman Suleiman Odeh, Andrés Mateus Uribe Villa, Mohammed Waad Abdulwahab Jadoua Al Bayati, Hassan Khalid Hassan Al Haydos (79.Ali Assadalla Qambar), Baghdad Bounedjah (88.Yusuf Abdurisag), Akram Hassan Afif Yahya Afif Al Yafei, Gonzalo Jordy Plata Jiménez. Trainer: Bruno Miguel Nogueira Pinheiro (Portugal).
Sharjah: Adel Mohamed Ali Mohamed Al Hosani, Konstantinos Manolas, Abdullah Ghanem Jumaa Al Alawi, Khaled Ibrahim Helal Al Dhanhani, Abdelaziz Salim Ali Salim Al Kaabi (62.Alhassan Saleh Easa Ali Qutaif Al Hennawi), Miralem Pjanić, Mohamed Firas Ben Larbi (87.Khalid Abdulraheem Mohamed Salem Bawazir), Majed Suroor Masouz Al Yassi (62.Majed Hassan Ahmad Abdulla Al Ahmadi), Majid Rashid Sultan Al Khabeel Al Mehrzi, Caio Lucas Fernandes (74.Sebastián Lucas Tagliabué), Ousmane Camara. Trainer: Cosmin Aurelian Olăroiu (Romania).

02.10.2023, Sharjah Stadium, Sharjah; Attendance: 3,532
Referee: Sivakorn Pu-udom (Thailand)
Sharjah FC - Al Faisaly Club Amman   1-0(1-0)
Sharjah: Adel Mohamed Ali Mohamed Al Hosani, Salem Sultan Salem Saeed Al Sharji (76.Majed Suroor Masouz Al Yassi), Abdullah Ghanem Jumaa Al Alawi, Khaled Ibrahim Helal Al Dhanhani, Abdelaziz Salim Ali Salim Al Kaabi (76.Alhassan Saleh Easa Ali Qutaif Al Hennawi), Miralem Pjanić (90+3.Mohammad Abdulbasit Mohammad Amin Abbas Al Abdulla), Mohamed Firas Ben Larbi (75.Majed Hassan Ahmad Abdulla Al Ahmadi), Majid Rashid Sultan Al Khabeel Al Mehrzi, Moussa Marega (82.Sebastián Lucas Tagliabué), Caio Lucas Fernandes, Ousmane Camara. Trainer: Cosmin Aurelian Olăroiu (Romania).

Al Faisaly: Mehdi Salim Khalil, Anas Walid Khaled Bani Yaseen, Salem Al Ajalin, Mohannad Khairullah Al Souliman, Obeida Al Samarneh, Yousef Abu Jalboush (63.Rafik Kamergi), Nizar Mahmoud Al Rashdan (82.Khaled Zakaria Waleed Eid), Mohammad Ahmad Ali Al Kloub, Mohammad Ahmad Suleimanan Al Eikish (55.Amin Farid Mohammad Al Shanaineh), Reziq Mohammed Saleh Bani Hani (82.Hatem Sultan Abdallah Al Rushadi), Aref Haitham Aref Al Haj Mohammad (83.Ihsan Nabil Farhan Haddad). Trainer: Ghazi Ghrairi (Tunisia).
Goal: 1-0 Moussa Marega (20).

02.10.2023, Markaziy Stadium, Qarshi; Attendance: 8,428
Referee: Alireza Faghani (Iran)
Nasaf Qarshi FC - Al-Sadd SC 3-1(1-0)
Nasaf Qarshi: Abduvohid Nematov, Shukhrat Mukhammadiev (46.Zafarmurod Abdirakhmatov), Umar Eshmurodov, Golib Gaybullaev, Sherzod Nasrullayev, Marko Stanojević (71.Bakhrom Abdurakhimov), Javokhir Sidikov (66.Jaba Jigauri), Sukhrob Nurullaev, Akmal Mozgovoy (85.Bekjon Rakhmatov), Oybek Bozorov, Azizbek Amanov (85.Doniyor Narzullaev). Trainer: Ruziqul Berdiev.
Al-Sadd: Meshaal Aissa Barsham, Boualem Khoukhi, Paulo Otávio Rosa da Silva, Musab Kheder Kamal Djebril Mohamed Al Khader (46.Mohammad Amin Hazbavi), Tarek Salman Suleiman Odeh, Andrés Mateus Uribe Villa, Mohammed Waad Abdulwahab Jadoua Al Bayati, Hassan Khalid Hassan Al Haydos (61.Ali Assadalla Qambar), Akram Hassan Afif Yahya Afif Al Yafei [*sent off 86*], Gonzalo Jordy Plata Jiménez, Yusuf Abdurisag (46.Baghdad Bounedjah). Trainer: Bruno Miguel Nogueira Pinheiro (Portugal).
Goals: 1-0 Sukhrob Nurullaev (29), 2-0 Azizbek Amanov (46), 3-0 Azizbek Amanov (58), 3-1 Boualem Khoukhi (83).

23.10.2023, Sharjah Stadium, Sharjah; Attendance: 1,163; Referee: Fu Ming (China P.R.)
Sharjah FC - Nasaf Qarshi FC 1-0(1-0)
Sharjah: Adel Mohamed Ali Mohamed Al Hosani, Konstantinos Manolas (67.Dhari Fahad Mousa Ibrahim Al Maazmi), Alhassan Saleh Easa Ali Qutaif Al Hennawi (51.Abdelaziz Salim Ali Salim Al Kaabi), Abdullah Ghanem Jumaa Al Alawi, Khaled Ibrahim Helal Al Dhanhani (57.Mohammad Abdulbasit Mohammad Amin Abbas Al Abdulla), Miralem Pjanić, Majed Hassan Ahmad Abdulla Al Ahmadi, Majid Rashid Sultan Al Khabeel Al Mehrzi, Moussa Marega, Caio Lucas Fernandes, Ousmane Camara. Trainer: Cosmin Aurelian Olăroiu (Romania).
Nasaf Qarshi: Abduvohid Nematov, Umar Eshmurodov, Golib Gaybullaev (78.Sukhrob Nurullaev), Sherzod Nasrullayev, Alibek Davronov, Marko Stanojević (58.Azizbek Amanov), Bakhrom Abdurakhimov (46.Oybek Bozorov), Jaba Jigauri, Doniyor Narzullaev (46.Zafarmurod Abdirakhmatov), Akmal Mozgovoy, Mateus Lima Cruz (78.Andrés Eliseo Chávez). Trainer: Ruziqul Berdiev.
Goal: 1-0 Caio Lucas Fernandes (45+5).

23.10.2023, „Jassim bin Hamad" Stadium, Doha; Attendance: 10,380
Referee: Khaled Saleh Al Turais (Saudi Arabia)
Al-Sadd SC - Al Faisaly Club Amman 6-0(1-0)
Al-Sadd: Meshaal Aissa Barsham, Boualem Khoukhi (70.Hashim Ali Abdullatif), Paulo Otávio Rosa da Silva, Musab Kheder Kamal Djebril Mohamed Al Khader, Tarek Salman Suleiman Odeh, Guilherme dos Santos Torres (73.Ahmad Mohammed Al Saeed), Ali Assadalla Qambar, Mohammed Waad Abdulwahab Jadoua Al Bayati, Hassan Khalid Hassan Al Haydos (46.Mostafa Tarek Meshaal), Baghdad Bounedjah (70.Yusuf Abdurisag), Gonzalo Jordy Plata Jiménez (70.Mohammad Amin Hazbavi). Trainer: Bruno Miguel Nogueira Pinheiro (Portugal).
Al Faisaly: Noureddin Zaid Khaleel Bani Ateyah, Anas Walid Khaled Bani Yaseen, Ihsan Nabil Farhan Haddad, Mohannad Khairullah Al Souliman, Husam Ali Mohammad Abudahab, Obeida Al Samarneh, Nizar Mahmoud Al Rashdan [*sent off 44*], Amin Farid Mohammad Al Shanaineh (71.Ahmad Alhareth Tha'er Mahmoud Abu Sha'ireh), Khaled Zakaria Waleed Eid (59.Nathan Mavila), Mohammad Ahmad Suleimanan Al Eikish (59.Reziq Mohammed Saleh Bani Hani), Aref Haitham Aref Al Haj Mohammad (87.Mohammad Ahmad Ali Al Kloub). Trainer: Ahmed Hayel Ibrahim Arshidat.
Goals: 1-0 Baghdad Bounedjah (8), 2-0 Baghdad Bounedjah (50), 3-0 Gonzalo Jordy Plata Jiménez (51), 4-0 Mostafa Tarek Meshaal (52), 5-0 Baghdad Bounedjah (63), 6-0 Yusuf Abdurisag (83).

06.11.2023, Markaziy Stadium, Qarshi; Attendance: 11,451
Referee: Mohammed Khled Al Hoish (Saudi Arabia)
Nasaf Qarshi FC - Sharjah FC   **1-1(0-1)**
Nasaf Qarshi: Abduvohid Nematov, Umar Eshmurodov, Golib Gaybullaev (46.Zafarmurod Abdirakhmatov), Sherzod Nasrullayev (71.Mateus Lima Cruz), Alibek Davronov [*sent off 90+2*], Bakhrom Abdurakhimov (46.Javokhir Sidikov), Jaba Jigauri (46.Marko Stanojević), Sukhrob Nurullaev, Akmal Mozgovoy, Oybek Bozorov, Azizbek Amanov (71.Andrés Eliseo Chávez). Trainer: Ruziqul Berdiev.
Sharjah: Adel Mohamed Ali Mohamed Al Hosani [*sent off 85*], Salem Sultan Salem Saeed Al Sharji (90.Abdelaziz Salim Ali Salim Al Kaabi), Abdullah Ghanem Jumaa Al Alawi, Khaled Ibrahim Helal Al Dhanhani, Marcus Vinicius Barbosa Meloni, Mohammad Abdulbasit Mohammad Amin Abbas Al Abdulla (90+10.Khalid Abdulraheem Mohamed Salem Bawazir), Mohamed Firas Ben Larbi (69.Majed Suroor Masouz Al Yassi), Majid Rashid Sultan Al Khabeel Al Mehrzi, Moussa Marega (88.Darwish Mohammed Obaid Habib), Caio Lucas Fernandes, Ousmane Camara (90+10.Sebastián Lucas Tagliabué). Trainer: Cosmin Aurelian Olăroiu (Romania).
Goals: 0-1 Moussa Marega (16), 1-1 Mateus Lima Cruz (81).

06.11.2023, Amman International Stadium, Amman; Attendance: 2,430
Referee: Sadullo Gulmurodi (Tajikistan)
Al Faisaly Club Amman - Al-Sadd SC   **2-0(0-0)**
Al Faisaly: Noureddin Zaid Khaleel Bani Ateyah, Anas Walid Khaled Bani Yaseen, Ihsan Nabil Farhan Haddad, Mohannad Khairullah Al Souliman, Ahmad Alhareth Tha'er Mahmoud Abu Sha'ireh (58.Amin Farid Mohammad Al Shanaineh), Husam Ali Mohammad Abudahab (81.Salem Al Ajalin), Obeida Al Samarneh, Mohammad Ahmad Ali Al Kloub, Hatem Sultan Abdallah Al Rushadi (82.Yousef Abu Jalboush), Khaled Zakaria Waleed Eid, Reziq Mohammed Saleh Bani Hani (70.Aref Haitham Aref Al Haj Mohammad). Trainer: Ahmed Hayel Ibrahim Arshidat.
Al-Sadd: Meshaal Aissa Barsham, Boualem Khoukhi, Paulo Otávio Rosa da Silva, Musab Kheder Kamal Djebril Mohamed Al Khader (75.Yusuf Abdurisag), Tarek Salman Suleiman Odeh, Guilherme dos Santos Torres (29.Andrés Mateus Uribe Villa), Mohammed Waad Abdulwahab Jadoua Al Bayati (75.Abdullah Badr Al Yazidi), Hassan Khalid Hassan Al Haydos (67.Mostafa Tarek Meshaal), Baghdad Bounedjah, Akram Hassan Afif Yahya Afif Al Yafei, Gonzalo Jordy Plata Jiménez. Trainer: Bruno Miguel Nogueira Pinheiro (Portugal).
Goals: 1-0 Hatem Sultan Abdallah Al Rushadi (56), 2-0 Aref Haitham Aref Al Haj Mohammad (85).

27.11.2023, Markaziy Stadium, Qarshi; Attendance: 8,457
Referee: Kim Hee-gon (Korea Republic)
Nasaf Qarshi FC - Al Faisaly Club Amman   **3-1(0-1)**
Nasaf Qarshi: Abduvohid Nematov, Shukhrat Mukhammadiev, Umar Eshmurodov (46.Sherzod Nasrullayev), Golib Gaybullaev, Bakhrom Abdurakhimov (66.Marko Stanojević), Javokhir Sidikov (46.Azizbek Amanov), Sukhrob Nurullaev, Akmal Mozgovoy, Oybek Bozorov, Zafarmurod Abdirakhmatov (87.Doniyor Narzullayev), Mateus Lima Cruz (66.Jaba Jigauri). Trainer: Ruziqul Berdiev.
Al Faisaly: Noureddin Zaid Khaleel Bani Ateyah, Anas Walid Khaled Bani Yaseen, Ihsan Nabil Farhan Haddad (60.Amin Farid Mohammad Al Shanaineh), Mohannad Khairullah Al Souliman, Husam Ali Mohammad Abudahab, Obeida Al Samarneh, Mohammad Ahmad Ali Al Kloub, Hatem Sultan Abdallah Al Rushadi (60.Nizar Mahmoud Al Rashdan), Khaled Zakaria Waleed Eid (76.Yousef Abu Jalboush), Reziq Mohammed Saleh Bani Hani, Aref Haitham Aref Al Haj Mohammad (81.Ahmad Alhareth Tha'er Mahmoud Abu Sha'ireh). Trainer: Ahmed Hayel Ibrahim Arshidat.
Goals: 0-1 Reziq Mohammed Saleh Bani Hani (45+6), 1-1 Sukhrob Nurullaev (47), 2-1 Zafarmurod Abdirakhmatov (50), 3-1 Marko Stanojević (68).

27.11.2023, Sharjah Stadium, Sharjah; Attendance: 1,512
Referee: Hiroyuki Kimura (Japan)
Sharjah FC - Al-Sadd SC 0-2(0-1)
Sharjah: Darwish Mohammed Obaid Habib, Salem Sultan Salem Saeed Al Sharji, Abdullah Ghanem Jumaa Al Alawi, Marcus Vinicius Barbosa Meloni, Miralem Pjanić, Mohammad Abdulbasit Mohammad Amin Abbas Al Abdulla (67.Sebastián Lucas Tagliabué), Majed Suroor Masouz Al Yassi (41.Abdelaziz Salim Ali Salim Al Kaabi), Majid Rashid Sultan Al Khabeel Al Mehrzi, Luan Martins Pereira "Luanzinho" (89.Salem Saleh Mussallam Salem Al Rejaibi), Moussa Marega (89.Saeed Obaid Saeed Obaid Al Kaabi), Caio Lucas Fernandes. Trainer: Cosmin Aurelian Olăroiu (Romania).
Al-Sadd: Meshaal Aissa Barsham, Boualem Khoukhi, Pedro Miguel Carvalho Deus Correia "Ró-ró", Tarek Salman Suleiman Odeh, Mohammad Amin Hazbavi, Andrés Mateus Uribe Villa, Mohammed Waad Abdulwahab Jadoua Al Bayati (70.Mostafa Tarek Meshaal), Hassan Khalid Hassan Al Haydos (70.Ali Assadalla Qambar), Baghdad Bounedjah, Akram Hassan Afif Yahya Afif Al Yafei, Gonzalo Jordy Plata Jiménez (84.Ahmed Suhail Saber Al Hamawende). Trainer: Wesam Rizik Abdulmajid.
Goals: 0-1 Gonzalo Jordy Plata Jiménez (9), 0-2 Baghdad Bounedjah (60).

04.12.2023, Amman International Stadium, Amman; Attendance: 1,343
Referee: Hanna Hattab (Syria)
Al Faisaly Club Amman - Sharjah FC 2-1(0-1)
Al Faisaly: Noureddin Zaid Khaleel Bani Ateyah, Anas Walid Khaled Bani Yaseen, Salem Al Ajalin, Husam Ali Mohammad Abudahab, Obeida Al Samarneh, Nizar Mahmoud Al Rashdan (46.Ihsan Nabil Farhan Haddad), Amin Farid Mohammad Al Shanaineh (87.Rafik Kamergi), Mohammad Ahmad Ali Al Kloub (46.Khaled Zakaria Waleed Eid), Hatem Sultan Abdallah Al Rushadi (82.Qusai Al Mansouri), Reziq Mohammed Saleh Bani Hani, Aref Haitham Aref Al Haj Mohammad (73.Ahmad Alhareth Tha'er Mahmoud Abu Sha'ireh). Trainer: Ahmed Hayel Ibrahim Arshidat.
Sharjah: Darwish Mohammed Obaid Habib, Salem Sultan Salem Saeed Al Sharji, Abdullah Ghanem Jumaa Al Alawi, Abdelaziz Salim Ali Salim Al Kaabi, Miralem Pjanić [sent off 90+10], Majed Hassan Ahmad Abdulla Al Ahmadi (73.Dhari Fahad Mousa Ibrahim Al Maazmi; 90+4.Salem Saleh Mussallam Salem Al Rejaibi), Mohamed Firas Ben Larbi (79.Khalid Abdulraheem Mohamed Salem Bawazir), Majid Rashid Sultan Al Khabeel Al Mehrzi [sent off 90+1], Luan Martins Pereira "Luanzinho" (90+4.Sebastián Lucas Tagliabué), Moussa Marega, Caio Lucas Fernandes. Trainer: Cosmin Aurelian Olăroiu (Romania).
Goals: 0-1 Mohamed Firas Ben Larbi (34), 1-1 Reziq Mohammed Saleh Bani Hani (90), 2-1 Rafik Kamergi (90+7).

04.12.2023, „Jassim bin Hamad" Stadium, Doha; Attendance: 4,323
Referee: Ahmad Faisal Al Ali (Kuwait)
Al-Sadd SC - Nasaf Qarshi FC 2-2(1-0)
Al-Sadd: Meshaal Aissa Barsham, Boualem Khoukhi, Pedro Miguel Carvalho Deus Correia "Ró-ró", Paulo Otávio Rosa da Silva, Tarek Salman Suleiman Odeh (65.Yusuf Abdurisag), Mohammad Amin Hazbavi, Andrés Mateus Uribe Villa, Mohammed Waad Abdulwahab Jadoua Al Bayati (87.Hashim Ali Abdullatif), Hassan Khalid Hassan Al Haydos (73.Mostafa Tarek Meshaal), Baghdad Bounedjah, Akram Hassan Afif Yahya Afif Al Yafei. Trainer: Wesam Rizik Abdulmajid.
Nasaf Qarshi: Abduvohid Nematov, Shukhrat Mukhammadiev, Golib Gaybullaev, Sherzod Nasrullayev, Alibek Davronov, Marko Stanojević (46.Bakhrom Abdurakhimov), Javokhir Sidikov (46.Azizbek Amanov), Sukhrob Nurullaev (46.Zafarmurod Abdirakhmatov), Akmal Mozgovoy, Oybek Bozorov (90+5.Andrés Eliseo Chávez), Mateus Lima Cruz (66.Jaba Jigauri). Trainer: Ruziqul Berdiev.
Goals: 1-0 Andrés Mateus Uribe Villa (5), 1-1 Jaba Jigauri (83), 1-2 Jaba Jigauri (90), 2-2 Baghdad Bounedjah (90+4).

FINAL STANDINGS

1.	**Nasaf Qarshi FC**	6	3	2	1	10	- 6	11
2.	Al-Sadd SC	6	2	2	2	11	- 7	8
3.	Sharjah FC	6	2	2	2	4	- 5	8
4.	Al Faisaly Club Amman	6	2	0	4	5	- 12	6

GROUP C

18.09.2023, „Prince Abdullah Al Faisal" Stadium, Jeddah; Attendance: 13,897
Referee: Hiroyuki Kimura (Japan)
Al-Ittihad Club Jeddah - FC AGMK Olmaliq   **3-0(3-0)**
Al-Ittihad Club: Abdullah Ibrahim Al Maiouf, Omar Ibrahim Omar Othman Hawsawi (63.Sultan Saad Al Farhan), Hassan Kadesh Mahboob, Ahmed Mohammed Sharahili, Ahmed Mohammed Bamsaud, Muhannad Mustafa Al Shanqeeti, N'Golo Kanté (79.Farhah Ali Saeed Al Qahtah Al Shamrani), Fábio Henrique Tavares „Fabinho", Romário Ricardo da Silva "Romarinho" (63.Luiz Felipe Ramos Marchi), Abderrazak Hamdallah (45+1.Saleh Mohammed Al Jamaan Al Amri), Haroune Moussa Camara (79.Marwan Saeed Masoud Al Sahafi). Trainer: Nuno Herlander Simões Espírito Santo (Portugal).
AGMK: Botirali Ergashev, Anzur Ismoilov, Islom Tukhtakhuzhaev, Sardor Rakhmanov, Sanjar Tursunov (80.Bakhtiyorjon Kasymov), Shokhrukh Gadoev (84.Akramjon Komilov), Mirjamol Kosimov (72.Oybek Rustamov), Dilshod Akhmadaliev (46.Siavash Haghnazari), Rubén Sánchez Pérez-Cejuela, Khurshid Giyosov, Martin Boakye (72.Mirjakhon Mirakhmadov). Trainer: Mirjalol Qosimov.
Goals: 1-0 Haroune Moussa Camara (11), 2-0 Romário Ricardo da Silva "Romarinho" (15), 3-0 Romário Ricardo da Silva "Romarinho" (42 penalty).

18.09.2023, „Franso Hariri" Stadium, Erbil; Attendance: 10,327
Referee: Ma Ning (China P.R.)
Al Quwa Al Jawiya FC Baghdad - Sepahan Esfahan FC   **2-2(1-1)**
Al Quwa Al Jawiya: Mohammed Hassan Hameed Farhan, Ruslan Hanoon, Mohammed Al Baqer Kareem Ghuraibawi, Hamoud Mashaan (76.Mohamed Qasim Majid Al Shammari), Saad Abdul-Amir Luaibi Al Zirjawi, Humam Tariq Faraj Naoush, Ibrahim Bayesh Kamil Al Kaabawi, Koffi Franco Atchou, Ali Jasim Elaibi Al Tameemi, Sampson Eduku (71.Mohannad Abdul-Raheem Karrar), Ahmed Abdulhakim Ahmed Al Sarori (71.Ghaith Maaroufi). Trainer: Ayoub Odisho Barjam.
Sepahan: Payam Niazmand, Ramin Rezaeian, Nilson Barbosa Nascimento Júnior, Mohammad Daneshgar, Milad Zakipour, Farshad Ahmadzadeh, Seyed Mohammad Karimi (90+3.Siavash Yazdani), Mohammad Ghorbani, Mohammadjavad Hosseinnejad (67.Reza Shekari Qezel Qayah), Shahriar Moghanlou, Reza Asadi (90+3.Aria Yousefi). Trainer: José Manuel Ferreira de Morais (Portugal).
Goals: 1-0 Ali Jasim Elaibi Al Tameemi (26), 1-1 Mohammad Daneshgar (30), 1-2 Mohammad Ghorbani (67), 2-2 Ali Jasim Elaibi Al Tameemi (88).

02.10.2023, AGMK Stadium, Olmaliq; Attendance: 3,200
Referee: Omar Mohamed Al Ali (United Arab Emirates)
FC AGMK Olmaliq - Al Quwa Al Jawiya FC Baghdad   **1-2(0-1)**
AGMK: Valijon Rakhimov, Islom Tukhtakhuzhaev, Sardor Rakhmanov (90.Bakhtiyorjon Kasymov), Oybek Rustamov, Sanjar Tursunov (72.Mirjamol Kosimov), Shokhrukh Gadoev (90+4.Mukhammadanas Khasanov), Siavash Haghnazari, Dilshod Akhmadaliev, Rubén Sánchez Pérez-Cejuela (72.Akramjon Komilov), Khurshid Giyosov, Mirjakhon Mirakhmadov (46.Martin Boakye).Trainer: Mirjalol Qosimov.
Al Quwa Al Jawiya: Mohammed Hassan Hameed Farhan, Ruslan Hanoon, Bakary Moussa N'Diaye, Hamoud Mashaan, Saad Abdul-Amir Luaibi Al Zirjawi, Mohamed Qasim Majid Al Shammari (90+5.Mustafa Saadoun Al Korji), Ibrahim Bayesh Kamil Al Kaabawi, Koffi Franco Atchou (90.Shihab Razzaq Farhan), Ghaith Maaroufi, Ali Jasim Elaibi Al Tameemi (90.Mohannad Abdul-Raheem Karrar), Cedric Abogho (90+5.Mustafa Waleed Fatla). Trainer: Ayoub Odisho Barjam.
Goals: 0-1 Ali Jasim Elaibi Al Tameemi 82), 0-2 Sanjar Tursunov (48 own goal), 1-2 Siavash Haghnazari (81).

02.10.2023
Sepahan Esfahan FC - Al-Ittihad Club Jeddah   **0-3 (awarded)**
Please note: *the match was abandoned due to a protest of the visiting team. As a result, the match was awarded as a 3-0 win to Al-Ittihad due to Sepahan's violation of the rules.*

23.10.2023, AGMK Stadium, Olmaliq; Attendance: 3,200
Referee: Omar Mohamed Al Ali (United Arab Emirates)
FC AGMK Olmaliq - Sepahan Esfahan FC **1-3(1-1)**
AGMK: Botirali Ergashev, Anzur Ismoilov (46.Jakhongir Fazilov), Vitaliy Denisov (28.Ulugbek Sunnatov), Sardor Rakhmanov, Akramjon Komilov, Oybek Rustamov, Sanjar Tursunov, Bakhtiyorjon Kasymov (82.Murat Ermatov), Mukhammadanas Khasanov (55.Martin Boakye), Khurshid Giyosov (82.Sirojiddin Bashriddinov), Mirjakhon Mirakhmadov. Trainer: Mirjalol Qosimov.
Sepahan: Payam Niazmand, Ramin Rezaeian, Mohammad Daneshgar, Milad Zakipour, Aria Yousefi (90+1.Ehsan Pahlevan), Bryan Boulaye Kevin Dabo, Farshad Ahmadzadeh, Mohammad Ghorbani, Mohammadjavad Hosseinnejad (58.Nilson Barbosa Nascimento Júnior), Issa Alekasir Rajabi (81.Kaveh Rezaei), Reza Asadi. Trainer: José Manuel Ferreira de Morais (Portugal).
Goals: 0-1 Ramin Rezaeian (32), 1-1 Mirjakhon Mirakhmadov (36), 1-2 Ramin Rezaeian (49), 1-3 Reza Asadi (59).

23.10.2023, „King Abdullah" Sports City, Jeddah; Attendance: 19,098
Referee: Mohammed Abdulla Hassan Mohamed (United Arab Emirates)
Al-Ittihad Club Jeddah - Al Quwa Al Jawiya FC Baghdad **1-0(0-0)**
Al-Ittihad Club: Abdullah Ibrahim Al Maiouf, Omar Ibrahim Omar Othman Hawsawi, Madallah Ali Al Olayan, Luiz Felipe Ramos Marchi, Ahmed Mohammed Bamsaud (73.Muhannad Mustafa Al Shanqeeti), N'Golo Kanté, Awad Haidar Al Nashri (63.Faisal Abdulrahman Al Ghamdi), Romário Ricardo da Silva "Romarinho" (90+9.Sultan Saad Al Farhan), Saleh Mohammed Al Jamaan Al Amri (73.Marwan Saeed Masoud Al Sahafi), Abderrazak Hamdallah, João Pedro Neves Filipe „Jota" (73.Haroune Moussa Camara). Trainer: Nuno Herlander Simões Espírito Santo (Portugal).
Al Quwa Al Jawiya: Mohammed Hassan Hameed Farhan, Ruslan Hanoon, Klousseh Agbozo, Hamoud Mashaan, Saad Abdul-Amir Luaibi Al Zirjawi, Humam Tariq Faraj Naoush (72.Sampson Eduku), Mohamed Qasim Majid Al Shammari (84.Mustafa Saadoun Al Korji), Ibrahim Bayesh Kamil Al Kaabawi, Ghaith Maaroufi (83.Mohannad Abdul-Raheem Karrar), Ali Jasim Elaibi Al Tameemi (84.Hasan Raed Matrook), Cedric Abogho (59.Koffi Franco Atchou). Trainer: Ayoub Odisho Barjam.
Goal: 1-0 Abderrazak Hamdallah (90+4).

06.11.2023, Azadi Stadium, Tehran; Attendance: 4,721
Referee: Kim Jong-hyeok (Korea Republic)
Sepahan Esfahan FC - FC AGMK Olmaliq **9-0(1-0)**
Sepahan: Payam Niazmand, Ramin Rezaeian, Hadi Mohammadi, Mohammad Daneshgar, Milad Zakipour (70.Aria Yousefi), Ehsan Pahlevan (81.Arshia Sarshogh), Farshad Ahmadzadeh (81.Shahriar Moghanlou), Seyed Mohammad Karimi (70.Bryan Boulaye Kevin Dabo), Mohammad Ghorbani, Mohammadjavad Hosseinnejad, Reza Asadi (70.Issa Alekasir Rajabi). Trainer: José Manuel Ferreira de Morais (Portugal).
AGMK: Botirali Ergashev, Sardor Rakhmanov, Akramjon Komilov [sent off 66], Sanjar Tursunov (46.Oybek Rustamov), Mirjamol Kosimov (86.Murat Ermatov), Dilshod Akhmadaliev, Bakhtiyorjon Kasymov, Mukhammadanas Khasanov (88.Sirojiddin Bashriddinov), Iskandar Businov, Khurshid Giyosov (72.Vitaliy Denisov), Martin Boakye (72.Asilbek Umirzakov). Trainer: Mirjalol Qosimov.
Goals: 1-0 Farshad Ahmadzadeh (8), 2-0 Reza Asadi (59), 3-0 Mohammadjavad Hosseinnejad (60), 4-0 Mohammad Ghorbani (62), 5-0 Ramin Rezaeian (71), 6-0 Issa Alekasir Rajabi (79 penalty), 7-0 Shahriar Moghanlou (82), 8-0 Issa Alekasir Rajabi (87), 9-0 Mohammadjavad Hosseinnejad (90+3).

06.11.2023, „Franso Hariri" Stadium, Erbil; Attendance: 18,850
Referee: Ahmed Abu Bakar Said Al Kaf (Oman)
Al Quwa Al Jawiya FC Baghdad - Al-Ittihad Club Jeddah **2-0(1-0)**
Al Quwa Al Jawiya: Mohammed Hassan Hameed Farhan, Ruslan Hanoon, Bakary Moussa N'Diaye, Hamoud Mashaan, Mustafa Saadoun Al Korji, Saad Abdul-Amir Luaibi Al Zirjawi, Humam Tariq Faraj Naoush (88.Mustafa Waleed Fatla), Ibrahim Bayesh Kamil Al Kaabawi, Koffi Franco Atchou (88.Mohamed Qasim Majid Al Shammari), Ali Jasim Elaibi Al Tameemi (88.Shihab Razzaq Farhan), Mohannad Abdul-Raheem Karrar (78.Cedric Abogho). Trainer: Ayoub Odisho Barjam.

Al-Ittihad Club: Abdullah Ibrahim Al Maiouf, Omar Ibrahim Omar Othman Hawsawi, Hassan Kadesh Mahboob, Madallah Ali Al Olayan, Ahmed Mohammed Bamsaud (55.Zakaria Siraj Ahmed Al Hawsawi), N'Golo Kanté, Faisal Abdulrahman Al Ghamdi, Karim Mostafa Benzema, Romário Ricardo da Silva "Romarinho", João Pedro Neves Filipe „Jota", Haroune Moussa Camara (62.Marwan Saeed Masoud Al Sahafi). Trainer: Nuno Herlander Simões Espírito Santo (Portugal).
Goals: 1-0 Ali Jasim Elaibi Al Tameemi (44), 2-0 Mohannad Abdul-Raheem Karrar (52).

27.11.2023, AGMK Stadium, Olmaliq; Attendance: 10,171
Referee: Muhammad Taqi Aljaafari Jahari (Singapore)
FC AGMK Olmaliq - Al-Ittihad Club Jeddah 1-2(0-2)
AGMK: Valijon Rakhimov, Vitaliy Denisov (88.Iskander Businov), Islom Tukhtakhuzhaev, Sardor Rakhmanov, Oybek Rustamov (27.Bakhtiyorjon Kasymov; 80.Mukhammadanas Khasanov), Sanjar Tursunov, Mirjamol Kosimov (80.Murat Ermatov), Siavash Haghnazari (80.Mirjakhon Mirakhmadov), Dilshod Akhmadaliev, Khurshid Giyosov, Martin Boakye. Trainer: Mirjalol Qosimov.
Al-Ittihad Club: Abdullah Ibrahim Al Maiouf, Hassan Kadesh Mahboob, Luiz Felipe Ramos Marchi, Ahmed Mohammed Bamsaud, Muhannad Mustafa Al Shanqeeti, Fábio Henrique Tavares „Fabinho", Faisal Abdulrahman Al Ghamdi, Karim Mostafa Benzema, Saleh Mohammed Al Jamaan Al Amri (74.Abdulrahman Ali Hassan Al Aboud), Abderrazak Hamdallah, João Pedro Neves Filipe „Jota" (87.Suwailem Abdullah Awadh Al Manhali). Trainer: Marcelo Daniel Gallardo (Argentina).
Goals: 0-1 Abderrazak Hamdallah (30), 0-2 Abderrazak Hamdallah (34), 1-2 Martin Boakye (78).

27.11.2023, Azadi Stadium, Tehran; Attendance: 10,450
Referee: Abdulrahman Ibrahim Al Jassim (Qatar)
Sepahan Esfahan FC - Al Quwa Al Jawiya FC Baghdad 1-0(1-0)
Sepahan: Payam Niazmand, Ramin Rezaeian, Hadi Mohammadi [*sent off 90*], Mohammad Daneshgar, Milad Zakipour, Aria Yousefi (46.Shahriar Moghanlou), Farshad Ahmadzadeh (90+3.Siavash Yazdani), Seyed Mohammad Karimi, Mohammad Ghorbani, Mohammadjavad Hosseinnejad [*sent off 43*], Reza Asadi (76.Bryan Boulaye Kevin Dabo). Trainer: José Manuel Ferreira de Morais (Portugal).
Al Quwa Al Jawiya: Mohammed Hassan Hameed Farhan, Ruslan Hanoon, Bakary Moussa N'Diaye (60.Mohamed Qasim Majid Al Shammari), Hamoud Mashaan, Mustafa Saadoun Al Korji, Saad Abdul-Amir Luaibi Al Zirjawi (80.Sampson Eduku), Humam Tariq Faraj Naoush (60.Shareef Abdul Kadhim), Ibrahim Bayesh Kamil Al Kaabawi, Koffi Franco Atchou (90+7.Cedric Abogho), Ali Jasim Elaibi Al Tameemi, Mohannad Abdul-Raheem Karrar. Trainer: Ayoub Odisho Barjam.
Goal: 1-0 Farshad Ahmadzadeh (4).

04.12.2023, „King Abdul Aziz" Stadium, Makkah; Attendance: 11,159
Referee: Ma Ning (China P.R.)
Al-Ittihad Club Jeddah - Sepahan Esfahan FC 2-1(1-0)
Al-Ittihad Club: Abdullah Ibrahim Al Maiouf, Ahmed Elsayed Ali Elsayed Hegazy (76.Omar Ibrahim Omar Othman Hawsawi), Luiz Felipe Ramos Marchi, Muhannad Mustafa Al Shanqeeti (71.Abdulrahman Ali Hassan Al Aboud), Zakaria Siraj Ahmed Al Hawsawi, Fábio Henrique Tavares „Fabinho", Faisal Abdulrahman Al Ghamdi, Marwan Saeed Masoud Al Sahafi, Saleh Mohammed Al Jamaan Al Amri (83.Ahmed Mohammed Bamsaud), Abderrazak Hamdallah (83.Haroune Moussa Camara), João Pedro Neves Filipe „Jota" (83.Farhah Ali Saeed Al Qahtah Al Shamrani). Trainer: Marcelo Daniel Gallardo (Argentina).
Sepahan: Payam Niazmand, Ramin Rezaeian, Mohammad Daneshgar, Milad Zakipour (71.Reza Shekari Qezel Qayah), Aria Yousefi (90+3.Siavash Yazdani), Bryan Boulaye Kevin Dabo, Farshad Ahmadzadeh (90+3.Ehsan Pahlevan), Seyed Mohammad Karimi, Mohammad Ghorbani, Shahriar Moghanlou (77.Issa Aleksir Rajabi), Reza Asadi (71.Kaveh Rezaei). Trainer: José Manuel Ferreira de Morais (Portugal).
Goals: 1-0 Saleh Mohammed Al Jamaan Al Amri (14), 1-1 Ramin Rezaeian (48), 2-1 João Pedro Neves Filipe „Jota" (69).

04.12.2023, „Franso Hariri" Stadium, Erbil; Attendance: 563
Referee: Adham Mohammad Tumah Makhadmeh (Jordan)
Al Quwa Al Jawiya FC Baghdad - FC AGMK Olmaliq   **3-2(3-0)**
Al Quwa Al Jawiya: Mohammed Hassan Hameed Farhan, Bakary Moussa N'Diaye, Hasan Raed Matrook, Hamoud Mashaan, Mustafa Waleed Fatla (74.Shihab Razzaq Farhan), Saad Abdul-Amir Luaibi Al Zirjawi, Mohamed Qasim Majid Al Shammari (74.Sampson Eduku), Koffi Franco Atchou (66.Youssef Fawzi Ali Al Mamori), Ghaith Maaroufi (77.Sameh Saeed Mjabel Al Mamoori), Shareef Abdul Kadhim, Mohannad Abdul-Raheem Karrar (74.Ahmed Abdulhakim Ahmed Al Sarori). Trainer: Ayoub Odisho Barjam.
AGMK: Valijon Rakhimov, Vitaliy Denisov, Islom Tukhtakhuzhaev (90+2.Jakhongir Fazilov), Sardor Rakhmanov, Mirjamol Kosimov (90.Sirojiddin Bashriddinov), Siavash Haghnazari, Dilshod Akhmadaliev, Murat Ermatov (83.Iskandar Businov), Khurshid Giyosov, Martin Boakye, Mirjakhon Mirakhmadov (90.Asilbek Umirzakov). Trainer: Mirjalol Qosimov.
Goals: 1-0 Saad Abdul-Amir Luaibi Al Zirjawi (14), 2-0 Koffi Franco Atchou (15), 3-0 Mohamed Qasim Majid Al Shammari (42), 3-1 Mirjakhon Mirakhmadov (62), 3-2 Martin Boakye (90+4).

FINAL STANDINGS

1.	**Al-Ittihad Club Jeddah**	6	5	0	1	11 - 4	15
2.	**Sepahan Esfahan FC**	6	3	1	2	16 - 8	10
3.	Al Quwa Al Jawiya FC Baghdad	6	3	1	2	9 - 7	10
4.	FC AGMK Olmaliq	6	0	0	6	5 - 22	0

GROUP D

18.09.2023, „King Fahd" International Stadium, Riyadh; Attendance: 26,713
Referee: Mohammed Abdulla Hassan Mohamed (United Arab Emirates)
Al-Hilal FC Riyadh - Navbahor Namangan FC   **1-1(0-0)**
Al-Hilal: Mohammed Khalil Ibrahim Al Owais, Yasser Gharsan Saeed Al Mohammadi Al Shahrani (74.Nasser Essa Shafi Al Shardan Al Dawsari), Ali Hadi Mohammed Al Bulaihi, Hassan Mohammed Al Tambakti, Saud Abdullah Salem Abdulhamid (89.Mohammed Ibrahim Mohammed Al Burayk), Salman Mohammed Al Faraj (74.Mohamed Ibrahim Kanno), Rúben Diogo da Silva Neves (74.Abdullah Abdulrahman Al Hamdan), Michael Richard Delgado de Oliveira, Neymar da Silva Santos Júnior, Aleksandar Mitrović, Malcom Filipe Silva de Oliveira. Trainer: Jorge Fernando Pinheiro de Jesus (Portugal).
Navbahor Namangan: Utkir Yusupov, Igor Golban, Miloš Milović, Filip Ivanović, Ibrokhim Yuldoshev (83.Jasur Yakhshiboev), Jamshid Iskanderov, Jamshid Boltaboev, Abrorbek Ismoilov (71.Temurkhuja Abdukholikov), Oston Urunov, Asad Sobirjonov (54.Doniyor Abdumannopov), Toma Tabatadze (83.Luka Čermelj). Trainer: Samvel Babayan.
Goals: 0-1 Toma Tabatadze (52), 1-1 Ali Hadi Mohammed Al Bulaihi (90+10).

18.09.2023, Shree Shiv Chhatrapati Sports Complex, Pune; Attendance: 1,529
Referee: Shaun Evans (Australia)
Mumbai City FC - FC Nassaji Mazandaran Qa'em Shahr   **0-2(0-1)**
Mumbai City: Phurba Lachenpa, Rostyn John Griffiths, José Luis Espinosa Arroyo „Tiri", Rahul Bheke, Akash Mishra (76.Vikram Partap Singh Sandhu), Yoell van Nieff (87.Gurkirat Singh), Lalengmawia Ralte, Jorge Rolando Pereyra Díaz, Greg Stewart, Bipin Singh, Lallianzuala Chhangte. Trainer: Desmond Buckingham (England).
Nassaji Mazandaran: Mohammad Rashid Mazaheri, Vahid Mohammadzadeh, Amir Mehdi Janmaleki, Seyed Mohammad Ehsan Hosseini (69.Seyed Ahmad Mousavi), Amir Mohammad Houshmand, Mohammadreza Abbasi (84.Ali Davaran), Mahmoud Ghaed Rahmati, Saber Hardani, Esmail Babaei (69.Mehrdad Abdi), Hossein Zamehran (55.Farshid Esmaeili), Mohammad Reza Azadi (84.Amirhossein Mahjori). Trainer: Seyed Mehdi Rahmati Oskuei.
Goals: 0-1 Seyed Mohammad Ehsan Hosseini (34), 0-2 Mohammad Reza Azadi (62).

02.10.2023, Markaziy Stadium, Namangan; Attendance: 8,230
Referee: Muhammad Nazmi Nasaruddin (Malaysia)
Navbahor Namangan FC - Mumbai City FC **3-0(0-0)**
Navbahor Namangan: Utkir Yusupov, Igor Golban, Miloš Milović, Filip Ivanović, Ibrokhim Yuldoshev, Jamshid Iskanderov (90+2.Azimjon Akhmedov), Jovan Đokić, Jamshid Boltaboev (90+2.Muzaffar Muminov), Jasur Yakhshiboev (83.Asad Sobirjonov), Oston Urunov (83.Doniyor Abdumannopov), Toma Tabatadze (73.Temurkhuja Abdukholikov). Trainer: Samvel Babayan.
Mumbai City: Phurba Lachenpa, Rostyn John Griffiths, José Luis Espinosa Arroyo „Tiri", Mehtab Singh, Akash Mishra, Yoell van Nieff, Lalengmawia Ralte (87.Gurkirat Singh), Jorge Rolando Pereyra Díaz, Greg Stewart, Lallianzuala Chhangte (58.Abdenasser El Khayati), Vikram Partap Singh Sandhu (69.Bipin Singh). Trainer: Desmond Buckingham (England).
Goals: 1-0 Jamshid Iskanderov (52), 2-0 Jasur Yakhshiboev (58), 3-0 Doniyor Abdumannopov (88).

03.10.2023, Azadi Stadium, Tehran; Attendance: 34,850
Referee: Ma Ning (China P.R.)
FC Nassaji Mazandaran Qa'em Shahr - Al-Hilal FC Riyadh **0-3(0-1)**
Nassaji Mazandaran: Mohammad Rashid Mazaheri, Vahid Mohammadzadeh, Amir Mehdi Janmaleki, Seyed Mohammad Ehsan Hosseini, Amir Mohammad Houshmand [*sent off 38*], Farshid Esmaeili (60.Hossein Zamehran), Mohammadreza Abbasi (78.Saeid Gholamalibeigi), Mahmoud Ghaed Rahmati (82.José Antonio Delgado Villar „Nono"), Saber Hardani, Esmail Babaei, Mohammad Reza Azadi (78.Alaa Abbas Abdulnabi Al Farttoosi). Trainer: Seyed Mehdi Rahmati Oskuei.
Al-Hilal: Mohammed Khalil Ibrahim Al Owais, Kalidou Koulibaly, Yasser Gharsan Saeed Al Mohammadi Al Shahrani (82.Hassan Mohammed Al Tambakti), Mohammed Ibrahim Mohammed Al Burayk (90+2.Abdullah Abdulrahman Al Hamdan), Ali Hadi Mohammed Al Bulaihi, Salman Mohammed Al Faraj [*sent off 38*], Mohamed Ibrahim Kanno, Michael Richard Delgado de Oliveira (82.Saud Abdullah Salem Abdulhamid), Neymar da Silva Santos Júnior, Aleksandar Mitrović (90+2.Saleh Khaled Mohammed Al Shehri), Malcom Filipe Silva de Oliveira (56.Nasser Essa Shafi Al Shardan Al Dawsari). Trainer: Jorge Fernando Pinheiro de Jesus (Portugal).
Goals: 0-1 Aleksandar Mitrović (18), 0-2 Neymar da Silva Santos Júnior (58), 0-3 Saleh Khaled Mohammed Al Shehri (90+3).

23.10.2023, Markaziy Stadium, Namangan; Attendance: 8,263
Referee: Salman Ahmad Falahi (Qatar)
Navbahor Namangan FC - FC Nassaji Mazandaran Qa'em Shahr **2-1(0-1)**
Navbahor Namangan: Utkir Yusupov, Igor Golban, Azimjon Akhmedov (46.Oston Urunov), Miloš Milović, Filip Ivanović, Ibrokhim Yuldoshev, Jamshid Iskanderov, Jamshid Boltaboev, Abrorbek Ismoilov, Doniyor Abdumannopov (62.Asad Sobirjonov), Temurkhuja Abdukholikov. Trainer: Samvel Babayan.
Nassaji Mazandaran: Mohammad Rashid Mazaheri, Vahid Mohammadzadeh, Amir Mehdi Janmaleki, Seyed Mohammad Ehsan Hosseini, Farshid Esmaeili (66.Ali Davaran), Mohammadreza Abbasi (82.José Antonio Delgado Villar „Nono"), Mahmoud Ghaed Rahmati (24.Mehrdad Abdi), Saber Hardani [*sent off 52*], Saeid Gholamalibeigi, Esmail Babaei (65.Seyed Ahmad Mousavi), Mohammad Reza Azadi. Trainer: Seyed Mehdi Rahmati Oskuei.
Goals: 0-1 Mohammad Reza Azadi (44), 1-1 Oston Urunov (74), 2-1 Mehrdad Abdi (90+7 own goal).

23.10.2023, „King Fahd" International Stadium, Riyadh; Attendance: 10,046
Referee: Muhammad Taqi Aljaafari Jahari (Singapore)
Al-Hilal FC Riyadh - Mumbai City FC **6-0(1-0)**
Al-Hilal: Mohammed Khalil Ibrahim Al Owais, Kalidou Koulibaly (81.Hassan Mohammed Al Tambakti), Mohammed Ibrahim Mohammed Al Burayk, Ali Hadi Mohammed Al Bulaihi, Saud Abdullah Salem Abdulhamid, Salem Mohammed Shafi Al Dawsari (86.Abdulellah Saad Hameed Al Wahbi Al Malki), Rúben Diogo da Silva Neves, Sergej Milinković-Savić (86.Mohammed Hamad Dwaihi Al Swaidan Al Qahtani), Mohamed Ibrahim Kanno (65.Abdullah Abdulrahman Al Hamdan), Aleksandar Mitrović (86.Saleh Khaled Mohammed Al Shehri), Malcom Filipe Silva de Oliveira. Trainer: Jorge Fernando Pinheiro de Jesus (Portugal).

Mumbai City: Phurba Lachenpa, Rostyn John Griffiths, José Luis Espinosa Arroyo „Tiri", Mehtab Singh (88.Rahul Bheke), Akash Mishra, Yoell van Nieff (62.Abdenasser El Khayati), Lalengmawia Ralte, Jorge Rolando Pereyra Díaz (80.Jayesh Rane), Greg Stewart, Lallianzuala Chhangte (88.Vinit Rai), Vikram Partap Singh Sandhu (62.Bipin Singh). Trainer: Desmond Buckingham (England).
Goals: 1-0 Aleksandar Mitrović (5), 2-0 Aleksandar Mitrović (67), 3-0 Sergej Milinković-Savić (75), 4-0 Aleksandar Mitrović (80), 5-0 Mohammed Ibrahim Mohammed Al Burayk (82), 6-0 Abdulellah Saad Hameed Al Wahbi Al Malki (90+5).

06.11.2023, Azadi Stadium, Tehran; Attendance: 2,700
Referee: Yusuke Araki (Japan)
FC Nassaji Mazandaran Qa'em Shahr - Navbahor Namangan FC   1-3(0-2)
Nassaji Mazandaran: Mohammad Rashid Mazaheri, Vahid Mohammadzadeh, Amir Mehdi Janmaleki, Mersad Seifi, Farshid Esmaeili (50.José Antonio Delgado Villar „Nono"), Mehrdad Abdi (83.Mahmoud Ghaed Rahmati), Mohammadreza Abbasi, Saeid Gholamalibeigi, Esmail Babaei, Hossein Zamehran (64.Seyed Aria Barzegar), Mohammad Reza Azadi. Trainer: Seyed Mehdi Rahmati Oskuei.
Navbahor Namangan: Utkir Yusupov, Igor Golban, Miloš Milović, Filip Ivanović, Ibrokhim Yuldoshev, Jamshid Iskanderov (89.Azimjon Akhmedov), Jovan Đokić, Jamshid Boltaboev, Abrorbek Ismoilov (78.Doniyor Abdumannopov), Oston Urunov, Temurkhuja Abdukholikov (78.Asad Sobirjonov). Trainer: Samvel Babayan.
Goals: 0-1 Igor Golban (7), 0-2 Oston Urunov (21), 0-3 Oston Urunov (46), 1-3 Mohammad Reza Azadi (68).

06.11.2023, DY Patil Stadium, Navi Mumbai; Attendance: 30,023
Referee: Adham Mohammad Tumah Makhadmeh (Jordan)
Mumbai City FC - Al-Hilal FC Riyadh   0-2(0-0)
Mumbai City: Phurba Lachenpa, Rostyn John Griffiths, José Luis Espinosa Arroyo „Tiri", Rahul Bheke, Mehtab Singh [*sent off 54*], Akash Mishra, Yoell van Nieff, Lalengmawia Ralte, Jorge Rolando Pereyra Díaz (69.Vikram Partap Singh Sandhu), Greg Stewart (84.Bipin Singh), Lallianzuala Chhangte (77.Vinit Rai). Trainer: Desmond Buckingham (England).
Al-Hilal: Mohammed Khalil Ibrahim Al Owais, Kalidou Koulibaly, Mohammed Ibrahim Mohammed Al Burayk (75.Yasser Gharsan Saeed Al Mohammadi Al Shahrani), Hassan Mohammed Al Tambakti, Saud Abdullah Salem Abdulhamid (90.Ali Hadi Mohammed Al Bulaihi), Salem Mohammed Shafi Al Dawsari, Rúben Diogo da Silva Neves (75.Nasser Essa Shafi Al Shardan Al Dawsari), Mohamed Ibrahim Kanno, Michael Richard Delgado de Oliveira (90.Mohammed Hamad Dwaihi Al Swaidan Al Qahtani), Aleksandar Mitrović (90.Saleh Khaled Mohammed Al Shehri), Malcom Filipe Silva de Oliveira. Trainer: Jorge Fernando Pinheiro de Jesus (Portugal).
Goals: 0-1 Michael Richard Delgado de Oliveira (62), 0-2 Aleksandar Mitrović (85).

28.11.2023, Markaziy Stadium, Namangan; Attendance: 10,923
Referee: Salman Ahmad Falahi (Qatar)
Navbahor Namangan FC - Al-Hilal FC Riyadh   0-2(0-0)
Navbahor Namangan: Utkir Yusupov, Igor Golban, Miloš Milović, Filip Ivanović, Ibrokhim Yuldoshev [*sent off 90+8*], Jamshid Iskanderov (90+4.Azimjon Akhmedov), Jovan Đokić, Jamshid Boltaboev, Abrorbek Ismoilov (70.Doniyor Abdumannopov), Asad Sobirjonov (46.Oston Urunov), Toma Tabatadze (82.Temurkhuja Abdukholikov). Trainer: Samvel Babayan.
Al-Hilal: Yassine Bounou, Kalidou Koulibaly, Mohammed Ibrahim Mohammed Al Burayk (90.Khalifah Adel Al Dawsari), Ali Hadi Mohammed Al Bulaihi, Saud Abdullah Salem Abdulhamid, Salem Mohammed Shafi Al Dawsari (90.Abdulellah Saad Hameed Al Wahbi Al Malki), Sergej Milinković-Savić, Mohamed Ibrahim Kanno, Mohammed Hamad Dwaihi Al Qahtani (67.Malcom Filipe Silva de Oliveira), Saleh Khaled Mohammed Al Shehri (68.Aleksandar Mitrović), Abdullah Abdulrahman Al Hamdan (90+8.Musab Fahd Zaid Al Juwayr). Trainer: Jorge Fernando Pinheiro de Jesus (Portugal).
Goals: 0-1 Malcom Filipe Silva de Oliveira (68), 0-2 Salem Mohammed Shafi Al Dawsari (85).

28.11.2023, Azadi Stadium, Tehran; Attendance: 375
Referee: Hanna Hattab (Syria)
FC Nassaji Mazandaran Qa'em Shahr - Mumbai City FC 2-0(2-0)
Nassaji Mazandaran: Hossein Khatir, Amir Mehdi Janmaleki [*sent off 68*], Seyed Mohammad Ehsan Hosseini, Mersad Seifi, Amirhossein Samdaliri, Mohammadreza Abbasi (55.Farshid Esmaeili), Mahmoud Ghaed Rahmati (89.Mahdi Rezaei Ghasr Ahmadi), Saeid Gholamalibeigi, Esmail Babaei, Mehdi Torabi (79.Mehrdad Abdi), Mohammad Reza Azadi (79.Hossein Zamehran). Trainer: Seyed Mehdi Rahmati Oskuei.
Mumbai City: Phurba Lachenpa, Rahul Bheke, Hmingthanmawia Ralte, Akash Mishra, Halen Nongtdu (57.Sanjeev Stalin), Vinit Rai (85.Jayesh Rane), Lalengmawia Ralte, Bipin Singh (85.Franklin Nazareth), Lallianzuala Chhangte, Gurkirat Singh (65.Ayush Chhikara), Vikram Partap Singh Sandhu. Trainer: Anthony Fernandes.
Goals: 1-0 Mohammad Reza Azadi (14), 2-0 Halen Nongtdu (32 own goal).

04.12.2023, „Prince Faisal bin Fahd" Stadium, Riyadh; Attendance: 7,141
Referee: Mohanad Qasim Eessee Sarray (Iraq)
Al-Hilal FC Riyadh - FC Nassaji Mazandaran Qa'em Shahr 2-1(1-0)
Al-Hilal: Yassine Bounou (46.Habib Yaseen Kazemi Al Wotayan), Kalidou Koulibaly (84.Khalifah Adel Al Dawsari), Mohammed Ibrahim Mohammed Al Burayk, Ali Hadi Mohammed Al Bulaihi, Saud Abdullah Salem Abdulhamid, Salman Mohammed Al Faraj (84.Abdulellah Saad Hameed Al Wahbi Al Malki), Salem Mohammed Shafi Al Dawsari, Mohamed Ibrahim Kanno, Michael Richard Delgado de Oliveira, Saleh Khaled Mohammed Al Shehri (60.Aleksandar Mitrović), Abdullah Abdulrahman Al Hamdan (61.Sergej Milinković-Savić). Trainer: Jorge Fernando Pinheiro de Jesus (Portugal).
Nassaji Mazandaran: Hossein Khatir, Vahid Mohammadzadeh, Seyed Mohammad Ehsan Hosseini, Amir Mohammad Houshmand, Mehrdad Abdi (55.José Antonio Delgado Villar „Nono"), Mahmoud Ghaed Rahmati, Saber Hardani (87.Mahdi Rezaei Ghasr Ahmadi), Saeid Gholamalibeigi (66.Mersad Seifi), Esmail Babaei (66.Mehdi Torabi), Hossein Zamehran (67.Farshid Esmaeili), Mohammad Reza Azadi. Trainer: Seyed Mehdi Rahmati Oskuei.
Goals: 1-0 Michael Richard Delgado de Oliveira (4), 2-0 Salem Mohammed Shafi Al Dawsari (54), 2-1 Mahmoud Ghaed Rahmati (77).

04.12.2023, Shree Shiv Chhatrapati Sports Complex, Pune; Attendance: 476
Referee: Muhammad Nazmi Nasaruddin (Malaysia)
Mumbai City FC - Navbahor Namangan FC 1-2(1-2)
Mumbai City: Mohammad Nawaz, Rostyn John Griffiths (64.Mehtab Singh), José Luis Espinosa Arroyo „Tiri", Rahul Bheke, Akash Mishra (83.Vinit Rai), Abdenasser El Khayati (75.Lallianzuala Chhangte), Yoell van Nieff, Lalengmawia Ralte (83.Jayesh Rane), Jorge Rolando Pereyra Díaz, Greg Stewart, Vikram Partap Singh Sandhu (75.Bipin Singh). Trainer: Anthony Fernandes.
Navbahor Namangan: Utkir Yusupov, Igor Golban, Azimjon Akhmedov, Miloš Milović, Luka Čermelj (75.Doniyor Abdumannopov), Jamshid Iskanderov, Jovan Đokić, Jamshid Boltaboev, Abrorbek Ismoilov, Asad Sobirjonov, Toma Tabatadze (75.Temurkhuja Abdukholikov). Trainer: Samvel Babayan.
Goals: 1-0 Abdenasser El Khayati (15), 1-1 Jamshid Iskanderov (29), 1-2 Jovan Đokić (45+3).

FINAL STANDINGS

1.	**Al-Hilal FC Riyadh**	6	5	1	0	16 - 2	16
2.	**Navbahor Namangan FC**	6	4	1	1	11 - 6	13
3.	FC Nassaji Mazandaran Qa'em Shahr	6	2	0	4	7 - 10	6
4.	Mumbai City FC	6	0	0	6	1 - 17	0

GROUP E

19.09.2023, Pamir Stadium, Dushanbe; Attendance: 17,500
Referee: Ahmad Faisal Al Ali (Kuwait)
Istiqlol FK Dushanbe - Al-Duhail SC Doha **0-0**
Istiqlol FK: Rustam Yatimov, Artur Kartashyan, Aboussy Cédric Gogoua Kouamé, Ivan Novoselec, Tabrez Islomov, Alisher Jalilov, Romish Jalilov, Ehson Panjshanbe (90+1.Sodikjon Kurbonov), Dženis Beganović, Senin Hyacinthe Sebai, Amadoni Kamolov (90+1.Shervoni Mabatshoev). Trainer: Igor Cherevchenko.
Al-Duhail: Salah Zakaria Mohamed Mousa Hassan, Mohammed Musa Abbas Ali (84.Abdulaziz Mohamad Hassan), Rúben Afonso Borges Semedo, Sultan Hussain Al Braik, Youssef Aymen Hafez Farahat, Kim Moon-hwan, Ismaeel Mohammad Mohammad (67.Isaac Lihadji), Assim Omer Al Haj Madibo, Ibrahima Kader Ariel Bamba, Mohammed Muntari, Almoez Ali Zainalabedeen Mohamed Abdulla. Trainer: Hernán Jorge Crespo (Argentina).

19.09.2023, Azadi Stadium, Tehran; Attendance: 0
Referee: Ilgiz Tantashev (Uzbekistan)
Persepolis Tehran FC - Al-Nassr FC Riyadh **0-2(0-0)**
Persepolis: Alireza Beiranvand, Morteza Pouraliganji, Mohammad Hossein Kanaanizadegan, Danial Esmaeilifar, Ali Nemati (73.Omid Alishah), Masoud Rigi, Saeid Sadeghi (87.Sina Asadbeigi), Vahid Amiri, Mehdi Torabi (8.Shahab Zahedi Tabar; 87.Yasin Salmani), Milad Sarlak [*sent off 52*], Mohammad Omri (73.Soroosh Rafiei). Trainer: Yahya Golmohammadi.
Al-Nassr: Nawaf Dhahi Faisal Al Suwaiti Al Aqidi, Aymeric Jean Louis Gérard Alphonse Laporte, Mohammed Qassem Hamza Al Nakhli, Sultan Abdullah Salem Al Ghanam (85.Nawaf Mashari Abdulrahman Boushal), Abdulelah Ali Awadh Al Amri, Marcelo Brozović (80.Sami Khalil Nasser Al Najei), Otávio Edmilson da Silva Monteiro (90+1.Ali Sadiq Nasser Al Hassan), Abdullah Mohammed Al Khaibari, Cristiano Ronaldo dos Santos Aveiro (90+1.Meshari Fahad Al Nemer), Sadio Mané (85.Khalid Essa Muhammad Al Ghannam), Abdulrahman Abdullah Ghareeb. Trainer: Luís Manuel Ribeiro de Castro (Portugal).
Goals: 0-1 Danial Esmaeilifar (62 own goal), 0-2 Mohammed Qassem Hamza Al Nakhli (72).

02.10.2023, „King Saud" University Stadium, Riyadh; Attendance: 20,770
Referee: Ko Hyung-jin (Korea Republic)
Al-Nassr FC Riyadh - Istiqlol FK Dushanbe **3-1(0-1)**
Al-Nassr: Nawaf Dhahi Faisal Al Suwaiti Al Aqidi, Aymeric Jean Louis Gérard Alphonse Laporte, Mohammed Qassem Hamza Al Nakhli (58.Ayman Yahya Salem Ahmed), Sultan Abdullah Salem Al Ghanam (86.Nawaf Mashari Abdulrahman Boushal), Qasem Mohammed Ali Lajami, Marcelo Brozović (83.Ali Sadiq Nasser Al Hassan), Seko Mohamed Fofana, Anderson Souza Conceição „Talisca" (86.Khalid Essa Muhammad Al Ghannam), Abdullah Mohammed Al Khaibari, Cristiano Ronaldo dos Santos Aveiro, Abdulrahman Abdullah Ghareeb. Trainer: Luís Manuel Ribeiro de Castro (Portugal).
Istiqlol FK: Rustam Yatimov, Artur Kartashyan, Aboussy Cédric Gogoua Kouamé (15.Sodikjon Kurbonov), Ivan Novoselec, Tabrez Islomov, Alisher Jalilov, Romish Jalilov (71.Alidjon Karomatullozoda), Ehson Panjshanbe, Dženis Beganović (71.Shakhrom Sulaymonov), Senin Hyacinthe Sebai, Amadoni Kamolov (58.Shervoni Mabatshoev). Trainer: Igor Cherevchenko.
Goals: 0-1 Senin Hyacinthe Sebai (44), 1-1 Cristiano Ronaldo dos Santos Aveiro (66), 2-1 Anderson Souza Conceição „Talisca" (72), 3-1 Anderson Souza Conceição „Talisca" (77).

02.10.2023, „Abdullah bin Khalifa" Stadium, Doha; Attendance: 5,447
Referee: Hiroyuki Kimura (Japan)
Al-Duhail SC Doha - Persepolis Tehran FC   **0-1(0-0)**
Al-Duhail: Salah Zakaria Mohamed Mousa Hassan, Rúben Afonso Borges Semedo, Sultan Hussain Al Braik (87.Isaac Lihadji), Kim Moon-hwan (87.Youssef Aymen Hafez Farahat), Philippe Coutinho Correia (90+2.Abdelrahman Mohamed Fahmi Moustafa), Karim Boudiaf (87.Lotfi Rabah Madjer), Ismaeel Mohammad Mohammad (68.Mohammed Muntari), Assim Omer Al Haj Madibo, Ibrahima Kader Ariel Bamba, Ogada Michael Olunga, Almoez Ali Zainalabedeen Mohamed Abdulla. Trainer: Hernán Jorge Crespo (Argentina).
Persepolis: Alireza Beiranvand, Morteza Pouraliganji, Mohammad Hossein Kanaanizadegan, Danial Esmaeilifar (90+3.Vakhdat Khanonov), Ali Nemati, Soroosh Rafiei (90+7.Sina Asadbeigi), Masoud Rigi, Saeid Sadeghi, Yasin Salmani (84.Mohammad Omri), Omid Alishah (90+7.Giorgi Gvelesiani), Shahab Zahedi Tabar (84.Mohammad Milad Sourgi). Trainer: Yahya Golmohammadi.
Goal: 0-1 Omid Alishah (63).

24.10.2023, „King Saud" University Stadium, Riyadh; Attendance: 20,752
Referee: Ahmed Abu Bakar Said Al Kaf (Oman)
Al-Nassr FC Riyadh - Al-Duhail SC Doha   **4-3(1-0)**
Al-Nassr: Nawaf Dhahi Faisal Al Suwaiti Al Aqidi, Aymeric Jean Louis Gérard Alphonse Laporte, Mohammed Qassem Hamza Al Nakhli, Sultan Abdullah Salem Al Ghanam, Abdulelah Ali Awadh Al Amri, Otávio Edmilson da Silva Monteiro (84.Sami Khalil Nasser Al Najei), Anderson Souza Conceição „Talisca", Abdulmajeed Mohammed Al Sulaiheem (64.Ali Sadiq Nasser Al Hassan), Abdullah Mohammed Al Khaibari, Cristiano Ronaldo dos Santos Aveiro, Sadio Mané. Trainer: Luís Manuel Ribeiro de Castro (Portugal).
Al-Duhail: Salah Zakaria Mohamed Mousa Hassan, Rúben Afonso Borges Semedo, Sultan Hussain Al Braik (90+3.Isaac Lihadji), Youssef Aymen Hafez Farahat, Kim Moon-hwan (85.Mohammed Musa Abbas Ali), Philippe Coutinho Correia, Karim Boudiaf, Ismaeel Mohammad Mohammad (85.Mohammed Muntari), Assim Omer Al Haj Madibo (86.Ibrahima Kader Ariel Bamba), Ogada Michael Olunga, Almoez Ali Zainalabedeen Mohamed Abdulla. Trainer: Christophe Galtier (France).
Goals: 1-0 Anderson Souza Conceição „Talisca" (25), 2-0 Sadio Mané (56), 3-0 Cristiano Ronaldo dos Santos Aveiro (61), 3-1 Ismaeel Mohammad Mohammad (63), 3-2 Almoez Ali Zainalabedeen Mohamed Abdulla (67), 4-2 Cristiano Ronaldo dos Santos Aveiro (81), 4-3 Ogada Michael Olunga (85).

24.10.2023, Azadi Stadium, Tehran; Attendance: 36,450
Referee: Mohanad Qasim Eessee Sarray (Iraq)
Persepolis Tehran FC - Istiqlol FK Dushanbe   **2-0(1-0)**
Persepolis: Alireza Beiranvand, Giorgi Gvelesiani, Mohammad Hossein Kanaanizadegan (46.Mehdi Torabi), Danial Esmaeilifar, Vakhdat Khanonov, Ali Nemati, Soroosh Rafiei (46.Sina Asadbeigi), Masoud Rigi, Saeid Sadeghi (90+2.Nabil Bahoui), Mohammad Omri (90+2.Omid Alishah), Shahab Zahedi Tabar (83.Mohammad Milad Sourgi). Trainer: Yahya Golmohammadi.
Istiqlol FK: Rustam Yatimov, Artur Kartashyan, Ivan Novoselec, Tabrez Islomov, Sodikjon Kurbonov, Alisher Jalilov, Romish Jalilov, Ehson Panjshanbe (46.Joseph Okoro), Dženis Beganović, Senin Hyacinthe Sebai (72.Shervoni Mabatshoev), Amadoni Kamolov. Trainer: Igor Cherevchenko.
Goals: 1-0 Saeid Sadeghi (44), 2-0 Saeid Sadeghi (71).

07.11.2023, Khalifa International Stadium, Doha; Attendance: 36,528
Referee: Ilgiz Tantashev (Uzbekistan)
Al-Duhail SC Doha - Al-Nassr FC Riyadh   **2-3(1-2)**
Al-Duhail: Salah Zakaria Mohamed Mousa Hassan, Rúben Afonso Borges Semedo, Youssef Aymen Hafez Farahat, Kim Moon-hwan, Mohammed Khaled Al Naimi (65.Mohammed Musa Abbas Ali), Philippe Coutinho Correia, Ismaeel Mohammad Mohammad (65.Isaac Lihadji), Assim Omer Al Haj Madibo (86.Khaled Mohammed Mohammed Saleh [*sent off 90+2*]), Ibrahima Kader Ariel Bamba (75.Mohammed Muntari), Ogada Michael Olunga, Almoez Ali Zainalabedeen Mohamed Abdulla. Trainer: Christophe Galtier (France).

Al-Nassr: Nawaf Dhahi Faisal Al Suwaiti Al Aqidi, Alex Nicolao Telles, Mohammed Abdulhakim Mahdi Al Fatil, Sultan Abdullah Salem Al Ghanam, Abdulelah Ali Awadh Al Amri, Marcelo Brozović, Otávio Edmilson da Silva Monteiro, Anderson Souza Conceição „Talisca", Sami Khalil Nasser Al Najei (89.Abdullah Mohammed Musa Madu), Sadio Mané (90+10.Ali Sadiq Nasser Al Hassan), Abdulrahman Abdullah Ghareeb (81.Ayman Yahya Salem Ahmed). Trainer: Luís Manuel Ribeiro de Castro (Portugal).
Goals: 1-0 Philippe Coutinho Correia (8), 1-1 Anderson Souza Conceição „Talisca" (27), 1-2 Anderson Souza Conceição „Talisca" (37), 1-3 Anderson Souza Conceição „Talisca" (65), 2-3 Philippe Coutinho Correia (80 penalty).

07.11.2023, Pamir Stadium, Dushanbe; Attendance: 12,500
Referee: Ahmad Faisal Al Ali (Kuwait)
Istiqlol FK Dushanbe - Persepolis Tehran FC   **1-1(0-1)**
Istiqlol FK: Rustam Yatimov, Artur Kartashyan, Ivan Novoselec, Tabrez Islomov, Sodikjon Kurbonov, Alisher Jalilov, Romish Jalilov, Ehson Panjshanbe, Dženis Beganović, Senin Hyacinthe Sebai (86.Shervoni Mabatshoev), Amadoni Kamolov (82.Shakhrom Sulaymonov). Trainer: Igor Cherevchenko.
Persepolis: Alireza Beiranvand, Giorgi Gvelesiani, Mohammad Hossein Kanaanizadegan (89.Mohammad Milad Sourgi), Vakhdat Khanonov, Ali Nemati, Nabil Bahoui (80.Shahab Zahedi Tabar), Soroosh Rafiei (79.Milad Sarlak), Masoud Rigi, Saeid Sadeghi, Mehdi Torabi (68.Vahid Amiri; 79.Danial Esmaeilifar), Mohammad Omri. Trainer: Yahya Golmohammadi.
Goals: 0-1 Mehdi Torabi (29), 1-1 Senin Hyacinthe Sebai (74).

27.11.2023, „King Saud" University Stadium, Riyadh; Attendance: 16,094
Referee: Ma Ning (China P.R.)
Al-Nassr FC Riyadh - Persepolis Tehran FC   **0-0**
Al-Nassr: Nawaf Dhahi Faisal Al Suwaiti Al Aqidi, Aymeric Jean Louis Gérard Alphonse Laporte, Sultan Abdullah Salem Al Ghanam (85.Ali Sadiq Nasser Al Hassan), Qasem Mohammed Ali Lajami [*sent off 17*], Marcelo Brozović, Otávio Edmilson da Silva Monteiro, Sami Khalil Nasser Al Najei (21.Mohammad Abdulhakim Mahdi Al Fatil), Ayman Yahya Salem Ahmed, Cristiano Ronaldo dos Santos Aveiro (78.Mohammed Khalil Nasser Maran), Sadio Mané, Abdulrahman Abdullah Ghareeb. Trainer: Luís Manuel Ribeiro de Castro (Portugal).
Persepolis: Alireza Beiranvand, Giorgi Gvelesiani, Mohammad Hossein Kanaanizadegan, Danial Esmaeilifar, Ali Nemati, Soroosh Rafiei (90+3.Sina Asadbeigi), Masoud Rigi (90+3.Vakhdat Khanonov), Mehdi Torabi, Milad Sarlak (71.Nabil Bahoui), Omid Alishah (85.Mohammad Milad Sourgi), Shahab Zahedi Tabar (72.Saeid Sadeghi). Trainer: Yahya Golmohammadi.

27.11.2023, „Abdullah bin Khalifa" Stadium, Doha; Attendance: 2,032
Referee: Muhammad Nazmi Nasaruddin (Malaysia)
Al-Duhail SC Doha - Istiqlol FK Dushanbe   **2-0(0-0)**
Al-Duhail: Shehab Mamdouh Abdelfadel Ellethy, Rúben Afonso Borges Semedo [*sent off 90+3*], Sultan Hussain Al Braik (84.Mohammed Musa Abbas Ali), Youssef Aymen Hafez Farahat, Kim Moon-hwan, Assim Omer Al Haj Madibo, Ibrahima Kader Ariel Bamba, Ogada Michael Olunga, Mohammed Muntari (74.Lotfi Rabah Madjer), Almoez Ali Zainalabedeen Mohamed Abdulla (90+5.Fares Amer Said), Isaac Lihadji (74.Ismaeel Mohammad Mohammad). Trainer: Christophe Galtier (France).
Istiqlol FK: Rustam Yatimov, Akhtam Nazarov (86.Tabrez Islomov), Aboussy Cédric Gogoua Kouamé (86.Shakhrom Sulaymonov), Ivan Novoselec, Sodikjon Kurbonov, Alisher Jalilov, Romish Jalilov, Ehson Panjshanbe, Dženis Beganović, Senin Hyacinthe Sebai (46.Shervoni Mabatshoev), Amadoni Kamolov. Trainer: Igor Cherevchenko.
Goals: 1-0 Ogada Michael Olunga (47), 2-0 Ogada Michael Olunga (89).

05.12.2023, Azadi Stadium, Tehran; Attendance: 53,185
Referee: Jumpei Iida (Japan)
Persepolis Tehran FC - Al-Duhail SC Doha 1-2(1-1)
Persepolis: Alireza Beiranvand, Giorgi Gvelesiani, Mohammad Hossein Kanaanizadegan, Danial Esmaeilifar, Ali Nemati (86.Mohammad Mehdi Ahmadi), Soroosh Rafiei, Masoud Rigi (86.Mohammad Milad Sourgi), Saeid Sadeghi (65.Mohammad Omri), Mehdi Torabi, Milad Sarlak, Shahab Zahedi Tabar. Trainer: Yahya Golmohammadi.
Al-Duhail: Salah Zakaria Mohamed Mousa Hassan, Mohammed Musa Abbas Ali, Sultan Hussain Al Braik, Youssef Aymen Hafez Farahat, Ismaeel Mohammad Mohammad, Assim Omer Al Haj Madibo, Lotfi Rabah Madjer (75.Luiz Martin Carlos Júnior "Luiz Ceará"), Ibrahima Kader Ariel Bamba (63.Karim Boudiaf), Mohammed Muntari (64.Ogada Michael Olunga; 85.Mohammed Khaled Al Naimi), Almoez Ali Zainalabedeen Mohamed Abdulla, Isaac Lihadji (75.Kim Moon-hwan). Trainer: Christophe Galtier (France).
Goals: 1-0 Shahab Zahedi Tabar (7), 1-1 Mohammed Muntari (9), 1-2 Ogada Michael Olunga (83).

05.12.2023, Pamir Stadium, Dushanbe; Attendance: 17,715
Referee: Mohammed Abdulla Hassan Mohamed (United Arab Emirates)
Istiqlol FK Dushanbe - Al-Nassr FC Riyadh 1-1(1-0)
Istiqlol FK: Rustam Yatimov, Akhtam Nazarov (71.Tabrez Islomov), Aboussy Cédric Gogoua Kouamé, Ivan Novoselec, Alidjon Karomatullozoda, Sodikjon Kurbonov (77.Joseph Okoro), Alisher Jalilov, Ehson Panjshanbe, Dženis Beganović, Senin Hyacinthe Sebai (86.Shervoni Mabatshoev), Amadoni Kamolov. Trainer: Igor Cherevchenko.
Al-Nassr: Raghed Alaa Mohammed Al Najjar, Mohammed Abdulhakim Mahdi Al Fatil, Abdullah Mohammed Musa Madu, Mohammed Qassem Hamza Al Nakhli (85.Meshari Fahad Al Nemer), Nawaf Mashari Abdulrahman Boushal, Abdulmajeed Mohammed Al Sulaiheem (90+1.Otávio Edmilson da Silva Monteiro), Sami Khalil Nasser Al Najei (85.Seko Mohamed Fofana), Abdullah Mohammed Al Khaibari, Abdulrahman Abdullah Ghareeb, Khalid Essa Muhammad Al Ghannam (74.Ayman Yahya Salem Ahmed), Mohammed Khalil Nasser Maran (74.Anderson Souza Conceição „Talisca"). Trainer: Luís Manuel Ribeiro de Castro (Portugal).
Goals: 1-0 Alisher Jalilov (32), 1-1 Abdulrahman Abdullah Ghareeb (50).

FINAL STANDINGS

1.	Al-Nassr FC Riyadh	6	4	2	0	13	- 7	14
2.	Persepolis Tehran FC	6	2	2	2	5	- 5	8
3.	Al-Duhail SC Doha	6	2	1	3	9	- 9	7
4.	Istiqlol FK Dushanbe	6	0	3	3	3	- 9	3

GROUP F

20.09.2023, Jeonju World Cup Stadium, Jeonju; Attendance: 2,931
Referee: Mooud Bonyadifar (Iran)
Jeonbuk Hyundai Motors FC Jeonju - Kitchee SC 2-1(1-0)
Jeonbuk: Jeong Min-ki, Hong Jeong-ho, Kim Jin-su, Ku Ja-ryong, Ahn Hyun-beom, Bismark Adjei-Boateng, Jun Amano (84.Jeong Woo-jae), Ryu Jae-moon (90.Maeng Seong-ung), Han Kyo-won (83.Lee Soo-bin), Moon Seon-min, Gustavo Henrique da Silva Sousa. Trainer: Daniel Vasile Petrescu (Romania).
Kitchee: Paulo César da Silva Argolo, Roberto Orlando Affonso Junior „Beto", Andrew James Russell, Law Tsz Chun, Oliver Gerbig (78.Hélio José de Souza Gonçalves), Cleiton de Oliveira Velasques, Ogenyi Eddy Onazi (84.Huang Yang), Mikael Severo Burkatt, Chan Shinichi, Jakob Jantscher (62.Walter Soares Belitardo Júnior „Juninho"), Fernando Augusto Azevedo Pedreira (84.Ibrahim Kurban). Trainer: Alex Chu Chi Kwong.
Goals: 1-0 Hong Jeong-ho (5), 1-1 Mikael Severo Burkatt (56), 2-1 Han Kyo-won (61).

20.09.2023, Jalan Besar Stadium, Kallang; Attendance: 2,927
Referee: Sadullo Gulmurodi (Tajikistan)
Lion City Sailors FC - Bangkok United FC **1-2(1-0)**
Lion City: Muhammad Zharfan Rohaizad, Hariss Harun (76.Mohammad Hafiz Mohd Nor), Manuel Herrera López „Súper", Christopher James van Huizen (77.Muhammad Shawal Anuar), Muhammad Zulqarnaen Suzliman (88.Haiqal Pashia Anugrah), Lionel Tan Han Wei (88.Adam Swandi), Anumanthan Mohan Kumar (57.Muhammad Hami Syahin Said), Diego Hipólito da Silva Lopes, Rui Miguel Guerra Pires, Maxime Christophe Lestienne, Richairo Juliano Živković. Trainer: Aleksandar Ranković (Serbia).
Bangkok United: Patiwat Khammai, Everton Gonçalves Saturnino, Peerapat Notchaiya (77.Wanchai Jarunongkran), Nitipong Selanon, Suphan Thongsong, Pokklaw A-nan (88.Tassanapong Mhuaddarak), Thitiphan Puangchan, Thossawat Limwannasthian (77.Bassel Zakaria Jradi), Rungrath Poomchantuek (87.Chayawat Srinawong), Willen Mota Inácio, Mahmoud Eid (90+3.Manuel Tom Bihr). Trainer: Totchtawan Sripan.
Goals: 1-0 Diego Hipólito da Silva Lopes (25), 1-1 Everton Gonçalves Saturnino (51), 1-2 Thitiphan Puangchan (62).

04.10.2023, Thammasat Stadium, Rangsit; Attendance: 2,190
Referee: Adel Ali Ahmed Khamis Al Naqbi (United Arab Emirates)
Bangkok United FC - Jeonbuk Hyundai Motors FC Jeonju **3-2(1-1)**
Bangkok United: Patiwat Khammai, Everton Gonçalves Saturnino, Peerapat Notchaiya (78.Wanchai Jarunongkran), Nitipong Selanon, Suphan Thongsong, Pokklaw A-nan, Thitiphan Puangchan (87.Bassel Zakaria Jradi), Thossawat Limwannasthian (66.Tassanapong Mhuaddarak), Rungrath Poomchantuek (78.Chayawat Srinawong), Willen Mota Inácio, Mahmoud Eid (87.Manuel Tom Bihr). Trainer: Totchtawan Sripan.
Jeonbuk: Jeong Min-ki, Kim Jin-su, Ku Ja-ryong, Jeong Woo-jae (46.Moon Seon-min), Ahn Hyun-beom (83.Tomáš Petrášek), Jeong Tae-wook, Bismark Adjei-Boateng, Jun Amano (69.Oh Jae-hyeok), Ryu Jae-moon (78.Lee Soo-bin), Han Kyo-won (46.Lee Dong-jun), Gustavo Henrique da Silva Sousa. Trainer: Daniel Vasile Petrescu (Romania).
Goals: 0-1 Thossawat Limwannasthian (19 own goal), 1-1 Rungrath Poomchantuek (26), 2-1 Ahn Hyun-beom (58 own goal), 3-1 Willen Mota Inácio (82), 3-2 Moon Seon-min (88).

04.10.2023, Hong Kong Stadium, Hong Kong; Attendance: 3,077
Referee: Yoshimi Yamashita (Japan)
Kitchee SC - Lion City Sailors FC **1-2(0-2)**
Kitchee: Paulo César da Silva Argolo, Roberto Orlando Affonso Junior „Beto" (46.Jakob Jantscher), Andrew James Russell, Hélio José de Souza Gonçalves, Law Tsz Chun, Cleiton de Oliveira Velasques, Ruslan Mingazow, Ogenyi Eddy Onazi (46.Tan Chun Lok), Mikael Severo Burkatt, Fernando Augusto Azevedo Pedreira (76.Chan Shinichi), Walter Soares Belitardo Júnior „Juninho" (80.Oliver Gerbig). Trainer: Kim Dong-jin (Korea Republic).
Lion City: Muhammad Zharfan Rohaizad, Hariss Harun, Manuel Herrera López „Súper", Christopher James van Huizen (90+3.Mohammad Hafiz Mohd Nor), Muhammad Zulqarnaen Suzliman, Lionel Tan Han Wei, Anumanthan Mohan Kumar (90+3.Muhammad Hami Syahin Said), Diego Hipólito da Silva Lopes (79.Adam Swandi), Rui Miguel Guerra Pires, Maxime Christophe Lestienne, Richairo Juliano Živković (70.Muhammad Shawal Anuar). Trainer: Aleksandar Ranković (Serbia).
Goals: 0-1 Richairo Juliano Živković (14), 0-2 Maxime Christophe Lestienne (37 penalty), 1-2 Jakob Jantscher (87).

25.10.2023, Jeonju World Cup Stadium, Jeonju; Attendance: 4,872
Referee: Khamis Mohammed Al Marri (Qatar)
Jeonbuk Hyundai Motors FC Jeonju - Lion City Sailors FC **3-0(2-0)**
Jeonbuk: Kim Jeong-hoon, Hong Jeong-ho, Kim Jin-su (66.Jeong Woo-jae), Ahn Hyun-beom, Jeong Tae-wook, Jun Amano, Park Jin-seop (66.Paik Seung-ho), Lee Soo-bin (72.Bismark Adjei-Boateng), Moon Seon-min (72.André Luis da Costa Alfredo), Lee Dong-jun (81.Song Min-kyu), Park Jae-yong. Trainer: Daniel Vasile Petrescu (Romania).

Lion City: Muhammad Zharfan Rohaizad, Hariss Harun (79.Muhammad Hami Syahin Said), Manuel Herrera López „Súper", Christopher James van Huizen (67.Mohammad Hafiz Mohd Nor), Muhammad Zulqarnaen Suzliman, Lionel Tan Han Wei (46.Muhammad Shawal Anuar), Anumanthan Mohan Kumar, Diego Hipólito da Silva Lopes (67.Adam Swandi), Rui Miguel Guerra Pires, Maxime Christophe Lestienne, Richairo Juliano Živković (82.Haiqal Pashia Anugrah). Trainer: Aleksandar Ranković (Serbia).
Goals: 1-0 Jun Amano (5), 2-0 Lionel Tan Han Wei (33 own goal), 3-0 Moon Seon-min (57).

25.10.2023, Hong Kong Stadium, Hong Kong; Attendance: 2,259
Referee: Majed Mohammed Al Shamrani (Saudi Arabia)
Kitchee SC - Bangkok United FC 1-2(1-1)
Kitchee: Paulo César da Silva Argolo, Hélio José de Souza Gonçalves, Law Tsz Chun, Charlie Thomas Scott, Oliver Gerbig (90.Andrew James Russell), Cleiton de Oliveira Velasques (59.Igor Torres Sartori), Ruslan Mingazow, Tan Chun Lok (90.Cheng Chin Lung), Mikael Severo Burkatt, Jakob Jantscher (75.Max Poon Pui Hin), Fernando Augusto Azevedo Pedreira (58.Chan Shinichi). Trainer: Kim Dong-jin (Korea Republic).
Bangkok United: Patiwat Khammai, Everton Gonçalves Saturnino, Peerapat Notchaiya (89.Wanchai Jarunongkran), Nitipong Selanon, Suphan Thongsong, Pokklaw A-nan (89.Tassanapong Mhuaddarak), Thitiphan Puangchan (21.Bassel Zakaria Jradi [*sent off 84*]), Thossawat Limwannasthian (89.Wisarut Imura), Rungrath Poomchantuek (73.Chayawat Srinawong), Willen Mota Inácio, Mahmoud Eid. Trainer: Totchtawan Sripan.
Goals: 0-1 Jakob Jantscher (7), 1-1 Rungrath Poomchantuek (45+4), 1-2 Willen Mota Inácio (52 penalty).

08.11.2023, Jalan Besar Stadium, Kallang; Attendance: 3,562
Referee: Mouood Bonyadifar (Iran)
Lion City Sailors FC - Jeonbuk Hyundai Motors FC Jeonju 2-0(1-0)
Lion City: Muhammad Zharfan Rohaizad, Hariss Harun, Pedro Henrique Pereira da Silva, Manuel Herrera López „Súper", Christopher James van Huizen (90+6.Muhamad Rusyaidi Salime), Muhammad Zulqarnaen Suzliman (46.Mohammad Hafiz Mohd Nor), Anumanthan Mohan Kumar (90+5.Lionel Tan Han Wei), Rui Miguel Guerra Pires, Maxime Christophe Lestienne (90+2.Kodai Tanaka), Richairo Juliano Živković, Muhammad Shawal Anuar (70.Adam Swandi). Trainer: Aleksandar Ranković (Serbia).
Jeonbuk: Jeong Min-ki, Choi Chul-soon, Ku Ja-ryong, Jeong Woo-jae (30.Maeng Seong-ung), Jeong Tae-wook, Jun Amano (63.Han Kyo-won), Paik Seung-ho (46.Park Jin-seop), Lee Soo-bin (46.Gustavo Henrique da Silva Sousa), Moon Seon-min, Lee Dong-jun (77.Song Min-kyu), Park Jae-yong. Trainer: Daniel Vasile Petrescu (Romania).
Goals: 1-0 Richairo Juliano Živković (23), 2-0 Richairo Juliano Živković (55).

08.11.2023, Thammasat Stadium, Rangsit; Attendance: 2,543
Referee: Ahmed Issa Darwish (United Arab Emirates)
Bangkok United FC - Kitchee SC 1-1(1-0)
Bangkok United: Patiwat Khammai, Everton Gonçalves Saturnino, Peerapat Notchaiya (81.Wanchai Jarunongkran), Nitipong Selanon, Suphan Thongsong, Pokklaw A-nan, Tassanapong Mhuaddarak (81.Amadou Soukouna), Wisarut Imura, Willen Mota Inácio, Mahmoud Eid (89.Anon Amornlerdsak), Chayawat Srinawong. Trainer: Totchtawan Sripan.
Kitchee: Paulo César da Silva Argolo, Andrew James Russell, Hélio José de Souza Gonçalves, Law Tsz Chun (71.Roberto Orlando Affonso Junior „Beto"), Charlie Thomas Scott (55.Kim Shin-wook), Cleiton de Oliveira Velasques (87.Tan Chun Lok), Ruslan Mingazow (46.Fernando Augusto Azevedo Pedreira), Mikael Severo Burkatt, Max Poon Pui Hin [*sent off 72*], Chan Shinichi, Jakob Jantscher. Trainer: Kim Dong-jin (Korea Republic).
Goals: 1-0 Willen Mota Inácio (27), 1-1 Jakob Jantscher (70).

29.11.2023, Hong Kong Stadium, Hong Kong; Attendance: 2,023
Referee: Akhrol Risqullaev (Uzbekistan)
Kitchee SC - Jeonbuk Hyundai Motors FC Jeonju **1-2(0-2)**
Kitchee: Wang Zhenpeng, Andrew James Russell, Hélio José de Souza Gonçalves (81.Oliver Gerbig), Law Tsz Chun (66.Cheng Chin Lung), Charlie Thomas Scott, Cleiton de Oliveira Velasques, Ruslan Mingazow, Mikael Severo Burkatt, Chan Shinichi (66.Fernando Augusto Azevedo Pedreira), Jakob Jantscher, Igor Torres Sartori. Trainer: Kim Dong-jin (Korea Republic).
Jeonbuk: Kim Jeong-hoon, Hong Jeong-ho, Kim Jin-su, Ahn Hyun-beom (77.Lee Soo-bin), Jeong Tae-wook [*sent off 45*], Paik Seung-ho, Park Jin-seop, Moon Seon-min (68.Choi Chul-soon), Lee Dong-jun (68.Han Kyo-won), Song Min-kyu (46.Ku Ja-ryong), Park Jae-yong (87.Lee Jun-ho). Trainer: Daniel Vasile Petrescu (Romania).
Goals: 0-1 Moon Seon-min (2), 0-2 Song Min-kyu (38), 1-2 Jakob Jantscher (69).

29.11.2023, Thammasat Stadium, Rangsit; Attendance: 2,093
Referee: Casey Lisa Reibelt (Australia)
Bangkok United FC - Lion City Sailors FC **1-0(0-0)**
Bangkok United: Patiwat Khammai, Everton Gonçalves Saturnino, Peerapat Notchaiya (88.Wanchai Jarunongkran), Nitipong Selanon, Suphan Thongsong, Pokklaw A-nan, Thossawat Limwannasthian (90+3.Tassanapong Mhuaddarak), Rungrath Poomchantuek (88.Manuel Tom Bihr), Willen Mota Inácio, Mahmoud Eid, Amadou Soukouna (70.Chayawat Srinawong). Trainer: Totchtawan Sripan.
Lion City: Muhammad Zharfan Rohaizad, Hariss Harun, Pedro Henrique Pereira da Silva (87.Bailey Colin Wright), Christopher James van Huizen, Muhammad Zulqarnaen Suzliman, Lionel Tan Han Wei (87.Adam Swandi), Anumanthan Mohan Kumar (90+3.Haiqal Pashia Anugrah), Rui Miguel Guerra Pires, Maxime Christophe Lestienne, Richairo Juliano Živković (72.Kodai Tanaka), Muhammad Shawal Anuar. Trainer: Aleksandar Ranković (Serbia).
Goal: 1-0 Rungrath Poomchantuek (86).

13.12.2023, Jalan Besar Stadium, Kallang; Attendance: 2,654
Referee: Ahmed Issa Darwish (United Arab Emirates)
Lion City Sailors FC - Kitchee SC **0-2(0-1)**
Lion City: Muhammad Zharfan Rohaizad, Hariss Harun (87.Muhamad Rusyaidi Salime), Bailey Colin Wright, Manuel Herrera López „Súper", Christopher James van Huizen (88.Haiqal Pashia Anugrah), Muhammad Zulqarnaen Suzliman (88.Mohammad Hafiz Mohd Nor), Rui Miguel Guerra Pires (72.Adam Swandi), Maxime Christophe Lestienne, Richairo Juliano Živković, Muhammad Shawal Anuar, Kodai Tanaka (79.Muhammad Hami Syahin Said). Trainer: Aleksandar Ranković (Serbia).
Kitchee: Wang Zhenpeng, Roberto Orlando Affonso Junior „Beto" (62.Law Tsz Chun), Hélio José de Souza Gonçalves, Charlie Thomas Scott, Oliver Gerbig, Cleiton de Oliveira Velasques, Tan Chun Lok (76.Kim Shin-wook), Chan Shinichi, Jakob Jantscher, Fernando Augusto Azevedo Pedreira (76.Huang Yang), Igor Torres Sartori (88.Cheng Chin Lung). Trainer: Kim Dong-jin (Korea Republic).
Goals: 0-1 Christopher James van Huizen (11 own goal), 0-2 Fernando Augusto Azevedo Pedreira (74).

13.12.2023, Jeonju World Cup Stadium, Jeonju; Attendance: 6,007
Referee: Khaled Saleh Al Turais (Saudi Arabia)
Jeonbuk Hyundai Motors FC Jeonju - Bangkok United FC **3-2(1-1)**
Jeonbuk: Kim Jeong-hoon, Kim Jin-su, Ku Ja-ryong, Ahn Hyun-beom, Bismark Adjei-Boateng (34.Lee Soo-bin), Park Jin-seop, Maeng Seong-ung (90+3.Choi Chul-soon), Moon Seon-min (90+3.Jun Amano), Lee Dong-jun (90+5.Park Chang-woo), Song Min-kyu, Park Jae-yong (90+6.Lee Jun-ho). Trainer: Daniel Vasile Petrescu (Romania).
Bangkok United: Patiwat Khammai, Everton Gonçalves Saturnino, Peerapat Notchaiya, Nitipong Selanon (86.Boontawee Theppawong), Suphan Thongsong, Wanchai Jarunongkran (60.Rungrath Poomchantuek), Pokklaw A-nan, Bassel Zakaria Jradi (75.Manuel Tom Bihr), Thossawat Limwannasthian (75.Tassanapong Mhuaddarak), Willen Mota Inácio, Mahmoud Eid (86.Amadou Soukouna). Trainer: Totchtawan Sripan.
Goals: 0-1 Wanchai Jarunongkran (4), 1-1 Moon Seon-min (42), 2-1 Lee Dong-jun (76), 3-1 Lee Dong-jun (78), 3-2 Rungrath Poomchantuek (85).

FINAL STANDINGS
1. Bangkok United FC   6 4 1 1 11 - 8   13
2. Jeonbuk Hyundai Motors FC Jeonju 6 4 0 2 12 - 9   12
3. Lion City Sailors FC   6 2 0 4   5 - 9   6
4. Kitchee SC   6 1 1 4   7 - 9   4

GROUP G

19.09.2023, Yokohama International Stadium, Yokohama; Attendance: 7,010
Referee: Khalid Saleh Al Turais (Saudi Arabia)
Yokohama F. Marinos - Incheon United FC   **2-4(2-2)**
Marinos: Jun Ichimori, Ken Matsubara (64.Yuhi Murakami), Takumi Kamijima, Ryotaro Tsunoda, Hijiri Kato (65.Nam Tae-hee), Takuya Kida (84.Kota Watanabe), Kenta Inoue, Kaina Yoshio (76.Katsuya Nagato), Ryo Miyaichi (64.Yan Matheus Santos Souza), Takuma Nishimura, Asahi Uenaka. Trainer: Kevin Vincent Muscat (Australia).
Incheon United: Kim Dong-heon, Kim Jun-yub, Harrison Andrew Delbridge, Jung Dong-yoon, Kim Yeon-soo (83.Oh Ban-suk), Kim Dong-min, Shin Jin-ho (83.Mun Ji-hwan), Lee Myung-joo (73.Paul-José M'Poku Ebunge), Kim Do-hyeok, Stefan Mugoša (61.Hernandes Rodrigues da Silva), Gerso Fernandes (73.Kim Bo-sub). Trainer: Jo Sung-hwan.
Goals: 0-1 Jun Ichimori (8 own goal), 1-1 Takuma Nishimura (17), 1-2 Gerso Fernandes (37), 2-2 Ryo Miyaichi (43), 2-3 Hernandes Rodrigues da Silva (75), 2-4 Hernandes Rodrigues da Silva (79).

19.09.2023, Rizal Memorial Stadium, Manila; Attendance: 1,728
Referee: Ammar Ashkanani (Kuwait)
Kaya FC Iloilo - Shandong Taishan FC   **1-3(0-0)**
Kaya FC: Quincy Julian Boltron Kammeraad, Simone Mondiali Rota (90+5.Camelo Pérez Tacusalme), Mikel Justin Cagurangan Baas, Audie Bantas Menzi, Mar Vincent Azuero Diano (90+5.Eric Ben Guillera Giganto), Fitch Johnson Daviz Barace Arboleda, Marwin Janver Malinay Angeles (65.Mark Francis Mercenes Swainston), Ricardo Iván Sendra, Jesus Joaquin Melliza (65.Arnel Abuloc Amita), Daizo Horikoshi, Abou Mouhamed Sy (46.Javier Agustine Ocampo Gayoso). Trainer: Colum Curtis (Northern Ireland).
Shandong Taishan: Han Rongze, Ji Xiang (58.Abdurasul Abudulam), Song Long (90.Maiwulang Mijiti), Jadson Cristiano Silva de Morais, Tong Lei, Zhao Jianfei, Moises Lima Magalhães "Moisés Mineiro", Xie Wenneng (58.Zhang Chi), Fei Nanduo (90.Li Hailong), Crysan Da Cruz Queiroz Barcelos, Matheus Antonio Souza dos Santos „Matheus Pato" (90+6.Hu Jinghang). Trainer: Choi Kang-hee (Korea Republic).
Goals: 0-1 Moises Lima Magalhães "Moisés Mineiro" (63 penalty), 0-2 Matheus Antonio Souza dos Santos „Matheus Pato" (71), 1-2 Javier Agustine Ocampo Gayoso (79), 1-3 Crysan Da Cruz Queiroz Barcelos (90+5).

03.10.2023, Incheon Football Stadium, Incheon; Attendance: 8,582
Referee: Khamis Mohammed Al Marri (Qatar)
Incheon United FC - Kaya FC Iloilo   **4-0(3-0)**
Incheon United: Kim Dong-heon, Kwon Han-jin, Kang Yun-koo, Harrison Andrew Delbridge, Mun Ji-hwan (60.Park Hyun-bin), Kim Geon-hui, Paul-José M'Poku Ebunge (76.Park Jin-hong), Min Kyung-hyun, Stefan Mugoša (46.Cheon Seong-hoon), Gerso Fernandes (46.Kim Bo-sub), Hernandes Rodrigues da Silva (46.Park Seung-ho). Trainer: Jo Sung-hwan.
Kaya FC: Quincy Julian Boltron Kammeraad, Simone Mondiali Rota (75.Arnel Abuloc Amita), Mikel Justin Cagurangan Baas (82.Eric Ben Guillera Giganto), Audie Bantas Menzi, Mar Vincent Azuero Diano, Fitch Johnson Daviz Barace Arboleda, Marwin Janver Malinay Angeles (68.Mark Francis Mercenes Swainston), Javier Agustine Ocampo Gayoso (83.Robert Lopez Mendy), Ricardo Iván Sendra, Jesus Joaquin Melliza, Daizo Horikoshi. Trainer: Colum Curtis (Northern Ireland).
Goals: 1-0 Stefan Mugoša (6), 2-0 Stefan Mugoša (19 penalty), 3-0 Hernandes Rodrigues da Silva (36), 4-0 Paul-José M'Poku Ebunge (74).

03.10.2023, Jinan Olympic Sports Center Stadium, Jinan; Attendance: 43,783
Referee: Ahmed Issa Darwish (United Arab Emirates)
Shandong Taishan FC - Yokohama F. Marinos   0-1(0-1)
Shandong Taishan: Wang Dalei, Shi Ke, Wang Tong (71.Li Hailong), Liu Yang (90+2.Song Long), Jadson Cristiano Silva de Morais, Moises Lima Magalhães "Moisés Mineiro", Li Yuanyi (46.Xie Wenneng), Liao Lisheng (85.Fei Nanduo), Marouane Fellaini-Bakkioui, Crysan Da Cruz Queiroz Barcelos, Chen Pu (70.Matheus Antonio Souza dos Santos „Matheus Pato"). Trainer: Choi Kang-hee (Korea Republic).
Marinos: Jun Ichimori, Ken Matsubara, Takumi Kamijima, Ryotaro Tsunoda (83.Carlos Eduardo Bendini Giusti), Hijiri Kato (74.Katsuya Nagato), Kota Mizunuma (66.Yan Matheus Santos Souza), Nam Tae-hee, Kaina Yoshio (84.Kota Watanabe), Riku Yamane, José Élber Pimentel da Silva (66.Ryo Miyaichi), Asahi Uenaka. Trainer: Kevin Vincent Muscat (Australia).
Goal: 1-0 Kota Mizunuma (37).

25.10.2023, Incheon Football Stadium, Incheon; Attendance: 7,277
Referee: Akhrol Risqullaev (Uzbekistan)
Incheon United FC - Shandong Taishan FC   0-2(0-0)
Incheon United: Kim Dong-heon, Kim Jun-yub, Oh Ban-suk, Kwon Han-jin, Jung Dong-yoon, Kim Yeon-soo (70.Min Kyung-hyun), Mun Ji-hwan (53.Kim Do-hyeok), Paul-José M'Poku Ebunge (83.Park Seung-ho), Stefan Mugoša (70.Cheon Seong-hoon), Gerso Fernandes (83.Kim Dae-jung), Hernandes Rodrigues da Silva. Trainer: Jo Sung-hwan.
Shandong Taishan: Wang Dalei, Ji Xiang (11.Liao Lisheng), Shi Ke, Wang Tong, Liu Yang, Jadson Cristiano Silva de Morais, Moises Lima Magalhães "Moisés Mineiro" (86.Zheng Zheng), Li Yuanyi (55.Crysan Da Cruz Queiroz Barcelos), Xie Wenneng (55.Liu Binbin), Marouane Fellaini-Bakkioui, Chen Pu (87.Fei Nanduo). Trainer: Choi Kang-hee (Korea Republic).
Goals: 0-1 Crysan Da Cruz Queiroz Barcelos (58), 0-2 Marouane Fellaini-Bakkioui (87).

25.10.2023, Yokohama International Stadium, Yokohama; Attendance: 7,524
Referee: Sadullo Gulmurodi (Tajikistan)
Yokohama F. Marinos - Kaya FC Iloilo   3-0(1-0)
Marinos: Jun Ichimori, Ken Matsubara (75.Asahi Uenaka), Katsuya Nagato (25.Keigo Sakakibara), Kota Mizunuma, Takuya Kida, Kenta Inoue, Kota Watanabe (62.Riku Yamane), Kaina Yoshio, Kenyu Sugimoto, José Élber Pimentel da Silva (63.Anderson José Lopes de Souza), Takuma Nishimura (75.Yan Matheus Santos Souza). Trainer: Kevin Vincent Muscat (Australia).
Kaya FC: Quincy Julian Boltron Kammeraad, Simone Mondiali Rota, Mikel Justin Cagurangan Baas, Audie Bantas Menzi, Mar Vincent Azuero Diano, Fitch Johnson Daviz Barace Arboleda, Marwin Janver Malinay Angeles (46.Mark Francis Mercenes Swainston), Javier Agustine Ocampo Gayoso (78.Robert Lopez Mendy), Ricardo Iván Sendra (67.Arnel Abuloc Amita), Jesus Joaquin Melliza (67.Marco Alessandro Punzal Casambre), Daizo Horikoshi (87.Curt Jordan Perez Dizon). Trainer: Colum Curtis (Northern Ireland).
Goals: 1-0 Kota Mizunuma (35), 2-0 Kenyu Sugimoto (72), 3-0 Anderson José Lopes de Souza (90+5).

07.11.2023, Jinan Olympic Sports Center Stadium, Jinan; Attendance: 20,723
Referee: Adel Ali Ahmed Khamis Al Naqbi (United Arab Emirates)
Shandong Taishan FC - Incheon United FC   3-1(0-0)
Shandong Taishan: Wang Dalei, Zheng Zheng (46.Crysan Da Cruz Queiroz Barcelos), Ji Xiang (46.Li Hailong), Shi Ke, Liu Yang, Jadson Cristiano Silva de Morais, Moises Lima Magalhães "Moisés Mineiro" (71.Liao Lisheng), Li Yuanyi, Xie Wenneng (46.Liu Binbin), Marouane Fellaini-Bakkioui, Chen Pu (71.Fei Nanduo). Trainer: Choi Kang-hee (Korea Republic).
Incheon United: Kim Dong-heon, Oh Ban-suk, Kwon Han-jin, Jung Dong-yoon (75.Kim Min-seok), Kim Yeon-soo, Paul-José M'Poku Ebunge, Kim Do-hyeok, Min Kyung-hyun, Stefan Mugoša (46.Hernandes Rodrigues da Silva), Kim Bo-sub (61.Hong Si-hoo), Park Seung-ho (81.Kim Se-hoon). Trainer: Jo Sung-hwan.
Goals: 1-0 Li Yuanyi (54), 2-0 Kwon Han-jin (65 own goal), 3-0 Crysan Da Cruz Queiroz Barcelos (75 penalty), 3-1 Kim Do-hyeok (90+2).

07.11.2023, Rizal Memorial Stadium, Manila; Attendance: 956
Referee: Ammar Ashkanani (Kuwait)
Kaya FC Iloilo - Yokohama F. Marinos   **1-2(1-1)**
Kaya FC: Quincy Julian Boltron Kammeraad, Simone Mondiali Rota, Marco Alessandro Punzal Casambre (60.Mar Vincent Azuero Diano), Mikel Justin Cagurangan Baas (77.Marwin Janver Malinay Angeles), Audie Bantas Menzi, Akito Saito, Fitch Johnson Daviz Barace Arboleda, Javier Agustine Ocampo Gayoso, Ricardo Iván Sendra (86.Mark Francis Mercenes Swainston), Daizo Horikoshi (77.Jesus Joaquin Melliza), Abou Mouhamed Sy (60.Robert Lopez Mendy [*sent off 82*]). Trainer: Colum Curtis (Northern Ireland).
Marinos: Hiroki Iikura, Ken Matsubara, Kota Mizunuma, Takuya Kida, Kenta Inoue (72.Daisuke Funaki), Kota Watanabe (71.Nam Tae-hee), Kaina Yoshio (46.Takumi Kamijima), Keigo Sakakibara, Kenyu Sugimoto, Takuma Nishimura (62.Yan Matheus Santos Souza), Yuhi Murakami. Trainer: Kevin Vincent Muscat (Australia).
Goals: 0-1 Yuhi Murakami (26), 1-1 Daizo Horikoshi (39), 1-2 Yan Matheus Santos Souza (87).

28.11.2023, Incheon Football Stadium, Incheon; Attendance: 5,712
Referee: Ammar Ashkanani (Kuwait)
Incheon United FC - Yokohama F. Marinos   **2-1(1-0)**
Incheon United: Kim Dong-heon, Oh Ban-suk, Kim Yeon-soo (77.Kim Geon-hui), Kim Dong-min, Kim Do-hyeok, Park Hyun-bin (53.Hernandes Rodrigues da Silva), Kim Bo-sub (77.Jung Dong-yoon), Cheon Seong-hoon (64.Kim Min-seok), Hong Si-hoo (63.Min Kyung-hyun), Park Seung-ho, Choi Woo-jin. Trainer: Jo Sung-hwan.
Marinos: Jun Ichimori, Ken Matsubara (46.Yuhi Murakami), Carlos Eduardo Bendini Giusti, Takumi Kamijima, Kota Mizunuma (63.Yan Matheus Santos Souza), Takuya Kida (82.Kenyu Sugimoto), Kota Watanabe, Kaina Yoshio, José Élber Pimentel da Silva, Takuma Nishimura (64.Nam Tae-hee), Asahi Uenaka (63.Anderson José Lopes de Souza). Trainer: Kevin Vincent Muscat (Australia).
Goals: 1-0 Hong Si-hoo (11), 2-0 Hernandes Rodrigues da Silva (67), 2-1 José Élber Pimentel da Silva (83).

28.11.2023, Jinan Olympic Sports Center Stadium, Jinan; Attendance: 13,756
Referee: Mohammed Khled Al Hoish (Saudi Arabia)
Shandong Taishan FC - Kaya FC Iloilo   **6-1(1-1)**
Shandong Taishan: Wang Dalei, Ji Xiang (46.Li Yuanyi), Song Long, Jadson Cristiano Silva de Morais, Zhao Jianfei (46.Fei Nanduo), Moises Lima Magalhães "Moisés Mineiro", Liu Binbin, Huang Zhengyu (46.Zheng Zheng), Xie Wenneng (64.Zhang Chi), Crysan Da Cruz Queiroz Barcelos, Hu Jinghang (76.Chen Pu). Trainer: Choi Kang-hee (Korea Republic).
Kaya FC: Quincy Julian Boltron Kammeraad, Simone Mondiali Rota, Marco Alessandro Punzal Casambre (69.Fitch Johnson Daviz Barace Arboleda), Mikel Justin Cagurangan Baas (90.Mark Francis Mercenes Swainston), Audie Bantas Menzi, Mar Vincent Azuero Diano, Akito Saito, Javier Agustine Ocampo Gayoso (69.Arnel Abuloc Amita), Ricardo Iván Sendra (76.Marwin Janver Malinay Angeles), Jesus Joaquin Melliza, Daizo Horikoshi. Trainer: Colum Curtis (Northern Ireland).
Goals: 0-1 Javier Agustine Ocampo Gayoso (21), 1-1 Moises Lima Magalhães "Moisés Mineiro" (26), 2-1 Crysan Da Cruz Queiroz Barcelos (49), 3-1 Moises Lima Magalhães "Moisés Mineiro" (56), 4-1 Song Long (61), 5-1 Crysan Da Cruz Queiroz Barcelos (68), 6-1 Crysan Da Cruz Queiroz Barcelos (89).

13.12.2023, Yokohama International Stadium, Yokohama; Attendance: 10,953
Referee: Sivakorn Pu-udom (Thailand)
Yokohama F. Marinos - Shandong Taishan FC   **3-0(1-0)**
Marinos: Jun Ichimori, Ken Matsubara, Carlos Eduardo Bendini Giusti, Ryotaro Tsunoda, Nam Tae-hee (69.Takuma Nishimura), Takuya Kida, Kota Watanabe (86.Riku Yamane), Kaina Yoshio, José Élber Pimentel da Silva (69.Ryo Miyaichi), Anderson José Lopes de Souza (82.Asahi Uenaka), Yan Matheus Santos Souza (81.Kota Mizunuma). Trainer: Kevin Vincent Muscat (Australia).

Shandong Taishan: Wang Dalei, Zheng Zheng, Song Long (61.Xie Wenneng), Shi Ke, Jadson Cristiano Silva de Morais, Li Hailong (61.Liu Yang), Liu Binbin, Li Yuanyi, Liao Lisheng (85.Hu Jinghang), Crysan Da Cruz Queiroz Barcelos, Chen Pu (61.Fei Nanduo). Trainer: Choi Kang-hee (Korea Republic).
Goals: 1-0 José Élber Pimentel da Silva (45+4), 2-0 Anderson José Lopes de Souza (57), 3-0 Yan Matheus Santos Souza (64).

13.12.2023, Rizal Memorial Stadium, Manila; Attendance: 456
Referee: Ahmed Abu Bakar Said Al Kaf (Oman)
Kaya FC Iloilo - Incheon United FC   **1-3(0-2)**
Kaya FC: Quincy Julian Boltron Kammeraad, Simone Mondiali Rota (90+4.Jovin Hervas Bedic), Marco Alessandro Punzal Casambre, Mikel Justin Cagurangan Baas, Mar Vincent Azuero Diano (86.Audie Bantas Menzi), Akito Saito, Fitch Johnson Daviz Barace Arboleda, Javier Agustine Ocampo Gayoso (86.Arnel Abuloc Amita), Ricardo Iván Sendra, Jesus Joaquin Melliza (60.Abou Mouhamed Sy), Daizo Horikoshi. Trainer: Colum Curtis (Northern Ireland).
Incheon United: Kim Dong-heon, Kim Yeon-soo, Kim Dong-min, Kim Geon-hui, Paul-José M'Poku Ebunge (59.Park Hyun-bin), Kim Do-hyeok, Kim Bo-sub (59.Hernandes Rodrigues da Silva), Cheon Seong-hoon (59.Gerso Fernandes), Hong Si-hoo (76.Kim Jun-yub), Park Seung-ho (88.Kim Min-seok), Choi Woo-jin. Trainer: Jo Sung-hwan.
Goals: 0-1 Park Seung-ho (12), 0-2 Choi Woo-jin (25), 1-2 Simone Mondiali Rota (53), 1-3 Kim Do-hyeok (90+4 penalty).

FINAL STANDINGS

1.	**Yokohama F. Marinos**	6	4	0	2	12 - 7	12
2.	**Shandong Taishan FC**	6	4	0	2	14 - 7	12
3.	Incheon United FC	6	4	0	2	14 - 9	12
4.	Kaya FC Iloilo	6	0	0	6	4 - 21	0

GROUP H

20.09.2023, Buriram Stadium, Buriram; Attendance: 20,635
Referee: Muhammad Nazmi Nasaruddin (Malaysia)
Buriram United FC - Zhejiang Professional FC   **4-1(3-1)**
Buriram United: Sivaruk Tedsungnoen, Theerathon Bunmathan, Kim Min-hyeok, Pansa Hemviboon, Dion-Johan Chai Cools, Goran Čaušić, Peeradon Chamratsamee, Ratthanakorn Maikami, Nicolao Manuel Dumitru Cardoso (90+2.Leon Pitchaya James), Lonsana Doumbouya (83.Seksan Ratree), Ramil Şeydayev (73.Suporn Peenagatapho). Trainer: Arthur Papastamatis (Australia).
Zhejiang: Zhao Bo, Dong Yu, Leung Nok Hang (90+5.Liu Haofan), Yue Xin, Wang Yang (75.Qian Jiegei), Li Tixiang (83.Wang Yudong), Franko Andrijašević, Zhang Jiaqi, Nyasha Mushekwi (83.Yao Junsheng), Jean Evrard Kouassi (46.Cheng Jin), Leonardo Nascimento Lopes de Souza "Léo Souza". Trainer: Jordi Vinyals Martori (Spain).
Goals: 1-0 Lonsana Doumbouya (17), 2-0 Goran Čaušić (22 penalty), 3-0 Goran Čaušić (45), 3-1 Leonardo Nascimento Lopes de Souza "Léo Souza" (45+8 penalty), 4-1 Pansa Hemviboon (57).

20.09.2023, Melbourne Rectangular Stadium, Melbourne; Attendance: 3,245
Referee: Salman Ahmad Falahi (Qatar)
Melbourne City FC - Ventforet Kofu   **0-0**
Melbourne City: Jamie Iain Young, Aziz Eraltay Behich, Nuno Miguel Pereira Reis, Curtis Edward Good, Callum Murray Charles Talbot (90+3.Samuel Souprayen), Tolgay Ali Arslan, Hamza Sakhi, Steven Ugarković, Alessandro Lopane (74.Lefteris Antonis), Marin Jakoliš, Jamie Maclaren. Trainer: Rado Vidošić (Croatia).
Ventforet: Michael Cornelis Woud, Masahiro Sekiguchi, Kaito Kamiya (85.Manato Shinada), Shion Inoue, Kosuke Taketomi (46.Junma Miyazaki), Kazuhiro Sato (85.Sodai Hasukawa), Iwana Kobayashi, Yoshiki Torikai, Koya Hayashida, Kohei Matsumoto (58.Peter Maduabuci Utaka), Riku Iijima (65.Kazushi Mitsuhira). Trainer: Yoshiyuki Shinoda.

04.10.2023, Huzhou Olympic Sports Centre, Huzhou; Attendance: 18,798
Referee: Hanna Hattab (Syria)
Zhejiang Professional FC - Melbourne City FC   **1-2(1-2)**
Zhejiang: Zhao Bo, Dong Yu, Lucas Possignolo, Yue Xin (83.Gu Bin), Liu Haofan, Li Tixiang (63.Nyasha Mushekwi), Franko Andrijašević, Zhang Jiaqi, Cheng Jin (83.Yao Junsheng), Jean Evrard Kouassi, Leonardo Nascimento Lopes de Souza "Léo Souza". Trainer: Jordi Vinyals Martori (Spain).
Melbourne City: Jamie Iain Young, Samuel Souprayen, Aziz Eraltay Behich, Nuno Miguel Pereira Reis, Curtis Edward Good, Tolgay Ali Arslan, Hamza Sakhi, Steven Ugarković, Marin Jakoliš, Jamie Maclaren, Max Caputo (84.Scott Robert Galloway). Trainer: Rado Vidošić (Croatia).
Goals: 0-1 Aziz Eraltay Behich (4), 0-2 Max Caputo (17), 1-2 Leonardo Nascimento Lopes de Souza "Léo Souza" (19 penalty).

04.10.2023, Japan National Stadium, Tokyo; Attendance: 11,802
Referee: Akhrol Risqullaev (Uzbekistan)
Ventforet Kofu - Buriram United FC   **1-0(0-0)**
Ventforet: Michael Cornelis Woud, Masahiro Sekiguchi, Kaito Kamiya (64.Eduardo Ferreira dos Santos „Eduardo Mancha"), Sota Miura, Shion Inoue, Kosuke Taketomi (64.Junma Miyazaki), Kazuhiro Sato, Koya Hayashida, Peter Maduabuci Utaka (58.Cristiano da Silva), Getúlio Wandelly Silva Timóteo (58.Motoki Hasegawa), Riku Iijima (65.Ryotaro Nakamura). Trainer: Yoshiyuki Shinoda.
Buriram United: Sivaruk Tedsungnoen, Theerathon Bunmathan, Kim Min-hyeok, Pansa Hemviboon, Dion-Johan Chai Cools, Goran Čaušić, Sasalak Haiprakhon, Ratthanakorn Maikami (68.Peeradon Chamratsamee), Lonsana Doumbouya, Ramil Şeydayev (90+1.Thawatchai Inprakhon), Supachai Chaided (61.Nicolao Manuel Dumitru Cardoso). Trainer: Arthur Papastamatis (Australia).
Goal: 1-0 Motoki Hasegawa (90).

25.10.2023, Huzhou Olympic Sports Centre, Huzhou; Attendance: 9,721
Referee: Kim Jong-hyeok (Korea Republic)
Zhejiang Professional FC - Ventforet Kofu   **2-0(1-0)**
Zhejiang: Zhao Bo, Dong Yu, Sun Zheng'ao, Lucas Possignolo, Yue Xin, Li Tixiang (90.Wang Yang), Franko Andrijašević, Zhang Jiaqi, Cheng Jin, Nyasha Mushekwi (79.Leonardo Nascimento Lopes de Souza "Léo Souza"), Jean Evrard Kouassi (79.Yao Junsheng). Trainer: Jordi Vinyals Martori (Spain).
Ventforet: Michael Cornelis Woud, Masahiro Sekiguchi, Kaito Kamiya, Sodai Hasukawa, Manato Shinada (50.Hideomi Yamamoto), Iwana Kobayashi, Yoshiki Torikai (60.Sho Araki), Koya Hayashida, Peter Maduabuci Utaka (60.Motoki Hasegawa), Getúlio Wandelly Silva Timóteo (72.Yamato Naito), Riku Iijima (46.Cristiano da Silva). Trainer: Yoshiyuki Shinoda.
Goals: 1-0 Lucas Possignolo (9), 2-0 Nyasha Mushekwi (58).

25.10.2023, Buriram Stadium, Buriram; Attendance: 17,265
Referee: Omar Mohamed Al Ali (United Arab Emirates)
Buriram United FC - Melbourne City FC   **0-2(0-2)**
Buriram United: Sivaruk Tedsungnoen, Theerathon Bunmathan, Kim Min-hyeok, Dion-Johan Chai Cools, Goran Čaušić, Sasalak Haiprakhon (87.Chitipat Tanklang), Peeradon Chamratsamee (86.Seksan Ratree), Ratthanakorn Maikami (43.Pansa Hemviboon), Lonsana Doumbouya, Ramil Şeydayev (73.Haris Vučkić), Supachai Chaided. Trainer: Arthur Papastamatis (Australia).
Melbourne City: Jamie Iain Young, Samuel Souprayen, Aziz Eraltay Behich (62.Leonardo Natel Vieira „Léo Natel"), Nuno Miguel Pereira Reis (61.Callum Murray Charles Talbot; 82.Harry Politidis), Curtis Edward Good, Tolgay Ali Arslan (46.Lefteris Antonis), Hamza Sakhi, Steven Ugarković, Alessandro Lopane (53.Scott Robert Galloway), Marin Jakoliš, Jamie Maclaren. Trainer: Rado Vidošić (Croatia).
Goals: 0-1 Alessandro Lopane (22), 0-2 Jamie Maclaren (41).

08.11.2023, Japan National Stadium, Tokyo; Attendance: 12,256
Referee: Khamis Mohammed Al Marri (Qatar)
Ventforet Kofu - Zhejiang Professional FC **4-1(2-0)**
Ventforet: Michael Cornelis Woud, Eduardo Ferreira dos Santos „Eduardo Mancha", Masahiro Sekiguchi, Shion Inoue, Iwana Kobayashi, Ryotaro Nakamura (70.Nagi Matsumoto), Koya Hayashida, Peter Maduabuci Utaka (65.Cristiano da Silva), Getúlio Wandelly Silva Timóteo (84.Kazushi Mitsuhira), Junma Miyazaki (65.Yoshiki Torikai), Riku Iijima (70.Motoki Hasegawa). Trainer: Yoshiyuki Shinoda.
Zhejiang: Zhao Bo, Dong Yu, Leung Nok Hang, Lucas Possignolo, Gu Bin, Li Tixiang, Franko Andrijašević, Zhang Jiaqi (46.Nyasha Mushekwi, Cheng Jin (86.Yao Junsheng), Jean Evrard Kouassi (77.Wang Yudong), Leonardo Nascimento Lopes de Souza "Léo Souza". Trainer: Jordi Vinyals Martori (Spain).
Goals: 1-0 Peter Maduabuci Utaka (17), 2-0 Getúlio Wandelly Silva Timóteo (45+2), 2-1 Leonardo Nascimento Lopes de Souza "Léo Souza" (50 penalty), 3-1 Masahiro Sekiguchi (58), 4-1 Yoshiki Torikai (89).

08.11.2023, Melbourne Rectangular Stadium, Melbourne; Attendance: 2,472
Referee: Majed Mohammed Al Shamrani (Saudi Arabia)
Melbourne City FC - Buriram United FC **0-1(0-0)**
Melbourne City: Jamie Iain Young, Aziz Eraltay Behich, Nuno Miguel Pereira Reis, Curtis Edward Good, Callum Murray Charles Talbot, Tolgay Ali Arslan (60.Alessandro Lopane), Hamza Sakhi, Steven Ugarković (87.Max Caputo), Marin Jakoliš (81.Benjamin Joseph Mazzeo), Jamie Maclaren, Leonardo Natel Vieira „Léo Natel" (60.Harry Politidis). Trainer: Aurelio Vidmar.
Buriram United: Sivaruk Tedsungnoen, Theerathon Bunmathan, Kim Min-hyeok, Pansa Hemviboon, Dion-Johan Chai Cools, Goran Čaušić, Sasalak Haiprakhon, Peeradon Chamratsamee (80.Ratthanakorn Maikami), Haris Vučkić (61.Ramil Şeydayev), Lonsana Doumbouya (80.Suporn Peenagatapho), Supachai Chaided. Trainer: Arthur Papastamatis (Australia).
Goal: 0-1 Goran Čaušić (86 penalty).

29.11.2023, Huzhou Olympic Sports Centre, Huzhou; Attendance: 8,918
Referee: Ilgiz Tantashev (Uzbekistan)
Zhejiang Professional FC - Buriram United FC **3-2(1-1)**
Zhejiang: Zhao Bo, Dong Yu (79.Wang Dongsheng), Leung Nok Hang, Lucas Possignolo, Yue Xin, Li Tixiang, Franko Andrijašević, Zhang Jiaqi, Cheng Jin (84.Wang Yang), Jean Evrard Kouassi (90+3.Gao Di), Leonardo Nascimento Lopes de Souza "Léo Souza". Trainer: Jordi Vinyals Martori (Spain).
Buriram United: Sivaruk Tedsungnoen, Theerathon Bunmathan, Kim Min-hyeok, Dion-Johan Chai Cools, Goran Čaušić, Sasalak Haiprakhon (90+2.Leon Pitchaya James), Peeradon Chamratsamee (75.Suporn Peenagatapho), Haris Vučkić (37.Ratthanakorn Maikami), Lonsana Doumbouya, Ramil Şeydayev, Supachai Chaided. Trainer: Arthur Papastamatis (Australia).
Goals: 0-1 Haris Vučkić (8), 1-1 Leonardo Nascimento Lopes de Souza "Léo Souza" (27), 2-1 Franko Andrijašević (77), 3-1 Lucas Possignolo (83), 3-2 Lonsana Doumbouya (87).

29.11.2023, Japan National Stadium, Tokyo; Attendance: 15,877
Referee: Mouood Bonyadifar (Iran)
Ventforet Kofu - Melbourne City FC **3-3(2-1)**
Ventforet: Tsubasa Shibuya, Masahiro Sekiguchi, Sodai Hasukawa, Sota Miura (84.Iwana Kobayashi), Shion Inoue, Ryotaro Nakamura, Motoki Hasegawa, Yoshiki Torikai (71.Junma Miyazaki), Koya Hayashida (63.Nagi Matsumoto), Peter Maduabuci Utaka (63.Cristiano da Silva), Kazushi Mitsuhira (72.Riku Iijima). Trainer: Yoshiyuki Shinoda.
Melbourne City: Jamie Iain Young, Samuel Souprayen, Aziz Eraltay Behich, Curtis Edward Good, Callum Murray Charles Talbot, Tolgay Ali Arslan (77.Hamza Sakhi), Steven Ugarković, Alessandro Lopane (90+3.Benjamin Joseph Mazzeo), Marin Jakoliš (83.Scott Robert Galloway), Jamie Maclaren, Leonardo Natel Vieira „Léo Natel" (76.Mathew Allan Leckie). Trainer: Aurelio Vidmar.
Goals: 0-1 Callum Murray Charles Talbot (5), 1-1 Shion Inoue (8), 2-1 Yoshiki Torikai (43), 2-2 Tolgay Ali Arslan (59 penalty), 2-3 Marin Jakoliš (64), 3-3 Junma Miyazaki (85).

12.12.2023, Buriram Stadium, Buriram; Attendance: 15,563
Referee: Abdullah Jamali (Kuwait)
Buriram United FC - Ventforet Kofu 2-3(0-3)
Buriram United: Sivaruk Tedsungnoen, Theerathon Bunmathan, Narubadin Weerawatnodom, Dion-Johan Chai Cools, Suporn Peenagatapho (69.Piyawat Petra), Goran Čaušić (80.Jirapong Puengviravong), Sasalak Haiprakhon, Peeradon Chamratsamee (74.Seksan Ratree), Ratthanakorn Maikami, Thanakrit Chotmuangpak (74.Thawatchai Inprakhon), Supachai Chaided (46.Arthit Boodjinda). Trainer: Arthur Papastamatis (Australia).
Ventforet: Kohei Kawata, Masahiro Sekiguchi, Kaito Kamiya (72.Yoshiki Torikai), Sota Miura, Shion Inoue, Nagi Matsumoto, Ryotaro Nakamura (82.Koya Hayashida), Motoki Hasegawa, Peter Maduabuci Utaka (59.Kazushi Mitsuhira), Cristiano da Silva (82.Getúlio Wandelly Silva Timóteo), Riku Iijima (39.Sudai Hasukawa). Trainer: Yoshiyuki Shinoda.
Goals: 0-1 Motoki Hasegawa (24), 0-2 Peter Maduabuci Utaka (38), 0-3 Peter Maduabuci Utaka (43), 1-3 Arthit Boodjinda (48), 2-3 Goran Čaušić (55 penalty).

12.12.2023, Princes Park, Melbourne; Attendance: 2,487
Referee: Kim Hee-gon (Korea Republic)
Melbourne City FC - Zhejiang Professional FC 1-1(0-0)
Melbourne City: Jamie Iain Young, Samuel Souprayen, Aziz Eraltay Behich, Curtis Edward Good, Callum Murray Charles Talbot, Tolgay Ali Arslan (67.Alessandro Lopane), Hamza Sakhi, Steven Ugarković, Mathew Allan Leckie (61.Jamie Maclaren), Marin Jakoliš (84.Scott Robert Galloway), Leonardo Natel Vieira „Léo Natel" (66.Harry Politidis). Trainer: Aurelio Vidmar.
Zhejiang: Zhao Bo, Sun Zheng'ao, Leung Nok Hang, Wang Dongsheng [*sent off 90+11*], Liu Haofan (69.Jin Haoxiang), Gu Bin (69.Gao Di), Qian Jiegei (86.Wang Yudong), Franko Andrijašević, Zhang Jiaqi (69.Li Tixiang), Nyasha Mushekwi, Jean Evrard Kouassi. Trainer: Jordi Vinyals Martori (Spain).
Goals: 1-0 Tolgay Ali Arslan (54), 1-1 Nyasha Mushekwi (90+9).

FINAL STANDINGS

1.	**Ventforet Kofu**	6	3	2	1	11 - 8	11
2.	Melbourne City FC	6	2	3	1	8 - 6	9
3.	Zhejiang Professional FC	6	2	1	3	9 - 13	7
4.	Buriram United FC	6	2	0	4	9 - 10	6

GROUP I

19.09.2023, Ulsan Munsu Football Stadium, Ulsan; Attendance: 3,788
Referee: Ahmed Abu Bakar Said Al Kaf (Oman)
Ulsan Hyundai FC - Bangkok Glass Pathum United FC 3-1(1-1)
Hyundai FC: Jo Hyeon-woo, Kim Young-gwon (46.Kim Kee-hee), Kim Tae-hwan, Lee Myung-jae (90.Jang Si-young), Jung Seung-hyun, Lee Chung-yong (63.Gustav Ludwigson), Valeri Qazaishvili, Darijan Bojanić (63.Kim Min-hyeok), Lee Gyu-sung, Lee Dong-gyeong (63.Ataru Esaka), Martin Ádám. Trainer: Hong Myung-bo.
BG Pathum: Chatchai Bootprom, Shinnaphat Leeaoh, Jakkaphan Praisuwan, Ryhan Euan Griffin Stewart (46.Surachat Sareepim), Chonnapat Buaphan, Freddy Antonio Álvarez Rodríguez, Sarach Yooyen (90+3.Chenrop Samphaodi), Chaowat Veerachat (46.Apisit Sorada), Phitiwat Sukjitthammakul, Teerasil Dangda (83.Patrik Gustavsson), Igor Sergeyev. Trainer: Thongchai Sukkoki.
Goals: 1-0 Martin Ádám (28), 1-1 Ryhan Euan Griffin Stewart (41), 2-1 Martin Ádám (73), 3-1 Martin Ádám (78).

19.09.2023, „Sultan Ibrahim" Stadium, Johor Bahru; Attendance: 24,597
Referee: Abdulrahman Ibrahim Al Jassim (Qatar)
Johor Darul Ta'zim FC Johor Bahru - Kawasaki Frontale   **0-1(0-1)**
Johor Darul Ta'zim: Ahmad Syihan Hazmi Mohamed, Shane Thomas Lowry, Jordi Amat Maas, La'Vere Lawrence Corbin-Ong (90.Endrick dos Santos Parafita), Matthew Thomas Davies, Juan Muñiz Gallego, Muhammad Afiq Fazail (67.Diogo Luís Santo), Nathaniel Shio Hong Wan (88.Mohammad Syamer Kutty Abba), Bérgson Gustavo Silveira da Silva, Heberty Fernandes de Andrade, Arif Aiman Mohd Hanapi. Trainer: Esteban Andrés Solari Poggio (Argentina).
Frontale: Jung Sung-ryong, Kyohei Noborizato (74.Asahi Sasaki), Shintaro Kurumaya, Takuma Ominami, Miki Yamane, Akihiro Ienaga (84.João Felipe Schmidt Urbano), Yasuto Wakizaka, Tatsuki Seko (84.Kazuya Yamamura), Kento Tachibanada, Bafétimbi Gomis (68.Leandro Damião da Silva dos Santos), Marcio Augusto da Silva Barbosa „Marcinho" (68.Yusuke Segawa). Trainer: Toru Oniki.
Goal: 0-1 Marcio Augusto da Silva Barbosa „Marcinho" (45).

03.10.2023, Todoroki Athletics Stadium, Kawasaki; Attendance: 9,382
Referee: Mohammed Khled Al Hoish (Saudi Arabia)
Kawasaki Frontale - Ulsan Hyundai FC   **1-0(0-0)**
Frontale: Jung Sung-ryong, Kyohei Noborizato, Takuma Ominami, Miki Yamane, Kazuya Yamamura, Yusuke Segawa (83.Bafétimbi Gomis), Yasuto Wakizaka, Tatsuki Seko (77.Daiya Tono), Kento Tachibanada, Leandro Damião da Silva dos Santos (77.Shin Yamada), Marcio Augusto da Silva Barbosa „Marcinho" (70.Taisei Miyashiro). Trainer: Toru Oniki.
Hyundai FC: Jo Hyeon-woo, Kim Young-gwon, Kim Tae-hwan, Kim Kee-hee, Cho Hyun-taek (76.Gustav Ludwigson), Valeri Qazaishvili, Kim Min-hyeok (77.Kim Sung-joon), Ataru Esaka (90.Joo Min-kyu), Lee Gyu-sung, Lee Dong-gyeong (54.Lee Chung-yong), Kim Ji-hyun (54.Martin Ádám). Trainer: Hong Myung-bo.
Goal: 1-0 Kento Tachibanada (89).

03.10.2023, BG Stadium, Pathum Thani; Attendance: 5,964
Referee: Mohammed Abdulla Hassan Mohamed (United Arab Emirates)
Bangkok Glass Pathum United FC - Johor Darul Ta'zim FC Johor Bahru   **2-4(1-2)**
BG Pathum: Chatchai Bootprom, Victor Mattos Cardozo, Santiphap Channgom, Jakkaphan Praisuwan (77.Patrik Gustavsson), Chonnapat Buaphan, Chanathip Songkrasin, Sarach Yooyen, Phitiwat Sukjitthammakul (65.Wattanakorn Sawatlakhorn), Chatmongkol Thongkiri (46.Freddy Antonio Álvarez Rodríguez), Teerasil Dangda, Danilo Almeida Alves (46.Igor Sergeyev). Trainer: Thongchai Sukkoki.
Johor Darul Ta'zim: Ahmad Syihan Hazmi Mohamed, Shane Thomas Lowry, Jordi Amat Maas (46.Muhammad Feroz Baharudin), La'Vere Lawrence Corbin-Ong, Matthew Thomas Davies, Juan Muñiz Gallego (75.Fernando Martín Forestieri), Muhammad Afiq Fazail (69.Endrick dos Santos Parafita), Nathaniel Shio Hong Wan (90+3.Safiq Rahim), Bérgson Gustavo Silveira da Silva, Heberty Fernandes de Andrade, Arif Aiman Mohd Hanapi (90+3.Muhammad Syahmi Safari). Trainer: Esteban Andrés Solari Poggio (Argentina).
Goals: 1-0 Victor Mattos Cardozo (5 penalty), 1-1 Arif Aiman Mohd Hanapi (6), 1-2 Bérgson Gustavo Silveira da Silva (14), 1-3 Juan Muñiz Gallego (53), 2-3 Victor Mattos Cardozo (55), 2-4 Arif Aiman Mohd Hanapi (78).

24.10.2023, Ulsan Munsu Football Stadium, Ulsan; Attendance: 4,183
Referee: Alireza Faghani (Iran)
Ulsan Hyundai FC - Johor Darul Ta'zim FC Johor Bahru   **3-1(3-0)**
Hyundai FC: Jo Hyeon-woo, Kim Tae-hwan [*sent off 36*], Kim Kee-hee, Jung Seung-hyun, Seol Young-woo, Kim Sung-joon (73.Kim Min-hyeok), Darijan Bojanić, Ataru Esaka (90+2.Cho Hyun-taek), Gustav Ludwigson (46.Lee Myung-jae), Lee Dong-gyeong (60.Um Won-sang), Kim Ji-hyun (73.Jang Si-young). Trainer: Hong Myung-bo.
Johor Darul Ta'zim: Ahmad Syihan Hazmi Mohamed, Shane Thomas Lowry (64.Muhammad Feroz Baharudin), Jordi Amat Maas, La'Vere Lawrence Corbin-Ong, Matthew Thomas Davies (78.Ramadhan Saifullah Usman), Juan Muñiz Gallego (63.Endrick dos Santos Parafita), Muhammad Afiq Fazail,

Nathaniel Shio Hong Wan (46.Fernando Martín Forestieri), Bérgson Gustavo Silveira da Silva, Heberty Fernandes de Andrade, Arif Aiman Mohd Hanapi. Trainer: Esteban Andrés Solari Poggio (Argentina).
Goals: 1-0 Jung Seung-hyun (5), 2-0 Gustav Ludwigson (12), 3-0 Gustav Ludwigson (18), 3-1 Bérgson Gustavo Silveira da Silva (53).

24.10.2023, BG Stadium, Pathum Thani; Attendance: 6,998
Referee: Mouood Bonyadifar (Iran)
Bangkok Glass Pathum United FC - Kawasaki Frontale **2-4(1-1)**
BG Pathum: Chatchai Bootprom, Victor Mattos Cardozo, Jakkaphan Praisuwan, Wattanakorn Sawatlakhorn (76.Apisit Sorada), Chonnapat Buaphan (76.Renato Kelić), Chanathip Songkrasin, Freddy Antonio Álvarez Rodríguez (83.Chatmongkol Thongkiri), Phitiwat Sukjitthammakul, Waris Choolthong (76.Ryhan Euan Griffin Stewart), Danilo Almeida Alves, Igor Sergeyev. Trainer: Thongchai Sukkoki.
Frontale: Jung Sung-ryong, Kyohei Noborizato, Takuma Ominami (89.Jesiel Cardoso Miranda), Miki Yamane, Akihiro Ienaga (90+1.Kota Takai), Kazuya Yamamura, Yasuto Wakizaka, Kento Tachibanada, Leandro Damião da Silva dos Santos (70.Bafétimbi Gomis), Marcio Augusto da Silva Barbosa „Marcinho" (70.Taisei Miyashiro), Daiya Tono (46.Tatsuki Seko). Trainer: Toru Oniki.
Goals: 0-1 Daiya Tono (14), 1-1 Igor Sergeyev (45+1), 1-2 Kento Tachibanada (52), 1-3 Marcio Augusto da Silva Barbosa „Marcinho" (68), 1-4 Takuma Ominami (77), 2-4 Victor Mattos Cardozo (82 penalty).

07.11.2023, Todoroki Athletics Stadium, Kawasaki; Attendance: 9,441
Referee: Abdulrahman Ibrahim Al Jassim (Qatar)
Kawasaki Frontale - Bangkok Glass Pathum United FC **4-2(2-2)**
Frontale: Jung Sung-ryong, Kyohei Noborizato, Jesiel Cardoso Miranda, Miki Yamane, Akihiro Ienaga (76.Taisei Miyashiro), Kazuya Yamamura, Yasuto Wakizaka (90+5.Yusuke Segawa), Tatsuki Seko (84.João Felipe Schmidt Urbano), Kento Tachibanada, Leandro Damião da Silva dos Santos (76.Bafétimbi Gomis), Marcio Augusto da Silva Barbosa „Marcinho" (84.Yū Kobayashi). Trainer: Toru Oniki.
BG Pathum: Kittipong Phuthawchueak, Irfan Fandi Ahmad, Jakkaphan Praisuwan (90+5.Phitiwat Sukjitthammakul), Ryhan Euan Griffin Stewart (86.Waris Choolthong), Wattanakorn Sawatlakhorn (69.Santiphap Channgom), Chonnapat Buaphan, Chanathip Songkrasin, Freddy Antonio Álvarez Rodríguez, Sarach Yooyen, Danilo Almeida Alves, Igor Sergeyev (86.Chenrop Samphaodi). Trainer: Thongchai Sukkoki.
Goals: 1-0 Yasuto Wakizaka (16 penalty), 1-1 Chanathip Songkrasin (33), 2-1 Yasuto Wakizaka (40 penalty), 2-2 Chanathip Songkrasin (41), 3-2 Kazuya Yamamura (68), 4-2 Taisei Miyashiro (90+8).

07.11.2023, „Sultan Ibrahim" Stadium, Johor Bahru; Attendance: 19,684
Referee: Shaun Evans (Australia)
Johor Darul Ta'zim FC Johor Bahru - Ulsan Hyundai FC **2-1(1-0)**
Johor Darul Ta'zim: Ahmad Syihan Hazmi Mohamed, Shane Thomas Lowry, Jordi Amat Maas, Matthew Thomas Davies (90.Mohd Shahrul Mohd Saad), Muhammad Afiq Fazail (85.Safiq Rahim), Óscar Arribas Pasero (85.Muhammad Akhyar Abdul Rashid), Nathaniel Shio Hong Wan, Fernando Martín Forestieri (63.La'Vere Lawrence Corbin-Ong), Bérgson Gustavo Silveira da Silva, Heberty Fernandes de Andrade, Arif Aiman Mohd Hanapi (90.Muhammad Syahmi Safari). Trainer: Esteban Andrés Solari Poggio (Argentina).
Hyundai FC: Jo Hyeon-woo, Kim Young-gwon, Lee Myung-jae, Jung Seung-hyun, Seol Young-woo, Kim Sung-joon (72.Lee Dong-gyeong), Valeri Qazaishvili, Ataru Esaka, Lee Gyu-sung (60.Kim Min-hyeok), Um Won-sang (86.Martin Ádám), Kim Ji-hyun (60.Joo Min-kyu). Trainer: Hong Myung-bo.
Goals: 1-0 Heberty Fernandes de Andrade (44), 1-1 Ataru Esaka (69), 2-1 Muhammad Akhyar Abdul Rashid (87).

28.11.2023, BG Stadium, Pathum Thani; Attendance: 3,563
Referee: Ahmed Abu Bakar Said Al Kaf (Oman)
Bangkok Glass Pathum United FC - Ulsan Hyundai FC   1-3(0-2)
BG Pathum: Kittipong Phuthawchueak, Renato Kelić (46.Victor Mattos Cardozo), Santiphap Channgom (46.Wattanakorn Sawatlakhorn), Shinnaphat Leeaoh, Jakkaphan Praisuwan, Ryhan Euan Griffin Stewart (63.Waris Choolthong), Sarach Yooyen, Phitiwat Sukjitthammakul, Teerasil Dangda, Danilo Almeida Alves (46.Chaowat Veerachat), Igor Sergeyev (87.Ikhsan Fandi Ahmad). Trainer: Thongchai Sukkoki.
Hyundai FC: Jo Hyeon-woo, Kim Young-gwon, Kim Kee-hee, Lee Myung-jae, Seol Young-woo, Lee Chung-yong (65.Lee Jae-wook), Kim Sung-joon (46.Ataru Esaka), Kim Min-hyeok, Gustav Ludwigson (72.Kim Tae-hwan), Martin Ádám (79.Kim Ji-hyun), Um Won-sang (65.Valeri Qazaishvili). Trainer: Hong Myung-bo.
Goals: 0-1 Jakkaphan Praisuwan (20 own goal), 0-2 Gustav Ludwigson (27), 0-3 Lee Myung-jae (62), 1-3 Igor Sergeyev (69).

28.11.2023, Todoroki Athletics Stadium, Kawasaki; Attendance: 9,274
Referee: Mohammed Abdulla Hassan Mohamed (United Arab Emirates)
Kawasaki Frontale - Johor Darul Ta'zim FC Johor Bahru   5-0(1-0)
Frontale: Jung Sung-ryong, Kyohei Noborizato, Takuma Ominami, Miki Yamane, Akihiro Ienaga (73.Shin Yamada), Kazuya Yamamura, Yasuto Wakizaka (68.Taisei Miyashiro), Tatsuki Seko (85.João Felipe Schmidt Urbano), Kento Tachibanada, Leandro Damião da Silva dos Santos (67.Yū Kobayashi), Marcio Augusto da Silva Barbosa „Marcinho" (68.Daiya Tono). Trainer: Toru Oniki.
Johor Darul Ta'zim: Ahmad Syihan Hazmi Mohamed, Jordi Amat Maas, Matthew Thomas Davies, Muhammad Feroz Baharudin, Muhammad Afiq Fazail (84.Ignacio „Natxo" Insa Bohigues, Óscar Arribas Pasero (54.La'Vere Lawrence Corbin-Ong), Nathaniel Shio Hong Wan (74.Mohd Shahrul Mohd Saad), Fernando Martín Forestieri (54.Juan Muñiz Gallego), Bérgson Gustavo Silveira da Silva, Heberty Fernandes de Andrade, Arif Aiman Mohd Hanapi. Trainer: Esteban Andrés Solari Poggio (Argentina).
Goals: 1-0 Akihiro Ienaga (8), 2-0 Leandro Damião da Silva dos Santos (50), 3-0 Marcio Augusto da Silva Barbosa „Marcinho" (60), 4-0 Yū Kobayashi (69), 5-0 Miki Yamane (88).

12.12.2023, Ulsan Munsu Football Stadium, Ulsan; Attendance: 5,247
Referee: Alireza Faghani (Iran)
Ulsan Hyundai FC - Kawasaki Frontale   2-2(1-2)
Hyundai FC: Jo Hyeon-woo, Kim Young-gwon, Kim Tae-hwan, Jung Seung-hyun, Seol Young-woo, Lee Chung-yong, Kim Sung-joon (78.Valeri Qazaishvili), Kim Min-hyeok (69.Joo Min-kyu), Gustav Ludwigson (69.Ataru Esaka), Martin Ádám, Um Won-sang. Trainer: Hong Myung-bo.
Frontale: Naoto Kamifukumoto, Jesiel Cardoso Miranda, Shuto Tanabe, Kota Takai, Yuto Matsunagane (78.Miki Yamane), João Felipe Schmidt Urbano, Yusuke Segawa (78.Kazuya Yamamura), Tatsuki Seko (78.Yuto Ozeki), Toya Myogan (46.Taisei Miyashiro), Daiya Tono, Shin Yamada (82.Akihiro Ienaga). Trainer: Toru Oniki.
Goals: 0-1 Daiya Tono (17), 0-2 Tatsuki Seko (31), 1-2 Martin Ádám (44), 2-2 Martin Ádám (53 penalty).

12.12.2023, „Sultan Ibrahim" Stadium, Johor Bahru; Attendance: 9,886
Referee: Ma Ning (China P.R.)
Johor Darul Ta'zim FC Johor Bahru - Bangkok Glass Pathum United FC   4-1(0-1)
Johor Darul Ta'zim: Ahmad Syihan Hazmi Mohamed, Jordi Amat Maas, Matthew Thomas Davies, Muhammad Feroz Baharudin, Ignacio „Natxo" Insa Bohigues, Juan Muñiz Gallego (81.Mohd Shahrul Mohd Saad), Muhammad Afiq Fazail, Óscar Arribas Pasero (19.Muhammad Akhyar Abdul Rashid; 81.Endrick dos Santos Parafita), Bérgson Gustavo Silveira da Silva (88.Fernando Martín Forestieri), Heberty Fernandes de Andrade, Arif Aiman Mohd Hanapi. Trainer: Esteban Andrés Solari Poggio (Argentina).

BG Pathum: Chatchai Bootprom, Victor Mattos Cardozo, Santiphap Channgom (75.Patrik Gustavsson), Shinnaphat Leeaoh, Jakkaphan Praisuwan (85.Waris Choolthong), Ryhan Euan Griffin Stewart, Sarach Yooyen, Chaowat Veerachat (68.Nattapon Worasut), Phitiwat Sukjitthammakul (85.Surachat Sareepim), Danilo Almeida Alves [*sent off 53*], Igor Sergeyev (67.Ikhsan Fandi Ahmad). Trainer: Thongchai Sukkoki.
Goals: 0-1 Igor Sergeyev (28), 1-1 Bérgson Gustavo Silveira da Silva (55 penalty), 2-1 Bérgson Gustavo Silveira da Silva (66), 3-1 Endrick dos Santos Parafita (86), 4-1 Arif Aiman Mohd Hanapi (90+2).

FINAL STANDINGS

1.	**Kawasaki Frontale**	6	5	1	0	17	- 6	16
2.	**Ulsan Hyundai FC**	6	3	1	2	12	- 8	10
3.	Johor Darul Ta'zim FC Johor Bahru	6	3	0	3	11	- 13	9
4.	Bangkok Glass Pathum United FC	6	0	0	6	9	- 22	0

GROUP J

20.09.2023, Wuhan Sports Center, Wuhan; Attendance: 27,599
Referee: Omar Mohamed Al Ali (United Arab Emirates)
Wuhan Three Towns FC - Urawa Red Diamonds Saitama   2-2(1-0)
Three Towns FC: Liu Dianzuo, Ren Hang, He Guan (82.Li Yang), Park Ji-soo (58.Liu Yiming), Deng Hanwen, Xie Pengfei (82.Jiang Zhipeng), Zhang Xiaobin, He Chao (46.Yan Dinghao), Davidson da Luz Pereira, Wei Shihao, Abdul-Aziz Yakubu. Trainer: Tsutomu Takahata (Japan).
Urawa: Shusaku Nishikawa, Alexander Scholz, Takuya Iwanami (46.Marius Christopher Høibråten), Takuya Ogiwara, Ayumu Ohata (46.Takahiro Akimoto; 62.José Kanté Martínez), Ken Iwao (81.Shinzo Koroki), Yoshio Koizumi, Atsuki Ito, Kaito Yasui, Bryan Linssen, Toshiki Takahashi (46.Takahiro Sekine). Trainer: Maciej Skorża (Poland).
Goals: 1-0 Zhang Xiaobin (10), 1-1 Bryan Linssen (55), 2-1 Davidson da Luz Pereira (62 penalty), 2-2 José Kanté Martínez (90+4).

20.09.2023, Mỹ Đình National Stadium, Hà Nội; Attendance: 15,025
Referee: Alireza Faghani (Iran)
CLB Hà Nội - Pohang Steelers FC   2-4(0-3)
Hà Nội: Bùi Tấn Trường, Đỗ Duy Mạnh, Damien Le Tallec (53.Nguyễn Thành Chung), Marcos Antônio Almeida Silva „Marcão", Đỗ Hùng Dũng (90+2.Nguyễn Hai Long), Brandon Wilson (52.Đậu Văn Toàn), Herlison Caion de Sousa Ferreira (90+2.Nguyễn Văn Tùng), Nguyễn Văn Quyết, Diederrick Joel Tagueu Tadjo, Milan Jevtović (61.Phạm Xuân Mạnh), Phạm Tuấn Hải. Trainer: Bozidar Bandović (Montenegro).
Steelers: Hwang In-jae, Park Chan-yong (60.Alexander Ian Grant), Ha Chang-rae, Shin Kwang-hoon (46.Park Seung-wook), Oberdan Alionço de Lima, Han Chan-hee (60.Kim Jun-ho), Yoon Min-ho (60.Kim Jong-woo), Wanderson Carvalho Oliveira, Kim In-sung, Kim Seung-dae, José Joaquim de Carvalho „Zeca" (79.Lee Ho-jae). Trainer: Kim Gi-dong.
Goals: 0-1 Damien Le Tallec (30 own goal), 0-2 Yoon Min-ho (34), 0-3 Kim In-sung (39), 0-4 Kim In-sung (49), 1-4 Diederrick Joel Tagueu Tadjo (53), 1-4 Diederrick Joel Tagueu Tadjo (87).

04.10.2023, Saitama Stadium 2002, Saitama; Attendance: 10,333
Referee: Adham Mohammad Tumah Makhadmeh (Jordan)
Urawa Red Diamonds Saitama - CLB Hà Nội   6-0(3-0)
Urawa: Shusaku Nishikawa, Hiroki Sakai (63.Ayumu Ohata), Alexander Scholz, Marius Christopher Høibråten, Takuya Ogiwara, Ken Iwao (46.Kai Shibato), Takahiro Sekine, Yoshio Koizumi (63.Junpei Hayakawa), Kaito Yasui, José Kanté Martínez (73.Shinzo Koroki), Toshiki Takahashi (73.Ekanit Panya). Trainer: Maciej Skorża (Poland).

Hà Nội: Bùi Tấn Trường, Đỗ Duy Mạnh (67.Phạm Xuân Mạnh), Nguyễn Thành Chung, Damien Le Tallec (78.Nguyễn Văn Dũng), Marcos Antônio Almeida Silva „Marcão", Đỗ Hùng Dũng (78.Đậu Văn Toàn), Herlison Caion de Sousa Ferreira (55.Nguyễn Văn Tùng), Nguyễn Văn Quyết (78.Nguyễn Hai Long), Diederrick Joel Tagueu Tadjo, Milan Jevtović, Phạm Tuấn Hải. Trainer: Bozidar Bandović (Montenegro).
Goals: 1-0 Phạm Tuấn Hải (9 own goal), 2-0 Alexander Scholz (19 penalty), 3-0 Toshiki Takahashi (37), 4-0 Takahiro Sekine (65), 5-0 José Kanté Martínez (70), 6-0 Ekanit Panya (85).

04.10.2023, Pohang Steel Yard, Pohang; Attendance: 3,818
Referee: Mouood Bonyadifar (Iran)
Pohang Steelers FC - Wuhan Three Towns FC 3-1(1-1)
Steelers: Hwang In-jae, Alexander Ian Grant, Ha Chang-rae, Park Seung-wook, Shin Kwang-hoon, Oberdan Alionço de Lima, Kim Jong-woo (60.Kim Seung-dae), Kim Jun-ho (60.Han Chan-hee), Kim In-sung (46.Lee Ho-jae; 90+4.Kang Hyeon-je), José Joaquim de Carvalho „Zeca", Hong Yun-sang (79.Cho Jae-hun). Trainer: Kim Gi-dong.
Three Towns FC: Liu Dianzuo, Ren Hang, Liu Yiming (78.He Guan), Gao Zhunyi (78.Tao Qianglong), Deng Hanwen, Li Yang (46.Jiang Zhipeng), Xie Pengfei [*sent off 40*], Yan Dinghao (67.Duan Liuyu), Davidson da Luz Pereira, Wei Shihao, Abdul-Aziz Yakubu. Trainer: Tsutomu Takahata (Japan).
Goals: 0-1 Abdul-Aziz Yakubu (10), 1-1 Shin Kwang-hoon (13), 2-1 José Joaquim de Carvalho „Zeca" (54), 3-1 José Joaquim de Carvalho „Zeca" (90+3).

23.10.2023, Wuhan Sports Center, Wuhan; Attendance: 19,112
Referee: Muhammad Nazmi Nasaruddin (Malaysia)
Wuhan Three Towns FC - CLB Hà Nội 2-1(1-0)
Three Towns FC: Liu Dianzuo, Ren Hang, Jiang Zhipeng (46.Marcos Vinicius Do Amaral Alves „Marcão"), Gao Zhunyi, Park Ji-soo, Deng Hanwen, He Chao (70.Zhang Xiaobin), Yan Dinghao (46.Duan Liuyu), Davidson da Luz Pereira, Wei Shihao, Abdul-Aziz Yakubu (79.Tao Qianglong). Trainer: Tsutomu Takahata (Japan).
Hà Nội: Quan Văn Chuẩn, Đỗ Duy Mạnh, Phạm Xuân Mạnh (89.Trương Văn Thái Quý), Nguyễn Thành Chung, Đào Văn Nam [*sent off 90+4*], Lê Văn Xuân (63.Vũ Tiến Long), Đỗ Hùng Dũng (80.Nguyễn Hai Long), Brandon Wilson (80.Đậu Văn Toàn), Nguyễn Văn Quyết (63.Herlison Caion de Sousa Ferreira), Diederrick Joel Tagueu Tadjo [*sent off 4*], Phạm Tuấn Hải. Trainer: Lê Đức Tuấn.
Goals: 1-0 Wei Shihao (45), 2-0 Marcos Vinicius Do Amaral Alves „Marcão" (63), 2-1 Phạm Tuấn Hải (87).

25.10.2023, Saitama Stadium 2002, Saitama; Attendance: 13,970
Referee: Ilgiz Tantashev (Uzbekistan)
Urawa Red Diamonds Saitama - Pohang Steelers FC 0-2(0-1)
Urawa: Shusaku Nishikawa, Marius Christopher Høibråten, Takuya Iwanami, Takuya Ogiwara (46.Hiroki Sakai), Ayumu Ohata, Kai Shibato (46.Shoya Nakajima), Yoshio Koizumi (69.Takahiro Akimoto), Atsuki Ito (76.Ken Iwao), Kaito Yasui, Bryan Linssen (59.Tomoaki Okubo), Toshiki Takahashi. Trainer: Maciej Skorża (Poland).
Steelers: Hwang In-jae, Park Chan-yong, Ha Chang-rae, Park Seung-wook, Shin Kwang-hoon, Kim Jong-woo (80.Kim Jun-ho), Han Chan-hee, Goh Young-jun, Kim Seung-dae, José Joaquim de Carvalho „Zeca" (80.Lee Ho-jae), Jeong Jae-hee (30.Kim In-sung). Trainer: Kim Gi-dong.
Goals: 0-1 Jeong Jae-hee (22), 0-2 Goh Young-jun (49).

08.11.2023, Pohang Steel Yard, Pohang; Attendance: 4,953
Referee: Alireza Faghani (Iran)
Pohang Steelers FC - Urawa Red Diamonds Saitama   2-1(0-1)
Steelers: Hwang In-jae, Alexander Ian Grant, Park Chan-yong, Park Seung-wook, Shin Kwang-hoon (46.Sim Sang-min), Han Chan-hee, Goh Young-jun (75.Kim In-sung), Kim Jun-ho (46.Kim Jong-woo), Hong Yun-sang, Lee Ho-jae (46.José Joaquim de Carvalho „Zeca"), Yoon Jae-woon (59.Kim Seung-dae). Trainer: Kim Gi-dong.
Urawa: Shusaku Nishikawa, Marius Christopher Høibråten, Takuya Iwanami, Takuya Ogiwara, Ken Iwao, Ekanit Panya (66.Bryan Linssen), Yoshio Koizumi (77.Ayumu Ohata), Takahiro Akimoto [*sent off 72*], Atsuki Ito, Kaito Yasui (66.Toshiki Takahashi), José Kanté Martínez (85.Shinzo Koroki). Trainer: Maciej Skorża (Poland).
Goals: 0-1 José Kanté Martínez (36), 1-1 José Joaquim de Carvalho „Zeca" (66 penalty), 2-1 Kim In-sung (90+4).

08.11.2023, Mỹ Đình National Stadium, Hà Nội; Attendance: 9,888
Referee: Akhrol Risqullaev (Uzbekistan)
CLB Hà Nội - Wuhan Three Towns FC   2-1(0-1)
Hà Nội: Bùi Tấn Trường, Phạm Xuân Mạnh, Nguyễn Thành Chung, Đậu Văn Toàn (58.Nguyễn Hai Long), Lê Văn Xuân, Vũ Tiến Long (65.Nguyễn Văn Tùng), Damien Le Tallec (58.Đỗ Hùng Dũng), Brandon Wilson, Herlison Caion de Sousa Ferreira (65.Nguyễn Đức Anh), Nguyễn Văn Quyết (78.Trương Văn Thái Quý), Phạm Tuấn Hải. Trainer: Lê Đức Tuấn.
Three Towns FC: Liu Dianzuo, Ren Hang (46.Denny Wang Yi), Jiang Zhipeng (67.Marcos Vinicius Do Amaral Alves „Marcão"), Gao Zhunyi, Park Ji-soo, Deng Hanwen (46.Liu Yiming), Zhang Xiaobin (86.Yan Dinghao), He Chao (90+2.Tao Qianglong), Davidson da Luz Pereira, Wei Shihao [*sent off 74*], Abdul-Aziz Yakubu. Trainer: Tsutomu Takahata (Japan).
Goals: 0-1 He Chao (10), 1-1 Phạm Tuấn Hải (71), 2-1 Phạm Tuấn Hải (90).

29.11.2023, Saitama Stadium 2002, Saitama; Attendance: 13,125
Referee: Majed Mohammed Al Shamrani (Saudi Arabia)
Urawa Red Diamonds Saitama - Wuhan Three Towns FC   2-1(1-0)
Urawa: Shusaku Nishikawa, Alexander Scholz, Marius Christopher Høibråten, Takuya Ogiwara, Ayumu Ohata (43.Takahiro Sekine), Ken Iwao, Shoya Nakajima (70.Ekanit Panya), Yoshio Koizumi (70.Alex Adrianus Antonius Schalk), Kaito Yasui, Bryan Linssen (70.José Kanté Martínez), Toshiki Takahashi (45+2.Tomoaki Okubo). Trainer: Maciej Skorża (Poland).
Three Towns FC: Liu Dianzuo, Ren Hang, Jiang Zhipeng (85.Tao Qianglong), He Guan (77.Gao Zhunyi), Park Ji-soo, Deng Hanwen (90+1.Li Yang), Xie Pengfei, Zhang Xiaobin, He Chao (77.Yan Dinghao), Davidson da Luz Pereira, Abdul-Aziz Yakubu. Trainer: Tsutomu Takahata (Japan).
Goals: 1-0 Alexander Scholz (37 penalty), 1-1 Davidson da Luz Pereira (68), 2-1 José Kanté Martínez (90).

29.11.2023, Pohang Steel Yard, Pohang; Attendance: 3,342
Referee: Adel Ali Ahmed Khamis Al Naqbi (United Arab Emirates)
Pohang Steelers FC - CLB Hà Nội   2-0(1-0)
Steelers: Yun Pyeong-gook, Sim Sang-min, Park Chan-yong (74.Alexander Ian Grant), Ha Chang-rae, Park Seung-wook, Han Chan-hee, Yoon Min-ho (46.Kang Hyeon-je), Kim Jun-ho (74.Shin Kwang-hoon), Kim In-sung, Hong Yun-sang (62.Cho Jae-hun), Lee Ho-jae (82.Kim Seung-dae). Trainer: Kim Gi-dong.
Hà Nội: Quan Văn Chuẩn, Phạm Xuân Mạnh, Nguyễn Thành Chung, Đậu Văn Toàn (46.Marcos Antônio Almeida Silva „Marcão"), Đào Văn Nam, Lê Văn Xuân, Damien Le Tallec (57.Đỗ Hùng Dũng), Brandon Wilson (80.Đỗ Duy Mạnh), Nguyễn Hai Long (57.Nguyễn Văn Quyết), Nguyễn Văn Tùng, Phạm Tuấn Hải (76.Nguyễn Văn Trường). Trainer: Đinh Thế Nam.
Goals: 1-0 Lee Ho-jae (33 penalty), 2-0 Ha Chang-rae (53).

06.12.2023, Wuhan Sports Center, Wuhan; Attendance: 10,052
Referee: Khamis Mohammed Al Marri (Qatar)
Wuhan Three Towns FC - Pohang Steelers FC   **1-1(0-0)**
Three Towns FC: Liu Dianzuo, Jiang Zhipeng, Liu Yiming (90+1.Tao Qianglong), He Guan, Park Ji-soo (82.Ren Hang), Deng Hanwen, Xie Pengfei, Zhang Xiaobin, Yan Dinghao (78.Duan Liuyu), Davidson da Luz Pereira, Abdul-Aziz Yakubu. Trainer: Tsutomu Takahata (Japan).
Steelers: Yun Pyeong-gook, Sim Sang-min, Ha Chang-rae, Park Seung-wook, Lee Gyu-baek (55.Choi Hyeong-woong), Han Chan-hee, Kim Jun-ho (55.Shin Kwang-hoon), Kim In-sung (85.Park Hyeong-woo), Lee Ho-jae, Kang Hyeon-je (46.Hong Yun-sang), Yoon Jae-woon (69.Cho Jae-hun). Trainer: Kim Gi-dong.
Goals: 1-0 Lee Gyu-baek (49 own goal), 1-1 Lee Ho-jae (77).

06.12.2023, Mỹ Đình National Stadium, Hà Nội; Attendance: 9,669
Referee: Sadullo Gulmurodi (Tajikistan)
CLB Hà Nội - Urawa Red Diamonds Saitama   **2-1(0-0)**
Hà Nội: Nguyễn Văn Hoàng, Đỗ Duy Mạnh (63.Marcos Antônio Almeida Silva „Marcão"), Đậu Văn Toàn (73.Đỗ Hùng Dũng), Đào Văn Nam, Vũ Tiến Long (82.Lê Văn Xuân), Damien Le Tallec, Brandon Wilson, Vũ Đình Hai (73.Phạm Xuân Mạnh), Nguyễn Hai Long, Nguyễn Văn Trường (63.Phạm Tuấn Hải), Diederrick Joel Tagueu Tadjo. Trainer: Đinh Thế Nam.
Urawa: Shusaku Nishikawa, Alexander Scholz, Takuya Iwanami, Takuya Ogiwara, Ayumu Ohata (Shinzo Koroki), Ken Iwao (46.Atsuki Ito), Ekanit Panya (60.José Kanté Martínez), Yoshio Koizumi (46.Tomoaki Okubo), Kaito Yasui, Bryan Linssen, Alex Adrianus Antonius Schalk (60.Takahiro Sekine). Trainer: Maciej Skorża (Poland).
Goals: 1-0 Đào Văn Nam (53), 1-1 Bryan Linssen (65), 2-1 Phạm Tuấn Hải (87 penalty).

FINAL STANDINGS

1.	**Pohang Steelers FC**	6	5	1	0	14 - 5	16
2.	Urawa Red Diamonds Saitama	6	2	1	3	12 - 9	7
3.	CLB Hà Nội	6	2	0	4	7 - 16	6
4.	Wuhan Three Towns FC	6	1	2	3	8 - 11	5

RANKING OF SECOND-PLACED TEAMS

WEST ASIA

1.	D	Navbahor Namangan FC	6	4	1	1	11 - 6	13
2.	C	Sepahan Esfahan FC	6	3	1	2	16 - 8	10
3.	A	Al-Fayha FC Al Majma'ah	6	3	0	3	12 - 10	9
4.	B	Al-Sadd SC	6	2	2	2	11 - 7	8
5.	E	Persepolis Tehran FC	6	2	2	2	5 - 5	8

EAST ASIA

1.	G	Shandong Taishan FC	6	4	0	2	14 - 7	12
2.	F	Jeonbuk Hyundai Motors FC	6	4	0	2	12 - 9	12
3.	I	Ulsan Hyundai FC	6	3	1	2	12 - 8	10
4.	H	Melbourne City FC	6	2	3	1	8 - 6	9
5.	J	Urawa Red Diamonds Saitama	6	2	1	3	12 - 9	7

SECOND ROUND OF 16

WEST ASIA

14.02.2024, Markaziy Stadium, Qarshi; Attendance: 15,186
Referee: Adham Mohammad Tumah Makhadmeh (Jordan)
Nasaf Qarshi FC - Al-Ain FC **0-0**
Nasaf Qarshi: Abduvohid Nematov, Igor Golban, Shukhrat Mukhammadiev (84.Shakhzod Akromov), Golib Gaybullaev, Murodbek Rakhmatov, Javokhir Sidikov (63.Marko Stanojević), Temur Chogadze (64.Victor Matheus da Silva), Sharof Mukhitdinov (54.Sherzod Nasrullayev), Akmal Mozgovoy, Oybek Bozorov (84.Zoran Marušić), Bobur Abduholiqov. Trainer: Ruziqul Berdiev.
Al-Ain: Khalid Eisa Mohammed Bilal Saeed, Khalid Mohammed Ahmed Al Hashemi, Khalid Ali Al Baloushi (73.Mohammed Abbas Ahmed Abdulla Hasan Al Baloushi), Kouame Autonne Kouadio, Bandar Mohammed Mohammed Saeed Mahdi Al Ahbabi, Park Yong-woo, Yahya Nader Mostafa Sherif, Jonatas da Anunciação Santos, Abdoul Karim Traoré, Kodjo Fo-Doh Laba, Soufiane Rahimi. Trainer: Hernán Jorge Crespo (Argentina).

21.02.2024, „Hazza bin Zayed" Stadium, Al Ain
Referee: Alireza Faghani (Iran)
Al-Ain FC - Nasaf Qarshi FC **2-1(0-0)**
Al-Ain: Khalid Eisa Mohammed Bilal Saeed, Khalid Mohammed Ahmed Al Hashemi, Khalid Ali Al Baloushi (61.Ahmed Barman Ali Barman Shamroukh Hammoudi), Kouame Autonne Kouadio, Bandar Mohammed Mohammed Saeed Mahdi Al Ahbabi, Park Yong-woo, Yahya Nader Mostafa Sherif (87.Hazem Mohammad Abdullah Abbas), Matías Damián Palacios, Omer Yosef Atzili (61.Mohammed Abbas Ahmed Abdulla Hasan Al Baloushi), Kodjo Fo-Doh Laba, Soufiane Rahimi (90+7.Falah Waleed Juma Al Souri Al Junaibi). Trainer: Hernán Jorge Crespo (Argentina).
Nasaf Qarshi: Abduvohid Nematov, Igor Golban, Shukhrat Mukhammadiev, Golib Gaybullaev, Murodbek Rakhmatov (90+3.Doniyor Narzullayev), Marko Stanojević (63.Javokhir Sidikov), Jaba Jigauri (63.Zoran Marušić), Temur Chogadze (82.Victor Matheus da Silva), Sharof Mukhitdinov, Akmal Mozgovoy, Bobur Abduholiqov (82.Shakhzod Akromov). Trainer: Ruziqul Berdiev.
Goals: 0-1 Akmal Mozgovoy (51), 1-1 Kodjo Fo-Doh Laba (55), 2-1 Soufiane Rahimi (90+2).
[Al-Ain FC won 2-1 on aggregate]

14.02.2024, „Prince Faisal bin Fahd" Stadium, Riyadh; Attendance: 3,111
Referee: Salman Ahmad Falahi (Qatar)
Al-Fayha FC Al Majma'ah - Al-Nassr FC Riyadh **0-1(0-0)**
Al-Fayha: Vladimir Stojković, Hussain Hassan Kazim Al Shuwaish, Mohammed Kareem Hamid Al Baqawi (84.Osama Yousef Al Khalaf), Sami Muhammad Saleh Al Khaibari, Mukhair Saleh Mukhir Al Rashidi, Abdulrahman Salem Al Safari, Sultan Ahmed Mohammed Mandash (58.Henry Chukwuemeka Onyekuru), Nawaf Khaled Al Harthi (84.Muhannad Ahmed Al Qaydhi), Rakan Ali Ahmed Qadami Kaabi (58.Abdelhamid Sabiri), Anthony Nnaduzor Nwakaeme (75.Khalid Hussain Kaabi), Junior Fashion Sakala. Trainer: Vuk Rašović (Serbia).
Al-Nassr: Raghed Alaa Mohammed Al Najjar, Aziz Eraltay Behich, Aymeric Jean Louis Gérard Alphonse Laporte, Sultan Abdullah Salem Al Ghanam, Abdulelah Ali Awadh Al Amri, Marcelo Brozović (90+4.Abdulmajeed Mohammed Al Sulaiheem), Otávio Edmilson da Silva Monteiro (83.Sami Khalil Nasser Al Najei), Anderson Souza Conceição „Talisca", Abdullah Mohammed Al Khaibari, Ayman Yahya Salem Ahmed (89.Abdulaziz Saud Al Elewai), Cristiano Ronaldo dos Santos Aveiro. Trainer: Luís Manuel Ribeiro de Castro (Portugal).
Goal: 0-1 Cristiano Ronaldo dos Santos Aveiro (81).

21.02.2024, „King Saud" University Stadium, Riyadh
Referee: Ma Ning (China P.R.)
Al-Nassr FC Riyadh - Al-Fayha FC Al Majma'ah **2-0(1-0)**
Al-Nassr: Waleed Abdullah Ali Al Dawsari, Aziz Eraltay Behich, Aymeric Jean Louis Gérard Alphonse Laporte, Qasem Mohammed Ali Lajami (90+2.Nawaf Mashari Abdulrahman Boushal),

Abdulelah Ali Awadh Al Amri, Marcelo Brozović (90+2.Ali Sadiq Nasser Al Hassan), Otávio Edmilson da Silva Monteiro (75.Abdulmajeed Mohammed Al Sulaiheem), Abdullah Mohammed Al Khaibari, Ayman Yahya Salem Ahmed (77.Sami Khalil Nasser Al Najei), Cristiano Ronaldo dos Santos Aveiro, Sadio Mané (90+2.Abdulaziz Saud Al Elewai). Trainer: Luís Manuel Ribeiro de Castro (Portugal).
Al-Fayha: Vladimir Stojković, Hussain Hassan Kazim Al Shuwaish, Mohammed Kareem Hamid Al Baqawi, Osama Yousef Al Khalaf, Mukhair Saleh Mukhir Al Rashidi, Abdulrahman Salem Al Safari (68.Muhannad Ahmed Al Qaydhi), Nawaf Khaled Al Harthi, Rakan Ali Ahmed Qadami Kaabi (89.Hussam Shami Ali Majrashi), Anthony Nnaduzor Nwakaeme (30.Sultan Ahmed Mohammed Mandash), Henry Chukwuemeka Onyekuru (88.Khalid Hussain Kaabi, Junior Fashion Sakala (88.Khaled Emad Abdullah Al Rammah). Trainer: Vuk Rašović (Serbia).
Goals: 1-0 Otávio Edmilson da Silva Monteiro (17), 2-0 Cristiano Ronaldo dos Santos Aveiro (86).
[Al-Nassr FC Riyadh won 3-0 on aggregate]

15.02.2024, Naghsh-e Jahan Stadium, Isfahan; Attendance: 61,265
Referee: Ahmad Faisal Al Ali (Kuwait)
Sepahan Esfahan FC - Al-Hilal FC Riyadh 1-3(1-0)
Sepahan: Payam Niazmand, Ramin Rezaeian, Mohammad Daneshgar [*sent off 76*], Siavash Yazdani, Milad Zakipour, Bryan Boulaye Kevin Dabo, Farshad Ahmadzadeh (71.Reza Asadi; 80.Omid Noorafkan), Reza Shekari Qezel Qayah (61.Aliasghar Aarabi), Seyed Mohammad Karimi, Mohammad Ghorbani, Shahriar Moghanlou (71.Issah Abass). Trainer: José Manuel Ferreira de Morais (Portugal).
Al-Hilal: Yassine Bounou, Yasser Gharsan Saeed Al Mohammadi Al Shahrani (71.Mohammed Ibrahim Mohammed Al Burayk), Ali Hadi Mohammed Al Bulaihi, Hassan Mohammed Al Tambakti, Saud Abdullah Salem Abdulhamid, Salem Mohammed Shafi Al Dawsari, Rúben Diogo da Silva Neves, Sergej Milinković-Savić, Mohamed Ibrahim Kanno (71.Abdullah Abdulrahman Al Hamdan), Aleksandar Mitrović, Malcom Filipe Silva de Oliveira. Trainer: Jorge Fernando Pinheiro de Jesus (Portugal).
Goals: 1-0 Ramin Rezaeian (37), 1-1 Malcom Filipe Silva de Oliveira (57), 1-2 Aleksandar Mitrović (90+4), 1-3 Abdullah Abdulrahman Al Hamdan (90+7).

22.02.2024, Kingdom Arena, Riyadh
Referee: Adel Ali Ahmed Khamis Al Naqbi (United Arab Emirates)
Al-Hilal FC Riyadh - Sepahan Esfahan FC 3-1(0-0)
Al-Hilal: Yassine Bounou, Yasser Gharsan Saeed Al Mohammadi Al Shahrani (67.Nasser Essa Shafi Al Shardan Al Dawsari), Ali Hadi Mohammed Al Bulaihi, Hassan Mohammed Al Tambakti, Saud Abdullah Salem Abdulhamid, Salem Mohammed Shafi Al Dawsari, Rúben Diogo da Silva Neves, Mohamed Ibrahim Kanno (67.Salman Mohammed Al Faraj), Michael Richard Delgado de Oliveira (89.Abdullah Abdulrahman Al Hamdan), Aleksandar Mitrović, Malcom Filipe Silva de Oliveira. Trainer: Jorge Fernando Pinheiro de Jesus (Portugal).
Sepahan: Payam Niazmand, Ramin Rezaeian, Siavash Yazdani, Milad Zakipour, Aria Yousefi, Bryan Boulaye Kevin Dabo, Farshad Ahmadzadeh (85.Issah Abass), Omid Noorafkan, Seyed Mohammad Karimi, Shahriar Moghanlou (90+8.Kaveh Rezaei), Aliasghar Aarabi (85.Reza Asadi). Trainer: José Manuel Ferreira de Morais (Portugal).
Goals: 0-1 Farshad Ahmadzadeh (54), 1-1 Salem Mohammed Shafi Al Dawsari (76), 2-1 Rúben Diogo da Silva Neves (82), 3-1 Aleksandar Mitrović (90+7).
[Al-Hilal FC Riyadh won 6-2 on aggregate]

15.02.2024, Markaziy Stadium, Namangan; Attendance: 26,200
Referee: Yusuke Araki (Japan)
Navbahor Namangan FC - Al-Ittihad Club Jeddah 0-0
Navbahor Namangan: Utkir Yusupov, Farrukh Sayfiyev, Filip Ivanović, Jamshid Iskanderov (78.Siavash Haghnazari), Jovan Đokić, Odiljon Hamrobekov, Jamshid Boltaboev, Abrorbek Ismoilov, Asad Sobirjonov, Toma Tabatadze (78.Giorgi Nikabadze), Ruslanbek Jiyanov (86.Dilshod Abdullayev). Trainer: Samvel Babayan.
Al-Ittihad Club: Abdullah Ibrahim Al Maiouf, Ahmed Elsayed Ali Elsayed Hegazy, Hassan Kadesh Mahboob, Madallah Ali Al Olayan, Fawaz Ali Marzouq Al Saqour Al Yami, N'Golo Kanté, Fábio

Henrique Tavares „Fabinho", Faisal Abdulrahman Al Ghamdi, Marwan Saeed Masoud Al Sahafi (57.Ahmed Mazen Al Ghamdi), Romário Ricardo da Silva "Romarinho" (74.Saleh Mohammed Al Jamaan Al Amri), Abderrazak Hamdallah. Trainer: Marcelo Daniel Gallardo (Argentina).

22.02.2024, „King Abdullah" Sports City, Jeddah
Referee: Ko Hyung-jin (Korea Republic)
Al-Ittihad Club Jeddah - Navbahor Namangan FC   **2-1(1-1)**
Al-Ittihad Club: Abdullah Ibrahim Al Maiouf, Ahmed Elsayed Ali Elsayed Hegazy, Hassan Kadesh Mahboob, Fawaz Ali Marzouq Al Saqour Al Yami, Saad Mohammed Misfer Al Mousa Al Qahtani, N'Golo Kanté, Fábio Henrique Tavares „Fabinho", Ahmed Mazen Al Ghamdi (71.Marwan Saeed Masoud Al Sahafi), Faisal Abdulrahman Al Ghamdi (71.Saleh Mohammed Al Jamaan Al Amri; 90+10.Farhah Ali Saeed Al Qahtah Al Shamrani), Karim Mostafa Benzema (90+4.Sultan Saad Al Farhan), Abderrazak Hamdallah. Trainer: Marcelo Daniel Gallardo (Argentina).
Navbahor Namangan: Utkir Yusupov, Farrukh Sayfiyev, Filip Ivanović, Jamshid Iskanderov (90+7.Azimjon Akhmedov), Jovan Đokić [*sent off 90+8*], Odiljon Hamrobekov, Jamshid Boltaboev, Abrorbek Ismoilov (90+1.Ibrokhim Yuldoshev), Asad Sobirjonov, Toma Tabatadze (90+1.Giorgi Nikabadze), Ruslanbek Jiyanov (90+1.Siavash Haghnazari). Trainer: Samvel Babayan.
Goals: 0-1 Karim Mostafa Benzema (25 own goal), 1-1 Abderrazak Hamdallah (45+6), 2-1 Toma Tabatadze (87 own goal).
[Al-Ittihad Club Jeddah won 2-1 on aggregate]

EAST ASIA

13.02.2024, Jinan Olympic Sports Center Stadium, Jinan; Attendance: 46,273
Referee: Muhammad Taqi Aljaafari Jahari (Singapore)
Shandong Taishan FC - Kawasaki Frontale   **2-3(0-2)**
Shandong Taishan: Wang Dalei, Zheng Zheng, Gao Zhunyi, Liu Yang, Jadson Cristiano Silva de Morais, Peng Xinli (81.Shi Ke), Valeri Qazaishvili, Li Yuanyi, Wu Xinghan (57.Matheus Antonio Souza dos Santos „Matheus Pato"), Crysan Da Cruz Queiroz Barcelos, Chen Pu (57.Fei Nanduo; 90+4.Maiwulang Mijiti). Trainer: Choi Kang-hee (Korea Republic).
Frontale: Jung Sung-ryong, Jesiel Cardoso Miranda, Takuma Ominami, Asahi Sasaki (89.Sai van Wermeskerken), Akihiro Ienaga, Yusuke Segawa (90.Shuto Tanabe), Yasuto Wakizaka, Yuki Yamamoto (64.Tatsuki Seko), Kento Tachibanada, Marcio Augusto da Silva Barbosa „Marcinho" (72.Yuichi Maruyama), Erison Danilo de Souza (72.Shin Yamada). Trainer: Toru Oniki.
Goals: 0-1 Erison Danilo de Souza (28 penalty), 0-2 Marcio Augusto da Silva Barbosa „Marcinho" (33), 1-2 Fei Nanduo (67), 1-3 Akihiro Ienaga (79), 2-3 Jadson Cristiano Silva de Morais (85).

20.02.2024, Todoroki Athletics Stadium, Kawasaki; Attendance: 11,732
Referee: Ahmad Faisal Al Ali (Kuwait)
Kawasaki Frontale - Shandong Taishan FC   **2-4(1-1)**
Frontale: Jung Sung-ryong, Yuichi Maruyama, Takuma Ominami, Asahi Sasaki, Sota Miura, Akihiro Ienaga (90+9.Kota Takai), Yasuto Wakizaka (90+9.Jesiel Cardoso Miranda), Yuki Yamamoto (84.Bafétimbi Gomis), Kento Tachibanada, Marcio Augusto da Silva Barbosa „Marcinho" (84.Yusuke Segawa), Erison Danilo de Souza (84.Shin Yamada). Trainer: Toru Oniki.
Shandong Taishan: Wang Dalei, Zheng Zheng (46.Matheus Antonio Souza dos Santos „Matheus Pato"), Shi Ke, Gao Zhunyi, Liu Yang, Jadson Cristiano Silva de Morais, Peng Xinli, Valeri Qazaishvili, Li Yuanyi, Xie Wenneng (46.Fei Nanduo), Crysan Da Cruz Queiroz Barcelos. Trainer: Choi Kang-hee (Korea Republic).
Goals: 0-1 Crysan Da Cruz Queiroz Barcelos (8), 0-2 Gao Zhunyi (25), 1-2 Sota Miura (30), 2-2 Erison Danilo de Souza (59), 2-3 Crysan Da Cruz Queiroz Barcelos (73), 2-3 Jadson Cristiano Silva de Morais (90+7).
[Shandong Taishan FC won 6-5 on aggregate]

14.02.2024, Jeonju World Cup Stadium, Jeonju; Attendance: 10,966
Referee: Shaun Evans (Australia)
Jeonbuk Hyundai Motors FC Jeonju - Pohang Steelers FC   **2-0(1-0)**
Jeonbuk: Kim Jeong-hoon, Hong Jeong-ho, Kim Jin-su, Ahn Hyun-beom, Lee Yeong-jae (90.Jeong Tae-wook), Park Jin-seop, Lee Soo-bin (45+1.Maeng Seong-ung), Tiago Pereira da Silva „Tago Orobó", Lee Dong-jun (77.Han Kyo-won), Song Min-kyu, Hernandes Rodrigues da Silva (46.Kim Tae-hwan; 90.Jeong Woo-jae). Trainer: Daniel Vasile Petrescu (Romania).
Steelers: Hwang In-jae, Jonathan Aspropotamitis, Park Chan-yong, Shin Kwang-hoon, Han Chan-hee (82.Kang Hyeon-je), Yoon Suk-ju (46.Kim Jun-ho), Wanderson Carvalho Oliveira, Kim In-sung (56.Kim Ryun-seong), Jorge Luiz Barbosa Teixeira, Eo Jeong-won (46.Hong Yun-sang), Lee Ho-jae (67.Kim Dong-jin). Trainer: Park Tae-ha.
Goals: 1-0 Hernandes Rodrigues da Silva (17), 2-0 Ahn Hyun-beom (64).

20.02.2024, Pohang Steel Yard, Pohang; Attendance: 5,680
Referee: Khaled Saleh Al Turais (Saudi Arabia)
Pohang Steelers FC - Jeonbuk Hyundai Motors FC Jeonju   **1-1(1-0)**
Steelers: Hwang In-jae, Jonathan Aspropotamitis, Park Chan-yong, Lee Dong-hee, Han Chan-hee (46.Kim Dong-jin), Kim Jun-ho (86.Yoon Suk-ju), Wanderson Carvalho Oliveira, Heo Yong-jun (73.Hong Yun-sang), Jorge Luiz Barbosa Teixeira, Eo Jeong-won (86.Shin Kwang-hoon), Lee Ho-jae (86.Kim In-sung). Trainer: Park Tae-ha.
Jeonbuk: Kim Jeong-hoon, Hong Jeong-ho, Kim Jin-su, Kim Tae-hwan, Ahn Hyun-beom (88.Lee Kyu-dong), Lee Yeong-jae (46.Moon Seon-min), Park Jin-seop, Lee Soo-bin (69.Jeong Tae-wook), Maeng Seong-ung, Han Kyo-won (69.Lee Dong-jun), Tiago Pereira da Silva „Tago Orobó". Trainer: Daniel Vasile Petrescu (Romania).
Goals: 1-0 Park Chan-yong (12), 1-1 Jeong Tae-wook (76).
[Jeonbuk Hyundai Motors FC Jeonju won 3-1 on aggregate]

14.02.2024, Thammasat Stadium, Pathum Thani; Attendance: 8,387
Referee: Mohammed Khled Al Hoish (Saudi Arabia)
Bangkok United FC - Yokohama F. Marinos   **2-2(1-2)**
Bangkok United: Patiwat Khammai, Everton Gonçalves Saturnino, Manuel Tom Bihr, Peerapat Notchaiya (86.Wanchai Jarunongkran), Nitipong Selanon, Pokklaw A-nan (81.Wisarut Imura), Thossawat Limwannasthian (58.Bassel Zakaria Jradi), Rungrath Poomchantuek (81.Vander Luiz Silva Souza), Weerathep Pomphan, Willen Mota Inácio, Chayawat Srinawong (58.Mahmoud Eid). Trainer: Totchtawan Sripan.
Marinos: William Popp, Ken Matsubara [*sent off 90+6*], Carlos Eduardo Bendini Giusti, Takumi Kamijima, Ren Kato (83.Asahi Uenaka), Nam Tae-hee (61.Jun Amano), Takuya Kida, Kota Watanabe, José Élber Pimentel da Silva (71.Ryo Miyaichi), Anderson José Lopes de Souza (83.Taiki Watanabe), Yan Matheus Santos Souza (61.Kota Mizunuma). Trainer: Harry Kewell (Australia).
Goals: 0-1 José Élber Pimentel da Silva (19), 0-2 Kota Watanabe (24), 1-2 Nitipong Selanon (35), 2-2 Mahmoud Eid (90+2).

21.02.2024, Yokohama International Stadium, Yokohama; Attendance: 8,343
Referee: Ilgiz Tanyashev (Uzbekistan)
Yokohama F. Marinos - Bangkok United FC   **1-0(0-0,0-0)**
Marinos: William Popp, Carlos Eduardo Bendini Giusti, Taiki Watanabe (82.Katsuya Nagato), Takumi Kamijima, Ren Kato (89.Yuhi Murakami), Nam Tae-hee (60.Jun Amano), Takuya Kida, Kota Watanabe (89.Riku Yamane), José Élber Pimentel da Silva (60.Ryo Miyaichi), Anderson José Lopes de Souza, Yan Matheus Santos Souza (120+4.Kota Mizunuma). Trainer: Harry Kewell (Australia).
Bangkok United: Patiwat Khammai, Everton Gonçalves Saturnino, Manuel Tom Bihr (72.Suphan Thongsong), Peerapat Notchaiya, Nitipong Selanon, Pokklaw A-nan (85.Vander Luiz Silva Souza), Thossawat Limwannasthian, Rungrath Poomchantuek, Weerathep Pomphan (95.Wisarut Imura), Willen Mota Inácio, Mahmoud Eid (66.Chayawat Srinawong). Trainer: Totchtawan Sripan.
Goal: 1-0 Anderson José Lopes de Souza (120+2).
[Yokohama F. Marinos won 3-2 on aggregate]

15.02.2024, Ulsan Munsu Football Stadium, Ulsan; Attendance: 7,621
Referee: Omar Mohamed Al Ali (United Arab Emirates)
Ulsan Hyundai FC - Ventforet Kofu **3-0(2-0)**
Hyundai FC: Jo Hyeon-woo, Kim Kee-hee (76.Kim Young-gwon), Hwang Seok-ho, Lee Myung-jae, Seol Young-woo, Kim Min-woo (83.Lee Dong-gyeong), Lee Gyu-sung, Ko Seung-beom (86.Matheus de Sales Cabral), Gustav Ludwigson (46.Ataru Esaka), Joo Min-kyu (76.Martin Ádám), Um Won-sang. Trainer: Hong Myung-bo.
Ventforet: Kohei Kawata, Yuta Imazu, Masahiro Sekiguchi, Kaito Kamiya, Adaílton dos Santos da Silva (65.Junma Miyazaki), Sho Araki (80.Iwana Kobayashi), Yoshiki Torikai, Koya Hayashida (65.Kazuhiro Sato), Takuto Kimura, Kazushi Mitsuhira (55.Riku Iijima), Fabián Andrés González Lasso (55.Peter Maduabuci Utaka). Trainer: Yoshiyuki Shinoda.
Goals: 1-0 Joo Min-kyu (37), 2-0 Joo Min-kyu (45 penalty), 3-0 Seol Young-woo (61).

21.02.2024, Japan National Stadium, Tokyo; Attendance: 15,932
Referee: Moood Bonyadifard (Iran)
Ventforet Kofu - Ulsan Hyundai FC **1-2(0-1)**
Ventforet: Kohei Kawata, Yuta Imazu, Eduardo Ferreira dos Santos „Eduardo Mancha", Masahiro Sekiguchi, Kazuhiro Sato (74.Takahiro Iida), Iwana Kobayashi, Yoshiki Torikai (61.Kosuke Taketomi), Takuto Kimura (68.Koya Hayashida), Peter Maduabuci Utaka, Fabián Andrés González Lasso (61.Kazushi Mitsuhira), Junma Miyazaki (46.Adaílton dos Santos da Silva). Trainer: Yoshiyuki Shinoda.
Hyundai FC: Jo Hyeon-woo, Kim Young-gwon, Kim Kee-hee (14.Hwang Seok-ho), Lee Myung-jae, Seol Young-woo, Ataru Esaka, Ko Seung-beom (46.Lee Gyu-sung), Lee Dong-gyeong (76.Kim Min-woo), Martin Ádám (64.Joo Min-kyu), Um Won-sang, Kim Ji-hyun (76.Gustav Ludwigson). Trainer: Hong Myung-bo.
Goals: 0-1 Kim Ji-hyun (11), 1-1 Kazushi Mitsuhira (88), 1-2 Joo Min-kyu (90+4).
[Ulsan Hyundai FC won 5-1 on aggregate]

QUARTER-FINALS

WEST ASIA

04.03.2024, „Hazza bin Zayed" Stadium, Al Ain; Attendance: 22,326
Referee: Hiroyuki Kimura (Japan)
Al-Ain FC - Al-Nassr FC Riyadh **1-0(1-0)**
Al-Ain: Khalid Eisa Mohammed Bilal Saeed, Khalid Mohammed Ahmed Al Hashemi, Erik Jorgens de Menezes, Kouame Autonne Kouadio, Bandar Mohammed Mohammed Saeed Mahdi Al Ahbabi, Alejandro Sebastián Romero Gamarra, Park Yong-woo, Yahya Nader Mostafa Sherif (90+8.Ahmed Barman Ali Barman Shamroukh Hammoudi), Matías Damián Palacios, Mohammed Abbas Ahmed Abdulla Hasan Al Baloushi (88.Hazem Mohammad Abdullah Abbas), Soufiane Rahimi (90+10.Sultan Saeed Suwaid Saeed Al Shamsi). Trainer: Hernán Jorge Crespo (Argentina).
Al-Nassr: David Ospina Ramírez, Aziz Eraltay Behich (73.Meshari Fahad Al Nemer), Aymeric Jean Louis Gérard Alphonse Laporte [*sent off 90+4*], Sultan Abdullah Salem Al Ghanam (52.Abdulelah Ali Awadh Al Amri), Qasem Mohammed Ali Lajami, Otávio Edmilson da Silva Monteiro, Abdulmajeed Mohammed Al Sulaiheem (52.Sami Khalil Nasser Al Najei), Abdullah Mohammed Al Khaibari, Ayman Yahya Salem Ahmed, Cristiano Ronaldo dos Santos Aveiro, Sadio Mané. Trainer: Luís Manuel Ribeiro de Castro (Portugal).
Goal: 1-0 Soufiane Rahimi (44).

11.03.2024, „King Saud" University Stadium, Riyadh; Attendance: 23,878
Referee: Ahmed Abu Bakar Said Al Kaf (Oman)
Al-Nassr FC Riyadh - Al-Ain FC **4-3(1-2,3-2,4-3); 1-3 on penalties**
Al-Nassr: Raghed Alaa Mohammed Al Najjar, Alex Nicolao Telles, Mohammed Abdulhakim Mahdi Al Fatil (90+2.Abdulmajeed Mohammed Al Sulaiheem; 105.Meshari Fahad Al Nemer), Qasem

Mohammed Ali Lajami, Abdulelah Ali Awadh Al Amri (64.Ayman Yahya Salem Ahmed [*sent off 98*]), Marcelo Brozović, Otávio Edmilson da Silva Monteiro, Abdullah Mohammed Al Khaibari, Cristiano Ronaldo dos Santos Aveiro, Sadio Mané, Abdulrahman Abdullah Ghareeb (84.Ali Sadiq Nasser Al Hassan). Trainer: Luís Manuel Ribeiro de Castro (Portugal).
Al-Ain: Khalid Eisa Mohammed Bilal Saeed, Khalid Mohammed Ahmed Al Hashemi, Erik Jorgens de Menezes (70.Saeed Juma Hassan Juma Al Saadi), Kouame Autonne Kouadio, Bandar Mohammed Mohammed Saeed Mahdi Al Ahbabi, Alejandro Sebastián Romero Gamarra, Park Yong-woo, Yahya Nader Mostafa Sherif (99.Sultan Saeed Suwaid Saeed Al Shamsi), Matías Damián Palacios, Mohammed Abbas Ahmed Abdulla Hasan Al Baloushi (78.Hazem Mohammad Abdullah Abbas), Soufiane Rahimi. Trainer: Hernán Jorge Crespo (Argentina).
Goals: 0-1 Soufiane Rahimi (28), 0-2 Soufiane Rahimi (45), 1-2 Abdulrahman Abdullah Ghareeb (45+5), 2-2 Khalid Eisa Mohammed Bilal Saeed (51 own goal), 3-2 Alex Nicolao Telles (72), 3-3 Sultan Saeed Suwaid Saeed Al Shamsi (103), 4-3 Cristiano Ronaldo dos Santos Aveiro (118 penalty).
Penalties: Marcelo Brozović (saved); Soufiane Rahimi 0-1; Alex Nicolao Telles (missed); Alejandro Sebastián Romero Gamarra 0-2; Cristiano Ronaldo dos Santos Aveiro 1-2; Sultan Saeed Suwaid Saeed Al Shamsi 1-3; Otávio Edmilson da Silva Monteiro (missed).
[Al-Ain FC won 3-1 on penalties (after 4-4 on aggregate)]

05.03.2024, Kingdom Arena, Riyadh; Attendance: 18,387
Referee: Shaun Evans (Australia)
Al-Hilal FC Riyadh - Al-Ittihad Club Jeddah   **2-0(2-0)**
Al-Hilal: Mohammed Khalil Ibrahim Al Owais, Kalidou Koulibaly, Yasser Gharsan Saeed Al Mohammadi Al Shahrani (85.Nasser Essa Shafi Al Shardan Al Dawsari), Ali Hadi Mohammed Al Bulaihi, Saud Abdullah Salem Abdulhamid, Salman Mohammed Al Faraj, Salem Mohammed Shafi Al Dawsari (90+1.Mohammed Hamad Dwaihi Al Swaidan Al Qahtani), Rúben Diogo da Silva Neves, Sergej Milinković-Savić (85.Abdullah Abdulrahman Al Hamdan), Aleksandar Mitrović, Malcom Filipe Silva de Oliveira. Trainer: Jorge Fernando Pinheiro de Jesus (Portugal).
Al-Ittihad Club: Abdullah Ibrahim Al Maiouf, Ahmed Elsayed Ali Elsayed Hegazy, Hassan Kadesh Mahboob, Madallah Ali Al Olayan, Fawaz Ali Marzouq Al Saqour Al Yami (73.Marwan Saeed Masoud Al Sahafi), Saad Mohammed Misfer Al Mousa Al Qahtani, Zakaria Siraj Ahmed Al Hawsawi (60.Faisal Abdulrahman Al Ghamdi), N'Golo Kanté [*sent off 66*], Fábio Henrique Tavares „Fabinho", Romário Ricardo da Silva "Romarinho" (67.Sultan Saad Al Farhan), Abderrazak Hamdallah. Trainer: Marcelo Daniel Gallardo (Argentina).
Goals: 1-0 Aleksandar Mitrović (40 penalty), 2-0 Salem Mohammed Shafi Al Dawsari (42).

12.03.2024, „King Abdullah" Sports City, Jeddah; Attendance: 42,375
Referee: Ma Ning (China P.R.)
Al-Ittihad Club Jeddah - Al-Hilal FC Riyadh   **0-2(0-0)**
Al-Ittihad Club: Abdullah Ibrahim Al Maiouf, Ahmed Elsayed Ali Elsayed Hegazy, Madallah Ali Al Olayan, Fawaz Ali Marzouq Al Saqour Al Yami (66.Zakaria Siraj Ahmed Al Hawsawi), Luiz Felipe Ramos Marchi, Fábio Henrique Tavares „Fabinho" (15.Sultan Saad Al Farhan), Ahmed Mazen Al Ghamdi (65.Talal Abubakr Abdullah Haji), Faisal Abdulrahman Al Ghamdi, Marwan Saeed Masoud Al Sahafi, Romário Ricardo da Silva "Romarinho" (75.Saleh Mohammed Al Jamaan Al Amri), Abderrazak Hamdallah [*sent off 90+1*]. Trainer: Marcelo Daniel Gallardo (Argentina).
Al-Hilal: Mohammed Khalil Ibrahim Al Owais, Kalidou Koulibaly, Yasser Gharsan Saeed Al Mohammadi Al Shahrani, Ali Hadi Mohammed Al Bulaihi, Saud Abdullah Salem Abdulhamid, Salman Mohammed Al Faraj (54.Abdullah Abdulrahman Al Hamdan), Salem Mohammed Shafi Al Dawsari (90+3.Nasser Essa Shafi Al Shardan Al Dawsari), Rúben Diogo da Silva Neves, Sergej Milinković-Savić (90+3.Mohamed Ibrahim Kanno), Aleksandar Mitrović, Malcom Filipe Silva de Oliveira. Trainer: Jorge Fernando Pinheiro de Jesus (Portugal).
Goals: 0-1 Yasser Gharsan Saeed Al Mohammadi Al Shahrani (61), 0-2 Malcom Filipe Silva de Oliveira (90+5).
[Al-Hilal FC Riyadh won 4-0 on aggregate]

EAST ASIA

05.03.2024, Jeonju World Cup Stadium, Jeonju; Attendance: 9,338
Referee: Adel Ali Ahmed Khamis Al Naqbi (United Arab Emirates)
Jeonbuk Hyundai Motors FC Jeonju - Ulsan Hyundai FC   **1-1(1-0)**
Jeonbuk: Kim Jeong-hoon, Kim Jin-su, Kim Tae-hwan, Jeong Tae-wook, Moon Seon-min (63.Ahn Hyun-beom), Lee Dong-jun (46.Han Kyo-won), Park Jin-seop, Lee Soo-bin (69.Lee Jae-ik), Maeng Seong-ung, Tiago Pereira da Silva „Tago Orobó" (90+3.Marcus Vinicius Felicio Pereira), Song Min-kyu. Trainer: Daniel Vasile Petrescu (Romania).
Hyundai FC: Jo Hyeon-woo, Kim Young-gwon, Hwang Seok-ho, Lee Myung-jae, Seol Young-woo, Kim Min-hyeok (64.Martin Ádám), Lee Gyu-sung, Ko Seung-beom (46.Ataru Esaka), Joo Min-kyu (80.Lee Dong-gyeong), Um Won-sang, Kim Ji-hyun (46.Kim Min-woo). Trainer: Hong Myung-bo.
Goals: 1-0 Song Min-kyu (4), 1-1 Lee Myung-jae (77).

12.03.2024, Ulsan Munsu Football Stadium, Ulsan; Attendance: 10,934
Referee: Alireza Faghani (Iran)
Ulsan Hyundai FC - Jeonbuk Hyundai Motors FC Jeonju   **1-0(1-0)**
Hyundai FC: Jo Hyeon-woo, Kim Young-gwon, Hwang Seok-ho, Lee Myung-jae, Seol Young-woo, Ataru Esaka (76.Lee Dong-gyeong), Lee Gyu-sung (87.Lim Jong-eun), Ko Seung-beom (31.Matheus de Sales Cabral), Gustav Ludwigson (76.Kim Min-woo), Joo Min-kyu (87.Martin Ádám), Um Won-sang. Trainer: Hong Myung-bo.
Jeonbuk: Kim Jeong-hoon, Hong Jeong-ho, Kim Jin-su, Kim Tae-hwan, Moon Seon-min (74.Marcus Vinicius Felicio Pereira), Lee Dong-jun (86.Tomáš Petrášek), Park Jin-seop, Lee Soo-bin (74.Jeon Byung-kwan), Maeng Seong-ung (57.Lee Yeong-jae), Tiago Pereira da Silva „Tago Orobó", Song Min-kyu. Trainer: Daniel Vasile Petrescu (Romania).
Goal: 1-0 Seol Young-woo (45+2).
[Ulsan Hyundai FC won 2-1 on aggregate]

06.03.2024, Jinan Olympic Sports Center Stadium, Jinan; Attendance: 47,667
Referee: Adham Mohammad Tumah Makhadmeh (Jordan)
Shandong Taishan FC - Yokohama F. Marinos   **1-2(0-1)**
Shandong Taishan: Wang Dalei, Zheng Zheng, Shi Ke (28.Huang Zhengyu), Gao Zhunyi, Liu Yang, Jadson Cristiano Silva de Morais, Peng Xinli (68.Xie Wenneng), Valeri Qazaishvili (68.Bi Jinhao), Li Yuanyi, Fei Nanduo (68.Chen Pu), Matheus Antonio Souza dos Santos „Matheus Pato" (77.Tong Lei). Trainer: Choi Kang-hee (Korea Republic).
Marinos: William Popp, Carlos Eduardo Bendini Giusti, Taiki Watanabe (58.Katsuya Nagato), Takumi Kamijima, Ren Kato, Takuya Kida, Kota Watanabe (73.Riku Yamane), José Élber Pimentel da Silva (82.Yuhi Murakami), Anderson José Lopes de Souza, Yan Matheus Santos Souza (82.Jun Amano), Asahi Uenaka (58.Ryo Miyaichi). Trainer: Harry Kewell (Australia).
Goals: 0-1 Anderson José Lopes de Souza (7), 0-2 Yan Matheus Santos Souza (69), 1-2 Chen Pu (90+1).

13.03.2024, Yokohama International Stadium, Yokohama; Attendance: 12,887
Referee: Muhammad Nazmi Nasaruddin (Malaysia)
Yokohama F. Marinos - Shandong Taishan FC   **1-0(0-0)**
Marinos: William Popp, Ken Matsubara, Carlos Eduardo Bendini Giusti, Katsuya Nagato *[sent off 47]*, Takumi Kamijima, Takuya Kida (84.Nam Tae-hee), Kota Watanabe, José Élber Pimentel da Silva (53.Riku Yamane), Anderson José Lopes de Souza (84.Keigo Sakakibara), Yan Matheus Santos Souza (43.Ryo Miyaichi), Asahi Uenaka (53.Taiki Watanabe). Trainer: Harry Kewell (Australia).
Shandong Taishan: Wang Dalei, Zheng Zheng (71.Xie Wenneng), Gao Zhunyi *[sent off 83]*, Liu Yang, Jadson Cristiano Silva de Morais, Tong Lei (57.Bi Jinhao), Peng Xinli (86.Huang Zhengyu), Valeri Qazaishvili, Li Yuanyi, Fei Nanduo (71.Wu Xinghan), Crysan Da Cruz Queiroz Barcelos. Trainer: Choi Kang-hee (Korea Republic).
Goal: 1-0 Anderson José Lopes de Souza (75).
[Yokohama F. Marinos won 3-1 on aggregate]

SEMI-FINALS

WEST ASIA

17.04.2024, „Hazza bin Zayed" Stadium, Al Ain; Attendance: 21,226
Referee: Adham Mohammad Tumah Makhadmeh (Jordan)
Al-Ain FC - Al-Hilal FC Riyadh   **4-2(3-0)**
Al-Ain: Khalid Eisa Mohammed Bilal Saeed, Khalid Mohammed Ahmed Al Hashemi, Erik Jorgens de Menezes, Kouame Autonne Kouadio, Bandar Mohammed Mohammed Saeed Mahdi Al Ahbabi, Alejandro Sebastián Romero Gamarra (86.Hazem Mohammad Abdullah Abbas), Park Yong-woo, Yahya Nader Mostafa Sherif (90+1.Ahmed Barman Ali Barman Shamroukh Hammoudi), Matías Damián Palacios, Mohammed Abbas Ahmed Abdulla Hasan Al Baloushi (80.Falah Waleed Juma Al Souri Al Junaibi), Soufiane Rahimi (86.Sultan Saeed Suwaid Saeed Al Shamsi). Trainer: Hernán Jorge Crespo (Argentina).
Al-Hilal: Mohammed Khalil Ibrahim Al Owais, Kalidou Koulibaly, Yasser Gharsan Saeed Al Mohammadi Al Shahrani (72.Mohammed Ibrahim Mohammed Al Burayk), Ali Hadi Mohammed Al Bulaihi, Saud Abdullah Salem Abdulhamid, Salem Mohammed Shafi Al Dawsari, Rúben Diogo da Silva Neves (88.Mohamed Ibrahim Kanno), Sergej Milinković-Savić, Michael Richard Delgado de Oliveira (72.Saleh Khaled Mohammed Al Shehri), Malcom Filipe Silva de Oliveira, Abdullah Abdulrahman Al Hamdan (46.Salman Mohammed Al Faraj). Trainer: Jorge Fernando Pinheiro de Jesus (Portugal).
Goals: 1-0 Soufiane Rahimi (6), 2-0 Soufiane Rahimi (26 penalty), 3-0 Soufiane Rahimi (38 penalty), 3-1 Malcom Filipe Silva de Oliveira (49), 4-1 Alejandro Sebastián Romero Gamarra (56 penalty), 4-2 Salem Mohammed Shafi Al Dawsari (78).

23.04.2024, Kingdom Arena, Riyadh; Attendance: 18,445
Referee: Ahmed Al Alili (United Arab Emirates)
Al-Hilal FC Riyadh - Al-Ain FC   **2-1(1-1)**
Al-Hilal: Yassine Bounou, Yasser Gharsan Saeed Al Mohammadi Al Shahrani (76.Mohamed Ibrahim Kanno), Ali Hadi Mohammed Al Bulaihi, Hassan Mohammed Al Tambakti, Saud Abdullah Salem Abdulhamid, Salem Mohammed Shafi Al Dawsari (90+1.Mohammed Ibrahim Mohammed Al Burayk), Rúben Diogo da Silva Neves, Sergej Milinković-Savić, Michael Richard Delgado de Oliveira, Saleh Khaled Mohammed Al Shehri (46.Salman Mohammed Al Faraj), Malcom Filipe Silva de Oliveira. Trainer: Jorge Fernando Pinheiro de Jesus (Portugal).
Al-Ain: Khalid Eisa Mohammed Bilal Saeed, Khalid Mohammed Ahmed Al Hashemi, Erik Jorgens de Menezes (18.Saeed Juma Hassan Juma Al Saadi), Kouame Autonne Kouadio, Bandar Mohammed Mohammed Saeed Mahdi Al Ahbabi, Ahmed Barman Ali Barman Shamroukh Hammoudi (69.Falah Waleed Juma Al Souri Al Junaibi), Alejandro Sebastián Romero Gamarra (90+3.Mohammed Ali Shaker Ali Al Mahri), Park Yong-woo, Yahya Nader Mostafa Sherif, Matías Damián Palacios, Soufiane Rahimi. Trainer: Hernán Jorge Crespo (Argentina).
Goals: 1-0 Rúben Diogo da Silva Neves (4 penalty), 1-1 Erik Jorgens de Menezes (12), 2-1 Salem Mohammed Shafi Al Dawsari (51).
[Al-Ain FC won 5-4 on aggregate]

EAST ASIA

17.04.2024, Ulsan Munsu Football Stadium, Ulsan; Attendance: 9,558
Referee: Ahmed Abu Bakar Said Al Kaf (Oman)
Ulsan Hyundai FC - Yokohama F. Marinos   **1-0(1-0)**
Hyundai FC: Jo Hyeon-woo, Kim Young-gwon, Hwang Seok-ho, Lee Myung-jae, Seol Young-woo, Lee Gyu-sung, Ko Seung-beom (69.Matheus de Sales Cabral), Gustav Ludwigson (90.Kelvin Giacobe Alves dos Santos), Lee Dong-gyeong (69.Kim Min-hyeok), Joo Min-kyu (90.Kim Ji-hyun), Um Won-sang (81.Lee Chung-yong). Trainer: Hong Myung-bo.
Marinos: William Popp, Ken Matsubara, Shinnosuke Hatanaka, Taiki Watanabe (89.Kota Mizunuma), Takumi Kamijima, Jun Amano (89.Ryuta Koike), Keigo Sakakibara (73.Riku Yamane), Ryo Miyaichi

(64.Kenta Inoue), Anderson José Lopes de Souza, Yan Matheus Santos Souza, Asahi Uenaka (73.Nam Tae-hee). Trainer: Harry Kewell (Australia).
Goal: 1-0 Lee Dong-gyeong (19).

24.04.2024, Yokohama International Stadium, Yokohama
Referee: Alireza Faghani (Iran)
Yokohama F. Marinos - Ulsan Hyundai FC 3-2(3-2,3-2,3-2); 5-4 on penalties
Marinos: William Popp, Ken Matsubara, Shinnosuke Hatanaka, Katsuya Nagato (105.Jun Amano), Takumi Kamijima [*sent off 39*], Nam Tae-hee (46.Riku Yamane), Keigo Sakakibara (81.Kota Mizunuma), José Élber Pimentel da Silva (46.Carlos Eduardo Bendini Giusti), Anderson José Lopes de Souza, Yan Matheus Santos Souza (81.Ryo Miyaichi), Asahi Uenaka (62.Ren Kato). Trainer: Harry Kewell (Australia).
Hyundai FC: Jo Hyeon-woo, Kim Young-gwon, Hwang Seok-ho, Lee Myung-jae, Seol Young-woo, Matheus de Sales Cabral (82.Ko Seung-beom), Lee Gyu-sung (34.Darijan Bojanić), Gustav Ludwigson (95.Kelvin Giacobe Alves dos Santos), Lee Dong-gyeong (70.Lee Chung-yong), Joo Min-kyu (70.Martin Ádám), Um Won-sang (82.Kim Min-woo). Trainer: Hong Myung-bo.
Goals: 1-0 Asahi Uenaka (13), 2-0 Anderson José Lopes de Souza (21), 3-0 Asahi Uenaka (30), 3-1 Matheus de Sales Cabral (35), 3-2 Darijan Bojanić (42 penalty).
Penalties: Martin Ádám 0-1; Anderson José Lopes de Souza 1-1; Kelvin Giacobe Alves dos Santos 1-2; Kota Mizunuma 2-2; Ko Seung-beom 2-3; Ken Matsubara 3-3; Lee Chung-yong 3-4; Jun Amano 4-4; Kim Min-woo (missed); Carlos Eduardo Bendini Giusti 5-4.
[Yokohama F. Marinos won 5-4 on penalties (after 3-3 on aggregate)]

FINAL

11.05.2024, Nissan Stadium, Yokohama; Attendance: 53,704
Referee: Salman Ahmad Falahi (Qatar)
Yokohama F. Marinos - Al-Ain FC 2-1(0-1)
Marinos: William Popp, Ken Matsubara, Carlos Eduardo Bendini Giusti (37.Taiki Watanabe), Shinnosuke Hatanaka, Katsuya Nagato, Nam Tae-hee (77.Keigo Sakakibara), Takuya Kida (61.Kota Watanabe), José Élber Pimentel da Silva (61.Ryo Miyaichi), Anderson José Lopes de Souza, Yan Matheus Santos Souza, Asahi Uenaka (77.Riku Yamane). Trainer: Harry Kewell (Australia).
Al-Ain: Khalid Eisa Mohammed Bilal Saeed, Khalid Mohammed Ahmed Al Hashemi, Kouame Autonne Kouadio, Bandar Mohammed Mohammed Saeed Mahdi Al Ahbabi, Alejandro Sebastián Romero Gamarra, Park Yong-woo, Yahya Nader Mostafa Sherif, Matías Damián Palacios, Mohammed Abbas Ahmed Abdulla Hasan Al Baloushi (90+4.Sultan Saeed Suwaid Saeed Al Shamsi), Abdoul Karim Traoré, Soufiane Rahimi. Trainer: Hernán Jorge Crespo (Argentina).
Goals: 0-1 Mohammed Abbas Ahmed Abdulla Hasan Al Baloushi (12), 1-1 Asahi Uenaka (72), 2-1 Kota Watanabe (84).

25.05.2024, „Hazza bin Zayed" Stadium, Al Ain; Attendance: 24,826
Referee: Ilgiz Tantashev (Uzbekistan)
Al-Ain FC - Yokohama F. Marinos 5-1(2-1)
Al-Ain: Khalid Eisa Mohammed Bilal Saeed, Saeed Juma Hassan Juma Al Saadi (58.Kodjo Fo-Doh Laba), Khalid Mohammed Ahmed Al Hashemi, Kouame Autonne Kouadio, Bandar Mohammed Mohammed Saeed Mahdi Al Ahbabi, Alejandro Sebastián Romero Gamarra, Park Yong-woo, Yahya Nader Mostafa Sherif (89.Falah Waleed Juma Al Souri Al Junaibi), Matías Damián Palacios, Mohammed Abbas Ahmed Abdulla Hasan Al Baloushi (84.Ahmed Barman Ali Barman Shamroukh Hammoudi), Soufiane Rahimi. Trainer: Hernán Jorge Crespo (Argentina).
Marinos: William Popp [*sent off 45+10*], Ken Matsubara, Shinnosuke Hatanaka (62.Carlos Eduardo Bendini Giusti), Katsuya Nagato, Takumi Kamijima, Takuya Kida (63.Riku Yamane), Kota Watanabe, José Élber Pimentel da Silva (45+14.Fuma Shirasaka), Anderson José Lopes de Souza, Yan Matheus Santos Souza (78.Ryo Miyaichi), Asahi Uenaka (46.Keigo Sakakibara). Trainer: Harry Kewell (Australia).

Goals: 1-0 Soufiane Rahimi (8), 2-0 Alejandro Sebastián Romero Gamarra (33 penalty), 2-1 Yan Matheus Santos Souza (40), 3-1 Soufiane Rahimi (67), 4-1 Kodjo Fo-Doh Laba (90+1), 5-1 Kodjo Fo-Doh Laba (90+5).

2023/2024 Asian Champions League Winner: **Al-Ain FC** (United Arab Emirates)

Best Goalscorer: Soufiane Rahimi (MAR, Al-Ain FC) – 8 goals

\multicolumn{2}{c}{ASIAN CHAMPIONS CUP / AFC CHAMPIONS LEAGUE TABLE OF HONOURS}	
1967	Hapoel Tel Aviv FC	(ISR)
1969	Maccabi Tel Aviv FC	(ISR)
1970	Esteghlal Tehran FC	(IRN)
1971	Maccabi Tel Aviv FC	(ISR)
1985/1986	Daewoo Royals	(KOR)
1986/1987	Furukawa Electric Yokohama	(JPN)
1987/1988	Yomiuri FC	(JPN)
1988/1989	Al-Sadd Sports Club Doha	(QAT)
1989/1990	Liaoning FC	(CHN)
1990/1991	Esteghlal Tehran FC	(IRN)
1991/1992	Al-Hilal Riyadh	(KSA)
1992/1993	PAS Tehran FC	(IRN)
1993/1994	Thai Farmers Bank FC Bangkok	(THA)
1994/1995	Thai Farmers Bank FC Bangkok	(THA)
1995/1996	Ilhwa Chunma	(KOR)
1996/1997	Pohang Steelers FC	(KOR)
1997/1998	Pohang Steelers FC	(KOR)
1998/1999	Júbilo Iwata	(JPN)
1999/2000	Al-Hilal Riyadh	(KSA)
2000/2001	Suwon Samsung Bluewings FC	(KOR)
2001/2002	Suwon Samsung Bluewings FC	(KOR)
2002/2003	Al-Ain Sports and Cultural Club	(UAE)
2004	Al-Ittihad Jeddah	(KSA)
2005	Al-Ittihad Jeddah	(KSA)
2006	Jeonbuk Hyundai Motors FC	(KOR)
2007	Urawa Red Diamonds Saitama	(JPN)
2008	Gamba Osaka	(JPN)
2009	Pohang Steelers FC	(KOR)
2010	Seongnam Ilhwa Chunma	(KOR)
2011	Al-Sadd Sports Club Doha	(QAT)
2012	Ulsan Hyundai FC	(KOR)
2013	Guangzhou Evergrande FC	(CHN)
2014	Western Sydney Wanderers FC	(AUS)
2015	Guangzhou Evergrande FC	(CHN)
2016	Jeonbuk Hyundai Motors FC	(KOR)
2017	Urawa Red Diamonds Saitama	(JPN)
2018	Kashima Antlers FC	(JPN)
2019	Al-Hilal FC Riyadh	(KSA)
2020	Ulsan Hyundai FC	(KOR)
2021	Al-Hilal FC Riyadh	(KSA)
2022	Urawa Red Diamonds Saitama	(JPN)
2023/2024	Al-Ain FC	(UAE)

AFC CUP 2023/2024

The AFC Cup is the second major club competition of the Asian Football Confederation. 49 clubs from 29 associations entered the 20th and last edition of this club tournament in the 2023/2024 season, as follows:

List of participating clubs:

West Asian Zone:

Bahrain (2 teams)	Al Riffa Sports Club
	Al Khalidiya SC Hamad Town (3*)
Iraq (2 teams)	Al-Zawra'a SC Baghdad
	Al-Kahrabaa SC Baghdad
Jordan (1 team)	Al Wehdat Club Amman
Kuwait (2 teams)	Al Kuwait SC Kaifan
	Al Arabi SC Kuwait City
Lebanon (2 teams)	Al Ahed Beirut
	Al Nejmeh SC Beirut
Oman (1 team)	Al Nahda Club Al Buraimi (3*)
Palestine (2 team)	Jabal Al-Mokaber Jerusalem (*withdrew*)
	Shabab Al-Khalil SC (3*)
Syria (2 teams)	Al Fotuwa SC Deir ez-Zor
	Al Ittihad Ahli SC Aleppo (3*)

Central Asian Zone:

Kyrgyzstan (2 teams)	FC Abdish-Ata Kant
	FC Alay Osh (2*)
Tajikistan (2 teams)	Ravşan Kulob
	FK Khujand (3*)
Turkmenistan (2 teams)	FK Altyn Asyr Aşgabat
	FK Merw Mary (2*)

South Asian Zone:

Bangladesh (2 teams)	Bashundhara Kings Nilphamari
	Abahani Limited Ḍhākā (2*)
Bhutan (1 team)	Paro FC (1*)
India (2 teams)	Odisha FC Bhubaneswar
	Mohun Bagan Kolkata (2*)
Maldives (2 teams)	Maaziya S&RC Malé
	Club Eagles Malé (2*)
Nepal (1 team)	Machhindra FC Kathmandu (1*)

ASEAN (Southeast Asia) Zone:

Australia (2 teams)	Macarthur FC Sydney
	Central Coast Mariners FC Gosford
Brunei (1 team)	DPMM FC Bandar Seri Begawan (2*)
Cambodia (1 team)	Phnom Penh Crown FC (2*)
Indonesia (2 teams)	Bali United FC Gianyar
	Persatuan Sepakbola Makassar (3*)
Laos (1 team)	Young Elephants FC Vientiane (2*)
Malaysia (2 teams)	Terengganu FC Kuala Terengganu
	Sabah FC
Myanmar (2 teams)	Shan United FC Taunggyi
	Yangon United FC (2*)
Philippines (2 teams)	Dynamic Herb Cebu FC
	Stallion Laguna FC Biñan
Singapore (2 teams)	Hougang United FC
	Tampines Rovers FC (3*)
Vietnam (1 team)	CLB Hải Phòng

East Asian Zone:

Chinese Taipei (2 teams)	Taiwan Steel FC
	Taichung Futuro FC (3*)
Macau (2 teams)	Chao Pak Kei
	CD Monte Carlo Macau (3*)
Mongolia (1 team)	FC Ulaanbaatar

(1*) qualifying play-off participants, entering in Preliminary Round 1
(2*) qualifying play-off participants, entering in Preliminary Round 2
(3*) qualifying play-off participants, entering in Play-off Round

Following associations did not submit any entry for the 2023/2024 AFC Cup: Afghanistan, Guam, Korea D.P.R., Northern Mariana Islands, Pakistan, Sri Lanka, Timor-Leste and Yemen. Teams from Myanmar (2) withdrew.

QUALIFYING ROUND

PRELIMINARY ROUND 1

SOUTH ASIA ZONE

08.08.2023, Dasharath Rangasala, Kathmandu; Attendance: 4,150
Referee: Ngô Duy Lân (Vietnam)
Machhindra FC Kathmandu - Paro FC   **3-2(3-1)**
Machhindra FC: Bishal Shrestha, Kareem Nurain Omolaja, Devendra Tamang, Tshring Gurung, Sanish Shrestha (87.Diwakar Chaudhary), Arik Bista, Utsav Rai (66.Laken Limbu), André Nia Tchounkue, Bimal Gharti Magar, Afeez Olawale Oladipo (90+1.Rejin Subba), Ayush Ghalan (66.Aashish Chaudhary). Trainer: Kishor Kumar.
Paro FC: Gyaltshen Zangpo, Karma Chetrim (46.Lobzang Chogyal), Stéphane Dang, Chimi Tshewang, Florent Koné, Kinley Wangchuk, Kinga Wangchuk (62.Phub Thinley), Tshelthrim Namgyel, Kazuo Homma, Evans Asante, Yeshi Dorji (62.Phurpa Wangchuk). Trainer: Puspalal Sharma.
Goals: 0-1 Bishal Shrestha (7 own goal), 1-1 Bimal Gharti Magar (12), 2-1 Ayush Ghalan (15), 3-1 Afeez Olawale Oladipo (38), 3-2 Evans Asante (71).

PRELIMINARY ROUND 2

SOUTH ASIA ZONE

16.08.2023, Salt Lake Stadium, Kolkata; Attendance: 20,892
Referee: Ahmed Eisa Mohamed Darwish (United Arab Emirates)
Mohun Bagan Kolkata - Machhindra FC Kathmandu   **3-1(1-0)**
Mohun Bagan: Vishal Kaith, Brendan Michael Hamill, Subhasish Bose, Anwar Ali, Ashish Rai (54.Manvir Singh), Hugo Boumous (54.Dimitrios Petratos), Glan Martins, Anirudh Thapa, Ashique Kuruniyan (65.Liston Colaço), Sahal Abdul Samad (84.Kiyan Nassiri), Jason Cummings (65.Armando Sadiku). Trainer: Juan Ferrando Fenoll (Spain).
Machhindra FC: Bishal Shrestha, Kareem Nurain Omolaja, Devendra Tamang, Tshring Gurung, Sanish Shrestha, Arik Bista, André Nia Tchounkue (70.Laken Limbu), Bimal Gharti Magar, Afeez Olawale Oladipo (70.Utsav Rai), Ayush Ghalan (84.Aashish Chaudhary), Pierre Jean Marie Messouke Etiegnie Oloumou. Trainer: Kishor Kumar.
Goals: 1-0 Anwar Ali (38), 2-0 Jason Cummings (59), 2-1 Pierre Jean Marie Messouke Etiegnie Oloumou (78), 3-1 Anwar Ali (86).

16.08.2023, Sylhet District Stadium, Sylhet; Attendance: 1,823
Referee: Zainiddinov Sayyodjon (Tajikistan)
Abahani Limited Ḍhākā - Club Eagles Malé   **2-1(1-0)**
Abahani: Mahfuz Hasan Pritom, Milad Sheikhi Soleimani, Danilo Augusto Chapoval de Azevedo „Danilo Quipapá", Mohd Masud Rana Mridhu (64.Asaduzzaman Bablu), Mohammad Rahmat Mia, Muzaffar Muzaffarov, Mohammad Ridoy, Cornelius Stewart, Emeka Chukwudiebube Ogbugh, Foysal Ahmed Fahim (90+2.Nurul Naium Faisal), David Ifeagwu Ojukwu (78.Mohammad Sohel Rana). Trainer: Mário Licínio Guerreiro Lemos (Portugal).
Club Eagles: Mohamed Shafeeu, Daniil Petrunin, Rilwan Waheed, Murod Tuychibaev, Hisam Saleem, Milovan Petrović, Abdumalik Toshpolatov, Ahmed Hassan (90+1.Ismail Easa), Ahmed Rizuvan, Ibrahim Mahudhee, Ivan Carlos. Trainer: Shiyaz Mohamed.
Goals: 1-0 Cornelius Stewart (21), 1-1 Ahmed Rizuvan (63), 2-1 Danilo Augusto Chapoval de Azevedo „Danilo Quipapá" (89).

CENTRAL ASIA ZONE

15.08.2023, Sport Toplumy Stadium, Mary; Attendance: 10,000
Referee: Ammar Ashkanani (Kuwait)
FK Merw Mary - FC Alay Osh   **1-0(1-0)**
FK Merw: Merdan Saparow, Ambýar Mahmudow, Shazada Bashimov, Azat Orazmuhammedow (80.Şöhrat Owmadow), Döwlet Döwletmyradow, Ýagşysähet Döwletgeldiýew (74.Amangeldi Saparow), Kemal Annamuhammedow, Mukam Nazzyýew (80.Maksat Atagarryýew), Dayanç Durdyýew, Musa Nurnazarow (68.Igor Sekow), Murad Ýakşiýew (46.Toýly Goçnazarow). Trainer: Vitaliy Alikperov.
Alay Osh: Dastan Alibekov, Danila Sokirchenko (87.Elaman Akylbekov), Volodymyr Zaimenko, Amantur Shamurzaev, Javokhir Sokhibov (64.Shohdzhakhon Satikhonov), Yuriy Senytskiy (87.Marat Adzhiniyazov), Dinmukhamed Taalaybekov (64.Shokhrukh Muratov), Keldibek Talantbek uulu, Nurbolot Yrysbekov (46.Nurdoolot Stalbekov), Nodirbek Ibrokhimov, Ryskeldi Artykbaev. Trainer: Aybek Tatanov.
Goal: 1-0 Musa Nurnazarow (13).

ASEAN ZONE

16.08.2023, RSN Stadium, Phnom Penh; Attendance: 1,350
Referee: Pranjal Banerjee (India)
Phnom Penh Crown FC - Young Elephants FC Vientiane 3-0(0-0)
Crown FC: Um Vichet, Seut Baraing (71.Phach Socheavila), Choun Chanchav, Yeu Muslim, Soe Moe Kyaw, Takaki Ose, Yudai Ogawa (82.Denilson Rodrigues Roldão), Long Phearath (75.Orn Chanpolin), Shintaro Shimizu, Rafael Andrés Nieto Riondón, Lim Pisoth (75.Brak Thiva). Trainer: Oleg Starynskiy (Ukraine).
Young Elephants: Solasak Thilavong, Thipphachanh Inthavong, Thanouthong Kietnalonglop, Sengdaovy Hanthavong, Phonsack Seesavath, Manolom Phetphakdy, Vilai Koulangsy (67.Somsavath Sophabmixay), Souphan Khambai On (44.Emmanuel Jugbe Doe [*sent off 90+1*]), Thanongsay Rammangkoun (83.Sengvilay Chanthasili), Kydavone Souvanny, Somxay Keohanam (67.Allan Machado de Souza Rosa). Trainer: Satyasagara.
Goals: 1-0 Shintaro Shimizu (58 penalty), 2-0 Yudai Ogawa (78), 3-0 Rafael Andrés Nieto Riondón (90+3).

16.08.2023, Thuwunna Stadium, Yangon; Attendance: 4,785
Referee: Seyed Vahid Kazemi (Iran)
Yangon United FC - DPMM FC Bandar Seri Begawan 2-1(0-0)
Yangon United: Sann Satt Naing, David Htan, Thu Rein Soe (90+4.Hein Zeyar Lin), Habile Marile, Kyaw Phyo Wai, Yan Naing Oo, Hlaing Bo Bo (75.Yan Kyaw Soe), Zaw Win Thein, Oakkar Naing (75.Min Kyaw Khant), José Adolfo Valencia Arrechea, Sekou Sylla. Trainer: Gerd Zeise (Germany).
DPMM FC: Kristijan Naumovski, Muhammad Helmi Zambin, Awangku Muhammad Fakharazzi Pengiran Hassan (81.Abdul Mu'iz Sisa), Mohammad Najip Haji Tarif, Awangku Yura Indera Putera Pengiran Yunus, Muhammad Hanif Hamir, Hanif Farhan Azman (90+3.Razimie Ramlli), Mohammad Hendra Azam Mohammad Idris (64.Farshad Noor), Muhammad Azwan Ali Rahman, Abdul Azizi Ali Rahman (64.Nazirrudin Ismail), Muhammad Hakeme Yazid Said. Trainer: Adrian Barry Pennock (England).
Goals: 0-1 Farshad Noor (78), 1-1 José Adolfo Valencia Arrechea (79), 2-1 Zaw Win Thein (90).

PLAY-OFF ROUND ROUND

WEST ASIA ZONE

22.08.2023, Al Muharraq Stadium, Arad; Attendance: 725
Referee: Ahmed Faisal Al Ali (Jordan)
Al Khalidiya SC Hamad Town - Al Nahda Club Al Buraimi 2-3(0-1)
Al Khalidiya: Ammar Mohamed Abbas Jaafar Ahmed, Abdulla Khaled Mohammed Ahmed Abdulla Al Hazaa, Dhurgham Ismail Dawood Al Quraishi (67.Seydina Laye Dabo), Ahmed Mubarak Bughammar, Mohamed Adel Hasan (46.Sayed Dhiya Saeed Ebrahim Alawi Shubbar), Dominique Mendy, Gleison Wilson da Silva Moreira (46.Ahmed Merza Musa Ahmed), Aymen Harzi, Mohamed Yusuf Abdulla Al Hardan Ahmed Hasan (67.Ismaeel Abdullatif Hassan), Samy Frioui, Mahdi Faisal Ebrahim Al Humaidan (67.Mahdi Abdul Jabbar). Trainer: Miloud Hamdi (Algeria).
Al Nahda: Ibrahim Saleh Al Mukhaini, Ahmed Khalifa Said Al Kaabi, Abdul Aziz Khalfan Salim Al Shamousi, Ahmed Al Matroushi, Ghanim Ramadhan Bashir Al Habashi, Harib Jamil Zaid Al Saadi, Omar Mohammed Rashid Malki (74.Ali Dhahi Mahli Masoud Al Rusheidi), Abdullah Fawaz Arafa Bait Abdulghafur, Salaah Said Salim Al Yahyaei (85.Mohamed Khasib Sulaiyam Al Hosni), Rabia Said Al Alawi Al Mandhar (74.Ali Moosa Ali Al Hinai), Issam Abdallah Saif Al Sabhi (61.Hamood Saleh Said Al Sadi). Trainer: Hamad Khalifa Hamed Al Azani.
Goals: 0-1 Issam Abdallah Saif Al Sabhi (7), 0-2 Omar Mohammed Rashid Malki (55), 1-2 Ismaeel Abdullatif Hassan (69), 1-3 Hamood Saleh Said Al Sadi (77), 2-3 Seydina Laye Dabo (84).

22.08.2023, „King Fahd" Sports City, Taif (Saudi Arabia); Attendance: 200
Referee: Kim Woo-sung (Korea Republic)
Al Ittihad Ahli SC Aleppo - Shabab Al-Khalil SC   **2-1(2-1)**
Al Ittihad Ahli: Shaher Al Shakir, Ibraheem Al Zain, Zakaria Hanan, Ahmad Hamo, Ali Al Rina, Abdulla Najjar (90.Hassan Karam Al Damen), Mohammad Rihanieh, Amer Al Fayad (46.Chidubem Shadrach Ezugwu), Hasan Dahhan (84.Mohammad Al Nayef), Zakaria Aziz (90.Hamza Sawas), Ahmad Al Ahmad (76.Mohammad Kayali). Trainer: Maan Al Rashed.
Shabab Al-Khalil: Ibrahim Mahdi Zoabi, Islam Ahmed Saleh Yaghmour, Yazan Mohamed Rasem Mohamed Azmi Iwaiwi, Ahmed Odeh Tayeh Issa [*sent off 77*], Hasan Nimer Ahmed Manaa, Hazem Abdullah Yousef Abu Hammad (73.Sari Jadallah), Hamada Ja'bari, Shaher Taweel, Mohammed Ayoub Ali Rabaia, Yahya Ali Mohammed Abu Fara, Mohammed Anwar Ahmed Al Badawi (64.Feras Numan Othman Al Fawaghra). Trainer: Raed Yousef Juma´ Assaf.
Goals: 1-0 Ahmad Al Ahmad (16), 1-1 Shaher Taweel (33), 2-1 Hasan Dahhan (45).

SOUTH ASIA ZONE

22.08.2023, Salt Lake Stadium, Kolkata; Attendance: 10,625
Referee: Bijan Heydari (Iran)
Mohun Bagan Kolkata - Abahani Limited Ḍhākā   **3-1(1-1)**
Mohun Bagan: Vishal Kaith, Héctor Yuste, Subhasish Bose, Anwar Ali, Ashish Rai (85.Lalrinliana Hnamte), Hugo Boumous, Anirudh Thapa, Sahal Abdul Samad (75.Glan Martins), Armando Sadiku (70.Manvir Singh), Jason Cummings (85.Kiyan Nassiri), Liston Colaço (75.Ashique Kuruniyan). Trainer: Juan Ferrando Fenoll (Spain).
Abahani: Mohammad Shahidul Alam Sohel, Milad Sheikhi Soleimani, Sushanto Tripura (68.Mohammad Sohel Rana), Mohammad Rahmat Mia, Asaduzzaman Bablu, Yousef Mohammad, Muzaffar Muzaffarov (68.Foysal Ahmed Fahim), Mohammad Ridoy, Cornelius Stewart, Emeka Chukwudiebube Ogbugh, David Ifeagwu Ojukwu (87.Mohammed Rahim Uddin). Trainer: Mário Licínio Guerreiro Lemos (Portugal).
Goals: 0-1 Cornelius Stewart (17), 1-1 Jason Cummings (37 penalty), 2-1 Milad Sheikhi Soleimani (58 own goal), 3-1 Armando Sadiku (60).

CENTRAL ASIA ZONE

15.08.2023, 20 Years of Independence Stadium, Khujand; Attendance: 4,500
Referee: Yahya Mohammed Ali Hassan Al Mulla (United Arab Emirates)
FK Khujand - FK Merw Mary   **1-2(0-0,1-1)**
FK Khujand: Mehdi Amini, Firdavs Abdusalimov [*sent off 112*], Javokhirbek Rasulov, Fakhriddin Akhtamov (46.Parviz Bokiev; 90.Boḩirçon Saginboev), Christian Bikatal Tonye, Khodzhiboy Ziyoev (106.Azizbek Daliev), Ekhson Boboev, Khushnudbek Bozorov, Azizbek Khaitov (66.Dilshod Bozorov), Jahongir Ergashev, Dejan Tumbas. Trainer: Farrukh Marofiev.
FK Merw: Merdan Saparow, Ambýar Mahmudow, Shazada Bashimov, Azat Orazmuhammedow (66.Igor Sekow), Maksat Atagarryýew, Ýagşysähet Döwletgeldiýew (74.Şöhrat Owmadow), Kemal Annamuhammedow (120+3.Babanyýaz Çaryýew), Mukam Nazzyýew, Dayanç Durdyýew (74.Amangeldi Saparow), Musa Nurnazarow (111.Myrat Öwezmyradow), Murad Ýakşiýew (66.Toýly Goçnazarow). Trainer: Vitaliy Alikperov.
Goals: 0-1 Murad Ýakşiýew (54), 1-1 Parviz Bokiev (79), 1-2 Myrat Öwezmyradow (114).

ASEAN ZONE

23.08.2023, Jalan Besar Stadium, Kallang; Attendance: 763
Referee: Salim Said Mahmood Al Majarafi (Oman)
Tampines Rovers FC - Phnom Penh Crown FC   **2-3(2-1)**
Tampines Rovers: Muhammad Syazwan Buhari, Miloš Zlatković, Mohammad Irfan Mohammad Najeeb, Shuya Yamashita, Glenn Kweh Jia Jin, Muhammad Yasir Hanapi, Kyoga Nakamura, Shah Shahiran, Joel Chew Joon Herng (67.Muhammad Saifullah Mohammad Akbar), Muhammad Faris Ramli, Boris Kopitović. Trainer: Gavin Lee.

Crown FC: Um Vichet, Seut Baraing (73.Phach Socheavila), Choun Chanchav, Yeu Muslim, Soe Moe Kyaw (84.Pisa Choum), Takaki Ose, Yudai Ogawa (87.Denilson Rodrigues Roldão), Orn Chanpolin (46.Long Phearath), Shintaro Shimizu, Brak Thiva (73.Lim Pisoth), Rafael Andrés Nieto Riondón. Trainer: Oleg Starynskiy (Ukraine).
Goals: 1-0 Boris Kopitović (10), 2-0 Boris Kopitović (26), 2-1 Yudai Ogawa (44), 2-2 Rafael Andrés Nieto Riondón (52), 3-2 Shintaro Shimizu (53).

23.08.2023, „Kapten I Wayan Dipta" Stadium, Gianyar; Attendance: 156
Referee: Majed Mohammed Al Shamrani (Saudi Arabia)
Persatuan Sepakbola Makassar - Yangon United FC   4-0(2-0)
Makassar: Muhammad Reza Arya Pratama, Safrudin Tahar, Yuran Fernandes Rocha Lopes, Yance Sayuri, Akbar Tanjung, Yakob Sayuri (67.Muhammad Rizky Eka Pratama), Ananda Raehan Alif, Éverton Nascimento de Mendonça (81.Muhammad Andy Harjito), Adilson Gancho Silva (67.Wiljan Pluim), Kenzo Nambu (67.Muhammad Arfan), Muhammad Dzaky Asraf Huwaidi Syam (87.Donald Bissa). Trainer: Fernando José Bernardo Tavares (Portugal).
Yangon United: Sann Satt Naing, David Htan, Thu Rein Soe, Habile Marile (65.Zarni Htet), Kyaw Phyo Wai, Yan Naing Oo, Hlaing Bo Bo (65.Yan Kyaw Soe), Zaw Win Thein, Oakkar Naing (55.Min Kyaw Khant), José Adolfo Valencia Arrechea, Yan Kyaw Htwe (86.Sa Aung Pyae Ko). Trainer: Gerd Zeise (Germany).
Goals: 1-0 Adilson Gancho Silva (6), 2-0 Éverton Nascimento de Mendonça (36), 3-0 Yakob Sayuri (50), 4-0 Adilson Gancho Silva (61).

EAST ASIA ZONE

23.08.2023, Estádio Campo Desportivo, Taipa; Attendance: 1,238
Referee: Tejas Nagvenkar (India)
CD Monte Carlo Macau - Taichung Futuro FC   1-2(0-2)
Monte Carlo: Juan de Castro, Chan Man, Ahn Sae-hee, Renato Vieira Santos, Sou Hin Nang, Jackson Franklim de Sousa, Cheong Hoi San, Baek Se-Hyun, Lei Cheng Lam, Wong Chi Son (23.Ricardo Pires Santos Júnior), Sam Cheng Fai (78.Loi Wai Hong). Trainer: Tam Iao San.
Futuro FC: Kenya Matsui, Keisuke Ogawa (18.Cheng Hao), Shunya Suganuma, Chen Ting-yang, Hsu Heng-pin, Liang Meng-hsin, Komori Yoshitaka (58.Chen Chun-fu), Jhon Miky Benchy Estama, Kazuma Takayama, Shohei Yokoyama, Li Mao. Trainer: Pen Wu-sung.
Goals: 0-1 Liang Meng-hsin (7), 0-2 Kazuma Takayama (16), 1-2 Jackson Franklim de Sousa (77).

GROUP STAGE

The 39 teams were drawn into nine groups:

West Asia Zone: Group A, B, C.
South Asia Zone: Group D.
Central Asia Zone: Group E.
ASEAN Zone: Group F, G, H.
East Asia Zone: Group I.

The following teams will advance to the knockout stage:
1 - The winners of each group and the best runner-up in the West Asian Zone and the ASEAN Zone advanced to the Zonal semi-finals.
2 - The winners of the South Asian Zone, Central Asian Zone and East Asian Zone advanced to the Inter-zone play-off semi-finals.

GROUP A

Please note: Jabal Al-Mokaber Jerusalem announced their withdrawal from competition on 26.11.2023.

18.09.2023, Al Seeb Stadium, Muscat (Oman); Attendance: 1,123
Referee: Halim Aqa Shirzad (Afghanistan)
Al Ahed Beirut - Al Nahda Club Al Buraimi   **2-1(0-0)**
Al Ahed: Mostafa Matar, Hussein Al Zein (46.Ali Mahmoud Hadid), Khalil Georges Khamis, Mohammad Ali Hasan Abu Hasheesh, Mohamad Faouzi Haidar, George Felix Michel Melki, Mohammad Al Marmour (68.Ali Al Haj), Walid Adel Shour, Hasan Srour (75.Karim Abid Darwich), Lee Erwin, Mohammad Al Hallak (86.Hussein Ali Dakik). Trainer: Raafat Mohammad (Syria).
Al Nahda: Ibrahim Saleh Al Mukhaini, Ahmed Khalifa Said Al Kaabi, Abdul Aziz Khalfan Salim Al Shamousi, Ghanim Ramadhan Bashir Al Habashi, Junior Ngede, Harib Jamil Zaid Al Saadi, Abdullah Fawaz Arafa Bait Abdulghafur, Ali Moosa Ali Al Hinai (65.Ali Dhahi Mahil Masoud Al Rusheidi), Mohamed Khasib Sulaiyam Al Hosni, Billel Bensaha (80.Hamood Saleh Said Al Sadi), Issam Abdallah Saif Al Sabhi. Trainer: Hamad Khalifa Hamed Al Azani.
Goals: 0-1 Billel Bensaha (55), 1-1 Khalil Georges Khamis (58), 2-1 Karim Abid Darwich (86).

18.09.2023, "Prince Mohammad" Stadium, Zarqa (Jordan); Attendance: 600
Referee: Mohammad Mofeed Naser Ghabayen (Jordan)
Jabal Al-Mokaber Jerusalem - Al Fotuwa SC Deir ez-Zor   **Voided (1-0)**

02.10.2023, „Sultan Qaboos" Sports Complex, Muscat; Attendance: 325
Referee: Ismaeel Habib Ali Ismaeel (Bahrain)
Al Nahda Club Al Buraimi - Jabal Al-Mokaber Jerusalem   **Voided (4-0)**

02.10.2023, „Prince Abdullah bin Jalawi" Stadium, Al Hasa (Saudi Arabia); Attendance: 450
Referee: Zaid Thamer Mohammed (Iraq)
Al Fotuwa SC Deir ez-Zor - Al Ahed Beirut   **1-0(0-0)**
Al Fotuwa: Taha Mousa, Thaer Krouma, Abdul Razaq Al Mohammad, Diaa Alhak Al Mohammad, Mustafa Jnaid (71.Oday Abdul Jafal), Subhi Shoufan, Marcus Leric Joseph (87.Khalil Ibraheem), Mahmoud Al Baher (71.Abdul Rahman Al Hasan), Youssef Al Hamawi, Karam Omran, Ahmad Al Hussain (59.Ward Salama). Trainer: Ayman Hakeem.
Al Ahed: Mostafa Matar, Hussein Al Zein (79.Ali Mahmoud Hadid), Khalil Georges Khamis (64.Hussein Ali Dakik), Mohammad Ali Hasan Abu Hasheesh (79.Nour Mansour), Mohamad Faouzi Haidar, George Felix Michel Melki, Mohammad Al Marmour (64.Karim Abid Darwich), Walid Adel Shour, Hasan Srour (46.Ali Al Haj), Lee Erwin, Mohammad Al Hallak. Trainer: Raafat Mohammad (Syria).
Goal: 1-0 Mustafa Jnaid (67).

23.10.2023, „Sultan Qaboos" Sports Complex, Muscat; Attendance: 580
Referee: Nasrullo Kabirov (Tajikistan)
Al Nahda Club Al Buraimi - Al Fotuwa SC Deir ez-Zor   **2-1(1-1)**
Al Nahda: Ibrahim Saleh Al Mukhaini, Ahmed Khalifa Said Al Kaabi, Abdul Aziz Khalfan Salim Al Shamousi (76.Mohamed Khasib Sulaiyam Al Hosni), Ahmed Al Matroushi, Ghanim Ramadhan Bashir Al Habashi, Harib Jamil Zaid Al Saadi, Omar Mohammed Rashid Malki (76.Hamood Saleh Said Al Sadi), Abdullah Fawaz Arafa Bait Abdulghafur, Billel Bensaha (58.Ali Dhahi Mahil Masoud Al Rusheidi), Salaah Said Salim Al Yahyaei, Issam Abdallah Saif Al Sabhi (90+5.Ali Moosa Ali Al Hinai). Trainer: Hamad Khalifa Hamed Al Azani.
Al Fotuwa: Taha Mousa, Thaer Krouma, Abdul Razaq Al Mohammad, Diaa Alhak Al Mohammad, Ahmad Ashkar, Mustafa Jnaid (64.Ahmad Al Khassi; 86.Abdul Rahman Al Hasan), Subhi Shoufan (71.Ahmad Al Hussain), Marcus Leric Joseph (85.Mohammad Abbadi), Mahmoud Al Baher (71.Oday Abdul Jafal), Youssef Al Hamawi, Karam Omran. Trainer: Ayman Hakeem.
Goals: 0-1 Subhi Shoufan (23), 1-1 Salaah Said Salim Al Yahyaei (30), 2-1 Harib Jamil Zaid Al Saadi (83).

23.10.2023
Al Ahed Beirut - Jabal Al-Mokaber Jerusalem Cancelled

06.11.2023, „King Abdul Aziz" Stadium, Makka (Saudi Arabia); Attendance: 100
Referee: Ammar Ebrahim Mahfoodh (Bahrain)
Al Fotuwa SC Deir ez-Zor - Al Nahda Club Al Buraimi **0-1(0-1)**
Al Fotuwa: Taha Mousa, Thaer Krouma, Abdul Razaq Al Mohammad, Diaa Alhak Al Mohammad, Oday Abdul Jafal (60.Mahmoud Al Baher), Ahmad Ashkar, Mustafa Jnaid (82.Abdul Hadi Al Hanabzali), Subhi Shoufan (82.Mohammad Abbadi), Marcus Leric Joseph (73.Abdul Rahman Al Hasan), Youssef Al Hamawi, Karam Omran. Trainer: Ayman Hakeem.
Al Nahda: Ibrahim Saleh Al Mukhaini, Abdul Aziz Al Gheilani, Ahmed Khalifa Said Al Kaabi, Ghanim Ramadhan Bashir Al Habashi, Junior Ngede, Harib Jamil Zaid Al Saadi, Omar Mohammed Rashid Malki (80.Hamood Saleh Said Al Sadi), Abdullah Fawaz Arafa Bait Abdulghafur, Billel Bensaha (80.Abdul Aziz Khalfan Salim Al Shamousi), Salaah Said Salim Al Yahyaei (57.Ali Dhahi Mahil Masoud Al Rusheidi), Issam Abdallah Saif Al Sabhi (90+6.Ali Moosa Ali Al Hinai). Trainer: Hamad Khalifa Hamed Al Azani.
Goal: 0-1 Issam Abdallah Saif Al Sabhi (25).

06.11.2023
Jabal Al-Mokaber Jerusalem - Al Ahed Beirut Cancelled

27.11.2023, „Sultan Qaboos" Sports Complex, Muscat; Attendance: 486
Referee: Bijan Heydari (Iran)
Al Nahda Club Al Buraimi - Al Ahed Beirut **2-1(2-0)**
Al Nahda: Ibrahim Saleh Al Mukhaini, Abdul Aziz Al Gheilani, Ahmed Khalifa Said Al Kaabi, Ghanim Ramadhan Bashir Al Habashi, Junior Ngede, Harib Jamil Zaid Al Saadi, Omar Mohammed Rashid Malki (82.Ahmed Al Matroushi), Abdullah Fawaz Arafa Bait Abdulghafur (61.Ali Moosa Ali Al Hinai), Billel Bensaha (55.Rabia Said Al Alawi Al Mandhar), Salaah Said Salim Al Yahyaei, Issam Abdallah Saif Al Sabhi. Trainer: Hamad Khalifa Hamed Al Azani.
Al Ahed: Mostafa Matar, Nour Mansour, Hussein Al Zein (90.Ali Mahmoud Hadid), Khalil Georges Khamis, Mohammad Ali Hasan Abu Hasheesh (46.Hussein Ali Dakik), Mohamad Faouzi Haidar, George Felix Michel Melki, Mohammad Al Marmour (62.Ali Al Haj), Hasan Srour (46.Karim Abid Darwich), Lee Erwin, Mohammad Al Hallak (90+1.Mahmoud Ali Zbib). Trainer: Raafat Mohammad (Syria).
Goals: 1-0 Billel Bensaha (32), 2-0 Omar Mohammed Rashid Malki (35), 2-1 Ali Al Haj (65).

27.11.2023,
Al Fotuwa SC Deir ez-Zor - Jabal Al-Mokaber Jerusalem Cancelled

12.12.2023, Al Seeb Stadium, Muscat (Oman); Attendance: 257
Referee: Yudai Yamamoto (Japan)
Al Ahed Beirut - Al Fotuwa SC Deir ez-Zor **2-1(0-0)**
Al Ahed: Mostafa Matar, Hussein Ali Dakik, Nour Mansour, Hussein Al Zein (82.Ali Mahmoud Hadid), Khalil Georges Khamis, Mohamad Faouzi Haidar, George Felix Michel Melki (82.Hasan Srour), Mohammad Al Marmour (75.Mohammad Ali Hasan Abu Hasheesh), Lee Erwin, Mohammad Al Hallak, Ali Al Haj (64.Walid Adel Shour). Trainer: Raafat Mohammad (Syria).
Al Fotuwa: Taha Mousa, Thaer Krouma, Ahmad Al Khassi (74.Abdul Hadi Al Hanabzali), Abdul Razaq Al Mohammad, Diaa Alhak Al Mohammad, Ahmad Ashkar, Mustafa Jnaid (85.Abdul Rahman Al Hasan), Subhi Shoufan, Marcus Leric Joseph (69.Oday Abdul Jafal), Mahmoud Al Baher (86.Mohammad Abbadi), Youssef Al Hamawi. Trainer: Ayman Hakeem.
Goals: 0-1 Youssef Al Hamawi (75), 1-1 Walid Adel Shour (90+2 penalty), 2-1 Mohammad Al Hallak (90+5).

12.12.2023
Jabal Al-Mokaber Jerusalem - Al Nahda Club Al Buraimi Cancelled

FINAL STANDINGS
1. **Al Nahda Club Al Buraimi**   4   3   0   1   6 - 4   9
2. **Al Ahed Beirut**   4   2   0   2   5 - 5   6
3. Al Fotuwa SC Deir ez-Zor   4   1   0   3   3 - 5   3
4. Jabal Al-Mokaber Jerusalem (*withdrew*)

GROUP B

19.09.2023, Amman International Stadium, Amman; Attendance: 10,231
Referee: Bijan Heydari (Iran)
Al Wehdat Club Amman - Al Ittihad Ahli SC Aleppo   2-0(1-0)
Al Wehdat: Ahmed Abdel-Sattar Nawwas, Khaled Kourdoghli, Feras Zeyad Yousef Shilbaya, Danial Ahmed Afaneh, Yousef Mohammad Salem Abu Al Jazar, Mohannad Nahmoud Saleh Abu Taha (86.Mohammad Emad Mahmoud Al Mawaly), Arafat Mohammad Fahid, Ahmed Samir Mohammad Saleh (86.Ahmad Nawaf Abdel Aziz Israiwah), Saleh Ibrahim Rateb (61.Mahmoud Shawkaat Aqel Musleh), Bernard Henri Cedric Doumbia (76.Mohammad Abdel-Motalib Abu Riziq), Anas Ahmad Mahmoud Hammad Al Awadat (61.Hassan Al Zahrawi). Trainer: Rashid Jaber Al Yafi´i (Oman).
Al Ittihad Ahli: Fadi Al Merei, Aboubacar Leo Camara, Ibraheem Al Zain, Zakaria Hanan, Ahmad Hamo (63.Hamza Sawas), Ali Al Rina, Mohammad Rihanieh (67.Mohammad Al Nayef), Hasan Dahhan, Zakaria Aziz (46.Abdulla Najjar), Ahmad Al Ahmad, Chidubem Shadrach Ezugwu (63.Victor Sam Abata). Trainer: Maan Al Rashed.
Goals: 1-0 Ibraheem Al Zain (12 own goal), 2-0 Danial Ahmed Afaneh (54).

19.09.2023, Basra International Stadium, Basra; Attendance: 3,121
Referee: Qasim Matar Ali Al Hatmi (Oman)
Al-Kahrabaa SC Baghdad - Al Kuwait SC Kaifan   0-0
Al-Kahrabaa: Ali Ibadi Jabbar Ghuraibawi, Najm Shwan Ali Al Quraishi, Hayder Ahmed Azeez Bni Tamim Al Shammari, Polo Nartey Amanor, Ali Khalid Abd Al Sajjad, Mohamad Zahir Al Ghunaimi Al Midani, Mohammad Salam (90+2.Evan Khalid Kheder), Mahmood Khaleel Ibrahim Al Badri (68.Almuntaserbelh Fouad Abbas Al Araji), Mumuni Shafiu (81.Anael Barga Ngoba), Dennis Tennyson Tetteh (46.Amoori Faisal Mutshar Al Lami), Daouda Guèye Diémé (90+2.Mustafa Ali Abdulaima Al Ameen). Trainer: Loay Salah Hassan Al Khafaji.
Al Kuwait: Saud Al Hoshan, Fahad Hammoud Al Rashidi, Bilel Ifa, Sami Mohammed Abdulwahab Mohammed Al Sanea (77.Mohammad Freih Aaidh Al Rashedi), Meshari Ghanem Al Enezi (77.Talal Al Fadhil), Ali Hossein Pour Dara, Ahmad Abdullah Farhan Al Dhufairi (46.Mohammed Daham Khader Abdullah Al Enezi), Redha Hani Wael Abu Jabarah, Mohamed Jasim Mohamed Ali Abdulla Marhoon (63.Faisal Zaid Awadh Al Harbi), Yassine Amri (46.Ahmad Jaber Ali Zanki), Taha Yassine Khenissi. Trainer: Boris Bunjak (Serbia).

03.10.2023, „King Abdul Aziz" Stadium, Makka (Saudi Arabia); Attendance: 130
Referee: Omar Mubarak Mazaroua Al Yaqoubi (Oman)
Al Ittihad Ahli SC Aleppo - Al-Kahrabaa SC Baghdad   0-2(0-0)
Al Ittihad Ahli: Shaher Al Shakir, Aboubacar Leo Camara, Ibraheem Al Zain, Zakaria Hanan, Ali Al Rina [*sent off 90+1*], Mohammad Rihanieh, Hasan Dahhan, Mohammad Al Nayef (78.Victor Sam Abata), Zakaria Aziz (84.Hamza Sawas), Ahmad Al Ahmad, Chidubem Shadrach Ezugwu (84.Anas Al Dahan). Trainer: Maan Al Rashed.
Al-Kahrabaa: Ali Ibadi Jabbar Ghuraibawi, Najm Shwan Ali Al Quraishi, Hayder Ahmed Azeez Bni Tamim Al Shammari, Polo Nartey Amanor (86.Saif Hatem Abbood), Ali Khalid Abd Al Sajjad, Mohamad Zahir Al Ghunaimi Al Midani, Amoori Faisal Mutshar Al Lami (69.Almuntaserbelh Fouad Abbas Al Araji), Evan Khalid Kheder, Mahmood Khaleel Ibrahim Al Badri (86.Abdullah Abdulameer Luaibi Al Rumawaj), Mumuni Shafiu (69.Dennis Tennyson Tetteh), Daouda Guèye Diémé (90+3.Mustafa Ali Abdulaima Al Ameen). Trainer: Loay Salah Hassan Al Khafaji.
Goals: 0-1 Najm Shwan Ali Al Quraishi (80), 0-2 Dennis Tennyson Tetteh (90+4).

03.10.2023, Al Kuwait Sports Club Stadium, Kuwait City; Attendance: 2,700
Referee: Nasrullo Kabirov (Tajikistan)
Al Kuwait SC Kaifan - Al Wehdat Club Amman   **2-1(1-0)**
Al Kuwait: Saud Al Hoshan, Bilel Ifa, Talal Al Fadhil (86.Yousif Al Khebezi), Sami Mohammed Abdulwahab Mohammed Al Sanea, Ali Hossein Pour Dara, Faisal Zaid Awadh Al Harbi (70.Ahmad Abdullah Farhan Al Dhufairi), Fahad Mofreh Hassan Abdullah Hassan Al Hajeri, Redha Hani Wael Abu Jabarah, Ahmad Jaber Ali Zanki (70.Yassine Amri), Mohammed Daham Khader Abdullah Al Enezi (86.Meshari Ghanem Al Enezi), Taha Yassine Khenissi. Trainer: Boris Bunjak (Serbia).
Al Wehdat: Ahmed Abdel-Sattar Nawwas, Khaled Kourdoghli (81.Khaled Assam Yousef Mohammad), Feras Zeyad Yousef Shilbaya, Danial Ahmed Afaneh, Yousef Mohammad Salem Abu Al Jazar, Mohannad Nahmoud Saleh Abu Taha, Arafat Mohammad Fahid, Ahmed Samir Mohammad Saleh (63.Saleh Ibrahim Rateb), Mahmoud Shawkaat Aqel Musleh (88.Ahmad Nawaf Abdel Aziz Israiwah), Bernard Henri Cedric Doumbia, Anas Ahmad Mahmoud Hammad Al Awadat (88.Mohammad Abdel-Motalib Abu Riziq). Trainer: Rashid Jaber Al Yafi´i (Oman).
Goals: 1-0 Taha Yassine Khenissi (42), 1-1 Mohannad Nahmoud Saleh Abu Taha (52), 2-1 Taha Yassine Khenissi (75 penalty).

24.10.2023, „King Abdul Aziz" Stadium, Makka (Saudi Arabia); Attendance: 114
Referee: Gamini Nivon Robesh (Sri Lanka)
Al Ittihad Ahli SC Aleppo - Al Kuwait SC Kaifan   **1-1(1-0)**
Al Ittihad Ahli: Shaher Al Shakir, Aboubacar Leo Camara, Ibraheem Al Zain, Zakaria Hanan, Mohammad Amjad Hasan Al Fayad (Ahmad Hamo), Mohammad Rihanieh, Mohammad Al Nayef, Zakaria Aziz (67.Abdulla Najjar), Ahmad Al Ahmad, Victor Sam Abata (66.Amer Al Fayad), Anas Al Dahan (74.Hasan Dahhan). Trainer: Maan Al Rashed.
Al Kuwait: Saud Al Hoshan, Fahad Hammoud Al Rashidi, Sami Mohammed Abdulwahab Mohammed Al Sanea (81.Mohammad Freih Aaidh Al Rashedi), Mohsen Falah, Faisal Zaid Awadh Al Harbi (64.Talal Al Fadhil), Fahad Mofreh Hassan Abdullah Hassan Al Hajeri, Redha Hani Wael Abu Jabarah (46.Mohamed Jasim Mohamed Ali Abdulla Marhoon), Yassine Amri, El Mehdi Berrahma, Mohammed Daham Khader Abdullah Al Enezi (89.Fawaz Khaled Al Mubailish), Taha Yassine Khenissi. Trainer: Boris Bunjak (Serbia).
Goals: 1-0 Mohammad Al Nayef (22), 1-1 Taha Yassine Khenissi (46).

24.10.2023, Amman International Stadium, Amman; Attendance: 3,500
Referee: Baraa Kamal Abu Aisha (Palestine)
Al Wehdat Club Amman - Al-Kahrabaa SC Baghdad   **3-1(1-0)**
Al Wehdat: Ahmed Abdel-Sattar Nawwas, Khaled Kourdoghli, Feras Zeyad Yousef Shilbaya, Yousef Mohammad Salem Abu Al Jazar, Mohannad Nahmoud Saleh Abu Taha (82.Khaled Assam Yousef Mohammad), Arafat Mohammad Fahid, Ahmed Samir Mohammad Saleh (76.Mohammad Kahlan Abdelrahman Abu Hazeem), Saleh Ibrahim Rateb (76.Ahmad Nawaf Abdel Aziz Israiwah), Mahmoud Shawkaat Aqel Musleh, Bernard Henri Cedric Doumbia (76.Mohammad Abdel-Motalib Abu Riziq), Anas Ahmad Mahmoud Hammad Al Awadat (66.Mohammad Emad Mahmoud Al Mawaly). Trainer: Rashid Jaber Al Yafi´i (Oman).
Al-Kahrabaa: Ali Ibadi Jabbar Ghuraibawi, Najm Shwan Ali Al Quraishi, Hayder Ahmed Azeez Bni Tamim Al Shammari (67.Dennis Tennyson Tetteh), Polo Nartey Amanor, Ali Khalid Abd Al Sajjad, Mohamad Zahir Al Ghunaimi Al Midani, Evan Khalid Kheder (46.Mohammad Salam), Almuntaserbelh Fouad Abbas Al Araji (46.Amoori Faisal Mutshar Al Lami), Mahmood Khaleel Ibrahim Al Badri (67.Harith Falah Saeed), Mumuni Shafiu, Daouda Guèye Diémé (77.Abdullah Abdulameer Luaibi Al Rumawaj). Trainer: Loay Salah Hassan Al Khafaji.
Goals: 1-0 Bernard Henri Cedric Doumbia (19), 2-0 Ahmed Samir Mohammad Saleh (62), 3-0 Bernard Henri Cedric Doumbia (72), 3-1 Abdullah Abdulameer Luaibi Al Rumawaj (90).

07.11.2023, „Jaber Al Ahmad" International Stadium, Kuwait City; Attendance: 120
Referee: Seyed Vahid Kazemi (Iran)
Al Kuwait SC Kaifan - Al Ittihad Ahli SC Aleppo   **1-1(1-1)**
Al Kuwait: Saud Al Hoshan, Fahad Hammoud Al Rashidi, Bilel Ifa, Mohammad Freih Aaidh Al Rashedi (77.Fahad Mofreh Hassan Abdullah Hassan Al Hajeri), Meshari Ghanem Al Enezi, Ali Hossein Pour Dara, Faisal Zaid Awadh Al Harbi (65.Mohamed Jasim Mohamed Ali Abdulla Marhoon), Ahmad Jaber Ali Zanki, El Mehdi Berrahma, Mohammed Daham Khader Abdullah Al Enezi (65.Yassine Amri), Fawaz Khaled Al Mubailish (77.Sami Mohammed Abdulwahab Mohammed Al Sanea). Trainer: Boris Bunjak (Serbia).
Al Ittihad Ahli: Shaher Al Shakir, Ibraheem Al Zain, Zakaria Hanan, Ahmad Hamo, Mustafa Tattan (46.Anas Al Dahan), Ali Al Rina, Mohammad Rihanieh, Amer Al Fayad (85.Zakaria Aziz), Hasan Dahhan (67.Chidubem Shadrach Ezugwu), Mohammad Al Nayef, Ahmad Al Ahmad (85.Abdulla Najjar). Trainer: Maan Al Rashed.
Goals: 1-0 Fawaz Khaled Al Mubailish (11), 1-1 Mohammad Al Nayef (37).

07.11.2023, Basra International Stadium, Basra; Attendance: 1,100
Referee: Crishantha Dilan Perera Hettikankanamge (Sri Lanka)
Al-Kahrabaa SC Baghdad - Al Wehdat Club Amman   **3-1(1-0)**
Al-Kahrabaa: Ammar Ali Hassan Al Azzawi, Najm Shwan Ali Al Quraishi, Hussein Jasim Elaibi Al Tameemi, Polo Nartey Amanor, Mohamad Zahir Al Ghunaimi Al Midani, Mohammad Salam (87.Ali Khalid Abd Al Sajjad), Amoori Faisal Mutshar Al Lami (89.Almuntaserbelh Fouad Abbas Al Araji), Abdullah Abdulameer Luaibi Al Rumawaj, Dennis Tennyson Tetteh (46.Murthada Jamal Raheem Al Sudani), Daouda Guèye Diémé, Anael Barga Ngoba (74.Mumuni Shafiu). Trainer: Loay Salah Hassan Al Khafaji.
Al Wehdat: Ahmed Abdel-Sattar Nawwas, Khaled Kourdoghli (80.Mohammad Abdel-Motalib Abu Riziq), Feras Zeyad Yousef Shilbaya, Yousef Mohammad Salem Abu Al Jazar, Mohannad Nahmoud Saleh Abu Taha, Arafat Mohammad Fahid, Ahmed Samir Mohammad Saleh (80.Mohammad Kahlan Abdelrahman Abu Hazeem), Saleh Ibrahim Rateb (46.Ahmad Nawaf Abdel Aziz Israiwah), Mahmoud Shawkaat Aqel Musleh (87.Danial Ahmed Afaneh), Khaled Assam Yousef Mohammad (68.Mohammad Emad Mahmoud Al Mawaly), Bernard Henri Cedric Doumbia. Trainer: Rashid Jaber Al Yafi´i (Oman).
Goals: 1-0 Najm Shwan Ali Al Quraishi (7), 2-0 Anael Barga Ngoba (71), 2-1 Mohammad Abdel-Motalib Abu Riziq (86), 3-1 Mumuni Shafiu (90+2).

28.11.2023, „King Fahd" Sports City, Taif (Saudi Arabia); Attendance: 400
Referee: Ismaeel Habib Ali Ismaeel (Bahrain)
Al Ittihad Ahli SC Aleppo - Al Wehdat Club Amman   **0-2(0-1)**
Al Ittihad Ahli: Shaher Al Shakir, Ibraheem Al Zain, Zakaria Hanan, Ahmad Hamo (46.Anas Al Dahan), Ali Al Rina, Mohammad Amjad Hasan Al Fayad (46.Zakaria Aziz), Abdulla Najjar (79.Hasan Dahhan), Mohammad Rihanieh (71.Chidubem Shadrach Ezugwu), Amer Al Fayad (46.Mahmoud Al Omar), Mohammad Al Nayef, Ahmad Al Ahmad. Trainer: Maan Al Rashed.
Al Wehdat: Abdallah Raed Mahmoud Al Fakhouri, Khaled Kourdoghli, Feras Zeyad Yousef Shilbaya, Danial Ahmed Afaneh, Yousef Mohammad Salem Abu Al Jazar, Mohannad Nahmoud Saleh Abu Taha (85.Mohammad Emad Mahmoud Al Mawaly), Ahmed Samir Mohammad Saleh (85.Mohammad Kahlan Abdelrahman Abu Hazeem), Saleh Ibrahim Rateb (76.Baha' Faisal Mohammad Seif), Mahmoud Shawkaat Aqel Musleh, Bernard Henri Cedric Doumbia (69.Mohammad Abdel-Motalib Abu Riziq), Anas Ahmad Mahmoud Hammad Al Awadat (77.Khaled Assam Yousef Mohammad). Trainer: Rashid Jaber Al Yafi´i (Oman).
Goals: 0-1 Saleh Ibrahim Rateb (13), 0-2 Saleh Ibrahim Rateb (56).

28.11.2023, „Jaber Al Ahmad" International Stadium, Kuwait City; Attendance: 300
Referee: Qasim Matar Ali Al Hatmi (Oman)
Al Kuwait SC Kaifan - Al-Kahrabaa SC Baghdad   **0-1(0-0)**
Al Kuwait: Abdulrahman Fahad Kameel Matar Marzouq, Bilel Ifa, Talal Al Fadhil (46.Mohamed Jasim Mohamed Ali Abdulla Marhoon), Sami Mohammed Abdulwahab Mohammed Al Sanea

(86.Fawaz Khaled Al Mubailish), Meshari Ghanem Al Enezi, Ali Hossein Pour Dara, Fahad Mofreh Hassan Abdullah Hassan Al Hajeri, Ahmad Jaber Ali Zanki, Yassine Amri (70.Mohammed Daham Khader Abdullah Al Enezi), El Mehdi Berrahma (70.Ahmad Abdullah Farhan Al Dhufairi), Taha Yassine Khenissi. Trainer: Boris Bunjak (Serbia).
Al-Kahrabaa: Ammar Ali Hassan Al Azzawi, Najm Shwan Ali Al Quraishi, Hayder Ahmed Azeez Bni Tamim Al Shammari (72.Abdullah Abdulameer Luaibi Al Rumawaj), Polo Nartey Amanor, Ali Khalid Abd Al Sajjad, Mohamad Zahir Al Ghunaimi Al Midani, Mohammad Salam (62.Mahmood Khaleel Ibrahim Al Badri), Amoori Faisal Mutshar Al Lami (80.Saif Hatem Abbood), Daouda Guèye Diémé (80.Almuntaserbelh Fouad Abbas Al Araji), Anael Barga Ngoba (62.Mumuni Shafiu), Murthada Jamal Raheem Al Sudani. Trainer: Loay Salah Hassan Al Khafaji.
Goal: 0-1 Mahmood Khaleel Ibrahim Al Badri (74).

11.12.2023, Amman International Stadium, Amman; Attendance: 3,000
Referee: Faisal Suleiman Al Balawi (Saudi Arabia)
Al Wehdat Club Amman - Al Kuwait SC Kaifan   1-1((0-1)
Al Wehdat: Abdallah Raed Mahmoud Al Fakhouri, Khaled Kourdoghli (86.Amer Rasem Adel Jamous), Feras Zeyad Yousef Shilbaya, Danial Ahmed Afaneh, Yousef Mohammad Salem Abu Al Jazar, Mohannad Nahmoud Saleh Abu Taha, Ahmed Samir Mohammad Saleh (66.Mohammad Abdel-Motalib Abu Riziq), Saleh Ibrahim Rateb (74.Baha' Faisal Mohammad Seif), Mahmoud Shawkaat Aqel Musleh, Bernard Henri Cedric Doumbia, Anas Ahmad Mahmoud Hammad Al Awadat. Trainer: Rashid Jaber Al Yafi´i (Oman).
Al Kuwait: Abdulrahman Fahad Kameel Matar Marzouq, Fahad Hammoud Al Rashidi, Bilel Ifa, Meshari Ghanem Al Enezi, Ali Hossein Pour Dara, Fahad Mofreh Hassan Abdullah Hassan Al Hajeri, Redha Hani Wael Abu Jabarah (80.Ahmad Abdullah Farhan Al Dhufairi), Mohamed Jasim Mohamed Ali Abdulla Marhoon (76.Talal Al Fadhil), El Mehdi Berrahma, Taha Yassine Khenissi, Amr Abd El Fattah Ammouri (76.Sami Mohammed Abdulwahab Mohammed Al Sanea). Trainer: Nabil Maâloul (Tunisia).
Goals: 0-1 Fahad Mofreh Hassan Abdullah Hassan Al Hajeri (27), 1-1 Baha' Faisal Mohammad Seif (90).

11.12.2023, Basra International Stadium, Basra; Attendance: 650
Referee: Mouood Bonyadifar (Iran)
Al-Kahrabaa SC Baghdad - Al Ittihad Ahli SC Aleppo   3-1(0-0)
Al-Kahrabaa: Ali Ibadi Jabbar Ghuraibawi, Najm Shwan Ali Al Quraishi (33.Mohammad Salam), Hayder Ahmed Azeez Bni Tamim Al Shammari (79.Hussein Jasim Elaibi Al Tameemi), Polo Nartey Amanor, Mohamad Zahir Al Ghunaimi Al Midani, Amoori Faisal Mutshar Al Lami (79.Evan Khalid Kheder), Abdullah Abdulameer Luaibi Al Rumawaj, Mahmood Khaleel Ibrahim Al Badri, Daouda Guèye Diémé, Anael Barga Ngoba (63.Almuntaserbelh Fouad Abbas Al Araji), Murthada Jamal Raheem Al Sudani (78.Harith Falah Saeed). Trainer: Loay Salah Hassan Al Khafaji.
Al Ittihad Ahli: Shaher Al Shakir, Ibraheem Al Zain, Zakaria Hanan, Ahmad Hamo (82.Mohammad Amjad Hasan Al Fayad), Ali Al Rina (82.Amer Al Fayad), Abdulla Najjar, Mohammad Rihanieh, Mohammad Al Nayef, Zakaria Aziz (65.Anas Al Dahan), Ahmad Al Ahmad (82.Mahmoud Al Omar), Chidubem Shadrach Ezugwu (65.Hasan Dahhan). Trainer: Ahmed Hawash.
Goals: 1-0 Amoori Faisal Mutshar Al Lami (77), 2-0 Daouda Guèye Diémé (79), 3-0 Mahmood Khaleel Ibrahim Al Badri (89), 3-1 Abdulla Najjar (90+3).

FINAL STANDINGS

1.	**Al-Kahrabaa SC Baghdad**	6	4	1	1	10 - 5	13
2.	Al Wehdat Club Amman	6	3	1	2	10 - 7	10
3.	Al Kuwait SC Kaifan	6	1	4	1	5 - 5	7
4.	Al Ittihad Ahli SC Aleppo	6	0	2	4	3 - 11	2

GROUP C

18.09.2023, Basra International Stadium, Basra; Attendance: 0
Referee: Seyed Vahid Kazemi (Iran)
Al-Zawra'a SC Baghdad - Al Arabi SC Kuwait City　　　　　　　　**1-2(0-0)**
Al-Zawra'a: Ali Faisal Ismail, Husam Kadhim Jebur Al Shuwaili, Ali Khadim Mousa Al Furaiji, Skander Chihi (78.Murad Mohammed Subeh Al Latif), Mustafa Mohammed Maan Al Ezairej Jebur Maslukhi, Maytham Jabbar Mutlag Al Farttoosi, Hasan Abdulkareem Jabbar Sayyid (57.Hayder Abdulkarim Tawfeeq), Ali Mohsin Zinad Al Asadi, Roy Aboubacar Ndoutoumo Kone (88.Collins Opare), Ali Sadeq Mahmood Shaheen (78.Mohammed Ali Abood Suwaed), Christopher John (57.Ridha Mohammed Hachim Maraksi). Trainer: Hossam El Badry (Egypt).
Al Arabi: Ahmad Dashti, Mohamed Sofiane Bouchar, Hamad Talal Adel Khalil Al Qallaf, Jomaa Aboud Al Zlit, Hassan Hamdan Ghanem Al Enezi, Bader Tareq Bader Al Fadhel Abdulrahman, Abdulrahman Al Dhaferi (90+3.Yousef Majed Merdhi Majed Al Shammari), Mamadou Khady Thiam, Hamza Khabba, Anayo Emmanuel Iwuala (90+2.Abdullah Ammar Mohammad Al Buloushi), Nayef Hamid Zayed Ayed Al Shemari (65.Bandar Al Salama). Trainer: Thomas Brđarić (Germany).
Goals: 0-1 Mamadou Khady Thiam (43), 1-1 Ali Mohsin Zinad Al Asadi (51), 1-2 Hamza Khabba (70).

18.09.2023, Khalifa Sports City Stadium, Isa Town (Bahrain); Attendance: 862
Referee: Nasrullo Kabirov (Tajikistan)
Al Nejmeh SC Beirut - Al Riffa SC　　　　　　　　**0-2(0-2)**
Al Nejmeh: Mohamad Bechara, Kassem Al Zein, Maher Sabra (31.Louis James Khoury), Abdullah Moghrabi (62.Said Awada), Ali Alrida Ismail (81.Mohamad Hussein Safwan), Bilal Najdi (61.Omid Popalzay), Gilson Sequeira da Costa, Hasan Korani (81.Hassan Ali Atwi Mehanna), Dmytro Bilonog, José Alberto Djaló Embaló, Khalil Bader. Trainer: Paulo Jorge Coelho Meneses (Portugal).
Al Riffa: Mahmood Abdulghani Abdulnabi Ali Al Ajmi, Lazar Đorđević, Sayed Mahdi Baqer Jaafar Mahdi, Sayed Redha Isa Hasan Radhi Hashim, Ali Abdulla Haram, Kamil Hasan Abdulla Ahmed Hasan Al Aswad, Mouhamad Anez (90+1.Mohammed Abdul Qayoom Dur Mohamad Abubakar), Jassim Ahmed Jassim Al Shaikh (70.Abdulaziz Khalid Ahmed Khalifa Rajab Al Mansoori), Vinícius Vargas dos Santos (77.Magdy Al Attar), Ali Hasan Saeed Isa (69.Hashim Sayed Isa Hasan Radhi Hashim), Hazza Ali Hazza Ateeq Mubarak. Trainer: Hisham Mahozi.
Goals: 0-1 Jassim Ahmed Jassim Al Shaikh (35), 0-2 Ali Hasan Saeed Isa (41).

02.10.2023, Al Kuwait Sports Club Stadium, Kuwait City; Attendance: 3,500
Referee: Pranjal Banerjee (India)
Al Arabi SC Kuwait City - Al Nejmeh SC Beirut　　　　　　　　**0-0**
Al Arabi: Ahmad Dashti, Mohamed Sofiane Bouchar, Jomaa Aboud Al Zlit, Issa Ali, Hassan Hamdan Ghanem Al Enezi, Walid Sabbar, Bader Tareq Bader Al Fadhel Abdulrahman (77.Bandar Musaed Nahar Mallouh Al Mutairi Al Salama), Mamadou Khady Thiam (77.Bader Al Mutairi), Ali Ahmad Khalaf Faraj Matar (84.Saif Ahmad Saif Al Hashan), Hamza Khabba, Nayef Hamid Zayed Ayed Al Shemari (62.Anayo Emmanuel Iwuala). Trainer: Thomas Brđarić (Germany).
Al Nejmeh: Ali Abbas Sabeh, Kassem Al Zein, Said Awada, Abdullah Moghrabi, Gilson Sequeira da Costa, Hasan Korani, Mahdi Al Zain (89.Bilal Najdi), Dmytro Bilonog (78.José Alberto Djaló Embaló), Louis James Khoury (78.Omid Popalzay), Khalil Bader, Mohamad Omar Sadek (13.Hassan Ali Atwi Mehanna). Trainer: Paulo Jorge Coelho Meneses (Portugal).

02.10.2023, Khalifa Sports City Stadium, Isa Town; Attendance: 792
Referee: Razlan Joffri Ali (Malaysia)
Al Riffa SC - Al-Zawra'a SC Baghdad　　　　　　　　**1-1(0-1)**
Al Riffa: Mahmood Abdulghani Abdulnabi Ali Al Ajmi, Lazar Đorđević, Sayed Mahdi Baqer Jaafar Mahdi, Husain Ali Abdulhusain Habib Mohamed Al Eker (46.Sayed Redha Isa Hasan Radhi Hashim), Kamil Hasan Abdulla Ahmed Hasan Al Aswad, Mouhamad Anez, Jassim Ahmed Jassim Al Shaikh (71.Ali Hasan Saeed Isa), Vinícius Vargas dos Santos, Joel Vinícius Silva dos Anjos (58.Hashim Sayed Isa Hasan Radhi Hashim), Abdulaziz Khalid Ahmed Khalifa Rajab Al Mansoori (58.Magdy Al Attar),

Hazza Ali Hazza Ateeq Mubarak (71.Fahad Jasim Ahmed Jasim Busharar). Trainer: Hisham Mahozi.
Al-Zawra'a: Jalal Hassan Hachim, Husam Kadhim Jebur Al Shuwaili, Mustafa Nadhim Jari Al Shabani, Maytham Jabbar Mutlag Al Farttoosi (86.Ali Khadim Mousa Al Furaiji), El Hacen Houeibib, Ahmad Abd Al Hussain, Murad Mohammed Subeh Al Latif (80.Hasan Abdulkareem Jabbar Sayyid), Ali Mohsin Zinad Al Asadi (86.Mohammed Ali Abood Suwaed), Roy Aboubacar Ndoutoumo Kone (63.Ridha Mohammed Hachim Maraksi), Christopher John (79.Ali Sadeq Mahmood Shaheen), Hussein Falah Mahdi Al Jaki. Trainer: Hossam El Badry (Egypt).
Goals: 0-1 Maytham Jabbar Mutlag Al Farttoosi (5), 1-1 Vinícius Vargas dos Santos (77).

23.10.2023, „Jaber Al Ahmad" International Stadium, Kuwait City; Attendance: 1,980
Referee: Pranjal Banerjee (India)
Al Arabi SC Kuwait City - Al Riffa SC   **0-3(0-0)**
Al Arabi: Ahmad Dashti, Mohamed Sofiane Bouchar, Ali Hasan Abdel Al Rasoul Owfi Muhaisen (85.Yousef Majed Merdhi Majed Al Shammari), Jomaa Aboud Al Zlit [*sent off 54*], Hassan Hamdan Ghanem Al Enezi, Abdullah Ammar Mohammad Al Buloushi, Walid Sabbar, Bader Tareq Bader Al Fadhel Abdulrahman (69.Ali Poursaneie), Bandar Al Salama, Abdulrahman Al Dhaferi (52.Nayef Hamid Zayed Ayed Al Shemari), Hamza Khabba. Trainer: Thomas Brdarić (Germany).
Al Riffa: Abdulkarim Fardan, Lazar Đorđević, Sayed Mahdi Baqer Jaafar Mahdi, Sayed Redha Isa Hasan Radhi Hashim, Ali Abdulla Haram (72.Mouhamad Anez), Kamil Hasan Abdulla Ahmed Hasan Al Aswad, Jassim Ahmed Jassim Al Shaikh, Vinícius Vargas dos Santos (79.Ali Hasan Saeed Isa), Joel Vinícius Silva dos Anjos (72.Abdulaziz Khalid Ahmed Khalifa Rajab Al Mansoori), Hashim Sayed Isa Hasan Radhi Hashim (66.Magdy Al Attar), Hazza Ali Hazza Ateeq Mubarak (79.Hamad Mahmood Ismaeel Ali Mohamed Al Shamsan). Trainer: Hisham Mahozi.
Goals: 0-1 Kamil Hasan Abdulla Ahmed Hasan Al Aswad (56), 0-2 Hashim Sayed Isa Hasan Radhi Hashim (63), 0-3 Joel Vinícius Silva dos Anjos (66).

23.10.2023, Basra International Stadium, Basra; Attendance: 6,372
Referee: Ahmad Yacoub Ibrahim (Jordan)
Al-Zawra'a SC Baghdad - Al Nejmeh SC Beirut   **4-1(1-0)**
Al-Zawra'a: Jalal Hassan Hachim, Husam Kadhim Jebur Al Shuwaili (85.Mustafa Mohammed Maan Al Ezairej), Mustafa Nadhim Jari Al Shabani, Maytham Jabbar Mutlag Al Farttoosi (79.El Hacen Houeibib), Sajjad Mohammed Fadhil Najafi, Mohammed Ali Abood Suwaed (65.Hayder Abdulkarim Tawfeeq), Hasan Abdulkareem Jabbar Sayyid (65.Murad Mohammed Subeh Al Latif), Ali Mohsin Zinad Al Asadi (79.Skander Chihi), Christopher John, Hussein Falah Mahdi Al Jaki, Collins Opare. Trainer: Hossam El Badry (Egypt).
Al Nejmeh: Ali Abbas Sabeh, Kassem Al Zein (46.Maher Sabra), Said Awada (62.Ali Alrida Ismail), Abdullah Moghrabi, Gilson Sequeira da Costa, Hasan Korani, Omid Popalzay (72.Ahmad Khairdien), Mahdi Al Zain, Dmytro Bilonog, Louis James Khoury (62.Hassan Ali Atwi Mehanna), Khalil Bader (78.Mohammad Markabawi). Trainer: Paulo Jorge Coelho Meneses (Portugal).
Goals: 1-0 Abdullah Moghrabi (45+2 own goal), 2-0 Christopher John (59), 3-0 Maytham Jabbar Mutlag Al Farttoosi (72), 3-1 Hassan Ali Atwi Mehanna (78), 4-1 Hayder Abdulkarim Tawfeeq (82).

06.11.2023, Khalifa Sports City Stadium, Isa Town; Attendance: 1,310
Referee: Payam Heydari (Iran)
Al Riffa SC - Al Arabi SC Kuwait City   **2-1(1-0)**
Al Riffa: Abdulkarim Fardan, Lazar Đorđević, Sayed Mahdi Baqer Jaafar Mahdi, Sayed Redha Isa Hasan Radhi Hashim, Ali Abdulla Haram, Kamil Hasan Abdulla Ahmed Hasan Al Aswad, Jassim Ahmed Jassim Al Shaikh (79.Mouhamad Anez), Vinícius Vargas dos Santos (84.Mohammed Abdul Qayoom Dur Mohamad Abubakar), Magdy Al Attar (79.Ali Hasan Saeed Isa), Hashim Sayed Isa Hasan Radhi Hashim (66.Joel Vinícius Silva dos Anjos), Hazza Ali Hazza Ateeq Mubarak (78.Fahad Jasim Ahmed Jasim Busharar). Trainer: Hisham Mahozi.
Al Arabi: Sulaiman Abdulghafoor Mohammad Abdulghafoor, Sultan Mohammed Salim Al Enezi, Hamad Talal Adel Khalil Al Qallaf (76.Nayef Hamid Zayed Ayed Al Shemari), Issa Ali, Hassan Hamdan Ghanem Al Enezi, Abdullah Ammar Mohammad Al Buloushi, Bader Tareq Bader Al Fadhel Abdulrahman (46.Ali Ahmad Khalaf Faraj Matar), Bandar Al Salama (59.Mamadou Khady Thiam), Hamza Khabba, Salman Saud Abdulaziz Ali Mohammed Al Awadhi (86.Abdulrahman Al Dhaferi), Ali

Poursaneie (59.Walid Sabbar). Trainer: Mohammad Al Salman.
Goals: 1-0 Vinícius Vargas dos Santos (25), 2-0 Hashim Sayed Isa Hasan Radhi Hashim (52), 2-1 Mamadou Khady Thiam (87).

06.11.2023, „King Fahd" Sports City, Taif (Saudi Arabia); Attendance: 140
Referee: Omar Mubarak Mazaroua Al Yaqoubi (Oman)
Al Nejmeh SC Beirut - Al-Zawra'a SC Baghdad 1-2(0-0)
Al Nejmeh: Ali Abbas Sabeh, Ali Hamam, Said Awada (85.José Alberto Djaló Embaló), Maher Sabra, Ali Alrida Ismail, Mohamad Hussein Safwan, Hasan Korani, Mahdi Al Zain, Ahmad Khairdien (75.Louis James Khoury), Dmytro Bilonog, Hassan Ali Atwi Mehanna (75.Khalil Bader). Trainer: Paulo Jorge Coelho Meneses (Portugal).
Al-Zawra'a: Jalal Hassan Hachim, Mustafa Nadhim Jari Al Shabani, Mustafa Mohammed Maan Al Ezairej, Maytham Jabbar Mutlag Al Farttoosi, Sajjad Mohammed Fadhil Najafi, Mohammed Ali Abood Suwaed (70.Ridha Mohammed Hachim Maraksi), Hasan Abdulkareem Jabbar Sayyid (70.Hayder Abdulkarim Tawfeeq), Ali Mohsin Zinad Al Asadi, Ali Sadeq Mahmood Shaheen, Christopher John (87.Ali Khadim Mousa Al Furaiji), Collins Opare (83.Murad Mohammed Subeh Al Latif). Trainer: Hossam El Badry (Egypt).
Goals: 0-1 Collins Opare (46), 1-1 Hassan Ali Atwi Mehanna (56), 1-2 Collins Opare (75).

27.11.2023, „Jaber Al Ahmad" International Stadium, Kuwait City; Attendance: 1,070
Referee: Crishantha Dilan Perera Hettikankanamge (Sri Lanka)
Al Arabi SC Kuwait City - Al-Zawra'a SC Baghdad 1-1(0-1)
Al Arabi: Sulaiman Abdulghafoor Mohammad Abdulghafoor, Sultan Mohammed Salim Al Enezi, Hamad Talal Adel Khalil Al Qallaf, Jomaa Aboud Al Zlit, Issa Ali, Hassan Hamdan Ghanem Al Enezi, Walid Sabbar, Bandar Al Salama (90+5.Bandar Musaed Nahar Mallouh Al Mutairi Al Salama), Mamadou Khady Thiam (46.Hamza Khabba), Ali Ahmad Khalaf Faraj Matar (81.Ali Hasan Abdel Al Rasoul Owfi Muhaisen), Anayo Emmanuel Iwuala (46.Abdulrahman Al Dhaferi). Trainer: Darko Nestorović (Bosnia and Herzegovina).
Al-Zawra'a: Jalal Hassan Hachim, Husam Kadhim Jebur Al Shuwaili, Mustafa Nadhim Jari Al Shabani, Ali Khadim Mousa Al Furaiji [*sent off 37*], Maytham Jabbar Mutlag Al Farttoosi, Sajjad Mohammed Fadhil Najafi, Mohammed Ali Abood Suwaed (69.Ali Mohsin Zinad Al Asadi), Hasan Abdulkareem Jabbar Sayyid (69.Ridha Mohammed Hachim Maraksi), Christopher John (89.El Hacen Houeibib), Hussein Falah Mahdi Al Jaki, Collins Opare. Trainer: Hossam El Badry (Egypt).
Goals: 0-1 Christopher John (31), 1-1 Sultan Mohammed Salim Al Enezi (89).

27.11.2023, Khalifa Sports City Stadium, Isa Town; Attendance: 664
Referee: Kim Woo-sung (Korea Republic)
Al Riffa SC - Al Nejmeh SC Beirut 6-1(1-0)
Al Riffa: Abdulkarim Fardan, Lazar Đorđević, Sayed Redha Isa Hasan Radhi Hashim, Hamad Mahmood Ismaeel Ali Mohamed Al Shamsan, Ali Abdulla Haram (69.Mouhamad Anez), Kamil Hasan Abdulla Ahmed Hasan Al Aswad, Jassim Ahmed Jassim Al Shaikh, Magdy Al Attar (60.Joel Vinícius Silva dos Anjos), Hashim Sayed Isa Hasan Radhi Hashim (78.Mohamed Abdul Qayoom Dur Mohamad Abubakar), Ali Hasan Saeed Isa (59.Vinícius Vargas dos Santos), Hazza Ali Hazza Ateeq Mubarak (60.Fahad Jasim Ahmed Jasim Busharar). Trainer: Hisham Mahozi.
Al Nejmeh: Ali Abbas Sabeh, Ali Hamam, Kassem Al Zein, Maher Sabra, Abdullah Moghrabi, Mohamad Hussein Safwan (61.Khalil Bader), Hasan Korani, Mahdi Al Zain (68.Bilal Najdi), Ahmad Khairdien, Dmytro Bilonog (68.Hassan Ali Atwi Mehanna), José Alberto Djaló Embaló. Trainer: Paulo Jorge Coelho Meneses (Portugal).
Goals: 1-0 Kamil Hasan Abdulla Ahmed Hasan Al Aswad (35), 2-0 Magdy Al Attar (51), 3-0 Hashim Sayed Isa Hasan Radhi Hashim (52), 4-0 Joel Vinícius Silva dos Anjos (64), 5-0 Hashim Sayed Isa Hasan Radhi Hashim (72), 5-1 Hasan Korani (73), 6-1 Vinícius Vargas dos Santos (83).

12.12.2023, Basra International Stadium, Basra; Attendance: 2,127
Referee: Mohammed Ahmed Al Shammari (Qatar)
Al-Zawra'a SC Baghdad - Al Riffa SC 2-1(1-1)
Al-Zawra'a: Jalal Hassan Hachim, Husam Kadhim Jebur Al Shuwaili, Mustafa Nadhim Jari Al

Shabani, Maytham Jabbar Mutlag Al Farttoosi, Sajjad Mohammed Fadhil Najafi, Hasan Abdulkareem Jabbar Sayyid, Ali Mohsin Zinad Al Asadi, Ali Sadeq Mahmood Shaheen (62.Mohammed Ali Abood Suwaed), Christopher John (71.Murad Mohammed Subeh Al Latif), Hussein Falah Mahdi Al Jaki, Collins Opare. Trainer: Hossam El Badry (Egypt).
Al Riffa: Abdulla Ali Efrih Al Ahmed, Lazar Đorđević, Sayed Mahdi Baqer Jaafar Mahdi, Mohammed Abdul Qayoom Dur Mohamad Abubakar (82.Khaled Ahmad Hanish Al Khalaf), Husain Ali Abdulhusain Habib Mohamed Al Eker, Fahad Jasim Ahmed Jasim Busharar, Jassim Ahmed Jassim Al Shaikh (75.Kamil Hasan Abdulla Ahmed Hasan Al Aswad), Magdy Al Attar (46.Ali Hasan Saeed Isa), Yassine Karim Mawlid Mokhtar Rachid Ben Mansour (68.Vinícius Vargas dos Santos), Joel Vinícius Silva dos Anjos (76.Ali Abdulla Haram), Abdulaziz Khalid Ahmed Khalifa Rajab Al Mansoori [*sent off 60*]. Trainer: Hisham Mahozi.
Goals: 0-1 Joel Vinícius Silva dos Anjos (10), 1-1 Hasan Abdulkareem Jabbar Sayyid (41), 2-1 Collins Opare (83).

12.12.2023, „Jaber Al Ahmad" International Stadium, Kuwait City; Attendance: 400
Referee: Nasrullo Kabirov (Tajikistan)
Al Nejmeh SC Beirut - Al Arabi SC Kuwait City   1-2(1-1)
Al Nejmeh: Ali Abbas Sabeh, Ali Hamam, Kassem Al Zein, Maher Sabra, Abdullah Moghrabi, Mohamad Hussein Safwan (82.Said Awada), Gilson Sequeira da Costa (75.Bilal Najdi), Mahdi Al Zain (66.Hasan Korani), Ahmad Khairdien, José Alberto Djaló Embaló (65.Hassan Ali Atwi Mehanna), Khalil Bader (82.Mohammad Markabawi). Trainer: Paulo Jorge Coelho Meneses (Portugal).
Al Arabi: Ahmad Dashti, Mohamed Sofiane Bouchar, Hamad Talal Adel Khalil Al Qallaf, Jomaa Aboud Al Zlit, Hassan Hamdan Ghanem Al Enezi (84.Bandar Musaed Nahar Mallouh Al Mutairi Al Salama), Walid Sabbar, Hussain Ashkanani (46.Abdulrahman Al Dhaferi), Ali Ahmad Khalaf Faraj Matar (65.Bandar Al Salama), Hamza Khabba, Anayo Emmanuel Iwuala (65.Yousef Majed Merdhi Majed Al Shammari), Nayef Hamid Zayed Ayed Al Shemari (84.Abdulrahman Al Sharhan). Trainer: Darko Nestorović (Bosnia and Herzegovina).
Goals: 0-1 Ali Ahmad Khalaf Faraj Matar (33), 1-1 Khalil Bader (45+4), 1-2 Hamza Khabba (71).

FINAL STANDINGS

1.	**Al Riffa SC**	6	4	1	1	15 - 5	13
2.	Al-Zawra'a SC Baghdad	6	3	2	1	11 - 7	11
3.	Al Arabi SC Kuwait City	6	2	2	2	6 - 8	8
4.	Al Nejmeh SC Beirut	6	0	1	5	4 - 16	1

GROUP D

19.09.2023, Kalinga Stadium, Bhubaneswar; Attendance: 5,218
Referee: Omar Mubarak Mazaroua Al Yaqoubi (Oman)
Odisha FC Bhubaneswar - Mohun Bagan Kolkata   0-4(0-0)
Odisha FC: Amrinder Singh, Carlos Javier Delgado Rodríguez, Mourtada Fall [*sent off 42*], Jerry Lalrinzuala (73.Sahil Panwar), Amey Ranawade, Lenny Rodrigues, Ahmed Jahouh (87.Princeton Rebello), Roy Krishna, Diego Maurício Machado de Brito (46.Thoiba Singh), Cy Goddard (46.Isak Vanlalruatfela), Jerry Mawihmingthanga (73.Aniket Jhadav). Trainer: Sergio Lobera Rodríguez (Spain).
Mohun Bagan: Vishal Kaith, Héctor Yuste, Brendan Michael Hamill, Subhasish Bose (74.Glan Martins), Anwar Ali, Hugo Boumous (84.Kiyan Nassiri), Anirudh Thapa, Sahal Abdul Samad (74.Liston Colaço), Armando Sadiku (55.Jason Cummings), Dimitrios Petratos, Manvir Singh (84.Ashish Rai). Trainer: Juan Ferrando Fenoll (Spain).
Goals: 0-1 Sahal Abdul Samad (46), 0-2 Dimitrios Petratos (67), 0-3 Liston Colaço (79), 0-4 Dimitrios Petratos (82).

19.09.2023, National Football Stadium, Malé; Attendance: 874
Referee: Razlan Joffri Ali (Malaysia)
Maaziya S&RC Malé - Bashundhara Kings Nilphamari   3-1(1-0)
Maaziya: Hussain Shareef, Hassan Shifaz, Sebastijan Antić, Obeng Regan, Tomoki Wada (58.Hussain Nihan), Hamzath Mohamed (65.Naiz Hassan), Branimir Jočić, Ibrahim Aisam (75.Ahmed Numaan), Khalil Gamal Khalil El Bezawy, Vojislav Balabanović (75.Ali Fasir), Hassan Raif Ahmed (65.Hassan Nazeem). Trainer: Milomir Šešlija (Bosnia and Herzegovina).
Bashundhara Kings: Anisur Rahman Zico, Bobur Yuldashov, Tariq Raihan Kazi (69.Topu Barman), Mohammad Saad Uddin, Bishwanath Ghosh, Jean-Charles Didier Kpéhi Brossou, Asror Gofurov (80.Mohammad Sohel Rana), Shekh Morsalin (68.Mfon Sunday Udoh), Dorielton Gomes Nascimento „Dori", Robson Azevedo da Silva „Robinho", Rakib Hossain (80.Mohammad Ibrahim). Trainer: Óscar Bruzón Barreras (Spain).
Goals: 1-0 Vojislav Balabanović (15), 2-0 Hassan Nazeem (68), 3-0 Ali Fasir (90+1), 3-1 Mohammad Ibrahim (90+3).

02.10.2023, Vivekananda Yuba Bharati Krirangan, Kolkata; Attendance: 26,795
Referee: Payam Heydari (Iran)
Mohun Bagan Kolkata - Maaziya S&RC Malé   2-1(1-1)
Mohun Bagan: Vishal Kaith, Héctor Yuste, Brendan Michael Hamill, Anwar Ali (64.Subhasish Bose), Ashish Rai (52.Manvir Singh), Hugo Boumous, Glan Martins (76.Anirudh Thapa), Armando Sadiku, Dimitrios Petratos (64.Sahal Abdul Samad), Jason Cummings, Liston Colaço. Trainer: Juan Ferrando Fenoll (Spain).
Maaziya: Hussain Shareef, Hassan Shifaz, Sebastijan Antić, Obeng Regan, Tomoki Wada (62.Mohamed Irufaan), Hamzath Mohamed (63.Hassan Nazeem), Branimir Jočić, Ibrahim Aisam, Khalil Gamal Khalil El Bezawy, Naiz Hassan (82.Haisham Hassan), Hassan Raif Ahmed (55.Ali Fasir). Trainer: Milomir Šešlija (Bosnia and Herzegovina).
Goals: 1-0 Jason Cummings (28), 1-1 Tomoki Wada (45), 2-1 Jason Cummings (90+2).

02.10.2023, Bashundhara Kings Arena, Dhaka; Attendance: 7,137
Referee: Mohammad Hasan Mahmoud Arafah (Jordan)
Bashundhara Kings Nilphamari - Odisha FC Bhubaneswar   3-2(2-1)
Bashundhara Kings: Mohammad Mehedi Hasan, Bobur Yuldashov, Tariq Raihan Kazi, Mohammad Saad Uddin, Bishwanath Ghosh, Jean-Charles Didier Kpéhi Brossou, Asror Gofurov (82.Sohel Rana), Miguel Ferreira Damasceno (90+2.Mohammad Ibrahim), Dorielton Gomes Nascimento „Dori", Robson Azevedo da Silva „Robinho", Rakib Hossain (90+2.Mohammad Sohel Rana). Trainer: Óscar Bruzón Barreras (Spain).
Odisha FC: Amrinder Singh, Carlos Javier Delgado Rodríguez, Princeton Rebello (65.Isak Vanlalruatfela), Sahil Panwar (46.Jerry Lalrinzuala), Thoiba Singh, Lenny Rodrigues (65.Lalthathanga Khawlhring), Ahmed Jahouh, Princeton Rebello (46.Roy Krishna), Diego Maurício Machado de Brito, Cy Goddard, Jerry Mawihmingthanga (79.Amey Ranawade). Trainer: Sergio Lobera Rodríguez (Spain).
Goals: 0-1 Diego Maurício Machado de Brito (19), 1-1 Miguel Ferreira Damasceno (39), 2-1 Dorielton Gomes Nascimento „Dori" (45), 3-1 Dorielton Gomes Nascimento „Dori" (54), 3-2 Jerry Lalrinzuala (66).

24.10.2023, Kalinga Stadium, Bhubaneswar; Attendance: 2,218
Referee: Thoriq Munir Alkatiri (Indonesia)
Odisha FC Bhubaneswar - Maaziya S&RC Malé   6-1(3-1)
Odisha FC: Amrinder Singh, Carlos Javier Delgado Rodríguez, Mourtada Fall, Jerry Lalrinzuala (75.Sahil Panwar), Amey Ranawade (67.Narender Gahlot), Ahmed Jahouh, Lalthathanga Khawlhring (75.Thoiba Singh), Roy Krishna (83.Aphaoba Singh), Diego Maurício Machado de Brito, Cy Goddard, Isak Vanlalruatfela (66.Michael Soosairaj). Trainer: Sergio Lobera Rodríguez (Spain).
Maaziya: Hussain Shareef, Sebastijan Antić (46.Hassan Nazeem), Ali Samooh, Obeng Regan (81.Mohamed Irufaan), Tomoki Wada (65.Hussain Nihan), Hamzath Mohamed (72.Haisham Hassan), Branimir Jočić, Ibrahim Aisam, Khalil Gamal Khalil El Bezawy, Naiz Hassan, Hassan Raif Ahmed

(46.Ahmed Numaan). Trainer: Milomir Šešlija (Bosnia and Herzegovina).
Goals: 1-0 Mourtada Fall (3), 1-1 Branimir Jočić (13), 2-1 Carlos Javier Delgado Rodríguez (15), 3-1 Mourtada Fall (19), 4-1 Amey Ranawade (58), 5-1 Isak Vanlalruatfela (62), 6-1 Sahil Panwar (90+5).

24.10.2023, Kalinga Stadium, Bhubaneswar; Attendance: 150
Referee: Clifford Postanes Daypuyat (Philippines)
Mohun Bagan Kolkata - Bashundhara Kings Nilphamari   **2-2(1-1)**
Mohun Bagan: Vishal Kaith, Héctor Yuste, Brendan Michael Hamill, Anwar Ali (90+5.Lalrinliana Hnamte), Ashish Rai (79.Subhasish Bose), Hugo Boumous, Glan Martins (80.Anirudh Thapa), Sahal Abdul Samad, Dimitrios Petratos, Jason Cummings (62.Armando Sadiku), Liston Colaço. Trainer: Juan Ferrando Fenoll (Spain).
Bashundhara Kings: Mohd Mehedi Hasan Srabon, Bobur Yuldashov, Tariq Raihan Kazi (68.Mohammad Sohel Rana), Mohammad Saad Uddin, Bishwanath Ghosh, Jean-Charles Didier Kpéhi Brossou, Asror Gofurov, Miguel Ferreira Damasceno, Dorielton Gomes Nascimento „Dori", Robson Azevedo da Silva „Robinho", Rakib Hossain (80.Mohammad Ibrahim). Trainer: Óscar Bruzón Barreras (Spain).
Goals: 1-0 Dimitrios Petratos (29), 1-1 Dorielton Gomes Nascimento „Dori" (33), 2-1 Ashish Rai (54), 2-2 Robson Azevedo da Silva „Robinho" (70 penalty).

07.11.2023, Bashundhara Kings Arena, Dhaka; Attendance: 7,137
Referee: Suhaizi Shukri (Malaysia)
Bashundhara Kings Nilphamari - Mohun Bagan Kolkata   **2-1(1-1)**
Bashundhara Kings: Mohd Mehedi Hasan Srabon, Bobur Yuldashov, Tariq Raihan Kazi, Mohammad Saad Uddin, Bishwanath Ghosh, Jean-Charles Didier Kpéhi Brossou, Asror Gofurov, Miguel Ferreira Damasceno, Dorielton Gomes Nascimento „Dori", Robson Azevedo da Silva „Robinho", Rakib Hossain. Trainer: Óscar Bruzón Barreras (Spain).
Mohun Bagan: Vishal Kaith, Héctor Yuste, Brendan Michael Hamill, Subhasish Bose, Hugo Boumous, Anirudh Thapa (84.Ashish Rai), Sahal Abdul Samad (89.Kiyan Nassiri), Armando Sadiku (63.Glan Martins), Jason Cummings, Manvir Singh, Liston Colaço. Trainer: Juan Ferrando Fenoll (Spain).
Goals: 0-1 Liston Colaço (17), 1-1 Miguel Ferreira Damasceno (44), 2-1 Robson Azevedo da Silva „Robinho" (80).

07.11.2023, National Football Stadium, Malé; Attendance: 240
Referee: Mohammad Hasan Mahmoud Arafah (Jordan)
Maaziya S&RC Malé - Odisha FC Bhubaneswar   **2-3(2-0)**
Maaziya: Hussain Shareef, Hassan Shifaz, Ali Samooh (71.Ahmed Numaan), Obeng Regan, Tomoki Wada (65.Haisham Hassan), Hamzath Mohamed (83.Ali Fasir), Branimir Jočić, Ibrahim Aisam, Khalil Gamal Khalil El Bezawy, Naiz Hassan (46.Hassan Nazeem), Vojislav Balabanović (83.Hassan Raif Ahmed). Trainer: Milomir Šešlija (Bosnia and Herzegovina).
Odisha FC: Amrinder Singh, Carlos Javier Delgado Rodríguez, Mourtada Fall, Jerry Lalrinzuala, Princeton Rebello (46.Narender Gahlot), Ahmed Jahouh, Lalthathanga Khawlhring (61.Lenny Rodrigues), Roy Krishna, Diego Maurício Machado de Brito (88.Aniket Jhadav), Cy Goddard (88.Princeton Rebello), Isak Vanlalruatfela (46.Jerry Mawihmingthanga). Trainer: Sergio Lobera Rodríguez (Spain).
Goals: 1-0 Naiz Hassan (2), 2-0 Vojislav Balabanović (26 penalty), 2-1 Mourtada Fall (65), 2-2 Diego Maurício Machado de Brito (72), 2-3 Roy Krishna (85).

27.11.2023, Vivekananda Yuba Bharati Krirangan, Kolkata; Attendance: 15,988
Referee: Gamini Nivon Robesh (Sri Lanka)
Mohun Bagan Kolkata - Odisha FC Bhubaneswar   **2-5(1-3)**
Mohun Bagan: Vishal Kaith, Héctor Yuste, Brendan Michael Hamill (90+1.Deepak Tangri), Subhasish Bose, Ashish Rai (89.Suhail Bhat), Hugo Boumous, Glan Martins (57.Anirudh Thapa), Sahal Abdul Samad, Armando Sadiku (57.Kiyan Nassiri), Jason Cummings, Liston Colaço. Trainer: Juan Ferrando Fenoll (Spain).
Odisha FC: Amrinder Singh, Carlos Javier Delgado Rodríguez, Jerry Lalrinzuala (74.Isak

Vanlalruatfela), Amey Ranawade, Narender Gahlot, Ahmed Jahouh, Lalthathanga Khawlhring (65.Lenny Rodrigues), Roy Krishna, Diego Maurício Machado de Brito (83.Aniket Jhadav), Cy Goddard (74.Princeton Rebello), Jerry Mawihmingthanga (74.Sahil Panwar). Trainer: Sergio Lobera Rodríguez (Spain).
Goals: 1-0 Hugo Boumous (17), 1-1 Roy Krishna (29), 1-2 Diego Maurício Machado de Brito (32), 1-3 Cy Goddard (41), 2-3 Kiyan Nassiri (63), 2-4 Aniket Jhadav (90+2), 2-5 Isak Vanlalruatfela (90+5).

27.11.2023, Bashundhara Kings Arena, Dhaka; Attendance: 6,552
Referee: Mohammad Hasan Mahmoud Arafah (Jordan)
Bashundhara Kings Nilphamari - Maaziya S&RC Malé   **2-1(0-1)**
Bashundhara Kings: Mohd Mehedi Hasan Srabon, Bobur Yuldashov, Tariq Raihan Kazi, Mohammad Saad Uddin, Bishwanath Ghosh, Mohammad Sohel Rana (69.Shekh Morsalin), Asror Gofurov, Miguel Ferreira Damasceno, Dorielton Gomes Nascimento „Dori", Mfon Sunday Udoh (90+4.Sohel Rana), Rakib Hossain (69.Mohammed Rafiqul Islam). Trainer: Óscar Bruzón Barreras (Spain).
Maaziya: Hussain Shareef, Hassan Shifaz, Ali Samooh, Obeng Regan, Tomoki Wada (74.Hussain Nihan), Hamzath Mohamed (85.Hassan Nazeem), Branimir Jočić, Mohamed Irufaan (46.Naiz Hassan), Ibrahim Aisam, Khalil Gamal Khalil El Bezawy, Vojislav Balabanović. Trainer: Milomir Šešlija (Bosnia and Herzegovina).
Goals: 0-1 Obeng Regan (10), 1-1 Bobur Yuldashov (80), 2-1 Miguel Ferreira Damasceno (88).

11.12.2023, Kalinga Stadium, Bhubaneswar; Attendance: 5,132
Referee: Ngô Duy Lân (Vietnam)
Odisha FC Bhubaneswar - Bashundhara Kings Nilphamari   **1-0(0-0)**
Odisha FC: Amrinder Singh, Carlos Javier Delgado Rodríguez, Mourtada Fall, Jerry Lalrinzuala, Amey Ranawade, Ahmed Jahouh, Lalthathanga Khawlhring (90+5.Princeton Rebello), Roy Krishna, Diego Maurício Machado de Brito, Cy Goddard (80.Lenny Rodrigues), Jerry Mawihmingthanga (75.Aniket Jhadav). Trainer: Sergio Lobera Rodríguez (Spain).
Bashundhara Kings: Mohd Mehedi Hasan Srabon, Bobur Yuldashov, Tariq Raihan Kazi, Mohammad Saad Uddin, Bishwanath Ghosh (77.Shekh Morsalin), Jean-Charles Didier Kpéhi Brossou (85.Mohammad Sohel Rana), Asror Gofurov [*sent off 45+2*], Miguel Ferreira Damasceno, Dorielton Gomes Nascimento „Dori", Robson Azevedo da Silva „Robinho", Rakib Hossain. Trainer: Óscar Bruzón Barreras (Spain).
Goal: 1-0 Mourtada Fall (61).

11.12.2023, National Football Stadium, Malé; Attendance: 100
Referee: Dairybek Abdyldaev (Kyrgyzstan)
Maaziya S&RC Malé - Mohun Bagan Kolkata   **1-0(1-0)**
Maaziya: Hussain Shareef, Ali Samooh, Hussain Sifaau, Ali Fasir (46.Hamzath Mohamed), Obeng Regan, Branimir Jočić (87.Ahmed Numaan), Hussain Nihan (74.Tomoki Wada), Ibrahim Aisam, Khalil Gamal Khalil El Bezawy, Vojislav Balabanović (74.Naiz Hassan), Hassan Raif Ahmed (87.Hassan Nazeem). Trainer: Milomir Šešlija (Bosnia and Herzegovina).
Mohun Bagan: Arsh Shaikh, Sumit Rathi, Ravi Rana, Amandeep Amandeep (53.Mohammad Fardin Ali Molla), Raj Basfore, Deepak Tangri, Engson Singh, Loitongbam Taison Singh (85.Syed Zahid Hussain Bukhari), Abhishek Suryavanshi, Lalrinliana Hnamte, Suhail Bhat. Trainer: Juan Ferrando Fenoll (Spain).
Goal: 1-0 Hassan Raif Ahmed (40).

FINAL STANDINGS

1.	Odisha FC Bhubaneswar	6	4	0	2	17 - 12	12
2.	Bashundhara Kings Nilphamari	6	3	1	2	10 - 10	10
3.	Mohun Bagan Kolkata	6	2	1	3	11 - 11	7
4.	Maaziya S&RC Malé	6	2	0	4	9 - 14	6

GROUP E

21.09.2023, Hisor Markazii Stadium, Hisor; Attendance: 6,750
Referee: Abdullah Jamali (Kuwait)
Ravşan Kulob - FK Merw Mary **0-0**
Ravşan Kulob: Yevhen Hrytsenko, Kholmurod Nazarov, Mukhammad Naskov, Rakhmatsho Rakhmatzoda, Samuel Ofori, Idan Ocran Conney, Saidkhodzha Mukhammad Sharifi, Joseph Akomadi, Masrur Kiyomidinov (69.Tokhir Maladustov), Emmanuel Maaboah, Amirjon Safarov (78.Akobir Turaev). Trainer: Takhirjon Muminov.
FK Merw: Merdan Saparow, Ambýar Mahmudow, Shazada Bashimov, Azat Orazmuhammedow (75.Döwlet Döwletmyradow), Maksat Atagarryýew, Toýly Goçnazarow (46.Ýagşysähet Döwletgeldiýew), Kemal Annamuhammedow (90+1.Amangeldi Saparow), Dayanç Durdyýew, Musa Nurnazarow, Murad Ýakşiýew (75.Myrat Öwezmyradow), Igor Sekow (65.Şöhrat Owmadow). Trainer: Vitaliy Alikperov.

21.09.2023, „Dolen Omurzakov" Stadium, Bishkek; Attendance: 1,505
Referee: Khalid Marhoun Sulaiman Al Shaqsi (Oman)
FC Abdish-Ata Kant - FK Altyn Asyr Aşgabat **3-0(0-0)**
Abdish-Ata: Marsel Islamkulov, Mikhail Kalugin, Aizar Akmatov, Khristiyan Brauzman, Magamed Uzdenov, Kayrat Zhyrgalbek uulu, Farkhat Musabekov, Teýmur Çaryýew, Arlen Sharshenbekov (86.Atay Dzhumashev), Mirbek Akhmataliev, Ernist Batyrkanov (86.Emmanuel Yaghr). Trainer: Islam Akhmedov.
Altyn Asyr: Batyr Babaýew, Serdar Annaorazow (87.Resul Röwsenmyradow), Hoshgeldi Hojowow, Oraz Orazov, Rovshengeldy Khalmammedov (77.Resul Mahmydow), Ahmet Ataýew, Ruslan Tajiyev, Vakhyt Orazsahedow (57.Azat Annaýew), Zafar Babajanow, Myrat Annaýew, Didar Durdiyew (57.Arslan Saparow). Trainer: Ýazguly Hojageldiýew.
Goals: 1-0 Kayrat Zhyrgalbek uulu (48), 2-0 Magamed Uzdenov (53), 3-0 Ernist Batyrkanov (56).

05.10.2023, Aşgabat Stadium, Aşgabat; Attendance: 12,000
Referee: Tam Ping Wun (Hong Kong)
FK Merw Mary - FC Abdish-Ata Kant **1-1(1-0)**
FK Merw: Merdan Saparow, Ambýar Mahmudow, Shazada Bashimov, Azat Orazmuhammedow (83.Myrat Öwezmyradow), Maksat Atagarryýew, Toýly Goçnazarow, Ýagşysähet Döwletgeldiýew (83.Şöhrat Owmadow), Kemal Annamuhammedow, Dayanç Durdyýew (70.Amangeldi Saparow), Musa Nurnazarow, Igor Sekow (77.Mukam Nazzyýew). Trainer: Vitaliy Alikperov.
Abdish-Ata: Marsel Islamkulov, Aizar Akmatov, Khristiyan Brauzman, Arslan Bekberdinov, Magamed Uzdenov, Kayrat Zhyrgalbek uulu, Farkhat Musabekov, Teýmur Çaryýew, Arlen Sharshenbekov (75.Atay Dzhumashev), Mirbek Akhmataliev, Ernist Batyrkanov (46.Emmanuel Yaghr). Trainer: Islam Akhmedov.
Goals: 1-0 Toýly Goçnazarow (25), 1-1 Kayrat Zhyrgalbek uulu (60).

05.10.2023, Aşgabat Stadium, Aşgabat; Attendance: 16,000
Referee: Hussein Abo Yehia (Lebanon)
FK Altyn Asyr Aşgabat - Ravşan Kulob **1-1(0-1)**
Altyn Asyr: Batyr Babaýew, Serdar Annaorazow, Hoshgeldi Hojowow, Ahmet Ataýew, Selim Nurmyradow, Ruslan Tajiyev, Nurmyrat Rozyýew (61.Rovshengeldy Khalmammedov), Zafar Babajanow, Myrat Annaýew, Rahman Myratberdiýew (69.Didar Durdiyew), Arslan Saparow (46.Vakhyt Orazsahedow). Trainer: Ýazguly Hojageldiýew.
Ravşan Kulob: Yevhen Hrytsenko, Kholmurod Nazarov, Mukhammad Naskov (87.Bakhtovari Khurshed), Rakhmatsho Rakhmatzoda, Shakhriyori Inoyatullo, Samuel Ofori, Idan Ocran Conney, Masrur Kiyomidinov, Emmanuel Maaboah, Amirjon Safarov (69.Tokhir Maladustov), Emmanuel Mwanengo (90+4.Akobir Turaev). Trainer: Takhirjon Muminov.
Goals: 0-1 Emmanuel Mwanengo (17), 1-1 Rahman Myratberdiýew (52).

26.10.2023, Aşgabat Stadium, Aşgabat; Attendance: 8,950
Referee: Crishantha Dilan Perera Hettikankanamge (Sri Lanka)
FK Merw Mary - FK Altyn Asyr Aşgabat   **1-2(0-0)**
FK Merw: Merdan Saparow, Ambýar Mahmudow, Shazada Bashimov (90.Döwlet Döwletmyradow), Azat Orazmuhammedow, Maksat Atagarryýew, Ýagşysähet Döwletgeldiýew (76.Myrat Öwezmyradow), Kemal Annamuhammedow, Dayanç Durdyýew (90.Amangeldi Saparow), Musa Nurnazarow, Murad Ýakşiýew (67.Toýly Goçnazarow), Igor Sekow. Trainer: Vitaliy Alikperov.
Altyn Asyr: Batyr Babaýew, Serdar Annaorazow, Oraz Orazov (78.Nurmyrat Rozyýew), Rovshengeldy Khalmammedov (90+6.Resul Röwsenmyradow), Ahmet Ataýew, Selim Nurmyradow, Ruslan Tajiyev, Vakhyt Orazsahedow, Zafar Babajanow, Myrat Annaýew (90+9.Resul Mahmydow), Rahman Myratberdiýew. Trainer: Ýazguly Hojageldiýew.
Goals: 1-0 Kemal Annamuhammedow (60), 1-1 Rahman Myratberdiýew (84), 1-2 Selim Nurmyradow (90+7).

26.10.2023, Hisor Markazii Stadium, Hisor; Attendance: 4,300
Referee: Chae Sang-hyeop (Korea Republic)
Ravşan Kulob - FC Abdish-Ata Kant   **0-1(0-0)**
Ravşan Kulob: Yevhen Hrytsenko, Kholmurod Nazarov, Mukhammad Naskov, Rakhmatsho Rakhmatzoda, Samuel Ofori, Idan Ocran Conney, Saidkhodzha Mukhammad Sharifi, Joseph Akomadi (46.Amirjon Safarov), Masrur Kiyomidinov, Bakhtovari Khurshed (87.Komildjon Hamatov), Emmanuel Mwanengo (74.Abdulfattoh Khudoydodzoda). Trainer: Takhirjon Muminov.
Abdish-Ata: Marsel Islamkulov, Mikhail Kalugin, Aizar Akmatov, Khristiyan Brauzman, Magamed Uzdenov, Farkhat Musabekov (88.Azim Azarov), Teýmur Çaryýew, Arlen Sharshenbekov (90+2.Ilya Kozhukhar), Mirbek Akhmataliev, Emmanuel Yaghr (67.Ernist Batyrkanov), Atay Dzhumashev. Trainer: Islam Akhmedov.
Goal: 0-1 Emmanuel Yaghr (51).

09.11.2023, Aşgabat Stadium, Aşgabat; Attendance: 10,070
Referee: Ismaeel Habib Ali Ismaeel (Bahrain)
FK Altyn Asyr Aşgabat - FK Merw Mary   **1-0(1-0)**
Altyn Asyr: Dovletmuhammet Jallatov, Oraz Orazov, Rovshengeldy Khalmammedov, Resul Röwsenmyradow, Ahmet Ataýew, Selim Nurmyradow (73.Azat Annaýew), Ruslan Tajiyev, Vakhyt Orazsahedow (56.Didar Durdiyew), Zafar Babajanow, Myrat Annaýew, Rahman Myratberdiýew. Trainer: Ýazguly Hojageldiýew.
FK Merw: Merdan Saparow, Ambýar Mahmudow, Shazada Bashimov, Azat Orazmuhammedow (79.Mukam Nazzyýew), Maksat Atagarryýew (72.Döwlet Döwletmyradow), Ýagşysähet Döwletgeldiýew, Kemal Annamuhammedow, Dayanç Durdyýew (73.Amangeldi Saparow), Musa Nurnazarow, Murad Ýakşiýew (60.Toýly Goçnazarow), Igor Sekow. Trainer: Vitaliy Alikperov.
Goal: 1-0 Oraz Orazov (34).

09.11.2023, „Dolen Omurzakov" Stadium, Bishkek; Attendance: 1,565
Referee: Khalid Marhoun Sulaiman Al Shaqsi (Oman)
FC Abdish-Ata Kant - Ravşan Kulob   **1-0(0-0)**
Abdish-Ata: Kutman Kadyrbekov, Mikhail Kalugin, Aizar Akmatov, Khristiyan Brauzman, Magamed Uzdenov, Kayrat Zhyrgalbek uulu, Farkhat Musabekov, Teýmur Çaryýew, Arlen Sharshenbekov, Mirbek Akhmataliev (90+2.Ernist Batyrkanov), Atay Dzhumashev (90+5.Emmanuel Yaghr). Trainer: Islam Akhmedov.
Ravşan Kulob: Yevhen Hrytsenko, Kholmurod Nazarov, Mukhammad Naskov (84.Abdulfattoh Khudoydodzoda), Rakhmatsho Rakhmatzoda, Samuel Ofori, Idan Ocran Conney, Saidkhodzha Mukhammad Sharifi (84.Shakhriyori Inoyatullo), Masrur Kiyomidinov, Amirjon Safarov (77.Joseph Akomadi), Bakhtovari Khurshed, Emmanuel Mwanengo. Trainer: Takhirjon Muminov.
Goal: 1-0 Aizar Akmatov (49).

30.11.2023, Aşgabat Stadium, Aşgabat; Attendance: 9,515
Referee: Ali Reda (Lebanon)
FK Merw Mary - Ravşan Kulob **1-1(0-1)**
FK Merw: Merdan Saparow, Ambýar Mahmudow, Shazada Bashimov, Azat Orazmuhammedow (88.Şöhrat Owmadow), Maksat Atagarryýew, Toýly Goçnazarow, Ýagşysähet Döwletgeldiýew (90.Amangeldi Saparow), Kemal Annamuhammedow, Mukam Nazzyýew (46.Musa Nurnazarow), Dayanç Durdyýew, Igor Sekow (83.Murad Ýakşiýew). Trainer: Vitaliy Alikperov.
Ravşan Kulob: Yevhen Hrytsenko, Kholmurod Nazarov, Mukhammad Naskov (88.Bakhtovari Khurshed), Rakhmatsho Rakhmatzoda, Shakhriyori Inoyatullo, Samuel Ofori, Idan Ocran Conney, Saidkhodzha Mukhammad Sharifi (88.Komildjon Hamatov), Emmanuel Maaboah, Amirjon Safarov (74.Masrur Kiyomidinov), Emmanuel Mwanengo. Trainer: Takhirjon Muminov.
Goals: 0-1 Emmanuel Mwanengo (43), 1-1 Ýagşysähet Döwletgeldiýew (67).

30.11.2023, Aşgabat Stadium, Aşgabat; Attendance: 11,212
Referee: Razlan Joffri Ali (Malaysia)
FK Altyn Asyr - FC Abdish-Ata Kant **2-4(2-0)**
Altyn Asyr: Dovletmuhammet Jallatov, Hoshgeldi Hojowow, Oraz Orazov, Rovshengeldy Khalmammedov, Resul Röwsenmyradow (66.Vakhyt Orazsahedow), Ahmet Ataýew, Selim Nurmyradow (90+2.Nurmyrat Rozyýew), Ruslan Tajiyev, Zafar Babajanow, Myrat Annaýew, Rahman Myratberdiýew. Trainer: Ýazguly Hojageldiýew.
Abdish-Ata: Marsel Islamkulov, Mikhail Kalugin (85.Azim Azarov), Aizar Akmatov, Khristiyan Brauzman, Magamed Uzdenov, Kayrat Zhyrgalbek uulu, Farkhat Musabekov, Teýmur Çaryýew, Mirbek Akhmataliev, Ernist Batyrkanov (90.Islam Mezhitov), Atay Dzhumashev (46.Emmanuel Yaghr). Trainer: Islam Akhmedov.
Goals: 1-0 Selim Nurmyradow (8), 2-0 Rahman Myratberdiýew (15), 2-1 Farkhat Musabekov (51), 2-2 Ernist Batyrkanov (58), 3-2 Farkhat Musabekov (65), 2-4 Emmanuel Yaghr (64).

14.12.2023, Pamir Stadium, Dushanbe; Attendance: 1,200
Referee: Mongkolchai Pechsri (Thailand)
Ravşan Kulob - FK Altyn Asyr Aşgabat **0-1(0-0)**
Ravşan Kulob: Yevhen Hrytsenko, Kholmurod Nazarov, Rakhmatsho Rakhmatzoda, Shakhriyori Inoyatullo (64.Farruxzod Amirçoni), Samuel Ofori, Idan Ocran Conney, Saidkhodzha Mukhammad Sharifi, Emmanuel Maaboah, Bakhtovari Khurshed, Abdulfattoh Khudoydodzoda (77.Akobir Turaev), Emmanuel Mwanengo (49.Amirjon Safarov). Trainer: Takhirjon Muminov.
Altyn Asyr: Dovletmuhammet Jallatov, Serdar Annaorazow, Hoshgeldi Hojowow, Rovshengeldy Khalmammedov (58.Myrat Annaýew), Abdyrahman Annamyradow, Ahmet Ataýew (90+4.Oraz Orazov), Selim Nurmyradow (79.Nurmyrat Rozyýew), Ruslan Tajiyev, Vakhyt Orazsahedow (78.Şohbet Durdyýew), Zafar Babajanow, Rahman Myratberdiýew. Trainer: Ýazguly Hojageldiýew.
Goal: 0-1 Zafar Babajanow (80).

14.12.2023, „Dolen Omurzakov" Stadium, Bishkek; Attendance: 155
Referee: Yinhao Shen (China P.R.)
FC Abdish-Ata Kant - FK Merw Mary **8-3(5-1)**
Abdish-Ata: Marsel Islamkulov (46.Kutman Kadyrbekov), Aizar Akmatov (75.Arslan Bekberdinov), Khristiyan Brauzman, Magamed Uzdenov, Kayrat Zhyrgalbek uulu (70.Atay Dzhumashev), Azim Azarov, Teýmur Çaryýew, Arlen Sharshenbekov, Mirbek Akhmataliev (70.Argen Zhumataev), Emmanuel Yaghr, Ernist Batyrkanov (70.Erbol Abduzhaparov). Trainer: Islam Akhmedov.
FK Merw: Merdan Saparow, Ambýar Mahmudow, Shazada Bashimov, Azat Orazmuhammedow (74.Döwlet Döwletmyradow), Maksat Atagarryýew, Ýagşysähet Döwletgeldiýew (67.Amangeldi Saparow), Kemal Annamuhammedow, Mukam Nazzyýew, Dayanç Durdyýew (85.Rustam Matrizayew), Murad Ýakşiýew, Igor Sekow (46.Şöhrat Owmadow). Trainer: Vitaliy Alikperov.
Goals: 1-0 Arlen Sharshenbekov (4), 2-0 Mirbek Akhmataliev (7), 2-1 Murad Ýakşiýew (10), 3-1 Kayrat Zhyrgalbek uulu (14), 4-1 Mirbek Akhmataliev (33), 5-1 Emmanuel Yaghr (39), 6-1 Kayrat Zhyrgalbek uulu (54), 7-1 Erbol Abduzhaparov (70), 7-2 Murad Ýakşiýew (72), 7-3 Mukam Nazzyýew (84), 8-3 Erbol Abduzhaparov (87).

	FINAL STANDINGS							
1.	FC Abdish-Ata Kant	6	5	1	0	18 - 6	16
2.	FK Altyn Asyr Aşgabat	6	3	1	2	7 - 9	10
3.	FK Merw Mary	6	0	3	3	6 - 13	3
4.	Ravşan Kulob	6	0	3	3	2 - 5	3

GROUP F

21.09.2023, Rizal Memorial Stadium, Manila; Attendance: 393
Referee: Ismaeel Habib Ali Ismaeel (Bahrain)
Dynamic Herb Cebu FC - Phnom Penh Crown FC   **0-3(0-1)**
DH Cebu: Nathanael Ace Pineda Villanueva, Goktug Demiroğlu, Ren Okuda, Charles Ralph Allan Villahermosa Dabao (86.Jaime Domingo Rosquillo), Daniel Bernan Reyes Gadia (69.Marcel Ivan Arcenal Ouano), Ryo Togashi, Baris Palacios Tasci, Chima Venida Uzoka, Roberto Sagun Corsame (46.Jeremiah Chabon Borlongan), Rintaro Hama, Marius Koré (46.Arda Çınkır). Trainer: Joshua David Schirmer (United States).
Crown FC: Um Vichet, Seut Baraing (82.Phach Socheavila), Choun Chanchav, Yeu Muslim, Soe Moe Kyaw (83.Yue Safy), Takaki Ose, Yudai Ogawa (83.Long Phearath), Orn Chanpolin, Denilson Rodrigues Roldão (66.Lim Pisoth), Shintaro Shimizu (86.Brak Thiva), Rafael Andrés Nieto Riondón. Trainer: Oleg Starynskiy (Ukraine).
Goals: 0-1 Shintaro Shimizu (42), 0-2 Orn Chanpolin (54), 0-3 Rafael Andrés Nieto Riondón (83).

21.09.2023, Thuwunna Stadium, Yangon; Attendance: 3,200
Referee: Tam Ping Wun (Hong Kong)
Shan United FC Taunggyi - Macarthur FC Sydney   **0-3(0-1)**
Shan United: Kyaw Zin Phyo, Hein Thiha Zaw, Nanda Kyaw (76.Zar Nay Ya Thu), Ye Min Thu, Kekere Moukailou, Zwe Htet Min (80.Aung Wunna Soe), Myo Ko Tun (65.Zin Phyo Aung), Myat Kaung Khant (80.Lin Htet Soe), Racheen Bello (46.Kaneshiro Motohiro), Mark Sekyi, Ye Yint Aung. Trainer: Han Win Aung.
Macarthur: Daniel Nižić, Matthew John Jurman (87.Oliver Jones), Jonathan Aspropotamitis, Ivan Vujica, Yianni Nicolaou, Ulises Alejandro Dávila Plascencia (72.Lachlan Rose), Kearyn Byron Baccus (87.Charles M'Mombwa), Clayton Rhys Lewis, Valère Germain, Daniel Peter De Silva (62.Ali Auglah), Raphael Borges Rodrigues (63.Jed Drew). Trainer: Mile Sterjovski.
Goals: 0-1 Valère Germain (20 penalty), 0-2 Ali Auglah (84), 0-3 Lachlan Rose (90+5).

05.10.2023, Olympic Stadium, Phnom Penh; Attendance: 2,719
Referee: Chae Sang-hyeop (Korea Republic)
Phnom Penh Crown FC - Shan United FC Taunggyi   **4-0(1-0)**
Crown FC: Um Vichet, Choun Chanchav, Yeu Muslim (86.Pov Ponvuthy), Soe Moe Kyaw, Takaki Ose, Phach Socheavila (68.Seut Baraing), Yudai Ogawa, Orn Chanpolin (67.Long Phearath), Denilson Rodrigues Roldão (41.Lim Pisoth), Shintaro Shimizu, Rafael Andrés Nieto Riondón (86.Yem Devit). Trainer: Oleg Starynskiy (Ukraine).
Shan United: Myo Min Latt, Hein Thiha Zaw, Nanda Kyaw (60.Htet Phyo Wai), Kyaw Zin Lwin, Ye Min Thu, Zwe Khant Min, Myo Ko Tun (59.Thet Paing Htwe), Myat Kaung Khant (74.Lin Htet Soe), Kaneshiro Motohiro (46.Racheen Bello), Mark Sekyi, Ye Yint Aung (74.Zwe Htet Min). Trainer: Han Win Aung.
Goals: 1-0 Shintaro Shimizu (27 penalty), 2-0 Shintaro Shimizu (74), 3-0 Lim Pisoth (89), 4-0 Shintaro Shimizu (90+3).

05.10.2023, Campbelltown Sports Stadium, Sydney; Attendance: 2,012
Referee: Hiroki Kasahara (Japan)
Macarthur FC Sydney - Dynamic Herb Cebu FC   **8-2(6-0)**
Macarthur: Daniel Nižić, Matthew John Jurman, Jonathan Aspropotamitis, Ivan Vujica, Yianni Nicolaou (73.Matthew Millar), Ulises Alejandro Dávila Plascencia (46.Lachlan Rose), Kearyn Byron

Baccus, Clayton Rhys Lewis, Valère Germain (61.Jake Hollman), Daniel Peter De Silva (12.Jed Drew), Raphael Borges Rodrigues (61.Ali Auglah). Trainer: Mile Sterjovski.
DH Cebu: Florencio Badelic Jr., Goktug Demiroğlu, Ren Okuda, Charles Ralph Allan Villahermosa Dabao (63.Roberto Sagun Corsame), Daniel Bernan Reyes Gadia, Ryo Togashi, Jeremiah Chabon Borlongan (63.Ken Murayama), Baris Palacios Tasci, Marcel Ivan Arcenal Ouano (46.Jaime Domingo Rosquillo), Kintaro Miyagi (46.Arda Çınkır), Rintaro Hama. Trainer: Joshua David Schirmer (United States).
Goals: 1-0 Ulises Alejandro Dávila Plascencia (6 penalty), 2-0 Baris Palacios Tasci (19 own goal), 3-0 Valère Germain (26), 4-0 Valère Germain (36 penalty), 5-0 Kearyn Byron Baccus (37), 6-0 Jed Drew (44), 7-0 Raphael Borges Rodrigues (49), 8-0 Jake Hollman (81), 8-1 Matthew John Jurman (84 own goal), 8-2 Rintaro Hama (89).

26.10.2023, Olympic Stadium, Phnom Penh; Attendance: 4,789
Referee: Zaid Thamer Mohammed (Iraq)
Phnom Penh Crown FC - Macarthur FC Sydney　　　　　　　　　　**3-0(0-0)**
Crown FC: Um Vichet, Seut Baraing (77.Phach Socheavila), Choun Chanchav, Yeu Muslim, Soe Moe Kyaw, Takaki Ose, Yudai Ogawa, Denilson Rodrigues Roldão, Shintaro Shimizu (90+3.Long Phearath), Rafael Andrés Nieto Riondón (64.Orn Chanpolin), Lim Pisoth (77.Brak Thiva). Trainer: Oleg Starynskiy (Ukraine).
Macarthur: Daniel Nižić, Matthew Millar (69.Yianni Nicolaou), Tomislav Uskok, Isaac Hovar, Ulises Alejandro Dávila Plascencia, Clayton Rhys Lewis (82.Charles M'Mombwa), Jake Hollman, Oliver Jones, Jed Drew (46.Raphael Borges Rodrigues), Ali Auglah (69.Jesper Webber), Lachlan Rose (82.Jerry Skotadis). Trainer: Mile Sterjovski.
Goals: 1-0 Shintaro Shimizu (75), 2-0 Shintaro Shimizu (86), 3-0 Phach Socheavila (90+4).

26.10.2023, Rizal Memorial Stadium, Manila; Attendance: 136
Referee: Adam Fazeel (Maldives)
Dynamic Herb Cebu FC - Shan United FC Taunggyi　　　　　　　　**1-0(1-0)**
DH Cebu: Florencio Badelic Jr., Jaime Domingo Rosquillo (81.Jeremiah Chabon Borlongan), Ren Okuda, Charles Ralph Allan Villahermosa Dabao, Daniel Bernan Reyes Gadia (77.Marcel Ivan Arcenal Ouano), Ryo Togashi, Baris Palacios Tasci, Arda Çınkır (66.Roberto Sagun Corsame), Ken Murayama, Rintaro Hama, Marius Koré. Trainer: Joshua David Schirmer (United States).
Shan United: Myo Min Latt, Hein Thiha Zaw, Nanda Kyaw (46.Htet Phyo Wai), Ye Min Thu (85.Aung Kyaw Thu), Zwe Khant Min, Aung Wunna Soe (46.Zwe Htet Min), Zin Phyo Aung (46.Thet Paing Htwe), Kaneshiro Motohiro, Racheen Bello (82.Myo Ko Tun), Mark Sekyi, Ye Yint Aung. Trainer: Han Win Aung.
Goal: 1-0 Ken Murayama (29).

09.11.2023, Campbelltown Sports Stadium, Sydney; Attendance: 1,582
Referee: Kim Woo-sung (Korea Republic)
Macarthur FC Sydney - Phnom Penh Crown FC　　　　　　　　　　**5-0(3-0)**
Macarthur: Filip Kurto, Matthew John Jurman (74.Oliver Jones), Ivan Vujica, Matthew Millar, Tomislav Uskok, Ulises Alejandro Dávila Plascencia, Clayton Rhys Lewis (62.Kearyn Byron Baccus), Jake Hollman, Jed Drew (74.Jesper Webber), Valère Germain (62.Lachlan Rose), Raphael Borges Rodrigues (46.Ali Auglah). Trainer: Mile Sterjovski.
Crown FC: Um Vichet, Yue Safy (75.Long Phearath), Choun Chanchav, Takaki Ose, Phach Socheavila (65.Seut Baraing), Orn Chanpolin, Denilson Rodrigues Roldão, Shintaro Shimizu, Brak Thiva, Rafael Andrés Nieto Riondón, Lim Pisoth. Trainer: Oleg Starynskiy (Ukraine).
Goals: 1-0 Valère Germain (17 penalty), 2-0 Raphael Borges Rodrigues (20), 3-0 Ulises Alejandro Dávila Plascencia (40), 4-0 Tomislav Uskok (81), 5-0 Lachlan Rose (90).

09.11.2023, Thuwunna Stadium, Yangon; Attendance: 1,100
Referee: Mohamed Javiz (Maldives)
Shan United FC Taunggyi - Dynamic Herb Cebu FC　　　　　　　　**1-1(0-0)**
Shan United: Kyaw Zin Phyo, Nanda Kyaw, Kyaw Zin Lwin (53.Ye Yint Aung), Ye Min Thu, Zwe Khant Min, Zwe Htet Min (70.Aung Wunna Soe), Kaneshiro Motohiro, Zar Nay Ya Thu (54.Racheen

Bello), Thet Paing Htwe (58.Lin Htet Soe), Htet Phyo Wai, Mark Sekyi (59.Myo Ko Tun). Trainer: Han Win Aung.
DH Cebu: Nathanael Ace Pineda Villanueva, Goktug Demiroğlu, Jaime Domingo Rosquillo, Ren Okuda (63.Arda Çınkır), Charles Ralph Allan Villahermosa Dabao, Daniel Bernan Reyes Gadia (86.Rintaro Hama), Ryo Togashi, Baris Palacios Tasci, Roberto Sagun Corsame, Marcel Ivan Arcenal Ouano (63.Jeremiah Chabon Borlongan), Ken Murayama. Trainer: Joshua David Schirmer (United States).
Goals: 0-1 Roberto Sagun Corsame (49), 1-1 Zwe Khant Min (81).

30.11.2023, Olympic Stadium, Phnom Penh; Attendance: 3,267
Referee: Chen Hsin-chuan (Chinese Taipei)
Phnom Penh Crown FC - Dynamic Herb Cebu FC   **4-0(2-0)**
Crown FC: Um Vichet, Choun Chanchav, Yeu Muslim (67.Seut Baraing), Soe Moe Kyaw (74.Yue Safy), Takaki Ose, Phach Socheavila (83.Pov Ponvuthy), Yudai Ogawa, Orn Chanpolin, Long Phearath (67.Denilson Rodrigues Roldão), Shintaro Shimizu (46.Lim Pisoth), Rafael Andrés Nieto Riondón. Trainer: Oleg Starynskiy (Ukraine).
DH Cebu: Florencio Badelic Jr., Jaime Domingo Rosquillo, Ren Okuda, Charles Ralph Allan Villahermosa Dabao, Daniel Bernan Reyes Gadia (78.John Renz Peñales Saldivar), Ryo Togashi, Baris Palacios Tasci, Roberto Sagun Corsame (70.Jeremiah Chabon Borlongan), Marcel Ivan Arcenal Ouano (46.Arda Çınkır), Ken Murayama (85.Evren Taşçı), Rintaro Hama. Trainer: Joshua David Schirmer (United States).
Goals: 1-0 Shintaro Shimizu (12), 2-0 Yudai Ogawa (29), 3-0 Lim Pisoth (67), 4-0 Lim Pisoth (79).

30.11.2023, BG Stadium, Pathum Thani (Thailand); Attendance: 67
Referee: Suhaizi Shukri (Malaysia)
Macarthur FC Sydney - Shan United FC Taunggyi   **4-0(0-0)**
Macarthur: Filip Kurto, Matthew John Jurman (67.Ali Auglah), Matthew Millar (62.Jesper Webber), Tomislav Uskok, Yianni Nicolaou, Isaac Hovar, Clayton Rhys Lewis, Jake Hollman, Jed Drew (46.Jerry Skotadis), Valère Germain (67.Oliver Jones), Daniel Peter De Silva (62.Charles M'Mombwa). Trainer: Mile Sterjovski.
Shan United: Kyaw Zin Phyo, Hein Thiha Zaw, Nanda Kyaw, Ye Min Thu, Zwe Khant Min, Zwe Htet Min, Zin Phyo Aung (46.Thet Paing Htwe), Kaneshiro Motohiro (65.Racheen Bello), Htet Phyo Wai (65.Lin Htet Soe), Mark Sekyi (85.Aung Wunna Soe), Ye Yint Aung (46.Zar Nay Ya Thu). Trainer: Han Win Aung.
Goals: 1-0 Daniel Peter De Silva (46), 2-0 Jake Hollman (57), 3-0 Tomislav Uskok (63), 4-0 Jerry Skotadis (90).

14.12.2023, Rizal Memorial Stadium, Manila; Attendance: 130
Referee: Yudi Nurcahya (Indonesia)
Dynamic Herb Cebu FC - Macarthur FC Sydney   **0-3(0-1)**
DH Cebu: Florencio Badelic Jr., Goktug Demiroğlu, Jaime Domingo Rosquillo (75.John Renz Peñales Saldivar), Ren Okuda, Charles Ralph Allan Villahermosa Dabao (65.Jeremiah Chabon Borlongan), Ryo Togashi, Baris Palacios Tasci (86.Marcel Ivan Arcenal Ouano), Roberto Sagun Corsame, Ken Murayama, Rintaro Hama (75.Daniel Bernan Reyes Gadia), Marius Koré. Trainer: Joshua David Schirmer (United States).
Macarthur: Filip Kurto, Matthew John Jurman, Matthew Millar (65.Ali Auglah), Tomislav Uskok, Yianni Nicolaou, Isaac Hovar, Kearyn Byron Baccus, Jake Hollman (73.Charles M'Mombwa), Valère Germain (73.Jesper Webber), Daniel Peter De Silva (78.Jerry Skotadis), Raphael Borges Rodrigues (65.Jed Drew). Trainer: Mile Sterjovski.
Goals: 0-1 Matthew Millar (3), 0-2 Jed Drew (67), 0-3 Ali Auglah (90+4).

14.12.2023, Thuwunna Stadium, Yangon; Attendance: 1,100
Referee: Tejas Nagvenkar (India)
Shan United FC Taunggyi - Phnom Penh Crown FC   **2-1(2-1)**
Shan United: Kyaw Zin Phyo, Hein Thiha Zaw (85.Ti Nyein Min), Nanda Kyaw, Ye Min Thu, Zwe Khant Min, Zwe Htet Min, Zin Phyo Aung (46.Thet Paing Htwe), Kaneshiro Motohiro (78.Kyaw Zin

Lwin), Racheen Bello (60.Htet Phyo Wai), Mark Sekyi, Ye Yint Aung (78.Lin Htet Soe). Trainer: Han Win Aung.
Crown FC: Saveng Samnang, Seut Baraing, Pisa Choum (74.Takaki Ose), Choun Chanchav, Soe Moe Kyaw, Yudai Ogawa, Koeut Pich (86.Orn Chanpolin), Shintaro Shimizu (75.Denilson Rodrigues Roldão), Pov Ponvuthy (66.Phach Socheavila), Rafael Andrés Nieto Riondón, Lim Pisoth. Trainer: Oleg Starynskiy (Ukraine).
Goals: 0-1 Rafael Andrés Nieto Riondón (31), 1-1 Racheen Bello (42), 2-1 Ye Yint Aung (45+1).

FINAL STANDINGS

1.	**Macarthur FC Sydney**	6	5	0	1	23 - 5	15
2.	**Phnom Penh Crown FC**	6	4	0	2	15 - 7	12
3.	Dynamic Herb Cebu FC	6	1	1	4	4 - 19	4
4.	Shan United FC Taunggyi	6	1	1	4	3 - 14	4

GROUP G

20.09.2023, Biñan Football Stadium, Biñan; Attendance: 350
Referee: Zaid Thamer Mohammed (Iraq)
Terengganu FC Kuala Terengganu - Central Coast Mariners FC Gosford   1-0(1-0)
Terengganu FC: Mohd Suhaimi Husin, Mohamad Arif Fadzilah Abu Bakar (83.Muhd Alif Zakaria), Mohamad Shahrul Nizam Ros Hasni, Muhammad Azam Azmi Murad, Safwan Mazlan, Nurillo Tukhtasinov (68.Liridon Krasniqi), Habib Haroon, Sony Nordé, Mohammad Nor Hakim Hassan (64.Adisak Kraisorn), Ivan Mamut (83.Muhammad Syahmi Zamri), Engku Muhammad Nur Shakir (68.Omid David Lazarte Nazari). Trainer: Tomislav Steinbrückner (Croatia).
Central Coast Mariners: Daniel Vuković, Brian Kaltak, Nathan Paull, Antonio Mikael Rodrigues Brito „Doka", Jacob Brett Farrell (82.Storm James Roux), Joshua Jeffrey Nisbet, William Wilson (56.Christian Theoharous), Maximilien Balard, Marco Túlio Oliveira Lemos (82.Jing Machar Reec), Ángel Yesid Torres Quiñones, Alou Mawien Kuol (56.Dylan Wenzel-Halls). Trainer: Abbas Saad.
Goal: 1-0 Nathan Paull (45+1 own goal).

20.09.2023, „Sultan Mizan Zainal Abidin" Stadium, Kuala Terengganu; Attendance: 5,996
Referee: Salim Said Mahmood Al Majarafi (Oman)
Stallion Laguna FC Biñan - Bali United FC Gianyar   2-5(1-2)
Stallion Laguna: Hayeson Hereda Pepito, Jordan Blair Daydora Jarvis (46.Kou Ichi Sakino Belgira), Miguel Antonio Pangcog Mendoza (63.Michael Bantas Menzi), Matthew Erwin Thomas Dacanay Nierras, Abraham Placito, Kraig Dominick Bonanken (74.Christian John Eizmendi Schaffner), Nathan Cabanayan Rilloraza (74.Shirmar Guanzon Felongco), Juan Diego Galeana Trujillo, Cristian Nicolás Ivanobski (57.Yuta Nomura), Griffin McDaniel, Junior Stephen Ngong Sam. Trainer: Ernest Thomas Nierras.
Bali United: Adilson Aguero dos Santos, Elias Dolah, Haudi Abdillah, Ardi Idrus, Éber Henrique Ferreira Bessa (79.Rizki Ramdani Lestaluhu), Novri Setiawan, Kadek Agung Widnyana Putra (79.I Gede Sunu Jyesta Wibawa), Made Tito Wiratama (19.Mohammed Bassim Ahmed Rashid), Ilija Spasojević, Jean Marie Privat Befolo Mbarga (80.Yabes Roni Malaifani), Irfan Jaya (62.Muhammad Rahmat Syamsuddin). Trainer: Alessandro Stefano Cugurra Rodrigues „Teco".
Goals: 0-1 Ilija Spasojević (27), 1-1 Junior Stephen Ngong Sam (30), 1-2 Haudi Abdillah (33), 1-3 Mohammed Bassim Ahmed Rashid (53), 1-4 Muhammad Rahmat Syamsuddin (69), 1-5 Ilija Spasojević (72), 2-5 Abraham Placito (88).

04.10.2023, Central Coast Stadium, Gosford; Attendance: 4,037
Referee: Gamini Nivon Robesh (Sri Lanka)
Central Coast Mariners FC Gosford - Stallion Laguna FC Biñan   9-1(3-1)
Central Coast Mariners: Daniel Vuković (80.Jack Desmond Warshawsky), Brian Kaltak, Nathan Paull, Antonio Mikael Rodrigues Brito „Doka" (62.Storm James Roux), Jacob Brett Farrell, Joshua Jeffrey Nisbet, William Wilson (62.Christian Theoharous), Maximilien Balard (74.Bradley Anthony Tapp), Marco Túlio Oliveira Lemos, Dylan Wenzel-Halls (62.Alou Mawien Kuol), Ángel Yesid Torres

Quiñones. Trainer: Mark Graham Jackson (England).
Stallion Laguna: Hayeson Hereda Pepito, Shirmar Guanzon Felongco (46.Nathan Cabanayan Rilloraza), Kenneth James Baylosis Pryde, Abraham Placito, Kraig Dominick Bonanken, Juan Diego Galeana Trujillo (50.Yuta Nomura), Kou Ichi Sakino Belgira, Christian John Eizmendi Schaffner, Cristian Nicolás Ivanobski (82.Jayvee Solon Kallukaran), Griffin McDaniel, Junior Stephen Ngong Sam (77.Rubén Doctora Junior). Trainer: Ernest Thomas Nierras.
Goals: 1-0 Dylan Wenzel-Halls (6), 2-0 Marco Túlio Oliveira Lemos (28), 2-1 Juan Diego Galeana Trujillo (31), 3-1 Marco Túlio Oliveira Lemos (44), 4-1 Dylan Wenzel-Halls (57), 5-1 Brian Kaltak (63), 6-1 Alou Mawien Kuol (69), 7-1 Ángel Yesid Torres Quiñones (75), 8-1 Joshua Jeffrey Nisbet (85), 9-1 Marco Túlio Oliveira Lemos (90+2).

04.10.2023, „Kapten I Wayan Dipta" Stadium, Gianyar; Attendance: 2,180
Referee: Bijan Heydari (Iran)
Bali United FC Gianyar - Terengganu FC Kuala Terengganu   1-1(0-0)
Bali United: Adilson Aguero dos Santos, Jajang Mulyana (85.Haudi Abdillah), Elias Dolah, Ardi Idrus, Éber Henrique Ferreira Bessa, Novri Setiawan, Mohammed Bassim Ahmed Rashid, Kadek Agung Widnyana Putra (74.Ricky Fajrin Saputra), Ilija Spasojević (65.Jefferson Mateus de Assis Estácio), Jean Marie Privat Befolo Mbarga (84.Yabes Roni Malaifani), Irfan Jaya (46.Muhammad Rahmat Syamsuddin). Trainer: Alessandro Stefano Cugurra Rodrigues „Teco".
Terengganu FC: Mohd Suhaimi Husin, Argzim Redžović, Mohamad Shahrul Nizam Ros Hasni, Muhammad Azam Azmi Murad, Muhd Alif Zakaria, Nurillo Tukhtasinov, Habib Haroon, Sony Nordé (90+1.Muhammad Ubaidullah Shamsul Fazili), Mohammad Nor Hakim Hassan, Adisak Kraisorn (60.Muhammad Syahmi Zamri), Engku Muhammad Nur Shakir (76.Omid David Lazarte Nazari). Trainer: Tomislav Steinbrückner (Croatia).
Goals: 1-0 Jean Marie Privat Befolo Mbarga (54), 1-1 Muhammad Syahmi Zamri (84).

26.10.2023, Central Coast Stadium, Gosford; Attendance: 1,820
Referee: Kim Woo-sung (Korea Republic)
Central Coast Mariners FC Gosford - Bali United FC Gianyar   6-3(3-1)
Central Coast Mariners: Jack Desmond Warshawsky, Nathan Paull, Antonio Mikael Rodrigues Brito „Doka" (46.Storm James Roux), Daniel Olatunji Hall, Jacob Brett Farrell, Joshua Jeffrey Nisbet (62.Harrison James Steele), Maximilien Balard, Marco Túlio Oliveira Lemos (80.Jing Machar Reec), Christian Theoharous (62.William Wilson), Dylan Wenzel-Halls, Ángel Yesid Torres Quiñones (69.Miguel Di Pizio). Trainer: Mark Graham Jackson (England).
Bali United: Adilson Aguero dos Santos, Elias Dolah, Ricky Fajrin Saputra, Ardi Idrus (73.Rizki Ramdani Lestaluhu), Kadek Arel Priyatna, Éber Henrique Ferreira Bessa (87.Irfan Jaya), Novri Setiawan, Mohammed Bassim Ahmed Rashid (46.Kadek Agung Widnyana Putra), Jean Marie Privat Befolo Mbarga, Jefferson Mateus de Assis Estácio (88.Made Andhika Pradana Wijaya), Yabes Roni Malaifani (58.Muhammad Rahmat Syamsuddin). Trainer: Alessandro Stefano Cugurra Rodrigues „Teco".
Goals: 0-1 Jack Desmond Warshawsky (17 own goal), 1-1 Jacob Brett Farrell (24), 2-1 Marco Túlio Oliveira Lemos (34 penalty), Marco Túlio Oliveira Lemos (37 penalty), 3-2 Jean Marie Privat Befolo Mbarga (47), 4-2 Christian Theoharous (50), 5-2 Kadek Arel Priyatna (54 own goal), 6-2 Jacob Brett Farrell (67), 6-3 Jefferson Mateus de Assis Estácio (83).

26.10.2023, „Sultan Mizan Zainal Abidin" Stadium, Kuala Terengganu; Attendance: 1,220
Referee: Ali Reda (Lebanon)
Terengganu FC Kuala Terengganu - Stallion Laguna FC Biñan   2-2(1-2)
Terengganu FC: Mohd Suhaimi Husin, Mohamad Shahrul Nizam Ros Hasni, Muhammad Azam Azmi Murad, Muhd Alif Zakaria (62.Mohamad Arif Fadzilah Abu Bakar), Nurillo Tukhtasinov (75.Liridon Krasniqi), Nik Muhammad Sharif Haseefy Mohd Lazim (46.Mohammad Nor Hakim Hassan), Habib Haroon, Muhammad Ubaidullah Shamsul Fazili, Sony Nordé, Ivan Mamut (62.Muhammad Syahmi Zamri), Engku Muhammad Nur Shakir (46.Adisak Kraisorn). Trainer: Tomislav Steinbrückner (Croatia).
Stallion Laguna: Hayeson Hereda Pepito, Miguel Antonio Pangcog Mendoza (57.Jordan Blair Daydora Jarvis), Matthew Erwin Thomas Dacanay Nierras, Abraham Placito, Kraig Dominick

Bonanken, Nathan Cabanayan Rilloraza (57.Christian John Eizmendi Schaffner), Juan Diego Galeana Trujillo (73.Michael Bantas Menzi), Kou Ichi Sakino Belgira, Griffin McDaniel (51.Shirmar Guanzon Felongco), Abner Martins dos Santos Pinto (57.Kenneth James Baylosis Pryde), Junior Stephen Ngong Sam. Trainer: Ernest Thomas Nierras.
Goals: 0-1 Griffin McDaniel (6), 0-2 Junior Stephen Ngong Sam (41), 1-2 Sony Nordé (45+2), 2-2 Adisak Kraisorn (90+1).

08.11.2023, „Kapten I Wayan Dipta" Stadium, Gianyar; Attendance: 2,585
Referee: Nasrullo Kabirov (Tajikistan)
Bali United FC Gianyar - Central Coast Mariners FC Gosford   1-2(1-1)
Bali United: Adilson Aguero dos Santos, Jajang Mulyana, Elias Dolah, Ricky Fajrin Saputra, Ardi Idrus (78.Made Andhika Pradana Wijaya), Éber Henrique Ferreira Bessa (78.Rizki Ramdani Lestaluhu), Mohammed Bassim Ahmed Rashid, Kadek Agung Widnyana Putra (64.Muhammad Rahmat Syamsuddin), Jean Marie Privat Befolo Mbarga, Jefferson Mateus de Assis Estácio (55.Irfan Jaya), Yabes Roni Malaifani (78.Ilija Spasojević). Trainer: Alessandro Stefano Cugurra Rodrigues „Teco".
Central Coast Mariners: Daniel Vuković, Brian Kaltak, Storm James Roux (74.Nathan Paull), Antonio Mikael Rodrigues Brito „Doka" (46.Christian Theoharous), Daniel Olatunji Hall, Jacob Brett Farrell, Joshua Jeffrey Nisbet, Bradley Anthony Tapp (46.Maximilien Balard), Marco Túlio Oliveira Lemos (82.Harrison James Steele), Ángel Yesid Torres Quiñones, Alou Mawien Kuol (73.Nicholas Duarte). Trainer: Mark Graham Jackson (England).
Goals: 0-1 Alou Mawien Kuol (13), 1-1 Jefferson Mateus de Assis Estácio (18), 1-2 Marco Túlio Oliveira Lemos (64 penalty).

08.11.2023, Biñan Football Stadium, Biñan; Attendance: 200
Referee: Ahmad Yacoub Ibrahim (Jordan)
Stallion Laguna FC Biñan - Terengganu FC Kuala Terengganu   2-3(2-1)
Stallion Laguna: Nelson Manangan Gasic, Shirmar Guanzon Felongco (69.Christian John Eizmendi Schaffner), Miguel Antonio Pangcog Mendoza, Matthew Erwin Thomas Dacanay Nierras, Kenneth James Baylosis Pryde (69.Jayvee Solon Kallukaran), Abraham Placito, Kraig Dominick Bonanken, Juan Diego Galeana Trujillo (69.Zachary Carl Yumul Ford), Cristian Nicolás Ivanobski (88.Jo Warren Alcantara Bedia), Griffin McDaniel (73.Yuta Nomura), Junior Stephen Ngong Sam. Trainer: Ernest Thomas Nierras.
Terengganu FC: Mohd Suhaimi Husin, Sardor Kulmatov (81.Syaiful Hakim Shahrul), Mohamad Arif Fadzilah Abu Bakar, Safwan Mazlan, Nurillo Tukhtasinov, Nik Muhammad Sharif Haseefy Mohd Lazim (74.Mohammad Nor Hakim Hassan), Habib Haroon (82.Muhammad Zuasyraf Zulkiefle), Muhammad Ubaidullah Shamsul Fazili, Sony Nordé, Ivan Mamut (74.Adisak Kraisorn), Muhammad Syahmi Zamri (69.Engku Muhammad Nur Shakir). Trainer: Tomislav Steinbrückner (Croatia).
Goals: 1-0 Junior Stephen Ngong Sam (3), 2-0 Griffin McDaniel (14), 2-1 Matthew Erwin Thomas Dacanay Nierras (33 own goal), 2-2 Ivan Mamut (67), 2-3 Sony Nordé (86).

29.11.2023, Central Coast Stadium, Gosford; Attendance: 1,386
Referee: Ammar Ebrahim Mahfoodh (Bahrain)
Central Coast Mariners FC Gosford - Terengganu FC Kuala Terengganu   1-1(0-0)
Central Coast Mariners: Daniel Vuković, Brian Kaltak, Storm James Roux (68.Antonio Mikael Rodrigues Brito „Doka"), Daniel Olatunji Hall, Jacob Brett Farrell, Joshua Jeffrey Nisbet, William Wilson (61.Christian Theoharous), Maximilien Balard (83.Jing Machar Reec), Marco Túlio Oliveira Lemos, Ángel Yesid Torres Quiñones, Alou Mawien Kuol (61.Miguel Di Pizio). Trainer: Mark Graham Jackson (England).
Terengganu FC: Mohd Suhaimi Husin, Sardor Kulmatov, Mohamad Arif Fadzilah Abu Bakar, Nurillo Tukhtasinov, Nik Muhammad Sharif Haseefy Mohd Lazim (80.Muhammad Zuasyraf Zulkiefle), Habib Haroon, Muhammad Ubaidullah Shamsul Fazili, Sony Nordé (89.Argzim Redžović), Mohammad Nor Hakim Hassan (74.Muhammad Syahmi Zamri), Ivan Mamut, Engku Muhammad Nur Shakir. Trainer: Tomislav Steinbrückner (Croatia).
Goals: 0-1 Engku Muhammad Nur Shakir (53), 1-1 Miguel Di Pizio (87).

29.11.2023, „Kapten I Wayan Dipta" Stadium, Gianyar; Attendance: 1,023
Referee: Pranjal Banerjee (India)
Bali United FC Gianyar - Stallion Laguna FC Biñan   **5-2(2-0)**
Bali United: Adılson Aguero dos Santos (69.Muhammad Ridho Djazulie), Jajang Mulyana, Elias Dolah, Ricky Fajrin Saputra (69.I Gede Sunu Jyesta Wibawa), Made Andhika Pradana Wijaya, Ardi Idrus, Éber Henrique Ferreira Bessa, Mohammed Bassim Ahmed Rashid (57.Tegar Infantrie Sukamto), Rahmat Arjuna Reski (57.Taufik Hidayat), Ilija Spasojević (81.Jefferson Mateus de Assis Estácio), Irfan Jaya. Trainer: Alessandro Stefano Cugurra Rodrigues „Teco".
Stallion Laguna: Hayeson Hereda Pepito, Shirmar Guanzon Felongco (65.Jayvee Solon Kallukaran), Miguel Antonio Pangcog Mendoza (73.Jordan Blair Daydora Jarvis), Matthew Erwin Thomas Dacanay Nierras, Kenneth James Baylosis Pryde, Abraham Placito, Kraig Dominick Bonanken (73.Christian John Eizmendi Schaffner), Juan Diego Galeana Trujillo (81.Jo Warren Alcantara Bedia), Cristian Nicolás Ivanobski, Yuta Nomura (65.Jorrel Zachary Cayanan Aristorenas), Griffin McDaniel. Trainer: Ernest Thomas Nierras.
Goals: 1-0 Made Andhika Pradana Wijaya (23), 2-0 Mohammed Bassim Ahmed Rashid (33), 3-0 Elias Dolah (51), 4-0 Éber Henrique Ferreira Bessa (65), 4-1 Jayvee Solon Kallukaran (69), 4-2 Griffin McDaniel (77), 5-2 Jefferson Mateus de Assis Estácio (86).

13.12.2023, „Sultan Mizan Zainal Abidin" Stadium, Kuala Terengganu; Attendance: 1,450
Referee: Qasim Matar Ali Al Hatmi (Oman)
Terengganu FC Kuala Terengganu - Bali United FC Gianyar   **2-0(1-0)**
Terengganu FC: Syed Muhammad Nasrulhaq Syed Bidin, Sardor Kulmatov, Mohamad Arif Fadzilah Abu Bakar, Mohamad Shahrul Nizam Ros Hasni, Safwan Mazlan, Nurillo Tukhtasinov (90.Muhammad Zuasyraf Zulkiefle), Habib Haroon (46.Syaiful Hakim Shahrul), Sony Nordé, Mohammad Nor Hakim Hassan (74.Nik Muhammad Sharif Haseefy Mohd Lazim), Ivan Mamut (74.Liridon Krasniqi), Muhammad Syahmi Zamri (60.Adisak Kraisorn). Trainer: Tomislav Steinbrückner (Croatia).
Bali United: Muhammad Ridho Djazulie, Ryuji Utomo Prabowo, Haudi Abdillah (74.Made Andhika Pradana Wijaya), Ardi Idrus, Kadek Arel Priyatna, Mohammed Bassim Ahmed Rashid, Tegar Infantrie Sukamto (46.Rizki Ramdani Lestaluhu), I Gede Sunu Jyesta Wibawa (46.Kadek Agung Widnyana Putra), Ilija Spasojević, Jean Marie Privat Befolo Mbarga (74.Taufik Hidayat), Yabes Roni Malaifani (64.Muhammad Rahmat Syamsuddin). Trainer: Alessandro Stefano Cugurra Rodrigues „Teco".
Goals: 1-0 Sony Nordé (39), 2-0 Sardor Kulmatov (89).

13.12.2023, Biñan Football Stadium, Biñan; Attendance: 215
Referee: Jansen Foo Chuan Hui (Singapore)
Stallion Laguna FC Biñan - Central Coast Mariners FC Gosford   **0-3(0-1)**
Stallion Laguna: Hayeson Hereda Pepito (73.Vicente Joaquin Pellicer Valdez), Miguel Antonio Pangcog Mendoza, Matthew Erwin Thomas Dacanay Nierras, Kenneth James Baylosis Pryde, Abraham Placito, Kraig Dominick Bonanken (80.Jo Warren Alcantara Bedia), Nathan Cabanayan Rilloraza (73.Christian John Eizmendi Schaffner), Juan Diego Galeana Trujillo (62.Jayvee Solon Kallukaran), Cristian Nicolás Ivanobski (62.Rubén Doctora Junior), Griffin McDaniel, Junior Stephen Ngong Sam. Trainer: Ernest Thomas Nierras.
Central Coast Mariners: Daniel Vuković, Nathan Paull, Antonio Mikael Rodrigues Brito „Doka" (90+2.Storm James Roux), Daniel Olatunji Hall, Joshua Jeffrey Nisbet, William Wilson (46.Christian Theoharous), Maximilien Balard, Harrison James Steele, Miguel Di Pizio (71.Bradley Anthony Tapp), Marco Túlio Oliveira Lemos, Jing Machar Reec (46.Alou Mawien Kuol). Trainer: Mark Graham Jackson (England).
Goals: 0-1 Marco Túlio Oliveira Lemos (23), 0-2 Christian Theoharous (63), 0-3 Marco Túlio Oliveira Lemos (79).

FINAL STANDINGS

1.	**Central Coast Mariners FC**	6	4	1	1	21 - 7	13
2.	Terengganu FC Kuala Terengganu	6	3	3	0	10 - 6	12
3.	Bali United FC Gianyar	6	2	1	3	15 - 15	7
4.	Stallion Laguna FC Biñan	6	0	1	5	9 - 27	1

GROUP H

21.09.2023, Lạch Tray Stadium, Haiphong; Attendance: 16,860
Referee: Zhang Lei (China P.R.)
CLB Hải Phòng - Persatuan Sepakbola Makassar **3-0(1-0)**
Hải Phòng: Nguyễn Đình Triệu, A Sân (86.Nguyễn Anh Hùng), Nguyễn Trọng Đại (56.Martin Lo), Đặng Văn Tới, Bicou Bissainthe, Benjamin Patrick van Meurs, Lương Xuân Trường (56.Lê Mạnh Dũng), Lương Hoàng Nam (86.Hồ Minh Dĩ), Nguyễn Hữu Sơn (68.Nguyễn Tuấn Anh), Đàm Tiến Dũng, Joseph Mbolimbo Mpande. Trainer: Chu Đình Nghiêm.
Makassar: Muhammad Reza Arya Pratama, Safrudin Tahar, Erwin Gutawa, Yance Sayuri (60.João Pedro da Silva Freitas), Muhammad Arfan (82.Rasyid Assahid Bakri), Akbar Tanjung, Éverton Nascimento de Mendonça, Adilson Gancho Silva (59.Muhammad Andy Harjito), Muhammad Rizky Eka Pratama (60.Victor Jonson Benjamin Dethan), Kenzo Nambu, Muhammad Dzaky Asraf Huwaidi Syam (82.Donald Bissa). Trainer: Fernando José Bernardo Tavares (Portugal).
Goals: 1-0 Erwin Gutawa (8 own goal), 2-0 Lương Hoàng Nam (73), 3-0 Joseph Mbolimbo Mpande (86 penalty).

21.09.2023, Likas Stadium, Kota Kinabalu; Attendance: 7,607
Referee: Jonathon Barreiro (Australia)
Sabah FC - Hougang United FC **3-1(2-0)**
Sabah FC: Damien Lim Chien Khai, Park Tae-su, Mohd Rizal Mohd Ghazali (65.Ko Kwang-min), Daniel Sang Ting, Dominic Tan Jun Jin, Gabriel Schmegel Wotter Peres, Miguel Ángel Garrido Cifuentes, Saddil Ramdani, Stuart John Wilkin (90+4,Mohamad Irfan Fazail), Ramon Machado De Macedo (90+2.Muhammad Jafri Muhammad Firdaus Chew), Darren Lok Yee Deng. Trainer: Datuk Ong Kim Swee.
Hougang United: Zaiful Nizam Abdullah, Muhammad Irwan Shah Arismail (59.Muhammad Hazzuwan Mohammad Halim), Muhammad Nazrul Ahmad Nazari, Naoki Kuriyama, Anders Eric Aplin, Kazuma Takayama, Shahdan Sulaiman (74.Ajay Robson Muralithran), Muhammad Zulfahmi Mohd Arifin, Kristijan Krajček, Gabriel Quak Jun Yi (59.Mohamad Sahil Suhaimi), Đorđe Maksimović (74.Amy Recha Pristifana Samion). Trainer: Marko Kraljević (Croatia).
Goals: 1-0 Gabriel Schmegel Wotter Peres (5), 2-0 Darren Lok Yee Deng (38), 2-1 Kazuma Takayama (61), 3-1 Darren Lok Yee Deng (63).

05.10.2023, „Kapten I Wayan Dipta" Stadium, Gianyar; Attendance: 334
Referee: Kim Dae-yong (Korea Republic)
Persatuan Sepakbola Makassar - Sabah FC **0-5(0-2)**
Makassar: Muhammad Reza Arya Pratama [*sent off 57*], Safrudin Tahar, Erwin Gutawa, Yuran Fernandes Rocha Lopes, Muhammad Arfan (46.Kenzo Nambu), Akbar Tanjung, Ananda Raehan Alif (56.Muhammad Daffa Salman Zahran Sidik), Adilson Gancho Silva (46.Éverton Nascimento de Mendonça), Muhammad Rizky Eka Pratama (46.João Pedro da Silva Freitas), Muhammad Dzaky Asraf Huwaidi Syam, Donald Bissa (59.Muhammad Ardiansyah). Trainer: Fernando José Bernardo Tavares (Portugal).
Sabah FC: Damien Lim Chien Khai, Park Tae-su, Daniel Sang Ting (85.Dinesh Rajasingam), Dominic Tan Jun Jin, Gabriel Schmegel Wotter Peres, Miguel Ángel Garrido Cifuentes, Ko Kwang-min, Saddil Ramdani (89.Gary Steven Robbat), Stuart John Wilkin (89.Muhammad Farhan Roslan), Ramon Machado De Macedo (85.Muhammad Jafri Muhammad Firdaus Chew), Darren Lok Yee Deng (72.Mohamad Irfan Fazail). Trainer: Datuk Ong Kim Swee.
Goals: 0-1 Darren Lok Yee Deng (6), 0-2 Gabriel Schmegel Wotter Peres (36), 0-3 Darren Lok Yee Deng (46), 0-4 Stuart John Wilkin (73), 0-5 Muhammad Farhan Roslan (90+3).

05.10.2023, Jalan Besar Stadium, Singapore; Attendance: 467
Referee: Crishantha Dilan Perera Hettikankanamge (Sri Lanka)
Hougang United FC - CLB Hải Phòng **2-1(0-0)**
Hougang United: Zaiful Nizam Abdullah, Muhammad Irwan Shah Arismail (73.Amy Recha Pristifana Samion), Muhammad Nazrul Ahmad Nazari (88.Muhammad Amir Zalani), Abdil Qaiyyim Abdul Mutalib (74.Jordan Nicolas Vestering), Naoki Kuriyama, Anders Eric Aplin, Kazuma Takayama,

Shahdan Sulaiman, Muhammad Zulfahmi Mohd Arifin, Muhammad Hazzuwan Mohammad Halim (84.Mohamad Sahil Suhaimi), Đorđe Maksimović. Trainer: Marko Kraljević (Croatia).
Hải Phòng: Nguyễn Đình Triệu, A Sân, Nguyễn Trọng Đại (46.Lê Mạnh Dũng), Đặng Văn Tới, Benjamin Patrick van Meurs, Martin Lo (61.Lucas Vinícius Gonçalves Silva „Lucão do Break"), Lương Hoàng Nam, Triệu Việt Hưng, Đàm Tiến Dũng, Nguyễn Tuấn Anh (46.Lê Tiến Anh; 90+1.Hồ Minh Dĩ), Yuri Souza Almeida „Yuri Mamute" (72.Lương Xuân Trường). Trainer: Chu Đình Nghiêm.
Goals: 0-1 Yuri Souza Almeida „Yuri Mamute" (56 penalty), 1-1 Đorđe Maksimović (82), 2-1 Đorđe Maksimović (90+3).

25.10.2023, „Kapten I Wayan Dipta" Stadium, Gianyar; Attendance: 58
Referee: Ammar Ebrahim Mahfoodh (Bahrain)
Persatuan Sepakbola Makassar - Hougang United FC   **3-1(2-0)**
Makassar: Muhammad Ardiansyah, Safrudin Tahar, Yuran Fernandes Rocha Lopes, Muhammad Daffa Salman Zahran Sidik, Muhammad Arfan (60.Kenzo Nambu), Akbar Tanjung, Ananda Raehan Alif (90+1.Ricky Pratama), Éverton Nascimento de Mendonça, Adilson Gancho Silva (73.Muhammad Andy Harjito), Muhammad Rizky Eka Pratama (73.João Pedro da Silva Freitas), Muhammad Dzaky Asraf Huwaidi Syam (46.Yance Sayuri). Trainer: Fernando José Bernardo Tavares (Portugal).
Hougang United: Zaiful Nizam Abdullah, Muhammad Irwan Shah Arismail (59.Amy Recha Pristifana Samion), Muhammad Nazrul Ahmad Nazari, Abdil Qaiyyim Abdul Mutalib (46.Jordan Nicolas Vestering), Naoki Kuriyama, Anders Eric Aplin (84.Mohamad Sahil Suhaimi), Kazuma Takayama, Shahdan Sulaiman (78.Muhammad Amir Zalani), Muhammad Zulfahmi Mohd Arifin, Muhammad Hazzuwan Mohammad Halim (78.Louka Vaissierre Tan Jun Cheng), Đorđe Maksimović. Trainer: Marko Kraljević (Croatia).
Goals: 1-0 Safrudin Tahar (22), 2-0 Yuran Fernandes Rocha Lopes (29), 3-0 Adilson Gancho Silva (55), 3-1 Đorđe Maksimović (78 penalty).

25.10.2023, Lạch Tray Stadium, Haiphong; Attendance: 7,235
Referee: Qasim Matar Ali Al Hatmi (Oman)
CLB Hải Phòng - Sabah FC   **3-2(2-0)**
Hải Phòng: Nguyễn Đình Triệu, Đặng Văn Tới, Bicou Bissainthe, Benjamin Patrick van Meurs, Nguyễn Anh Hùng (73.A Sân), Lương Hoàng Nam (68.Martin Lo), Nguyễn Hữu Sơn (68.Nguyễn Tuấn Anh), Triệu Việt Hưng, Đàm Tiến Dũng (87.Phạm Hoài Dương), Yuri Souza Almeida „Yuri Mamute", Joseph Mbolimbo Mpande. Trainer: Chu Đình Nghiêm.
Sabah FC: Damien Lim Chien Khai, Park Tae-su, Daniel Sang Ting, Dominic Tan Jun Jin, Gabriel Schmegel Wotter Peres (90.Muhammad Jafri Muhammad Firdaus Chew), Ko Kwang-min, Telmo Ferreira Castanheira (76.Gary Steven Robbat), Saddil Ramdani, Stuart John Wilkin (65.Mohamad Irfan Fazail), Ramon Machado De Macedo, Darren Lok Yee Deng. Trainer: Datuk Ong Kim Swee.
Goals: 1-0 Nguyễn Hữu Sơn (14), 2-0 Đàm Tiến Dũng (18), 2-1 Ramon Machado De Macedo (71), 3-1 Đàm Tiến Dũng (72), 3-2 Gary Steven Robbat (80).

09.11.2023, Jalan Besar Stadium, Singapore; Attendance: 389
Referee: Pranjal Banerjee (India)
Hougang United FC - Persatuan Sepakbola Makassar   **1-3(0-0)**
Hougang United: Zaiful Nizam Abdullah, Muhammad Irwan Shah Arismail (74.Muhammad Amir Zalani), Muhammad Nazrul Ahmad Nazari, Abdil Qaiyyim Abdul Mutalib, Naoki Kuriyama, Kazuma Takayama, Jordan Nicolas Vestering (85.Louka Vaissierre Tan Jun Cheng), Shahdan Sulaiman, Amy Recha Pristifana Samion (68.Mohamad Sahil Suhaimi), Muhammad Hazzuwan Mohammad Halim, Đorđe Maksimović. Trainer: Marko Kraljević (Croatia).
Makassar: Muhammad Ardiansyah, Safrudin Tahar, Yuran Fernandes Rocha Lopes, Muhammad Daffa Salman Zahran Sidik, Muhammad Arfan, Akbar Tanjung (53.Ananda Raehan Alif), Éverton Nascimento de Mendonça, Adilson Gancho Silva (81.João Pedro da Silva Freitas), Muhammad Rizky Eka Pratama (53.Yakob Sayuri), Kenzo Nambu (68.Ricky Pratama), Muhammad Dzaky Asraf Huwaidi Syam (81.Yance Sayuri). Trainer: Fernando José Bernardo Tavares (Portugal).
Goals: 1-0 Đorđe Maksimović (48), 1-1 Abdil Qaiyyim Abdul Mutalib (54 own goal), 1-2 Safrudin Tahar (71), 1-3 Éverton Nascimento de Mendonça (90).

09.11.2023, Likas Stadium, Kota Kinabalu; Attendance: 7,441
Referee: Qasim Matar Ali Al Hatmi (Oman)
Sabah FC - CLB Hải Phòng **4-1(2-0)**
Sabah FC: Khairul Fahmi Che Mat, Park Tae-su (89.Muhammad Irfan Zakaria), Daniel Sang Ting, Dominic Tan Jun Jin, Gabriel Schmegel Wotter Peres (78.Rawilson Batuil), Miguel Ángel Garrido Cifuentes, Ko Kwang-min, Saddil Ramdani (88.Muhammad Jafri Muhammad Firdaus Chew), Stuart John Wilkin, Ramon Machado De Macedo, Darren Lok Yee Deng (65.Gary Steven Robbat). Trainer: Datuk Ong Kim Swee.
Hải Phòng: Nguyễn Văn Toản, Phạm Mạnh Hùng (76.Benjamin Patrick van Meurs), Đặng Văn Tới, Bicou Bissainthe, Martin Lo (46.Lucas Vinícius Gonçalves Silva „Lucão do Break"), Lương Hoàng Nam (76.Hồ Minh Dĩ), Lê Mạnh Dũng, Nguyễn Hữu Sơn (76.Nguyễn Tuấn Anh), Triệu Việt Hưng, Yuri Souza Almeida „Yuri Mamute", Joseph Mbolimbo Mpande. Trainer: Chu Đình Nghiêm.
Goals: 1-0 Daniel Sang Ting (20), 2-0 Darren Lok Yee Deng (34), 3-0 Gabriel Schmegel Wotter Peres (70), 3-1 Yuri Souza Almeida „Yuri Mamute" (85), 4-1 Muhammad Jafri Muhammad Firdaus Chew (90+5).

30.11.2023, „Kapten I Wayan Dipta" Stadium, Gianyar; Attendance: 215
Referee: Hassan Akrami (Iran)
Persatuan Sepakbola Makassar - CLB Hải Phòng **1-1(0-0)**
Makassar: Muhammad Reza Arya Pratama, Safrudin Tahar (90+2.Erwin Gutawa), Yuran Fernandes Rocha Lopes, Muhammad Daffa Salman Zahran Sidik, Muhammad Arfan (62.Ricky Pratama), Akbar Tanjung, Yakob Sayuri (81.Victor Jonson Benjamin Dethan), Éverton Nascimento de Mendonça, Adilson Gancho Silva, Muhammad Rizky Eka Pratama (61.Yance Sayuri), Kenzo Nambu (61.Ananda Raehan Alif). Trainer: Fernando José Bernardo Tavares (Portugal).
Hải Phòng: Nguyễn Đình Triệu, Phạm Hoài Dương (46.Benjamin Patrick van Meurs), Đặng Văn Tới, Bicou Bissainthe, Lương Hoàng Nam (78.Hồ Minh Dĩ), Lê Mạnh Dũng (46.Nguyễn Anh Hùng), Nguyễn Hữu Sơn (78.Martin Lo), Triệu Việt Hưng, Nguyễn Tuấn Anh (46.Lương Xuân Trường), Lucas Vinícius Gonçalves Silva „Lucão do Break", Joseph Mbolimbo Mpande. Trainer: Chu Đình Nghiêm.
Goals: 0-1 Lucas Vinícius Gonçalves Silva „Lucão do Break" (74), 1-1 Yakob Sayuri (77).

30.11.2023, Jalan Besar Stadium, Singapore; Attendance: 624
Referee: Liu Kwok Man (Hong Kong)
Hougang United FC - Sabah FC **1-4(0-2)**
Hougang United: Muhammad Zainol Gulam Mohamed, Muhammad Irwan Shah Arismail (46.Muhammad Amir Zalani), Muhammad Nazrul Ahmad Nazari, Naoki Kuriyama, Anders Eric Aplin, Kazuma Takayama, Jordan Nicolas Vestering (60.Iryan Fandi Ahmad), Ajay Robson Muralithran, Mohamad Sahil Suhaimi (79.Louka Vaissierre Tan Jun Cheng), Muhammad Hazzuwan Mohammad Halim (60.Gabriel Quak Jun Yi), Đorđe Maksimović (60.Amy Recha Pristifana Samion). Trainer: Marko Kraljević (Croatia).
Sabah FC: Khairul Fahmi Che Mat, Park Tae-su, Mohd Rizal Mohd Ghazali, Daniel Sang Ting, Dominic Tan Jun Jin, Gabriel Schmegel Wotter Peres (74.Rawilson Batuil), Miguel Ángel Garrido Cifuentes (74.Gary Steven Robbat), Saddil Ramdani (79.Kumaahran Sathasivam), Stuart John Wilkin, Ramon Machado De Macedo (57.Muhammad Jafri Muhammad Firdaus Chew), Darren Lok Yee Deng (57.Telmo Ferreira Castanheira). Trainer: Datuk Ong Kim Swee.
Goals: 0-1 Naoki Kuriyama (16 own goal), 0-2 Darren Lok Yee Deng (45 penalty), 0-3 Ramon Machado De Macedo (50), 0-4 Anders Eric Aplin (77 own goal), 1-4 Gabriel Quak Jun Yi (90+1).

14.12.2023, Lạch Tray Stadium, Haiphong; Attendance: 5,116
Referee: Alexander George King (Australia)
CLB Hải Phòng - Hougang United FC **4-0(2-0)**
Hải Phòng: Nguyễn Đình Triệu, Dương Văn Khoa, Phạm Hoài Dương (60.Nguyễn Văn Đạt), Benjamin Patrick van Meurs, Nguyễn Anh Hùng (70.Lương Hoàng Nam), Lương Xuân Trường, Martin Lo, Hồ Minh Dĩ (70.Nguyễn Trọng Đại), Lê Mạnh Dũng, Nguyễn Tuấn Anh (20.Nguyễn Thành Đồng), Lucas Vinícius Gonçalves Silva „Lucão do Break" (46.Joseph Mbolimbo Mpande). Trainer: Chu Đình Nghiêm.

Hougang United: Zaiful Nizam Abdullah, Muhammad Irwan Shah Arismail, Muhammad Nazrul Ahmad Nazari, Abdil Qaiyyim Abdul Mutalib (68.Iryan Fandi Ahmad), Naoki Kuriyama (88.Muhammad Ryaan Sanizal), Anders Eric Aplin, Kazuma Takayama, Ajay Robson Muralithran, Mohamad Sahil Suhaimi (77.Idraki Mohd Adnan), Amy Recha Pristifana Samion (77.Louka Vaissierre Tan Jun Cheng), Đorđe Maksimović. Trainer: Marko Kraljević (Croatia).
Goals: 1-0 Martin Lo (27), 2-0 Hồ Minh Dĩ (34), 3-0 Joseph Mbolimbo Mpande (54), 4-0 Iryan Fandi Ahmad (80 own goal).

14.12.2023, Likas Stadium, Kota Kinabalu; Attendance: 7,254
Referee: Ammar Ebrahim Mahfoodh (Bahrain)
Sabah FC - Persatuan Sepakbola Makassar 1-3(0-2)
Sabah FC: Khairul Fahmi Che Mat, Park Tae-su, Daniel Sang Ting (46.Mohd Rizal Mohd Ghazali), Dominic Tan Jun Jin (73.Rawilson Batuil), Gabriel Schmegel Wotter Peres, Mohamad Irfan Fazail (63.Muhammad Jafri Muhammad Firdaus Chew), Ko Kwang-min, Telmo Ferreira Castanheira, Saddil Ramdani, Stuart John Wilkin, Ramon Machado De Macedo. Trainer: Datuk Ong Kim Swee.
Makassar: Muhammad Ardiansyah, Safrudin Tahar, Erwin Gutawa (84.Rasyid Assahid Bakri), Yuran Fernandes Rocha Lopes, Muhammad Arfan, Akbar Tanjung, Yakob Sayuri (84.Muhammad Daffa Salman Zahran Sidik), Éverton Nascimento de Mendonça, João Pedro da Silva Freitas (60.Ricky Pratama), Muhammad Rizky Eka Pratama (75.Victor Jonson Benjamin Dethan), Kenzo Nambu (75.Muhammad Mufli Hidayat). Trainer: Fernando José Bernardo Tavares (Portugal).
Goals: 0-1 Yakob Sayuri (15), 0-2 Dominic Tan Jun Jin (36 own goal), 1-2 Telmo Ferreira Castanheira (73), 1-3 Éverton Nascimento de Mendonça (90+5 penalty).

FINAL STANDINGS

1.	Sabah FC	6	4	0	2	19 - 9	12
2.	CLB Hải Phòng	6	3	1	2	13 - 9	10
3.	Persatuan Sepakbola Makassar	6	3	1	2	10 - 12	10
4.	Hougang United FC	6	1	0	5	6 - 18	3

GROUP I

21.09.2023, Estádio Campo Desportivo, Macau; Attendance: 1,002
Referee: Sultan Mohamed Saleh Yousif Alha Al Hammadi (United Arab Emirates)
Chao Pak Kei - Taichung Futuro FC 0-1(0-1)
Chao Pak Kei: Ho Man Fai, Filipe Manuel Cordeiro Duarte, Vítor Emanuel Prazeres de Almeida, Ronald Damian Carissimo Cabrera, Diego Silva Patriota, Korhei Katō, Saidjamol Davlatjonov, Wan Tin Iao (90.Ho Man Hou), Lam Ka Seng (46.Nicholas Mário de Almeida Torrão „Niki Torrão"), Choi Dion Carlos (79.Leung Chi Seng), Leong Ka Hang (60.Bruno Farias Araújo). Trainer: Santiago Tubalcain Escudero Ariza (Spain).
Futuro FC: Kenya Matsui, Keisuke Ogawa, Shunya Suganuma, Chen Ting-yang, Lin Che-yu (90+2.Tseng Te-lung), Hsu Heng-pin, Komori Yoshitaka (69.Chen Chun-fu), Jhon Miky Benchy Estama, Kazuma Takayama, Shohei Yokoyama, Li Mao (89.Cheng Hao). Trainer: Pen Wu-sung.
Goal: 0-1 Filipe Manuel Cordeiro Duarte (2 own goal).

21.09.2023, MFF Football Centre, Ulaanbaatar; Attendance: 1,023
Referee: Abdul Hakim Mohd Haidi (Brunei)
FC Ulaanbaatar - Taiwan Steel FC 3-1(1-1)
Ulaanbaatar: Mönkh-Erdene Enkhtaivan, Turbat Daginaa (90+3.Sardorbek Matmuratov), Bat-Orgil Gerelt-Old, Önör-Erdene Erdenechimeg, Dušan Cirković, Gantogtokh Gantuya (81.Saša Teofanov), Temuujin Altansukh (90+3.Tsogt-Ochir Jargaltuya), Nemanja Krusevac, Ganduulga Ganbaatar (67.Amgalanbat Batbaatar), Uuganbayar Pürevsüren, Oyunbaatar Mijiddorj (90+3.Oyunbaatar Otgonbayar). Trainer: Vojislav Bralušić (Serbia).

Taiwan Steel: Pan Wen-chieh, Pai Shao-yu (46.Ho Hung-wei; 71.Lin Kai-en), Fong Shao-chi, Alim Zumakalov (78.Chen Wei-jen), Kim Sung-kyum, Wu Chun-ching, Yu Chia-huang (55.Chen Jui-chieh), Yao Ko-chi (71.Sō Narita), Ange Samuel Kouamé, Jean Diego Moser, Chen Wei-chuan. Trainer: Lo Chih-tsung.
Goals: 1-0 Bat-Orgil Gerelt-Old (34), 1-1 Yao Ko-chi (43), 2-1 Dušan Cirković (63), 3-1 Saša Teofanov (88).

05.10.2023, MFF Football Centre, Ulaanbaatar; Attendance: 919
Referee: Ahmad A'qashah Bin Ahmad Al Badowe (Singapore)
FC Ulaanbaatar - Taichung Futuro FC   **0-2(0-1)**
Ulaanbaatar: Mönkh-Erdene Enkhtaivan, Turbat Daginaa, Bat-Orgil Gerelt-Old, Önör-Erdene Erdenechimeg, Tsogt-Ochir Jargaltuya (56.Dušan Cirković), Gantogtokh Gantuya (74.Saša Teofanov), Temuujin Altansukh, Nemanja Krusevac, Amgalanbat Batbaatar (89.Islom Shodmonov), Uuganbayar Pürevsüren, Oyunbaatar Mijiddorj. Trainer: Vojislav Bralušić (Serbia).
Futuro FC: Kenya Matsui, Keisuke Ogawa, Shunya Suganuma, Chen Ting-yang, Hsu Heng-pin, Liang Meng-hsin (90+1.Cheng Hao), Komori Yoshitaka (66.Chen Chun-fu), Jhon Miky Benchy Estama, Kazuma Takayama, Shohei Yokoyama, Li Mao (66.Lin Che-yu). Trainer: Pen Wu-sung.
Goals: 0-1 Shohei Yokoyama (9), 0-2 Hsu Heng-pin (79).

26.10.2023, Kaohsiung National Stadium, Kaohsiung; Attendance: 126
Referee: Razlan Joffri Ali (Malaysia)
Taichung Futuro FC - Taiwan Steel FC   **2-1(0-0)**
Futuro FC: Kenya Matsui, Keisuke Ogawa (77.Lin Che-yu), Shunya Suganuma, Chen Ting-yang, Hsu Heng-pin, Liang Meng-hsin (90+4.Chen Chun-fu), Komori Yoshitaka, Jhon Miky Benchy Estama, Kazuma Takayama, Shohei Yokoyama, Li Mao (82.Cheng Hao). Trainer: Pen Wu-sung.
Taiwan Steel: Pan Wen-chieh, Fong Shao-chi, Alim Zumakalov, Kim Sung-kyum, Sō Narita (81.Lin Kai-en), Wu Chun-ching, Yu Chia-huang (74.Lin Ming-wei), Yao Ko-chi (81.Chen Po-yu), Ange Samuel Kouamé, Jean Diego Moser (90+3.Chen Jui-chieh), Chen Wei-chuan. Trainer: Lo Chih-tsung.
Goals: 0-1 Jean Diego Moser (67 penalty), 1-1 Hsu Heng-pin (73), 2-1 Shunya Suganuma (90+5).

26.10.2023, Estádio Campo Desportivo, Macau; Attendance: 689
Referee: Ramachandran Venkatesh (India)
Chao Pak Kei - FC Ulaanbaatar   **0-1(0-1)**
Chao Pak Kei: Ho Man Fai, Filipe Manuel Cordeiro Duarte, Vítor Emanuel Prazeres de Almeida, Ronald Damian Carissimo Cabrera, Diego Silva Patriota, Bruno Farias Araújo (77.Leong Ka Hang), Korhei Katō, Saidjamol Davlatjonov, Wan Tin Iao (67.Leung Chi Seng), Lam Ka Seng (67.Choi Dion Carlos), Ho Man Hou (46.Nicholas Mário de Almeida Torrão „Niki Torrão"). Trainer: Santiago Tubalcain Escudero Ariza (Spain).
Ulaanbaatar: Turbat Daginaa, Bat-Orgil Gerelt-Old, Amaraa Dulguun, Önör-Erdene Erdenechimeg, Dušan Cirković, Saša Teofanov (72.Gantogtokh Gantuya), Nemanja Krusevac, Amgalanbat Batbaatar (90+3.Tsogt-Ochir Jargaltuya), Uuganbayar Pürevsüren (90+3.Sardorbek Matmuratov), Munkhsuld Battseren, Oyunbaatar Mijiddorj. Trainer: Vojislav Bralušić (Serbia).
Goal: 0-1 Oyunbaatar Mijiddorj (40).

09.11.2023, Nanzih Football Stadium, Kaohsiung; Attendance: 352
Referee: Clifford Postanes Daypuyat (Philippines)
Taiwan Steel FC - Taichung Futuro FC   **5-1(2-0)**
Taiwan Steel: Pan Wen-chieh, Louie Bulger (78.Lin Kai-en), Fong Shao-chi, Alim Zumakalov (67.Chen Po-yu), Kim Sung-kyum, Sō Narita, Wu Chun-ching, Chen Jui-chieh (54.Yu Chia-huang), Ange Samuel Kouamé, Jean Diego Moser (54.Yao Ko-chi), Chen Wei-chuan. Trainer: Lo Chih-tsung.
Futuro FC: Kenya Matsui, Keisuke Ogawa, Shunya Suganuma, Chen Ting-yang, Lin Che-yu (61.Cheng Hao), Hsu Heng-pin, Liang Meng-hsin, Komori Yoshitaka (78.Chen Chun-fu), Kazuma Takayama, Shohei Yokoyama, Li Mao. Trainer: Pen Wu-sung.
Goals: 1-0 Wu Chun-ching (22), 2-0 Ange Samuel Kouamé (25 penalty), 2-1 Kazuma Takayama (51 penalty), 3-1 Yu Chia-huang (69), 4-1 Ange Samuel Kouamé (81), 5-1 Ange Samuel Kouamé (89).

09.11.2023, MFF Football Centre, Ulaanbaatar; Attendance: 156
Referee: Ali Reda (Lebanon)
FC Ulaanbaatar - Chao Pak Kei **1-0(1-0)**
Ulaanbaatar: Turbat Daginaa, Bat-Orgil Gerelt-Old, Amaraa Dulguun (90+3.Oyunbaatar Otgonbayar), Önör-Erdene Erdenechimeg, Dušan Cirković, Gantogtokh Gantuya (83.Tsogt-Ochir Jargaltuya), Nemanja Krusevac, Amgalanbat Batbaatar, Uuganbayar Pürevsüren (78.Saša Teofanov), Munkhsuld Battseren, Oyunbaatar Mijiddorj. Trainer: Vojislav Bralušić (Serbia).
Chao Pak Kei: Ho Man Fai, Filipe Manuel Cordeiro Duarte, Vítor Emanuel Prazeres de Almeida, Ronald Damian Carissimo Cabrera, Bruno Farias Araújo, Korhei Katō (70.Ieong Lek-Hang), Saidjamol Davlatjonov, Lam Ka Seng (87.Chang Ka-Chon), Choi Dion Carlos, Leong Ka Hang (58.Kam Chi Hou), Leung Chi Seng. Trainer: Santiago Tubalcain Escudero Ariza (Spain).
Goal: 1-0 Nemanja Krusevac (44).

30.11.2023, Nanzih Football Stadium, Kaohsiung; Attendance: 41
Referee: Seyed Vahid Kazemi (Iran)
Taichung Futuro FC - Chao Pak Kei **1-0(0-0)**
Futuro FC: Kenya Matsui, Shunya Suganuma, Chen Ting-yang, Lin Che-yu (80.Cheng Hao), Hsu Heng-pin, Liang Meng-hsin, Komori Yoshitaka (69.Chen Chun-fu), Jhon Miky Benchy Estama, Kazuma Takayama, Shohei Yokoyama, Li Mao. Trainer: Pen Wu-sung.
Chao Pak Kei: Jhonata Ladislau Batista da Fonseca, Filipe Manuel Cordeiro Duarte, Vítor Emanuel Prazeres de Almeida, Ronald Damian Carissimo Cabrera, Bruno Farias Araújo, Korhei Katō, Saidjamol Davlatjonov, Ng Wa Keng, Ieong Lek-Hang (61.Choi Dion Carlos), Nicholas Mário de Almeida Torrão „Niki Torrão" (77.Diego Silva Patriota), Pang Chi Hang (85.Leong Ka Hang). Trainer: Santiago Tubalcain Escudero Ariza (Spain).
Goal: 1-0 Kazuma Takayama (90+1).

30.11.2023, Nanzih Football Stadium, Kaohsiung; Attendance: 136
Referee: Ahmad Yacoub Ibrahim (Jordan)
Taiwan Steel FC - FC Ulaanbaatar **3-0(0-0)**
Taiwan Steel: Pan Wen-chieh, Fong Shao-chi, Alim Zumakalov, Kim Sung-kyum, Sō Narita, Wu Chun-ching (90+1.Lin Wei-chieh), Yu Chia-huang (60.Chen Jui-chieh), Yao Ko-chi (60.Lin Ming-wei), Kuo Po-wei, Ange Samuel Kouamé, Jean Diego Moser (77.Chen Po-yu). Trainer: Lo Chih-tsung.
Ulaanbaatar: Mönkh-Erdene Enkhtaivan, Turbat Daginaa, Bat-Orgil Gerelt-Old, Amaraa Dulguun, Önör-Erdene Erdenechimeg (88.Oyunbaatar Otgonbayar), Dušan Cirković, Saša Teofanov (73.Tsogt-Ochir Jargaltuya), Nemanja Krusevac, Amgalanbat Batbaatar, Uuganbayar Pürevsüren, Oyunbaatar Mijiddorj. Trainer: Vojislav Bralušić (Serbia).
Goals: 1-0 Ange Samuel Kouamé (79), 2-0 Lin Ming-wei (90+2), 3-0 Lin Wei-chieh (90+6).

10.12.2023, Nanzih Football Stadium, Kaohsiung; Attendance: 125
Referee: Hussain Sinan (Maldives)
Taiwan Steel FC - Chao Pak Kei **4-2(2-1)**
Taiwan Steel: Pan Wen-chieh, Fong Shao-chi, Alim Zumakalov, Kim Sung-kyum, Sō Narita, Wu Chun-ching (89.Chen Po-yu), Yu Chia-huang (56.Lin Wei-chieh), Yao Ko-chi (56.Lin Ming-wei), Kuo Po-wei, Ange Samuel Kouamé, Jean Diego Moser (70.Chen Wei-chuan). Trainer: Lo Chih-tsung.
Chao Pak Kei: Jhonata Ladislau Batista da Fonseca, Filipe Manuel Cordeiro Duarte, Vítor Emanuel Prazeres de Almeida, Diego Silva Patriota (69.Leong Ka Hang), Bruno Farias Araújo, Korhei Katō, Saidjamol Davlatjonov, Lam Ka Seng (84.Leung Chi Seng), Ng Wa Keng (89.Choi Dion Carlos), Ieong Lek-Hang (46.Ronald Damian Carissimo Cabrera), Nicholas Mário de Almeida Torrão „Niki Torrão". Trainer: Santiago Tubalcain Escudero Ariza (Spain).
Goals: 1-0 Jean Diego Moser (11), 2-0 Yu Chia-huang (19), 2-1 Nicholas Mário de Almeida Torrão „Niki Torrão" (23), 2-2 Nicholas Mário de Almeida Torrão „Niki Torrão" (53), 3-2 Lin Wei-chieh (75), 4-2 Ange Samuel Kouamé (88).

14.12.2023, Estádio Campo Desportivo, Macau; Attendance: 540
Referee: Oh Hyeon-jeong (Korea Republic)
Chao Pak Kei - Taiwan Steel FC **4-1(1-0)**
Chao Pak Kei: Ho Man Fai, Filipe Manuel Cordeiro Duarte, Vítor Emanuel Prazeres de Almeida, Bruno Farias Araújo, Korhei Katō, Saidjamol Davlatjonov (90.Amâncio Manuel Goitia Matos), Lam Ka Seng, Ng Wa Keng, Nicholas Mário de Almeida Torrão „Niki Torrão", Pang Chi Hang (75.Choi Dion Carlos), Leung Chi Seng (58.Diego Silva Patriota). Trainer: Santiago Tubalcain Escudero Ariza (Spain).
Taiwan Steel: Pan Wen-chieh (79.Tsai Shuo-che), Fong Shao-chi, Alim Zumakalov (46.Chen Wei-chuan), Kim Sung-kyum, Sō Narita, Wu Chun-ching, Yu Chia-huang (55.Lin Wei-chieh), Yao Ko-chi (55.Lin Ming-wei), Kuo Po-wei, Ange Samuel Kouamé (54.Chen Wei-jen), Jean Diego Moser. Trainer: Lo Chih-tsung.
Goals: 1-0 Nicholas Mário de Almeida Torrão „Niki Torrão" (39), 2-0 Nicholas Mário de Almeida Torrão „Niki Torrão" (62), 3-0 Nicholas Mário de Almeida Torrão „Niki Torrão" (76), 4-0 Nicholas Mário de Almeida Torrão „Niki Torrão" (78), 4-1 Chen Wei-jen (82).

14.12.2023, Nanzih Football Stadium, Kaohsiung; Attendance: 96
Referee: Salim Said Mahmood Al Majarafi (Oman)
Taichung Futuro FC - FC Ulaanbaatar **1-2(0-2)**
Futuro FC: Kenya Matsui, Keisuke Ogawa (82.Chen Chun-fu), Shunya Suganuma, Chen Ting-yang, Hsu Heng-pin, Liang Meng-hsin (35.Lin Che-yu), Komori Yoshitaka (82.Tsai Chieh-hsun), Kazuma Takayama, Shohei Yokoyama, Cheng Hao (71.Jhon Miky Benchy Estama), Li Mao. Trainer: Pen Wu-sung.
Ulaanbaatar: Mönkh-Erdene Enkhtaivan, Turbat Daginaa, Oyunbaatar Otgonbayar, Bat-Orgil Gerelt-Old, Amaraa Dulguun, Önör-Erdene Erdenechimeg, Gantogtokh Gantuya (76.Ganduulga Ganbaatar; 87.Saša Teofanov), Nemanja Krusevac, Amgalanbat Batbaatar (79.Tsogt-Ochir Jargaltuya), Uuganbayar Pürevsüren, Oyunbaatar Mijiddorj. Trainer: Vojislav Bralušić (Serbia).
Goals: 0-1 Gantogtokh Gantuya (31), 0-2 Nemanja Krusevac (39), 1-2 Hsu Heng-pin (71).

FINAL STANDINGS

1.	**Taichung Futuro FC**	6	4	0	2	8	- 8	12
2.	FC Ulaanbaatar	6	4	0	2	7	- 7	12
3.	Taiwan Steel FC	6	3	0	3	15	- 12	9
4.	Chao Pak Kei	6	1	0	5	6	- 9	3

RANKING OF SECOND-PLACED TEAMS

WEST ASIA ZONE

1.	A	Al Ahed Beirut	4	2	0	2	5 - 5	6
2.	C	Al-Zawra'a SC Baghdad	4	1	2	1	5 - 5	5
3.	B	Al Wehdat Club Amman	4	1	1	2	6 - 7	4

Please note: due to Group A having only three teams, the results against the fourth-placed teams in Groups B and C are not considered for this ranking.

ASEAN ZONE

1.	F	Phnom Penh Crown FC	6	4	0	2	15 - 7	12
2.	G	Terengganu FC Kuala Terengganu	6	3	3	0	10 - 6	12
3.	H	CLB Hải Phòng	6	3	1	2	13 - 9	10

KNOCKOUT STAGE

For a better understanding, here is a graphic representation of the knockout stage:

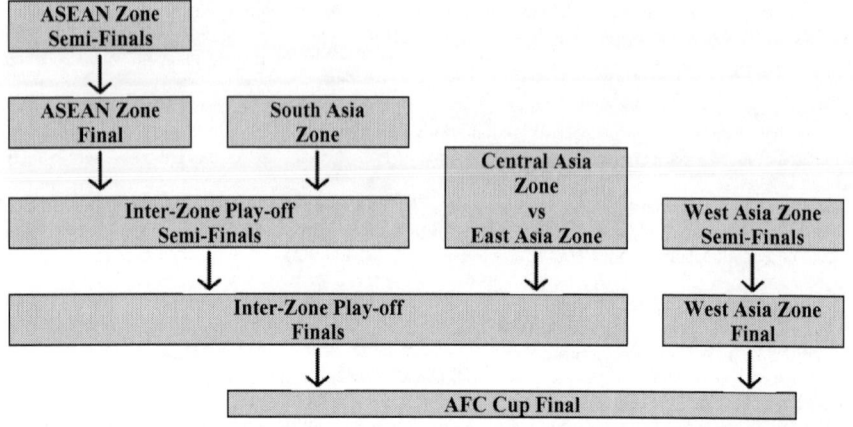

WEST ASIA ZONE SEMI-FINALS

12.02.2024, Khalifa Sports City Stadium, Manama; Attendance: 919
Referee: Hassan Akrami (Iran)
Al Riffa SC - Al Nahda Club Al Buraimi   **1-1(0-0)**
Al Riffa: Mahmood Abdulghani Abdulnabi Ali Al Ajmi, Lazar Đorđević, Sayed Mahdi Baqer Jaafar Mahdi, Hamad Mahmood Ismaeel Ali Mohamed Al Shamsan (80.Husain Ali Abdulhusain Habib Mohamed Al Eker), Ali Abdulla Haram, Kamil Hasan Abdulla Ahmed Hasan Al Aswad, Aymen Harzi, Mouhamad Anez (61.Ali Hasan Saeed Isa), Jassim Ahmed Jassim Al Shaikh, Carlos Alberto Guimarães Filho "Jacó" (80.Hashim Sayed Isa Hasan Radhi Hashim), Hazza Ali Hazza Ateeq Mubarak. Trainer: Hisham Mahozi.
Al Nahda: Ibrahim Saleh Al Mukhaini, Ahmed Khalifa Said Al Kaabi, Abdul Aziz Khalfan Salim Al Shamousi, Ghanim Ramadhan Bashir Al Habashi, Junior Ngede, Inters Auxence Gui (85.Ali Dhahi Mahil Masoud Al Rusheidi), Harib Jamil Zaid Al Saadi, Omar Mohammed Rashid Malki (64.Ali Moosa Ali Al Hinai), Salaah Said Salim Al Yahyaei, Rabia Said Al Alawi Al Mandhar (73.Issam Abdallah Saif Al Sabhi), Walter Bwalya (85.Hamood Saleh Said Al Sadi). Trainer: Hamad Khalifa Hamed Al Azani.
Goals: 1-0 Ali Abdulla Haram (62), 1-1 Inters Auxence Gui (77).

19.02.2024, "Sultan Qaboos" Sports Complex, Muscat; Attendance: 4,324
Referee: Kim Dae-yong (Korea Republic)
Al Nahda Club Al Buraimi - Al Riffa SC   **3-1(0-1,1-1)**
Al Nahda: Ibrahim Saleh Al Mukhaini, Ahmed Khalifa Said Al Kaabi, Abdul Aziz Khalfan Salim Al Shamousi, Ghanim Ramadhan Bashir Al Habashi, Junior Ngede, Ali Moosa Ali Al Hinai (46.Omar Mohammed Rashid Malki), Billel Bensaha (73.Rabia Said Al Alawi Al Mandhar), Salaah Said Salim Al Yahyaei (64.Issam Abdallah Saif Al Sabhi), Walter Bwalya (80.Hamood Saleh Said Al Sadi). Trainer: Hamad Khalifa Hamed Al Azani.
Al Riffa: Mahmood Abdulghani Abdulnabi Ali Al Ajmi, Lazar Đorđević, Sayed Mahdi Baqer Jaafar Mahdi, Hamad Mahmood Ismaeel Ali Mohamed Al Shamsan (90.Husain Ali Abdulhusain Habib

Mohamed Al Eker), Ali Abdulla Haram, Kamil Hasan Abdulla Ahmed Hasan Al Aswad, Aymen Harzi (30.Abdulaziz Khalid Ahmed Khalifa Rajab Al Mansoori; 68.Vinícius Vargas dos Santos), Jassim Ahmed Jassim Al Shaikh (97.Hashim Sayed Isa Hasan Radhi Hashim), Carlos Alberto Guimarães Filho "Jacó", Ali Hasan Saeed Isa (46.Mouhamad Anez; 105.Yassine Karim Mawlid Mokhtar Rachid Ben Mansour), Hazza Ali Hazza Ateeq Mubarak. Trainer: Hisham Mahozi.
Goals: 0-1 Ali Hasan Saeed Isa (33), 1-1 Walter Bwalya (59), 2-1 Hamood Saleh Said Al Sadi (94), 3-1 Issam Abdallah Saif Al Sabhi (107).
[Al Nahda Club Al Buraimi won 4-2 on aggregate]

13.02.2024, „Sultan Qaboos" Sports Complex, Muscat (Oman); Attendance: 150
Referee: Ahmed Faisal Mohammad Al Ali (Jordan)
Al Ahed Beirut - Al-Kahrabaa SC Baghdad   **0-1(0-1)**
Al Ahed: Mostafa Matar, Hussein Al Zein, Khalil Georges Khamis, Diaa Alhak Al Mohammad (46.Hussein Ali Dakik), Mohamad Faouzi Haidar, George Felix Michel Melki (82.Ali Mahmoud Hadid), Mohammad Al Marmour (90.Nour Mansour), Walid Adel Shour, Hasan Srour (46.Ali Al Haj), Lee Erwin (59.Karim Abou Zeid), Karim Abid Darwich. Trainer: Raafat Mohammad (Syria).
Al-Kahrabaa: Ammar Ali Hassan Al Azzawi, Hayder Ahmed Azeez Bni Tamim Al Shammari (78.Dennis Tennyson Tetteh), Polo Nartey Amanor (75.Abdullah Abdulameer Luaibi Al Rumawaj), Ali Khalid Abd Al Sajjad, Mohamad Zahir Al Ghunaimi Al Midani, Mohammad Salam, Amoori Faisal Mutshar Al Lami (89.Almuntaserbelh Fouad Abbas Al Araji), Mahmood Khaleel Ibrahim Al Badri (63.Muhaimen Salim Malakh), Mumuni Shafiu, Daouda Guèye Diémé (63.Sajjad Khalil Shaye Al Lami), Murthada Jamal Raheem Al Sudani. Trainer: Loay Salah Hassan Al Khafaji.
Goal: 0-1 Mohamad Zahir Al Ghunaimi Al Midani (20).

20.02.2024, Basra International Stadium, Basra; Attendance: 12,754
Referee: Sadullo Gulmurodi (Tajikistan)
Al-Kahrabaa SC Baghdad - Al Ahed Beirut   **0-1(0-0,0-1,0-1); 2-4 on penalties**
Al-Kahrabaa: Ammar Ali Hassan Al Azzawi, Hayder Ahmed Azeez Bni Tamim Al Shammari, Polo Nartey Amanor, Mohamad Zahir Al Ghunaimi Al Midani, Amoori Faisal Mutshar Al Lami (73.Mohammad Salam), Abdullah Abdulameer Luaibi Al Rumawaj, Evan Khalid Kheder (79.Mahmood Khaleel Ibrahim Al Badri), Almuntaserbelh Fouad Abbas Al Araji (46.Dennis Tennyson Tetteh), Murtada Ali Maras Hthelee (98.Muhaimen Salim Malakh), Mumuni Shafiu (85.Murthada Jamal Raheem Al Sudani), Daouda Guèye Diémé. Trainer: Loay Salah Hassan Al Khafaji.
Al Ahed: Mostafa Matar, Nour Mansour, Khalil Georges Khamis, Diaa Alhak Al Mohammad (71.Hussein Ali Dakik), George Felix Michel Melki, Mohammad Al Marmour (90.Hussein Al Zein), Walid Adel Shour (78.Mahmoud Ali Zbib), Hasan Srour (105.Karim Abou Zeid), Lee Erwin (105.Ali Mahmoud Hadid), Karim Abid Darwich, Ali Al Haj (61.Mohamad Faouzi Haidar). Trainer: Raafat Mohammad (Syria).
Goal: 0-1 Lee Erwin (85).
Penalties: Karim Abid Darwich (saved); Abdullah Abdulameer Luaibi Al Rumawaj (missed); Mohamad Faouzi Haidar 0-1; Muhaimen Salim Malakh 1-1; Hussein Al Zein 1-2; Mahmood Khaleel Ibrahim Al Badri (saved); George Felix Michel Melki 1-3; Mohamad Zahir Al Ghunaimi Al Midani 2-3; Mostafa Matar 2-4.
[Al Ahed Beirut won 4-2 on penalties (after 1-1 on aggregate)]

WEST ASIA ZONE FINAL

16.04.2024, Karbala International Stadium, Karbala (Iraq); Attendance: 7,632
Referee: Faisal Suleiman Al Balawi (Saudi Arabia)
Al Ahed Beirut - Al Nahda Club Al Buraimi   **1-0(0-0)**
Al Ahed: Mostafa Matar, Hussein Al Zein, Khalil Georges Khamis, Diaa Alhak Al Mohammad, Mohamad Faouzi Haidar (65.Ali Al Haj), George Felix Michel Melki, Mohammad Al Marmour (89.Nour Mansour), Walid Adel Shour, Hasan Srour, Karim Abid Darwich (64.Lee Erwin), Mohammad Al Hallak (74.Hussein Ali Dakik). Trainer: Raafat Mohammad (Syria).

Al Nahda: Ibrahim Saleh Al Mukhaini, Ahmed Khalifa Said Al Kaabi, Abdul Aziz Khalfan Salim Al Shamousi, Ghanim Ramadhan Bashir Al Habashi, Junior Ngede (28.Ahmed Al Matroushi), Harib Jamil Zaid Al Saadi, Omar Mohammed Rashid Malki (63.Ali Dhahi Mahil Masoud Al Rusheidi), Ali Moosa Ali Al Hinai (63.Inters Auxence Gui), Billel Bensaha (75.Rabia Said Al Alawi Al Mandhar), Salaah Said Salim Al Yahyaei, Walter Bwalya (62.Issam Abdallah Saif Al Sabhi). Trainer: Hamad Khalifa Hamed Al Azani.
Goal: 1-0 Mohammad Al Hallak (46).

23.04.2024, „Sultan Qaboos" Sports Complex, Muscat; Attendance: 3,420
Referee: Jumpei Iida (Japan)
Al Nahda Club Al Buraimi - Al Ahed Beirut 2-2(0-0)
Al Nahda: Ibrahim Saleh Al Mukhaini, Ahmed Khalifa Said Al Kaabi, Abdul Aziz Khalfan Salim Al Shamousi, Ahmed Al Matroushi, Ghanim Ramadhan Bashir Al Habashi, Inters Auxence Gui (85.Ali Dhahi Mahil Masoud Al Rusheidi), Harib Jamil Zaid Al Saadi, Ali Moosa Ali Al Hinai (46.Omar Mohammed Rashid Malki), Billel Bensaha (90+2.Hamood Saleh Said Al Sadi), Salaah Said Salim Al Yahyaei, Issam Abdallah Saif Al Sabhi (78.Walter Bwalya). Trainer: Hamad Khalifa Hamed Al Azani.
Al Ahed: Mostafa Matar, Hussein Al Zein, Khalil Georges Khamis, Diaa Alhak Al Mohammad, Mohamad Faouzi Haidar (67.Hussein Ali Dakik), George Felix Michel Melki, Mohammad Al Marmour (61.Ali Al Haj), Walid Adel Shour (73.Nour Mansour), Hasan Srour, Karim Abid Darwich (61.Lee Erwin), Mohammad Al Hallak. Trainer: Raafat Mohammad (Syria).
Goals: 1-0 Omar Mohammed Rashid Malki (53), 1-1 Lee Erwin (82), 1-2 Lee Erwin (87), 2-2 Walter Bwalya (89).
[Al Ahed Beirut won 3-2 on aggregate]

ASEAN ZONE SEMI-FINALS

13.02.2024, Campbelltown Sports Stadium, Sydney; Attendance: 2,225
Referee: Nasrullo Kabirov (Tajikistan)
Macarthur FC Sydney - Sabah FC 3-0(1-0)
Macarthur: Filip Kurto, Matthew John Jurman, Ivan Vujica (82.Walter Edward Fitzgerald Scott), Tomislav Uskok, Yianni Nicolaou (70.Kealey Adamson), Ulises Alejandro Dávila Plascencia, Clayton Rhys Lewis, Charles M'Mombwa (82.Kristian Popović), Jed Drew (87.Lachlan Rose), Valère Germain, Raphael Borges Rodrigues (71.Bernardo Oliveira). Trainer: Mile Sterjovski.
Sabah FC: Khairul Fahmi Che Mat, Park Tae-su, Daniel Sang Ting, Dominic Tan Jun Jin, Gabriel Schmegel Wotter Peres, Miguel Ángel Garrido Cifuentes, Ko Kwang-min (72.Muhammad Jafri Muhammad Firdaus Chew), Telmo Ferreira Castanheira (86.Rawilson Batuil), Stuart John Wilkin, Ramon Machado De Macedo, Darren Lok Yee Deng (85.Mohamad Irfan Fazail). Trainer: Datuk Ong Kim Swee.
Goals: 1-0 Ulises Alejandro Dávila Plascencia (40), 2-0 Jed Drew (46), 3-0 Jed Drew (80).

13.02.2024, Central Coast Stadium, Gosford; Attendance: 2,014
Referee: Pranjal Banerjee (India)
Central Coast Mariners FC Gosford - Phnom Penh Crown FC 4-0(1-0)
Central Coast Mariners: Daniel Vuković, Brian Kaltak, Storm James Roux (73.Antonio Mikael Rodrigues Brito „Doka"), Daniel Olatunji Hall, Jacob Brett Farrell, Joshua Jeffrey Nisbet, Maximilien Balard, Miguel Di Pizio (73.Bailey Anthony Brandtman), Ángel Yesid Torres Quiñones (79.Alou Mawien Kuol), Jing Machar Reec (60.Ryan David Edmondson), Ronald Barcellos Arantes (60.Christian Theoharous). Trainer: Mark Graham Jackson (England).
Crown FC: Um Vichet, Seut Baraing (79.Phach Socheavila), Yeu Muslim (82.Pov Ponvuthy), Soe Moe Kyaw, Takaki Ose, Yudai Ogawa (82.Yue Safy), Orn Chanpolin, Denilson Rodrigues Roldão (72.Koeut Pich), Shintaro Shimizu, Rafael Andrés Nieto Riondón, Lim Pisoth (79.Brak Thiva). Trainer: Oleg Starynskiy (Ukraine).
Goals: 1-0 Jing Machar Reec (37), 2-0 Ryan David Edmondson (72), 3-0 Ryan David Edmondson (78), 4-0 Ryan David Edmondson (90+4).

ASEAN ASIA ZONE FINAL

22.02.2024, Campbelltown Sports Stadium, Sydney; Attendance: 2,827
Referee: Ammar Ebrahim Hasan Mahfoodh (Bahrain)
Macarthur FC Sydney - Central Coast Mariners FC Gosford   2-3(0-1,1-1)
Macarthur: Filip Kurto, Matthew John Jurman, Ivan Vujica (90.Thomas Jefferson Mateus de Assis Estácio Smith), Tomislav Uskok, Ulises Alejandro Dávila Plascencia, Clayton Rhys Lewis (71.Charles M'Mombwa), Jake Hollman, Bernardo Oliveira (65.Jed Drew), Kealey Adamson (84.Lachlan Rose), Valère Germain, Raphael Borges Rodrigues (71.Ariath Piol; 90.Kristian Popović). Trainer: Mile Sterjovski.
Central Coast Mariners: Daniel Vuković, Brian Kaltak, Storm James Roux (46.Ángel Yesid Torres Quiñones), Antonio Mikael Rodrigues Brito „Doka", Daniel Olatunji Hall, Jacob Brett Farrell, Joshua Jeffrey Nisbet, Maximilien Balard, Miguel Di Pizio (73.Bradley Anthony Tapp), Christian Theoharous (46.Bailey Anthony Brandtman; 102.Ronald Barcellos Arantes), Jing Machar Reec (46.Ryan David Edmondson; 110.Alou Mawien Kuol). Trainer: Mark Graham Jackson (England).
Goals: 0-1 Ángel Yesid Torres Quiñones (81), 1-1 Ulises Alejandro Dávila Plascencia (88), 2-1 Lachlan Rose (92), 2-2 Antonio Mikael Rodrigues Brito „Doka" (105+3), 2-3 Ronald Barcellos Arantes (120).

INTER-ZONE PLAY-OFF SEMI-FINALS

06.03.2024, „Dolen Omurzakov" Stadium, Bishkek; Attendance: 4,059
Referee: Bijan Heydari (Iran)
FC Abdish-Ata Kant - Taichung Futuro FC   5-0(2-0)
Abdish-Ata: Marsel Islamkulov, Aizar Akmatov, Khristiyan Brauzman, Amantur Shamurzaev, Magamed Uzdenov, Kayrat Zhyrgalbek uulu (90+3.Erbol Abduzhaparov), Farkhat Musabekov, Teýmur Çaryýew, Arlen Sharshenbekov (90+3.Nurlan Sarykbaev), Ernist Batyrkanov (81.Süleýman Muhadow), Atay Dzhumashev (81.Mirbek Akhmataliev). Trainer: Islam Akhmedov.
Futuro FC: Kenya Matsui, Keisuke Ogawa, Nagisa Sakurauchi, Lin Che-yu (58.Cheng Hao), Hsu Heng-pin, Liang Meng-hsin (76.Tsai Chieh-hsun), Komori Yoshitaka (84.Chen Chun-fu), Jhon Miky Benchy Estama, Kazuma Takayama, Shohei Yokoyama, Wen Chih-hao. Trainer: Pen Wu-sung.
Goals: 1-0 Kayrat Zhyrgalbek uulu (14), 2-0 Ernist Batyrkanov (45+1), 3-0 Magamed Uzdenov (85), 4-0 Mirbek Akhmataliev (87), 5-0 Teýmur Çaryýew (90).

13.03.2024, Nanzih Football Stadium, Kaohsiung; Attendance: 115
Referee: Yahya Mohammed Ali Hassan Al Mulla (United Arab Emirates)
Taichung Futuro FC - FC Abdish-Ata Kant   1-3(1-0)
Futuro FC: Kenya Matsui, Keisuke Ogawa, Nagisa Sakurauchi, Liang Meng-hsin (87.Chen Chun-fu), Komori Yoshitaka (87.Lin Che-yu), Jhon Miky Benchy Estama, Kazuma Takayama, Wen Chih-hao [*sent off 90+3*], Takuro Uehara, Cheng Hao (67.Hsu Heng-pin), Li Mao (72.Tsai Chieh-hsun). Trainer: Pen Wu-sung.
Abdish-Ata: Marsel Islamkulov, Aizar Akmatov, Khristiyan Brauzman, Amantur Shamurzaev (78.Erbol Abduzhaparov), Magamed Uzdenov, Kayrat Zhyrgalbek uulu (78.Bekzhan Sagynbaev), Farkhat Musabekov, Teýmur Çaryýew, Arlen Sharshenbekov (38.Nurlan Sarykbaev), Ernist Batyrkanov (61.Süleýman Muhadow), Atay Dzhumashev (61.Mirbek Akhmataliev). Trainer: Islam Akhmedov.
Goals: 1-0 Jhon Miky Benchy Estama (2), 1-1 Farkhat Musabekov (60), 1-2 Magamed Uzdenov (63), 1-3 Nurlan Sarykbaev (81).
[FC Abdish-Ata Kant won 8-1 on aggregate]

07.03.2024, Central Coast Stadium, Gosford; Attendance: 2,674
Referee: Qasim Matar Ali Al Hatmi (Oman)
Central Coast Mariners FC Gosford - Odisha FC Bhubaneswar   4-0(1-0)
Central Coast Mariners: Daniel Vuković, Brian Kaltak, Storm James Roux (66.Miguel Di Pizio), Antonio Mikael Rodrigues Brito „Doka", Daniel Olatunji Hall, Jacob Brett Farrell, Joshua Jeffrey Nisbet, Maximilien Balard (82.Ronald Barcellos Arantes), Bradley Anthony Tapp (63.Harrison James Steele), Ángel Yesid Torres Quiñones (66.Christian Theoharous), Jing Machar Reec (46.Ryan David Edmondson). Trainer: Mark Graham Jackson (England).
Odisha FC: Amrinder Singh, Carlos Javier Delgado Rodríguez, Mourtada Fall, Jerry Lalrinzuala (84.Vignesh Dakshinamurthy), Amey Ranawade, Ahmed Jahouh, Lalthathanga Khawlhring (84.Lenny Rodrigues), Roy Krishna, Diego Maurício Machado de Brito, Cy Goddard, Isak Vanlalruatfela (68.Aniket Jhadav). Trainer: Sergio Lobera Rodríguez (Spain).
Goals: 1-0 Antonio Mikael Rodrigues Brito „Doka" (36), 2-0 Storm James Roux (52), 3-0 Antonio Mikael Rodrigues Brito „Doka" (77 penalty), 4-0 Ronald Barcellos Arantes (89).

14.03.2024, Kalinga Stadium, Bhubaneswar; Attendance: 2,711
Referee: Majed Mohammed Al Shamrani (Saudi Arabia)
Odisha FC Bhubaneswar - Central Coast Mariners FC Gosford   0-0
Odisha FC: Amrinder Singh, Carlos Javier Delgado Rodríguez, Mourtada Fall, Jerry Lalrinzuala, Amey Ranawade, Ahmed Jahouh, Lalthathanga Khawlhring (56.Princeton Rebello), Roy Krishna, Diego Maurício Machado de Brito, Cy Goddard, Isak Vanlalruatfela (64.Aphaoba Singh). Trainer: Sergio Lobera Rodríguez (Spain).
Central Coast Mariners: Daniel Vuković, Brian Kaltak, Nathan Paull, Antonio Mikael Rodrigues Brito „Doka", Daniel Olatunji Hall, Joshua Jeffrey Nisbet, Maximilien Balard (90+2.Bailey Anthony Brandtman), Bradley Anthony Tapp (60.Harrison James Steele), Ryan David Edmondson (71.Jing Machar Reec), Ángel Yesid Torres Quiñones (71.Christian Theoharous), Ronald Barcellos Arantes (60.Miguel Di Pizio). Trainer: Mark Graham Jackson (England).
[Central Coast Mariners FC Gosford won 4-0 on aggregate]

INTER-ZONE PLAY-OFF FINAL

17.04.2024, „Dolen Omurzakov" Stadium, Bishkek; Attendance: 10,663
Referee: Gamini Nivon Robesh (Sri Lanka)
FC Abdish-Ata Kant - Central Coast Mariners FC Gosford   1-1(0-0)
Abdish-Ata: Marsel Islamkulov, Bekzhan Sagynbaev, Aizar Akmatov (62.Argen Zhumataev), Khristiyan Brauzman, Amantur Shamurzaev (85.Nurlan Sarykbaev), Magamed Uzdenov, Kayrat Zhyrgalbek uulu, Farkhat Musabekov, Teýmur Çaryýew, Mirbek Akhmataliev (56.Atay Dzhumashev), Ernist Batyrkanov (57.Süleýman Muhadow). Trainer: Islam Akhmedov.
Central Coast Mariners: Daniel Vuković, Brian Kaltak, Storm James Roux, Antonio Mikael Rodrigues Brito „Doka" (83.Christian Theoharous), Daniel Olatunji Hall, Joshua Jeffrey Nisbet, Maximilien Balard, Bradley Anthony Tapp (63.Miguel Di Pizio), Harrison James Steele, Ryan David Edmondson (62.Jing Machar Reec), Ángel Yesid Torres Quiñones. Trainer: Mark Graham Jackson (England).
Goals: 0-1 Brian Kaltak (81), 1-1 Magamed Uzdenov (90+3).

24.04.2024, Central Coast Stadium, Gosford; Attendance: 4,723
Referee: Kim Hee-gon (Korea Republic)
Central Coast Mariners FC Gosford - FC Abdish-Ata Kant   3-0(0-0)
Central Coast Mariners: Daniel Vuković, Brian Kaltak, Storm James Roux, Antonio Mikael Rodrigues Brito „Doka", Daniel Olatunji Hall, Jacob Brett Farrell, Joshua Jeffrey Nisbet, Maximilien Balard, Bradley Anthony Tapp (83.Harrison James Steele), Christian Theoharous (72.Miguel Di Pizio), Alou Mawien Kuol (68.Ryan David Edmondson). Trainer: Mark Graham Jackson (England).

Abdish-Ata: Marsel Islamkulov, Bekzhan Sagynbaev (67.Nurlan Sarykbaev), Aizar Akmatov (90.Erbol Abduzhaparov), Khristiyan Brauzman, Magamed Uzdenov, Argen Zhumataev (67.Amantur Shamurzaev), Kayrat Zhyrgalbek uulu, Farkhat Musabekov, Teýmur Çaryýew, Ernist Batyrkanov (67.Süleýman Muhadow), Atay Dzhumashev (66.Mirbek Akhmataliev). Trainer: Islam Akhmedov.
Goals: 1-0 Miguel Di Pizio (77), 2-0 Antonio Mikael Rodrigues Brito „Doka" (86), 3-0 Miguel Di Pizio (90+1).
[Central Coast Mariners FC Gosford won 4-1 on aggregate]

AFC CUP FINAL

05.05.2024, "Sultan Qaboos" Sports Complex, Muscat (Oman); Attendance: 1,930
Referee: Omar Mohamed Al Ali (United Arab Emirates)
Al Ahed Beirut - Central Coast Mariners FC Gosford   0-1(0-0)
Al Ahed: Mostafa Matar, Hussein Al Zein (83.Nour Mansour), Khalil Georges Khamis, Diaa Alhak Al Mohammad, Mohamad Faouzi Haidar (60.Ali Al Haj), George Felix Michel Melki, Mohammad Al Marmour (88.Karim Abid Darwich), Walid Adel Shour, Hasan Srour, Lee Erwin, Mohammad Al Hallak. Trainer: Raafat Mohammad (Syria).
Central Coast Mariners: Daniel Vuković, Brian Kaltak, Antonio Mikael Rodrigues Brito „Doka", Daniel Olatunji Hall, Jacob Brett Farrell, Joshua Jeffrey Nisbet, Maximilien Balard, Bradley Anthony Tapp (89.Harrison James Steele), Miguel Di Pizio (66.Storm James Roux), Christian Theoharous (46.Ronald Barcellos Arantes), Ryan David Edmondson (64.Alou Mawien Kuol). Trainer: Mark Graham Jackson (England).
Goal: 0-1 Alou Mawien Kuol (84).

2023/2024 AFC Cup Winners: **Central Coast Mariners FC Gosford** (Australia)

Best Goalscorer:
Marco Túlio Oliveira Lemos (BRA, Central Coast Mariners FC Gosford) - 8 goals

AFC CUP TABLE OF HONOURS

2004	Al-Jaish Damascus	(SYR)
2005	Al Faisaly Club Amman	(JOR)
2006	Al Faisaly Club Amman	(JOR)
2007	Shabab Al-Ordon Al-Qadisiya Amman	(JOR)
2008	Al-Muharraq Sports Club	(BHR)
2009	Al Kuwait SC Kaifan	(KUW)
2010	Al Ittihad Aleppo	(SYR)
2011	Nasaf Qarshi FC	(UZB)
2012	Al Kuwait SC Kaifan	(KUW)
2013	Al Kuwait SC Kaifan	(KUW)
2014	Al Qadsia Sporting Club Kuwait City	(KUW)
2015	Kelab Bola Sepak Johor Darul Ta'zim	(MAS)
2016	Al Quwa Al Jawiya FC Baghdad	(IRQ)
2017	Al Quwa Al Jawiya FC Baghdad	(IRQ)
2018	Al Quwa Al Jawiya FC Baghdad	(IRQ)
2019	Al Ahed FC Beirut	(LIB)
2020	*Competition cancelled*	
2021	Al-Muharraq Sports Club	(BHR)
2022	Al-Seeb Club	(OMA)
2023/2024	Central Coast Mariners FC Gosford	(AUS)

2023 ARAB CLUB CHAMPIONS CUP

كأس الملك سلمان للأندية
KING SALMAN CLUB CUP

The 2023 Arab Club Champions Cup, officially named the "2023 King Salman Club Cup" was the 30th edition of the Arab Club Champions Cup, the Arab world's club football tournament organised by UAFA (Union of Arab Football Associations).

A total of 37 teams participated in the tournament, which started with preliminary and qualifying rounds, before the final tournament was held in Saudi Arabia from 27 July to 12 August 2023 across four cities: Abha, Al Bahah, Khamis Mushait and Taif. In the final, Al-Nassr defeated local rivals Al-Hilal 2-1 after extra time to win their first title.

List of participating clubs:

Asia Zone (19 teams):

Bahrain (2 teams)	Manama Club (1*)
	Al Muharraq Sports Club (1*)
Iraq (2 teams)	Al Shorta SC Baghdad
	Al Quwa Al Jawiya FC Baghdad (1*)
Jordan (1 team)	Shabab Al Ordon Al Qadisiya Amman (1*)
Kuwait (1 team)	Al Kuwait SC Kaifan (1*)
Lebanon (1 team)	Bourj FC Bourj el-Barajneh (1*)
Oman (2 teams)	Al-Seeb Club (1*)
	Al Nahda Club Al Buraimi (1*)
Palestine (1 team)	Shabab Al-Khalil SC (1*)
Qatar (2 teams)	Al-Sadd Sports Club
	Qatar Sports Club Doha (1*)
Saudi Arabia (4 teams)	Al-Hilal FC Riyadh
	Al-Ittihad Club Jeddah
	Al-Nassr FC Riyadh
	Al-Shabab FC Riyadh (1*)
Syria (1 team)	Tishreen SC Latakia (1*)
United Arab Emirates (1 team)	Al Wahda FC Abu Dhabi (1*)
Yemen (1 team)	Fahman Abyan Club (2*)

Africa Zone (18 teams):

Algeria (2 teams)	Chabab Riadhi de Belouizdad Alger
	Jeunesse Sportive de la Saoura Méridja (1*)
Comoros (1 team)	Volcan Club Moroni (2*)
Djibouti (1 team)	AS d'Arta/Solar 7 Djibouti (2*)
Egypt (2 teams)	Zamalek SC Cairo
	Tala'ea El-Gaish SC Cairo (1*)
Libya (2 teams)	Al Ittihad SCSC Tripoli (1*)
	Al Ahli SC Tripoli (1*)
Mauritania (1 team)	FC Nouadhibou (1*)
Morocco (3 teams)	Raja Club Athletic Casablanca
	Wydad Athletic Club Casablanca
	AS Forces Armées Royales Rabat (1*)
Somalia (1 team)	Horseed FC (2*)
Sudan (2 teams)	Al Hilal SC Omdurman (1*)
	Al Merrikh SC Omdurman (1*)
Tunisia (3 teams)	Espérance Sportive de Tunis
	Union Sportive Monastirienne (1*)
	Club Sportif Sfaxien (1*)

(1*) entered in the Qualifyng Round / (2*) entered in the Preliminary Round

PRELIMINARY ROUND
(02-05.03.2023)

AS d'Arta/Solar 7 Djibouti - Volcan Club Moroni	2-0(1-0)
Fahman Abyan Club - Horseed FC	3-0(2-0)
AS d'Arta/Solar 7 Djibouti - **Fahman Abyan Club**	1-2(1-1)

QUALIFYING ROUND

FIRST QUALIFYING ROUND (13.03.-16.04.2023)

AS Forces Armées Royales Rabat - Al Ittihad SCSC Tripoli	4-1(1-0)	1-3(1-2)
Bourj FC Bourj el-Barajneh - **Al Wahda FC Abu Dhabi**	0-3(0-3)	0-1(0-0)
Al Merrikh SC Omdurman - **Tishreen SC Latakia**	2-1(2-1)	0-1(0-1)
Al Quwa Al Jawiya FC Baghdad - **Al-Shabab FC Riyadh**	1-1(1-0)	0-4(0-1)
Al Hilal SC Omdurman - Manama Club	3-0(0-0)	1-2(1-2)
Club Sportif Sfaxien - Qatar Sports Club Doha	0-0	1-1(0-1)
Tala'ea El-Gaish SC Cairo - **Al Ahli SC Tripoli**	1-2(1-0)	1-1(0-1)
Al Nahda Club Al Buraimi - Shabab Al-Khalil SC	2-0(1-0)	3-0 *awarded*
Fahman Abyan Club - **Union Sportive Monastirienne**	0-4(0-1)	0-2(0-0)
Al Muharraq Sports Club - Al-Seeb Club	2-0(2-0)	0-2 aet; 5-4 pen
FC Nouadhibou - Shabab Al Ordon Al Qadisiya Amman	4-1(1-1)	0-1(0-1)
Al Kuwait SC Kaifan - Jeunesse Sportive de la Saoura Méridja	1-0(0-0)	1-1(0-0)

SECOND QUALIFYING ROUND (07-31.05.2023)

AS Forces Armées Royales Rabat - **Al Wahda FC Abu Dhabi**	0-0	0-3(0-1)
Tishreen SC Latakia - **Al-Shabab FC Riyadh**	1-1(0-0)	1-3(0-2)
Al Hilal SC Omdurman - **Club Sportif Sfaxien**	1-0(1-0)	0-2(0-0)
Al Ahli SC Tripoli - Al Nahda Club Al Buraimi	4-2(4-1)	0-0
Union Sportive Monastirienne - Al Muharraq Sports Club	2-0(0-0)	1-0(0-0)
FC Nouadhibou - **Al Kuwait SC Kaifan**	1-2(0-0)	0-1(0-1)

FINAL TOURNAMENT

List of venues:

City	Stadium	Capacity
Abha	„Prince Sultan bin Abdul Aziz" Stadium	20,000
Al Bahah	„King Saud" Sports City Stadium	10,000
Khamis Mushait	Damac Club Stadium	5,000
Taif	"King Fahd" Stadium	20,000

GROUP STAGE

GROUP A

Date	Venue	Match	Result
27.07.2023	Taif	Club Sportif Sfaxien - Al Shorta SC Baghdad	0-1(0-0)
27.07.2023	Taif	Espérance Sportive de Tunis - Al-Ittihad Club Jeddah	1-2(1-1)
30.07.2023	Taif	Al Shorta SC Baghdad - Espérance Sportive de Tunis	0-0
30.07.2023	Taif	Al-Ittihad Club Jeddah - Club Sportif Sfaxien	1-0(0-0)
02.08.2023	Al Bahah	Espérance Sportive de Tunis - Club Sportif Sfaxien	0-0
02.08.2023	Taif	Al Shorta SC Baghdad - Al-Ittihad Club Jeddah	1-2(0-1)

FINAL STANDINGS

1.	**Al-Ittihad Club Jeddah**	3	3	0	0	5 - 2	9
2.	**Al Shorta SC Baghdad**	3	1	1	1	2 - 2	4
3.	Espérance Sportive de Tunis	3	0	2	1	1 - 2	2
4.	Club Sportif Sfaxien	3	0	1	2	0 - 2	1

GROUP B

Date	Venue	Match	Result
27.07.2023	Abha	Al-Sadd Sports Club - Wydad AC Casablanca	0-0
27.07.2023	Abha	Al Ahli SC Tripoli - Al-Hilal FC Riyadh	0-0
30.07.2023	Abha	Wydad AC Casablanca - Al Ahli SC Tripoli	1-1(1-0)
30.07.2023	Abha	Al-Hilal FC Riyadh - Al-Sadd Sports Club	2-3(1-1)
02.08.2023	Khamis Mushait	Al-Sadd Sports Club - Al Ahli SC Tripoli	1-0(0-0)
02.08.2023	Abha	Al-Hilal FC Riyadh - Wydad AC Casablanca	2-1(1-0)

FINAL STANDINGS

1.	**Al-Sadd Sports Club**	3	2	1	0	4 - 2	7
2.	**Al-Hilal FC Riyadh**	3	1	1	1	4 - 4	4
3.	Wydad Athletic Club Casablanca	3	0	2	1	2 - 3	2
4.	Al Ahli SC Tripoli	3	0	2	1	1 - 2	2

GROUP C

Date	Venue	Match	Result
28.07.2023	Taif	Zamalek SC Cairo - US Monastirienne	4-0(2-0)
28.07.2023	Taif	Al-Nassr FC Riyadh - Al-Shabab FC Riyadh	0-0
31.07.2023	Taif	Al-Shabab FC Riyadh - Zamalek SC Cairo	1-0(1-0)
31.07.2023	Taif	US Monastirienne - Al-Nassr FC Riyadh	1-4(0-1)
03.08.2023	Taif	Zamalek SC Cairo - Al-Nassr FC Riyadh	1-1(0-0)
03.08.2023	Al Bahah	Al-Shabab FC Riyadh - US Monastirienne	1-0(1-0)

FINAL STANDINGS

1.	**Al-Shabab FC Riyadh**	3	2	1	0	2 - 0	7
2.	**Al-Nassr FC Riyadh**	3	1	2	0	5 - 2	5
3.	Zamalek SC Cairo	3	1	1	1	5 - 2	4
4.	Union Sportive Monastirienne	3	0	0	3	1 - 9	0

GROUP D

28.07.2023	Abha	CR de Belouizdad Alger - Raja CA Casablanca	1-2(1-0)
28.07.2023	Abha	Al Kuwait SC Kaifan - Al Wahda FC Abu Dhabi	1-2(0-0)
31.07.2023	Abha	Al Wahda FC Abu Dhabi - CR de Belouizdad Alger	2-1(1-0)
31.07.2023	Abha	Raja CA Casablanca - Al Kuwait SC Kaifan	2-0(0-0)
03.08.2023	Khamis Mushait	CR de Belouizdad Alger - Al Kuwait SC Kaifan	1-1(1-0)
03.08.2023	Abha	Al Wahda FC Abu Dhabi - Raja CA Casablanca	0-1(0-1)

FINAL STANDINGS

1.	**Raja Club Athletic Casablanca**	3	3	0	0	5	-	1	9
2.	**Al Wahda FC Abu Dhabi**	3	2	0	1	4	-	3	6
3.	Chabab Riadhi de Belouizdad Alger	3	0	1	2	3	-	5	1
4.	Al Kuwait SC Kaifan	3	0	1	2	2	-	5	1

QUARTER-FINALS

05.08.2023	Taif	Al-Ittihad Club Jeddah - Al-Hilal FC Riyadh	1-3(0-2)
05.08.2023	Abha	Al-Sadd Sports Club - Al Shorta SC Baghdad	2-4(1-1)
06.08.2023	Taif	Al-Shabab FC Riyadh - Al Wahda FC Abu Dhabi	0-0 aet; 5-4 pen
06.08.2023	Abha	Raja CA Casablanca - Al-Nassr FC Riyadh	1-3(1-3)

SEMI-FINALS

09.08.2023	Taif	Al-Hilal FC Riyadh - Al-Shabab FC Riyadh	3-1(2-0)
09.08.2023	Abha	Al Shorta SC Baghdad - Al-Nassr FC Riyadh	0-1(0-0)

FINAL

12.08.2023, "King Fahd" Stadium, Taif; Attendance: 86,492
Referee: Ma Ning (China P.R.)
Al-Hilal FC Riyadh - Al-Nassr FC Riyadh 1-2(0-0,1-1)
Al-Hilal FC: Mohammed Khalil Ibrahim Al Owais, Saud Abdullah Salem Abdulhamid, Kalidou Koulibaly (83.Mohammed Ibrahim Mohammed Al Burayk), Ali Hadi Mohammed Al Bulaihi, Yasser Gharsan Saeed Al Mohammadi Al Shahrani (83.Mohammed Yahya Saghir Jahfali), Rúben Diogo da Silva Neves (105+1.André Martín Carrillo Díaz), Mohamed Ibrahim Abdullah Kanno (105+2.Musab Fahd Zaid Al Juwayr), Sergej Milinković-Savić, Malcom Filipe Silva de Oliveira (105+1.Abdullah Hadi Jaber Radif), Salem Mohammed Shafi Al Dawsari (Cap), Michael Richard Delgado de Oliveira (90.Abdullah Abdulrahman Al Hamdan). Trainer: Jorge Fernando Pinheiro de Jesus (Portugal).
Al-Nassr FC: Nawaf Dhahi Faisal Al Suwaiti Al Aqidi, Sultan Abdullah Salem Al Ghanam, Ali Mohammed Lajami (79.Mohammed Abdulhakim Mahdi Al Fatil), Abdulelah Ali Awadh Al Amri [*sent off 71*], Alex Nicolao Telles, Marcelo Brozović (120+2.Abdulmajeed Mohammed Al Sulaiheem), Abdullah Mohammed Al Khaibari (80.Ghislain Niclomande Konan), Seko Mohamed Fofana, Anderson Souza Conceição „Talisca" (90.Abdulrahman Abdullah Ghareeb), Cristiano Ronaldo dos Santos Aveiro (Cap) (115.Ali Sadiq Nasser Al Hassan), Sadio Mané (120.Abdulaziz Saud Al Elewai). Trainer: Luís Manuel Ribeiro de Castro (Portugal) [*sent off 120*].
Please note: Nawaf Mashari Abdulrahman Boushal was sent off on the bench (78).
Goals: 1-0 Michael Richard Delgado de Oliveira (51), 1-1 Cristiano Ronaldo dos Santos Aveiro (74), 1-2 Cristiano Ronaldo dos Santos Aveiro (98).

<u>2023 Arab Club Champions Cup Winner</u>: **Al-Nassr FC Riyadh** (Saudi Arabia)

Best goalscorer: Cristiano Ronaldo dos Santos Aveiro (POR, Al-Nassr FC Riyadh) – 6 goals

ARAB CLUB CHAMPIONS CUP*
TABLE OF HONOURS (1981-2023)

the competition had different names over the years.

ARAB CLUB CHAMPIONS CUP

1981/1982	Al Shorta SC Baghdad	(IRQ)
1984	Al-Ettifaq Club Dammam	(KSA)
1985	Al Rasheed SC Baghdad	(IRQ)
1986	Al Rasheed SC Baghdad	(IRQ)
1987	Al Rasheed SC Baghdad	(IRQ)
1988	Al-Ettifaq Club Dammam	(KSA)
1989	Wydad Athletic Club Casablanca	(MAR)
1990	*Canceled during preliminary round*	
1992	Al-Shabab FC Riyadh	(KSA)
1993	Espérance Sportive de Tunis	(TUN)
1994	Al-Hilal FC Riyadh	(KSA)
1995	Al-Hilal FC Riyadh	(KSA)
1996	Al Ahly FC Cairo	(EGY)
1997	Club Africain Tunis	(TUN)
1998	Widad Athletic Tlemcen	(ALG)
1999	Al-Shabab FC Riyadh	(KSA)
2000	Club Sportif Sfaxien	(TUN)
2001	Al-Sadd Sports Club	(QAT)

ARAB UNIFIED CLUB CHAMPIONSHIP

2002	Al-Ahli Saudi Club Jeddah	(KSA)
2003	Zamalek SC Cairo	(EGY)

ARAB CHAMPIONS LEAGUE

2003/2004	Club Sportif Sfaxien	(TUN)
2004/2005	Al-Ittihad Club Jeddah	(KSA)
2005/2006	Raja Club Athletic Casablanca	(MAR)
2006/2007	Entente Sportive Sétifienne	(ALG)
2007/2008	Entente Sportive Sétifienne	(ALG)
2008/2009	Espérance Sportive de Tunis	(TUN)

UAFA CLUB CUP

2012/2013	Union Sportive de la Médina d'Alger	(ALG)

ARAB CLUB CHAMPIONSHIP

2017	Espérance Sportive de Tunis	(TUN)

ARAB CHAMPIONS LEAGUE

2018/2019	Étoile Sportive du Sahel Sousse	(TUN)
2019/2020	Raja Club Athletic Casablanca	(MAR)
2023	Al-Nassr FC Riyadh	(KSA)

NATIONAL ASSOCIATIONS

The governing body of the national football associations in Asia is the Asian Football Confederation (ACC). The AFC, one of the FIFA's six continental federations, was founded on 8 May 1954 in Manila (Philippines) and has 46 member associations split into four regions.

1. ASEAN (Asian Football Confederation from Southeast Asia) Football Federation	2. East Asian Football Federation (EAFF)
Australia	China P.R.
Brunei	Chinese Taipei
Cambodia	Hong Kong
Indonesia	Guam
Laos	Japan
Malaysia	Korea DPR
Myanmar	Korea Republic
Philippines	Macau
Singapore	Mongolia
Thailand	Northern Mariana Islands
Timor-Leste	
Vietnam	

3. Central and South Asian Football Federation (CAFF and SAFF)		4. West Asian Football Federation (WAFF)
CAFF Members	SAFF Members	Iran
		Iraq
Kyrgyz Republic	Afghanistan	Bahrain
Tajikistan	Bangladesh	Jordan
Turkmenistan	Bhutan	Kuwait
Uzbekistan	India	Lebanon
	Maldives	Oman
	Nepal	Palestine
	Pakistan	Qatar
	Sri Lanka	Arabia
		Syria
		United Arab Emirates
		Yemen

AFGHANISTAN

Federation Directory:
Afghanistan Football Federation
P.O.Box 128, Kabul
Year of Formation: 1922
Member of FIFA since: 1948
Member of AFC since: 1954
Internet: aff.org.af

The Country: Də Afğānistān Islāmī Imārat (Islamic Emirate of Afghanistan)
Capital: Kabul
Surface: 647,500 km^2 / **Population**: 39,232,003 [2023] / **Time**: UTC+4.30

NATIONAL TEAM RECORDS

First international match:
25.08.1941, Kabul: Afghanistan – Iran 0-0

Most international caps:	Most international goals:
Zohib Islam Amiri	Faysal Shayesteh / Zohib Islam Amiri
69 caps (since 2005)	**9 goals** each / 58 caps (since 2014) / 69 caps (since 2005)

NATIONAL TEAM COMPETITIONS

ASIAN NATIONS CUP		FIFA WORLD CUP	
1956	*Withdrew*	1930	
1960	Did not enter	1934	*Not a member of FIFA*
1964	Did not enter	1938	
1968	Did not enter	1950	Did not enter
1972	Did not enter	1954	Did not enter
1976	Qualifiers	1958	Did not enter
1980	Qualifiers	1962	Did not enter
1984	Qualifiers	1966	Did not enter
1988	Did not enter	1970	Did not enter
1992	Did not enter	1974	Did not enter
1996	Did not enter	1978	Did not enter
2000	Did not enter	1982	Did not enter
2004	Qualifiers	1986	Did not enter
2007	Did not enter	1990	Did not enter
2011	Did not enter	1994	Did not enter
2015	Did not enter	1998	Did not enter
2019	Qualifiers	2002	Did not enter
2023	Qualifiers	2006	Qualifiers
		2010	Qualifiers
		2014	Qualifiers
		2018	Qualifiers
		2022	Qualifiers

OLYMPIC FOOTBALL TOURNAMENTS 1908-2020

1908 to 1928	*Teams from Asia did not enter*		1980	Did not enter
			1984	Did not enter
			1988	Did not enter
1936	Did not enter		1992	Did not enter
1948	Final Tournament (Preliminary Stage)		1996	Did not enter
1952	Did not enter		2000	Did not enter
1956	*Withdrew*		2004	Did not enter
1960	*Withdrew*		2008	Qualifiers
1964	Did not enter		2012	Did not enter
1968	Did not enter		2016	Qualifiers
1972	Did not enter		2020	Qualifiers
1976	Did not enter			

ASIAN GAMES 1951-2022		AFC CHALLENGE CUP 2006-2014		SOUTH ASIAN FOOTBALL FEDERATION CHAMPIONSHIP 1993-2018		CENTRAL ASIAN NATIONS CUP 2023->	
1951	4th Place	2006	Group Stage	1993	-	2023	Group Stage
1954	Group Stage	2008	Group Stage	1995	-		
1958	-	2010	*Withdrew*	1997	-		
1962	-	2012	Qualifiers	1999	-		
1966	-	2014	4th Place	2003	Group Stage		
1970	-			2005	Group Stage		
1974	-			2008	Group Stage		
1978	-			2009	Group Stage		
1982	-			2011	Runners-Up		
1986	-			2013	**Winners**		
1990	-			2015	Runners-up		
1994	-			2018	-*		
1998	-			**no longer part of SAFF*			
2002	Group Stage						
2006	-						
2010	-						
2014	Group Stage						
2018	-						
2022	*Withdrew*						

AFGHAN CLUB HONOURS IN ASIAN CLUB COMPETITIONS

AFC Champions League 1967-1971 & 1985/1986-2024
None

Asian Football Confederation Cup 2004-2024
None

AFC President's Cup 2005-2014*
None

Asian Cup Winners Cup 1975-2003*
None

Asian Super Cup 1995-2002*
None

*defunct competition

NATIONAL COMPETITIONS
TABLE OF HONOURS

	KABUL LEAGUE WINNERS
1946	Arianda Kabul FC
1947	Arianda Kabul FC
1948	Arianda Kabul FC
1949	Arianda Kabul FC
1950	Arianda Kabul FC
1951	Arianda Kabul FC
1952	Arianda Kabul FC
1953	Arianda Kabul FC
1954	Arianda Kabul FC
1955	Arianda Kabul FC
1956-1994	*Not Known*
1995	Karlappan
1996	*Not Known*
1997/1998	Maiwand Cultural SC
1999-2002	*Not Known*
2003	Red Crescent Society
2004	Ordu Kabul FC
2005	Ordu Kabul FC
2006	Ordu Kabul FC
2007	Ordu Kabul FC
2008	Hakim Sanayi Kabul FC
2009	Kabul Bank FC
2010	Feruzi FC Kabul*
2011	Big Bear FC Kabul
2012	Feruzi FC Kabul
2013	Big Bear FC Kabul
	AFGHAN NATIONAL LEAGUE WINNERS
2012	Toofan Harirod FC
2013	Shaheen Asmayee FC Kabul
2014	Shaheen Asmayee FC Kabul
2015	De Spin Ghar Bazan FC
2016	Shaheen Asmayee FC Kabul
2017	Shaheen Asmayee FC Kabul
2018	Toofan Harirod FC
2019	Toofan Harirod FC
2020	Shaheen Asmayee FC Kabul
	AFGHAN CHAMPIONS LEAGUE WINNERS
2021	FC Sorkh Poshan Herat
2022	Attack Energy FC Herat
2023	*No competition*

Please note: Kabul Bank FC changed its name to Feruzi FC Kabul

NATIONAL CHAMPIONSHIP
Afghan Champions League 2023

Apparently no championship was played in 2023.

NATIONAL TEAM
INTERNATIONAL MATCHES 2023/2024

03.09.2023	Ḍhākā	Bangladesh - Afghanistan	0-0	(F)
07.09.2023	Ḍhākā	Bangladesh - Afghanistan	1-1(0-0)	(F)
12.09.2023	Manila	Philippines - Afghanistan	2-1(0-0)	(F)
12.10.2023	Dushanbe	Afghanistan - Mongolia	1-0(0-0)	(WCQ)
17.10.2023	Ulaanbaatar	Mongolia - Afghanistan	0-1(0-0)	(WCQ)
16.11.2023	Al Rayyan	Qatar - Afghanistan	8-1(6-1)	(WCQ)
21.11.2023	Dammam	Afghanistan - Kuwait	0-4(0-1)	(WCQ)
21.03.2024	Dushanbe	Afghanistan - India	0-0	(WCQ)
26.03.2024	Guwahati	India - Afghanistan	1-2(1-0)	(WCQ)
06.06.2024	Hofuf	Afghanistan - Qatar	0-0	(WCQ)
11.06.2024	Kuwait City	Kuwait - Afghanistan	1-0(0-0)	(WCQ)

03.09.2023, Friendly International
Bashundhara Kings Arena, Ḍhākā; Attendance: n/a
Referee: Prakash Nath Shrestha (Nepal)
BANGLADESH - AFGHANISTAN **0-0**
AFG: Faisal Ahmad Hamidi, Farzad Ghulam Muhaiuddin Ataee, Mahboob Hanifi, Zelfagar Nazary, Omid Popalzay, Taufee Skandari (85.Samir Samandari), Mustafa Azadzoy (90+6.Hakim Khan Niazi), Mohammad Noman Ali Sana Walizada (73.Amanullah Sardari), Yar Mohammed Zakarkhel (85.Jabar Sharza), Amiruddin Mohammad Anwar Sharifi (70.Dilawar Ahmadzay), Mosawer Ahadi. Trainer: Abdullah Al Mutairi (Kuwait).

07.09.2023, Friendly International
Bashundhara Kings Arena, Ḍhākā; Attendance: n/a
Referee: Prajwol Chhetri (Nepal)
BANGLADESH - AFGHANISTAN **1-1(0-0)**
AFG: Faisal Ahmad Hamidi, Mahboob Hanifi, Farzad Ataee, Taufee Skandari, Zelfagar Nazari, Farshad Noor, Mustafa Azadzoy, Faysal Shayesteh (82.Samir Samandari), Omid Popalzay (69.Rahmat Akbari), Mosawer Ahadi, Jabar Sharza (69.Yar Mohammed Zakarkhel). Trainer: Abdullah Al Mutairi (Kuwait).
Goal: Jabar Sharza (53).

12.09.2023, Friendly International
Rizal Memorial Stadium, Manila; Attendance: n/a
Referee: Muhammad Nazmi Nasaruddin (Malaysia)
PHILIPPINES - AFGHANISTAN **2-1(0-0)**
AFG: Faisal Ahmad Hamidi, Hussain Alizada (46.Yar Mohammed Zakarkhel), Mahboob Hanifi, Farzad Ataee (89.Amredin Sharifi), Amanullah Sardari (46.Zelfagar Nazary), Taufee Skandari, Mohammad Noman Ali Sana Walizada (73.Faysal Shayesteh), Farshad Noor, Mustafa Azadzoy, Mosawer Ahadi, Dilawar Ahmadzay (46.Omid Popalzay). Trainer: Abdullah Al Mutairi (Kuwait).
Goal: Omid Popalzay (64).

12.10.2023, 23rd FIFA World Cup Qualifiers / 19th AFC Asian Cup Qualifiers first round
Pamir Stadium, Dushanbe (Tajikistan; Attendance: 1,456
Referee: Qasim Matar Ali Al Hatmi (Oman)
AFGHANISTAN - MONGOLIA **1-0(0-0)**
AFG: Faisal Ahmad Hamidi, Abdul Najim Haidary, Mahboob Hanifi (82.Mushtaq Ahmadi), Farshad Noor, Faysal Shayesteh (67.Yama Sherzad), Omid Popalzay (67.Mustafa Azadzoy), Noor Husin, Rahmat Akbari, Mosawer Ahadi, Omran Haydary (46.Taufee Skandari), Omid Musawi (46.Jabar Sharza). Trainer: Abdullah Al Mutairi (Kuwait).
Goal: Jabar Sharza (60).

17.10.2023, 23rd FIFA World Cup Qualifiers / 19th AFC Asian Cup Qualifiers first round
MFF Football Centre, Ulaanbaatar; Attendance: 2,185
Referee: Hassan Akrami (Iran)
MONGOLIA - AFGHANISTAN **0-1(0-0)**
AFG: Faisal Ahmad Hamidi, Abdul Najim Haidary, Mahboob Hanifi, Mustafa Azadzoy, Faysal Shayesteh (80.Mohammad Noman Ali Sana Walizada), Omid Popalzay (62.Zelfagar Nazary), Noor Husin, Rahmat Akbari (80.Omid Musawi), Taufee Skandari, Jabar Sharza (62.Farshad Noor), Omran Haydary (55.Mosawer Ahadi). Trainer: Ali Ahmad Yarzada.
Goal: Farshad Noor (72).

16.11.2023, 23rd FIFA World Cup Qualifiers / 19th AFC Asian Cup Qualifiers second round
Khalifa International Stadium, Al Rayyan; Attendance: 19,374
Referee: Nasrullo Kabirov (Tajikistan)
QATAR - AFGHANISTAN **8-1(6-1)**
AFG: Ovays Azizi, Amanullah Sardari (41.Farzad Ghulam Muhaiuddin Ataee [*sent off 90+5*]), Mahboob Hanifi, Ali Reza Panahi (65.Samir Samandari), Maroof Mohammadi, Mustafa Azadzoy, Habibulla Askar, Jamshed Asekzai, Sayed Morteza Fatemi (46.Hussain Alizada), Mohammad Balal Arezou (81.Ali Baset Nazari), Amiruddin Mohammad Anwar Sharifi (46.Farhad Alizadeh). Trainer: Ashley Michael Westwood (England).
Goal: Amiruddin Mohammad Anwar Sharifi (13).

21.11.2023, 23rd FIFA World Cup Qualifiers / 19th AFC Asian Cup Qualifiers second round
Al-Ettifaq Club Stadium, Khobar (Saudi Arabia); Attendance: 330
Referee: Ahmed Faisal Mohammad Al Ali (Jordan)
AFGHANISTAN - KUWAIT **0-4(0-1)**
AFG: Ovays Azizi, Zohib Islam Haroon Kakhruddin Amiri, Mahboob Hanifi, Maroof Mohammadi (46.Amanullah Sardari), Mustafa Azadzoy (78.Ali Reza Rahimi), Yar Mohammed Zakarkhel (65.Jawad Rezai), Habibulla Askar, Jamshed Asekzai (46.Omid Rajabi), Samir Samandari (85.Reza Gholami), Mohammad Balal Arezou, Amiruddin Mohammad Anwar Sharifi. Trainer: Ashley Michael Westwood (England).

21.03.2024, 23rd FIFA World Cup Qualifiers / 19th AFC Asian Cup Qualifiers second round
Damac Club Stadium, Khamis Mushait (Saudi Arabia); Attendance: 3,900
Referee: Kim Hee-gon (Korea Republic)
AFGHANISTAN - INDIA **0-0**
AFG: Ovays Azizi, Sharif Mukhammad, Zohib Islam Haroon Kakhruddin Amiri (90+5.Sayeed Reza Hussaini), Mahboob Hanifi, Omid Popalzay (81.Omid Musawi), Rahmat Akbari, Zelfagar Nazary, Taufee Skandari, Habibulla Askar, Jabar Sharza (77.Jamshed Asekzai), Mosawer Ahadi. Trainer: Ashley Michael Westwood (England).

26.03.2024, 23rd FIFA World Cup Qualifiers / 19th AFC Asian Cup Qualifiers second round
"Indira Gandhi" Athletic Stadium, Guwahati; Attendance: 8,932
Referee: Mohammed Khaled Al Hoaish (Saudi Arabia)
INDIA - AFGHANISTAN **1-2(1-0)**
AFG: Ovays Azizi, Sharif Mukhammad, Zohib Islam Haroon Kakhruddin Amiri, Mahboob Hanifi,

Omid Popalzay (65.Fareed Sadat), Rahmat Akbari, Zelfagar Nazary, Taufee Skandari, Habibulla Askar (77.Siar Sadat), Jabar Sharza (90+6.Jamshed Asekzai), Mosawer Ahadi. Trainer: Ashley Michael Westwood (England).
Goals: Rahmat Akbari (70), Sharif Mukhammad (88 penalty).

06.06.2024, 23rd FIFA World Cup Qualifiers / 19th AFC Asian Cup Qualifiers second round
"Prince Abdullah bin Jalawi" Sport City, Hofuf (Saudi Arabia); Attendance: 651
Referee: Sivakorn Pu-udom (Thailand)
AFGHANISTAN - QATAR 0-0
AFG: Ovays Azizi, Zohib Islam Haroon Kakhruddin Amiri, Amid Arezou (60.Siar Sadat), Abdul Najim Haidary (78.Sayeed Reza Hussaini), Rahmat Akbari (23.Jamshed Asekzai), Zelfagar Nazary, Taufee Skandari, Habibulla Askar, Fareed Sadat (60.Omid Popalzay), Jabar Sharza, Mosawer Ahadi (78.Omid Musawi). Trainer: Ashley Michael Westwood (England).

11.06.2024, 23rd FIFA World Cup Qualifiers / 19th AFC Asian Cup Qualifiers second round
"Sabah Al Salem" Stadium, Kuwait City; Attendance: 11,680
Referee: Hiroyuki Kimura (Japan)
KUWAIT - AFGHANISTAN 1-0(0-0)
AFG: Ovays Azizi, Sharif Mukhammad, Abdul Najim Haidary, Mahboob Hanifi (67.Siar Sadat), Rahmat Akbari, Zelfagar Nazary (32.Jamshed Asekzai), Taufee Skandari, Naeem Rahimi, Fareed Sadat (72.Omid Musawi), Jabar Sharza (89.Hossein Zamani), Mosawer Ahadi. Trainer: Ashley Michael Westwood (England).

Name	DOB	Club
NATIONAL TEAM PLAYERS 2023/2024		
Goalkeepers		
Ovays AZIZI	29.01.1992	*Hillerød IF (DEN)*
Faisal Ahmad HAMIDI	16.03.1997	*Attack Energy FC Herat*
Defenders		
Hussain ALIZADA	02.05.1996	*Attack Energy FC Herat*
Zohib Islam Haroon Kakhruddin AMIRI	02.05.1987	*AS Blainville (CAN)*
Amid AREZOU	17.02.1996	*Vindbjart FK (NOR)*
Habibulla ASKAR	09.08.1999	*Åtvidabergs FF (SWE)*
Farzad Ghulam Muhaiuddin ATAEE	30.12.1991	*Abu Muslim Farah*
Abdul Najim HAIDARY	26.12.1999	*Unitas Gorinchem (NED); 01.01.2024-> VV Capelle (NED)*
Mahboob HANIFI	22.03.1997	*Attack Energy FC Herat*
Maroof MOHAMMADI	21.03.2001	*FC Sorkh Poshan Herat*
Sharif MUKHAMMAD	21.03.1990	*unattached*
Ali Baset NAZARI	06.11.2001	*Attack Energy FC Herat*
Siar SADAT	21.08.2003	*AS Blainville (CAN)*
Amanullah SARDARI	22.08.2000	*Abu Muslim Farah*
Midfielders		
Rahmat AKBARI	20.06.2000	*FC Torpedo Kutaisi (GEO)*
Jamshed ASEKZAI	09.10.1997	*Lunds BK (SWE)*
Mustafa AZADZOY	24.07.1992	*Atlas Delmenhorst (GER)*
Reza GHOLAMI	14.08.1994	*Attack Energy FC Herat*
Noor HUSIN	03.03.1997	*Southend United FC (ENG)*
Zelfagar NAZARY	1995	*St. Alban Saints Dinamo SC (AUS)*

Hakim Khan NIAZI	14.08.2006	*Attack Energy FC Herat*
Farshad NOOR	02.10.1994	*DPMM FC Bandar Seri Begawan (BRU)*
Ali Reza PANAHI	23.06.2000	*Mawj Sahel Takhar*
Omid POPALZAY	25.01.1996	*Nejmeh SC Beirut (LIB); 04.10.2023-> Persatuan Sepakbola Pekanbaru dan Sekitarnya (IDN)*
Ali Reza RAHIMI	20.02.2006	*FC Sorkh Poshan Herat*
Omid RAJABI	2005	*FC Sorkh Poshan Herat*
Samir SAMANDARI	05.11.2002	*Attack Energy FC Herat*
Jabar SHARZA	06.04.1994	*Brønshøj BK (DEN); 01.04.2024-> unattached*
Faysal SHAYESTEH	21.06.1991	*Sreenidhi Deccan Vizag (IND)*
Yama SHERZAD	2001	*FC Biel/Bienne (SUI)*
Taufee SKANDARI	02.04.1999	*B36 Tórshavn (FRO)*
Mohammad Noman Ali Sana WALIZADA	16.11.2002	*Istiqlal Kabul*

Forwards

Mosawer AHADI	08.03.2000	*IFK Helsingfors (FIN)*
Mushtaq AHMADI	21.04.1996	*Piteå IF (SWE)*
Dilawar AHMADZAY	04.04.2004	*Strømsgodset IF 2 Drammen (NOR)*
Farhad ALIZADEH	26.01.2005	*FC Sorkh Poshan Herat*
Mohammad Balal AREZOU	28.12.1988	*IF Trauma Tromøya (NOR)*
Sayed Morteza FATEMI	08.01.1999	*Kingston City FC (AUS)*
Sayeed Reza HUSSAINI	25.04.1989	*Para Hills Knights SC (AUS)*
Omid MUSAWI	2001	*unattached; 01.01.2024-> Para Hills Knights SC (AUS)*
Jawad REZAI	24.08.2001	*Hume City FC (AUS)*
Fareed SADAT	10.11.1998	*Persatuan Sepakbola Kota Cimahi (IDN)*
Amiruddin Mohammad Anwar SHARIFI	02.07.1992	*Fortis FC Limited Ḍhākā (BAN)*
Yar Mohammed ZAKARKHEL	08.09.1997	*Attack Energy FC Herat*

National coaches

Abdullah AL MUTAIRI (Kuwait) [26.04.2023 – 18.10.2023]	18.12.1981
Ali Ahmad YARZADA [18.10.-31.10.2023]	15.10.1985
Ashley Michael WESTWOOD (England) [from 01.11.2023]	31.08.1976

AUSTRALIA

Federation Directory:
Football Australia
Locked Bag A4071 Sydney, South NSW 1235
Year of Formation: 1961
Member of FIFA since: 1963
Member of AFC since: 2006 (Member of OFC: 1966-2006)
Internet: www.footballaustralia.com.au

The Country: Commonwealth of Australia
Capital: Canberra
Surface: 7,686,850 km² / **Population**: 27,027,100 [2024] / **Time**: UTC+8.5 to 11.5

NATIONAL TEAM RECORDS

First international match:
06.1922, Dunedin: New Zealand – Australia 3-1

Most international caps:	**Most international goals:**
Mark Schwarzer	Timothy Filiga „Tim" Cahill
109 caps (1993-2013)	**50 goals** / 108 caps (2004-2019)

NATIONAL TEAM COMPETITIONS

ASIAN NATIONS CUP		FIFA WORLD CUP	
1956		1930	
1960		1934	
1964		1938	
1968	Not a member of the AFC	1950	Not a member of FIFA
1972		1954	
1976		1958	
1980		1962	
1984		1966	Qualifiers
1988		1970	Qualifiers
1992		1974	Final Tournament (Group Stage)
1996		1978	Qualifiers
2000		1982	Qualifiers
2004		1986	Qualifiers
2007	Final Tournament (Quarter-Finals)	1990	Qualifiers
2011	Final Tournament (Runners-up)	1994	Qualifiers
2015	**Final Tournament (Winners)**	1998	Qualifiers
2019	Final Tournament (Quarter-Finals)	2002	Qualifiers
2023	Final Tournament (Quarter-Finals)	2006	Final Tournament (2nd Round of 16)
		2010	Final Tournament (Group Stage)
		2014	Final Tournament (Group Stage)
		2018	Final Tournament (Group Stage)
		2022	Final Tournament (2nd Round of 16)

OLYMPIC FOOTBALL TOURNAMENTS 1908-2020

1908 to 1928	Teams from Asia/Oceania did not enter	1980	Did not enter
		1984	Did not enter
		1988	Final Tournament (Quarter-Finals)
1936	Did not enter	1992	Final Tournament (4th Place)
1948	Did not enter	1996	Final Tournament (Group Stage)
1952	Did not enter	2000	Final Tournament (Group Stage)
1956	Final Tournament (Quarter-Finals)	2004	Final Tournament (Quarter-Finals)
1960	Withdrew	2008	Final Tournament (Group Stage)
1964	Did not enter	2012	Qualifiers
1968	Did not enter	2016	Qualifiers
1972	Did not enter	2020	Final Tournament (Group Stage)
1976	Did not enter		

F.I.F.A. CONFEDERATIONS CUP 1992-2017
1997 (Runners-up), 2001 (3rd Place), 2005, 2017

OFC NATIONS CUP 1973-2004		EAST ASIAN CHAMPIONSHIP 2003-2015	
1973	-	2003	-
1980	Winners	2005	-
1996	Winners	2008	-
1998	Runners-up	2010	-
2000	Winners	2013	4th Place
2002	Runners-up	2015	-
2004	Winners		

AUSTRALIAN CLUB HONOURS IN ASIAN CLUB COMPETITIONS

AFC Champions League 1967-1971 & 1985/1986-2024		
Western Sydney Wanderers FC	1	2014
Asian Football Confederation Cup 2004-2024		
Central Coast Mariners FC Gosford	1	2023/2024
AFC President's Cup 2005-2014*		
None		
Asian Cup Winners Cup 1975-2003*		
None		
Asian Super Cup 1995-2002*		
None		

*defunct competition

NATIONAL COMPETITIONS
TABLE OF HONOURS

	CHAMPIONS	CUP WINNERS*
1977	Sydney City Hakoah	Brisbane City FC
1978	West Adelaide Hellas	Brisbane City FC

1979	Marconi Fairfield Sydney	Adelaide City FC
1980	Sydney City Hakoah	Marconi Fairfield Sydney
1981	Sydney City Hakoah	Brisbane Lions AFC
1982	Sydney City Hakoah	Apia Leichhardt Sydney FC
1983	Budapest St. George FC Sydney	Sydney Olympic FC
1984	South Melbourne Hellas	Newcastle FC
1985	Brunswick Juventus Melbourne	Sydney Olympic FC
1986	Adelaide City FC	Sydney City Hakoah
1987	Apia Leichhardt Sydney FC	Sydney Croatia SC
1988	Marconi Fairfield Sydney	Apia Leichhardt Sydney FC
1989	Marconi Fairfield Sydney	Adelaide City FC
1989/1990	Olympic UTS Sydney	South Melbourne Hellas
1990/1991	South Melbourne Hellas	Parramatta Eagles FC
1991/1992	Adelaide City FC	Adelaide City FC
1992/1993	Marconi Fairfield Sydney	Heidelberg United FC
1993/1994	Adelaide City FC	Parramatta Eagles FC
1994/1995	Melbourne Knights FC	Melbourne Knights FC
1995/1996	Melbourne Knights FC	South Melbourne FC
1996/1997	Brisbane Strikers	Collingwood Warriors SC
1997/1998	South Melbourne FC	-
1998/1999	South Melbourne FC	-
1999/2000	Wollongong City Wolves	-
2000/2001	Wollongong City Wolves	-
2001/2002	Olympic Sharks Sydney	-
2002/2003	Perth Glory FC	-
2003/2004	Perth Glory FC	-
2004/2005	*No league competition*	-
A-League		
2005/2006	Sydney FC	-
2006/2007	Melbourne Victory FC	-
2007/2008	Newcastle United Jets FC	-
2008/2009	Melbourne Victory FC	-
2009/2010	Sydney FC	-
2010/2011	Brisbane Roar FC	-
2011/2012	Brisbane Roar FC	-
2012/2013	Central Coast Mariners FC Gosford	-
2013/2014	Brisbane Roar FC	Adelaide United FC (2014)
2014/2015	Melbourne Victory FC	Melbourne Victory FC (2015)
2015/2016	Adelaide United FC	Melbourne City FC (2016)
2016/2017	Sydney FC	Sydney FC (2017)
2017/2018	Melbourne Victory FC	Adelaide United FC (2018)
2018/2019	Sydney FC	Adelaide United FC (2019)
2019/2020	Sydney FC	*Competition cancelled*
2020/2021	Melbourne City FC	Melbourne Victory FC (2021)
2021/2022	Western United FC Melbourne	Macarthur FC Sydney (2022)
2022/2023	Central Coast Mariners FC Gosford	Sydney FC (2023)
2023/2024	Central Coast Mariners FC Gosford	

called FFA Cup (2014-2021) and Australia Cup (since 2022).

NATIONAL CHAMPIONSHIP
A-League 2023/2024

#	Team	P	W	D	L	GF	-	GA	Pts
1.	Central Coast Mariners FC Gosford	27	17	4	6	49	-	27	55
2.	Wellington Phoenix FC[1]	27	15	8	4	42	-	26	53
3.	Melbourne Victory FC	27	10	12	5	43	-	33	42
4.	Sydney FC	27	12	5	10	52	-	41	41
5.	Macarthur FC Sydney	27	11	8	8	45	-	48	41
6.	Melbourne City FC	27	11	6	10	50	-	38	39
7.	Western Sydney Wanderers FC	27	11	4	12	44	-	48	37
8.	Adelaide United FC	27	9	5	13	52	-	53	32
9.	Brisbane Roar FC	27	8	6	13	42	-	55	30
10.	Newcastle United Jets FC	27	6	10	11	39	-	47	28
11.	Western United FC Melbourne	27	7	5	15	36	-	55	26
12.	Perth Glory FC	27	5	7	15	46	-	69	22

[1] This club is from Wellington, New Zealand.

Top-2 teams were qualified for Finals series (Semi-Finals), while teams ranked 3-6 were qualified for the Elimination Round.

Play-offs

Elimination Round [04-05.05.2024]

Sydney FC - Macarthur FC Sydney	4-0(1-0)
Melbourne Victory FC - Melbourne City FC	1-1(0-1,1-1,1-1); 3-2 pen

Semi-Finals [10/12-18.05.2024]

Sydney FC - Central Coast Mariners FC Gosford	1-2(1-1)	0-0
Melbourne Victory FC - Wellington Phoenix FC	0-0	2-1(0-0,1-1)

A-League Grand Final

25.05.2024, Central Coast Stadium, Gosford; Attendance: 21,379
Referee: Alexander George King
Central Coast Mariners FC Gosford - Melbourne Victory FC   3-1(0-0,1-1)
Central Coast Mariners: Daniel Vuković (Cap), Jacob Brett Farrell, Brian Kaltak, Daniel Olatunji Hall, Storm James Roux (70.Harrison James Steele), Christian Theoharous (57.Miguel Di Pizio), Maximilien Balard, Bradley Anthony Tapp (70.Ronald Barcellos Arantes), Antonio Mikael Rodrigues Brito „Doka",Joshua Jeffrey Nisbet, Alou Mawien Kuol (46.Ryan David Edmondson). Trainer: Mark Graham Jackson (England).
Melbourne Victory: Paul David Izzo, Adama Traoré (115.Connor Edward Chapman), Roderick Jefferson Gonçalves Miranda (Cap), Damien Da Silva, Jason Kato Geria, Ryan Graham Pun Teague, Jordi Francis Valadon (90+1.Jake William Brimmer), Salim Khelifi (58.Nishan Velupillay), Zinédine Machach (75.Rolieny Nonato Luis Bonevacia), Daniel Arzani (75.Gbenga Tai Folami), Bruno Fornaroli Mezza (90+1.Christopher James Ikonomidis). Trainer: Anthony Popović.
Goals: 0-1 Jason Kato Geria (50), 1-1 Ryan David Edmondson (90+1), 2-1 Miguel Di Pizio (97), 3-1 Ryan David Edmondson (120+1).

2023/2024 A-League Champions: **Central Coast Mariners FC Gosford**

Best goalscorer 2023/2024:
Adam Jake Taggart (Perth Glory FC) – 20 goals [only regular season]

NATIONAL CUP
Australia Cup - Final 2023

07.10.2023, Allianz Stadium [Sydney Football Stadium], Sydney; Attendance: 15,482
Referee: Ben Abraham
Sydney FC - Brisbane Roar FC   **3-1(0-1)**
Sydney FC: Andrew James Redmayne, Rhyan Bert Grant, Jake Max Girdwood-Reich, Gabriel Santos Cordeiro Lacerda, Jordan Alan Courtney-Perkins (46.Max Barry Burgess), Nathan Luke Brattan, Corey John Hollman (46.Kealey Adamson), Robert Mak (85.Jaiden Kucharski), Anthony Richard Cáceres, Joseph Lolley, Patrick James Wood (65.Fábio Roberto Gomes Netto). Trainer: Stephen Christopher Corica.
Brisbane Roar: Macklin Lewis Freke, Jack David Hingert, Scott Neville, Thomas Michael Aldred, Louis Zabala (79.Kai Clifton Trewin), James O'Shea, Joe Kato Caletti (79.Jonas Markovski), Nikola Mileusnić (65.Alexander Parsons), Florin Bérenguer-Bohrer, Harry Hore, Thomas Waddingham (61.Taras Jan Gomulka). Trainer: Ross Aloisi.
Goals: 0-1 Thomas Waddingham (18), 1-1 Fábio Roberto Gomes Netto (67 penalties), 2-1 Robert Mak (72), 3-1 Fábio Roberto Gomes Netto (90+1).

THE CLUBS 2023/2024

Please note: appearances and goals are including regular season and play-offs.

ADELAIDE UNITED FOOTBALL CLUB

Year of Formation: 2003
Stadium: Coopers Stadium, Adelaide (16,500)

Trainer:	Carl Veart		21.05.1970		

	THE SQUAD	DOB	M	(s)	G
Goalkeepers:	Ethan Cox	07.01.2004	1		
	James Nicholas Delianov	20.10.1999	16		
	Joe Anthony Gauci	04.07.2000	10		
Defenders:	Nicolas Clive Ansell	02.02.1994	19		1
	Lachlan Ryan Barr	24.09.1994	1	(1)	
	Giuseppe Bovalina	11.11.2004	16	(5)	1
	Joshua John Cavallo	13.11.1999	2	(2)	
	Javier „Javi" López Rodríguez (ESP)	21.01.1986	11	(4)	1
	Panagiotis Kikianis	19.08.2005	5		1
	Ryan Kitto	09.08.1994	24	(2)	
	Panashe Madanha	05.08.2004	3	(3)	
	Alexandar Popović	07.09.2002	12		
	Harry Eric Van der Saag	29.10.1999	6	(4)	1
	Benjamin Andrew Warland	04.09.1996	11	(3)	
Midfielders:	Ethan Alagich	18.12.2003	13	(5)	
	Austin Ayoubi	27.07.2001	2	(5)	
	Zach Paul John Clough (ENG)	08.03.1995	26		8
	Luke Duzel	05.02.2002	2	(15)	
	Isaías Sánchez Cortés (ESP)	09.02.1987	24	(1)	
	Stefan Ingo Mauk	12.10.1995	11	(1)	2
	Ryan Tunnicliffe (ENG)	30.12.1992	10	(12)	1

	Johnny Yull	05.03.2005	11	(7)	
Forwards:	*Bernardo* Lancao Oliveira (BRA)	16.03.2004	1	(7)	2
	Yaya Dukuly	17.01.2003		(3)	
	Benjamin Halloran	14.06.1992	13	(9)	4
	Hiroshi Ibusuki (JPN)	27.02.1991	20	(6)	15
	Nestory Irankunda	09.02.2006	18	(7)	8
	Luka Jovanović	20.05.2005	9	(15)	4
	Musa Touré	12.11.2005		(10)	1

BRISBANE ROAR FOOTBALL CLUB
Year of Formation: 1957 (*as Hollandia Inala Soccer Club*)
Stadium: Suncorp Stadium / Ballymore Stadium, Brisbane (52,500 / 8,000)

Trainer:	Ross Aloisi	17.04.1973			
[24.12.2023]	Luciano Trani	10.08.1966			
[01.01.2024]	Ben Cahn (ENG)	28.02.1988			
[22.04.2024]	Ruben Zadkovich	23.05.1986			

	THE SQUAD	**DOB**	**M**	**(s)**	**G**
Goalkeepers:	Matthew Michael Acton	03.06.1992	1		
	Macklin Lewis Freke	06.01.1999	26		
Defenders:	Thomas Michael Aldred (SCO)	11.09.1990	25		1
	Corey Edward Brown	07.01.1994	8	(5)	1
	Antonee Burke-Gilroy	03.10.1997	13	(4)	
	Jack David Hingert	26.09.1990	20	(2)	1
	Scott Neville	11.01.1989	7	(1)	
	James Nikolovski	04.02.2002	3	(4)	
	Aaron Reardon	11.03.1999		(2)	
	Kai Clifton Trewin	18.05.2001	24	(2)	1
Midfielders:	Florin Bérenguer-Bohrer (FRA)	01.04.1989	16	(3)	3
	Shae Lou Tim Cahill	26.04.2005		(2)	
	Joe Kato Caletti	14.09.1998	16	(3)	
	Taras Jan Gomulka	16.09.2001	12	(9)	
	Keegan Daniel Jelačić	31.07.2002	10	(1)	1
	Jez Lofthouse	16.10.1999	4	(10)	1
	Quinn MacNicol	14.02.2008		(2)	
	James O'Shea (IRL)	10.08.1988	25	(1)	7
	Louis Zabala	25.01.2001	10	(7)	
Forwards:	Carlo Armiento	04.06.1999	4	(8)	
	Rylan Brownlie	18.02.2007		(11)	1
	Harry Hore	17.08.1999	19	(1)	7
	Ryan Alexander Lethlean	27.03.2002	2		
	Ayom Majok Ayom (SSD)	01.01.2003	1	(9)	1
	Jonas Markovski	17.03.1999	2	(14)	3
	Nikola Mileusnić	17.07.1993	24	(3)	5
	Alexander Parsons	06.01.2000	4	(7)	
	Marco Rodrigo Rojas (NZL)	05.11.1991	3	(5)	2
	Thomas Waddingham	05.04.2005	18	(5)	7

CENTRAL COAST MARINERS FOOTBALL CLUB GOSFORD
Year of Formation: 2004
Stadium: Industry Group (Central Coast) Stadium, Gosford (20,059)

Trainer:	Mark Graham Jackson (ENG)	30.09.1977			

THE SQUAD	DOB	M	(s)	G
Goalkeepers: Daniel Vuković	27.03.1985	30		
Defenders: Jacob Brett Farrell	19.11.2002	25		2
Daniel Olatunji Hall (FIJ)	14.06.1999	26		1
Brian Kaltak (VAN)	30.09.1993	30		2
Antonio *Mikael* Rodrigues Brito „*Doka*" (BRA)	24.01.2000	18	(11)	3
Nathan Paull	21.08.2003	6	(6)	
Storm James Roux (NZL)	13.01.1993	23	(2)	1
Noah Smith	15.12.2000	2	(1)	
Midfielders: Maximilien Balard	20.11.2000	29		3
Miguel Di Pizio	04.01.2006	6	(15)	2
Joshua Jeffrey Nisbet	15.06.1999	30		3
Ronald Barcellos Arantes (BRA)	02.03.2002	1	(11)	1
Harrison James Steele	12.10.2002	3	(13)	1
Bradley Anthony Tapp	16.01.2001	14	(4)	
William Wilson	23.12.2001	4	(6)	1
Forwards: Bailey Anthony Brandtman	28.06.2005	1	(4)	
Ryan David Edmondson (ENG)	20.05.2001	7	(8)	4
Alou Mawien Kuol	05.07.2001	19	(9)	5
Marco Túlio Oliveira Lemos (BRA)	13.03.1998	11		5
Jing Machar Reec	12.06.2003	5	(15)	3
Christian Theoharous	06.12.1999	16	(10)	3
Ángel Yesid Torres Quiñones (COL)	06.04.2000	23		13
Dylan Wenzel-Halls	15.12.1997	1	(4)	

MACARTHUR FOOTBALL CLUB SYDNEY
Year of Formation: 2017 (*as Macarthur South West United*)
Stadium: Campbelltown Stadium, Leumeah (17,500)

Trainer:	Mile Sterjovski	27.05.1979			

THE SQUAD	DOB	M	(s)	G
Goalkeepers: Filip Kurto (POL)	14.06.1991	28		
Defenders: Kealey Otieno Adamson	17.02.2003	11	(2)	
Jonathan Aspropotamitis	07.06.1996	9		
Joel Bertolissio	27.05.2003		(2)	
Isaac Hovar	08.09.2002	3		
Oliver James Jones	06.02.2003	1	(6)	
Matthew John Jurman	08.12.1989	15	(1)	
Matthew George Millar	23.08.1996	5	(4)	5
Yianni Nicolaou	05.01.2000	15	(4)	

		DOB	M	(s)	G
	Walter Edward Fitzgerald Scott	02.10.1999	1	(3)	
	Thomas Jefferson Smith (NZL)	31.03.1990	5	(3)	1
	Tomislav Uskok	22.06.1991	26		1
	Ivan Vujica	20.04.1997	25		
Midfielders:	Kearyn Byron Baccus	05.09.1991	21	(2)	1
	Ulises Dávila (MEX)	13.04.1991	23	(2)	9
	Jed Francis Drew	29.08.2003	18	(8)	2
	Jake Hollman	26.08.2001	15	(10)	5
	Clayton Rhys Lewis (NZL)	12.02.1997	24	(2)	
	Kokola Charles William M'Mombwa	14.03.1998	1	(8)	
	Kristian Popović	14.08.2001	2	(8)	
	Jerry John Skotadis	07.03.2000		(9)	
	Jesper Webber	11.06.2004		(1)	
Forwards:	Ali Auglah	11.03.2002	1	(13)	1
	Bernardo Lancao Oliveira	16.03.2004	4	(4)	3
	Raphael Borges Rodrigues	11.09.2003	22	(4)	4
	Daniel Peter De Silva	06.03.1997	2	(10)	
	Valère Bruno René Germain (FRA)	17.04.1990	28		12
	Ariath Piol	11.10.2004		(2)	1
	Lachlan Michael William Rose	10.05.1999	3	(17)	

MELBOURNE CITY FOOTBALL CLUB

Year of Formation: 2009
Stadium: Melbourne Rectangular Stadium (AAMI Park), Melbourne (30,050)

Trainer:	Rado Vidošić (CRO)	25.09.1961			
[01.11.2023]	Aurelio Vidmar	03.02.1967			

	THE SQUAD	DOB	M	(s)	G
Goalkeepers:	Jamie Iain Young (ENG)	25.08.1985	28		
Defenders:	Aziz Eraltay Behich	16.12.1990	10		
	Vicente Felipe Fernández Godoy (CHI)	17.02.1999	11	(1)	
	Scott Robert Galloway	25.04.1995	9	(3)	
	Curtis Edward Good	23.03.1993	20	(1)	1
	Jordon Lewis Hall	23.03.1998	3	(1)	
	Nuno Miguel Pereira *Reis* (POR)	31.01.1991	12	(3)	1
	Harry Politidis	28.06.2002	2	(10)	
	Samuel Souprayen (FRA)	02.02.1989	21		2
	Callum Talbot	26.02.2001	20	(3)	
	Steven Ugarković (CRO)	19.08.1994	23	(4)	3
Midfielders:	Lefteris Antonis	26.11.1993	5	(17)	5
	Tolgay Arslan (GER)	16.08.1990	24		13
	James Alexander Jeggo	12.02.1992	12	(2)	
	Alessandro Lopane	09.04.2004	10	(15)	1
	Hamza Sakhi (MAR)	07.06.1996	13		1
	Zane Schreiber	31.05.2005		(6)	
Forwards:	Max Caputo	17.08.2005	5	(16)	1
	Marin Jakoliš (CRO)	26.12.1996	21	(3)	2

Mathew Allan Leckie	04.02.1991	7	(6)	1
Jamie Maclaren	29.07.1993	23	(5)	10
Benjamin Mazzeo	12.07.2005	3	(7)	2
Andrew Nabbout	17.12.1992	4	(6)	
Marco Tilio	23.08.2001	2	(2)	1
Leonardo „*Léo*" *Natel* Vieira (BRA)	14.03.1997	20	(5)	6

MELBOURNE VICTORY FOOTBALL CLUB

Year of Formation: 2004
Stadium: Melbourne Rectangular Stadium (AAMI Park), Melbourne (30,050)

Trainer:	Anthony Popović	04.07.1973		

THE SQUAD	DOB	M	(s)	G
Goalkeepers: Paul David Izzo	06.01.1995	31		
Defenders: Connor Edward Chapman	31.10.1994	15	(13)	1
Damien Da Silva (FRA)	17.05.1988	30		3
Jason Kato Geria	10.05.1993	25	(3)	1
Joshua Inserra	21.01.2005		(1)	
Franco Lino	26.08.2005	1	(5)	
Stefan Nigro	10.08.1996	3	(5)	
Roderick Jefferson Gonçalves Miranda (POR)	30.03.1991	29		1
Adama Traoré (CIV)	03.02.1990	21	(2)	1
Midfielders: Eli Adams	12.03.2002	1	(9)	1
Rolieny Nonato Luis Bonevacia (CUW)	08.10.1991	3	(8)	1
Jake William Brimmer	03.04.1998	18	(11)	
Leigh Michael Broxham	13.01.1988		(5)	
Salim Khelifi (TUN)	26.01.1994	6	(10)	
Zinédine Machach (FRA)	05.01.1996	28	(1)	7
Fabian Andres Monge	12.06.2001	12	(4)	
Ryan Graham Pun Teague	24.01.2002	24	(2)	1
Raimón „*Rai*" *Marchán* Vidal (ESP)	11.08.1993	4	(6)	
Jordi Francis Valadon	04.03.2003	4	(11)	
Forwards: Daniel Arzani	04.01.1999	26	(5)	4
Kasey Bos	08.05.2004		(4)	
Gbenga Tai Folami	08.06.1999	12	(18)	2
Bruno Fornaroli Mezza	07.09.1987	25		18
Christopher James Ikonomidis	04.05.1995	6	(23)	2
Nishan Velupillay	07.05.2001	17	(10)	3

NEWCASTLE UNITED JETS FOOTBALL CLUB
Year of Formation: 2000
Stadium: McDonald Jones Stadium, Newcastle (33,000)

Trainer:	Robert Stanton	15.04.1972			

THE SQUAD		DOB	M	(s)	G
Goalkeepers:	Ryan Scott	18.12.1995	27		
Defenders:	Thomas Kevin Aquilina	02.02.2001	12	(4)	
	Phillip Čančar	11.05.2001	20	(2)	1
	Nathan Grimaldi	15.09.2001	5	(2)	
	Jason Michael Hoffman	28.01.1989	2	(7)	
	Dane James Ingham (NZL)	08.06.1999	26	(1)	
	Carl Daniel Jenkinson (ENG)	08.02.1992	6	(3)	
	Lucas Mauragis	04.09.2001	21	(1)	2
	Mark Natta	28.11.2002	24		1
	Daniel Wilmering	19.12.2000	10	(12)	
Midfielders:	Lachlan Bayliss	24.07.2004	6	(5)	
	Jason Berthomier (FRA)	06.01.1990	2	(5)	
	Kostandinos Grozos	10.08.2000	25	(2)	1
	Brandon O'Neill	12.04.1994	18	(5)	
	Reno Mauro Piscopo	27.05.1998	11	(4)	1
	Daniel Stynes	29.08.1998	7	(7)	
	Callum Timmins	23.12.1999	14	(10)	
Forwards:	Trent Anthony Buhagiar	27.02.1998	13	(10)	5
	Archie Wayne Goodwin	07.11.2004	1	(19)	2
	Apostolos Vasilios Stamatelopoulos	09.04.1999	25		17
	Clayton Taylor	01.03.2004	21	(4)	7
	Justin Vidic	29.04.2004	1	(4)	1

PERTH GLORY FOOTBALL CLUB
Year of Formation: 1996
Stadium: HBF Park (Perth Oval), Perth (20,500)

Trainer:	Alen Stajčić	02.11.1973			

THE SQUAD		DOB	M	(s)	G
Goalkeepers:	Cameron Heath Cook	16.08.2001	10		
	Oliver Sail (NZL)	13.01.1996	17		
Defenders:	Mark Geoffrey Beevers (ENG)	21.11.1989	10		1
	Luke Joshua Bodnar	19.05.2000		(6)	
	Jarrod Carluccio	08.02.2001	11	(12)	1
	John Koutroumbis	06.03.1998	20	(4)	
	Darryl Brian Ricky Lachman (CUW)	11.11.1989	22	(1)	
	Andriano Lebib	29.01.2006		(1)	
	Kaelan Majekodunmi	21.02.2004	7	(3)	2
	Jacob Muir	21.01.2002	10	(5)	

		DOB	M	(s)	G
	Joshua James Rawlins	23.04.2004	8	(4)	1
	Aleksandar Šušnjar	19.08.1995	21		2
	Riley Charles Warland	04.07.2002	14	(3)	
Midfielders:	Oliver John Bozanić	08.01.1989	9		1
	Mohammad Mustafa Castillo Amini	20.04.1993	11	(6)	2
	Giordano Colli	12.03.2000	27		
	Salim Khelifi (TUN)	26.01.1994	9	(1)	1
	Aaron McEneff (IRL)	09.07.1995		(2)	
	Khoa Ngo	30.06.2006		(2)	
	Trent Jordan Ostler	03.04.2002	4	(18)	
	Adam Zimarino	28.08.2001		(2)	
Forwards:	Joel Anasmo (SSD)	24.09.2004	1	(10)	1
	Daniel Bennie	13.04.2006	22	(3)	1
	Stefan Colakovski (MKD)	20.04.2000	15	(7)	6
	Jayden Shaye Gorman	25.01.2003	1	(4)	
	Luke Ivanovic	06.06.2000	9	(4)	1
	Bruce Kamau	28.03.1995	11	(9)	
	Adam Jake Taggart	02.06.1993	25		20
	David Joel Williams	26.02.1988	3	(22)	5

SYDNEY FOOTBALL CLUB

Year of Formation: 2004
Stadium: Sydney Football Stadium (Allianz), Sydney (42,500)

Trainer:	Stephen Christopher Corica	24.03.1973			
[08.11.2023]	Ufuk Talay	26.03.1976			

THE SQUAD		DOB	M	(s)	G
Goalkeepers:	Adam Pavlešić	30.07.2002	1	(1)	
	Andrew James Redmayne	13.01.1989	29		
Defenders:	Jordan Alan Courtney-Perkins	06.11.2002	18	(8)	3
	Zachary de Jesus	04.02.2006	3	(5)	
	Gabriel Santos Cordeiro *Lacerda* (BRA)	29.08.1999	20	(4)	
	Rhyan Bert Grant	26.02.1991	28	(1)	3
	Aaron Bradley Gurd	18.09.2001	1	(2)	
	Joel Bruce King	30.10.2000	14	(6)	3
Midfielders:	Nathan Luke Brattan	08.03.1990	28	(1)	1
	Max Barry Burgess	16.01.1995	10	(12)	2
	Anthony Richard Cáceres	29.09.1992	27	(1)	3
	Jake Max Girdwood-Reich	26.05.2004	24	(1)	1
	Corey John Hollman	25.09.2003	20	(4)	
	Hayden Matthews	19.06.2004	14	(3)	
	Jack Christian Rodwell (ENG)	11.03.1991	7	(2)	1
	Matthew Angelo Scarcella	04.03.2004		(6)	
Forwards:	Nathan Amanatidis	23.01.2006		(12)	
	Fábio Roberto *Gomes* Netto (BRA)	25.05.1997	20	(8)	11
	Mitchell Glasson	04.05.2006		(15)	
	Jaiden Kucharski	25.06.2002	9	(15)	4

Joseph Lolley (ENG)	25.08.1992	28		12
Robert Mak (SVK)	08.03.1991	23	(4)	10
Patrick James Wood	16.09.2002	6	(11)	1

WELLINGTON PHOENIX FOOTBALL CLUB
Year of Formation: 2007
Stadium: Sky Stadium / Go Media Mount Smart Stadium, Wellington / Auckland (34,500 / 30,000)

Trainer:	Giancarlo Italiano (AUS)	31.01.1983		

	THE SQUAD	DOB	M	(s)	G
Goalkeepers:	Alexander Noah Paulsen (NZL)	04.07.2002	29		
Defenders:	Isaac Robert Hughes (NZL)	25.03.2004	4	(6)	
	Lukas Kelly-Heald (NZL)	18.03.2005	18	(5)	
	Timothy John Payne (NZL)	10.01.1994	24	(1)	3
	Finn Surman (NZL)	23.09.2003	29		
	Scott James Wootton (ENG)	12.09.1991	29		
Midfielders:	Mohamed Husein Reda Khafaji Al Taay (IRQ)	15.06.2000	17	(10)	
	Fin Ngahina Roa Conchie (NZL)	10.08.2003	2	(9)	
	Bozhidar Kraev (BUL)	23.06.1997	27	(1)	6
	Jackson John Manuel (NZL)	24.02.2003		(1)	
	Benjamin Craig Old (NZL)	13.08.2002	17	(12)	5
	Nicholas Pennington	18.12.1998	22	(3)	1
	Alex Arthur Rufer (NZL)	12.06.1996	26		3
	Youstin Delfin Salas Gómez (CRC)	17.06.1996	6	(6)	
	Matthew Sheridan (NZL)	09.05.2004	1	(3)	
	Sam Harry Sutton (NZL)	10.12.2001	13	(9)	
Forwards:	David Michael Ball (ENG)	14.12.1989	20	(6)	
	Konstantinos Barbarouses (NZL)	19.02.1990	27	(1)	13
	Fergus Gillion (NZL)	19.01.2005		(2)	
	Gabriel Sloane-Rodrigues (NZL)	03.07.2007		(1)	
	Luke Supyk (NZL)	04.03.2006		(4)	
	Oskar van Hattum (NZL)	14.04.2002	3	(14)	1
	Oskar Zawada (POL)	01.02.1996	5	(9)	7

WESTERN SYDNEY WANDERERS FOOTBALL CLUB

Year of Formation: 2012
Stadium: CommBank Stadium, Sydney (30,000)

Trainer:	Mark Rudan	27.08.1975			
THE SQUAD		**DOB**	**M**	**(s)**	**G**
Goalkeepers:	Jack Gibson	08.01.2003	1		
	Taiga Oliver Harper	31.05.2005	1		
	Daniel Margush	28.11.1997	9		
	Lawrence Andrew Kingsley Thomas	09.05.1992	16	(1)	
Defenders:	Nathan Barrie	29.05.2006		(2)	
	Alexander Bonetig	20.08.2002	13		
	Gabriel Isaac Cléùr	31.01.1998	3	(10)	
	Jack Clisby	16.02.1992	26	(1)	1
	Doni Grdić	22.01.2002		(1)	
	Marcelo Antônio Guedes Filho (BRA)	20.05.1987	26		2
	Anthony Pantazopoulos	22.04.2003	1	(1)	
	Tate Russell	24.08.1999	9	(7)	1
	Aidan Simmons	26.05.2003	16	(3)	1
Midfielders:	Thomas Christopher Beadling	16.01.1996	12	(5)	
	Joshua Brillante	25.03.1993	18		1
	Jorrit Petris Carolina Hendrix (NED)	06.02.1995	20		1
	Sonny Kittel (GER)	06.01.1993	6	(4)	1
	Nicolas Milanović	14.11.2001	23	(2)	9
	Miloš Ninković (SRB)	25.12.1984	3	(11)	
	Zachary Albert Sapsford	16.08.2002	3	(9)	2
	Dylan Dean Scicluna	10.06.2004	3	(13)	
Forwards:	Carl Marcus Christer Antonsson (SWE)	08.05.1991	22	(2)	5
	Alexander Phillip Badolato	23.02.2005	10	(2)	
	Nathanael Blair	15.03.2004		(4)	
	Brandon Joel Gaetano Borrello	25.07.1995	13	(2)	1
	Lachlan Ricky Brook	08.02.2001	16	(7)	9
	Aydan Hammond	23.12.2003		(3)	1
	Dylan Pierias	20.02.2000	10	(15)	3
	Oscar Priestman	25.03.2003	14	(11)	1
	Marcus Younis	03.07.2005		(10)	1
	Valentino Kuach Yuel (SSD)	12.10.1994	3	(4)	2

WESTERN UNITED FOOTBALL CLUB MELBOURNE
Year of Formation: 2017
Stadium: Melbourne Rectangular Stadium (AAMI Park), / Mars Stadium, Melbourne / Ballarat (30,050 / 11,000)

Trainer:	John Aloisi	05.02.1976			

THE SQUAD		DOB	M	(s)	G
Goalkeepers:	Thomas Heward-Belle	11.03.1997	22		
	Matthew Luke Sutton	07.03.2000	5		
Defenders:	James Kevin Donachie	14.05.1993	10		1
	Benjamin Garuccio	15.06.1995	23		3
	Tomoki Imai (JPN)	29.11.1990	24		
	Khoder Kaddour	06.09.2003	4	(1)	
	Zach Lisolajski	11.11.2005	1	(5)	
	Connor Neil Kazuki O'Toole	04.07.1997		(7)	1
	Joshua Robert Risdon	27.07.1992	21		1
	Charbel Awni Shamoon (IRQ)	10.02.2004	3	(2)	
	Jacob Tratt	14.09.1994	10		
	Kane Sebastiano Vidmar	06.04.2004	12	(1)	
Midfielders:	Rhys Bozinovski	07.03.2004		(10)	
	Daniel dos Santos *Penha* (BRA)	17.10.1998	20	(2)	7
	Riku Danzaki (JPN)	31.05.2000	14	(6)	2
	Matthew Grimaldi	28.11.2003	10	(13)	5
	Jordan Lauton	01.04.2003		(1)	
	Steven Peter Luština	12.04.1991	13	(2)	
	Sebastian Pasquali	07.11.1999	14	(7)	
	Angus Thurgate	08.02.2000	27		1
	James York	09.04.2005		(2)	
Forwards:	Noah Vinko Botic	11.01.2002	16	(3)	5
	Oliver Lavale	05.04.2005		(4)	1
	Jake Najdovski	14.03.2005		(6)	
	Ramy Najjarine	23.04.2000	2	(11)	
	Michael Klaude Ruhs	27.08.2002	17	(7)	4
	Nikita Rukavytsya	22.06.1987	2	(13)	2
	Luke Vickery	25.10.2005		(4)	
	Abel Walatee	22.02.2004		(3)	1
	Lachlan Andrew Wales	19.10.1997	27		2

NATIONAL TEAM
INTERNATIONAL MATCHES 2023/2024

Date	Venue	Match	Score	Type
09.09.2023	Arlington	Mexico - Australia	2-2(0-1)	(F)
13.10.2023	London	England - Australia	1-0(0-0)	(F)
17.10.2023	London	Australia - New Zealand	2-0(1-0)	(F)
16.11.2023	Melbourne	Australia - Bangladesh	7-0(4-0)	(WCQ)
21.11.2023	Kuwait City	Palestine - Australia	0-1(0-1)	(WCQ)
06.01.2024	Abu Dhabi	Bahrain - Australia	0-2(0-2)	(F)
13.01.2024	Al Rayyan	Australia - India	2-0(0-0)	(AFC)
18.01.2024	Al Rayyan	Syria - Australia	0-1(0-0)	(AFC)
23.01.2024	Al Wakrah	Australia - Uzbekistan	1-1(1-0)	(AFC)
28.01.2024	Al Rayyan	Australia - Indonesia	4-0(2-0)	(AFC)
02.02.2024	Al Wakrah	Australia - Korea Republic	1-2(1-0,1-1)	(AFC)
21.03.2024	Sydney	Australia - Lebanon	2-0(1-0)	(WCQ)
26.03.2024	Canberra	Lebanon - Australia	0-5(0-1)	(WCQ)
06.06.2024	Dhākā	Bangladesh - Australia	0-2(0-1)	(WCQ)
11.06.2024	Perth	Australia - Palestine	5-0(3-0)	(WCQ)

09.09.2023, Friendly International
AT&T Stadium, Arlington (United States); Attendance: 52,787
Referee: Rubio Vázquez (United States)
MEXICO - AUSTRALIA   **2-2(0-1)**
AUS: Mathew David Ryan, Cameron Robert Burgess, Harry James Souttar, Kye Francis Rowles, Nathaniel Caleb Atkinson, Jackson Alexander Irvine (88.Aiden Connor O'Neill), Riley Patrick McGree, Keanu Kole Baccus (88.Miloš Degenek), Connor Isaac Metcalfe (68.Denis Genreau), Martin Callie Boyle (74.Samuel Silvera), Mitchell Thomas Duke (68.Nicholas D'Agostino). Trainer: Graham James Arnold.
Goals: Harry James Souttar (16), Martin Callie Boyle (63 penalty).

13.10.2023, Friendly International
Wembley Stadium, London; Attendance: 83,194
Referee: Stéphanie Frappart (France)
ENGLAND - AUSTRALIA   **1-0(0-0)**
AUS: Mathew David Ryan, Cameron Robert Burgess, Ryan Strain (74.Lewis Miller), Harry James Souttar, Kye Francis Rowles (83.Aziz Eraltay Behich), Jackson Alexander Irvine, Keanu Kole Baccus, Connor Isaac Metcalfe (90.Mohamed Touré), Martin Callie Boyle (83.Awer Bul Mabil), Mitchell Thomas Duke (73.Jordan Jacob Bos), Craig Alexander Goodwin (73.Brandon Joel Gaetano Borello). Trainer: Graham James Arnold.

17.10.2023, Friendly International
Gtech Community Stadium, London (England); Attendance: 5,761
Referee: Stuart Steven Attwell (England)
AUSTRALIA - NEW ZEALAND   **2-0(1-0)**
AUS: Mathew David Ryan, Aziz Eraltay Behich, Harry James Souttar, Lewis Miller (46.Ryan Strain), Jordan Jacob Bos (66.Craig Alexander Goodwin), Alessandro Circati, Massimo Corey Luongo (66.Jackson Alexander Irvine), Keanu Kole Baccus, Connor Isaac Metcalfe (81.Aiden Connor O'Neill), Martin Callie Boyle (82.Samuel Silvera), Mitchell Thomas Duke (66.Brandon Joel Gaetano Borello). Trainer: Graham James Arnold.
Goals: Harry James Souttar (13), Jackson Alexander Irvine (76).

16.11.2023, 23rd FIFA World Cup Qualifiers / 19th AFC Asian Cup Qualifiers second round
Melbourne Rectangular Stadium, Melbourne; Attendance: 20,876
Referee: Ahrol Risqullaev (Uzbekistan)
AUSTRALIA - BANGLADESH 7-0(4-0)
AUS: Mathew David Ryan, Cameron Robert Burgess, Harry James Souttar, Lewis Miller, Jordan Jacob Bos, Jackson Alexander Irvine (46.Massimo Corey Luongo), Keanu Kole Baccus (65.Aiden Connor O'Neill), Connor Isaac Metcalfe, Mitchell Thomas Duke (46.Jamie Maclaren), Craig Alexander Goodwin (46.Aziz Eraltay Behich), Brandon Joel Gaetano Borello (72.Kusini Boja Yengi). Trainer: Graham James Arnold.
Goals: Harry James Souttar (4), Brandon Joel Gaetano Borello (20), Mitchell Thomas Duke (37, 40), Jamie Maclaren (49, 70, 84).

21.11.2023, 23rd FIFA World Cup Qualifiers / 19th AFC Asian Cup Qualifiers second round
"Jaber Al Ahmad" International Stadium, Kuwait City (Kuwait); Attendance: 14,537
Referee: Qasim Matar Ali Al Hatmi (Oman)
PALESTINE - AUSTRALIA 0-1(0-1)
AUS: Mathew David Ryan, Aziz Eraltay Behich, Ryan Strain (23.Lewis Miller), Harry James Souttar, Kye Francis Rowles, Jackson Alexander Irvine, Keanu Kole Baccus (90+3.Aiden Connor O'Neill), Connor Isaac Metcalfe, Martin Callie Boyle (62.Brandon Joel Gaetano Borello), Mitchell Thomas Duke (90+3.Jamie Maclaren), Craig Alexander Goodwin (62.Jordan Jacob Bos). Trainer: Graham James Arnold.
Goal: Harry James Souttar (18).

06.01.2024, Friendly International
Baniyas Stadium, Abu Dhabi (United Arab Emirates); Attendance: n/a
Referee: Mohamed Abdalla Al Harmoodi (United Arab Emirates)
BAHRAIN - AUSTRALIA 0-2(0-2)
AUS: Joe Anthony Gauci, Gethin Wynne Jones (78.Nathaniel Caleb Atkinson), Cameron Robert Burgess (63.Kye Francis Rowles), Harry James Souttar, Jordan Jacob Bos, Jackson Alexander Irvine, Aiden Connor O'Neill, Connor Isaac Metcalfe (63.Riley Patrick McGree), Mitchell Thomas Duke (63.Kusini Boja Yengi), Craig Alexander Goodwin (63.Aziz Eraltay Behich), Samuel Silvera (78.Marco Tilio). Trainer: Graham James Arnold.
Goals: Amine Mohamad Hassan Benaddi (35 own goal), Mitchell Thomas Duke (61).

13.01.2024, 18th AFC Asian Cup, Final Tournament, Group Stage
„Ahmad bin Ali" Stadium, Al Rayyan (Qatar); Attendance: 36,253
Referee: Yoshimi Yamashita (Japan)
AUSTRALIA - INDIA 2-0(0-0)
AUS: Mathew David Ryan, Aziz Eraltay Behich, Gethin Wynne Jones, Harry James Souttar, Kye Francis Rowles, Jackson Alexander Irvine, Keanu Kole Baccus (82.Aiden Connor O'Neill), Connor Isaac Metcalfe (64.Riley Patrick McGree), Martin Callie Boyle (63.Samuel Silvera), Mitchell Thomas Duke (72.Bruno Fornaroli Mezza), Craig Alexander Goodwin (72.Jordan Jacob Bos). Trainer: Graham James Arnold.
Goals: Jackson Alexander Irvine (50), Jordan Jacob Bos (73).

18.01.2024, 18th AFC Asian Cup, Final Tournament, Group Stage
„Jassim bin Hamad" Stadium, Al Rayyan (Qatar); Attendance: 10,097
Referee: Adel Ali Ahmed Khamis Al Naqbi (United Arab Emirates)
SYRIA - AUSTRALIA 0-1(0-0)
AUS: Mathew David Ryan, Aziz Eraltay Behich, Gethin Wynne Jones, Cameron Robert Burgess, Harry James Souttar, Jordan Jacob Bos (57.Samuel Silvera), Jackson Alexander Irvine, Aiden Connor O'Neill (57.Keanu Kole Baccus), Connor Isaac Metcalfe (57.Riley Patrick McGree), Martin Callie Boyle (83.Kusini Boja Yengi), Mitchell Thomas Duke (78.Bruno Fornaroli Mezza). Trainer: Graham James Arnold.
Goal: Jackson Alexander Irvine (59).

23.01.2024, 18th AFC Asian Cup, Final Tournament, Group Stage
Al Janoub Stadium, Al Wakrah (Qatar); Attendance: 15,290
Referee: Yusuke Araki (Japan)
AUSTRALIA - UZBEKISTAN **1-1(1-0)**
AUS: Mathew David Ryan, Aziz Eraltay Behich, Harry James Souttar, Kye Francis Rowles, Nathaniel Caleb Atkinson (90+4.Lewis Miller), Jordan Jacob Bos (90+3.Marco Tilio), Jackson Alexander Irvine, Riley Patrick McGree (83.Bruno Fornaroli Mezza), Keanu Kole Baccus (84.Aiden Connor O'Neill), Martin Callie Boyle (72.Connor Isaac Metcalfe), Kusini Boja Yengi. Trainer: Graham James Arnold.
Goal: Martin Callie Boyle (45+1 penalty).

28.01.2024, 18th AFC Asian Cup, Final Tournament, Second Round of 16
„Jassim bin Hamad" Stadium, Al Rayyan (Qatar); Attendance: 7,863
Referee: Mohammed Abdulla Hassan Mohamed (United Arab Emirates)
AUSTRALIA - INDONESIA **4-0(2-0)**
AUS: Mathew David Ryan, Aziz Eraltay Behich, Gethin Wynne Jones (69.Nathaniel Caleb Atkinson), Harry James Souttar, Kye Francis Rowles, Jordan Jacob Bos (87.Craig Alexander Goodwin), Jackson Alexander Irvine, Riley Patrick McGree (61.Connor Isaac Metcalfe), Keanu Kole Baccus (87.Aiden Connor O'Neill), Bruno Fornaroli Mezza (61.Mitchell Thomas Duke), Martin Callie Boyle. Trainer: Graham James Arnold.
Goals: Elkan William Tio Baggott (12 own goal), Martin Callie Boyle (45), Craig Alexander Goodwin (89), Harry James Souttar (90+1).

02.02.2024, 18th AFC Asian Cup, Final Tournament, Quarter-Finals
Al Janoub Stadium, Al Wakrah (Qatar); Attendance: 39,632
Referee: Ahmed Abu Bakar Said Al Kaf (Oman)
AUSTRALIA - KOREA REPUBLIC **1-2(1-0,1-1)**
AUS: Mathew David Ryan, Aziz Eraltay Behich, Harry James Souttar, Kye Francis Rowles, Nathaniel Caleb Atkinson (73.Lewis Miller), Jackson Alexander Irvine, Keanu Kole Baccus (70.Aiden Connor O'Neill [sent off 105+4]), Connor Isaac Metcalfe (70.Riley Patrick McGree), Martin Callie Boyle (87.Cameron Robert Burgess), Mitchell Thomas Duke (92.Bruno Fornaroli Mezza), Craig Alexander Goodwin (73.Jordan Jacob Bos). Trainer: Graham James Arnold.
Goal: Craig Alexander Goodwin (42).

21.03.2024, 23rd FIFA World Cup Qualifiers / 19th AFC Asian Cup Qualifiers second round
Western Sydney Stadium, Sydney; Attendance: 27,026
Referee: Khamis Mohammed Al Marri (Qatar)
AUSTRALIA - LEBANON **2-0(1-0)**
AUS: Mathew David Ryan, Cameron Robert Burgess, Harry James Souttar, Kye Francis Rowles, Nathaniel Caleb Atkinson, Jackson Alexander Irvine, Riley Patrick McGree (16.Jordan Jacob Bos; 42.Ajdin Hrustić), Keanu Kole Baccus, Connor Isaac Metcalfe, Adam Jake Taggart (67.John Warwick Iredale), Kusini Boja Yengi (66.Mitchell Thomas Duke). Trainer: Graham James Arnold.
Goals: Keanu Kole Baccus (5), Kye Francis Rowles (54).

26.03.2024, 23rd FIFA World Cup Qualifiers / 19th AFC Asian Cup Qualifiers second round
Canberra Stadium, Canberra (Australia); Attendance: 25,023
Referee: Mooud Bonyadifard (Iran)
LEBANON - AUSTRALIA **0-5(0-1)**
AUS: Mathew David Ryan, Gethin Wynne Jones (82.Thomas Jok Deng), Cameron Robert Burgess, Harry James Souttar, Kye Francis Rowles, Jackson Alexander Irvine, Ajdin Hrustić (55.Patrick Yazbek), Connor Isaac Metcalfe (67.Joshua Jeffrey Nisbet), Mitchell Thomas Duke (82.Samuel Silvera), Craig Alexander Goodwin, Kusini Boja Yengi (66.John Warwick Iredale). Trainer: Graham James Arnold.
Goals: Kusini Boja Yengi (2), Bassel Jradi (47 own goal), Craig Alexander Goodwin (48), John Warwick Iredale (68), Craig Alexander Goodwin (81).

06.06.2024, 23rd FIFA World Cup Qualifiers / 19th AFC Asian Cup Qualifiers second round
Bashundhara Kings Arena, Ḍhākā; Attendance: 5,227
Referee: Jansen Foo Chuan Hui (Singapore)
BANGLADESH - AUSTRALIA 0-2(0-1)
AUS: Joe Anthony Gauci, Ryan Strain, Harry James Souttar, Kye Francis Rowles, Jordan Jacob Bos, Jackson Alexander Irvine (76.Cameron Peter Devlin), Ajdin Hrustić (50.Joshua Jeffrey Nisbet), Connor Isaac Metcalfe (77.Aziz Eraltay Behich), Mitchell Thomas Duke, Kusini Boja Yengi (64.Adam Jake Taggart), Nestory Irankunda (64.Daniel Arzani). Trainer: Graham James Arnold.
Goals: Ajdin Hrustić (29), Kusini Boja Yengi (62).

11.06.2024, 23rd FIFA World Cup Qualifiers / 19th AFC Asian Cup Qualifiers second round
Perth Rectangular Stadium, Perth; Attendance: 18,261
Referee: Khalid Saleh Al Turais (Saudi Arabia)
AUSTRALIA - PALESTINE 5-0(3-0)
AUS: Joe Anthony Gauci, Aziz Eraltay Behich, Gethin Wynne Jones, Cameron Robert Burgess, Alessandro Circati, Jackson Alexander Irvine, Keanu Kole Baccus (64.Connor Isaac Metcalfe), Mathew Allan Leckie (83.Cameron Peter Devlin), Martin Callie Boyle (70.Nestory Irankunda), Adam Jake Taggart (65.Apostolos Vasilios Stamatelopoulos), Kusini Boja Yengi (82.Jordan Jacob Bos). Trainer: Graham James Arnold.
Goals: Kusini Boja Yengi (5 penalty), Adam Jake Taggart (26), Kusini Boja Yengi (41), Martin Callie Boyle (53), Nestory Irankunda (87 penalty).

NATIONAL TEAM PLAYERS 2023/2024		
Name	DOB	Club
Goalkeepers		
Joe Anthony GAUCI	04.07.2000	*Adelaide United FC; 01.02.2024-> Aston Villa FC Birmingham (ENG)*
Mathew David RYAN	08.04.1992	*AZ Alkmaar (NED)*
Defenders		
Nathaniel Caleb ATKINSON	13.06.1999	*Heart of Midlothian FC (SCO)*
Aziz Eraltay BEHICH	16.12.1990	*Melbourne City FC; 31.01.2024-> Al Nassr FC Riyadh (KSA)*
Jordan Jacob BOS	29.10.2002	*KVC Westerlo (BEL)*
Cameron Robert BURGESS	21.10.1995	*Ipswich Town FC (ENG)*
Alessandro CIRCATI	10.10.2003	*Parma Calcio 1913 (ITA)*
Miloš DEGENEK	28.04.1994	*FK Crvena zvezda Beograd (SRB)*
Thomas Jok DENG	20.03.1997	*Albirex Niigata (JPN)*
Ajdin HRUSTIĆ	05.07.1996	*Heracles Almelo (NED)*
Gethin Wynne JONES	13.10.1995	*Bolton Wanderers FC (ENG)*
Lewis MILLER	24.08.2000	*Hibernian FC Edinburgh (SCO)*
Kye Francis ROWLES	24.06.1998	*Heart of Midlothian FC (SCO)*
Harry James SOUTTAR	22.10.1998	*Leicester City FC (ENG)*
Ryan STRAIN	02.04.1997	*St. Mirren FC Paisley (SCO)*
Midfielders		
Daniel ARZANI	04.01.1999	*Melbourne Victory FC*
Keanu Kole BACCUS	07.06.1998	*St. Mirren FC Paisley (SCO)*

Cameron Peter DEVLIN	07.06.1998	*Heart of Midlothian FC (SCO)*
Denis GENREAU	21.05.1999	*Toulouse FC (FRA)*
Jackson Alexander IRVINE	07.03.1993	*FC St. Pauli Hamburg (GER)*
Massimo Corey LUONGO	25.09.1992	*Ipswich Town FC (ENG)*
Riley Patrick McGREE	02.11.1998	*Middlesbrough FC (ENG)*
Connor Isaac METCALFE	05.11.1999	*FC St. Pauli Hamburg (GER)*
Joshua Jeffrey NISBET	15.06.1999	*Central Coast Mariners FC Gosford*
Aiden Connor O'NEILL	04.07.1998	*R Standard Liège (BEL)*
Patrick YAZBEK	05.04.2002	*Viking FK Stavanger (NOR)*

Forwards

Brandon Joel Gaetano BORELLO	25.07.1995	*Western Sydney Wanderers FC*
Martin Callie BOYLE	25.04.1993	*Hibernian FC Edinburgh (SCO)*
Nicholas D'AGOSTINO	25.02.1998	*Viking FK Stavanger (NOR)*
Mitchell Thomas DUKE	18.01.1991	*FC Machida Zelvia (JPN)*
Bruno FORNAROLI Mezza	07.09.1987	*Melbourne Victory FC*
Craig Alexander GOODWIN	16.12.1991	*Al-Wehda FC Makkah (KSA)*
Nestory IRANKUNDA	09.02.2006	*Adelaide United FC*
John Warwick IREDALE	01.08.1999	*SV Wehen Wiesbaden (GER)*
Mathew Allan LECKIE	04.02.1991	*Melbourne City FC*
Awer Bul MABIL	15.09.1995	*Grasshopper Club Zürich (SUI)*
Jamie MACLAREN	29.07.1993	*Melbourne City FC*
Samuel SILVERA	25.10.2000	*Middlesbrough FC (ENG)*
Apostolos Vasilios STAMATELOPOULOS	09.04.1999	*Newcastle United Jets FC Newcastle*
Adam Jake TAGGART	02.06.1993	*Perth Glory FC*
Marco TILIO	23.08.2001	*Celtic Glasgow FC (SCO)*
Mohamed TOURÉ	26.03.2004	*Paris FC (FRA)*
Kusini Boja YENGI	15.01.1999	*Portsmouth FC (ENG)*

National coaches

Graham James ARNOLD [from 16.07.2018]	03.08.1963

BAHRAIN

Federation Directory:
Bahrain Football Association
Bahrain National Stadium, 26402 Manama
Year of Formation: 1957
Member of FIFA since: 1968
Member of AFC since: 1969
Internet: www.bfa.bh

The Country: Mamlakat al-Bahrayn (Kingdom of Bahrain)
Capital: Manama
Surface: 750 km^2 / **Population**: 1,463,265 [2021] / **Time**: UTC+3

NATIONAL TEAM RECORDS

First international match:
02.04.1966, Baghdad: Iraq – Bahrain 4-4

Most international caps:	Most international goals:
Mohamed Husain Bahzad	Ismaeel Abdullatif Hasan
162 caps (1997-2015)	**48 goals** / 135 caps (since 2005)

NATIONAL TEAM COMPETITIONS

ASIAN NATIONS CUP		FIFA WORLD CUP	
1956		1930	
1960	*Part of United Kingdom*	1934	
1964		1938	
1968	Did not enter	1950	*Part of United Kingdom*
1972	Qualifiers	1954	
1976	*Withdrew*	1958	
1980	*Withdrew after qualifying*	1962	
1984	*Withdrew*	1966	
1988	Final Tournament (Group Stage)	1970	Did not enter
1992	Qualifiers	1974	Did not enter
1996	*Withdrew*	1978	Qualifiers
2000	Qualifiers	1982	Qualifiers
2004	Final Tournament (4th Place)	1986	Qualifiers
2007	Final Tournament (Group Stage)	1990	*Withdrew*
2011	Final Tournament (Group Stage)	1994	Qualifiers
2015	Final Tournament (Group Stage)	1998	Qualifiers
2019	Final Tournament (2nd Round of 16)	2002	Qualifiers
2023	Final Tournament (2nd Round of 16)	2006	Qualifiers
		2010	Qualifiers
		2014	Qualifiers
		2018	Qualifiers
		2022	Qualifiers

OLYMPIC FOOTBALL TOURNAMENTS 1908-2020

1908 to 1928	*Teams from Asia did not enter*
1936	
1948	
1952	
1956	*Part of United Kingdom*
1960	
1964	
1968	
1972	Did not enter
1976	Qualifiers
1980	Did not enter
1984	Qualifiers
1988	Qualifiers
1992	Qualifiers
1996	Did not enter
2000	Qualifiers
2004	Qualifiers
2008	Qualifiers
2012	Qualifiers
2016	Qualifiers
2020	Qualifiers

ASIAN GAMES 1951-2022		WEST ASIAN CHAMPIONSHIP 2000-2019		GULF CUP OF NATIONS 1970-2023		ARAB NATIONS CUP 1963-2021	
1951	-	2000	-	1970	Runners-up	1963	-
1954	-	2002	-	1972	*Withdrew*	1964	-
1958	-	2004	-	1974	5th Place	1966	5th Place
1962	-	2007	-	1976	4th Place	1985	Runners-up
1966	-	2008	-	1979	4th Place	1988	Group Stage
1970	-	2010	Group Stage	1982	Runners-up	1992	-
1974	Group Stage	2012	4th Place	1984	5th Place	1998	*Withdrew*
1978	Group Stage	2014	3rd Place	1986	5th Place	2002	Runners-up
1982	-	2019	**Winners**	1988	4th Place	2012	Group Stage
1986	Group Stage			1990	3rd Place	2021	Group Stage
1990	-			1992	Runners-up		
1994	Group Stage			1994	3rd Place		
1998	-			1996	5th Place		
2002	Quarter-Finals			1998	5th Place		
2006	Group Stage			2002	4th Place		
2010	Group Stage			2003	Runners-up		
2014	-			2004	3rd Place		
2018	2nd Round of 16			2007	4th Place		
2022	2nd Round of 16			2009	Group Stage		
				2010	Group Stage		
				2013	4th Place		
				2014	Group Stage		
				2017	Semi-Finals		
				2019	**Winners**		
				2023	Semi-Finals		

BAHRAINI CLUB HONOURS IN ASIAN CLUB COMPETITIONS

AFC Champions League 1967-1971 & 1985/1986-2024		
None		
Asian Football Confederation Cup 2004-2024		
Al Muharraq Sports Club	2	2008, 2021
AFC President's Cup 2005-2014*		
None		
Asian Cup Winners Cup 1975-2003*		
None		
Asian Super Cup 1995-2002*		
None		

OTHER CLUB COMPETITIONS

Arab Champions League / Arab Club Champions Cup 1982-2023		
None		
Gulf Club Champions Cup 1982-2017*		
Al Muharraq Sports Club	1	2012
Arab Cup Winners Cup 1989-2002*		
None		
Arab Super Cup 1992-2002*		
None		

*defunct competition

NATIONAL COMPETITIONS
TABLE OF HONOURS

	CHAMPIONS	CUP* WINNERS
1951/1952	-	Al Muharraq Sports Club
1952/1953	-	Al Muharraq Sports Club
1953/1954	-	Al Muharraq Sports Club
1954/1955	-	*Not known*
1955/1956	-	*Not known*
1956/1957	Al Muharraq Sports Club	*Not known*
1957/1958	Al Muharraq Sports Club	Al Muharraq Sports Club
1958/1959	Al Nasr	Al Muharraq Sports Club
1959/1960	Al Muharraq Sports Club	Al Nusoor Manama**
1960/1961	Al Muharraq Sports Club	Al Muharraq Sports Club
1961/1962	Al Muharraq Sports Club	Al Muharraq Sports Club
1962/1963	Al Muharraq Sports Club	Al Muharraq Sports Club
1963/1964	Al Muharraq Sports Club	Al Muharraq Sports Club
1964/1965	Al Muharraq Sports Club	*Not held*
1965/1966	Al Muharraq Sports Club	Al Muharraq Sports Club
1966/1967	Al Muharraq Sports Club	Al Muharraq Sports Club
1967/1968	Bahrain Club Manama	Al Nusoor Manama
1968/1969	Al Ahli Club Manama	Al Arabi
1969/1970	Al Muharraq Sports Club	Bahrain Club Manama
1970/1971	Al Muharraq Sports Club	Bahrain Club Manama
1971/1972	Al Ahli Club Manama	Al Muharraq Sports Club
1972/1973	Al Muharraq Sports Club	Bahrain Riffa Club

1973/1974	Al Muharraq Sports Club	Al Muharraq Sports Club
1974/1975	Arabi Club	Al Muharraq Sports Club
1975/1976	Al Muharraq Sports Club	Al Hala Muharraq
1976/1977	Al Ahli Club Manama	Al Nusoor Manama
1977/1978	Bahrain Club Manama	Al Muharraq Sports Club
1978/1979	Al Hala Muharraq	Al Muharraq Sports Club
1979/1980	Al Muharraq Sports Club	Al Hala Muharraq
1980/1981	Bahrain Club Manama	Al Hala Muharraq
1981/1982	Bahrain Riffa Club	Al Ahli Club Manama
1982/1983	Al Muharraq Sports Club	Al Muharraq Sports Club
1983/1984	Al Muharraq Sports Club	Al Muharraq Sports Club
1984/1985	Bahrain Club Manama	Bahrain Riffa Club
1985/1986	Al Muharraq Sports Club	Bahrain Riffa Club
1986/1987	Bahrain Riffa Club	Al Ahli Club Manama
1987/1988	Al Muharraq Sports Club	Al Wahda
1988/1989	Bahrain Club Manama	Al Muharraq Sports Club
1989/1990	Bahrain Riffa Club	Al Muharraq Sports Club
1990/1991	Al Muharraq Sports Club	Al Ahli Club Manama
1991/1992	Al Muharraq Sports Club	Al Wahda
1992/1993	Bahrain Riffa Club	Al Muharraq Sports Club
1993/1994	East Riffa Club	Al Wahda
1994/1995	Al Muharraq Sports Club	Al Muharraq Sports Club
1995/1996	Al Ahli Club Manama	Al Muharraq Sports Club
1996/1997	Bahrain Riffa Club	Al Muharraq Sports Club
1997/1998	Bahrain Riffa Club	Bahrain Riffa Club
1998/1999	Al Muharraq Sports Club	East Riffa Club
1999/2000	Bahrain Riffa Club	East Riffa Club
2000/2001	Al Muharraq Sports Club	Al Ahli Club Manama
2001/2002	Al Muharraq Sports Club	Al Muharraq Sports Club
2002/2003	Bahrain Riffa Club	Al Ahli Club Manama
2003/2004	Al Muharraq Sports Club	Al Shabab Club Manama
2004/2005	Bahrain Riffa Club***	Al Muharraq Sports Club
2005/2006	Al Muharraq Sports Club	Al Najma Club Manama
2006/2007	Al Muharraq Sports Club	Al Najma Club Manama
2007/2008	Al Muharraq Sports Club	Al Muharraq Sports Club
2008/2009	Al Muharraq Sports Club	Al Muharraq Sports Club
2009/2010	Al Ahli Club Manama	Bahrain Riffa Club
2010/2011	Al Muharraq Sports Club	Al Muharraq Sports Club
2011/2012	Al Riffa Sports Club	Al Muharraq Sports Club
2012/2013	Busaiteen Club	Al Muharraq Sports Club
2013/2014	Al Riffa Sports Club	East Riffa Club
2014/2015	Al Muharraq Sports Club	Al Hidd Sports and Cultural Club
2015/2016	Al Hidd Sports and Cultural Club	Al Muharraq Sports Club
2016/2017	Malikiya Club	Manama Club
2017/2018	Al Muharraq Sports Club	Al Najma Club Manama
2018/2019	Al Riffa Sports Club	Al Riffa Sports Club
2019/2020	Al Hidd Sports and Cultural Club	Al Muharraq Sports Club
2020/2021	Al Riffa Sports Club	Al Riffa Sports Club
2021/2022	Al Riffa Sports Club	Al Khalidiya SC Hamad Town
2022/2023	Al Khalidiya SC Hamad Town	Al Hala SC Muharraq
2023/2024	Al Khalidiya SC Hamad Town	Al Ahli Club Manama

*The National Cup has different names over the years: Amir Cup (1952-1959), Federation Cup (1960-1977), Amir Cup (1978-2002), King's Cup (2003-today).

**Former name of Al Ahli Club Manama
***became later Al Riffa Sports Club

NATIONAL CHAMPIONSHIP
Bahraini Premier League 2023/2024

1.	**Al Khalidiya SC Hamad Town**	22	12	8	2	45 - 18	44
2.	Al Riffa Sports Club	22	10	7	5	35 - 26	37
3.	Al Muharraq Sports Club	22	9	10	3	40 - 28	37
4.	Al Ahli Club Manama	22	9	6	7	32 - 30	33
5.	Manama Club	22	9	6	7	28 - 26	33
6.	Al Najma SC Manama	22	7	6	9	40 - 42	27
7.	Al Shabab Club Jidhafs	22	7	6	9	28 - 33	27
8.	Sitra Club	22	5	11	6	29 - 33	26
9.	Al Hidd Sports and Cultural Club (*Relegation Play-offs*)	22	6	8	8	29 - 33	26
10.	East Riffa Sports and Cultural Club (*Relegation Play-offs*)	22	6	8	8	27 - 29	26
11.	Al Hala SC Muharraq (*Relegated*)	22	6	2	14	17 - 41	20
12.	Busaiteen Club (*Relegated*)	22	4	6	12	26 - 37	18

Promoted for the 2024/2025 season:
Al Bahrain SC Muharraq, A'Ali FC

Relegation Play-offs

1.	Malkiya Sports and Cultural Club	3	2	1	0	8 - 4	7
2.	East Riffa Sports and Cultural Club	3	2	1	0	6 - 3	7
3.	Al Hidd Sports and Cultural Club	3	1	0	2	4 - 6	3
4.	Al Ittihad SC Bilad Al Qadeem	3	0	0	3	2 - 7	0

Both Malkiya Sports and Cultural Club and East Riffa Sports and Cultural Club will play at first level in 2024/2025.

NATIONAL CUP
King's Cup - Final 2023/2024
09.03.2024, Bahrain National Stadium, Riffa
Al Ahli Club Manama - Al Muharraq Sports Club 1-1 aet; 4-2 pen

THE CLUBS 2023/2024

Club	Founded	Stadium	Capacity
Al Ahli Club of Manama	1936	Al Ahli Stadium, Manama	10,000
Al Hala Sports Club Muharraq	1955	Al Muharraq Stadium, Muharraq	20,000
Al Hidd Sports and Cultural Club	1945	Al Muharraq Stadium, Muharraq	20,000
Al Khalidiya Sports Club Hamad Town	2020	Bahrain National Stadium, Riffa	35,000
Al Muharraq Sports Club	1928	Al Muharraq Stadium, Muharraq	20,000

Al Najma Sports Club Manama	1946	n/a	n/a
Al Riffa Sports Club	1953	Bahrain National Stadium, Riffa	35,000
Al Shabab Club Jidhafs	2001	Bahrain National Stadium, Riffa	35,000
Busaiteen Club	1945	n/a	n/a
East Riffa Sports and Cultural Club	1958	Al Ahli Stadium, Riffa	5,000
Manama Club	1946	Bahrain National Stadium, Riffa	35,000
Sitra Club	1957	Bahrain National Stadium, Riffa	35,000

NATIONAL TEAM
INTERNATIONAL MATCHES 2023/2024

Date	Venue	Match	Score	Type
07.09.2023	Dubai	Kuwait - Bahrain	3-1(1-0)	(F)
12.09.2023	Dubai	Bahrain - Turkmenistan	1-1(1-1)	(F)
12.10.2023	Arad	Bahrain - Kyrgyz Republic	2-0(0-0)	(F)
16.10.2023	Arad	Bahrain - Philippines	1-0(1-0)	(F)
16.11.2023	Abha	Yemen - Bahrain	0-2(0-1)	(WCQ)
21.11.2023	Riffa	Bahrain - United Arab Emirates	0-2(0-1)	(WCQ)
06.01.2024	Abu Dhabi	Bahrain - Australia	0-2(0-1)	(F)
10.01.2024	Dubai	Bahrain - Angola	0-3(0-3)	(F)
15.01.2024	Al Rayyan	Korea Republic - Bahrain	3-1(1-0)	(AFC)
20.01.2024	Al Rayyan	Bahrain - Malaysia	1-0(0-0)	(AFC)
25.01.2024	Al Rayyan	Jordan - Bahrain	0-1(0-1)	(AFC)
31.01.2024	Doha	Bahrain - Japan	1-3(0-1)	(AFC)
21.03.2024	Riffa	Nepal - Bahrain	0-5(0-3)	(WCQ)
26.03.2024	Riffa	Bahrain - Nepal	3-0(3-0)	(WCQ)
06.06.2024	Riffa	Bahrain - Yemen	0-0	(WCQ)
11.06.2024	Dubai	United Arab Emirates - Bahrain	1-1(1-1)	(WCQ)

07.09.2023, Friendly International
Police Officers Club Stadium, Dubai (United Arab Emirates); Attendance: n/a
Referee: Yahya Mohammed Ali Hassan Al Mulla (United Arab Emirates)
KUWAIT - BAHRAIN   **3-1(1-0)**
BHR: Sayed Mohammed Jaffer Sabet Abbas, Amine Mohamad Hassan Benaddi, Waleed Mohammed Abdulla Ali Al Hayam, Mohammed Yusuf Abdulla Ahmed Hasan Al Hardan, Ali Jaafar Mohamed Ahmed Madan, Mohamed Jasim Mohamed Ali Abdulla Marhoon, Sayed Dhiya Saeed Ebrahim Alawi Shubbar, Mahdi Faisal Ebrahim Al Humaidan, Hamza Ahmed Jasim Mohamed Jasim Al Juban, Kamil Hassan Abdulla Ahmed Al Aswad, Abdullah Yousef Abdulrahim Mohammed Helal *(Substitutes are not known).* Trainer: Juan Antonio Pizzi Torroja (Spain).
Goal: Abdullah Yousef Abdulrahim Mohammed Helal (72).

12.09.2023, Friendly International
Police Officers Club Stadium, Dubai (United Arab Emirates); Attendance: n/a
Referee: n/a
BAHRAIN - TURKMENISTAN   **1-1(1-1)**
BHR: Abdulkarim Fardan Abdulkarim Abdulla, Waleed Mohammed Abdulla Ali Al Hayam, Amine Mohamad Hassan Benaddi, Mohamed Adel Mohamed Ali Hasan, Ahmed Mubarak Ahmed Mubarak Bughammar, Mahdi Faisal Ebrahim Al Humaidan, Mohammed Yusuf Abdulla Ahmed Hasan Al Hardan, Ali Jaafar Mohamed Ahmed Madan, Mohamed Jasim Mohamed Ali Abdulla Marhoon, Kamil Hassan Abdulla Ahmed Al Aswad, Abdullah Yousef Abdulrahim Mohammed Helal *(Substitutes are not known).* Trainer: Juan Antonio Pizzi Torroja (Spain).
Goal: Mohamed Jasim Mohamed Ali Abdulla Marhoon (13).

12.10.2023, Friendly International
"Sheikh Ali bin Mohammed Al Khalifa" Stadium, Arad; Attendance: n/a
Referee: n/a
BAHRAIN - KYRGYZ REPUBLIC   **2-0(0-0)**
BHR: Sayed Mohammed Jaffer Sabet Abbas (39.Ebrahim Khalil Ebrahim Abdulla Lutfalla), Waleed Mohammed Abdulla Ali Al Hayam, Mohamed Adel Mohamed Ali Hasan (81.Hussain Ali Abdulhusain Habib Mohamed Al Eker), Amine Mohamad Hassan Benaddi, Abdulla Sultan Ahmed Mohamed Ahmed Al Khalasi, Mohamed Abdulwahab Ahmed Shaban, Mohammed Yusuf Abdulla Ahmed Hasan Al Hardan (81.Jasim Ahmed Jasim Abdulla Al Shaikh), Mahdi Faisal Ebrahim Al Humaidan (46.Ahmed Ebrahim Mubarak Isa Al Khattal), Ali Jaafar Mohamed Ahmed Madan (60.Jasim Khelaif Wahab Al Salama), Kamil Hassan Abdulla Ahmed Al Aswad, Abdullah Yousef Abdulrahim Mohammed Helal (60.Abdulla Duaij Abdulla Khalifa Al Hashah). Trainer: Juan Antonio Pizzi Torroja (Spain).
Goals: Mohamed Abdulwahab Ahmed Shaban (59), Abdulla Duaij Abdulla Khalifa Al Hashah (85).

16.10.2023, Friendly International
"Sheikh Ali bin Mohammed Al Khalifa" Stadium, Arad; Attendance: n/a
Referee: n/a
BAHRAIN - PHILIPPINES   **1-0(1-0)**
BHR: Ebrahim Khalil Ebrahim Abdulla Lutfalla, Amine Mohamad Hassan Benaddi, Waleed Mohammed Abdulla Ali Al Hayam, Abdulla Sultan Ahmed Mohamed Ahmed Al Khalasi (66.Hazza Ali Hazza Ateeq Mubarak), Mohamed Abdulwahab Ahmed Shaban (58.Moses Atede Jona), Kamil Hassan Abdulla Ahmed Al Aswad, Mohammed Yusuf Abdulla Ahmed Hasan Al Hardan, Ahmed Ebrahim Mubarak Isa Al Khattal (78.Mohamed Adel Mohamed Ali Hasan), Ali Jaafar Mohamed Ahmed Madan (58.Mahdi Faisal Ebrahim Al Humaidan), Abdullah Yousef Abdulrahim Mohammed Helal (66.Abdulla Duaij Abdulla Khalifa Al Hashah), Mohamed Jasim Mohamed Ali Abdulla Marhoon (78.Mubarak Mohamed Mubarak Juma Ahmed Habib). Trainer: Juan Antonio Pizzi Torroja (Spain).
Goal: Ahmed Ebrahim Mubarak Isa Al Khattal (16).

16.11.2023, 23rd FIFA World Cup Qualifiers / 19th AFC Asian Cup Qualifiers second round
"Prince Sultan bin Abdul Aziz" Stadium, Abha (Saudi Arabia); Attendance: 1,291
Referee: Kim Jong-hyeok (Korea Republic)
YEMEN - BAHRAIN   **0-2(0-1)**
BHR: Ebrahim Khalil Ebrahim Abdulla Lutfallah, Waleed Mohammed Abdulla Ali Al Hayam, Mohamed Adel Mohamed Ali Hasan, Amine Mohamad Hassan Benaddi, Mohamed Abdulwahab Ahmed Shaban (58.Moses Atede Jona), Kamil Hassan Abdulla Ahmed Al Aswad, Mohamed Jasim Mohamed Ali Abdulla Marhoon (68.Mahdi Faisal Ebrahim Al Humaidan), Mohammed Yusuf Abdulla Ahmed Hasan Al Hardan (79.Jasim Khelaif Wahab Al Salama), Ahmed Ebrahim Mubarak Isa Al Khattal (58.Ali Jaafar Mohamed Ahmed Madan), Hazza Ali Hazza Ateeq Mubarak, Abdulla Duaij Abdulla Khalifa Al Hashah (68.Abdullah Yousef Abdulrahim Mohammed Helal). Trainer: Juan Antonio Pizzi Torroja (Spain).
Goals: Mohamed Jasim Mohamed Ali Abdulla Marhoon (38), Harwan Yousef Al Zubaidi (48 own goal).

21.11.2023, 23rd FIFA World Cup Qualifiers / 19th AFC Asian Cup Qualifiers second round
Bahrain National Stadium, Riffa; Attendance: 18,267
Referee: Mohammed Khaled Al Hoaish (Saudi Arabia)
BAHRAIN - UNITED ARAB EMIRATES   **0-2(0-1)**
BHR: Ebrahim Khalil Ebrahim Abdulla Lutfallah, Waleed Mohammed Abdulla Ali Al Hayam, Mohamed Adel Mohamed Ali Hasan (74.Ali Jaafar Mohamed Ahmed Madan), Amine Mohamad Hassan Benaddi, Kamil Hassan Abdulla Ahmed Al Aswad (86.Abdullah Yousef Abdulrahim Mohammed Helal), Mohamed Jasim Mohamed Ali Abdulla Marhoon, Mohammed Yusuf Abdulla Ahmed Hasan Al Hardan, Moses Atede Jona (87.Ahmed Ebrahim Mubarak Isa Al Khattal), Ibrahim Al Wali Moustapha Al Mahdi (46.Jasim Khelaif Wahab Al Salama), Hazza Ali Hazza Ateeq Mubarak, Abdulla Duaij Abdulla Khalifa Al Hashah. Trainer: Juan Antonio Pizzi Torroja (Spain).

06.01.2024, Friendly International
Baniyas Stadium, Abu Dhabi (United Arab Emirates); Attendance: n/a
Referee: Mohamed Abdalla Al Harmoodi (United Arab Emirates)
BAHRAIN - AUSTRALIA **0-2(0-1)**
BHR: Ebrahim Khalil Ebrahim Abdulla Lutfallah, Waleed Mohammed Abdulla Ali Al Hayam, Mohamed Adel Mohamed Ali Hasan, Amine Mohamad Hassan Benaddi, Abdulla Sultan Ahmed Mohamed Ahmed Al Khalasi (77.Mohammed Abdul Qayoom Dur Mohammad Abubakar Mohammed), Kamil Hassan Abdulla Ahmed Al Aswad (67.Ahmed Ebrahim Mubarak Isa Al Khattal), Mohammed Yusuf Abdulla Ahmed Hasan Al Hardan, Jasim Kheleif Wahab Al Salama (56.Abdullah Yousef Abdulrahim Mohammed Helal), Moses Atede Jona (76.Mohamed Abdulwahab Ahmed Shaban), Ali Jaafar Mohamed Ahmed Madan (67.Ali Hasan Isa Saeed), Abdulla Duaij Abdulla Khalifa Al Hashah (56.Mohamed Jasim Mohamed Ali Abdulla Marhoon). Trainer: Juan Antonio Pizzi Torroja (Spain).

10.01.2024, Friendly International
Police Officers Club Stadium, Dubai (United Arab Emirates); Attendance: n/a
Referee: n/a
BAHRAIN - ANGOLA **0-3(0-3)**
BHR: *No line-up available.* Trainer: Juan Antonio Pizzi Torroja (Spain).

15.01.2024, 18th AFC Asian Cup, Final Tournament, Group Stage
„Jassim bin Hamad" Stadium, Al Rayyan (Qatar); Attendance: 8,388
Referee: Ma Ning (China P.R.)
KOREA REPUBLIC - BAHRAIN **3-1(1-0)**
BHR: Ebrahim Khalil Ebrahim Abdulla Lutfallah, Waleed Mohammed Abdulla Ali Al Hayam, Mohamed Adel Mohamed Ali Hasan (72.Mahdi Faisal Ebrahim Al Humaidan), Amine Mohamad Hassan Benaddi (46.Sayed Mahdi Baqer Jaafar Mahdi Naser), Kamil Hassan Abdulla Ahmed Al Aswad, Mohamed Jasim Mohamed Ali Abdulla Marhoon, Mohammed Yusuf Abdulla Ahmed Hasan Al Hardan, Moses Atede Jona (65.Jasim Kheleif Wahab Al Salama), Ali Jaafar Mohamed Ahmed Madan (82.Ibrahim Al Wali Moustapha Al Mahdi), Hazza Ali Hazza Ateeq Mubarak, Abdulla Duaij Abdulla Khalifa Al Hashah (66.Abdullah Yousef Abdulrahim Mohammed Helal). Trainer: Juan Antonio Pizzi Torroja (Spain).
Goal: Abdulla Duaij Abdulla Khalifa Al Hashah (51).

20.01.2024, 18th AFC Asian Cup, Final Tournament, Group Stage
„Jassim bin Hamad" Stadium, Al Rayyan (Qatar); Attendance: 10,386
Referee: Ahmed Abu Bakar Said Al Kaf (Oman)
BAHRAIN - MALAYSIA **1-0(0-0)**
BHR: Ebrahim Khalil Ebrahim Abdulla Lutfallah, Waleed Mohammed Abdulla Ali Al Hayam, Mohamed Adel Mohamed Ali Hasan, Sayed Mahdi Baqer Jaafar Mahdi Naser, Kamil Hassan Abdulla Ahmed Al Aswad (71.Ali Hasan Isa Saeed), Mohamed Jasim Mohamed Ali Abdulla Marhoon (70.Mahdi Faisal Ebrahim Al Humaidan), Mohammed Yusuf Abdulla Ahmed Hasan Al Hardan, Moses Atede Jona (55.Jasim Ahmed Jasim Abdulla Al Shaikh), Ali Jaafar Mohamed Ahmed Madan, Hazza Ali Hazza Ateeq Mubarak (79.Abdulla Sultan Ahmed Mohamed Ahmed Al Khalasi), Abdulla Duaij Abdulla Khalifa Al Hashah (55.Abdullah Yousef Abdulrahim Mohammed Helal). Trainer: Juan Antonio Pizzi Torroja (Spain).
Goal: Ali Jaafar Mohamed Ahmed Madan (90+5).

25.01.2024, 18th AFC Asian Cup, Final Tournament, Group Stage
Khalifa International Stadium, Al Rayyan (Qatar); Attendance: 39,650
Referee: Omar Mohamed Al Ali (United Arab Emirates)
JORDAN - BAHRAIN   **0-1(0-1)**
BHR: Ebrahim Khalil Ebrahim Abdulla Lutfallah, Waleed Mohammed Abdulla Ali Al Hayam, Mohamed Adel Mohamed Ali Hasan (81.Hussain Ali Abdulhusain Habib Mohamed Al Eker), Sayed Mahdi Baqer Jaafar Mahdi Naser, Abdulla Sultan Ahmed Mohamed Ahmed Al Khalasi, Kamil Hassan Abdulla Ahmed Al Aswad (63.Mahdi Faisal Ebrahim Al Humaidan), Mohamed Jasim Mohamed Ali Abdulla Marhoon (71.Ahmed Ebrahim Mubarak Isa Al Khattal), Mohammed Yusuf Abdulla Ahmed Hasan Al Hardan (81.Ibrahim Al Wali Moustapha Al Mahdi), Jasim Ahmed Jasim Abdulla Al Shaikh, Ali Jaafar Mohamed Ahmed Madan (62.Mohammed Abdul Qayoom Dur Mohammad Abubakar Mohammed), Abdullah Yousef Abdulrahim Mohammed Helal. Trainer: Juan Antonio Pizzi Torroja (Spain).
Goal: Abdullah Yousef Abdulrahim Mohammed Helal (34).

31.01.2024, 18th AFC Asian Cup, Final Tournament, Second Round of 16
Al Thumama Stadium, Doha (Qatar); Attendance: 31,832
Referee: Ahmad Khaled Al Ali (Kuwait)
BAHRAIN - JAPAN   **1-3(0-1)**
BHR: Ebrahim Khalil Ebrahim Abdulla Lutfallah, Waleed Mohammed Abdulla Ali Al Hayam, Mohamed Adel Mohamed Ali Hasan, Sayed Mahdi Baqer Jaafar Mahdi Naser, Kamil Hassan Abdulla Ahmed Al Aswad (77.Abdulla Duaij Abdulla Khalifa Al Hashah), Mohamed Jasim Mohamed Ali Abdulla Marhoon (64.Mahdi Faisal Ebrahim Al Humaidan), Mohammed Yusuf Abdulla Ahmed Hasan Al Hardan (77.Moses Atede Jona), Jasim Ahmed Jasim Abdulla Al Shaikh (90+2.Jasim Khelaif Wahab Al Salama), Ali Jaafar Mohamed Ahmed Madan, Abdullah Yousef Abdulrahim Mohammed Helal, Hazza Ali Hazza Ateeq Mubarak (90+2.Abdulla Sultan Ahmed Mohamed Ahmed Al Khalasi). Trainer: Juan Antonio Pizzi Torroja (Spain).
Goal: Ayase Ueda (64 own goal).

21.03.2024, 23rd FIFA World Cup Qualifiers / 19th AFC Asian Cup Qualifiers second round
Bahrain National Stadium, Riffa (Bahrain); Attendance: 5,041
Referee: Alexander George King (Australia)
NEPAL - BAHRAIN   **0-5(0-3)**
BHR: Sayed Mohammed Jaffer Sabet Abbas, Waleed Mohammed Abdulla Ali Al Hayam (68.Hamad Mahmood Ismaeel Ali Mohamed Al Shamsan), Mohamed Adel Mohamed Ali Hasan, Sayed Mahdi Baqer Jaafar Mahdi Naser, Ali Abdulla Hassan Haram, Mohamed Jasim Mohamed Ali Abdulla Marhoon (77.Ahmed Abdulrahman Ahmed Abdulla Al Sherooqi), Jasim Ahmed Jasim Abdulla Al Shaikh, Ali Jaafar Mohamed Ahmed Madan (68.Abdullah Yousef Abdulrahim Mohammed Helal), Mahdi Abduljabbar Mahdi Darwish Hasan (80.Ismaeel Abdullatif Hassan), Mahdi Faisal Ebrahim Al Humaidan (76.Ahmed Ebrahim Mubarak Isa Al Khattal), Hazza Ali Hazza Ateeq Mubarak. Trainer: Juan Antonio Pizzi Torroja (Spain).
Goals: Mahdi Faisal Ebrahim Al Humaidan (2), Sayed Mahdi Baqer Jaafar Mahdi Naser (9), Ali Jaafar Mohamed Ahmed Madan (45+4), Ahmed Ebrahim Mubarak Isa Al Khattal (87), Ismaeel Abdullatif Hassan (90+6).
Please note: *Nepal play their final two home matches at a neutral venue due to the Dasharath Rangasala Stadium (Kathmandu) failing to meet FIFA standard.*

26.03.2024, 23rd FIFA World Cup Qualifiers / 19th AFC Asian Cup Qualifiers second round
Bahrain National Stadium, Riffa; Attendance: 2,475
Referee: Ryo Tanimoto (Japan)
BAHRAIN - NEPAL **3-0(3-0)**
BHR: Ebrahim Khalil Ebrahim Abdulla Lutfallah, Mohamed Adel Mohamed Ali Hasan, Sayed Mahdi Baqer Jaafar Mahdi Naser, Hamad Mahmood Ismaeel Ali Mohamed Al Shamsan, Ali Abdulla Hassan Haram (82.Moses Atede Jona), Kamil Hassan Abdulla Ahmed Al Aswad (62.Husain Abdulkarim Mubarak Abdulaziz), Mohamed Jasim Mohamed Ali Abdulla Marhoon (77.Ahmed Abdulrahman Ahmed Abdulla Al Sherooqi), Jasim Ahmed Jasim Abdulla Al Shaikh (62.Hasan Ali Redha Khamis Juma Al Karrani), Abdullah Yousef Abdulrahim Mohammed Helal, Mahdi Faisal Ebrahim Al Humaidan (46.Ahmed Ebrahim Mubarak Isa Al Khattal), Hazza Ali Hazza Ateeq Mubarak. Trainer: Juan Antonio Pizzi Torroja (Spain).
Goals: Sayed Mahdi Baqer Jaafar Mahdi Naser (7), Abdullah Yousef Abdulrahim Mohammed Helal (18 penalty), Kamil Hassan Abdulla Ahmed Al Aswad (36).

06.06.2024, 23rd FIFA World Cup Qualifiers / 19th AFC Asian Cup Qualifiers second round
Bahrain National Stadium, Riffa; Attendance: 2,632
Referee: Muhammad Nazmi Nasaruddin (Malaysia)
BAHRAIN - YEMEN **0-0**
BHR: Ebrahim Khalil Ebrahim Abdulla Lutfallah, Waleed Mohammed Abdulla Ali Al Hayam, Mohamed Adel Mohamed Ali Hasan, Amine Mohamad Hassan Benaddi, Ali Abdulla Hassan Haram, Kamil Hassan Abdulla Ahmed Al Aswad (86.Mahdi Abduljabbar Mahdi Darwish Hasan), Mohamed Jasim Mohamed Ali Abdulla Marhoon (86.Ahmed Ebrahim Mubarak Isa Al Khattal), Ali Jaafar Mohamed Ahmed Madan (60.Jasim Ahmed Jasim Abdulla Al Shaikh), Abdullah Yousef Abdulrahim Mohammed Helal (70.Ismaeel Abdullatif Hassan), Mahdi Faisal Ebrahim Al Humaidan (70.Ahmed Abdulrahman Ahmed Abdulla Al Sherooqi), Hazza Ali Hazza Ateeq Mubarak. Trainer: Juan Antonio Pizzi Torroja (Spain).

11.06.2024, 23rd FIFA World Cup Qualifiers / 19th AFC Asian Cup Qualifiers second round
Zabeel Stadium, Dubai; Attemdance: 953
Referee: Ma Ning (China P.R.)
UNITED ARAB EMIRATES - BAHRAIN **1-1(1-1)**
BHR: Ebrahim Khalil Ebrahim Abdulla Lutfallah, Waleed Mohammed Abdulla Ali Al Hayam, Mohamed Adel Mohamed Ali Hasan (46.Hamad Mahmood Ismaeel Ali Mohamed Al Shamsan), Sayed Mahdi Baqer Jaafar Mahdi Naser, Ali Abdulla Hassan Haram, Sayed Dhiya Saeed Ebrahim Alawi Shubbar, Kamil Hassan Abdulla Ahmed Al Aswad, Mohamed Jasim Mohamed Ali Abdulla Marhoon (90+4.Ahmed Ebrahim Mubarak Isa Al Khattal), Jasim Ahmed Jasim Abdulla Al Shaikh (82.Mahdi Faisal Ebrahim Al Humaidan), Ali Jaafar Mohamed Ahmed Madan (86.Ahmed Abdulrahman Ahmed Abdulla Al Sherooqi), Mahdi Abduljabbar Mahdi Darwish Hasan (82.Ismaeel Abdullatif Hassan). Trainer: Juan Antonio Pizzi Torroja (Spain).
Goal: Mahdi Abduljabbar Mahdi Darwish Hasan (4).

NATIONAL TEAM PLAYERS 2023/2024		
Name	DOB	Club
Goalkeepers		
Abdulkarim FARDAN Abdulkarim Abdulla	25.04.1992	*Al Riffa SC*
Sayed Mohammed JAFFER Sabet Abbas	25.08.1985	*Al Muharraq SC*
Ebrahim Khalil Ebrahim Abdulla LUTFALLA	24.09.1992	*Al Ahli Club Manama*

Defenders

Name	Date	Club
Hussain Ali Abdulhusain Habib Mohamed AL EKER	30.09.2001	*Al Riffa SC*
Waleed Mohammed Abdulla Ali AL HAYAM	04.11.1988	*Al Muharraq SC*
Abdulla Sultan Ahmed Mohamed Ahmed AL KHALASI	02.09.2003	*Al Muharraq SC*
Hamad Mahmood Ismaeel Ali Mohamed AL SHAMSAN	29.09.1997	*Al Riffa SC*
Sayed Mahdi BAQER Jaafar Mahdi Naser	14.04.1994	*Al Riffa SC*
Amine Mohamad Hassan BENADDI	09.05.1993	*Al Muharraq SC*
Ahmed Mubarak Ahmed Mubarak BUGHAMMAR	30.12.1997	*Al Khalidiya SC Hamad Town*
Sayed DHIYA Saeed Ebrahim Alawi Shubbar	17.07.1992	*Al Khalidiya SC Hamad Town*
Mohamed Adel Mohamed Ali HASAN	20.09.1996	*Al Khalidiya SC Hamad Town*
Hazza Ali Hazza Ateeq MUBARAK	09.06.1995	*Al Riffa SC*
Mohammed Abdul QAYOOM Dur Mohammad Abubakar Mohammed	04.06.2001	*Al Riffa SC*

Midfielders

Name	Date	Club
Kamil Hassan Abdulla Ahmed AL ASWAD	08.04.1994	*Al Riffa SC*
Mohammed Yusuf Abdulla Ahmed Hasan AL HARDAN	06.10.1997	*Al Khalidiya SC Hamad Town*
Hamza Ahmed Jasim Mohamed Jasim AL JUBAN	17.04.2000	*Al Muharraq SC*
Jasim Khelaif Wahab AL SALAMA	22.02.1998	*East Riffa SCC*
Jasim Ahmed Jasim Abdulla AL SHAIKH	01.02.1996	*Al Riffa SC*
Ibrahim AL WALI Moustapha Al Mahdi	12.06.1997	*Al Najma SC Manama*
Moses ATEDE Jona	17.12.1997	*Sitra Club*
Ali Abdulla Hassan HARAM	11.12.1988	*Al Riffa SC*
Ali Jaafar Mohamed Ahmed MADAN	30.11.1995	*Ajman Club (UAE)*
Mohamed Jasim Mohamed Ali Abdulla MARHOON	12.02.1998	*Al Kuwait SC Kalfan (KUW)*
Mubarak Mohamed MUBARAK Juma Ahmed Habib	18.03.2003	*Al Muharraq SC*
Mohamed Abdulwahab Ahmed SHABAN	13.11.1989	*Al Najma SC Manama*

Forwards

Name	Date	Club
Abdulla Duaij Abdulla Khalifa AL HASHAH	25.01.1996	*Al Ahli Club Manama*
Mahdi Faisal Ebrahim AL HUMAIDAN	19.05.1993	*Al Khalidiya SC Hamad Town*
Hasan Ali Redha Khamis Juma AL KARRANI	27.01.1997	*East Riffa SCC*
Ahmed Ebrahim Mubarak Isa AL KHATTAL	19.09.2000	*Manama Club*
Ahmed Abdulrahman Ahmed Abdulla AL SHEROOQI	22.05.2000	*Al Muharraq SC*
Ismaeel Abdullatif HASSAN	11.09.1986	*Al Khalidiya SC Hamad Town*
Abdullah Yousef Abdulrahim Mohammed HELAL	12.06.1993	*FK Mladá Boleslav (CZE)*
Mahdi Abduljabbar MAHDI Darwish Hasan	25.06.1991	*Al Khalidiya SC Hamad Town*
Husain Abdulkarim MUBARAK Abdulaziz	14.05.2002	*Al Muharraq SC*
Ali Hasan Isa SAEED	21.05.1999	*Al Riffa SC*

National coaches

Name	Date
Juan Antonio PIZZI Torroja (Spain) [from 12.07.2023]	07.06.1968

BANGLADESH

Federation Directory:
Bangladesh Football Federation
BFF House, Motijheel Commercial Centre, Ḍhākā 1000
Year of Formation: 1972
Member of FIFA since: 1976
Member of AFC since: 1974
Internet: www.bff.com.bd

The Country: Gônoprojatontri Bangladesh (People's Republic of Bangladesh)
Capital: Ḍhākā
Surface: 147,570 km² / **Population:** 169,828,911 [2022] / **Time:** UTC+6

NATIONAL TEAM RECORDS

First international match:
26.07.1973, Kuala Lumpur (MAS): Bangladesh – Thailand 2-2

Most international caps:	Most international goals:
Jamal Harris Bhuyan	Ashraf Uddin Ahmed Chunnu
85 caps (since 2013)	**17 goals** / 50 caps (1975-1985)

NATIONAL TEAM COMPETITIONS

ASIAN NATIONS CUP	
1956	*Was part of Pakistan (1947-1971)*
1960	
1964	
1968	
1972	*Not a member of the AFC*
1976	*Withdrew*
1980	Final Tournament (Group Stage)
1984	Qualifiers
1988	Qualifiers
1992	Qualifiers
1996	*Withdrew*
2000	Qualifiers
2004	Qualifiers
2007	Qualifiers
2011	Qualifiers
2015	Qualifiers
2019	Qualifiers
2023	Qualifiers

FIFA WORLD CUP	
1930	*Was part of British India (until 1947) and then Pakistan (1947-1971)*
1934	
1938	
1950	
1954	
1958	
1962	
1966	
1970	
1974	*Not a member of FIFA*
1978	Did not enter
1982	Did not enter
1986	Qualifiers
1990	Qualifiers
1994	Qualifiers
1998	Qualifiers
2002	Qualifiers
2006	Qualifiers
2010	Qualifiers
2014	Qualifiers
2018	Qualifiers
2022	Qualifiers

OLYMPIC FOOTBALL TOURNAMENTS 1908-2020

1908 to 1928	Teams from Asia did not enter	1980	Did not enter
		1984	Did not enter
		1988	Did not enter
1936		1992	Qualifiers
1948		1996	Did not enter
1952	Was part of British India (until 1947) and then Pakistan (1947-1971)	2000	Did not enter
1956		2004	Qualifiers
1960		2008	Qualifiers
1964		2012	Qualifiers
1968		2016	Qualifiers
1972	Did not enter	2020	Qualifiers
1976	Qualifiers		

ASIAN GAMES 1951-2022		AFC CHALLENGE CUP 2006-2014		SOUTH ASIAN FEDERATION GAMES 1984-2019		SOUTH ASIAN FOOTBALL FEDERATION CHAMPIONSHIP 1993-2023	
1951	-	2006	FT/ 1/4 Finals	1984	Runners-up	1993	-
1954	-	2008	FT/Group Stage	1985	Runners-up	1995	3rd Place
1958	-	2010	FT/Group Stage	1987	4th Place	1997	Group Stage
1962	-	2012	Qualifiers	1989	Runners-up	1999	Runners-up
1966	-	2014	Qualifiers	1991	3rd Place	2003	**Winners**
1970	-			1993	Group Stage	2005	Runners-up
1974	-			1995	Runners-up	2008	Group Stage
1978	Group Stage			1999	**Winners**	2009	3rd Place
1982	Group Stage			2004	Group Stage	2011	Group Stage
1986	Group Stage			2006	Group Stage	2013	Group Stage
1990	Group Stage			2010	**Winners**	2015	Group Stage
1994	-			2016	4th Place	2018	Group Stage
1998	-			2019	3rd Place	2021	Group Stage
2002	Group Stage	AFC SOLIDARITY CUP 2016				2023	Semi-Finals
2006	Group Stage						
2010	Group Stage	2016	Withdrew				
2014	Group Stage						
2018	2nd Round of 16						
2022	Group Stage						

BANGLADESHI CLUB HONOURS IN ASIAN CLUB COMPETITIONS

AFC Champions League 1967-1971 & 1985/1986-2024
None

Asian Football Confederation Cup 2004-2024
None

AFC President's Cup 2005-2014*
None

Asian Cup Winners Cup 1975-2003*
None

Asian Super Cup 1995-2002*
None

*defunct competition

NATIONAL COMPETITIONS
TABLE OF HONOURS

	CHAMPIONS	CUP WINNERS
	Dhākā League	
1948	Victoria SC Dhākā	-
1949	East Pakistan Gymkhana	-
1950	Dhākā Wanderers	-
1951	Dhākā Wanderers	-
1952	Bengal Government Press Dhākā	-
1953	Dhākā Wanderers	-
1954	Dhākā Wanderers	-
1955	Dhākā Wanderers	-
1956	Dhākā Wanderers	-
1957	Mohammedan Sporting Club Dhākā	-
1958	Azad Sporting Dhākā	-
1959	Mohammedan Sporting Club Dhākā	-
1960	Dhākā Wanderers	-
1961	Mohammedan Sporting Club Dhākā	-
1962	Victoria SC Dhākā	-
1963	Mohammedan Sporting Club Dhākā	-
1964	Victoria SC Dhākā	-
1965	Mohammedan Sporting Club Dhākā	-
1966	Mohammedan Sporting Club Dhākā	-
1967	East Pakistan IDC Dhākā	-
1968	East Pakistan IDC Dhākā	-
1969	Mohammedan Sporting Club Dhākā	-
1970	East Pakistan IDC Dhākā	-
1971	*Not finished*	-
1972	*Not finished*	-
1973	Bangladesh Jute Mill Corp.	-
1974	Abahani Krira Chakra Dhākā	-
1975	Mohammedan Sporting Club Dhākā	-
1976	Mohammedan Sporting Club Dhākā	-
1977	Abahani Krira Chakra Dhākā	-
1978	Mohammedan Sporting Club Dhākā	-
1979	Bangladesh Jute Mill Corp.	-
1980	Mohammedan Sporting Club Dhākā	Mohammedan Sporting Club Dhākā & Abahani Krira Chakra (joint winners)
1981	Abahani Krira Chakra Dhākā	Mohammedan Sporting Club Dhākā
1982	Mohammedan Sporting Club Dhākā	Mohammedan Sporting Club Dhākā & Abahani Krira Chakra (joint winners)
1983	Abahani Krira Chakra Dhākā	Mohammedan Sporting Club Dhākā
1984	Abahani Krira Chakra Dhākā	*Final match abandoned!*
1985	Abahani Krira Chakra Dhākā	Abahani Krira Chakra Dhākā
1986	Mohammedan Sporting Club Dhākā	Abahani Krira Chakra Dhākā
1987	Mohammedan Sporting Club Dhākā	Mohammedan Sporting Club Dhākā
1988	-	Abahani Krira Chakra Dhākā
1988/1989	Mohammedan Sporting Club Dhākā	Mohammedan Sporting Club Dhākā
1989/1990	Abahani Krira Chakra Dhākā	*No competition*
1991	*Not played*	Brothers Union Dhākā
1991/1992	Abahani Krira Chakra Dhākā	*No competition*

	Premier Division League	
1993	Mohammedan Sporting Club Ḍhākā	*No competition*
1994	Abahani Ltd. Ḍhākā	Muktijoddha Sangsad KC Ḍhākā
1995	Abahani Ltd. Ḍhākā	Mohammedan Sporting Club Ḍhākā
1996	Mohammedan Sporting Club Ḍhākā	*No competition*
1997	-	Abahani Ltd. Ḍhākā
1997/1998	Muktijoddha Sangsad KC Ḍhākā	*No competition*
1999	Mohammedan Sporting Club Ḍhākā	Abahani Ltd. Ḍhākā
	National Championship	
2000	Abahani Ltd. Ḍhākā	Abahani Ltd. Ḍhākā
2001	-	Muktijoddha Sangsad KC Ḍhākā
2001/2002	Mohammedan Sporting Club Ḍhākā	Mohammedan Sporting Club Ḍhākā
2003	Muktijoddha Sangsad KC Ḍhākā	Muktijoddha Sangsad KC Ḍhākā
2004	Brothers Union Ḍhākā	*No competition*
2005/2006	Mohammedan Sporting Club Ḍhākā	Brothers Union Ḍhākā
	B. League	
2006/2007	Abahani Ltd. Ḍhākā	*No competition*
2007/2008	Abahani Ltd. Ḍhākā	Mohammedan Sporting Club Ḍhākā
2008/2009	Abahani Ltd. Ḍhākā	Mohammedan Sporting Club Ḍhākā
	Bangladesh League	
2009/2010	Abahani Ltd. Ḍhākā	Mohammedan Sporting Club Ḍhākā
2010/2011	Sheikh Jamal Dhanmondi Club	Abahani Ltd. Ḍhākā
2011/2012	Abahani Ltd. Ḍhākā	Sheikh Jamal Dhanmondi Club
2012/2013	Sheikh Russell KC Ḍhākā	Sheikh Russell KC Ḍhākā (2012)
2013/2014	Sheikh Jamal Dhanmondi Club	Sheikh Jamal Dhanmondi Club (2013)
2015	Sheikh Jamal Dhanmondi Club	Sheikh Jamal Dhanmondi Club
2016	Abahani Limited Ḍhākā	Abahani Limited Ḍhākā
2017/2018	Abahani Limited Ḍhākā	Abahani Limited Ḍhākā (2017)
2018/2019	Bashundhara Kings Ḍhākā	Abahani Limited Ḍhākā (2018)
2020	*Championship abandoned*	Bashundhara Kings Ḍhākā (2019/20)
2021	Bashundhara Kings Ḍhākā	Bashundhara Kings Ḍhākā (2020/21)
2022	Bashundhara Kings Ḍhākā	Abahani Limited Ḍhākā (2021/22)
2022/2023	Bashundhara Kings Ḍhākā	Mohammedan Sporting Club Ltd. Ḍhākā
2023/2024	Bashundhara Kings Ḍhākā	Bashundhara Kings Ḍhākā

Note: From 1948 to 1992, the winner of Ḍhākā League were considered champions of Bangladesh. From 1992 to 2000, the Premier Division League became the top League of Bangladeshi clubs.

NATIONAL CHAMPIONSHIP
ABG Bashundhara Bangladesh Premier League 2023/204

1. **Bashundhara Kings Ḍhākā**	18	14	3	1	49 - 13	45
2. Mohammedan Sporting Club Ltd. Ḍhākā	18	9	8	1	40 - 17	35
3. Abahani Limited Ḍhākā	18	9	5	4	34 - 22	32
4. Bangladesh Police FC Ḍhākā	18	7	5	6	23 - 19	26
5. Fortis FC Limited Ḍhākā	18	6	6	6	21 - 23	24
6. Sheikh Russell KC Ḍhākā	18	4	7	7	21 - 25	19
7. Chittagong Abahani Limited	18	4	7	7	23 - 30	19
8. Lt. Sheikh Jamal Dhanmondi Club Ḍhākā	18	4	5	9	14 - 24	17
9. Rahmatganj Muslim Friends Society Ḍhākā	18	2	10	6	19 - 26	16
10. Brothers Union Ḍhākā (*Relegated*)	18	1	4	13	21 - 66	7

Please note: Gopalganj SC withdrew due to fiancial reasons.

Best goalscorer 2023/2024:
Cornelius Stewart (VIN, Abahani Limited Ḍhākā) – 19 goals

Promoted for the 2024/2025 season:
Fakirerpool Young Men's Club Ḍhākā, Ḍhākā Wanderers Club

NATIONAL CUP
Federation Cup - Final 2023/2024

22.05.2024, „Rafiq Uddin Bhuiyan" Stadium, Mymensingh; Referee: Jasim Akhter
Bashundhara Kings Ḍhākā - Mohammedan Sporting Club Ltd. Ḍhākā   2-1(0-0,1-1)
Goals: 0-1 Sunday Chukwuemeka Emmanuel (63), 1-1 Miguel Figueira Damasceno (87), 2-1 Mohammed Jahid Hasan (105).

THE CLUBS 2023/2024

Club	Founded	Stadium	Capacity
Abahani Limited Ḍhākā	1972	"Sheikh Fazul Haque Mani" Stadium, Ḍhākā	5,000
Bangladesh Police Football Club Ḍhākā	1972	„Rafiq Uddin Bhuiyan" Stadium, Mymensingh, Ḍhākā	25,000
Bashundhara Kings Ḍhākā	2013	Bashundhara Kings Arena, Ḍhākā	14,000
Brothers Union Ḍhākā	1949	Muktijuddho Smriti Stadium, Rajshahi	15,000
Chittagong Abahani Limited Ḍhākā	1980	Shaheed Bir Sreshtho "Flight Lieutenant Matiur Rahman" Stadium, Munshigonj	10,000
Fortis Football Club Limited Ḍhākā	2020	Muktijuddho Smriti Stadium, Rajshahi	15,000
Lieutenant Sheikh Jamal Dhanmondi Club Ḍhākā	1962	"Sheikh Fazul Haque Mani" Stadium, Ḍhākā	5,000
Mohammedan Sporting Club Limited Ḍhākā	1936	„Rafiq Uddin Bhuiyan" Stadium, Mymensingh, Ḍhākā	25,000
Rahmatganj Muslim Friends Society Ḍhākā	1933	Shaheed Bir Sreshtho "Flight Lieutenant Matiur Rahman" Stadium, Munshigonj	10,000
Sheikh Russell Krira Chakra Ḍhākā	1995	Bashundhara Kings Arena, Ḍhākā	14,000

NATIONAL TEAM
INTERNATIONAL MATCHES 2023/2024

03.09.2023	Ḍhākā	Bangladesh - Afghanistan	0-0	(F)
07.09.2023	Ḍhākā	Bangladesh - Afghanistan	1-1(0-0)	(F)
12.10.2023	Malé	Maldives - Bangladesh	1-1(0-0)	(WCQ)
17.10.2023	Ḍhākā	Bangladesh - Maldives	2-1(1-1)	(WCQ)
16.11.2023	Melbourne	Australia - Bangladesh	7-0(4-0)	(WCQ)
21.11.2023	Ḍhākā	Bangladesh - Lebanon	1-1(0-0)	(WCQ)
21.03.2024	Kuwait City	Palestine - Bangladesh	5-0(2-0)	(WCQ)
26.03.2024	Ḍhākā	Bangladesh - Palestine	0-1(0-0)	(WCQ)
06.06.2024	Ḍhākā	Bangladesh - Australia	0-2(0-1)	(WCQ)
11.06.2024	Doha	Lebanon - Bangladesh	4-0(2-0)	(WCQ)

03.09.2023, Friendly International
Bashundhara Kings Arena, Ḍhākā; Attendance: n/a
Referee: Prakash Nath Shrestha (Nepal)
BANGLADESH - AFGHANISTAN   **0-0**
BAN: Anisur Rahman, Bishwanath Ghosh, Tariq Raihan Kazi (61.Mohammed Foysal Ahmed Fahim), Topu Barman, Isa Faysal, Jamal Harris Bhuyan (61.Mohammad Saad Uddin), Mohammad Ridoy (68.Mojibur Rahman Jony), Shekh Morsalin (81.Mohammad Robiul Hasan), Mohammad Sohel Rana I, Rakib Hossain, Mohammad Sohel Rana II. Trainer: Javier Fernández Cabrera Martín Peñato (Spain).

07.09.2023, Friendly International
Bashundhara Kings Arena, Ḍhākā; Attendance: n/a
Referee: Prajwol Chhetri (Nepal)
BANGLADESH - AFGHANISTAN   **1-1(0-0)**
BAN: Anisur Rahman, Bishwanath Ghosh, Tariq Raihan Kazi, Topu Barman, Isa Faysal (46.Mohammad Saad Uddin), Jamal Harris Bhuyan (90+2.Mohammad Ibrahim), Mohammad Sohel Rana I, Rakib Hossain, Shekh Morsalin (90+6.Mojibur Rahman Jony), Mohammad Ridoy (82.Mohammed Foysal Ahmed Fahim), Mohammad Sohel Rana II. Trainer: Javier Fernández Cabrera Martín Peñato (Spain).
Goal: Shekh Morsalin (63).

12.10.2023, 23rd FIFA World Cup Qualifiers / 19th AFC Asian Cup Qualifiers first round
National Football Stadium, Malé; Attendance: 2,500
Referee: Vahid Kazemi (Iran)
MALDIVES - BANGLADESH   **1-1(0-0)**
BAN: Mitul Marma, Tariq Raihan Kazi, Bishwanath Ghosh (89.Mohammad Saad Uddin), Isa Faysal, Mohammad Sohel Rana I, Jamal Harris Bhuyan (72.Mohammad Robiul Hasan), Mohammad Sohel Rana II, Mohammad Shakil Hossain, Mohammad Ridoy (81.Jayed Ahmed), Mohammed Foysal Ahmed Fahim (72.Mojibur Rahman Jony), Rakib Hossain. Trainer: Javier Fernández Cabrera Martín Peñato (Spain).
Goal: Mohammad Saad Uddin (90+2).

17.10.2023, 23rd FIFA World Cup Qualifiers / 19th AFC Asian Cup Qualifiers first round
Bashundhara Kings Arena, Ḍhākā; Attendance: 6,729
Referee: Ammar Ebrahim Mahfoodh (Bahrain)
BANGLADESH - MALDIVES   **2-1(1-1)**
BAN: Mitul Marma, Tariq Raihan Kazi, Mohammad Saad Uddin, Bishwanath Ghosh, Mohammad Sohel Rana I, Jamal Harris Bhuyan (67.Mojibur Rahman Jony), Mohammad Sohel Rana II [*sent off 59*], Mohammad Shakil Hossain, Mohammad Ridoy, Mohammed Foysal Ahmed Fahim (84.Hasan Murad Tipu), Rakib Hossain. Trainer: Javier Fernández Cabrera Martín Peñato (Spain).
Goals: Rakib Hossain (11), Mohammed Foysal Ahmed Fahim (46).

16.11.2023, 23rd FIFA World Cup Qualifiers / 19th AFC Asian Cup Qualifiers second round
Melbourne Rectangular Stadium, Melbourne; Attendance: 20,876
Referee: Ahrol Risqullaev (Uzbekistan)
AUSTRALIA - BANGLADESH **7-0(4-0)**
BAN: Mitul Marma, Tariq Raihan Kazi, Mohammad Saad Uddin, Bishwanath Ghosh (86.Mohammad Rahmat Mia), Hasan Murad Tipu (58.Mohammad Shakil Hossain), Mohammad Sohel Rana I, Jamal Harris Bhuyan (59.Mohammad Robiul Hasan), Mohammad Ridoy, Mojibur Rahman Jony, Mohammed Foysal Ahmed Fahim (72.Shekh Morsalin), Rakib Hossain (59.Mohammad Rafiqul Islam). Trainer: Javier Fernández Cabrera Martín Peñato (Spain).

21.11.2023, 23rd FIFA World Cup Qualifiers / 19th AFC Asian Cup Qualifiers second round
Bashundhara Kings Arena, Ḍhākā; Attendance: 6,297
Referee: Kim Dae-yong (Korea Republic)
BANGLADESH - LEBANON **1-1(0-0)**
BAN: Mitul Marma (46.Mehdi Hasan Srabon), Tariq Raihan Kazi, Bishwanath Ghosh, Isa Faysal, Mohammad Sohel Rana I, Jamal Harris Bhuyan (61.Mohammad Robiul Hasan), Mohammad Sohel Rana II, Mohammad Shakil Hossain, Mohammad Ridoy (90.Mojibur Rahman Jony), Shekh Morsalin, Mohammed Foysal Ahmed Fahim (83.Mohammad Rafiqul Islam). Trainer: Javier Fernández Cabrera Martín Peñato (Spain).
Goal: Shekh Morsalin (72).

21.03.2024, 23rd FIFA World Cup Qualifiers / 19th AFC Asian Cup Qualifiers second round
"Jaber Al Ahmad" International Stadium, Kuwait City (Kuwait); Attendance: 37,432
Referee: Shen Yinhao (China P.R.)
PALESTINE - BANGLADESH **5-0(2-0)**
BAN: Mitul Marma, Topu Barman, Mohammad Saad Uddin, Bishwanath Ghosh (79.Mohammad Shakil Hossain), Isa Faysal, Jamal Harris Bhuyan, Mohammad Sohel Rana II (72.Chandon Roy), Mohammad Ridoy (85.Jayed Ahmed), Mojibur Rahman Jony (72.Mohammad Robiul Hasan), Mohammed Foysal Ahmed Fahim (72.Mohammad Sumon Reza), Rakib Hossain. Trainer: Javier Fernández Cabrera Martín Peñato (Spain).

26.03.2024, 23rd FIFA World Cup Qualifiers / 19th AFC Asian Cup Qualifiers second round
Bashundhara Kings Arena, Ḍhākā; Attendance: 5,195
Referee: Nasrullo Kabirov (Tajikistan)
BANGLADESH - PALESTINE **0-1(0-0)**
BAN: Mitul Marma (84.Mehdi Hasan Srabon), Topu Barman, Mohammad Saad Uddin, Bishwanath Ghosh, Mohammad Sohel Rana I, Jamal Harris Bhuyan (70.Mohamed Sohel Rana II), Mohammad Shakil Hossain, Mohammad Ridoy, Mojibur Rahman Jony (89.Isa Faysal), Mohammed Foysal Ahmed Fahim (70.Mohammad Rafiqul Islam), Rakib Hossain. Trainer: Javier Fernández Cabrera Martín Peñato (Spain).

06.06.2024, 23rd FIFA World Cup Qualifiers / 19th AFC Asian Cup Qualifiers second round
Bashundhara Kings Arena, Ḍhākā; Attendance: 5,227
Referee: Jansen Foo Chuan Hui (Singapore)
BANGLADESH - AUSTRALIA **0-2(0-1)**
BAN: Mitul Marma, Mohammad Mehedi Hasan Mithu, Topu Barman, Tariq Raihan Kazi (71.Mohammad Shakil Hossain), Mohammad Saad Uddin (71.Mohammad Rimon Hossain), Isa Faysal (83.Mohammad Rahmat Mia), Mohammad Sohel Rana I (71.Chandon Roy), Mohammad Sohel Rana II (53.Jamal Harris Bhuyan), Mohammad Ridoy, Shekh Morsalin, Rakib Hossain. Trainer: Javier Fernández Cabrera Martín Peñato (Spain).

11.06.2024, 23rd FIFA World Cup Qualifiers / 19th AFC Asian Cup Qualifiers second round
Khalifa International Stadium, Al Rayyan (Qatar); Attendance: 13,721
Referee: Razlan Joffri Ali (Malaysia)

LEBANON - BANGLADESH   **4-0(2-0)**

BAN: Mitul Marma, Topu Barman, Tariq Raihan Kazi, Mohammad Saad Uddin, Isa Faysal (77.Bishwanath Ghosh), Mohammad Sohel Rana I, Jamal Harris Bhuyan (69.Mohammed Shahriar Emon), Mohammad Shakil Hossain (46.Mojibur Rahman Jony), Mohammad Ridoy, Shekh Morsalin (77.Syed Shah Quazem Kirmane), Rakib Hossain (88.Mohammad Rafiqul Islam). Trainer: Javier Fernández Cabrera Martín Peñato (Spain).

NATIONAL TEAM PLAYERS 2023/2024		
Name	DOB	Club
Goalkeepers		
Mitul MARMA	11.12.2003	*Sheikh Russell KC Ḍhākā*
Anisur RAHMAN	10.08.1997	*Bashundhara Kings Ḍhākā*
Mehdi Hasan SRABON	12.08.2005	*Bashundhara Kings Ḍhākā*
Defenders		
Jayed AHMED	14.12.2002	*Azampur FC Uttara*
Topu BARMAN	20.12.1994	*Bashundhara Kings Ḍhākā*
Isa FAYSAL	20.08.1999	*Bangladesh Police FC Ḍhākā*
Bishwanath GHOSH	30.05.1999	*Bashundhara Kings Ḍhākā*
Mohammad Shakil HOSSAIN	06.07.2002	*Lt. Sheikh Jamal Dhanmondi Club Ḍhākā*
Mohammad Rimon HOSSAIN	01.07.2003	*Bashundhara Kings Ḍhākā*
Tariq Raihan KAZI	06.10.2000	*Bashundhara Kings Ḍhākā*
Mohammad Rahmat MIA	08.12.1999	*Abahani Limited Ḍhākā*
Mohammad Mehedi Hasan MITHU	24.10.1994	*Mohammedan SC Ḍhākā*
Hasan MURAD Tipu	02.01.1998	*Mohammedan SC Ltd. Ḍhākā*
Midfielders		
Jamal Harris BHUYAN	10.04.1990	*Abahani Limited Ḍhākā*
Mohammed Shahriar EMON	07.03.2001	*Mohammedan SC Ltd. Ḍhākā*
Isa FAYSAL	20.08.1999	*Bangladesh Police FC Ḍhākā*
Mohammad Robiul HASAN	26.06.1999	*Abahani Limited Ḍhākā*
Mohammad IBRAHIM	07.08.1997	*Bashundhara Kings Ḍhākā*
Mojibur Rahman JONY	2005	*Bashundhara Kings Ḍhākā*
Syed Shah Quazem KIRMANE	25.10.1998	*Bangladesh Police FC Ḍhākā*
Shekh MORSALIN	25.11.2005	*Bashundhara Kings Ḍhākā*
Mohammad Sohel RANA (I)	27.03.1995	*Bashundhara Kings Ḍhākā*
Mohammad Sohel RANA (II)	01.06.1996	*Abahani Limited Ḍhākā*
Mohammad RIDOY	2002	*Abahani Limited Ḍhākā*
Chandon ROY	04.05.2007	*Sheikh Russell KC Ḍhākā*
Mohammad Saad UDDIN	01.09.1998	*Bashundhara Kings Ḍhākā*
Forwards		
Mohammed Foysal Ahmed FAHIM	24.02.2002	*Abahani Limited Ḍhākā*
Rakib HOSSAIN	20.11.1998	*Bashundhara Kings Ḍhākā*
Mohammad Rafiqul ISLAM	04.01.2003	*Bashundhara Kings Ḍhākā*
Mohammad Sumon REZA	15.06.1995	*Sheikh Russell KC Ḍhākā*
National coaches		
Javier Fernández CABRERA Martín Peñato (Spain) [from 08.01.2022]		04.10.1984

BHUTAN

Federation Directory:
Bhutan Football Federation
P.O.Box. 365, Thimphu
Year of Formation: 1983
Member of FIFA since: 2000
Member of AFC since: 1993
Internet: www.bhutanfootball.org

The Country: Brug rGyal-Khab (Kingdom of Bhutan)
Capital: Thimphu
Surface: 38,394 km^2 / **Population**: 727,145 [2022] / **Time**: UTC+6

NATIONAL TEAM RECORDS

First international match:
01.04.1982, Kathmandu: Nepal - Bhutan 3-1

Most international caps:	Most international goals:
Chencho Parop Gyeltshen	Chencho Parop Gyeltshen
44 caps (since 2011)	**13 goals** / 44 caps (since 2011)

NATIONAL TEAM COMPETITIONS

ASIAN NATIONS CUP		FIFA WORLD CUP	
1956	Did not enter	1930	Did not enter
1960	Did not enter	1934	Did not enter
1964	Did not enter	1938	Did not enter
1968	Did not enter	1950	Did not enter
1972	Did not enter	1954	Did not enter
1976	Did not enter	1958	Did not enter
1980	Did not enter	1962	Did not enter
1984	Did not enter	1966	Did not enter
1988	Did not enter	1970	Did not enter
1992	Did not enter	1974	Did not enter
1996	Did not enter	1978	Did not enter
2000	Qualifiers	1982	Did not enter
2004	Qualifiers	1986	Did not enter
2007	Did not enter	1990	Did not enter
2011	Qualifiers	1994	Did not enter
2015	Qualifiers	1998	Did not enter
2019	Qualifiers	2002	Did not enter
2023	Qualifiers	2006	Did not enter
		2010	*Withdrew*
		2014	Did not enter
		2018	Qualifiers
		2022	Qualifiers

OLYMPIC FOOTBALL TOURNAMENTS 1908-2020

None

AFC CHALLENGE CUP 2006-2014		SOUTH ASIAN FEDERATION GAMES 1984-2019		SOUTH ASIAN FOOTBALL FEDERATION CHAMPIONSHIP 1993-2023	
2006	Group Stage	1984	4th Place	1993	-
2008	Qualifiers	1985	Group Stage	1995	-
2010	Qualifiers	1987	Group Stage	1997	-
2012	Qualifiers	1989	-	1999	-
2014	Did not enter	1991	-	2003	Group Stage
		1993	-	2005	Group Stage
		1995	-	2008	Semi-Finals
		1999	Group Stage	2009	Group Stage
		2004	4th Place	2011	Group Stage
		2006	Group Stage	2013	Group Stage
		2010	Group Stage	2015	Group Stage
		2016	Group Stage	2018	Group Stage
		2019	Runners-up	2021	Did not enter
				2023	Group Stage

BHUTANESE CLUB HONOURS IN ASIAN CLUB COMPETITIONS

AFC Champions League 1967-1971 & 1985/1986-2024
None
Asian Football Confederation Cup 2004-2024
None
AFC President's Cup 2005-2014*
None
Asian Cup Winners Cup 1975-2003*
None
Asian Super Cup 1995-2002*
None

*defunct competition

NATIONAL COMPETITIONS
TABLE OF HONOURS

	CHAMPIONS
1986	Royal Bhutan Army
1987	*Not known*
1988	*Not known*
1989	*Not known*
1990	*Not known*
1991	*Not known*
1992	*Not known*
1993	*Not known*
1994	*Not known*
1995	*Not known*
1996	Druk Pol FC
1997	Druk Pol FC

1998	Druk Pol FC
1999	Druk Pol FC
2000	Druk Pol FC
A-Division (Thimphu)	
2001	Druk Star FC
2002	Druk Pol FC
2003	Druk Pol FC
2004	Transport United FC Thimphu
2005	Transport United FC Thimphu
2006	Transport United FC Thimphu
2007	Transport United FC Thimphu
2008	Yeedzin FC Thimphu
2009	Druk Star FC
2010	Yeedzin FC Thimphu
2011	*Championship not held*
2012	Druk Pol FC
Bhutan National League	
2012/2013	Yeedzin FC Thimphu
2013/2014	Ugyen Academy FC Punakha
2015	Tertons FC Thimphu
2016	Thimphu City FC
2017	Transport United FC Thimphu
2018	Transport United FC Thimphu
2019	Paro FC
2020	Thimphu City FC
2021	Paro FC
2022	Paro FC
2023	Paro FC

Premier League Qualifiers 2023

1.	Namlha FC	7	5	2	0	29 - 11	17
2.	Tensung FC	7	5	1	1	38 - 4	16
3.	BFF Academy U19	7	4	2	1	27 - 9	14
4.	Thimphu Raven FC	7	2	3	2	13 - 16	9
5.	Tsirang FC	7	3	0	4	13 - 19	9
6.	South Druk United FC	7	2	2	3	14 - 22	8
7.	Phuentsholing City FC	7	1	1	5	8 - 16	4
8.	Samtse FC	7	0	1	6	6 - 51	1

Top-4 teams were qualified for the Premier League 2023.

NATIONAL CHAMPIONSHIP
Bank of Bhutan Premier League 2023

#	Club	P	W	D	L	GF		GA	Pts
1.	**Paro FC**	18	16	1	1	79	-	14	49
2.	Thimphu City FC	18	13	3	2	65	-	25	42
3.	Transport United FC Thimphu	18	12	1	5	68	-	29	37
4.	Royal Thimphu College FC	18	11	2	5	40	-	22	35
5.	Druk Lhayul FC Thimphu	18	8	1	9	47	-	54	25
6.	Tensung FC	18	7	1	10	31	-	36	22
7.	BFF Academy U19	18	4	5	9	30	-	45	17
8.	Ugyen Academy FC Punakha	18	3	6	9	30	-	50	15
9.	Thimphu Raven FC	18	3	1	14	18	-	68	10
10.	Namlha FC	18	2	1	15	15	-	80	7

Best goalscorer 2023:
Kazuo Homma (JPN, Paro FC) – 34 goals

THE CLUBS 2023

Club	Founded	Stadium	Capacity
Paro Football Club	2018	Woochu Sports Arena, Paro	10,000
Tensung Football Club	2016	Changlimithang Stadium, Thimphu	15,000
Thimphu City Football Club	2011	Changlimithang Stadium, Thimphu	15,000
Transport United Football Club Thimphu	2000	Changlimithang Stadium, Thimphu	15,000
Ugyen Academy Football Club Punakha	2002	Lekeythang Stadium, Punakha	1,000

NATIONAL TEAM
INTERNATIONAL MATCHES 2023/2024

06.09.2023	Taipa	Macau - Bhutan	0-1(0-1)	(F)
12.10.2023	Hong Kong	Hong Kong - Bhutan	4-0(4-0)	(WCQ)
17.10.2023	Thimphu	Bhutan – Hong Kong	2-0(1-0)	(WCQ)
22.03.2024	Colombo	Central African Republic - Bhutan	6-0(1-0)	(F)
25.03.2024	Colombo	Sri Lanka - Bhutan	2-0(0-0)	(F)

06.09.2023, Friendly International
Estádio Campo Desportivo, Taipa; Attendance: n/a
Referee: Woo Chun Sing (Hong Kong)
MACAU - BHUTAN   **0-1(0-1)**
BHU: Hari Gurung (82.Gyaltshen Zangpo), Tenzin Norbu, Dawa Kuenjung Tshering (85.Phuntsho Jigme), Tenzin Dorji, Sherub Dorji, Kinga Wangchuk, Nima Wangdi (70.Jigdrel Wangchuk), Tshelthrim Namgyel, Tsenda Dorji, Lobzang Chogyal, Karma Sonam (82.Phub Thinley). Trainer: Perma Dorji.
Goal: Tshelthrim Namgyel (42).

12.10.2023, 23rd FIFA World Cup Qualifiers / 19th AFC Asian Cup Qualifiers first round
Hong Kong Stadium, Hong Kong; Attendance: 10,259
Referee: Razlan Joffri Ali (Malaysia)
HONG KONG - BHUTAN   **4-0(4-0)**
BHU: Hari Gurung, Tenzin Norbu, Tenzin Dorji, Sherub Dorji, Kinga Wangchuk, Tshelthrim Namgyel, Nima Wangdi, Lobzang Chogyal, Dorji Dorji (39.Karma Sonam), Chencho Parop Gyeltshen(71.Phurpa Wangchuk), Tsenda Dorji. Trainer: Perma Dorji.

17.10.2023, 23rd FIFA World Cup Qualifiers / 19th AFC Asian Cup Qualifiers first round
Changlimithang Stadium, Thimphu; Attendance: 5,300
Referee: Thoriq Munir Alkatiri (Indonesia)
BHUTAN – HONG KONG   **2-0(1-0)**
BHU: Hari Gurung, Tenzin Norbu, Tenzin Dorji, Sherub Dorji, Kinga Wangchuk, Nima Wangdi, Tshelthrim Namgyel, Lobzang Chogyal, Dorji Dorji (57.Tsenda Dorji), Karma Sonam (69.Dawa Kuenjung Tshering), Chencho Parop Gyeltshen. Trainer: Perma Dorji.
Goals: Chencho Parop Gyeltshen(28), Lobzang Chogyal (47).

22.03.2024, Friendly International [FIFA Series]
Colombo Racecourse, Colombo (Sri Lanka); Attendance: 1,100
Referee: Mohamed Jafran (Sri Lanka)
CENTRAL AFRICAN REPUBLIC - BHUTAN   **6-0(1-0)**
BHU: Hari Gurung (63.Gyaltshen Zangpo), Tenzin Dorji, Lobzang Chogyal (63.Bikash Pradhan), Sherub Dorji (64.Karma Chetrim), Kinga Wangchuk, Pema Dhendup, Nima Wangdi, Tshelthrim Namgyel, Kharma Shedrup Tshering (46.Orgyen Wangchuk Tshering), Tsenda Dorji (35.Jigdrel Wangchuk), Chencho Parop Gyeltshen. Trainer: Kim Tae-in (Korea Republic).

25.03.2024, Friendly International [FIFA Series]
Colombo Racecourse, Colombo; Attendance: 6,320
Referee: Meshari Ali Al Shammari (Qatar)
SRI LANKA - BHUTAN   **2-0(0-0)**
BHU: Hari Gurung (81.Tshering Dendup), Tenzin Dorji, Dawa Kuenjung Tshering (82.Tsenda Dorji), Pema Dhendup, Sherub Dorji, Nima Wangdi, Tshelthrim Namgyel (60.Jetsuen Dorji), Kinga Wangchuk (61.Kharma Shedrup Tshering), Orgyen Wangchuk Tshering, Bikash Pradhan (88.Lobzang Chogyal), Chencho Parop Gyeltshen (82.Nyendra Yoesel). Trainer: Kim Tae-in (Korea Republic).

NATIONAL TEAM PLAYERS
2023/2024

Name	DOB	Club
Goalkeepers		
Tshering DENDUP	21.01.1992	*Druk Lhayul FC Thimphu*
Hari GURUNG	18.02.1992	*Druk Lhayul FC Thimphu; 01.01.2024-> Transport United FC Thimphu*
Gyeltshen ZANGPO	06.07.1998	*Paro FC*
Defenders		
Pema DHENDUP	26.02.2001	*Transport United FC Thimphu*
Sherub DORJI	17.04.2002	*Royal Thimphu College FC*
Tenzin DORJI	18.08.1997	*Druk Lhayul FC Thimphu*
Phuntsho JIGME	11.09.1997	*Thimphu City FC*
Tenzin NORBU	08.05.2001	*Thimphu City FC*
Bikash PRADHAN	21.01.2004	*Transport United FC Thimphu*
Dawa Kuenjung TSHERING	21.08.1998	*Thimphu City FC*
Jigdrel WANGCHUK	12.09.2002	*Transport United FC Thimphu*
Midfielders		
Karma CHETRIM	20.02.2003	*Ugyen Academy FC Punakha*
Lobzang CHOGYAL	22.09.1996	*Paro FC*
Jetsuen DORJI	2006	*BFF Academy U19*
Tsenda DORJI	12.02.1995	*Transport United FC Thimphu*
Tshelthrim NAMGYEL	01.07.2002	*Paro FC*
Phub THINLEY	11.10.1997	*Paro FC*
Karma Shedrup TSHERING	09.04.1990	*Thimphu City FC*
Orgyen Wangchuk TSHERING	14.09.1999	*Thimphu City FC*
Kinga WANGCHUK	19.09.2002	*Transport United FC Thimphu*
Phurpa WANGCHUK	18.02.1996	*Paro FC*
Nima WANGDI	06.12.1998	*Thimphu City FC*
Forwards		
Dorji DORJI	11.11.1995	*Thimphu City FC*
Chencho Parop GYELTSHEN	10.05.1996	*Sriwijaya FC Palembang (IDN)*
Karma SONAM	08.08.2001	*Royal Thimphu College FC*
Nyendra YOESEL		*BFF Academy U19*
National coaches		
Perma DORJI [01.2019 – 12.2023]		05.07.1985
KIM Tae-in (Korea Republic) [from 01.2024]		

BRUNEI DARUSSALAM

Federation Directory:
Football Federation of Brunei Darussalam
FABD House, Jalan Pusat Persidangan,
Bandar Seri Begawan BB4313, Negara Brunei Darussalam
Year of Formation: 1952
Member of FIFA since: 1972 / Member of AFC since: 1969
Internet: www.the-fabd.com

The Country: Negara Brunei Darussalam (State of Brunei, Abode of Peace)
Capital: Bandar Seri Begawan
Surface: 5,765 km^2 / **Population**: 460,345 [2020] / **Time**: UTC+8

NATIONAL TEAM RECORDS

First international match:
22.05.1971, Bangkok (THA): Brunei Darussalam - Malaysia 4-0

Most international caps:	Most international goals:
Muhamad Azwan Muhamad Saleh	Mohammad Shah Razen Haji Mohammad Said
34 caps (since 2006)	**8 goals** / 24 caps (2008-2019)

NATIONAL TEAM COMPETITIONS

ASIAN NATIONS CUP	
1956	Did not enter
1960	Did not enter
1964	Did not enter
1968	Did not enter
1972	Qualifiers
1976	Qualifiers
1980	*Withdrew*
1984	*Withdrew*
1988	Did not enter
1992	Did not enter
1996	Did not enter
2000	Qualifiers
2004	Qualifiers
2007	Did not enter
2011	Qualifiers
2015	*Withdrew*
2019	Qualifiers
2023	Qualifiers

FIFA WORLD CUP	
1930	
1934	
1938	*Was part of United Kingdom*
1950	
1954	
1958	
1962	
1966	*Not a member of FIFA*
1970	
1974	Did not enter
1978	Did not enter
1982	Did not enter
1986	Qualifiers
1990	Did not enter
1994	Did not enter
1998	Did not enter
2002	Qualifiers
2006	Did not enter
2010	Did not enter
2014	*Suspended by FIFA*
2018	Qualifiers
2022	Qualifiers

OLYMPIC FOOTBALL TOURNAMENTS 1908-2020

1908 to 1928	*Teams from Asia did not enter*	1980	Qualifiers
		1984	Did not enter
		1988	Did not enter
1936 1948 1952 1956	*Was part of United Kingdom*	1992	Did not enter
		1996	Did not enter
		2000	Did not enter
		2004	Did not enter
1960	Did not enter	2008	Did not enter
1964	Did not enter	2012	Did not enter
1968	Did not enter	2016	Qualifiers
1972	Did not enter	2020	Qualifiers
1976	Did not enter		

AFC CHALLENGE CUP 2006-2014		AFC SOLIDARITY CUP 2016		ASEAN („TIGER") CUP / AFF CUP 1996-2022		SOUTH EAST ASIAN GAMES 1959-2023	
2006	Group Stage	2016	4th Place	1996	Group Stage	1959	-
2008	Qualifiers			1998	Qualifiers	1961	-
2010	Qualifiers			2000	*Withdrew*	1965	-
2012	*Suspended*			2002	-	1967	-
2014	*Withdrew*			2004	-	1969	-
				2007	Qualifiers	1971	-
				2008	Qualifiers	1973	-
				2010	*Suspended*	1975	-
				2012	Qualifiers	1977	Group Stage
				2014	Qualifiers	1979	-
				2016	Qualifiers	1981	-
				2018	Qualifiers	1983	4th Place
				2020	*Withdrew*	1985	Group Stage
				2022	Group Stage	1987	Group Stage
						1989	Group Stage
						1991	-
						1993	Group Stage
						1995	Group Stage
						1997	Group Stage
						1999	Group Stage
						2001	Group Stage
						2003	-
						2005	-
						2007	-
						2009	-
						2011	Group Stage
						2013	Group Stage
						2015	Group Stage
						2017	Group Stage
						2019	Group Stage
						2021	Did not enter
						2023	Did not enter

BRUNEIAN CLUB HONOURS IN ASIAN CLUB COMPETITIONS

AFC Champions League 1967-1971 & 1985/1986-2024
None

Asian Football Confederation Cup 2004-2024
None

AFC President's Cup 2005-2014*
None

Asian Cup Winners Cup 1975-2003*
None

Asian Super Cup 1995-2002*
None

*defunct competitions

NATIONAL COMPETITIONS
TABLE OF HONOURS

	CHAMPIONS	CUP WINNERS
1985	Angkata Sersenjata	-
1986	Daerah Brunei	-
1987	Kota Ranger FC	-
1988	Kuala Belait	-
1989	Muara Stars FC	-
1990	*No competition*	-
1991	*No competition*	-
1992	*No competition*	-
1993	Kota Ranger FC	-
1994-2001	*No competition*	-
2002	DPMM FC Bandar Seri Begawan	Wijaya FC Bandar Seri Begawan
2003	Wijaya FC Bandar Seri Begawan	MS ABDB Tutong
2004	DPMM FC Bandar Seri Begawan	DPMM FC Bandar Seri Begawan
2005/2006	QAF FC Bandar Seri Begawan	AH United Brunei-Muara
2006/2007	*No competition*	*No competition*
2007/2008	QAF FC Bandar Seri Begawan	MS ABDB Tutong
2008/2009	*No competition*	*No competition*
2009/2010	QAF FC Bandar Seri Begawan	MS ABDB Tutong
2010/2011	*Championship suspended*	*No competition*
2011/2012	*No competition*	MS ABDB Tutong
2012/2013	Indera SC	*No competition*
2014	Indera SC	*No competition*
2015	MS ABDB Tutong	MS ABDB Tutong
2016	MS ABDB Tutong	MS ABDB Tutong
2017/2018	MS ABDB Tutong	Indera SC
2018/2019	MS ABDB Tutong	Kota Ranger FC
2020	*Championship cancelled*	*Competition cancelled*
2021	*Championship cancelled*	*Competition cancelled*
2022	*No competition*	DPMM FC Bandar Seri Begawan
2023	Kasuka FC Bandar Seri Begawan	*No competition*

NATIONAL CHAMPIONSHIP
Brunei Super League 2023

	Club	P	W	D	L	GF		GA	Pts
1.	**Kasuka FC Bandar Seri Begawan**	16	16	0	0	91	-	7	48
2.	Indera SC	16	13	2	1	69	-	9	41
3.	Kota Ranger FC	16	13	2	1	44	-	11	41
4.	MS ABDB Tutong	16	10	3	3	45	-	12	33
5.	AKSE Bersatu FC	16	10	2	4	49	-	18	32
6.	Kuala Belait FC	16	10	2	4	21	-	15	32
7.	MS PPDB	16	10	0	6	42	-	18	30
8.	IKLS-MB5 FC	16	7	0	9	26	-	34	21
9.	Wijaya FC	16	6	3	7	28	-	39	21
10.	Rimba Star FC	16	6	0	10	28	-	29	18
11.	Lun Bawang FC	16	5	1	10	17	-	45	16
12.	Panchor Murai FC	16	3	1	12	14	-	56	10
13.	BAKES FC	16	2	3	11	14	-	57	9
14.	Setia Perdana FC	16	2	2	12	8	-	64	8
15.	BSRC FC	16	2	1	13	7	-	38	7
16.	Jerudong FC	16	2	0	14	18	-	69	6

Please note: DPMM FC Bandar Seri Begawan returned to the Singapore League.

Best goalscorer 2023:
Leon Sullivan Taylor (Indera SC) – 31 goals

THE CLUBS 2023

Club	Founded	Stadium	Capacity
AKSE (**A**ngkatan **K**ampong **Se**tia) Bersatu Football Club	2012	n/a	n/a
BAKES (**Ba**htera **Ke**mudi **S**ekawan) Football Club	2005	n/a	n/a
BSRC (Brunei Shell Recreation Club) Football Club	2004	BSRC Field, Brunei	n/a
IKLS-MB5 (Ikatan Kampong Lurong Sekuna - Mulaut Ban 5) Football Club	1988	n/a	n/a
Indera Sports Club	1970	n/a	n/a
Jerudong Football Club	1994	Jerudong Primary Schhol Field	n/a
Kasuka Football Club Bandar Seri Begawan	1993	n/a	n/a
Kuala Belait Football Club	2019	Arena Field, Brunei	n/a
Kota Ranger Football Club	1978	Berakas Sports Complex, Bandar Seri Begawan	500
Lun Bawang Football Club	2002	Batu Apoi Sports Complex, Batu Apoi	n/a
MS ABDB (Majlis Sukan Angkatan Bersenjata Diraja Brunei) Tutong	1985	Royal Brunei Air Force Mini Stadium, Rimba	n/a
MS PPDB (Majlis Sukan Pasukan Polis Diraja Brunei)	1985	Hassanal Bolkiah Polis Gadong Stadium, Gadong	n/a
Panchor Murai Football Club	2009	n/a	n/a
Rimba Star Football Club	2008	n/a	n/a
Setia Perdana Football Club	2005	n/a	n/a
Wijaya Football Club	1989	n/a	n/a

NATIONAL TEAM
INTERNATIONAL MATCHES 2023/2024

11.09.2023	Hong Kong	Hong Kong - Brunei Darussalam	10-0(3-0)	(F)
12.10.2023	Jakarta	Indonesia - Brunei Darussalam	6-0(2-0)	(WCQ)
17.10.2023	Bandar Seri Begawan	Brunei Darussalam - Indonesia	0-6(0-3)	(WCQ)
22.03.2024	Jeddah	Bermuda - Brunei Darussalam	2-0(0-0)	(F)
26.03.2024	Jeddah	Vanuatu - Brunei Darussalam	2-3(1-0)	(F)
08.06.2024	Bandar Seri Begawan	Brunei Darussalam - Sri Lanka	1-0(0-0)	(F)
11.06.2024	Bandar Seri Begawan	Brunei Darussalam - Sri Lanka	1-0(1-0)	(F)

11.09.2023, Friendly International
Hong Kong Stadium, Hong Kong; Attendance: 6,097
Referee: Warintorn Sassadee (Thailand)
HONG KONG - BRUNEI DARUSSALAM 10-0(3-0)
BRU: Haimie Anak Nyaring, Mohamed Khairil Shahme Suhaimi, Muhammad 'Afi Aminuddin (76.Hazwan Hamzah), Abdul Mu'iz Sisa (46.Mohamad Haziq Kasyful Azim Mohamad Hasimulabdillah), Pengiran Yura Indera Putera Pengiran Yunos, Muhammad Azwan Ali Rahman, Awangku Muhammad Fakharazzi Pengiran Haji Hassan (57.Mohammad Alinur Rashimy Awang Haji Jufri), Naziruddin Haji Ismail (46.Mohd Najib Haji Tarif), Nur Asyraffahmi Norsamri (73.Muhammad Hariz Danial Awang Haji Khallidden), Muhammad Hakeme Yazid Said, Muhammad Razimie Ramlli (46.Abdul Azizi Ali Rahman). Trainer: Mario Rivera Campesino (Spain).

12.10.2023, 23rd FIFA World Cup Qualifiers / 19th AFC Asian Cup Qualifiers first round
Gelora Bung Karno Stadium, Jakarta; Attendance: 23,318
Referee: Bijan Heydari (Iran)
INDONESIA - BRUNEI DARUSSALAM 6-0(2-0)
BRU: Haimie Anak Nyaring, Abdul Mu'iz Sisa (75.Mohammad Hirzi Zulfaqar Mahzan), Muhammad Nazhan Zulkifle (82.Awangku Muhammad Fakharazzi Pengiran Haji Hassan), Mohamad Haziq Kasyful Azim Mohamad Hasimulabdillah, Mohamed Khairil Shahme Suhaimi, Mohamad Hendra Azam Mohamad Idris (57.Muhammad Azwan Ali Rahman), Naziruddin Haji Ismail (57.Adi Haji Mohammad Said), Muhammad Hanif Hamir, Pengiran Yura Indera Putera Pengiran Yunos, Muhammad Hariz Danial Awang Haji Khallidden (75.Nur Asyraffahmi Norsamri), Muhammad Hakeme Yazid Said. Trainer: Mario Rivera Campesino (Spain).

17.10.2023, 23rd FIFA World Cup Qualifiers / 19th AFC Asian Cup Qualifiers first round
„Hassanal Bolkiah" National Stadium, Bandar Seri Begawan; Attendance: 17,281
Referee: Ahmed Faisal Al Ali (Jordan)
BRUNEI DARUSSALAM - INDONESIA 0-6(0-3)
BRU: Haimie Anak Nyaring (72.Muhammad Ishyra Asmin Mohd Jabidi), Muhammad Nazhan Zulkifle, Mohamad Haziq Kasyful Azim Mohamad Hasimulabdillah, Mohamed Khairil Shahme Suhaimi, Mohamad Hendra Azam Mohamad Idris (59.Muhammad Hanif Farhan Azman), Muhammad Hanif Hamir, Nur Asyraffahmi Norsamri (69.Awangku Muhammad Fakharazzi Pengiran Haji Hassan), Pengiran Yura Indera Putera Pengiran Yunos, Mohammad Alinur Rashimy Awang Haji Jufri (69.Adi Haji Mohammad Said), Abdul Azizi Ali Rahman (59.Muhammad Hariz Danial Awang Haji Khallidden), Muhammad Hakeme Yazid Said. Trainer: Mario Rivera Campesino (Spain).

22.03.2024, Friendly International [FIFA Series]
"King Abdullah" Sports City, Jeddah (Saudi Arabia); Attendance: n/a
Referee: Qasim Matar Al Hatmi (Oman)
BERMUDA - BRUNEI DARUSSALAM **2-0(0-0)**
BRU: Haimie Anak Nyaring, Abdul Mu'iz Sisa, Mohamad Haziq Kasyful Azim Mohamad Hasimulabdillah (78.Mohammad Amin Haji Sisa), Mohamed Khairil Shahme Suhaimi (78.Muhammad 'Afi Aminuddin), Awangku Muhammad Fakharazzi Pengiran Haji Hassan (71.Muhammad Nazif Safwan Jaini), Mohammad Nur Ikhwan Othman (Muhammad Hanif Farhan Azman), Muhammad Syafiq Safiuddin Abdull Shariff, Pengiran Yura Indera Putera Pengiran Yunos, Abdul Hariz Herman (61.Awang Muhammad Faturrahman Awang Embran), Muhammad Hakeme Yazid Said, Muhammad Razimie Ramlli (61.Muhammad Hariz Danial Awang Haji Khallidden). Trainer: Mario Rivera Campesino (Spain).

26.03.2024, Friendly International [FIFA Series]
"King Abdullah" Sports City, Jeddah (Saudi Arabia); Attendance: n/a
Referee: Abdullah Dhafer Al Shehri (Saudi Arabia)
VANUATU - BRUNEI DARUSSALAM **2-3(1-0)**
BRU: Haimie Anak Nyaring, Abdul Mu'iz Sisa (20.Mohamad Haziq Kasyful Azim Mohamad Hasimulabdillah), Mohammad Amin Haji Sisa (46.Mohamed Khairil Shahme Suhaimi), Muhammad Hanif Farhan Azman, Pengiran Yura Indera Putera Pengiran Yunos, Mohammad Nur Ikhwan Othman, Muhammad Syafiq Safiuddin Abdull Shariff (79.Muhammad Nazif Safwan Jaini), Awangku Muhammad Fakharazzi Pengiran Haji Hassan (78.Muhammad Hariz Danial Awang Haji Khallidden), Abdul Hariz Herman (46.Awang Muhammad Faturrahman Awang Embran), Muhammad Hakeme Yazid Said, Muhammad Razimie Ramlli (66.Naziruddin Haji Ismail). Trainer: Mario Rivera Campesino (Spain).
Goals: Muhammad Syafiq Safiuddin Abdull Shariff (53), Mohammad Nur Ikhwan Othman (73), Muhammad Hakeme Yazid Said (90+4).

08.06.2024, Friendly International
„Hassanal Bolkiah" National Stadium, Bandar Seri Begawan; Attendance: 500
Referee: Thorpong Somsing (Thailand)
BRUNEI DARUSSALAM - SRI LANKA **1-0(0-0)**
BRU: Haimie Anak Nyaring, Mohd Najib Haji Tarif, Muhammad Azwan Ali Rahman (79.Mohammad Nazry Aiman Azaman), Awang Muhammad Faturrahman Awang Embran (79.Abdul Hariz Herman), Muhammad Hanif Farhan Azman, Muhammad Syafiq Safiuddin Abdull Shariff (90.Abdul Mu'iz Sisa), Muhammad Hanif Hamir, Naziruddin Haji Ismail (67.Muhammad Hariz Danial Awang Haji Khallidden), Mohammad Nur Ikhwan Othman, Pengiran Yura Indera Putera Pengiran Yunos, Muhammad Hakeme Yazid Said. Trainer: Rui José Capela Batista (Portugal).
Goal: Muhammad Azwan Ali Rahman (59).

11.06.2024, Friendly International
„Hassanal Bolkiah" National Stadium, Bandar Seri Begawan; Attendance: 800
Referee: Usaid Jamal (Malaysia)
BRUNEI DARUSSALAM - SRI LANKA **1-0(1-0)**
BRU: Haimie Anak Nyaring, Abdul Mu'iz Sisa, Mohammad Nazry Aiman Azaman (79.Mohd Najib Haji Tarif), Muhammad Hanif Farhan Azman, Naziruddin Haji Ismail (79.Azwan Muhammad Salleh), Muhammad Hanif Hamir (78.Muhammad 'Afi Aminuddin), Pengiran Yura Indera Putera Pengiran Yunos [*sent off 63*], Muhammad Azwan Ali Rahman (59.Abdul Hariz Herman), Mohammad Nur Ikhwan Othman, Muhammad Hakeme Yazid Said, Muhammad Hariz Danial Awang Haji Khallidden (46.Muhammad Syafiq Safiuddin Abdull Shariff). Trainer: Rui José Capela Batista (Portugal).
Goal: Muhammad Azwan Ali Rahman (37).

NATIONAL TEAM PLAYERS 2023/2024

Name	DOB	Club
Goalkeepers		
Muhammad Ishyra Asmin Mohd JABIDI	09.07.1998	*MS ABDB Tutong*
Haimie Anak NYARING	31.05.1998	*DPMM FC Bandar Seri Begawan*
Defenders		
Muhammad 'Afi AMINUDDIN	20.09.2000	*Kasuka FC*
Mohammad Nazry Aiman AZAMAN	01.07.2004	*DPMM FC Bandar Seri Begawan*
Awangku Muhammad FAKHARAZZI Pengiran Haji Hassan	15.07.1989	*DPMM FC Bandar Seri Begawan*
Muhammad Hanif HAMIR	22.02.1997	*DPMM FC Bandar Seri Begawan*
Hazwan HAMZAH	09.09.2001	*Kasuka FC*
Muhammad Nazif Safwan JAINI	18.08.2000	*Kota Ranger FC*
Mohamad Haziq KASYFUL Azim Mohamad Hasimulabdillah	24.12.1998	*Kasuka FC*
Mohammad Hirzi Zulfaqar MAHZAN	13.08.2000	*DPMM FC Bandar Seri Begawan*
Pengiran Yura Indera PUTERA Pengiran Yunus	25.03.1996	*DPMM FC Bandar Seri Begawan*
Mohd Najib Haji TARIF	05.02.1988	*DPMM FC Bandar Seri Begawan*
Muhammad Nazhan ZULKIFLE	17.01.2001	*Kasuka FC*
Midfielders		
Muhammad Hanif Farhan AZMAN	02.11.2000	*DPMM FC Bandar Seri Begawan*
Awang Muhammad Faturrahman Awang EMBRAN	22.08.1999	*DPMM FC Bandar Seri Begawan*
Abdul Hariz HERMAN	24.09.2000	*DPMM FC Bandar Seri Begawan*
Mohamad Hendra Azam Mohamad IDRIS	10.08.1988	*DPMM FC Bandar Seri Begawan*
Mohammad Nur Ikhwan OTHMAN	05.01.1993	*DPMM FC Bandar Seri Begawan*
Muhammad Azwan Ali RAHMAN	11.01.1992	*DPMM FC Bandar Seri Begawan*
Mohammad Alinur RASHIMY Awang Haji Jufri	12.06.2000	*Kasuka FC*
Azwan Muhammad SALLEH	06.01.1988	*DPMM FC Bandar Seri Begawan*
Muhammad Syafiq Safiuddin Abdull SHARIFF	16.07.2002	*Indera SC*
Abdul Mu'iz SISA	20.04.1991	*DPMM FC Bandar Seri Begawan*
Mohamed Khairil Shahme SUHAIMI	16.04.1993	*Kasuka FC*
Forwards		
Muhammad Hariz DANIAL Awang Haji Khallidden	01.11.1996	*MS ABDB Tutong*
Naziruddin Haji ISMAIL	27.12.1998	*DPMM FC Bandar Seri Begawan*
Nur Asyraffahmi NORSAMRI	04.05.2000	*Kasuka FC*
Abdul Azizi Ali RAHMAN	17.01.1987	*DPMM FC Bandar Seri Begawan*
Muhammad Razimie RAMLLI	06.08.1990	*DPMM FC Bandar Seri Begawan*
Adi Haji Mohammad SAID	15.01.1990	*Kasuka FC*
Muhammad Hakeme Yazid SAID	08.02.2003	*DPMM FC Bandar Seri Begawan*
Mohammad Amin Haji SISA	02.01.1998	*Indera SC*
National coaches		
Mario RIVERA Campesino (Spain) [20.09.2022 – 07.06.2024]		12.08.1977
RUI José CAPELA Batista (Portugal) [from 08.06.2024]		06.05.1969

CAMBODIA

Federation Directory:
Cambodian Football Federation
National Football Centre, Road Kabsrov, Phnom Penh 2327 PPT3
Year of Formation: 1933
Member of FIFA since: 1954
Member of AFC since: 1954
Internet: www.ffcambodia.com

The Country: Preăh Réachéa Anachâk Kâmpŭchea (Kingdom of Cambodia)
Capital: Phnom Penh
Surface: 181,035 km^2 / **Population**: 16,713,015 [2022] / **Time**: UTC+7

NATIONAL TEAM RECORDS

First international match:
17.03.1956, Kuala Lumpur: Malaysia - Cambodia 9-2

Most international caps:	Most international goals:
Soeuy Visal	Hok Sochetra
79caps (since 2014)	**20 goals** / 26 caps (1995-2002)

NATIONAL TEAM COMPETITIONS

ASIAN NATIONS CUP		FIFA WORLD CUP	
1956	Qualifiers	1930	
1960	*Withdrew*	1934	Was under French protectorate
1964	*Withdrew*	1938	
1968	Qualifiers	1950	
1972	Final Round (4th Place)	1954	Did not enter
1976	Did not enter	1958	Did not enter
1980	Did not enter	1962	Did not enter
1984	Did not enter	1966	Did not enter
1988	Did not enter	1970	Did not enter
1992	Did not enter	1974	Did not enter
1996	Did not enter	1978	Did not enter
2000	Qualifiers	1982	Did not enter
2004	Did not enter	1986	Did not enter
2007	Did not enter	1990	Did not enter
2011	Qualifiers	1994	Did not enter
2015	Qualifiers	1998	Qualifiers
2019	Qualifiers	2002	Qualifiers
2023	Qualifiers	2006	Did not enter
		2010	Qualifiers
		2014	Qualifiers
		2018	Qualifiers
		2022	Qualifiers

OLYMPIC FOOTBALL TOURNAMENTS 1908-2020

1908 to 1928	Teams from Asia did not enter
1936	
1948	Was under French protectorate
1952	
1956	Qualifiers
1960	Did not enter
1964	Did not enter
1968	Did not enter
1972	Did not enter
1976	Did not enter
1980	Did not enter
1984	Did not enter
1988	Did not enter
1992	Did not enter
1996	Did not enter
2000	Qualifiers
2004	Did not enter
2008	Did not enter
2012	Qualifiers
2016	Qualifiers
2020	Qualifiers

ASIAN GAMES 1951-2022

Year	Result
1951	-
1954	-
1958	-
1962	-
1966	-
1970	Group Stage*
1974	-
1978	-
1982	-
1986	-
1990	-
1994	-
1998	Group Stage
2002	-
2006	-
2010	-
2014	-
2018	-
2022	-

*as Khmer Republic

AFC CHALLENGE CUP 2006-2014

2006	Group Stage
2008	Qualifiers
2010	Qualifiers
2012	Qualifiers
2014	Qualifiers

ASEAN („TIGER") CUP / AFF CUP 1996-2022

1996	Group Stage
1998	Qualifiers
2000	Group Stage
2002	Group Stage
2004	Group Stage
2007	Qualifiers
2008	Group Stage
2010	Qualifiers
2012	Qualifiers
2014	Qualifiers
2016	Group Stage
2018	Group Stage
2020	Group Stage
2022	Group Stage

SOUTH EAST ASIAN GAMES 1959-2023

1959	-
1961	Group Stage
1965	-
1967	-
1969	-
1971	Group Stage
1973	-
1975	-
1977	-
1979	-
1981	-
1983	-
1985	-
1987	-
1989	-
1991	-
1993	-
1995	Group Stage
1997	Group Stage
1999	Group Stage
2001	Group Stage
2003	Group Stage
2005	Group Stage
2007	Group Stage
2009	Group Stage
2011	Group Stage
2013	Group Stage
2015	Group Stage
2017	Group Stage
2019	4th Place
2021	Group Stage
2023	Group Stage

CAMBODIAN CLUB HONOURS IN ASIAN CLUB COMPETITIONS

AFC Champions League 1967-1971 & 1985/1986-2024
None

Asian Football Confederation Cup 2004-2024
None

AFC President's Cup 2005-2014*
None

Asian Cup Winners Cup 1975-2003*
None

Asian Super Cup 1995-2002*
None

*defunct competitions

NATIONAL COMPETITIONS
TABLE OF HONOURS

	CHAMPIONS	CUP WINNERS
1982	Ministry of Commerce FC	-
1983	Ministry of Commerce FC	-
1984	Ministry of Commerce FC	-
1985	Ministry of Defense	-
1986	Ministry of Defense	-
1987	Ministry of Health	-
1988	Kampong Cham Province	-
1989	Ministry of Transports	-
1990	Ministry of Transports	-
1991	Municipal Constructions	-
1992	Municipal Constructions	-
1993	Ministry of Defense	-
1994	Civil Aviation	-
1995	Civil Aviation	-
1996	Body Guards Club	-
1997	Body Guards Club	-
1998	Royal Dolphins	-
1999	Royal Dolphins	-
2000	National Police FC Nokorbal Cheat	-
2001	*No competition*	-
2002	Samart United	-
2003	*No competition*	-
2004	*No competition*	-
2005	Khemara Keila	-
2006	Khemara Keila	-
2007	Naga Corp FC Phnom Penh	Khemara Keila
2008	Phnom Penh Empire	Phnom Penh Empire
2009	Naga Corp FC Phnom Penh	Phnom Penh Crown FC
2010	Phnom Penh Crown FC	National Defense Ministry FC Phnom Penh
2011	Phnom Penh Crown FC	Preah Khan Reach FC
2012	Boeung Ket Rubber Field FC	Preah Khan Reach FC
2013	Svay Rieng FC	Naga Corp FC Phnom Penh
2014	Phnom Penh Crown FC	National Police Commissary FC Phnom Penh

2015	Phnom Penh Crown FC	Svay Rieng FC
2016	Boeung Ket Angkor FC Phnom Penh	National Defense Ministry FC Phnom Penh
2017	Boeung Ket Angkor FC Phnom Penh	Preah Khan Reach FC FC Svay Rieng
2018	Nagaworld FC Phnom Penh	National Defense Ministry FC Phnom Penh
2019	Preah Khan Reach FC FC Svay Rieng	Boeung Ket Angkor FC Phnom Penh
2020	Boeung Ket Angkor FC Phnom Penh	Visakha FC Phnom Penh
2021	Phnom Penh Crown FC	Visakha FC Phnom Penh
2022	Phnom Penh Crown FC	Visakha FC Phnom Penh
2023/2024	Preah Khan Reach FC FC Svay Rieng	Preah Khan Reach FC FC Svay Rieng

NATIONAL CHAMPIONSHIP
Cambodia Premier League 2023/2024

1. Preah Khan Reach FC FC Svay Rieng — 27 22 3 2 — 73 - 30 — 69
2. Phnom Penh Crown FC — 27 20 4 3 — 63 - 30 — 64
3. Visakha FC Phnom Penh — 27 14 2 11 — 53 - 40 — 44
4. Boeung Ket Angkor FC Phnom Penh — 27 11 8 8 — 62 - 48 — 41
5. Royal Cambodian Armed Forces FC Phnom Penh — 27 12 3 12 — 46 - 39 — 39
6. ISI Dangkor Senchey FC Phnom Penh — 27 10 4 13 — 43 - 55 — 34
7. Nagaworld FC Phnom Penh — 27 7 9 11 — 36 - 49 — 30
8. Prey Veng FC — 27 6 5 16 — 45 - 62 — 23
9. Kirivong Sok Sen Chey FC — 27 5 5 17 — 34 - 62 — 20
10. Angkor Tiger FC Siem Reap — 27 5 3 19 — 35 - 75 — 18

Please note: top-4 teams were qualified for the Championship Play-offs.

Championship Play-offs

1. **Preah Khan Reach FC FC Svay Rieng** — 30 24 4 2 — 83 - 33 — 76
2. Phnom Penh Crown FC — 30 21 5 4 — 69 - 33 — 68
3. Visakha FC Phnom Penh — 30 15 3 12 — 57 - 46 — 48
4. Boeung Ket Angkor FC Phnom Penh — 30 11 9 10 — 64 - 58 — 42

Best goalscorer 2023/2024:
Marcus Warren Haber (CAN, Preah Khan Reach FC FC Svay Rieng) – 31 goals

Promoted for the 2024/2025 season:
Life FC Sihanoukville, National Police Commissary FC Phnom Penh

NATIONAL CUP
Hun Sen Cup - Final 2023/2024

28.04.2024. Olympic Stadium, Phnom Penh
Preah Khan Reach FC FC Svay Rieng - Phnom Penh Crown FC   **1-0**

THE CLUBS 2023/2024

Club	Founded	Stadium	Capacity
Angkor Tiger Football Club Siem Reap	2015	Hanuman Stadium, Siem Reap	5,030
Boeung Ket Angkor Football Club Phnom Penh	2008 (a)	Olympic Stadium, Phnom Penh	35,000
ISI Dangkor Senchey Football Club Phnom Penh	2016	AIA Stadium KMH Park, Phnom Penh	3,000
Kirivong Sok Sen Chey Football Club	2007	Kirivong Stadium, Kirivong	1,000
Nagaworld Football Club Phnom Penh	2001	Kampong Speu Stadium, Kampong	3,000
Phnom Penh Crown Football Club	2001 (b)	RSN Stadium, Phnom Penh	5,000
Preah Khan Reach Football Club Svay Rieng	1997	Svay Rieng Stadium, Svay Rieng	1,000
Prey Veng Football Club *(dissolved 2024)*	n/a	Prey Veng Stadium, Prey Veng	1,200
Royal Cambodian Armed Forces Football Club Phnom Penh	1982	Lambert Stadium, Phnom Penh	7,000
Visakha Football Club Phnom Penh	2016	Visakha Stadium, Phnom Penh	7,000

(a) *as Boeung Ket Rubber Field.*
(b) *as Samart United FC.*

NATIONAL TEAM INTERNATIONAL MATCHES 2023/2024

Date	Venue	Match	Score	
07.09.2023	Phnom Penh	Cambodia - Hong Kong	1-1(0-1)	(F)
11.09.2023	Phnom Penh	Cambodia - Macau	4-0(3-0)	(F)
12.10.2023	Phnom Penh	Cambodia - Pakistan	0-0	(WCQ)
17.10.2023	Islamabad	Pakistan - Cambodia	1-0(0-0)	(WCQ)
31.12.2023	Doha	Qatar - Cambodia	3-0(3-0)	(F)
22.03.2024	Jeddah	Equatorial Guinea - Cambodia	2-0(2-0)	(F)
26.03.2024	Jeddah	Guyana - Cambodia	4-1(1-0)	(F)
07.06.2024	Phnom Penh	Cambodia - Mongolia	2-0(2-0)	(F)
11.06.2024	Ulaanbaatar	Mongolia - Cambodia	2-1(0-1)	(F)

07.09.2023, Friendly International
National Olympic Stadium, Phnom Penh; Attendance: 35,000
Referee: Clifford Daypuyat (Philippines)
CAMBODIA - HONG KONG   **1-1(0-1)**
CAM: Hul Kimhuy, Kan Pisal (75.Chan Vathanaka), Soeuy Visal (46.Sin Sophanat), Chhong Bunnath, Choun Chanchav, Kouch Sokumpheak (63.Reung Bunheing), Vann Tailamey (75.Nicholas Doeung Taylor), Orn Chanpolin, Lim Pisoth (84.Chantha Chanteaka), Sieng Chanthea, Khoan Soben (63.Kong Lyhour). Trainer: Félix Agustín González Dalmás (Argentina).
Goal: Sin Sophanat (90).

11.09.2023, Friendly International
National Olympic Stadium, Phnom Penh; Attendance: 30,000
Referee: Hoàng Ngọc Hà (Vietnam)
CAMBODIA - MACAU   4-0(3-0)
CAM: Hul Kimhuy, Kan Pisal (76.Yeu Muslim), Soeuy Visal, Sin Sophanat, Orn Chanpolin, Choun Chanchav, Vann Tailamey (46.Chantha Chanteaka), Lim Pisoth (83.Phach Socheavila), Sin Kakada (46.Chan Vathanaka), Kouch Sokumpheak, Sieng Chanthea (76.Reung Bunheing). Trainer: Félix Agustín González Dalmás (Argentina).
Goals: Sieng Chanthea (18, 20), Soeuy Visal (39), Reung Bunheing (80).

12.10.2023, 23rd FIFA World Cup Qualifiers / 19th AFC Asian Cup Qualifiers first round
National Olympic Stadium, Phnom Penh; Attendance: 11,718
Referee: Baraa Aisha (Palestine)
CAMBODIA - PAKISTAN   0-0
CAM: Hul Kimhuy, Kan Pisal (28.Yeu Muslim), Soeuy Visal, Sin Sophanat, Yudai Ogawa, Kouch Sokumpheak (46.Orn Chanpolin), Choun Chanchav, Chantha Chanteaka, Sieng Chanthea, Sor Rotana, Khoan Soben (46.Reung Bunheing). Trainer: Félix Agustín González Dalmás (Argentina).

17.10.2023, 23rd FIFA World Cup Qualifiers / 19th AFC Asian Cup Qualifiers first round
Jinnah Sports Stadium, Islamabad; Attendance: 9,562
Referee: Feras Taweel (Syria)
PAKISTAN - CAMBODIA   1-0(0-0)
CAM: Hul Kimhuy, Soeuy Visal, Sin Sophanat, Yudai Ogawa, Orn Chanpolin (78.Kong Lyhour), Choun Chanchav, Reung Bunheing, Chantha Chanteaka (52.Yeu Muslim), Nicholas Doeung Taylor (78.Sa Ty), Sor Rotana, Sieng Chanthea. Trainer: Félix Agustín González Dalmás (Argentina).

31.12.2023, Friendly International
„Thani bin Jassim" Stadium, Doha; Attendance: 0
Referee: Mahmood Salim Said Al Majarafi (Oman)
QATAR - CAMBODIA   3-0(3-0)
CAM: Hul Kimhuy (31.Vireak Dara; 65.Um Vichet), Chea Chandara (66.Sareth Krya [*sent off* 76]), Sin Sophanat (66.Kem Vanda), Soeuy Visal (66.Phach Socheavila), Sos Suhana (46.Kong Lyhour), Sin Kakada, Yudai Ogawa (66.Vann Tailamey), Chantha Chanteaka (31.Sa Ty), Nicholas Doeung Taylor (66.Long Phearath), Sor Rotana (66.Houth Vanneth), Khoan Soben (46.Phan Sophen). Trainer: Félix Agustín González Dalmás (Argentina).

22.03.2024, Friendly International [FIFA Series]
"Prince Abdullah Al Faisal" Sports City, Jeddah (Saudi Arabia); Attendance: n/a
Referee: Hussain Al Shuwaikh (Bahrain)
EQUATORIAL GUINEA - CAMBODIA   2-0(2-0)
CAM: Hul Kimhuy, Soeuy Visal, Sareth Krya (86.Phach Socheavila), Chea Chandara, Sin Sophanat, Nicholas Doeung Taylor (86.Yeu Muslim), Lim Pisoth (82.Sos Suhana), Thierry Chantha Bin Chanthacheary (82.Nhean Sosidan), Yudai Ogawa, Mat Noron (58.Sor Rotana), Sieng Chanthea (58.Phan Sophen). Trainer: Félix Agustín González Dalmás (Argentina).

26.03.2024, Friendly International [FIFA Series]
"Prince Abdullah Al Faisal" Sports City, Jeddah (Saudi Arabia); Attendance: n/a
Referee: Faisal Suleiman Al Balawi (Saudi Arabia)
GUYANA - CAMBODIA   4-1(1-0)
CAM: Hul Kimhuy, Soeuy Visal, Chea Chandara, Sin Sophanat, Sareth Krya (46.Kem Vanda: 74.Yeu Muslim), Nicholas Doeung Taylor, Yudai Ogawa, Lim Pisoth (61.Nhean Sosidan), Thierry Chantha Bin Chanthacheary (46.Sos Suhana), Sieng Chanthea (81.Sor Rotana), Mat Noron (46.Phan Sophen). Trainer: Félix Agustín González Dalmás (Argentina).
Goal: Sieng Chanthea (53).

07.06.2024, Friendly International
National Olympic Stadium, Phnom Penh; Attendance: 15,266
Referee: Warinthon Sassadee (Thailand)
CAMBODIA - MONGOLIA **2-0(2-0)**
CAM: Hul Kimhuy, Sin Sophanat, Chhom Pisa, Orn Chanpolin, Sareth Krya (86.Yeu Muslim), Yudai Ogawa, Thierry Chantha Bin Chanthacheary, Lim Pisoth (76.Kim Sokyuth), Sieng Chanthea (86.Mat Noron), Sa Ty (76.Phan Sophen), Nicholas Doeung Taylor (90+3.Phach Socheavila). Trainer: Félix Agustín González Dalmás (Argentina).
Goals: Yudai Ogawa (22), Sa Ty (30).

11.06.2024, Friendly International
MFF Football Centre, Ulaanbaatar; Attendance: n/a
Referee: Tam Ping Wun (Hong Kong)
MONGOLIA - CAMBODIA **2-1(0-1)**
CAM: Hul Kimhuy, Sareth Krya (77.David Nop), Chea Chandara, Sin Sophanat, Thierry Chantha Bin Chanthacheary (88.Mat Noron), Nicholas Doeung Taylor (88.Nhean Sosidan), Sokyuth Kim (77.Phan Sophen), Lim Pisoth, Orn Chanpolin, Sieng Chanthea (58.Yudai Ogawa), Sa Ty (77.Yeu Muslim). Trainer: Félix Agustín González Dalmás (Argentina).
Goal: Sa Ty (17).

NATIONAL TEAM PLAYERS 2023/2024		
Name	DOB	Club
Goalkeepers		
HUL Kimhuy	07.04.2000	*Visakha FC Phnom Penh*
UM Vichet	27.11.1990	*Phnom Penh Crown FC*
VIREAK Dara	30.10.2003	*Preah Khan Reach FC FC Svay Rieng*
Defenders		
CHEA Chandara	05.08.1999	*Nagaworld FC Phnom Penh*
CHHONG Bunnath	28.11.1998	*Nagaworld FC Phnom Penh*
CHHOM Pisa	03.03.1995	*Phnom Penh Crown FC*
CHOUN Chanchav	05.05.1999	*Phnom Penh Crown FC*
HOUTH Vanneth	12.01.2004	*Nagaworld FC Phnom Penh*
KAN Pisal	09.08.1998	*Boeung Ket Angkor FC Phnom Penh*
KEM Vanda	06.11.1999	*ISI Dangkor Senchey FC Phnom Penh*
PHACH Socheavila	19.11.2000	*Phnom Penh Crown FC*
SARETH Krya	04.03.1995	*Preah Khan Reach FC FC Svay Rieng*
SIN Sophanat	20.04.1997	*Visakha FC Phnom Penh*
SOEUY Visal	19.08.1995	*Preah Khan Reach FC FC Svay Rieng*
Midfielders		
Thierry Chantha BIN Chanthacheary	01.06.1991	*Preah Khan Reach FC FC Svay Rieng*
KIM Sokyuth	21.06.1999	*Preah Khan Reach FC FC Svay Rieng*
KONG Lyhour	05.08.2003	*Prey Veng FC*
KOUCH Sokumpheak	15.02.1987	*Nagaworld FC Phnom Penh*
LONG Phearath	07.01.1998	*Phnom Penh Crown FC*

David NOP	18.07.2000	*Boeung Ket Angkor FC Phnom Penh*
Yudai OGAWA	04.10.1996	*Phnom Penh Crown FC*
ORN Chanpolin	15.03.1998	*Phnom Penh Crown FC*
SIN Kakada	29.07.2000	*Visakha FC Phnom Penh*
SOKYUTH Kim	21.06.1999	*Preah Khan Reach FC FC Svay Rieng*
SOS Suhana	04.04.1992	*Nagaworld FC Phnom Penh*
VANN Tailamey	02.04.1999	*Boeung Ket Angkor FC Phnom Penh*
YEU Muslim	25.12.1998	*Phnom Penh Crown FC*

Forwards

CHAN Vathanaka	23.01.1994	
CHANTHA Chanteaka	29.09.2000	*Al Shahaniya SC(QAT); 01.02.2024-> Boeung Ket Angkor FC Phnom Penh*
KHOAN Soben	19.10.2004	*Kirivong Sok Sen Chey FC*
LIM Pisoth	29.08.2001	*Phnom Penh Crown FC*
MAT Noron	17.06.1997	*Boeung Ket Angkor FC Phnom Penh*
NHEAN Sosidan	11.10.2002	*Royal Cambodian Armed Forces FC*
PHAN Sophen	13.10.2000	*Prey Veng FC*
REUNG Bunheing	25.09.1992	*Visakha FC Phnom Penh*
SA Ty	04.04.2002	*Visakha FC Phnom Penh*
SIENG Chanthea	09.09.2002	*Boeung Ket Angkor FC Phnom Penh*
SOR Rotana	09.10.2002	*Visakha FC Phnom Penh*
Nicholas Doeung TAYLOR	02.09.1998	*Preah Khan Reach FC FC Svay Rieng*

National coaches

Félix Agustín GONZÁLEZ Dalmás (Argentina) [from 01.06.2023]	02.02.1988

CHINA P.R.

Federation Directory:
Chinese Football Association
Easton Centre Tower A(15F), 18 Guangqu Road, Beijing
Year of Formation: 1924
Member of FIFA since: 1931
Member of AFC since: 1974
Internet: www.thecfa.cn

The Country: Zhōnghuá Rénmín Gònghéguó (People's Republic of China)
Capital: Beijing
Surface: 9,640,821 km^2 / **Population:** 1,409,670,000 [2023] / **Time:** UTC+8

NATIONAL TEAM RECORDS

First international match:
04.08.1952, Helsinki: Finland – China P.R. 4-0

Most international caps:	Most international goals:
Li Weifeng	Hao Haidong
112 caps (1998-2011)	39 goals / 106 caps (1992-2004)

NATIONAL TEAM COMPETITIONS

ASIAN NATIONS CUP		FIFA WORLD CUP	
1956	Did not enter	1930	Did not enter
1960	Did not enter	1934	Did not enter
1964	Did not enter	1938	Did not enter
1968	Did not enter	1950	Did not enter
1972	Did not enter	1954	Did not enter
1976	Final Tournament (3rd Place)	1958	Qualifiers
1980	Final Tournament (Group Stage)	1962	Did not enter
1984	Final Tournament (Runners-up)	1966	Did not enter
1988	Final Tournament (4th Place)	1970	Did not enter
1992	Final Tournament (3rd Place)	1974	Did not enter
1996	Final Tournament (Quarter-Finals)	1978	Did not enter
2000	Final Tournament (4th Place)	1982	Qualifiers
2004	Final Tournament (Runners-up)	1986	Qualifiers
2007	Final Tournament (Group Stage)	1990	Qualifiers
2011	Final Tournament (Group Stage)	1994	Qualifiers
2015	Final Tournament (Quarter-Finals)	1998	Qualifiers
2019	Final Tournament (Quarter-Finals)	2002	Final Tournament (Group Stage)
2023	Final Tournament (Group Stage)	2006	Qualifiers
		2010	Qualifiers
		2014	Qualifiers
		2018	Qualifiers
		2022	Qualifiers

OLYMPIC FOOTBALL TOURNAMENTS 1908-2020

1908 to 1928	*Teams from Asia did not enter*
1936	Final Tournament (First Round)
1948	Final Tournament (First Round)
1952	*Withdrew after qualifying*
1956	*Withdrew after qualifying*
1960	
1964	
1968	*Not an IOC member*
1972	
1976	
1980	Qualifiers
1984	Qualifiers
1988	Final Tournament (Group Stage)
1992	Qualifiers
1996	Qualifiers
2000	Qualifiers
2004	Qualifiers
2008	Final Tournament (Group Stage)
2012	Qualifiers
2016	Qualifiers
2020	Qualifiers

ASIAN GAMES 1951-2022		EAST ASIAN CHAMPIONSHIP 2003-2022	
1951	-	2003	3rd Place
1954	-	2005	**Winners**
1958	-	2008	3rd Place
1962	-	2010	**Winners**
1966	-	2013	Runners-up
1970	-	2015	Runners-up
1974	Group Stage	2017	3rd Place
1978	3rd Place	2019	3rd Place
1982	Quarter-Finals	2022	3rd Place
1986	Quarter-Finals		
1990	Quarter-Finals		
1994	Runners-up		
1998	3rd Place		
2002	-		
2006	-		
2010	-		
2014	2nd Round of 16		
2018	2nd Round of 16		
2022	Quarter-Finals		

CHINESE CLUB HONOURS IN ASIAN CLUB COMPETITIONS

AFC Champions League 1967-1971 & 1985/1986-2024		
Liaoning FC	1	1989/1990
Guangzhou Evergrande FC	2	2013, 2015

Asian Football Confederation Cup 2004-2024
None

AFC President's Cup 2005-2014*
None

Asian Cup Winners Cup 1975-2003*
None

Asian Super Cup 1995-2002*
None

*defunct competitions

OTHER CLUB COMPETITIONS

East Asian Champions Cup / A3 Champions Cup 2003-2007*		
Shanghai Shenhua FC	1	2007

*defunct competition

NATIONAL COMPETITIONS
TABLE OF HONOURS

	CHAMPIONS	CUP WINNERS
1951	North East China	-
1952	*No competition*	-
1953	August 1st Army Club	-
1954	North East China	-
1955	Central Sports Institute	-
1956	Beijing Youth B	Shanghai
1957	Beijing	*No competition*
1958	Beijing	*No competition*
1959	*No competition*	*No competition*
1960	Tianjin	Tianjin
1961	Shanghai	*No competition*
1962	Shanghai	*No competition*
1963	Beijing Youth	*No competition*
1964	Beijing Sports Institute	*No competition*
1965	Jilin	*No competition*
1966	*Competition not finished*	*No competition*
1967	*No competition*	*No competition*
1968	*No competition*	*No competition*
1969	*No competition*	*No competition*
1970	*No competition*	*No competition*
1971	*No competition*	*No competition*
1972	*No competition*	*No competition*
1973	Beijing	*No competition*
1974	August 1st Army Club	*No competition*
1975	*No competition*	*No competition*
1976	*Competition not finished*	*No competition*
1977	August 1st Army Club	*No competition*
1978	Liaoning	*No competition*
1979	Guangdong	*No competition*
1980	Tianjin	*No competition*
1981	August 1st Army Club	*No competition*
1982	Beijing	*No competition*
1983	Tianjin (Northern Group), Guangdong (Southern Group)	*No competition*
1984	Beijing	Liaoning
1985	Liaoning	Beijing Xuehua
1986	August 1st Army Club	Liaoning
1987	Liaoning	*No competition*
1988	Liaoning	*No competition*
1989	China P.R.-„B" Team	*No competition*
1990	Liaoning	August 1st Army Club

Year	Champion	Runner-up
1991	Liaoning	Shanghai
1992	Liaoning	Dalian
1993	Liaoning Dongyao	No competition
Professional Championship		
1994	Dalian Wanda FC	No competition
1995	Shanghai Shenhua FC	Jinan Taishan
1996	Dalian Wanda FC	Beijing Guoan FC
1997	Dalian Wanda FC	Beijing Guoan FC
1998	Dalian Wanda FC	Shanghai Shenhua FC
1999	Shandong Luneng Taishan FC	Dalian Wanda FC
2000	Dalian Shide FC	Beijing Guoan FC
2001	Dalian Shide FC	Beijing Guoan FC
2002	Dalian Shide FC	Liaoning Bird
2003	Shanghai Shenhua FC	Beijing Hyundai Cars
2004	Shenzhen Jianlibao	Shandong Luneng Taishan FC
2005	Dalian Shide FC	Dalian Shide FC
2006	Shandong Luneng Taishan FC	Shandong Luneng Taishan FC
2007	Changchun Yatai FC	No competition
2008	Shandong Luneng Taishan FC	No competition
2009	Beijing Guoan FC	No competition
2010	Shandong Luneng Taishan FC	No competition
2011	Guangzhou Evergrande FC	Tianjin Teda FC
2012	Guangzhou Evergrande FC	Guangzhou Evergrande FC
2013	Guangzhou Evergrande FC	Guizhou Renhe FC Guiyang
2014	Guangzhou Evergrande FC	Shandong Luneng Taishan FC
2015	Guangzhou Evergrande FC	Jiangsu Guoxin-Sainty FC
2016	Guangzhou Evergrande FC	Guangzhou Evergrande FC
2017	Guangzhou Evergrande FC	Shanghai Greenland Shenhua FC
2018	Shanghai SIPG FC	Beijing Sinobo Guoan FC
2019	Guangzhou Evergrande Taobao FC	Shanghai Greenland Shenhua FC
2020	Jiangsu Suning FC	Shandong Luneng Taishan FC
2021	Shandong Taishan FC	Shandong Taishan FC
2022	Wuhan Three Towns FC	Shandong Taishan FC
2023	Shanghai Port FC	Shanghai Shenhua FC

NATIONAL CHAMPIONSHIP
Chinese Super League 2023

1. **Shanghai Port FC**	30	19	6	5	61	-	30	63
2. Shandong Taishan FC Jinan	30	16	10	4	59	-	25	58
3. Zhejiang Professional FC	30	16	7	7	57	-	34	55
4. Chengdu Rongcheng FC	30	15	8	7	51	-	32	53
5. Shanghai Shenhua FC	30	15	7	8	34	-	31	52
6. Beijing Guoan FC	30	14	9	7	53	-	35	51
7. Wuhan Three Towns FC	30	14	9	7	51	-	35	51
8. Tianjin Jinmen Tiger FC	30	11	15	4	40	-	29	48
9. Changchun Yatai FC	30	10	9	11	44	-	48	39
10. Henan FC Zhengzhou	30	9	9	12	38	-	40	36
11. Meizhou Hakka FC	30	9	7	14	42	-	54	34
12. Cangzhou Mighty Lions FC	30	8	7	15	29	-	60	31
13. Qingdao Hainiu FC	30	7	7	16	34	-	45	28
14. Nantong Zhiyun FC Rugao	30	4	10	16	26	-	42	22
15. Dalian Professional FC (*Dissolved*)	30	3	11	16	25	-	47	20
16. Shenzhen FC (*Dissolved*)	30	3	3	24	22	-	79	12

Please note: Henan Songshan Longmen FC Zhengzhou changed its name to Henan FC Zhengzhou. Kunshan FC (promoted in 2022) was dissolved in March 2023.

Best goalscorer 2023:
Leonardo Nascimento Lopes de Souza "Léo Souza" (BRA, Changchun Yatai FC & Zhejiang Professional FC) – 19 goals

Promoted for the 2024 season:
Shenzhen Peng City FC, Qingdao West Coast FC

NATIONAL CUP
Yanjing Beer Chinese FA Cup - Final 2023

25.11.2023, Suzhou Olympic Sports Centre, Suzhou; Attendance: 31,467
Referee: Memetjan Ahmat
Shanghai Shenhua FC - Shandong Taishan FC Jinan   1-0(0-0)
Shanghai Shenhua: Bao Yaxiong, Jiang Shenglong, Zhu Chenjie, Aidi Fulangxisi, Yang Zexiang, Ibrahim Amadou, Wu Xi, Xu Haoyang (74.Macario Darwin Yen Hing-Glover), Yu Hanchao (87.Dai Weijun), Christian Mougang Bassogog, Cephas Malele. Trainer: Wu Jingui.
Shandong Taishan: Wang Dalei, Shi Ke, Liu Yang, Zheng Zheng, Li Hailong, Liao Lisheng (67.Hu Jinghang), Marouane Fellaini-Bakkioui, Li Yuanyi (90+1.Zhao Jianfei), Chen Pu (67.Liu Binbin), Xie Wenneng (76.Zhang Chi), Crysan Da Cruz Queiroz Barcelos. Trainer: Choi Kang-hee (Korea Republic).
Goal: 1-0 Yu Hanchao (64).

THE CLUBS 2023

BEIJING GUOAN FOOTBALL CLUB

Year of Formation: 1992
Stadium: Workers Stadium, Beijing (68,000)

Trainer:		
	Stanley Purl Menzo (NED)	15.10.1963
[15.06.2023]	José Ricardo Soares Ribeiro (POR)	11.11.1974

THE SQUAD	DOB	M	(s)	G
Goalkeepers:				
Han Jiaqi	03.07.1999	18	(1)	
Hou Sen	30.06.1989	11		
Zou Dehai	27.02.1993	1		
Defenders:				
Bai Yang	06.03.1998	17	(2)	1
Li Lei	30.05.1992	18	(3)	
Michael Ngadeu-Ngadjui (CMR)	23.11.1990	29		1
Wang Gang	17.02.1989	20	(1)	1
Yu Dabao	18.04.1988	9	(9)	
Yu Yan	03.11.2002		(7)	
Midfielders:				
Arijan Ademi (MKD)	29.05.1991	15	(4)	2
Chi Zhongguo	26.10.1989	16	(9)	1
Gao Tianyi	01.07.1998	13	(11)	1
Jiang Wenhao	16.01.2000	6	(4)	
Kang Sang-woo (KOR)	07.10.1993	21	(5)	8
Li Ke	24.05.1993	14	(5)	
Nebijan Muhmet	10.07.2001	6	(5)	1
Piao Cheng	21.08.1989	3	(4)	1
Josef de *Souza* Dias (BRA)	11.02.1989	18	(2)	4
Zhang Chengdong	09.02.1989	14	(7)	
Zhang Xizhe	23.01.1991	12	(6)	3
Zhang Yuan	28.01.1997		(2)	
Forwards:				
Samuel Adeniyi Adegbenro (NGA)	03.12.1995	7	(5)	1
Duan Dezhi	22.11.2001		(3)	
Fábio Gonçalves *Abreu* (ANG)	29.01.1993	11	(2)	10
Fang Hao	03.01.2000	3	(15)	2
Feng Boxuan	18.03.1997	12	(3)	1
Wang Ziming	05.08.1996	13	(11)	8
Yang Liyu	13.02.1997	22	(2)	5
Zhang Yuning	05.01.1997	1	(5)	

CANGZHOU MIGHTY LIONS FOOTBALL CLUB

Year of Formation: 2011
Stadium: Cangzhou Stadium, Cangzhou (31,836)

Trainer:		
	Zhao Junzhe	18.04.1979

THE SQUAD	DOB	M	(s)	G
Goalkeepers:				
Han Feng	05.12.1983	2	(1)	
Shao Puliang	06.07.1989	28		

Defenders:	Li Peng	29.08.1990	4	(1)	
	Mile Škorić (CRO)	19.06.1991	19	(2)	2
	Sun Qinhan	21.03.2000	16	(9)	
	Wu Wei	10.02.2000		(2)	
	Yan Zihao	18.01.1995	6	(9)	
	Yang Xiaotian	26.03.1990	4	(6)	
	Yang Yun	06.10.1988	16	(5)	
	Zhang Xiangshuo	22.06.2001	3	(7)	
	Zhao Honglüe	04.12.1989	20	(3)	
Midfielders:	Guo Yunqi	26.06.1997		(1)	
	Lin Chuangyi	28.01.1993	13	(7)	
	Liu Yang	09.02.1991	21	(2)	
	Piao Shihao	09.07.1991	17	(7)	
	Wang Peng	24.01.1993	27	(2)	4
	Zhang Yue	16.11.1999		(1)	
	Zheng Kaimu	28.01.1992	22	(5)	
	Zhou Jianyi	23.08.2004		(4)	
	Georgiy Zhukov (KAZ)	19.11.1994	22	(5)	1
Forwards:	He Youzu	26.10.1998		(3)	
	Liu Xinyu	17.11.1991	3	(7)	
	Jürgen Leonardo Locadia (CUW)	07.11.1993	20	(4)	7
	Ma Fuyu	28.03.2001	7	(5)	1
	Deabeas Nii Klu Owusu-Sekyere (NED)	04.11.1999	22	(6)	8
	Oscar Taty Maritu (COD)	17.08.1999	27	(3)	6
	Yao Xuchen	11.09.1999	10	(4)	
	Zang Yifeng	15.10.1993	1	(1)	

CHANGCHUN YATAI FOOTBALL CLUB
Year of Formation: 1996
Stadium: Changchun Stadium, Changchun (41,638)

Trainer:	Chen Yang	23.01.1977			
	THE SQUAD	**DOB**	**M**	**(s)**	**G**
Goalkeepers:	Lu Ning	26.01.1998		(1)	
	Wang Zhifeng	01.02.1997		(1)	
	Wu Yake	03.02.1991	30		
Defenders:	Abuduhaimiti Abudugeni	10.03.1998	14	(13)	
	Bi Jinhao	05.01.1991	8	(8)	
	Cui Qi	26.10.1997	20	(3)	
	He Yiran	17.02.2005		(1)	
	Li Hong	16.01.1993	9	(3)	
	Liao Chengjian	04.11.1993	19	(4)	2
	Tetchi Jores Charlemagne Ulrich Okore (DEN)	11.08.1992	24	(3)	2
	Shi Lishan	24.06.2003		(1)	
	Sun Jie	09.02.1991	1		
	Yan Zhiyu	08.02.1993	15	(4)	1
	Yi Teng	22.02.1990	18	(1)	
	Yuan Mincheng	08.08.1995	4	(4)	

		DOB	M	(s)	G
	Zheng Zhiyun	17.02.1995		(1)	
Midfielders:	Feng Shuaihang	21.01.2001		(3)	
	Sérgio Antônio Soler de Oliveira Júnior „Serginho" (BRA)	15.03.1995	14	(3)	4
	Zhang Li	06.08.1989		(5)	
	Zhang Yufeng	05.01.1998	20	(6)	1
	Peter Žulj (AUT)	09.06.1993	26	(1)	6
Forwards:	Sabit Abdusalam	26.03.1994	15	(10)	
	Cao Yongjing	15.02.1997	10	(10)	2
	Cheng Changcheng	27.03.1991	12	(7)	2
	Fan Chao	08.02.2004		(5)	
	Leonardo Nascimento Lopes de Souza "Léo Souza"	28.05.1997	9	(3)	10
	Liu Yun	07.01.1995	9	(7)	
	Nenad Lukić (SRB)	02.09.1992	1	(7)	
	Tan Long	01.04.1988	24	(2)	10
	Tian Yuda	26.11.2001	1	(3)	1
	Wang Jinxian	12.01.1996	27	(2)	2

CHENGDU RONGCHENG FOOTBALL CLUB

Year of Formation: 2018
Stadium: Phoenix Hill Sports Park Football Stadium, Chengdu (50,695)

Trainer:	Seo Jung-won (KOR)	17.12.1970			
	THE SQUAD	**DOB**	**M**	**(s)**	**G**
Goalkeepers:	Geng Xiaofeng	15.10.1987	3	(1)	
	Jian Tao	22.06.2001	11		
	Zhang Yan	30.03.1997	16		
Defenders:	Dong Yanfeng	11.02.1996	5	(10)	
	Gan Chao	13.02.1995	15	(5)	1
	Gan Rui	11.01.1985	1	(9)	
	Gou Junchen	22.03.1990	2	(3)	
	Hu Hetao	05.10.2003		(7)	
	Hu Jing	23.12.1998	2	(5)	
	Hu Ruibao	17.10.1996	20	(2)	2
	Tang Miao	16.10.1990	20	(4)	2
	Tang Xin	16.10.1990	19	(5)	1
	Richard Windbichler (AUT)	02.04.1991	24	(2)	1
	Yang Yiming	25.05.1995	16	(6)	
Midfielders:	*Andrigo* Oliveira de Araújo (BRA)	27.02.1995	12	(1)	3
	Timothy Alexander Chow (TPE)	18.01.1994	28		3
	Feng Zhuoyi	18.06.1989	11	(8)	1
	Mutellip Iminqari	18.03.2004	2	(8)	
	Kim Min-woo (KOR)	25.02.1990	22	(2)	6
	Liu Bin	02.05.1998	2	(7)	
	Liu Tao	22.01.1985	20	(3)	1
	Rômulo José Pacheco da Silva (BRA)	27.10.1995	11		3
	Wu Guichao	02.01.1997		(1)	
	Zhang Gong	10.04.1992	4	(7)	

Forwards:		DOB	M	(s)	G
	Ai Kesen (*Elkeson* de Oliveira Cardoso)	13.07.1989	24	(3)	8
	Felipe de Sousa Silva (BRA)	03.04.1992	26		13
	Manuel Emilio Palacios Murillo (COL)	13.02.1993	11	(17)	3
	Tang Chuang	30.04.1996	3	(13)	2

DALIAN PROFESSIONAL FOOTBALL CLUB
Year of Formation: 2009
Stadium: Dalian Sports Centre Stadium, Dalian (60,832)

Trainer:	Xie Hui	14.02.1975			

	THE SQUAD	DOB	M	(s)	G
Goalkeepers:	Kudirat Ablet	05.02.1997	1		
	Wu Yan	07.01.1989	23		
	Zhang Chong	25.11.1987	6		
Defenders:	He Yupeng	05.12.1999	18	(3)	
	Huang Jiahui	07.10.2000	13	(6)	
	Lin Longchang	24.02.1990	13	(4)	
	Liu Le	14.02.1989	1		
	Vasudeva Das Lilley Nuñez (HKG)	22.11.1995	20	(1)	
	Wang Xianjun	01.06.2000	15	(1)	
	Wang Yaopeng	18.01.1995	9	(2)	
	Zhao Jianan	11.08.2004	1	(1)	
	Zhu Ting	15.07.1985	13	(9)	
Midfielders:	Nemanja Bosančić (SRB)	01.03.1995	9	(8)	
	Chen Rong	26.01.2001	1	(1)	
	Cui Ming'an	15.11.1994		(2)	
	Fei Yu	06.02.1991	7	(10)	
	Lü Peng	28.10.1989	25	(2)	
	Shang Yin	23.01.1989	12	(15)	
	Song Zhiwei	19.03.1989		(3)	
	Borislav Tsonev (BUL)	29.04.1995	24	(3)	4
	Wang Tengda	18.02.2001		(1)	
	Wang Yu	28.04.2002	13	(5)	
	Wu Wei	05.02.1997	14	(1)	
Forwards:	Lin Liangming	04.06.1997	22	(3)	5
	Lü Zhuoyi	16.04.2001	1	(4)	
	Streli Mamba (GER)	17.06.1994	20	(6)	3
	César Lobi Manzoki (COD)	12.10.1996	19	(6)	8
	Shan Huanhuan	24.01.1999		(2)	
	Wang Zhen'ao	10.08.1999	17	(5)	
	Yan Xiangchuang	05.09.1986	13	(12)	5
	Zhao Jianbo	17.05.2001		(5)	

HENAN FOOTBALL CLUB ZHENGZHOU

Year of Formation: 1994
Stadium: Hanghai Stadium, Zhengzhou (29,860)

| Trainer: | Sergio Zarco Díaz (ESP) | 29.08.1975 | | |

THE SQUAD	DOB	M	(s)	G
Goalkeepers: Peng Peng	24.11.2000	2		
Wang Guoming	02.02.1990	28		
Defenders: Gu Cao	31.05.1988	20		
Ke Zhao	25.03.1989	11	(10)	
Li Songyi	27.01.1993	15	(4)	1
Liu Jiahui	25.01.2001	1	(6)	
Liu Yixin	27.05.2001	6	(10)	
Luo Xin	07.02.1990	18	(6)	
Dilmurat Mawlanyaz	08.04.1998	18	(3)	1
Niu Ziyi	21.09.1999		(1)	
Toni Šunjić (BIH)	15.12.1988	22	(1)	
Yang Minjie	16.04.2003		(2)	
Yang Shuai	28.01.1997	14	(7)	
Midfielders: Chen Keqiang	18.09.1999	3	(6)	
Đorđe Denić (SRB)	01.04.1996	10	(1)	3
Du Zhixuan	15.10.2001		(1)	
Han Dong	02.03.2001	2	(6)	
Li Tenglong	06.01.2001		(3)	
Adrian Mierzejewski (POL)	06.11.1986	14	(8)	2
Tomás *Pina* Isla (ESP)	14.10.1987	15		1
Tang Xu	14.02.2003		(3)	
Dilyimit Tudi	25.02.1999	11	(9)	1
Wang Shangyuan	02.06.1993	20	(1)	
Zhao Yuhao	07.04.1993	4	(10)	1
Forwards: Nemanja Čović (SRB)	18.06.1991	22	(2)	15
Feng Boyuan	18.01.1995	12	(8)	3
Gao Tianyu	20.01.2001	7	(14)	
Hildeberto José Morgado Pereira (CPV)	02.03.1996	14	(1)	2
Huang Zichang	04.04.1997	25	(3)	4
Song Runtong	18.09.2001	1	(3)	
Zhong Yihao	23.03.1996	15	(11)	3

MEIZHOU HAKKA FOOTBALL CLUB

Year of Formation: 2013
Stadium: Huitang Stadium, Meizhou (27,000)

| Trainer: | Milan Ristić (SRB) | 10.06.1981 | | |

THE SQUAD	DOB	M	(s)	G
Goalkeepers: Cheng Yuelei	28.10.1987	28		
Guo Quanbo	31.08.1997	2		

Defenders:	Rade Dugalić (SRB)	05.11.1992	26	(1)	3
	Li Junfeng	08.08.1997		(1)	
	Liao Junjian	27.01.1994	19	(2)	
	Pan Ximing	11.01.1993	13	(7)	1
	Rao Weihui	25.03.1989	14	(12)	
	Wang Wei	22.06.1989	4	(3)	
	Wen Junjie	16.04.1997	2	(3)	
	Yang Yihu	16.09.1991	4	(12)	1
	Zhang Sijie	15.01.2001		(2)	
Midfielders:	Chen Guokang	23.01.1999	2	(3)	
	Chen Jie	15.10.1989	15	(8)	
	Chen Zhechao	19.04.1995	18	(6)	2
	Cui Wei	16.08.1994	2	(4)	
	Nebojša Kosović (MNE)	24.02.1995	19	(4)	3
	Andrej Kotnik (SVN)	04.08.1995	3	(8)	5
	Li Junfeng	18.03.2002		(1)	
	Li Lingfeng	18.03.2002	1		
	Li Yongjia	24.07.2001	8	(7)	1
	Shi Liang	11.05.1989	16	(10)	1
	Yang Yilin	23.02.1999	1	(9)	
	Ye Chugui	08.09.1994	27	(2)	3
	Yin Congyao	04.03.1997	8	(15)	3
	Yin Hongbo	30.10.1989	10	(2)	1
	Yue Tze Nam (HKG)	12.05.1998	25	(2)	1
Forwards:	Tyrone Conraad (NED)	07.04.1997	13	(2)	7
	Chisom Charles Egbuchulam (NGA)	22.02.1992	4	(2)	
	Elguja Lobjanidze (GEO)	17.09.1992	6	(6)	
	Rodrigo Henrique Santana da Silva (BRA)	02.07.1993	25		5
	Yang Chaosheng	22.07.1993	15	(8)	4

NANTONG ZHIYUN FOOTBALL CLUB RUGAO

Year of Formation: 2016
Stadium: Rugao Olympic Sports Center, Rugao (25,000)

Trainer:	*David* Manuel Cardoso de Almeida *Patrício* (POR)	03.04.1984
[20.05.2023]	Zhu Qi	02.06.1972
[16.06.2023]	Gabriel Francisco García de la Torre "Gabri" (ESP)	10.02.1979
[25.09.2023]	*David* Manuel Cardoso de Almeida *Patrício* (POR)	03.04.1984

THE SQUAD	DOB	M	(s)	G
Goalkeepers: Li Huayang	24.01.1987	1		
Shi Xiaodong	26.02.1997	18		
Xue Qinghao	26.09.2000	11		
Defenders: Matheus Simonete Bressaneli „Bressan" (BRA)	15.01.1993	26	(1)	
Li Ngai Hoi (HKG)	15.10.1994		(1)	
Liu Huan	14.02.1989	28	(1)	
Liu Wei	07.01.1993	25	(1)	
Ma Sheng	18.02.1997	4	(7)	
Yeljan Shinar	06.06.1999	24	(2)	

	Wei Lai	02.01.1997	7	(2)	
	Xu Wu	09.03.1993	1	(2)	
	Zheng Zhiyun	17.02.1995		(1)	
Midfielders:	Cao Kang	08.01.1993	18	(10)	2
	Kamiran Halimurat	15.11.2001	1	(12)	
	Huang Cong	10.12.2000		(1)	
	Li Xiangbin	17.03.1991	6	(14)	
	Lucas Morelatto da Cruz (BRA)	25.05.1994	25	(4)	2
	David Puclin (CRO)	17.06.1992	11	(5)	3
	Wang Jie	14.01.1989	1	(2)	
	Wang Song	12.10.1983	15	(13)	2
	Xu Junmin	22.09.1994	7		
	Yang Ming-yang (SUI)	11.07.1995	22	(7)	
Forwards:	Román Rubilio Castillo Álvarez (HON)	26.11.1991	22	(3)	8
	Gui Hong	18.01.1995	7	(10)	
	Jiang Zilei	10.09.1997	8	(17)	1
	Romário Baldé (GNB)	25.12.1996	28	(1)	5
	Ruan Yang	13.12.1993	6	(4)	1
	Zheng Haoqian	16.11.1998	8	(16)	2

QINGDAO HAINIU FOOTBALL CLUB

Year of Formation: 1990
Stadium: Qingdao Youth Football Stadium, Qingdao (50,000)

Trainer:	Antonio Gómez-Carreño Escalona (ESP)	22.07.1980			
	THE SQUAD	**DOB**	**M**	**(s)**	**G**
Goalkeepers:	Liu Jun	02.02.1990	1		
	Mou Pengfei	28.02.1989	29		
Defenders:	Aleksandar Andrejević (SRB)	28.03.1992	27		2
	Fu Yuncheng	22.12.1998		(1)	
	Liu Jiashen	23.11.1991	11	(4)	
	Liu Junshuai	10.01.1995	25		1
	Sha Yibo	07.01.1991	6	(10)	
	Wang Chien-ming (TPE)	04.07.1993	23	(5)	2
	Xu Dong	17.02.1991	26		1
	Zhang Wei	28.03.1993	25		3
Midfielders:	Chen Chunxin	25.12.1997	12	(10)	1
	Liu Chaoyang	09.06.1999		(5)	
	Liu Weicheng	14.03.1998	1	(4)	
	Long Wei	22.01.1995	15	(5)	
	Ma Xingyu	04.11.1989	11	(8)	
	Peng Xinli	22.07.1991	8	(6)	1
	Elvis Sarić (BIH)	21.07.1990	28		3
	Xu Yang	18.06.1987	1	(11)	
	Zheng Long	15.04.1988	2	(11)	
	Zhong Jinbao	25.11.1994	14	(5)	
Forwards:	Felicio Anando Brown Forbes (CRC)	28.08.1991	16	(5)	7

Feng Jin	14.08.1993	5	(3)		
Hu Ming	17.08.1990	1	(3)		
Jiang Ning	01.09.1986		(9)		
Evans Kangwa (ZAM)	09.10.1992	19	(3)	7	
Marko Šarić (SRB)	28.11.1998	4	(5)	2	
Song Wenjie	15.12.1990	3	(18)	3	
Sun Xipeng	01.07.1999	2	(3)		
Serge Tabekou (CMR)	15.10.1996	15	(3)		

SHANDONG TAISHAN FOOTBALL CLUB JINAN
Year of Formation: 1988
Stadium: Jinan Olympic Sports Centre, Jinan (56,808)

Trainer:	Hao Wei	27.12.1976			
[16.05.2023]	Choi Kang-hee (KOR)	12.04.1959			

THE SQUAD	DOB	M	(s)	G
Goalkeepers: Han Rongze	15.01.1993	2		
Wang Dalei	10.01.1989	28		
Defenders: Huang Zhengyu	24.01.1997	15	(1)	1
Jadson Cristiano Silva de Morais (BRA)	05.11.1991	16	(1)	3
Ji Xiang	01.03.1990	8	(10)	
Li Hailong	02.08.1996	3	(7)	
Liu Yang	17.06.1995	20	(4)	
Shi Ke	08.01.1993	22	(2)	
Song Long	20.08.1989	6	(1)	1
Tong Lei	16.12.1997	5	(7)	
Wang Tong	12.02.1993	16	(7)	
Zhao Jianfei	21.01.1999	2		
Zheng Zheng	11.07.1989	21	(7)	
Midfielders: Abdurasul Abudulam	10.03.2001	1	(1)	
Chen Zeshi	21.02.2005		(1)	
Duan Liuyu	24.07.1998	2		
Marouane Fellaini-Bakkioui (BEL)	22.11.1987	20	(6)	11
Jia Feifan	13.01.2001		(1)	
Li Yuanyi	28.08.1993	19	(6)	2
Liao Lisheng	29.04.1993	16	(8)	3
Maiwulang Mijiti	27.01.2004		(2)	
Moises Lima Magalhães "Moisés Mineiro" (BRA)	17.03.1988	22	(3)	5
Son Jun-ho (KOR)	12.05.1992	6		
Zhang Chi	08.07.1987	4	(8)	1
Forwards: Chen Pu	15.01.1997	20	(8)	6
Crysan Da Cruz Queiroz Barcelos (BRA)	07.07.1996	18	(4)	12
Fei Nanduo	16.03.1993	2	(19)	2
Guo Tianyu	05.03.1999	1	(1)	
Hu Jinghang	23.03.1997	1	(3)	3
Liu Binbin	16.06.1993	15	(7)	3
Matheus Antonio Souza dos Santos „Matheus Pato" (BRA)	08.06.1995	3	(4)	1
Sun Guowen	30.09.1993	11	(6)	1
Xie Wenneng	06.02.2001	5	(2)	3

SHANGHAI PORT FOOTBALL CLUB
Year of Formation: 2005 (*as Shanghai Dongya FC*)
Stadium: SAIC Motor Pudong Arena [Pudong Football Stadium], Shanghai (37,000)

Trainer:	Francisco Javier Pereira Megía (ESP)	13.05.1966			

THE SQUAD	DOB	M	(s)	G
Goalkeepers: Chen Wei	14.02.1998	1		
Yan Junling	28.01.1991	29		
Defenders: Tyias Charles Browning	27.05.1994	24		1
He Guan	25.01.1993		(5)	
Li Ang	15.09.1993	17	(4)	1
Li Shenyuan	02.10.1997	1	(3)	
Li Shuai	18.06.1995	13	(7)	
Wang Shenchao	08.02.1989	29	(1)	4
Wei Zhen	12.02.1997	7	(12)	1
Yu Hai	04.06.1987		(5)	
Midfielders: Cai Huikang	10.10.1989	21	(4)	
Ablahan Haliq	26.04.2001		(1)	
Muzepper Mirahmetjan	14.01.1991	15	(10)	1
Oscar dos Santos Emboaba Júnior (BRA)	09.09.1991	30		9
Paulo Henrique Soares dos Santos „Paulinho" (BRA)	10.07.1994	8	(5)	3
Xu Xin	19.04.1994	18	(5)	
Yang Shiyuan	11.03.1994	3	(10)	
Zhang Huachen	16.03.1998		(1)	
Zhang Linpeng	09.05.1989	21	(4)	
Forwards: Feng Jin	14.08.1993	1	(2)	
Issa Kallon (SLE)	03.01.1996	12	(11)	5
Li Shenglong	30.07.1992	4	(7)	3
Liu Xiaolong	09.09.2003	2	(7)	
Liu Zhurun	06.10.2001		(1)	
Lucas Eduardo dos Santos *João* (ANG)	04.09.1993	6	(3)	3
Lü Wenjun	11.03.1989	23	(5)	6
Markus Pink (AUT)	24.02.1991	5	(10)	2
Martín Matías Ezequiel Vargas (ARG)	08.05.1997	13	(9)	1
Wu Lei	19.11.1991	27	(3)	18

SHANGHAI SHENHUA FOOTBALL CLUB
Year of Formation: 1993
Stadium: Shanghai Stadium, Shanghai (71,066)

Trainer:	Wu Jingui	10.01.1961			

THE SQUAD	DOB	M	(s)	G
Goalkeepers: Bao Yaxiong	23.05.1997	12		
Ma Zhen	01.06.1998	18		
Defenders: Bai Jiajun	20.03.1991		(4)	

		DOB	M	(s)	G
	Cui Lin	26.10.1997	11	(1)	
	Aidi Fulangxisi	17.12.1990	17	(7)	
	Macario Darwin Yen Hing-Glover (USA)	04.04.1995	25	(2)	
	Jiang Shenglong	24.12.2000	22	(1)	4
	Jin Shunkai	19.10.2001	4		
	Jin Yangyang	03.02.1993	11	(11)	1
	Wang Hao	21.08.2002	2		
	Wen Jiabao	02.01.1999	2	(3)	
	Xu Yougang	09.02.1996		(7)	
	Yang Zexiang	14.12.1994	9	(6)	
	Zhu Chenjie	23.08.2000	23	(1)	1
	Zhu Yue	04.03.2001	3	(3)	
Midfielders:	Ibrahim Amadou (FRA)	06.04.1993	28		2
	Cao Yunding	22.11.1989	11	(12)	2
	Dai Weijun (Dai Wai Tsun)	25.07.1999	4	(10)	
	Fei Ernanduo	20.07.2001		(3)	
	He Longhai	08.10.2001	1	(1)	
	João Carlos Vilaça Teixeira (POR)	18.01.1993	12	(6)	1
	Peng Xinli	22.07.1991	1	(3)	
	Wang Haijian	02.08.2000	15	(8)	1
	Wu Xi	19.02.1989	18	(1)	2
	Xu Haoyang	15.01.1999	17	(8)	1
Forwards:	Christian Mougang Bassogog (CMR)	18.10.1995	10	(8)	2
	Liu Ruofan	28.01.1999	3	(2)	
	Cephas Malele (SUI)	08.01.1994	28	(1)	11
	Yu Hanchao	25.02.1987	20	(7)	6
	Zhang Wei	16.05.2000	3	(8)	
	Zhou Junchen	23.03.2000		(2)	

SHENZHEN FOOTBALL CLUB

Year of Formation: 1994
Stadium: Shenzhen Universiade Sports Centre / Bao'an Stadium, Shenzhen (60,334 / 44,050)

Trainer:	Chen Tao	11.03.1985			
[14.07.2023]	Xiang Jun	20.10.1983			

THE SQUAD		DOB	M	(s)	G
Goalkeepers:	Dong Chunyu	25.03.1991	14		
	Ji Jiabao	16.09.2002	1		
	Wei Minzhe	26.11.1998	15		
Defenders:	Chen Guoliang	02.02.1999	13	(3)	1
	Jiang Zhipeng	06.03.1989	11	(1)	1
	Liao Lei	01.03.1999	4	(8)	
	Lu Jiaqiang	11.04.2005		(3)	
	Lu Wentao	12.01.2002		(1)	
	Mi Haolun	10.01.1993	5	(5)	
	Tian Ziyi	27.01.2001	15	(1)	
	Xu Haofeng	27.01.1999	22	(2)	1
	Yang Boyu	24.06.1989	9	(4)	1
	Yuan Junjie	03.10.2005	1	(2)	

	Yuan Mincheng	08.08.1995	15	(1)	1
	Zhang Yuan	08.12.1989	15	(2)	
Midfielders:	William Rupert James Donkin (TPE) (Shen Zigui)	26.12.2000	10	(14)	2
	Fu Hao	04.06.2001		(1)	
	Hu Jiajin	21.03.2005	6	(5)	
	Huang Ruifeng	10.11.1999	25	(4)	
	Shahsat Hujahmat	07.07.2006	16	(8)	3
	Li Ning	20.10.2001	10	(13)	
	Li Wei	30.08.2000		(2)	
	Pei Shuai	14.01.1993	7	(10)	1
	Mubarak Wakaso (GHA)	25.07.1990	5		
	Xu Yue	10.11.1999	20	(8)	
	Zhang Yuan	28.01.1997	12	(3)	2
	Zhou Xin	11.04.1998	15	(2)	1
Forwards:	Frank Opoku Acheampong (GHA)	16.10.1993	12	(2)	5
	Romain Alessandrini (FRA)	03.04.1989	6	(5)	1
	Chen Xiangyu	17.02.2002	5	(10)	
	Du Yuezheng	14.09.2005	16	(10)	
	Liu Yue	14.09.1997	11	(9)	2
	Wang Chengkuai	23.01.1995		(1)	
	Zheng Dalun	11.02.1994	14	(7)	

TIANJIN JINMEN TIGER FOOTBALL CLUB

Year of Formation: 1951
Stadium: Tianjin Olympic Centre / TEDA Football Stadium, Tianjin (54,696 / 45,000)

Trainer:	Yu Genwei	07.01.1974			

	THE SQUAD	**DOB**	**M**	**(s)**	**G**
Goalkeepers:	Fang Jingqi	17.01.1993	10		
	Xu Jiamin	11.04.1994	19		
	Yan Bingliang	03.04.2000	1		
Defenders:	David Andújar Jiménez (ESP)	21.08.1991	22		2
	Han Pengfei	28.04.1993	22	(4)	
	Ming Tian	08.04.1995	18		
	Qian Yumiao	07.02.1998	6	(6)	
	Tian Yinong	18.02.1991	16	(10)	
	Wang Jia'nan	31.05.1993	3	(8)	
	Wang Zhenghao	28.06.2000		(3)	
	Yang Fan	28.03.1996	17	(5)	
	Yu Yang	06.08.1989	5	(7)	
Midfielders:	Chang Feiya	03.02.1993	6	(4)	
	Francisco „Fran" Mérida Pérez (ESP)	04.03.1990	20	(6)	1
	Guo Hao	14.01.1993	15	(8)	1
	Sun Xuelong	01.07.1999		(3)	
	Petar Vitanov (BUL)	10.03.1995	11	(1)	
	Wang Qiuming	09.01.1993	25	(2)	6
	Yang Zihao	07.01.2001	8	(1)	
	Zhao Yingjie	02.08.1992	2	(6)	

Forwards:	Ba Dun	16.09.1995	25	(5)	4
	Robert Berič (SVN)	17.06.1991	23	(5)	10
	Farley Vieira *Rosa* (BRA)	14.01.1994	26	(3)	8
	Gao Huaze	20.10.1997	1	(6)	
	Leng Jixuan	30.04.2001		(3)	
	Piao Taoyu	18.05.1993	2	(8)	
	Shi Yan	30.05.2002	1	(13)	
	Su Yuanjie	14.04.1995	16	(7)	
	Xie Weijun	14.11.1997	10	(17)	5

WUHAN THREE TOWNS FOOTBALL CLUB
Year of Formation: 2013
Stadium: Wuhan Sports Centre, Wuhan (56,201)

Trainer:	Pedro Morilla Pineda (ESP)	31.10.1972
[18.06.2023]	Tsutomu Takahata (JPN)	16.06.1968

THE SQUAD	DOB	M	(s)	G
Goalkeepers: Liu Dianzuo	26.06.1990	30		
Defenders: Chen Yuhao	15.11.2001	4	(3)	
Deng Hanwen	08.01.1995	23		1
Gao Zhunyi	21.08.1995	18	(2)	
He Guan	25.01.1993	7		
Jiang Zhipeng	06.03.1989	6	(2)	
Li Yang	22.07.1997	6	(8)	2
Liu Yiming	28.02.1995	23	(3)	1
Lü Haidong	11.01.1992		(2)	
Park Ji-soo (KOR)	13.06.1994	7	(2)	1
Ren Hang	23.02.1989	11	(9)	
Wallace Fortuna dos Santos (BRA)	14.10.1994	13		
Denny Wang Yi	15.04.1998	6	(7)	
Yang Kuo	08.01.1993		(2)	
Zhang Wentao	14.04.1993	2	(6)	
Midfielders: Duan Liuyu	24.07.1998	4	(4)	1
He Chao	19.04.1995	21	(1)	1
Luo Senwen	16.01.1993	1	(5)	
Nicolae Claudiu Stanciu (ROU)	07.05.1993	24		1
Yan Dinghao	06.04.1998	17	(12)	1
Zhang Hui	08.10.2000		(5)	
Zhang Xiaobin	23.10.1993	12	(16)	
Forwards: *Ademilson* Braga Bispo Junior (BRA)	09.01.1994	7	(6)	5
Davidson da Luz Pereira (BRA)	05.03.1991	21	(5)	6
Luo Jing	04.11.1993	2	(9)	
Marcos Vinicius Do Amaral Alves „Marcão" (BRA)	17.06.1994	2	(5)	3
Tao Qianglong	20.11.2001	6	(9)	3
Wei Shihao	08.04.1995	15	(4)	5
Xie Pengfei	29.06.1993	25	(4)	4
Abdul-Aziz Yakubu (GHA)	10.11.1998	17	(6)	15

ZHEJIANG PROFESSIONAL FOOTBALL CLUB

Year of Formation: 1998
Stadium: Huzhou Olympic Sports Centre, Huzhou (40,000)

Trainer:		
Jordi Vinyals Martori (ESP)	24.11.1963	

THE SQUAD	DOB	M	(s)	G
Goalkeepers: Lai Jinfeng	31.12.1997	1	(1)	
Zhao Bo	17.09.1993	29		
Defenders: Dong Yu	15.07.1994	23		
Jin Haoxiang	14.06.1999		(3)	
Leung Nok Hang (HKG)	14.11.1994	18	(4)	1
Li Tixiang	01.09.1989	23	(5)	
Liu Haofan	23.10.2003	5	(4)	
Lucas Possignolo (BRA)	11.05.1994	24	(1)	1
Sun Zheng'ao	08.03.1994	12	(8)	1
Wang Dongsheng	12.05.1997	10	(11)	
Wang Yang	23.01.1993	2	(7)	
Yue Xin	10.11.1995	26	(1)	
Midfielders: Ablikim Abdusalam	05.01.2003		(2)	
Franko Andrijašević (CRO)	22.06.1991	17	(3)	8
Cheng Jin	18.02.1995	13	(3)	2
Gu Bin	10.11.1991	11	(12)	
Ji Shengpan	08.11.1999	4	(6)	1
Alexander N'Doumbou (GAB) (Qian Jiegei)	04.01.1992	21	(4)	
Yao Junsheng	29.10.1995	12	(11)	3
Yin Jie	25.09.2001		(1)	
Zhang Jiaqi	09.12.1991	14	(8)	2
Forwards: Gao Di	06.01.1990	9	(8)	4
Ulrich Donovan Ewolo (CMR)	16.06.1996	7	(5)	1
Jean Evrard Kouassi (CIV)	25.09.1994	14	(8)	6
Leonardo Nascimento Lopes de Souza "Léo Souza" (BRA)	28.05.1997	14	(2)	9
Nyasha Mushekwi (ZIM)	21.08.1987	21	(8)	18
Wang Yudong	23.11.2006		(4)	

NATIONAL TEAM
INTERNATIONAL MATCHES 2023/2024

09.09.2023	Chengdu	China P.R. - Malaysia	1-1(1-1)	(F)
12.09.2023	Chengdu	China P.R. - Syria	0-1(0-0)	(F)
10.10.2023	Dalian	China P.R. - Vietnam	2-0(0-0)	(F)
16.10.2023	Dalian	China P.R. - Uzbekistan	1-2(1-0)	(F)
16.11.2023	Bangkok	Thailand - China P.R.	1-2(1-1)	(WCQ)
21.11.2023	Shenzhen	China P.R. - Korea Republic	0-3(0-2)	(WCQ)
29.12.2023	Abu Dhabi	Oman - China P.R.	2-0(0-0)	(F)
01.01.2024	Abu Dhabi	China P.R. - Hong Kong	1-2(1-0)	(F)
13.01.2024	Doha	China P.R. - Tajikistan	0-0	(AFC)
17.01.2024	Doha	Lebanon - China P.R.	0-0	(AFC)
22.01.2024	Al Rayyan	Qatar - China P.R.	1-0(0-0)	(AFC)
21.03.2024	Kallang	Singapore - China P.R.	2-2(0-2)	(WCQ)
26.03.2024	Tianjin	China P.R. - Singapore	4-1(1-1)	(WCQ)
06.06.2024	Shenyang	China P.R. - Thailand	1-0(0-1)	(WCQ)
11.06.2024	Seoul	Korea Republic - China P.R.	1-0(0-0)	(WCQ)

09.09.2023, Friendly International
Chengdu Phoenix Hill Football Stadium, Chengdu; Attendance: 26,138
Referee: Abdulhadi Al Asmar Al Ruaile (Qatar)
CHINA P.R. - MALAYSIA 1-1(1-1)
CHN: Yan Junling, Zhang Linpeng, Tyias Charles Browning, Gao Zhunyi (73.Wang Shenchao), Deng Hanwen, Li Shuai (85.Li Lei), Wu Xi (60.Xu Xin), Nicholas Harry Yennaris (73.Wang Shangyuan), Wu Lei, Lin Liangming (46.Xie Pengfei), Elkeson de Oliveira Cardoso (60.Wang Ziming). Trainer: Aleksandar Janković (Serbia).
Goal: Lin Liangming (36).

12.09.2023, Friendly International
Chengdu Phoenix Hill Football Stadium, Chengdu; Attendance: 12,367
Referee: Sami Al Jires (Saudi Arabia)
CHINA P.R. - SYRIA 0-1(0-0)
CHN: Yan Junling, Zhang Linpeng, Li Lei (71.Ba Dun), Sun Guowen (60.Chen Pu), Tyias Charles Browning, Wang Shenchao, Nicholas Harry Yennaris (88.Zhang Jiaqi), Xie Pengfei, Xu Xin (60.Wu Xi), Elkeson de Oliveira Cardoso, Wu Lei. Trainer: Aleksandar Janković (Serbia).

10.10.2023, Friendly International
Dalian Sports Centre Stadium, Dalian; Attendance: 9,219
Referee: Woo Chun Sing (Hong Kong)
CHINA P.R. - VIETNAM 2-0(0-0)
CHN: Yan Junling, Tyias Charles Browning, Liu Yang (71.Li Lei), Wu Shaocong, Wu Xi (46.Wang Qiuming), Nicholas Harry Yennaris (61.Gao Tianyi), Xie Pengfei (46.Dai Wai Tsun), Wang Shangyuan, Wu Lei, Tan Long (90.Xie Weijun), Fang Hao (61.He Yupeng). Trainer: Aleksandar Janković (Serbia).
Goals: Wang Qiuming (56), Wu Lei (90+8).

16.10.2023, Friendly International
Dalian Sports Centre Stadium, Dalian; Attendance: 12,868
Referee: Tam Ping Wun (Hong Kong)
CHINA P.R. - UZBEKISTAN 1-2(1-0)
CHN: Yan Junling, Li Lei (72.Liu Yang), Tyias Charles Browning, Zhu Chenjie (80.Wu Shaocong), He Yupeng (66.Chen Pu), Nicholas Harry Yennaris, Wang Qiuming (46.Gao Tianyi), Wang Shangyuan, Elkeson de Oliveira Cardoso (46.Tan Long), Wu Lei (72.Fang Hao), Wei Shihao. Trainer: Aleksandar Janković (Serbia). **Goal**: Wei Shihao (41).

16.11.2023, 23rd FIFA World Cup Qualifiers / 19th AFC Asian Cup Qualifiers second round
Rajamangala Stadium, Bangkok; Attendance: 35,009
Referee: Salman Ahmad Falahi (Qatar)
THAILAND - CHINA P.R. **1-2(1-1)**
CHN: Yan Junling, Zhang Linpeng, Li Lei (60.Liu Yang), Jiang Shenglong (86.Wu Shaocong), Zhu Chenjie, Wu Xi, Nicholas Harry Yennaris (60.Wang Shangyuan), Liu Binbin (46.Xie Pengfei), Wu Lei, Tan Long, Wei Shihao (77.Dai Wai Tsun). Trainer: Aleksandar Janković (Serbia).
Goals: Wu Lei (29), Wang Shangyuan (74).

21.11.2023, 23rd FIFA World Cup Qualifiers / 19th AFC Asian Cup Qualifiers second round
Shenzhen Universiade Sports Centre, Shenzhen; Attendance: 39,969
Referee: Abdulrahman Ibrahim Al Jassim (Qatar)
CHINA P.R. - KOREA REPUBLIC **0-3(0-2)**
CHN: Yan Junling, Zhang Linpeng, Liu Yang, Jiang Shenglong, Zhu Chenjie, Wu Xi (61.Nicholas Harry Yennaris), Liu Binbin, Wang Shangyuan (79.Gao Tianyi), Wu Lei (71.Chen Pu), Tan Long (61.Zhang Yuning), Wei Shihao (46.Dai Wai Tsun). Trainer: Aleksandar Janković (Serbia).

29.12.2024, Friendly International
Baniyas Stadium, Abu Dhabi (United Arab Emirates); Attendance: n/a
Referee: Yahya Mohammed Ali Hassan Al Mulla (United Arab Emirates)
OMAN - CHINA P.R. **2-0(0-0)**
CHN: Wang Dalei, Zhang Linpeng (70.Xu Xin), Liu Yang, Zhu Chenjie, Jiang Shenglong, Tan Long (46.Lin Liangming), Dai Wai Tsun (71.Wang Qiuming), Liu Binbin, Wang Shangyuan, Wu Lei (46.Zhang Yuning), Wei Shihao (61.Xie Pengfei). Trainer: Aleksandar Janković (Serbia).

01.01.2024, Friendly International
Baniyas Stadium, Abu Dhabi (United Arab Emirates); Attendance: 0
Referee: Yahya Mohammed Ali Hassan Al Mulla (United Arab Emirates)
CHINA P.R. - HONG KONG **1-2(1-0)**
CHN: Liu Dianzuo, Tyias Charles Browning, Wu Shaocong [*sent off 73*], Li Lei (46.Liu Yang), Xu Haofeng, Wu Xi (34.Wang Qiuming), Wang Shangyuan [*sent off 54*], Tan Long (61.Zhang Yuning), Wu Lei (46.Lin Liangming), Liu Binbin (78.Jiang Shenglong), Wei Shihao (46.Dai Wai Tsun). Trainer: Aleksandar Janković (Serbia).
Goal: Tan Long (9).

13.01.2024, 18th AFC Asian Cup, Final Tournament, Group Stage
„Abdullah bin Khalifa" Stadium, Doha (Qatar); Attendance: 4,001
Referee: Mohammed Khaled Al Hoish (Saudi Arabia)
CHINA P.R. - TAJIKISTAN **0-0**
CHN: Yan Junling, Zhang Linpeng, Tyias Charles Browning, Liu Yang, Zhu Chenjie, Liu Binbin, Wang Qiuming (58.Xu Xin), Wang Shangyuan, Dai Wai Tsun (72.Lin Liangming), Wu Lei (72.Xie Pengfei), Tan Long (58.Zhang Yuning). Trainer: Aleksandar Janković (Serbia).

17.01.2024, 18th AFC Asian Cup, Final Tournament, Group Stage
Al Thumama Stadium, Doha (Qatar); Attendance: 14,137
Referee: Ko Hyung-jin (Korea Republic)
LEBANON - CHINA P.R. **0-0**
CHN: Yan Junling, Zhang Linpeng, Tyias Charles Browning, Liu Yang, Zhu Chenjie, Liu Binbin (71.Xie Pengfei), Xu Xin (71.Wu Xi), Wang Shangyuan, Dai Wai Tsun, Wu Lei (66.Lin Liangming), Zhang Yuning (66.Tan Long). Trainer: Aleksandar Janković (Serbia).

22.01.2024, 18th AFC Asian Cup, Final Tournament, Group Stage
Khalifa International Stadium, Al Rayyan (Qatar); Attendance: 42,104
Referee: Abdullah Jamali (Kuwait)
QATAR - CHINA P.R.   **1-0(0-0)**
CHN: Yan Junling, Zhang Linpeng, Tyias Charles Browning, Liu Yang, Zhu Chenjie, Wu Xi (67.Xu Xin), Liu Binbin (46.Xie Pengfei), Wang Shangyuan (85.Jiang Shenglong), Wei Shihao (67.Wu Lei), Zhang Yuning, Lin Liangming (75.Tan Long). Trainer: Aleksandar Janković (Serbia).

21.03.2024, 23rd FIFA World Cup Qualifiers / 19th AFC Asian Cup Qualifiers second round
National Stadium, Kallang; Attendance: 28,414
Referee: Shaun Evans (Australia)
SINGAPORE - CHINA P.R.   **2-2(0-2)**
CHN: Yan Junling, Zhang Linpeng, Tyias Charles Browning, Liu Yang, Zhu Chenjie, Xie Pengfei (74.Wei Shihao), Li Yuanyi (74.Lin Liangming), Wang Shangyuan, Wu Lei, Fernando Henrique da Conceição, Zhang Yuning (80.Elkeson de Oliveira Cardoso). Trainer: Branko Ivanković (Croatia).
Goals: Wu Lei (10, 45+2).

26.03.2024, 23rd FIFA World Cup Qualifiers / 19th AFC Asian Cup Qualifiers second round
Tianjin Olympic Centre, Tianjin; Attendance: 42,977
Referee: Omar Mohamed Al Ali (United Arab Emirates)
CHINA P.R. - SINGAPORE   **4-1(1-1)**
CHN: Wang Dalei, Tyias Charles Browning, Gao Zhunyi, Liu Yang, Zhu Chenjie, Xie Pengfei (59.Wei Shihao), Li Yuanyi [*sent off 79*], Gao Tianyi, Wu Lei, Fernando Henrique da Conceição (73.Wang Shangyuan), Zhang Yuning (90+1.Jiang Shenglong). Trainer: Branko Ivanković (Croatia).
Goals: Wu Lei (21), Fei Nanduo (65 penalty), Wu Lei (85), Wei Shihao (90).

06.06.2024, 23rd FIFA World Cup Qualifiers / 19th AFC Asian Cup Qualifiers second round
Shenyang Olympic Sports Centre Stadium, Shenyang; Attendance: 46,979
Referee: Ilgiz Tantashev (Uzbekistan)
CHINA P.R. - THAILAND   **1-1(0-1)**
CHN: Wang Dalei, Tyias Charles Browning, Liu Yang, Wang Zhen'ao, Zhu Chenjie, Wang Shangyuan (77.Jiang Shenglong), Gao Tianyi (29.Behram Abduweli), Xu Haoyang (68.Xie Wenneng), Alan Douglas Borges de Carvalho (77.Zhang Yuning, Fernando Henrique da Conceição, Wei Shihao (68.Xie Pengfei). Trainer: Branko Ivanković (Croatia).
Goal: Zhang Yuning (79).

11.06.2024, 23rd FIFA World Cup Qualifiers / 19th AFC Asian Cup Qualifiers second round
Seoul World Cup Stadium, Seoul; Attendance: 64,935
Referee: Mohammed Khaled Al Hoish (Saudi Arabia)
KOREA REPUBLIC - CHINA P.R.   **1-0(0-0)**
CHN: Wang Dalei, Tyias Charles Browning, Yang Zexiang, Liu Yang, Jiang Shenglong, Zhu Chenjie, Wang Shangyuan (77.Huang Zhengyu), Xu Haoyang (77.Fang Hao), Xie Wenneng (69.Zhang Yuning), Fernando Henrique da Conceição (69.Wu Lei), Behram Abduweli (82.Li Lei). Trainer: Branko Ivanković (Croatia).

NATIONAL TEAM PLAYERS
2023/2024

Name	DOB	Club
Goalkeepers		
LIU Dianzuo	25.06.1990	Wuhan Three Towns FC
WANG Dalei	10.01.1989	Shandong Taishan FC
YAN Junling	28.01.1991	Shanghai Port FC
Defenders		
Tyias Charles BROWNING [Jiang Guangtai]	27.05.1994	Shanghai Port FC
DENG Hanwen	08.01.1995	Wuhan Three Towns FC
GAO Zhunyi	21.08.1995	Wuhan Three Towns FC; 25.01.2024 -> Shandong Taishan FC Jinan
HE Yupeng	05.12.1999	Dalian Professional FC
JIANG Shenglong	24.12.2000	Shanghai Shenhua FC
LI Lei	30.05.1992	Beijing Guoan FC
LI Shuai	18.06.1995	Shanghai Port FC
LIU Yang	17.06.1995	Shandong Taishan FC
WANG Shenchao	08.02.1989	Shanghai Port FC
WANG Zhen'ao	10.08.1999	Shanghai Port FC
WU Shaocong	20.03.2000	Gençlerbirliği SK Ankara (TUR)
XU Haofeng	27.01.1999	Shenzhen FC
YANG Zexiang	14.12.1994	Shanghai Shenhua FC
ZHANG Linpeng	09.05.1989	Shanghai Port FC
ZHU Chenjie	23.08.2000	Shanghai Shenhua FC
Midfielders		
CHEN Pu	15.01.1997	Shandong Taishan FC
DAI Wai Tsun	25.07.1999	Shanghai Shenhua FC
GAO Tianyi	01.07.1998	Beijing Guoan FC; 28.01.2024-> Shanghai Shenhua FC
HUANG Zhengyu	24.01.1997	Shandong Taishan FC
LI Yuanyi	28.08.1993	Shandong Taishan FC
LIU Binbin	16.06.1993	Shandong Taishan FC
SUN Guowen	30.09.1993	Shandong Taishan FC
WANG Qiuming	09.01.1993	Tianjin Jinmen Tiger FC
WANG Shangyuan	02.06.1993	Henan FC Zhengzhou
WU Xi	19.02.1989	Shanghai Shenhua FC
XIE Pengfei	29.06.1993	Wuhan Three Towns FC; 29.01.2024-> Shanghai Shenhua FC
XIE Wenneng	06.02.2001	Shandong Taishan FC
XU Haoyang	15.01.1999	Shanghai Shenhua FC
XU Xin	19.04.1994	Shanghai Port FC
Nicholas Harry YENNARIS [Li Ke]	24.05.1993	Beijing Guoan FC
ZHANG Jiaqi	09.12.1991	Zhejiang Professional FC

Forwards

Name	Date	Club
Behram ABDUWELI	08.03.2003	*Shenzhen Peng City FC*
ALAN Douglas Borges de Carvalho [A Lan]	10.07.1989	*Qingdao West Coast FC*
BA Dun	16.09.1995	*Tianjin Jinmen Tiger FC*
ELKESON de Oliveira Cardoso [Ai Kesen]	13.07.1989	*Chengdu Rongcheng FC*
FANG Hao	03.01.2000	*Beijing Guoan FC*
FERNANDO Henrique da Conceição [Fei Nanduo]	16.03.1993	*Shandong Taishan FC*
LIN Liangming	04.06.1997	*Dalian Professional FC; 14.02.2024-> Beijing Guoan FC*
TAN Long	01.04.1988	*Changchun Yatai FC*
WANG Ziming	05.08.1996	*Beijing Guoan FC*
WEI Shihao	08.04.1995	*Wuhan Three Towns FC; 23.02.2024 -> Chengdu Rongcheng FC*
WU Lei	19.11.1991	*Shanghai Port FC*
XIE Weijun	14.11.1997	*Tianjin Jinmen Tiger FC*
ZHANG Yuning	05.01.1997	*Beijing Guoan FC*

National coaches

Name	Date
Aleksandar JANKOVIĆ (Serbia) [08.07.2022 - 23.02.2024]	06.05.1972
Branko IVANKOVIĆ (Croatia) [from 24.02.2024]	28.02.1954

CHINESE TAIPEI

Federation Directory:
Chinese Taipei Football Association
Room 210, 2F, 55 Chang Chi Street, Tatung District, Taipei
Year of Formation: 1924
Member of FIFA since: 1954
Member of AFC since: 1954
Internet: www.ctfa.com.tw

The Country: Zhōnghuá Mínguó [Republic of China (Taiwan)]
Capital: Taipei
Surface: 36,191 km² / **Population**: 23,894,394 [2022] / **Time**: UTC+8

NATIONAL TEAM RECORDS

First international match:
01.05.1954, Manila (PHI): Republic of China – South Vietnam 3-2

Most international caps:	Most international goals:
Chen Po-liang	Chen Po-liang
81 caps (since 2006)	**25 goals** / 81 caps (since 2006)

NATIONAL TEAM COMPETITIONS

ASIAN NATIONS CUP		FIFA WORLD CUP	
1956	Qualifiers	1930	Did not enter
1960	Final Tournament (3rd Place)	1934	Did not enter
1964	*Withdrew*	1938	Did not enter
1968	Final Tournament (4th Place)	1950	Did not enter
1972	*Withdrew*	1954	*Withdrew*
1976	*Expelled*	1958	*Withdrew*
1980		1962	Did not enter
1984	*Member of OFC*	1966	Did not enter
1988		1970	Did not enter
1992	Qualifiers	1974	Did not enter
1996	Qualifiers	1978	Qualifiers
2000	Qualifiers	1982	Qualifiers
2004	Qualifiers	1986	Qualifiers
2007	Qualifiers	1990	Qualifiers
2011	Qualifiers	1994	Qualifiers
2015	Qualifiers	1998	Qualifiers
2019	Qualifiers	2002	Qualifiers
2023	Qualifiers	2006	Qualifiers
		2010	Qualifiers
		2014	Qualifiers
		2018	Qualifiers
		2022	Qualifiers

OLYMPIC FOOTBALL TOURNAMENTS 1908-2020

1908 to 1928	*Teams from Asia did not enter*
1936 – 1948	*Part of China*
1952	Did not enter
1956	Did not enter
1960	Final Tournament (Group Stage)
1964	Qualifiers
1968	Qualifiers
1972	Qualifiers
1976	Qualifiers

1980	Did not enter
1984	Qualifiers
1988	Qualifiers
1992	Qualifiers
1996	Qualifiers
2000	Qualifiers
2004	Qualifiers
2008	Qualifiers
2012	Qualifiers
2016	Qualifiers
2020	Qualifiers

ASIAN GAMES 1951-2022	
1951	-
1954	**Winners**
1958	**Winners**
1962	-
1966	Preliminary
1970	-
1974	-
1978	-
1982	-
1986	-
1990	-
1994	-
1998	-
2002	-
2006	-
2010	-
2014	-
2018	Group Stage
2022	Group Stage

AFC CHALLENGE CUP 2006-2014	
2006	Quarter-Finals
2008	Qualifiers
2010	Qualifiers
2012	Qualifiers
2014	Qualifiers

EAST ASIAN CHAMPIONSHIP 2003-2022	
2003	Qualifiers
2005	Qualifiers
2008	Qualifiers
2010	Qualifiers
2013	Qualifiers
2015	Qualifiers
2017	Qualifiers
2019	Qualifiers
2022	Did not enter

TAIWANESE CLUB HONOURS IN ASIAN CLUB COMPETITIONS

AFC Champions League 1967-1971 & 1985/1986-2024		
None		
Asian Football Confederation Cup 2004-2024		
None		
AFC President's Cup 2005-2014*		
Taiwan Power Company FC	1	2011
Asian Cup Winners Cup 1975-2003*		
None		
Asian Super Cup 1995-2002*		
None		

**defunct competitions*

OTHER CLUB COMPETITIONS:

East Asian Champions Cup / A3 Champions Cup 2003-2007*
None

defunct competition

NATIONAL COMPETITIONS
TABLE OF HONOURS

	CHAMPIONS
1983	Flying Camel
1984	Flying Camel
1985	Flying Camel
1986	Taipei City Bank
1987	Taiwan Power Company FC
1988	Flying Camel
1989	Taipei City Bank
1990	Taiwan Power Company FC
1991	Taipei City Bank
1992	Taiwan Power Company FC
1993	Flying Camel
1994	Taiwan Power Company FC
1995	Taiwan Power Company FC
1996	Taiwan Power Company FC
1997	Taiwan Power Company FC
1998	Taiwan Power Company FC
1999	Taiwan Power Company FC
2000/2001	Taiwan Power Company FC
2001/2002	Taiwan Power Company FC
2002/2003	Taiwan Power Company FC
2004	Taiwan Power Company FC
2005	Tatung FC Taipei
	Fubon Enterprise Football League
2006	Tatung FC Taipei
2007	Taiwan Power Company FC
2008	Taiwan Power Company FC
	Intercity Football League
2009	Kaohsiung Yaoti
2010	Kaohsiung County Taipower
2011	Taiwan Power Company FC
2012	Taiwan Power Company FC
2013	Tatung FC Taipei
2014	Taiwan Power Company FC
2015/2016	Taiwan Power Company FC
	Taiwan Football Premier League
2017	Tatung FC Taipei
2018	Tatung FC Taipei
2019	Tatung FC Taipei
2020	Taiwan Steel FC
2021	Taiwan Steel FC
2022	Taiwan Steel FC
2023	Taiwan Steel FC

Note: after 2008, the Fubon Enterprise Football League was discontinued. The new top level is the Intercity Football League, which was organized since 2007. Former winners of Intercity Football League: 2007: Tatung FC Taipei; 2008: Taiwan Power Company FC.

NATIONAL CHAMPIONSHIP
Taiwan Football Premier League 2023

1.	**Taiwan Steel FC**	21	17	1	3	47 - 14	52
2.	Taiwan Shihu FC	21	12	5	4	40 - 22	41
3.	Taiwan Power Company FC	21	10	3	8	38 - 24	33
4.	AC Taipei	21	9	4	8	25 - 19	31
5.	Taichung Futuro FC	21	8	4	9	33 - 31	28
6.	Hang Yuen FC New Taipei City	21	8	3	10	25 - 33	27
7.	Ming Chuan University FC	21	5	4	12	19 - 44	19
8.	Taipei Tianlong (*Relegated*)	21	2	2	17	18 - 58	8

Please note: Taipei Flight Skywalkers were renamed Taipei Tianlong.

Promoted for the 2024 season:
Taipei Vikings FC

THE CLUBS 2023

Club	Founded	Stadium	Capacity
Athletic Club Taipei	2010 (a)	Ming Chuan University Campus Football Field, Taipei	5,000
Hang Yuen Football Club New Taipei City	2012	Fu Jen Catholic University Football Field, New Taipei City	3,000
Ming Chuan University Football Club Taoyuan	n/a	Ming Chuan University Campus Football Field, Taipei	5,000
Taichung Futuro Football Club	2016	Taichung Taiyuan Football Pitch, Taichung	500
Taiwan Steel Football Club	2016	Tainan Football Field, Tainan	2,000

(a) *as Little Peacock Club*

NATIONAL TEAM
INTERNATIONAL MATCHES 2023/2024

08.09.2023	Kaohsiung	Chinese Taipei - Philippines	1-1(0-1)	(F)
12.09.2023	Bishan	Singapore - Chinese Taipei	3-1(1-1)	(F)
12.10.2023	Kaohsiung	Chinese Taipei - Timor-Leste	4-0(1-0)	(WCQ)
17.10.2023	Kaohsiung	Timor-Leste - Chinese Taipei	0-3(0-3)	(WCQ)
16.11.2023	Muscat	Oman - Chinese Taipei	3-0(2-0)	(WCQ)
21.11.2023	Taipei	Chinese Taipei - Malaysia	0-1(0-0)	(WCQ)
21.03.2024	Kaohsiung	Chinese Taipei - Kyrgyz Republic	0-2(0-0)	(WCQ)
26.03.2024	Bishkek	Kyrgyz Republic - Chinese Taipei	5-1(3-0)	(WCQ)
06.06.2024	Kaohsiung	Chinese Taipei - Oman	0-3(0-1)	(WCQ)
11.06.2024	Kuala Lumpur	Malaysia - Chinese Taipei	3-1(0-1)	(WCQ)

08.09.2023, Friendly International
National Stadium, Kaohsiung; Attendance: n/a
Referee: Lê Vũ Linh (Vietnam)
CHINESE TAIPEI - PHILIPPINES   **1-1(0-1)**
TPE: Pan Wen-chieh, Fong Shao-chi (84.Yu Yao-hsing), Chen Wei-chuan, Wen Chih-hao, Lin Chang-lun (64.Yao Ko-chi), Miguel Filip Sandberg, Wu Chun-ching, Emilio Lin Ching Estevez Tsai (46.Gao Wei-jie; 84.Hung Tzu-kuei), Chen Chao-an, Yu Chia-huang (64.Pai Shao-yu), Ange Samuel Kouamé. Trainer: Gary John White (England).
Goal: Pai Shao-yu (90+4).

12.09.2023, Friendly International
Bishan Stadium, Bishan; Attendance: n/a
Referee: Pineda Mick Jon (Philippines)
SINGAPORE - CHINESE TAIPEI   **3-1(1-1)**
TPE: Pan Wen-chieh, Chen Ting-yang, Chen Wei-chuan (71.Lin Chang-lun), Fong Shao-chi (61.Hung Tzu-kuei), Wen Chih-hao (81.Yao Ko-chi), Miguel Filip Sandberg, Wu Chun-ching, Yu Yao-hsing (81.Lee Hsiang-wei), Ko Yu-ting (46.Yu Chia-huang), Ange Samuel Kouamé, Chen Chao-an (71.Pai Shao-yu). Trainer: Gary John White (England).
Goal: Ange Samuel Kouamé (29).

12.10.2023, 23rd FIFA World Cup Qualifiers / 19th AFC Asian Cup Qualifiers first round
National Stadium, Kaohsiung; Attendance: 1,894
Referee: Ismaeel Habib Ali (Bahrain)
CHINESE TAIPEI - TIMOR-LESTE   **4-0(1-0)**
TPE: Pan Wen-chieh, Chen Ting-yang, Wang Chien-ming (64.Liang Meng-hsin), Fong Shao-chi, Wu Chun-ching, Wen Chih-hao (73.Lin Chang-lun), Yu Chia-huang (64.Ko Yu-ting), Ange Samuel Kouamé, Yu Yao-hsing (84.Lee Hsiang-wei), Chen Wei-chuan, Chen Chao-an (84.Gao Wei-jie). Trainer: Gary John White (England).
Goals: Yu Yao-hsing (4), Chen Ting-yang (57), Yu Yao-hsing (60), Ko Yu-ting (88).

17.10.2023, 23rd FIFA World Cup Qualifiers / 19th AFC Asian Cup Qualifiers first round
National Stadium, Kaohsiung (Taiwan); Attendance: 745
Referee: Tejas Nagvenkar (India)
TIMOR-LESTE - CHINESE TAIPEI   **0-3(0-3)**
TPE: Pan Wen-chieh, Wang Chien-ming, Fong Shao-chi (78.Liang Meng-hsin), Huang Tzu-ming (69.Chen Ting-yang), Wu Chun-ching, Wen Chih-hao (46.Lin Chang-lun), Yu Chia-huang (46.Ko Yu-ting), Wu Yen-shu (63.Kao Kuan-yu), Ange Samuel Kouamé, Yu Yao-hsing, Chen Wei-chuan. Trainer: Gary John White (England).
Goals: Yu Chia-huang (18), Wu Yen-shu (21), Ange Samuel Kouamé (24).

16.11.2023, 23rd FIFA World Cup Qualifiers / 19th AFC Asian Cup Qualifiers second round
"Sultan Qaboos" Sports Complex, Muscat; Attendance: 4,155
Referee: Sadullo Gulmurodi (Tajikistan)
OMAN - CHINESE TAIPEI 3-0(2-0)
TPE: Pan Wen-chieh, Wang Chien-ming, Fong Shao-chi, Chen Wei-chuan, Chin Wen-yen (46.Yu Chia-huang), Chen Po-liang, Wu Chun-ching (90.Chen Ting-yang), Wu Yen-shu (83.Lin Chang-lun), Ange Samuel Kouamé (73.Tu Shao-chieh), Yu Yao-hsing, Chen Chao-an (73.Yeh Ching-chun). Trainer: Gary John White (England).

21.11.2023, 23rd FIFA World Cup Qualifiers / 19th AFC Asian Cup Qualifiers second round
Taipei Municipal Stadium, Taipei; Attendance: 9,521
Referee: Majed Mohammed Al Shamrani (Saudi Arabia)
CHINESE TAIPEI - MALAYSIA 0-1(0-0)
TPE: Pan Wen-chieh, Chen Ting-yang, Fong Shao-chi (88.Liang Meng-hsin), Chen Po-liang, Wu Chun-ching, Chen Hao-wei, Wen Chih-hao (84.Yu Chia-huang), Wu Yen-shu, Ange Samuel Kouamé, Yu Yao-hsing (84.Chen Chao-an), Chen Wei-chuan (46.Wang Chien-ming). Trainer: Gary John White (England).

21.03.2024, 23rd FIFA World Cup Qualifiers / 19th AFC Asian Cup Qualifiers second round
Kaohsiung Nanzih Football Stadium, Kaohsiung; Attendance: 1,028
Referee: Yahya Mohammed Ali Hassan Al Mulla (United Arab Emirates)
CHINESE TAIPEI - KYRGYZ REPUBLIC 0-2(0-0)
TPE: Pan Wen-chieh, Chin Wen-yen (60.Gao Wei-jie), Huang Tzu-ming (86.Chao Ming-hsiu), Liang Meng-hsin, Chen Po-liang, Wu Chun-ching, Yu Chia-huang (86.Yang Chao-jing), Wu Yen-shu, Ange Samuel Kouamé, Yu Yao-hsing (86.Huang Wei-jie), Chen Chao-an. Trainer: Gary John White (England).

26.03.2024, 23rd FIFA World Cup Qualifiers / 19th AFC Asian Cup Qualifiers second round
„Dolen Omurzakov" Stadium, Bishkek; Attendance: 13,657
Referee: Ammar Ebrahim Mahfoodh (Bahrain)
KYRGYZ REPUBLIC - CHINESE TAIPEI 5-1(3-0)
TPE: Pan Wen-chieh, Wang Chien-ming (46.Chin Wen-yen), Huang Tzu-ming, Liang Meng-hsin, Chen Po-liang (46.Tu Shao-chieh), Wu Chun-ching, Wu Yen-shu, Ange Samuel Kouamé (59.Yeh Ching-chun), Yu Yao-hsing, Chen Chao-an (73.Chao Ming-hsiu), Huang Wei-jie (89.Yang Chao-jing). Trainer: Gary John White (England).
Goal: Wu Yen-shu (87 penalty).

06.06.2024, 23rd FIFA World Cup Qualifiers / 19th AFC Asian Cup Qualifiers second round
Taipei Municipal Stadium, Taipei; Attendance: 5,700
Referee: Zaid Thamer (Iraq)
CHINESE TAIPEI - OMAN 0-3(0-1)
TPE: Pan Wen-chieh, Chen Ting-yang, Fong Shao-chi, Liang Meng-hsin (67.Chen Chao-an), Chen Po-liang, Wu Chun-ching (86.Huang Yung-chun), Chen Hao-wei (67.Huang Wei-jie), Wen Chih-hao (86.Tu Shao-chieh), Ange Samuel Kouamé, Chen Wei-chuan, Miguel Filip Sandberg (82.Emilio Lin Ching Estevez Tsai). Trainer: Gary John White (England).

11.06.2024, 23rd FIFA World Cup Qualifiers / 19th AFC Asian Cup Qualifiers second round
Bukit Jalil National Stadium, Kuala Lumpur; Attendance: 14,731
Referee: Abdullah Jamali (Kuwait)
MALAYSIA - CHINESE TAIPEI 3-1(0-1)
TPE: Pan Wen-chieh, Chen Ting-yang (90.Huang Yung-chun), Wang Chien-ming, Liang Meng-hsin (46.Fong Shao-chi), Chen Po-liang (78.Chen Wei-chuan), Wu Chun-ching, Emilio Lin Ching Estevez Tsai (77.Chen Chao-an), Ange Samuel Kouamé, Yu Yao-hsing (71.Chen Hao-wei), Miguel Filip Sandberg, Huang Wei-jie. Trainer: Gary John White (England).
Goal: Yu Yao-hsing (20).

NATIONAL TEAM PLAYERS
2023/2024

Name	DOB	Club
Goalkeepers		
PAN Wen-chieh	29.06.1992	*Taiwan Steel FC*
Defenders		
CHAO Ming-hsiu	09.07.1997	*Taiwan Power Company FC*
CHEN Ting-yang	28.09.1992	*Taichung Futuro FC*
CHEN Wei-chuan	29.08.1992	*Taiwan Steel FC*
CHIN Wen-yen	30.05.2000	*AC Taipei*
FONG Shao-chi	15.02.2000	*Taiwan Steel FC*
HUANG Tzu-ming	18.11.2000	*Taiwan Power Company FC*
HUNG Tzu-kuei	01.06.1993	*Taiwan Power Company FC*
LEE Hsiang-wei	15.04.1996	*Taiwan Power Company FC*
PAI Shao-yu	20.01.1998	*Taiwan Steel FC*
WANG Chien-ming	04.07.1993	*Qingdao Hainiu FC (CHN)*
Midfielders		
CHEN Po-liang	11.08.1988	*Qingdao West Coast FC (CHN)*
Emilio Lin Ching ESTEVEZ Tsai	08.10.1998	*Tai Po FC (HKG)*
LIANG Meng-hsin	03.04.2003	*Taichung Futuro FC*
LIN Chang-lun	28.06.1991	*Taiwan Power Company FC*
Miguel Filip SANDBERG	08.10.1998	*Oslkarshamns AIK (SWE); 19.03.2024-> Karlbergs BK (SWE)*
TU Shao-chieh	02.01.1999	*Taiwan Power Company FC*
WEN Chih-hao	25.03.1993	*AC Taipei; 21.02.2024-> Taichung Futuro FC*
WU Chun-ching	18.12.1988	*Taiwan Steel FC*
WU Yen-shu	21.10.1999	*Liaoning Tieren (CHN); 01.03.2024-> Taiwan Power Company FC*
YAO Ko-chi	15.05.1996	*Taiwan Steel FC*
YU Chia-huang	23.04.1998	*Taiwan Steel FC*
Forwards		
CHEN Chao-an	22.06.1995	*Taiwan Power Company FC*
CHEN Hao-wei	30.04.1992	*Qingdao Red Lions FC (CHN)*
GAO Wei-jie	24.06.1997	*Taiwan Power Company FC*
HUANG Wei-jie	25.12.2004	*AC Taipei*
KAO Kuan-yu	08.10.2005	*Hualien High School FC*
KO Yu-ting	18.01.1994	*Taiwan Power Company FC*
Ange Samuel KOUAMÉ	22.12.1996	*Taiwan Steel FC; 01.01.2024-> Liaoning Tieren (CHN)*
YANG Chao-jing	08.11.2005	*Hui Wen High School*
YEH Ching-chun	27.04.2006	*Beimen Senior High School FC*
YU Yao-hsing	12.02.2002	*Ming Chuan University FC*
National coaches		
Gary John WHITE (England) [from 02.05.2023]		25.07.1974

GUAM

Federation Directory:
Guam Football Association
P.O.Box 20008, Barrigada 96921
Year of Formation: 1975
Member of FIFA since: 1996
Member of AFC since: 1996
Internet: www.guamfa.com

The Country: Guåhån (Guam) [*Guam is an overseas territory of the United States*]
Capital: Hagåtña
Surface: 541,3 km^2 / **Population**: 168,801 [2021] / **Time**: UTC+8

NATIONAL TEAM RECORDS

First international match:
24.08.1975: Fiji - Guam 11-0

Most international caps:	Most international goals:
Jason Ryan Quitugua Cunliffe	Jason Ryan Quitugua Cunliffe
66 caps (since 2006)	**26 goals** / 66 caps (since 2006)

NATIONAL TEAM COMPETITIONS

ASIAN NATIONS CUP		FIFA WORLD CUP	
1956		1930	
1960		1934	
1964		1938	
1968		1950	
1972	*Not a member of the AFC*	1954	
1976		1958	
1980		1962	
1984		1966	*Not a member of FIFA*
1988		1970	
1992	Did not enter	1974	
1996	Qualifiers	1978	
2000	Qualifiers	1982	
2004	Qualifiers	1986	
2007	Did not enter	1990	
2011	Qualifiers	1994	
2015	Did not enter	1998	
2019	*Withdrew during qualifiers*	2002	Qualifiers
2023	Qualifiers	2006	*Withdrew*
		2010	*Withdrew*
		2014	*Withdrew*
		2018	Qualifiers
		2022	Qualifiers

OLYMPIC FOOTBALL TOURNAMENTS 1908-2020

None

AFC CHALLENGE CUP 2006-2014		EAST ASIAN CHAMPIONSHIP 2003-2022		SOUTH PACIFIC GAMES 1963-2019	
2006	Group Stage	2003	Qualifiers	1963	-
2008	Qualifiers	2005	Qualifiers	1966	-
2010	-	2008	Qualifiers	1969	-
2012	-	2010	Qualifiers	1971	-
2014	Qualifiers	2013	Qualifiers	1975	Group Stage
		2015	Qualifiers	1979	Group Stage
		2017	Qualifiers	1983	-
		2019	Qualifiers	1987	-
		2022	Did not enter	1991	Group Stage
				1995	Group Stage
				2003	-
				2007	-
				2011	-
				2015	-
				2017	-
				2019	-

GUAMANIAN CLUB HONOURS IN ASIAN CLUB COMPETITIONS

AFC Champions League 1967-1971 & 1985/1986-2024
None

Asian Football Confederation Cup 2004-2024
None

AFC President's Cup 2005-2014*
None

Asian Cup Winners Cup 1975-2003*
None

Asian Super Cup 1995-2002*
None

*defunct competition

NATIONAL COMPETITIONS
TABLE OF HONOURS

	CHAMPIONS	CUP WINNERS
1990	University of Guam	-
1991	University of Guam	-
1992	University of Guam	-
1993	University of Guam	-
1994	Tumon Taivon Tamuning	-
1995	Continental Micronesia G-Force	-
1996	Continental Micronesia G-Force	-
1997	Tumon Soccer Club	-
1998	Spring: Anderson Soccer Club Fall: Island Cargo Overall: Anderson Soccer Club	-
1999	Spring: Carpet One Fall: Coors Light Silver Bullets Overall: Coors Light Silver Bullets	-
2000	Spring: Coors Light Silver Bullets Fall: Navy Overall: Coors Light Silver Bullets	-
2001	Spring: Coors Light Silver Bullets Fall: Staywell Zoom	-
2002	Spring: Guam Shipyard FC Fall: Guam Shipyard FC	-
2003	Spring: Guam Shipyard FC Fall: Guam Shipyard FC	-
2004	Spring: Guam U-18 Fall: Guam U-18	-
2005	Spring: Guam Shipyard FC Fall: Guam Shipyard FC	-
2006	Spring: Guam Shipyard FC Fall: Guam Shipyard FC	-
2007	Spring: Quality Distributors	-
2007/2008	Quality Distributors FC	Quality Distributors FC
2008/2009	Quality Distributors FC	Quality Distributors FC
2009/2010	Quality Distributors FC	Guam Shipyard FC
2010/2011	Car Plus FC	Quality Distributors FC
2011/2012	Quality Distributors FC	Guam Shipyard FC
2012/2013	Quality Distributors FC	Quality Distributors FC
2013/2014	Rovers DI FC Guam	Rovers DI FC Guam
2014/2015	Rovers DI FC Guam	Guam Shipyard FC
2015/2016	Rovers DI FC Guam	Rovers DI FC Guam
2016/2017	Rovers DI FC Guam	Guam Shipyard FC
2017/2018	Rovers DI FC Guam	Bank of Guam Strykers FC
2018/2019	Rovers FC Guam	Bank of Guam Strykers FC
2019/2020	*Championship suspended*	*Competition suspended*
2020/2021	*Championship cancelled*	*Competition cancelled*
2021/2022	*No competition*	*No competition*
2023	Wings FC	*No competition*

NATIONAL CHAMPIONSHIP
Budweiser Guam Men's Soccer Premier League 2022 - 2023

The 2022/2023 season started on 14.01.2023, but was interrupted on 21.05.2023 due to damages caused by typhoon Mawar. The championship continued in August 2023.

Pre-Season Tournament

1.	Bank of Guam Strykers FC	5	5	0	0	32	- 10	15
2.	Wings FC	5	4	0	1	18	- 16	12
3.	Rovers FC Guam	5	2	0	3	16	- 14	6
4.	Quality Distributors FC	5	2	0	3	13	- 20	6
5.	Guam Shipyard Haya FC	5	2	0	3	10	- 17	6
6.	Islanders FC	5	0	0	5	7	- 19	0

Premier League – Regular Season

1.	**Wings FC**	12	10	0	2	56	- 22	30
2.	Bank of Guam Strykers FC	12	9	0	3	66	- 20	27
3.	Islanders FC	12	6	0	6	35	- 43	18
4.	Quality Distributors FC	12	4	0	8	30	- 42	12
5.	Guam Shipyard Haya FC	12	1	0	11	26	- 86	3
6.	Rovers FC Guam (*withdrew*)	0	0	0	0	0	0	0
7.	UOG Tritons (*withdrew*)	0	0	0	0	0	0	0

NATIONAL TEAM
INTERNATIONAL MATCHES 2023/2024

12.10.2023	Kallang	Singapore - Guam	*2-1(2-0)*	*(WCQ)*
17.10.2023	Dededo	Guam - Singapore	*0-1(0-0)*	*(WCQ)*

12.10.2023, 23rd FIFA World Cup Qualifiers / 19th AFC Asian Cup Qualifiers first round
National Stadium, Kallang; Attendance: 10,355
Referee: Mohammad Ghabayen (Jordan)
SINGAPORE - GUAM **2-1(2-0)**
GUM: Dallas Jeffrey Jaye, Isiah Kazunori Kimura Lagutang (46.Ka'eo Kainoa Carino Gonsalves), Dane Jacob Abastas Agustin (90+9.Shane Tenorio Healy), Anthony James Quidachay Jr. (65.Takumi Ito), Jonahan Artiga Romero, Jason Ryan Quitugua Cunliffe, John Landa Matkin (65.Travis James Nicklaw), Kyle Ko Halehale, Alec Benjamin Taitague, Edward Kyung-Rim Na (85.Levi Solomon Berg), Oz San Nicolas Rocca. Trainer: Ross Awa.
Goal: Jason Ryan Quitugua Cunliffe (90).

17.10.2023, 23rd FIFA World Cup Qualifiers / 19th AFC Asian Cup Qualifiers first round
GFA National Training Center, Dededo; Attendance: 1,012
Referee: Chen Hsin-chuan (Chinese Taipei)
GUAM - SINGAPORE **0-1(0-0)**
GUM: Dallas Jeffrey Jaye, Travis James Nicklaw, Isiah Kazunori Kimura Lagutang (59.Takumi Ito), Leon Marcus Morimoto, Jonahan Artiga Romero, Jason Ryan Quitugua Cunliffe, John Landa Matkin (73.Ka'eo Kainoa Carino Gonsalves), Kyle Ko Halehale (46.Dane Jacob Abastas Agustin [*sent off 90+3*]), Alec Benjamin Taitague (46.Jude Brendan Bischoff), Marcus Phillip Joseph López (80.Oz San Nicolas Rocca), Edward Kyung-Rim Na. Trainer: Ross Awa.

NATIONAL TEAM PLAYERS
2023/2024

Name	DOB	Club

Goalkeepers

Dallas Jeffrey JAYE	19.06.1993	*Unattached*

Defenders

Dane Jacob Abastas AGUSTIN	23.01.2006	*San Antonio FC (USA)*
Shane Tenorio HEALY	03.07.1998	*Bank of Guam Strykers FC*
Takumi ITO	03.02.2000	*Ezra FC Vientiane (LAO)*
Isiah Kazunori Kimura LAGUTANG	03.08.1997	*Bank of Guam Strykers FC*
Leon Marcus MORIMOTO	18.12.2001	*CA Temperley (ARG)*
Anthony James QUIDACHAY Jr.	11.06.2002	*Chatham Cougars (USA)*
Jonahan Artiga ROMERO	17.03.1988	*Virginia United (USA)*

Midfielders

Jude Brendan BISCHOFF	26.04.1992	*Guam Shipyard Haya FC*
Jason Ryan Quitugua CUNLIFFE	23.10.1983	*Bank of Guam Strykers FC*
Kyle Ko HALEHALE	03.06.2002	*Central Connecticut State Blue Devils (USA)*
John Landa MATKIN	20.04.1986	*Unattached*
Travis James NICKLAW	21.12.1993	*Chattanooga Red Wolves (USA)*
Alec Benjamin TAITAGUE	09.05.2000	*Unattached*

Forwards

Levi Solomon BERG	15.04.2008	*Guam Shipyard Haya FC*
Ka'eo Kainoa Carino GONSALVES	06.01.2005	*Hampden-Sydney Tigers (USA)*
Marcus Phillip Joseph LÓPEZ	09.02.1992	*Bank of Guam Strykers FC*
Edward Kyung-Rim NA	12.02.1996	*Washington Premier (USA)*
Oz San Nicolas ROCCA	10.08.2004	*CSU Bakersfield Roadrunners (USA)*

National coaches

Ross AWA		18.03.1990

HONG KONG

Federation Directory:
The Hong Kong Football Association
55 Fat Kwong Street Homantin, Kowloon, Hong Kong
Year of Formation: 1914
Member of FIFA since: 1954
Member of AFC since: 1954
Internet: www.hkfa.com

The Country: Hong Kong Special Administrative Region
Capital: Hong Kong
Surface: 1,108 km^2 / **Population**: 7,498,100 [2023] / **Time**: UTC+8

NATIONAL TEAM RECORDS

First international match:
20.04.1947, Hong Kong: Hong Kong – South Vietnam 3-2

Most international caps:	Most international goals:
Yapp Hung Fai	Chan Siu Ki
94 caps (since 2010)	**40 goals** / 70 caps (2004-2017)

NATIONAL TEAM COMPETITIONS

ASIAN NATIONS CUP		FIFA WORLD CUP	
1956	Final Tournament (3rd Place)	1930	Did not enter
1960	Qualifiers	1934	Did not enter
1964	Final Tournament (4th Place)	1938	Did not enter
1968	Final Tournament (5th Place)	1950	Did not enter
1972	Qualifiers	1954	Did not enter
1976	Qualifiers	1958	Did not enter
1980	Qualifiers	1962	Did not enter
1984	Qualifiers	1966	Did not enter
1988	Qualifiers	1970	Did not enter
1992	Qualifiers	1974	Qualifiers
1996	Qualifiers	1978	Qualifiers
2000	Qualifiers	1982	Qualifiers
2004	Qualifiers	1986	Qualifiers
2007	Qualifiers	1990	Qualifiers
2011	Qualifiers	1994	Qualifiers
2015	Qualifiers	1998	Qualifiers
2019	Qualifiers	2002	Qualifiers
2023	Final Tournament (Group Stage)	2006	Qualifiers
		2010	Qualifiers
		2014	Qualifiers
		2018	Qualifiers
		2022	Qualifiers

OLYMPIC FOOTBALL TOURNAMENTS 1908-2020

1908 to 1928	Teams from Asia did not enter		1980	Group Stage
			1984	Qualifiers
			1988	Qualifiers
1936	Group Stage		1992	Qualifiers
1948	Group Stage		1996	Qualifiers
1952	Group Stage		2000	Qualifiers
1956	Group Stage		2004	Qualifiers
1960	Group Stage		2008	Qualifiers
1964	Group Stage		2012	Qualifiers
1968	Group Stage		2016	Qualifiers
1972	Group Stage		2020	Qualifiers
1976	Group Stage			

ASIAN GAMES 1951-2022		EAST ASIAN CHAMPIONSHIP 2003-2022	
1951	-	2003	4th Place
1954	Group Stage	2005	Qualifiers
1958	Quarter-Finals	2008	Qualifiers
1962	-	2010	4th Place
1966	-	2013	Qualifiers
1970	-	2015	Qualifiers
1974	-	2017	Qualifiers
1978	-	2019	4th Place
1982	-	2022	4th Place
1986	-		
1990	Group Stage		
1994	Group Stage		
1998	Group Stage		
2002	Group Stage		
2006	Group Stage		
2010	1/8 Finals		
2014	2nd Round of 16		
2018	2nd Round of 16		
2022	4th Place		

HONG KONG CLUB HONOURS IN ASIAN CLUB COMPETITIONS

AFC Champions League 1967-1971 & 1985/1986-2024
None
Asian Football Confederation Cup 2004-2024
None
AFC President's Cup 2005-2014*
None
Asian Cup Winners Cup 1975-2003*
None
Asian Super Cup 1995-2002*
None

*defunct competitions

NATIONAL COMPETITIONS
TABLE OF HONOURS

Champions before 1945:
1908-09 Royal East Kent Regiment; 1909-10 Royal Garrison Artillery; 1910-11 Royal East Kent Regiment; 1911-12 King's Own Rifles; 1912-13 Royal Garrison Artillery; 1913-14 Duke of Cornwall's Light Infantry; 1914-15 Royal Garrison Artillery; 1915-16 Royal Garrison Artillery; 1916-17 Royal Engineers; 1917-18 Royal Garrison Artillery; 1918-19 Royal Navy; 1919-20 Hong Kong FC; 1920-21 Wiltshire Regiment; 1921-22 HMS „Curlew"; 1922-23 King's Own Rifles; 1923-24 South China AA; 1924-25 East Surrey Regiment; 1925-26 Kowloon FC; 1926-27 South China AA; 1927-28 Chinese Athletic; 1928-29 Chinese Athletic; 1929-30 Chinese Athletic; 1930-31 South China AA; 1931-32 South Welsh Borderers; 1932-33 South China AA; 1933-34 South Welsh Borderers; 1934-35 South China AA; 1935-36 South China AA; 1936-37 Ulster Guards; 1937-38 South China AA „B" ; 1938-39 South China AA; 1939-40 South ChinaAA; 1940-41 South China AA; 1941-42 *Not finished*; 1942-45 *No competition*.

	CHAMPIONS	CUP WINNERS
1945/1946	Royal Air Force	-
1946/1947	Sing Tao Sports Club	-
1947/1948	Kitchee SC	-
1948/1949	South China AA	-
1949/1950	Kitchee SC	-
1950/1951	South China AA	-
1951/1952	South China AA	-
1952/1953	South China AA	-
1953/1954	Kowloon Motor Bus Co.	-
1954/1955	South China AA	-
1955/1956	Eastern AA	-
1956/1957	South China AA	-
1957/1958	South China AA	-
1958/1959	South China AA	-
1959/1960	South China AA	-
1960/1961	South China AA	-
1961/1962	South China AA	-
1962/1963	Yuen Long District SA	-
1963/1964	Kitchee SC	-
1964/1965	Happy Valley AA	-
1965/1966	South China AA	-
1966/1967	Kowloon Motor Bus Co.	-
1967/1968	South China AA	-
1968/1969	South China AA	-
1969/1970	Jardines	-
1970/1971	Hong Kong Rangers FC	-
1971/1972	South China AA	-
1972/1973	Seiko SA	-
1973/1974	South China AA	-
1974/1975	Seiko SA	Seiko SA
1975/1976	South China AA	Seiko SA
1976/1977	South China AA	Hong Kong Rangers FC
1977/1978	South China AA	Seiko SA
1978/1979	Seiko SA	Yuen Long District SA
1979/1980	Seiko SA	Seiko SA
1980/1981	Seiko SA	Seiko SA

1981/1982	Seiko SA	Bulova
1982/1983	Seiko SA	Bulova
1983/1984	Seiko SA	Eastern AA
1984/1985	Seiko SA	South China AA
1985/1986	South China AA	Seiko SA
1986/1987	South China AA	South China AA
1987/1988	South China AA	South China AA
1988/1989	Happy Valley AA	Lai Sun
1989/1990	South China AA	South China AA
1990/1991	South China AA	South China AA
1991/1992	South China AA	Ernest Borel
1992/1993	Eastern AA	Eastern AA
1993/1994	Eastern AA	Eastern AA
1994/1995	Eastern AA	Hong Kong Rangers FC
1995/1996	Instant-Dict FA	South China AA
1996/1997	South China AA	Instant-Dict FA
1997/1998	Instant-Dict FA	Instant-Dict FA
1998/1999	Happy Valley AA	South China AA
1999/2000	South China AA	Happy Valley AA
2000/2001	Happy Valley AA	Instant-Dict FA
2001/2002	Convoy Sun Hei SC	South China AA
2002/2003	Happy Valley AA	Convoy Sun Hei SC
2003/2004	Convoy Sun Hei SC	Happy Valley AA
2004/2005	Convoy Sun Hei SC	Convoy Sun Hei SC
2005/2006	Happy Valley AA	Xiangxue Sun Hei SC
2006/2007	South China AA	South China AA
2007/2008	South China AA	Citizen AA
2008/2009	South China AA	NT Realty Wofoo Tai Po
2009/2010	South China AA	TSW Pegasus FC
2010/2011	Kitchee SC	South China AA
2011/2012	Kitchee SC	Kitchee SC
2012/2013	South China AA	Kitchee SC
2013/2014	Kitchee SC	Eastern Salon Football Team
2014/2015	Kitchee SC	Kitchee SC
2015/2016	Eastern Sports Club	Hong Kong Pegasus FC
2016/2017	Kitchee SC	Kitchee SC
2017/2018	Kitchee SC	Kitchee SC
2018/2019	Tai Po FC	Kitchee SC
2019/2020	Kitchee SC	Eastern Sports Club
2020/2021	Kitchee SC	*Competition cancelled*
2021/2022	*Championship cancelled*	*Competition cancelled*
2022/2023	Kitchee SC	Kitchee SC
2023/2024	Lee Man FC	Eastern Sports Club

NATIONAL CHAMPIONSHIP
BOC Life Hong Kong Premier League 2023/2024

#	Team	P	W	D	L	GF	-	GA	Pts
1.	**Lee Man FC**	20	17	3	0	63	-	16	54
2.	Tai Po FC	20	14	4	2	41	-	12	46
3.	Eastern Sports Club	20	14	4	2	47	-	11	46
4.	Kitchee SC	20	14	3	3	60	-	15	45
5.	Southern District Recreations & Sports Association Ltd	20	10	4	6	38	-	18	34
6.	Hong Kong Rangers FC	20	8	0	12	41	-	34	24
7.	Hong Kong FC	20	5	3	12	16	-	49	18
8.	North District FC	20	5	3	12	27	-	43	18
9.	Sham Shui Po SA	20	3	3	14	18	-	52	12
10.	Hong Kong "U23"	20	2	3	15	12	-	71	9
11.	Resources Capital FC	20	1	4	15	13	-	55	7

<u>Please note</u>: Hong Kong "U23" announced on 25.05.2024 that they would be dissolved after the end of the season.

Best goalscorer 2023/2024:
Noah Koffi Baffoe Donkor (ESP, Eastern Sports Club) & Henri Anier (EST, Lee Man FC) – 17 goals each

NATIONAL CUP
FA Cup - Final 2023/2024

01.06.2024, Mong Kok Stadium, Hong Kong; Attendance: 3,437
Referee: Yu Kin Fung
Eastern Sports Club - Sham Shui Po SA   **3-2 (0-0, 0-0)**
Eastern SC: Yapp Hung Fai, Calum Renwick Hall, Daniel Almazan Vera (94.Wong Ho Yin), Tamirlan Kozubaev, Wong Tsz Ho (91.Manuel Bleda Rodríguez) (70.Leon Jones), Leung Chun Pong (Cap), Marcos Gondra Krug, Yu Joy Yin Jesse, Ma Hei Wai (98.Ng Yu Hei), Wong Ho Chun Anson (70.Leung Kwun Chung), Noah Koffi Baffoe Donkor (120+2.Ryu Ji-seong). Trainer: Roberto Losada Rodríguez (Spain).
Sham Shui Po: Li Yat Chun, Bobby Singh Kiranbir, Nii Noye Narh, Song Ju-ho, Kota Odakura, Oscar Jr. Benavides Medeiros, Wong Ching Yeung Timothy (111.Wong Sum Chit Sherman), Ngan Cheuk Pan (Cap), Pang Ching Yeung Jethro (104.Chen Hao), Chang Kwong Yin (46.Ismael Dunga), Wellingsson Paixao de Souza. Trainer: Chan Ho Yin.
Goals: 1-0 Tamirlan Kozubaev (100), 2-0 Noah Koffi Baffoe Donkor (102), 2-1 Oscar Jr. Benavides Medeiros (103), 2-2 Ismael Dunga (105+5), 3-2 Noah Koffi Baffoe Donkor (115).

THE CLUBS 2023/2024

EASTERN SPORTS CLUB
Year of Formation: 1932
Stadium: Mong Kok Stadium, Hong Kong (6,664)

Trainer: Roberto Losada Rodríguez (ESP)   25.10.1976

THE SQUAD	DOB	M	(s)	G
Goalkeepers:				
Liu Fu Yuen	21.08.1990	1		
Yapp Hung Fai	21.03.1990	19		
Defenders:				
Daniel *Almazan* Vera (ESP)	27.05.1999	16	(2)	3
Calum Renwick Hall (SCO)	03.08.2000	18	(1)	
Leon Jones	28.02.1998	7		
Tamirlan Kozubaev (KGZ)	01.07.1994	17		3
Kwok Shung Ngai Enson	11.11.1999	1	(3)	
Leung Kwun Chung	01.04.1992	8	(7)	1
Ryu Ji-seong (KOR)	04.07.2001	8	(6)	
Sun Ming Him	19.06.2000	4		2
Wong Ho Yin	12.06.1998	3	(7)	
Wong Tsz Ho	07.03.1994	13	(5)	1
Midfielders:				
Barak Braunshtain (ISR)	10.06.1999	6	(4)	2
Cheung Man Ho	15.04.2006		(2)	
Marcos *Gondra* Krug (ESP)	01.01.1987	17	(1)	6
Prabhat Gurung	14.07.2004	1	(6)	
Leung Chun Pong	01.10.1986	12	(5)	
Ma Hei Wai	03.02.2004	16	(3)	3
Siu Ching	28.04.2008	1	(1)	
Yeung Tung Ki	18.09.2006	1	(3)	
Jesse Yu Joy Yin	08.10.2001	14	(1)	1
Forwards:				
Noah Koffi *Baffoe* Donkor (ESP)	21.05.1993	16	(1)	17
Manuel Bleda Rodríguez	31.07.1990		(1)	
Gao Ming Ho	07.04.2008	2	(2)	
Lee Chun Ting	01.06.2005		(4)	
Ng Yu Hei	13.02.2006	2	(7)	3
Anson Wong Ho Chun	02.04.2002	16	(2)	4
Bosley Yu Yang	10.01.2001	1	(5)	1

HONG KONG FOOTBALL CLUB
Year of Formation: 1886
Stadium: Hong Kong FC Stadium, Hong Kong (2,750)

Trainer: Antony Mark Hamilton-Bram (ENG)   29.03.1966

THE SQUAD	DOB	M	(s)	G
Goalkeepers:				
Fung Long Hin Justin	19.05.2004	2	(1)	
Issey Maholo (JPN)	24.03.1985	4		
Gilles Meyer (FRA)	09.12.1987	7		

		DOB	M	(s)	G
	Frederick Charles Toomer (ENG)	19.02.1992	7		
Defenders:	Jordon Graham John Brown	10.02.1994	14		1
	Chow Timothy Stephen	11.03.2006	9	(4)	
	Lee Chun Yin Ryan	12.07.2004	7	(3)	
	Martin Christopher Fray (ENG)	18.01.1986	17	(1)	1
	Lau Hok Ming	16.10.1995	19	(1)	
	Félix Alejandro Pérez-Doyle (CRC)	26.09.2002	9	(1)	
	Jonathan Jack Sealy	04.05.1987	14		
	Siu Ka Ming	13.01.1998		(1)	
Midfielders:	Stefan Antonić (SRB)	06.02.2001	3	(4)	
	Mamadou Habib Bah (GUI)	15.03.1996	8	(1)	
	Gustavo Henrique Balduino Ribeiro (BRA)	08.11.1994	17	(2)	1
	Jean Carllo Maciel (POR)	28.02.1989	6	(6)	1
	Akihiro Koike (JPN)	17.11.1998	1	(2)	
	Marcus McMillan (SCO)	05.05.1995	6	(5)	2
	Paulo Robspierry Carreiro „Paulinho Pracaciba"	16.01.1983	8	(6)	3
	Thiago Lima da *Silva* (BRA)	22.11.1991	8	(5)	1
	Emmet Wan	26.03.1992	10	(5)	
Forwards:	Hirokane Harima	31.01.1998		(3)	
	Dominic Sy Johns (AUS)	12.04.2000	10	(1)	2
	Jahangir Khan	03.10.2000	16	(1)	1
	Maddox Kong	17.09.2002	2		
	Leonardo José Peres „Léo" (BRA)	07.04.1992	13		4
	Daniel Man	29.06.1994	3	(6)	
	Toshihiro Murakoshi (JPN)	14.03.2001		(6)	

HONG KONG "U23" TEAM

Year of Formation: 2021
Stadium: Hammer Hill Road Sports Ground, Hong Kong (2,200)

Trainer:	Szeto Man Chun	05.06.1975			

	THE SQUAD	DOB	M	(s)	G
Goalkeepers:	Tang Tsz Long	29.07.2004	2		
	Wan Michael	23.06.2001	18	(1)	
Defenders:	Alexandre Dujardin	24.12.1998	10	(1)	
	Lai Hoi To	21.07.2002	9	(8)	
	Law Cheuk Hei	12.11.2004	7	(2)	
	Leung Wai Fung Derek	22.12.2000	18	(1)	1
	Ma Chin Ho	26.11.2005	1	(4)	
	Sung Wang Ngai Kohki	02.12.2003	10	(7)	
	Tsang Yi Hang Ellison	27.10.2003	2	(1)	
	Yim Kai Cheuk Anson	04.12.2004	9		
	Yue Yi Xing Brad	11.01.2002		(3)	
Midfielders:	Cheng Chun Wang Ryan	11.02.2001	17		
	Ho Lung Ho	18.02.2004	9	(8)	1
	Kwok Tsz Kaai	26.12.1996	14	(4)	
	Lee Cheuk Hin	21.04.2003	5	(8)	

		DOB	M	(s)	G
	Lo Chun Hin	12.11.2005		(4)	
	Tang In Chim	28.02.2003	14	(6)	
Forwards:	Ho Ka Chi	16.07.2002	12	(4)	
	Krisna Korani R.	02.03.2004	14	(4)	
	Lam Chi Fung	30.12.2001	7	(5)	
	Lam Hok Hei	18.09.1991	16	(4)	7
	Lau Ka Kiu Kyle	10.02.2002	4	(2)	1
	Lee Lok Him	18.04.2004	14	(5)	
	Lo Kam Wang	04.05.2001	1	(7)	
	Ng Man Hei	13.11.2000	4	(4)	1
	Ng Pak Hei	21.01.2003	3	(3)	

KITCHEE SPORTS CLUB

Year of Formation: 1931
Stadium: Mong Kok Stadium, Hong Kong (6,664)

Trainer:	Alex Chu Chi Kwong	29.03.1966
[28.09.2023]	Kim Ding-jin (KOR)	29.01.1982

THE SQUAD	DOB	M	(s)	G
Goalkeepers: Paulo César da Silva Argolo (BRA)	27.03.1986	9		
Shek Tuscany	25.12.2007	1		
Wang Zhenpeng	05.05.1984	10	(1)	
Defenders: Roberto Orlando Affonso Junior „Beto"	28.05.1983	8	(3)	
Chan Shinichi	05.09.2002	14	(3)	1
Aleksandar Damčevski (MKD)	21.11.1992	2		
Fernando Augusto Azevedo Pedreira	14.11.1986	6	(5)	3
Oliver Benjamin Gerbig	12.12.1998	8		1
Hélio José de Souza *Gonçalves* (BRA)	31.01.1986	13	(1)	
Ibrahim Kurban	28.02.2001	3		
Law Tsz Chun	02.03.1997	14	(2)	
Sedin Ramić (BIH)	28.11.2000	5	(2)	
Andrew James Russell	21.11.1987	13	(2)	1
Midfielders: Cheng Chin Lung	01.07.1998	2	(12)	
Cleiton de Oliveira Velasques (BRA)	09.12.1986	13	(2)	4
Huang Yang	19.10.1983	2	(8)	
Mikael Severo Burkatt (BRA)	06.04.1993	15	(2)	16
Ruslan Mingazow (TKM)	23.11.1991	9	(2)	4
Ogenyi Eddy Onazi (NGA)	25.12.1992	3		
Charlie Thomas Scott (ENG)	02.09.1997	14	(1)	3
Tan Chun Lok	15.01.1996	7	(11)	2
Forwards: Sebastian Robert Buddle	27.07.1999		(2)	1
Igor Torres *Sartori* (BRA)	08.01.1993	11	(4)	3
Jakob Jantscher (AUT)	08.01.1989	10	(2)	2
Walter Soares Belitardo Júnior „Juninho"	11.12.1990	12	(4)	8
Kim Shin-wook (KOR)	14.04.1988	1		3
Poon Pui Hin Max	03.10.2000	6	(11)	1
Matthew Luke Slattery	05.04.2005		(1)	
Sherzod Temirov (UZB)	27.10.1998	9	(4)	5

LEE MAN FOOTBALL CLUB

Year of Formation: 2017
Stadium: Tseung Kwan O Sports Ground, Hong Kong (3,500)

Trainer:			
Tsang Chiu Tat	13.02.1989		

THE SQUAD	DOB	M	(s)	G
Goalkeepers:				
Chan Ka Ho	27.01.1996	20		
Defenders:				
Fernando Recio Comí	17.12.1982	3	(2)	
Fung Hing Wa	12.12.1992	1	(2)	
José Ángel Alonso Martín (ESP)	02.03.1989	17		4
Li Ngai Hoi	15.10.1994	9	(2)	1
Tsui Wang Kit	05.01.1997	16	(1)	3
Wong Chun Ho	03.05.1990	3	(6)	
Yu Pui Hong	07.02.1995	1	(4)	
Yu Wai Lim	21.09.1998	7	(7)	
Midfielders:				
Jonathan Leonel Acosta (ARG)	11.10.1988	3	(2)	1
Diego Eli Moreira	04.09.1988	1	(6)	
Luis Eduardo Chebel Klein Nunes „Dudú" (BRA)	17.04.1990	3		1
Ngan Lok Fung	26.01.1993	11	(7)	1
Mitchel Paulissen (NED)	21.04.1993	18	(1)	3
Ryoya Tachibana (JPN)	04.04.1996	19		2
Wong Wai	17.09.1992	14	(4)	3
Wu Chun Ming	21.11.1997	15	(2)	1
Forwards:				
Henri Anier (EST)	17.12.1990	18	(2)	17
Chang Hei Yin Marcus	06.04.2000	4	(8)	1
Cheng Siu Kwan	13.01.1997		(9)	1
Everton Camargo (BRA)	25.05.1991	20		7
Givanilton Martins Ferreira „Gil Martins" (BRA)	13.04.1991	13	(2)	6
Paulo Sérgio Simionato „Paulinho Simionato" (BRA)	17.08.1989	4	(14)	11

NORTH DISTRICT FOOTBALL CLUB

Year of Formation: 2002
Stadium: North District Sports Ground, Hong Kong (2,500)

Trainer:			
Leung Chi Wung	29.04.1978		

THE SQUAD	DOB	M	(s)	G
Goalkeepers:				
Cheung Kwai Wa	07.04.2004	6		
Lam Chun Kit	06.01.1998	14		
Defenders:				
Cheung Chun Hin Marco	07.01.1999	12	(4)	
Ho Chun Ho	07.07.1996	2	(3)	
Lam Lok Kan Jordan	02.02.1999	19	(1)	3
Weverton Rangel Ribeiro „Neném" (BRA)	26.01.2002	16		1
Pedro Gonçalves Oliveira "Pedrão" (BRA)	11.12.2002	18	(1)	3
Marco Wegener	15.08.1995	8	(4)	
Yip Cheuk Man	12.10.2001	11	(1)	1

Midfielders:	Chan Ho Ka	18.06.2006		(1)	
	Chow Ka Lok Leo	17.04.1999	1	(5)	
	Ho Chun Ting	18.12.1998	13	(6)	2
	Itallo Hendrik Faria Benedito (BRA)	27.05.2003	10	(3)	
	Kendy Renato Ikegami Leira (BRA)	06.01.1999	17	(2)	4
	Lau Kwan Ching	15.05.2002	7	(7)	
	Law Hiu Chung	10.06.1995	14	(4)	
	Matheus Porto Silva (BRA)	25.02.1999	11	(8)	6
	Carles *Tena* Parra (ESP)	15.10.1992	11	(1)	
Forwards:	Chan Hung Yiu	23.03.2005			
	Chu Wai Kwan	09.02.1999	8	(11)	1
	Lo Kong Wai	19.06.1992	14	(5)	3
	Naveed Khan	07.01.2000	2	(8)	
	So Kai Tsun	18.10.1993	1	(1)	
	Wong Wai Kwok	20.05.1999	5	(14)	2

HONG KONG RANGERS FOOTBALL CLUB
Year of Formation: 1958 (*as Rangers Football Team*)
Stadium: Mong Kok Stadium, Hong Kong (6,664)

Trainer:	Vom Ca-nhum (TPE)	14.06.1965
[28.11.2023]	Wong Chi Hung	02.03.1982
[15.02.2024]	Chiu Chung Man	07.10.1969

THE SQUAD		DOB	M	(s)	G
Goalkeepers:	Chan Kun Sun	13.08.2004	3		
	Leung Hing Kit	22.10.1989	5		
	Lo Siu Kei	15.09.2001	8	(1)	
	Oleksiy Shlyakotin (UKR)	02.09.1989	4		
Defenders:	Choi Woo-jae (KOR)	27.03.1990	6		
	Fernando Lopes Alcântara (BRA)	28.03.1987	1		
	Ryota Hayashi	10.04.1995	11	(1)	2
	Jean-Jacques Kilama	13.10.1985	2	(5)	
	Kim Min-kyu (KOR)	07.07.2000	18		
	Li Ngai Hoi	15.10.1994	3	(1)	2
	Lo Kwan Yee	09.10.1984	15	(2)	
	Loong Tsz Hin	08.08.2004	1	(10)	
	Ma Sang-hoon (KOR)	25.07.1991	6	(1)	
	Park Jong-bum (KOR)	19.05.1997	7		
	Makoto Rindo (JPN)	21.11.1989	11		1
	Tse Wai Chun	30.01.1997		(1)	
	Yiu Ho Ming	01.05.1995	10	(4)	
Midfielders:	Au Yeung Yiu Chung	11.07.1989	1	(4)	
	Chan Yiu Cho	24.05.2005		(9)	
	Chiu Ching Yu Sergio	07.03.2006	4	(9)	
	Remi Dujardin	23.06.1997	7	(5)	
	Yumemi Kanda (JPN)	14.09.1994	16		8
	Lai Pui Kei	29.12.2001		(3)	
	Lam Hin Ting	09.12.1999	12	(1)	
	Lam Ka Wai	05.06.1985	15	(3)	1

		DOB	M	(s)	G
	Akito Okamoto (JPN)	28.04.1998	8	(3)	3
Forwards:	Yosuke Kamigata (JPN)	25.09.1992	7		2
	Ibrahim Yakubu Nassam (GHA)N. Ibrahim	18.02.1997	19		12
	Lau Chi Lok	15.10.1993	20		6
	Leung Hoi Chun	27.09.2004		(5)	
	Ma Yung Sang	29.12.2007		(2)	

RESOURCES CAPITAL FOOTBALL CLUB
Year of Formation: 1982 (*as Tai Chung Publisher*)
Stadium: Tsing Yi Sports Ground, Tsing Yi, Hong Kong (1,500)

Trainer:	Ha Hyeok-jun (KOR)	27.01.1990			
[22.01.2024]	Ho Shun Yin	26.03.1975			

	THE SQUAD	DOB	M	(s)	G
Goalkeepers:	Chan Ka Ho	13.01.2004	3		
	Mak Tsz Hin Max	18.04.2005	1		
	Pong Cheuk Hei	31.01.2004	16		
Defenders:	Au Yeung Ho Ming	12.01.2004	3	(2)	
	Cheng King Ho	07.11.1989	16		
	Hui Chak Wai	22.11.2000	8	(8)	
	Kim Hyun-ho (KOR)	24.07.2000	10		2
	Kim Sang-woo (KOR)	11.06.1994	12		
	Lam Ho Hin	19.07.2001		(1)	
	Moon Chi-sung (KOR)	15.03.2000	19		1
	Yuki Shibata (JPN)	15.01.1998	6		
	Tsang Chun Hin	14.01.2005	6	(2)	
	Tsang Chung Nam	14.11.1995	3		
	Yeung Hin Lok	08.11.2003	5	(7)	
Midfielders:	*Caíque* Freitas Ribeiro (BRA)	15.01.1993	2	(4)	2
	Chau Yui Wang	21.09.2002	2		
	Chiu Wan Chun	14.05.2001	18	(2)	
	Lam Lok Yin Jerry	19.11.2001	12	(3)	2
	Lee Ching	12.06.2007	1	(8)	
	Lui Cheuk Kan	25.12.2003	7	(4)	
	Bradie Christian Smith (AUS)	02.01.1998	7		
	Benji Eloy Tandy Ortega (ENG)	29.02.2004	2	(4)	
	Tsui King Yau Isaac	17.07.2006	1	(5)	
	Kotaro Umeda (JPN)	15.02.1998	11		
	Yoong Ka Hei	16.10.2004		(2)	
Forwards:	Cheung Ching Wan	19.01.2007		(1)	
	Ho Sze Chit	16.07.1994	13	(5)	2
	Ki Sze Ho	22.01.2000	7	(9)	1
	Lee Yoon-gwon (KOR)	16.01.2000	11		1
	Anto Okamura (JPN)	31.07.1997	3	(2)	1
	Aryan Rai (NEP)	23.01.2001		(1)	
	Wong Ching Tak	04.03.2002	9	(2)	
	Wong To Lam Vito	13.09.2007		(2)	
	Yuen Sai Kit	19.12.1999	6	(1)	1

SHAM SHUI PO SPORTS ASSOCIATION

Year of Formation: 2002
Stadium: Sham Shui Po Sports Ground, Hong Kong (2,194)

Trainer:		
	Tang Kwun Yin Lawrence	06.05.1982
[26.10.2023]	Ko Chun Kay	16.09.1977
[09.11.2023]	Chan Ho Yin	25.02.1973

THE SQUAD	DOB	M	(s)	G
Goalkeepers:				
Leung Hing Kit	22.10.1989	8		
Li Yat Chun	08.12.1995	8		
Oleksiy Shlyakotin (UKR)	02.09.1989	4		
Defenders:				
Phumin Bores (THA)	15.01.2003	6	(1)	
Chan Matthew Ching Him	18.04.1998	3	(1)	
Lau Ka Shing	16.04.2002		(1)	
Liang Ngai Tung	17.04.2005		(4)	
Leung Sing Yiu	05.11.1995	12	(2)	
Nii Noye Narh (NOR)	19.12.1994	15		
Bobby Singh Kiranbir	27.09.1998	17	(2)	
Song Ju-ho (KOR)	20.03.1991	13		1
Wong Ching Yeung Timothy	02.10.2001	14	(2)	
Herman Yeung	23.01.2004	1	(1)	
Midfielders:				
Oscar Jr. Benavides Medeiros	10.01.2000		(4)	
Chang Chi Ho	11.11.2003		(1)	
Akihiro Koike (JPN)	17.11.1998	5		
Ivan Marković (SRB)	20.06.1994	7		1
Vanja Marković (SRB)	20.06.1994	7		
Ngan Cheuk Pan	22.01.1998	18	(1)	
Kota Odakura (JPN)	30.10.1995	10	(1)	
Tang Kong Haang	20.09.1997		(1)	
Wong Sum Chit Sherman	28.02.2005	1	(9)	
Forwards:				
Nicholas Benavides Medeiros	05.11.2001	15	(4)	5
Chang Kwong Yin	24.02.2002	15	(5)	
Chen Hao (CHI)	11.01.2002	4	(7)	1
Ismael Dunga (KEN)	24.02.1993	13	(3)	6
Jhonattan Gillies Limbu (IDN)	28.10.2005		(1)	
Paul Olivier Ngue Mayo	02.02.1988	1	(6)	
Pang Ching Yeung Jethro	05.02.1998	8	(2)	
Tang Tsz Kwan	22.11.1998	4	(9)	1
Panupong Wongpila (THA)	15.02.2003	5	(1)	
Wellingsson Paixao de Souza	07.09.1989	6	(5)	2

SOUTHERN DISTRICT RECREATIONS & SPORTS ASSOCIATION LTD.
Year of Formation: 2002
Stadium: Aberdeen Sports Ground Stadium, Aberdeen, Hong Kong (9,000)

Trainer:	Yeung Ching Kwong	07.05.1976		

THE SQUAD	DOB	M	(s)	G
Goalkeepers: Choy Tsz To	04.09.1999	1		
Ng Wai Him	30.06.2002	16		
Ngan Ngo Tin	03.07.2003	3	(1)	
Defenders: Chak Ting Fung	27.11.1989	14	(1)	
Chan Hoi Pak Paco	29.01.1999	8	(5)	
Chan Yun Tung	07.07.2002	5	(7)	
José Carlos Borges de Araújo Junior „Júnior Goiano" (BRA)	07.11.1991	10	(2)	2
Kota Kawase (JPN)	08.11.1992	13	(1)	
Lee Ka Yiu	26.04.1992	14	(4)	
Leung Yau Wai	13.01.2002	1	(2)	
Tomas Maronesi	07.04.1985	14	(1)	1
Midfielders: Ju Yingzhi	24.07.1987	12	(3)	
Kessi Isac dos Santos (BRA)	26.10.1994	17	(1)	5
Lai Kak Yi	10.05.1996	5	(8)	
Ma Man Ching	29.05.2002		(2)	1
Ryoo Togashi (JPN)	04.04.1997	5	(5)	
Sohgo Ichikawa (JPN)	30.07.2004	7	(7)	1
Shu Sasaki (JPN)	12.02.1991	18	(2)	4
Yung Ho	14.09.2004		(1)	
Forwards: Mahama Awal	10.06.1991	14	(4)	4
Chen Ngo Hin	27.02.2003	12	(4)	1
Jackson Franklin de Sousa (BRA)	29.12.1990	6	(6)	3
Raphaël Merkies (FRA)	15.04.2002	9	(10)	4
Robert Ncha Odu (NGA)	30.04.1999		(1)	
Stefan Figueiredo Pereira (BRA)	04.07.1988	16	(4)	9
Yau Cheuk Fung	31.08.2004		(1)	

TAI PO FOOTBALL CLUB

Year of Formation: 2002
Stadium: Tai Po Sports Ground, Hong Kong (3,200)

Trainer:	Lee Chi Kin	27.12.1967		

THE SQUAD	DOB	M	(s)	G
Goalkeepers: Lin Chi Kei	31.03.2004	1		
Tse Ka Wing	04.09.1999	19		
Defenders: *Gabriel* Roberto Cividini *Moreira* (BRA)	04.11.1994	19		2
Gérson Fraga Vieira (BRA)	04.10.1992	9		1
Law Chun Ting	11.01.1996	9	(5)	
Lee Ka Ho	26.04.1993	20		2
Marcos Geraldino dos Santos Junior „Marcão" (BRA)	08.04.1996	19		1
Pun Tsz Hei	12.04.2002		(2)	
Yung Hui To	11.03.2000	6	(2)	
Midfielders: Chan Hiu Fung Alex	08.12.1994	3	(1)	
Cheng Tsz Sum	20.03.1999	13		
Emilio Estevez Tsai (TPE)	10.08.1998	9	(1)	1
Fung Kwun Ming	02.08.1996	9	(10)	
Guilherme Bitencourt da Silva „Guilherme Biteco" (BRA)	12.03.1994	13		7
João Emir Porto Pereira (BRA)	17.03.1989	4	(4)	
Chan Siu Kwan Philip	01.08.1992	17	(3)	9
Wong Cho Sum	06.12.1998		(3)	
Wong Hin Sum	11.06.2002	3	(8)	1
Forwards: Cheung Lik Hang	28.02.2003		(1)	
Chung Wai Keung	21.10.1995	5	(13)	1
Kayron Batista Ramos (BRA)	03.04.1995	2		1
Kwok Chun Nok	06.03.2004		(5)	
Lucas Espindola da *Silva* (BRA)	06.05.1990	13		8
Luiz Humberto Dutra dos Santos "Luizinho" (BRA)	01.11.1995	12		4
Michel *Renner* Lopes Antunes (BRA)	16.06.1995	15		2

NATIONAL TEAM
INTERNATIONAL MATCHES 2023/2024

07.09.2023	Phnom Penh	Cambodia - Hong Kong	1-1(0-1)	(F)
11.09.2023	Hong Kong	Hong Kong - Brunei Darussalam	10-0(3-0)	(F)
12.10.2023	Hong Kong	Hong Kong - Bhutan	4-0(4-0)	(WCQ)
17.10.2023	Thimphu	Bhutan - Hong Kong	2-0(1-0)	(WCQ)
16.11.2023	Tehran	Iran - Hong Kong	4-0(2-0)	(WCQ)
21.11.2023	Hong Kong	Hong Kong - Turkmenistan	2-2(1-2)	(WCQ)
01.01.2024	Abu Dhabi	China P.R. - Hong Kong	1-2(1-1)	(F)
04.01.2024	Abu Dhabi	Hong Kong - Tajikistan	1-2(1-1)	(F)
10.01.2024	Al Wakrah	Saudi Arabia - Hong Kong	2-0(1-0)	(F)
14.01.2024	Al Rayyan	United Arab Emirates - Hong Kong	3-1(1-0)	(AFC)
19.01.2024	Al Rayyan	Hong Kong - Iran	0-1(0-1)	(AFC)
23.01.2024	Doha	Hong Kong - Palestine	0-2(0-1)	(AFC)
21.03.2024	Hong Kong	Hong Kong - Uzbekistan	0-2(0-0)	(WCQ)
26.03.2024	Tashkent	Uzbekistan - Hong Kong	3-0(1-0)	(WCQ)
06.06.2024	Hong Kong	Hong Kong - Iran	2-4(1-2)	(WCQ)
11.06.2024	Aşgabat	Turkmenistan - Hong Kong	0-0	(WCQ)

07.09.2023, Friendly International
National Olympic Stadium, Phnom Penh; Attendance: 35,000
Referee: Clifford Daypuyat (Philippines)
CAMBODIA - HONG KONG   **1-1(0-1)**
HKG: Yapp Hung Fai, Tsui Wang Kit, Andrew James Russell (70.Leung Nok Hang), Hélio José de Souza Gonçalves, Fernando Augusto Azevedo Pedreira (82.Chan Shinichi), Huang Yang (82.Philip Chan Siu Kwan), Wong Wai (70.Wu Chun Ming), Tan Chun Lok, Everton Camargo, Sun Ming Him (70.Marcus Chang Hei Yin), Matthew Elliot Orr Wing Kai (89.Mahama Awal). Trainer: Jørn Andersen (Norway).
Goal: Everton Camargo (21).

11.09.2023, Friendly International
Hong Kong Stadium, Hong Kong; Attendance: 6,097
Referee: Warintorn Sassadee (Thailand)
HONG KONG - BRUNEI DARUSSALAM   **10-0(3-0)**
HKG: Tse Ka Wing, Yue Tze Nam, Leung Nok Hang, Hélio José de Souza Gonçalves, Fernando Augusto Azevedo Pedreira (60.Law Tsz Chun), Chan Shinichi (80.Sun Ming Him), Wong Wai (60.Ju Yingzhi), Tan Chun Lok (71.Wu Chun Ming), Philip Chan Siu Kwan, Everton Camargo (60.Marcus Chang Hei Yin), Michael Chibuikem Udebuluzor (71.Max Poon Pui Hin). Trainer: Jørn Andersen (Norway).
Goals: Everton Camargo (12), Tan Chun Lok (20), Hélio José de Souza Gonçalves (40), Fernando Augusto Azevedo Pedreira (51), Wong Wai (56), Everton Camargo (59), Philip Chan Siu Kwan (64, 83), Max Poon Pui Hin (84, 87).

12.10.2023, 23rd FIFA World Cup Qualifiers / 19th AFC Asian Cup Qualifiers first round
Hong Kong Stadium, Hong Kong; Attendance: 10,259
Referee: Razlan Joffri Ali (Malaysia)
HONG KONG - BHUTAN   **4-0(4-0)**
HKG: Yapp Hung Fai, Hélio José de Souza Gonçalves, Vasudeva Das Lilley Núñez, Philip Chan Siu Kwan (64.Wu Chun Ming), Wong Wai (64.Ju Yingzhi), Tan Chun Lok (63.Matthew Elliot Orr Wing Kai), Yue Tze Nam, Chan Shinichi, Fernando Augusto Azevedo Pedreira, Everton Camargo (66.Law Tsz Chun), Michael Chibuikem Udebuluzor (75.Sun Ming Him). Trainer: Jørn Andersen (Norway).
Goals: Michael Chibuikem Udebuluzor (10, 16), Chan Shinichi (28), Tensin Norbu (35 own goal).

17.10.2023, 23rd FIFA World Cup Qualifiers / 19th AFC Asian Cup Qualifiers first round
Changlimithang Stadium, Thimphu; Attendance: 5,300
Referee: Thoriq Munir Alkatiri (Indonesia)
BHUTAN - HONG KONG   **2-0(1-0)**
HKG: Tse Ka Wing, Hélio José de Souza Gonçalves, Li Ngai Hoi (83.Andrew James Russell), Philip Chan Siu Kwan, Wong Wai (57.Wu Chun Ming), Tan Chun Lok, Yue Tze Nam, Chan Shinichi (66.Sun Ming Him), Fernando Augusto Azevedo Pedreira (83.Wong Tsz Ho), Matthew Elliot Orr Wing Kai (57.Mahama Awal), Michael Chibuikem Udebuluzor. Trainer: Jørn Andersen (Norway).

16.11.2023, 23rd FIFA World Cup Qualifiers / 19th AFC Asian Cup Qualifiers second round
Azadi Stadium, Tehran; Attendance: 6,191
Referee: Muhammad Nazmi Nasaruddin (Malaysia)
IRAN - HONG KONG   **4-0(2-0)**
HKG: Tse Ka Wing, Li Ngai Hoi, Leung Nok Hang, Vasudeva Das Lilley Núñez, Tan Chun Lok (90+2.Oliver Benjamin Gerbig), Mahama Awal (64.Law Tsz Chun), Wu Chun Ming (64.Philip Chan Siu Kwan), Lam Hin Ting, Max Poon Pui Hin (64.Chan Shinichi), Yue Tze Nam, Matthew Elliot Orr Wing Kai (71.Michael Chibuikem Udebuluzor). Trainer: Jørn Andersen (Norway).

21.11.2023, 23rd FIFA World Cup Qualifiers / 19th AFC Asian Cup Qualifiers second round
Hong Kong Stadium, Hong Kong; Attendance: 6,601
Referee: Adel Ali Ahmed Khamis Al Naqbi (United Arab Emirates)
HONG KONG - TURKMENISTAN   **2-2(1-2)**
HKG: Yapp Hung Fai, Leung Nok Hang, Vasudeva Das Lilley Núñez (81.Hélio José de Souza Gonçalves), Philip Chan Siu Kwan (56.Matthew Elliot Orr Wing Kai), Wong Wai, Tan Chun Lok, Yue Tze Nam, Chan Shinichi (86.Max Poon Pui Hin), Fernando Augusto Azevedo Pedreira, Everton Camargo, Michael Chibuikem Udebuluzor. Trainer: Jørn Andersen (Norway).
Goals: Wong Wai (12), Everton Camargo (65).

01.01.2024, Friendly International
Baniyas Stadium, Abu Dhabi (United Arab Emirates); Attendance: 0
Referee: Yahya Mohammed Ali Hassan Al Mulla (United Arab Emirates)
CHINA P.R. - HONG KONG   **1-2(1-1)**
HKG: Tse Ka Wing, Yue Tze Nam (61.Law Tsz Chun), Hélio José de Souza Gonçalves (15.Oliver Benjamin Gerbig), Chan Shinichi, Li Ngai Hoi, Philip Chan Siu Kwan, Tan Chun Lok, Wu Chun Ming (72.Lam Hin Ting), Everton Camargo (72.Marcus Chang Hei Yin), Matthew Elliot Orr Wing Kai (73.Stefan Figueiredo Pereira), Walter Soares Belitardo Júnior „Juninho" (46.Max Poon Pui Hin). Trainer: Jørn Andersen (Norway).
Goals: Max Poon Pui Hin (51, 59).

04.01.2024, Friendly International
"Sheikh Zayed" Sports City, Abu Dhabi (United Arab Emirates); Attendance: n/a
Referee: n/a
HONG KONG - TAJIKISTAN   **1-2(1-1)**
HKG: Yapp Hung Fai, Law Tsz Chun, Oliver Benjamin Gerbig, Chan Shinichi, Li Ngai Hoi, Philip Chan Siu Kwan (46.Jesse Yu Joy Yin), Tan Chun Lok (46.Matthew Elliot Orr Wing Kai), Max Poon Pui Hin (62.Sean Tse Ka Keung), Everton Camargo (62.Ju Yingzhi), Sun Ming Him, Stefan Figueiredo Pereira (62.Michael Chibuikem Udebuluzor), Lam Hin Ting (62.Marcus Chang Hei Yin). Trainer: Jørn Andersen (Norway).
Goal: Everton Camargo (32).

10.01.2024, Friendly International
"Saoud Bin Abdulrahman" Stadium, Al Wakrah (Qatar); Attendance: n/a
Referee: n/a
SAUDI ARABIA - HONG KONG   **2-0(1-0)**
HKG: Yapp Hung Fai, Yue Tze Nam, Oliver Benjamin Gerbig, Chan Shinichi, Li Ngai Hoi, Philip Chan Siu Kwan, Tan Chun Lok, Wu Chun Ming, Everton Camargo, Matthew Elliot Orr Wing Kai,

Walter Soares Belitardo Júnior „Juninho" (*Substitutes are not known*). Trainer: Jørn Andersen (Norway).

14.01.2024, 18th AFC Asian Cup, Final Tournament, Group Stage
Khalifa International Stadium, Al Rayyan (Qatar); Attendance: 15,586
Referee: Muhammad Taqi Aljaafari Jahari (Singapore)
UNITED ARAB EMIRATES - HONG KONG   3-1(1-0)
HKG: Yapp Hung Fai, Li Ngai Hoi (90+1.Jesse Yu Joy Yin), Oliver Benjamin Gerbig, Philip Chan Siu Kwan (78.Wong Wai), Tan Chun Lok (90+1.Vasudeva Das Lilley Núñez), Wu Chun Ming, Max Poon Pui Hin (66.Stefan Figueiredo Pereira), Yue Tze Nam (66.Michael Chibuikem Udebuluzor), Chan Shinichi, Everton Camargo, Matthew Elliot Orr Wing Kai. Trainer: Jørn Andersen (Norway).
Goal: Philip Chan Siu Kwan (49).

19.01.2024, 18th AFC Asian Cup, Final Tournament, Group Stage
Khalifa International Stadium, Al Rayyan (Qatar); Attendance: 36,412
Referee: Hanna Hattab (Syria)
HONG KONG - IRAN   0-1(0-1)
HKG: Yapp Hung Fai, Vasudeva Das Lilley Núñez, Oliver Benjamin Gerbig, Philip Chan Siu Kwan (73.Michael Chibuikem Udebuluzor), Tan Chun Lok, Wu Chun Ming (90.Marcus Chang Hei Yin), Yue Tze Nam, Chan Shinichi (90.Max Poon Pui Hin), Everton Camargo, Matthew Elliot Orr Wing Kai (73.Stefan Figueiredo Pereira), Sun Ming Him (73.Wong Wai). Trainer: Jørn Andersen (Norway).

23.01.2024, 18th AFC Asian Cup, Final Tournament, Group Stage
„Abdullah bin Khalifa" Stadium, Doha (Qatar); Attendance: 6,568
Referee: Shaun Evans (Australia)
HONG KONG - PALESTINE   0-2(0-1)
HKG: Tse Ka Wing, Vasudeva Das Lilley Núñez (28.Li Ngai Hoi), Oliver Benjamin Gerbig, Philip Chan Siu Kwan (56.Wong Wai), Tan Chun Lok, Wu Chun Ming (56.Walter Soares Belitardo Júnior „Juninho"), Yue Tze Nam, Chan Shinichi (70.Sun Ming Him), Everton Camargo, Matthew Elliot Orr Wing Kai, Michael Chibuikem Udebuluzor (70.Stefan Figueiredo Pereira). Trainer: Jørn Andersen (Norway).

21.03.2024, 23rd FIFA World Cup Qualifiers / 19th AFC Asian Cup Qualifiers second round
Mong Kok Stadium, Hong Kong; Attendance: 6,263
Referee: Kim Woo-sung (Korea Republic)
HONG KONG - UZBEKISTAN   0-2(0-0)
HKG: Yapp Hung Fai, Hélio José de Souza Gonçalves, Oliver Benjamin Gerbig, Philip Chan Siu Kwan (80.Jesse Yu Joy Yin), Tan Chun Lok, Wu Chun Ming (88.Tsui Wang Kit), Yue Tze Nam, Walter Soares Belitardo Júnior „Juninho" (80.Stefan Figueiredo Pereira), Everton Camargo (63.Max Poon Pui Hin), Matthew Elliot Orr Wing Kai (63.Michael Chibuikem Udebuluzor), Sun Ming Him. Trainer: Jørn Andersen (Norway).

26.03.2024, 23rd FIFA World Cup Qualifiers / 19th AFC Asian Cup Qualifiers second round
Milliy Stadium, Tashkent; Attendance: 29,584
Referee: Ahmed Faisal Al Ali (Jordan)
UZBEKISTAN - HONG KONG   3-0(1-0)
HKG: Yapp Hung Fai, Li Ngai Hoi, Oliver Benjamin Gerbig, Philip Chan Siu Kwan (62.Matthew Elliot Orr Wing Kai), Tan Chun Lok, Wu Chun Ming, Max Poon Pui Hin (90+2.Jesse Yu Joy Yin), Yue Tze Nam (78.Tsui Wang Kit), Walter Soares Belitardo Júnior „Juninho" (78.Jordan Lam Lok Kan), Sun Ming Him, Michael Chibuikem Udebuluzor (78.Lam Hin Ting). Trainer: Jørn Andersen (Norway).

06.06.2024, 23rd FIFA World Cup Qualifiers / 19th AFC Asian Cup Qualifiers second round
Hong Kong Stadium, Hong Kong; Attendance: 9,992
Referee: Qasim Matar Ali Al Hatmi (Oman)
HONG KONG - IRAN **2-4(1-2)**
HKG: Yapp Hung Fai, Hélio José de Souza Gonçalves, Leon Jones (72.Oliver Benjamin Gerbig), Philip Chan Siu Kwan, Tan Chun Lok, Wu Chun Ming (72.Ngan Cheuk Pan), Yue Tze Nam, Chan Shinichi, Ma Hei Wai (57.Anthony Francis Pinto), Walter Soares Belitardo Júnior „Juninho" (76.Stefan Figueiredo Pereira), Matthew Elliot Orr Wing Kai (76.Michael Chibuikem Udebuluzor). Trainer: Wolfgang Luisser (Austria).
Goals: Ma Hei Wai (14), Anthony Francis Pinto (59).

11.06.2024, 23rd FIFA World Cup Qualifiers / 19th AFC Asian Cup Qualifiers second round
Aşgabat Stadium, Aşgabat; Attendance: 10,324
Referee: Hussein Abo Yehia (Lebanon)
TURKMENISTAN - HONG KONG **0-0**
HKG: Yapp Hung Fai, Hélio José de Souza Gonçalves, Yu Wai Lim, Philip Chan Siu Kwan (57.Max Poon Pui Hin), Tan Chun Lok (57.Lam Hin Ting), Wu Chun Ming, Yue Tze Nam, Chan Shinichi, Anson Wong Ho Chun (73.Ma Hei Wai), Walter Soares Belitardo Júnior „Juninho" (46.Michael Chibuikem Udebuluzor), Matthew Elliot Orr Wing Kai (90+1.Stefan Figueiredo Pereira). Trainer: Wolfgang Luisser (Austria).

NATIONAL TEAM PLAYERS 2023/2024		
Name	DOB	Club
Goalkeepers		
TSE Ka Wing	04.09.1999	*Tai Po FC*
YAPP Hung Fai	21.03.1990	*Eastern Sports Club*
Defenders		
CHAN Shinichi	05.09.2002	*Kitchee SC*
Oliver Benjamin GERBIG	12.12.1998	*Kitchee SC; 29.02.2024-> Henan FC Zhengzhou (CHN)*
HÉLIO José de Souza Gonçalves	31.01.1986	*Kitchee SC*
Leon JONES	28.02.1998	*Eastern Sports Club*
LAW Tsz Chun	02.03.1997	*Kitchee SC*
LEUNG Nok Hang	14.11.1994	*Zhejiang Professional FC (CHN)*
LI Ngai Hoi	15.10.1994	*Hong Kong Rangers FC; 29.01.2024-> Lee Man FC*
Vasudeva Das Lilley NUÑEZ	22.11.1995	*Dalian Professional FC (CHN); 08.01.2024 -> Guangxi Pingguo Haliao FC (CHN)*
Anthony Francis PINTO	23.02.2006	*Bolton Wanderers FC (ENG)*
Andrew James RUSSELL	21.11.1987	*Kitchee SC*
Sean TSE Ka Keung	03.05.1992	*Radcliffe FC (ENG)*
TSUI Wang Kit	05.01.1997	*Lee Man FC*
WONG Tsz Ho	07.03.1994	*Eastern Sports Club*
YU Wai Lim	20.09.1998	*Lee Man FC*
YUE Tze Nam	12.05.1998	*Meizhou Hakka FC (CHN)*

Midfielders

Name	Date	Club
Marcus CHANG Hei Yin	06.04.2000	*Lee Man FC*
Philip CHAN Siu Kwan	01.08.1992	*Tai Po FC*
FERNANDO Augusto Azevedo Pedreira	14.11.1986	*Kitchee SC*
HUANG Yang	19.10.1983	*Kitchee SC*
JU Yingzhi	24.07.1987	*Southern District Recreations & SA Ltd*
LAM Hin Ting	09.12.1999	*Hong Kong Rangers FC*
Jordan LAM Lok Kan	02.02.1999	*North District FC*
MA Hei Wai	03.02.2004	*Eastern Sports Club*
NGAN Cheuk Pan	22.01.1998	*Sham Shui Po SA*
TAN Chun Lok	15.01.1996	*Kitchee SC*
Anson WONG Ho Chun	02.04.2002	*Eastern Sports Club*
WONG Wai	17.09.1992	*Lee Man FC*
WU Chun Ming	21.11.1997	*Lee Man FC*
Jesse YU Joy Yin	08.10.2001	*Eastern Sports Club*

Forwards

Name	Date	Club
Mahama AWAL	10.06.1991	*Southern District Recreations & SA Ltd*
EVERTON Camargo	25.05.1991	*Lee Man FC*
Walter Soares Belitardo Júnior "JUNINHO"	11.12.1990	*Kitchee SC*
Matthew Elliot ORR Wing Kai	01.01.1997	*Guangxi Pingguo Haliao FC (CHN); 27.02.2024-> Shenzhen Peng City FC (CHN)*
Max POON Pui Hin	03.10.2000	*Kitchee SC*
STEFAN Figueiredo PEREIRA	16.04.1988	*Southern District Recreations & SA Ltd*
SUN Ming Him	19.06.2000	*Eastern Sports Club; 29.02.2024-> Cangzhou Mighty Lions FC (CHN)*
Michael Chibuikem UDEBULUZOR	01.04.2004	*FC Ingolstadt 04 (GER)*

National coaches

Name	Date
Jørn ANDERSEN (Norway) [10.11.2021 – 29.05.2024]	03.02.1963
Wolfgang LUISSER (Austria) [from 29.05.2024]	31.08.1979

INDIA

Federation Directory:
All India Football Federation
Football House Sector 19, Phase 1, Dwarka, New Delhi - 110075
Year of Formation: 1937
Member of FIFA since: 1948
Member of AFC since: 1954
Internet: www.the-aiff.com

The Country: Bhārat Gaṇarājya (Republic of India)
Capital: New Delhi
Surface: 3,287,240 km^2 / **Population**: 1,428,627,663 [2023] / **Time**: UTC+5.30

NATIONAL TEAM RECORDS

First international match:
31.07.1948, London (ENG): France - India 2-1

Most international caps:	Most international goals:
Sunil Chhetri	Sunil Chhetri
151 caps (since 2005)	**94 goals** / 151 caps (since 2005)

NATIONAL TEAM COMPETITIONS

ASIAN NATIONS CUP		FIFA WORLD CUP	
1956	Did not enter	1930	
1960	Qualifiers	1934	*Part of United Kingdom*
1964	Final Tournament (Runners-up)	1938	
1968	Qualifiers	1950	*Qualified but withdrew*
1972	Did not enter	1954	Entry not accepted by FIFA
1976	Did not enter	1958	Did not enter
1980	Did not enter	1962	Did not enter
1984	Final Tournament (Group Stage)	1966	Did not enter
1988	Qualifiers	1970	Did not enter
1992	Qualifiers	1974	Did not enter
1996	Qualifiers	1978	Did not enter
2000	Qualifiers	1982	Did not enter
2004	Qualifiers	1986	Qualifiers
2007	Qualifiers	1990	Qualifiers
2011	Final Tournament (Group Stage)	1994	Qualifiers
2015	Qualifiers	1998	Qualifiers
2019	Final Tournament (Group Stage)	2002	Qualifiers
2023	Final Tournament (Group Stage)	2006	Qualifiers
		2010	Qualifiers
		2014	Qualifiers
		2018	Qualifiers
		2022	Qualifiers

OLYMPIC FOOTBALL TOURNAMENTS 1908-2020

1908 to 1928	Teams from Asia did not enter	1980	Qualifiers
		1984	Qualifiers
		1988	Qualifiers
1936	Did not enter	1992	Qualifiers
1948	Final Tournament (Round 1)	1996	Qualifiers
1952	Final Tournament (Preliminary Stage)	2000	Qualifiers
1956	Final Tournament (4th Place)	2004	Qualifiers
1960	Final Tournament (Group Stage)	2008	Qualifiers
1964	Qualifiers	2012	Qualifiers
1968	Qualifiers	2016	Qualifiers
1972	Qualifiers	2020	Qualifiers
1976	Qualifiers		

ASIAN GAMES 1951-2022		AFC CHALLENGE CUP 2006-2014		SOUTH ASIAN FEDERATION GAMES 1984-2019		SOUTH ASIAN FOOTBALL FEDERATION CHAMPIONSHIP 1993-2023	
1951	Winners	2006	Quarter-Finals	1984	-	1993	Winners
1954	Group Stage	2008	Winners	1985	Winners	1995	Runners-up
1958	4th Place	2010	Group Stage	1987	Winners	1997	Winners
1962	Winners	2012	Group Stage	1989	3rd Place	1999	Winners
1966	Group Stage	2014	Qualifiers	1991	Group Stage	2003	3rd Place
1970	3rd Place			1993	Runners-up	2005	Winners
1974	Group Stage			1995	Winners	2008	Runners-up
1978	2nd Round			1999	3rd Place	2009	Winners
1982	Quarter-Finals			2004	Runners-up	2011	Winners
1986	Group Stage			2006	4th Place	2013	Runners-up
1990	-			2010	4th Place	2015	Winners
1994	-			2016	Runners-up	2018	Runners-up
1998	2nd Round			2019	Did not enter	2021	Winners
2002	Group Stage					2023	Winners
2006	Group Stage						
2010	1/8-Finals						
2014	Group Stage						
2018	-						
2022	2nd Round of 16						

INDIAN CLUB HONOURS IN ASIAN CLUB COMPETITIONS

AFC Champions League 1967-1971 & 1985/1986-2024
None

Asian Football Confederation Cup 2004-2024
None

AFC President's Cup 2005-2014*
None

Asian Cup Winners Cup 1975-2003*
None

Asian Super Cup 1995-2002*
None

*defunct competitions

NATIONAL COMPETITIONS
TABLE OF HONOURS

	CHAMPIONS	CUP WINNERS*
1976/1977	-	Indian Telephone Industries
1977/1978	-	East Bengal Club Kolkata
1978/1979	-	Border Security Force
1979/1980	-	Mohun Bagan AC Kolkata
1980/1981	-	Mohun Bagan AC Kolkata
1981/1982	-	Mohun Bagan AC Kolkata
1982/1983	-	Mohammedan SC Kolkata
1983/1984	-	Mohammedan SC Kolkata
1984/1985	-	East Bengal Club Kolkata
1985/1986	-	Mohun Bagan AC Kolkata
1986/1987	-	Mohun Bagan AC Kolkata
1987/1988	-	Salgaocar SC Vasco da Gama
1988/1989	-	Salgaocar SC Vasco da Gama
1989/1990	-	Kerala Police
1990/1991	-	Kerala Police
1991/1992	-	Mohun Bagan AC Kolkata
1992/1993	-	Mohun Bagan AC Kolkata
1993/1994	-	Mohun Bagan AC Kolkata
1994/1995	-	Jagatjit Cotton & Textile Mills FC Phagwara
1995/1996	-	Jagatjit Cotton & Textile Mills FC Phagwara East Bengal Club Kolkata (two editions in the same year)
1996/1997	Jagatjit Cotton & Textile Mills FC Phagwara	Salgaocar SC Vasco da Gama
1997/1998	Mohun Bagan AC Kolkata	Mohun Bagan AC Kolkata
1998/1999	Salgaocar SC Vasco da Gama	*No competition*
1999/2000	Mohun Bagan AC Kolkata	*No competition*
2000/2001	East Bengal Club Kolkata	Mohun Bagan AC Kolkata
2001/2002	Mohun Bagan AC Kolkata	*No competition*
2002/2003	East Bengal Club Kolkata	Mahindra United Mumbai
2003/2004	East Bengal Club Kolkata	Dempo SC Panjim
2004/2005	Dempo SC Panjim	Mahindra United Mumbai
2005/2006	Mahindra United Mumbai	Mohun Bagan AC Kolkata
2006/2007	Dempo SC Panjim	East Bengal Club Kolkata
2007/2008	Dempo SC Panjim	Mohun Bagan AC Kolkata
2008/2009	Churchill Brothers SC Salcette	East Bengal FC Kolkata
2009/2010	Dempo SC Panjim	East Bengal FC Kolkata [2010]
2010/2011	Salgaocar SC Vasco da Gama	Salgaocar SC Vasco da Gama [2011]
2011/2012	Dempo SC Panjim	East Bengal FC Kolkata [2012]
2012/2013	Churchill Brothers SC Salcette	-
2013/2014	Bengaluru FC	Churchill Brothers SC Salcette
2014/2015	Mohun Bagan AC Kolkata	Bengaluru FC
2015/2016	Bengaluru FC	Mohun Bagan AC Kolkata
2016/2017	Aizawl FC	Bengaluru FC
2017/2018	Minerva Punjab FC Chandigarh	Bengaluru FC
2018/2019	Chennai City FC	FC Goa Margao

2019/2020	Mohun Bagan AC Kolkata	*No competition*
2020/2021	Gokulam Kerala FC Kozhikode	*No competition*
2021/2022	Gokulam Kerala FC Kozhikode	*No competition*

*FA Cup called Indian Super Cup since 2018.

Please note: startinfg with the 2022/2023, the I League will be the second tier league of Indian fotball league system.

INDIAN SUPER LEAGUE CHAMPIONS

2014	Atlético de Kolkata
2015	Chennaiyin FC
2016	Atlético de Kolkata
2017/2018	Chennaiyin FC
2018/2019	Bengaluru FC
2019/2020	ATK Kolkata
2020/2021	Mumbai City FC
2021/2022	Hyderabad FC
2022/2023	ATK Mohun Bagan Kolkata
2023/2024	Mumbai City FC

NATIONAL CHAMPIONSHIP
Indian Super League 2023/2024

1. Mohun Bagan SG Kolkata	22	15	3	4	47	-	26	48
2. Mumbai City FC	22	14	5	3	42	-	19	47
3. FC Goa Margao	22	13	6	3	39	-	21	45
4. Odisha FC Bhubaneswar	22	11	6	5	35	-	23	39
5. Kerala Blasters FC Kochi	22	10	3	9	32	-	31	33
6. Chennaiyin FC Chennai	22	8	3	11	26	-	36	27
7. NorthEast United FC Guwahati	22	6	8	8	28	-	32	26
8. Punjab FC Mohali	22	6	6	10	28	-	35	24
9. East Bengal Club Kolkata	22	6	6	10	27	-	29	24
10. Bengaluru FC	22	5	7	10	20	-	34	22
11. Jamshedpur FC	22	5	6	11	27	-	32	21
12. Hyderabad FC	22	1	5	16	10	-	43	8

Please note: ATK Mohun Bagan Kolkata changed its name to Mohun Bagan Super Giant Kolkata. Top-2 teams were qualified for the Play-off Semi-finals, while teams ranked 3-6 were qualified for the Eliminators Stage.

Eliminators [19-20.04.2024]

Odisha FC Bhubaneswar - Kerala Blasters FC Kochi	2-1(0-0,1-1)
FC Goa Margao - Chennaiyin FC Chennai	2-1(2-1)

Semi-Finals [23/24-28/29.04.2024]

Odisha FC Bhubaneswar - Mohun Bagan SG Kolkata	2-1(2-1)	0-2(0-1)
FC Goa Margao - Mumbai City FC	2-3(1-0)	0-2(0-0)

Final

04.05.2024, Vivekananda Yuba Bharati Krirangan Stadium, Kolkata; Attendance: 62,007
Referee: R. Venkatesh
Mohun Bagan SG Kolkata - Mumbai City FC   **1-3(1-0)**
Mohun Bagan: Vishal Kaith, Subhasish Bose, Héctor Yuste Canton, Anwar Ali, Liston Colaço, Deepak Tangri (84.Kiyan Nassiri), Joni Ensio Kauko, Manvir Singh, Anirudh Thapa (70.Sahal Abdul Samad), Jason Steven Cummings, Dimitrios Petratos. Trainer: Antonio López Habas (Spain).
Mumbai City: Phurba Lachenpa, Mehtab Singh, José Luis Espinosa Arroyo „Tiri", Thaer Sami Krouma, Rahul Bheke, Lalengmawia Ralte, Jayesh Rane (78.Vinit Rai), Alberto Noguera Ripoll (69.Bipin Singh), Vikram Partap Singh, Jorge Rolando Pereyra Díaz (72.Jakub Vojtuš), Lallianzuala Chhangte. Trainer: Petr Krátký (Czech Republic).
Goals: 1-0 Jason Steven Cummings (44), 1-1 Jorge Rolando Pereyra Díaz (53), 1-2 Bipin Singh (81), 1-3 Jakub Vojtuš (90+7).

2023/2024 Indian Super League Champions**: Mumbai City FC**

Best goalscorer 2023/2024:

Dimitrios Diamantakos (GRE, Kerala Blasters FC Kochi) &
Roy Christopher Krishna (FIJ, Mohun Bagan SG Kolkata) – 13 goals each

THE CLUBS 2023/2024

Please note: appearances and goals are including regular season and play-offs.

BENGALURU FOOTBALL CLUB

Year of Formation: 2013
Stadium: Sree Kanteerava Stadium, Bangalore (25,810)

Trainer:		DOB
	Simon Nicholas Grayson (ENG)	16.12.1969
[14.12.2023]	Gerard Zaragoza Mulet (ESP)	20.02.1982

	THE SQUAD	DOB	M	(s)	G
Goalkeepers:	Gurpreet Singh Sandhu	03.02.1992	22		
Defenders:	Namgyal Bhutia	11.08.1999	8	(2)	
	Jessel Carneiro	14.07.1990	6	(2)	
	Slavko Damjanović (SRB)	02.11.1992	13	(3)	
	Aleksandar Jovanović (AUS)	04.08.1989	19	(1)	
	Nikhil Poojary	03.09.1995	9	(1)	
	Naorem Roshan Singh	02.02.1999	20		
	Shankar Sampingiraj	14.12.1994	4	(3)	
	Chinglensana Singh	23.11.1996	9		
	Chingambam Shivaldo Singh	13.06.2004	6	(6)	1
	Parag Satish Srivas	09.06.1997	2	(1)	
	Robin Yadav	15.09.2001	2	(4)	
Midfielders:	Lalremtluanga Fanai	17.09.2004	4	(6)	
	Francisco Javier „*Javi*" Hernández González (ESP)	06.06.1989	17	(4)	5
	Rohit Kumar	01.01.1997	4	(9)	
	Harsh Patre	25.01.2003	10	(6)	1

		DOB	M	(s)	G
	Suresh Singh Wangjam	07.08.2000	18	(1)	1
	Keziah Veendorp (NED)	17.02.1997	11	(4)	
	Ryan Dale Williams (AUS)	28.10.1993	14	(2)	3
Forwards:	Sunil Chhetri	03.08.1984	18	(2)	5
	Rohit Danu	10.07.2002	1	(8)	
	Oliver Vugrin Flindt Drost (DEN)	04.11.1995	5	(4)	
	Curtis Lee Main (ENG)	20.06.1992	4	(4)	2
	Monirul Molla	01.05.2005		(8)	
	Sivasakthi Narayanan	09.07.2001	8	(10)	2
	Halicharan Narzary	10.05.1994	8	(3)	

CHENNAIYIN FOOTBALL CLUB CHENNAI

Year of Formation: 2014
Stadium: "Jawaharlal Nehru" Stadium, Chennai (40,000)

Trainer:	Owen Columba Coyle (SCO)	14.07.1966			
	THE SQUAD	**DOB**	**M**	**(s)**	**G**
Goalkeepers:	Debjit Majumder	06.03.1988	19		
	Samik Mitra	01.12.2000	4		
Defenders:	Lazar Ćirković (SRB)	22.08.1992	15	(4)	1
	Ryan Christopher Edwards (ENG)	07.10.1993	20	(2)	3
	Sarthak Golui	03.11.1997	5	(5)	
	Ajith Kumar	13.11.1996	2		
	Ankit Mukherjee	10.07.1996	18	(2)	2
	Aakash Sangwan	28.10.1995	15		1
	Sachu Siby	31.05.2001	2	(3)	
	Bikash Yumnam	06.09.2003	16	(4)	
Midfielders:	Ayush Adhikari	30.07.2000	15	(5)	
	Cristian Battocchio (ITA)	10.02.1992	8	(9)	
	Farukh Choudhary	08.11.1996	16	(3)	1
	Sourav Das	20.06.1996		(1)	
	Alexander Jesuraj	26.07.1996	1	(9)	
	Mohammad Mobashir Rahman	12.03.1998	1	(5)	
	Rafael Schuler *Crivellaro* (BRA)	18.02.1989	19	(3)	4
	Mohammed Rafique	26.03.1991		(2)	
	Yumkhaibam Singh	10.12.2001	12	(6)	
Forwards:	Rahim Ali	21.04.2000	12	(5)	3
	Vincy Barretto	08.12.1999	9	(11)	1
	Ninthoinganba Meetei	13.07.2001	13	(6)	2
	Jordan David Murray (AUS)	02.10.1995	12	(9)	5
	Connor Jon Shields (SCO)	29.07.1997	18	(3)	3
	Irfan Yadwad	19.06.2001	1	(16)	1

EAST BENGAL CLUB KOLKATA
Year of Formation: 1920
Stadium: Vivekananda Yuba Bharati Krirangan Stadium, Kolkata (68,000)

Trainer:	Carles Cuadrat Xiqués (ESP)	28.10.1968			

THE SQUAD		DOB	M	(s)	G
Goalkeepers:	Prabhsukhan Gill	02.01.2001	21		
	Kamaljit Singh	28.12.1995	1		
Defenders:	Hijazi Maher Saleh Abu Saeed (JOR)	20.09.1997	16	(1)	
	Lalchungnunga	25.12.2000	14	(3)	
	Mandar Rao Desai	18.03.1992	13	(4)	
	Gursimrat Singh Gill	11.02.1997	1	(1)	
	Nishu Kumar	05.11.1997	17	(3)	
	Aleksandar Pantić (SRB)	11.04.1992	5	(3)	
	José Antonio *Pardo* Lucas (ESP)	21.04.1988	9	(2)	
	Mohamad Rakip	14.05.2000	11	(8)	
	Edwin Sydney Vanspaul	24.09.1992	1	(3)	
Midfielders:	Sayan Banerjee	14.01.2003	4	(4)	1
	Shyamal Besra	25.09.2004		(1)	
	Borja Herrera González (ESP)	08.01.1993	7	(2)	1
	Souvik Chakrabarti	12.07.1991	15	(4)	
	Ajay Chhetri	07.07.1999	6	(3)	1
	Vanlalpeka Guite	23.10.2006		(1)	
	Harmanjot Khabra	18.12.1988	9	(3)	
	Mohammad Mobashir Rahman	12.03.1998		(1)	
	Saúl Crespo Prieto (ESP)	23.07.1996	14		4
	Víctor Vázquez Solsona (ESP)	20.01.1987	7	(3)	
Forwards:	Felicio Anando Brown Forbes (CRC)	28.08.1991	4	(7)	1
	Aman C.K.	19.03.2003		(4)	
	Cleiton Augusto Oliveira *Silva* (BRA)	03.02.1987	20	(1)	8
	Roy Mahitosh	11.11.1998		(1)	
	Vishnu Puthiya Valappill	24.12.2001	8	(11)	1
	Naorem Mahesh Singh	01.03.1999	20	(1)	4
	Nandha Kumar Sekar	20.12.1995	14	(5)	5
	Javier *Siverio* Toro (ESP)	14.11.1997	3	(7)	
	Jesin Thonikkara	19.02.2000		(2)	
	Suhair Vadakke Peedika	27.07.1992	2	(6)	

FOOTBALL CLUB GOA MARGAO
Year of Formation: 2014
Stadium: "Pandit Jawaharlal Nehru" [Fatorga] Stadium, Margao (19,800)

Trainer:	Manuel „*Manolo*" *Márquez* Roca (ESP)	07.09.1968			

THE SQUAD		DOB	M	(s)	G
Goalkeepers:	Arshdeep Singh	06.10.1997	15		
	Dheeraj Singh	04.07.2000	10		

		DOB	M	(s)	G
Defenders:	Narayan Das	25.09.1993	3	(1)	
	Leander D'Cunha	25.10.1997		(1)	
	Nim Dorjee	30.10.1995	11		
	Seriton Fernandes	26.10.1992	22	(2)	
	Saviour Gama	10.05.1997		(4)	
	Jay Gupta	27.09.2001	24	(1)	2
	Sandesh Jhingan	21.07.1993	10		1
	Odei Onaindia Zabala (ESP)	07.12.1989	24		1
	Boris Singh	03.01.2000	15	(10)	3
Midfielders:	Rowllin Borges	05.06.1992	12	(7)	3
	Borja Herrera González (ESP)	08.01.1993	7	(7)	2
	Ayush Chhetri	16.04.2003	6	(5)	
	Brandon Fernandes	20.09.1994	19	(1)	3
	Brison Fernandes	17.04.2001		(8)	
	Raynier Fernandes	19.02.1996	10	(9)	
	Carl Gerard McHugh (IRL)	05.02.1993	23	(1)	1
	Paulo Ricardo Pereira Retre (AUS)	04.03.1993	1	(17)	
	Muhammed Nemil Vailiyattil	18.03.2002		(6)	
	Víctor Rodríguez Romero (ESP)	23.07.1989	6	(3)	3
	Mohammad Yasir	14.04.1998	8	(3)	2
Forwards:	*Carlos* Martínez Rodríguez (ESP)	27.06.1986	19	(5)	10
	Devendra Dhaku Murgaonkar	02.11.1998		(2)	
	Noah Wail Saadaoui (USA)	14.09.1992	20	(3)	11
	Udanta Singh	14.06.1996	10	(15)	1

HYDERABAD FOOTBALL CLUB

Year of Formation: 2019
Stadium: Ganti Mohana Chandra Balayogi Athletic Stadium, Hyderabad (30,000)

		DOB	M	(s)	G
Trainer:	Thangboi Singto	14.06.1974			

THE SQUAD

		DOB	M	(s)	G
Goalkeepers:	Laxmikant Kattimani	03.05.1989	9		
	Anuj Kumar	24.07.1998		(1)	
	Gurmeet Singh	03.12.1999	13		
Defenders:	Oswaldo Alanís Pantoja (MEX)	18.03.1989	4	(3)	
	Vignesh Dakshinamurthy	05.03.1998	4	(2)	
	Nim Dorjee Tamang	30.10.1995	8		
	Joseph Lalrinawma Sailo	20.07.2006		(1)	
	Vijay Marandi	27.04.2005		(1)	
	Manoj Mohammad	08.01.1999	2	(1)	
	Sajad Hussain Parray	25.04.2003	11		1
	Nikhil Chandra Shekhar Poojary	03.09.1995	11		
	Mohammed Rafi	18.05.2001	11	(2)	
	Alex Saji	09.05.2000	10		
	Chinglensana Singh	23.11.1996	10		
	Jeremy Zohminghlua	18.09.2004	5	(3)	
Midfielders:	Abhijith P.A.	15.05.2003	3	(6)	

		DOB	M	(s)	G
	João Victor Albuquerque Bruno (BRA)	07.11.1988	18	(1)	2
	Amosa Lalnundanga	20.03.2004		(1)	
	Rashid Madambillath	21.07.2001		(2)	
	Petteri Pennanen (FIN)	19.09.1990	10	(1)	1
	Lalchhanhima Sailo	03.03.2003	10	(1)	
	Hitesh Sharma	25.12.1997	1	(5)	1
	Cris Nowang Sherpa	14.08.2006		(1)	
	Dom Sahil Krishe de Noronha e Tavora	19.10.1995	10		
	Aron Vanlalrinchhana	18.03.2004		(10)	
	Mark Zothanpuia	22.04.2002	15	(3)	
Forwards:	Makan Winkle Chote	19.01.2000	12	(4)	1
	Aaren D'Silva	12.12.1997	5	(1)	
	Felipe da Silva *Amorim* (BRA)	04.01.1991	4	(2)	
	Joseph Knowles (AUS)	10.07.1996	10	(1)	
	Amon Lepcha	25.05.2004		(4)	
	Jonathan Alonso Moya Aguilar (CRC)	06.01.1992	4	(3)	1
	Abdul Rabeeh	23.01.2001	11	(7)	
	Ramhlunchhunga Ramhlunchhunga	24.04.2001	12	(4)	1
	Joseph Sunny	13.10.2003	9	(1)	
	Mohammad Yasir	14.04.1998	10	(1)	1

JAMSHEDPUR FOOTBALL CLUB

Year of Formation: 2017
Stadium: JRD Tata Sports Complex Stadium, Jamshedpur (24,424)

		DOB			
Trainer:	Scott Joseph Cooper (ENG)	16.06.1970			
[31.12.2023]	Khalid Ahmed Jamil	21.04.1977			

THE SQUAD		DOB	M	(s)	G
Goalkeepers:	Rehenesh Thumbirumbu Paramba	13.02.1993	20		
	Vishal Yadav	05.05.2002	2	(1)	
Defenders:	Nikhil Barla	05.08.2003	10	(9)	
	Pratik Chaudhari	04.10.1989	21		
	Elson José Dias Júnior „Elsinho" (BRA)	10.04.1991	22		
	Provat Lakra	12.08.1997	11	(4)	
	Pachuau Laldinpuia	29.11.1996	20	(1)	1
	Ricky Lallawmawma	09.09.1991	3	(5)	
	Wungngayam Muirang	16.02.1999	2	(3)	
	Jitendra Singh	13.06.2001	7	(3)	
	Saphaba Singh Telem	03.01.2003		(1)	
	Muhammed Uvais	31.07.1998	10	(1)	
Midfielders:	Pronay Halder	25.02.1993	3		
	Jérémy Manzorro (FRA)	11.11.1991	20		5
	Nongdamba Naorem	02.01.2000	3	(5)	
	Germanpreet Singh	24.06.1996	1	(2)	
	Rei Tachikawa (JPN)	18.01.1998	15	(7)	5
Forwards:	Steve Brahim Joshep Omar Ambri (GNB)	12.08.1997	3	(2)	1
	Emil Benny	19.09.2000	2	(6)	
	Daniel Chima Chukwu (NGA)	04.04.1991	15	(5)	6

Ritwik Das	14.12.1996		(1)	
Seiminlen Doungel	03.01.1994	8	(11)	2
Semboi Haokip	13.03.1993	1	(6)	
Imran Khan	01.03.1995	18	(1)	2
Sanan Mohammed	05.04.2004	11	(9)	2
Javier *Siverio* Toro (ESP)	14.11.1997	5	(3)	3
Alen Stevanović (SRB)	07.01.1991	8	(8)	
Komal Thatal	18.09.2000	1	(3)	

KERALA BLASTERS FOOTBALL CLUB KOCHI

Year of Formation: 2014
Stadium: "Jawaharlal Nehru" International Stadium, Kochi (39,000)

Trainer:	Ivan Vukomanović (SRB)	19.06.1977			

THE SQUAD	DOB	M	(s)	G
Goalkeepers: Lara Sharma	01.10.1999	3		
Karanjit Singh	08.01.1986	5	(2)	
Sachin Suresh	18.01.2001	15		
Defenders: Prabir Das	20.12.1993	5	(3)	
Aiban Dohling	23.03.1996	3		
Miloš Drinčić (MNE)	14.02.1999	19		2
Pritam Kotal	08.09.1993	15	(4)	
Marko Lešković (CRO)	27.04.1991	9	(3)	
Hormipam Ruivah	25.01.2001	12	(1)	
Huidrom Naocha Singh	24.08.1999	16		
Sandeep Singh	01.03.1995	10	(5)	
Midfielders: Mohammed Aimen	20.01.2003	13	(8)	1
Mohammed Azhar	20.01.2003	6	(10)	
Aritra Das	27.05.2003		(2)	
Rahul Kannoly Praveen	16.02.2000	10	(9)	
Freddy Lallawmawma	27.07.2002	3	(7)	
Adrián Nicolás Luna Retamar (URU)	12.04.1992	9	(1)	3
Sukham Meitei	07.02.2004		(2)	
Vibin Mohanan	06.02.2003	16	(3)	1
Jeakson Singh Thaunajoam	21.06.2001	8	(2)	
Nihal Sudheesh	18.06.2001	3	(5)	1
Forwards: Fiodor Černych (LTU)	21.05.1991	7	(3)	3
Dimitrios Diamantakos (GRE)	05.03.1993	15	(2)	13
Danish Farooq Bhat	09.05.1996	16	(4)	2
Emmanuel Justine (NGA)	13.04.2003	1	(5)	
Saurav Mandal	06.11.2000	3	(5)	
Ishan Pandita	26.05.1998	3	(12)	
Kwame Peprah (GHA)	16.12.2000	11	(1)	2
Daisuke Sakai (JPN)	18.01.1997	17	(4)	3
Khangembam Bidyashagar Singh	11.03.1998		(1)	

MOHUN BAGAN SUPER GIANT KOLKATA

Year of Formation: 2014 (*as Atlético de Kolkata*) / 1889 (*as Mohun Bagan*) / merged 01.06.2020
Stadium: Vivekananda Yuba Bharati Krirangan Stadium, Kolkata (68,000)

Trainer:		
	Juan Ferrando Fenoll (ESP)	02.01.1981
[03.01.2024]	Antonio López Habas (ESP)	28.05.1957

THE SQUAD	DOB	M	(s)	G
Goalkeepers: Vishal Kaith	22.07.1996	25		
Defenders: Anwar Ali	28.08.2000	15	(1)	
Subhasish Bose	18.08.1995	25		1
Brendan Michael Hamill (AUS)	18.09.1992	9	(5)	1
Lalrinliana Hnamte	29.04.2003		(13)	
Héctor Yuste Canton (ESP)	12.01.1988	23	(1)	1
Ashish Rai	27.01.1999	10	(8)	1
Ravi Rana	15.10.2002		(2)	
Sumit Rathi	26.08.2001	2	(2)	
Midfielders: Amandeep Amandeep Bhan	03.08.2004	2	(1)	
Dippendu Biswas	24.04.2003	2	(3)	
Hugo Boumous (FRA)	24.07.1995	5	(3)	1
Joni Ensio Kauko (FIN)	12.07.1990	12	(2)	1
Glan Martins	01.07.1994	4	(4)	
Kiyan Nassiri	17.11.2000	5	(11)	1
Sahal Abdul Samad	01.04.1997	13	(2)	2
Abhishek Suryavanshi	12.03.2001	9	(5)	
Deepak Tangri	01.02.1999	13	(5)	2
Anirudh Thapa	15.01.1998	17	(6)	2
Forwards: Suhail Ahmad Bhat	08.04.2005		(7)	
Liston Colaço	12.11.1998	16	(3)	4
Jason Steven Cummings (AUS)	01.08.1995	16	(7)	12
Dimitrios Petratos (AUS)	10.11.1992	21	(2)	10
Armando Sadiku (ALB)	27.05.1991	12	(10)	8
Manvir Singh	06.11.1995	19	(4)	4

MUMBAI CITY FOOTBALL CLUB

Year of Formation: 2014
Stadium: Mumbai Football Arena, Mumbai (6,600)

Trainer:		
	Desmond Buckingham (ENG)	07.02.1985
[09.12.2023]	Petr Krátký (CZE)	08.10.1981

THE SQUAD	DOB	M	(s)	G
Goalkeepers: Phurba Lachenpa	04.02.1998	22		
Mohammad Nawaz	21.01.2000	3	(2)	
Defenders: Rahul Bheke	06.12.1990	23		
Rostyn John Griffiths (AUS)	10.03.1988	8	(1)	1
Akash Mishra	27.11.2001	20		1

		DOB	M	(s)	G
	Hmingthanmawia Ralte	31.05.2000	5	(7)	
	Mehtab Singh	05.05.1998	22	(1)	1
	Sanjeev Stalin	17.01.2001		(4)	
	José Luis Espinosa Arroyo „Tiri" (ESP)	14.07.1991	17	(6)	1
Midfielders:	Nasser El Khayati (NED)	07.02.1989	4	(5)	1
	Thaer Sami Krouma (SYR)	02.02.1990	8	(5)	
	Franklin Nazareth	03.01.2004		(3)	
	Alberto *Noguera* Ripoll (ESP)	24.09.1989	11	(2)	1
	Vinit Rai	10.10.1997	4	(11)	
	Lalengmawia Ralte	17.10.2000	21	(1)	1
	Jayesh Rane	20.02.1993	8	(12)	
	Yoëll van Nieff (NED)	17.06.1993	17	(2)	1
Forwards:	Lallianzuala Chhangte	08.06.1997	20	(5)	10
	Ayush Chhikara	28.07.2002	1	(3)	
	Iker *Guarrotxena* Vallejo (ESP)	06.12.1992	5	(1)	3
	Seilenthang Lotjem	12.04.2004		(1)	
	Jorge Rolando Pereyra Díaz (ARG)	05.08.1990	16	(1)	9
	Bipin Singh	10.03.1995	12	(10)	4
	Gurkirat Singh	16.07.2003		(11)	1
	Vikram Partap Singh	16.01.2002	17	(6)	8
	Greg Alexander James Stewart (SCO)	17.03.1990	9		2
	Jakub Vojtuš (SVK)	22.10.1993	2	(4)	1

NORTHEAST UNITED FOOTBALL CLUB GUWAHATI
Year of Formation: 2014
Stadium: „Indira Gandhi" Athletic Stadium, Guwahati (24,627)

		DOB			
Trainer:	Juan Pedro Benali Hammou (ESP)	25.03.1969			

	THE SQUAD	**DOB**	**M**	**(s)**	**G**
Goalkeepers:	Mirshad Michu	03.02.1994	18		
	Gurmeet Singh	03.12.1999	4		
Defenders:	Asheer Akhtar	14.12.1994	19		1
	Gaurav Bora	13.07.1998	2	(3)	
	Yasser Hamed Mayor (PLE)	09.12.1997	3	(5)	
	Miguel Zabaco Tomé „Míchel Zabaco" (ESP)	06.02.1989	20		1
	Hira Mondal	31.08.1996		(1)	
	Hamza Regragui (MAR)	13.06.1997	5	(2)	
	Buanthanglun Samte	03.11.1999	10	(3)	
	Dinesh Soraisham Singh	05.12.1997	20		
	Tondonba Singh	14.11.1994	12	(2)	
Midfielders:	Mohammed Ali Bemammer (MAR)	19.11.1989	21		1
	Pragyan Sundar Gogoi	25.01.1999	1	(5)	
	Romain Philippoteaux (FRA)	02.03.1988	11	(8)	
	Phalguni Konsam Singh	01.03.1995	11	(9)	3
Forwards:	Parthib Gogoi	30.01.2003	13	(4)	5
	Ibson Pereira de Melo (BRA)	08.10.1989	3	(6)	1
	Tomislav Jurić (AUS)	22.07.1991	3	(3)	5

	DOB	M	(s)	G
Jithin Madathil Subran	16.01.1998	19	(1)	4
Néstor Albiach Roger (ESP)	18.08.1992	19	(1)	5
Macarton Louis Nickson	19.03.2004	8	(6)	
Gani Nigam	01.05.1998	5	(6)	
Bekey Oram	23.12.2003	3	(6)	
Rochharzela	15.04.1998		(1)	
Huidrom Thoi Singh	04.05.2004	1	(4)	
Manvir Singh	15.06.2001	4	(5)	
Redeem Tlang	22.02.1995	7	(10)	

ODISHA FOOTBALL CLUB BHUBANESWAR

Year of Formation: 2014 (*as Delhi Dynamos FC*)
Stadium: Kalinga Stadium, Bhubaneswar (12,000)

Trainer: Sergio Lobera Rodríguez (ESP)   16.01.1977

THE SQUAD	DOB	M	(s)	G
Goalkeepers: Lalthuammawia Ralte	28.11.1992	1		
Amrinder Singh	27.05.1993	24		
Defenders: Vignesh Dakshinamurthy	05.03.1998	3	(8)	
Carlos Javier *Delgado* Rodríguez (ESP)	22.04.1990	20	(4)	1
Mourtada Fall (SEN)	26.12.1987	16	(4)	3
Narender Gahlot	24.01.2001	12	(3)	
Jerry Lalrinzuala	13.07.1998	22	(1)	
Sahil Panwar	15.12.1999		(2)	
Amey Ganesh Ranawade	07.03.1998	24		1
Laldinliana Renthlei	26.08.1998		(4)	
Midfielders: Cy Goddard (JPN)	02.04.1997	7	(7)	
Ahmed Jahouh (MAR)	31.07.1988	22		2
Lalthathanga Khawlhring	30.03.1998	23		1
Jerry Mawihmingthanga	09.03.1997	12	(5)	2
Princeton Rebello	05.03.1999	13	(7)	1
Lenny Rodrigues	10.05.1987	10	(13)	
Hitesh Sharma	25.12.1997		(4)	
Moirangthem Givson Singh	05.06.2002		(1)	
Thoiba Singh	12.12.2002	2	(6)	
Michael Soosairaj	30.10.1994		(1)	
Isak Vanlalruatfela	19.05.2001	24		4
Forwards: Pranjal Bhumij	02.03.1999	2	(9)	
Diego Maurício Machado de Brito (BRA)	25.06.1991	15	(8)	11
Aniket Jhadav	13.07.2000	3	(14)	
Roy Christopher Krishna (FIJ)	30.08.1987	20	(5)	13
Ashangbam Aphaoba Singh	06.01.2004		(1)	

PUNJAB FOOTBALL CLUB MOHALI

Year of Formation: 2020 (*as RoundGlass Punjab*)
Stadium: "Jawaharlal Nehru" Stadium, New Delhi (60,000)

Trainer:	Staikos Vergetis (GRE)	11.07.1976			

THE SQUAD		DOB	M	(s)	G
Goalkeepers:	Kiran Chemjong (NEP)	20.03.1990	6		
	Ravi Kumar	04.07.1993	16		
Defenders:	Melroy Assisi	28.12.1998	8	(2)	1
	Dimitrios Chatziisaias (GRE)	21.09.1992	19	(1)	1
	Nitesh Darjee	23.01.2004	9		
	Nongmaikapan Suresh Meitei	30.03.1994	14		
	Nikhil Prabhu	02.10.2000	19	(1)	1
	Mohammed Salah	07.11.1994	13		
	Mashoor Shereef Thangalakath	05.01.1993		(3)	
	Tekcham Abhishek Singh	02.01.2005	10	(2)	
Midfielders:	Leon Augustine	02.10.1998		(2)	
	Kingslee Fernandes	26.01.1998		(7)	
	Manglenthang Kipgen	03.06.2005	2	(2)	
	Samuel Kynshi	11.03.2000	2	(3)	
	Khaimin Lhungdim	07.05.2000	15	(2)	
	Ashis Pradhan	05.06.1999	13	(4)	
	Ricky John Shabong	29.12.2002	8	(2)	
	Amarjit Singh Kiyam	06.01.2001	8	(2)	
	Maheson Tongbram Singh	26.11.2004		(1)	
	Madih Talal (FRA)	17.08.1997	21	(1)	6
	Sahil Tavora	19.10.1995	3	(7)	
	Brandon Vanlalremdika	28.01.1994	5	(5)	
Forwards:	Wilmar Jordán Gil (COL)	17.10.1990	10	(5)	8
	Prasanth Karuthadathkuni	24.06.1997	3	(8)	
	Daniel Lalhlimpuia	12.09.1997		(6)	
	Luka Majcen (SVN)	25.07.1989	22		8
	Juan *Mera* González (ESP)	22.11.1993	10	(7)	2
	Bryce Miranda	23.09.1999		(2)	
	Ranjeet Pandre	04.01.1995		(3)	
	Khangembam Bidyashagar Singh	11.03.1998		(2)	
	Krishnananda Singh Khungdongbam	01.02.1996	6	(5)	1

NATIONAL TEAM
INTERNATIONAL MATCHES 2023/2024

07.09.2023	Chiang Mai	Iraq - India	2-2 aet; 5-4 pen	(F)
10.09.2023	Chiang Mai	Lebanon - India	1-0(0-0)	(F)
13.10.2023	Kuala Lumpur	Malaysia - India	4-2(3-1)	(F)
16.11.2023	Kuwait City	Kuwait - India	0-1(0-0)	(WCQ)
21.11.2023	Bhubaneswar	India - Qatar	0-3(0-1)	(WCQ)
13.01.2024	Al Rayyan	Australia - India	2-0(0-0)	(AFC)
18.01.2024	Al Rayyan	India - Uzbekistan	0-3(0-3)	(AFC)
23.01.2024	Al Khor	Syria - India	1-0(0-0)	(AFC)
22.03.2024	Abha	Afghanistan - India	0-0	(WCQ)
26.03.2024	Guwahati	India - Afghanistan	1-2(1-0)	(WCQ)
06.06.2024	Kolkata	India - Kuwait	0-0	(WCQ)
11.06.2024	Al Rayyan	Qatar - India	2-1(1-0)	(WCQ)

07.09.2023, Friendly International [King's Cup]
700th Anniversary Stadium, Chiang Mai (Thailand); Attendance: 2,884
Referee: Wiwat Jumpaoon (Thailand)
IRAQ - INDIA   **2-2(1-1,2-2,2-2); 5-4 on penalties**
IND: Gurpreet Singh Sandhu, Sandesh Jhingan, Nikhil Chandra Shekhar Poojary, Anisa Anwar Ali, Akash Mishra, Anirudh Thapa (70.Suresh Singh Wangjam), Jeakson Singh Thounaojam (70.Rohit Kumar), Muhammad Ashique Kuruniyan (58.Rahim Ali), Sahal Abdul Samad (88.Mehtab Singh), Naorem Mahesh Singh (70.Brandon Fernandes), Manvir Singh (70.Rahul Kannoly Praveen). Trainer: Igor Štimac (Croatia).
Goals: Naorem Mahesh Singh (16), Jalal Hassan Hachem (51 own goal).
Penalties: Brandon Fernandes, Sandesh Jhingan, Suresh Singh Wangjam, Anisa Anwar Ali, Rahim Ali.

10.09.2023, Friendly International [King's Cup]
700th Anniversary Stadium, Chiang Mai (Thailand); Attendance: 13,500
Referee: Torphong Somsing (Thailand)
LEBANON - INDIA   **1-0(0-0)**
IND: Gurpreet Singh Sandhu, Sandesh Jhingan, Anisa Anwar Ali, Asish Rai (46.Nikhil Chandra Shekhar Poojary), Akash Mishra, Anirudh Thapa (46.Brandon Fernandes), Jeakson Singh Thounaojam (62.Rohit Kumar), Sahal Abdul Samad (68.Rahul Kannoly Praveen), Lallianzuala Chhangte, Manvir Singh (62.Suresh Singh Wangjam), Naorem Mahesh Singh. Trainer: Igor Štimac (Croatia).

13.10.2023, Friendly International [Merdeka Tournament]
Bukit Jalil National Stadium, Kuala Lumpur; Attendance: 46,150
Referee: Mongkolchai Pechsri (Thailand)
MALAYSIA - INDIA   **4-2(3-1)**
IND: Gurpreet Singh Sandhu, Sandesh Jhingan, Nikhil Chandra Shekhar Poojary (80.Nandhakumar Sekar), Mehtab Singh, Akash Mishra (63.Naorem Roshan Singh), Rohit Kumar (80.Kumam Udanta Singh), Suresh Singh Wangjam, Sahal Abdul Samad, Sunil Chhetri (63.Liston Colaço), Lallianzuala Chhangte, Naorem Mahesh Singh. Trainer: Igor Štimac (Croatia).
Goals: Naorem Mahesh Singh (13), Sunil Chhetri (51).

16.11.2023, 23rd FIFA World Cup Qualifiers / 19th AFC Asian Cup Qualifiers second round
"Jaber Al Ahmad" International Stadium, Kuwait City; Attendance: 32,786
Referee: Shaun Evans (Australia)
KUWAIT - INDIA   **0-1(0-0)**
IND: Gurpreet Singh Sandhu, Sandesh Jhingan, Rahul Shankar Bheke, Nikhil Chandra Shekhar Poojary, Akash Mishra, Suresh Singh Wangjam (90+6.Rohit Kumar), Lalengmawia Ralte, Sahal Abdul Samad (83.Anirudh Thapa), Sunil Chhetri (90+6.Rahul Kannoly Praveen), Manvir Singh (83.Liston Colaço), Naorem Mahesh Singh (64.Lallianzuala Chhangte). Trainer: Igor Štimac (Croatia).
Goal: Manvir Singh (75).

21.11.2023, 23rd FIFA World Cup Qualifiers / 19th AFC Asian Cup Qualifiers second round
Kalinga Stadium, Bhubaneswar; Attendance: 11,389
Referee: Sivakorn Pu-udom (Thailand)
INDIA - QATAR **0-3(0-1)**
IND: Amrinder Singh, Sandesh Jhingan (90+4.Lal Chungnunga), Rahul Shankar Bheke, Subhasish Prodyut Bose, Nikhil Chandra Shekhar Poojary, Kumam Udanta Singh (46.Naorem Mahesh Singh), Anirudh Thapa (63.Sahal Abdul Samad), Suresh Singh Wangjam, Lalengmawia Ralte, Sunil Chhetri (83.Ishan Pandita), Lallianzuala Chhangte (82.Rahul Kannoly Praveen). Trainer: Igor Štimac (Croatia).

13.01.2024, 18th AFC Asian Cup, Final Tournament, Group Stage
„Ahmad bin Ali" Stadium, Al Rayyan (Qatar); Attendance: 36,253
Referee: Yoshimi Yamashita (Japan)
AUSTRALIA - INDIA **2-0(0-0)**
IND: Gurpreet Singh Sandhu, Sandesh Jhingan, Rahul Shankar Bheke, Subhasish Prodyut Bose (75.Akash Mishra), Nikhil Chandra Shekhar Poojary, Suresh Singh Wangjam (74.Liston Colaço), Lalengmawia Ralte, Deepak Tangri (79.Anirudh Thapa), Sunil Chhetri (89.Naorem Mahesh Singh), Lallianzuala Chhangte (89.Vikram Partap Singh Sandhu), Manvir Singh. Trainer: Igor Štimac (Croatia).

18.01.2024, 18th AFC Asian Cup, Final Tournament, Group Stage
„Ahmad bin Ali" Stadium, Al Rayyan (Qatar); Attendance: 38,491
Referee: Fu Ming (China P.R.)
INDIA - UZBEKISTAN **0-3(0-3)**
IND: Gurpreet Singh Sandhu, Sandesh Jhingan, Rahul Shankar Bheke, Nikhil Chandra Shekhar Poojary, Akash Mishra, Anirudh Thapa (72.Brandon Fernandes), Suresh Singh Wangjam (84.Deepak Tangri), Lalengmawia Ralte, Sunil Chhetri (72.Ishan Pandita), Manvir Singh (46.Rahul Kannoly Praveen), Naorem Mahesh Singh (86.Kumam Udanta Singh). Trainer: Igor Štimac (Croatia).

23.01.2024, 18th AFC Asian Cup, Final Tournament, Group Stage
Al Bayt Stadium, Al Khor (Qatar); Attendance: 42,787
Referee: Sivakorn Pu-udom (Thailand)
SYRIA - INDIA **1-0(0-0)**
IND: Gurpreet Singh Sandhu, Sandesh Jhingan (47.Nikhil Chandra Shekhar Poojary), Rahul Shankar Bheke, Subhasish Prodyut Bose, Akash Mishra, Lalengmawia Ralte (81.Anirudh Thapa), Deepak Tangri (64.Suresh Singh Wangjam), Sunil Chhetri, Lallianzuala Chhangte, Manvir Singh (64.Sahal Abdul Samad), Naorem Mahesh Singh (46.Kumam Udanta Singh). Trainer: Igor Štimac (Croatia).

22.03.2024, 23rd FIFA World Cup Qualifiers / 19th AFC Asian Cup Qualifiers second round
Damac Club Stadium, Khamis Mushait (Saudi Arabia); Attendance: 3,900
Referee: Kim Hee-gon (Korea Republic)
AFGHANISTAN - INDIA **0-0**
IND: Gurpreet Singh Sandhu, Rahul Shankar Bheke, Nikhil Chandra Shekhar Poojary, Anisa Anwar Ali, Akash Mishra (60.Subhasish Prodyut Bose), Lalengmawia Ralte, Jeakson Singh Thounaojam (74.Deepak Tangri), Sunil Chhetri, Lallianzuala Chhangte (74.Naorem Mahesh Singh), Manvir Singh (74.Liston Colaço), Vikram Partap Singh Sandhu (60.Brandon Fernandes). Trainer: Igor Štimac (Croatia).

26.03.2024, 23rd FIFA World Cup Qualifiers / 19th AFC Asian Cup Qualifiers second round
"Indira Gandhi" Athletic Stadium, Guwahati; Attendance: 8,932
Referee: Mohammed Khaled Al Hoaish (Saudi Arabia)
INDIA - AFGHANISTAN **1-2(1-0)**
IND: Gurpreet Singh Sandhu, Rahul Shankar Bheke, Subhasish Prodyut Bose, Nikhil Chandra Shekhar Poojary, Anisa Anwar Ali, Brandon Fernandes (68.Anirudh Thapa), Lalengmawia Ralte, Jeakson Singh Thounaojam (85.Vikram Partap Singh Sandhu), Sunil Chhetri (68.Lallianzuala Chhangte), Manvir Singh, Liston Colaço (68.Naorem Mahesh Singh). Trainer: Igor Štimac (Croatia).
Goal: Sunil Chhetri (38 penalty).

06.06.2024, 23rd FIFA World Cup Qualifiers / 19th AFC Asian Cup Qualifiers second round
Salt Lake Stadium, Kolkata; Attendance: 58,921
Referee: Fu Ming (China P.R.)
INDIA - KUWAIT **0-0**
IND: Gurpreet Singh Sandhu, Rahul Shankar Bheke, Nikhil Chandra Shekhar Poojary, Anisa Anwar Ali, Jay Gupta (83.Edmund Lalrindika), Anirudh Thapa (46.Rahim Ali), Suresh Singh Wangjam, Sahal Abdul Samad (46.Brandon Fernandes), Sunil Chhetri, Lallianzuala Chhangte, Liston Colaço (70.Manvir Singh). Trainer: Igor Štimac (Croatia).

11.06.2024, 23rd FIFA World Cup Qualifiers / 19th AFC Asian Cup Qualifiers second round
„Jassim bin Hamad" Stadium, Al Rayyan; Attendance: 2,816
Referee: Kim Woo-sung (Korea Republic)
QATAR - INDIA **2-1(1-0)**
IND: Gurpreet Singh Sandhu, Rahul Shankar Bheke, Mehtab Singh, Anisa Anwar Ali, Jay Gupta (87.Edmund Lalrindika), Brandon Fernandes (64.Sahal Abdul Samad), Suresh Singh Wangjam, Jeakson Singh Thounaojam, Lallianzuala Chhangte (87.Nandhakumar Sekar), Manvir Singh (79.Vikram Partap Singh Sandhu), Rahim Ali (64.Liston Colaço). Trainer: Igor Štimac (Croatia).
Goal: Lallianzuala Chhangte (37).

NATIONAL TEAM PLAYERS 2023/2024

Name	DOB	Club
Goalkeepers		
Gurpreet SINGH Sandhu	03.02.1992	*Bengaluru FC*
Defenders		
Anisa Anwar ALI	28.08.2000	*Mohun Bagan SG Kolkata*
Rahul Shankar BHEKE	06.12.1990	*Mumbai City FC*
Subhasish Prodyut BOSE	18.08.1995	*ATK Mohun Bagan Kolkata*
Lal CHUNGNUNGA	25.12.2000	*East Bengal Club Kolkata*
Jay GUPTA	27.09.2001	*FC Goa Margao*
Sandesh JHINGAN	21.07.1993	*FC Goa Margao*
Akash MISHRA	27.11.2001	*Mumbai City FC*
Nikhil Chandra Shekhar POOJARY	03.09.1995	*Hyderabad FC; 31.01.2024-> Bengaluru FC*
Asish RAI	27.01.1999	*Mohun Bagan SG Kolkata*
Mehtab SINGH	05.06.1998	*Mumbai City FC*
Midfielders		
Brandon FERNANDES	20.09.1994	*FC Goa Margao*
Rohit KUMAR	01.04.1997	*Bengaluru FC*
Muhammad Ashique KURUNIYAN	14.06.1997	*Mohun Bagan SG Kolkata*
Lalengmawia RALTE	17.10.2000	*Mumbai City FC*
Sahal Abdul SAMAD	01.04.1997	*Mohun Bagan SG Kolkata*
Nandhakumar SEKAR	20.12.1995	*East Bengal Club Kolkata*
Jeakson SINGH Thounaojam	21.06.2001	*Kerala Blasters FC*
Naorem Mahesh SINGH	01.03.1999	*East Bengal Club Kolkata*
Naorem Roshan SINGH	02.02.1999	*Bengaluru FC*

Suresh SINGH Wangjam	07.08.2000	*Bengaluru FC*
Deepak TANGRI	01.02.1999	*Mohun Bagan SG Kolkata*
Anirudh THAPA	15.01.1998	*Mohun Bagan SG Kolkata*

Forwards

Rahim ALI	21.04.2000	*Chennaiyin FC*
Lallianzuala CHHANGTE	08.06.1997	*Mumbai City FC*
Sunil CHHETRI	03.08.1984	*Bengaluru FC*
Liston COLAÇO	12.11.1998	*Mohun Bagan SG Kolkata*
Edmund LALRINDIKA	24.04.1999	*Inter Kashi FC Varanasi*
Ishan PANDITA	26.05.1998	*Kerala Blasters FC*
Rahul Kannoly PRAVEEN	16.02.2000	*Kerala Blasters FC*
Kumam Udanta SINGH	14.06.1996	*FC Goa Margao*
Manvir SINGH	06.11.1995	*Mohun Bagan SG Kolkata*
Vikram Partap SINGH Sandhu	16.01.2002	*Mumbai City FC*

National coaches

Igor ŠTIMAC (CRO) [from 15.05.2019]	06.09.1967

INDONESIA

Federation Directory:
Persatuan Sepakbola Seluruh Indonesia(Football Association of Indonesia)
Menara Olahraga Senayan (MOS) Building,
FX Sudirman Office Tower 14th Floor, Jakarta
Year of Formation: 1930
Member of FIFA since: 1952
Member of AFC since: 1954
Internet: www.pssi.org

The Country: Republik Indonesia (Republic of Indonesia) [*Dutch East Indies 1800-1942&1945-1949*]
Capital: Jakarta
Surface: 1,919,440 km² / **Population**: 279,118,866 [2022] / **Time**: UTC+7 to +9

NATIONAL TEAM RECORDS

First international match:
13.05.1934, Manila (PHI): Dutch East Indies – Japan 7-1

Most international caps:	Most international goals:
Abdul Kadir	Abdul Kadir
111 caps (1965-1979)	**70 goals** / 111 caps (1965-1979)

NATIONAL TEAM COMPETITIONS

ASIAN NATIONS CUP		FIFA WORLD CUP	
1956	*Withdrew*	1930	Did not enter
1960	*Withdrew*	1934	Did not enter
1964	*Withdrew*	1938	Final Tournament (Group Stage)
1968	Qualifiers	1950	*Withdrew*
1972	Qualifiers	1954	Did not enter
1976	Qualifiers	1958	*Withdrew during the qualifiers*
1980	Qualifiers	1962	*Withdrew*
1984	Qualifiers	1966	Did not enter
1988	Qualifiers	1970	Did not enter
1992	Qualifiers	1974	Qualifiers
1996	Final Tournament (Group Stage)	1978	Qualifiers
2000	Final Tournament (Group Stage)	1982	Qualifiers
2004	Final Tournament (Group Stage)	1986	Qualifiers
2007	Final Tournament (Group Stage)	1990	Qualifiers
2011	Qualifiers	1994	Qualifiers
2015	Qualifiers	1998	Qualifiers
2019	*Disqualified due to FIFA suspension*	2002	Qualifiers
2023	Final Tournament (2nd Round of 16)	2006	Qualifiers
		2010	Qualifiers
		2014	Qualifiers
		2018	*Disqualified due to FIFA suspension*
		2022	Qualifiers

OLYMPIC FOOTBALL TOURNAMENTS 1908-2020

1908 to 1928	*Teams from Asia did not enter*
1936	Did not enter
1948	Did not enter
1952	Did not enter
1956	Final Tournament (Quarter-Finals)
1960	Qualifiers
1964	*Withdrew*
1968	Qualifiers
1972	Qualifiers
1976	Qualifiers
1980	Qualifiers
1984	Qualifiers
1988	Qualifiers
1992	Qualifiers
1996	Qualifiers
2000	Qualifiers
2004	Qualifiers
2008	Qualifiers
2012	Qualifiers
2016	Qualifiers
2020	Qualifiers

ASIAN GAMES 1951-2022		ASEAN („TIGER") CUP / AFF CUP 1996-2022		SOUTH EAST ASIAN GAMES 1959-2023	
1951	Quarter-Finals	1996	4th Place	1959	-
1954	Semi-Finals	1998	3rd Place	1961	-
1958	3rd Place	2000	Runners-up	1965	-
1962	Group Stage	2002	Runners-up	1967	-
1966	Quarter-Finals	2004	Runners-up	1969	-
1970	Quarter-Finals	2007	Group Stage	1971	-
1974	-	2008	Semi-Finals	1973	-
1978	-	2010	Runners-up	1975	-
1982	-	2012	Group Stage	1977	Semi-Finals
1986	4th Place	2014	Group Stage	1979	Runners-up
1990	-	2016	Runners-up	1981	3rd Place
1994	-	2018	Group Stage	1983	Group Stage
1998	-	2020	Runners-up	1985	Semi-Finals
2002	-	2022	Semi-Finals	1987	**Winners**
2006	Group Stage			1989	3rd Place
2010	-			1991	**Winners**
2014	2nd Round of 16			1993	Semi-Finals
2018	2nd Round of 16			1995	Group Stage
2022	2nd Round of 16			1997	Runners-up
				1999	3rd Place
				2001	4th Place
				2003	Group Stage
				2005	4th Place
				2007	Group Stage
				2009	Group Stage
				2011	Runners-up
				2013	Runners-up
				2015	4th Place
				2017	3rd Place
				2019	Runners-up
				2021	3rd Place
				2023	**Winners**

INDONESIAN CLUB HONOURS IN ASIAN CLUB COMPETITIONS

AFC Champions League 1967-1971 & 1985/1986-2024
None
Asian Football Confederation Cup 2004-2024
None
AFC President's Cup 2005-2014*
None
Asian Cup Winners Cup 1975-2003*
None
Asian Super Cup 1995-2002*
None

*defunct competition

NATIONAL COMPETITIONS
TABLE OF HONOURS

	CHAMPIONS	CUP WINNERS
	Liga Sepakbola Utama	
1979/1980	Warna Agung Jakarta	-
1981/1982	NIAC Mitra Surabaya	-
1982/1983	NIAC Mitra Surabaya	-
1983/1984	Yanita Utama Bogor	-
1984	Yanita Utama Bogor	-
1985	Krama Yudha Tiga Berlian Palembang	Arseto Solo
1986	-	Makassar Utama
1986/1987	Krama Yudha Tiga Berlian Palembang	Krama Yudha Tiga Berlian Palembang
1987/1988	NIAC Mitra Surabaya	Krama Yudha Tiga Berlian Palembang
1988/1989	Pelita Jaya Jakarta	Krama Yudha Tiga Berlian Palembang
1990	Pelita Jaya Jakarta	*No competition*
1991/1992	Arseto Solo	Semen Padang
1992/1993	Arema Malang FC	*No competition*
1993/1994	Pelita Jaya Jakarta	Gelora Dewata Denpasar
	Liga Indonesia	
1994/1995	Persib Bandung	*No competition*
1995/1996	Mastrans Bandung Raya	*No competition*
1996/1997	Persebaya Surabaya	*No competition*
1997/1998	*Not finished*	*No competition*
1998/1999	PSIS Semarang	*No competition*
1999/2000	PSM Makassar	*No competition*
2001	Persija Jakarta	*No competition*
2002	Petrokimia Putra Gresik	*No competition*
2003	Persik Kediri	*No competition*
2004	Persebaya Surabaya	*No competition*
2005	Persipura Jayapura	Arema Malang FC
2006	Persik Kediri	Arema Malang FC
2007	Sriwijaya FC Palembang	Sriwijaya FC Palembang
	Liga Super Indonesia	
2008/2009	Persatuan Sepakbola Jayapura	Sriwijaya FC Palembang
2009/2010	Arema Malang FC	Sriwijaya FC Palembang
2010/2011	Persatuan Sepakbola Jayapura	*No competition*

2011/2012	Sriwijaya FC Palembang	Persatuan Sepakbola Indonesia Bojonegoro
2013	Persatuan Sepakbola Jayapura	No competition
2014	Persatuan Sepakbola Bandung	No competition
2015	Championship abandoned	No competition
2016	Championship suspended	No competition
2017	Bhayangkara FC Jakarta	No competition
2018	Persatuan Sepakbola Jakarta	No competition
2019	Bali United FC Gianyar	Persatuan Sepakbola Makassar
2020	Championship abandoned	Competition abandoned
2021/2022	Bali United FC Gianyar	No competition
2022/2023	Persatuan Sepakbola Makassar	Competition cancelled
2023/2024	Persatuan Sepakbola Indonesia Bandung	No competition

	Liga Prima Indonesia*	
2011/2012	Semen Padang FC	-
2013	Annulled and stopped	-

NATIONAL CHAMPIONSHIP
Liga 1 2023/2024

1.	Borneo FC Samarinda	34	21	7	6	52 - 31	70
2.	Persatuan Sepakbola Indonesia Bandung	34	16	14	4	65 - 38	62
3.	Bali United FC Gianyar	34	17	7	10	55 - 43	58
4.	Madura United FC Pamekasan	34	15	10	9	58 - 45	55
5.	Dewa United FC Bandar Lampung	34	14	12	8	59 - 48	54
6.	Persatuan Sepakbola Indonesia Semarang	34	15	8	11	49 - 41	53
7.	Persatuan Sepakbola Indonesia Surakarta	34	14	8	12	50 - 47	50
8.	Persatuan Sepakbola Indonesia Jakarta	34	12	12	10	49 - 41	48
9.	Persatuan Sepakbola Indonesia Kediri	34	13	9	12	58 - 55	48
10.	Persatuan Sepakbola Barito Putera Banjarmasin	34	11	13	10	51 - 48	46
11.	Persatuan Sepakbola Makassar	34	11	11	12	44 - 39	44
12.	Persatuan Sepakbola Surabaya	34	10	12	12	33 - 46	42
13.	Perserikatan Sepakbola Sleman	34	9	12	13	49 - 53	39
14.	Persatuan Sepakbola Indonesia Tangerang	34	10	9	15	44 - 63	39
15.	Arema FC Malang	34	10	8	16	42 - 60	38
16.	RANS Nusantara FC Sleman (Relegated)	34	8	11	15	36 - 52	35
17.	Bhayangkara Presisi Indonesia FC Bekasi (Relegated)	34	5	11	18	42 - 56	26
18.	Persatuan Sepakbola Indonesia Kabupaten Bogor 1973 (Relegated)	34	4	8	22	44 - 74	20

Top-4 teams were qualified to the Championship Series.
Please note: Bhayangkara FC Bekasi changed its name to Bhayangkara Presisi Indonesia FC Bekasi.

Championship Series			
Semi-Finals [14/15-18/19.05.2024]			
Bali United FC Gianyar - Persatuan Sepakbola Indonesia Bandung		1-1(0-0)	0-3(0-2)
Madura United FC Pamekasan - Borneo FC Samarinda		1-0(0-0)	3-2(1-2)
Third Place Play-off [25-30.05.2024]			
Bali United FC Gianyar - Borneo FC Samarinda		0-0	2-4(2-3)

Championship Finals

26.05.2024, Jalak Harupat Stadium, Bandung; Attendance: 20,655
Referee: Tommi Manggopa
Persatuan Sepakbola Bandung - Madura United FC Pamekasan   3-0(0-0)
Persib: Kevin Ray Mendoza Hansen, Henhen Herdiana, Alberto Rodríguez Martín, Nick Anna Maria François Kuipers, Muhammad Rezaldi Hehanussa, Dedi Kusnandar (Cap) (76.Ezra Harm Ruud Walian), Rachmat Irianto (90+7.Muhammad Adzikry Fadlillah), Stefano Beltrame, Febri Hariyadi (76.Mohammad Edo Febriansah; 84.Beckham Putra Nugraha), Ciro Henrique Alves Ferreira e Silva (90+7.Ryan Kurnia), David Aparecido da Silva. Trainer: Bojan Hodak (Croatia).
Madura United FC: Lucas Henrique Frigeri, Koko Ari Araya, Cleberson Martins de Souza, Fachruddin Wahyudi Aryanto (Cap), Dodi Alekvan Djin (67.Ricki Ariansyah), Francisco Israel Rivera Dávalos, Hugo Gomes dos Santos Silva (67.Bayu Gatra Sanggiawan), Jacob Mahler, Riyatno Abiyoso (67.Novan Setya Sasongko), Malik Risaldi, Dalberto Luan Belo (83.Yuda Editya Pratama). Trainer: Rakhmad Basuki.
Goals: 1-0 Ciro Henrique Alves Ferreira e Silva (70), 2-0 David Aparecido da Silva (90+4), 3-0 David Aparecido da Silva (90+12).

31.05.2024, Gelora Bangkalan Stadium, Bangkalan; Attendance: 6,449
Referee: Aidil Azmi
Madura United FC Pamekasan - Persatuan Sepakbola Bandung   1-3(0-0)
Madura United FC: Lucas Henrique Frigeri, Novan Sasongko (82.Guntur Ariyadi), Fachruddin Wahyudi Aryanto (Cap), Cleberson Martins de Souza, Koko Ari Araya, Francisco Israel Rivera Dávalos, Hugo Gomes dos Santos Silva (65.Slamet Irfan Nurcahyono), Jacob Mahler (90.Yuda Editya Pratama), Dodi Alekvan Djin (65.Riyatno Abiyoso), Malik Risaldi, Dalberto Luan Belo (90.Feby Ramzy). Trainer: Rakhmad Basuki.
Persib: Kevin Ray Mendoza Hansen (90.Teja Paku Alam), Henhen Herdiana (72.Beckham Putra Nugraha), Alberto Rodríguez Martín, Nick Anna Maria François Kuipers, Muhammad Rezaldi Hehanussa, Dedi Kusnandar (Cap) (40.Marc Anthony Klok), Rachmat Irianto, Stefano Beltrame, Febri Hariyadi (72.Ezra Harm Ruud Walian), Ciro Henrique Alves Ferreira e Silva, David Aparecido da Silva. Trainer: Bojan Hodak (Croatia).
Goals: 0-1 David Aparecido da Silva (60), 0-2 Marc Anthony Klok (86), 0-3 Beckham Putra Nugraha (90+2), 1-3 (90+7).

2023/2024 Liga I Champions: **Persatuan Sepakbola Indonesia Bandung**

Best goalscorer 2023/2024:
David Aparecido da Silva (BRA, Persatuan Sepakbola Indonesia Bandung) – 30 goals

Promoted for the 2024/2025 season:
Persatuan Sepakbola Biak dan Sekitarnya, Semen Padang FC Indarung, Maluku United FC Ternate

THE CLUBS 2023/2024

Club	Founded	Stadium	Capacity
Arema Football Club Malang	1987	Gajayana Stadium, Malang	25,000
Bali United Football Club Gianyar	2015	"Kapten I Wayan Dipta" Stadium, Gianyar	25,000
Bhayangkara Presisi Indonesia Football Club Bekasi	2010	"Patriot Candrabhaga" Stadium, Bekasi	30,000
Borneo Football Club Samarinda	2014	Segiri Stadium, Samarinda	13,000
Dewa United Football Club Bandar Lampung	2009 (a)	Indomilk Arena, Tangerang	30,000
Madura United Football Club Pamekasan	2016	Gelora Ratu Pamelingan Stadium, Tlanakan	13,500
Persatuan Sepakbola Barito Putera Banjarmasin	1988	Demang Leham Stadium, Banjarbaru	15,000
Persatuan Sepakbola Indonesia Bandung	1919 (b)	Gelora Bandung Lautan Api Stadium, Bandung	38,000
Persatuan Sepakbola Indonesia Jakarta	1928 (c)	Gelora Bung Karno, Jakarta	77,193
Persatuan Sepakbola Indonesia Kabupaten Bogor 1973	2015	Pakansari Stadium, Pakansari, Cibinong	30,000
Persatuan Sepakbola Indonesia Kediri	1950	Brawijaya Stadium, Kediri	20,000
Persatuan Sepakbola Indonesia Semarang	1932	Jatidiri Stadium, Semarang	25,000
Persatuan Sepakbola Indonesia Surakarta	1923 (d)	Manahan Stadium, Manahan	20,000
Persatuan Sepakbola Indonesia Tangerang	1953	Indomilk Arena, Tangerang	30,000
Persatuan Sepakbola Makassar	1915 (e)	"Gelora B.J. Habibie" Stadium, Parepare	20,000
Persatuan Sepakbola Surabaya	1927 (f)	Gelora Bung Tomo Stadium, Benowo, Surabaya	46,806
Perserikatan Sepakbola Sleman	1976	Maguwoharjo Stadium, Sleman	31,700
RANS Nusantara Football Club Sleman	2012 (g)	Maguwoharjo Stadium, Sleman	31,700

(a) *as Martapura FC.*
(b) *as Bandoeng Inlandsche Voetbal Bond.*
(c) *as Voetbalbond Boemipoetera.*
(d) *as Vorstenlandsche Voetbal Bond.*
(e) *as Makassarche Voetbalbond.*
(f) *as Soerabhaiasche Indonesische Voetbal Bond*
(g) *as Cilegon United.*

NATIONAL TEAM
INTERNATIONAL MATCHES 2023/2024

08.09.2023	Surabaya	Indonesia - Turkmenistan	2-0(1-0)	(F)
12.10.2023	Jakarta	Indonesia - Brunei Darussalam	6-0(2-0)	(WCQ)
17.10.2023	Bandar Seri Begawan	Brunei Darussalam - Indonesia	0-6(0-3)	(WCQ)
16.11.2023	Basra	Iraq - Indonesia	5-1(2-1)	(WCQ)
21.11.2023	Manila	Philippines - Indonesia	1-1(1-0)	(WCQ)
05.01.2024	Aksu	Indonesia - Libya	1-2(1-2)	(F)
09.01.2024	Al Rayyan	Indonesia - Iran	0-5(0-3)	(F)
15.01.2024	Al Rayyan	Indonesia - Iraq	1-3(1-2)	(AFC)
19.01.2024	Doha	Vietnam - Indonesia	0-1(0-1)	(AFC)
24.01.2024	Doha	Japan - Indonesia	3-1(1-0)	(AFC)
28.01.2024	Al Rayyan	Australia - Indonesia	4-0(2-0)	(AFC)
21.03.2024	Jakarta	Indonesia - Vietnam	1-0(0-0)	(WCQ)
26.03.2024	Hà Nội	Vietnam - Indonesia	0-3(0-2)	(WCQ)
02.06.2024	Jakarta	Indonesia - Tanzania	0-0	(F)
06.06.2024	Jakarta	Indonesia - Iraq	0-2(0-0)	(WCQ)
11.06.2024	Jakarta	Indonesia - Philippines	2-0(1-0)	(WCQ)

08.09.2023, Friendly International
Gelora Bung Tomo Stadium, Surabaya; Attendance: 13,814
Referee: Muhammad Usaid Jamal (Malaysia)
INDONESIA - TURKMENISTAN   2-0(1-0)
IDN: Nadeo Argawinata, Jordi Amat Maas, Sandy Henny Walsh (72.Wahyu Prasetyo), Asnawi Mangkualam Bahar, Alfeandra Dewangga Santosa (46.Egy Maulana Vikri), Mohammad Edo Febriansyah, Marc Anthony Klok, Adam Alis Setyano (85.Andy Setyo Nugroho), Saddil Ramdani (72.Stefano Yantje Lilipaly), Ricky Richard Kambuaya (60.Rachmat Irianto), Dendy Sulistyawan. Trainer: Shin Tae-yong (Korea Republic).
Goals: Dendy Sulistyawan (19), Egy Maulana Vikri (90+1).

12.10.2023, 23rd FIFA World Cup Qualifiers / 19th AFC Asian Cup Qualifiers first round
Gelora Bung Karno Stadium, Jakarta; Attendance: 23,318
Referee: Bijan Heydari (Iran)
INDONESIA - BRUNEI DARUSSALAM   6-0(2-0)
IDN: Nadeo Argawinata, Sandy Henny Walsh, Asnawi Mangkualam Bahar, Rizky Ridho Ramadhani, Pratama Arhan Alif Rifai (73.Shayne Elian Jay Pattynama), Elkan William Tio Baggott, Marc Anthony Klok (46.Ricky Richard Kambuaya), Saddil Ramdani (73.Egy Maulana Vikri), Muhammad Dimas Drajad, Dendy Sulistyawan (46.Witan Sulaeman), Hokky Caraka Bintang Brilliant (58.Muhammad Ramadhan Sananta). Trainer: Shin Tae-yong (Korea Republic).
Goals: Muhammad Dimas Drajad (7), Rizky Ridho Ramadhani (12), Muhammad Ramadhan Sananta (63 penalty, 67), Muhammad Dimas Drajad (72, 90+2).

17.10.2023, 23rd FIFA World Cup Qualifiers / 19th AFC Asian Cup Qualifiers first round
„Hassanal Bolkiah" National Stadium, Bandar Seri Begawan; Attendance: 17,281
Referee: Ahmed Faisal Al Ali (Jordan)
BRUNEI DARUSSALAM - INDONESIA   0-6(0-3)
IDN: Ernando Ari Sutaryadi, Sandy Henny Walsh (61.Asnawi Mangkualam Bahar), Fachrudin Wahyudi Aryanto, Shayne Elian Jay Pattynama (73.Pratama Arhan Alif Rifai), Rizky Ridho Ramadhani, Rachmat Irianto, Witan Sulaeman, Egy Maulana Vikri (61.Saddil Ramdani), Ricky Richard Kambuaya (73.Arkhan Fikri), Dendy Sulistyawan (61.Muhammad Ramadhan Sananta), Hokky Caraka Bintang Brilliant. Trainer: Shin Tae-yong (Korea Republic).
Goals: Hokky Caraka Bintang Brilliant (6), Egy Maulana Vikri (42), Hokky Caraka Bintang Brilliant (44), Witan Sulaeman (47 penalty), Rizky Ridho Ramadhani (63), Muhammad Ramadhan Sananta (82)

16.11.2023, 23rd FIFA World Cup Qualifiers / 19th AFC Asian Cup Qualifiers second round
Basra International Stadium, Basra; Attendance: 64,447
Referee: Eisa Ahmed Abdulaziz Al Marzouqi (United Arab Emirates)
IRAQ - INDONESIA   **5-1(2-1)**
IDN: Nadeo Argawinata, Jordi Amat Maas, Asnawi Mangkualam Bahar, Shayne Elian Jay Pattynama, Rizky Ridho Ramadhani, Elkan William Tio Baggott, Marc Anthony Klok (76.Witan Sulaeman), Adam Alis Setyano (46.Arkhan Fikri), Ricky Richardo Kambuaya (46.Saddil Ramdani), Muhammad Dimas Drajad (39.Rafael William Struick), Dendy Sulistyawan (76.Pratama Arhan Alif Rifai). Trainer: Shin Tae-yong (Korea Republic).
Goal: Shayne Elian Jay Pattynama (45+3).

21.11.2023, 23rd FIFA World Cup Qualifiers / 19th AFC Asian Cup Qualifiers second round
Rizal Memorial Stadium, Manila; Attendance: 9,880
Referee: Kim Jong-hyeok (Korea Republic)
PHILIPPINES - INDONESIA   **1-1(1-0)**
IDN: Ernando Ari Sutaryadi, Jordi Amat Maas (90+3.Arkhan Fikri), Sandy Henny Walsh (30.Witan Sulaeman), Asnawi Mangkualam Bahar, Shayne Elian Jay Pattynama (46.Pratama Arhan Alif Rifai), Rizky Ridho Ramadhani, Elkan William Tio Baggott, Saddil Ramdani, Rachmat Irianto, Ricky Richardo Kambuaya (71.Muhammad Ramadhan Sananta), Rafael William Struick (90+3.Hokky Caraka Bintang Brilliant). Trainer: Shin Tae-yong (Korea Republic).
Goal: Saddil Ramdani (70).

05.01.2024, Friendly International
Mardan Sports Complex, Aksu (Turkey); Attendance: n/a
Referee: Kadir Sağlam (Turkey)
INDONESIA - LIBYA   **1-2(1-2)**
IDN: Ernando Ari Sutaryadi, Jordi Amat Maas, Justin Quincy Hubner, Rizky Ridho Ramadhani, Pratama Arhan Alif Rifai, Elkan William Tio Baggott, Witan Sulaeman (75.Sandy Henny Walsh), Yakob Sayuri (80.Saddil Ramdani), Ivar Jenner (75.Ricky Richardo Kambuaya), Marselino Ferdinan Philipus (75.Egy Maulana Vikri), Rafael William Struick (75.Muhammad Ramadhan Sananta). Trainer: Shin Tae-yong (Korea Republic).
Goal: Yakob Sayuri (6).

09.01.2023, Friendly International
Al Rayyan Training Ground, Al Rayyan (Qatar); Attendance: n/a
Referee: Mohammed Braheh (Qatar)
INDONESIA - IRAN   **0-5(0-3)**
IDN: Ernando Ari Sutaryadi, Jordi Amat Maas, Justin Quincy Hubner (82.Ricky Richardo Kambuaya), Rizky Ridho Ramadhani, Pratama Arhan Alif Rifai (73.Mohammad Edo Febriansyah), Elkan William Tio Baggott, Witan Sulaeman (63.Saddil Ramdani), Yakob Sayuri (73.Egy Maulana Vikri), Ivar Jenner (82.Marc Anthony Klok), Marselino Ferdinan Philipus (63.Asnawi Mangkualam Bahar), Rafael William Struick (73.Muhammad Ramadhan Sananta). Trainer: Shin Tae-yong (Korea Republic).

15.01.2024, 18th AFC Asian Cup, Final Tournament, Group Stage
„Ahmad bin Ali Stadium", Al Rayyan (Qatar); Attendance: 16,532
Referee: Ilgiz Tantashev (Uzbekistan)
INDONESIA - IRAQ   **1-3(1-2)**
IDN: Ernando Ari Sutaryadi, Jordi Amat Maas, Asnawi Mangkualam Bahar (46.Witan Sulaeman), Justin Quincy Hubner, Rizky Ridho Ramadhani (88.Sandy Henny Walsh), Pratama Arhan Alif Rifai, Elkan William Tio Baggott (76.Ricky Richardo Kambuaya), Yakob Sayuri, Ivar Jenner (76.Marc Anthony Klok), Marselino Ferdinan Philipus, Rafael William Struick (76.Muhammad Dimas Drajad). Trainer: Shin Tae-yong (Korea Republic).
Goal: Marselino Ferdinan Philipus (37).

19.01.2024, 18th AFC Asian Cup, Final Tournament, Group Stage
„Abdullah bin Khalifa" Stadium, Doha (Qatar); Attendance: 7,253
Referee: Sadullo Gulmurodi (Tajikistan)
VIETNAM - INDONESIA   **0-1(0-1)**
IDN: Ernando Ari Sutaryadi, Jordi Amat Maas (69.Rizky Ridho Ramadhani), Sandy Henny Walsh, Asnawi Mangkualam Bahar (56.Witan Sulaeman), Justin Quincy Hubner, Pratama Arhan Alif Rifai, Egy Maulana Vikri (67.Adam Alis Setyano), Yakob Sayuri, Ivar Jenner, Marselino Ferdinan Philipus, Rafael William Struick (68.Hokky Caraka Bintang Brilliant). Trainer: Shin Tae-yong (Korea Republic).
Goal: Asnawi Mangkualam Bahar (42 penalty).

24.01.2024, 18th AFC Asian Cup, Final Tournament, Group Stage
Al Thumama Stadium, Doha (Qatar); Attendance: 26,453
Referee: Khamis Mohammed Al Marri (Qatar)
JAPAN - INDONESIA   **3-1(1-0)**
IDN: Ernando Ari Sutaryadi, Jordi Amat Maas, Sandy Henny Walsh, Justin Quincy Hubner, Rizky Ridho Ramadhani, Pratama Arhan Alif Rifai, Egy Maulana Vikri (73.Elkan William Tio Baggott), Yakob Sayuri (54.Witan Sulaeman), Ivar Jenner, Marselino Ferdinan Philipus, Rafael William Struick (89.Ricky Richardo Kambuaya). Trainer: Shin Tae-yong (Korea Republic).
Goal: Sandy Henny Walsh (90+1).

28.01.2024, 18th AFC Asian Cup, Final Tournament, Second Round of 16
„Jassim bin Hamad" Stadium, Al Rayyan (Qatar); Attendance: 7,863
Referee: Mohammed Abdulla Hassan Mohamed (United Arab Emirates)
AUSTRALIA - INDONESIA   **4-0(2-0)**
IDN: Ernando Ari Sutaryadi, Jordi Amat Maas, Sandy Henny Walsh, Asnawi Mangkualam Bahar (58.Witan Sulaeman), Shayne Elian Jay Pattynama, Justin Quincy Hubner, Elkan William Tio Baggott, Yakob Sayuri (75.Rizky Ridho Ramadhani), Ivar Jenner, Marselino Ferdinan Philipus, Rafael William Struick. Trainer: Shin Tae-yong (Korea Republic).

21.03.2024, 23rd FIFA World Cup Qualifiers / 19th AFC Asian Cup Qualifiers second round
Gelora Bung Karno Stadium, Jakarta; Attendance: 57,696
Referee: Salman Ahmad Falahi (Qatar)
INDONESIA - VIETNAM   **1-0(0-0)**
IDN: Muhammad Adi Satryo, Nathan Noël Romejo Tjoe-A-On (46.Egy Maulana Vikri), Justin Quincy Hubner, Rizky Ridho Ramadhani (80.Ricky Richardo Kambuaya), Witan Sulaeman, Jay Noah Idzes, Yakob Sayuri (46.Sandy Henny Walsh), Ivar Jenner, Marselino Ferdinan Philipus, Hokky Caraka Bintang Brilliant (46.Pratama Arhan Alif Rifai), Rafael William Struick (87.Muhammad Ramadhan Sananta). Trainer: Shin Tae-yong (Korea Republic).
Goal: Egy Maulana Vikri (52).

26.03.2024, 23rd FIFA World Cup Qualifiers / 19th AFC Asian Cup Qualifiers second round
Mỹ Đình National Stadium, Hà Nội; Attendance: 27,832
Referee: Alireza Faghani (Australia)
VIETNAM - INDONESIA   **0-3(0-2)**
IDN: Ernando Ari Sutaryadi, Asnawi Mangkualam Bahar (46.Yakob Sayuri), Nathan Noël Romejo Tjoe-A-On (90+4.Mohammad Edo Febriansyah), Justin Quincy Hubner, Rizky Ridho Ramadhani, Thom Jan Marinus Haye, Witan Sulaeman (77.Muhammad Ramadhan Sananta), Jay Noah Idzes, Ragnar Anthonius Maria Oratmangoen (90+5.Ricky Richardo Kambuaya), Marselino Ferdinan Philipus, Hokky Caraka Bintang Brilliant (46.Egy Maulana Vikri). Trainer: Shin Tae-yong (Korea Republic).
Goals: Jay Noah Idzes (9), Ragnar Anthonius Maria Oratmangoen (23), Muhammad Ramadhan Sananta (90+8).

02.06.2023, Friendly International
Madya Stadium Jakarta; Attendance: 5,831
Referee: Muhammad Taqi Aljaafari Jahari (Singapore)
INDONESIA - TANZANIA **0-0**
IDN: Ernando Ari Sutaryadi (46.Muhammad Adi Satryo), Jordi Amat Maas (78.Justin Quincy Hubner), Sandy Henny Walsh (78.Yakob Sayuri), Asnawi Mangkualam Bahar (46.M. Ferarri), Shayne Elian Jay Pattynama (46.Pratama Arhan Alif Rifai), Rizky Ridho Ramadhani, Thom Jan Marinus Haye (67.Nathan Noël Romejo Tjoe-A-On), Ivar Jenner (46.Ricky Richardo Kambuaya), Ragnar Anthonius Maria Oratmangoen (67.Egy Maulana Vikri), Marselino Ferdinan Philipus (78.Malik Risaldi), Rafael William Struick (67.Muhammad Dimas Drajad). Trainer: Shin Tae-yong (Korea Republic).

06.06.2024, 23rd FIFA World Cup Qualifiers / 19th AFC Asian Cup Qualifiers second round
Gelora Bung Karno Stadium, Jakarta; Attendance: 60,245
Referee: Shaun Evans (Australia)
INDONESIA - IRAQ **0-2(0-0)**
IDN: Ernando Ari Sutaryadi, Jordi Amat Maas [*sent off 59*], Sandy Henny Walsh (65.Asnawi Mangkualam Bahar), Shayne Elian Jay Pattynama (65.Pratama Arhan Alif Rifai), Nathan Noël Romejo Tjoe-A-On, Justin Quincy Hubner, Rizky Ridho Ramadhani, Thom Jan Marinus Haye (65.Ivar Jenner), Ragnar Anthonius Maria Oratmangoen, Marselino Ferdinan Philipus (88.Egy Maulana Vikri), Rafael William Struick (75.Yakob Sayuri). Trainer: Shin Tae-yong (Korea Republic).

11.06.2024, 23rd FIFA World Cup Qualifiers / 19th AFC Asian Cup Qualifiers second round
Gelora Bung Karno Stadium, Jakarta; Attendance: 64,942
Referee: Rustam Lutfullin (Uzbekistan)
INDONESIA - PHILIPPINES **2-0(1-0)**
IDN: Ernando Ari Sutaryadi, Calvin Ronald Verdonk (67.Pratama Arhan Alif Rifai), Asnawi Mangkualam Bahar (84.Sandy Henny Walsh), Nathan Noël Romejo Tjoe-A-On (63.Ivar Jenner), Justin Quincy Hubner, Rizky Ridho Ramadhani, Thom Jan Marinus Haye, Jay Noah Idzes, Ragnar Anthonius Maria Oratmangoen (84.Muhammad Dimas Drajad), Marselino Ferdinan Philipus, Rafael William Struick (63.Yakob Sayuri). Trainer: Shin Tae-yong (Korea Republic).
Goals: Thom Jan Marinus Haye (32), Rizky Ridho Ramadhani (56).

NATIONAL TEAM PLAYERS 2023/2024		
Name	DOB	Club
Goalkeepers		
Nadeo ARGAWINATA	09.03.1997	*Borneo FC Samarinda*
Ernando ARI Sutaryadi	27.02.2002	*Persatuan Sepakbola Surabaya*
Muhammad Adi SATRYO	07.07.2001	*Persatuan Sepakbola Indonesia Semarang*
Defenders		
Jordi AMAT Maas	21.03.1992	*Johor Darul Ta'zim FC Johor Bahru (MAS)*
Pratama ARHAN Alif Rifai	21.12.2001	*Tokyo Verdy (JPN);* *16.01.1024-> Suwon FC (KOR)*
Fachrudin Wahyudi ARYANTO	19.02.1989	*Madura United FC Pamekasan*
Elkan William Tio BAGGOTT	23.10.2002	*Ipswich Town FC (ENG)*
Alfeandra DEWANGGA Santosa	28.06.2001	*Persatuan Sepakbola Indonesia Semarang*
Justin Quincy HUBNER	14.09.2003	*Wolverhampton Wanderers FC (ENG);* *12.03.2024-> Cerezo Osaka (JPN)*

Jay Noah IDZES	02.06.2000	*Venezia FC (ITA)*
Rachmat IRIANTO	03.09.1999	*Persatuan Sepakbola Indonesia Bandung*
Asnawi MANGKUALAM Bahar	04.10.1999	*Jeonnam Dragons FC Gwangyang (KOR); 26.01.2024-> Port FC Bangkok (THA)*
Shayne Elian Jay PATTYNAMA	11.08.1998	*Viking FK Stavanger (NOR); 01.02.2024-> KAS Eupen (BEL)*
Wahyu PRASETYO	21.03.1998	*Persatuan Sepakbola Indonesia Semarang*
Rizky RIDHO Ramadhani	21.11.2001	*Persatuan Sepakbola Indonesia Jakarta*
Andy SETYO Nugroho	16.09.1997	*Persatuan Sepakbola Indonesia Kabupaten Bogor 1973*
Calvin Ronald VERDONK	26.04.1997	*NEC Nijmegen (NED)*
Sandy Henny WALSH	14.03.1995	*KV Mechelen (BEL)*

Midfielders

Adam ALIS Setyano	19.12.1993	*Borneo FC Samarinda*
Mohammad Edo FEBRIANSYAH	25.07.1997	*Persatuan Sepakbola Indonesia Bandung*
Marselino FERDINAN Philipus	09.09.2004	*KMSK Deinze (BEL)*
Arkhan FIKRI	28.12.2004	*Arema FC Malang*
Thom Jan Marinus HAYE	09.02.1995	*SC Heerenveen (NED)*
Ivar JENNER	10.01.2004	*FC Utrecht (NED)*
Ricky Richard KAMBUAYA	05.05.1996	*Dewa United FC Bandar Lampung*
Marc Anthony KLOK	20.04.1993	*Persatuan Sepakbola Indonesia Bandung*
Egy MAULANA Vikri	07.07.2000	*Dewa United FC Bandar Lampung*
Witan SULAEMAN	08.10.2001	*Persatuan Sepakbola Indonesia Jakarta; 14.11.2023-> Bhayangkara Presisi Indonesia FC Bekasi*
Nathan Noël Romejo TJOE-A-ON	22.12.2001	*SC Heerenveen (NED)*

Forwards

Hokky CARAKA Bintang Brilliant	21.08.2004	*Perserikatan Sepakbola Sleman*
Muhammad Dimas DRAJAD	30.03.1997	*Persatuan Sepakbola Indonesia Kabupaten Bogor 1973*
Stefano Yantje LILIPALY	10.01.1990	*Borneo FC Samarinda*
Ragnar Anthonius Maria ORATMANGOEN	21.01.1998	*Fortuna Sittard (NED)*
Saddil RAMDANI	02.01.1999	*Persatuan Bola Sepak Sabah (MAS)*
Malik RISALDI	23.10.1996	*Madura United FC Pamekasan*
Muhammad Ramadhan SANANTA	27.11.2002	*Persatuan Sepakbola Indonesia Surakarta*
Yakob SAYURI	22.09.1997	*Persatuan Sepakbola Makassar*
Rafael William STRUICK	27.03.2003	*ADO Den Haag (NED)*
Dendy SULISTYAWAN	12.10.1996	*Bhayangkara FC Jakarta*

National coaches

SHIN Tae-yong (Korea Republic) [from 01.01.2020]		11.10.1970

IRAN

Federation Directory:
Football Federation Islamic Republic of Iran
No. 4, Third St., Seoul Ave. 19958-73591 Tehran
Year of Formation: 1920
Member of FIFA since: 1948
Member of AFC since: 1958
Internet: www.ffiri.ir

The Country: Jomhuri-ye Islāmi-ye Irān (Islamic Republic of Iran)
Capital: Tehran
Surface: 1,648,195 km² / **Population:** 87,590,873 [2023] / **Time:** UTC+3.30

NATIONAL TEAM RECORDS

First international match:
25.08.1941, Kabul: Afghanistan – Iran 0-0

Most international caps:	Most international goals:
Javad Nekounam	Ali Daei
149 caps (2000-2015)	**108 goals** / 148 caps (1993-2006)

NATIONAL TEAM COMPETITIONS

	ASIAN NATIONS CUP		FIFA WORLD CUP
1956	*Withdrew*	1930	
1960	Qualifiers	1934	*Not a member of FIFA*
1964	*Withdrew*	1938	
1968	**Final Tournament (Winners)**	1950	Did not enter
1972	**Final Tournament (Winners)**	1954	Did not enter
1976	**Final Tournament (Winners)**	1958	Did not enter
1980	Final Tournament (3rd Place)	1962	Did not enter
1984	Final Tournament (4th Place)	1966	Did not enter
1988	Final Tournament (3rd Place)	1970	Did not enter
1992	Final Tournament (Group Stage)	1974	Qualifiers
1996	Final Tournament (3rd Place)	1978	Final Tournament (Group Stage)
2000	Final Tournament (Quarter-Finals)	1982	*Withdrew*
2004	Final Tournament (3rd Place)	1986	*Disqualified*
2007	Final Tournament (Quarter-Finals)	1990	Qualifiers
2011	Final Tournament (Quarter-Finals)	1994	Qualifiers
2015	Final Tournament (Quarter-Finals)	1998	Final Tournament (Group Stage)
2019	Final Tournament (Semi-Finals)	2002	Qualifiers
2023	Final Tournament (Semi-Finals)	2006	Final Tournament (Group Stage)
		2010	Qualifiers
		2014	Final Tournament (Group Stage)
		2018	Final Tournament (Group Stage)
		2022	Final Tournament (Group Stage)

OLYMPIC FOOTBALL TOURNAMENTS 1908-2020

1908 to 1928	Teams from Asia did not enter	1980	Qualified, but later boycotted
		1984	Boycotted
		1988	Qualifiers
1936	Not a member of IOC	1992	Qualifiers
1948	Did not enter	1996	Qualifiers
1952	Did not enter	2000	Qualifiers
1956	Withdrew	2004	Qualifiers
1960	Did not enter	2008	Qualifiers
1964	Final Tournament (Group Stage)	2012	Qualifiers
1968	Withdrew	2016	Qualifiers
1972	Final Tournament (Group Stage)	2020	Qualifiers
1976	Final Tournament (Quarter-Finals)		

ASIAN GAMES 1951-2022		WEST ASIAN CHAMPIONSHIP 2000-2019		WEST ASIAN GAMES 1997-2005		CENTRAL ASIAN NATIONS CUP 2023->	
1951	Runners-up	2000	Winners	1997	Winners	2023	Winners
1954	-	2002	3rd Place	2002	Runners-up		
1958	Group Stage	2004	Winners	2005	3rd Place		
1962	-	2007	Winners				
1966	Runners-up	2008	Winners				
1970	Group Stage	2010	Runners-up				
1974	**Winners**	2012	Group Stage				
1978	Withdrew	2014	Did not enter				
1982	Quarter-Finals	2019	-				
1986	Quarter-Finals						
1990	**Winners**						
1994	Group Stage						
1998	**Winners**						
2002	**Winners**						
2006	3rd Place						
2010	4th Place						
2014	Group Stage						
2018	2nd Round of 16						
2022	Quarter-Finals						

IRANIAN CLUB HONOURS IN ASIAN CLUB COMPETITIONS

AFC Champions League 1967-1971 & 1985/1986-2024		
Esteghlal Tehran FC	2	1970, 1990/1991
PAS Tehran FC	1	1992/1993
Asian Football Confederation Cup 2004-2024		
None		
AFC President's Cup 2005-2014*		
None		
Asian Cup Winners Cup 1975-2003*		
Persepolis Tehran FC	1	1991
Asian Super Cup 1995-2002*		
None		

*defunct competitions

OTHER CLUB COMPETITIONS:

Afro-Asian Club Championship 1986–1998*
None

*defunct competition

NATIONAL COMPETITIONS
TABLE OF HONOURS

	CHAMPIONS	CUP WINNERS
	Regional League	
1960	Shahin Tehran FC	-
1961	No competition	-
1962	No competition	-
1963	Daraei Tehran FC	-
1964	No competition	-
1965	No competition	-
1966	No competition	-
1967	PAS Tehran FC	-
1968	PAS Tehran FC	-
1969	No competition	-
1970	Taj Tehran FC*	-
1971	Persepolis Tehran FC	-
1972	No competition	-
	Takht Jamshid League	
1973	Persepolis Tehran FC	-
1974	Taj Tehran FC	-
1975	Persepolis Tehran FC	-
1976	PAS Tehran FC	Malavan Anzali FC
1977	PAS Tehran FC	Esteghlal Tehran FC
1978	Not finished	*1978-1985*
1979-1989	No competition	*No competition*
		1986: Malavan Anzali FC
		1987: Persepolis Tehran FC
		1988: Shahin Tehran FC
	Qods League	
1989/1990	Esteghlal Tehran FC	Malavan Anzali FC
	Azadegan League	
1991	PAS Tehran FC	Persepolis Tehran FC
1992	PAS Tehran FC	No competition
1993	Saipa Karaj FC	No competition
1994	Saipa Karaj FC	Saipa Karaj FC
1995	-	Bahman Karaj FC
1995/1996	Persepolis Tehran FC	Esteghlal Tehran FC
1996/1997	Persepolis Tehran FC	Bargh Shiraz FC
1997/1998	Esteghlal Tehran FC	No competition
1998/1999	Persepolis Tehran FC	Persepolis Tehran FC
1999/2000	Persepolis Tehran FC	Esteghlal Tehran FC
2000/2001	Esteghlal Tehran FC	Basij Moghavemat Shahid Sepasi Fars FC
	Iran Premier League	
2001/2002	Persepolis Tehran FC	Esteghlal Tehran FC
2002/2003	Sepahan Isfahan FC	Zob Ahan FC Fooladshahr

2003/2004	PAS Tehran FC	Sepahan Isfahan FC
2004/2005	Foolad Khuzestan Ahvaz FC	Saba Battery Tehran FC
2005/2006	Esteghlal Tehran FC	Sepahan Isfahan FC
2006/2007	Saipa Karaj FC	Sepahan Isfahan FC
2007/2008	Persepolis Tehran FC	Esteghlal Tehran FC
2008/2009	Esteghlal Tehran FC	Zob Ahan FC Isfahan
2009/2010	Sepahan Isfahan FC	Persepolis Tehran FC
2010/2011	Sepahan Isfahan FC	Persepolis Tehran FC
2011/2012	Sepahan Isfahan FC	Esteghlal Tehran FC
2012/2013	Esteghlal Tehran FC	Sepahan Isfahan FC
2013/2014	Foolad Khuzestan FC Ahvaz	Tractor Sazi FC Tabriz
2014/2015	Sepahan Isfahan FC	Zob Ahan FC Fooladshahr
2015/2016	Esteghlal Meli-Sanati Khuzestan FC Ahvaz	Zob Ahan FC Fooladshahr
2016/2017	Persepolis Tehran FC	Naft Tehran FC
2017/2018	Persepolis Tehran FC	Esteghlal Tehran FC
2018/2019	Persepolis Tehran FC	Persepolis Tehran FC
2019/2020	Persepolis Tehran FC	Tractor Sazi FC Tabriz
2020/2021	Persepolis Tehran FC	Foolad Khuzestan FC Ahvaz
2021/2022	Esteghlal Tehran FC	FC Nassaji Mazandaran Qa'em Shahr
2022/2023	Persepolis Tehran FC	Persepolis Tehran FC
2023/2024	Persepolis Tehran FC	Sepahan Isfahan FC

*became later Esteghlal Tehran FC;
Note: Persepolis Tehran FC is called also Piroozi FC Tehran.

NATIONAL CHAMPIONSHIP
Persian Gulf Pro League 2023/2024

1.	**Persepolis Tehran FC**	30	20	8	2	45 - 18	68
2.	Esteghlal Tehran FC	30	19	10	1	40 - 15	67
3.	Sepahan Isfahan FC	30	17	6	7	53 - 26	57
4.	Tractor Sazi FC Tabriz	30	16	6	8	42 - 22	54
5.	Zob Ahan FC Fooladshahr	30	11	9	10	30 - 29	42
6.	Malavan Bandar Anzali FC	30	10	11	9	31 - 26	41
7.	Aluminium Arak FC	30	10	9	11	27 - 33	39
8.	Shams Azar FC Qazvin	30	11	9	10	35 - 35	39
9.	Gol Gohar Sirjan FC	30	8	12	10	29 - 28	36
10.	Mes Rafsanjan FC	30	8	11	11	32 - 37	35
11.	Foolad Khuzestan FC Ahvaz	30	7	8	15	20 - 40	29
12.	FC Nassaji Mazandaran Qa'em Shahr	30	7	8	15	27 - 36	29
13.	Havadar SC Tehran	30	6	11	13	31 - 48	29
14.	Esteghlal Khuzestan FC Ahvaz	30	6	10	14	31 - 42	28
15.	Paykan FC Tehran (*Relegated*)	30	4	15	11	25 - 38	27
16.	Sanat Naft FC Abadan (*Relegated*)	30	4	9	17	24 - 49	21

Best goalscorer 2023/2024:
Shahriyar Moghanlou (Sepahan Isfahan FC) – 16 goals

Promoted for the 2024/2025 season:
FC Kheybar Khorramabad, Chadormalou Ardakan

NATIONAL CUP
Hazfi Cup - Final 2023/2024

20.06.2024, Azadi Stadium, Tehran; Attendance: 15,000
Referee: Bijan Heydari
Sepahan Isfahan FC - Mes Rafsanjan FC   **2-0(2-0)**
Sepahan Isfahan FC: Nima Mirzazad, Ramin Rezaeian, Siavash Yazdani, Mohammad Daneshgar, Omid Noorafkan (89.Abbas Habibi), Bryan Dabo, Seyed Mohammad Karimi (Cap), Farshad Ahmadzadeh (90+3.Ali Ahmadi), Mohammadjavad Hosseinnejad (89.Reza Asadi), Shahriar Moghanlou (71.Kaveh Rezaei), Reza Shekari (71.Aria Yousefi). Trainer: José Manuel Ferreira de Morais (Portugal).
Mes Rafsanjan FC: Hamed Lak, Hassan Jafari (Cap), Seyed Majid Nasiri, Ramtin Soleimanzadeh, Meysam Teymouri, Jalaleddin Alimohammadi, Farshid Bagheri, Muntadher Mohammed Jebur Maslookhi, Saeed Vasei (71.Mohammad Akbari), Mohammadmehdi Mohebi (75.Erfan Shahriari), Sajjad Shahbazzadeh. Trainer: Moharram Navidkia.
Goals: 1-0 Shahriar Moghanlou (8), 2-0 Shahriar Moghanlou (23 penalty).

THE CLUBS 2023/2024

ALUMINIUM ARAK FOOTBALL CLUB

Year of Formation: 2001
Stadium: "Imam Khomeini" Stadium, Arak (15,000)

Trainer:				
Mojtaba Hosseini	05.05.1974			

THE SQUAD	DOB	M	(s)	G
Goalkeepers:				
Ahmad Gohari	12.01.1996	27		
Mohammad Khalife	19.08.2004	3		
Defenders:				
Younes Akbarpour	16.03.2002	30		
Milad Badragheh	17.08.1996	25	(1)	
Milad Fakhreddini	26.05.1990	11	(2)	2
Ehsan Ghahari	17.06.1998	17	(3)	1
Bahram Goudarzi	20.10.2005	2	(4)	
Mohammad Moslemipour	25.05.1997		(1)	
Mehran Mousavi	20.04.1991	27		3
Behrouz Norouzifard	22.05.1994	22	(1)	1
Abolfazl Soleimani	09.04.2001	3	(4)	
Midfielders:				
Abolfazl Ghanbari	08.04.2004		(15)	
Aref Haji Eydi	06.04.1999	22	(6)	3
Amin Jahan Kohan	07.03.1993	20	(3)	
Mohammad Amin Kazemian	22.07.1996	14	(7)	5
Alireza Naghizadeh	04.03.1993	14	(12)	
Amir Nouri	19.06.1996	15	(12)	3
Ali Vatandoust	14.04.2002		(6)	
Forwards:				
Shervin Bozorg	14.04.1992	4	(18)	1
Reza Jabireh	07.07.1997	8	(19)	3
Amirhossein Khademi	20.05.2004		(1)	
Mehdi Limouchi	23.11.1999	29		5
Mohammadmehdi Lotfi	23.08.2000	26	(2)	

Esmaeil Sharifat	07.09.1988		(7)
Morteza Tabrizi	06.01.1991	11	

ESTEGHLAL TEHRAN FOOTBALL CLUB
Year of Formation: 1945
Stadium: Azadi Stadium, Tehran (78,116)

| **Trainer:** | Javad Nekounam | 07.09.1980 | | |

THE SQUAD	DOB	M	(s)	G
Goalkeepers: Seyed Hossein Hosseini	30.06.1992	29		
Mohammadreza Khaledabadi	30.04.2001	1		
Defenders: Milad Fakhreddini	26.05.1990	3	(5)	
Saleh Hardani	14.09.1998	21	(4)	1
Abolfazl Jalali	26.06.1998	27	(2)	1
Mohammad Hossein Moradmand	22.06.1993	15	(1)	2
Raphael da *Silva* Arruda (BRA)	20.04.1992	10		
Iman Salimi	01.06.1996	18	(4)	2
Jafar Salmani	12.01.1997	5	(18)	
Armin Sohrabian	26.07.1995	17		4
Saman Touranian	12.12.2001		(3)	
Midfielders: Roozbeh Cheshmi	24.06.1993	28		2
Omid Hamedifar	20.08.2000	8	(14)	
Mehdi Mehdipour	25.10.1994	20	(2)	1
Saeid Mehri	16.09.1995	4	(7)	
Zobeir Niknafs	12.04.1993	15	(8)	
Arash Rezavand	05.10.1993	29		1
Mohammad Hossein Zavari	11.01.2001		(1)	
Forwards: Peyman Babaei	14.02.1994	1	(18)	1
Sobhan Khaghani	27.01.2000		(2)	
Gustavo Ezequiel Blanco Leschuk (ARG)	05.11.1991	20	(4)	6
Jaloliddin Masharipov (UZB)	01.09.1993	14		2
Mehrdad Mohammadi	29.09.1993	20	(7)	8
Amir Arsalan Motahari	10.03.1993	3	(4)	1
Arman Ramezani	22.06.1992	8	(19)	3
Amirali Sadeghi	09.02.2001		(1)	
Kevin Yamga (FRA)	07.09.1996	14	(1)	4

ESTEGHLAL KHUZESTAN FOOTBALL CLUB AHVAZ
Year of Formation: 2011
Stadium: Takhti Stadium, Ahvaz (10,000)

| **Trainer:** | Sirous Pourmousavi | 27.03.1971 | | |

THE SQUAD	DOB	M	(s)	G
Goalkeepers: Farzin Garousian	19.07.1992	14	(1)	
Hassan Pourhamidi	26.03.1998	16		

Defenders:		DOB	M	(s)	G
	Soheil Delfiefard	10.02.2002		(1)	
	Azim Goog	25.01.1996	2		
	Ali Helichi	07.10.1995	19	(2)	
	Saeid Irankhah	12.02.2001	1	(1)	
	Ahmadreza Jalali	14.08.2001	6	(4)	
	Aghil Kaabi	29.07.1990	6	(1)	
	Matin Karimzadeh	01.07.1998	11	(3)	
	Alireza Khoshkafa	20.03.1996	15	(9)	1
	Ousmane N'Dong (SEN)	20.09.1999	14		3
	Hossein Saki	10.05.1997	22	(5)	
	Mohammad Tayebi	11.09.1986	12	(1)	1
	Dostonbek Tursunov (UZB)	13.06.1995	11	(1)	
Midfielders:	Mohammad Abshak	27.01.1987	7	(2)	
	Hossein Ahmadi	16.11.1999	6	(8)	
	Amirhossein Jalalivand	02.01.2003	1	(4)	
	Foad Koroushat	20.01.2004		(1)	
	Amirmohammad Mohkamkar	20.12.2001	12	(4)	1
	Mahmoud Motlaghzadeh	11.05.1994	24	(3)	2
	Sávio Roberto Juliao Figueiredo (BRA)	30.04.1996	11	(2)	2
	Hassan Shoushtari	16.07.1993	23	(5)	2
	Mohammad Soltani Mehr	04.02.1999	5	(3)	
Forwards:	Javad Aghaeipour	06.12.1999	26	(3)	9
	Aso Rostam Mohammed Al Jaf (IRQ)	01.12.1994	13	(1)	4
	Behrouz Barani	11.11.1995	17	(10)	1
	Mohammadhossein Baseri	25.09.2001	6	(8)	
	Reza Dehghani	07.01.1998	3		
	Alireza Kazemi	27.05.1999	11	(16)	3
	Abolfazl Koohi		5	(5)	
	Alireza Rahmati	10.08.2001		(3)	
	Peyman Ranjbari	21.08.1992	6	(7)	1
	Bahman Salari	30.01.1993	2	(4)	
	Abolfazl Taherinejad	20.04.2002	2	(9)	
	Rahim Zahivi	19.08.1989	1	(2)	

FOOLAD KHUZESTAN FOOTBALL CLUB AHVAZ

Year of Formation: 1986
Stadium: Foolad Arena, Ahvaz (30,655)

Trainer:		
	Alireza Mansourian	12.12.1971
[24.08.2023]	Oli Gladison (BRA)	
[05.09.2023]	Juan Ignacio Martínez Jiménez (ESP)	23.06.1974
[13.02.2024]	Seyed Ahmad Alenemeh	20.10.1982
[16.03.2024]	Abdollah Veisi	22.03.1971

THE SQUAD		DOB	M	(s)	G
Goalkeepers:	Shahab Gordan	22.05.1984	6		
	Christopher Knett (AUT)	01.08.1990	24		
Defenders:	Jeferson Silva dos Santos „Jeferson Bahia" (BRA)	28.05.1992	22	(3)	
	Moussa Coulibaly (MLI)	10.03.1993	28		3

		DOB	M	(s)	G
	Ali Hassani	13.08.2006	1		
	Vahid Heydarieh	03.01.1993	13	(4)	
	Mohammad Khademi Monfared		6	(6)	
	Mojtaba Najarian	25.01.1998	22	(5)	1
	Sina Shah Abbasi	12.08.1999	6	(2)	
	Ali Shojaei	08.01.1997	14	(9)	
	Shahin Tavakoli	30.08.1993	25		
	Behnam Teymourian	05.06.2004		(2)	
	Ayoub Vali	09.08.1987	1		
Midfielders:	Mohammad Abshak	27.01.1987	7	(6)	
	Alireza Bavieh	21.08.2002	1	(6)	
	Hamid Bouhamdan	23.07.1989	9	(3)	1
	Lucas Cândido Silva (BRA)	25.12.1993	15	(10)	1
	Mohammadreza Ghobeishavi	24.01.2000	7	(12)	1
	Mohammad Jaymand	24.02.2000		(2)	
	Sina Moridi	05.05.1996	18	(5)	
	Saeed Vasei	19.12.1994	3	(7)	
Forwards:	Mohammad Abbaszadeh	09.05.1990	5	(3)	1
	Mohammad Alinejad	03.07.1993	24	(3)	1
	Sasan Ansari	04.05.1991	27	(2)	5
	Adel Arghand		4	(13)	1
	Mohammad Askari	07.02.2006	14	(5)	2
	Ibrahim Hesar (SYR)	15.11.1993	5	(7)	1
	Luciano Pereira Mendes „Luciano Chimba" (BRA)	15.10.1983	8	(4)	
	Ali Kolahkaj	08.10.2005		(4)	
	Godwin Mensha (NGA)	02.09.1989	4	(9)	1
	Abolfazl Moredi	07.02.2006		(2)	
	Ehsan Pahlevan	25.07.1993	11	(3)	

GOL GOHAR SIRJAN FOOTBALL CLUB

Year of Formation: 1997
Stadium: Gol Gohar Sports Complex, Sirjan (8,000)

Trainer:	Marinos Ouzounidis (GRE)	10.10.1968			
	THE SQUAD	**DOB**	**M**	**(s)**	**G**
Goalkeepers:	Mohammadreza Akhbari	15.02.1993	28		
	Mohsen Forouzan	03.05.1988	2		
Defenders:	Alireza Arta	04.02.1997	14	(2)	
	Behnam Barzay	11.02.1993	19	(6)	
	Saman Fallah	12.05.2001	19	(3)	
	Mehran Golzari	10.07.1990	7	(1)	
	Amir Jafari	18.01.2002	2	(8)	
	Abolfazl Razzaghpour	17.09.1997	28		
	Mehdi Tikdari	13.06.1996	13	(8)	
	Masih Zahedi	12.01.1993	24		2
Midfielders:	Ali Asghar Ashouri	04.10.1988	14	(6)	2
	Alireza Alizadeh	11.02.1993	24	(1)	2
	Eric Baboué Bagnama Bocoum (GAB)	10.03.1996	13	(11)	1

		DOB	M	(s)	G
	Hamid Bouhamdan	23.07.1989	6	(8)	
	Ghaem Eslamikhah	17.01.1995	8	(3)	1
	Pouria Latififar	16.08.2003		(13)	
	Abbas Sharafi	29.01.2003	2	(2)	
	Roberto Torres Morales (ESP)	07.03.1989	21		5
	Ahmad Zendehrouh	09.07.1992	27	(1)	7
Forwards:	Amirreza Eslamtalab	30.01.2003	2	(7)	
	Masoud Kazemayni	08.11.1997	1	(11)	
	Alireza Koushki	15.02.2000	16	(7)	1
	Mehdi Mamizadeh	15.04.2000	13	(13)	1
	Saeid Saharkhizan	26.06.2003	25	(3)	8
	Erfan Shahriari	19.05.2002	1		
	Mitchell Quinten Te Vrede (SUR)	07.08.1991	1	(10)	

HAVADAR SPORT CLUB TEHRAN

Year of Formation: 2018
Stadium: Shahid Dastgerdi Stadium, Tehran (8,250)

Trainer:	Mahmoud Fekri	15.01.1970			
[22.12.2023]	Masoud Shojaei	09.06.1984			

THE SQUAD		DOB	M	(s)	G
Goalkeepers:	Alireza Haghighi	02.05.1988	27		
	Arsha Shakouri	01.10.2006	3	(1)	
Defenders:	Mehdi Abdi	21.03.1989	19	(2)	
	Fariborz Gerami	02.05.1993	14		
	Mojtaba Lotfi	18.03.1989	5		
	Ali Malakoutikhah	04.01.2003	1		
	Morteza Mansouri	23.06.1990	22	(2)	
	Aref Mohammadalipour	03.02.2001		(1)	
	Saeb Mohebi	28.08.1993	17	(5)	2
	Sobhan Pasandideh	26.10.1999	17	(3)	
	Amirhossein Pourmohammad	24.05.1998	7	(1)	
	Mohsen Sefid Choghaei	15.07.1997	19	(2)	2
Midfielders:	Mohammad Abbasi	03.09.2000	23	(6)	
	Mohammad Chaharmahali	13.06.1993	7	(5)	
	Ghaem Eslamikhah	17.01.1995	13	(3)	
	Mehdi Goudarzi	09.12.2003	11	(9)	
	Ayoub Kalantari	22.11.1990	5	(1)	
	Mohammad Miri	04.03.1990	12	(6)	1
	Amin Pourali	12.04.1988	13	(1)	1
	Edris Rahmani	20.10.2002	4	(2)	
	Dariush Shojaeian	07.04.1992	19	(7)	6
	Farhad Zavoshi	08.02.2003	4	(14)	
Forwards:	Mohammadali Abdollahi	14.04.2002		(8)	
	Mehdi Bagheri	21.03.2003	2	(11)	1
	Amirhossein Bahador	27.11.2001	4	(17)	1
	Mohammad Dindar	26.05.2005	4	(9)	
	Abdol Karim Eslami	08.04.1986	20	(7)	5

Amin Ghaseminejad	22.11.1986	21	(1)	5
Erfan Ghorbani	27.01.2003		(1)	
Babak Moradi	29.07.1993	8	(8)	3
Younes Shakeri	1990	8	(6)	2
Omid Singh	09.01.1993	1		1

MALAVAN BANDAR ANZALI FOOTBALL CLUB
Year of Formation: 1969
Stadium: „Sirous Ghayeghran" Stadium, Bandar-e Azali (9,000)

Trainer:	Mehdi Tartar	24.09.1972		

	THE SQUAD	DOB	M	(s)	G
Goalkeepers:	Habib Far Abbasi	04.09.1997	15		
	Hossein Akbar Monadi	31.01.1996	4		
	Saber Aslani			(1)	
	Afshar Sedaghat	07.08.2001	13	(1)	
	Parham Ghanad	02.02.2003	1		
Defenders:	Arman Akvan	03.05.1993	27	(1)	
	Milad Bagheri	11.11.1994	19	(5)	1
	Majid Eydi	19.09.1996	30		1
	Pedram Ghazipour	25.06.1997	25	(2)	2
	Parham Javadi	02.03.2001		(2)	
	Mohammadreza Khanzadeh	20.01.1992	1		
	Jalal Maddahi	28.03.2002	1	(4)	
	Mostafa Naeij Pour	20.03.1996		(1)	
	Hamed Noormohammadi	22.05.1986	25	(1)	
	Mohammad Tayebi	11.09.1986	5	(2)	
Midfielders:	Mehran Ahmadi	26.12.1997	17	(10)	
	Mohammadreza Bordbar	26.08.2004	9	(11)	
	Parham Movaghari	05.11.2000	1	(9)	
	Mohammad Omri	12.03.2000	10	(4)	1
	Amin Pourali	12.04.1988	4	(6)	
	Pouya Pourali	22.03.1996	25		1
	Sina Saadatmand	07.01.2002	1	(3)	
	Hossein Sadeghi	11.09.1990	18	(7)	1
	Milad Sarlak	26.03.1995	4	(2)	
	Milad Shabanloo	02.01.1995	1	(5)	1
Forwards:	Saeid Bagherpasand	26.03.1991	1	(2)	
	Soheil Fadakar	07.09.1998	5	(16)	
	Iliya Imani	29.08.2004		(1)	
	Reza Jafari	11.01.1997	28	(2)	9
	Masoud Kazemayni	08.11.1997	5	(8)	3
	Sajad Mosayebzadeh			(2)	
	Ali Ramezani	14.04.2001		(2)	
	Peyman Ranjbari	21.08.1992	4	(5)	1
	Mahan Sadeghi	23.03.2006		(4)	
	Abouzar Safarzadeh	24.12.1995	17	(11)	
	Mohammad Reza Soleimani	03.08.1995	17	(5)	8

MES RAFSANJAN FOOTBALL CLUB

Year of Formation: 1997
Stadium: Shohadaye Mes Stadium, Rafsanjan (10,000)

Trainer:			
	Saket Elhami	24.05.1971	
[03.02.2024]	Moharram Navidkia	01.11.1982	

THE SQUAD	DOB	M	(s)	G
Goalkeepers: Hamed Lak	24.11.1990	24		
Davoud Noushi Soufiani	15.07.1990	6	(1)	
Defenders: Ali Adnan Kadhim Al Tameemi (IRQ)	19.12.1993	16	(5)	
Hassan Jafari	21.07.1990	26	(2)	1
Mustafa Mohammed Jebur Mashlukhi (IRQ)	14.01.1998		(1)	
Mohammadreza Mehdizadeh	19.02.1994	1	(5)	
Seyed Majid Nasiri	14.05.2000	9	(6)	
Mohammad Nejad Mehdi	20.10.1992	25		
Ramtin Soleimanzadeh	08.11.1988	20	(5)	
Meysam Teymouri	06.07.1992	25	(2)	1
Midfielders: Mohammad Akbari		1	(15)	1
Jalaleddin Alimohammadi	15.06.1990	24	(4)	6
Farshid Bagheri	05.06.1992	27		3
Nima Entezari	18.07.1996	6	(6)	
Mohammad Khodabandelou	07.09.1999	13	(2)	1
Muntadher Mohammed Jebur Maslookhi (IRQ)	05.06.1999	9	(15)	3
Meysam Rezaei	28.08.2003		(1)	
Saeed Vasei	19.12.1994	11	(1)	2
Forwards: Mohsen Azarbad	12.11.1989	14	(1)	
Reza Dehghani	07.01.1998	3	(5)	1
Hossein Karimzadeh	03.03.1996	5	(12)	
Luciano Pereira Mendes „Luciano Chimba" (BRA)	15.10.1983	8	(2)	5
Hossein Mehraban	12.05.1996	1	(12)	
Mohammadmehdi Mohebi	10.02.2000	28	(2)	3
Shervin Rezaei	23.02.2002		(1)	
Sajjad Shahbazzadeh	23.01.1990	22	(3)	4
Erfan Shahriari	19.05.2002	1	(9)	
Mehdi Torkaman	08.03.1989	5	(12)	1

FOOTBALL CLUB NASSAJI MAZANDARAN QA'EM SHAHR

Year of Formation: 1959
Stadium: Vatani Stadium, Qa'em Shahr (15,000)

Trainer:			
	Seyed Mehdi Rahmati Oskuei	03.02.1983	
[19.12.2023]	Vahid Rezaei		
[25.12.2023]	Luis Lucas Alcaraz González (ESP)	21.06.1966	
[23.02.2024]	Saket Elhami	24.05.1971	

THE SQUAD	DOB	M	(s)	G
Goalkeepers: Hossein Khatir	28.01.2000	1	(1)	
Rashid Mazaheri	18.05.1989	14		

	Luan Polli Gomes (BRA)	06.04.1993	9		
	Alireza Rezaei	11.12.1999	6		
Defenders:	Saeid Aghaei	09.02.1995	11	(2)	
	Saeid Gholamalibeigi	04.09.1993	21	(7)	
	Ehsan Hosseini	03.10.1998	16	(1)	
	Amirmohammad Houshmand	08.05.2000	26		2
	Amir Mehdi Janmaleki	01.02.1999	16	(6)	1
	Mohammadreza Mehdizadeh	19.02.1994	2		
	Vahid Mohammadzadeh	16.05.1989	13	(3)	2
	Seyed Ahmad Mousavi	04.02.1992	1	(3)	
	Amirhossein Sam	31.03.2003	7	(9)	1
	Mersad Seifi	11.08.2003	7	(5)	
Midfielders:	Mehrdad Abdi	13.08.1992	14	(10)	2
	Esmaeil Babaei	14.04.1997	11	(8)	
	Mansour Bagheri	16.10.1998	14		2
	Ali Davaran	04.09.2000	1	(1)	
	Farshid Esmaeili	23.02.1994	6	(6)	1
	Mahmoud Ghaed Rahmati	06.12.1991	16	(2)	
	José Antonio Delgado Villar „Nono" (ESP)	30.03.1993	6	(3)	1
	Mohammadreza Torabi	18.07.2004	4	(3)	
Forwards:	Mohammadreza Abbasi	27.07.1996	22	(1)	1
	Mohammad Abbaszadeh	09.05.1990	4	(9)	2
	Alaa Abbas Abdulnabi Al Farttoosi (IRQ)	27.07.1993	7	(3)	1
	Mohammad Reza Azadi	07.12.1999	25	(2)	8
	Aria Barzegar	10.10.2002	2	(12)	
	Saber Hardani	27.10.1996	17	(10)	
	Mohammadreza Hosseini	15.09.1989	7	(5)	
	Ahad Jamshidi	22.12.2004	1	(2)	
	Seyed Mohsen Karimi	20.09.1994		(1)	
	Amirhossein Mahjori	08.11.2002		(6)	
	Mehdi Rezaei	19.08.2004	1	(6)	
	Hossein Zamehran	21.03.1992	22	(5)	1

PAYKAN FOOTBALL CLUB TEHRAN

Year of Formation: 1967
Stadium: Shahid Dastgerdi Stadium, Tehran (8,250)

Trainer:	Rasoul Paki Khatibi	22.09.1978			
[22.11.2023]	Gholamreza Enayati	23.09.1976			

THE SQUAD		DOB	M	(s)	G
Goalkeepers:	Mohammadreza Dinarvand	03.05.2002	4	(1)	
	Mohammad Nasseri	26.04.1993	19		
	Iman Sadeghi	09.01.1992	7	(1)	
Defenders:	Moein Abbasian	18.08.1989	2	(5)	
	Iman Akbari	26.03.1999	17	(3)	
	Mohammad Azhir	06.01.1997	12	(2)	
	Mohammad Hossein Fallah	07.03.2000	17	(3)	4
	Amirhossein Gholami	17.12.1997	1	(2)	

		DOB	M	(s)	G
	Seyed Abdollah Hosseini	06.07.1990	1		
	Danial Jahanbakhsh	10.10.1998	20	(1)	
	Aliakbar Ranjbar	02.02.2004	15	(6)	
	Mohammad Sattari	30.10.1993	13	(1)	
	Amirhossein Sedghi	29.01.1996	21	(3)	1
	Amir Taher	25.08.1999	12	(2)	1
Midfielders:	Alireza Afkham	26.09.2004		(3)	
	Mohammadjavad Azadeh	03.12.1999	27	(1)	
	Mansour Bagheri	16.10.1998	14		
	Mobin Dehghan	11.09.2005	3	(10)	
	Farshid Esmaeili	23.02.1994	9	(3)	
	Mojtaba Haghdoost	22.01.1996	11	(5)	
	Gholamreza Sabet Imani	06.04.2000	14	(3)	
	Ali Asghar Sadeghi	01.02.2001	3	(5)	
	Afshin Sadeghi	07.07.2005		(1)	
	Shahin Saghebi	25.08.1993		(1)	
	Abolfazl Zamani	01.03.2006		(6)	1
Forwards:	Mohammad Aslani	27.11.2003	1	(6)	
	Mehrdad Bayrami	21.09.1990	5	(6)	
	Reza Ghandipour	13.01.2006	5	(3)	1
	Ali Ghorbani	18.09.1990	14	(1)	4
	Arash Hashemi	31.03.2004		(7)	
	Erfan Jamshidi	26.06.2003		(1)	
	Saman Nariman Jahan	18.04.1991	29		3
	Hamed Pakdel	31.10.1991	23	(6)	7
	Ebrahim Salehi	12.10.1991	6	(15)	1
	Amir Shahim	18.09.2003	1	(8)	1
	Ali Zare	14.05.2001	4		

PERSEPOLIS TEHRAN FOOTBALL CLUB

Year of Formation: 1963
Stadium: Azadi Stadium, Tehran (78,116)

Trainer:	Yahya Golmohammadi	19.03.1971			
[08.01.2024]	Osmar Loss Vieira (BRA)	03.07.1975			

	THE SQUAD	**DOB**	**M**	**(s)**	**G**
Goalkeepers:	Alireza Beiranvand	21.09.1992	26		
	Amirreza Rafiei	11.04.2002	4		
Defenders:	Mohammadmehdi Ahmadi	10.01.2001	2	(1)	
	Alireza Babaei	22.06.2003		(3)	
	Danial Esmaeilifar	26.02.1993	28		2
	Abdelkarim Hassan Abdelkarim Fadlalla (QAT)	28.08.1993	12	(1)	
	Farshad Faraji	07.04.1994	9	(7)	
	Giorgi Gvelesiani (GEO)	05.05.1991	20	(5)	6
	Vakhdat Khanonov (TJK)	25.07.2000	2	(9)	
	Hossein Kanaani	23.03.1994	25	(1)	6
	Ali Nemati	07.02.1996	17	(5)	1
	Morteza Pouraliganji	19.04.1992	5		1

Midfielders:					
Sina Asadbeigi	17.07.1997	4	(14)	
Mohammad Khodabandelou	07.09.1999	1	(11)	
Mohammad Omri	11.03.2000	7	(7)	1
Soroush Rafiei	24.03.1990	25	(2)	
Masoud Rigi	22.02.1991	22	(8)	1
Yasin Salmani	27.02.2002	1	(2)	1
Milad Sarlak	26.03.1995	11	(1)	

Forwards:					
Issa Alkasir	07.02.1990	13	(1)	7
Omid Alishah	10.01.1992	18	(5)	1
Vahid Amiri	02.04.1988	5	(14)	
Abolfazl Babaei Yekta	22.10.2003		(5)	
Nabil Bahoui (SWE)	05.02.1991	3	(5)	1
Saeid Sadeghi	25.04.1994	18	(8)	1
Mohammad Milad Sourgi	11.02.2002	1	(9)	
Mehdi Torabi	10.09.1994	26	(2)	3
Oston Urunov (UZB)	19.12.2000	12	(1)	6
Shahab Zahedi	18.08.1995	13	(3)	6

SANAT NAFT ABADAN FOOTBALL CLUB

Year of Formation: 1972
Stadium: Takhti Stadium, Abadan (8,000)

Trainer:		
	Abdollah Veisi	22.03.1971
[03.02.2024]	Sohrab Bakhtiarizadeh	11.09.1973
[20.03.2024]	Faraz Kamalvand	26.12.1976

THE SQUAD	DOB	M	(s)	G

Goalkeepers:				
Payam Parsa	22.07.2002	21		
Fahad Talib Raheem (IRQ)	21.10.1994	9		

Defenders:				
Abbas Qasim Zghair Al Kaabi (IRQ)	15.01.1991	5		
Erfan Ghahremani	18.06.1998	15		1
Mohammad Reza Khanzadeh	11.05.1991	4	(1)	
Fayaz Mirdoraghi	22.11.1999	16	(2)	
Farzin Moamelegari	14.01.2004	7	(11)	
Farshad Mohammadi	04.09.1994	10	(3)	1
Mostafa Naeij Pour	20.03.1996	7	(1)	
Amir Mohammad Panahi	04.09.1995	27	(1)	
Hossein Sangar Gir	11.05.1998	19	(5)	1
Meysam Tohidast	12.03.1993	29		2
Yousef Vakia	30.10.1993	8	(5)	

Midfielders:				
Mostafa Ahmadi	14.03.1988	6	(4)	
Rahim Alboughobaish	17.11.1993	12	(5)	1
Reza Amaninejad	08.10.2000	11	(6)	
Mohammad Sadegh Barani	09.12.1991	8	(5)	
Mehdi Dagher	21.06.1995	2	(2)	
Mehdi Hanafi	20.02.1993	2		
Amin Moebd	06.08.2001	2	(5)	
Hakim Nasari	22.12.1986	4	(4)	
Taleb Reykani	23.06.1990	27	(3)	6
Sadegh Sadeghi	10.08.1992	3	(4)	

	Aghil Talile			(1)	
Forwards:	Reza Bahmaei	24.09.1994		(7)	
	Abolfazl Bechari			(1)	
	Mohammadhossein Bouazar			(2)	
	Mehdi Chaab			(2)	
	Hossein Derikvandi			(2)	
	Ali Yousif Hashim Najatee (IRQ)	19.01.1996	24	(4)	4
	Sasan Hosseini	1999	1	(3)	
	Yousef Key Shams	05.01.1999	14	(8)	2
	Seyed Fakher Tahami	19.04.1996	8	(16)	
	Hossein Shanani	11.12.1993	13	(8)	3
	Ahmad Shariatzadeh	01.07.2002	5	(7)	1
	Bubacarr Trawally (GAM)	10.11.1994	11		1

SEPAHAN ISFAHAN FOOTBALL CLUB

Year of Formation: 1953
Stadium: Naghsh-e-Jahan Stadium, Isfahan (75,000)

Trainer:	José Manuel Ferreira de *Morais* (POR)	27.07.1965			

	THE SQUAD	**DOB**	**M**	**(s)**	**G**
Goalkeepers:	Nima Mirzazad	27.02.1997	7	(2)	
	Payam Niazmand	06.04.1995	23		
Defenders:	Ali Ahmadi	27.10.2004	1	(4)	
	Mohammad Daneshgar	20.01.1994	19	(2)	1
	Seyed Mehdi Hosseini	22.02.2006		(1)	
	Hadi Mohammadi	09.03.1991	14	(6)	
	Nilson Barbosa Nascimento *Júnior* (BRA)	09.09.1991	4	(2)	
	Ramin Rezaeian	21.03.1990	25	(2)	8
	Arshia Sarshogh	14.07.2003	2	(2)	
	Siavash Yazdani	27.02.1992	17	(3)	
	Aria Yousefi	22.04.2002	9	(8)	4
	Milad Zakipour	23.11.1995	26	(1)	
Midfielders:	Reza Asadi	17.01.1996	20	(4)	10
	Bryan Dabo (BFA)	18.02.1992	19	(3)	
	Esmaeil Gholizadeh	18.02.2006		(1)	
	Mohammad Ghorbani	21.05.2001	14		
	Abbas Habibi	25.03.2006		(4)	
	Mohammadjavad Hosseinnejad	26.06.2003	12	(9)	
	Seyed Mohammad Karimi	20.06.1996	21	(2)	
	Omid Noorafkan	09.04.1997	13	(3)	
Forwards:	Aliasghar Aarabi	01.03.1996	3	(12)	1
	Issah Abass (GHA)	26.09.1998	1	(4)	
	Farshad Ahmadzadeh	23.09.1992	24	(1)	2
	Mohammad Akbari Ranjbar Khalilabad	12.01.2007		(1)	
	Issa Alkasir	07.02.1990	5	(4)	2
	Shahriar Moghanlou	21.12.1994	23	(4)	16
	Ehsan Pahlevan	25.07.1993	2	(4)	
	Kaveh Rezaei	05.04.1992	8	(14)	5
	Reza Shekari	31.05.1998	18	(4)	4

SHAMS AZAR FOOTBALL CLUB QAZVIN

Year of Formation: 2012
Stadium: "Sardar Azadegan" Stadium, Qazvin (15,000)

Trainer:			
	Saeed Daghighi	21.01.1986	

THE SQUAD	DOB	M	(s)	G
Goalkeepers: Alireza Jafarpour	14.05.2000	28		
Kourosh Maleki	09.05.1991	1		
Sina Saeidifar	12.04.2001	1		
Defenders: Ali Azadmanesh	14.11.1994	29	(1)	
Erfan Ghahremani	18.06.1998	2	(1)	
Moein Ghorbani	31.08.1999		(8)	
Hossein Goudarzi	03.05.2001	29	(1)	4
Saeid Karimi	22.03.1997	6	(1)	
Mohammad Mehdi Mohammadi	11.02.1992	18	(6)	
Hooman Rabizadeh	21.01.1999	24	(2)	
Mohammadreza Rezaei	14.06.2001	20	(2)	1
Amir Shabani	04.05.1998	6		
Mohsen Tarhani	20.01.1990	10	(1)	
Midfielders: Mostafa Ahmadi	14.03.1988	4	(8)	
Sadegh Alousabih	28.07.1996	28	(1)	
Sajjad Jafari	16.01.1997	1	(17)	
Amirmohammad Nesaei	06.08.1996	30		2
Mohammad Papi	12.04.1998	12	(10)	3
Shahin Saghebi	25.08.1993		(1)	
Amirmasoud Sarabadani	12.12.1997	28	(2)	8
Forwards: Aliashgar Aarabi	01.03.1996	14		2
Omid Alipour	23.10.2000		(3)	
Sajjad Bazgir	28.02.1994		(2)	
Faraz Emamali	21.01.1995	17	(12)	3
Mojtaba Fakhrian	15.05.2003		(17)	3
Rahman Jafari	06.03.1997	8	(6)	5
Mohammadmehdi Mansouri	01.08.2004		(1)	
Hadi Maroufi			(1)	
Isa Moradi	20.07.1997	14	(12)	3
Arshia Sarabadani	04.07.2003		(2)	

TRACTOR SAZI FOOTBALL CLUB TABRIZ

Year of Formation: 1970
Stadium: Yadegar-e-Emam [Sahand] Stadium, Tabriz (66,833)

Trainer:		
	Francisco *"Paco" Jémez* Martín (ESP)	18.04.1970
[16.04.2024]	Mohammad Nosrati	11.01.1982
[24.04.2024]	Hamid Motahari	24.04.1974

THE SQUAD	DOB	M	(s)	G
Goalkeepers: Hossein Pourhamidi	26.03.1998	30		

Defenders:					
	Saeid Aghaei	09.02.1995	1	(1)	
	Mohammad Aghajanpour	20.04.1997	5	(9)	
	Aref Aghasi	02.01.1997	29		2
	Saeid Karimazar	28.05.2002	12	(9)	1
	Shoja Khalilzadeh	14.05.1989	26		2
	Milad Kor	09.10.2003	2	(8)	
	Seyed Mohammad Hosseini	07.01.1995	4	(5)	
	Mohammad Naderi	05.10.1996	17	(7)	1
	Mehdi Shiri	31.01.1991	19	(5)	

Midfielders:					
	Gustavo Di Mauro Vagenin (BRA)	14.11.1991	20	(5)	5
	Safaa Hadi (IRQ)	14.10.1998	17	(6)	
	Amirhossein Hosseinzadeh	30.10.2000	19	(9)	3
	Seyed Mehdi Hosseini	16.09.1993	22	(6)	3
	Ricardo Alves Coelho da Silva (POR)	25.03.1993	28		3
	Behzad Salami	23.03.2002		(1)	

Forwards:					
	Mehdi Abdi Qara	30.11.1998	11	(9)	6
	Álvaro José *Jiménez* Guerrero (ESP)	19.05.1999	10	(2)	
	Sajjad Ashouri	16.07.1992	2	(4)	1
	Milos Deletić (SRB)	14.10.1993	5	(3)	1
	Amir Ebrahimzadeh	31.01.2004	1	(1)	1
	Mohammad Mehdi Ghanbari	26.04.1998	4	(9)	1
	Mehdi Hashemnejad	27.10.2001	11	(16)	2
	Rahman Jafari	06.03.1997	14	(1)	5
	Arsalan Motahari	10.03.1993	1	(5)	
	Siamak Nemati	17.04.1994	17	(6)	3
	Aref Rostami	30.04.1996	3	(5)	2

ZOB AHAN FOOTBALL CLUB FOOLADSHAHR
Year of Formation: 1969
Stadium: Foolad Shahr Stadium, Fooladshahr (20,000)

Trainer:	Mohammad Ali Rabiei	10.03.1982			

THE SQUAD		DOB	M	(s)	G
Goalkeepers:	Habib Far Abbasi	04.09.1997	10		
	Mohsen Forouzan	03.05.1988	9		
	Parsa Jafari	09.07.1999	11		
Defenders:	Pouria Aria Kia	03.05.1990	15		
	Grigol Chabradze (GEO)	20.04.1996	11	(1)	
	Fariborz Gerami	02.05.1993	12		2
	Arash Ghaderi	01.10.1998	4		
	Mohammad Ghoreishi	13.02.1995	29		2
	Danial Eiri	26.10.2003	4	(9)	
	Amirhossein Jeddi	18.10.1998	29	(1)	1
	Saeed Karimi	22.03.1997	4	(2)	
	Jalal Maddahi	28.03.2002	1	(2)	
	Farshad Mohammadi	04.09.1994	1	(7)	
	Nader Mohammadi	15.07.1997	9	(3)	

	Shayan Mosleh Taklimi	25.06.1993	27	(2)	
	Arshia Sarshogh	14.07.2003	2	(5)	
Midfielders:	Kamal Kamyabinia	18.01.1989	14	(7)	1
	Mohammad Aziz Kazemian	22.07.1996		(3)	
	Mohammad Erfan Masoumi	26.03.1996	5	(8)	1
	Pouya Mokhtari	09.07.2001	1	(14)	
	Mehrdad Rezaei	25.08.1990	19	(2)	1
	Fardin Yousefi	13.01.2000	21	(6)	3
Forwards:	Mohammadhossein Alipour	17.03.2002		(1)	
	Majid Aliyari	02.03.1996	18	(4)	4
	Sajjad Ashouri	16.07.1992	9	(4)	
	Mohsen Azarbad	12.11.1989	9	(5)	
	Mohammad Hadi Baghban Motlagh			(1)	
	Saeid Bagherpasand	26.03.1991	1	(5)	
	Mohammadhossein Eslami	13.04.2001	23	(4)	3
	Sobhan Khaghani	27.01.2000	5	(1)	
	Omid Latifi	21.09.1999	1	(22)	
	Mohammad Javad Mohammadi	20.06.1996	25	(5)	8
	Seyed Mohammadreza Rezaei	04.05.2002		(5)	
	Ahmad Shariatzadeh	01.07.2002	1	(6)	

NATIONAL TEAM
INTERNATIONAL MATCHES 2023/2024

07.09.2023	*Plovdiv*	*Bulgaria - Iran*	*0-1(0-1)*	*(F)*
12.09.2023	*Tehran*	*Iran - Angola*	*4-0(3-0)*	*(F)*
13.10.2023	*Amman*	*Jordan - Iran*	*1-3(0-2)*	*(F)*
17.10.2023	*Amman*	*Iran - Qatar*	*4-0(0-0)*	*(F)*
16.11.2023	*Tehran*	*Iran - Hong Kong*	*4-0(2-0)*	*(WCQ)*
21.11.2023	*Tashkent*	*Uzbekistan - Iran*	*2-2(0-2)*	*(WCQ)*
05.01.2024	*Kish*	*Iran - Burkina Faso*	*2-1(1-1)*	*(F)*
09.01.2024	*Al Rayyan*	*Indonesia - Iran*	*0-5(0-3)*	*(F)*
14.01.2024	*Al Rayyan*	*Iran - Palestine*	*4-1(3-1)*	*(AFC)*
19.01.2024	*Al Rayyan*	*Hong Kong - Iran*	*0-1(0-1)*	*(AFC)*
23.01.2024	*Al Rayyan*	*Iran - United Arab Emirates*	*2-1(1-0)*	*(AFC)*
31.01.2024	*Doha*	*Iran - Syria*	*1-1 aet; 5-3 pen*	*(AFC)*
03.02.2024	*Al Rayyan*	*Iran - Japan*	*2-1(0-1)*	*(AFC)*
07.02.2024	*Doha*	*Iran - Qatar*	*2-3(1-2)*	*(AFC)*
21.03.2024	*Tehran*	*Iran - Turkmenistan*	*5-0(2-0)*	*(WCQ)*
26.03.2024	*Aşgabat*	*Turkmenistan - Iran*	*0-1(0-1)*	*(WCQ)*
06.06.2024	*Hong Kong*	*Hong Kong - Iran*	*2-4(1-2)*	*(WCQ)*
11.06.2024	*Tehran*	*Iran - Uzbekistan*	*0-0*	*(WCQ)*

07.09.2023, Friendly International
Stadion "Hristo Botev", Plovdiv; Attendance: 9,500
Referee: Lazar Lukić (Serbia)
BULGARIA - IRAN   **0-1(0-1)**
IRN: Alireza Safar Beiranvand (23.Seyed Payam Niazmand Ghader), Ehsan Hajsafi (90+4.Mohammad Daneshgar), Morteza Pouraliganji, Ramin Rezaeian Semeskandi, Shojae Khalilzadeh, Ahmad Nourollahi (58.Ali Nozar Karimi), Saeid Ezatolahi Afagh (83.Rouzbeh Cheshmi), Mohammad Mohebi, Mehdi Taremi, Seyed Saman Ghoddos (57.Shahriyar Moghanlou), Alireza Jahanbakhsh Jirandeh (83.Mehrdad Mohammadi). Trainer: Ardeshir Ghalenoei.
Goal: Mohammad Mohebi (14).

12.09.2023, Friendly International
Azadi Stadium, Tehran; Attendance: n/a
Referee: Mohammed Khaled Al Hoish (Saudi Arabia)
IRAN - ANGOLA **4-0(3-0)**
IRN: Seyed Payam Niazmand Ghader, Shojae Khalilzadeh, Sadegh Moharrami Getgasari (65.Milad Sarlak), Mohammad Daneshgar (76.Mohammad Hossein Moradmand), Mehrdad Mohammadi (65.Ehsan Hajsafi), Ali Nozar Karimi, Mehdi Torabi, Rouzbeh Cheshmi, Mehdi Taremi (57.Shahriyar Moghanlou), Seyed Saman Ghoddos (65.Saleh Hardani), Alireza Jahanbakhsh Jirandeh (57.Mohammad Mohebi). Trainer: Ardeshir Ghalenoei.
Goals: Mehdi Taremi (8, 16), Sadegh Moharrami Getgasari (21), Shahriyar Moghanlou (87).

13.10.2023, Friendly International [Jordan International Tournament]
Amman International Stadium, Amman; Attendance: n/a
Referee: Mohammed Khaled Al Hoish (Saudi Arabia)
JORDAN - IRAN **1-3(0-2)**
IRN: Alireza Safar Beiranvand, Ehsan Hajsafi, Ramin Rezaeian Semeskandi, Shojae Khalilzadeh, Mohammad Hossein Kanaani Zadegan, Ahmad Nourollahi (46.Rouzbeh Cheshmi), Saeid Ezatolahi Afagh, Mohammad Mohebi, Mehdi Taremi, Sardar Azmoun (67.Seyed Saman Ghoddos; 90+3.Morteza Pouraliganji), Alireza Jahanbakhsh Jirandeh (67.Mehrdad Mohammadi). Trainer: Ardeshir Ghalenoei.
Goals: Sardar Azmoun (6), Mehdi Taremi (28), Mehrdad Mohammadi (90+4).

17.10.2023, Friendly International [Jordan International Tournament]
Amman International Stadium, Amman (Jordan); Attendance: 1,000
Referee: Ahmad Ibrahim Yacoub (Jordan)
IRAN - QATAR **4-0(0-0)**
IRN: Alireza Safar Beiranvand, Morteza Pouraliganji (53.Mohammad Hossein Kanaani Zadegan), Ramin Rezaeian Semeskandi, Shojae Khalilzadeh, Mehrdad Mohammadi (85.Ehsan Hajsafi), Saeid Ezatolahi Afagh, Mohammad Mohebi (85.Karim Adil Ansarifard), Mehdi Taremi, Sardar Azmoun, Seyed Saman Ghoddos (86.Mohammad Javad Hosseinnejad), Alireza Jahanbakhsh Jirandeh (86.Mehrdad Mohammadi). Trainer: Ardeshir Ghalenoei.
Goals: Mohammad Hossein Kanaani Zadegan (69), Alireza Jahanbakhsh Jirandeh (73), Sardar Azmoun (75), Mohammad Hossein Kanaani Zadegan (79).

16.11.2023, 23rd FIFA World Cup Qualifiers / 19th AFC Asian Cup Qualifiers second round
Azadi Stadium, Tehran; Attendance: 6,191
Referee: Muhammad Nazmi Nasaruddin (Malaysia)
IRAN - HONG KONG **4-0(2-0)**
IRN: Alireza Safar Beiranvand, Ehsan Hajsafi, Ramin Rezaeian Semeskandi, Shojae Khalilzadeh, Mohammad Hossein Kanaani Zadegan, Saeid Ezatolahi Afagh, Mohammad Mohebi (70.Mehdi Torabi), Mehdi Taremi (90+1.Mohammad Javad Hosseinnejad), Sardar Azmoun (90.Karim Adil Ansarifard), Seyed Saman Ghoddos (70.Omid Ebrahimi Zarandini), Alireza Jahanbakhsh Jirandeh (74.Reza Asadi). Trainer: Ardeshir Ghalenoei.
Goals: Sardar Azmoun (12), Sardar Azmoun (15), Mehdi Taremi (87), Ramin Rezaeian Semeskandi (90+2).

21.11.2023, 23rd FIFA World Cup Qualifiers / 19th AFC Asian Cup Qualifiers second round
Milliy Stadium, Tashkent; Attendance: 32,551
Referee: Mohammed Abdulla Hassan Mohamed (United Arab Emirates)
UZBEKISTAN - IRAN **2-2(0-2)**
IRN: Alireza Safar Beiranvand, Ramin Rezaeian Semeskandi, Shojae Khalilzadeh, Mohammad Hossein Kanaani Zadegan, Mehrdad Mohammadi (90+4.Ehsan Hajsafi), Saeid Ezatolahi Afagh, Mehdi Torabi (90+4.Reza Asadi), Mohammad Mohebi (75.Mehrdad Mohammadi), Mehdi Taremi, Sardar Azmoun (75.Rouzbeh Cheshmi), Seyed Saman Ghoddos (44.Ali Nozar Karimi). Trainer: Ardeshir Ghalenoei.
Goals: Ramin Rezaeian Semeskandi (14), Mehdi Taremi (38).

05.01.2024, Friendly International
Olympic Stadium, Kish; Attendance: 7,000
Referee: Yousif Saeed Hassan (Iraq)
IRAN - BURKINA FASO   **2-1(1-1)**
IRN: Alireza Safar Beiranvand (46.Seyed Payam Niazmand Ghader), Mohammad Hossein Kanaani Zadegan (46.Shojae Khalilzadeh), Sadegh Moharrami Getgasari (46.Aria Yousefi), Seyed Majid Hosseini (46.Saman Fallah Varnami), Mehrdad Mohammadi (46.Ehsan Hajsafi), Saeid Ezatolahi Afagh (46.Omid Ebrahimi Zarandini), Mohammad Mohebi (46.Mehdi Ghayedi; 76.Mehdi Torabi), Mehdi Taremi (46.Reza Asadi), Seyed Saman Ghoddos (46.Rouzbeh Cheshmi), Alireza Jahanbakhsh Jirandeh (46.Ali Gholizadeh Nojedeh), Shahriyar Moghanlou (46.Karim Adil Ansarifard). Trainer: Ardeshir Ghalenoei.
Goals: Mehdi Taremi (42), Omid Ebrahimi Zarandini (71).

09.01.2024, Friendly International
Al Rayyan Training Ground, Al Rayyan (Qatar); Attendance: n/a
Referee: Mohammed Braheh (Qatar)
INDONESIA - IRAN   **0-5(0-3)**
IRN: Seyed Hossein Hosseini (46.Seyed Payam Niazmand Ghader), Ehsan Hajsafi (46.Sadegh Moharrami Getgasari), Shojae Khalilzadeh (46.Mehrdad Mohammadi), Seyed Majid Hosseini (46.Ali Gholizadeh Nojedeh), Aria Yousefi (46.Mehdi Ghayedi), Mehdi Torabi (46.Mohammad Hossein Kanaani Zadegan), Rouzbeh Cheshmi (46.Karim Adil Ansarifard), Seyed Saman Ghoddos (46.Mehdi Taremi), Alireza Jahanbakhsh Jirandeh (46.Saeid Ezatolahi Afagh), Shahriyar Moghanlou (46.Saman Fallah Varnami), Reza Asadi (46.Omid Ebrahimi Zarandini). Trainer: Ardeshir Ghalenoei.
Goals: Seyed Saman Ghoddos (3), Rouzbeh Cheshmi (24), Shahriyar Moghanlou (40), Mehdi Ghayedi (72, 88).

14.01.2024, 18th AFC Asian Cup, Final Tournament, Group Stage
Education City Stadium, Al Rayyan (Qatar); Attendance: 27,691
Referee: Abdulrahman Ibrahim Al Jassim (Qatar)
IRAN - PALESTINE   **4-1(3-1)**
IRN: Alireza Safar Beiranvand, Ehsan Hajsafi, Shojae Khalilzadeh (44.Seyed Majid Hosseini), Mohammad Hossein Kanaani Zadegan, Sadegh Moharrami Getgasari (81.Ramin Rezaeian Semeskandi), Saeid Ezatolahi Afagh, Mehdi Ghayedi (46.Mohammad Mohebi), Karim Adil Ansarifard (46.Sardar Azmoun), Mehdi Taremi, Seyed Saman Ghoddos (90.Omid Ebrahimi Zarandini), Alireza Jahanbakhsh Jirandeh. Trainer: Ardeshir Ghalenoei.
Goals: Karim Adil Ansarifard (2), Shojae Khalilzadeh (12), Mehdi Ghayedi (38), Sardar Azmoun (55).

19.01.2024, 18th AFC Asian Cup, Final Tournament, Group Stage
Khalifa International Stadium, Al Rayyan (Qatar); Attendance: 36,412
Referee: Hanna Hattab (Syria)
HONG KONG - IRAN   **0-1(0-1)**
IRN: Alireza Safar Beiranvand, Ramin Rezaeian Semeskandi, Mohammad Hossein Kanaani Zadegan, Seyed Majid Hosseini (65.Saeid Ezatolahi Afagh), Mehrdad Mohammadi, Rouzbeh Cheshmi, Mehdi Ghayedi (65.Mohammad Mohebi), Mehdi Taremi (77.Omid Ebrahimi Zarandini), Seyed Saman Ghoddos, Alireza Jahanbakhsh Jirandeh (81.Ehsan Hajsafi), Shahriyar Moghanlou (65.Karim Adil Ansarifard). Trainer: Ardeshir Ghalenoei.
Goal: Mehdi Ghayedi (24).

23.01.2024, 18th AFC Asian Cup, Final Tournament, Group Stage
Education City Stadium, Al Rayyan (Qatar); Attendance: 34,259
Referee: Ilgiz Tantashev (Uzbekistan)
IRAN - UNITED ARAB EMIRATES   **2-1(1-0)**
IRN: Alireza Safar Beiranvand, Ehsan Hajsafi, Shojae Khalilzadeh, Mohammad Hossein Kanaani Zadegan, Sadegh Moharrami Getgasari (46.Ramin Rezaeian Semeskandi), Saeid Ezatolahi Afagh, Ali Gholizadeh Nojedeh (67.Alireza Jahanbakhsh Jirandeh), Mehdi Ghayedi (67.Mohammad Mohebi),

Mehdi Taremi, Sardar Azmoun (87.Reza Asadi), Seyed Saman Ghoddos (67.Omid Ebrahimi Zarandini). Trainer: Ardeshir Ghalenoei.
Goals: Mehdi Taremi (26, 65).

31.01.2024, 18th AFC Asian Cup, Final Tournament, Second Round of 16
„Abdullah bin Khalifa" Stadium, Doha (Qatar); Attendance: 8,720
Referee: Kim Jong-hyeok (Korea Republic)
IRAN - SYRIA **1-1(1-0,1-1,1-1); 5-3 on penalties**
IRN: Alireza Safar Beiranvand, Ehsan Hajsafi, Ramin Rezaeian Semeskandi, Shojae Khalilzadeh, Saeid Ezatolahi Afagh, Rouzbeh Cheshmi, Mehdi Ghayedi (63.Mohammad Mohebi), Mehdi Taremi [*sent off 90+1*], Sardar Azmoun (90+8.Karim Adil Ansarifard), Seyed Saman Ghoddos (63.Omid Ebrahimi Zarandini), Alireza Jahanbakhsh Jirandeh (74.Ali Gholizadeh Nojedeh; 119.Mehdi Torabi). Trainer: Ardeshir Ghalenoei.
Goals: Mehdi Taremi (34 penalty).
Penalties: Karim Adil Ansarifard, Ramin Rezaeian Semeskandi, Omid Ebrahimi Zarandini, Mehdi Torabi, Ehsan Hajsafi.

03.02.2024, 18th AFC Asian Cup, Final Tournament, Quarter-Finals
Education City Stadium, Al Rayyan (Qatar); Attendance: 35,640
Referee: Ma Ning (China P.R.)
IRAN - JAPAN **2-1(0-1)**
IRN: Alireza Safar Beiranvand, Ramin Rezaeian Semeskandi, Shojae Khalilzadeh, Mohammad Hossein Kanaani Zadegan, Mehrdad Mohammadi, Omid Ebrahimi Zarandini, Saeid Ezatolahi Afagh, Mohammad Mohebi (90+8.Mehdi Torabi), Sardar Azmoun (90+9.Karim Adil Ansarifard), Seyed Saman Ghoddos (90+8.Rouzbeh Cheshmi), Alireza Jahanbakhsh Jirandeh. Trainer: Ardeshir Ghalenoei.
Goals: Mohammad Mohebi (55), Alireza Jahanbakhsh Jirandeh (90+6 penalty).

07.02.2024, 18th AFC Asian Cup, Final Tournament, Semi-Finals
Al Thumama Stadium, Doha; Attendance: 40,342
Referee: Ahmad Faisal Al Ali (Kuwait)
IRAN - QATAR **2-3(1-2)**
IRN: Alireza Safar Beiranvand, Ehsan Hajsafi (46.Mehrdad Mohammadi), Ramin Rezaeian Semeskandi (87.Shahriyar Moghanlou), Shojae Khalilzadeh [*sent off 90+3*], Mohammad Hossein Kanaani Zadegan, Omid Ebrahimi Zarandini (46.Mohammad Mohebi), Saeid Ezatolahi Afagh, Mehdi Taremi (90+8.Reza Asadi), Sardar Azmoun, Seyed Saman Ghoddos, Alireza Jahanbakhsh Jirandeh. Trainer: Ardeshir Ghalenoei.
Goals: Sardar Azmoun (4), Alireza Jahanbakhsh Jirandeh (51 penalty).

21.03.2024, 23rd FIFA World Cup Qualifiers / 19th AFC Asian Cup Qualifiers second round
Azadi Stadium, Tehran; Attendance: 23,109
Referee: Yusuke Araki (Japan)
IRAN - TURKMENISTAN **5-0(2-0)**
IRN: Alireza Safar Beiranvand, Mohammad Hossein Kanaani Zadegan, Mehrdad Mohammadi, Saleh Hardani, Mohammad Amin Hazbavi (72.Saman Fallah Varnami), Saeid Ezatolahi Afagh, Ali Gholizadeh Nojedeh (72.Mehdi Ghayedi), Mohammad Mohebi, Mehdi Taremi (84.Mohammad Reza Azadi), Sardar Azmoun (45+1.Omid Noorafkan), Seyed Saman Ghoddos (72.Allahyar Sayyadmanesh). Trainer: Ardeshir Ghalenoei.
Goals: Mohammad Hossein Kanaani Zadegan (10), Sardar Azmoun (13), Mohammad Hossein Kanaani Zadegan (48), Mohammad Mohebi (56), Omid Noorafkan (90+2).

26.03.2024, 23rd FIFA World Cup Qualifiers / 19th AFC Asian Cup Qualifiers second round
Aşgabat Stadium, Aşgabat; Attendance: 10,230
Referee: Sivakorn Pu-udom (Thailand)
TURKMENISTAN - IRAN   **0-1(0-1)**
IRN: Seyed Hossein Hosseini, Ramin Rezaeian Semeskandi, Shojae Khalilzadeh, Mohammad Hossein Kanaani Zadegan, Mehrdad Mohammadi, Saeid Ezatolahi Afagh, Mehdi Ghayedi (70.Ali Gholizadeh Nojedeh), Mohammad Mohebi (90+5.Saman Fallah Varnami), Mohammad Ghorbani (70.Omid Noorafkan), Mehdi Taremi, Seyed Saman Ghoddos. Trainer: Ardeshir Ghalenoei.
Goal: Mehdi Ghayedi (45+5).

06.06.2024, 23rd FIFA World Cup Qualifiers / 19th AFC Asian Cup Qualifiers second round
Hong Kong Stadium, Hong Kong; Attendance: 9,992
Referee: Qasim Matar Ali Al Hatmi (Oman)
HONG KONG - IRAN   **2-4(1-2)**
IRN: Seyed Payam Niazmand Ghader, Shojae Khalilzadeh, Seyed Abolfazl Jalali Bourani (66.Mehrdad Mohammadi), Mohammad Amin Hazbavi, Aria Yousefi (66.Saleh Hardani), Mehdi Ghayedi, Mohammad Ghorbani, Mehdi Taremi (90+2.Javad Aghaeipour), Sardar Azmoun (78.Shahriyar Moghanlou), Seyed Saman Ghoddos (78.Omid Noorafkan), Alireza Jahanbakhsh Jirandeh. Trainer: Ardeshir Ghalenoei.
Goals: Mehdi Taremi (12 penalty, 34 penalty, 56), Sardar Azmoun (65).

11.06.2024, 23rd FIFA World Cup Qualifiers / 19th AFC Asian Cup Qualifiers second round
Azadi Stadium, Tehran; Attendance: 15,468
Referee: Kim Jong-hyeok (Korea Republic)
IRAN - UZBEKISTAN   **0-0**
IRN: Alireza Safar Beiranvand, Shojae Khalilzadeh, Mohammad Hossein Kanaani Zadegan, Mehrdad Mohammadi, Saleh Hardani, Mehdi Torabi (88.Seyed Abolfazl Jalali Bourani), Omid Noorafkan (74.Mohammad Ghorbani), Mehdi Taremi, Sardar Azmoun, Seyed Saman Ghoddos (88.Shahriyar Moghanlou), Alireza Jahanbakhsh Jirandeh. Trainer: Ardeshir Ghalenoei.

NATIONAL TEAM PLAYERS 2023/2024

Name	DOB	Club
Goalkeepers		
Alireza Safar BEIRANVAND	22.09.1992	*Persepolis Tehran FC*
Seyed Hossein HOSSEINI	30.06.1992	*Esteghlal Tehran FC*
Seyed Payam NIAZMAND Ghader	06.04.1995	*Sepahan Isfahan FC*
Defenders		
Mohammad DANESHGAR	24.01.1994	*Sepahan Isfahan FC*
Saman FALLAH Varnami	12.05.2001	*Gol Gohar Sirjan FC*
Ali GHOLIZADEH Nojedeh	10.03.1996	*R Charleroi SC (BEL)*
Ehsan HAJSAFI	25.02.1990	*AEK Athina (GRE)*
Saleh HARDANI	26.12.1998	*Esteghlal Tehran FC*
Mohammad Amin HAZBAVI	06.05.2003	*Al Sadd SC Doha (QAT)*
Seyed Majid HOSSEINI	20.06.1996	*Kayseri Spor Kulübü (TUR)*
Seyed Abolfazl JALALI Bourani	26.06.1998	*Esteghlal Tehran FC*
Mohammad Hossein KANAANI Zadegan	23.03.1994	*Persepolis Tehran FC*
Shojae KHALILZADEH	31.05.1989	*Tractor Sazi FC Tabriz*

Sadegh MOHARRAMI Getgasari	24.03.1996	GNK Dinamo Zagreb (CRO)
Mohammad Hossein MORADMAND	22.06.1993	Esteghlal Tehran FC
Morteza POURALIGANJI	19.04.1992	Persepolis Tehran FC
Ramin REZAEIAN Semeskandi	21.03.1990	Sepahan Isfahan FC
Aria YOUSEFI	22.04.2002	Sepahan Isfahan FC

Midfielders

Rouzbeh CHESHMI	24.07.1993	Esteghlal Tehran FC
Omid EBRAHIMI Zarandini	16.09.1987	Al-Shamal SC Madinat ash Shamal (QAT)
Saeid EZATOLAHI Afagh	01.10.1996	Vejle BK (DEN); 10.02.2024-> Shabab Al Ahli Club Dubai (UAE)
Seyed Saman GHODDOS	06.09.1993	Brentford FC London (ENG)
Mohammad GHORBANI	21.05.2001	FK Orenburg (RUS)
Mohammad Javad HOSSEINNEJAD	26.06.2003	Sepahan Isfahan FC
Alireza JAHANBAKHSH Jirandeh	11.08.1993	Feyenoord Rotterdam (NED)
Ali Nozar KARIMI	11.02.1994	Kayseri Spor Kulübü (TUR)
Mohammad MOHEBI	20.12.1998	FK Rostov (RUS)
Omid NOORAFKAN	09.04.1997	Sepahan Isfahan FC
Ahmad NOUROLLAHI	01.02.1993	Al Wahda FC Abu Dhabi (UAE)
Milad SARLAK	26.03.1995	Persepolis Tehran FC
Mehdi TORABI	10.09.1994	Persepolis Tehran FC

Forwards

Javad AGHAEIPOUR	06.12.1999	Esteghlal Khuzestan FC Ahvaz
Karim Adil ANSARIFARD	03.04.1990	AC Omonia Nicosia (CYP)
Reza ASADI	17.01.1996	Sepahan Isfahan FC
Mohammad Reza AZADI	07.12.1999	FC Nassaji Mazandaran Qa'em Shahr
Sardar AZMOUN	01.01.1995	AS Roma (ITA); 31.01.2024-> Aris Thessaloniki (GRE)
Mehdi GHAYEDI	05.12.1998	Al Ittihad Kalba SCC (UAE)
Ali GHOLIZADEH Nojedeh	10.03.1996	KKS Lech Poznań (POL)
Shahriyar MOGHANLOU	21.12.1994	Sepahan Isfahan FC
Mehrdad MOHAMMADI	29.09.1993	Esteghlal Tehran FC
Allahyar SAYYADMANESH	29.06.2001	KVC Westerlo (BEL)
Mehdi TAREMI	18.07.1992	FC do Porto (POR)

National coaches

Ardeshir "Amir" GHALENOEI [from 13.03.2023]		22.11.1963

IRAQ

Federation Directory:
Iraqi Football Association
P.O.Box 484 Sha'ab Stadium, Palestine Street, Baghdad
Year of Formation: 1948
Member of FIFA since: 1950
Member of AFC since: 1970
Internet: www.ifa.iq

The Country: Jumhūriyat Al-Irāq (Republic of Iraq)
Capital: Baghdad
Surface: 438,317 km² / **Population:** 43,324,000 [2023] / **Time:** UTC+3

NATIONAL TEAM RECORDS

First international match:
19.10.1957, Beirut (LIB): Morocco - Iraq 3-3

Most international caps:	Most international goals:
Younis Mahmoud Khalaf	Hussein Saeed Mohamed
148 caps (2002-2016)	**78 goals** / 137 caps (1976-1990)

NATIONAL TEAM COMPETITIONS

ASIAN NATIONS CUP		FIFA WORLD CUP	
1956		1930	
1960	*Not a member of the AFC*	1934	*Not a member of FIFA*
1964		1938	
1968		1950	
1972	Final Tournament (Group Stage)	1954	Did not enter
1976	Final Tournament (4th Place)	1958	Did not enter
1980	*Withdrew*	1962	Did not enter
1984	*Withdrew*	1966	Did not enter
1988	*Withdrew*	1970	Did not enter
1992	*Banned by AFC*	1974	Qualifiers
1996	Final Tournament (Quarter-Finals)	1978	*Withdrew*
2000	Final Tournament (Quarter-Finals)	1982	Qualifiers
2004	Final Tournament (Quarter-Finals)	1986	Final Tournament (Group Stage)
2007	**Final Tournament (Winners)**	1990	Qualifiers
2011	Final Tournament (Quarter-Finals)	1994	Qualifiers
2015	Final Tournament (4th Place)	1998	Qualifiers
2019	Final Tournament (2nd Round of 16)	2002	Qualifiers
2023	Final Tournament (2nd Round of 16)	2006	Qualifiers
		2010	Qualifiers
		2014	Qualifiers
		2018	Qualifiers
		2022	Qualifiers

OLYMPIC FOOTBALL TOURNAMENTS 1908-2020

1908 to 1928	*Teams from Asia did not enter*	1980	Final Tournament (Quarter-Finals)
		1984	Final Tournament (Group Stage)
		1988	Final Tournament (Group Stage)
1936	Did not enter	1992	Did not enter
1948	Did not enter	1996	Qualifiers
1952	Did not enter	2000	Qualifiers
1956	Did not enter	2004	Final Tournament (4th Place)
1960	Qualifiers	2008	Qualifiers
1964	Qualifiers	2012	Qualifiers
1968	Qualifiers	2016	Final Tournament (Group Stage)
1972	Qualifiers	2020	Qualifiers
1976	Qualifiers		

F.I.F.A. CONFEDERATIONS CUP 1992-2017

2009 (Group Stage)

ASIAN GAMES 1951-2022		GULF CUP OF NATIONS 1970-2023		WEST ASIAN CHAMPIONSHIP 2000-2019		WEST ASIAN GAMES 1997-2005	
1951	-	1970	-	2000	3rd Place	1997	-
1954	-	1972	-	2002	**Winners**	2002	-
1958	-	1974	-	2004	4th Place	2005	**Winners**
1962	-	1976	Runners-up	2007	Runners-up		
1966	-	1979	**Winners**	2008	*Withdrew*		
1970	-	1982	*Withdrew*	2010	Semi-Finals		
1974	2nd Round	1984	**Winners**	2012	Runners-up		
1978	4th Place	1986	Group Stage	2014	Group Stage		
1982	**Winners**	1988	**Winners**	2019	Runners-up		
1986	Quarter-Finals	1990	*Withdrew*			**ARAB NATIONS CUP 1963-2021**	
1990	*Banned*	1992	*Banned*			1963	-
1994	*Banned*	1994	*Banned*			1964	**Winners**
1998	*Banned*	1996	*Banned*			1966	**Winners**
2002	*Banned*	1998	*Banned*			1985	**Winners**
2006	Runners-up	2002	*Banned*			1988	**Winners**
2010	-	2003	*Banned*			1992	-
2014	3rd Place	2004	Group Stage			1998	-
2018	-	2007	Group Stage			2002	-
2022	-	2009	Group Stage			2012	3rd Place
		2010	Semi-Finals			2021	Group Stage
		2013	Runners-up				
		2014	Group Stage				
		2017	Semi-Finals				
		2019	Semi-Finals				
		2023	**Winners**				

IRAQI CLUB HONOURS IN ASIAN CLUB COMPETITIONS

AFC Champions League 1967-1971 & 1985/1986-2024		
None		
Asian Football Confederation Cup 2004-2024		
Al Quwa Al Jawiya FC Baghdad	3	2016, 2017, 2018
AFC President's Cup 2005-2014*		
None		
Asian Cup Winners Cup 1975-2003*		
None		
Asian Super Cup 1995-2002*		
None		

*defunct competitions

OTHER CLUB COMPETITIONS:

Arab Champions League / Arab Club Champions Cup 1982-2023		
Al Shorta SC Baghdad	1	1982
Al Rasheed SC Baghdad*	3	1985, 1986, 1987
Gulf Club Champions Cup 1982-2017		
None		
Arab Cup Winners Cup 1989-2002*		
None		
Arab Super Cup 1992-2002*		
None		
Afro-Asian Club Championship 1986–1998*		
None		

*defunct competitions

NATIONAL COMPETITIONS
TABLE OF HONOURS

	CHAMPIONS	CUP WINNERS
1956/1957	Al Maslaha Naqil Al Rakab	
1957/1958	Al Quwa Al Jawiya FC Baghdad	
1958/1959	Amana Al Asama	
1959/1960	Assyrian SC	
1960/1961	Al Maslaha Naqil Al Rakab	
	League of the Institutes of Baghdad	
1961/1962	Al Quwa Al Jawiya Baghdad	*Not known*
1962/1963	Madrasa Al Shurta	Al Quwa Al Jawiya FC Baghdad
1963/1964	Al Quwa Al Jawiya Baghdad	Al Maslaha Naqil Al Rakab
1964/1965	Al Maslaha Naqil Al Rakab	*Not known*
1965/1966	Al Farqa Al Thalatha	*Not known*
1966/1967	*Competition abandoned*	*Not known*
1967/1968	Aliyat Al Shurta	*Not known*
1968/1969	Aliyat Al Shurta	*Not known*
1969/1970	Aliyat Al Shurta	*Not known*
1970/1971	Al Maslaha Naqil Al Rakab	*Not known*
1971/1972	Aliyat Al Shurta	*Not known*

1972/1973	Al Tayaran Baghdad	Al Tayaran Baghdad
	League of the Institutes of Iraq	
1973/1974	Al Tayaran Baghdad	Al Tayaran Baghdad
	League of Iraqi Clubs	
1974/1975	Al Tayaran Baghdad	Al Tayaran Baghdad
1975/1976	Al Zawraa SC Karkh	Al Zawraa SC Karkh
1976/1977	Al Zawraa SC Karkh	*No competition*
1977/1978	Al Minaa SC Basra	Al Tayaran Baghdad
1978/1979	Al Zawraa SC Karkh	Al Zawraa SC Karkh
1979/1980	Al Shurta FC Baghdad	Al Jaish SC Baghdad
1980/1981	Al Talaba SC Baghdad	Al Zawraa SC Karkh
1981/1982	Al Talaba SC Baghdad	Al Zawraa SC Karkh
1982/1983	Salahaddin FC Tikrit	Al Jaish SC Baghdad
1983/1984	Al Jaish SC Baghdad	Al Sina'a SC Baghdad
1984/1985	*Competition abandoned*	*Competition abandoned*
1985/1986	Al Talaba SC Baghdad	*No competition*
1986/1987	Al Rasheed SC Baghdad	Al Rasheed SC Baghdad
1987/1988	Al Rasheed SC Baghdad	Al Rasheed SC Baghdad
1988/1989	Al Rasheed SC Baghdad	Al Zawraa SC Karkh
1989/1990	Al Tayaran Baghdad	Al Zawraa SC Karkh
1990/1991	Al Zawraa SC Karkh	Al Zawraa SC Karkh
1991/1992	Al Quwa Al Jawiya FC Baghdad	Al Quwa Al Jawiya FC Baghdad
1992/1993	Al Talaba SC Baghdad	Al Zawraa SC Karkh
1993/1994	Al Zawraa SC Karkh	Al Zawraa SC Karkh
1994/1995	Al Zawraa SC Karkh	Al Zawraa SC Karkh
1995/1996	Al Zawraa SC Karkh	Al Zawraa SC Karkh
1996/1997	Al Quwa Al Jawiya FC Baghdad	Al Quwa Al Jawiya FC Baghdad
1997/1998	Al Shurta FC Baghdad	Al Zawraa SC Karkh
1998/1999	Al Zawraa SC Karkh	Al Zawraa SC Karkh
1999/2000	Al Zawraa SC Karkh	Al Zawraa SC Karkh
	Premier League	
2000/2001	Al Zawraa SC Karkh	*No competition*
2001/2002	Al Talaba SC Baghdad	Al Talaba SC Baghdad
2002/2003	*Competition abandoned*	Al Talaba SC Baghdad
2003/2004	*Competition abandoned*	*No competition*
2004/2005	Al Quwa Al Jawiya FC Baghdad	*No competition*
2005/2006	Al Zawraa SC Karkh	*No competition*
2006/2007	Arbil SC	*No competition*
2007/2008	Arbil SC	*No competition*
2008/2009	Arbil SC	*No competition*
2009/2010	Duhok FC	*No competition*
2010/2011	Al Zawraa SC Karkh	*No competition*
2011/2012	Arbil SC	*No competition*
2012/2013	Al Shorta SC Baghdad	*No competition*
2013/2014	Al Shorta SC Baghdad	*No competition*
2014/2015	Naft Al-Wasat SC Najaf	*No competition*
2015/2016	Al-Zawra'a Baghdad	Al Quwa Al Jawiya FC Baghdad
2016/2017	Al Quwa Al Jawiya FC Baghdad	Al-Zawra'a SC Baghdad
2017/2018	Al-Zawra'a SC Baghdad	*No competition*
2018/2019	Al Shorta SC Baghdad	Al-Zawra'a SC Baghdad
2019/2020	*Competition abandoned*	*Competition abandoned*
2020/2021	Al Quwa Al Jawiya FC Baghdad	Al Quwa Al Jawiya FC Baghdad
2021/2022	Al Shorta SC Baghdad	Al-Karkh SC Baghdad

2022/2023	Al Shorta SC Baghdad	Al Quwa Al Jawiya FC Baghdad
2023/2024	Al Shorta SC Baghdad	Al Shorta SC Baghdad

Note: From 1956/1957 to 1960/1961- Iraqi FA Cup Championship was considered the national championship, played in knock-out system.
* Al Quwa Al Jawiya FC Baghdad was called Al Tayaran Baghdad between 1968 and 1991.

NATIONAL CHAMPIONSHIP
Iraq Stars League 2023/2024

#	Team	P	W	D	L	GF	-	GA	Pts
1.	**Al Shorta SC Baghdad**	38	26	9	3	76	-	36	87
2.	Al Quwa Al Jawiya FC Baghdad	38	24	10	4	68	-	32	82
3.	Al-Zawra'a SC Baghdad	38	21	12	5	54	-	23	75
4.	Al Najaf FC	38	19	10	9	45	-	28	67
5.	Zakho SC	38	17	16	5	37	-	20	67
6.	Duhok SC	38	14	16	8	41	-	33	58
7.	Newroz SC Sulaymaniyah	38	15	11	12	61	-	49	56
8.	Al Talaba SC Baghdad	38	13	14	11	40	-	38	53
9.	Al Hudood SC Baghdad	38	13	11	14	38	-	47	50
10.	Naft Maysan FC Amarah	38	10	17	11	41	-	40	47
11.	Al Naft SC Baghdad	38	10	16	12	37	-	44	46
12.	Al Mina'a SC Basra	38	10	12	16	38	-	59	42
13.	Al-Kahrabaa SC Baghdad	38	8	17	13	47	-	51	41
14.	Erbil SC	38	9	14	15	46	-	50	41
15.	Al-Karkh SC Baghdad	38	7	18	13	36	-	45	39
16.	Karbala'a SC	38	8	13	17	39	-	60	37
17.	Al-Qasim SC (*Relegation Play-out*)	38	8	14	16	42	-	53	35
18.	Naft Al-Basra SC (*Relegation Play-out*)	38	8	10	20	29	-	46	34
19.	Amanat Baghdad SC (*Relegated*)	38	6	13	19	33	-	53	31
20.	Naft Al-Wasat SC Najaf (*Relegated*)	38	1	13	24	24	-	65	16

Best goalscorer 2023/2024:
Ayman Hussein Ghadhban Al Mafraje (Al Quwa Al Jawiya FC Baghdad) – 27 goals

Promoted for the 2024/2025 season:
Diyala SC, Al-Karmah SC

Relegation Play-out [20-24.07.2024]

Al-Qasim SC - Naft Al-Basra SC	1-2 (1-0)
Al-Qasim SC - Sulaymani Peshmarga SC	2-1 (0-0)

Both Naft Al-Basra SC and Al-Qasim SC will remain at first level for 2024/2025.

NATIONAL CUP
Iraq FA Cup - Final 2023/2024

10.07.2024, Al Shaab Stadium, Baghdad; Attendance: n/a
Referee: Ilghaz Tantashev (Uzbekistan)
Al Shorta SC Baghdad - Al Quwa Al Jawiya FC Baghdad   1-0(0-0)
Al Shorta SC: Ahmed Basil Fadhil Al Fadhli (Cap), Ameer Sabah, Faisal Jassim Nafil Al Manaa, Salomon Bienvenue Banga Bindjeme, Ahmed Yahya Mahmood Al Hajjaj Al Abadi (81.Sajjad Jassim Moussa Al Msharrafawee), Abdul-Razzaq Qasim, Fahd Al Youssef, Bassam Shakir Ahmed Ahmed (90+1.Munaf Younus Hashim Al Tekreeti), Mahmoud Al Mawas (90+1.Ousmane Coumbassa), Hussein Ali Jasim Al Saedi, Lucas Santos de Souza (72.Alaa Abdul-Zahra Khashen Al Azzawi [*sent off 87*]). Trainer: Moamen Suliman Yahia (Egypt).
Al Quwa Al Jawiya FC: Mohammed Hameed Farhan, Ghaith Maaroufi (79.Hassan Raed Hassan Matrook), Saad Natiq Naji, Ruslan Hanoon, Mustafa Waleed (61.Mustafa Saadoun Abboud Al Korji), Youssef Fawzi (61.Hussein Jabbar Abbood Al Majidi; 69.Ahmed Abdulhakim Ahmed Al Sarori), Shihab Razzaq, Saad Abdul-Amir Luaibi Al Zirjawi (79.Humam Tariq Faraj Naoush), Ibrahim Bayesh Kamil Al Kaabawi (Cap), Ali Jasim El Aibi Al Tameemi, Aymen Hussein Ghadhban Al Mafraje. Trainer: Razzaq Farhan Mussa.
Goal: 1-0 Lucas Santos de Souza (59).

THE CLUBS 2023/2024

Club	Founded	Stadium	Capacity
Al Hudood Sports Club Baghdad	1976	„Al Saher Ahmed Radhi" Stadium, Baghdad	5,150
Al-Kahrabaa Sports Club Baghdad	2001	Al Zawraa Stadium, Baghdad	15,443
Al-Karkh Sports Club Baghdad	1963	„Al Saher Ahmed Radhi" Stadium, Baghdad	5,150
Al Mina'a Sports Club Basra	1931	Al Minaa Olympic Stadium, Basra	30,000
Al Naft Sports Club Baghdad	1979	Al Madina International Stadium, Baghdad	32,000
Al Najaf Football Club	1961	Al Najaf International Stadium, Al Najaf	30,000
Al-Qasim Sports Club	1973	Karbalaa International Stadium, Karbala	30,000
Al Quwa Al Jawiya Football Club Baghdad	1931	Al Madina International Stadium, Baghdad	32,000
Al Shorta Sports Club Baghdad	1932	Al Shaab Stadium, Baghdad	35,700
Al Talaba Sports Club Baghdad	1969 (a)	Al Shaab Stadium, Baghdad	35,700
Al-Zawra'a Sports Club Baghdad	1969 (b)	Al Zawraa Stadium, Baghdad	15,443
Amanat Baghdad Sports Club	1957 (c)	Amanath Baghdad Stadium, Baghdad	5,000
Duhok Sports Club	1970	Duhok Stadium, Duhok	22,800
Erbil Sports Club	1968	"Franso Hariri" Stadium, Erbil	25,000
Karbala'a Sports Club	1958	Karbalaa International Stadium, Karbala	30,000

Naft Al-Basra Sports Club	1979 (d)	Al Fayhaa Stadium, Basra	10,000
Naft Al-Wasat Sports Club Najaf	2008	Al Najaf International Stadium, Al Najaf	30,000
Naft Maysan Football Club Amarah	2003	Maysan Olympic Stadium, Amarah	25,000
Newroz Sports Club Sulaymaniyah	1994	Sulaymaniyah Stadium, Sulaymaniyah	15,000
Zakho Sports Club	1987	Zakho International Stadium, Zakho	20,000

(a) *as Al Jameea Baghdad*
(b) *as Al-Muwasalat Baghdad*
(c) *as Amanat Al-Asima Baghdad*
(d) *as Naft Al-Junoob Basra*

NATIONAL TEAM INTERNATIONAL MATCHES 2023/2024

07.09.2023	*Chiang Mai*	*Iraq - India*	*2-2 aet; 5-4 pen*	*(F)*
10.09.2023	*Chiang Mai*	*Thailand - Iraq*	*2-2 aet; 4-5 pen*	*(F)*
13.10.2023	*Amman*	*Qatar - Iraq*	*0-0 aet; 6-5 pen*	*(F)*
16.10.2023	*Amman*	*Jordan - Iraq*	*2-2 aet; 3-5 pen*	*(F)*
16.11.2023	*Basra*	*Iraq - Indonesia*	*5-1(2-1)*	*(WCQ)*
21.11.2023	*Hà Nội*	*Vietnam - Iraq*	*0-1(0-0)*	*(WCQ)*
06.01.2024	*Abu Dhabi*	*Korea Republic - Iraq*	*1-0(1-0)*	*(F)*
15.01.2024	*Al Rayyan*	*Indonesia - Iraq*	*1-3(1-2)*	*(AFC)*
19.01.2024	*Al Rayyan*	*Iraq - Japan*	*2-1(2-0)*	*(AFC)*
24.01.2024	*Al Rayyan*	*Iraq - Vietnam*	*3-2(0-1)*	*(AFC)*
29.01.2024	*Al Rayyan*	*Iraq - Jordan*	*2-3(0-1)*	*(AFC)*
21.03.2024	*Basra*	*Iraq - Philippines*	*1-0(0-0)*	*(WCQ)*
26.03.2024	*Manila*	*Philippines - Iraq*	*0-5(0-3)*	*(WCQ)*
06.06.2024	*Jakarta*	*Indonesia - Iraq*	*0-2(0-0)*	*(WCQ)*
11.06.2024	*Basra*	*Iraq - Vietnam*	*3-1(1-0)*	*(WCQ)*

07.09.2023, Friendly International [King's Cup]
700th Anniversary Stadium, Chiang Mai (Thailand); Attendance: 2,884
Referee: Wiwat Jumpaoon (Thailand)
IRAQ - INDIA   **2-2(1-1,2-2,2-2); 5-4 on penalties**
IRQ: Jalal Hassan Mohsen Hachim, Rebin Gharib Sulaka Adhamat, Merchas Ghazi Salih Doski, Frans Dhia Jirjis Haddad (64.Ali Adnan Kadhim Al Tameemi), Hussein Ali Haidar, Osama Jabbar Shafeeq Rashid, Bashar Resan Bonyan Albu-Mohammed, Hussein Ali Jasim Al Saedi (46.Amin Raafat Ali Al Hamawi), Amir Fouad Aboud Al Ammari (64.André Alan Al Sanati), Ibrahim Bayesh Kamil Al Kaabawi (46.Zidane Aamar Iqbal [*sent off 90+3*]), Ali Ibrahim Karim Ali Al Hamadi (46.Aymen Hussein Ghadhban Al Mafraje). Trainer: Jesús Casas García (Spain).
Goals: Ali Ibrahim Karim Ali Al Hamadi (28 penalty), Aymen Hussein Ghadhban Al Mafraje (80 penalty).
Penalties: Merchas Ghazi Salih Doski, Ali Adnan Kadhim Al Tameemi, Aymen Hussein Ghadhban Al Mafraje, Amin Raafat Ali Al Hamawi, Bashar Resan Bonyan Albu-Mohammed.

10.09.2023, Friendly International [King's Cup]
700th Anniversary Stadium, Chiang Mai (Thailand); Attendance: 16,500
Referee: Kim Hee-gon (Korea Republic)
THAILAND - IRAQ   **2-2(1-1,2-2,2-2); 4-5 on penalties**
IRQ: Fahad Talib Raheem, Rebin Gharib Sulaka Adhamat, Masies Artien, Frans Dhia Jirjis Haddad (46.Osama Jabbar Shafeeq Rashid), Hussein Ali Haidar (84.Ahmed Farhan Mushref Al Ghalami), Ahmed Yahya Mahmood Al Hajjaj Al Abadi, Bashar Resan Bonyan Albu-Mohammed (84.Merchas

Ghazi Salih Doski), Amir Fouad Aboud Al Ammari, Amjad Attwan Kadhim Al Magsoosi, Aymen Hussein Ghadhban Al Mafraje (63.Pashang Abdulla), Amin Raafat Ali Al Hamawi (46.Ibrahim Bayesh Kamil Al Kaabawi). Trainer: Jesús Casas García (Spain).
Goals: Aymen Hussein Ghadhban Al Mafraje (6), Amjad Attwan Kadhim Al Magsoosi (65).
Penalties: Pashang Abdulla, Merchas Ghazi Salih Doski, Ahmed Farhan Mushref Al Ghalami, Ibrahim Bayesh Kamil Al Kaabawi, Amjad Attwan Kadhim Al Magsoosi.

13.10.2023, Friendly International [Jordan International Tournament]
Amman International Stadium, Amman (Jordan); Attendance: n/a
Referee: Mohammad Hasan Mahmoud Arafah (Jordan)
QATAR - IRAQ   **0-0 aet; 6-5 on penalties**
IRQ: Ahmed Basil Fadhil Al Fadhli, Rebin Gharib Sulaka Adhamat, Ali Adnan Kadhim Al Tameemi, Mustafa Saadoun Abboud Al Korji (82.Frans Dhia Jirjis Haddad), Osama Jabbar Shafeeq Rashid (64.Ahmad Allé), Bashar Resan Bonyan Albu-Mohammed, Amjad Attwan Kadhim Al Magsoosi (78.Amir Fouad Aboud Al Ammari), Ibrahim Bayesh Kamil Al Kaabawi (77.Ali Ibrahim Karim Ali Al Hamadi), Merchas Ghazi Salih Doski, Ali Jasim El Aibi Al Tameemi (64.Danilo Andrés Al Saed Alvarado), Aymen Hussein Ghadhban Al Mafraje (65.Mohanad Ali Kadhim Al Shammari). Trainer: Jesús Casas García (Spain).
Penalties: Merchas Ghazi Salih Doski, Ali Ibrahim Karim Ali Al Hamadi (saved), Mohanad Ali Kadhim Al Shammari, Ali Adnan Kadhim Al Tameemi, Ahmed Allé, Amir Fouad Aboud Al Ammari, Rebin Gharib Sulaka Adhamat, Bashar Resan Bonyan Albu-Mohammed (missed).

16.10.2023, Friendly International [Jordan International Tournament]
Amman International Stadium, Amman; Attendance: n/a
Referee: n/a
JORDAN - IRAQ   **2-2(1-0,2-2,2-2); 3-5 on penalties**
IRQ: Ahmed Basil Fadhil Al Fadhli, Ali Adnan Kadhim Al Tameemi, Merchas Ghazi Salih Doski, Frans Dhia Jirjis Haddad, Ahmad Allée (64.Aymen Hussein Ghadhban Al Mafraje), Amir Fouad Aboud Al Ammari (53.Ahmed Farhan Mushref Al Ghalami), Danilo Andrés Al Saed Alvarado (53.Amjad Attwan Kadhim Al Magsoosi), Bashar Resan Bonyan Albu-Mohammed (53.Ali Ibrahim Karim Ali Al Hamadi), Ibrahim Bayesh Kamil Al Kaabawi, Ali Jasim El Aibi Al Tameemi, Mohanad Ali Kadhim Al Shammari (52.Rebin Gharib Sulaka Adhamat). Trainer: Jesús Casas García (Spain).
Goals: Aymen Hussein Ghadhban Al Mafraje (70), Ali Ibrahim Karim Ali Al Hamadi (75).
Penalties: Merchas Ghazi Salih Doski, Ali Ibrahim Karim Ali Al Hamadi, Ali Adnan Kadhim Al Tameemi, Aymen Hussein Ghadhban Al Mafraje, Amjad Attwan Kadhim Al Magsoosi.

16.11.2023, 23rd FIFA World Cup Qualifiers / 19th AFC Asian Cup Qualifiers second round
Basra International Stadium, Basra; Attendance: 64,447
Referee: Eisa Ahmed Abdulaziz Al Marzouqi (United Arab Emirates)
IRAQ - INDONESIA   **5-1(2-1)**
IRQ: Jalal Hassan Mohsen Hachim, Rebin Gharib Sulaka Adhamat, Ali Adnan Kadhim Al Tameemi, Hussein Ali Haidar (84.Hasan Abdulkareem Jabbar Sayyid), Osama Jabbar Shafeeq Rashid (67.Ahmed Allé), Bashar Resan Bonyan Albu-Mohammed (68.Youssef Wali Faeq Amyn), Amir Fouad Aboud Al Ammari, Ibrahim Bayesh Kamil Al Kaabawi (85.Mustafa Saadoun Abboud Al Korji), Merchas Ghazi Salih Doski, Ali Jasim El Aibi Al Tameemi, Aymen Hussein Ghadhban Al Mafraje (79.Ali Ibrahim Karim Ali Al Hamadi). Trainer: Jesús Casas García (Spain).
Goals: Bashar Resan Bonyan Albu-Mohammed (20), Jordi Amat Maas (35 own goal), Osama Jabbar Shafeeq Rashid (60), Youssef Wali Faeq Amyn (81), Ali Ibrahim Karim Ali Al Hamadi (88).

21.11.2023, 23rd FIFA World Cup Qualifiers / 19th AFC Asian Cup Qualifiers second round
Mỹ Đình National Stadium, Hà Nội; Attendance: 20,568
Referee: Abdulla Ali Al Marri (Qatar)
VIETNAM - IRAQ   **0-1(0-0)**
IRQ: Jalal Hassan Mohsen Hachim, Rebin Gharib Sulaka Adhamat, Ali Adnan Kadhim Al Tameemi, Hussein Ali Haidar (75.Mustafa Saadoun Abboud Al Korji), Osama Jabbar Shafeeq Rashid, Bashar Resan Bonyan Albu-Mohammed (46.Youssef Wali Faeq Amyn), Ibrahim Bayesh Kamil Al Kaabawi, Merchas Ghazi Salih Doski, Ali Jasim El Aibi Al Tameemi (80.Pashang Abdulla), Aymen Hussein Ghadhban Al Mafraje (61.Mohanad Ali Kadhim Al Shammari), Ali Ibrahim Karim Ali Al Hamadi (61.Amir Fouad Aboud Al Ammari). Trainer: Jesús Casas García (Spain).
Goal: Mohanad Ali Kadhim Al Shammari (90+7).

06.01.2024, Friendly International
New York University Stadium, Abu Dhabi (United Arab Emirates); Attendance: 100
Referee: Yahya Mohammed Ali Hassan Al Mulla (United Arab Emirates)
KOREA REPUBLIC - IRAQ   **1-0(1-0)**
IRQ: Jalal Hassan Mohsen Hachim, Saad Natiq Naji, Ali Adnan Kadhim Al Tameemi (61.Zaid Tahseen Abd Zaid Hantoosh), Hussein Ali Haidar, Osama Jabbar Shafeeq Rashid (46.Zidane Aamar Iqbal), Amir Fouad Aboud Al Ammari, Ibrahim Bayesh Kamil Al Kaabawi, Merchas Ghazi Salih Doski (46.Ahmed Yahya Mahmood Al Hajjaj Al Abadi), Ali Jasim El Aibi Al Tameemi (46.Danilo Andrés Al Saed Alvarado), Mohanad Ali Kadhim Al Shammari (66.Aymen Hussein Ghadhban Al Mafraje), Montader Madjed (46.Bashar Resan Bonyan Albu-Mohammed). Trainer: Jesús Casas García (Spain).

15.01.2024, 18th AFC Asian Cup, Final Tournament, Group Stage
„Ahmad bin Ali Stadium", Al Rayyan (Qatar); Attendance: 16,532
Referee: Ilgiz Tantashev (Uzbekistan)
INDONESIA - IRAQ   **1-3(1-2)**
IRQ: Jalal Hassan Mohsen Hachim, Saad Natiq Naji, Ali Adnan Kadhim Al Tameemi (88.Rebin Gharib Sulaka Adhamat), Hussein Ali Haidar, Osama Jabbar Shafeeq Rashid (71.Youssef Wali Faeq Amyn), Amir Fouad Aboud Al Ammari (88.Frans Dhia Jirjis Haddad), Ibrahim Bayesh Kamil Al Kaabawi, Zidane Aamar Iqbal (60.Bashar Resan Bonyan Albu-Mohammed), Merchas Ghazi Salih Doski, Ali Jasim El Aibi Al Tameemi, Mohanad Ali Kadhim Al Shammari (60.Aymen Hussein Ghadhban Al Mafraje). Trainer: Jesús Casas García (Spain).
Goals: Mohanad Ali Kadhim Al Shammari (17), Osama Jabbar Shafeeq Rashid (45+7), Aymen Hussein Ghadhban Al Mafraje (75).

19.01.2024, 18th AFC Asian Cup, Final Tournament, Group Stage
Education City Stadium, Al Rayyan (Qatar); Attendance: 38,663
Referee: Khalid Saleh Al Turais (Saudi Arabia)
IRAQ - JAPAN   **2-1(2-0)**
IRQ: Jalal Hassan Mohsen Hachim, Saad Natiq Naji, Rebin Gharib Sulaka Adhamat, Frans Dhia Jirjis Haddad (61.Osama Jabbar Shafeeq Rashid), Hussein Ali Haidar (46.Merchas Ghazi Salih Doski), Amir Fouad Aboud Al Ammari, Ibrahim Bayesh Kamil Al Kaabawi, Ali Jasim El Aibi Al Tameemi (77.Zaid Tahseen Abd Zaid Hantoosh), Ahmed Yahya Mahmood Al Hajjaj Al Abadi, Aymen Hussein Ghadhban Al Mafraje (46.Mohanad Ali Kadhim Al Shammari), Youssef Wali Faeq Amyn (66.Ali Adnan Kadhim Al Tameemi). Trainer: Jesús Casas García (Spain).
Goals: Aymen Hussein Ghadhban Al Mafraje (5, 45+4).

24.01.2024, 18th AFC Asian Cup, Final Tournament, Group Stage
„Jassim bin Hamad" Stadium, Al Rayyan (Qatar); Attendance: 8,932
Referee: Muhammad Nazmi Nasaruddin (Malaysia)
IRAQ - VIETNAM   **3-2(0-1)**
IRQ: Ahmed Basil Fadhil Al Fadhli, Rebin Gharib Sulaka Adhamat, Allan Mohideen (67.Ibrahim Bayesh Kamil Al Kaabawi), Osama Jabbar Shafeeq Rashid (82.Frans Dhia Jirjis Haddad), Bashar

Resan Bonyan Albu-Mohammed (46.Ali Jasim El Aibi Al Tameemi), Ahmed Allé (46.Aymen Hussein Ghadhban Al Mafraje), Zidane Aamar Iqbal, Merchas Ghazi Salih Doski, Zaid Tahseen Abd Zaid Hantoosh, Ali Ibrahim Karim Ali Al Hamadi, Montader Madjed (58.Youssef Wali Faeq Amyn). Trainer: Jesús Casas García (Spain).
Goals: Rebin Gharib Sulaka Adhamat (47), Aymen Hussein Ghadhban Al Mafraje (73, 90+12).

29.01.2024, 18th AFC Asian Cup, Final Tournament, Second Round of 16
Khalifa International Stadium, Al Rayyan (Qatar); Attendance: 35,814
Referee: Alireza Faghani (Australia)
IRAQ - JORDAN   **2-3(0-1)**
IRQ: Jalal Hassan Mohsen Hachim, Saad Natiq Naji (72.Ali Adnan Kadhim Al Tameemi), Rebin Gharib Sulaka Adhamat, Hussein Ali Haidar, Osama Jabbar Shafeeq Rashid (63.Mohanad Ali Kadhim Al Shammari), Amir Fouad Aboud Al Ammari, Ibrahim Bayesh Kamil Al Kaabawi, Ali Jasim El Aibi Al Tameemi, Ahmed Yahya Mahmood Al Hajjaj Al Abadi (54.Merchas Ghazi Salih Doski), Aymen Hussein Ghadhban Al Mafraje [*sent off 77*], Youssef Wali Faeq Amyn (54.Zidane Aamar Iqbal). Trainer: Jesús Casas García (Spain).
Goals: Saad Natiq Naji (68), Aymen Hussein Ghadhban Al Mafraje (76).

21.03.2024, 23rd FIFA World Cup Qualifiers / 19th AFC Asian Cup Qualifiers second round
Basra International Stadium, Basra; Attendance: 63,750
Referee: Abdullah Jamali (Kuwait)
IRAQ - PHILIPPINES   **1-0(0-0)**
IRQ: Jalal Hassan Mohsen Hachim, Dhurgham Ismail Al Quraishi (76.Montader Madjed), Rebin Gharib Sulaka Adhamat, Hussein Ali Haidar, Osama Jabbar Shafeeq Rashid (63.Zidane Aamar Iqbal), Bashar Resan Bonyan Albu-Mohammed (63.Ahmed Yasin Ghani Mousa), Amir Fouad Aboud Al Ammari, Ibrahim Bayesh Kamil Al Kaabawi (63.Youssef Wali Faeq Amyn), Zaid Tahseen Abd Zaid Hantoosh, Ali Jasim El Aibi Al Tameemi, Mohanad Ali Kadhim Al Shammari (90.Frans Dhia Jirjis Haddad). Trainer: Jesús Casas García (Spain).
Goal: Mohanad Ali Kadhim Al Shammari (84).

26.03.2024, 23rd FIFA World Cup Qualifiers / 19th AFC Asian Cup Qualifiers second round
Rizal Memorial Stadium, Manila; Attendance: 10,014
Referee: Muhammad Nazmi Nasaruddin (Malaysia)
PHILIPPINES - IRAQ   **0-5(0-3)**
IRQ: Jalal Hassan Mohsen Hachim, Saad Natiq Naji (64.Frans Dhia Jirjis Haddad), Rebin Gharib Sulaka Adhamat, Hussein Ali Haidar, Amir Fouad Aboud Al Ammari, Safaa Hadi Abdullah Al Furaiji, Ibrahim Bayesh Kamil Al Kaabawi (64.Ahmed Yasin Ghani Mousa), Zidane Aamar Iqbal, Zaid Tahseen Abd Zaid Hantoosh, Ali Jasim El Aibi Al Tameemi (69.Louaï Majid Al Ani), Aymen Hussein Ghadhban Al Mafraje (69.Mohanad Ali Kadhim Al Shammari). Trainer: Jesús Casas García (Spain).
Goals: Aymen Hussein Ghadhban Al Mafraje (14 penalty), Amir Fouad Aboud Al Ammari (30), Aymen Hussein Ghadhban Al Mafraje (36), Zidane Aamar Iqbal (62), Zaid Tahseen Abd Zaid Hantoosh (77).

06.06.2024, 23rd FIFA World Cup Qualifiers / 19th AFC Asian Cup Qualifiers second round
Gelora Bung Karno Stadium, Jakarta; Attendance: 60,245
Referee: Shaun Evans (Australia)
INDONESIA - IRAQ   **0-2(0-0)**
IRQ: Jalal Hassan Mohsen Hachim, Saad Natiq Naji, Rebin Gharib Sulaka Adhamat (80.Zaid Tahseen Abd Zaid Hantoosh), Hussein Ali Haidar, Osama Jabbar Shafeeq Rashid (86.Mohamed Husein Reda Khafaji Al Taay), Bashar Resan Bonyan Albu-Mohammed (46.Ali Jasim El Aibi Al Tameemi), Amir Fouad Aboud Al Ammari, Ibrahim Bayesh Kamil Al Kaabawi, Zidane Aamar Iqbal (46.Youssef Wali Faeq Amyn), Ahmed Yahya Mahmood Al Hajjaj Al Abadi, Aymen Hussein Ghadhban Al Mafraje (77.Mohanad Ali Kadhim Al Shammari). Trainer: Jesús Casas García (Spain).
Goals: Aymen Hussein Ghadhban Al Mafraje (54 penalty), Ali Jasim El Aibi Al Tameemi (88).

11.06.2024, 23rd FIFA World Cup Qualifiers / 19th AFC Asian Cup Qualifiers second round
Basra International Stadium, Basra; Attendance: 42,791
Referee: Omar Mohamed Al Ali (United Arab Emirates)

IRAQ - VIETNAM   **3-1(1-0)**

IRQ: Jalal Hassan Mohsen Hachim, Rebin Gharib Sulaka Adhamat, Hussein Ali Haidar (90.Munaf Younus Hashim Al Tekreeti), Osama Jabbar Shafeeq Rashid, Amir Fouad Aboud Al Ammari, Zaid Tahseen Abd Zaid Hantoosh (56.Aymen Hussein Ghadhban Al Mafraje), Louaï Majid Al Ani (57.Ibrahim Bayesh Kamil Al Kaabawi), Ali Jasim El Aibi Al Tameemi, Ahmed Yahya Mahmood Al Hajjaj Al Abadi, Mohanad Ali Kadhim Al Shammari (72.Akam Hashim Rahman), Youssef Wali Faeq Amyn (46.Zidane Aamar Iqbal). Trainer: Jesús Casas García (Spain).

Goals: Hussein Ali Haidar (12), Ali Jasim El Aibi Al Tameemi (71), Aymen Hussein Ghadhban Al Mafraje (90+2).

NATIONAL TEAM PLAYERS 2023/2024

Name	DOB	Club
Goalkeepers		
Ahmed Basil Fadhil AL FADHLI	19.08.1996	Al Shorta SC Baghdad
Jalal Hassan MOHSEN Hachim	18.05.1991	Al-Zawra'a SC Baghdad
Fahad TALIB Raheem	21.10.1994	Sanat Naft FC Abadan (IRN)
Defenders		
Ahmed Yahya Mahmood AL HAJJAJ Al Abadi	27.05.1997	Al Shorta SC Baghdad
Mustafa Saadoun Abboud AL KORJI	25.05.2001	Al Quwa Al Jawiya FC Baghdad
Dhurgham Ismail AL QURAISHI	23.05.1994	Al Khalidiya SC Hamad Town (BHR)
Ali Adnan Kadhim AL TAMEEMI	19.12.1993	Mes Rafsanjan FC (IRN)
Munaf Younus Hashim AL TEKREETI	20.12.2002	Al Shorta SC Baghdad
Masies ARTIEN	08.08.1993	SV Spakenburg (NED)
Frans DHIA Jirjis Haddad "Putros"	14.07.1993	Port FC Bangkok (THA)
Merchas Ghazi Salih DOSKI	07.12.1999	1. FC Slovácko Uherské Hradiště (CZE)
Hussein Ali HAIDAR	01.03.2002	SC Heerenveen (NED)
Allan MOHIDEEN	11.11.1993	Utsiktens BK (SWE)
Saad NATIQ Naji	19.03.1994	Abha FC (KSA); 03.02.2024-> Al Quwa Al Jawiya FC Baghdad
Rebin Gharib SULAKA Adhamat	12.04.1992	IF Brommapojkarna (SWE); 21.02.2024-> FC Seoul (KOR)
Zaid TAHSEEN Abd Zaid Hantoosh	29.01.2001	Al Talaba SC Baghdad
Midfielders		
Amir Fouad Aboud AL AMMARI	27.07.1997	Halmstads BK (SWE)
Louaï Majid AL ANI	12.07.1997	Al-Zawra'a SC Baghdad
Safaa Hadi Abdullah AL FURAIJI	14.10.1998	Tractor Sazi FC Tabriz (IRN)
Ahmed Farhan Mushref AL GHALAMI	03.08.2000	Al Shorta SC Baghdad
Ibrahim Bayesh Kamil AL KAABAWI	01.05.2000	Al Quwa Al Jawiya FC Baghdad
Amjad Attwan Kadhim AL MAGSOOSI	12.03.1997	Zakho SC
Danilo Andrés AL SAED Alvarado	24.02.1999	Sandefjord Fotball (NOR)

Hussein Ali Jasim AL SAEDI	29.11.1996	Al Shorta SC Baghdad
André Alan AL SANATI	06.01.2000	IK Sirius Uppsala (SWE)
Mohamed Husein Reda Khafaji AL TAAY	15.06.2000	Wellington Phoenix FC (NZL)
Ali Jasim El Aibi AL TAMEEMI	20.01.2004	Al Quwa Al Jawiya FC Baghdad
Ahmad ALLE (born Ahmed Adil Abas)	29.04.1996	FC Rouen (FRA)
Akam HASHIM Rahman	16.08.1998	Erbil SC
Zidane Aamar IQBAL	27.04.2003	FC Utrecht (NED)
Osama Jabbar Shafeeq RASHID	13.01.1992	FC de Vizela (POR)
Bashar RESAN Bonyan Albu-Mohammed	22.12.1996	Qatar SC Doha (QAT); 31.01.2024-> Al-Markhiya SC Doha (QAT)
Ahmed YASIN Ghani Mousa	22.04.1991	Al-Kholood Club Ar Rass (KSA)

Forwards

Pashang ABDULLA	29.05.1994	Degerfors IF (SWE)
Ali Ibrahim Karim Ali AL HAMADI	01.03.2002	AFC Wimbledon (ENG)
Amin Raafat Ali AL HAMAWI	17.12.2003	Helsingborgs IF (SWE)
Aymen Hussein Ghadhban AL MAFRAJE	22.03.1996	Al Quwa Al Jawiya FC Baghdad
Mohanad Ali Kadhim AL SHAMMARI	20.06.2000	Al Shorta SC Baghdad
Youssef Wali Faeq AMYN	21.08.2003	TSV Eintracht Braunschweig (GER)
Montader MADJED	24.04.2005	Hammarby IF Stockholm (SWE)
Hasan Abdulkareem Jabbar SAYYID	1999	Al-Zawra'a SC Baghdad

National coaches

Jesús CASAS García (Spain) [from 05.11.2022]	23.10.1973

JAPAN

Federation Directory:
Japan Football Association
JFA House, Football Avenue, Bunkyo-Ku Tokyo 113-8311
Year of Formation: 1921
Member of FIFA since: 1929
Member of AFC since: 1954
Internet: www.jfa.jp

The Country: Nippon-koku (Japan)
Capital: Tokyo
Surface: 377,975 km^2 / **Population**: 125,416,877 [2023] / **Time**: UTC+9

NATIONAL TEAM RECORDS

First international match:
09.05.1917, Tokyo: Japan - Republic of China 0-5

Most international caps:	Most international goals:
Yasuhito Endō	Kunishige Kamamoto
152 caps (2002-2015)	**75 goals** / 76 caps (since 2005)

NATIONAL TEAM COMPETITIONS

ASIAN NATIONS CUP		FIFA WORLD CUP	
1956	*Withdrew*	1930	*Withdrew*
1960	*Withdrew*	1934	Did not enter
1964	*Withdrew*	1938	*Withdrew*
1968	Qualifiers	1950	*Suspended by the FIFA*
1972	*Withdrew*	1954	Qualifiers
1976	Qualifiers	1958	Did not enter
1980	*Withdrew*	1962	Qualifiers
1984	*Withdrew*	1966	Did not enter
1988	Final Tournament (Group Stage)	1970	Qualifiers
1992	**Final Tournament (Winners)**	1974	Qualifiers
1996	Final Tournament (Quarter-Finals)	1978	Qualifiers
2000	**Final Tournament (Winners)**	1982	Qualifiers
2004	**Final Tournament (Winners)**	1986	Qualifiers
2007	Final Tournament (4th Place)	1990	Qualifiers
2011	**Final Tournament (Winners)**	1994	Qualifiers
2015	Final Tournament (Quarter-Finals)	1998	Final Tournament (Group Stage)
2019	Final Tournament (Runners-up)	2002	Final Tournament (2nd Round of 16)
2023	Final Tournament (Quarter-Finals)	2006	Final Tournament (Group Stage)
		2010	Final Tournament (2nd Round of 16)
		2014	Final Tournament (Group Stage)
		2018	Final Tournament (2nd Round of 16)
		2022	Final Tournament (2nd Round of 16)

OLYMPIC FOOTBALL TOURNAMENTS 1908-2020

1908 to 1928	*Teams from Asia did not enter*	1980	Qualifiers
		1984	Qualifiers
		1988	Qualifiers
1936	Final Tournament (Quarter-Finals)	1992	Qualifiers
1948	Did not enter	1996	Final Tournament (Group Stage)
1952	Did not enter	2000	Final Tournament (Quarter-Finals)
1956	Final Tournament (First Round)	2004	Final Tournament (Group Stage)
1960	Qualifiers	2008	Final Tournament (Group Stage)
1964	Final Tournament (Quarter-Finals)	2012	Final Tournament (4th Place)
1968	Final Tournament (3rd Place)	2016	Final Tournament (Group Stage)
1972	Qualifiers	2020	Final Tournament (4th Place)
1976	Qualifiers		

F.I.F.A. CONFEDERATIONS CUP 1992-2017

1995 (Group Stage), 2001 (Runners-up), 2003 (Group Stage), 2005 (Group Stage), 2013 (Group Stage)

ASIAN GAMES 1951-2022		EAST ASIAN CHAMPIONSHIP 2003-2022	
1951	3rd Place	2003	Runners-up
1954	Group Stage	2005	Runners-up
1958	Group Stage	2008	Runners-up
1962	Group Stage	2010	3rd Place
1966	3rd Place	2013	**Winners**
1970	4th Place	2015	4th Place
1974	Group Stage	2017	Runners-up
1978	Group Stage	2019	Runners-up
1982	Quarter-Finals	2022	**Winners**
1986	Group Stage		
1990	Quarter-Finals		
1994	Quarter-Finals		
1998	Group Stage		
2002	Runners-up		
2006	Group Stage		
2010	**Winners**		
2014	Quarter-Finals		
2018	Runners-up		
2022	Runners-up		

JAPANESE CLUB HONOURS IN ASIAN CLUB COMPETITIONS

AFC Champions League 1967-1971 & 1985/1986-2024

Club		Year(s)
Furukawa Electric Yokohama [called today JEF United Ichihara Chiba]	1	1986/1987
Yomiuri FC [called today Tokyo Verdy FC]	1	1987/1988
Júbilo Iwata	1	1998/1999
Urawa Red Diamonds	3	2007, 2017, 2022
Gamba Osaka	1	2008
Kashima Antlers FC	1	2018

Asian Football Confederation Cup 2004-2024		
None		
AFC President's Cup 2005-2014*		
None		
Asian Cup Winners Cup 1975-2003*		
Nissan FC Yokohama [called today Yokohama F. Marinos]	2	1992, 1993
Yokohama Flügels	1	1995
Belmare Hiratsuka	1	1996
Shimizu S-Pulse	1	2000
Asian Super Cup 1995-2002*		
Yokohama Flügels	1	1995
Júbilo Iwata	1	1999

*defunct competition

OTHER CLUB COMPETITIONS:

Afro-Asian Club Championship 1986–1998*		
None		
East Asian Champions Cup / A3 Champions Cup 2003-2007*		
Kashima Antlers	1	2003

*defunct competition

NATIONAL COMPETITIONS
TABLE OF HONOURS

List of Cup Winners (Emperor's Cup) between 1921 and 1964:
1921: Tokyo Shūkyū-dan; 1922: Nagoya Shūkyū-dan; 1923: Astra Club Tokyo; 1924: Rijo Club Hiroshima; 1925: Rijo Shūkyū-dan Hiroshima; 1926: *No competition*; 1927: Kobe-Ichi Jr. Highschool Club; 1928: Waseda University WMW; 1929: Kwangaku Club; 1930: Kwangaku Club; 1931: Imperial University of Tokyo; 1932: Keio Club; 1933: Tokyo Old Boys Club; 1934: *No competition*; 1935: Seoul Shūkyū-dan (Korea); 1936: Keio University BRB; 1937: Keio University; 1938: Waseda University; 1939: Keio University BRB; 1940: Keio University BRB; 1941-1945: *No competition*; 1946 Tokyo University LB; 1947-1948: *No competition*; 1949: Tokyo University LB; 1950: All Kwangaku; 1951: Keio University BRB; 1952: All Keio University; 1953: All Kwangaku; 1954: Keio University BRB; 1955: All Kwangaku; 1956: Keio University BRB; 1957: Chuo University Club; 1958: Kwangaku Club; 1959: Kwangaku Club; 1960: Furukawa Electric; 1961: Furukawa Electric; 1962: Chuo University; 1963: Waseda University; 1964: Yawata Steel & Furukawa Electric (both winners);

	CHAMPIONS	CUP WINNERS
1965	Toyo Kogyo Hiroshima[1]	Toyo Kogyo Hiroshima
1966	Toyo Kogyo Hiroshima	-
1967	Toyo Kogyo Hiroshima	Toyo Kogyo Hiroshima
1968	Toyo Kogyo Hiroshima	Yanmar Diesel Osaka
1969	Mitsubishi Motors Urawa[2]	Toyo Kogyo Hiroshima
1970	Toyo Kogyo Hiroshima	Yanmar Diesel Osaka
1971	Yanmar Diesel Osaka[3]	Mitsubishi Motors Urawa
1972	Hitachi Tokyo[4]	Hitachi Tokyo
1973	Mitsubishi Motors Urawa	Mitsubishi Motors Urawa
1974	Yanmar Diesel Osaka	Yanmar Diesel Osaka
1975	Yanmar Diesel Osaka	Hitachi Tokyo
1976	Furukawa Electric Yokohama[5]	Furukawa Electric Yokohama

Year		
1977	Fujita Industries Tokyo[6]	Fujita Industries Tokyo
1978	Mitsubishi Motors Urawa	Mitsubishi Motors Urawa
1979	Fujita Industries Tokyo	Fujita Industries Tokyo
1980	Yanmar Diesel Osaka	Mitsubishi Motors Urawa
1981	Fujita Industries Tokyo	Nippon Kokan FC
1982	Mitsubishi Motors Urawa	Yamaha Motors Iwata[7]
1983	Yomiuri FC	Nissan FC Yokohama
1984	Yomiuri FC	Yomiuri FC
1985	-	Nissan FC Yokohama
1985/1986	Furukawa Electric Yokohama	Yomiuri FC
1986/1987	Yomiuri FC	Yomiuri FC
1987/1988	Yamaha Motors Iwata	Nissan FC Yokohama
1988/1989	Nissan FC Yokohama	Nissan FC Yokohama
1989/1990	Nissan FC Yokohama	Matsushita Electric Osaka[9]
1990/1991	Yomiuri FC	Nissan FC Yokohama
1991/1992	Yomiuri FC	Yokohama F. Marinos
J.League		
1993	Verdy Kawasaki Tokyo[8]	Yokohama Flügels
1994	Verdy Kawasaki Tokyo	Bellmare Hiratsuka
1995	Yokohama F. Marinos	Nagoya Grampus Eight
1996	Kashima Antlers FC	Verdy Kawasaki Tokyo
1997	Júbilo Iwata	Kashima Antlers FC
1998	Kashima Antlers	Yokohama Flügels
1999	Júbilo Iwata	Nagoya Grampus Eight
2000	Kashima Antlers FC	Kashima Antlers FC
2001	Kashima Antlers FC	Shimizu S-Pulse
2002	Júbilo Iwata	Kyoto Purple Sanga
2003	Yokohama F. Marinos	Júbilo Iwata
2004	Yokohama F. Marinos	Tokyo Verdy FC
2005	Gamba Osaka	Urawa Red Diamonds
2006	Urawa Red Diamonds	Urawa Red Diamonds
2007	Kashima Antlers FC	Kashima Antlers FC
2008	Kashima Antlers FC	Gamba Osaka
2009	Kashima Antlers FC	Gamba Osaka
2010	Nagoya Grampus	Kashima Antlers
2011	Kashiwa Reysol	Tokyo FC
2012	Sanfrecce Hiroshima FC	Kashiwa Reysol
2013	Sanfrecce Hiroshima FC	Yokohama F. Marinos
2014	Gamba Osaka	Gamba Osaka
2015	Sanfrecce Hiroshima FC	Gamba Osaka
2016	Kashima Antlers FC	Kashima Antlers FC
2017	Kawasaki Frontale	Cerezo Osaka
2018	Kawasaki Frontale	Urawa Red Diamonds
2019	Yokohama F. Marinos	Vissel Kobe
2020	Kawasaki Frontale	Kawasaki Frontale
2021	Kawasaki Frontale	Urawa Red Diamonds
2022	Yokohama F. Marinos	Ventforet Kofu
2023	Vissel Kobe	Kawasaki Frontale

[1]became later Sanfrecce Hiroshima; [2]became later Urawa Red Diamonds;
[3]became later Cerezo Osaka; [4]became later Kashiwa Reysol;
[5]became later JEF United Ichihara Chiba; [6]became later Shonan Bellmare Hiratsuka;
[7]became later Júbilo Iwata; [8]became later Tokyo Verdy FC;
[9]became later Gamba Osaka;

NATIONAL CHAMPIONSHIP
Meiji Yasuda J1 League 2023

1.	Vissel Kobe	34	21	8	5	60 - 29	71
2.	Yokohama F. Marinos	34	19	7	8	63 - 40	64
3.	Sanfrecce Hiroshima FC	34	17	7	10	42 - 28	58
4.	Urawa Red Diamonds	34	15	12	7	42 - 27	57
5.	Kashima Antlers FC	34	14	10	10	43 - 34	52
6.	Nagoya Grampus	34	14	10	10	41 - 36	52
7.	Avispa Fukuoka	34	15	6	13	37 - 43	51
8.	Kawasaki Frontale	34	14	8	12	51 - 45	50
9.	Cerezo Osaka	34	15	4	15	39 - 34	49
10.	Albirex Niigata	34	11	12	11	36 - 40	45
11.	FC Tokyo	34	12	7	15	42 - 46	43
12.	Hokkaido Consadole Sapporo	34	10	10	14	56 - 61	40
13.	Kyoto Sanga FC	34	12	4	18	40 - 45	40
14.	Sagan Tosu FC	34	9	11	14	43 - 47	38
15.	Shonan Bellmare Hiratsuka	34	8	10	16	40 - 56	34
16.	Gamba Osaka	34	9	7	18	38 - 61	34
17.	Kashiwa Reysol	34	6	15	13	33 - 47	33
18.	Yokohama FC (*Relegated*)	34	7	8	19	31 - 58	29

Best goalscorer 2023:
Anderson José Lopes de Souza (Yokohama F. Marinos) & Yuya Osako (Vissel Kobe) – 22 goals each

Promoted for the 2024 season:
FC Machida Zelvia, Júbilo Iwata, Tokyo Verdy (next season will be played with 20 teams)

NATIONAL CUP
Emperor's Cup - Final 2023

09.12.2023, Japan National Stadium, Tokyo; Attendance: 62,637
Referee: Hiroyuki Kimura
Kawasaki Frontale - Kashiwa Reysol   **0-0 aet; 8-7 on penalties**
Kawasaki Frontale: Jung Sung-ryong, Miki Yamane, Kazuya Yamamura, Takuma Ominami (87.Jesiel Cardoso Miranda), Kyohei Noborizato, Kento Tachibanada (Cap), Tatsuki Seko (64.Daiya Tono), Yasuto Wakizaka (87.João Felipe Schmidt Urbano), Akihiro Ienaga, Taisei Miyashiro (64.Yusuke Segawa), Leandro Damião da Silva dos Santos (77.Yū Kobayashi; 106.Bafétimbi Gomis). Trainer: Toru Oniki.
Kashiwa Reysol: Kenta Matsumoto, Takumi Tsuchiya (90+3.Naoki Kawaguchi), Yugo Tatsuta, Taiyo Koga (Cap), Eiichi Katayama, Tomoki Takamine (90+3.Keiya Sento), Keiya Shiihashi (104.Yuki Muto), Tomoya Koyamatsu (77.Sachiro Toshima), Matheus Iann Makarius „Matheus Sávio", Kota Yamada (77.Ota Yamamoto), Mao Hosoya. Trainer: Masami Ihara.
Penalties: Akihiro Ienaga 1-0; Matheus Iann Makarius „Matheus Sávio" 1-1; Yusuke Segawa 2-1; Mao Hosoya 2-2; Kazuya Yamamura 3-2; Sachiro Toshima 3-3; Kento Tachibanada 4-3; Keiya Sento (missed); Bafétimbi Gomis (saved); Yuki Muto 4-4; Kyohei Noborizato (saved); Eiichi Katayama (missed); Daiya Tono 5-4; Ota Yamamoto 5-5; Miki Yamane 6-5; Naoki Kawaguchi 6-6; João Felipe Schmidt Urbano 7-6; Yugo Tatsuta 7-7; Jung Sung-ryong 8-7; Kenta Matsumoto (saved).

THE CLUBS 2023

ALBIREX NIIGATA

Year of Formation: 1955
Stadium: Denka Big Swan Stadium, Niigata (41,684)

Trainer:	Rikizo Matsuhashi	22.08.1968			

THE SQUAD		DOB	M	(s)	G
Goalkeepers:	Koto Abe	01.08.1997	4		
	Ryosuke Kojima	30.01.1997	30		
Defenders:	Naoto Arai	07.10.1996	20	(4)	3
	Kazuhiko Chiba	21.06.1985	12		1
	Thomas Jok Deng (AUS)	20.03.1997	21	(5)	
	Michael James Fitzgerald (NZL)	17.09.1988	18	(1)	1
	Soya Fujiwara	09.09.1995	23	(1)	
	Takumi Hasegawa	06.10.1998	7	(3)	
	Fumiya Hayakawa	12.01.1994	2	(1)	
	Yuto Horigome	09.09.1994	16	(4)	
	Daichi Tagami	16.06.1993	5	(6)	
	Taiki Watanabe	22.04.1999	18	(3)	2
Midfielders:	Hiroki Akiyama	09.12.2000	15	(11)	
	Yuji Hoshi	27.07.1992	10	(5)	
	Ryotaro Ito	06.02.1998	16	(1)	7
	Takahiro Ko	20.04.1998	28	(3)	1
	Shunsuke Mito	28.09.2002	24	(7)	4
	Kazuyoshi Shimabuku (PER)	29.07.1999		(3)	
	Yuzuru Shimada	28.11.1990	15	(12)	
	Yoshiaki Takagi	09.12.1992	11	(7)	2
Forwards:	*Danilo* Gomes Magalhães (BRA)	05.02.1999	5	(9)	
	Gustavo Henrique Alves Silva „Gustavo Nescau" (BRA)	12.03.2000	1	(7)	
	Yota Komi	11.08.2002	14	(15)	1
	Eitaro Matsuda	20.05.2001	9	(12)	
	Motoki Nagakura	07.10.1999	4	(6)	1
	Shusuke Ota	23.02.1996	13	(6)	5
	Koji Suzuki	25.07.1989	24	(4)	4
	Kaito Taniguchi	07.09.1995	9	(12)	3

AVISPA FUKUOKA

Year of Formation: 1982
Stadium: Best Denki Stadium, Fukuoka (21,562)

Trainer:	Shigetoshi Hasebe	23.04.1971			

THE SQUAD		DOB	M	(s)	G
Goalkeepers:	Masaaki Murakami	07.08.1992	20		
	Takumi Nagaishi	16.02.1996	14		

Defenders:					
	Douglas Ricardo *Groli* (BRA)	05.10.1989	28	(1)	2
	Seiya Inuoe	09.11.1999	2	(4)	
	Masashi Kamekawa	28.05.1993	1	(2)	
	Yota Maejima	12.08.1997	22	(10)	
	Kennedy Mikuni	23.06.2000	5	(13)	
	Daiki Miya	01.04.1996	15		
	Tatsuki Nara	19.09.1993	31		
	Itsuki Oda	16.07.1998	23	(7)	2
	Masaya Tashiro	01.05.1993	5	(4)	
	Masato Yuzawa	10.10.1993	21	(5)	1

Midfielders:					
	Yuto Hiratsuka	13.04.1996	1	(4)	
	Yosuke Ideguchi	23.08.1996	18	(3)	
	Hiroyuki Mae	01.08.1995	34		1
	Kimiya Moriyama	04.04.2002		(1)	
	Shun Nakamura	24.02.1994	9	(4)	
	Masato Shigemi	20.09.2001	5		
	Sotan Tanabe	06.04.1990	1	(3)	
	Tatsuya Tanaka	09.06.1992	1	(7)	

Forwards:					
	Hisashi Jogo	16.04.1986		(9)	
	Takeshi Kanamori	04.04.1994	22	(6)	3
	Kazuya Konno	11.07.1997	25	(4)	5
	Lukian Araújo de Almeida (BRA)	21.09.1991	23	(4)	5
	Ryoga Sato	20.02.1999	11	(13)	4
	Reiju Tsuruno	26.01.2001	1	(16)	2
	Wellington Luís de Sousa (BRA)	11.02.1988	2	(25)	3
	Yuya Yamagishi	29.08.1993	34		10

CEREZO OSAKA

Year of Formation: 1957 (*as Yanmar Diesel SC*)
Stadium: Yodoko Sakura Stadium, Osaka (24,481)

Trainer:	Akio Kogiku	07.07.1975			

THE SQUAD		DOB	M	(s)	G
Goalkeepers:	Kim Jin-hyeon (KOR)	06.07.1987	20		
	Keisuke Shimizu	25.11.1988	2		
	Yang Han-been (KOR)	30.08.1991	12	(1)	
Defenders:	Kakeru Funaki	13.04.1998	19	(4)	
	Matej Jonjić (CRO)	29.01.1991	18	(4)	
	Seiya Maikuma	16.10.1997	31		1
	Riku Matsuda	24.07.1991	9		
	Ryuya Nishio	16.05.2001	3	(6)	
	Ryosuke Shindo	07.06.1996	19	(9)	1
	Koji Toriumi	09.05.1995	30		
	Ryosuke Yamanaka	20.04.1993	15	(6)	
Midfielders:	Haruki Arai	12.04.1998		(8)	
	Riki Harakawa	18.08.1993	7		

	Name	DOB	M	(s)	G
	Shinji Kagawa	17.03.1989	31	(3)	2
	Hinata Kida	04.07.2000	13	(3)	1
	Hiroshi Kiyotake	12.11.1989		(2)	
	Hikaru Nakahara	08.07.1996		(16)	1
	Hiroaki Okuno	14.08.1989	20	(4)	3
	Masaya Shibayama	02.07.2002	4	(5)	
	Tokuma Suzuki	12.03.1997	7	(12)	
	Hirotaka Tameda	24.08.1993	15	(3)	2
	Satoki Uejo	27.04.1997	12	(16)	4
Forwards:	João Victor da Vitória Fernandes „Capixaba" (BRA)	09.01.1997	21	(6)	1
	Jordy Croux (BEL)	15.01.1994	23	(4)	2
	Mutsuki Kato	06.08.1997	8	(9)	3
	Sota Kitano	13.08.2004	2	(10)	2
	Leonardo de Sousa Pereira „Léo Ceará" (BRA)	03.02.1995	31	(2)	11
	Reiya Sakata	11.05.2004	1	(3)	
	Ryo Watanabe	25.10.1996	1	(6)	1

FOOTBALL CLUB TOKYO

Year of Formation: 1933 (*as Tokyo Gas Soccer Club*)
Stadium: Ajinomoto Stadium, Tokyo (49,970)

	Name	Date			
Trainer:	Albert Puig Ortoneda (ESP)	15.04.1968			
[14.06.2023]	Takayoshi Amma	23.05.1969			
[16.06.2023]	Peter Cklamovski (AUS)	16.10.1978			

THE SQUAD		**DOB**	**M**	**(s)**	**G**
Goalkeepers:	Taishi Nozawa	25.12.2002	10		
	Jakub Słowik (POL)	31.08.1991	24		
Defenders:	Kashif Bangnagande	24.09.2001	13	(4)	
	Kanta Doi	10.11.2004		(1)	
	Henrique de Souza *Trevisan* (BRA)	20.01.1997	20	(2)	1
	Yasuki Kimoto	06.08.1993	20	(4)	
	Seiji Kimura	24.08.2001	3	(2)	
	Masato Morishige	21.05.1987	26	(3)	
	Yuto Nagatomo	12.09.1986	23	(6)	
	Hotaka Nakamura	12.08.1997	7		1
	Kosuke Shirai	01.05.1994	5	(6)	
	Junya Suzuki	07.01.1996		(1)	
	Shuhei Tokumoto	12.09.1995	11	(7)	1
Midfielders:	Shuto Abe	05.12.1997	14	(2)	2
	Soma Anzai	29.09.2002	1	(1)	
	Takuya Aoki	16.09.1989	2	(4)	
	Yuta Arai	13.06.2004		(2)	
	Riki Harakawa	18.08.1993	7	(3)	1
	Keigo Higashi	20.07.1990	18	(12)	1
	Kei Koizumi	19.04.1995	31	(2)	1
	Kuryu Matsuki	30.04.2003	20	(2)	1
	Kota Tawaratsumida	14.05.2004	12	(15)	2
	Tsubasa Terayama	10.04.2000	3	(6)	

	Koki Tsukagawa	16.07.1994	6	(15)	1
	Ryoma Watanabe	02.10.1996	27	(2)	4
Forwards:	*Adaílton* dos Santos da Silva (BRA)	06.12.1990	13	(16)	3
	Diego Queiróz de *Oliveira* (BRA)	22.06.1990	32	(1)	15
	Jandir Breno Souza Silva „Jajá" (BRA)	12.11.1998		(8)	
	Naoki Kumata	02.08.2004		(8)	1
	Teruhito Nakagawa	27.07.1992	25	(2)	4
	Leon Nozawa	21.07.2003		(3)	
	Pedro Henrique *Perotti* (BRA)	22.11.1997	1	(12)	1

GAMBA OSAKA

Year of Formation: 1991
Stadium: Panasonic Football Stadium, Suita (39,694)

Trainer:	Daniel "Dani" Poyatos Algaba (ESP)	23.06.1978			
	THE SQUAD	**DOB**	**M**	**(s)**	**G**
Goalkeepers:	Masaaki Higashiguchi	12.05.1986	23		
	Kei Ishikawa	30.09.1992	1		
	Kosei Tani	22.11.2000	10		
Defenders:	Yusei Egawa	24.10.2000	4	(5)	
	Hiroki Fujiharu	28.11.1988	1	(1)	
	Shota Fukuoka	24.10.1995	20	(5)	
	Riku Handa	01.01.2002	22	(1)	1
	Keisuke Kurokawa	13.04.1997	32	(1)	2
	Kwon Kyung-won (KOR)	31.01.1992	18	(2)	1
	Genta Miura	01.03.1995	22	(3)	1
	Shinya Nakano	17.08.2003	1	(5)	
	Yota Sato	10.09.1998	9	(3)	
	Ryu Takao	09.11.1996	10	(6)	
	Ko Yanagisawa	28.06.1996		(3)	
Midfielders:	*Dawhan* Fran Urano da Purificação Oliveira (BRA)	03.06.1996	29	(4)	6
	Yuya Fukuda	04.04.1999	4	(11)	1
	Hideki Ishige	21.09.1994	11	(11)	3
	Juan Matheus *Alano* Nascimento (BRA)	02.09.1996	28		7
	Shu Kurata	26.11.1988	11	(6)	1
	Neta Lavi (ISR)	25.08.1996	24	(3)	
	Rihito Yamamoto	12.12.2001	2	(9)	
	Yuki Yamamoto	06.11.1997	23	(3)	
Forwards:	Issam Jebali (TUN)	25.12.1991	24	(5)	5
	Ryotaro Meshino	18.06.1998	16	(11)	3
	Naohiro Sugiyama	07.09.1998	5	(3)	
	Musashi Suzuki	11.02.1994	7	(13)	1
	Shoji Toyama	21.09.2002		(3)	
	Dai Tsukamoto	23.06.2001		(3)	
	Takashi Usami	06.05.1992	15	(14)	5
	Hiroto Yamami	16.08.1999	2	(12)	1

HOKKAIDO CONSADOLE SAPPORO
Year of Formation: 1935
Stadium: Sapporo Dome, Sapporo (38,794)

Trainer:	Mihailo Petrović (SRB)	18.10.1957		

THE SQUAD	DOB	M	(s)	G
Goalkeepers: Gu Sung-yun (KOR)	27.06.1994	8		
Koki Otani	08.04.1989	3		
Takanori Sugeno	03.05.1984	14		
Shun Takagi	22.05.1989	9		
Defenders: Seiya Baba	24.10.2001	9	(12)	
Akito Fukumori	16.12.1992	23	(6)	
Toya Nakamura	23.07.2000	17	(14)	1
Daigo Nishi	28.08.1987		(2)	
Shota Nishino	28.05.2004		(2)	
Daihachi Okamura	15.02.1997	30	(1)	1
Shunta Tanaka	26.05.1997	34		4
Midfielders: Ryota Aoki	06.03.1996	13	(5)	1
Takuma Arano	20.04.1993	28	(1)	3
Yuya Asano	17.02.1997	32	(2)	12
Kazuki Fukai	11.03.1995		(8)	
Takuro Kaneko	30.07.1997	21		8
Yuki Kobayashi	24.04.1992	7	(14)	3
Yoshiaki Komai	06.06.1992	25	(1)	4
Lucas Fernandes (BRA)	24.04.1994	17	(5)	
Hiroki Miyazawa	28.06.1989	18	(9)	
Shinji Ono	27.09.1979	1		
Supachok Sarachat (THA)	22.05.1998	10	(14)	7
Daiki Suga	10.09.1998	30	(3)	3
Forwards: Kim Gun-hee (KOR)	22.02.1995	4	(16)	2
Taika Nakashima	08.06.2002		(8)	
Tsuyoshi Ogashiwa	09.07.1998	21	(1)	6
Shingo Omori	09.02.2001		(4)	1
Milan Tučić (SVN)	15.08.1996		(12)	

KASHIMA ANTLERS FOOTBALL CLUB
Year of Formation: 1947 (*as Sumimoto Metal FC*)
Stadium: Kashima Soccer Stadium, Ibaraki (39,170)

Trainer:	Daiki Iwamasa	30.01.1982		

THE SQUAD	DOB	M	(s)	G
Goalkeepers: Tomoki Hayakawa	03.03.1999	34		
Defenders: Koki Anzai	31.05.1995	31		

		DOB	M	(s)	G
	Rikuto Hirose	23.09.1995	20	(7)	
	Shuhei Mizoguchi	13.02.2004	4	(1)	
	Ikuma Sekigawa	13.09.2000	30		2
	Gen Shōji	11.12.1992	4	(17)	
	Hidehiro Sugai	27.10.1998	4	(4)	
	Keigo Tsunemoto	21.10.1998	9	(7)	
	Naomichi Ueda	24.10.1994	34		2
Midfielders:	Ryotaro Araki	29.01.2002	3	(10)	
	Diego Cristiano Evaristo „Diego Pituca" (BRA)	15.08.1992	31		3
	Shoma Doi	21.05.1992	7	(17)	2
	Tomoya Fujii	04.12.1998	9	(13)	1
	Yu Funabashi	12.07.2002		(8)	
	Yuta Higuchi	30.10.1996	31	(2)	3
	Yuta Matsumura	13.04.2001	5	(15)	2
	Shintaro Nago	17.04.1996	9	(5)	1
	Hayato Nakama	16.05.1992	20	(7)	1
	Ryotaro Nakamura	27.09.1997		(3)	
	Kaishu Sano	30.12.2000	23	(4)	1
	Gaku Shibasaki	28.05.1992	1	(2)	
Forwards:	*Arthur Caíke* do Nascimento Cruz (BRA)	15.06.1992		(13)	1
	Kei Chinen	17.03.1995	11	(10)	5
	Blessing Chibuike Eleke (NGA)	05.03.1996		(2)	
	Yuki Kakita	14.07.1997	19	(10)	4
	Shu Morooka	09.12.2000	1	(3)	
	Itsuki Someno	12.09.2001	1	(4)	
	Yuma Suzuki	26.04.1996	33		14

KASHIWA REYSOL

Year of Formation: 1940 (*as Hitachi SC Tokyo*)
Stadium: Hitachi Kashiwa Stadium, Kashiwa (15,109)

Trainer: [17.05.2023]	Nélson Baptista Júnior "Nelsinho" (BRA)	22.07.1950			
	Masami Ihara	18.09.1967			

	THE SQUAD	DOB	M	(s)	G
Goalkeepers:	Kenta Matsumoto	04.05.1997	28		
	Tatsuya Morita	03.08.1990	3		
	Masato Sasaki	01.05.2002	3		
Defenders:	Wellington Daniel *Bueno* (BRA)	24.08.1995		(1)	
	Diego Jara Rodrigues (BRA)	21.09.1995	13	(1)	1
	Tomoya Inukai	12.05.1993	12		
	Wataru Iwashita	01.04.1999		(2)	
	Eiichi Katayama	30.11.1991	24	(2)	1
	Naoki Kawaguchi	24.05.1994	8	(6)	
	Taiyo Koga	28.10.1998	33		
	Hiromu Mitsumaru	06.07.1993	16	(13)	
	Hayato Tanaka	01.11.2003	2	(1)	
	Yugo Tatsuta	21.06.1998	18	(2)	

Midfielders:	Takuto Kato	09.05.1999		(3)	
	Tomoya Koyamatsu	24.04.1995	17	(16)	1
	Matheus Iann Makarius „Matheus Sávio" (BRA)	15.04.1997	30	(1)	7
	Keita Nakamura	30.06.1993		(3)	
	Riku Ochiai	23.05.1999	1	(3)	
	Mohammad Farzan Sana	30.06.2004		(3)	
	Keiya Sento	29.12.1994	11	(15)	
	Keiya Shiihashi	20.06.1997	28	(4)	
	Tomoki Takamine	29.12.1997	26	(5)	
	Sachiro Toshima	26.09.1995	19	(9)	3
	Takumi Tsuchiya	25.10.2003	13	(5)	
	Kota Yamada	10.07.1999	19	(8)	
	Yuto Yamada	17.05.2000	9	(1)	2
Forwards:	Dyanfres *Douglas* Chagas Matos (BRA)	30.12.1987		(7)	
	Jay-Roy Grot (NED)	13.03.1998	7	(10)	1
	Mao Hosoya	07.09.2001	32	(2)	14
	Hidetaka Maie	28.07.2003		(2)	
	Yuki Muto	07.11.1988	2	(17)	1
	Ota Yamamoto	04.06.2004		(7)	

KAWASAKI FRONTALE

Year of Formation: 1955 (*as Fujitsu FC*)
Stadium: Todoroki Athletics Stadium, Kawasaki (26,827)

Trainer:	Toru Oniki	20.04.1974			

THE SQUAD		**DOB**	**M**	**(s)**	**G**
Goalkeepers:	Jung Sung-ryong (KOR)	04.01.1985	22		
	Naoto Kamifukumoto	17.11.1989	12		
Defenders:	*Jesiel* Cardoso Miranda (BRA)	05.03.1994	5		
	Shintaro Kurumaya	05.04.1992	18	(1)	1
	Yuto Matsunagane	14.09.2004		(2)	
	Kyohei Noborizato	13.11.1990	24	(2)	2
	Takuma Ominami	13.12.1997	20	(9)	
	Asahi Sasaki	26.01.2000	5	(10)	1
	Kota Takai	04.09.2004	13	(1)	
	Shuto Tanabe	05.05.2002	4	(1)	
	Kazuya Yamamura	02.12.1989	11	(5)	
	Miki Yamane	22.12.1993	33		2
Midfielders:	*João* Felipe *Schmidt* Urbano (BRA)	19.05.1993	20	(10)	1
	Kazuki Kozuka	02.08.1994	1	(4)	
	Ryota Oshima	23.01.1993	8	(6)	
	Tatsuki Seko	22.12.1997	18	(10)	1
	Chanatip Songkrasin (THA)	05.10.1993	2		
	Kento Tachibanada	29.05.1998	20	(10)	2
	Yasuto Wakizaka	11.06.1995	30		9
Forwards:	Takatora Einaga	07.04.2003	1		
	Bafétimbi Gomis (FRA)	06.08.1985	4	(4)	

Akihiro Ienaga	13.06.1986	29	(4)	2
Yū Kobayashi	23.09.1987	6	(10)	4
Leandro Damião da Silva dos Santos (BRA)	22.07.1989	5	(7)	3
Marcio Augusto da Silva Barbosa „Marcinho" (BRA)	16.05.1995	13	(7)	1
Taisei Miyashiro	26.05.2000	22	(8)	8
Yusuke Segawa	07.02.1994	8	(19)	6
Daiya Tono	14.03.1999	11	(19)	1
Shin Yamada	30.05.2000	9	(18)	4

NAGOYA GRAMPUS

Year of Formation: 1939 (*as Toyota Motors SC*); re-founded 1991 (*as Nagoya Grampus Eight*)
Stadium: Toyota Stadium, Nagoya (43,739)

Trainer:	Kenta Hasegawa	25.09.1965		

THE SQUAD		DOB	M	(s)	G
Goalkeepers:	Mitchell James Langerak (AUS)	22.08.1988	34		
Defenders:	Haruya Fujii	26.12.2000	34		2
	Akinari Kawazura	03.05.1994	12	(1)	
	Yuichi Maruyama	16.06.1989	9	(7)	1
	Shinnosuke Nakatani	24.03.1996	33		1
	Yuki Nogami	20.04.1991	21	(10)	1
Midfielders:	Sho Inagaki	25.12.1991	33		3
	Ryotaro Ishida	13.12.2001		(4)	
	Ryuji Izumi	06.11.1993	24	(4)	3
	Hidemasa Koda	02.10.2003		(2)	
	Tojiro Kubo	05.04.1999	5	(3)	1
	Ken Masui	04.04.2001		(1)	
	Tsukasa Morishima	25.04.1997	8	(4)	
	Ryoya Morishita	11.04.1997	30	(3)	4
	Kazuki Nagasawa	16.12.1991	1	(9)	
	Noriyoshi Sakai	09.11.1992	3	(17)	
	Takuya Shigehiro	05.05.1995		(3)	
	Thales Procopio Castro de *Paula* (BRA)	29.06.2001	1	(6)	
	Takuya Uchida	02.06.1998	19	(10)	
	Riku Yamada	15.04.1998		(6)	
	Takuji Yonemoto	03.12.1990	22	(4)	
	Haruki Yoshida	29.04.2003		(2)	
Forwards:	Kasper Aalund Junker (DEN)	05.03.1994	31	(2)	16
	Ryoga Kida	15.07.2005		(12)	
	Leonardo Benedito da Silva (BRA)	22.10.1992		(3)	
	Naoki Maeda	17.11.1994	2	(9)	
	Mateus dos Santos Castro (BRA)	11.09.1994	21		4
	Kensuke Nagai	05.03.1989	30	(3)	4
	Taika Nakashima	08.06.2002	1	(10)	

SAGAN TOSU FOOTBALL CLUB

Year of Formation: 1997
Stadium: Ekimae Real Estate Stadium, Tosu (24,130)

Trainer:	Kenta Kawai	07.06.1981			

THE SQUAD		DOB	M	(s)	G
Goalkeepers:	Park Il-kyu (KOR)	22.12.1989	34		
Defenders:	Wataru Harada	22.07.1996	28	(1)	1
	Hwang Seok-ho (KOR)	27.06.1989	15	(3)	1
	Shiva Nagasawa	12.12.2001	1		
	Shinya Nakano	17.08.2003	3	(1)	
	Kiriya Sakamoto	23.04.2003	2		
	Masaya Tashiro	01.05.1993	12	(4)	
	Kosuke Yamazaki	30.12.1995	33		
Midfielders:	Naoyuki Fujita	22.06.1987	6	(16)	
	Akito Fukuta	01.05.1992	13	(8)	
	Shota Hino	16.10.2002	1	(3)	
	Fuchi Honda	10.05.2001	10	(2)	3
	Yuki Horigome	13.12.1992	18	(10)	3
	Ryonosuke Kabayama	17.09.2002	1	(21)	2
	So Kawahara	13.03.1998	34		1
	Taichi Kikuchi	07.05.1999	28	(4)	
	Kentaro Moriya	21.09.1988	12	(2)	1
	Yoichi Naganuma	14.04.1997	31	(1)	10
	Toshio Shimakawa	28.05.1990		(4)	
	Kohei Tezuka	06.04.1996	17	(5)	1
Forwards:	Yuta Fujihara	09.04.1999		(7)	1
	Yuto Iwasaki	11.06.1998	31		
	Atsushi Kawata	18.09.1992	1	(17)	2
	Yoshiki Narahara	07.04.2004	4	(7)	1
	Jun Nishikawa	21.02.2002	7	(14)	
	Yuji Ono	22.12.1992	25	(3)	8
	Cayman Togashi	10.08.1993	7	(15)	5
	Ayumu Yokoyama	04.03.2003		(17)	

SANFRECCE HIROSHIMA FOOTBALL CLUB

Year of Formation: 1938 (*as Toyo Kogyo SC*)
Stadium: Edion Stadium [Hiroshima Big Arch], Hiroshima (35,909)

Trainer:	Michael Heinz Skibbe (GER)	04.08.1965			

THE SQUAD		DOB	M	(s)	G
Goalkeepers:	Takuto Hayashi	09.08.1982		(1)	
	Keisuke Osako	28.07.1999	34		
Defenders:	Hayato Araki	07.08.1996	31	(1)	1

	Shuto Nakano	27.06.2000	16	(14)	1
	Sho Sasaki	02.10.1989	32		
	Takaaki Shichi	27.12.1993	16	(7)	1
	Tsukasa Shiotani	05.12.1988	27		2
	Jelani Sumiyoshi	05.10.1997	6		
	Taichi Yamasaki	08.01.2001	4	(7)	
Midfielders:	Toshihiro Aoyama	22.02.1986	1	(4)	
	Yusuke Chajima	20.07.1991	5	(2)	2
	Shunki Higashi	28.07.2000	23	(10)	2
	Yoshifumi Kashiwa	28.07.1987	4	(5)	
	Takumu Kawamura	28.08.1999	32		2
	Sota Koshimichi	03.04.2004	8	(8)	
	Hiroya Matsumoto	10.08.2000	1	(2)	
	Taishi Matsumoto	22.08.1998	6	(11)	
	Tsukasa Morishima	25.04.1997	19	(1)	2
	Gakuto Notsuda	06.06.1994	24	(3)	
	Kosei Shibasaki	28.08.1984	1	(7)	
Forwards:	Shun Ayukawa	15.09.2001		(3)	
	Nassim Ben Khalifa (SUI)	13.01.1992	16	(10)	2
	Douglas da Silva *Vieira* (BRA)	12.11.1987	9	(18)	8
	Ezequiel Santos da Silva (BRA)	09.03.1998	8	(17)	2
	Mutsuki Kato	06.08.1997	13		4
	Marcos Júnior Lima dos Santos (BRA)	19.01.1993	4	(3)	1
	Makoto Mitsuta	20.07.1999	23		4
	Pieros Sotiriou (CYP)	13.01.1993	10	(9)	4
	Ryo Tanada	19.06.2003	1		

KYOTO SANGA FOOTBALL CLUB

Year of Formation: 1922 (*as Kyoto Shiko Club*)
Stadium: Sanga Stadium by Kyocera, Kameoka (21,623)

Trainer:	Cho Gwi-jae (KOR)	16.01.1969			

THE SQUAD		**DOB**	**M**	**(s)**	**G**
Goalkeepers:	Gu Sung-yun (KOR)	27.06.1994	8		
	Gakuji Ota	26.12.1990	12		
	Tomoya Wakahara	28.12.1999	14		
Defenders:	Hisashi Appiah Tawiah (GHA)	18.10.1998	11	(7)	
	Shogo Asada	06.07.1998	33	(1)	1
	Shinnosuke Fukuda	04.09.2000	19	(2)	3
	Rikito Inoue	09.03.1997	25	(3)	
	Osamu Henry Iyoha	23.06.1998	6	(12)	
	Yuto Misao	16.04.1991	7	(4)	
	Kosuke Shirai	01.05.1994	16	(1)	
Midfielders:	Daigo Araki	17.02.1994	1	(12)	
	Shimpei Fukuoka	27.06.2000	16	(6)	
	Taiki Hirato	18.04.1997	7	(6)	
	Daiki Kaneko	28.08.1998	18	(8)	

		DOB	M	(s)	G
	Sota Kawasaki	30.07.2001	27	(1)	2
	Temma Matsuda	11.06.1995	19	(5)	
	Naoto Misawa	07.07.1995	3	(4)	
	Kyo Sato	21.03.2000	20	(6)	
	Shohei Takeda	04.04.1994	13		
	Teppei Yachida	01.11.2001	3	(14)	
Forwards:	Paulo Henrique Pereira da Silva „Bóia" (BRA)	26.06.1998		(7)	
	Taichi Hara	05.05.1999	9	(4)	7
	Sora Hiraga	02.03.2005		(1)	
	Kazunari Ichimi	10.11.1997	6	(7)	
	Yudai Kimura	28.02.2001	3	(4)	
	Kosuke Kinoshita	03.10.1994	18	(7)	3
	Takumi Miyayoshi	07.08.1992		(1)	
	Anderson *Patric* Aguiar Oliveira (BRA)	26.10.1987	10	(22)	10
	Yuta Toyokawa	09.09.1994	25	(2)	10
	Fuki Yamada	10.07.2001	8	(9)	1
	Ryogo Yamasaki	20.09.1992	17	(5)	2

SHONAN BELLMARE

Year of Formation: 1968 (*as Towa Real Estate SC*)
Stadium: Lemon Gas Stadium, Hiratsuka (15,380)

Trainer:	Satoshi Yamaguchi	17.04.1978			
	THE SQUAD	**DOB**	**M**	**(s)**	**G**
Goalkeepers:	Hiroki Mawatari	16.08.1994	2		
	Song Bum-keun (KOR)	15.10.1997	24		
	Daiki Tomii	27.08.1989	8		
Defenders:	Hirokazu Ishihara	26.02.1999	20	(6)	
	Kim Min-tae (KOR)	26.11.1993	12		
	Kazuki Oiwa	17.08.1989	22	(1)	1
	Takuya Okamoto	18.06.1992	13	(9)	
	Kazunari Ōno	04.08.1989	18	(3)	1
	Daiki Sugioka	08.09.1998	32	(1)	2
	Koki Tachi	14.12.1997	18	(3)	
	Naoya Takahashi	28.05.2001	3	(1)	
	Satoshi Tanaka	13.08.2002	9	(2)	
	Shuto Yamamoto	01.06.1985	6		
Midfielders:	Hiroyuki Abe	05.07.1989	14	(15)	1
	Akimi Barada	30.05.1991	9	(5)	
	Sho Fukuda	23.03.2001		(10)	
	Taiga Hata	20.01.2002	18	(5)	
	Taiyo Hiraoka	14.09.2002	22	(7)	3
	Masaki Ikeda	08.07.1999	6	(1)	
	Ryota Nagaki	04.06.1988	10	(7)	
	Yoshihiro Nakano	24.02.1993	6	(4)	
	Kohei Okuno	03.04.2000	10	(17)	
	Konsuke Onose	22.04.1993	21	(1)	3
	Junnosuke Suzuki	12.07.2003		(5)	

		DOB	M	(s)	G
	Naoki Yamada	04.07.1990	8	(13)	1
Forwards:	Akira Silvano Disaro	02.04.1996	3	(1)	1
	Tarik Elyounoussi (NOR)	23.02.1988	12	(11)	1
	Hisatsugu Ishii	07.07.2005		(4)	
	Shuto Machino	30.09.1999	18	(1)	9
	Yuki Ohashi	27.07.1996	22	(1)	13
	Akito Suzuki	30.07.2003	6	(21)	3
	Yamato Wakatsuki	18.01.2002	2	(5)	
	Keita Yamashita	13.03.1996		(5)	

URAWA RED DIAMONDS

Year of Formation: 1950 (*as Mitsubishi Motors FC*)
Stadium: Saitama Stadium 2002, Saitama (62,010)

Trainer:	Maciej Skorża (POL)	10.01.1972			

	THE SQUAD	DOB	M	(s)	G
Goalkeepers:	Shusaku Nishikawa	18.06.1986	34		
Defenders:	Marius Christopher Høibråten (NOR)	23.01.1995	33		1
	Takuya Iwanami	18.06.1994	2	(6)	
	Kazuaki Mawatari	23.06.1991		(3)	
	Takuya Ogiwara	23.11.1999	15	(13)	1
	Ayumu Ohata	27.04.2001	4	(12)	
	Hiroki Sakai	12.04.1990	25		2
	Alexander Scholz (DEN)	24.10.1992	34		7
Midfielders:	Takahiro Akimoto	31.01.1998	22	(3)	3
	Yuichi Hirano	11.03.1996		(7)	
	Atsuki Ito	11.08.1998	31	(2)	2
	Ken Iwao	18.04.1988	32	(1)	1
	Yoshio Koizumi	05.10.1996	20	(6)	1
	Kai Matsuzaki	22.11.1997		(3)	
	Shoya Nakajima	23.08.1994	1	(5)	1
	Ekanit Panya (THA)	21.10.1999	2	(3)	
	Takahiro Sekine	19.04.1995	22	(10)	3
	Kai Shibato	24.11.1995	1	(7)	
	Kaito Yasui	09.02.2000	20	(11)	2
Forwards:	Junpei Hayakawa	05.12.2005	3	(8)	
	José Kanté Martínez (GUI)	27.09.1990	15	(9)	8
	Shinzo Koroki	31.07.1986	16	(13)	4
	Bryan Linssen (NED)	08.10.1990	5	(14)	2
	David Moberg Karlsson (SWE)	20.03.1994	5	(4)	
	Tomoaki Okubo	23.07.1998	28	(2)	1
	Alex Adrianus Antonius Schalk (NED)	07.08.1992	1	(6)	2
	Toshiki Takahashi	20.01.1998	3	(8)	1

VISSEL KOBE

Year of Formation: 1966
Stadium: Noevir [Misaki Park] Stadium, Kobe (28,996)

Trainer:	Takayuki Yoshida	14.03.1977			
THE SQUAD		**DOB**	**M**	**(s)**	**G**
Goalkeepers: Daiya Maekawa		08.09.1994	34		
Defenders: Ryo Hatsuse		10.07.1997	33		1
Yuki Honda		02.01.1991	29	(3)	
Nanasei Iino		02.10.1996	4	(16)	
Ryuho Kikuchi		09.12.1996	1	(1)	
Leo Osaki		07.08.1991	9	(12)	
Yusei Ozaki		26.07.2003		(2)	
Gōtoku Sakai		14.03.1991	29		2
Matheus Soares *Thuler* (BRA)		10.03.1999	18	(9)	2
Tetsushi Yamakawa		01.10.1997	25	(1)	
Midfielders: Mitsuki Hidaka		11.05.2003		(1)	
Haruya Ide		25.03.1994	14	(4)	2
Andrés *Iniesta* Luján (ESP)		11.05.1984	1	(3)	
Juan Manuel *Mata* García (ESP)		28.04.1988		(1)	
Takahiro Ogihara		05.10.1991	7	(4)	
Mitsuki Saito		10.01.1999	22		
Daiju Sasaki		17.09.1999	21	(12)	7
Bálint Máté Vécsei (HUN)		13.07.1993		(2)	
Hotaru Yamaguchi		06.10.1990	30	(2)	4
Forwards: Mizuki Arai		14.04.1997		(4)	
Toya Izumi		02.12.2000	1	(7)	1
Jean Patric Lima dos Reis (BRA)		14.05.1997	5	(22)	3
Shuhei Kawasaki		28.04.2001	2	(2)	1
Lincoln Corrêa dos Santos (BRA)		16.12.2000		(5)	
Stefan Mugoša (MNE)		26.02.1992		(1)	
Yoshinori Mutō		15.07.1992	33	(1)	10
Yuya Ōsako		18.05.1990	32	(2)	22
Koya Yuruki		03.07.1995	24	(4)	3

YOKOHAMA F. MARINOS
Year of Formation: 1972 (*as Nissan Motor FC*)
Stadium: Nissan Stadium, Yokohama (71,327)

Trainer:	Kevin Vincent Muscat (AUS)	07.08.1973			
THE SQUAD		DOB	M	(s)	G
Goalkeepers:	Jun Ichimori	02.07.1991	27		
	Hiroki Iikura	01.06.1986	5	(1)	
	Powell Obi	18.12.1997	2		
Defenders:	Carlos *Eduardo* Bendini Giusti (BRA)	27.04.1993	24	(2)	
	Shinnosuke Hatanaka	25.08.1995	20	(4)	
	Takumi Kamijima	05.02.1997	8	(13)	
	Yuta Koike	06.11.1996	3		
	Ken Matsubara	16.02.1993	26		2
	Katsuya Nagato	15.01.1995	27		2
	Yuki Saneto	19.01.1989	3		
	Ryotaro Tsunoda	27.06.1999	14	(2)	
	Manato Yoshida	16.11.2001	1		
Midfielders:	Joel Chima Fujita	16.02.2002	6	(11)	2
	Kenta Inoue	23.07.1998	2	(11)	
	Takuya Kida	23.08.1994	24	(5)	1
	Marcos Júnior Lima dos Santos (BRA)	19.01.1993	5	(13)	2
	Nam Tae-hee (KOR)	03.07.1991	5	(4)	
	Keigo Sakakibara	09.10.2000		(3)	
	Kota Watanabe	18.10.1998	32	(2)	2
	Riku Yamane	17.08.2003	11	(10)	
	Kaina Yoshio	28.06.1998	4	(11)	1
Forwards:	*Anderson José* Lopes de Souza (BRA)	15.09.1993	34		22
	José *Élber* Pimentel da Silva (BRA)	27.05.1992	32	(1)	9
	Ryo Miyaichi	14.12.1992	4	(14)	2
	Kota Mizunuma	22.02.1990	9	(24)	1
	Yuhi Murakami	19.12.2000	1		
	Takuma Nishimura	22.10.1996	22	(10)	3
	Kenyu Sugimoto	18.11.1992		(8)	1
	Asahi Uenaka	01.11.2001	2	(7)	3
	Yan Matheus Santos Souza (BRA)	04.09.1998	21	(11)	6

YOKOHAMA FOOTBALL CLUB

Year of Formation: 1998
Stadium: Mitsuzawa Stadium, Yokohama (15,444)

Trainer:		
Shuhei Yomoda	14.03.1973	

THE SQUAD	DOB	M	(s)	G
Goalkeepers:				
Svend Arvid Stanislaw Brodersen (GER)	22.03.1997	13		
Akinori Ichikawa	19.10.1998	3	(1)	
Kengo Nagai	06.11.1994	18		
Defenders:				
Gabriel Costa França (BRA)	14.03.1995	2		
Kento Hashimoto	08.12.1999	3	(4)	
Kotaro Hayashi	16.11.2000	27	(2)	2
Katsuya Iwatake	04.06.1996	28	(1)	
Mateus Souza *Moraes* (BRA)	06.03.2001	14	(3)	
Takumi Nakamura	16.03.2001	8	(3)	
Boniface Nduka	15.02.1996	26		2
Taiga Nishiyama	24.08.1999		(1)	
Eijiro Takeda	11.07.1988	1	(3)	
Kyohei Yoshino	08.11.1994	23	(1)	1
Midfielders:				
Tatsuya Hasegawa	07.03.1994	5	(5)	
Shion Inoue	03.08.1997	28	(6)	3
Tomoki Kondo	21.03.2001	13	(17)	2
Hirotaka Mita	14.09.1990	12	(19)	
Koki Sakamoto	19.01.1999	9	(16)	
Takuya Wada	28.07.1990	11	(6)	
Yuri Lima *Lara* (BRA)	20.04.1994	24	(2)	3
Forwards:				
Mizuki Arai	14.04.1997		(4)	
Mauricio *Caprini* Pinto (BRA)	11.11.1997	13	(9)	2
Sho Ito	24.07.1988	10	(16)	2
Marcelo Ryan Silvestre Dos Santos (BRA)	08.06.2002	14	(9)	3
Keijiro Ogawa	14.07.1992	15	(9)	
Koki Ogawa	08.08.1997	14	(1)	6
Saulo Rodrigues da Silva „Saulo Mineiro" (BRA)	17.06.1997	1	(8)	
Kazuma Takai	05.08.1994		(9)	1
Towa Yamane	05.02.1999	20	(4)	
Ryoya Yamashita	19.10.1997	19	(9)	2

NATIONAL TEAM
INTERNATIONAL MATCHES 2023/2024

09.09.2023	Wolfsburg	Germany - Japan	1-4(1-2)	(F)
12.09.2023	Genk	Japan - Turkey	4-2(3-1)	(F)
13.10.2023	Niigata	Japan - Canada	4-1(3-0)	(F)
17.10.2023	Kobe	Japan - Tunisia	2-0(1-0)	(F)
16.11.2023	Suita	Japan - Myanmar	5-0(3-0)	(WCQ)
21.11.2023	Jeddah	Syria - Japan	0-5(0-3)	(WCQ)
01.01.2024	Tokyo	Japan - Thailand	5-0(0-0)	(F)
14.01.2024	Doha	Japan - Vietnam	4-2(3-2)	(AFC)
19.01.2024	Al Rayyan	Iraq - Japan	2-1(2-0)	(AFC)
24.01.2024	Doha	Japan - Indonesia	3-1(1-0)	(AFC)
31.01.2024	Doha	Bahrain - Japan	1-3(0-1)	(AFC)
03.02.2024	Al Rayyan	Iran - Japan	2-1(0-1)	(AFC)
21.03.2024	Tokyo	Japan - Korea D.P.R.	1-0(1-0)	(WCQ)
26.03.2024	P'yŏngyang	Korea D.P.R. - Japan	0-3 (awarded)	(WCQ)
06.06.2024	Yangon	Myanmar - Japan	0-5(0-2)	(WCQ)
11.06.2024	Hiroshima	Japan - Syria	5-0(3-0)	(WCQ)

09.09.2023, Friendly International
Volkswagen Arena, Wolfsburg; Attendance: 24,980
Referee: João Pedro da Silva Pinheiro (Portugal)
GERMANY - JAPAN   **1-4(1-2)**
JPN: Keisuke Ōsako, Ko Itakura, Takehiro Tomiyasu, Hiroki Itō, Yukinari Sugawara (84.Daiki Hashioka), Wataru Endō, Daichi Kamada (59.Shōgo Taniguchi), Kaoru Mitoma (84.Ritsu Dōan), Hidemasa Morita (75.Ao Tanaka), Junya Itō (75.Takefusa Kubo), Ayase Ueda (59.Takuma Asano). Trainer: Hajime Moriyasu.
Goals: Junya Itō (11), Ayase Ueda (22), Takuma Asano (90), Ao Tanaka (90+2).

12.09.2023, Friendly International [Kirin Challenge Cup]
Cegeka Arena, Genk (Belgium); Attendance: 7,202
Referee: Allard Lindhout (Netherlands)
JAPAN - TURKEY   **4-2(3-1)**
JPN: Kosuke Nakamura (45+3.Daniel Yuji Yabuki Schmidt), Shōgo Taniguchi, Kōki Machida (79.Takehiro Tomiyasu), Hiroki Itō, Seiya Maikuma (46.Daiki Hashioka), Ritsu Dōan (46.Junya Itō), Ao Tanaka, Takefusa Kubo, Atsuki Ito (64.Wataru Endō), Kyogo Furuhashi, Keito Nakamura (46.Daizen Maeda). Trainer: Hajime Moriyasu.
Goals: Atsuki Ito (15), Keito Nakamura (28, 36), Junya Itō (78 penalty).

13.10.2023, Friendly International
Denka Big Swan Stadium, Niigata; Attendance: 37,125
Referee: Alexander George King (Australia)
JAPAN - CANADA   **4-1(3-0)**
JPN: Keisuke Ōsako, Yūta Nakayama, Kōki Machida, Takehiro Tomiyasu (46.Shōgo Taniguchi), Seiya Maikuma, Wataru Endō (62.Atsuki Ito), Takumi Minamino (83.Daiki Hashioka), Ao Tanaka (72.Hayao Kawabe), Takuma Asano (73.Kyogo Furuhashi), Junya Itō, Keito Nakamura (61.Reo Hatate). Trainer: Hajime Moriyasu.
Goals: Ao Tanaka (2), Alphonso Boyle Davies (39 own goal), Keito Nakamura (42), Ao Tanaka (49).

17.10.2023, Friendly International [Kirin Challenge Cup]
Noevir Stadium, Kobe; Attendance: 26,529
Referee: Wang Di (China P.R.)
JAPAN - TUNISIA   **2-0(1-0)**
JPN: Zion Suzuki, Yūta Nakayama (64.Kōki Machida), Ko Itakura (72.Shōgo Taniguchi), Takehiro

Tomiyasu, Yukinari Sugawara, Wataru Endō, Takefusa Kubo (82.Daiki Hashioka), Reo Hatate (64.Takuma Asano), Hidemasa Morita, Junya Itō (72.Takumi Minamino), Kyogo Furuhashi (46.Ayase Ueda). Trainer: Hajime Moriyasu.
Goals: Kyogo Furuhashi (43), Junya Itō (69).

16.11.2023, 23rd FIFA World Cup Qualifiers / 19th AFC Asian Cup Qualifiers second round
Suita City Football Stadium, Suita; Attendance: 34,484
Referee: Muhammad Taqi Aljaafari Jahari (Singapore)
JAPAN - MYANMAR **5-0(3-0)**
JPN: Keisuke Ōsako (81.Daiya Maekawa), Shōgo Taniguchi (46.Tsuyoshi Watanabe), Yūta Nakayama, Kōki Machida, Seiya Maikuma, Takumi Minamino (67.Mao Hosoya), Ritsu Dōan, Daichi Kamada (46.Kaishū Sano), Ao Tanaka, Ayase Ueda (66.Hidemasa Morita), Yūki Sōma. Trainer: Hajime Moriyasu.
Goals: Ayase Ueda (11), Daichi Kamada (28), Ayase Ueda (45+4, 50), Ritsu Dōan (86).

21.11.2023, 23rd FIFA World Cup Qualifiers / 19th AFC Asian Cup Qualifiers second round
"Prince Abdullah Al Faisal" Sports City, Jeddah (Saudi Arabia); Attendance: 6,130
Referee: Ma Ning (China P.R.)
SYRIA - JAPAN **0-5(0-3)**
JPN: Zion Suzuki, Shōgo Taniguchi, Takehiro Tomiyasu (76.Kōki Machida), Hiroki Itō, Yukinari Sugawara, Wataru Endō (83.Ao Tanaka), Takefusa Kubo (76.Ritsu Dōan), Hidemasa Morita, Takuma Asano (66.Takumi Minamino), Junya Itō, Ayase Ueda (66.Mao Hosoya). Trainer: Hajime Moriyasu.
Goals: Takefusa Kubo (32), Ayase Ueda (37, 40), Yukinari Sugawara (47), Mao Hosoya (82).

01.01.2024, Friendly International
Japan National Stadium, Tokyo; Attendance: 61,916
Referee: Kim Woo-sung (Korea Republic)
JAPAN - THAILAND **5-0(0-0)**
JPN: Zion Suzuki, Kōki Machida, Haruya Fujii, Ryoya Morishita (68.Sota Miura), Seiya Maikuma (79.Yukinari Sugawara), Ao Tanaka (79.Takumu Kawamura), Kaishū Sano, Junya Itō (68.Takumi Minamino), Ryotaro Ito (46.Ritsu Dōan), Kanji Okunuki (46.Keito Nakamura), Mao Hosoya. Trainer: Hajime Moriyasu.
Goals: Ao Tanaka (50), Keito Nakamura (72), E. Dolah (74 own goal), Takumu Kawamura (82), Takumi Minamino (90+1).

14.01.2024, 18th AFC Asian Cup, Final Tournament, Group Stage
Al Thumama Stadium, Doha (Qatar); Attendance: 17,385
Referee: Kim Jong-hyeok (Korea Republic)
JAPAN - VIETNAM **4-2(3-2)**
JPN: Zion Suzuki, Shōgo Taniguchi, Ko Itakura, Hiroki Itō, Yukinari Sugawara (77.Seiya Maikuma), Wataru Endō, Takumi Minamino (84.Takefusa Kubo), Hidemasa Morita (76.Kaishū Sano), Junya Itō, Keito Nakamura (63.Ritsu Dōan), Mao Hosoya (46.Ayase Ueda). Trainer: Hajime Moriyasu.
Goals: Takumi Minamino (11, 45), Keito Nakamura (45+4), Ayase Ueda (85).

19.01.2024, 18th AFC Asian Cup, Final Tournament, Group Stage
Education City Stadium, Al Rayyan (Qatar); Attendance: 38,663
Referee: Khalid Saleh Al Turais (Saudi Arabia)
IRAQ - JAPAN **2-1(2-0)**
JPN: Zion Suzuki, Shōgo Taniguchi (46.Takehiro Tomiyasu), Ko Itakura, Hiroki Itō, Yukinari Sugawara, Wataru Endō, Takumi Minamino, Takefusa Kubo (61.Ritsu Dōan), Hidemasa Morita (74.Reo Hatate), Takuma Asano (61.Ayase Ueda), Junya Itō (74.Daizen Maeda). Trainer: Hajime Moriyasu.
Goal: Wataru Endō (90+3).

24.01.2024, 18th AFC Asian Cup, Final Tournament, Group Stage
Al Thumama Stadium, Doha (Qatar); Attendance: 26,453
Referee: Khamis Mohammed Al Marri (Qatar)
JAPAN - INDONESIA   **3-1(1-0)**
JPN: Zion Suzuki, Yūta Nakayama, Kōki Machida, Takehiro Tomiyasu (82.Tsuyoshi Watanabe), Seiya Maikuma, Wataru Endō, Ritsu Dōan (86.Junya Itō), Takefusa Kubo (82.Kaishū Sano), Reo Hatate (69.Takumi Minamino), Keito Nakamura (69.Daizen Maeda), Ayase Ueda. Trainer: Hajime Moriyasu.
Goals: Ayase Ueda (6 penalty, 52), Justin Quincy Hubner (88 own goal).

31.01.2024, 18th AFC Asian Cup, Final Tournament, Second Round of 16
Al Thumama Stadium, Doha (Qatar); Attendance: 31,832
Referee: Ahmad Khaled Al Ali (Kuwait)
BAHRAIN - JAPAN   **1-3(0-1)**
JPN: Zion Suzuki, Yūta Nakayama, Ko Itakura, Takehiro Tomiyasu, Seiya Maikuma, Wataru Endō, Ritsu Dōan (80.Kōki Machida), Takefusa Kubo (68.Takumi Minamino), Reo Hatate (35.Hidemasa Morita), Keito Nakamura (68.Kaoru Mitoma), Ayase Ueda (80.Takuma Asano). Trainer: Hajime Moriyasu.
Goals: Ritsu Dōan (31), Takefusa Kubo (49), Ayase Ueda (72).

03.02.2024, 18th AFC Asian Cup, Final Tournament, Quarter-Finals
Education City Stadium, Al Rayyan (Qatar); Attendance: 35,640
Referee: Ma Ning (China P.R.)
IRAN - JAPAN   **2-1(0-1)**
JPN: Zion Suzuki, Ko Itakura, Takehiro Tomiyasu, Hiroki Itō, Seiya Maikuma, Wataru Endō, Ritsu Dōan (90+7.Takuma Asano), Takefusa Kubo (67.Kaoru Mitoma), Hidemasa Morita (90+7.Mao Hosoya), Daizen Maeda (67.Takumi Minamino), Ayase Ueda. Trainer: Hajime Moriyasu.
Goal: Hidemasa Morita (28).

21.03.2024, 23rd FIFA World Cup Qualifiers / 19th AFC Asian Cup Qualifiers second round
Japan National Stadium, Tokyo; Attendance: 59,354
Referee: Adel Ali Ahmed Khamis Al Naqbi (United Arab Emirates)
JAPAN - KOREA D.P.R.   **1-0(1-0)**
JPN: Zion Suzuki, Kōki Machida, Ko Itakura, Hiroki Itō, Yukinari Sugawara (74.Daiki Hashioka), Takumi Minamino (73.Takuma Asano), Ritsu Dōan (73.Shōgo Taniguchi), Ao Tanaka, Hidemasa Morita (58.Wataru Endō), Daizen Maeda, Ayase Ueda (80.Koki Ogawa). Trainer: Hajime Moriyasu.
Goals: Ao Tanaka (2).

26.03.2024, 23rd FIFA World Cup Qualifiers / 19th AFC Asian Cup Qualifiers second round
KOREA D.P.R. - JAPAN   **0-3 (awarded)**
Please note: Japan were awarded a 3–0 victory by forfeit, after North Korea refused to host the match due to "a malignant infectious disease" spreading in Japan.

06.06.2024, 23rd FIFA World Cup Qualifiers / 19th AFC Asian Cup Qualifiers second round
Thuwunna Stadium, Yangon; Attendance: 21,200
Referee: Majed Mohammed Al Shamrani (Saudi Arabia)
MYANMAR - JAPAN   **0-5(0-2)**
JPN: Daiya Maekawa, Shōgo Taniguchi, Hiroki Itō, Yukinari Sugawara (62.Yūki Sōma), Daiki Hashioka, Ritsu Dōan (46.Yuito Suzuki), Daichi Kamada (62.Daizen Maeda), Reo Hatate (46.Takumu Kawamura), Hidemasa Morita (80.Ko Itakura), Koki Ogawa, Keito Nakamura. Trainer: Hajime Moriyasu.
Goals: Keito Nakamura (17), Ritsu Dōan (34), Koki Ogawa (75, 83), Keito Nakamura (90+3).

11.06.2024, 23rd FIFA World Cup Qualifiers / 19th AFC Asian Cup Qualifiers second round
Edion Peace Wing Hiroshima, Hiroshima; Attendance: 26,650
Referee: Ahmad Faisal Al Ali (Kuwait)

JAPAN - SYRIA   **5-0 (3-0)**

JPN: Keisuke Ōsako (76.Kosei Tani), Kōki Machida, Ko Itakura, Takehiro Tomiyasu, Wataru Endō (62.Daichi Kamada), Takumi Minamino, Ritsu Dōan, Ao Tanaka (73.Takumu Kawamura), Takefusa Kubo (62.Yūki Sōma), Keito Nakamura (46.Hiroki Itō), Ayase Ueda. Trainer: Hajime Moriyasu.

Goals: Ayase Ueda (13), Ritsu Dōan (19), Thaer Sami Krouma (21 own goal), Yūki Sōma (73 penalty), Takumi Minamino (85).

NATIONAL TEAM PLAYERS 2023/2024

Name	DOB	Club

Goalkeepers

Name	DOB	Club
Daiya MAEKAWA	08.09.1994	*Vissel Kobe*
Keisuke ŌSAKO	28.07.1999	*Sanfrecce Hiroshima FC*
Daniel Yuji Yabuki SCHMIDT	03.02.1992	*K Sint-Truidense VV (BEL)*
Zion SUZUKI	21.08.2002	*K Sint-Truidense VV (BEL)*
Kosei TANI	22.11.2000	*FC Machida Zelvia*

Defenders

Name	DOB	Club
Haruya FUJII	26.12.2000	*Nagoya Grampus*
Daiki HASHIOKA	17.05.1999	*K Sint-Truidense VV (BEL); 30.01.2024-> Luton Town FC (ENG)*
Ko ITAKURA	27.01.1997	*Borussia Vfl Mönchengladbach (GER)*
Hiroki ITŌ	12.05.1999	*VfB Stuttgart (GER)*
Kōki MACHIDA	25.08.1997	*Royale Union Saint-Gilloise (BEL)*
Seiya MAIKUMA	16.10.1997	*Cerezo Osaka*
Sota MIURA	07.09.2000	*Kawasaki Frontale*
Ryoya MORISHITA	11.04.1997	*Nagoya Grampus*
Yūta NAKAYAMA	16.02.1997	*Huddersfield Town AFC (ENG)*
Yukinari SUGAWARA	28.06.2000	*AZ Alkmaar (NED)*
Shōgo TANIGUCHI	15.07.1991	*Al-Rayyan Sports Club (QAT)*
Takehiro TOMIYASU	05.11.1998	*Arsenal FC London (ENG)*
Tsuyoshi WATANABE	05.02.1997	*KAA Gent (BEL)*

Midfielders

Name	DOB	Club
Ritsu DŌAN	16.06.1998	*SC Freiburg (GER)*
Wataru ENDŌ	09.02.1993	*Liverpool FC (ENG)*
Reo HATATE	21.11.1997	*Celtic FC Glasgow (SCO)*
Atsuki ITO	11.08.1998	*Urawa Red Diamonds*
Junya ITŌ	09.03.1993	*Stade de Reims (FRA)*
Ryotaro ITO	06.02.1998	*K Sint-Truidense VV (BEL)*
Daichi KAMADA	05.08.1996	*SS Lazio Roma (ITA)*
Hayao KAWABE	08.09.1995	*R Standard Liège (BEL)*
Takumu KAWAMURA	28.08.1999	*Sanfrecce Hiroshima FC*

Takefusa KUBO	04.06.2001	*Real Sociedad de Fútbol San Sebastián (ESP)*
Takumi MINAMINO	16.01.1995	*AS Monaco FC (FRA)*
Kaoru MITOMA	20.05.1997	*Brighton & Hove Albion FC (ENG)*
Hidemasa MORITA	10.05.1995	*Sporting Clube de Portugal Lisboa (POR)*
Keito NAKAMURA	28.07.2000	*Stade de Reims (FRA)*
Kanji OKUNUKI	11.08.1999	*1. FC Nürnberg (GER)*
Kaishū SANO	30.12.2000	*Kashima Antlers FC*
Yūki SŌMA	25.02.1997	*Casa Pia Atlético Clube Lisboa (POR)*
Ao TANAKA	10.09.1998	*TSV Fortuna Düsseldorf (GER)*

Forwards

Takuma ASANO	10.11.1994	*VfL Bochum (GER)*
Kyogo FURUHASHI	20.01.1995	*Celtic FC Glasgow (SCO)*
Mao HOSOYA	07.09.2001	*Kashiwa Reysol*
Daizen MAEDA	20.10.1997	*Celtic FC Glasgow (SCO)*
Koki OGAWA	08.08.1997	*NEC Nijmegen (NED)*
Yuito SUZUKI	25.10.2001	*Brøndby IF (DEN)*
Ayase UEDA	28.08.1998	*Feyenoord Rotterdam (NED)*

National coaches

Hajime MORIYASU [from 01.08.2018]	23.08.1968

JORDAN

Federation Directory:
Jordan Football Association
P.O.Box 962024, 11196 Al-Hussein Youth City, Amman
Year of Formation: 1949
Member of FIFA since: 1956
Member of AFC since: 1975
Internet: www.jfa.jo

The Country: Al-Mamlakah al-'Urdunniyyah al-Hāšimiyyah (Hashemite Kingdom of Jordan)
Capital: Amman
Surface: 89,341 km^2 / **Population**: 11,484,805 [2023] / **Time**: UTC+2

NATIONAL TEAM RECORDS

First international match:
01.08.1953, Cairo (EGY): Syria - Jordan 3-1

Most international caps:	Most international goals:
Amer Shafi Mahmoud Sabbah	Hamza Ali Khaled Al Dardour
171 caps (2002-2021)	**33 goals** / 116 caps (since 2011)

NATIONAL TEAM COMPETITIONS

ASIAN NATIONS CUP		FIFA WORLD CUP	
1956	*Not a member of the AFC*	1930	*Not a member of FIFA*
1960		1934	
1964		1938	
1968		1950	
1972	Qualifiers	1954	
1976	Did not enter	1958	Did not enter
1980	Did not enter	1962	Did not enter
1984	Qualifiers	1966	Did not enter
1988	Qualifiers	1970	Did not enter
1992	Did not enter	1974	Did not enter
1996	Qualifiers	1978	Did not enter
2000	Qualifiers	1982	Did not enter
2004	Final Tournament (Quarter-Finals)	1986	Qualifiers
2007	Qualifiers	1990	Qualifiers
2011	Final Tournament (Quarter-Finals)	1994	Qualifiers
2015	Final Tournament (Group Stage)	1998	Qualifiers
2019	Final Tournament (2nd Round of 16)	2002	Qualifiers
2023	Final Tournament (Runners-up)	2006	Qualifiers
		2010	Qualifiers
		2014	Qualifiers
		2018	Qualifiers
		2022	Qualifiers

OLYMPIC FOOTBALL TOURNAMENTS 1908-2020

1908 to 1928	Teams from Asia did not enter	1980	Qualifiers
		1984	Qualifiers
		1988	Qualifiers
1936	Part of the United Kingdom	1992	Qualifiers
1948 1952 1956	Not an IOC member	1996	Qualifiers
		2000	Qualifiers
		2004	Qualifiers
1960	Did not enter	2008	Qualifiers
1964	Did not enter	2012	Qualifiers
1968	Did not enter	2016	Qualifiers
1972	Did not enter	2020	Qualifiers
1976	Did not enter		

ASIAN GAMES 1951-2022		WEST ASIAN CHAMPIONSHIP 2000-2019		ARAB NATIONS CUP 1963-2021	
1951	-	2000	4th Place	1963	Group Stage
1954	-	2002	Runners-up	1964	Group Stage
1958	-	2004	3rd Place	1966	Group Stage
1962	-	2007	Semi-Finals	1985	Group Stage
1966	-	2008	Runners-up	1988	4th Place
1970	-	2010	Group Stage	1992	Group Stage
1974	-	2012	Group Stage	1998	Group Stage
1978	-	2014	Runners-up	2002	Semi-Finals
1982	-	2019	Group Stage	2012	Did not enter
1986	-			2021	Quarter-Finals
1990	-				
1994	-				
1998	-				
2002	-				
2006	Group Stage				
2010	Group Stage				
2014	Quarter-Finals				
2018	-				
2022	-				

JORDAN CLUB HONOURS IN ASIAN CLUB COMPETITIONS

AFC Champions League 1967-1971 & 1985/1986-2024		
None		
Asian Football Confederation Cup 2004-2024		
Al Faisaly Club Amman	2	2005, 2006
Shabab Al Ordon Al Qadisiya Amman	1	2007
AFC President's Cup 2005-2014*		
None		
Asian Cup Winners Cup 1975-2003*		
None		
Asian Super Cup 1995-2002*		
None		

*defunct competition

OTHER CLUB COMPETITIONS:

Arab Champions League / Arab Club Champions Cup 1982-2023
None

Arab Cup Winners Cup 1989-2002*
None

Arab Super Cup 1992-2002*
None

defunct competitions

NATIONAL COMPETITIONS
TABLE OF HONOURS

	CHAMPIONS	CUP WINNERS
1944	Al Faisaly Club Amman	-
1945	Al Faisaly Club Amman	-
1946	Jordan	-
1947	Al Ahly Amman	-
1948	*No competition*	-
1949	Al Ahly Amman	-
1950	Al Ahly Amman	-
1951	Al Ahly Amman	-
1952	Al Jazeera Amman	-
1953	*No competition*	-
1954	Al Ahly Amman	-
1955	Al Jazeera Amman	-
1956	Al Jazeera Amman	-
1957	*No competition*	-
1958	*No competition*	-
1959	Al Faisaly Club Amman	-
1960	Al Faisaly Club Amman	-
1961	Al Faisaly Club Amman	-
1962	Al Faisaly Club Amman	-
1963	Al Faisaly Club Amman	-
1964	Al Faisaly Club Amman	-
1965	Al Faisaly Club Amman	-
1966	Al Faisaly Club Amman	-
1967	*No competition*	-
1968	*No competition*	-
1969	*No competition*	-
1970	Al Faisaly Club Amman	-
1971	Al Faisaly Club Amman	-
1972	Al Faisaly Club Amman	-
1973	Al Faisaly Club Amman	-
1974	Al Faisaly Club Amman	-
1975	Al Ahly Amman	-
1976	Al Faisaly Club Amman	-
1977	Al Faisaly Club Amman	-
1978	Al Ahly Amman	-
1979	Al Ahly Amman	-
1980	Al Wehdat Club Amman	Al Faisaly Club Amman

1981	Al Ramtha SC Irbid	Al Faisaly Club Amman
1982	Al Ramtha SC Irbid	Al Wehdat Club Amman
1983	Al Faisaly Club Amman	Al Faisaly Club Amman
1984	Amman Club	Al Jazeera Amman
1985	Al Faisaly Club Amman	Al Wehdat Club Amman
1986	Al Faisaly Club Amman	Al Arabi Irbid
1987	Al Wehdat Club Amman (as Al Deffatain)	*No competition*
1988	Al Faisaly Club Amman	Al Faisaly Club Amman
1989	Al Faisaly Club Amman	Al Wehdat Club Amman (as Al Deffatain)
1990	Al Faisaly Club Amman	Al Faisaly Club Amman
1990/1991	Al Faisaly Club Amman	Al Ramtha SC Irbid
1991/1992	Al Wehdat Club Amman	Al Ramtha SC Irbid
1992	-	Al Faisaly Club Amman
1992/1993	Al Faisaly Club Amman	Al Faisaly Club Amman
1993/1994	Al Faisaly Club Amman	Al Faisaly Club Amman
1994/1995	Al Wehdat Club Amman	Al Faisaly Club Amman
1995/1996	Al Wehdat Club Amman	Al Wehdat Club Amman
1996/1997	Al Wehdat Club Amman	-
1997	Al Wehdat Club Amman	Al Wehdat Club Amman
1998	*Competition not finished*	Al Faisaly Club Amman
1999	Al Faisaly Club Amman	Al Faisaly Club Amman
2000	Al Faisaly Club Amman	Al Wehdat Club Amman
2001	Al Faisaly Club Amman	Al Faisaly Club Amman
2002	-	Al Faisaly Club Amman
2002/2003	Al Faisaly Club Amman	*No competition*
2003/2004	Al Faisaly Club Amman	Al Faisaly Club Amman
2004/2005	Al Wehdat Club Amman	Al Faisaly Club Amman
2005/2006	Shabab Al Ordon Al Qadisiya Amman	Shabab Al Ordon Al Qadisiya Amman
2006/2007	Al Wehdat Club Amman	Shabab Al Ordon Al Qadisiya Amman
2007/2008	Al Wehdat Club Amman	Al Faisaly Club Amman
2008/2009	Al Wehdat Club Amman	Al Wehdat Club Amman
2009/2010	Al Faisaly Club Amman	Al Wehdat Club Amman
2010/2011	Al Wehdat Club Amman	Al Wehdat Club Amman
2011/2012	Al Faisaly Club Amman	Al Faisaly Club Amman
2012/2013	Shabab Al Ordon Al Qadisiya Amman	That Ras Club Al Karak
2013/2014	Al Wehdat Club Amman	Al Wehdat Club Amman
2014/2015	Al Wehdat Club Amman	Al Faisaly Club Amman
2015/2016	Al Wehdat Club Amman	Al Ahli SC Amman
2016/2017	Al Faisaly Club Amman	Al Faisaly Club Amman
2017/2018	Al Wehdat Club Amman	Al Jazeera Amman
2018/2019	Al Faisaly Club Amman	Al Faisaly Club Amman
2020	Al Wehdat Club Amman	*No competition*
2021	Al Ramtha SC	Al Faisaly Club Amman
2022	Al Faisaly Club Amman	Al Wehdat Club Amman
2023/2024	Al Hussein SC Irbid	*No competition*

OTHER JORDAN CUP COMPETITIONS WINNERS:

Super Cup:
1981: Al Faisaly Club Amman; 1982: Al Faisaly Club Amman; 1983: Al Ramtha SC Irbid; 1984: Al Faisaly Club Amman; 1985: Al Jazeera Amman; 1986: Al Faisaly Club Amman; 1987: Al Faisaly Club Amman; 1988 *No competition;* 1989: Al-Deffatain Amman; 1990: Al Ramtha SC Irbid; 1991: Al Faisaly Club Amman; 1992: Al Wehdat Club Amman; 1993: Al Faisaly Club Amman; 1994: Al Faisaly Club Amman; 1995: Al Faisaly Club Amman; 1996: Al Faisaly Club Amman; 1997: Al Wehdat Club Amman; 1998: Al Wehdat Club Amman; 1999 *No competition;* 2000: Al Wehdat Club Amman; 2001: Al Wehdat Club Amman; 2002: Al Faisaly Club Amman; 2003: Al Hussein SC Irbid; 2004: Al Faisaly Club Amman; 2005: Al Wehdat Club Amman; 2006: Al Faisaly Club Amman; 2007: Shabab Al Ordon Al Qadisiya Amman; 2008: Al Wehdat Club Amman; 2009: Al Wehdat Club Amman; 2010: Al Wehdat Club Amman; 2011: Al Wehdat Club Amman; 2012: Al Faisaly Club Amman; 2013: Shabab Al Ordon Al Qadisiya Amman; 2014: Al Wehdat Club Amman; 2015: Al Faisaly Club Amman; 2016: Al Ahli SC Amman; 2017: Al Faisaly Club Amman; 2018: Al Wehdat Club Amman; 2019: Al Faisaly Club Amman; 2020: Al Wehdat Club Amman; 2021: Al Ramtha SC; 2022: Al Wehdat Club Amman.

Jordan FA Shield:
1981: Al Jazeera Amman; 1982: Al Wehdat Club Amman; 1983: Al Wehdat Club Amman; 1984: Amman Club; 1985: Amman Club; 1986: Al Jazeera Amman; 1987: Al Faisaly Club Amman; 1988: Al Wehdat Club Amman; 1989: Al Ramtha SC Irbid; 1990: Al Ramtha SC Irbid; 1991: Al Faisaly Club Amman; 1992: Al Faisaly Club Amman; 1993: Al Ramtha SC Irbid; 1994: Al Hussein SC Irbid; 1995: Al Wehdat Club Amman; 1996: Al Ramtha SC Irbid; 1997: Al Faisaly Club Amman; 1998: Kfarsoum; 1999 *No competition;* 2000: Al Faisaly Club Amman; 2001: Al Ramtha SC Irbid; 2002: Al Wehdat Club Amman; 2003: Al Hussein SC Irbid; 2004: Al Wehdat Club Amman; 2005: Al Hussein SC Irbid; 2006: Al Yarmouk Amman; 2007: Shabab Al Ordon Al Qadisiya; 2008: Al Wehdat Club Amman; 2009: Al Faisaly Club Amman; 2010: Al Faisaly Club Amman; 2011: Al Faisaly Club Amman; 2012-2015: *No competition*; 2016: Shabab Al Ordon Al Qadisiya Amman; 2017: Al Wehdat Club Amman; 2018: *No competition*; 2019: *No competition*; 2020: Al Wehdat Club Amman; 2021: Al Jaleel Club Irbid; 2022: Al Faisaly Club Amman; 2023: Al Faisaly Club Amman.

NATIONAL CHAMPIONSHIP
Jordanian Pro League 2023/2024

1. **Al Hussein SC Irbid**	22	19	2	1	45	-	6	59
2. Al Faisaly Club Amman	22	18	3	1	63	-	14	57
3. Al Wehdat Club Amman	22	14	6	2	38	-	14	48
4. Al Ramtha SC	22	11	2	9	30	-	22	35
5. Al Salt SC	22	9	1	12	25	-	27	28
6. Ma'an SC	22	7	5	10	22	-	30	26
7. Shabab Al Aqaba Club	22	6	7	9	19	-	38	25
8. Shabab Al Ordon Al Qadisiya Amman	22	7	1	14	21	-	36	22
9. Moghayer Al Sarhan SC	22	6	3	13	21	-	38	21
10. Al Ahli SC Amman	22	5	5	12	17	-	32	20
11. Sahab SC Amman (*Relegated*)	22	4	6	12	22	-	42	18
12. Al Jaleel Club Irbid (*Relegated*)	22	1	9	12	11	-	35	12

Best goalscorer 2023/2024:
Wanja Ronald Ngah (CMR, Al Faisaly Club Amman) – 13 goals

Promoted for the 2024/2025 season:
Al Jazeera Amman, Al Sareeh SC Irbid

THE CLUBS 2023/2024

Club	Founded	Stadium	Capacity
Al Ahli Sports Club Amman	1944	Petra Stadium, Amman	6,000
Al Faisaly Club Amman	1932 (a)	Amman International Stadium, Amman	17,619
Al Hussein Sports Club Irbid	1964	Al Hassan Stadium, Irbid	12,000
Al Jaleel Club Irbid	1953	Al Hassan Stadium, Irbid	12,000
Al Ramtha Sports Club	1966	"Prince Hashim" Stadium, Ramtha	5,000
Al Salt Sports Club	1965	"Prince Hussein Bin Abdullah" Stadium, As-Salt	7,500
Al Wehdat Club Amman	1956	„King Abdullah" Stadium, Amman	13,265
Ma'an Sports Club	1971	"Princess Haya "Stadium, Ma'an	1,000
Moghayer Al Sarhan Sports Club	1993	"Prince Mohammed" Stadium, Zarqa	11,400
Sahab Sports Club Amman	1972	„King Abdullah" Stadium, Amman	13,265
Shabab Al Aqaba Club	1965	Al Aqaba Stadium, Al Aqaba	3,800
Shabab Al Ordon Al Qadisiya Amman	2002	„King Abdullah" Stadium, Amman	13,265

(a) *as Al Ashbal Club Amman*

NATIONAL TEAM
INTERNATIONAL MATCHES 2023/2024

Date	Venue	Match	Result	Type
07.09.2023	Oslo	Norway - Jordan	6-0(4-0)	(F)
12.09.2023	Bakı	Azerbaijan - Jordan	2-1(1-0)	(F)
13.10.2023	Amman	Jordan - Iran	1-3(0-2)	(F)
16.10.2023	Amman	Jordan - Iraq	2-2 aet; 3-5 pen	(F)
16.11.2023	Dushanbe	Tajikistan - Jordan	1-1(0-0)	(WCQ)
21.11.2023	Amman	Jordan - Saudi Arabia	0-2(0-2)	(WCQ)
28.12.2023	Tripoli	Lebanon - Jordan	2-1(1-1)	(F)
05.01.2024	Doha	Qatar - Jordan	1-2(1-0)	(F)
15.01.2024	Al Wakrah	Malaysia - Jordan	0-4(0-3)	(AFC)
20.01.2024	Doha	Jordan - Korea Republic	2-2(2-1)	(AFC)
25.01.2024	Al Rayyan	Jordan - Bahrain	0-1(0-1)	(AFC)
29.01.2024	Al Rayyan	Iraq - Jordan	2-3(0-1)	(AFC)
02.02.2024	Al Rayyan	Tajikistan - Jordan	0-1(0-0)	(AFC)
06.02.2024	Al Rayyan	Jordan - Korea Republic	2-0(0-0)	(AFC)
10.02.2024	Lusail	Jordan - Qatar	1-3(0-1)	(AFC)
21.03.2024	Islamabad	Pakistan - Jordan	0-3(0-2)	(WCQ)
26.03.2024	Amman	Jordan - Pakistan	7-0(2-0)	(WCQ)
06.06.2024	Amman	Jordan - Tajikistan	3-0(0-0)	(WCQ)
11.06.2024	Riyadh	Saudi Arabia - Jordan	1-2(1-2)	(WCQ)

07.09.2023, Friendly International
Ullevaal Stadion, Oslo; Attendance: 10,532
Referee: Kristoffer Karlsson (Sweden)
NORWAY - JORDAN   **6-0(4-0)**
JOR: Yazeed Moien Hasan Abu Laila, Ihsan Nabil Farhan Haddad, Abdallah Mousa Musallam Nasib, Yazan Mousa Mahmoud Abu Al Arab, Mohammad Ali Hasan Abu Hasheesh (83.Mustafa Kamal Eid Mustafa Khaled Khaldoon), Mahmoud Nayef Ahmad Al Mardi (69.Anas Ahmad Mahmoud Hammad Al Awadat), Noor Al Deen Mahmoud Ali Al Rawabdeh (68.Obieda Ahmed Falah Al Samarneh), Nizar Mahmoud Ahmed Al Rashdan, Ibrahim Mohammad Sami Sa'deh (46.Ali Iyad Ali Olwan), Mousa Mohammad Mousa Sulaiman Al Tamari, Yazan Abdallah Ayed Al Naimat (83.Saleh Ibrahim Rateb Saleh). Trainer: Hussein Ammouta (Morocco).

12.09.2023, Friendly International
Dalğa Arena, Bakı; Attendance: n/a
Referee: Arda Kardeşler (Turkey)
AZERBAIJAN - JORDAN   **2-1(1-0)**
JOR: Yazeed Moien Hasan Abu Laila, Ihsan Nabil Farhan Haddad, Abdallah Mousa Musallam Nasib, Yazan Mousa Mahmoud Abu Al Arab, Mustafa Kamal Eid Mustafa Khaled Khaldoon, Rajaei Ayed Fadel Hasan (68.Noor Al Deen Mahmoud Ali Al Rawabdeh), Mahmoud Nayef Ahmad Al Mardi (86.Mahmoud Shawkat Aqel Musleh), Nizar Mahmoud Ahmed Al Rashdan (86.Obieda Ahmed Falah Al Samarneh), Hamza Ali Khaled Al Dardour (68.Yazan Abdallah Ayed Al Naimat), Anas Ahmad Mahmoud Hammad Al Awadat (68.Saleh Ibrahim Rateb Saleh), Ali Iyad Ali Olwan. Trainer: Hussein Ammouta (Morocco).
Goal: Nizar Mahmoud Ahmed Al Rashdan (57).

13.10.2023, Friendly International [Jordan International Tournament]
Amman International Stadium, Amman; Attendance: n/a
Referee: Mohammed Khaled Al Hoish (Saudi Arabia)
JORDAN - IRAN 1-3(0-2)
JOR: Yazeed Moien Hasan Abu Laila, Ihsan Nabil Farhan Haddad, Abdallah Mousa Musallam Nasib, Saed Ahmad Salameh Al Rosan (84.Mohannad Khairullah Al Souliman), Mohammad Ali Hasan Abu Hasheesh, Mahmoud Nayef Ahmad Al Mardi (77.Anas Ahmad Mahmoud Hammad Al Awadat), Obieda Ahmed Falah Al Samarneh (66.Rajaei Ayed Fadel Hasan), Nizar Mahmoud Ahmed Al Rashdan, Mousa Mohammad Mousa Sulaiman Al Tamari, Yazan Abdallah Ayed Al Naimat, Ali Iyad Ali Olwan. Trainer: Hussein Ammouta (Morocco).
Goal: Yazan Abdallah Ayed Al Naimat (74).

16.10.2023, Friendly International [Jordan International Tournament]
Amman International Stadium, Amman; Attendance: n/a
Referee: n/a
JORDAN - IRAQ 2-2(1-0,2-2,2-2); 3-5 on penalties
JOR: Yazeed Moien Hasan Abu Laila, Mohammad Ali Hasan Abu Hasheesh, Abdallah Mousa Musallam Nasib, Saed Ahmad Salameh Al Rosan (84.Mohannad Khairullah Al Souliman), Mohannad Mahmoud Saleh Abu Taha, Feras Zeyad Yousef Shelbaieh, Nizar Mahmoud Ahmed Al Rashdan, Noor Al Deen Mahmoud Ali Al Rawabdeh, Mousa Mohammad Mousa Sulaiman Al Tamari, Ali Iyad Ali Olwan (84.Ibrahim Mohammad Sami Sa'deh), Yazan Abdallah Ayed Al Naimat (90+4.Ahmad Ersan Mohammad Hamdouni). Trainer: Hussein Ammouta (Morocco).
Goals: Yazan Abdallah Ayed Al Naimat (31, 79).
Penalties: Mahmoud Nayef Ahmad Al Mardi, Ibrahim Mohammad Sami Sa'deh, Nizar Mahmoud Ahmed Al Rashdan, Ihsan Nabil Farhan Haddad (saved).

16.11.2023, 23rd FIFA World Cup Qualifiers / 19th AFC Asian Cup Qualifiers second round
Pamir Stadium, Dushanbe; Attendance: 13,650
Referee: Ali Sabah Adday Al Qaysi (Iraq)
TAJIKISTAN - JORDAN 1-1(0-0)
JOR: Yazeed Moien Hasan Abu Laila, Alem Mahmoud Suleiman Al Ajaleen, Ihsan Nabil Farhan Haddad, Abdallah Mousa Musallam Nasib, Mohammad Ali Hasan Abu Hasheesh, Rajaei Ayed Fadel Hasan, Noor Al Deen Mahmoud Ali Al Rawabdeh, Nizar Mahmoud Ahmed Al Rashdan (89.Saleh Ibrahim Rateb Saleh), Mousa Mohammad Mousa Sulaiman Al Tamari, Yazan Abdallah Ayed Al Naimat, Ali Iyad Ali Olwan. Trainer: Hussein Ammouta (Morocco).
Goal: Yazan Abdallah Ayed Al Naimat (90+3).

21.11.2023, 23rd FIFA World Cup Qualifiers / 19th AFC Asian Cup Qualifiers second round
Amman International Stadium, Amman; Attendance: 13,845
Referee: Ahmed Abu Bakar Said Al Kaf (Oman)
JORDAN - SAUDI ARABIA 0-2(0-2)
JOR: Yazeed Moien Hasan Abu Laila, Alem Mahmoud Suleiman Al Ajaleen, Ihsan Nabil Farhan Haddad, Abdallah Mousa Musallam Nasib, Mohammad Ali Hasan Abu Hasheesh (46.Mustafa Kamal Eid Mustafa Khaled Khaldoon), Rajaei Ayed Fadel Hasan (61.Mahmoud Nayef Ahmad Al Mardi), Noor Al Deen Mahmoud Ali Al Rawabdeh, Nizar Mahmoud Ahmed Al Rashdan, Mousa Mohammad Mousa Sulaiman Al Tamari, Yazan Abdallah Ayed Al Naimat, Ali Iyad Ali Olwan (86.Saleh Ibrahim Rateb Saleh). Trainer: Hussein Ammouta (Morocco).

28.12.2023, Friendly International
Tripoli Municipal Stadium, Tripoli; Attendance: 0
Referee: Maher Al Ali (Lebanon)
LEBANON - JORDAN 2-1(1-1)
JOR: Abdallah Ra'ed Mahmoud Al Fakhouri, Mohammad Ali Hasan Abu Hasheesh (Mohannad Mahmoud Saleh Abu Taha), Alem Mahmoud Suleiman Al Ajaleen, Bara'a Sami Musa Marei, Anas Walid Khaled Bani Yaseen, Feras Zeyad Yousef Shelbaieh, Mahmoud Nayef Ahmad Al Mardi (Anas

Ahmad Mahmoud Hammad Al Awadat), Fadi Mahmoud Awad Saleh (Mahmoud Shawkat Aqel Musleh), Nizar Mahmoud Ahmed Al Rashdan (Ibrahim Mohammad Sami Sa'deh), Mohammad Faisal Yousef Abu Zraiq (Yousef Abdel Rahman Yousef Abu Jalboush), Hamza Ali Khaled Al Dardour.
Trainer: Hussein Ammouta (Morocco).
Goal: Hamza Ali Khaled Al Dardour (3).

05.01.2024, Friendly International
„Thani bin Jassim" Stadium, Doha; Attendance: n/a
Referee: Ammar Ashkanani (Kuwait)
QATAR - JORDAN   **1-2(1-0)**
JOR: Yazeed Moien Hasan Abu Laila, Alem Mahmoud Suleiman Al Ajaleen (69.Mohammad Ali Hasan Abu Hasheesh), Ihsan Nabil Farhan Haddad, Abdallah Mousa Musallam Nasib (78.Bara'a Sami Musa Marei), Yazan Mousa Mahmoud Abu Al Arab, Mahmoud Nayef Ahmad Al Mardi (70.Anas Ahmad Mahmoud Hammad Al Awadat), Noor Al Deen Mahmoud Ali Al Rawabdeh (69.Ibrahim Mohammad Sami Sa'deh), Nizar Mahmoud Ahmed Al Rashdan (70.Rajaei Ayed Fadel Hasan), Mousa Mohammad Mousa Sulaiman Al Tamari (78.Yousef Abdel Rahman Yousef Abu Jalboush), Yazan Abdallah Ayed Al Naimat (70.Hamza Ali Khaled Al Dardour), Ali Iyad Ali Olwan (77.Saleh Ibrahim Rateb Saleh). Trainer: Hussein Ammouta (Morocco).
Goals: Yazan Abdallah Ayed Al Naimat (51), Ali Iyad Ali Olwan (58 penalty).

15.01.2024, 18th AFC Asian Cup, Final Tournament, Group Stage
Al Janoub Stadium, Al Wakrah (Qatar); Attendance: 20,410
Referee: Mohammed Abdulla Hassan Mohamed (United Arab Emirates)
MALAYSIA - JORDAN   **0-4(0-3)**
JOR: Yazeed Moien Hasan Abu Laila, Alem Mahmoud Suleiman Al Ajaleen, Ihsan Nabil Farhan Haddad (67.Feras Zeyad Yousef Shelbaieh), Abdallah Mousa Musallam Nasib, Yazan Mousa Mahmoud Abu Al Arab, Mahmoud Nayef Ahmad Al Mardi (35.Mohammad Ali Hasan Abu Hasheesh), Noor Al Deen Mahmoud Ali Al Rawabdeh, Nizar Mahmoud Ahmed Al Rashdan (67.Rajaei Ayed Fadel Hasan), Mousa Mohammad Mousa Sulaiman Al Tamari (89.Hamza Ali Khaled Al Dardour), Yazan Abdallah Ayed Al Naimat (67.Anas Ahmad Mahmoud Hammad Al Awadat), Ali Iyad Ali Olwan. Trainer: Hussein Ammouta (Morocco).
Goals: Mahmoud Nayef Ahmad Al Mardi (12), Mousa Mohammad Mousa Sulaiman Al Tamari (18 penalty), Mahmoud Nayef Ahmad Al Mardi (32), Mousa Mohammad Mousa Sulaiman Al Tamari (85).

20.01.2024, 18th AFC Asian Cup, Final Tournament, Group Stage
Al Thumama Stadium, Doha (Qatar); Attendance: 36,627
Referee: Salman Falahi (Qatar)
JORDAN - KOREA REPUBLIC   **2-2(2-1)**
JOR: Yazeed Moien Hasan Abu Laila, Alem Mahmoud Suleiman Al Ajaleen, Ihsan Nabil Farhan Haddad, Abdallah Mousa Musallam Nasib, Yazan Mousa Mahmoud Abu Al Arab, Rajaei Ayed Fadel Hasan (74.Fadi Mahmoud Awad Saleh), Mahmoud Nayef Ahmad Al Mardi (74.Mohammad Ali Hasan Abu Hasheesh), Nizar Mahmoud Ahmed Al Rashdan (84.Ibrahim Mohammad Sami Sa'deh), Mousa Mohammad Mousa Sulaiman Al Tamari, Yazan Abdallah Ayed Al Naimat (84.Anas Ahmad Mahmoud Hammad Al Awadat), Ali Iyad Ali Olwan. Trainer: Hussein Ammouta (Morocco).
Goals: Park Yong-woo (37 own goal), Yazan Abdallah Ayed Al Naimat (45+6).

25.01.2024, 18th AFC Asian Cup, Final Tournament, Group Stage
Khalifa International Stadium, Al Rayyan (Qatar); Attendance: 39,650
Referee: Omar Mohamed Al Ali (United Arab Emirates)
JORDAN - BAHRAIN   **0-1(0-1)**
JOR: Yazeed Moien Hasan Abu Laila, Anas Walid Khaled Bani Yaseen, Alem Mahmoud Suleiman Al Ajaleen (85.Bara'a Sami Musa Marei), Feras Zeyad Yousef Shelbaieh, Abdallah Mousa Musallam Nasib, Mohammad Ali Hasan Abu Hasheesh, Rajaei Ayed Fadel Hasan (74.Ibrahim Mohammad Sami Sa'deh), Fadi Mahmoud Awad Saleh, Yousef Abdel Rahman Yousef Abu Jalboush (85.Saleh Ibrahim Rateb Saleh), Yazan Abdallah Ayed Al Naimat (74.Hamza Ali Khaled Al Dardour), Ali Iyad Ali Olwan (74.Anas Ahmad Mahmoud Hammad Al Awadat). Trainer: Hussein Ammouta (Morocco).

29.01.2024, 18th AFC Asian Cup, Final Tournament, Second Round of 16
Khalifa International Stadium, Al Rayyan (Qatar); Attendance: 35,814
Referee: Alireza Faghani (Australia)

IRAQ - JORDAN   **2-3(0-1)**

JOR: Yazeed Moien Hasan Abu Laila, Alem Mahmoud Suleiman Al Ajaleen, Ihsan Nabil Farhan Haddad, Abdallah Mousa Musallam Nasib, Yazan Mousa Mahmoud Abu Al Arab, Rajaei Ayed Fadel Hasan (90.Saleh Ibrahim Rateb Saleh), Mahmoud Nayef Ahmad Al Mardi, Nizar Mahmoud Ahmed Al Rashdan, Mousa Mohammad Mousa Sulaiman Al Tamari, Yazan Abdallah Ayed Al Naimat, Ali Iyad Ali Olwan. Trainer: Hussein Ammouta (Morocco).

Please note: Hamza Ali Khaled Al Dardour were sent off on the bench (90+6).

Goals: Yazan Abdallah Ayed Al Naimat (45+1), Yazan Mousa Mahmoud Abu Al Arab (90+5), Nizar Mahmoud Ahmed Al Rashdan (90+7).

02.02.2024, 18th AFC Asian Cup, Final Tournament, Quarter-Finals
„Ahmad bin Ali" Stadium, Al Rayyan (Qatar); Attendance: 35,530
Referee: Fu Ming (China P.R.)

TAJIKISTAN - JORDAN   **0-1(0-0)**

JOR: Yazeed Moien Hasan Abu Laila, Alem Mahmoud Suleiman Al Ajaleen, Ihsan Nabil Farhan Haddad, Abdallah Mousa Musallam Nasib, Yazan Mousa Mahmoud Abu Al Arab, Rajaei Ayed Fadel Hasan (89.Fadi Mahmoud Awad Saleh), Mahmoud Nayef Ahmad Al Mardi (80.Mohammad Ali Hasan Abu Hasheesh), Noor Al Deen Mahmoud Ali Al Rawabdeh (79.Ibrahim Mohammad Sami Sa'deh), Mousa Mohammad Mousa Sulaiman Al Tamari (90+6.Yousef Abdel Rahman Yousef Abu Jalboush), Yazan Abdallah Ayed Al Naimat (89.Anas Ahmad Mahmoud Hammad Al Awadat), Ali Iyad Ali Olwan. Trainer: Hussein Ammouta (Morocco).

Goal: Vakhdat Khanonov (66 own goal).

06.02.2024, 18th AFC Asian Cup, Final Tournament, Semi-Finals
„Ahmad bin Ali" Stadium, Al Rayyan (Qatar); Attendance: 42,850
Referee: Mohammed Abdulla Hassan Mohamed (United Arab Emirates)

JORDAN - KOREA REPUBLIC   **2-0(0-0)**

JOR: Yazeed Moien Hasan Abu Laila, Ihsan Nabil Farhan Haddad, Bara'a Sami Musa Marei, Abdallah Mousa Musallam Nasib, Yazan Mousa Mahmoud Abu Al Arab, Mohammad Ali Hasan Abu Hasheesh, Mahmoud Nayef Ahmad Al Mardi (90+2.Ibrahim Mohammad Sami Sa'deh), Noor Al Deen Mahmoud Ali Al Rawabdeh, Nizar Mahmoud Ahmed Al Rashdan (90+2.Rajaei Ayed Fadel Hasan), Mousa Mohammad Mousa Sulaiman Al Tamari, Yazan Abdallah Ayed Al Naimat (85.Anas Ahmad Mahmoud Hammad Al Awadat). Trainer: Hussein Ammouta (Morocco).

Goals: Yazan Abdallah Ayed Al Naimat (53, 66).

10.02.2024, 18th AFC Asian Cup, Final Tournament, Final
Lusail Stadium, Lusail; Attendance: 86,492
Referee: Ma Ning (China P.R.)

JORDAN - QATAR   **1-3(0-1)**

JOR: Yazeed Moien Hasan Abu Laila, Alem Mahmoud Suleiman Al Ajaleen, Ihsan Nabil Farhan Haddad, Abdallah Mousa Musallam Nasib, Yazan Mousa Mahmoud Abu Al Arab, Mahmoud Nayef Ahmad Al Mardi (80.Saleh Ibrahim Rateb Saleh), Noor Al Deen Mahmoud Ali Al Rawabdeh, Nizar Mahmoud Ahmed Al Rashdan, Mousa Mohammad Mousa Sulaiman Al Tamari, Yazan Abdallah Ayed Al Naimat, Ali Iyad Ali Olwan (90+5.Anas Ahmad Mahmoud Hammad Al Awadat). Trainer: Hussein Ammouta (Morocco).

Goal: Yazan Abdallah Ayed Al Naimat (67).

21.03.2024, 23rd FIFA World Cup Qualifiers / 19th AFC Asian Cup Qualifiers second round
Jinnah Sports Stadium, Islamabad; Attendance: 9,625
Referee: Rustam Lutfullin (Uzbekistan)

PAKISTAN - JORDAN   **0-3(0-2)**

JOR: Yazeed Moien Hasan Abu Laila, Alem Mahmoud Suleiman Al Ajaleen, Ihsan Nabil Farhan Haddad, Bara'a Sami Musa Marei, Yazan Mousa Mahmoud Abu Al Arab, Mahmoud Nayef Ahmad Al Mardi (82.Saleh Ibrahim Rateb Saleh), Noor Al Deen Mahmoud Ali Al Rawabdeh, Nizar Mahmoud Ahmed Al Rashdan, Mousa Mohammad Mousa Sulaiman Al Tamari, Yazan Abdallah Ayed Al Naimat, Ali Iyad Ali Olwan. Trainer: Hussein Ammouta (Morocco).

Goals: Mousa Mohammad Mousa Sulaiman Al Tamari (2), Ali Iyad Ali Olwan (9 penalty), Mousa Mohammad Mousa Sulaiman Al Tamari (86).

26.03.2024, 23rd FIFA World Cup Qualifiers / 19th AFC Asian Cup Qualifiers second round
Amman International Stadium, Amman; Attendance: 14,695
Referee: Nivon Robesh Gamini (Sri Lanka)

JORDAN - PAKISTAN   **7-0(2-0)**

JOR: Yazeed Moien Hasan Abu Laila, Ihsan Nabil Farhan Haddad, Bara'a Sami Musa Marei (72.Mohammad Ali Hasan Abu Hasheesh), Yazan Mousa Mahmoud Abu Al Arab, Saed Ahmad Salameh Al Rosan, Mahmoud Nayef Ahmad Al Mardi (72.Mohammad Faisal Yousef Abu Zraiq), Noor Al Deen Mahmoud Ali Al Rawabdeh, Ibrahim Mohammad Sami Sa'deh (84.Mahmoud Shawkat Aqel Musleh), Mousa Mohammad Mousa Sulaiman Al Tamari, Yazan Abdallah Ayed Al Naimat (84.Saleh Ibrahim Rateb Saleh), Ali Iyad Ali Olwan (90+1.Mohammad Abdel-Motalib Yousef Aburiziq). Trainer: Hussein Ammouta (Morocco).

Goals: Mousa Mohammad Mousa Sulaiman Al Tamari (15), Yazan Abdallah Ayed Al Naimat (28 penalty), Saed Ahmad Salameh Al Rosan (52), Mousa Mohammad Mousa Sulaiman Al Tamari (62), Ali Iyad Ali Olwan (75), Mousa Mohammad Mousa Sulaiman Al Tamari (79), Mohammad Faisal Yousef Abu Zraiq (83).

06.06.2024, 23rd FIFA World Cup Qualifiers / 19th AFC Asian Cup Qualifiers second round
Amman International Stadium, Amman; Attendance: 14,795
Referee: Ahmed Abu Bakar Said Al Kaf (Oman)

JORDAN - TAJIKISTAN   **3-0(0-0)**

JOR: Yazeed Moien Hasan Abu Laila, Alem Mahmoud Suleiman Al Ajaleen, Ihsan Nabil Farhan Haddad, Abdallah Mousa Musallam Nasib, Yazan Mousa Mahmoud Abu Al Arab (90+6.Saed Ahmad Salameh Al Rosan), Mahmoud Nayef Ahmad Al Mardi (89.Mohammad Ali Hasan Abu Hasheesh), Noor Al Deen Mahmoud Ali Al Rawabdeh, Nizar Mahmoud Ahmed Al Rashdan (89.Ibrahim Mohammad Sami Sa'deh), Mousa Mohammad Mousa Sulaiman Al Tamari (89.Mohannad Mahmoud Saleh Abu Taha), Yazan Abdallah Ayed Al Naimat, Ali Iyad Ali Olwan (90+6.Aref Haitham Aref Al Haj Mohammad). Trainer: Hussein Ammouta (Morocco).

Goals: Ali Iyad Ali Olwan (51), Yazan Abdallah Ayed Al Naimat (68), Ibrahim Mohammad Sami Sa'deh (90+4).

11.06.2024, 23rd FIFA World Cup Qualifiers / 19th AFC Asian Cup Qualifiers second round
"King Saud" University Stadium, Riyadh; Attendance: 17,871
Referee: Adel Ali Ahmed Al Naqbi (United Arab Emirates)

SAUDI ARABIA - JORDAN   **1-2(1-2)**

JOR: Yazeed Moien Hasan Abu Laila, Alem Mahmoud Suleiman Al Ajaleen, Ihsan Nabil Farhan Haddad, Abdallah Mousa Musallam Nasib, Yazan Mousa Mahmoud Abu Al Arab, Mahmoud Nayef Ahmad Al Mardi (73.Mohammad Ali Hasan Abu Hasheesh), Noor Al Deen Mahmoud Ali Al Rawabdeh (90+7.Mahmoud Shawkat Aqel Musleh), Nizar Mahmoud Ahmed Al Rashdan (73.Ibrahim Mohammad Sami Sa'deh), Mousa Mohammad Mousa Sulaiman Al Tamari (90+7.Rajaei Ayed Fadel Hasan), Yazan Abdallah Ayed Al Naimat, Ali Iyad Ali Olwan (82.Mohannad Mahmoud Saleh Abu Taha). Trainer: Hussein Ammouta (Morocco).

Goals: Ali Iyad Ali Olwan (27), Noor Al Deen Mahmoud Ali Al Rawabdeh (45+2).

NATIONAL TEAM PLAYERS 2023/2024

Name	DOB	Club
Goalkeepers		
Yazeed Moien Hasan ABU LAILA	08.01.1993	*Al-Jabalain FC Ha'il (KSA)*
Abdallah Ra'ed Mahmoud AL FAKHOURI	22.01.2000	*Al Wehdat Club Amman*
Defenders		
Mohammad Ali Hasan ABU HASHEESH	09.05.1995	*Al Ahed FC Beirut (LIB)*
Salem Mahmoud Suleiman AL AJALEEN	18.02.1988	*Al Faisaly Club Amman*
Yazan Mousa Mahmoud Abu AL ARAB	31.01.1996	*Al Shorta SC Baghdad (IRQ)*
Saed Ahmad Salameh AL ROSAN	01.02.1997	*Al Hussein SC Irbid*
Mohannad Khairullah AL SOULIMAN	25.07.1993	*Al Faisaly Club Amman*
Anas Walid Khaled BANI Yaseen	29.11.1988	*Al Faisaly Club Amman*
Mustafa Kamal EID Mustafa Khaled Khaldoon	12.02.1995	*Al Hussein SC Irbid*
Ihsan Nabil Farhan HADDAD	05.02.1994	*Al Faisaly Club Amman*
Bara'a Sami Musa MAREI	13.04.1994	*Al Faisaly Club Amman*
Abdallah Mousa Musallam NASIB	25.02.1993	*Al Hussein SC Irbid*
Feras Zeyad Yousef SHELBAIEH	27.11.1993	*Al Wehdat Club Amman*
Midfielders		
Yousef Abdel Rahman Yousef ABU JALBOUSH	15.06.1998	*Al Faisaly Club Amman*
Mohannad Mahmoud Saleh ABU TAHA	02.02.2003	*Al Wehdat Club Amman*
Anas Ahmad Mahmoud Hammad AL AWADAT	29.05.1998	*Al Wehdat Club Amman*
Aref Haitham Aref AL HAJ Mohammad	28.05.2001	*Al Faisaly Club Amman*
Mahmoud Nayef Ahmad AL MARDI	06.10.1993	*Al Hussein SC Irbid*
Nizar Mahmoud Ahmed AL RASHDAN	23.03.1999	*Al Faisaly Club Amman; 22.02.24-> Emirates Club Ras Al Khaimah (UAE)*
Noor Al Deen Mahmoud Ali AL RAWABDEH	24.02.1997	*Selangor FC Shah Alam (MAS)*
Obieda Ahmed Falah AL SAMARNEH	17.02.1992	*Al Faisaly Club Amman*
Fadi Mahmoud AWAD Saleh	26.03.1993	*Polis DiRaja Malaysia FC Kuala Lumpur (MAS)*
Rajaei AYED Fadel Hasan	25.07.1993	*Al Hussein SC Irbid*
Ahmad ERSAN Mohammad Hamdouni	28.09.1995	*Kazma Sporting Club (KUW)*
Saleh Ibrahim RATEB Saleh	18.12.1994	*Al Wehdat Club Amman*
Ibrahim Mohammad Sami SA'DEH	27.04.2000	*Al-Khor SC (QAT)*
Mahmoud SHAWKAT Aqel Musleh	20.05.1995	*Al Wehdat Club Amman*
Forwards		
Mohammad Faisal Yousef ABU ZRAIQ	30.12.1997	*Unattached*
Mohammad Abdel-Motalib Yousef ABURIZIQ	01.02.1999	*Al Wehdat Club Amman*
Hamza Ali Khaled AL DARDOUR	12.05.1991	*Al Hussein SC Irbid*
Yazan Abdallah Ayed AL NAIMAT	04.06.1999	*Al Ahli SC Doha (QAT)*
Mousa Mohammad Mousa Sulaiman AL TAMARI	10.06.1997	*Montpellier Hérault SC (FRA)*
Ali Iyad Ali OLWAN	26.03.2000	*Al-Shamal SC Madinat ash Shamal (QAT); 14.02.24-> Al-Khor SC (QAT)*
National coaches		
Hussein AMMOUTA (Morocco) [from 27.06.2023]		24.10.1969

DEMOCRATIC PEOPLE'S REPUBLIC OF KOREA

Federation Directory:
Democratic People's Republic of Korea Football Association
Kumsongdong, Kwangbok Street Mangyongdae Dist., P.O.Box. 818, P'yŏngyang
Year of Formation: 1945
Member of FIFA since: 1958
Member of AFC since: 1974
Internet: n/a

The Country: Chosŏn Minjujuŭi Inmin Konghwaguk (Democratic People's Republic of Korea)
Capital: P'yŏngyang
Surface: 120,540 km² / **Population:** 26,072,217 [2023] / **Time:** UTC+9

NATIONAL TEAM RECORDS

First international match:
07.10.1956, Beijing: China P.R. - Korea D.P.R. 0-1

Most international caps:	Most international goals:
Ri Myong-guk	Jong Il-gwan
118 caps (2007-2019)	**30 goals** / 80 caps (since 2011)

NATIONAL TEAM COMPETITIONS

ASIAN NATIONS CUP	
1956	
1960	
1964	*Not a member of the AFC*
1968	
1972	
1976	*Withdrew (after qualifying)*
1980	Final Tournament (4th Place)
1984	*Banned*
1988	Qualifiers
1992	Final Tournament (Group Stage)
1996	Did not enter
2000	Qualifiers
2004	Qualifiers
2007	*Banned*
2011	Final Tournament (Group Stage)
2015	Final Tournament (Group Stage)
2019	Final Tournament (Group Stage)
2023	*Withdrew during qualifiers*

FIFA WORLD CUP	
1930	
1934	*Part of Japan*
1938	
1950	Did not enter (*as Korea*)
1954	*Not a member of FIFA*
1958	
1962	Did not enter
1966	Final Tournament (Quarter-Finals)
1970	*Withdrew*
1974	Qualifiers
1978	*Withdrew*
1982	Qualifiers
1986	Qualifiers
1990	Qualifiers
1994	Qualifiers
1998	Did not enter
2002	Did not enter
2006	Qualifiers
2010	Final Tournament (Group Stage)
2014	Qualifiers
2018	Qualifiers
2022	*Withdrew*

OLYMPIC FOOTBALL TOURNAMENTS 1908-2020

1908 to 1928	Teams from Asia did not enter	1980	Qualifiers
		1984	Did not enter
		1988	Did not enter
1936	Part of Japan	1992	Qualifiers
1948	Did not enter	1996	Did not enter
1952	Did not enter	2000	Qualifiers
1956	Did not enter	2004	Qualifiers
1960	Did not enter	2008	Qualifiers
1964	Qualifiers	2012	Qualifiers
1968	Did not enter	2016	Qualifiers
1972	Qualifiers	2020	Qualifiers
1976	Final Tournament (Quarter-Finals)		

ASIAN GAMES 1951-2022		AFC CHALLENGE CUP 2006-2014		EAST ASIAN CHAMPIONSHIP 2003-2022	
1951	-	2006	-	2003	Withdrew
1954	-	2008	3rd Place	2005	3rd Place
1958	-	2010	**Winners**	2008	4th Place
1962	-	2012	**Winners**	2010	Qualifiers
1966	-	2014	Excluded	2013	Qualifiers
1970	-			2015	3rd Place
1974	4th Place			2017	4th Place
1978	**Winners***			2019	Qualifiers
1982	Semi-Finals			2022	Did not enter
1986	-				
1990	Runners-up				
1994	-				
1998	2nd Round				
2002	-				
2006	Quarter-Finals				
2010	Quarter-Finals				
2014	Runners-up				
2018	Quarter-Finals				
2022	Quarter-Finals				

*shared with Korea Republic.

NORTH KOREAN CLUB HONOURS IN ASIAN CLUB COMPETITIONS

AFC Champions League 1967-1971 & 1985/1986-2024
None

Asian Football Confederation Cup 2004-2024
None

AFC President's Cup 2005-2014*
None

Asian Cup Winners Cup 1975-2003*
None

Asian Super Cup 1995-2002*
None

*defunct competitions

NATIONAL COMPETITIONS
TABLE OF HONOURS

The Democratic People's Republic of Korea has two different league championships:
1. Highest Class Football League (formerly Technical Innovation Contests between 1960-2009) – played from February to June [since 2010].
2. Republic Championship – played in September & October [since 1972].

	TECHNICAL INNOVATION CONTESTS CHAMPIONS	REPUBLIC CHAMPIONSHIP CHAMPIONS
1960-1984	*Not known*	
1985	4.25 Sports Group Namp'o	
1986	4.25 Sports Group Namp'o	
1987	4.25 Sports Group Namp'o	
1988	4.25 Sports Group Namp'o	
1989	Ch'ŏngjin Chandongcha	
1990	4.25 Sports Group Namp'o	
1991	P'yŏngyang City Sports Group	
1992	4.25 Sports Group Namp'o	
1993	4.25 Sports Group Namp'o	
1994	4.25 Sports Group Namp'o	
1995	4.25 Sports Group Namp'o	
1996	Kigwancha Sinŭiju	
1997	Kigwancha Sinŭiju	
1998	Kigwancha Sinŭiju	
1999	Kigwancha Sinŭiju	
2000	Kigwancha Sinŭiju	
2001	Amnokgang Sport Group P'yŏngyang	
2002	4.25 Sports Group Namp'o	
2003	4.25 Sports Group Namp'o	1972-2003: *Not known*
2004	P'yŏngyang City Sports Group	P'yŏngyang City Sports Group
2005	P'yŏngyang City Sports Group	*Not known*
2006	Amnokgang Sport Group P'yŏngyang	4.25 Sports Group Namp'o
2007	P'yŏngyang City Sports Group	Amnokgang Sport Group P'yŏngyang
2008	Amnokgang Sport Group P'yŏngyang	Amnokgang Sport Group P'yŏngyang
2009	P'yŏngyang City Sports Group	Kyonggongop Sports Group
	HIGHEST CLASS FOOTBALL LEAGUE	
2010	4.25 Sports Group Namp'o	*Not known*
2011	4.25 Sports Club Namp'o	4.25 Sports Club Namp'o
2012	*Not known*	*Not known*
2013	4.25 Sports Group Namp'o	4.25 Sports Club Namp'o
2014	Hwaebul Sports Club Pochon	4.25 Sports Club Namp'o
2015	4.25 Sports Group Namp'o	4.25 Sports Club Namp'o
2016	Kigwancha Sports Club Sinŭiju	4.25 Sports Club Namp'o
2017	4.25 Sports Club Namp'o	Sŏbaeksu Sports Club P'yŏngyang
	PREMIER FOOTBALL LEAGUE	
2017/2018	4.25 Sports Club Namp'o	Ryŏmyŏng Sports Club P'yŏngyang
2018/2019	4.25 Sports Club Namp'o	Ryŏmyŏng Sports Club P'yŏngyang
2019/2020	*Competition suspended*	*Not known*
2020/2021	Ryŏmyŏng Sports Club P'yŏngyang	*Not known*
2021/2022	4.25 Sports Club Namp'o	Rimyŏngsu Sports Club Sariwon
2022/2023	4.25 Sports Club Namp'o	*Not known*
2023/2024	*Not known*	*Not known*

NATIONAL CHAMPIONSHIP
Highest Class Football League 2023/2024

There are no informations available about the 2023/2024 championship.

NATIONAL CUP
Hwaebul Cup - Final 2023/2024

No informations available.

NATIONAL TEAM
INTERNATIONAL MATCHES 2023/2024

16.11.2023	Jeddah	Syria - Korea D.P.R.	1-0(1-0)	(WCQ)
21.11.2023	Yangon	Myanmar - Korea D.P.R.	1-6(0-3)	(WCQ)
21.03.2024	Tokyo	Japan - Korea D.P.R.	1-0(1-0)	(WCQ)
26.03.2024	P'yŏngyang	Korea D.P.R. - Japan	0-3 (awarded)	(WCQ)
06.06.2024	Vientiane	Korea D.P.R. - Syria	1-0(0-0)	(WCQ)
11.06.2024	Vientiane	Korea D.P.R. - Myanmar	4-1(3-0)	(WCQ)

16.11.2023, 23rd FIFA World Cup Qualifiers / 19th AFC Asian Cup Qualifiers second round
"Prince Abdullah Al Faisal" Sports City, Jeddah (Saudi Arabia); Attendance: 4,285
Referee: Alireza Faghani (Australia)
SYRIA - KOREA D.P.R. **1-0(1-0)**
PRK: Kang Ju-hyok, Jang Kuk-chol, Kang Kuk-chol (66.Ri Hyong-jin; 79.Pak Kwang-ryong), Choe Ok-chol, Jong Il-gwan (46.Kim Kuk-jin), Ri Un-chol, Kim Kuk-bom, Kim Pom-hyok, Choe Ju-song (66.Ri Il-song), Kim Yu-song, Han Kwang-song (46.Paek Chung-song). Trainer: Sin Yong-nam.

21.11.2023, 23rd FIFA World Cup Qualifiers / 19th AFC Asian Cup Qualifiers second round
Thuwunna Stadium, Yangon; Attendance: 9,500
Referee: Ilgiz Tantashev (Uzbekistan)
MYANMAR - KOREA D.P.R. **1-6(0-3)**
PRK: Kang Ju-hyok (78.Yu Kwang-jun), Jang Kuk-chol, Choe Jin-nam, Choe Ok-chol, Jong Il-gwan (57.Kim Kuk-jin), Ri Un-chol (68.Ri Hyong-jin), Kim Kuk-bom, Paek Chung-song (78.Ri Il-song), Choe Ju-song, Kim Yu-song, Han Kwang-song (68.Pak Kwang-ryong). Trainer: Sin Yong-nam.
Goals: Jong Il-gwan (30), Choe Ju-song (34 penalty), Han Kwang-song (38), Jong Il-gwan (54, 56), Ri Hyong-jin (70).

21.03.2024, 23rd FIFA World Cup Qualifiers / 19th AFC Asian Cup Qualifiers second round
Japan National Stadium, Tokyo; Attendance: 59,354
Referee: Adel Ali Ahmed Khamis Al Naqbi (United Arab Emirates)
JAPAN - KOREA D.P.R. **1-0(1-0)**
PRK: Kang Ju-hyok, Jang Kuk-chol, Kim Kyong-sok (52.Choe Ok-chol), Kim Yu-song, Jong Il-gwan (67.Kim Kuk-jin), Ri Un-chol (46.Kim Kuk-chol), Kim Kuk-bom, Kim Pom-hyok (82.Mun In-ju), Paek Chung-song, Choe Ju-song (46.Ri Il-song), Han Kwang-song. Trainer: Sin Yong-nam.

26.03.2024, 23rd FIFA World Cup Qualifiers / 19th AFC Asian Cup Qualifiers second round
KOREA D.P.R. - JAPAN **0-3 (awarded)**
Please note: Japan were awarded a 3–0 victory by forfeit, after North Korea refused to host the match due to "a malignant infectious disease" spreading in Japan.

06.06.2024, 23rd FIFA World Cup Qualifiers / 19th AFC Asian Cup Qualifiers second round
New Laos National Stadium, Vientiane (Laos); Attendance: 100
Referee: Salman Ahmad Falahi (Qatar)
KOREA D.P.R. - SYRIA **1-0(0-0)**
PRK: Kang Ju-hyok, Jang Kuk-chol, Kang Kuk-chol, Choe Ok-chol, Kim Yu-song, Kim Kuk-bom, Kim Pom-hyok, Paek Chung-song, Han Kwang-song (90+5.Jong Kum-song), Ri Il-song (78.Choe Ju-

song), Ri Jo-guk (46.Kim Kuk-jin; 78.Jong Il-gwan).Trainer: Sin Yong-nam.
Goal: Jong Il-gwan (90+2).

11.06.2024, 23rd FIFA World Cup Qualifiers / 19th AFC Asian Cup Qualifiers second round
New Laos National Stadium, Vientiane (Laos); Attendance: 141
Referee: Shen Yinhao (China P.R.)
KOREA D.P.R. - MYANMAR   4-1(3-0)
PRK: Kang Ju-hyok (90+1.Yu Kwang-jun), Jang Kuk-chol, Kang Kuk-chol (60.Ri Un-chol), Choe Ok-chol, Kim Yu-song, Kim Kuk-bom (90+1.Ri Hun), Kim Pom-hyok, Paek Chung-song, Han Kwang-song (28.Kim Kuk-jin), Ri Il-song (60.Choe Ju-song), Ri Jo-guk. Trainer: Sin Yong-nam.
Goals: Ri Il-song (12), Ri Jo-guk (17, 43, 88 penalty).

NATIONAL TEAM PLAYERS 2023/2024		
Name	**DOB**	**Club**
Goalkeepers		
KANG Ju-hyok	31.05.1997	*Hwaebul Sports Club Pochon*
YU Kwang-jun	05.11.2000	*Ryŏmyŏng Sports Club P'yŏngyang*
Defenders		
CHOE Jin-nam	20.11.1998	*Ryŏmyŏng Sports Club P'yŏngyang*
CHOE Ok-chol	11.11.1998	*Kigwancha Sports Club Sinŭiju*
JANG Kuk-chol	16.02.1994	*Hwaebul Sports Club Pochon*
JONG Kum-song	24.01.1997	*Rimyŏngsu Sports Club Sariwon*
KANG Kuk-chol	29.09.1999	*Rimyŏngsu Sports Club Sariwon*
KIM Yu-song	18.07.2003	*Amnokgang Sport Group P'yŏngyang*
Midfielders		
KIM Kyong-sok	19.02.2000	*Sŏnbong Sports Club Rasŏn*
KIM Kuk-bom	19.02.1995	*4.25 Sports Club Namp'o*
MUN In-ju	22.08.1999	*FC Gifu (JPN)*
PAEK Chung-song	25.02.2000	*Ryŏmyŏng Sports Club P'yŏngyang*
RI Hyong-jin	19.07.1993	*4.25 Sports Club Namp'o*
RI Un-chol	13.07.1995	*Sŏnbong Sports Club Rasŏn*
Forwards		
CHOE Ju-song	27.01.1996	*Amnokgang Sport Group P'yŏngyang*
HAN Kwang-song	11.09.1998	*4.25 Sports Club Namp'o*
JONG Il-gwan	30.10.1992	*Rimyŏngsu Sports Club Sariwon*
KIM Kuk-jin	11.10.2000	*Kigwancha Sports Club Sinŭiju*
KIM Pom-hyok	15.04.2000	*Ryŏmyŏng Sports Club P'yŏngyang*
PAK Kwang-ryong	27.09.1992	*unattached*
RI Hun	31.08.1997	*Ryŏmyŏng Sports Club P'yŏngyang*
RI Il-song	14.01.2004	*Ryŏmyŏng Sports Club P'yŏngyang*
RI Jo-guk	09.05.2002	*Ryŏmyŏng Sports Club P'yŏngyang*
National coaches		
SIN Yong-nam		23.01.1978

KOREA REPUBLIC

Federation Directory:
Korea Football Association
KFA House, 46, Gyeonghuigung-gil, Jongno-gu, Seoul
Year of Formation: 1933
Member of FIFA since: 1948
Member of AFC since: 1954
Internet: www.kfa.or.kr

The Country: Daehan-minguk (Republic of Korea)
Capital: Seoul
Surface: 100,470 km^2 / **Population**: 51,966,948 [2023] / **Time**: UTC+9

NATIONAL TEAM RECORDS

First international match:
02.08.1948, London (ENG): Korea Republic - Mexico 5-3

Most international caps:
Cha Bum-kun / Hong Myung-bo
136 caps (1972-1986 / 1990-2002)

Most international goals:
Cha Bum-kun
58 goals / 136 caps (since 2005)

NATIONAL TEAM COMPETITIONS

ASIAN NATIONS CUP	
1956	Final Tournament (Winners)
1960	Final Tournament (Winners)
1964	Final Tournament (3rd Place)
1968	Qualifiers
1972	Final Tournament (Runners-up)
1976	Qualifiers
1980	Final Tournament (Runners-up)
1984	Final Tournament (Group Stage)
1988	Final Tournament (Runners-up)
1992	Qualifiers
1996	Final Tournament (Quarter-Finals)
2000	Final Tournament (3rd Place)
2004	Final Tournament (Quarter-Finals)
2007	Final Tournament (3rd Place)
2011	Final Tournament (3rd Place)
2015	Final Tournament (Runners-up)
2019	Final Tournament (Quarter-Finals)
2023	Final Tournament (Semi-Finals)

FIFA WORLD CUP	
1930	
1934	*Part of Japan*
1938	
1950	Did not enter
1954	Final Tournament (Group Stage)
1958	*Entry denied by FIFA*
1962	Qualifiers
1966	Did not enter
1970	Qualifiers
1974	Qualifiers
1978	Qualifiers
1982	Qualifiers
1986	Final Tournament (Group Stage)
1990	Final Tournament (Group Stage)
1994	Final Tournament (Group Stage)
1998	Final Tournament (Group Stage)
2002	Final Tournament (4th Place)
2006	Final Tournament (Group Stage)
2010	Final Tournament (2nd Round of 16)
2014	Final Tournament (Group Stage)
2018	Final Tournament (Group Stage)
2022	Final Tournament (2nd Round of 16)

OLYMPIC FOOTBALL TOURNAMENTS 1908-2020

1908 to 1928	*Teams from Asia did not enter*		1980	Qualifiers
			1984	Qualifiers
			1988	Final Tournament (Group Stage)
1936	*Part of Japan*		1992	Final Tournament (Group Stage)
1948	Final Tournament (Quarter-Finals)		1996	Final Tournament (Group Stage)
1952	Did not enter		2000	Final Tournament (Group Stage)
1956	Qualifiers		2004	Final Tournament (Quarter-Finals)
1960	Qualifiers		2008	Final Tournament (Group Stage)
1964	Final Tournament (Group Stage)		2012	Final Tournament (3rd Place)
1968	Qualifiers		2016	Final Tournament (Quarter-Finals)
1972	Qualifiers		2020	Final Tournament (Quarter-Finals)
1976	Qualifiers			

F.I.F.A. CONFEDERATIONS CUP 1992-2017

2001 (Group Stage)

ASIAN GAMES 1951-2022			EAST ASIAN CHAMPIONSHIP 2003-2022	
1951	Runners-up		2003	**Winners**
1954	Runners-up		2005	4th Place
1958	Runners-up		2008	**Winners**
1962	Qualifiers		2010	Runners-up
1966	Qualifiers		2013	3rd Place
1970	**Winners**		2015	**Winners**
1974	2nd Round		2017	**Winners**
1978	**Winners**		2019	**Winners**
1982	Qualifiers		2022	Runners-up
1986	**Winners**			
1990	3rd Place			
1994	4th Place			
1998	Quarter-Finals			
2002	3rd Place			
2006	4th Place			
2010	3rd Place			
2014	**Winners**			
2018	**Winners**			
2022	**Winners**			

SOUTH KOREAN CLUB HONOURS IN ASIAN CLUB COMPETITIONS

AFC Champions League 1967-1971 & 1985/1986-2024		
Daewoo Royals	1	1985/1986
Seongnam Ilhwa Chunma	2	1995/1996, 2010
Pohang Steelers FC	3	1996/1997, 1997/1998, 2009
Suwon Samsung Bluewings FC	2	2000/2001, 2001/2002
Jeonbuk Hyundai Motors FC	2	2006, 2016
Ulsan Hyundai FC	2	2012, 2020
Asian Football Confederation Cup 2004-2024		
None		

AFC President's Cup 2005-2014*		
None		
Asian Cup Winners Cup 1975-2003*		
None		
Asian Super Cup 1995-2002*		
Seongnam Ilhwa Chunma	1	1996
Suwon Samsung Bluewings FC	2	2001, 2002

*defunct competitions

OTHER CLUB COMPETITIONS:

Afro-Asian Club Championship 1986–1998*		
None		
East Asian Champions Cup / A3 Champions Cup 2003-2007*		
Seongnam Ilhwa Chunma	1	2003
Suwon Samsung Bluewings FC	1	2005
Ulsan Hyundai Horang-i	1	2006

*defunct competition

NATIONAL COMPETITIONS
TABLE OF HONOURS

Before creating the Professional League, club teams have played an amateur championship, continued until 2000. This competition merged then into the opening rounds of the Korean FA Cup.

Amateur Adult Football Conference champions:
1946: Jo-il Brewery; 1947: Jo-il Brewery; 1948: Yonhee University; 1949: Joseon Dockyard; 1950: *Championship cancelled due to the Korean War*; 1951: Joseon Construction; 1952: *Championship cancelled due to the Korean War;*1953: Quartermaster Corps; 1954: Military Police; 1955: *Championship results annuled*; 1956: Quartermaster Corps; 1957: CIC; 1958: Quartermaster Corps; 1959: Army Special Forces College; 1960: Army Special Forces College; 1961: Kyunghee University; 1962: Korea Electric Power; 1963: Korea University; 1964: Coal Mining Company; 1965: Korea Electric Power; 1966: Jae-il Fabric; 1967: Jae-il Fabric; 1968: Sunshine; 1969: Korean Army; 1970: Korean Army; 1971: Korea University; 1972: *Championship cancelled*; 1973: Korean Navy & Chohung Bank (shared holders); 1974: Korea University; 1975: Korean Army; 1976: Korea University; 1977: Konkuk University; 1978: Kookmin Bank; 1979: Loyalty; 1980: Seoul City Hall; 1981: Konkuk University; 1982: Seoul City Hall; 1983: Hanyang University; 1984: Yonsei University; 1985: Korea University; 1986: Seoul City Hall; 1987: Songkyunkwan University; 1988: Lucky-Goldstar; 1989: Daewoo; 1990: Daewoo; 1991: Industrial Bank; 1992: Hanyang University; 1993: Industrial Bank; 1994: E-Land; 1995: E-Land; 1996: Sangmu; 1997: Hanil Life Insurance; 1998: Hanil Life Insurance; 1999: Aju University; 2000: Hyundai Mipo Dockyard.

	CHAMPIONS	CUP WINNERS
1983	Ansan Hallelujah FC	-
1984	Daewoo Royals[1]	-
1985	Lucky Goldstar Hwangso[2]	-
1986	POSCO Atoms Pohang[3]	-
1987	Daewoo Royals	-
1988	POSCO Atoms Pohang	-
1989	Yukong Kokkiri[4]	-
1990	Lucky Goldstar Hwangso	-
1991	Daewoo Royals	-
1992	POSCO Atoms Pohang	-
1993	Ilhwa Chunma[5]	-
1994	Ilhwa Chunma	-
1995	Ilhwa Chunma	-
1996	Ulsan Hyundai Horang-i	Pohang Atoms
1997	Busan Daewoo Royals	Chunnam Dragons FC Gwangyang
1998	Suwon Samsung Bluewings FC	Anyang LG Cheetahs
1999	Suwon Samsung Bluewings FC	Cheonan Ilhwa Chunma
2000	Anyang LG Cheetahs	Jeonbuk Hyundai Motors FC Jeonju
2001	Cheonan Ilhwa Chunma	Daejeon Citizen FC
2002	Seongnam Ilhwa Chunma	Suwon Samsung Bluewings FC
2003	Seongnam Ilhwa Chunma	Jeonbuk Hyundai Motors FC Jeonju
2004	Suwon Samsung Bluewings FC	Busan I'Cons
2005	Ulsan Hyundai Horang-i	Jeonbuk Hyundai Motors FC Jeonju
2006	Seongnam Ilhwa Chunma	Chunnam Dragons FC Gwangyang
2007	Pohang Steelers FC	Chunnam Dragons FC Gwangyang
2008	Suwon Samsung Bluewings FC	Pohang Steelers FC
2009	Jeonbuk Hyundai Motors FC Jeonju	Suwon Samsung Bluewings FC
2010	FC Seoul	Suwon Samsung Bluewings FC
2011	Jeonbuk Hyundai Motors FC Jeonju	Seongnam Ilhwa Chunma
2012	FC Seoul	Pohang Steelers FC
2013	Pohang Steelers FC	Pohang Steelers FC
2014	Jeonbuk Hyundai Motors FC Jeonju	Seongnam FC
2015	Jeonbuk Hyundai Motors FC Jeonju	FC Seoul
2016	FC Seoul	Suwon Samsung Bluewings FC
2017	Jeonbuk Hyundai Motors FC Jeonju	Ulsan Hyundai FC
2018	Jeonbuk Hyundai Motors FC Jeonju	Daegu FC
2019	Jeonbuk Hyundai Motors FC Jeonju	Suwon Samsung Bluewings FC
2020	Jeonbuk Hyundai Motors FC Jeonju	Jeonbuk Hyundai Motors FC Jeonju
2021	Jeonbuk Hyundai Motors FC Jeonju	Jeonnam Dragons
2022	Ulsan Hyundai FC	Jeonbuk Hyundai Motors FC Jeonju
2023	Ulsan Hyundai FC	Pohang Steelers FC

[1] became later Busan I'Cons and Busan I'Park; [2] became later Anyang LG Cheetahs (1991) then FC Seoul.(2004); [3] became later Pohang Atoms (1995) and Pohang Steelers FC (1997); [4] became later Bucheon Yukong (1997), Buchaeon SK (2001), Jeju United FC (2006); [5] became later Cheonan Ilhwa Chunma, Seongnam Ilhwa Chunma (2002) and Seongnam FC (2014).

NATIONAL CHAMPIONSHIP
K-League 1 2023

Please note: after 33 Rounds (in which teams 12 play a round robin with 3 rounds), the league splits into two sections of six teams each, with teams playing every other team in their section once (either at home or away; Round 34-38).

1. Ulsan Hyundai FC	38	23	7	8	63	-	42	76
2. Pohang Steelers FC	38	16	16	6	53	-	40	64
3. Gwangju FC	38	16	11	11	47	-	35	59
4. Jeonbuk Hyundai Motors FC Jeonju	38	16	9	13	45	-	35	57
5. Incheon United FC	38	14	14	10	46	-	42	56
6. Daegu FC	38	13	14	11	42	-	43	53
7. FC Seoul	38	14	13	11	63	-	49	55
8. Daejeon Hana Citizen	38	12	15	11	56	-	58	51
9. Jeju United FC Seogwipo	38	10	11	17	43	-	49	41
10. Gangwon FC (*Relegation Play-offs*)	38	6	16	16	30	-	41	34
11. Suwon FC (*Relegation Play-offs*)	38	8	9	21	44	-	76	33
12. Suwon Samsung Bluewings FC (*Relegated*)	38	8	9	21	35	-	57	33

Relegation Play-offs 1 [06-09.12.2023]

Gimpo FC - Gangwon FC   0-0   1-2(0-0)
Busan IPark - Suwon FC   2-1(0-1)   2-5(0-1,1-2)
Both Gangwon FC and Suwon FC remain at first level.

Best goalscorer 2023:
Joo Min-kyu (Ulsan Hyundai FC) & Tiago Pereira da Silva "Tiago Orobó" (BRA, Daejeon Hana Citizen) – 17 goals each

Promoted for the 2024 season:
Gimcheon Sangmu FC

NATIONAL CUP
Korean FA Cup - Final 2023

04.11.2023, Pohang Steel Yard, Pohang; Attendance: 12,759
Referee: Lee Dong-jun
Pohang Steelers FC - Jeonbuk Hyundai Motors FC Jeonju   4-2(1-1)
Pohang Steelers: Hwang In-jae, Shin Kwang-hoon (56.Sim Sang-min), Ha Chang-rae, Alexander Ian Grant, Park Seung-wook, Kim Jong-woo, Han Chan-hee, Goh Young-jun, Kim In-sung (56.Hong Yoon-sang), Kim Seung-dae (Cap), José Joaquim de Carvalho „Zeca" (76.Lee Ho-jae). Trainer: Kim Gi-dong.
Jeonbuk Hyundai Motors: Kim Jeong-hoon, Jeong Woo-jae (82.Moon Seon-min), Hong Jeong-ho (Cap), Jeong Tae-wook, Kim Jin-su, Park Jin-seob, Maeng Seong-ung (63.Bismark Adjei-Boateng), Paik Seung-ho, Han Kyo-won, Song Min-kyu, Gustavo Henrique da Silva Sousa (69.Park Jae-yong). Trainer: Daniel Vasile Petrescu (Romania).
Goals: 0-1 Song Min-kyu (17), 1-1 Han Chan-hee (44), 1-2 Gustavo Henrique da Silva Sousa (51 penalty), 2-2 José Joaquim de Carvalho „Zeca" (74), 3-2 Kim Jong-woo (78), 4-2 Hong Yoon-sang (90+2).

THE CLUBS 2023

DAEGU FOOTBALL CLUB
Year of Formation: 2002
Stadium: DGB Daegu Bank Park, Daegu (12,415)

Trainer:		
Choi Won-kwon	08.11.1981	

THE SQUAD	DOB	M	(s)	G
Goalkeepers:				
Choi Young-eun	26.09.1995	17	(1)	
Oh Seung-hoon	30.06.1988	21		
Defenders:				
Cho Jin-woo	17.11.1999	32	(1)	
Hong Chul	17.09.1990	26	(3)	
Hong Jung-woon	29.11.1994	33		
Hwang Jae-won	16.08.2002	30	(3)	1
Kim Jin-hyeok	03.06.1993	37	(1)	1
Kim Kang-san	15.09.1998	12	(13)	1
Lee Jin-yong	01.05.2001	28	(3)	
Lee Won-woo	16.03.2003		(2)	
Keita Suzuki (JPN)	20.12.1997	11	(15)	2
Midfielders:				
Jang Seong-won	17.06.1997	13	(16)	1
Kim Hee-seung	19.01.2003		(2)	
Ko Jae-hyeon	05.03.1999	33	(4)	9
Lee Yong-rae	17.04.1986	15	(14)	
Marcos Vinicius *Serrato* (BRA)	08.02.1994	5	(6)	
Park Se-jin	19.03.2004	15	(18)	1
Victor *Bobsin* Pereira (BRA)	12.01.2000	9	(2)	1
Forwards:				
Cesar Fernando Silva Dos Santos „Cesinha" (BRA)	29.11.1989	20	(3)	8
Edgar Bruno da Silva (BRA)	03.01.1987	25	(9)	9
Kim Yeong-jun	02.05.2000	3	(6)	
Lee Jong-hoon	21.03.2002	1	(1)	
Lee Keun-ho	11.04.1985	10	(22)	2
Lucas *Barcellos* Damasceno (BRA)	19.07.1998	22	(9)	5
Park Yong-hui	29.03.2002		(1)	

DAEJEON HANA CITIZEN FOOTBALL CLUB
Year of Formation: 1997
Stadium: Daejeon World Cup Stadium, Daejeon (40,903)

Trainer:		
Lee Min-sung	23.06.1973	

THE SQUAD	DOB	M	(s)	G
Goalkeepers:				
Lee Chang-keun	30.08.1993	38		
Defenders:				
Byeon Jun-soo	30.11.2001	5	(10)	1
Cho Yu-min	17.11.1996	20	(1)	2
Kang Yoon-sung	01.07.1997	11	(2)	1
Kim Hyun-woo	07.03.1999	21	(5)	

		DOB	M	(s)	G
	Kim Ji-hun	26.06.2000	5		
	Kim Min-deok	08.07.1996	22	(4)	2
	Anton Krivotsyuk (AZE)	20.08.1998	31	(2)	1
	Lim Deok-geun	25.02.2000	12	(8)	
	Lim Yoo-seok	15.01.2001	2	(1)	
	Min Jun-yeong	27.07.1996		(1)	
	Oh Jae-suk	04.01.1990	24	(1)	
	Seo Young-Jae	23.05.1995	19	(4)	
Midfielders:	Bae Joon-ho	21.08.2003	13	(4)	2
	Vladislavs Gutkovskis (LVA)	02.04.1995	2	(1)	
	Ju Se-jong	30.10.1990	28	(2)	1
	Kim In-gyun	23.07.1998	8	(21)	8
	Kim Young-wook	29.04.1991	10	(12)	
	Lee Hyeon-sik	21.03.1996	21	(8)	2
	Lim Eun-soo	01.04.1996	9	(1)	
Forwards:	Gong Min-hyun	19.01.1990	1	(9)	
	Masatoshi Ishida (JPN)	04.05.1995	14	(11)	6
	Jeon Byung-kwan	10.11.2002	12	(11)	2
	Leandro Joaquim Ribeiro (BRA)	13.01.1995	16	(8)	2
	Lee Dong-won	30.10.2002	7	(1)	
	Lee Jin-hyun	26.08.1997	21	(8)	3
	Lee Seon-yu	05.03.2001	1	(1)	
	Shin Sang-eun	20.08.1999	6	(13)	4
	Tiago Pereira da Silva „Tiago Orobó" (BRA)	28.10.1993	28	(8)	17
	Yoo Kang-hyun	27.04.1996	11	(15)	1

GANGWON FOOTBALL CLUB

Year of Formation: 2008
Stadium: Chuncheon Songam Leports Town / Gangneum Stadium, Chuncheon (20,000 / 22,333)

Trainer:	Choi Yong-soo	10.09.1973			
[15.06.2023]	Yoon Jong-hwan	16.02.1973			

THE SQUAD		DOB	M	(s)	G
Goalkeepers:	Cho Min-kyu	30.04.2003		(1)	
	Lee Gwang-yeon	11.09.1999	18		
	Yu Sang-hun	25.05.1989	20		
Defenders:	Kevin Nils Lennart Höög Jansson (SWE)	29.09.2000		(1)	
	Jo Hyun-tae	27.10.2004		(8)	
	Kim Jin-ho	21.01.2000	9	(14)	2
	Kim Woo-seok	04.08.1996	8	(5)	
	Kim Young-bin	20.09.1991	38		
	Lee Gang-han	07.04.2000		(3)	
	Lee Ji-sol	09.07.1999	3	(3)	1
	Lee Woong-hee	18.07.1988	10	(1)	1
	Rim Chang-woo	13.02.1992	11	(2)	
	Marko Tući (MNE)	04.12.1998	15	(1)	1
	Yu In-soo	28.12.1994	15	(10)	1
	Yun Suk-young	13.02.1990	26	(4)	

Midfielders:				
Ikromzhon Alibaev (UZB)	09.01.1994	10	(13)	1
Han Kook-young	19.04.1990	32	(3)	1
Hwang Mun-ki	08.12.1996	8	(12)	
Kim Dae-woo	02.12.2000	5	(6)	
Lee Seung-won	06.03.2003	13		
Ryu Kwang-hyun	18.11.2003	10	(1)	
Seo Min-woo	12.03.1998	32		2

Forwards:				
Cho Jin-hyuk	10.08.2000		(2)	
Jefferson Fernando Isidio „Galego" (BRA)	04.04.1997	10	(23)	2
Dino Islamović (MNE)	17.01.1994	6	(2)	
Jung Seung-yong	25.03.1991	17	(5)	1
Kang Ji-hun	06.01.1997	14	(2)	
Kim Dae-won	10.02.1997	27	(8)	4
Lee Jae-won	21.02.1997		(2)	
Lee Jung-hyub	24.06.1991	11	(7)	2
Park Sang-hyeok	13.06.2002	12	(12)	4
Vitor Gabriel Claudino Rego Ferreira (BRA)	20.01.2000	8	(6)	3
Welinton Júnior Ferreira dos Santos (BRA)	08.06.1993	5	(4)	
Yago Cariello Ribeiro „Yago Caju" (BRA)	27.07.1999	5	(6)	1
Yang Hyun-jun	25.05.2002	19	(2)	1
Yun Il-lok	07.03.1992	1	(4)	

GWANGJU FOOTBALL CLUB

Year of Formation: 2010
Stadium: Gwangju Football Stadium, Gwangju (10,007)

Trainer:		
Lee Jung-hyo	23.07.1975	

THE SQUAD	DOB	M	(s)	G

Goalkeepers:				
Kim Kyeong-min	01.11.1991	26		
Lee Jun	14.07.1997	12	(1)	

Defenders:				
Ahn Young-gyu	04.12.1989	32		2
Aaron Robert Calver (AUS)	12.01.1996	12	(8)	
Kim Kyeong-jae	24.07.1993		(3)	
Kim Seung-woo	25.03.1998	4	(1)	
Lee Eu-ddeum	02.09.1989		(2)	
Lee Min-ki	19.05.1993	26	(2)	1
Lee Sang-gi	07.05.1996	7	(12)	
Timo Letschert (NED)	25.05.1993	26	(1)	3

Midfielders:				
Jeong Ho-yeon	28.09.2000	30	(4)	2
Jeong Ji-hoon	09.04.2004	11	(1)	
Lee Kang-hyeon	31.07.1998	13	(13)	1
Lee Soon-min	22.05.1994	30	(5)	1
Oh Hoo-sung	25.08.1999	1	(5)	
Park Han-bin	21.09.1997	3	(9)	1

Forwards:				
Jasir Asani (ALB)	19.05.1995	23	(10)	7
Doo Hyun-seok	21.12.1995	35	(3)	2
Eom Ji-sung	09.05.2002	21	(7)	5
Ha Seung-un	04.05.1998	4	(14)	2

Heo Yool	12.04.2001	23	(10)	3
Joo Young-jae	12.07.2002	7	(1)	1
Kim Han-gil	21.06.1995	12	(17)	3
Lee Gun-hee	17.02.1998	5	(21)	5
Lee Hee-gyun	29.04.1998	24	(10)	2
Beka Mikeltadze (GEO)	26.11.1997	5	(5)	2
Sandro César Cordovil de *Lima* (BRA)	28.10.1990	7	(5)	1
Shin Chang-mu	17.09.1992	1	(8)	
Thomás Jaguaribe Bedinelli (BRA)	24.02.1993	18	(10)	2

INCHEON UNITED FOOTBALL CLUB

Year of Formation: 2003
Stadium: Incheon Football Stadium [Sungeui Arena Park], Incheon (20,891)

Trainer: Jo Sung-hwan   16.10.1970

THE SQUAD	DOB	M	(s)	G
Goalkeepers: Kim Dong-heon	03.03.1997	24		
Lee Tae-heui	26.04.1995	9		
Min Seong-jun	22.07.1999	5		
Defenders: Harrison Andrew Delbridge (AUS)	15.03.1992	21	(4)	
Jeong Dong-yun	03.04.1994	11	(17)	
Kang Yun-koo	08.02.1993	5	(1)	
Kim Dae-joong	13.10.1992		(6)	
Kim Dong-min	16.08.1994	27		
Kim Gun-hee	16.09.2002	3	(6)	
Kim Jun-yub	10.05.1988	24	(4)	1
Kim Yeon-su	29.12.1993	19	(3)	
Kwon Han-jin	19.05.1988	16	(2)	1
Lim Hyung-jin	23.07.2001	1		
Mun Ji-hwan	26.07.1994	16	(11)	2
Oh Ban-suk	20.05.1988	27		3
Midfielders: Kim Doo-hyeok	08.02.1992	25	(7)	1
Kim Hyun-seo	25.03.2004		(1)	
Kim Min-seok	05.09.2002	7	(11)	2
Kim Se-hoon	20.01.2004		(1)	
Lee Dong-su	03.06.1994	2	(4)	
Lee Myung-joo	24.04.1990	24	(1)	2
Paul-José M'Poku Ebunge (COD)	19.04.1992	15	(9)	3
Min Kyeong-hyeon	16.12.2001	22	(5)	
Park Hyeon-bin	19.05.2003	2	(3)	
Park Jin-hong	17.10.2004	1	(1)	
Shin Jin-ho	07.09.1988	16	(1)	1
Yeo Reum	22.06.1989	1	(1)	
Forwards: Cheon Seong-hoon	21.09.2000	11	(7)	6
Choi Woo-jin	18.07.2004	4	(1)	1
Gerso Fernandes (GNB)	23.02.1991	20	(14)	7
Hernandes Rodrigues da Silva (BRA)	02.09.1999	20	(13)	6
Hong Si-hoo	08.01.2001	4	(8)	2
Kim Bo-seob	10.01.1998	22	(11)	3

Stefan Mugoša (MNE)	26.02.1992	7	(2)	3
Park Seung-ho	01.09.2003	7	(2)	1
Song Si-woo	28.08.1993		(7)	

JEJU UNITED FOOTBALL CLUB

Year of Formation: 1982 (*as Yukong FC*)
Stadium: Jeju World Cup Stadium, Jeonju (29,791)

Trainer:		
Nam Ki-il	17.08.1974	
[25.09.2023] Jeong Jo-gook	23.04.1984	

THE SQUAD	DOB	M	(s)	G
Goalkeepers:				
Kim Dong-jun	19.12.1994	37		
Kim Hyung-keun	06.01.1994		(1)	
Kim Keun-bae	07.08.1986	1	(1)	
Defenders:				
Ahn Hyun-beom	21.12.1994	13	(3)	2
An Tae-hyun	01.03.1993	13	(11)	1
Jeon Seong-jin	19.07.2001	6		
Jeong Woon	30.06.1989	23	(2)	2
Kim Joo-won	29.07.1991	10	(1)	
Kim Oh-kyu	20.06.1989	28	(2)	1
Kwak Seung-min	24.08.2004	8		
Lee Ju-yong	26.09.1992	26	(7)	
Lim Chae-min	18.11.1990	24	(2)	1
Lim Dong-hyuk	08.06.1993		(5)	
Rim Chang-woo	13.02.1992	7	(1)	
Song Ju-hun	13.01.1994	8	(5)	1
Yeon Je-un	28.08.1994	12	(1)	2
Midfielders:				
Choi Young-jun	15.12.1991	8	(1)	
Han Jong-mu	02.05.2003	16	(1)	
Kim Bong-soo	26.12.1999	23	(12)	2
Kim Geon-woong	29.08.1997	10	(2)	2
Koo Ja-cheol	27.02.1989	12	(4)	1
Kwon Sun-ho	13.03.2003	12		
Lee Chang-min	20.01.1994	13		
Lee Gi-hyuk	07.07.2000	7	(12)	
Isnairo *Reis* Silva Morais (BRA)	06.01.1993	24	(12)	7
Erik Jonathan Ring (SWE)	05.12.1991	4	(7)	
Forwards:				
Ji Sang-wook	13.01.2003	7	(2)	
Jin Seong-uk	16.12.1993		(1)	
Kim Dae-hwan	19.10.2004	18	(2)	
Kim Ju-gong	23.04.1996	11	(17)	3
Kim Seung-sub	01.11.1996	6	(23)	2
Seo Jin-su	18.10.2000	16	(18)	5
Yuri Jonathan Vitor Coelho (BRA)	12.06.1998	15	(18)	10

JEONBUK HYUNDAI MOTORS FOOTBALL CLUB JEONJU
Year of Formation: 1993 (*as Wansan FRC*)
Stadium: Jeonju World Cup Stadium, Jeonju (42,477)

Trainer:		
	Kim Sang-sik	17.12.1976
[04.05.2023]	Kim Do-heon	14.07.1982
[12.06.2023]	Daniel Vasile Petrescu (ROU)	22.12.1967

THE SQUAD	DOB	M	(s)	G
Goalkeepers:				
Jeong Min-ki	09.02.1996	9		
Kim Jeong-hoon	20.04.2001	29		
Defenders:				
Ahn Hyun-beom	21.12.1994	8	(2)	1
Choi Chul-soon	08.02.1987	9	(10)	
Hong Jeong-ho	12.08.1989	18	(4)	
Jeong Tae-wook	16.05.1997	29	(2)	1
Jeong Woo-jae	28.06.1992	22	(4)	
Kim Jin-su	13.06.1992	18	(1)	
Kim Moon-hwan	01.08.1995	11		
Koo Ja-ryong	06.04.1992	19	(4)	
Park Chang-woo	01.03.2003	4	(11)	
Tomáš Petrášek (CZE)	02.03.1992	4	(3)	
Yun Young-sun	04.10.1988		(1)	
Midfielders:				
Bismark Adjei-Boateng (GHA)	10.05.1994	13		1
Jun Amano (JPN)	19.07.1991	14	(11)	1
Kang Sang-yoon	31.05.2004	1		
Kim Geon-woong	29.08.1997	6	(5)	
Lee Min-hyuk	19.01.2002	3		
Lee Soo-bin	07.05.2000	11	(3)	
Maeng Seong-ung	04.02.1998	11	(6)	
Moon Seon-min	09.06.1992	13	(21)	6
Oh Jae-hyeok	21.06.2002	2	(2)	
Paik Seung-ho	17.03.1997	23	(4)	3
Park Jin-seob	23.10.1995	30	(2)	1
Ryu Jae-moon	08.11.1993	10	(4)	1
Forwards:				
André Luis da Costa Alfredo (BRA)	21.04.1997	7	(6)	
Cho Gue-sung	25.01.1998	8	(4)	5
Gustavo Henrique da Silva Sousa (BRA)	29.03.1994	14	(16)	6
Han Kyo-won	15.06.1990	17	(11)	5
Lee Dong-jun	01.02.1997	13	(10)	
Lee Joon-ho	28.09.2002	4	(4)	
Park Jae-yong	13.03.2000	4	(4)	2
Rafael da *Silva* (BRA)	04.04.1992	15	(10)	3
Song Min-kyu	12.09.1999	19	(11)	7

POHANG STEELERS FOOTBALL CLUB
Year of Formation: 1973 (*as Pohang Iron & Steel Company FC*)
Stadium: Pohang Steel Yard, Pohang (17,443)

Trainer:	Kim Gi-dong	12.01.1972			
THE SQUAD		**DOB**	**M**	**(s)**	**G**
Goalkeepers:	Hwang In-jae	22.04.1994	38		
Defenders:	Bak Keon-woo	09.08.2001	1	(1)	
	Choi Hyeon-woong	09.10.2003		(2)	
	Alexander Ian Grant (AUS)	23.01.1994	30	(2)	4
	Ha Chang-rae	16.10.1994	26	(3)	2
	Kim Yong-hwan	25.05.1993	5	(5)	
	Park Chan-yong	27.01.1996	18	(8)	
	Shin Kwang-hoon	18.03.1987	9	(13)	
	Sim Sang-min	21.05.1993	19	(2)	
	Wanderson Carvalho Oliveira (BRA)	31.03.1989	17	(3)	2
Midfielders:	Baek Sung-dong	13.08.1991	21	(5)	4
	Cho Jae-hun	29.06.2003	4	(9)	
	Goh Young-jun	09.07.2001	23	(5)	8
	Han Chan-hee	17.03.1997	8	(11)	2
	Kang Hyeon-je	31.08.2002	2		1
	Kim Jong-woo	01.10.1993	12	(8)	
	Kim Jun-ho	11.12.2002	18	(7)	
	Lee Seung-mo	30.03.1998	8	(3)	
	Oberdan Alionço de Lima (BRA)	30.07.1995	33		1
	Park Seung-wook	07.05.1997	29	(3)	1
	Yoon Min-ho	17.10.1999	5	(1)	
Forwards:	Hong Yoon-sang	19.03.2002	8	(3)	2
	Jeong Jae-hee	28.04.1994	6	(1)	2
	Kim In-sung	09.09.1989	13	(22)	1
	Kim Seung-dae	01.04.1991	23	(12)	3
	Lee Ho-jae	14.10.2000	10	(27)	8
	Park Hyeong-woo	13.09.2004	1	(1)	
	Yoon Jae-woon	01.04.2002	4	(2)	
	José Joaquim de Carvalho „Zeca" (BRA)	10.03.1997	27	(10)	12

FOOTBALL CLUB SEOUL

Year of Formation: 1983 (*as Lucky-Goldstar FC Seoul*)
Stadium: Seoul World Cup Stadium, Seoul (66,704)

Trainer:	An Ik-soo	06.05.1965			
[22.08.2023]	Kim Jin-kyu	16.02.1985			

THE SQUAD		DOB	M	(s)	G
Goalkeepers:	Baek Jong-beom	21.01.2001	26		
	Choi Cheol-won	23.07.1994	11		
	Hwang Seong-min	23.06.1991	1		
Defenders:	Ahn Jae-min	23.01.2003		(1)	
	Hwang Hyun-soo	22.07.1995	2	(12)	
	Jeong Hyeon-cheol	26.04.1993		(3)	
	Kim Ju-sung	12.12.2000	37	(1)	2
	Kwon Wan-kyu	20.11.1991	3	(5)	
	Lee Han-bum	17.06.2002	17	(1)	
	Lee Shi-yeong	21.04.1997	4	(11)	
	Lee Tae-seok	28.07.2002	27	(3)	
	Osmar Barba Ibáñez (ESP)	05.06.1988	33	(2)	2
	Park Seong-hun	27.01.2003	1		
	Park Su-il	22.02.1996	27	(9)	1
Midfielders:	Hosam Aiesh (SYR)	14.04.1995	1	(2)	
	Go Yo-han	10.03.1988	4	(2)	
	Han Chan-hee	17.03.1997	3	(5)	1
	Han Seung-gyu	28.09.1996	6	(11)	1
	Hwang Do-yoon	09.04.2003	1		
	Ki Sung-yueng	24.01.1989	31	(4)	2
	Kim Jin-ya	30.06.1998	19	(10)	
	Lee Seung-mo	30.03.1998	6	(3)	2
	Paik Sang-hoon	07.01.2002	1	(1)	
	Aleksandar Paločević (SRB)	22.08.1993	33	(2)	4
	Park Dong-jin	10.12.1994	2	(13)	3
	Willyan Da Silva Barbosa (BRA)	17.02.1994	18	(15)	8
Forwards:	Hwang Ui-jo	28.08.1992	16	(2)	4
	Stanislav Iljutcenko (RUS)	13.08.1990	13	(11)	5
	Ji Dong-won	28.05.1991	3	(7)	1
	Bjørn Maars Johnsen (NOR)	06.11.1991		(9)	1
	Kang Seong-jin	26.03.2003	2	(5)	2
	Kim Gyeon-min	22.01.1997	2	(7)	2
	Kim Shin-jin	13.07.2001	14	(13)	5
	Lee Seung-joon	11.08.2004	1	(1)	
	Lim Sang-hyub	08.07.1988	19	(3)	3
	Na Sang-ho	12.08.1996	34	(4)	12
	Son Seung-beom	04.05.2004		(1)	

SUWON FOOTBALL CLUB

Year of Formation: 2003
Stadium: Suwon Stadium, Suwon (11,808)

Trainer:	Kim Do-kyun	13.01.1977			

THE SQUAD		DOB	M	(s)	G
Goalkeepers:	Lee Bum-young	02.04.1989	3		
	No Dong-geon	04.10.1991	23		
	Park Bae-jong	23.10.1989	12		
Defenders:	Choi Bo-kyung	12.04.1988	7	(6)	
	Hugo Domingos *Gomes* (BRA)	04.01.1995	14	(1)	1
	Lachlan Robert Tua Jackson (AUS)	12.03.1995	20	(3)	
	Jeong Dong-ho	27.03.1990	24	(4)	
	Jung Jae-yun	07.05.2002	7	(1)	
	Kim Hyun-hun	30.04.1991	10		
	Kim Ju-yeob	05.04.2000	4	(5)	
	Kim Ye-sung	07.08.2004	5		
	Lee Jae-sung	05.07.1988	7		
	Lee Yong	24.12.1986	21	(4)	1
	Park Byung-hyun	28.03.1993	8	(2)	
	Park Joo-ho	16.01.1987	11	(3)	
	Shin Se-gye	16.09.1990	28	(2)	
Midfielders:	An Chi-woo	23.10.2005	3		
	Hwang Soon-min	14.09.1990	5	(3)	
	Jeong Jae-yong	14.09.1990	5	(8)	
	Kim Do-yoon	18.05.2005	7		
	Kim Gyu-hyeong	29.03.1999	1	(4)	
	Kim Sun-min	12.12.1991	21	(8)	
	Lee Yeong-jae	13.09.1994	12	(2)	1
	Murilo Henrique Pereira Rocha (BRA)	20.11.1994	6	(9)	4
	Oh In-pyo	18.03.1997	9	(21)	2
	Seo Seung-woo	18.11.2002	1		
	Yoon Bit-garam	07.05.1990	33	(2)	8
Forwards:	Jang Jae-woong	08.01.2001	23	(4)	
	Jeong Eun-woo	22.04.2003	1		
	Kang Min-sung	22.03.2005	11	(1)	
	Kim Hyun	03.05.1993	5	(15)	2
	Kim Jae-hyun	03.03.2004	1		
	Lee Dae-kwang	23.02.2003	9	(1)	
	Lee Gwang-hyuk	11.09.1995	5	(20)	2
	Lee Seung-woo	06.01.1998	16	(19)	10
	Luan Ferreira dos Santos (BRA)	23.01.1996		(3)	
	Park Cheol-woo	21.10.1997	20	(9)	
	Ricardo Lopes Pereira (BRA)	28.10.1990	3	(11)	3
	Lars Veldwijk (RSA)	21.08.1991	16	(6)	9
	Walterson Silva (BRA)	28.12.1994	1	(9)	1
	Yang Dong-hyen	28.03.1986		(1)	

SUWON SAMSUNG BLUEWINGS FOOTBALL CLUB
Year of Formation: 1995
Stadium: Suwon World Cup Stadium [Big Bird Stadium] Suwon (44,031)

	Trainer:		
	Lee Byung-keun	28.04.1973	
[18.04.2023]	Choi Sung-yong	25.12.1975	
[04.05.2023]	Kim Byung-su	24.11.1970	
[27.09.2023]	Yeom Ki-hun	30.03.1983	

	THE SQUAD	DOB	M	(s)	G
Goalkeepers:	An Chan-gi	06.04.1998	2	(1)	
	Yang Hyung-mo	16.07.1991	36		
Defenders:	Dave Bulthuis (NED)	28.06.1990	13	(5)	1
	Han Ho-gang	18.09.1993	21	(2)	3
	Jang Ho-ik	04.12.1993	12	(5)	
	Kim Joo-won	29.07.1991	16	(1)	
	Kim Tae-hwan	25.03.2000	17	(7)	
	Ko Myeong-seok	27.09.1995	15	(7)	
	Lee Gyu-seok	23.04.2001	2	(3)	
	Lee Ki-je	09.07.1991	26	(5)	2
	Min Sang-gi	27.08.1991		(1)	
	Park Dae-won	25.02.1998	25	(6)	
	Son Ho-jun	03.07.2002	8	(4)	
Midfielders:	Rodrigo *Bassani* da Cruz (BRA)	17.10.1997	18	(4)	3
	Choi Sung-geun	28.07.1991	1		
	Han Suk-jong	19.07.1992	6		
	Jeon Jin-woo	09.09.1999	7	(14)	1
	Kim Bo-kyung	06.10.1989	19	(4)	
	Ko Seung-beom	24.04.1994	27	(5)	2
	Kazuki Kozuka (JPN)	02.08.1994	15	(1)	1
	Lee Jong-sung	05.08.1992	16	(5)	
	Ryu Seung-woo	17.12.1993	2	(6)	
	Seo Dong-han	23.03.2001	2	(1)	
	Yu Je-ho	15.08.2000	8	(14)	1
Forwards:	Boadu Maxwell Acosty (GHA)	10.09.1991	10	(15)	4
	An Byong-jun (PRK)	22.05.1990	20	(9)	5
	Go Moo-yeol	05.09.1990		(6)	
	Jeong Seung-won	27.02.1997	9	(8)	
	Kim Joo-chan	29.03.2004	22	(3)	5
	Kim Kyung-jung	16.04.1991	5	(10)	2
	Lee Sang-min	29.06.2004	14	(8)	
	Fejsal Mulić (SRB)	03.10.1994	4	(18)	4
	Myeong Joon-jae	02.07.1994	5	(3)	
	Park Hee-jun	05.01.2002	7	(1)	
	Werick Silva Pinto „Werik Popó" (BRA)	17.10.2001	5	(2)	
	Yeom Ki-hun	30.03.1983	3		

ULSAN HYUNDAI FOOTBALL CLUB
Year of Formation: 1983 (*as Hyundai Horang-i*)
Stadium: Ulsan Munsu Stadium, Ulsan (44,102)

Trainer:	Hong Myung-bo	12.02.1969		

THE SQUAD	DOB	M	(s)	G
Goalkeepers: Cho Soo-hyuk	18.03.1987	2		
Jo Hyeon-woo	25.09.1991	36		
Defenders: Cho Hyun-taek	02.08.2001	4	(26)	
Jang See-young	31.03.2002	7	(3)	1
Jung Seung-hyun	03.04.1994	19	(4)	1
Kim Kee-hee	13.07.1989	26	(1)	
Kim Tae-hwan	24.07.1989	20	(1)	1
Kim Young-gwon	27.02.1990	30	(2)	1
Lee Myung-jae	04.11.1993	29	(1)	
Lim Jong-eun	18.06.1990	2	(3)	
Seol Young-woo	05.12.1998	27	(5)	3
Midfielders: Darijan Bojanić (SWE)	28.12.1994	6	(3)	
Ataru Esaka (JPN)	31.05.1992	10	(11)	3
Kang Yun-gu	08.04.2002	19		1
Kim Min-hyeok	16.08.1992	19	(13)	2
Kim Seong-jun	08.04.1988	5	(1)	
Lee Dong-gyeong	20.09.1997	7	(2)	2
Lee Jae-wook	09.03.2001	1	(1)	
Lee Kyu-seong	10.05.1994	24	(8)	
Park Yong-woo	10.09.1993	16	(3)	1
Forwards: Martin Ádám (HUN)	06.11.1994	12	(18)	5
Hwang Jae-hwan	12.04.2001	11		2
Joo Min-kyu	13.04.1990	26	(10)	17
Kim Ji-hyeon	22.07.1996	2	(3)	
Lee Chung-yong	02.07.1988	7	(27)	1
Gustav Erik Ludwigson (SWE)	20.10.1993	17	(10)	6
Valeri Qazaishvili (GEO)	29.01.1993	20	(15)	11
Um Won-sang	06.01.1999	13	(15)	4
Yun Il-lok	07.03.1992	1		

NATIONAL TEAM
INTERNATIONAL MATCHES 2023/2024

07.09.2023	Cardiff	Wales - Korea Republic	0-0	(F)
12.09.2023	Newcastle	Saudi Arabia - Korea Republic	0-1(0-1)	(F)
13.10.2023	Seoul	Korea Republic - Tunisia	4-0(0-0)	(F)
17.10.2023	Suwon	Korea Republic - Vietnam	6-0(2-0)	(F)
16.11.2023	Seoul	Korea Republic - Singapore	5-0(1-0)	(WCQ)
21.11.2023	Shenzhen	China P.R. - Korea Republic	0-3(0-2)	(WCQ)
06.01.2024	Abu Dhabi	Korea Republic - Iraq	1-0(1-0)	(F)
15.01.2024	Al Rayyan	Korea Republic - Bahrain	3-1(1-0)	(AFC)
20.01.2024	Doha	Jordan - Korea Republic	2-2(2-1)	(AFC)
25.01.2024	Al Wakrah	Korea Republic - Malaysia	3-3(1-0)	(AFC)
30.01.2024	Al Rayyan	Saudi Arabia - Korea Republic	1-1 aet; 2-4 pen	(AFC)
02.02.2024	Al Wakrah	Australia - Korea Republic	1-2(1-0,1-1)	(AFC)
06.02.2024	Al Rayyan	Jordan - Korea Republic	2-0(0-0)	(AFC)
21.03.2024	Seoul	Korea Republic - Thailand	1-1(1-0)	(WCQ)
26.03.2024	Bangkok	Thailand - Korea Republic	0-3(0-1)	(WCQ)
06.06.2024	Kallang	Singapore - Korea Republic	0-7(0-2)	(WCQ)
11.06.2024	Seoul	Korea Republic - China P.R.	1-0(0-0)	(WCQ)

07.09.2023, Friendly International
Cardiff City Stadium, Cardiff; Attendance: 13,668
Referee: William Sean Collum (Scotland)
WALES - KOREA REPUBLIC 0-0
KOR: Kim Seung-gyu, Lee Ki-je, Jung Seung-hyun, Kim Min-jae, Seol Young-woo, Lee Jae-sung (83.Yang Hyun-jun), Park Yong-woo (84.Lee Dong-gyeong), Hwang In-beom (61.Lee Soon-min), Hong Hyun-seok (61.Hwang Hee-chan), Son Heung-min, Cho Gue-sung (73.Hwang Ui-jo). Trainer: Jürgen Klinsmann (Germany).

12.09.2023, Friendly International
St. James' Park, Newcastle upon Tyne (England); Attendance: 3,000
Referee: Andrew Madley (England)
SAUDI ARABIA - KOREA REPUBLIC 0-1(0-1)
KOR: Kim Seung-gyu, Lee Ki-je, Jung Seung-hyun, Kim Min-jae, Seol Young-woo, Lee Jae-sung (77.Kang Sang-woo), Park Yong-woo, Hwang In-beom (90+1.Lee Soon-min), Son Heung-min (90+1.Oh Hyeon-gyu), Hwang Hee-chan (68.Hwang Ui-jo), Cho Gue-sung (69.Moon Seon-min). Trainer: Jürgen Klinsmann (Germany).
Goal: Cho Gue-sung (32).

13.10.2023, Friendly International
Seoul World Cup Stadium Seoul; Attendance: 59,018
Referee: Mohd Amirul Izwan Yaacob (Malaysia)
KOREA REPUBLIC - TUNISIA 4-0(0-0)
KOR: Kim Seung-gyu, Lee Ki-je, Jung Seung-hyun, Kim Min-jae, Seol Young-woo (81.Kim Tae-hwan), Lee Jae-sung, Park Yong-woo, Lee Kang-in (90.Moon Seon-min), Hong Hyun-seok (81.Lee Soon-min), Hwang Hee-chan (68.Jeong Woo-yeong), Cho Gue-sung (68.Hwang Ui-jo). Trainer: Jürgen Klinsmann (Germany).
Goals: Lee Kang-in (55, 57), Yassine Meriah (66 own goal), Hwang Ui-jo (90+1).

17.10.2023, Friendly International
Suwon World Cup Stadium, Suwon; Attendance: 42,175
Referee: Mohd Amirul Izwan Yaacob (Malaysia)
KOREA REPUBLIC - VIETNAM 6-0(2-0)
KOR: Jo Hyeon-woo, Lee Ki-je (46.Kim Jin-su), Jung Seung-hyun (46.Kim Young-gwon), Kim Min-

jae (76.Kim Ju-sung), Seol Young-woo (46.Kim Tae-hwan), Lee Jae-sung (65.Jeong Woo-yeong), Park Yong-woo, Lee Kang-in, Son Heung-min, Hwang Hee-chan, Cho Gue-sung (65.Hwang Ui-jo). Trainer: Jürgen Klinsmann (Germany).
Goals: Kim Min-jae (5), Hwang Hee-chan (26), Võ Minh Trọng (51 own goal), Son Heung-min (60), Lee Kang-in (70), Jeong Woo-yeong (86).

16.11.2023, 23rd FIFA World Cup Qualifiers / 19th AFC Asian Cup Qualifiers second round
Seoul World Cup Stadium, Seoul; Attendance: 64,381
Referee: Bijan Heydari (Iran)
KOREA REPUBLIC - SINGAPORE   **5-0(1-0)**
KOR: Kim Seung-gyu, Lee Ki-je (65.Kim Jin-su), Jung Seung-hyun, Kim Min-jae, Seol Young-woo, Lee Jae-sung (65.Jeong Woo-yeong), Hwang In-beom (70.Lee Soon-min), Lee Kang-in, Son Heung-min, Hwang Hee-chan (70.Oh Hyeon-gyu), Cho Gue-sung (65.Hwang Ui-jo). Trainer: Jürgen Klinsmann (Germany).
Goals: Cho Gue-sung (44), Hwang Hee-chan (49), Son Heung-min (63), Hwang Ui-jo (68 penalty), Lee Kang-in (85).

21.11.2023, 23rd FIFA World Cup Qualifiers / 19th AFC Asian Cup Qualifiers second round
Shenzhen Universiade Sports Centre, Shenzhen; Attendance: 39,969
Referee: Abdulrahman Ibrahim Al Jassim (Qatar)
CHINA P.R. - KOREA REPUBLIC   **0-3(0-2)**
KOR: Kim Seung-gyu, Kim Tae-hwan (72.Seol Young-woo), Lee Ki-je, Jung Seung-hyun, Kim Min-jae, Park Yong-woo (90+1.Park Jin-seop), Hwang In-beom, Lee Kang-in (83.Jeong Woo-yeong), Son Heung-min, Hwang Hee-chan (72.Lee Jae-sung), Cho Gue-sung (72.Hwang Ui-jo). Trainer: Jürgen Klinsmann (Germany).
Goals: Son Heung-min (11 penalty), Son Heung-min (45), Jung Seung-hyun (87).

06.01.2024, Friendly International
New York University Stadium, Abu Dhabi (United Arab Emirates); Attendance: 100
Referee: Yahya Mohammed Ali Hassan Al Mulla (United Arab Emirates)
KOREA REPUBLIC - IRAQ   **1-0(1-0)**
KOR: Kim Seung-gyu, Kim Young-gwon, Lee Ki-je, Jung Seung-hyun (46.Kim Min-jae), Seol Young-woo (66.Kim Tae-hwan), Lee Jae-sung (46.Cho Gue-sung), Park Yong-woo, Hwang In-beom, Jeong Woo-yeong (46.Lee Kang-in [*sent off 86*]), Hong Hyun-seok (46.Hwang Hee-chan), Oh Hyeon-gyu (46.Son Heung-min). Trainer: Jürgen Klinsmann (Germany).
Goal: Lee Jae-sung (40).

15.01.2024, 18th AFC Asian Cup, Final Tournament, Group Stage
„Jassim bin Hamad" Stadium, Al Rayyan (Qatar); Attendance: 8,388
Referee: Ma Ning (China P.R.)
KOREA REPUBLIC - BAHRAIN   **3-1(1-0)**
KOR: Kim Seung-gyu, Lee Ki-je (52.Kim Tae-hwan), Jung Seung-hyun, Kim Min-jae (72.Kim Young-gwon), Seol Young-woo, Lee Jae-sung (82.Jeong Woo-yeong), Park Yong-woo (82.Park Jin-seop), Hwang In-beom, Lee Kang-in, Son Heung-min, Cho Gue-sung (72.Hong Hyun-seok). Trainer: Jürgen Klinsmann (Germany).
Goals: Hwang In-beom (38), Lee Kang-in (56, 68).

20.01.2024, 18th AFC Asian Cup, Final Tournament, Group Stage
Al Thumama Stadium, Doha (Qatar); Attendance: 36,627
Referee: Salman Falahi (Qatar)
JORDAN - KOREA REPUBLIC   **2-2(2-1)**
KOR: Jo Hyeon-woo, Lee Ki-je (46.Kim Tae-hwan), Jung Seung-hyun, Kim Min-jae, Seol Young-woo, Lee Jae-sung (69.Jeong Woo-yeong), Park Yong-woo (46.Hong Hyun-seok), Hwang In-beom (90+4.Park Jin-seop), Lee Kang-in, Son Heung-min, Cho Gue-sung (69.Oh Hyeon-gyu). Trainer: Jürgen Klinsmann (Germany).
Goals: Son Heung-min (9 penalty), Yazan Mousa Mahmoud Abu Al Arab (90+1 own goal).

25.01.2024, 18th AFC Asian Cup, Final Tournament, Group Stage
Al Janoub Stadium, Al Wakrah (Qatar); Attendance: 30,117
Referee: Khalid Saleh Al Turais (Saudi Arabia)
KOREA REPUBLIC - MALAYSIA 3-3(1-0)
KOR: Jo Hyeon-woo, Kim Young-gwon, Kim Tae-hwan, Kim Min-jae, Seol Young-woo (75.Kim Jin-su), Lee Jae-sung (90+11.Park Yong-woo), Hwang In-beom (62.Hong Hyun-seok), Lee Kang-in, Jeong Woo-yeong (75.Oh Hyeon-gyu), Son Heung-min, Cho Gue-sung (62.Hwang Hee-chan). Trainer: Jürgen Klinsmann (Germany).
Goals: Jeong Woo-yeong (21), Lee Kang-in (83), Son Heung-min (90+4 penalty).

30.01.2024, 18th AFC Asian Cup, Final Tournament, Second Round of 16
Education City Stadium, Al Rayyan (Qatar); Attendance: 42,389
Referee: Ilgiz Tantashev (Uzbekistan)
SAUDI ARABIA - KOREA REPUBLIC 1-1(0-0,1-1,1-1); 2-4 on penalties
KOR: Jo Hyeon-woo, Kim Young-gwon, Kim Tae-hwan, Jung Seung-hyun (64.Park Yong-woo), Kim Min-jae (117.Park Jin-seop), Seol Young-woo, Lee Jae-sung (64.Cho Gue-sung), Hwang In-beom (104.Hong Hyun-seok), Lee Kang-in, Jeong Woo-yeong (54.Hwang Hee-chan), Son Heung-min. Trainer: Jürgen Klinsmann (Germany).
Goals: Cho Gue-sung (90+9).
Penalties: Son Heung-min, Kim Young-gwon, Cho Gue-sung, Hwang Hee-chan.

02.02.2024, 18th AFC Asian Cup, Final Tournament, Quarter-Finals
Al Janoub Stadium, Al Wakrah (Qatar); Attendance: 39,632
Referee: Ahmed Abu Bakar Said Al Kaf (Oman)
AUSTRALIA - KOREA REPUBLIC 1-2(1-0,1-1)
KOR: Jo Hyeon-woo, Kim Young-gwon, Kim Tae-hwan (85.Yang Hyun-jun), Kim Min-jae, Seol Young-woo, Park Yong-woo (105.Park Jin-seop), Hwang In-beom (77.Hong Hyun-seok), Lee Kang-in (120+1.Jung Seung-hyun), Son Heung-min, Hwang Hee-chan (105.Oh Hyeon-gyu), Cho Gue-sung (69.Lee Jae-sung). Trainer: Jürgen Klinsmann (Germany).
Goals: Hwang Hee-chan (90+6 penalty), Son Heung-min (104)

06.02.2024, 18th AFC Asian Cup, Final Tournament, Semi-Finals
„Ahmad bin Ali" Stadium, Al Rayyan (Qatar); Attendance: 42,850
Referee: Mohammed Abdulla Hassan Mohamed (United Arab Emirates)
JORDAN - KOREA REPUBLIC 2-0(0-0)
KOR: Jo Hyeon-woo, Kim Young-gwon, Kim Tae-hwan, Jung Seung-hyun, Seol Young-woo, Lee Jae-sung (81.Jeong Woo-yeong), Park Yong-woo (56.Cho Gue-sung), Hwang In-beom, Lee Kang-in, Son Heung-min, Hwang Hee-chan (81.Yang Hyun-jun). Trainer: Jürgen Klinsmann (Germany).

21.03.2024, 23rd FIFA World Cup Qualifiers / 19th AFC Asian Cup Qualifiers second round
Seoul World Cup Stadium, Seoul; Attendance: 64,912
Referee: Khalid Saleh Al Turais (Saudi Arabia)
KOREA REPUBLIC - THAILAND 1-1(1-0)
KOR: Jo Hyeon-woo, Kim Young-gwon, Kim Jin-su (73.Lee Myung-jae), Kim Min-jae, Seol Young-woo, Lee Jae-sung (73.Cho Gue-sung), Paik Seung-ho, Hwang In-beom, Jeong Woo-yeong (62.Lee Kang-in), Son Heung-min, Joo Min-kyu (62.Hong Hyun-seok). Trainer: Hwang Sun-hong.
Goal: Son Heung-min (42).

26.03.2024, 23rd FIFA World Cup Qualifiers / 19th AFC Asian Cup Qualifiers second round
Rajamangala Stadium, Bangkok; Attendance: 45,458
Referee: Adham Mohammad Tumah Makhadmeh (Jordan)
THAILAND - KOREA REPUBLIC 0-3(0-1)
KOR: Jo Hyeon-woo, Kim Young-gwon, Kim Jin-su, Kim Min-jae, Kim Moon-hwan (74.Seol Young-woo), Lee Jae-sung, Paik Seung-ho, Park Jin-seop (46.Park Jin-seop), Hwang In-beom (74.Jeong Ho-yeon), Lee Kang-in (74.Song Min-kyu), Son Heung-min, Cho Gue-sung (56.Joo Min-kyu). Trainer: Hwang Sun-hong. **Goals**: Lee Jae-sung (19), Son Heung-min (54), Park Jin-seop (82).

06.06.2024, 23rd FIFA World Cup Qualifiers / 19th AFC Asian Cup Qualifiers second round
National Stadium, Kallang; Attendance: 49,097
Referee: Sadullo Gulmurodi (Tajikistan)

SINGAPORE - KOREA REPUBLIC   **0-7(0-2)**
KOR: Jo Hyeon-woo, Kim Jin-su, Kwon Kyung-won, Cho Yu-min, Hwang Jae-won (70.Park Seung-wook), Jung Woo-young, Lee Jae-sung (70.Bae Jun-ho), Hwang In-beom, Lee Kang-in (57.Um Won-sang), Son Heung-min (87.Oh Se-hun), Joo Min-kyu (58.Hwang Hee-chan). Trainer: Kim Do-hoon.
Goals: Lee Kang-in (9), Joo Min-kyu (20), Son Heung-min (53), Lee Kang-in (54), Son Heung-min (56), Bae Jun-ho (79), Hwang Hee-chan (81).

11.06.2024, 23rd FIFA World Cup Qualifiers / 19th AFC Asian Cup Qualifiers second round
Seoul World Cup Stadium, Seoul; Attendance: 64,935
Referee: Mohammed Khaled Al Hoish (Saudi Arabia)

KOREA REPUBLIC - CHINA P.R.   **1-0(0-0)**
KOR: Jo Hyeon-woo, Kim Jin-su, Kwon Kyung-won, Cho Yu-min, Park Seung-wook (61.Hwang Jae-won), Jung Woo-young, Lee Jae-sung (61.Joo Min-kyu), Hwang In-beom (90+5.Park Yong-woo), Lee Kang-in (78.Hong Hyun-seok), Son Heung-min, Hwang Hee-chan (90+5.Bae Jun-ho). Trainer: Kim Do-hoon.
Goal: Lee Kang-in (61).

NATIONAL TEAM PLAYERS 2023/2024		
Name	DOB	Club
Goalkeepers		
JO Hyeon-woo	25.09.1991	*Ulsan Hyundai FC*
KIM Seung-gyu	30.09.1990	*Al-Shabab FC Riyadh (KSA)*
Defenders		
CHO Yu-min	17.11.1996	*Sharjah FC (UAE)*
HWANG Jae-won	16.08.2002	*Daegu FC*
JUNG Seung-hyun	03.04.1994	*Ulsan Hyundai FC*
KANG Sang-woo	07.10.1993	*Beijing Guoan (CHN)*
KIM Jin-su	13.06.1992	*Jeonbuk Hyundai Motors FC Jeonju*
KIM Ju-sung	12.12.2000	*FC Seoul*
KIM Min-jae	15.11.1996	*FC Bayern München (GER)*
KIM Moon-hwan	01.08.1995	*Al-Duhail SC Doha (QAT)*
KIM Tae-hwan	24.07.1989	*Ulsan Hyundai FC; 14.0.2024-> Jeonbuk Hyundai Motors FC Jeonju*
KIM Young-gwon	27.02.1990	*Ulsan Hyundai FC*
KWON Kyung-won	31.01.1992	*Suwon FC*
LEE Ki-je	09.07.1991	*Suwon Samsung Bluewings FC*
LEE Myung-jae	04.11.1993	*Ulsan Hyundai FC*
PARK Seung-wook	07.05.1997	*Gimcheon Sangmu FC*
SEOL Young-woo	05.12.1998	*Ulsan Hyundai FC*

Midfielders

BAE Jun-ho	21.08.2003	*Stoke City FC (ENG)*
HONG Hyun-seok	16.06.1999	*KAA Gent (BEL)*
HWANG In-beom	20.09.1996	*FK Crvena zvezda Beograd (SRB)*
JEONG Ho-yeon	28.09.2000	*Gwangju FC*
JEONG Woo-yeong	20.09.1999	*VfB Stuttgart (GER)*
JUNG Woo-young	14.12.1989	*Al-Khaleej FC Saihat (KSA)*
LEE Dong-gyeong	20.09.1997	*Ulsan Hyundai FC*
LEE Jae-sung	10.08.1992	*1. FSV Mainz 05 (GER)*
LEE Kang-in	19.02.2001	*Paris St-Germain FC (FRA)*
LEE Soon-min	22.05.1994	*Gwangju FC*
PAIK Seung-ho	17.03.1997	*Birmingham City FC (ENG)*
PARK Jin-seop	23.10.1995	*Jeonbuk Hyundai Motors FC Jeonju*
PARK Yong-woo	10.09.1993	*Al-Ain FC (UAE)*
SON Heung-min	08.07.1992	*Tottenham Hotspur FC London (ENG)*
SONG Min-kyu	12.09.1999	*Jeonbuk Hyundai Motors FC Jeonju*
YANG Hyun-jun	25.05.2002	*Celtic FC Glasgow (SCO)*

Forwards

CHO Gue-sung	25.01.1998	*FC Midtjylland Herning (DEN)*
HWANG Hee-chan	26.01.1996	*Wolverhampton Wanderers FC (ENG)*
HWANG Ui-jo	28.08.1992	*Norwich City FC (ENG)*
JOO Min-kyu	13.04.1990	*Ulsan Hyundai FC*
MOON Seon-min	09.06.1992	*Jeonbuk Hyundai Motors FC Jeonju*
OH Hyeon-gyu	12.04.2001	*Celtic FC Glasgow (SCO)*
OH Se-hun	15.01.1999	*FC Machida Zelvia (JPN)*
UM Won-sang	06.01.1999	*Ulsan Hyundai FC*

National coaches

Jürgen KLINSMANN (Germany) [27.02.2023 – 16.02.2024]	30.07.1964
HWANG Sun-hong [27.02. – 26.03.2024]	14.07.1968
KIM Do-hoon [from 20.05.2024]	21.07.1970

KUWAIT

Federation Directory:
Kuwait Football Association
Udailiya, Block 4, Sami A. Al Munayes St., KFA HQ. Safat 13021 - Kuwait City
Year of Formation: 1952
Member of FIFA since: 1964
Member of AFC since: 1964
Internet: www.kuwait-fa.org

The Country: Dawlat al-Kuwayt (State of Kuwait)
Capital: Kuwait City
Surface: 17,818 km² / **Population:** 4,294,621 [2022] / **Time:** UTC+3

NATIONAL TEAM RECORDS

First international match:
03.09.1961, in Morocco: Kuwait - Libya 2-2

Most international caps:
Bader Ahmed Al Mutawa
196 caps (since 2003)

Most international goals:
Bashar Abdullah Salem A. Abdulaziz
75 goals / 134 caps (1996-2007)

NATIONAL TEAM COMPETITIONS

ASIAN NATIONS CUP	
1956	
1960	*Not a member of the AFC*
1964	
1968	*Withdrew*
1972	Final Tournament (Group Stage)
1976	Final Tournament (Runners-up)
1980	**Final Tournament (Winners)**
1984	Final Tournament (3rd Place)
1988	Final Tournament (Group Stage)
1992	Qualifiers
1996	Final Tournament (4th Place)
2000	Final Tournament (Quarter-Finals)
2004	Final Tournament (Group Stage)
2007	Qualifiers
2011	Final Tournament (Group Stage)
2015	Final Tournament (Group Stage)
2019	*Disqualified due to FIFA sanction*
2023	Qualifiers

FIFA WORLD CUP	
1930	
1934	
1938	
1950	*Not a member of FIFA*
1954	
1958	
1962	
1966	Did not enter
1970	Did not enter
1974	Qualifiers
1978	Qualifiers
1982	Final Tournament (Group Stage)
1986	Qualifiers
1990	Qualifiers
1994	Qualifiers
1998	Qualifiers
2002	Qualifiers
2006	Qualifiers
2010	Qualifiers
2014	Qualifiers
2018	*Disqualified due to FIFA sanction*
2022	Qualifiers

OLYMPIC FOOTBALL TOURNAMENTS 1908-2020

1908 to 1928	Teams from Asia did not enter
1936	Part of United Kingdom
1948	Part of United Kingdom
1952	Part of United Kingdom
1956	Part of United Kingdom
1960	Did not enter
1964	Did not enter
1968	Did not enter
1972	Qualifiers
1976	Qualifiers
1980	Final Tournament (Quarter-Finals)
1984	Qualifiers
1988	Qualifiers
1992	Final Tournament (Group Stage)
1996	Qualifiers
2000	Final Tournament (Group Stage)
2004	Qualifiers
2008	Qualifiers
2012	Qualifiers
2016	Qualifiers
2020	Qualifiers

ASIAN GAMES 1951-2022		GULF CUP OF NATIONS 1970-2023		WEST ASIAN CHAMPIONSHIP 2000-2019		ARAB NATIONS CUP 1963-2021	
1951	-	1970	**Winners**	2000	-	1963	4th Place
1954	-	1972	**Winners**	2002	-	1964	3rd Place
1958	-	1974	**Winners**	2004	-	1966	Group Stage
1962	-	1976	**Winners**	2007	-	1985	-
1966	-	1979	Runners-up	2008	-	1988	Group Stage
1970	-	1982	**Winners**	2010	**Winners**	1992	3rd Place
1974	2nd Round	1984	6th Place	2012	Group Stage	1998	3rd Place
1978	2nd Round	1986	**Winners**	2014	4th Place	2002	Group Stage
1982	Runners-up	1988	5th Place	2019	Group Stage	2012	Group Stage
1986	3rd Place	1990	**Winners**			2021	Qualifiers
1990	Quarter-Finals	1992	5th Place				
1994	3rd Place	1994	5th Place				
1998	Runners-up	1996	**Winners**				
2002	Quarter-Finals	1998	**Winners**				
2006	Group Stage	2002	4th Place				
2010	1/8-Finals	2003	6th Place				
2014	Group Stage	2004	4th Place				
2018	-	2007	Group Stage				
2022	Group Stage	2009	Semi-Finals				
		2010	**Winners**				
		2013	3rd Place				
		2014	Group Stage				
		2017	Group Stage				
		2019	Group Stage				
		2023	Group Stage				

WEST ASIAN GAMES 1997-2005	
1997	3rd Place
2002	**Winners**
2005	Group Stage

KUWAITI CLUB HONOURS IN ASIAN CLUB COMPETITIONS

AFC Champions League 1967-1971 & 1985/1986-2024		
None		
Asian Football Confederation Cup 2004-2024		
Al Kuwait SC Kaifan	3	2009, 2012, 2013
AFC President's Cup 2005-2014*		
None		
Asian Cup Winners Cup 1975-2003*		
None		
Asian Super Cup 1995-2002*		
None		

*defunct competitions

OTHER CLUB COMPETITIONS:

Arab Champions League / Arab Club Champions Cup 1982-2023		
None		
Gulf Club Champions Cup 1982-2017		
Al Arabi SC Kuwait City	2	1982, 2003
Kazma Sporting Club	1	1995
Al Qadisia SC Kuwait City	2	2000, 2005
Arab Cup Winners Cup 1989-2002*		
None		
Arab Super Cup 1992-2002*		
None		

*defunct competition

NATIONAL COMPETITIONS
TABLE OF HONOURS

	CHAMPIONS	CUP WINNERS
1961/1962	Al Arabi SC Kuwait City	Al Arabi SC Kuwait City
1962/1963	Al Arabi SC Kuwait City	Al Arabi SC Kuwait City
1963/1964	Al Arabi SC Kuwait City	Al Arabi SC Kuwait City
1964/1965	Al Kuwait SC Kaifan	Al Qadisia SC Kuwait City
1965/1966	Al Arabi SC Kuwait City	Al Arabi SC Kuwait City
1966/1967	Al Arabi SC Kuwait City	Al Qadisia SC Kuwait City
1967/1968	Al Kuwait SC Kaifan	Al Qadisia SC Kuwait City
1968/1969	Al Qadisia SC Kuwait City	Al Arabi SC Kuwait City
1969/1970	Al Arabi SC Kuwait City	Al Yarmouk Mishref
1970/1971	Al Qadisia SC Kuwait City	Al Arabi SC Kuwait City
1971/1972	Al Kuwait SC Kaifan	Al Qadisia SC Kuwait City
1972/1973	Al Qadisia SC Kuwait City	Al Yarmouk Mishref
1973/1974	Al Kuwait SC Kaifan	Al Qadisia SC Kuwait City
1974/1975	Al Qadisia SC Kuwait City	Al Qadisia SC Kuwait City
1975/1976	Al Qadisia SC Kuwait City	Al Kuwait SC Kaifan
1976/1977	Al Kuwait SC Kaifan	Al Kuwait SC Kaifan
1977/1978	Al Qadisia SC Kuwait City	Al Kuwait SC Kaifan
1978/1979	Al Kuwait SC Kaifan	Al Qadisia SC Kuwait City

Season	Winner	Runner-up
1979/1980	Al Arabi SC Kuwait City	Al Kuwait SC Kaifan
1980/1981	Al Salmiya SC Kuwait City	Al Arabi SC Kuwait City
1981/1982	Al Arabi SC Kuwait City	Kazma Sporting Club
1982/1983	Al Arabi SC Kuwait City	Al Arabi SC Kuwait City
1983/1984	Al Arabi SC Kuwait City	Kazma Sporting Club
1984/1985	Al Arabi SC Kuwait City	Al Kuwait SC Kaifan
1985/1986	Kazma Sporting Club	Al Fahaheel FC
1986/1987	Kazma Sporting Club	Al Kuwait SC Kaifan
1987/1988	Al Arabi SC Kuwait City	Al Kuwait SC Kaifan
1988/1989	Al Arabi SC Kuwait City	Al Qadisia SC Kuwait City
1989/1990	Al Jahra FC	Kazma Sporting Club
1990/1991	*No competition*	*No competition*
1991/1992	Al Qadisia SC Kuwait City	Al Arabi SC Kuwait City
1992/1993	Al Arabi SC Kuwait City	Al Salmiya SC Kuwait City
1993/1994	Kazma Sporting Club	Al Qadisia SC Kuwait City
1994/1995	Al Salmiya SC Kuwait City	Kazma Sporting Club
1995/1996	Kazma Sporting Club	Al Arabi SC Kuwait City
1996/1997	Al Arabi SC Kuwait City	Kazma Sporting Club
1997/1998	Al Salmiya SC Kuwait City	Kazma Sporting Club
1998/1999	Al Qadisia SC Kuwait City	Al Arabi SC Kuwait City
1999/2000	Al Salmiya SC Kuwait City	Al Arabi SC Kuwait City
2000/2001	Al Kuwait SC Kaifan	Al Salmiya SC Kuwait City
2001/2002	Al Arabi SC Kuwait City	Al Kuwait SC Kaifan
2002/2003	Al Qadisia SC Kuwait City	Al Qadisia SC Kuwait City
2003/2004	Al Qadisia SC Kuwait City	Al Qadisia SC Kuwait City
2004/2005	Al Qadisia SC Kuwait City	Al Arabi SC Kuwait City
2005/2006	Al Kuwait SC Kaifan	Al Arabi SC Kuwait City
2006/2007	Al Kuwait SC Kaifan	Al Qadisia SC Kuwait City
2007/2008	Al Kuwait SC Kaifan	Al Arabi SC Kuwait City
2008/2009	Al Qadisia SC Kuwait City	Al Kuwait SC Kaifan
2009/2010	Al Qadisia SC Kuwait City	Al Qadisia SC Kuwait City
2010/2011	Al Qadisia SC Kuwait City	Kazma Sporting Club
2011/2012	Al Qadisia SC Kuwait City	Al Qadisia SC Kuwait City
2012/2013	Al Kuwait SC Kaifan	Al Qadisia SC Kuwait City
2013/2014	Al Qadisia SC Kuwait City	Al Kuwait SC Kaifan
2014/2015	Al Kuwait SC Kaifan	Al Qadisia SC Kuwait City
2015/2016	Al Qadisia SC Kuwait City	Al Kuwait SC Kaifan
2016/2017	Al Kuwait SC Kaifan	Al Kuwait SC Kaifan
2017/2018	Al Kuwait SC Kaifan	Al Kuwait SC Kaifan
2018/2019	Al Kuwait SC Kaifan	Al Kuwait SC Kaifan
2019/2020	Al Kuwait SC Kaifan	Al Arabi SC Kuwait City
2020/2021	Al Arabi SC Kuwait City	Al Kuwait SC Kaifan
2021/2022	Al Kuwait SC Kaifan	Kazma Sporting Club
2022/2023	Al Kuwait SC Kaifan	Al Qadisia SC Kuwait City
2023/2024	Al Kuwait SC Kaifan	Al Qadisia SC Kuwait City

NATIONAL CHAMPIONSHIP
Premier League 2023/2024

Regular Season

1.	Al Kuwait SC Kaifan	18	13	4	1	46 - 17	43
2.	Al Arabi SC Kuwait City	18	13	3	2	47 - 18	42
3.	Al Qadisia SC Kuwait City	18	11	6	1	34 - 10	39
4.	Al Salmiya SC Kuwait City	18	6	6	6	21 - 24	24
5.	Al Nasr SC Ardiyah	18	7	3	8	31 - 27	24
6.	Al Fahaheel SC Kuwait City	18	6	5	7	25 - 27	23
7.	Kazma Sporting Club	18	5	5	8	20 - 32	20
8.	Al Shabab SC Al Ahmadi	18	4	2	12	14 - 43	14
9.	Khaitan SC	18	2	6	10	11 - 31	12
10.	Al Jahra SC	18	2	2	14	17 - 37	8

Team ranked 1-6 were qualified for the Championship Group, while teams ranked 7-10 were qualified for the Relegation Group.

Championship Group

1.	**Al Kuwait SC Kaifan**	28	21	6	1	72 - 21	69
2.	Al Arabi SC Kuwait City	28	17	8	3	62 - 27	59
3.	Al Qadisia SC Kuwait City	28	15	9	4	51 - 25	54
4.	Al Salmiya SC Kuwait City	28	9	9	10	35 - 41	36
5.	Al Fahaheel SC Kuwait City	29	8	9	11	37 - 44	33
6.	Al Nasr SC Ardiyah	28	7	4	17	43 - 59	25

Relegation Group

7.	Kazma Sporting Club	24	10	5	9	38 - 39	35
8.	Khaitan SC	24	5	6	13	17 - 39	21
9.	Al Shabab SC Al Ahmadi (*Relegated*)	24	6	2	16	18 - 50	20
10.	Al Jahra SC (*Relegated*)	24	4	2	18	28 - 54	14

Best goalscorer 2023/2024:
Hamza Khabba (MAR, Al Arabi SC Kuwait City) – 21 goals

Promoted for the 2024/2025 season:
Al Yarmouk SC Mishref, Al Tadamun SC Al Farwaniyah

NATIONAL CUP
Emir Cup - Final 2023/2024

21.05.2024, "Jaber Al Ahmad" International Stadium, Kuwait City
Al Qadisia SC Kuwait City - Al Salmiya SC Kuwait City   **1-0**

THE CLUBS 2023/2024

Club	Founded	Stadium	Capacity
Al Arabi Sporting Club Kuwait City	1953 (a)	Sabah Al Salem Stadium, Kuwait City	15,000
Al Fahaheel Sporting Club Kuwait City	1964	"Nayif Al Dabbous" Stadium, Kuwait City	2,000
Al Jahra Sporting Club	1966 (b)	"Al Shabab Mubarak Al Aiar" Stadium, Jahra	17,000
Al Kuwait Sporting Club Kaifan	1960	Al Kuwait SC Stadium, Kuwait City	16,500
Al Nasr Sporting Club Ardiyah	1965	"Ali Al Salem Al Subah" Stadium, Al Farwaniyah	10,000
Al Qadisia Sports Club Kuwait City	1953 (c)	„Mohammed Al Hamad" Stadium, Kuwait City	22,000
Al Salmiya Sporting Club Kuwait City	1964	Thamir Stadium, Al Salmiya	20,000
Al Shabab Sports Club Al Ahmadi	1963	Al Ahmadi Stadium, Al Ahmadi	18,000
Kazma Sporting Club	1964	Al Sadaqua Walsalam Stadium, Kuwait City	21,500
Khaitan Sporting Club	1965	Khaitan Stadium, Khaitan	11,000

(a) *as Al Uruba Kuwait City; Al Arabi since 1960.*
(b) *as Al Shuhada SC Jahra.*
(c) *as Al Jazira Kuwait City; Al Qadisia since 1960.*

NATIONAL TEAM INTERNATIONAL MATCHES 2023/2024

Date	Venue	Match	Result	
07.09.2023	Dubai	Kuwait - Bahrain	3-1(1-0)	(F)
11.09.2023	Al Lisaili	Kuwait - Kyrgyz Republic	1-3(1-1)	(F)
12.10.2023	Dubai	United Arab Emirates - Kuwait	1-0(1-0)	(F)
17.10.2023	Dubai	Syria - Kuwait	1-2(1-1)	(F)
16.11.2023	Kuwait City	Kuwait - India	0-1(0-0)	(WCQ)
21.11.2023	Dammam	Afghanistan - Kuwait	0-4(0-1)	(WCQ)
12.01.2024	Cairo	Lybia - Kuwait	3-1(2-0)	(F)
19.01.2024	Cairo	Kuwait - Uganda	0-2(0-1)	(F)
21.03.2024	Doha	Qatar - Kuwait	3-0(0-0)	(WCQ)
26.03.2024	Kuwait City	Kuwait - Qatar	1-2(0-0)	(WCQ)
06.06.2024	Kolkata	India - Kuwait	0-0	(WCQ)
11.06.2024	Kuwait City	Kuwait - Afghanistan	1-0(0-0)	(WCQ)

07.09.2023, Friendly International
Police Officers Club Stadium, Dubai (United Arab Emirates); Attendance: n/a
Referee: Yahya Mohammed Ali Hassan Al Mulla (United Arab Emirates)
KUWAIT - BAHRAIN   **3-1(1-0)**
KUW: Sulaiman Abdulghafoor Mohammad Abdulghafoor, Sultan Mohammed Salim Al Enezi, Hamad Ali Sultan Abdullah Saleh Al Harbi, Ahmad Abdullah Farhan Al Dhufairi, Hamad Talal Adel Khalil Al Qallaf, Eid Nasser Dughaim Al Rashidi, Bader Tareq Bader Al Fadhel Abdulrahman, Khaled Mohammad Ebrahim Hasan Hajiah, Fahad Mofreh Hassan Abdullah Hassan Al Hajeri, Mohammed Daham Khader Abdullah Al Enezi, Shabaib Abdulaziz Shabaib Al Khaldi (*Substitutes are not known*).
Trainer: Rui Fernando da Silva Calapez Pereira Bento (Portugal).
Goals: Ahmad Abdullah Farhan Al Dhufairi (4), Shabaib Abdulaziz Shabaib Al Khaldi (59, 62).

11.09.2023, Friendly International
The Sevens Stadium, Al Lisaili (United Arab Emirates); Attendance: n/a
Referee: Sultan Mohamed Al Hammadi (United Arab Emirates)
KUWAIT - KYRGYZ REPUBLIC   **1-3(1-1)**
KUW: Saoud Yousef Al Jenaie, Meshari Ghanem Al Enezi, Hassan Hamdan Ghanem Al Enezi, Abdullah Ammar Mohammad Abdullah Al Buloushi, Fawaz Ayedh Abdullah Rajeh Wael Al Otaibi, Khaled Mohammad Ebrahim Hasan Hajiah, Ahmad Jaber Ali Zanki, Ali Ahmad Khalaf Faraj Matar, Faisal Zaid Awadh Al Harbi, Abdullah Ghanim Rashed Ghanim Rashed Al Fahad, Athbi Ali Shehab Ahmad Saleh (*Substitutes are not known*). Trainer: Rui Fernando da Silva Calapez Pereira Bento (Portugal).
Goal: Abdullah Ammar Mohammad Abdullah Al Buloushi (26).

12.10.2023, Friendly International
Al Maktoum Stadium, Dubai (United Arab Emirates); Attendance: n/a
Referee: Ibrahim Nour El Din (Egypt)
UNITED ARAB EMIRATES - KUWAIT   **1-0(1-0)**
KUW: Abdulrahman Fahad Kameel Matar Marzouq, Sultan Mohammed Salim Al Enezi (46.Redha Hani Wael Abu Jabarah), Meshari Ghanem Al Enezi, Hamad Ali Sultan Abdullah Saleh Al Harbi (82.Faisal Zaid Awadh Al Harbi), Hassan Hamdan Ghanem Al Enezi, Fahad Mofreh Hassan Abdullah Hassan Al Hajeri, Ahmad Abdullah Farhan Al Dhufairi (64.Abdullah Ghanim Rashed Ghanim Rashed Al Fahad), Bader Tareq Bader Al Fadhel Abdulrahman (64.Athbi Ali Shehab Ahmad Saleh), Eid Nasser Dughaim Al Rashidi (55.Mubarak Khaled Hamad Al Faneeni), Mohammed Daham Khader Abdullah Al Enezi (82.Ahmad Jaber Ali Zanki), Shabaib Abdulaziz Shabaib Al Khaldi. Trainer: Rui Fernando da Silva Calapez Pereira Bento (Portugal).

17.10.2023, Friendly International
Police Officers Club Stadium, Dubai (United Arab Emirates); Attendance: n/a
Referee: n/a
SYRIA - KUWAIT   **1-2(1-1)**
KUW: Abdulrahman Fahad Kameel Matar Marzouq, Hassan Hamdan Ghanem Al Enezi, Faisal Zaid Awadh Al Harbi (71.Sultan Mohammed Salim Al Enezi), Fahad Mofreh Hassan Abdullah Hassan Al Hajeri, Shabaib Abdulaziz Shabaib Al Khaldi (46.Ahmad Abdullah Farhan Al Dhufairi), Athbi Ali Shehab Ahmad Saleh (71.Salman Saud Abdulaziz Ali Mohammed Al Awadhi), Redha Hani Wael Abu Jabarah (87.Bader Tareq Bader Al Fadhel Abdulrahman), Mohsen Falah Mohsen Rakan Ghareeb, Mubarak Khaled Hamad Al Faneeni (59.Mahdi Hussain Khaled Hussain Mohammad Dashti), Mohammed Daham Khader Abdullah Al Enezi, Abdullah Ghanim Rashed Ghanim Rashed Al Fahad (59.Eid Nasser Dughaim Al Rashidi). Trainer: Rui Fernando da Silva Calapez Pereira Bento (Portugal).
Goals: Shabaib Abdulaziz Shabaib Al Khaldi (43, 45+2).

16.11.2023, 23rd FIFA World Cup Qualifiers / 19th AFC Asian Cup Qualifiers second round
"Jaber Al Ahmad" International Stadium, Kuwait City; Attendance: 32,786
Referee: Shaun Evans (Australia)
KUWAIT - INDIA   **0-1(0-0)**
KUW: Abdulrahman Fahad Kameel Matar Marzouq, Sultan Mohammed Salim Al Enezi, Hassan Hamdan Ghanem Al Enezi, Mohsen Falah Mohsen Rakan Ghareeb (46.Hamad Talal Adel Khalil Al Qallaf), Khaled Mohammad Ebrahim Hasan Hajiah, Fahad Mofreh Hassan Abdullah Hassan Al Hajeri, Redha Hani Wael Abu Jabarah (46.Faisal Zaid Awadh Al Harbi [*sent off 90+4*]), Athbi Ali Shehab Ahmad Saleh (83.Aqeel Naser Mousa Mohammad Al Hazeem), Mohammed Daham Khader Abdullah Al Enezi, Shabaib Abdulaziz Shabaib Al Khaldi (75.Eid Nasser Dughaim Al Rashidi), Mubarak Khaled Hamad Al Faneeni (46.Ahmad Jaber Ali Zanki). Trainer: Rui Fernando da Silva Calapez Pereira Bento (Portugal).

21.11.2023, 23rd FIFA World Cup Qualifiers / 19th AFC Asian Cup Qualifiers second round
Al-Ettifaq Club Stadium, Khobar (Saudi Arabia); Attendance: 330
Referee: Ahmed Faisal Mohammad Al Ali (Jordan)
AFGHANISTAN - KUWAIT **0-4(0-1)**
KUW: Abdulrahman Fahad Kameel Matar Marzouq, Hassan Hamdan Ghanem Al Enezi, Abdullah Ammar Mohammad Abdullah Al Buloushi, Mohsen Falah Mohsen Rakan Ghareeb (84.Hamad Talal Adel Khalil Al Qallaf), Fahad Mofreh Hassan Abdullah Hassan Al Hajeri, Ahmad Abdullah Farhan Al Dhufairi (61.Bader Tareq Bader Al Fadhel Abdulrahman), Redha Hani Wael Abu Jabarah (81.Abdel Aziz Al Enezi), Athbi Ali Shehab Ahmad Saleh, Bandar Musaed Nahar Mallouh Al Mutairi Al Salama (61.Eid Nasser Dughaim Al Rashidi), Mohammed Daham Khader Abdullah Al Enezi, Shabaib Abdulaziz Shabaib Al Khaldi (81.Ebrahim Fahad Kameel Marzouq). Trainer: Rui Fernando da Silva Calapez Pereira Bento (Portugal).
Goals: Shabaib Abdulaziz Shabaib Al Khaldi (18 penalty), Mohammed Daham Khader Abdullah Al Enezi (69), Shabaib Abdulaziz Shabaib Al Khaldi (80), Athbi Ali Shehab Ahmad Saleh (82).

12.01.2024, Friendly International
Cairo International Stadium, Cairo (Egypt); Attendance: n/a
Referee: n/a
LYBIA - KUWAIT **3-1(2-0)**
KUW: Abdulrahman Fahad Kameel Matar Marzouq, Sami Mohammed Abdulwahab Mohammed Al Sanea, Khaled Shaman Ayedh Eid Al Adailah Al Mutairi (67.Ali Ahmad Khalaf Faraj Matar), Meshari Ghanem Al Enezi, Ahmad Abdullah Farhan Al Dhufairi (67.Abdulmohsen Mohammad Safar Naser Safar Al Ajmi), Athbi Ali Shehab Ahmad Saleh, Fahad Mofreh Hassan Abdullah Hassan Al Hajeri, Shabaib Abdulaziz Shabaib Al Khaldi (86.Salman Mejbel Abdullah Dhaifallah Al Mutairi), Faisal Zaid Awadh Al Harbi (86.Aqeel Naser Mousa Mohammad Al Hazeem), Bandar Musaed Nahar Mallouh Al Mutairi Al Salama (67.Mohammad Jasim Mohammad Ebraheem Khudair Ali Al Huwaidi), Abdullah Ghanim Rashed Ghanim Rashed Al Fahad (67.Othman Hasan Humoud Munawar Hasan Al Shammari). Trainer: Rui Fernando da Silva Calapez Pereira Bento (Portugal).
Goal: Faisal Zaid Awadh Al Harbi (78).

19.01.2024, Friendly International
Cairo International Stadium, Cairo (Egypt); Attendance: n/a
Referee: Gamal Al Ghandour (Egypt)
KUWAIT - UGANDA **0-2(0-1)**
KUW: Abdulrahman Mubarak Mubarak Sharidah Al Majdali, Sami Mohammed Abdulwahab Mohammed Al Sanea, Meshari Ghanem Al Enezi, Fahad Mofreh Hassan Abdullah Hassan Al Hajeri, Salman Mejbel Abdullah Dhaifallah Al Mutairi, Abdulmohsen Mohammad Safar Naser Safar Al Ajmi, Athbi Ali Shehab Ahmad Saleh, Shabaib Abdulaziz Shabaib Al Khaldi, Faisal Zaid Awadh Al Harbi, Ahmad Abdullah Farhan Al Dhufairi, Bandar Musaed Nahar Mallouh Al Mutairi Al Salama (*Substitutes are not known*). Trainer: Rui Fernando da Silva Calapez Pereira Bento (Portugal).

21.03.2024, 23rd FIFA World Cup Qualifiers / 19th AFC Asian Cup Qualifiers second round
„Jassim bin Hamad" Stadium, Al Rayyan; Attendance: 9,826
Referee: Jumpei Iida (Japan)
QATAR - KUWAIT **3-0(0-0)**
KUW: Sulaiman Abdulghafoor Mohammad Abdulghafoor, Rashed Saad Naser Al Dousari, Hassan Hamdan Ghanem Al Enezi, Faisal Zaid Awadh Al Harbi (82.Hamad Ali Sultan Abdullah Saleh Al Harbi), Khaled Mohammad Ebrahim Hasan Hajiah, Salman Mejbel Abdullah Dhaifallah Al Mutairi, Redha Hani Wael Abu Jabarah, Athbi Ali Shehab Ahmad Saleh (67.Ahmad Abdullah Farhan Al Dhufairi), Eid Nasser Dughaim Al Rashidi (60.Abd Al Mohsen Al Ajami), Mohammed Daham Khader Abdullah Al Enezi (82.Mohsen Falah Mohsen Rakan Ghareeb), Yousef Naser Saleh Al Sulaiman (82.Ebrahim Fahad Kameel Marzouq). Trainer: Rui Fernando da Silva Calapez Pereira Bento (Portugal).

26.03.2024, 23rd FIFA World Cup Qualifiers / 19th AFC Asian Cup Qualifiers second round
Ali Sabah Al Salem Stadium, Farwaniya; Attendance: 8,460
Referee: Sadullo Gulmurodi (Tajikistan)

KUWAIT - QATAR 1-2(0-0)

KUW: Sulaiman Abdulghafoor Mohammad Abdulghafoor, Rashed Saad Naser Al Dousari, Hamad Ali Sultan Abdullah Saleh Al Harbi, Hassan Hamdan Ghanem Al Enezi, Faisal Zaid Awadh Al Harbi (68.Eid Nasser Dughaim Al Rashidi), Khaled Mohammad Ebrahim Hasan Hajiah (88.Ebrahim Fahad Kameel Marzouq), Salman Mejbel Abdullah Dhaifallah Al Mutairi (84.Mohsen Falah Mohsen Rakan Ghareeb), Redha Hani Wael Abu Jabarah (84.Abdullah Ghanim Rashed Ghanim Rashed Al Fahad), Athbi Ali Shehab Ahmad Saleh (84.Ahmad Abdullah Farhan Al Dhufairi), Mohammed Daham Khader Abdullah Al Enezi, Yousef Naser Saleh Al Sulaiman. Trainer: Rui Fernando da Silva Calapez Pereira Bento (Portugal).
Goal: Mohammed Daham Khader Abdullah Al Enezi (79).

06.06.2024, 23rd FIFA World Cup Qualifiers / 19th AFC Asian Cup Qualifiers second round
Salt Lake Stadium, Kolkata; Attendance: 58,921
Referee: Fu Ming (China P.R.)

INDIA - KUWAIT 0-0

KUW: Sulaiman Abdulghafoor Mohammad Abdulghafoor, Rashed Saad Naser Al Dousari (85.Sami Mohammed Abdulwahab Mohammed Al Sanea), Meshari Ghanem Al Enezi, Hassan Hamdan Ghanem Al Enezi, Faisal Zaid Awadh Al Harbi (64.Ahmad Abdullah Farhan Al Dhufairi), Khaled Mohammad Ebrahim Hasan Hajiah (85.Fahad Mofreh Hassan Abdullah Hassan Al Hajeri), Redha Hani Wael Abu Jabarah (79.Sultan Mohammed Salim Al Enezi), Athbi Ali Shehab Ahmad Saleh, Eid Nasser Dughaim Al Rashidi (80.Ali Ahmad Khalaf Faraj Matar), Mohammed Daham Khader Abdullah Al Enezi, Yousef Naser Saleh Al Sulaiman. Trainer: Rui Fernando da Silva Calapez Pereira Bento (Portugal).

11.06.2024, 23rd FIFA World Cup Qualifiers / 19th AFC Asian Cup Qualifiers second round
"Sabah Al Salem" Stadium, Kuwait City; Attendance: 11,680
Referee: Hiroyuki Kimura (Japan)

KUWAIT - AFGHANISTAN 1-0(0-0)

KUW: Sulaiman Abdulghafoor Mohammad Abdulghafoor, Sami Mohammed Abdulwahab Mohammed Al Sanea, Meshari Ghanem Al Enezi, Hassan Hamdan Ghanem Al Enezi (54.Khaled Mohammad Ebrahim Hasan Hajiah), Faisal Zaid Awadh Al Harbi (46.Eid Nasser Dughaim Al Rashidi), Fahad Mofreh Hassan Abdullah Hassan Al Hajeri, Ahmad Abdullah Farhan Al Dhufairi (46.Bader Tareq Bader Al Fadhel Abdulrahman), Redha Hani Wael Abu Jabarah (46.Sultan Mohammed Salim Al Enezi), Athbi Ali Shehab Ahmad Saleh (66.Bandar Bouresli), Mohammed Daham Khader Abdullah Al Enezi, Yousef Naser Saleh Al Sulaiman. Trainer: Rui Fernando da Silva Calapez Pereira Bento (Portugal).
Goal: Eid Nasser Dughaim Al Rashidi (81).

NATIONAL TEAM PLAYERS 2023/2024		
Name	DOB	Club
Goalkeepers		
Sulaiman Abdulghafoor Mohammad ABDULGHAFOOR	26.02.1991	*Al Arabi SC Kuwait City*
Saoud Yousef AL JENAIE	12.06.1994	*Al Salmiya SC Kuwait City*
Abdulrahman Mubarak Mubarak Sharidah AL MAJDALI	02.03.2000	*Al Sahel SC Abu Halifa*
Abdulrahman Fahad Kameel Matar MARZOUQ	08.03.2001	*Al Kuwait SC Kaifan*

Defenders

Name	DOB	Club
Abdullah Ammar Mohammad Abdullah AL BULOUSHI	08.05.1998	*Al Arabi SC Kuwait City*
Rashed Saad Naser AL DOUSARI	18.07.2000	*Al Qadisia SC Kuwait City*
Hassan Hamdan Ghanem AL ENEZI	01.09.2000	*Al Arabi SC Kuwait City*
Meshari Ghanem AL ENEZI	15.09.1998	*Al Kuwait SC Kaifan*
Fahad Mofreh Hassan Abdullah Hassan AL HAJERI	10.11.1991	*Al Kuwait SC Kaifan*
Hamad Ali Sultan Abdullah Saleh AL HARBI	25.07.1992	*Kazma Sporting Club*
Hamad Talal Adel Khalil AL QALLAF	04.12.1999	*Al Arabi SC Kuwait City*
Sami Mohammed Abdulwahab Mohammed AL SANEA	09.01.1993	*Al Kuwait SC Kaifan*
Mahdi Hussain Khaled Hussain Mohammad DASHTI	26.10.2001	*Al Salmiya SC Kuwait City*
Khaled Mohammad Ebrahim Hasan HAJIAH	28.08.1992	*Al Qadisia SC Kuwait City*

Midfielders

Name	DOB	Club
Bader Tareq Bader Al Fadhel ABDULRAHMAN	21.04.1997	*Al Arabi SC Kuwait City*
Redha Hani Wael ABU JABARAH	27.10.1996	*Al Kuwait SC Kaifan*
Abdulmohsen Mohammad Safar Naser Safar AL AJMI	09.04.1998	*Al Fahaheel SC Kuwait City*
Ahmad Abdullah Farhan AL DHUFAIRI	09.01.1992	*Al Kuwait SC Kaifan*
Sultan Mohammed Salim AL ENEZI	29.09.1992	*Al Arabi SC Kuwait City*
Abdullah Ghanim Rashed Ghanim Rashed AL FAHAD	12.02.1997	*Kazma Sporting Club*
Mohammad Jasim Mohammad Ebraheem Khudair Ali AL HUWAIDI	29.01.1999	*Al Salmiya SC Kuwait City*
Khaled Shaman Ayedh Eid Al Adailah AL MUTAIRI	14.08.1996	*Kazma Sporting Club*
Salman Mejbel Abdullah Dhaifallah AL MUTAIRI "Salman Bormeya"	23.07.1996	*Al Nasr SC Ardiyah*
Fawaz Ayedh Abdullah Rajeh Wael AL OTAIBI	21.02.1997	*Al Salmiya SC Kuwait City*
Eid Nasser Dughaim AL RASHIDI	17.12.1995	*Al Qadisia SC Kuwait City*
Bandar Musaed Nahar Mallouh Al Mutairi AL SALAMA	28.10.2002	*Al Arabi SC Kuwait City*
Othman Hasan Humoud Munawar Hasan AL SHAMMARI	04.04.2000	*Al Jahra SC*
Mohsen Falah Mohsen Rakan GHAREEB	11.11.2004	*Al Kuwait SC Kaifan*
Ali Ahmad Khalaf Faraj MATAR	16.01.1995	*Al Arabi SC Kuwait City*

Forwards

Name	DOB	Club
Salman Saud Abdulaziz Ali Mohammed AL AWADHI	21.05.2001	*Al Arabi SC Kuwait City*
Mohammed Daham Khader Abdullah AL ENEZI	17.02.2000	*Al Kuwait SC Kaifan*
Mubarak Khaled Hamad AL FANEENI	21.01.2000	*Al Qadisia SC Kuwait City*
Faisal Zaid Awadh AL HARBI	09.10.1991	*Al Kuwait SC Kaifan*
Aqeel Naser Mousa Mohammad AL HAZEEM	08.12.1999	*Kazma Sporting Club*
Shabaib Abdulaziz Shabaib AL KHALDI	30.11.1999	*Kazma Sporting Club*
Yousef Naser Saleh AL SULAIMAN	09.10.1990	*Al Kuwait SC Kaifan*
Ebrahim Fahad Kameel MARZOUQ	10.06.2002	*Al Kuwait SC Kaifan*
Athbi Ali SHEHAB Ahmad Saleh	14.10.1993	*Al Salmiya SC Kuwait City*
Ahmad Jaber Ali ZANKI	17.12.1995	*Al Kuwait SC Kaifan*

National coaches

Name	DOB
RUI Fernando da Silva Calapez Pereira BENTO (Portugal) [from 03.08.2022]	14.01.1972

KYRGYZ REPUBLIC

Federation Directory:
Football Federation of Kyrgyz Republic
P.O.Box 1484, Mederova Street 1 "B", 720082 Bishkek
Year of Formation: 1992
Member of FIFA since: 1994
Member of AFC since: 1994
Internet: www.kfu.kg

The Country: Кыргыз Республикасы (Kyrgyz Republic)
Capital: Bishkek
Surface: 199,900 km^2 / **Population**: 7,037,590 [2023] / **Time**: UTC+6

NATIONAL TEAM RECORDS

First international match:
23.08.1992, Tashkent: Uzbekistan - Kyrgyzstan 3-0

Most international caps:
Kairat Zhyrgalbek uulu
73 caps (since 2013)

Most international goals:
Mirlan Murzayev
16 goals / 60 caps (since 2009)

NATIONAL TEAM COMPETITIONS

ASIAN NATIONS CUP	
1956	*Part of Soviet Union*
1960	
1964	
1968	
1972	
1976	
1980	
1984	
1988	
1992	Not a member of the AFC
1996	Qualifiers
2000	Qualifiers
2004	Qualifiers
2007	Did not enter
2011	Qualifiers
2015	Qualifiers
2019	Final Tournament (2nd Round of 16)
2023	Final Tournament (Group Stage)

FIFA WORLD CUP	
1930	*Part of Soviet Union*
1934	
1938	
1950	
1954	
1958	
1962	
1966	
1970	
1974	
1978	
1982	
1986	
1990	
1994	Did not enter
1998	Qualifiers
2002	Qualifiers
2006	Qualifiers
2010	Qualifiers
2014	Qualifiers
2018	Qualifiers
2022	Qualifiers

OLYMPIC FOOTBALL TOURNAMENTS 1908-2020

1908 to 1928	Teams from Asia did not enter	1980 1984 1988	
1936 1948 1952 1956 1960 1964 1968 1972 1976	Part of Soviet Union	1992	Qualifiers
		1996	Qualifiers
		2000	Did not enter
		2004	Qualifiers
		2008	Qualifiers
		2012	Qualifiers
		2016	Qualifiers
		2020	Qualifiers

ASIAN GAMES 1951-2022		AFC CHALLENGE CUP 2006-2014		CENTRAL ASIAN NATIONS CUP 2023->	
1951	-	2006	Semi-Finals	2023	Group Stage
1954	-	2008	Qualifiers		
1958	-	2010	Group Stage		
1962	-	2012	Qualifiers		
1966	-	2014	Group Stage		
1970	-				
1974	-				
1978	-				
1982	-				
1986	-				
1990	-				
1994	-				
1998	-				
2002	-				
2006	Group Stage				
2010	Group Stage				
2014	2nd Round of 16				
2018	Group Stage				
2022	2nd Round of 16				

KYRGYZ CLUB HONOURS IN ASIAN CLUB COMPETITIONS

AFC Champions League 1967-1971 & 1985/1986-2024		
None		
Asian Football Confederation Cup 2004-2024		
None		
AFC President's Cup 2005-2014*		
FC Dordoi-Dynamo Naryn	2	2006, 2007
Asian Cup Winners Cup 1975-2003*		
None		
Asian Super Cup 1995-2002*		
None		

*defunct competition

NATIONAL COMPETITIONS
TABLE OF HONOURS

Champions during the Soviet Union time (Kyrgyz SSR):

1934: Frunze; 1935: Dinamo Frunze; 1936: Burevestnik Frunze; 1937 Spring. Spartak Frunze; 1937 Fall: Burevestnik Frunze; 1938 Spring: Dinamo Frunze; 1938 Fall: Dinamo Frunze; 1939-1944 *No competition*; 1945: Frunze; 1946: Spartak Frunze; 1947: Spartak Frunze; 1948: Spartak Frunze; 1949: Burevestnik Frunze; 1950: Spartak Frunze; 1951: Frunze; 1952: Dinamo Frunze; 1953: Osh Region Team; 1954: Frunze; 1955: Frunze; 1956: Frunze; 1957: Frunze Region Team; 1958: Torpedo Frunze; 1959: Torpedo Frunze; 1960: SKIF Frunze; 1961: Mayli-Say City Team; 1962: Alga Kalininskoye; 1963: Alga Kalininskoye; 1964: Selmashevets Frunze; 1965: Alga Kalininskoye; 1966: Selmashevets Frunze; 1967: Alga Kalininskoye; 1968: Selmashevets Frunze; 1969: Instrumentalshchik Frunze; 1970: Selmashevets Frunze; 1971: Elektrik Frunze; 1972: Selmashevets Frunze; 1973: Selmashevets Frunze; 1974: Tekstilshchik Osh; 1975: Instrumentalshchik Frunze; 1976: Stroitel Jalal-Abad; 1977: Selmashevets Frunze; 1978: Instrumentalshchik Frunze; 1979: Selmashevets Frunze; 1980: Instrumentalshchik Frunze; 1981: Instrumentalshchik Frunze; 1982: Instrumentalshchik Frunze; 1983: Instrumentalshchik Frunze; 1984: Instrumentalshchik Frunze; 1985: *No competition*; 1986: Selmashevets Frunze; 1987: Selmashevets Frunze; 1988: Selmashevets Frunze; 1989: Selmashevets Frunze; 1990: Selmashevets Frunze; 1991: Selmashevets Frunze.

Cup winners during the Soviet Union time (Kyrgyz SSR):

1939: Dinamo Frunze; 1940: Spartak Frunze; 1941-1944 *No competition*; 1945: Dinamo Frunze; 1946: Burevestnik Frunze; 1947: Burevestnik Frunze; 1948: Burevestnik Frunze; 1949: Burevestnik Frunze; 1950: Burevestnik Frunze; 1951: Dinamo Frunze; 1952: Dinamo Frunze; 1953: Frunze; 1954: Kalininskoye Town Team; 1955: Spartak Frunze; 1956: Torpedo Frunze; 1957: Kalininskoye Town Team; 1958: Kalininskoye Town Team; 1959: Torpedo Frunze; 1960: Kalininskoye Town Team; 1961: Alga Kalininskoye; 1962: Alga Kalininskoye; 1963: Alga Kalininskoye; 1964: Elektrik Frunze; 1965: Selmashevets Frunze; 1966: Selmashevets Frunze; 1967: Instrumentalshchik Frunze; 1968: Selmashevets Frunze; 1969: Selmashevets Frunze; 1970: Selmashevets Frunze; 1971: Instrumentalshchik Frunze; 1972: Khimik Kara-Balta; 1973: Selmashevets Frunze; 1974: Instrumentalshchik Frunze; 1975: Selmashevets Frunze; 1976: Tekstilshchik Frunze; 1977: Selmashevets Frunze; 1978: Instrumentalshchik Frunze; 1979: Instrumentalshchik Frunze; 1980: Motor Frunze; 1981: Instrumentalshchik Frunze; 1982-19883 *No competition*; 1984: Selmashevets Frunze; 1985: Selmashevets Frunze; 1986: Elektrik Frunze; 1987: Elektrik Frunze; 1988: Instrumentalshchik Frunze; 1989: Selmashevets Frunze; 1990: Selmashevets Frunze; 1991: Selmashevets Frunze.

	CHAMPIONS	CUP WINNERS
1992	Alga Bishkek	Alga Bishkek
1993	Alga-RIIF Bishkek	Alga-RIIF Bishkek
1994	Kant-Oil Kant	Ak-Maral Tokmak
1995	Kant-Oil Kant	Semetey Kyzyl-Kiya
1996	Metallurg Kadamjay	AiK Bishkek
1997	Dinamo Bishkek	Alga-PVO Bishkek
1998	CAG-Dinamo-MVD Bishkek	SKA-PVO Bishkek
1999	CAG-Dinamo Bishkek	SKA-PVO Bishkek
2000	SKA-PVO Bishkek	SKA-PVO Bishkek
2001	SKA-PVO Bishkek	SKA-PVO Bishkek
2002	SKA-PVO Bishkek	SKA-PVO Bishkek
2003	Zhashtyk Ak Altyn Kara-Suu	SKA-PVO Bishkek
2004	FC Dordoi-Dynamo Naryn	FC Dordoi-Dynamo Naryn
2005	FC Dordoi-Dynamo Naryn	FC Dordoi-Dynamo Naryn
2006	FC Dordoi-Dynamo Naryn	FC Dordoi-Dynamo Naryn
2007	FC Dordoi-Dynamo Naryn	FK Abdish-Ata Kant
2008	FC Dordoi-Dynamo Naryn	FC Dordoi-Dynamo Naryn
2009	FC Dordoi-Dynamo Naryn	FC Abdish-Ata Kant
2010	FC Neftchi Kochkor-Ata	FC Dordoi-Dynamo Naryn
2011	FC Dordoi Bishkek	FC Abdish-Ata Kant
2012	FC Dordoi Bishkek	FC Dordoi Bishkek
2013	FC Alay Osh	FC Alay Osh
2014	FC Dordoi Bishkek	FC Dordoi Bishkek
2015	FC Alay Osh	FC Abdish-Ata Kant
2016	FC Alay Osh	FC Dordoi Bishkek
2017	FC Alay Osh	FC Dordoi Bishkek
2018	FC Dordoi Bishkek	FC Dordoi Bishkek
2019	FC Dordoi Bishkek	FC Neftchi Kochkor-Ata
2020	FC Dordoi Bishkek	FC Alay Osh
2021	FC Dordoi Bishkek	FC Neftchi Kochkor-Ata
2022	FC Abdish-Ata Kant	FC Abdish-Ata Kant
2023	FC Abdish-Ata Kant	Muras United Jalal-Abad

NATIONAL CHAMPIONSHIP
Kyrgyzstan Premier League / Top Liga 2023

1.	**FC Abdish-Ata Kant**	27	17	6	4	58 - 22	57
2.	FC Alay Osh	27	14	9	4	36 - 23	51
3.	FC Dordoi Bishkek	27	14	8	5	54 - 24	50
4.	FC Alga Bishkek	27	12	8	7	52 - 35	44
5.	Muras United Jalal-Abad	27	12	6	9	41 - 34	42
6.	FC Talant Kant	27	8	10	9	32 - 38	34
7.	FC Neftchi Kochkor-Ata	27	9	5	13	29 - 38	32
8.	FC Ilbirs Bishkek	27	7	5	15	31 - 53	26
9.	FC OshSU-Aldiyer Kurşab	27	6	5	16	29 - 52	23
10.	FC Kara-Balta	27	3	4	20	20 - 63	13

Best goalscorer 2023:
Danin Talovič (MNE, FC Dordoi Bishkek) – 14 goals

NATIONAL CUP
Kyrgyz Cup - Final 2023

16.09.2023, Stadion imeni "Dolona Omurzakova", Bishkek; Attendance: 3,932
Referee: Meder Taichiev
FC Abdish-Ata Kant - Muras United Jalal-Abad   **1-2(0-1)**
FC Abdish-Ata Kant: Marsel Islamkulov, Christian Brauzman, Asylbek Iskakov, Mykhaylo Kalugin, Temur Mustafin, Teýmur Çaryýew (85.Ilya Kozhukhar), Argen Zhumataev (66.Magamed Uzdenov), Farkhat Musabekov, Mirbek Akhmataliev (Cap) (75.Ernist Batyrkanov), Kayrat Zhyrgalbek uulu, Emmanuel Yaghr. Trainer: Ceylan Arıkan.
Muras United Jalal-Abad: Pavel Matyash, Baktay Taalaybek uulu, Chyngyz Subanov (81.Almazbek Malikov), Veniamin Shumeyko (Cap), Bakhtiyar Duyshobekov (64.Amanzhan Zhanybek uulu), David Candy, Andrey Zorin, Manas Karipov, Irisdavlat Khakimov (64.Bekzat Kenzhebekov), Chyngyz Idrisov (58.Artem Serdyuk), Aleriwa Oluwaseun. Trainer: Valeriy Berezovskiy.
Goals: 0-1 Chyngyz Idrisov (21), 1-1 Teýmur Çaryýew (51), 1-2 Artem Serdyuk (69).

THE CLUBS 2023/2024

Club	Founded	Stadium	Capacity
Football Club Abdish-Ata Kant	1992	Stadion Sportkompleks, Abdysh-Ata	3,000
Football Club Alay Osh	1960	Suyumbayev Stadion, Osh	11,200
Football Club Alga Bishkek	1947 (a)	Stadion imeni "Dolona Omurzakova", Bishkek	23,000
Football Club Dordoi Bishkek	1997	Stadion imeni "Dolona Omurzakova", Bishkek	23,000
Football Club Ilbirs Bishkek	2018	FC FFKR Stadion, Bishkek	1,000
Football Club Kara-Balta	1992 (b)	Manas Stadium, Kara-Balta	4,000
Muras United Jalal-Abad	2023	Kurmanbek Stadion, Muras	4,500
Football Club Neftchi Kochkor-Ata	1952	Stadion Neftyannik, Kochkor-Ata	5,000
Football Club Osh State University-Aldiyer Kurşab	1994 (c)	Suyumbayev Stadion, Osh	11,200
Football Club Talant Kant	2020	Sport City Stadion, Kant	1,500

(a) *as FK Zenit Frunze.*
(b) *as KVT Khimik Kara-Balta.*
(c) *FC Aldiyer Kurşab was founded in 1994 and joined Osh State University in 2023.*

NATIONAL TEAM
INTERNATIONAL MATCHES 2023/2024

11.09.2023	Dubai	Kuwait - Kyrgyz Republic	1-3(1-1)	(F)
12.10.2023	Manama	Bahrain - Kyrgyz Republic	2-0(0-0)	(F)
15.10.2023	Arad	Kyrgyz Republic - Philippines	0-1	(F)
16.11.2023	Kuala Lumpur	Malaysia - Kyrgyz Republic	4-3(1-2)	(WCQ)
21.11.2023	Bishkek	Kyrgyz Republic - Oman	1-0(0-0)	(WCQ)
25.12.2023	Dubai	Kyrgyz Republic - Uzbekistan	1-4(0-1)	(F)
30.12.2023	Abu Dhabi	United Arab Emirates - Kyrgyz Republic	1-0(0-0)	(F)
05.01.2024	Dubai	Syria - Kyrgyz Republic	1-1(0-0)	(F)
09.01.2024	Doha	Kyrgyz Republic - Vietnam	2-1(1-0)	(F)
16.01.2024	Doha	Thailand - Kyrgyz Republic	2-0(1-0)	(AFC)
21.01.2024	Al Rayyan	Kyrgyz Republic - Saudi Arabia	0-2(0-1)	(AFC)
25.01.2024	Doha	Kyrgyz Republic - Oman	1-1(0-1)	(AFC)
21.03.2024	Kaohsiung	Chinese Taipei - Kyrgyz Republic	0-2(0-0)	(WCQ)
26.03.2024	Bishkek	Kyrgyz Republic - Chinese Taipei	5-1(3-0)	(WCQ)
06.06.2024	Bishkek	Kyrgyz Republic - Malaysia	1-1(1-1)	(WCQ)
11.06.2024	Muscat	Oman - Kyrgyz Republic	1-1(0-1)	(WCQ)

11.09.2023, Friendly International
The Sevens Stadium, Al Lisaili (United Arab Emirates); Attendance: n/a
Referee: Sultan Mohamed Al Hammadi (United Arab Emirates)
KUWAIT - KYRGYZ REPUBLIC **1-3(1-1)**
KGZ: Erjan Tokotayev, Kairat Zhyrgalbek uulu (80.Murolimzhon Akhmedov), Tamirlan Kozubayev, Bakhtiyar Duyshobekov, Alimardon Shukurov, Gulzhigit Alykulov (90.Amir Zhaparov), Odiljon Abdurakhmanov, Farkhat Musabekov (59.Tursunali Rustamov), Bekjan Sagynbaev, Mirbek Akhmataliev (59.Joel Kojo), Mirlan Murzayev. Trainer: Štefan Tarkovič (Slovakia).
Goals: Gulzhygit Alykulov (43), Joel Kojo (70, 88).

12.10.2023, Friendly International
"Sheikh Ali bin Mohammed Al Khalifa" Stadium, Arad; Attendance: n/a
Referee: n/a
BAHRAIN - KYRGYZ REPUBLIC **2-0(0-0)**
KGZ: Erjan Tokotayev, Kairat Zhyrgalbek uulu, Khristiyan Brauzman, Tamirlan Kozubayev, Suyuntbek Mamyraliev (82.Amir Zhaparov), Bakhtiyar Duyshobekov (79.Eldiyar Zarypbekov), Kimi Merk (82.Ermek Kenjebaev), Gulzhigit Alykulov (46.Mirbek Akhmataliev), Kai Merk (70.Beknaz Almazbekov), Joel Kojo (70.Dastanbek Toktosunov), Ernist Batyrkanov. Trainer: Štefan Tarkovič (Slovakia).

15.10.2023, Friendly International [Unofficial]
"Sheikh Ali bin Mohammed Al Khalifa" Stadium, Arad (Bahrain); Attendance: n/a
Referee: n/a
KYRGYZ REPUBLIC - PHILIPPINES **0-1(0-0)**
KGZ: Erjan Tokotayev, Kairat Zhyrgalbek uulu (46.Khristiyan Brauzman), Tamirlan Kozubayev (85.Magamed Uzdenov), Ayzar Akmatov (46.Bakhtiyar Duyshobekov), Suyuntbek Mamyraliev, Amir Zhaparov (46.Gulzhigit Alykulov), Kimi Merk (56.Joel Kojo), Eldiyar Zarypbekov (81.Arlen Sharshenbekov), Beknaz Almazbekov (53.Mirbek Akhmataliev**)**, Ernist Batyrkanov (71.Dastanbek Toktosunov), Kai Merk (46.Ermek Kenjebaev). Trainer: Štefan Tarkovič (Slovakia).

16.11.2023, 23rd FIFA World Cup Qualifiers / 19th AFC Asian Cup Qualifiers second round
Bukit Jalil National Stadium, Kuala Lumpur; Attendance: 17,142
Referee: Ammar Mahfoodh (Bahrain)

MALAYSIA - KYRGYZ REPUBLIC   4-3(1-2)

KGZ: Erjan Tokotayev (76.Kutman Kadyrbekov), Bekjan Sagynbayev, Tamirlan Kozubayev, Suyuntbek Mamyraliev (46.Kai Merk), Khristiyan Brauzman, Kairat Zhyrgalbek uulu, Farkhat Musabekov, Odiljon Abdurakhmanov (46.Erbol Atabayev), Alimardon Shukurov, Gulzhigit Alykulov (74.Viktor Maier), Ernist Batyrkanov (74.Joel Kojo). Trainer: Štefan Tarkovič (Slovakia).
Goals: Kairat Zhyrgalbek uulu (42), Ernist Batyrkanov (44), Kai Merk (57).

21.11.2023, 23rd FIFA World Cup Qualifiers / 19th AFC Asian Cup Qualifiers second round
„Dolen Omurzakov" Stadium, Bishkek; Attendance: 10,783
Referee: Mooud Bonyadifard (Iran)

KYRGYZ REPUBLIC - OMAN   1-0(0-0)

KGZ: Erjan Tokotayev, Bekjan Sagynbayev, Tamirlan Kozubayev, Ayzar Akmatov (72.Khristiyan Brauzman), Kairat Zhyrgalbek uulu, Farkhat Musabekov (64.Erbol Atabayev), Odiljon Abdurakhmanov, Alimardon Shukurov (84.Bakhtiyar Duyshobekov), Gulzhigit Alykulov, Kai Merk (72.Mirbek Akhmataliev), Ernist Batyrkanov (84.Joel Kojo). Trainer: Štefan Tarkovič (Slovakia).
Goal: Odiljon Abdurakhmanov (49).

25.12.2023, Friendly International
Al Maktoum Stadium, Dubai (United Arab Emirates); Attendance: n/a
Referee: Sultan Mohamed Al Hammadi (United Arab Emirates)

KYRGYZ REPUBLIC - UZBEKISTAN   1-4(0-1)

KGZ: Marsel Islamkulov (46.Kurmanbek Nurlanbekov), Kairat Zhyrgalbek uulu (46.Aleksandr Mischenko), Tamirlan Kozubayev (46.Suyuntbek Mamyraliev**)**, Ayzar Akmatov, Alimardon Shukurov (46.Bakhtiyar Duyshobekov), Kimi Merk (46.Adil Kadyrjanov), Odiljon Abdurakhmanov (46.Azim Azarov), Bekjan Sagynbayev (46.Beknaz Almazbekov), Atay Jumashev (46.Joel Kojo**)**, Nurdoolot Stalbekov (46.Mirbek Akhmataliev**)**, Ernist Batyrkanov (46.Kai Merk). Trainer: Štefan Tarkovič (Slovakia).
Goal: Bakhtiyar Duyshobekov (90).

30.12.2023, Friendly International
"Mohammed bin Zayed" Stadium, Abu Dhabi (United Arab Emirates); Attendance: n/a
Referee: Sami Ahmed Al Jurays (Saudi Arabia)

UNITED ARAB EMIRATES - KYRGYZ REPUBLIC   1-0(0-0)

KGZ: Erjan Tokotayev, Bekjan Sagynbayev (86.Suyuntbek Mamyraliev), Tamirlan Kozubayev (77.Khristiyan Brauzman), Ayzar Akmatov, Kairat Zhyrgalbek uulu, Odiljon Abdurakhmanov, Alimardon Shukurov (28.Bakhtiyar Duyshobekov), Gulzhigit Alykulov [*sent of 47*], Kimi Merk (86.Farkhat Musabekov), Kai Merk (77.Amantur Shamurzayev), Joel Kojo (86.Dastanbek Toktosunov). Trainer: Štefan Tarkovič (Slovakia).

05.01.2024, Friendly International
"Maktoum bin Rashid Al Maktoum" Stadium, Dubai (United Arab Emirates); Attendance: n/a
Referee: n/a

SYRIA - KYRGYZ REPUBLIC   1-1(0-0)

KGZ: Marsel Islamkulov, Kairat Zhyrgalbek uulu, Khristiyan Brauzman, Ayzar Akmatov, Bakhtiyar Duyshobekov, Kimi Merk, Gulzhigit Alykulov, Farkhat Musabekov, Bekjan Sagynbayev, Joel Kojo, Kai Merk. *Substitutes*: Sultan Chomoev, Beknaz Almazbekov. Trainer: Štefan Tarkovič (Slovakia).
Goal: Ayzar Akmatov (49).

09.01.2024, Friendly International
Al Egla Training Facility Field, Doha (Qatar); Attendance: n/a
Referee: n/a
KYRGYZ REPUBLIC - VIETNAM   **2-1(1-0)**
KGZ: Erjan Tokotayev, Kairat Zhyrgalbek uulu, Ayzar Akmatov, Tamirlan Kozubayev, Bakhtiyar Duyshobekov, Gulzhigit Alykulov, Kimi Merk, Odiljon Abdurakhmanov, Bekjan Sagynbaev, Joel Kojo, Kai Merk. *Substitutes*: Khristiyan Brauzman, Aleksandr Mischenko, Farkhat Musabekov, Beknaz Almazbekov, Ernist Batyrkanov. Trainer: Štefan Tarkovič (Slovakia).
Goals: Joel Kojo (31), Ayzar Akmatov (75).

16.01.2024, 18th AFC Asian Cup, Final Tournament, Group Stage
„Abdullah bin Khalifa" Stadium, Doha (Qatar); Attendance: 4,530
Referee: Adham Mohammad Tumah Makhadmeh (Jordan)
THAILAND - KYRGYZ REPUBLIC   **2-0(1-0)**
KGZ: Erjan Tokotayev, Bekjan Sagynbaev, Tamirlan Kozubayev, Bakhtiyar Duyshobekov (46.Farkhat Musabekov), Ayzar Akmatov (75.Suyuntbek Mamyraliev), Kairat Zhyrgalbek uulu, Odiljon Abdurakhmanov, Gulzhigit Alykulov (69.Beknaz Almazbekov), Kimi Merk, Kai Merk (54.Khristiyan Brauzman), Joel Kojo (69.Ernist Batyrkanov). Trainer: Štefan Tarkovič (Slovakia).

21.01.2024, 18th AFC Asian Cup, Final Tournament, Group Stage
„Ahmad bin Ali" Stadium, Al Rayyan (Qatar); Attendance: 39,557
Referee: Jumpei Iida (Japan)
KYRGYZ REPUBLIC - SAUDI ARABIA   **0-2(0-1)**
KGZ: Erjan Tokotayev, Bekjan Sagynbaev (87.Amantur Shamurzayev), Tamirlan Kozubayev, Aleksandr Mischenko, Ayzar Akmatov [*sent off 9*], Khristiyan Brauzman, Kairat Zhyrgalbek uulu (73.Kai Merk), Odiljon Abdurakhmanov (73.Adil Kadyrjanov), Gulzhigit Alykulov (64.Nurdoolot Stalbekov), Kimi Merk [*sent off 52*], Ernist Batyrkanov (64.Bakhtiyar Duyshobekov). Trainer: Štefan Tarkovič (Slovakia).

25.01.2024, 18th AFC Asian Cup, Final Tournament, Group Stage
„Abdullah bin Khalifa" Stadium, Doha (Qatar); Attendance: 6,231
Referee: Ahmad Al Ali (Kuwait)
KYRGYZ REPUBLIC - OMAN   **1-1(0-1)**
KGZ: Erjan Tokotayev, Tamirlan Kozubayev, Aleksandr Mischenko (88.Amantur Shamurzayev), Bakhtiyar Duyshobekov, Suyuntbek Mamyraliev (46.Kai Merk), Khristiyan Brauzman, Farkhat Musabekov (88.Adil Kadyrjanov), Odiljon Abdurakhmanov, Gulzhigit Alykulov (46.Beknaz Almazbekov), Ernist Batyrkanov (90+1.Nurdoolot Stalbekov), Joel Kojo. Trainer: Štefan Tarkovič (Slovakia).
Goal: Joel Kojo (80).

21.03.2024, 23rd FIFA World Cup Qualifiers / 19th AFC Asian Cup Qualifiers second round
Kaohsiung Nanzih Football Stadium, Kaohsiung; Attendance: 1,028
Referee: Yahya Mohammed Ali Hassan Al Mulla (United Arab Emirates)
CHINESE TAIPEI - KYRGYZ REPUBLIC   **0-2(0-0)**
KGZ: Erjan Tokotayev, Valeriy Kichin, Tamirlan Kozubayev, Aleksandr Mischenko, Khristiyan Brauzman, Said Datsiev [*sent off 24*], Magamed Uzdenov, Murolimzhon Akhmedov (46.Kai Merk), Nurdoolot Stalbekov (46.Atay Jumashev; 87.Ryskeldi Artykbaev), Eldiyar Zarypbekov (90+4.Adil Kadyrjanov), Joel Kojo (89.Beknaz Almazbekov). Trainer: Štefan Tarkovič (Slovakia).
Goals: Valeriy Kichin (54 penalty), Kai Merk (80).

26.03.2024, 23rd FIFA World Cup Qualifiers / 19th AFC Asian Cup Qualifiers second round
„Dolen Omurzakov" Stadium, Bishkek; Attendance: 13,657
Referee: Ammar Ebrahim Mahfoodh (Bahrain)
KYRGYZ REPUBLIC - CHINESE TAIPEI   5-1(3-0)
KGZ: Erjan Tokotayev, Valeriy Kichin, Tamirlan Kozubayev, Aleksandr Mischenko (75.Amantur Shamurzayev), Khristiyan Brauzman, Odiljon Abdurakhmanov (37.Eldiyar Zarypbekov), Gulzhigit Alykulov, Erbol Atabayev, Kai Merk (57.Kimi Merk), Joel Kojo (58.Ernist Batyrkanov), Beknaz Almazbekov (75.Murolimzhon Akhmedov). Trainer: Štefan Tarkovič (Slovakia).
Goals: Joel Kojo (17, 38, 45), Khristiyan Brauzman (79), Kimi Merk (90+5).

06.06.2024, 23rd FIFA World Cup Qualifiers / 19th AFC Asian Cup Qualifiers second round
„Dolen Omurzakov" Stadium, Bishkek; Attendance: 14,135
Referee: Adham Mohammad Tumah Makhadmeh (Jordan)
KYRGYZ REPUBLIC - MALAYSIA   1-1(1-1)
KGZ: Erjan Tokotayev, Valeriy Kichin, Tamirlan Kozubayev, Khristiyan Brauzman, Amantur Shamurzayev (70.Ermek Kenjebaev), Kairat Zhyrgalbek uulu (82.Kai Merk), Odiljon Abdurakhmanov, Alimardon Shukurov (82.Ernist Batyrkanov), Gulzhigit Alykulov (62.Beknaz Almazbekov), Erbol Atabayev (61.Eldiyar Zarypbekov), Joel Kojo. Trainer: Štefan Tarkovič (Slovakia).
Goal: Gulzhigit Alykulov (24).

11.06.2024, 23rd FIFA World Cup Qualifiers / 19th AFC Asian Cup Qualifiers second round
"Sultan Qaboos" Sports Complex, Muscat; Attendance: 13,754
Referee: Alireza Faghani (Australia)
OMAN - KYRGYZ REPUBLIC   1-1(0-1)
KGZ: Erjan Tokotayev, Valeriy Kichin, Tamirlan Kozubayev, Amantur Shamurzayev (90+4.Kai Merk), Kairat Zhyrgalbek uulu (85.Nurbol Baktybekov), Murolimzhon Akhmedov (62.Ernist Batyrkanov), Odiljon Abdurakhmanov, Alimardon Shukurov, Gulzhigit Alykulov (62.Beknaz Almazbekov), Eldiyar Zarypbekov, Joel Kojo (85.Erbol Atabayev). Trainer: Štefan Tarkovič (Slovakia).
Goal: Eldiyar Zarypbekov (20).

NATIONAL TEAM PLAYERS 2023/2024		
Name	DOB	Club
Goalkeepers		
Sultan CHOMOEV	20.01.2003	*FC Dordoi Bishkek*
Marsel ISLAMKULOV	18.04.1994	*FC Abdish-Ata Kant*
Kutman KADYRBEKOV	13.06.1997	*FC Abdish-Ata Kant*
Kurmanbek NURLANBEKOV	01.04.2004	*FC Dordoi Bishkek*
Erjan TOKOTAYEV	17.07.2000	*Şanliurfaspor (TUR)*
Defenders		
Ayzar AKMATOV	24.08.1998	*FC Abdish-Ata Kant*
Khristiyan BRAUZMAN	15.08.2003	*FC Abdish-Ata Kant*
Said DATSIEV	10.04.2003	*FC Dordoi Bishkek*
Valeriy KICHIN	12.10.1992	*FK Yenisey Krasnoyarsk (RUS)*
Tamirlan KOZUBAYEV	01.07.1994	*Eastern Sports Club (HKG)*
Suyuntbek MAMYRALIEV	07.01.1998	*FC Dordoi Bishkek*
Aleksandr MISHCHENKO	30.07.1997	*FC Dordoi Bishkek*

Amantur SHAMURZAYEV	25.01.2000	*FC Alay Osh;*
		01.01.2024-> FC Abdish-Ata Kant
Magamed UZDENOV	25.02.1994	*FC Abdish-Ata Kant*
Kairat ZHYRGALBEK UULU	13.06.1994	*FC Abdish-Ata Kant*

Midfielders

Odiljon ABDURAKHMANOV	18.03.1996	*FC Maqtaaral Jetisay (KAZ);*
		18.03.2024-> FC Neftchi Kochkor-Ata
Murolimzhon AKHMEDOV	05.01.1992	*FC Dordoi Bishkek*
Gulzhigit ALYKULOV	25.11.2000	*FC Neman Grodno (BLR)*
Erbol ATABAYEV	15.08.2001	*FK Volgar Astrakhan (RUS)*
Azim AZAROV	20.09.1996	*FC Abdish-Ata Kant*
Nurbol BAKTYBEKOV	23.02.2004	*FC Dordoi Bishkek*
Bakhtiyar DUYSHOBEKOV	03.06.1995	*Muras United Jalal-Abad*
Adil KADYRJANOV	14.07.2000	*FC Dordoi Bishkek*
Ermek KENJEBAEV	03.04.2003	*FC Slavia Mozyr (BLR)*
Kimi MERK	06.07.2004	*Pakhtakor FC Tashkent (UZB)*
Farkhat MUSABEKOV	03.01.1994	*FC Abdish-Ata Kant*
Tursunali RUSTAMOV	31.01.1990	*FC Dordoi Bishkek*
Arlen SHARSHENBEKOV	16.03.2004	*FK Alania-2 Vladikavkaz (RUS)*
Alimardon SHUKUROV	28.09.1999	*FC Neman Grodno (BLR); 27.03.2024->*
		FC Torpedo-BelAZ Zhodino (BLR)
Eldiyar ZARYPBEKOV	14.09.2001	*FK Chayka Peschanokopskoye (RUS)*
Amir ZHAPAROV	18.08.2000	*FC Alga Bishkek*

Forwards

Mirbek AKHMATALIEV	07.02.1994	*FC Abdish-Ata Kant*
Beknaz ALMAZBEKOV	23.06.2005	*Galatasaray SK Istanbul (TUR)*
Ryskeldi ARTYKBAEV	09.04.2001	*FC Dordoi Bishkek*
Ernist BATYRKANOV	21.02.1998	*FC Abdish-Ata Kant*
Atay JUMASHEV	15.09.1998	*FC Abdish-Ata Kant*
Joel KOJO	21.08.1998	*FC Dinamo Samarqand (UZB)*
Viktor MAIER	16.05.1990	*SV Vorwärts Nordhorn (GER)*
Kai MERK	26.08.1998	*Union Titus Pétange (LUX)*
Mirlan MURZAYEV	29.03.1990	*CLB Hà Nội (VIE)*
Bekjan SAGYNBAEV	11.09.1994	*FC Dordoi Bishkek*
Nurdoolot STALBEKOV	13.09.2001	*FC Alay Osh*
Dastanbek TOKTOSUNOV	02.09.2002	*FC Neftchi Kochkor-Ata*

National coaches

Štefan TARKOVIČ (Slovakia) [24.04.2023 – 12.06.2024]	18.02.1973
Maksim LISITSYN (Russia) [from 13.06.2024]	11.01.1978

LAOS

Federation Directory:
Lao Football Federation
LFF Headquarter Ban Houayhong, Chanthabuly 856-21, PO Box 1800, Vientiane
Year of Formation: 1951
Member of FIFA since: 1952
Member of AFC since: 1968
Internet: www.laoff.org.la

The Country: Sathalanalat Paxathipatai Paxaxon Lao (Lao People's Democratic Republic)
Capital: Vientiane
Surface: 236,800 km² / **Population**: 7,749,595 [2022] / **Time**: UTC+7

NATIONAL TEAM RECORDS

First international match:
12.12.1961, Rangoon (MYA): South Vietnam – Laos 7-0

Most international caps:	Most international goals:
Soukaphone Vongchiengkham **58 caps** (since 2010)	Visay Phaphouvanin **18 goals** / 51 caps (2002-2013)

NATIONAL TEAM COMPETITIONS

ASIAN NATIONS CUP		FIFA WORLD CUP	
1956	Did not enter	1930	Part of France
1960	Did not enter	1934	
1964	Did not enter	1938	
1968	Did not enter	1950	
1972	*Withdrew*	1954	Did not enter
1976	*Withdrew*	1958	Did not enter
1980	*Withdrew*	1962	Did not enter
1984	Did not enter	1966	Did not enter
1988	Did not enter	1970	Did not enter
1992	Did not enter	1974	Did not enter
1996	Did not enter	1978	Did not enter
2000	Qualifiers	1982	Did not enter
2004	Qualifiers	1986	Did not enter
2007	Did not enter	1990	Did not enter
2011	Did not enter	1994	Did not enter
2015	Qualifiers	1998	Did not enter
2019	Qualifiers	2002	Qualifiers
2023	Qualifiers	2006	Qualifiers
		2010	Did not enter
		2014	Qualifiers
		2018	Qualifiers
		2022	Qualifiers

OLYMPIC FOOTBALL TOURNAMENTS 1908-2020

1908 to 1928	*Teams from Asia did not enter*
1936, 1948, 1952	*Part of France*
1956	Did not enter
1960	Did not enter
1964	Did not enter
1968	Did not enter
1972	Did not enter
1976	Did not enter

1980	Did not enter
1984	Did not enter
1988	Did not enter
1992	Qualifiers
1996	Qualifiers
2000	Did not enter
2004	Qualifiers
2008	Qualifiers
2012	Qualifiers
2016	Qualifiers
2020	Qualifiers

ASIAN GAMES 1951-2022		AFC CHALLENGE CUP 2006-2014		ASEAN („TIGER") CUP / AFF CUP 1996-2022		SOUTH EAST ASIAN GAMES 1959-2023	
1951	-	2006	-	1996	Group Stage	1959	-
1954	-	2008	*Withdrew*	1998	Group Stage	1961	Group Stage
1958	-	2010	-	2000	Group Stage	1965	-
1962	-	2012	Qualifiers	2002	Group Stage	1967	4th Place
1966	-	2014	Group Stage	2004	Group Stage	1969	Semi-Finals
1970	-	\multicolumn{2}{AFC SOLIDARITY CUP 2016}	2007	Group Stage	1971	Group Stage
1974	-			2008	Group Stage	1973	Group Stage
1978	-			2010	Group Stage	1975	-
1982	-	2016	3rd Place	2012	Group Stage	1977	-
1986	-			2014	Group Stage	1979	-
1990	-			2016	Qualifiers	1981	-
1994	-			2018	Group Stage	1983	-
1998	Group Stage			2020	Group Stage	1985	-
2002	-			2022	Group Stage	1987	-
2006	-					1989	-
2010	-					1991	-
2014	Group Stage					1993	Group Stage
2018	Group Stage					1995	Group Stage
2022	*Withdrew*					1997	Group Stage
						1999	Group Stage
						2001	Group Stage
						2003	Group Stage
						2005	Group Stage
						2007	Group Stage
						2009	4th Place
						2011	Group Stage
						2013	Group Stage
						2015	Group Stage
						2017	Group Stage
						2019	Group Stage
						2021	Group Stage
						2023	Group Stage

LAO CLUB HONOURS IN ASIAN CLUB COMPETITIONS

AFC Champions League 1967-1971 & 1985/1986-2024
None

Asian Football Confederation Cup 2004-2024
None

AFC President's Cup 2005-2014*
None

Asian Cup Winners Cup 1975-2003*
None

Asian Super Cup 1995-2002*
None

*defunct competition

NATIONAL COMPETITIONS
TABLE OF HONOURS

	CHAMPIONS	CUP WINNERS**
1990	Lao Army FC Vientiane	-
1991	Lao Army FC Vientiane	-
1992	Lao Army FC Vientiane	-
1993	Savannakhet / Lao Army FC Vientiane*	-
1994	Lao Army FC Vientiane	-
1995	Pakse / Education Team*	-
1996	Lao Army FC Vientiane	-
1997	Sayaboury / Lao Army FC Vientiane*	-
1998	Khammouan Province XI	-
1999	Not known	-
2000	Vientiane Municipality	-
2001	Banks FC	-
2002	MCTPC FC Vientiane	-
2003	MCTPC FC Vientiane	MCTPC FC Vientiane
2004	MCTPC FC Vientiane	Vientiane FC
2005	Vientiane FC	Not held
2006	Vientiane FC	Lao-American College FC
2007	Lao-American College FC	Ministry of Public Works and Transport
2008	Lao Army FC Vientiane	Not held
2009	No competition	Not held
2010	Lao Bank FC	Lao Bank FC
2011	Yotha FC Vientiane	Lao Bank FC
2012	Lao Police Club Vientiane	Champassak FC
2013	SHB Champasak FC Pakse	Lao Army FC Vientiane
2014	Hoang Anh Attapeu FC	Lao Police Club Vientiane
2015	Lao Toyota FC Vientiane	Lanexang United FC
2016	Lanexang United FC	Not held
2017	Lao Toyota FC Vientiane	Not held
2018	Lao Toyota FC Vientiane	Not held
2019	Lao Toyota FC Vientiane	Lao Toyota FC Vientiane
2020	Lao Toyota FC Vientiane	Young Elephants FC Vientiane
2021	Championship abandoned	No competition
2022	Young Elephants FC Vientiane	No competition
2023	Young Elephants FC Vientiane	No competition

*1993, 1995 and 1997: two championships organized.
**Cup competition called Prime Minister's Cup (2003-2013), LFF Cup (2014), The Minister Cup (2015), Commando LFF Cup (since 2019).

NATIONAL CHAMPIONSHIP
Lao League 1 2023

1.	Young Elephants FC Vientiane	14	12	2	0	39 - 5	38
2.	Master 7 FC Vientiane	14	9	1	4	42 - 15	28
3.	Ezra FC Vientiane	14	7	4	3	39 - 12	25
4.	Lao Army FC Vientiane	14	6	5	3	20 - 14	23
5.	Luang Prabang FC	14	3	5	6	33 - 17	14
6.	Champasak FC	14	3	2	9	13 - 42	11
7.	Namtha United FC	14	1	5	8	10 - 24	8
8.	Vienchangh FC	14	2	2	10	11 - 78	8

NATIONAL TEAM
INTERNATIONAL MATCHES 2023/2024

12.10.2023	Kathmandu	Nepal - Laos	1-1(0-1)	(WCQ)
17.10.2023	Vientiane	Laos - Nepal	0-1(0-0)	(WCQ)

12.10.2023, 23rd FIFA World Cup Qualifiers / 19th AFC Asian Cup Qualifiers first round
Dasharath Rangasala Stadium, Kathmandu; Attendance: 11,235
Referee: Nivon Robesh Gamini (Sri Lanka)
NEPAL - LAOS   **1-1(0-1)**
LAO: Xaysavath Souvanhansok, Thipphachanh Inthavong, Photthavong Sangvilay, Anantaza Siphongphan, Thanouthong Kietnalonglop, Michael Vang, Bounpachan Bounkong (60.Anousone Xaypanya), Chanthavixay Khounthoumphone, Damoth Thongkhamsavath, Kydavone Souvanny (90+4.Chanthaviphone Phoumsavan), Chony Wenpaserth (89.Soukphachan Lueanthala). Trainer: Kanlaya Sysomvang.
Goal: Bounpachan Bounkong (33).

17.10.2023, 23rd FIFA World Cup Qualifiers / 19th AFC Asian Cup Qualifiers first round
New Laos National Stadium, Vientiane; Attendance: 9,772
Referee: Ali Reda (Lebanon)
LAOS - NEPAL   **0-1(0-0)**
LAO: Xaysavath Souvanhansok, Thipphachanh Inthavong, Photthavong Sangvilay, Anantaza Siphongphan, Thanouthong Kietnalonglop, Michael Vang, Anousone Xaypanya (63.Chanthaviphone Phoumsavan), Chanthavixay Khounthoumphone (90+2.Inthachuk Sisouphan), Damoth Thongkhamsavath (78.Soukphachan Lueanthala), Kydavone Souvanny, Chony Wenpaserth (63.Bounpachan Bounkong). Trainer: Kanlaya Sysomvang.

NATIONAL TEAM PLAYERS
2023/2024

Name	DOB	Club

Goalkeepers

Xaysavath SOUVANHANSOK	03.09.1999	Namtha United FC

Defenders

Thipphachanh INTHAVONG	19.08.1996	Young Elephants FC Vientiane
Thanouthong KIETNALONGLOP	05.03.2001	Young Elephants FC Vientiane
Photthavong SANGVILAY	16.10.2004	Ezra FC Vientiane
Inthachuk SISOUPHAN	23.05.2001	Luang Prabang FC

Midfielders

Chanthavixay KHOUNTHOUMPHONE	17.02.2004	Ezra FC Vientiane
Chanthaviphone PHOUMSAVAN	19.06.2005	Namtha United FC
Anantaza SIPHONGPHAN	09.11.2004	Ezra FC Vientiane
Damoth THONGKHAMSAVATH	03.04.2004	Ezra FC Vientiane
Michael VANG	13.05.2000	Portland Timbers 2 (USA)

Forwards

Bounpachan BOUNKONG	29.11.2000	Preah Khan Reach FC FC Svay Rieng(CAM)
Soukphachan LUEANTHALA	24.08.2002	Master 7 FC Vientiane
Kydavone SOUVANNY	22.12.1999	Young Elephants FC Vientiane
Chony WENPASERTH	27.11.2002	Ezra FC Vientiane
Anousone XAYPANYA	16.12.2002	Ezra FC Vientiane

National coaches

Kanlaya SYSOMVANG [from 23.09.2023]	03.11.1990

LEBANON

Federation Directory:
Fédération Libanaise de Football Association
Verdun Street, Radwan Center, 4732 Beirut
Year of Formation: 1933
Member of FIFA since: 1936
Member of AFC since: 1964
Internet: www.the-lfa.com.lb

The Country: Al-Jumhūrīyyah al-Lubnānīyyah (Lebanese Republic)
Capital: Beirut
Surface: 10,452 km² / **Population**: 5,296,814 [2022] / **Time**: UTC+2

NATIONAL TEAM RECORDS

First international match:
27.04.1940, Tel Aviv: Palestine (Israel) - Lebanon 5-1

Most international caps:	Most international goals:
Hassan Ali Maatouk	Hassan Ali Maatouk
123 caps (since 2006)	**26 goals** / 123 caps (since 2006)

NATIONAL TEAM COMPETITIONS

ASIAN NATIONS CUP		FIFA WORLD CUP	
1956	Did not enter	1930	
1960	Did not enter	1934	*Under French Mandate*
1964	Did not enter	1938	
1968	Did not enter	1950	Did not enter
1972	Qualifiers	1954	Did not enter
1976	*Withdrew*	1958	Did not enter
1980	Qualifiers	1962	Did not enter
1984	*Withdrew*	1966	Did not enter
1988	Did not enter	1970	Did not enter
1992	Did not enter	1974	Did not enter
1996	Qualifiers	1978	Did not enter
2000	Final Tournament (Group Stage)	1982	Did not enter
2004	Qualifiers	1986	*Withdrew*
2007	Qualifiers (*later withdrew*)	1990	Did not enter
2011	Qualifiers	1994	Qualifiers
2015	Qualifiers	1998	Qualifiers
2019	Final Tournament (Group Stage)	2002	Qualifiers
2023	Final Tournament (Group Stage)	2006	Qualifiers
		2010	Qualifiers
		2014	Qualifiers
		2018	Qualifiers
		2022	Qualifiers

OLYMPIC FOOTBALL TOURNAMENTS 1908-2020

1908 to 1928	*Teams from Asia did not enter*
1936	*Under French Mandate*
1948	Did not enter
1952	Did not enter
1956	Did not enter
1960	*Withdrew*
1964	*Withdrew*
1968	Qualifiers
1972	Qualifiers
1976	*Withdrew*
1980	Did not enter
1984	*Withdrew*
1988	Did not enter
1992	Qualifiers
1996	Did not enter
2000	Qualifiers
2004	Qualifiers
2008	Qualifiers
2012	Qualifiers
2016	Qualifiers
2020	Qualifiers

ASIAN GAMES 1951-2022		WEST ASIAN CHAMPIONSHIP 2000-2019		ARAB NATIONS CUP 1963-2021	
1951	-	2000	Group Stage	1963	3rd Place
1954	-	2002	Group Stage	1964	4th Place
1958	-	2004	Group Stage	1966	4th Place
1962	-	2007	Group Stage	1985	-
1966	-	2008	-	1988	Group Stage
1970	-	2010	-	1992	-
1974	-	2012	Group Stage	1998	Group Stage
1978	-	2014	Group Stage	2002	Group Stage
1982	-	2019	Group Stage	2012	Group Stage
1986	-			2021	Group Stage
1990	-				
1994	-				
1998	2nd Round				
2002	Group Stage				
2006	-				
2010	-				
2014	-				
2018	-				
2022	-				

LEBANESE CLUB HONOURS IN ASIAN CLUB COMPETITIONS

AFC Champions League 1967-1971 & 1985/1986-2024		
None		
Asian Football Confederation Cup 2004-2017		
Al Ahed FC Beirut	1	2019
AFC President's Cup 2005-2013*		
None		
Asian Cup Winners Cup 1975-2003*		
None		
Asian Super Cup 1995-2002*		
None		

*defunct competition

OTHER CLUB COMPETITIONS:

Arab Champions League / Arab Club Champions Cup 1982-2023
None

Arab Cup Winners Cup 1989-2002*
None

Arab Super Cup 1992-2002*
None

Afro-Asian Club Championship 1986-1998*
None

*defunct competition

NATIONAL COMPETITIONS
TABLE OF HONOURS

	CHAMPIONS	CUP WINNERS
1934	Al Nahda Beirut	-
1935	American University of Beirut	-
1936	Sika Beirut	-
1937	American University of Beirut	-
1938	American University of Beirut	Al Nahda Beirut
1939	Sika Beirut	Helmi SC
1940	*Not known*	Helmi SC
1941	Sika Beirut	Al Nahda Beirut
1942	Al Nahda Beirut	*No competition*
1943	Al Nahda Beirut	Homenetmen Beirut FC
1944	Homenetmen Beirut FC	*No competition*
1945	Homenmen Beirut FC	Al Nahda Beirut
1946	Homenetmen Beirut FC	*No competition*
1947	Al Nahda Beirut	Al Nahda Beirut
1948	Homenetmen Beirut FC	Homenetmen Beirut FC
1949	Al Nahda Beirut	*No competition*
1950	*Not known*	*No competition*
1951	Homenetmen Beirut FC	Al Shabiba Mazraa
1952	*Not known*	Al Shabiba Mazraa
1953	*Not known*	*No competition*
1954	Homenmen Beirut FC	*No competition*
1955	Homenetmen Beirut FC	*No competition*
1956	Racing Beirut	*No competition*
1957	Homenetmen Beirut FC	*No competition*
1958	*Not known*	*No competition*
1959	*Not known*	*No competition*
1960	*Not known*	*No competition*
1961	Homenmen Beirut FC	*No competition*
1962	*Not known*	Homenetmen Beirut FC
1963	Homenetmen Beirut FC	*No competition*
1964	*Not known*	Safa SC Beirut
1965	Racing Beirut	*No competition*
1966	*Not known*	*No competition*

Year		
1967	Al Shabiba Mazraa	*No competition*
1968	*Not known*	*No competition*
1969	Homenetmen Beirut FC	*No competition*
1970	Racing Beirut	*No competition*
1971	*Not known*	Nejmeh SC Beirut
1972	*Not known*	*No competition*
1973	Nejmeh SC Beirut	*No competition*
1974	*Not known*	*No competition*
1975	Nejmeh SC Beirut	*No competition*
1976	*Not known*	*No competition*
1977	*Not known*	*No competition*
1978	*Not known*	*No competition*
1979	*Not known*	*No competition*
1980	*Not known*	*No competition*
1981	*Not known*	*No competition*
1982	*Not known*	*No competition*
1983	*Not known*	*No competition*
1984	*Not known*	*No competition*
1985	*Not known*	*No competition*
1986	*Not known*	Safa SC Beirut
1987	Salam Zgharta	Salam Zgharta
1988	Al Ansar FC Beirut	Al Ansar FC Beirut
1989	Al Ansar FC Beirut	Nejmeh SC Beirut
1990	Al Ansar FC Beirut	Al Ansar FC Beirut
1991	Al Ansar FC Beirut	Al Ansar FC Beirut
1992	Al Ansar FC Beirut	Al Ansar FC Beirut
1993	Al Ansar FC Beirut	Al Bourj Beirut
1994	Al Ansar FC Beirut	Al Ansar FC Beirut
1995	Al Ansar FC Beirut	Al Ansar FC Beirut
1996	Al Ansar FC Beirut	Al Ansar FC Beirut
1997	Al Ansar FC Beirut	Nejmeh SC Beirut
1998	Al Ansar FC Beirut	Nejmeh SC Beirut
1999	Al Ansar FC Beirut	Al Ansar FC Beirut
2000	Nejmeh SC Beirut	Shabab Al-Sahel Beirut
2001	*Competition withheld*	Tadamon Sour SC Tyre
2002	Nejmeh SC Beirut	Al Ansar FC Beirut
2003	Olympic Beirut*	Olympic Beirut
2004	Nejmeh SC Beirut	Al Ahed FC Beirut
2004/2005	Nejmeh SC Beirut	Al Ahed FC Beirut
2005/2006	Al Ansar FC Beirut	Al Ansar FC Beirut
2006/2007	Al Ansar FC Beirut	Al Ansar FC Beirut
2007/2008	Al Ahed FC Beirut	Al Mabarrah Beirut
2008/2009	Nejmeh SC Beirut	Al Ahed FC Beirut
2009/2010	Al Ahed FC Beirut	Al Ansar FC Beirut
2010/2011	Al Ahed FC Beirut	Al Ahed FC Beirut
2011/2012	Safa SC Beirut	Al Ansar FC Beirut
2012/2013	Safa SC Beirut	Safa SC Beirut
2013/2014	Nejmeh SC Beirut	Salam Zgharta
2014/2015	Al Ahed FC Beirut	Tripoli Sporting Club
2015/2016	Safa SC Beirut	Nejmeh SC Beirut
2016/2017	Al Ahed FC Beirut	Al Ansar FC Beirut
2017/2018	Al Ahed FC Beirut	Al Ahed FC Beirut
2018/2019	Al Ahed FC Beirut	Al Ahed FC Beirut

2019/2020	*Championship suspended*	*Competition cancelled*
2020/2021	Al Ansar FC Beirut	Al Ansar FC Beirut
2021/2022	Al Ahed FC Beirut	Nejmeh SC Beirut
2022/2023	Al Ahed FC Beirut	Nejmeh SC Beirut
2023/2024	Nejmeh SC Beirut	Al Ansar FC Beirut

*called today Tripoli SC.

NATIONAL CHAMPIONSHIP
Lebanese Premier League 2023/2024

Regular Season

1.	Al Ahed FC Beirut	11	9	1	1	31 - 6	28
2.	Nejmeh SC Beirut	11	9	1	1	25 - 11	28
3.	Bourj FC Bourj el-Barajneh	11	6	3	2	17 - 11	21
4.	Al Ansar FC Beirut	11	5	5	1	20 - 13	20
5.	Safa SC Beirut	11	4	5	2	22 - 17	17
6.	Racing Club Beirut	11	3	6	2	19 - 19	15
7.	Shabab Al Sahel FC Beirut	11	3	5	3	11 - 15	14
8.	Tripoli Sporting Club	11	3	3	5	11 - 13	12
9.	Sagesse SC Beirut	11	2	1	8	9 - 18	7
10.	Al Ahly SC Nabatieh	11	0	6	5	5 - 15	6
11.	Tadamon Sour SC Tyre	11	1	2	8	5 - 16	5
12.	Chabab Ghazieh SC	11	1	2	8	5 - 26	5

Top-6 teams were qualified for the Championship Play-offs, while teams ranked 7-12 were qualified for the Relegation Play-offs.
Teams carry over half their point tally from the first phase into the second phase. In the Play-offs, teams played against each other three times (15 matches).

Championship Play-offs

1.	**Nejmeh SC Beirut**	26	19	3	4	44 - 20	46
2.	Al Ansar FC Beirut	26	16	7	3	55 - 24	45
3.	Al Ahed FC Beirut	26	15	5	6	54 - 22	36
4.	Safa SC Beirut	26	8	10	8	35 - 38	26
5.	Bourj FC Bourj el-Barajneh	26	9	8	9	26 - 32	25
6.	Racing Club Beirut	26	3	10	13	29 - 50	12

Relegation Play-offs

7.	Shabab Al Sahel FC Beirut	26	10	9	7	30 - 23	32
8.	Tadamon Sour SC Tyre	26	7	7	12	16 - 28	26
9.	Sagesse SC Beirut	26	7	6	13	21 - 30	24
10.	Chabab Ghazieh SC	26	6	7	13	22 - 41	23
11.	Al Ahly SC Nabatieh (*Relegated*)	26	5	10	11	16 - 32	22
12.	Tripoli Sporting Club (*Relegated*)	26	7	6	13	21 - 29	21

Best goalscorer 2023/2024:

Elhadji Malick Tall (SEN, Al Ansar FC Beirut) – 20 goals

Promoted for the 2024/2025 season:

Al Riyadi Al Abbasiyah Club, Shabab Baalbeck SC

NATIONAL CUP
Lebanese FA Cup - Final 2023/2024

11.07.2024
Al Ansar FC Beirut - Al Ahed FC Beirut	2-1

THE CLUBS 2023/2024

Club	Founded	Stadium	Capacity
Al Ahed Football Club Beirut	1964 (a)	Al Ahed Stadium, Beirut	2,000
Al Ahly Sporting Club Nabatieh	1968	Kfarjoz Municipal Stadium, Nabatîyé	2,000
Al Ansar Football Club Beirut	1951	Municipal Stadium, Beirut	18,000
Bourj Football Club Bourj el-Barajneh	1967	Bourj el-Barajneh Stadium, Bourj el-Barajneh	1,500
Chabab Ghazieh Sporting Club	1961	Kfarjoz Municipal Stadium, Nabatîyé	2,000
Nejmeh Sporting Club Beirut	1945	„Rafic El-Hariri" Stadium, Beirut	5,000
Racing Club Beirut	1934	„Fouad Chehab" Stadium, Jounieh	5,000
Safa Sporting Club Beirut	1939	Safa Stadium, Beirut	4,000
Sagesse Sports Club Beirut	1943 (b)	„Fouad Chehab" Stadium, Jounieh	5,000
Shabab Al Sahel Football Club Beirut	1966	Al Ahed Stadium, Beirut	2,000
Tadamon Sour Sporting Club Tyre	1946	Sour Municipal Stadium, Tyre	6,500
Tripoli Sporting Club	n/a (c)	Tripoli Municipal Stadium, Tripoli	10,000

(a) *as Al Ahed Al Jadeed.*
(b) *as Cercle de la Sagesse Beirut.*
(c) *year unknown, as Al Majd SA.*

NATIONAL TEAM
INTERNATIONAL MATCHES 2023/2024

07.09.2023	Chiang Mai	Thailand - Lebanon	2-1(1-0)	(F)
10.09.2023	Chiang Mai	Lebanon - India	1-0(0-0)	(F)
12.10.2023	Podgorica	Montenegro - Lebanon	3-2(2-0)	(F)
17.10.2023	Dubai	United Arab Emirates - Lebanon	2-1(1-1)	(F)
16.11.2023	Sharjah	Lebanon - Palestine	0-0	(WCQ)
21.11.2023	Ḏhākā	Bangladesh - Lebanon	1-1(0-0)	(WCQ)
28.12.2023	Tripoli	Lebanon - Jordan	2-1(1-1)	(F)
12.01.2024	Lusail	Qatar - Lebanon	3-0(1-0)	(AFC)
17.01.2024	Doha	Lebanon - China P.R.	0-0	(AFC)
22.01.2024	Al Rayyan	Tajikistan - Lebanon	2-1(0-0)	(AFC)
21.03.2024	Sydney	Australia - Lebanon	2-0(1-0)	(WCQ)
26.03.2024	Canberra	Lebanon - Australia	0-5(0-1)	(WCQ)
06.06.2024	Al Rayyan	Palestine - Lebanon	0-0	(WCQ)
11.06.2024	Doha	Lebanon - Bangladesh	4-0(2-0)	(WCQ)

07.09.2023, Friendly International [King's Cup]
700th Anniversary Stadium, Chiang Mai; Attendance: 16,583
Referee: Kim Hee-gon (Korea Republic)
THAILAND - LEBANON   **2-1(1-0)**
LIB: Mostafa Ali Matar, Hussein Ali Zein (85.Hussein Ali Zein), Nader Charbel Matar, Jihad Khaled Ayoub (46.Kassem Mohammed El Zein), Walid Adel Shour, Bassel Zakaria Jradi (85.Daniel Lajud Martínez), Hasan Bassem Srour (58.Mohamad Faouzi Haidar), Alee Samir Tneich, Hilal Bassam El Helwe (63.Karim Abed Darwiche), Hassan Ali Maatouk, Hassan Ali Saad (63.Majed Sobhi Osman). Trainer: Aleksandar Ilić (Serbia).
Goal: Bassel Zakaria Jradi (57).

10.09.2023, Friendly International [King's Cup]
700th Anniversary Stadium, Chiang Mai (Thailand); Attendance: 13,500
Referee: Torphong Somsing (Thailand)
LEBANON - INDIA   **1-0(0-0)**
LIB: Mehdi Salim Khalil, Kassem Mohammed El Zein, Maher Mohammed Sabra (90+2.Hasan Mohamad Kourani), Abdallah Ali Moughrabi (61.Hussein Ali Zein), Mohamad Faouzi Haidar (72.Ali Jamal Al Haj), Nader Charbel Matar, Bassel Zakaria Jradi (61.Karim Abed Darwiche), Jihad Khaled Ayoub, Walid Adel Shour, Alee Samir Tneich (90+3.Hasan Bassem Srour), Hassan Ali Saad. Trainer: Aleksandar Ilić (Serbia).
Goal: Kassem Mohammed El Zein (77).

12.10.2023, Friendly International
Stadion pod Goricom, Podgorica; Attendance: 1,337
Referee: Eldorjan Hamiti (Albania)
MONTENEGRO - LEBANON   **3-2(2-0)**
LIB: Ali Abbas Sabeh, Kassem Mohammed El Zein, Said Abdul Hassan Awada (90.Hussein Ali Zein), Mohammad Hussein Al Hayek (60.Abdallah Ali Moughrabi), Nader Charbel Matar (61.Ali Jamal Al Haj), Jihad Khaled Ayoub, Walid Adel Shour, Alee Samir Tneich, Hassan Ali Maatouk (60.Mohamad Faouzi Haidar), Hassan Ali Saad (75.Hilal Bassam El Helwe), Karim Abed Darwiche (75.Khalil Abdel Salam Bader). Trainer: Nikola Jurčević (Croatia).
Goals: Karim Abed Darwiche (65), Alee Samir Tneich (80).

17.10.2023, Friendly International
Al Maktoum Stadium, Dubai (United Arab Emirates); Attendance: n/a
Referee: Mohamed Adel Mohamed Ali Hasan Hussein (Egypt)
UNITED ARAB EMIRATES - LEBANON   **2-1(1-1)**
LIB: Mehdi Salim Khalil (74.Mostafa Ali Matar), Kassem Mohammed El Zein, Hussein Ali Zein (46.Nassar Mahmoud Nassar), Mohammad Hussein Al Hayek (58.Abdallah Ali Moughrabi), Bassel Zakaria Jradi, Jihad Khaled Ayoub, Walid Adel Shour, Alee Samir Tneich (90+3.Yahya Mosbah El Hindi), Hassan Ali Maatouk (58.Mohamad Faouzi Haidar), Hassan Ali Saad (46.Nader Charbel Matar), Karim Abed Darwiche. Trainer: Nikola Jurčević (Croatia).
Goal: Karim Abed Darwiche (34).

16.11.2023, 23rd FIFA World Cup Qualifiers / 19th AFC Asian Cup Qualifiers second round
"Khalid bin Mohammed" Stadium, Sharjah (United Arab Emirates); Attendance: 200
Referee: Adham Mohammad Tumah Makhadmeh (Jordan)
LEBANON - PALESTINE   **0-0**
LIB: Mostafa Ali Matar, Kassem Mohammed El Zein, Nassar Mahmoud Nassar, Mohammad Hussein Al Hayek, Jihad Khaled Ayoub, Walid Adel Shour, Majed Sobhi Osman (63.Ali Jamal Al Haj), Alee Samir Tneich, Hassan Ali Maatouk (63.Mohamad Faouzi Haidar), Hassan Ali Saad (90+2.Mohamad Jalal Kdouh), Karim Abed Darwiche (75.Hilal Bassam El Helwe). Trainer: Nikola Jurčević (Croatia).

21.11.2023, 23rd FIFA World Cup Qualifiers / 19th AFC Asian Cup Qualifiers second round
Bashundhara Kings Arena, Ḍhākā; Attendance: 6,297
Referee: Kim Dae-yong (Korea Republic)
BANGLADESH - LEBANON   **1-1(0-0)**
LIB: Mostafa Ali Matar, Kassem Mohammed El Zein, Nassar Mahmoud Nassar, Mohammad Hussein Al Hayek, Nader Charbel Matar, Hilal Bassam El Helwe (75.Ali Jamal Al Haj), Jihad Khaled Ayoub, Walid Adel Shour (46.George Felix Robert Michel Melki), Alee Samir Tneich (64.Majed Sobhi Osman), Hassan Ali Maatouk (64.Mohamad Faouzi Haidar), Karim Abed Darwiche (83.Mohamad Jalal Kdouh). Trainer: Nikola Jurčević (Croatia).
Goal: Majed Sobhi Osman (67).

28.12.2023, Friendly International
Tripoli Municipal Stadium, Tripoli; Attendance: 0
Referee: Maher Al Ali (Lebanon)
LEBANON - JORDAN   **2-1(1-1)**
LIB: Mehdi Salim Khalil (46.Mostafa Ali Matar), Nour Nayef Mansour, Nassar Mahmoud Nassar (34.Robert Alexander Robert Michel Melki), Hussein Ali Zein (65.Mouhammed-Ali Najib Dhaini), Maher Mohammed Sabra (78.Hassan Samih Chaitou), Kassem Mohammed El Zein, Walid Adel Shour (46.George Felix Robert Michel Melki), Hilal Bassam El Helwe (70.Gabriel Walid Bitar), Yahya Mosbah El Hindi (46.Alee Samir Tneich), Mohamad Faouzi Haidar (65.Daniel Lajud Martínez), Hassan Ali Maatouk (70.Hassan Ali Saad). Trainer: Miodrag Radulović (Montenegro).
Goals: Mohamad Faouzi Haidar (24), Nour Nayef Mansour (90).

12.01.2024, 18th AFC Asian Cup, Final Tournament, Group Stage
Lusail Stadium, Lusail; Attendance: 82,490
Referee: Alireza Faghani (Australia)
QATAR - LEBANON   **3-0(1-0)**
LIB: Mostafa Ali Matar, Nour Nayef Mansour, Robert Alexander Robert Michel Melki, Kassem Mohammed El Zein, Nassar Mahmoud Nassar (87.Hassan Ali Saad), Hussein Ali Zein, Mohamad Faouzi Haidar (70.Omar Chaaban Khaled Bugiel), Bassel Zakaria Jradi (80.Gabriel Walid Bitar), Walid Adel Shour (70.Hasan Bassem Srour), Alee Samir Tneich, Hassan Ali Maatouk (70.Hilal Bassam El Helwe). Trainer: Miodrag Radulović (Montenegro).

17.01.2024, 18th AFC Asian Cup, Final Tournament, Group Stage
Al Thumama Stadium, Doha (Qatar); Attendance: 14,137
Referee: Ko Hyung-jin (Korea Republic)
LEBANON - CHINA P.R. **0-0**
LIB: Mostafa Ali Matar, Nour Nayef Mansour (18.Robert Alexander Robert Michel Melki), Kassem Mohammed El Zein, Hussein Ali Zein, Maher Mohammed Sabra, Khalil George Khamis, Bassel Zakaria Jradi, Hasan Bassem Srour (90+3.Walid Adel Shour), Alee Samir Tneich, Hassan Ali Maatouk (71.Mohamad Faouzi Haidar), Omar Chaaban Khaled Bugiel (90+3.Hilal Bassam El Helwe). Trainer: Miodrag Radulović (Montenegro).

22.01.2024, 18th AFC Asian Cup, Final Tournament, Group Stage
„Jassim bin Hamad" Stadium, Al Rayyan (Qatar); Attendance: 11,843
Referee: Mohanad Qasim Eessee Sarray (Iraq)
TAJIKISTAN - LEBANON **2-1(0-0)**
LIB: Mostafa Ali Matar, Robert Alexander Robert Michel Melki, Kassem Mohammed El Zein [*sent off 56*], Nassar Mahmoud Nassar (82.Daniel Lajud Martínez), Hussein Ali Zein, Khalil George Khamis, Bassel Zakaria Jradi (82.Gabriel Walid Bitar), Hasan Bassem Srour, Alee Samir Tneich (82.Mohamad Faouzi Haidar), Hassan Ali Maatouk (58.Walid Adel Shour), Omar Chaaban Khaled Bugiel (67.Hilal Bassam El Helwe). Trainer: Miodrag Radulović (Montenegro).
Goal: Bassel Zakaria Jradi (47).

21.03.2024, 23rd FIFA World Cup Qualifiers / 19th AFC Asian Cup Qualifiers second round
Western Sydney Stadium, Sydney; Attendance: 27,026
Referee: Khamis Mohammed Al Marri (Qatar)
AUSTRALIA - LEBANON **2-0(1-0)**
LIB: Mostafa Ali Matar, Nassar Mahmoud Nassar, Maher Mohammed Sabra, Khalil George Khamis, Hassan Samih Chaitou, Bassel Zakaria Jradi (85.Gabriel Walid Bitar), Walid Adel Shour, Hasan Bassem Srour (46.Mohamad Faouzi Haidar), Alee Samir Tneich (78.Nader Charbel Matar), Hassan Ali Maatouk (66.Daniel Lajud Martínez), Omar Chaaban Khaled Bugiel (78.Karim Abed Darwiche). Trainer: Miodrag Radulović (Montenegro).

26.03.2024, 23rd FIFA World Cup Qualifiers / 19th AFC Asian Cup Qualifiers second round
Canberra Stadium, Canberra (Australia); Attendance: 25,023
Referee: Mooud Bonyadifard (Iran)
LEBANON - AUSTRALIA **0-5(0-1)**
LIB: Mostafa Ali Matar, Nassar Mahmoud Nassar, Khalil George Khamis, Hassan Samih Chaitou (46.Daniel Lajud Martínez), Hussein Hamid Sharafeddine, Nader Charbel Matar, Bassel Zakaria Jradi (86.Jackson Habib Khoury), Walid Adel Shour, Alee Samir Tneich (59.Gabriel Walid Bitar), Hassan Ali Maatouk (58.Karim Abed Darwiche), Omar Chaaban Khaled Bugiel (79.Hasan Bassem Srour). Trainer: Miodrag Radulović (Montenegro).

06.06.2024, 23rd FIFA World Cup Qualifiers / 19th AFC Asian Cup Qualifiers second round
„Jassim bin Hamad" Stadium, Al Rayyan (Qatar); Attendance: 2,428
Referee: Abdulrahman Ibrahim Al Jassim (Qatar)
PALESTINE - LEBANON **0-0**
LIB: Mostafa Ali Matar, Kassem Mohammed El Zein, Hussein Ali Zein, Khalil George Khamis, Nader Charbel Matar (81.Rabih Mohammad Ataya), George Felix Robert Michel Melki (46.Walid Adel Shour), Jihad Khaled Ayoub (73.Daniel Lajud Martínez), Hasan Bassem Srour (60.Ali Jamal Al Haj), Hassan Ali Maatouk (60.Mohamad Faouzi Haidar), Karim Abed Darwiche, Omar Chaaban Khaled Bugiel. Trainer: Miodrag Radulović (Montenegro).

11.06.2024, 23rd FIFA World Cup Qualifiers / 19th AFC Asian Cup Qualifiers second round
Khalifa International Stadium, Al Rayyan (Qatar); Attendance: 13,721
Referee: Razlan Joffri Ali (Malaysia)

LEBANON - BANGLADESH 4-0(2-0)

LIB: Mostafa Ali Matar, Kassem Mohammed El Zein, Nassar Mahmoud Nassar, Hussein Ali Zein (41.Maher Mohammed Sabra), Mohamad Faouzi Haidar (71.Daniel Lajud Martínez), Nader Charbel Matar, Jihad Khaled Ayoub, Alee Samir Tneich, Hassan Ali Maatouk (62.Hasan Bassem Srour), Karim Abed Darwiche (71.Ali Jamal Al Haj), Omar Chaaban Khaled Bugiel (61.Leonardo Farah Shahin).
Trainer: Miodrag Radulović (Montenegro).
Goals: Hassan Ali Maatouk (5 penalty), Nader Charbel Matar (45+2), Hassan Ali Maatouk (49, 60).

NATIONAL TEAM PLAYERS 2023/2024

Name	DOB	Club
Goalkeepers		
Mehdi Salim KHALIL	19.09.1991	*Al Faisaly Club Amman (JOR)*
Mostafa Ali MATAR	10.09.1995	*Al Ahed FC Beirut*
Ali Abbas SABEH	24.06.1994	*Nejmeh SC Beirut*
Defenders		
Mohammad Hussein AL HAYEK	19.02.2000	*Bourj FC Bourj el-Barajneh*
Said Abdul Hassan AWADA	07.11.1992	*Nejmeh SC Beirut*
Hassan Samih CHAITOU	16.06.1991	*Safa SC Beirut*
Kassem Mohammed EL ZEIN	02.12.1990	*Nejmeh SC Beirut*
Khalil George KHAMIS	12.01.1995	*Al Ahed FC Beirut*
Nour Nayef MANSOUR	22.10.1989	*Al Ahed FC Beirut*
Robert Alexander Robert Michel MELKI	14.11.1992	*Al Ansar FC Beirut*
Abdallah Ali MOUGHRABI	14.08.1995	*Nejmeh SC Beirut*
Nassar Mahmoud NASSAR	01.01.1992	*Al Ansar FC Beirut*
Maher Mohammed SABRA	14.01.1992	*Nejmeh SC Beirut*
Hussein Hamid SHARAFEDDINE	13.10.1997	*Safa SC Beirut*
Hussein Ali ZEIN	27.01.1995	*Al Ahed FC Beirut*
Midfielders		
Jihad Khaled AYOUB	30.03.1995	*Persatuan Sepakbola Sleman (IDN)*
Mouhammed-Ali Najib DHAINI	01.03.1994	*Al Ansar FC Beirut*
Yahya Mosbah EL HINDI	24.09.1998	*Al Ansar FC Beirut*
Mohamad Faouzi HAIDAR	08.11.1989	*Al Ahed FC Beirut*
Bassel Zakaria JRADI	06.07.1993	*Bangkok United FC (THA)*
Hasan Mohamad KOURANI	22.01.1995	*Nejmeh SC Beirut*
Daniel LAJUD Martínez	22.01.1999	*Atlante FC Ciudad de México (MEX)*
Nader Charbel MATAR	12.05.1992	*Al Ansar FC Beirut*
George Felix Robert Michel MELKI	23.07.1994	*Al Ahed FC Beirut*
Majed Sobhi OSMAN	09.06.1994	*Dewa United FC Bandar Lampung (IDN)*
Walid Adel SHOUR	10.06.1996	*Al Ahed FC Beirut*
Hasan Bassem SROUR	18.12.2001	*Al Ahed FC Beirut*

Alee Samir TNEICH	16.07.1992	*Al Ansar FC Beirut*
Mahdi Wissam ZEIN	23.05.2000	*Nejmeh SC Beirut*

Forwards

Ali Jamal AL HAJ	02.02.2001	*Al Ahed FC Beirut*
Rabih Mohammad ATAYA	16.07.1989	*Nejmeh SC Beirut*
Khalil Abdel Salam BADER	27.07.1999	*Nejmeh SC Beirut*
Gabriel Walid BITAR	23.08.1998	*Vancouver FC (CAN)*
Omar Chaaban Khaled BUGIEL	03.01.1994	*AFC Wimbledon (ENG)*
Karim Abed DARWICHE	02.11.1998	*Al Ahed FC Beirut*
Hilal Bassam EL HELWE	24.11.1994	*Bourj FC Bourj el-Barajneh*
Mohamad Jalal KDOUH	10.07.1997	*Safa SC Beirut*
Jackson Habib KHOURY	13.10.2002	*Tormenta FC Statesboro (USA)*
Hassan Ali MAATOUK	10.08.1987	*Al Ansar FC Beirut*
Hassan Ali "Soony" SAAD	17.08.1992	*Penang FC George Town (MAS)*

National coaches

Aleksandar ILIĆ (Serbia) [03.08.2022 – 01.10.2023]	26.06.1969
Nikola JURČEVIĆ (Croatia) [02.10.2023 – 08.12.2023]	14.09.1966
Miodrag RADULOVIĆ (Montenegro) [from 11.12.2023]	23.10.1967

MACAU

Federation Directory:
Macau Football Association (Associação de Futebol de Macau)
Avenida Olimpica, Olympic Sports Centre, Stadium Room GS 10-11, Taipa
Year of Formation: 1939
Member of FIFA since: 1978
Member of AFC since: 1978
Internet: www.macaufa.com

The Country: Região Administrativa Especial de Macau da República Popular da China (Macau Special Administrative Region of the P.R. China) / Capital: **Macau**
Surface: 29,5 km^2 / **Population**: 682,300 [2021] / **Time**: UTC+8

NATIONAL TEAM RECORDS

First international match:
29.03.1948, Macau: Macau - Hong Kong 4-2

Most international caps:	Most international goals:
Cheang Cheng Ieong	Chan Kin Seng
58 caps (2005-2019)	**17 goals** / 29 caps (2006-2013)

NATIONAL TEAM COMPETITIONS

ASIAN NATIONS CUP		FIFA WORLD CUP	
1956		1930	
1960		1934	
1964	*Not a member of the AFC*	1938	
1968		1950	
1972		1954	
1976		1958	*Not a member of FIFA*
1980	Qualifiers	1962	
1984	Did not enter	1966	
1988	Did not enter	1970	
1992	Qualifiers	1974	
1996	Qualifiers	1978	
2000	Qualifiers	1982	Qualifiers
2004	Qualifiers	1986	Qualifiers
2007	Did not enter	1990	Did not enter
2011	Qualifiers	1994	Qualifiers
2015	Qualifiers	1998	Qualifiers
2019	Qualifiers	2002	Qualifiers
2023	Qualifiers	2006	Qualifiers
		2010	Qualifiers
		2014	Qualifiers
		2018	Qualifiers
		2022	Qualifiers

OLYMPIC FOOTBALL TOURNAMENTS 1908-2020

1908 to 1928	Teams from Asia did not enter	1980	Did not enter
		1984	Did not enter
		1988	Did not enter
1936		1992	Did not enter
1948		1996	Did not enter
1952		2000	Did not enter
1956		2004	Did not enter
1960	Not a member of FIFA and the AFC	2008	Did not enter
1964		2012	Did not enter
1968		2016	Qualifiers
1972		2020	Qualifiers
1976			

ASIAN GAMES 1951-2022		AFC CHALLENGE CUP 2006-2014		EAST ASIAN CHAMPIONSHIP 2003-2022	
1951	-	2006	Group Stage	2003	Qualifiers
1954	-	2008	Qualifiers	2005	-
1958	-	2010	Qualifiers	2008	Qualifiers
1962	-	2012	Qualifiers	2010	Qualifiers
1966	-	2014	Qualifiers	2013	Qualifiers
1970	-	AFC SOLIDARITY CUP 2016		2015	Qualifiers
1974	-			2017	Qualifiers
1978	-			2019	Qualifiers
1982	-	2016	Runners-up	2022	Did not enter
1986	-				
1990	-				
1994	-				
1998	-				
2002	-				
2006	Group Stage				
2010	-				
2014	-				
2018	-				
2022	-				

MACAU CLUB HONOURS IN ASIAN CLUB COMPETITIONS

AFC Champions League 1967-1971 & 1985/1986-2024
None
Asian Football Confederation Cup 2004-2024
None
AFC President's Cup 2005-2014*
None
Asian Cup Winners Cup 1975-2003*
None
Asian Super Cup 1995-2002*
None

*defunct competition

NATIONAL COMPETITIONS
TABLE OF HONOURS

	CHAMPIONS	CUP WINNERS
1972/1973	Polícia de Segurança Pública Macau	-
1973/1974	*Not known*	-
1974/1975	*Not known*	-
1975/1976	*Not known*	-
1976/1977	*Not known*	-
1977/1978	*Not known*	-
1978/1979	*Not known*	-
1979/1980	*Not known*	-
1980/1981	*Not known*	-
1981/1982	*Not known*	-
1982/1983	*Not known*	-
1983/1984	Wa Seng	-
1984/1985	*Not known*	-
1985/1986	Hap Kuan	-
1986/1987	Hap Kuan	-
1987/1988	Wa Seng	-
1988/1989	Hap Kuan	-
1989/1990	Hap Kuan	-
1990/1991	Sporting de Macau FC	-
1991/1992	GD Lam Pak	-
1992/1993	Leng Ngan	-
1993/1994	GD Lam Pak	-
1994/1995	GD Os Artilheiros	-
1995/1996	GD Os Artilheiros	-
1996/1997	GD Lam Pak	-
1997/1998	GD Lam Pak	-
1998/1999	GD Lam Pak	-
1999/2000	Polícia de Segurança Pública Macau	-
2000/2001	GD Lam Pak	-
2001/2002	CD Monte Carlo Macau	-
2002/2003	CD Monte Carlo Macau	-
2003/2004	CD Monte Carlo Macau	-
2004/2005	Polícia de Segurança Pública Macau	-
2005/2006	GD Lam Pak	-
2006/2007	GD Lam Pak	-
2007/2008	CD Monte Carlo Macau	-
2008/2009	GD Lam Pak	-
2009/2010	Windsor Arch Ka I	-
2010/2011	Windsor Arch Ka I	-
	CHAMPIONS	CUP WINNERS
2011/2012	Windsor Arch Ka I	GD Lam Pak
2012/2013	CD Monte Carlo Macau	Casa do Sport Lisboa e Benfica Macau
2013/2014	Casa do Sport Lisboa e Benfica Macau	Casa do Sport Lisboa e Benfica Macau
2014/2015	Casa do Sport Lisboa e Benfica Macau	Windsor Arch Ka I
2015/2016	Casa do Sport Lisboa e Benfica Macau	Tak Chun Ka I
2017	Casa do Sport Lisboa e Benfica Macau	Casa do Sport Lisboa e Benfica Macau
2018	Casa do Sport Lisboa e Benfica Macau	Chao Pak Kei
2019	Chao Pak Kei	Cheng Fung

2020	*Championship cancelled*	*Not held*
2021	Chao Pak Kei	Chao Pak Kei
2022	Chao Pak Kei	Chao Pak Kei
2023	Chao Pak Kei	CD Monte Carlo Macau

NATIONAL CHAMPIONSHIP
1a Divisão 2023

1.	**Chao Pak Kei**	16	15	1	0	73	- 4	46
2.	Casa do Sport Lisboa e Benfica Macau	16	13	1	2	57	- 14	40
3.	CD Monte Carlo Macau	16	12	1	3	64	- 15	37
4.	Cheng Fung	16	10	1	5	45	- 20	31
5.	Lun Lok	16	5	1	10	22	- 43	16
6.	Hang Sai	16	4	1	11	24	- 75	13
7.	AD Ka I	16	4	1	11	27	- 58	13
8.	Sporting Clube de Macau	16	2	2	12	23	- 63	8
9.	CD Estrelas de Toi Seng (*Relegated*)	16	2	1	13	17	- 60	7
10.	CFB Macau (*Withdrew*)							

Promoted for the 2024 season:
Gala FC, Universidade de Macau

NATIONAL CUP
Taça de Macau - Final 2023

20.07.2023
Casa do Sport Lisboa e Benfica Macau - CD Monte Carlo Macau   2-2 aet; 1-4 pen

THE CLUBS 2023

Club	Founded	Stadium	Capacity
Associação Desportiva Ka I	1985	Lin Fong Sports Centre, Macau	2,000
Casa do Sport Lisboa e Benfica Macau	1951	Campo de Futebol da UTCM, Macau	1,684
Clube Desportivo Monte Carlo Macau	1984	Estádio Campo Desportivo, Macau	16,272
Club de **Fútbol B**enfica Macau	n/a	n/a	n/a
Chao Pak Kei Football Team	2008	Campo de Futebol da UTCM, Macau	1,684
Clube Desportivo Estrelas de Toi Seng	n/a	Estádio Campo Desportivo, Macau	16,272
Cheng Fung	1988	Estádio Campo Desportivo, Macau	16,272
Hang Sai	2009	Estádio Campo Desportivo, Macau	16,272
Lun Lok	1985	n/a	n/a
Sporting Clube de Macau	1926	Lin Fong Sports Centre, Macau	2,000

NATIONAL TEAM
INTERNATIONAL MATCHES 2023/2024

06.09.2023	Taipa	Macau - Bhutan	0-1(0-1)	(F)
11.09.2023	Phnom Penh	Cambodia - Macau	4-0(3-0)	(F)
12.10.2023	Yangon	Myanmar - Macau	5-1(1-0)	(WCQ)
17.10.2023	Taipa	Macau - Myanmar	0-0	(WCQ)

06.09.2023, Friendly International
Estádio Campo Desportivo, Taipa; Attendance: n/a
Referee: Woo Chun Sing (Hong Kong)
MACAU - BHUTAN   **0-1(0-1)**
MAC: Ho Man Fai, Amâncio Manuel Goitia Matos, Filipe Manuel Cordeiro Duarte, Cheong Hoi San (70.Ng Wa Keng), Lam Ka Seng, Ng Wa Seng (79.Sam Cheng Fai), Choi Dion Carlos (46.Leong Hou In), Nuno Jerónimo Augusto Neves Pereira, Nicholas Mario Torrão de Almeida "Nikki Torrão", Leung Chi Seng (79.Wong Chi Son), Pang Chi Hang (62.Ho Chi Fong). Trainer: Lázaro Fonseca Costa Oliveira (Angola).

11.09.2023, Friendly International
National Olympic Stadium, Phnom Penh; Attendance: 30,000
Referee: Hoàng Ngọc Hà (Vietnam)
CAMBODIA - MACAU   **4-0(3-0)**
MAC: Fong Chi Hang, Vítor Emanuel Prazeres de Almeida (46.Ng Wa Keng), Lam Ka Seng (81.Amâncio Manuel Goitia Matos), Chan Man, Cheong Hoi San (46.Filipe Manuel Cordeiro Duarte), Ng Wa Seng (87.Choi Dion Carlos), Leung Chi Seng, Nuno Jerónimo Augusto Neves Pereira (81.Wong Chi Son), Kam Chi Hou, Nicholas Mario Torrão de Almeida "Nikki Torrão", Ho Chi Fong (40.Pang Chi Hang). Trainer: Lázaro Fonseca Costa Oliveira (Angola).

12.10.2023, 23rd FIFA World Cup Qualifiers / 19th AFC Asian Cup Qualifiers first round
Thuwunna Stadium, Yangon; Attendance: 6,213
Referee: Pranjal Banerjee (India)
MYANMAR - MACAU   **5-1(1-0)**
MAC: Ho Man Fai, Vítor Emanuel Prazeres de Almeida, Chan Man, Lam Ka Seng, Filipe Manuel Cordeiro Duarte, Ng Wa Seng (72.Kam Chi Hou), Cheong Hoi San (46.Ng Wa Keng), Lei Cheng Lam (79.Amâncio Manuel Goitia Matos), Nuno Jerónimo Augusto Neves Pereira, Nicholas Mario Torrão de Almeida "Nikki Torrão" (90+4.Leong Hou In), Pang Chi Hang (46.Leung Chi Seng). Trainer: Lázaro Fonseca Costa Oliveira (Angola).
Goal: Nicholas Mario Torrão de Almeida "Nikki Torrão" (55).

17.10.2023, 23rd FIFA World Cup Qualifiers / 19th AFC Asian Cup Qualifiers first round
Estádio Campo Desportivo, Macau; Attendance: 2,187
Referee: Mahmood Salim Said Al Majarafi (Oman)
MACAU - MYANMAR   **0-0**
MAC: Ho Man Fai, Vítor Emanuel Prazeres de Almeida, Chan Man, Lam Ka Seng, Ng Wa Keng, Kam Chi Hou (68.Filipe Manuel Cordeiro Duarte), Ng Wa Seng (82.Amâncio Manuel Goitia Matos), Lei Cheng Lam (77.Cheong Hoi San), Nuno Jerónimo Augusto Neves Pereira, Nicholas Mario Torrão de Almeida "Nikki Torrão", Leung Chi Seng (76.Pang Chi Hang). Trainer: Lázaro Fonseca Costa Oliveira (Angola).

NATIONAL TEAM PLAYERS 2023/2024

Name	DOB	Club
Goalkeepers		
FONG Chi Hang	26.10.1989	*Cheng Fung*
HO Man Fai	24.04.1993	*Chao Pak Kei*
Defenders		
AMÂNCIO Manuel Goitia Matos	29.03.1990	*Casa do Sport Lisboa e Benfica Macau*
CHAN Man	04.10.1993	*Casa do Sport Lisboa e Benfica Macau*
FILIPE Manuel Cordeiro DUARTE	30.05.1985	*Chao Pak Kei*
NG Wa Seng	02.08.1999	*Central & Western DRSA (HKG)*
VÍTOR Emanuel Prazeres de ALMEIDA	05.02.1991	*Chao Pak Kei*
Midfielders		
CHEONG Hoi San	28.06.1998	*CD Monte Carlo Macau*
CHOI Dion Carlos	06.02.1999	*Casa do Sport Lisboa e Benfica Macau*
KAM Chi Hou	04.04.1995	*Chao Pak Kei*
LAM Ka Seng	28.05.1994	*Chao Pak Kei*
NG Wa Keng	02.08.1999	*Casa do Sport Lisboa e Benfica Macau*
NUNO Jerónimo Augusto Neves PEREIRA	22.11.1997	*Imortal DC Albufeira (POR)*
Forwards		
HO Chi Fong	30.09.1994	*Chao Pak Kei*
LEONG Hou In	15.06.1997	*Casa do Sport Lisboa e Benfica Macau*
LEUNG Chi Seng	03.06.2000	*Casa do Sport Lisboa e Benfica Macau*
Nicholas Mario Torrão de Almeida "NIKKI TORRÃO"	18.11.1987	*Chao Pak Kei*
PANG Chi Hang	03.11.1993	*Chao Pak Kei*
SAM Cheng Fai	22.06.1991	*CD Monte Carlo Macau*
WONG Chi Son	03.02.1994	*CD Monte Carlo Macau*

National coaches

LÁZARO Fonseca Costa OLIVEIRA (Angola) [from 23.01.2020]		27.08.1967

MALAYSIA

Federation Directory:
Football Association of Malaysia
Kelana Jaya, 47301 Petaling Jaya, Selangor Darul Ehsan
Year of Formation: 1926
Member of FIFA since: 1954
Member of AFC since: 1954
Internet: www.

The Country: Malaysia
Capital: Kuala Lumpur
Surface: 329,845 km^2 / **Population**: 33,200,000 [2023] / **Time**: UTC+7

NATIONAL TEAM RECORDS

First international match:
12.10.1963, Kuala Lumpur: Malaysia - Thailand 1-1

Most international caps:	Most international goals:
Soh Chin Aun	Mohd Mokhtar Dahari
195 caps (1969-1984)	**89 goals** / 142 caps (1972-1985)

NATIONAL TEAM COMPETITIONS

ASIAN NATIONS CUP		FIFA WORLD CUP	
1956	Qualifiers *(as Malaya)*	1930	Not a member of FIFA *(as Malaya)*
1960	Qualifiers *(as Malaya)*	1934	
1964	Qualifiers	1938	
1968	Qualifiers	1950	
1972	Qualifiers	1954	Did not enter *(as Malaya)*
1976	Final Tournament (Group Stage)	1958	Did not enter *(as Malaya)*
1980	Final Tournament (Group Stage)	1962	Did not enter *(as Malaya)*
1984	Qualifiers	1966	Did not enter
1988	Qualifiers	1970	Did not enter
1992	Qualifiers	1974	Qualifiers
1996	Qualifiers	1978	Qualifiers
2000	Qualifiers	1982	Qualifiers
2004	Qualifiers	1986	Qualifiers
2007	Final Tournament (Group Stage)	1990	Qualifiers
2011	Qualifiers	1994	Qualifiers
2015	Qualifiers	1998	Qualifiers
2019	Qualifiers	2002	Qualifiers
2023	Final Tournament (Group Stage)	2006	Qualifiers
		2010	Qualifiers
		2014	Qualifiers
		2018	Qualifiers
		2022	Qualifiers

OLYMPIC FOOTBALL TOURNAMENTS 1908-2020

1908 to 1928	Teams from Asia did not enter	1980	Withdrew
		1984	Qualifiers
		1988	Qualifiers
1936		1992	Qualifiers
1948	Did not enter (as Malaya)	1996	Qualifiers
1952	Did not enter (as Malaya)	2000	Qualifiers
1956	Did not enter (as Malaya)	2004	Qualifiers
1960	Did not enter (as Malaya)	2008	Qualifiers
1964	Did not enter	2012	Qualifiers
1968	Did not enter	2016	Qualifiers
1972	Final Tournament (Group Stage)	2020	Qualifiers
1976	Qualifiers		

ASIAN GAMES 1951-2022		SOUTH EAST ASIAN GAMES 1959-2023		ASEAN („TIGER") CUP / AFF CUP 1996-2022	
1951	-	1959	3rd Place	1996	Runners-up
1954	-	1961	**Winners**	1998	Group Stage
1958	Group Stage	1965	4th Place	2000	3rd Place
1962	3rd Place	1967	Group Stage	2002	4th Place
1966	Group Stage	1969	Semi-Finals	2004	3rd Place
1970	Group Stage	1971	Runners-up	2007	Semi-Finals
1974	3rd Place	1973	3rd Place	2008	Group Stage
1978	2nd Round	1975	Runners-up	2010	**Winners**
1982	Group Stage	1977	**Winners**	2012	Semi-Finals
1986	Group Stage	1979	**Winners**	2014	Runners-up
1990	-	1981	Runners-up	2016	Group Stage
1994	Group Stage	1983	3rd Place	2018	Runners-up
1998	-	1985	3rd Place	2020	Group Stage
2002	Group Stage	1987	Runners-up	2022	Semi-Finals
2006	Group Stage	1989	**Winners**		
2010	1/8-Finals	1991	Group Stage		
2014	Group Stage	1993	Group Stage		
2018	2nd Round of 16	1995	Group Stage		
2022	-	1997	Group Stage		
		1999	Group Stage		
		2001	Runners-up		
		2003	3rd Place		
		2005	3rd Place		
		2007	Group Stage		
		2009	**Winners**		
		2011	**Winners**		
		2013	4th Place		
		2015	Group Stage		
		2017	Runners-up		
		2019	Group Stage		
		2021	4th Place		
		2023	Group Stage		

MALAYSIAN CLUB HONOURS IN ASIAN CLUB COMPETITIONS

AFC Champions League 1967-1971 & 1985/1986-2024		
None		
Asian Football Confederation Cup 2004-2024		
Kelab Bola Sepak Johor Darul Ta'zim	1	2015
AFC President's Cup 2005-2014*		
None		
Asian Cup Winners Cup 1975-2003*		
None		
Asian Super Cup 1995-2002*		
None		

*defunct competitions

NATIONAL COMPETITIONS
TABLE OF HONOURS

Note: Persatuan Bola Sepak (Malay) = Football Association (English).

Malaysia Cup Winners from 1921 to 1981:
1921: Singapore; 1922: Selangor FC Petaling Jaya; 1923: Singapore; 1924: Singapore; 1925: Singapore; 1926: Perak FC Ipoh; 1927: Selangor FC Petaling Jaya; 1928: Singapore; 1929: Singapore; 1930: Singapor; 1931: Perak FC Ipoh; 1932: Singapore; 1933: Singapore; 1934: Singapore; 1935: Selangor FC Petaling Jaya; 1936: Selangor FC Petaling Jaya; 1937: Singapore; 1938: Selangor FC Petaling Jaya; 1939: Singapore; 1940: Singapore; 1941: Singapore; 1942-1947 *No competition*; 1948: Persatuan Bola Sepak Negeri Sembilan; 1949: Selangor FC Petaling Jaya; 1950: Singapore; 1951: Singapore; 1952: Singapore; 1953: Penang FC George Town; 1954: Penang FC George Town; 1955: Singapore; 1956: Selangor FC Petaling Jaya; 1957: Perak FC Ipoh; 1958: Penang FC George Town; 1959: Selangor FC Petaling Jaya; 1960: Singapore; 1961: Selangor FC Petaling Jaya; 1962: Selangor FC Petaling Jaya; 1963: Selangor FC Petaling Jaya; 1964: Singapore; 1965: Singapore; 1966: Selangor FC Petaling Jaya; 1967: Perak FC Ipoh; 1968: Selangor FC Petaling Jaya; 1969: Selangor FC Petaling Jaya; 1970: Perak FC Ipoh; 1971: Selangor FC Petaling Jaya; 1972: Selangor FC Petaling Jaya; 1973: Selangor FC Petaling Jaya; 1974: Penang FC George Town; 1975: Selangor FC Petaling Jaya; 1976: Selangor FC Petaling Jaya; 1977: Singapore; 1978: Selangor FC Petaling Jaya; 1979: Selangor FC Petaling Jaya; 1980: Singapore; 1981: Selangor FC Petaling Jaya.

	CHAMPIONS	CUP WINNERS
1982	Penang FC George Town	Selangor FC Petaling Jaya
1983	Melaka United FC	Sri Pahang FC Kuantan
1984	Selangor FC Petaling Jaya	Selangor FC Petaling Jaya
1985	Singapore	Kelab Bola Sepak Johor
1986	Federal Territory	Selangor FC Petaling Jaya
1987	Sri Pahang FC Kuantan	Kuala Lumpur City FC
1988	Federal Territory	Kuala Lumpur City FC
1989	Selangor FC Petaling Jaya	Kuala Lumpur City FC
1990	Selangor FC Petaling Jaya	Kedah Darul Aman FC Alor Setar
1991	Kelab Bola Sepak Johor	Kelab Bola Sepak Johor
1992	Sri Pahang FC Kuantan	Sri Pahang FC Kuantan
1993	Kedah Darul Aman FC Alor Setar	Kedah Darul Aman FC Alor Setar
1994	Singapore	Singapore
1995	Sri Pahang FC Kuantan	Selangor FC Petaling Jaya
1996	Sabah FC	Selangor FC Petaling Jaya
1997	Persatuan Bola Sepak Sarawak	Selangor FC Petaling Jaya

1998	Penang FC George Town	Perak FC Ipoh
1999	Sri Pahang FC Kuantan	Brunei
2000	Selangor FC Petaling Jaya	Perak FC Ipoh
2001	Penang FC George Town	Terengganu FC Kuala Terengganu
2002	Perak FC Ipoh	Selangor FC Petaling Jaya
2003	Perak FC Ipoh	Selangor FC Petaling Jaya
2004	Sri Pahang FC Kuantan	Persatuan Bola Sepak Perlis
2005	Persatuan Bola Sepak Perlis	Selangor FC Petaling Jaya
2005/2006	Persatuan Bola Sepak Negeri Sembilan	Persatuan Bola Sepak Perlis
2006/2007	Kedah Darul Aman FC Alor Setar	Kedah Darul Aman FC Alor Setar
2007/2008	Kedah Darul Aman FC Alor Setar	Kedah Darul Aman FC Alor Setar
2008/2009	Selangor FC Petaling Jaya	Persatuan Bola Sepak Negeri Sembilan
2010	Selangor FC Petaling Jaya	Persatuan Bola Sepak Kelantan
2011	Persatuan Bola Sepak Kelantan	Persatuan Bola Sepak Negeri Sembilan
2012	Persatuan Bola Sepak Kelantan	Persatuan Bola Sepak Kelantan
2013	Singapore LionsXII	Sri Pahang FC Kuantan
2014	Johor Darul Ta'zim FC Johor Bahru	Sri Pahang FC Kuantan
2015	Johor Darul Ta'zim FC Johor Bahru	Selangor FC Petaling Jaya
2016	Johor Darul Ta'zim FC Johor Bahru	Kedah Darul Aman FC Alor Setar
2017	Johor Darul Ta'zim FC Johor Bahru	Johor Darul Ta'zim FC Johor Bahru
2018	Johor Darul Ta'zim FC Johor Bahru	Perak FC Ipoh
2019	Johor Darul Ta'zim FC Johor Bahru	Kelab Bola Sepak Johor Darul Ta'zim
2020	Johor Darul Ta'zim FC Johor Bahru	*Competition cancelled*
2021	Johor Darul Ta'zim FC Johor Bahru	Kuala Lumpur City FC
2022	Johor Darul Ta'zim FC Johor Bahru	Johor Darul Ta'zim FC Johor Bahru
2023	Johor Darul Ta'zim FC Johor Bahru	Johor Darul Ta'zim FC Johor Bahru

OTHER MALAYSIAN CUP COMPETITIONS WINNERS:

Malaysia FA Cup:
1990: Perak FC Ipoh; 1991: Selangor FC Petaling Jaya; 1992: Persatuan Bola Sepak Sarawak; 1993: Kuala Lumpur City FC; 1994: Kuala Lumpur City FC; 1995: Sabah FC; 1996: Kedah Darul Aman FC Alor Setar; 1997: Selangor FC Petaling Jaya; 1998: Kelab Bola Sepak Johor; 1999: Kuala Lumpur City FC; 2000: Terengganu FC Kuala Terengganu; 2001: Selangor FC Petaling Jaya; 2002: Penang FC George Town; 2003: Persatuan Bola Sepak Negeri Sembilan; 2004: Perak FC Ipoh; 2005: Selangor FC Petaling Jaya; 2006: Sri Pahang FC Kuantan; 2007: Kedah Darul Aman FC Alor Setar; 2008: Kedah Darul Aman FC Alor Setar; 2009: Selangor FC Petaling Jaya; 2010: Persatuan Bola Sepak Negeri Sembilan; 2011: Terengganu FC Kuala Terengganu; 2012: Persatuan Bola Sepak Kelantan; 2013: Persatuan Bola Sepak Kelantan; 2014: Sri Pahang FC Kuantan; 2015: Singapore LionsXII; 2016: Johor Darul Ta'zim FC Johor Bahru; 2017: Kedah Darul Aman FC Alor Setar; 2018: Sri Pahang FC Kuantan; 2019: Kedah Darul Aman FC Alor Setar; 2020: *Cancelled*; 2021: *No competition*; 2022: Johor Darul Ta'zim FC Johor Bahru; 2023: Johor Darul Ta'zim FC Johor Bahru.

Malaysia Charity Shield (Sultan „Haji Ahmad Shah" Cup):
1984: Selangor FC Petaling Jaya; 1985: Selangor FC Petaling Jaya; 1986: Kelab Bola Sepak Johor; 1987: Selangor FC Petaling Jaya; 1988: Kuala Lumpur City FC; 1989: Singapore; 1990: Selangor FC Petaling Jaya; 1991: Kedah Darul Aman FC Alor Setar; 1992: Sri Pahang FC Kuantan; 1993: Sri Pahang FC Kuantan; 1994: Kedah Darul Aman FC Alor Setar; 1995: Kuala Lumpur City FC; 1996: Selangor FC Petaling Jaya; 1997: Selangor FC Petaling Jaya; 1998: Persatuan Bola Sepak Sarawak; 1999: Perak FC Ipoh; 2000: Kuala Lumpur City FC; 2001: Terengganu FC Kuala Terengganu; 2002: Selangor FC Petaling Jaya; 2003: Penang FC George Town; 2004: Selangor FC Petaling Jaya; 2005: Perak FC Ipoh; 2006: Perak FC Ipoh; 2007: Persatuan Bola Sepak Perlis; 2008: Persatuan Bola Sepak Perlis; 2009: Selangor FC Petaling Jaya; 2010: Selangor FC Petaling Jaya; 2011: Persatuan Bola Sepak Kelantan; 2012: Persatuan Bola Sepak Negeri Sembilan; 2013: Pasukan Bola Sepak Angkatan Tentera Malaysia; 2014: Sri Pahang FC Kuantan; 2015: Johor Darul Ta'zim FC Johor Bahru; 2016: Johor Darul Ta'zim FC Johor Bahru; 2017: Kedah Darul Aman FC Alor Setar; 2018: Johor Darul Ta'zim FC Johor

Bahru; 2019: Johor Darul Ta'zim FC Johor Bahru; 2020: Johor Darul Ta'zim FC Johor Bahru; 2021: Johor Darul Ta'zim FC Johor Bahru; 2022: Johor Darul Ta'zim FC Johor Bahru.

NATIONAL CHAMPIONSHIP
Liga Super 2023

1.	Johor Darul Ta'zim FC Johor Bahru	26	25	1	0	100 - 7		76
2.	Selangor FC Shah Alam	26	20	1	5	72 - 22		61
3.	Sabah FC	26	17	3	6	64 - 33		54
4.	Kedah Darul Aman FC Alor Setar	26	17	2	7	52 - 29		53
5.	Sri Pahang FC Kuantan	26	13	6	7	44 - 33		45
6.	Terengganu FC Kuala Terengganu	26	11	7	8	45 - 34		40
7.	Kuala Lumpur City FC	26	10	8	8	44 - 39		38
8.	Polis DiRaja Malaysia FC Kuala Lumpur	26	11	4	11	35 - 37		37
9.	Negeri Sembilan FC Seremban	26	6	9	11	33 - 49		27
10.	Penang FC George Town	26	6	6	14	29 - 50		24
11.	Perak FC Ipoh	26	6	4	16	25 - 55		22
12.	Kelantan FC Kota Bharu	26	4	5	17	29 - 65		17
13.	Kuching City FC	26	2	6	18	24 - 51		12
14.	Kelantan United FC Kota Bharu* (*Relegated*)	26	2	2	22	29 - 121		8

*Please note: Kelantan United FC Kota Bharu were expelled from the Super Liga due to financial problems.

Best goalscorer 2023:
Ayron del Valle Rodríguez (COL, Selangor FC Shah Alam) – 23 goals

Promoted for the 2024 season:
No teams were promoted. The next season will be played with 13 teams

NATIONAL CUP
Piala Malaysia - Final 2023

08.12.2023, "Sultan Ibrahim" Stadium, Iskandar Puteri; Attendance: 80,550
Referee: S. Logeswaran
Johor Darul Ta'zim FC Johor Bahru - Terengganu FC Kuala Terengganu   3-1(1-1)
Johor Darul Ta'zim FC: Ahmad Syihan Hazmi Mohamed, Matthew Thomas Davies, Jordi Amat Maas (Cap), Shane Thomas Lowry (60.Muhammad Feroz Baharudin), La'Vere Lawrence Corbin-Ong (48.Muhammad Syahmi Safari), Muhammad Afiq Fazail (85.Safiq Rahim), Nathaniel Shio Hong Wan, Arif Aiman Mohd Hanapi, Heberty Fernandes de Andrade, Fernando Martín Forestieri (85.Ignacio „Natxo" Insa Bohigues), Bérgson Gustavo Silveira da Silva. Trainer: Esteban Andrés Solari Poggio (Argentina).
Terengganu FC: Mohd Suhaimi Husin, Muhammad Azam Azmi Murad, Mohamad Shahrul Nizam Ros Hasni, Muhammad Safwan Mazlan, Ubaidullah Shamsul (83.Sardor Kulmatov), Habib Haroon Haroon Saeed (Cap) (75.Syaiful Haqim), Nurillo Tukhtasinov (83.Liridon Krasniqi), Mohammad Nor Hakim Hassan (75.Nik Muhammad Sharif Haseefy Mohd Lazim), Engku Muhammad Nur Shakir Engku Yacob (79.Adisak Kraisorn), Sony Nordé, Ivan Mamut. Trainer: Tomislav Steinbruckner (Croatia).
Goals: 1-0 Bérgson Gustavo Silveira da Silva (6 penalty), 1-1 Ivan Mamut (21 penalty), 2-1 Muhammad Feroz Baharudin (74), 3-1 Arif Aiman Mohd Hanapi (90+4 penalty).

THE CLUBS 2023

Club	Founded	Stadium	Capacity
Johor Darul Ta'zim Football Club Johor Bahru	1972	"Sultan Ibrahim" Stadium, Iskandar Puteri	40,000
Kedah Darul Aman Football Club Alor Setar	1959	"Darul Aman" Stadium, Kedah	32,387
Kelantan Football Club Kota Bharu	1946	„Sultan Muhammad IV" Stadium, Kota Bahru	22,000
Kelantan United Football Club Kota Bharu	2016 (a)	„Sultan Muhammad IV" Stadium, Kota Bahru	22,000
Kuala Lumpur City Football Club	1974	Kuala Lumpur Stadium, Kuala Lumpur	18,000
Kuching City Football Club	2015 (b)	Sarawak State Stadium, Kuching	26,000
Negeri Sembilan Football Club Seremban	1923 (c)	„Tuanku Abdul Rahman" Stadium, Paroi	45,000
Polis **D**i**R**aja **M**alaysia Football Club Kuala Lumpur	1990 (d)	Petaling Jaya Stadium, Petaling Jaya	25,000
Penang Football Club George Town	1920	City Stadium, George Town	20,000
Perak Football Club Ipoh	1921 (e)	Perak Stadium, Ipoh	42,500
Sabah Football Club	1950 (f)	Likas Stadium, Likas	35,000
Selangor Football Club Shah Alam	1905 (g)	Petaling Jaya Stadium, Petaling Jaya	25,000
Sri Pahang Football Club Kuantan	1959 (h)	"Darul Makmur" Stadium, Kuantan	40,000
Terengganu Football Club Kuala Terengganu	1956 (i)	"Sultan Mizan Zainal Abidin" Stadium, Kuala Nerus	50,000

(a) *as MPKB-BRI FC Kota Bahru.*
(b) *as Kuching FA.*
(c) *as Negeri Sembilan FA.*
(d) *as PDRM FA Kuala Lumpur.*
(e) *as Perak AFA.*
(f) a*s North Borneo FA.*
(g) *as Selangor AFL.*
(h) *as Pahang FA*
(i) as *Terengganu FA*

NATIONAL TEAM
INTERNATIONAL MATCHES 2023/2024

Date	Venue	Match	Score	Type
06.09.2023	Chengdu	Syria - Malaysia	2-2(2-0)	(F)
09.09.2023	Chengdu	China P.R. - Malaysia	1-1(1-1)	(F)
13.10.2023	Kuala Lumpur	Malaysia - India	4-2(3-1)	(F)
17.10.2023	Kuala Lumpur	Malaysia - Tajikistan	0-2(0-1)	(F)
16.11.2023	Kuala Lumpur	Malaysia - Kyrgyz Republic	4-3(1-2)	(WCQ)
21.11.2023	Taipei	Chinese Taipei - Malaysia	0-1(0-0)	(WCQ)
15.01.2024	Al Wakrah	Malaysia - Jordan	0-4(0-3)	(AFC)
20.01.2024	Al Rayyan	Bahrain - Malaysia	1-0(0-0)	(AFC)
25.01.2024	Al Wakrah	Korea Republic - Malaysia	3-3(1-0)	(AFC)
21.03.2024	Muscat	Oman - Malaysia	2-0(0-0)	(WCQ)
26.03.2024	Kuala Lumpur	Malaysia - Oman	0-2(0-1)	(WCQ)
06.06.2024	Bishkek	Kyrgyz Republic - Malaysia	1-1(1-1)	(WCQ)
11.06.2024	Kuala Lumpur	Malaysia - Chinese Taipei	3-1(0-1)	(WCQ)

06.09.2023, Friendly International
East-Town Football Park Stadium, Chengdu (China P.R.); Attendance: n/a
Referee: Shen Yinhao (China P.R.)
SYRIA - MALAYSIA   **2-2(2-0)**
MAS: Ahmad Syihan Hazmi Mohamed, Dion Johan Cools, Matthew Thomas Davies, La'Vere Lawrence Corbin-Ong, Mohd Shahrul Mohd Saad (46.Sharul Nazeem Zulpakar), Endrick dos Santos Parafita, Stuart John Wilkin (77.Sergio Fabián Ezequiel Agüero), Paulo Josué Stürmer dos Reis (56.Darren Lok Yee Deng), Mohd Faisal Abdul Halim (46.Muhammad Safawi Rasid), Brendan Gan Seng Ling (46.Junior Gunnar Putera Nadher Marhan Maderner Eldstål), Arif Aiman Mohd Hanapi (46.Muhammad Akhyar Abdul Rashid). Trainer: Kim Pan-gon (Korea Republic).
Goals: Muhammad Akhyar Abdul Rashid (51), Darren Lok Yee Deng (85).

09.09.2023, Friendly International
Chengdu Phoenix Hill Football Stadium, Chengdu; Attendance: 26,138
Referee: Abdulhadi Al Asmar Al Ruaile (Qatar)
CHINA P.R. - MALAYSIA   **1-1(1-1)**
MAS: Ahmad Syihan Hazmi Mohamed, La'Vere Lawrence Corbin-Ong, Matthew Thomas Davies (46.Muhammad Syahmi Safari), Dion Johan Cools, Dominic Tan Jun Jin (68.Sharul Nazeem Zulpakar), Brendan Gan Seng Ling, Endrick dos Santos Parafita (75.Mohd Nor Azam Abdul Azih), Paulo Josué Stürmer dos Reis (46.Junior Gunnar Putera Nadher Marhan Maderner Eldstål), Darren Lok Yee Deng (71.Muhammad Safawi Rasid), Mohd Faisal Abdul Halim, Muhammad Akhyar Abdul Rashid (46.Arif Aiman Mohd Hanapi). Trainer: Kim Pan-gon (Korea Republic).
Goal: Mohd Faisal Abdul Halim (11).

13.10.2023, Friendly International [Merdeka Tournament]
Bukit Jalil National Stadium, Kuala Lumpur; Attendance: 46,150
Referee: Mongkolchai Pechsri (Thailand)
MALAYSIA - INDIA   **4-2(3-1)**
MAS: Ahmad Syihan Hazmi Mohamed, La'Vere Lawrence Corbin-Ong, Matthew Thomas Davies, Dion Johan Cools, Dominic Tan Jun Jin, Endrick dos Santos Parafita, Nooa Hamzah Laine, Darren Lok Yee Deng (66.Stuart John Wilkin), Mohd Faisal Abdul Halim, Muhammad Akhyar Abdul Rashid (66.Sergio Fabián Ezequiel Agüero), Arif Aiman Mohd Hanapi. Trainer: Kim Pan-gon (Korea Republic).
Goals: Dion Johan Cools (7), Arif Aiman Mohd Hanapi (20 penalty), Mohd Faisal Abdul Halim (42), La'Vere Lawrence Corbin-Ong (61).

17.10.2023, Friendly International [Merdeka Tournament]
Bukit Jalil National Stadium, Kuala Lumpur; Attendance: 36,558
Referee: Hoàng Ngọc Hà (Vietnam)
MALAYSIA - TAJIKISTAN 0-2(0-1)
MAS: Ahmad Syihan Hazmi Mohamed, Matthew Thomas Davies, Dion Johan Cools, La'Vere Lawrence Corbin-Ong, Dominic Tan Jun Jin, Endrick dos Santos Parafita, Mohd Faisal Abdul Halim, Muhammad Safawi Rasid, Arif Aiman Mohd Hanapi, Brendan Gan Seng Ling, Darren Lok Yee Deng (*Substitutes are not known*). Trainer: Kim Pan-gon (Korea Republic).

16.11.2023, 23rd FIFA World Cup Qualifiers / 19th AFC Asian Cup Qualifiers second round
Bukit Jalil National Stadium, Kuala Lumpur; Attendance: 17,142
Referee: Ammar Mahfoodh (Bahrain)
MALAYSIA - KYRGYZ REPUBLIC 4-3(1-2)
MAS: Ahmad Syihan Hazmi Mohamed, La'Vere Lawrence Corbin-Ong, Mohd Shahrul Mohd Saad (60.Paulo Josué Stürmer dos Reis), Matthew Thomas Davies, Dion Johan Cools, Dominic Tan Jun Jin (67.Daniel Sang Ting), Brendan Gan Seng Ling (60.Muhammad Akhyar Abdul Rashid), Arif Aiman Mohd Hanapi, Stuart John Wilkin, Darren Lok Yee Deng (60.Endrick dos Santos Parafita), Mohd Faisal Abdul Halim (90+6.Mohamadou Sumareh). Trainer: Kim Pan-gon (Korea Republic).
Goals: Dion Johan Cools (7), Khristiyan Brauzman (72 own goal), Dion Johan Cools (77), Mohd Faisal Abdul Halim (90+3).

21.11.2023, 23rd FIFA World Cup Qualifiers / 19th AFC Asian Cup Qualifiers second round
Taipei Municipal Stadium, Taipei; Attendance: 9,521
Referee: Majed Mohammed Al Shamrani (Saudi Arabia)
CHINESE TAIPEI - MALAYSIA 0-1(0-0)
MAS: Ahmad Syihan Hazmi Mohamed, La'Vere Lawrence Corbin-Ong, Matthew Thomas Davies, Dion Johan Cools, Junior Gunnar Putera Nadher Marhan Maderner Eldstål, Muhammad Afiq Fazail (62.Endrick dos Santos Parafita), Arif Aiman Mohd Hanapi, Stuart John Wilkin, Paulo Josué Stürmer dos Reis (62.Darren Lok Yee Deng), Mohd Faisal Abdul Halim (90.Mohd Shahrul Mohd Saad), Muhammad Akhyar Abdul Rashid (76.Brendan Gan Seng Ling). Trainer: Kim Pan-gon (Korea Republic).
Goal: Darren Lok Yee Deng (72).

15.01.2024, 18th AFC Asian Cup, Final Tournament, Group Stage
Al Janoub Stadium, Al Wakrah (Qatar); Attendance: 20,410
Referee: Mohammed Abdulla Hassan Mohamed (United Arab Emirates)
MALAYSIA - JORDAN 0-4(0-3)
MAS: Ahmad Syihan Hazmi Mohamed, La'Vere Lawrence Corbin-Ong, Matthew Thomas Davies, Dion Johan Cools, Junior Gunnar Putera Nadher Marhan Maderner Eldstål, Muhammad Afiq Fazail (80.Mohamadou Sumareh), Stuart John Wilkin, Darren Lok Yee Deng (46.Mohd Shahrul Mohd Saad), Romel Oswaldo Morales Ramírez (63.Muhammad Akhyar Abdul Rashid), Mohd Faisal Abdul Halim (80.Muhammad Safawi Rasid), Arif Aiman Mohd Hanapi (63.Paulo Josué Stürmer dos Reis). Trainer: Kim Pan-gon (Korea Republic).

20.01.2024, 18th AFC Asian Cup, Final Tournament, Group Stage
„Jassim bin Hamad" Stadium, Al Rayyan (Qatar); Attendance: 10,386
Referee: Ahmed Abu Bakar Said Al Kaf (Oman)
BAHRAIN - MALAYSIA 1-0(0-0)
MAS: Ahmad Syihan Hazmi Mohamed, La'Vere Lawrence Corbin-Ong, Mohd Shahrul Mohd Saad, Matthew Thomas Davies, Dion Johan Cools, Dominic Tan Jun Jin, Mohammad Syamer Kutty Abba (46.Ignacio Insa Bohigues), Arif Aiman Mohd Hanapi (75.Muhammad Akhyar Abdul Rashid), Stuart John Wilkin, Paulo Josué Stürmer dos Reis (75.Romel Oswaldo Morales Ramírez), Mohd Faisal Abdul Halim (84.Mohamadou Sumareh). Trainer: Kim Pan-gon (Korea Republic).

25.01.2024, 18th AFC Asian Cup, Final Tournament, Group Stage
Al Janoub Stadium, Al Wakrah (Qatar); Attendance: 30,117
Referee: Khalid Saleh Al Turais (Saudi Arabia)
KOREA REPUBLIC - MALAYSIA   **3-3(1-0)**
MAS: Ahmad Syihan Hazmi Mohamed, La'Vere Lawrence Corbin-Ong, Mohd Shahrul Mohd Saad, Dion Johan Cools, Daniel Sang Ting, Dominic Tan Jun Jin (84.Junior Gunnar Putera Nadher Marhan Maderner Eldstål), Brendan Gan Seng Ling (90+11.Romel Oswaldo Morales Ramírez), Arif Aiman Mohd Hanapi (84.Muhammad Akhyar Abdul Rashid), Stuart John Wilkin, Darren Lok Yee Deng (73.Paulo Josué Stürmer dos Reis), Mohd Faisal Abdul Halim (84.Mohammad Syamer Kutty Abba). Trainer: Kim Pan-gon (Korea Republic).
Goals: Mohd Faisal Abdul Halim (51), Arif Aiman Mohd Hanapi (62 penalty), Romel Oswaldo Morales Ramírez (90+15).

21.03.2024, 23rd FIFA World Cup Qualifiers / 19th AFC Asian Cup Qualifiers second round
"Sultan Qaboos" Sports Complex, Muscat; Attendance: 21,836
Referee: Fu Ming (China P.R.)
OMAN - MALAYSIA   **2-0(0-0)**
MAS: Ahmad Syihan Hazmi Mohamed, La'Vere Lawrence Corbin-Ong, Mohd Shahrul Mohd Saad (84.Darren Lok Yee Deng), Dion Johan Cools, Daniel Sang Ting (67.Muhammad Azam Azmi Murad), Dominic Tan Jun Jin, Brendan Gan Seng Ling (67.Endrick dos Santos Parafita), Arif Aiman Mohd Hanapi, Stuart John Wilkin (76.Paulo Josué Stürmer dos Reis), Romel Oswaldo Morales Ramírez, Mohd Faisal Abdul Halim (76.Muhammad Akhyar Abdul Rashid). Trainer: Kim Pan-gon (Korea Republic).

26.03.2024, 23rd FIFA World Cup Qualifiers / 19th AFC Asian Cup Qualifiers second round
Bukit Jalil National Stadium, Kuala Lumpur; Attendance: 26,499
Referee: Ko Hyung-jin (Korea Republic)
MALAYSIA - OMAN   **0-2(0-1)**
MAS: Ahmad Syihan Hazmi Mohamed, La'Vere Lawrence Corbin-Ong, Dion Johan Cools, Dominic Tan Jun Jin, Muhammad Azam Azmi Murad (26.Daniel Sang Ting), Mohammad Syamer Kutty Abba (46.Brendan Gan Seng Ling), Arif Aiman Mohd Hanapi, Stuart John Wilkin (73.Paulo Josué Stürmer dos Reis), Darren Lok Yee Deng (46.Endrick dos Santos Parafita), Romel Oswaldo Morales Ramírez, Mohd Faisal Abdul Halim (81.Muhammad Akhyar Abdul Rashid). Trainer: Kim Pan-gon (Korea Republic).

06.06.2024, 23rd FIFA World Cup Qualifiers / 19th AFC Asian Cup Qualifiers second round
„Dolen Omurzakov" Stadium, Bishkek; Attendance: 14,135
Referee: Adham Mohammad Tumah Makhadmeh (Jordan)
KYRGYZ REPUBLIC - MALAYSIA   **1-1(1-1)**
MAS: Muhammad Azri Abdul Ghani, La'Vere Lawrence Corbin-Ong, Matthew Thomas Davies (90+4.Declan Stephen Lambert Lee Kit Meng), Dion Johan Cools, Dominic Tan Jun Jin, Muhammad Safwan Mazlan, Endrick dos Santos Parafita, Nooa Hamzah Laine, Stuart John Wilkin (83.Muhammad Adib Abdul Ra'op), Paulo Josué Stürmer dos Reis (84.Muhammad Haqimi Azim Rosli), Muhammad Akhyar Abdul Rashid (84.Muhammad Safawi Rasid). Trainer: Kim Pan-gon (Korea Republic).
Goal: Odiljon Abdurakhmanov (38 own goal).

11.06.2024, 23rd FIFA World Cup Qualifiers / 19th AFC Asian Cup Qualifiers second round
Bukit Jalil National Stadium, Kuala Lumpur; Attendance: 14,731
Referee: Abdullah Jamali (Kuwait)
MALAYSIA - CHINESE TAIPEI **3-1(0-1)**
MAS: Muhammad Azri Abdul Ghani, La'Vere Lawrence Corbin-Ong, Matthew Thomas Davies (46.Sergio Fabián Ezequiel Agüero), Dion Johan Cools, Dominic Tan Jun Jin (86.Daniel Sang Ting), Muhammad Safwan Mazlan, Endrick dos Santos Parafita (76.Engku Muhammad Nur Shakir Engku Yacob), Nooa Hamzah Laine, Paulo Josué Stürmer dos Reis, Muhammad Safawi Rasid (74.Muhammad Haqimi Azim Rosli), Muhammad Akhyar Abdul Rashid (74.Muhammad Adib Abdul Ra'op). Trainer: Kim Pan-gon (Korea Republic).
Goals: Muhammad Safawi Rasid (53), Paulo Josué Stürmer dos Reis (69), Muhammad Adib Abdul Ra'op (90+6).

NATIONAL TEAM PLAYERS 2023/2024		
Name	DOB	Club
Goalkeepers		
Muhammad Azri Abdul GHANI	30.04.1999	*Kuala Lumpur City FC*
Ahmad Syihan HAZMI Mohamed	22.02.1996	*Johor Darul Ta'zim FC Johor Bahru*
Defenders		
Muhammad Azam AZMI Murad	12.02.2001	*Johor Darul Ta'zim FC Johor Bahru*
Dion Johan COOLS	04.06.1996	*Buriram United FC (THA)*
La'Vere Lawrence CORBIN-ONG	22.04.1991	*Johor Darul Ta'zim FC Johor Bahru*
Matthew Thomas DAVIES	07.02.1995	*Johor Darul Ta'zim FC Johor Bahru*
Junior Gunnar Putera Nadher Marhan Maderner ELDSTÅL	16.09.1991	*Dewa United FC Bandar Lampung (IDN); 31.12.2023-> Johor Darul Ta'zim FC Johor Bahru*
Declan Stephen LAMBERT Lee Kit Meng	21.09.1998	*Kuala Lumpur City FC*
Muhammad Safwan MAZLAN	22.02.2002	*Terengganu FC Kuala Terengganu*
Sharul NAZEEM Zulpakar	16.11.1999	*Selangor FC Shah Alam*
Muhammad Adib Abdul RA'OP	25.10.1999	*Penang FC George Town*
Mohd Shahrul Mohd SAAD	08.07.1993	*Johor Darul Ta'zim FC Johor Bahru*
Dominic TAN Jun Jin	12.03.1997	*Sabah FC*
Daniel Sang TING	01.12.1992	*Sabah FC*
Midfielders		
Mohd Nor Azam Abdul AZIH	03.01.1995	*Sri Pahang FC Kuantan*
ENDRICK dos Santos Parafita	07.03.1995	*Johor Darul Ta'zim FC Johor Bahru*
Muhammad Afiq FAZAIL	29.09.1994	*Johor Darul Ta'zim FC Johor Bahru*
Brendan GAN Seng Ling	03.06.1988	*Selangor FC Petaling Jaya*
Mohammad Syamer KUTTY Abba	01.10.1997	*Johor Darul Ta'zim FC Johor Bahru*
Nooa Hamzah LAINE	22.11.2002	*SJK Seinäjoki (FIN); 09.02.2024-> Selangor FC Shah Alam*
Ignacio "NATXO" INSA Bohigues	09.06.1996	*Johor Darul Ta'zim FC Johor Bahru*
PAULO JOSUÉ Stürmer dos Reis	13.03.1989	*Kuala Lumpur City FC*

Muhammad Syahmi SAFARI	05.02.1998	*Johor Darul Ta'zim FC Johor Bahru*
Stuart John WILKIN	12.03.1998	*Sabah FC*

Forwards

Sergio Fabián Ezequiel AGÜERO	07.04.1994	*Sri Pahang FC Kuantan*
Muhammad Haqimi AZIM Rosli	06.01.2003	*Kuala Lumpur City FC*
Mohd Faisal Abdul HALIM	07.01.1998	*Selangor FC Shah Alam*
Arif Aiman Mohd HANAPI	04.05.2002	*Johor Darul Ta'zim FC Johor Bahru*
Darren LOK Yee Deng	09.03.1991	*Sabah FC*
Romel Oswaldo MORALES Ramírez	23.08.1997	*Kuala Lumpur City FC; 20.02.2024-> Johor Darul Ta'zim FC Johor Bahru*
Muhammad Akhyar Abdul RASHID	01.05.1999	*Johor Darul Ta'zim FC Johor Bahru; 12.02.2024-> Terengganu FC Kuala Terengganu*
Muhammad Safawi RASID	05.03.1997	*Johor Darul Ta'zim FC Johor Bahru; 12.02.2024-> Terengganu FC Kuala Terengganu*
Engku Muhammad Nur SHAKIR Engku Yacob	16.10.1998	*Terengganu FC Kuala Terengganu*
Mohamadou SUMAREH	20.09.1994	*Johor Darul Ta'zim FC Johor Bahru*

National coaches

KIM Pan-gon (Korea Republic) [from 21.01.2022]	01.05.1969

MALDIVES

Federation Directory:
Football Association of Maldives
FAM House Ujaalaa Hin'gun Maafannu, Malé 20388
Year of Formation: 1982
Member of FIFA since: 1986
Member of AFC since: 1984
Internet: www.fam.mv

The Country: Divehi Rājje ge Jumhuriyyā (Republic of Maldives)
Capital: Malé
Surface: 265 km^2 / **Population**: 515,122 [2022] / **Time**: UTC+5

NATIONAL TEAM RECORDS

First international match:
27.08.1979, Réunion: Seychelles - Maldives 9-0

Most international caps:	Most international goals:
Imran Mohamed	Ali Ashfaq
109 caps (2000-2016)	**58 goals** / 98 caps (since 2003)

NATIONAL TEAM COMPETITIONS

ASIAN NATIONS CUP		FIFA WORLD CUP	
1956		1930	
1960	*Part of United Kingdom*	1934	
1964		1938	
1968	Did not enter	1950	*Part of United Kingdom*
1972	Did not enter	1954	
1976	Did not enter	1958	
1980	Did not enter	1962	
1984	Did not enter	1966	Did not enter
1988	Did not enter	1970	Did not enter
1992	*Withdrew*	1974	Did not enter
1996	Qualifiers	1978	Did not enter
2000	Qualifiers	1982	Did not enter
2004	Qualifiers	1986	Did not enter
2007	Did not enter	1990	*Withdrew*
2011	Qualifiers	1994	Did not enter
2015	Qualifiers	1998	Qualifiers
2019	Qualifiers	2002	Qualifiers
2023	Qualifiers	2006	Qualifiers
		2010	Qualifiers
		2014	Qualifiers
		2018	Qualifiers
		2022	Qualifiers

OLYMPIC FOOTBALL TOURNAMENTS 1908-2020

1908 to 1928	Teams from Asia did not enter
1936	Part of United Kingdom
1948	
1952	
1956	
1960	
1964	
1968	Did not enter
1972	Did not enter
1976	Did not enter

1980	Did not enter
1984	Did not enter
1988	Did not enter
1992	Did not enter
1996	Did not enter
2000	Did not enter
2004	Qualifiers
2008	Qualifiers
2012	Qualifiers
2016	Qualifiers
2020	Qualifiers

ASIAN GAMES 1951-2022		AFC CHALLENGE CUP 2006-2014		SOUTH ASIAN FEDERATION GAMES 1984-2019		SOUTH ASIAN FOOTBALL FEDERATION CHAMPIONSHIP 1993-2023	
1951	-	2006	-	1984	3rd Place	1993	-
1954	-	2008	-	1985	Group Stage	1995	Withdrew
1958	-	2010	Qualifiers	1987	Group Stage	1997	Runners-up
1962	-	2012	Group Stage	1989	Group Stage	1999	3rd Place
1966	-	2014	3rd Place	1991	Runners-up	2003	Runners-up
1970	-			1993	4th Place	2005	Semi-Finals
1974	-			1995	Group Stage	2008	**Winners**
1978	-			1999	4th Place	2009	Runners-up
1982	-			2004	Withdrew	2011	Semi-Finals
1986	-			2006	Group Stage	2013	Semi-Finals
1990	-			2010	3rd Place	2015	Semi-Finals
1994	-			2016	3rd Place	2018	**Winners**
1998	Group Stage			2019	Group Stage	2021	Group Stage
2002	Group Stage					2023	Group Stage
2006	Group Stage						
2010	Group Stage						
2014	Group Stage						
2018	-						
2022	-						

MALDIVIAN CLUB HONOURS IN ASIAN CLUB COMPETITIONS

AFC Champions League 1967-1971 & 1985/1986-2024
None

Asian Football Confederation Cup 2004-2024
None

AFC President's Cup 2005-2014*
None

Asian Cup Winners Cup 1975-2003*
None

Asian Super Cup 1995-2002*
None

*defunct competitions

NATIONAL COMPETITIONS
TABLE OF HONOURS

	CHAMPIONS	CUP WINNERS
1983	Victory Sports Club Malé	-
1984	Victory Sports Club Malé	-
1985	Victory Sports Club Malé	-
1986	Victory Sports Club Malé	-
1987	New Radiant Sports Club Malé	-
1988	Victory Sports Club Malé	Valencia Sports Club Malé
1989	Club Lagoons Malé	New Radiant Sports Club Malé
1990	New Radiant Sports Club Malé	Club Lagoons Malé
1991	New Radiant Sports Club Malé	New Radiant Sports Club Malé
1992	Victory Sports Club Malé	Club Lagoons Malé
1993	Valencia Sports Club Malé	Victory Sports Club Malé
1994	Valencia Sports Club Malé	New Radiant Sports Club Malé
1995	New Radiant Sports Club Malé	Valencia Sports Club Malé
1996	Club Lagoons Malé	New Radiant Sports Club Malé
1997	New Radiant Sports Club Malé	New Radiant Sports Club Malé
1998	Valencia Sports Club Malé	New Radiant Sports Club Malé
1999	Valencia Sports Club Malé	Valencia Sports Club Malé
2000	Victory Sports Club Malé	Victory Sports Club Malé
2001	Victory Sports Club Malé	New Radiant Sports Club Malé
2002	Victory Sports Club Malé	Island Football Club Malé*
2003	Victory Sports Club Malé	Island Football Club Malé
2004	New Radiant Sports Club Malé	Valencia Sports Club Malé
2005	Victory Sports Club Malé	New Radiant Sports Club Malé
2006	Victory Sports Club Malé	New Radiant Sports Club Malé
2007	New Radiant Sports Club Malé	New Radiant Sports Club Malé
2008	Valencia Sports Club Malé	VB Sports Club Malé
2009	Victory Sports Club Malé	Victory Sports Club Malé
2010	VB Sports Club Malé	Victory Sports Club Malé
2011	VB Sports Club Malé	VB Sports Club Malé
2012	New Radiant Sports Club Malé	Maaziya S&RC Malé
2013	New Radiant Sports Club Malé	New Radiant Sports Club Malé
2014	New Radiant Sports Club Malé	Maaziya S&RC Malé
2015	New Radiant Sports Club Malé	*No competition*
2016	Maaziya S&RC Malé	Club Valencia Malé
2017	New Radiant Sports Club Malé	New Radiant Sports Club Malé
2018	TC Sports Club Malé	*No competition*
2019/2020	Maaziya S&RC Malé	*No competition*
2020/2021	Maaziya S&RC Malé	*Competition abandoned*
2021/2022	*No competition*	*No competition*
2022	Maaziya S&RC Malé	Maaziya S&RC Malé
2023	Maaziya S&RC Malé	*No competition*

*called later VB Sports Club Malé and today VB Addu FC Malé

NATIONAL CHAMPIONSHIP
Dhivehi League 2023

1.	Maaziya S&RC Malé	14	13	1	0	56	-	4	40
2.	Club Eagles Malé	14	11	2	1	57	-	17	35
3.	Super United Sports Malé	14	10	0	4	35	-	21	30
4.	TC Sports Club Malé	14	7	1	6	21	-	24	22
5.	Buru SC Malé	14	6	0	8	18	-	26	18
6.	United Victory Malé	14	4	0	10	15	-	49	12
7.	Club Green Streets Malé	14	1	2	11	8	-	43	5
8.	Club Valencia Malé	14	0	2	12	4	-	30	2

THE CLUBS 2023

Club	Founded	Stadium	Capacity
Club Eagles Malé	1989	Henveiru Ground, Malé	500
Club Green Streets Malé	2010	Rasmee Dhandu Stadium, Malé	11,850
Club Valencia Malé	1979	Rasmee Dhandu Stadium, Malé	11,850
Maaziya Sports & Recreation Club Malé	1996	Rasmee Dhandu Stadium, Malé	11,850
Super United Sports Malé	2016	Rasmee Dhandu Stadium, Malé	11,850
Trunst and Care Sports Club Malé	n/a	Rasmee Dhandu Stadium, Malé	11,850
United Victory Malé	1973	Rasmee Dhandu Stadium, Malé	11,850

NATIONAL TEAM
INTERNATIONAL MATCHES 2023/2024

12.10.2023	Malé	Maldives - Bangladesh	1-1(0-0)	(WCQ)
17.10.2023	Ḍhākā	Bangladesh - Maldives	2-1(1-1)	(WCQ)

12.10.2023, 23rd FIFA World Cup Qualifiers / 19th AFC Asian Cup Qualifiers first round
National Football Stadium, Malé; Attendance: 2,500
Referee: Vahid Kazemi (Iran)
MALDIVES - BANGLADESH **1-1(0-0)**
MDV: Hussain Shareef, Hassan Shifaz, Ahmed Numaan, Haisham Hassan, Ahnaf Rasheed, Hamza Mohamed (80.Hassan Nazeem), Hussain Nihan (81.Mohamed Irufaan), Ibrahim Aisam, Mohamed Naim (63.Ibrahim Mahudhee Hussain), Ali Fasir, Hassan Raif Ahmed (68.Naiz Hassan). Trainer: Francesco Tranquillo Moriero (Italy).
Goal: Hassan Nazeem (87).

17.10.2023, 23rd FIFA World Cup Qualifiers / 19th AFC Asian Cup Qualifiers first round
Bashundhara Kings Arena, Ḍhākā; Attendance: 6,729
Referee: Ammar Ebrahim Mahfoodh (Bahrain)
BANGLADESH - MALDIVES **2-1(1-1)**
MDV: Hussain Shareef, Hassan Shifaz (56.Hussain Sifaau Yoosuf), Ahmed Numaan, Haisham Hassan, Ahnaf Rasheed [*sent off 90+4*], Hamza Mohamed (80.Hassan Nazeem), Hussain Nihan (80.Ahmed Aiham), Ibrahim Aisam, Mohamed Naim (67.Naiz Hassan), Ali Fasir, Hassan Raif Ahmed (46.Ibrahim Mahudhee Hussain). Trainer: Francesco Tranquillo Moriero (Italy).
Goal: Ibrahim Aisam (36).

NATIONAL TEAM PLAYERS 2023/2024

Name	DOB	Club

Goalkeepers

Hussain SHAREEF	05.09.1988	*Maaziya S&RC Malé*

Defenders

Ahmed AIHAM	23.03.1998	*Super United Sports Malé*
Haisham HASSAN	21.07.1999	*Maaziya S&RC Malé*
Ahmed NUMAAN	10.11.1992	*Maaziya S&RC Malé*
Ahnaf RASHEED	21.11.2001	*Super United Sports Malé*
Hassan SHIFAZ	11.08.1992	*Maaziya S&RC Malé*
Hussain SIFAAU Yoosuf	04.02.1996	*Maaziya S&RC Malé*

Midfielders

Ibrahim AISAM	07.05.1997	*Maaziya S&RC Malé*
Mohamed IRUFAAN	24.07.1994	*Maaziya S&RC Malé*
Ibrahim MAHUDHEE Hussain	22.08.1993	*Club Eagles Malé*
Hamza "Hamzath" MOHAMED	17.02.1995	*Maaziya S&RC Malé*
Mohamed NAIM	07.10.1996	*Club Eagles Malé*
Hussain NIHAN	06.07.1992	*Maaziya S&RC Malé*

Forwards

Hassan Raif AHMED	30.01.1998	*Maaziya S&RC Malé*
Ali FASIR	04.09.1988	*Maaziya S&RC Malé*
Naiz HASSAN	10.05.1995	*Maaziya S&RC Malé*
Hassan NAZEEM	24.05.2001	*Maaziya S&RC Malé*

National coaches

Francesco Tranquillo MORIERO (Italy) [from 19.10.2021]	31.03.1969

MONGOLIA

Federation Directory:

Mongolian Football Federation
P.O. Box 259 / Chinggis Avenue, Ulaanbaatar 210646
Year of Formation: 1959
Member of FIFA since: 1998
Member of AFC since: 1998
Internet: www.the-mff.mn

The Country: Mongol uls (Mongolia)
Capital: Ulaanbaatar
Surface: 1,564,115 km² / **Population:** 3,227,863 [2020] / **Time:** UTC+7 & +8

NATIONAL TEAM RECORDS

First international match:
03.10.1960, Hà Nội: North Vietnam - Mongolia 3-1

Most international caps:	Most international goals:
Tsend-Ayuush Khürelbaatar	Nyam-Osor Naranbold
44 caps (since 2007)	**9 goals** / 31 caps (since 2014)

NATIONAL TEAM COMPETITIONS

ASIAN NATIONS CUP		FIFA WORLD CUP	
1956		1930	
1960		1934	
1964		1938	
1968		1950	
1972		1954	
1976	*Not a member of the AFC*	1958	
1980		1962	
1984		1966	*Not a member of FIFA*
1988		1970	
1992		1974	
1996		1978	
2000	Qualifiers	1982	
2004	Qualifiers	1986	
2007	Did not enter	1990	
2011	Qualifiers	1994	
2015	Qualifiers	1998	
2019	Qualifiers	2002	Qualifiers
2023	Qualifiers	2006	Qualifiers
		2010	Qualifiers
		2014	Qualifiers
		2018	Qualifiers
		2022	Qualifiers

OLYMPIC FOOTBALL TOURNAMENTS 1908-2020

1908 to 1928	Teams from Asia did not enter		1980 1984 1988 1992 1996	
1936 1948 1952 1956 1960 1964 1968 1972 1976	Not a member of FIFA and the AFC		2000 2004 2008 2012 2016 2020	Did not enter Did not enter Did not enter Did not enter Qualifiers Qualifiers

ASIAN GAMES 1951-2022		AFC CHALLENGE CUP 2006-2014		EAST ASIAN CHAMPIONSHIP 2003-2022	
1951	-	2006	-	2003	Qualifiers
1954	-	2008	-	2005	Qualifiers
1958	-	2010	Qualifiers	2008	Qualifiers
1962	-	2012	Qualifiers	2010	Qualifiers
1966	-	2014	Qualifiers	2013	*Suspended*
1970	-	AFC SOLIDARITY CUP 2016		2015	Qualifiers
1974	-			2017	Qualifiers
1978	-			2019	Qualifiers
1982	-	2016	Group Stage	2022	Did not enter
1986	-				
1990	-				
1994	-				
1998	Group Stage				
2002	-				
2006	-				
2010	-				
2014	-				
2018	-				
2022	Group Stage				

MONGOLIAN CLUB HONOURS IN ASIAN CLUB COMPETITIONS

AFC Champions League 1967-1971 & 1985/1986-2024
None
Asian Football Confederation Cup 2004-2024
None
AFC President's Cup 2005-2014*
None
Asian Cup Winners Cup 1975-2003*
None
Asian Super Cup 1995-2002*
None

defunct competitions

NATIONAL COMPETITIONS
TABLE OF HONOURS

	CHAMPIONS	CUP WINNERS
1964	Khudulmur Ulaanbaatar	-
1965	*No competition*	-
1966	Khudulmur Ulaanbaatar	-
1967	Tengeriin Bugnuud Bat Ulzii	-
1968	Darkhan	-
1969	Tengeriin Bugnuud Bat Ulzii	-
1970	Aldar Ulaanbaatar	-
1971	Tengeriin Bugnuud Bat Ulzii	-
1972	Khudulmur Ulaanbaatar	-
1973	Tengeriin Bugnuud Bat Ulzii	-
1974	Aldar Ulaanbaatar	-
1975	Tengeriin Bugnuud Bat Ulzii	-
1976	Aldar Ulaanbaatar	-
1977	*No competition*	-
1978	Zamchin Ulaanbaatar	-
1979	Tengeriin Bugnuud Bat Ulzii	-
1980	Aldar Ulaanbaatar	-
1981	Tengeriin Bugnuud Bat Ulzii	-
1982	Tengeriin Bugnuud Bat Ulzii	-
1983	Ajilchin	-
1984	Tengeriin Bugnuud Bat Ulzii	-
1985	Khuch Ulaanbaatar	-
1986	Sükhbaatar Ulaanbaatar	-
1987	Nairamdal	-
1988	Sükhbaatar Ulaanbaatar	-
1989	Khudulmur Ulaanbaatar	-
1990	Khuch Ulaanbaatar	-
1991	Sor Club	-
1992	Idsskh (*Mongolian All-University Team*)	-
1993	Odriin Od	-
1994	Khuch Ulaanbaatar	-
1995	Idsskh Ulaanbaatar	-
1996	Erchim Ulaanbaatar	-
1997	Delger	-
1998	Erchim Ulaanbaatar	-
1999	ITI Bank-Bars	-
2000	Erchim Ulaanbaatar	-
2001	Khangarid Erdenet	-
2002	Erchim Ulaanbaatar	-
2003	Khangarid Erdenet	-
2004	Khangarid Erdenet	-
2005	Khoromkhon Ulaanbaatar	-
2006	Khasin Khulguud Ulaanbaatar	-
2007	Erchim Ulaanbaatar	-
2008	Erchim Ulaanbaatar	-
2009	Ulaanbaatar University	-
2010	Khangarid Erdenet	-
2011	FC Ulaanbaatar	Erchim Ulaanbaatar

2012	Erchim Ulaanbaatar	Erchim Ulaanbaatar
2013	Erchim Ulaanbaatar	Dornod Province
2014	Khoromkhon Klub Ulaanbaatar	Darkhan-Uul Province
2015	Erchim Ulaanbaatar	Erchim Ulaanbaatar
2016	Erchim Ulaanbaatar	FC Khangarid Erdenet
2017	Erchim Ulaanbaatar	Ulaanbaatar City FC
2018	Erchim Ulaanbaatar	Athletic 220 FC Ulaanbaatar
2019	Ulaanbaatar City FC	Erchim Ulaanbaatar
2020	Athletic 220 FC Ulaanbaatar	*No competition*
2021	Athletic 220 FC Ulaanbaatar	*No competition*
2021/2022	Khaan Khuns - Erchim FC Ulaanbaatar	*No competition*
2022/2023	FC Ulaanbaatar	FC Ulaanbaatar
2023/2024	Bulgan SP Falcons Ulaanbaatar FC	Bulgan SP Falcons Ulaanbaatar FC

NATIONAL CHAMPIONSHIP
Ündesnii Deed Lig 2023/2024

1. **Bulgan SP Falcons Ulaanbaatar FC**	27	21	2	4	88	-	19	65
2. FC Khangarid Erdenet	27	18	5	4	71	-	36	59
3. Deren FC	27	15	6	6	80	-	32	51
4. FC Ulaanbaatar	27	15	1	11	70	-	40	46
5. Tuv Azarganuud FC	27	14	3	10	72	-	47	45
6. Khoromkhon FC Ulaanbaatar	27	14	1	12	69	-	66	43
7. Khaan Khuns - Erchim FC Ulaanbaatar	27	11	7	9	72	-	70	40
8. Bayanzürkh Sporting Ilch FC Ulaanbaatar	27	8	0	19	51	-	85	24
9. Khovd FC (*Relegation play-offs*)	27	3	2	22	32	-	89	11
10. Bavarians FC Ulaanbaatar (*Relegated*)	27	2	1	24	33	-	154	7

<u>Please note</u>: SP Falcons Ulaanbaatar FC were renamed Bulgan SP Falcons Ulaanbaatar FC; Tuv Azarganuud-Tuv Buganuud were renamed Tuv Azarganuud.

Promotion Play-offs [04-07.07.2024]

Alliance ZHR - Khovd FC	1-3	2-2

Promoted for the 2024/2025 season:

Hunters FC Khanters

NATIONAL CUP
MFF Tsom - Final 2023/2024

03.07.2024, MFF Football Centre, Ulaanbaatar
Bulgan SP Falcons Ulaanbaatar FC - Khoromkhon FC Ulaanbaatar   1-1 aet; 5-4 pen

THE CLUBS 2023/2024

Club	Founded	Stadium	Capacity
Bavarians Football Club Ulaanbaatar	2014	MFF Football Centre, Ulaanbaatar	5,000
Bayanzürkh Sporting Ilch Football Club Ulaanbaatar	2020	MFF Football Centre, Ulaanbaatar	5,000
Bulgan Selenge Press Falcons Ulaanbaatar Football Club	2003	MFF Football Centre, Ulaanbaatar	5,000
Deren Football Club	2008	National Sports Stadium, Ulaanbaatar	12,000
Khaan Khuns - Erchim Football Club Ulaanbaatar	1994	MFF Football Centre, Ulaanbaatar	5,000
Football Club Khangarid Erdenet	1996	MFF Football Centre, Ulaanbaatar	5,000
Khoromkhon Football Club Ulaanbaatar	1999	MFF Football Centre, Ulaanbaatar	5,000
Khovd Football Club	2018	MFF Football Centre, Ulaanbaatar	5,000
Football Club Ulaanbaatar	2011	MFF Football Centre, Ulaanbaatar	5,000
Tuv Azarganuud Football Club	2018	MFF Football Centre, Ulaanbaatar	5,000

NATIONAL TEAM
INTERNATIONAL MATCHES 2023/2024

Date	Venue	Match	Result	Type
12.10.2023	Dushanbe	Afghanistan - Mongolia	1-0(0-0)	(WCQ)
17.10.2023	Ulaanbaatar	Mongolia - Afghanistan	0-1(0-0)	(WCQ)
22.03.2024	Bakı	Azerbaijan - Mongolia	1-0(0-0)	(F)
25.03.2024	Bakı	Mongolia - Tanzania	0-3(0-0)	(F)
07.06.2024	Phnom Penh	Cambodia - Mongolia	2-0(2-0)	(F)
11.06.2024	Ulaanbaatar	Mongolia - Cambodia	2-1(0-1)	(F)

12.10.2023, 23rd FIFA World Cup Qualifiers / 19th AFC Asian Cup Qualifiers first round
Pamir Stadium, Dushanbe (Tajikistan; Attendance: 1,456
Referee: Qasim Matar Ali Al Hatmi (Oman)
AFGHANISTAN - MONGOLIA   **1-0(0-0)**
MNG: Batsaikhan Ariunbold, Orkhon Mönkh-Orgil, Gerelt-Old Bat-Orgil (43.Purevdorj Bayartsengel), Amaraa Dölgöön, Filip Solongo Hofman Andersen, Khürelbaatar Tsend-Ayush [sent off 78], Tserenbat Baasanjav, Baljinnyam Batmönkh, Batbaatar Amgalanbat (46.Bat-Erdene Uuganbat), Ganbayar Ganbold (72.Uuganbat Temülen), Oyunbaatar Mijiddorj (46.Batkhuyag Mönkh-Erdene; 90+6.Batbayar Tsogtbayar). Trainer: Ichiro Otsuka (Japan).

17.10.2023, 23rd FIFA World Cup Qualifiers / 19th AFC Asian Cup Qualifiers first round
MFF Football Centre, Ulaanbaatar; Attendance: 2,185
Referee: Hassan Akrami (Iran)
MONGOLIA - AFGHANISTAN   **0-1(0-0)**
MNG: Batsaikhan Ariunbold, Daginaa Törböt (75.Gerelt-Old Bat-Orgil), Orkhon Mönkh-Orgil, Bat-Erdene Uuganbat, Amaraa Dölgöön (87.Batbaatar Amgalanbat), Filip Solongo Hofman Andersen, Batkhuyag Mönkh-Erdene (60.Batbayar Tsogtbayar), Tserenbat Baasanjav, Baljinnyam Batmönkh (87.Oyunbaatar Mijiddorj), Ganbayar Ganbold, Uuganbat Temülen (75.Baatartsogt Namsrai). Trainer: Ichiro Otsuka (Japan).

22.03.2024, Friendly International [2024 FIFA World Series]
"Tofiq Bəhramov" adına Respublika Stadionu, Bakı; Attendance: 4,000
Referee: Zorbay Küçük (Turkey)
AZERBAIJAN - MONGOLIA **1-0(0-0)**
MNG: Enkhtaivan Mönkh-Erdene, Orkhon Mönkh-Orgil, Bat-Erdene Uuganbat (59.Gantogtokh Tögöldör), Gerelt-Old Bat-Orgil (59.Batbayar Tsogtbayar), Amaraa Dölgöön, Purevdorj Bayartsengel, Filip Solongo Hofman Andersen, Baljinnyam Batmönkh (90+3.Naranbaatar Khashchuluun), Pürevsüren Uuganbayar (75.Gantuya Gantogtokh), Batbaatar Amgalanbat (75.Togoo Mönkhbaatar), Oyunbaatar Mijiddorj (90+3.Uuganbat Temülen). Trainer: Ichiro Otsuka (Japan).

25.03.2024, Friendly International [2024 FIFA World Series]
Dalga Arena, Bakı (Azerbaijan); Attendance: 146
Referee: Elçin Məsiyev (Azerbaijan)
MONGOLIA - TANZANIA **0-3(0-0)**
MNG: Enkhtaivan Mönkh-Erdene, Orkhon Mönkh-Orgil, Amaraa Dölgöön, Purevdorj Bayartsengel, Naranbaatar Khashchuluun, Batkhuyag Mönkh-Erdene (46.Gantogtokh Tögöldör), Gantuya Gantogtokh, Batbayar Tsogtbayar (46.Pürevsüren Uuganbayar), Erdenebat Gan-Erdene (82.Gerelt-Old Bat-Orgil), Baatartsogt Namsrai (46.Oyunbaatar Mijiddorj), Zayaat Temüülen (54.Togoo Mönkhbaatar; 63.Baljinnyam Batmönkh). Trainer: Ichiro Otsuka (Japan).

07.06.2024, Friendly International
National Olympic Stadium, Phnom Penh; Attendance: 15,266
Referee: Warinthon Sassadee (Thailand)
CAMBODIA - MONGOLIA **2-0(2-0)**
MNG: Batsaikhan Ariunbold, Gerelt-Old Bat-Orgil, Amaraa Dölgöön (89.Naranbaatar Khashchuluun), Tuvshinjargal Dölgöön (46.Batbaatar Amgalanbat [*sent off 71*]), Orkhon Mönkh-Orgil, Baljinnyam Batmönkh (84.Togoo Mönkhbaatar), Erdenechimeg Önör-Erdene (60.Bat-Erdene Uuganbat), Ganbayar Ganbold, Erdenebat Gan-Erdene, Khürelbaatar Tsend-Ayush (60.Gantuya Gantogtokh), Oyunbaatar Mijiddorj (60.Nyam-Osor Naranbold). Trainer: Ichiro Otsuka (Japan).

11.06.2024, Friendly International
MFF Football Centre, Ulaanbaatar; Attendance: n/a
Referee: Tam Ping Wun (Hong Kong)
MONGOLIA - CAMBODIA **2-1(0-1)**
MNG: Batsaikhan Ariunbold, Filip Solongo Hofman Andersen (68.Amaraa Dölgöön), Orkhon Mönkh-Orgil, Purevdorj Bayartsengel, Bat-Erdene Uuganbat, Gerelt-Old Bat-Orgil, Baljinnyam Batmönkh, Ganbayar Ganbold (80.Tsetsegmaa Bilgüün), Gantuya Gantogtokh (68.Uuganbat Temülen), Khürelbaatar Tsend-Ayush (80.Tümen-Ölzii Sodbilgüün), Nyam-Osor Naranbold (68.Ankhbayar Sodmönkh). Trainer: Ichiro Otsuka (Japan).
Goals: Naranbold Nyam-Osor (53), Gantogtokh Gantuya (61).

NATIONAL TEAM PLAYERS
2023/2024

Name	DOB	Club
Goalkeepers		
BATSAIKHAN Ariunbold	03.04.1990	*FC Khangarid Erdenet*
ENKHTAIVAN Mönkh-Erdene	17.10.1995	*FC Ulaanbaatar*
Defenders		
AMARAA Dölgöön	20.02.2001	*FC Ulaanbaatar*
Filip Solongo Hofman ANDERSEN	13.02.2003	*FC Slavia Karlovy Vary (CZE); 01.03.2024-> FC Ulaanbaatar*
BAT-ERDENE Uuganbat	09.02.1997	*Deren FC*
DAGINAA Törböt	31.07.1992	*FC Ulaanbaatar*
GERELT-OLD Bat-Orgil	23.01.2002	*FC Ulaanbaatar*
NARANBAATAR Khashchuluun	05.08.2004	*Deren FC*
ORKHON Mönkh-Orgil	30.01.1999	*Deren FC*
PUREVDORJ Bayartsengel	26.01.1997	*FC Khangarid Erdenet*
TUVSHINJARGAL Dölgöön	17.01.2003	*Deren FC*
Midfielders		
BALJINNYAM Batmönkh	10.12.1999	*Deren FC*
BATBAATAR Amgalanbat	21.01.2001	*Ulaanbaatar City FC*
BATBAYAR Tsogtbayar	08.07.2001	*SU Rebenland Leutschach (AUT)*
ERDENEBAT Gan-Erdene	24.08.2005	*Deren FC*
ERDENECHIMEG Önör-Erdene	06.01.1999	*FC Ulaanbaatar*
GANTUYA Gantogtokh	14.05.1998	*FC Khangarid Erdenet*
KHÜRELBAATAR Tsend-Ayush	21.02.1990	*Tuv Azarganuud FC*
PÜREVSÜREN Uuganbayar	08.10.2001	*FC Ulaanbaatar*
TOGOO Mönkhbaatar	20.11.1999	*Khoromkhon FC Ulaanbaatar*
TSERENBAT Baasanjav	31.12.1999	*Deren FC*
TSETSEGMAA Bilgüün	25.02.1995	*FC Khangarid Erdenet*
TÜMEN-ÖLZII Sodbilgüün	19.07.2005	*FC Khangarid Erdenet*
Forwards		
ANKHBAYAR Sodmönkh	07.08.2004	*Bayanzürkh Sporting Ilch FC Ulaanbaatar*
BAATARTSOGT Namsrai	21.11.1998	*Bulgan SP Falcons Ulaanbaatar FC*
BATKHUYAG Mönkh-Erdene	09.02.1991	*Khovd FC*
GANBAYAR Ganbold	03.09.2000	*KFC Komárno (SVK)*
GANTOGTOKH Tögöldör	19.01.2005	*SK Dynamo České Budějovice (CZE)*
NYAM-OSOR Naranbold	22.02.1992	*Khoromkhon FC Ulaanbaatar*
OYUNBAATAR Mijiddorj	22.08.1996	*FC Ulaanbaatar*
UUGANBAT Temülen	07.05.2005	*FC Ulaanbaatar*
ZAYAAT Temüülen	10.12.2003	*FC Khangarid Erdenet*
National coaches		
Ichiro OTSUKA (Japan) [from 01.01.2022]		03.11.1964

MYANMAR

Federation Directory:
Myanmar Football Federation
National Football Training Centre, Waizayantar Road, Yangon
Year of Formation: 1947
Member of FIFA since: 1952
Member of AFC since: 1954
Internet: www.the-mff.org

The Country: Pyi-daung-zu Myan-ma Naing-ngan-daw (Republic of the Union of Myanmar)
Capital: Naypyidaw
Surface: 676,578 km² / **Population**: 57,526,449 [2022] / **Time**: UTC+6.30

NATIONAL TEAM RECORDS

First international match:
17.02.1950, Hong Kong: Hong Kong - Burma* 5-2 (Burma changed its name to Myanmar in 1989)

Most international caps:	Most international goals:
David Htan	Myo Hlaing Win
77 caps (since 2011)	**36 goals** / 63 caps (1992-2005)

NATIONAL TEAM COMPETITIONS

ASIAN NATIONS CUP		FIFA WORLD CUP	
1956	*Withdrew*	1930	
1960	*Withdrew*	1934	*Part of United Kingdom*
1964	*Withdrew*	1938	
1968	Final Tournament (Runners-up)	1950	*Withdrew*
1972	*Withdrew*	1954	Did not enter
1976	*Withdrew*	1958	Did not enter
1980	*Withdrew*	1962	Did not enter
1984	*Withdrew*	1966	Did not enter
1988	*Withdrew*	1970	Did not enter
1992	Did not enter	1974	Did not enter
1996	Qualifiers	1978	Did not enter
2000	Qualifiers	1982	Did not enter
2004	Qualifiers	1986	Did not enter
2007	Did not enter	1990	Did not enter
2011	Did not enter	1994	*Withdrew*
2015	Did not enter	1998	Did not enter
2019	Qualifiers	2002	*Withdrew*
2023	Qualifiers	2006	*Disqualified by FIFA*
		2010	Qualifiers
		2014	Qualifiers
		2018	Qualifiers
		2022	Qualifiers

OLYMPIC FOOTBALL TOURNAMENTS 1908-2020

1908 to 1928	Teams from Asia did not enter
1936 – 1948	Part of United Kingdom
1952	Did not enter
1956	Qualifiers
1960	Qualifiers
1964	Qualifiers
1968	Qualifiers
1972	Final Tournament (Group Stage)
1976	Qualifiers
1980	Qualifiers
1984	Qualifiers
1988	Qualifiers
1992	Did not enter
1996	Did not enter
2000	Qualifiers
2004	Qualifiers
2008	Qualifiers
2012	Qualifiers
2016	Qualifiers
2020	Qualifiers

*as Burma (until 1989)

ASIAN GAMES 1951-2022		AFC CHALLENGE CUP 2006-2014		ASEAN („TIGER") CUP / AFF CUP 1996-2022		SOUTH EAST ASIAN GAMES 1959-2023	
1951	Quarter-Finals	2006	-	1996	Group Stage	1959	Group Stage
1954	3rd Place	2008	4th Place	1998	Group Stage	1961	Runners-up
1958	Group Stage	2010	4th Place	2000	Group Stage	1965	Winners***
1962	-	2012	Qualifiers	2002	Group Stage	1967	Winners
1966	Winners	2014	Group Stage	2004	Semi-Finals	1969	Winners
1970	Winners**			2007	Group Stage	1971	Winners
1974	2nd Round			2008	Group Stage	1973	Winners
1978	Group Stage			2010	Group Stage	1975	3rd Place
1982	Group Stage			2012	Group Stage	1977	3rd Place
1986	-			2014	Group Stage	1979	Group Stage
1990	-			2016	Semi-Finals	1981	Group Stage
1994	Group Stage			2018	Group Stage	1983	Group Stage
1998	-			2020	Group Stage	1985	-
2002	-			2022	Group Stage	1987	4th Place
2006	-					1989	Group Stage
2010	-					1991	Group Stage
2014	-					1993	Runners-up
2018	Group Stage					1995	4th Place
2022	2nd Round of 16					1997	Group Stage
						1999	Group Stage
						2001	3rd Place
						2003	4th Place
						2005	Group Stage
						2007	Runners-up
						2009	Group Stage
						2011	3rd Place
						2013	Group Stage
						2015	Runners-up
						2017	4th Place
						2019	3rd Place
						2021	Group Stage
						2023	4th Place

*as Burma between 1951-1989
**title shared with Korea Republic
***title shared with Thailand

MYANMAR CLUB HONOURS IN ASIAN CLUB COMPETITIONS

AFC Champions League 1967-1971 & 1985/1986-2024		
None		
Asian Football Confederation Cup 2004-2024		
None		
AFC President's Cup 2005-2014*		
Yadanarbon FC Mandalay	1	2010
Asian Cup Winners Cup 1975-2003*		
None		
Asian Super Cup 1995-2002*		
None		

*defunct competitions

NATIONAL COMPETITIONS
TABLE OF HONOURS

	CHAMPIONS	CUP WINNERS
1995/1996	Finance and Revenue Yangon	-
1996/1997	Finance and Revenue Yangon	-
1997/1998	Yangon City Development	-
1998/1999	Finance and Revenue Yangon	-
1999/2000	Finance and Revenue Yangon	-
2000/2001	Ministry of Commerce Yangon	-
2001/2002	Finance and Revenue Yangon	-
2002/2003	Finance and Revenue Yangon	-
2003/2004	Finance and Revenue Yangon	-
2004/2005	Finance and Revenue Yangon	-
2005/2006	Finance and Revenue Yangon	-
2006/2007	Kanbawza FC Taunggyi	-
2007/2008	Finance and Revenue Yangon	-
2008/2009	Ministry of Commerce Yangon	-
	MYANMAR NATIONAL LEAGUE	-
2009	Yadanarbon FC Mandalay	-
2009/2010	Yadanarbon FC Mandalay	
2010	Yadanarbon FC Mandalay	Okkthar United FC Taungoo*
2011	Yangon United FC	Yangon United FC
2012	Yangon United FC	Ayeyawady United FC Pathein
2013	Yangon United FC	*Competition cancelled*
2014	Yadanarbon FC Mandalay	Ayeyawady United FC Pathein
2015	Yangon United FC	Ayeyawady United FC Pathein
2016	Yadanarbon FC Mandalay	Magwe FC
2017	Shan United FC Taunggyi	Shan United FC Taunggyi
2018	Yangon United FC	Yangon United FC
2019	Shan United FC Taunggyi	Yangon United FC
2020	Shan United FC Taunggyi	*Competition cancelled*
2021	*Championship cancelled*	*Competition cancelled*
2022	Shan United FC Taunggyi	*No competition*
2023	Shan United FC Taunggyi	*No competition*

NATIONAL CHAMPIONSHIP
Myanmar National League 2023

#	Club	P	W	D	L	GF		GA	Pts
1.	**Shan United FC Taunggyi**	22	19	3	0	62	-	19	60
2.	Yangon United FC	22	16	3	3	57	-	13	51
3.	Hantharwady United FC Taungoo	22	12	1	9	35	-	25	37
4.	ISPE FC Mandalay	22	9	5	8	38	-	31	32
5.	Dagon Star United FC Yangon	22	9	4	9	33	-	31	31
6.	Myawady FC Naypyidaw	22	9	4	9	34	-	38	31
7.	Mahar United FC Monywa	22	8	6	8	27	-	37	30
8.	Rakhine United FC Sittwe	22	7	6	9	31	-	37	27
9.	Ayeyawady United FC Pathein	22	7	5	10	34	-	42	26
10.	Yadanarbon FC Mandalay	22	5	8	9	25	-	32	23
11.	Gospel For Asia FC Hakha (*Relegated*)	22	3	3	16	22	-	70	12
12.	Kachin United FC (*Relegated*)	22	2	4	16	17	-	40	10

Best goalscorer 2023:
Racheen Bello (CIV, Shan United FC Taunggyi) – 13 goals

Promoted for the 2024 season:
Dagon Port FC, Thitsar Arman FC

THE CLUBS 2023

Club	Founded	Stadium	Capacity
Ayeyawady United Football Club Pathein	2009	Ayar [Kyaut Tie] Stadium, Pathein	6,000
Dagon Star United Football Club Yangon	2009	Thuwunna Youth Training Center, Yangon	50,000
Gospel For Asia Football Club Hakha	2006	Hakha Stadium, Hakha	10,000
Hantharwady United Football Club Taungoo	2009 (a)	Grand Royal Stadium, Taungoo	4,000
Institute of Sports & Physical Education Football Club Mandalay	2016	Mandalarthiri Stadium, Mandalay	30,000
Kachin United Football Club	2014	Myitkyina Stadium, Myitkyina	4,000
Mahar United Football Club Monywa	2015	Monywa Stadium, Monywa	4,000
Myawady Football Club Naypyidaw	2009	Wunna Theikdi Stadium, Naypyidaw	30,000
Rakhine United Football Club Sittwe	2009	Wai Thar Li Stadium, Sittwe	5,000
Shan United Football Club Taunggyi	2003 (b)	Taunggyi Stadium, Taunggyi	7,000
Yadanarbon Football Club Mandalay	2009	Bahtoo Memorial Stadium, Mandalay	17,000
Yangon United Football Club	2007 (c)	Yangon United Sports Complex, Yangon	3,500

(a) *as Oktha United FC.*
(b) *as Kanbawza FC Taunggyi.*
(c) *as Air Bagan FC.*

NATIONAL TEAM
INTERNATIONAL MATCHES 2023/2024

08.09.2023	Yangon	Myanmar - Nepal	0-0	(F)
11.09.2023	Yangon	Myanmar - Nepal	1-0(0-0)	(F)
12.10.2023	Yangon	Myanmar - Macau	5-1(1-0)	(WCQ)
17.10.2023	Taipa	Macau - Myanmar	0-0	(WCQ)
16.11.2023	Suita	Japan - Myanmar	5-0(2-0)	(WCQ)
21.11.2023	Yangon	Myanmar - Korea D.P.R.	1-6(0-3)	(WCQ)
21.03.2024	Yangon	Myanmar - Syria	1-1(1-0)	(WCQ)
26.03.2024	Dammam	Syria - Myanmar	7-0(1-0)	(WCQ)
06.06.2024	Yangon	Myanmar - Japan	0-5(0-2)	(WCQ)
11.06.2024	Vientiane	Korea D.P.R. - Myanmar	4-1(2-0)	(WCQ)

08.09.2023, Friendly International
Thuwunna Stadium, Yangon; Attendance: 5,180
Referee: Songkran Bunmeekiart (Thailand)
MYANMAR - NEPAL   **0-0**
MYA: Kyaw Zin Phyo, Hein Phyo Win (85.Kyaw Zin Lwin), Nanda Kyaw (76.Soe Moe Kyaw), Hein Zeyar Lin, Ye Min Thu (76.Si Thu Aung), Aung Thu, Wai Lin Aung, Lwin Moe Aung (61.Suan Lam Mang), Yan Naing Oo (85.Aung Hlaing Win), Maung Maung Lwin, Than Paing (61.Aung Kaung Mann). Trainer: Michael Feichtenbeiner (Germany).

11.09.2023, Friendly International
Thuwunna Stadium, Yangon; Attendance: n/a
Referee: Songkran Bunmeekiart (Thailand)
MYANMAR - NEPAL   **1-0(0-0)**
MYA: Kyaw Zin Phyo, Nanda Kyaw (75.Kyaw Zin Lwin), Ye Min Thu, Hein Phyo Win, Lwin Moe Aung (90+2.Aung Hlaing Win), Suan Lam Mang (86.Win Naing Tun), Maung Maung Lwin, Yan Naing Oo (46.Than Paing), Hein Zeyar Lin, Aung Thu, Wai Lin Aung (66.Nay Moe Naing). Trainer: Michael Feichtenbeiner (Germany).
Goal: Win Naing Tun (86).

12.10.2023, 23rd FIFA World Cup Qualifiers / 19th AFC Asian Cup Qualifiers first round
Thuwunna Stadium, Yangon; Attendance: 6,213
Referee: Pranjal Banerjee (India)
MYANMAR - MACAU   **5-1(1-0)**
MYA: Sann Sat Naing, Hein Phyo Win (89.Kaung Htet Paing), Soe Moe Kyaw (65.Win Naing Tun), Thet Hein Soe (89.Khun Kyaw Zin Hein), Hein Zeyar Lin, Kyaw Min Oo, Nay Moe Naing, Lwin Moe Aung, Aung Thu (79.Zaw Win Thein), Than Paing (65.Aung Kaung Mann), Maung Maung Lwin. Trainer: Michael Feichtenbeiner (Germany).
Goals: Lwin Moe Aung (39), Soe Moe Kyaw (62), Aung Kaung Mann (81), Nay Moe Naing (90+1), Lwin Moe Aung (90+5).

17.10.2023, 23rd FIFA World Cup Qualifiers / 19th AFC Asian Cup Qualifiers first round
Estádio Campo Desportivo, Macau; Attendance: 2,187
Referee: Mahmood Salim Said Al Majarafi (Oman)
MACAU - MYANMAR   **0-0**
MYA: Sann Sat Naing, Hein Phyo Win, Ye Min Thu, Thet Hein Soe, Hein Zeyar Lin, Kyaw Min Oo, Nay Moe Naing (63.Suan Lam Mang), Lwin Moe Aung, Aung Thu, Maung Maung Lwin, Win Naing Tun (63.Aung Kaung Mann). Trainer: Michael Feichtenbeiner (Germany).

16.11.2023, 23rd FIFA World Cup Qualifiers / 19th AFC Asian Cup Qualifiers second round
Suita City Football Stadium, Suita; Attendance: 34,484
Referee: Muhammad Taqi Aljaafari Jahari (Singapore)

JAPAN - MYANMAR   **5-0(2-0)**
MYA: Kyaw Zin Phyo, Hein Phyo Win (90.Kaung Htet Paing), Zwe Khant Min, Thet Hein Soe, Hein Zeyar Lin, Kyaw Min Oo, Nay Moe Naing, Wai Lin Aung (72.Zaw Win Thein), Hein Htet Aung (60.Win Naing Tun), Maung Maung Lwin, Suan Lam Mang (71.Nanda Kyaw). Trainer: Michael Feichtenbeiner (Germany).

21.11.2023, 23rd FIFA World Cup Qualifiers / 19th AFC Asian Cup Qualifiers second round
Thuwunna Stadium, Yangon; Attendance: 9,500
Referee: Ilgiz Tantashev (Uzbekistan)
MYANMAR - KOREA D.P.R.   **1-6(0-3)**
MYA: Kyaw Zin Phyo, Ye Min Thu (55.Hein Phyo Win), Soe Moe Kyaw, Zwe Khant Min (55.Nanda Kyaw), Hein Zeyar Lin, Kyaw Min Oo (78.Wai Lin Aung), Nay Moe Naing, Zaw Win Thein (66.Than Paing), Aung Thu, Maung Maung Lwin, Suan Lam Mang (46.Win Naing Tun). Trainer: Michael Feichtenbeiner (Germany).
Goal: Win Naing Tun (77).

21.03.2024, 23rd FIFA World Cup Qualifiers / 19th AFC Asian Cup Qualifiers second round
Thuwunna Stadium, Yangon; Attendance: 7,580
Referee: Hassan Akrami (Iran)
MYANMAR - SYRIA   **1-1(1-0)**
MYA: Kyaw Zin Phyo, Hein Phyo Win (78.Kaung Htet Paing), Soe Moe Kyaw, Thet Hein Soe, Kyaw Min Oo, Nay Moe Naing, Lwin Moe Aung, Wai Lin Aung (67.Yan Naing Oo), Khun Kyaw Zin Hein, Aung Thu (78.Oakkar Naing), Maung Maung Lwin (84.Kyaw Ko Ko). Trainer: Michael Feichtenbeiner (Germany).
Goal: Soe Moe Kyaw (35).

26.03.2024, 23rd FIFA World Cup Qualifiers / 19th AFC Asian Cup Qualifiers second round
"Prince Mohamed bin Fahd" Stadium, Dammam (Saudi Arabia); Attendance: 3,252
Referee: Pranjal Banerjee (India)
SYRIA - MYANMAR   **7-0(1-0)**
MYA: Kyaw Zin Phyo, David Htan (46.Aung Kaung Mann), Hein Phyo Win [*sent off 45+3*], Zwe Khant Min (22.Hein Htet Aung), Thet Hein Soe, Hein Zeyar Lin, Kaung Htet Paing, Lwin Moe Aung, Zaw Win Thein, Oakkar Naing, Maung Maung Lwin (68.Nyein Chan). Trainer: Michael Feichtenbeiner (Germany).

06.06.2024, 23rd FIFA World Cup Qualifiers / 19th AFC Asian Cup Qualifiers second round
Thuwunna Stadium, Yangon; Attendance: 21,200
Referee: Majed Mohammed Al Shamrani (Saudi Arabia)
MYANMAR - JAPAN   **0-5(0-2)**
MYA: Kyaw Zin Phyo, Soe Moe Kyaw, Zwe Htet Min (67.Zwe Khant Min), Thet Hein Soe, Lat Wai Phone, Kyaw Min Oo, Nay Moe Naing, Lwin Moe Aung (65.Win Naing Tun), Wai Lin Aung (90.Nyein Chan), Oakkar Naing (46.Hein Htet Aung), Maung Maung Lwin (65.Suan Lam Mang). Trainer: Michael Feichtenbeiner (Germany).

11.06.2024, 23rd FIFA World Cup Qualifiers / 19th AFC Asian Cup Qualifiers second round
New Laos National Stadium, Vientiane (Laos); Attendance: 141
Referee: Shen Yinhao (China P.R.)
KOREA D.P.R. - MYANMAR   **4-1(2-0)**
MYA: Kyaw Zin Phyo, Hein Phyo Win, Soe Moe Kyaw, Thet Hein Soe, Lat Wai Phone (90+1.Zwe Htet Min), Kyaw Min Oo (77.Nyein Chan), Nay Moe Naing (46.Win Naing Tun), Lwin Moe Aung, Hein Htet Aung (65.Aung Kaung Mann), Maung Maung Lwin, Suan Lam Mang (46.Wai Lin Aung). Trainer: Michael Feichtenbeiner (Germany).
Goal: Wai Lin Aung (57).

NATIONAL TEAM PLAYERS
2023/2024

Name	DOB	Club

Goalkeepers

Sann Sat NAING	04.09.1998	*Yangon United FC*
Kyaw Zin PHYO	01.02.1994	*Shan United FC Taunggyi*

Defenders

Si Thu AUNG	16.10.1996	*Ayutthaya United FC (THA)*
Nyein CHAN	02.06.1994	*Dagon Star United FC Yangon*
David HTAN	13.05.1990	*Yangon United FC*
Nanda KYAW	03.09.1996	*Shan United FC Taunggyi*
Soe Moe KYAW	23.03.1999	*Phnom Penh Crown FC (CAM)*
Hein Zeyar LIN	08.12.2000	*Yangon United FC*
Kyaw Zin LWIN	04.05.1993	*Shan United FC Taunggyi*
Zwe Khant MIN	20.06.2000	*Shan United FC Taunggyi*
Kaung Htet PAING	27.05.2004	*Yadanarbon FC Mandalay*
Lat Wai PHONE	04.05.2005	*Hantharwady United FC Taungoo*
Thet Hein SOE	29.09.2001	*Yadanarbon FC Mandalay*
Ye Min THU	28.06.1994	*Shan United FC Taunggyi*
Hein Phyo WIN	19.09.1998	*Ratchaburi Mitr Phol FC (THA)*

Midfielders

Lwin Moe AUNG	10.12.1999	*Rayong FC (THA)*
Wai Lin AUNG	30.07.1999	*Dagon Star United FC Yangon*
Maung Maung LWIN	18.06.1995	*Lamphun Warriors FC (THA)*
Nay Moe NAING	13.12.1997	*Hantharwady United FC Taungoo*
Oakkar NAING	18.11.2003	*Yangon United FC*
Kyaw Min OO	16.06.1996	*Royal Malaysia Police FC Kuala Lumpur (MAS)*
Yan Naing OO	31.03.1996	*Yangon United FC*
Zaw Win THEIN	05.07.2001	*Yangon United FC*
Aung Hlaing WIN	12.09.1995	*Mahar United FC Monywa*

Forwards

Hein Htet AUNG	05.10.2001	*Negeri Sembilan FC Seremban (MAS)*
Khun Kyaw Zin HEIN	15.07.2002	*Hantharwady United FC Taungoo*
Kyaw Ko KO	20.12.1992	*Rakhine United FC Sittwe*
Suan Lam MANG	28.07.1994	*Pattaya United FC (THA)*
Aung Kaung MANN	18.02.1998	*Nakhon Ratchasima Mazda FC (THA)*
Than PAING	06.12.1996	*Chiangmai United FC FC (THA)*
Aung THU	22.05.1996	*Uthai Thani FC (THA)*
Win Naing TUN	03.05.2000	*Borneo FC Samarinda (IDN)*

National coaches

Michael FEICHTENBEINER (Germany) [from 01.03.2023]	09.07.1960

NEPAL

Federation Directory:
All Nepal Football Association
ANFA House, Satdobato, Lalitpur-17, P.O.Box 12582, Kathmandu
Year of Formation: 1951
Member of FIFA since: 1972
Member of AFC since: 1954
Internet: www.the-anfa.com

The Country: Sanghiya Loktāntrik Ganatantra Nepāl (Federal Democratic Republic of Nepal)
Capital: Kathmandu
Surface: 147,181 km^2 / **Population:** 30,666,598 [2022] / **Time:** UTC+5.45

NATIONAL TEAM RECORDS

First international match:
13.10.1972, Beijing: China P.R. - Nepal 6-2

Most international caps:	Most international goals:
Kiran Chemjong	Anjan Bista
102 caps (since 2008)	**13 goals** / 63 caps (since 2014)

NATIONAL TEAM COMPETITIONS

ASIAN NATIONS CUP	
1956	
1960	*Not a member of the AFC*
1964	
1968	
1972	*Withdrew*
1976	*Withdrew*
1980	*Withdrew*
1984	Qualifiers
1988	Qualifiers
1992	*Withdrew*
1996	Qualifiers
2000	Qualifiers
2004	Qualifiers
2007	*Withdrew*
2011	Qualifiers
2015	Qualifiers
2019	Qualifiers
2023	Qualifiers

FIFA WORLD CUP	
1930	
1934	
1938	
1950	
1954	*Not a member of FIFA*
1958	
1962	
1966	
1970	*Withdrew*
1974	*Withdrew*
1978	*Withdrew*
1982	*Withdrew*
1986	Qualifiers
1990	Qualifiers
1994	*Withdrew*
1998	Qualifiers
2002	Qualifiers
2006	*Withdrew*
2010	Qualifiers
2014	Qualifiers
2018	Qualifiers
2022	Qualifiers

OLYMPIC FOOTBALL TOURNAMENTS 1908-2020

1908 to 1928	Teams from Asia did not enter	1980	Did not enter
		1984	Did not enter
		1988	Qualifiers
1936		1992	Qualifiers
1948		1996	Did not enter
1952	Not an IOC member	2000	Qualifiers
1956		2004	Qualifiers
1960		2008	Did not enter
1964	Did not enter	2012	Did not enter
1968	Did not enter	2016	Qualifiers
1972	Did not enter	2020	Qualifiers
1976	Did not enter		

ASIAN GAMES 1951-2022		AFC CHALLENGE CUP 2006-2014		SOUTH ASIAN FEDERATION GAMES 1984-2019		SOUTH ASIAN FOOTBALL FEDERATION CHAMPIONSHIP 1993-2023	
1951	-	2006	Semi-Finals	1984	**Winners**	1993	3rd Place
1954	-	2008	Group Stage	1985	3rd Place	1995	Semi-Finals
1958	-	2010	Qualifiers	1987	Runners-up	1997	Group Stage
1962	-	2012	Group Stage	1989	4th Place	1999	4th Place
1966	-	2014	Qualifiers	1991	4th Place	2003	Group Stage
1970	-	\multicolumn{2}{AFC SOLIDARITY CUP 2016}	1993	**Winners**	2005	Group Stage
1974	-			1995	4th Place	2008	Group Stage
1978	-			1999	Runners-up	2009	Group Stage
1982	Group Stage	2016	**Winners**	2004	Group Stage	2011	Semi-Finals
1986	Group Stage			2006	3rd Place	2013	Semi-Finals
1990	-			2010	Group Stage	2015	Group Stage
1994	Group Stage			2016	**Winners**	2018	Semi-Finals
1998	Group Stage			2019	**Winners**	2021	Runners-up
2002	-					2023	Group Stage
2006	-						
2010	-						
2014	Group Stage						
2018	Group Stage						
2022	-						

NEPALESE CLUB HONOURS IN ASIAN CLUB COMPETITIONS

AFC Champions League 1967-1971 & 1985/1986-2024

None

Asian Football Confederation Cup 2004-2024

None

AFC President's Cup 2005-2014*

None

Asian Cup Winners Cup 1975-2003*

None

	Asian Super Cup 1995-2002*
None	

*defunct competitions

NATIONAL COMPETITIONS
TABLE OF HONOURS

	CHAMPIONS
1954/1955	Mahabir Club Kathmandu
1955/1956	Police Force Kathmandu
1956/1957	Police Force Kathmandu
1957/1958	Army XI Kathmandu
1958/1959	*No competition*
1959/1960	*No competition*
1960/1961	New Road Team Kathmandu
1961/1962	*No competition*
1962/1963	New Road Team Kathmandu
1963/1964	Bidya Byama
1964/1965	*No competition*
1965/1966	*No competition*
1966/1967	Mahabir Club Kathmandu
1967/1968	Friends Union
1968/1969	Deurali Club
1969/1970	Mahabir Club Kathmandu
1970/1971	Deurali Club
1971/1972	Ranipokhari Corner Team
1972/1973	Ranipokhari Corner Team
1973/1974	Ranipokhari Corner Team
1975	Boys Union Club Kathmandu
1976	Sunakhari Athletic Club
1977	Annapurna Club
1978	New Road Team Kathmandu
1979	Ranipokhari Corner Team
1980	Sankata Boys Sports Club Kathmandu
1981/1982	Ranipokhari Corner Team
1982	Annapurna Club
1983	Sankata Boys Sports Club Kathmandu
1984	Ranipokhari Corner Team
1985	Sankata Boys Sports Club Kathmandu
1986	Manang Marsyangdi Club Kathmandu
1987	Manang Marsyangdi Club Kathmandu
1988	*No competition*
1989	Manang Marsyangdi Club Kathmandu
1990	*No competition*
1991	*No competition*
1992	*No competition*
1993	*No competition*
1994	*No competition*
1995	New Road Team Kathmandu
1996	*No competition*
1997	Three Star Club Lalitpur
1998	Three Star Club Lalitpur
1999	*No competition*

2000	Manang Marsyangdi Club Kathmandu
2001	*No competition*
2002	*No competition*
2003	Manang Marsyangdi Club Kathmandu
2004	Three Star Club Lalitpur
2005/2006	Manang Marsyangdi Club Kathmandu
2006/2007	Mahendra Police Club Kathmandu
2007/2008	*No competition*
2008/2009	*No competition*
2009/2010	Nepal Police Club Kathmandu
2011	Nepal Police Club Kathmandu
2011/2012	Nepal Police Club Kathmandu
2012/2013	Three Star Club Patan
2013/2014	Manang Marsyangdi Club Kathmandu
2015	Three Star Club Patan
2016	*No competition*
2017/2018	*No competition*
2018/2019	Manang Marshyangdi Club Kathmandu
2019/2020	Machhindra FC Kathmandu
2021/2022	Machhindra FC Kathmandu
2022/2023	Church Boys United Koteshwor
2023/2024	*No competition*

	SUPER LEAGUE
2021	Kathmandu RayZRs FC
2023	Lalitpur City FC

NATIONAL CHAMPIONSHIP
Nepal Super League 2023

Regular Stage

1. Pokhara Thunders   8 4 3 1   8 - 5   15
2. Dhangadhi FC   8 3 4 1   8 - 7   13
3. Kathmandu RayZRs FC   8 3 3 2   8 - 9   12
4. Lalitpur City FC   8 2 4 2   7 - 5   10
----
5. Jhapa FC   8 2 4 2   4 - 4   10
6. Butwal Lumbini FC   8 3 1 4   6 - 8   10
7. FC Chitwan Bharatpur   8 2 3 3   7 - 8   9
8. Birgunj United FC   8 2 2 4 11 - 11   8
9. Sporting Ilam FC   8 2 2 4   6 - 8   8

Top-4 were qualified for the Play-offs.

Play-offs

Final Qualifier [25.12.2023]
Pokhara Thunders - Dhangadhi FC   2-2 aet; 3-4 pen

Semi-Final Qualifier [26.12.2023]
Kathmandu RayZRs FC - Lalitpur City FC   0-3

Semi-Final [28.12.2023]
Pokhara Thunders - Lalitpur City FC   1-2 aet

Super League Final [30.12.2023]	
Dhangadhi FC - Lalitpur City FC	2-3

2023 Super League Champions: **Lalitpur City FC**

NATIONAL TEAM
INTERNATIONAL MATCHES 2023/2024

08.09.2023	Yangon	Myanmar - Nepal	0-0	(F)
11.09.2023	Yangon	Myanmar - Nepal	1-0(0-0)	(F)
12.10.2023	Kathmandu	Nepal - Laos	1-1(0-1)	(WCQ)
17.10.2023	Vientiane	Laos - Nepal	0-1(0-0)	(WCQ)
16.11.2023	Dubai	United Arab Emirates - Nepal	4-0(4-0)	(WCQ)
21.11.2023	Kathmandu	Nepal - Yemen	0-2(0-0)	(WCQ)
21.03.2024	Riffa	Nepal - Bahrain	0-5(0-3)	(WCQ)
26.03.2024	Riffa	Bahrain - Nepal	3-0(3-0)	(WCQ)
06.06.2024	Dammam	Nepal - United Arab Emirates	0-4(0-2)	(WCQ)
11.06.2024	Dammam	Yemen - Nepal	2-2(1-1)	(WCQ)

08.09.2023, Friendly International
Thuwunna Stadium, Yangon; Attendance: 5,180
Referee: Songkran Bunmeekiart (Thailand)
MYANMAR - NEPAL 0-0
NEP: Kiran Chemjong, Ananta Tamang, Sanish Shrestha, Ayush Ghalan, Rohit Chand Thakuri, Laken Limbu, Manish Dangi, Gillespye Jung Karki (90.Nawayug Shrestha), Anjan Bista (83.Hisub Thapaliya), Aashish Chaudhary, Awas Lamichhane. Trainer: Vincenzo Albero Annese (Italy).

11.09.2023, Friendly International
Thuwunna Stadium, Yangon; Attendance: n/a
Referee: Songkran Bunmeekiart (Thailand)
MYANMAR - NEPAL 1-0(0-0)
NEP: Kiran Chemjong, Ananta Tamang, Sanish Shrestha, Ayush Ghalan (82.Dinesh Henjan), Rohit Chand Thakuri, Laken Limbu, Manish Dangi, Gillespye Jung Karki (72.Nawayug Shrestha), Anjan Bista (69.Hisub Thapaliya), Aashish Chaudhary, Awas Lamichhane (82.Anjan Bista). Trainer: Vincenzo Albero Annese (Italy).

12.10.2023, 23rd FIFA World Cup Qualifiers / 19th AFC Asian Cup Qualifiers first round
Dasharath Rangasala Stadium, Kathmandu; Attendance: 11,235
Referee: Nivon Robesh Gamini (Sri Lanka)
NEPAL - LAOS 1-1(0-1)
NEP: Kiran Chemjong, Ananta Tamang, Sanish Shrestha, Rohit Chand Thakuri, Laken Limbu, Awas Lamichhane (46.Utsav Rai), Anjan Bista, Manish Dangi (83.Hisub Thapaliya), Ayush Ghalan (46.Dinesh Henjan), Aashish Chaudhary (46.Arik Bista), Gillespye Jung Karki. Trainer: Vincenzo Albero Annese (Italy).
Goal: Anjan Bista (48).

17.10.2023, 23rd FIFA World Cup Qualifiers / 19th AFC Asian Cup Qualifiers first round
New Laos National Stadium, Vientiane; Attendance: 9,772
Referee: Ali Reda (Lebanon)
LAOS - NEPAL 0-1(0-0)
NEP: Kiran Chemjong, Ananta Tamang, Sanish Shrestha, Rohit Chand Thakuri, Arik Bista, Utsav Rai, Laken Limbu, Anjan Bista, Manish Dangi (90+5.Awas Lamichhane), Gillespye Jung Karki (90+3.Amjan Shrestha), Dinesh Henjan (69.Hisub Thapaliya). Trainer: Vincenzo Albero Annese (Italy).
Goal: Manish Dangi (53).

16.11.2023, 23rd FIFA World Cup Qualifiers / 19th AFC Asian Cup Qualifiers second round
Al Maktoum Stadium, Dubai; Attendance: 3,640
Referee: Crishantha Dilan Perera Hettikankanamge (Sri Lanka)
UNITED ARAB EMIRATES - NEPAL **4-0(4-0)**
NEP: Kiran Chemjong, Sanish Shrestha, Chhiring Lama (85.Anjan Rai), Rohit Chand Thakuri, Sesehang Limbu Angdembe, Utsav Rai, Laken Limbu (18.Amjan Shrestha; 46.Yogesh Gurung), Anjan Bista, Manish Dangi (84.Ayush Ghalan), Aashish Chaudhary, Gillespye Jung Karki (80.Hisub Thapaliya). Trainer: Vincenzo Albero Annese (Italy).

21.11.2023, 23rd FIFA World Cup Qualifiers / 19th AFC Asian Cup Qualifiers second round
Dasharath Rangasala, Kathmandu; Attendance: 13,735
Referee: Shen Yinhao (China P.R.)
NEPAL - YEMEN **0-2(0-0)**
NEP: Kiran Chemjong, Ananta Tamang (79.Yogesh Gurung), Sanish Shrestha, Rohit Chand Thakuri, Arik Bista (79.Rajesh Pariyar), Sesehang Limbu Angdembe, Utsav Rai, Anjan Bista (79.Manish Dangi), Aashish Chaudhary, Gillespye Jung Karki (69.Ayush Ghalan), Dinesh Henjan (56.Hisub Thapaliya). Trainer: Vincenzo Albero Annese (Italy).

21.03.2024, 23rd FIFA World Cup Qualifiers / 19th AFC Asian Cup Qualifiers second round
Bahrain National Stadium, Riffa (Bahrain); Attendance: 5,041
Referee: Alexander George King (Australia)
NEPAL - BAHRAIN **0-5(0-3)**
NEP: Kiran Chemjong, Ananta Tamang, Sumit Shrestha (46.Saubhagya Rai), Sanish Shrestha, Chhiring Lama, Abhishek Limbu, Utsav Rai, Laken Limbu, Anjan Bista (16.Dinesh Henjan), Manish Dangi (88.Bharat Khawas), Hisub Thapaliya (79.Samir Tamang; 88.Sanjeeb Bista). Trainer: Vincenzo Albero Annese (Italy).
Please note: *Nepal play their final two home matches at a neutral venue due to the Dasharath Rangasala failing to meet FIFA standard.*

26.03.2024, 23rd FIFA World Cup Qualifiers / 19th AFC Asian Cup Qualifiers second round
Bahrain National Stadium, Riffa; Attendance: 2,475
Referee: Ryo Tanimoto (Japan)
BAHRAIN - NEPAL **3-0(3-0)**
NEP: Kiran Chemjong, Ananta Tamang, Sanish Shrestha (79.Dinesh Henjan), Chhiring Lama (84.Bishal Basnet), Abhishek Limbu, Saubhagya Rai, Utsav Rai, Laken Limbu, Bharat Khawas, Gillespye Jung Karki, Sanjeeb Bista (90+4.Hisub Thapaliya). Trainer: Vincenzo Albero Annese (Italy).

06.06.2024, 23rd FIFA World Cup Qualifiers / 19th AFC Asian Cup Qualifiers second round
"Prince Mohamed bin Fahd" Stadium, Dammam (Saudi Arabia); Attendance: 2,450
Referee: Payam Heydari (Iran)
NEPAL - UNITED ARAB EMIRATES **0-4(0-2)**
NEP: Kiran Chemjong, Ananta Tamang, Bishal Basnet, Saubhagya Rai (22.Chhiring Lama), Rohit Chand Thakuri, Laken Limbu, Basant Jimba (22.Sanish Shrestha), Bharat Khawas (77.Mani Kumar Lama), Manish Dangi, Gillespye Jung Karki (68.Ayush Ghalan), Sanjeeb Bista. Trainer: Vincenzo Albero Annese (Italy).

11.06.2024, 23rd FIFA World Cup Qualifiers / 19th AFC Asian Cup Qualifiers second round
"Prince Mohamed bin Fahd" Stadium, Dammam (Saudi Arabia); Attendance: 905
Referee: Ahmad Yacoub Ibrahim (Jordan)
YEMEN - NEPAL **2-2(1-1)**
NEP: Kiran Chemjong, Ananta Tamang, Bishal Basnet (55.Saubhagya Rai), Sanish Shrestha, Chhiring Lama, Rohit Chand Thakuri, Laken Limbu, Bharat Khawas (90+4.Ayush Ghalan), Manish Dangi, Gillespye Jung Karki (78.Hisub Thapaliya), Sanjeeb Bista (90+4.Mani Kumar Lama).Trainer: Vincenzo Albero Annese (Italy).
Goals: Sanjeeb Bista (22), Gillespye Jung Karki (66).

NATIONAL TEAM PLAYERS
2023/2024

Name	DOB	Club
Goalkeepers		
Kiran CHEMJONG (Kiran Kumar Limbu)	20.03.1990	*Punjab FC Mohali (IND)*
Defenders		
Bishal BASNET	29.04.2002	*Khumaltar Youth Club Lalitpur*
Yogesh GURUNG	17.03.2002	*Jhapa FC*
Chhiring LAMA	07.04.2002	*Jhapa FC*
Abhishek LIMBU	21.08.1999	*Khumaltar Youth Club Lalitpur*
Anjan RAI	15.12.1994	*Kathmandu RayZRs FC*
Saubhagya RAI	23.06.1997	*Lalitpur City FC*
Amjan SHRESTHA	29.12.1996	*Himalayan Sherpa Club Kathmandu*
Sanish SHRESTHA	09.11.2000	*Armed Police Force Club Kathmandu*
Ananta TAMANG	17.01.1998	*FC Chitwan Bharatpur*
Midfielders		
Sesehang Limbu ANGDEMBE	03.11.2000	*Nepal Army Club Kathmandu*
Rohit CHAND Thakuri	01.03.1992	*Persatuan Sepakbola Indonesia Kediri (IDN)*
Ayush GHALAN	21.02.2004	*Sankata BSC Kathmandu*
Mani Kumar LAMA	24.03.1996	*Armed Police Force Club Kathmandu*
Awas LAMICHHANE	11.02.2001	*Armed Police Force Club Kathmandu*
Laken LIMBU	24.07.2002	*Three Star Club Patan*
Utsav RAI	29.11.2003	*Machhindra FC Kathmandu*
Hisub THAPALIYA	16.01.1999	*Saraswati Youth Club*
Forwards		
Anjan BISTA	22.07.1998	*Fortis FC Limited Ḍhākā (BAN)*
Sanjeeb BISTA	17.02.2002	*New Road Team Kathmandu*
Aashish CHAUDHARY	23.01.2001	*Machhindra FC Kathmandu*
Manish DANGI	17.09.2001	*Rayong FC (THA)*
Dinesh HENJAN	03.02.2001	*Nepal Army Club Kathmandu*
Basant JIMBA	20.06.2000	*Nepal Army Club Kathmandu*
Gillespye Jung KARKI	19.11.1998	*Butwal Lumbini FC*
Bharat KHAWAS	16.04.1992	*Nepal Army Club Kathmandu*
Rajesh PARIYAR	29.01.2000	*FC Chitwan Bharatpur*
Nawayug SHRESTHA	26.01.1990	*Nepal Army Club Kathmandu*
Samir TAMANG	2006	*unattached*
National coaches		
Vincenzo Albero ANNESE (Italy) [from 01.03.2023]		22.09.1984

NORTHERN MARIANA ISLANDS

Federation Directory:
Northern Mariana Islands Football Association
PMB 338, P.O. Box 10001, MP 96950 Saipan
Year of Formation: 2005
Member of FIFA since: *Not a member*
Member of AFC since: 2020
Internet: www.nmifa.com

The Country: Commonwealth of the Northern Mariana Islands (Sankattan Siha Na Islas Mariånas)*
Capital: Saipan
Surface: 464 km² / **Population:** 55,650 [2022] / **Time:** UTC+10
*Commonwealth of the Northern Mariana Islands is an unincorporated territory and commonwealth of the United States consisting of 14 islands in the northwestern Pacific Ocean.

NATIONAL TEAM RECORDS

First international match:
25.03.2007, Saipan: Northern Mariana Islands - Guam 2-3

Most international caps:	Most international goals:
Nicolas Benjamin Swaim	Joe Wang Miller
17 caps (2009-2018)	**4 goals** / 15 caps (2008-2016)

NATIONAL TEAM COMPETITIONS

AFRICAN CUP OF NATIONS	
1957 - 2007	*Not a member of the AFC*
2011	Did not enter
2015	Qualifiers
2019	Did not enter
2023	Did not enter

FIFA WORLD CUP	
1930 - 2022	*Not a member of FIFA*

OLYMPIC FOOTBALL TOURNAMENTS 1908-2020
None

AFC CHALLENGE CUP 2006-2014		EAST ASIAN CHAMPIONSHIP 2003-2022	
2006	Did not enter	2003	Not EAFF member
2008	Did not enter	2005	Not EAFF member
2010	Did not enter	2008	Qualifiers
2012	Did not enter	2010	Qualifiers
2014	Qualifiers	2013	Qualifiers
		2015	Qualifiers
		2017	Qualifiers
		2019	Qualifiers
		2022	Did not enter

NORTHERN MARIANA ISLANDS CLUB HONOURS IN ASIAN CLUB COMPETITIONS

AFC Champions League 1967-1971 & 1985/1986-2024
None
Asian Football Confederation Cup 2004-2024
None
AFC President's Cup 2005-2014*
None
Asian Cup Winners Cup 1975-2003*
None
Asian Super Cup 1995-2002*
None

*defunct competitions

NATIONAL COMPETITIONS TABLE OF HONOURS

	CHAMPIONS
2005	*Championship cancelled*
2006/2007	L&S / Kyung-Seung Sadag Tasi
2007	Fiesta Inter Saipan
2008 Spring	Inter Godfather's Garapan
2008 Fall	Inter Godfather's Garapan
2009	Inter Godfather's Garapan
2010	Marianas Pacific United
2011	Inter Godfather's Garapan
2012 Spring	Wild Bill's FC
2012 Fall	Tan Holdings FC
2013 Spring	Wild Bill's FC
2013/2014	Wild Bill's FC
2014 Fall	Marianas Pacific United
2015 Spring	Tan Holdings FC
2015 Fall	*No championship*
2016 Spring	Tan Holdings FC
2016 Fall	Marianas Pacific United
2017 Spring	Marianas Pacific United
2017 Fall	Tan Holdings FC
2018 Spring	Marianas Pacific United

2018 Fall	*Championship abandoned*
2019 Spring	U18 National Team
2019 Fall	U19 National Team
2020 Spring	*Championship abandoned*
2020 Fall	*No championship*
2021 Spring	Tan Holdings FC
2021 Fall	U18 National Team A
2022 Spring	Eleven Tiger FC
2022 Fall	Tan Holdings FC
2023 Spring	Eleven Tiger FC
2023 Fall	*Not known*

NATIONAL CHAMPIONSHIP
Spring League 2023

League table not available.

Final [11.06.2023]

Eleven Tiger FC - Marianas Pacific United 2-1(1-1)

2023 Spring Champions: **Eleven Tiger FC**

NATIONAL CHAMPIONSHIP
Fall League 2023

1. Tan Holdings FC	4	4	0	0	16	-	3	12
2. U17 National Team	4	3	0	1	14	-	2	9
3. Kanoa FC	4	2	0	2	10	-	12	6
4. Paire FC	4	1	0	3	3	-	12	3
5. Eleven Tiger FC	4	0	0	4	3	-	17	0

No other informations are available.

NATIONAL TEAM
INTERNATIONAL MATCHES 2023/2024

18.11.2023	Honiara	Fiji - Northern Mariana Islands	10-0(6-0)	(PG)
24.11.2023	Honiara	Northern Mariana Islands - Tahiti	0-5(0-3)	(PG)
27.11.2023	Honiara	Northern Mariana Islands - American Samoa	4-0(1-0)	(PG)
30.11.2023	Honiara	Northern Mariana Islands - Tuvalu	1-4(0-4)	(PG)

18.11.2023, 16th Pacific Games, Group Stage
SIFF Academy Field, Honiara (Solomon Islands); Attendance: n/a
Referee: Timothy Niu (Solomon Islands)
FIJI - NORTHERN MARIANA ISLANDS **10-0(6-0)**
NMI: Merrick Vicente Attao Toves, Ronnel Sentinellar Ocanada, Cody Soriano Shimizu, Daniell Mayr Jaylo Pablo, Jerald Araquel Aquino (74.Lin Zhi Xiang), Dev Ashok Bachani, Jireh Yobech, Brian Mallari Lubao (46.Leland DeLeon Guerrero), Markus Joaquin Attao Toves (90+1.Nolan Manuel Tsuneo Sablan Ngewaki), Ariel Jacobus Narvaez Jr. (84.Akira Kadokura), Reuben Antonio Cabrera Guerrero (74.Anthony John Nicolas Bergancia). Trainer: Michiteru Mita (Japan).

24.11.2023, 16th Pacific Games, Group Stage
SIFF Academy Field, Honiara (Solomon Islands); Attendance: n/a
Referee: Timothy Niu (Solomon Islands)
NORTHERN MARIANA ISLANDS - TAHITI **0-5(0-3)**
NMI: Merrick Vicente Attao Toves, Ronnel Sentinellar Ocanada, Cody Soriano Shimizu, Akira Kadokura (90+5.Lin Zhi Xiang), Daniell Mayr Jaylo Pablo, Leland DeLeon Guerrero, Dev Ashok Bachani, Jireh Yobech, Markus Joaquin Attao Toves, Ariel Jacobus Narvaez Jr. (85.Jerald Araquel Aquino), Reuben Antonio Cabrera Guerrero (72.Brian Mallari Lubao). Trainer: Michiteru Mita (Japan).

27.11.2023, 16th Pacific Games, 9th-12th Place Play-offs.
SIFF Academy Field, Honiara (Solomon Islands); Attendance: n/a
Referee: Torika Delai (Fiji)
NORTHERN MARIANA ISLANDS - AMERICAN SAMOA **4-0(1-0)**
NMI: Merrick Vicente Attao Toves, Ronnel Sentinellar Ocanada, Cody Soriano Shimizu, Akira Kadokura (46.Ariel Jacobus Narvaez Jr.), Daniell Mayr Jaylo Pablo, Jerald Araquel Aquino, Leland DeLeon Guerrero, Dev Ashok Bachani (90+1.Mark Ryan Ortizo Costales), Jireh Yobech, Markus Joaquin Attao Toves (90+3.Nolan Manuel Tsuneo Sablan Ngewaki), Reuben Antonio Cabrera Guerrero (78.Brian Mallari Lubao). Trainer: Michiteru Mita (Japan).
Goals: Jireh Yobech (32), Reuben Antonio Cabrera Guerrero (46, 70), Nolan Manuel Tsuneo Sablan Ngewaki (90+4).

30.11.2023, 16th Pacific Games, 9th-12th Place Play-offs.
SIFF Academy Field, Honiara (Solomon Islands); Attendance: n/a
Referee: Torika Delai (Fiji)
NORTHERN MARIANA ISLANDS - TUVALU **1-4(0-4)**
NMI: Merrick Vicente Attao Toves, Ronnel Sentinellar Ocanada, Dev Ashok Bachani, Daniell Mayr Jaylo Pablo, Jerald Araquel Aquino (29.Mark Ryan Ortizo Costales), Jireh Yobech, Akira Kadokura (87.Nolan Manuel Tsuneo Sablan Ngewaki), Markus Joaquin Attao Toves, Ariel Jacobus Narvaez Jr. (46.Cody Soriano Shimizu), Reuben Antonio Cabrera Guerrero (70.Brian Mallari Lubao), Leland DeLeon Guerrero (87.Lin Zhi Xiang). Trainer: Michiteru Mita (Japan).
Goal: Markus Joaquin Attao Toves (50).

NATIONAL TEAM PLAYERS
2023/2024

Name	DOB	Club
Goalkeepers		
Merrick Vicente Attao TOVES	01.12.2004	*Kanoa FC*
Defenders		
Jerald Araquel AQUINO	25.10.2004	*Eleven Tiger FC*
Leland DeLeon GUERRERO		*Kanoa FC*
LIN Zhi Xiang		*Latte FC*
Ronnel Sentinellar OCANADA	26.02.2001	*Marianas Pacific United FC*
Daniell Mayr Jaylo PABLO	16.01.2005	*Kanoa FC*
Cody Soriano SHIMIZU		*Marianas Pacific United FC*
Midfielders		
Dev Ashok BACHANI	04.05.2005	*Park University Gilbert Buccaneers (USA)*
Anthony John Nicolas BERGANCIA		*Latte FC*
Akira KADOKURA		*Eleven Tiger FC*
Brian Mallari LUBAO		*Kanoa FC*
Ariel Jacobus NARVAEZ Jr.		*Eleven Tiger FC*
Markus Joaquin Attao TOVES		*Kanoa FC*
Jireh YOBECH	08.07.1996	*Inter Godfather's Garapan*
Forwards		
Mark Ryan Ortizo COSTALES		*Latte FC*
Reuben Antonio Cabrera GUERRERO		*Kanoa FC*
Nolan Manuel Tsuneo Sablan NGEWAKI	08.07.2008	*Matansa FC*
National coaches		
Michiteru MITA (Japan) [from 01.02.2017]		16.05.1975

OMAN

Federation Directory:
Oman Football Association
P.O.Box 3462, Seeb Sports Complex, PC 112, Ruwi
Year of Formation: 1978
Member of FIFA since: 1978
Member of AFC since: 1980
Internet: www.ofa.om

The Country: Saltanat 'Umān (Sultanate of Oman)
Capital: Muscat
Surface: 309,550 km^2 / **Population:** 4,520,471 [2021] / **Time:** UTC+4

NATIONAL TEAM RECORDS

First international match:
02.09.1965, Cairo (EGY): Libya - Muscat and Oman* 14-1

Most international caps:
Ahmed Mubarak Obaid Al Mahaijri
180 caps (2003-2019)

Most international goals:
Hani Al-Dhabit Faraj Bait Al-Noobi
43 goals / 102 caps (1997-2014)

NATIONAL TEAM COMPETITIONS

ASIAN NATIONS CUP		FIFA WORLD CUP	
1956		1930	
1960		1934	
1964	Not a member of the AFC	1938	
1968		1950	
1972		1954	
1976		1958	Not a member of FIFA
1980		1962	
1984	Qualifiers	1966	
1988	Withdrew	1970	
1992	Qualifiers	1974	
1996	Qualifiers	1978	
2000	Qualifiers	1982	
2004	Final Tournament (Group Stage)	1986	Withdrew
2007	Final Tournament (Group Stage)	1990	Qualifiers
2011	Qualifiers	1994	Qualifiers
2015	Final Tournament (Group Stage)	1998	Qualifiers
2019	Final Tournament (2nd Round of 16)	2002	Qualifiers
2023	Final Tournament (Group Stage)	2006	Qualifiers
		2010	Qualifiers
		2014	Qualifiers
		2018	Qualifiers
		2022	Qualifiers

OLYMPIC FOOTBALL TOURNAMENTS 1908-2020

1908 to 1928	Teams from Asia did not enter
1936	
1948	
1952	
1956	
1960	Not an IOC member
1964	
1968	
1972	
1976	
1980	
1984	Did not enter
1988	Qualifiers
1992	Qualifiers
1996	Qualifiers
2000	Qualifiers
2004	Qualifiers
2008	Qualifiers
2012	Qualifiers
2016	Qualifiers
2020	Qualifiers

*Muscat and Oman encompassed the present day Oman and parts of the United Arab Emirates (1820-1970)

ASIAN GAMES 1951-2022		GULF CUP OF NATIONS 1970-2023		WEST ASIAN CHAMPIONSHIP 2000-2019		WEST ASIAN GAMES 1997-2005	
1951	-	1970	-	2000	-	1997	-
1954	-	1972	-	2002	-	2002	-
1958	-	1974	6th Place	2004	-	2005	Group Stage
1962	-	1976	7th Place	2007	-		
1966	-	1979	7th Place	2008	Group Stage		
1970	-	1982	6th Place	2010	Group Stage		
1974	-	1984	7th Place	2012	3rd Place		
1978	-	1986	7th Place	2014	Group Stage		
1982	-	1988	7th Place	2019	Did not enter		

ASIAN GAMES (cont.)		GULF CUP OF NATIONS (cont.)				ARAB NATIONS CUP 1963-2021	
1986	Group Stage	1990	4th Place			1963	-
1990	-	1992	6th Place			1964	-
1994	Group Stage	1994	6th Place			1966	Group Stage
1998	2nd Round	1996	6th Place			1985	-
2002	Group Stage	1998	4th Place			1988	-
2006	Group Stage	2002	5th Place			1992	-
2010	Quarter-Finals	2003	4th Place			1998	Withdrew
2014	Group Stage	2004	Runners-up			2002	-
2018	-	2007	Runners-up			2012	-
2022	-	2009	**Winners**			2021	Quarter-Finals
		2010	Group Stage				
		2013	Group Stage				
		2015	4th Place				
		2017	**Winners**				
		2019	Group Stage				
		2023	Runners-up				

CENTRAL ASIAN NATIONS CUP 2023->	
2023	3rd Place

OMANI CLUB HONOURS IN ASIAN CLUB COMPETITIONS

AFC Champions League 1967-1971 & 1985/1986-2024		
None		
Asian Football Confederation Cup 2004-2024		
Al-Seeb Club	1	2022
AFC President's Cup 2005-2014*		
None		
Asian Cup Winners Cup 1975-2003*		
None		
Asian Super Cup 1995-2002*		
None		

*defunct competitions

OTHER CLUB COMPETITIONS:

Arab Champions League / Arab Club Champions Cup 1982-2023		
None		
Gulf Club Champions Cup 1982-2017		
Fanja SC	1	1989
Arab Cup Winners Cup 1989-2002*		
None		
Arab Super Cup 1992-2002*		
None		

*defunct competition

NATIONAL COMPETITIONS
TABLE OF HONOURS

	CHAMPIONS	CUP WINNERS
1972/1973	-	Al Ahli Muscat
1973/1974	-	Sur Club
1974/1975	-	Al Tali'aa Club Sur
1975/1976	-	Fanja
1976/1977	Fanja	Fanja
1977/1978	Rowi Muscat*	Dhofar Club Salalah
1978/1979	Fanja	Fanja
1979/1980	Al Nasr Club Salalah	Oman Club Muscat
1980/1981	Al Nasr Club Salalah	Dhofar Club Salalah
1981/1982	Al Ahli Muscat	Dhofar Club Salalah
1982/1983	Dhofar Club Salalah	Al Ahli Muscat
1983/1984	Fanja	Al Ahli Muscat
1984/1985	Dhofar Club Salalah	Al Ahli Muscat
1985/1986	Fanja	Fanja
1986/1987	Fanja	Fanja
1987/1988	Fanja	Fanja
1988/1989	Al Nasr Club Salalah	Al Ahli Muscat
1989/1990	Dhofar Club Salalah	Fanja
1990/1991	Fanja	Dhofar Club Salalah
1991/1992	Dhofar Club Salalah	Fanja
1992/1993	Dhofar Club Salalah	Sur Club

Season	Champion	Runner-up
1993/1994	Dhofar Club Salalah	Al Oruba Sur
1994/1995	Sur Club	Oman Club Muscat
1995/1996	Sur Club	Al Nasr Club Salalah
1996/1997	Oman Club Muscat	Al Seeb Club
1997/1998	Al Nasr Club Salalah	Al Seeb Club
1998/1999	Dhofar Club Salalah	Al Seeb Club
1999/2000	Al Oruba Sur	Dhofar Club Salalah
2000/2001	Dhofar Club Salalah	Al Nasr Club Salalah
2001/2002	Al Oruba Sur	Al Oruba Sur
2002/2003	Rowi Muscat	Al Nasr Club Salalah
2003/2004	Al Nasr Club Salalah	Rowi Muscat
2004/2005	Dhofar Club Salalah	Dhofar Club Salalah
2005/2006	Muscat Club	Al Nasr Club Salalah
2006/2007	Al Nahda Club Al Buraimi	Dhofar Club Salalah
2007/2008	Al Oruba Sur	Sur Club
2008/2009	Al Nahda Club Al Buraimi	Al-Suwaiq Club
2009/2010	Al-Suwaiq Club	Saham Club
2010/2011	Al-Suwaiq Club	Al Oruba Sur
2011/2012	Fanja SC	Dhofar Club Salalah
2012/2013	Al-Suwaiq Club	Al-Suwaiq Club
2013/2014	Al Nahda Club Al Buraimi	Fanja SC
2014/2015	Al Oruba Sur	Al Oruba Sur
2015/2016	Fanja SC	Saham Club
2016/2017	Dhofar Club Salalah	Al-Suwaiq Club
2017/2018	Al-Suwaiq Club	Al-Nasr SCS Salalah
2018/2019	Dhofar Club Salalah	Sur Sports Club
2019/2020	Al-Seeb Club	Dhofar Club Salalah
2020/2021	*Championship abandoned*	Dhofar Club Salalah
2021/2022	Al-Seeb Club	Al-Seeb Club
2022/2023	Al Nahda Club Al Buraimi	Al Nahda Club Al Buraimi
2023/2024	Al-Seeb Club	Dhofar Club Salalah

*became later Muscat Club.

NATIONAL CHAMPIONSHIP
OFA Oman Mobile League 2023/2024

1.	**Al-Seeb Club**	22	18	3	1	40	-	9	57
2.	Al Nahda Club Al Buraimi	22	12	7	3	38	-	21	43
3.	Oman Club Muscat	22	13	3	6	34	-	24	42
4.	Sohar Sports Club	22	10	7	5	32	-	21	37
5.	Al-Nasr SCS Salalah	22	9	5	8	28	-	25	32
6.	Al Rustaq SC Ibri	22	8	8	6	25	-	25	32
7.	Al-Shabab SC Barka	22	5	9	8	22	-	26	24
8.	Sur SC	22	6	6	10	29	-	34	24
9.	Ibri Club	22	7	3	12	21	-	27	24
10.	Dhofar Club Salalah	22	6	2	14	23	-	36	20
11.	Bahla Club (*Relegated*)	22	4	6	12	12	-	25	18
12.	Al-Wahda SC Sur (*Relegated*)	22	4	1	17	16	-	47	13

<u>Please note</u>: apparently Al Musannah SC and Al-Suwaiq Club were excluded.

NATIONAL CUP
„Sultan Qaboos" Cup - Final 2023/2024

10.05.2024, Khasab Sports Complex, Khasab
Dhofar Club Salalah - Al Nahda Club Al Buraimi   **2-0**

THE CLUBS 2023/2024

Club	Founded	Stadium	Capacity
Al Musannah Sports Club	1972	Al Seeb Stadium, Seeb	14,000
Al Nahda Club Al Buraimi	2003	Nizwa Sports Complex, Nizwa	10,000
Al-Nasr Sports Cultural and Social Club Salalah	1970	Al Saada Sports Complex, Salalah	12,000
Al Rustaq Sports Club Ibri	1968	Ibri Youth Complex, Ibri	15,000
Al-Seeb Club	1972	Al Seeb Stadium, Seeb	14,000
Al-Shabab Sports Club Barka	2003	Rustaq Sports Complex, Barka	17,000
Al-Suwaiq Club	1970	Seeb Stadium, Seeb	14,000
Al-Wahda Sports Club Sur	1970	Sur Sports Complex, Sur	8,000
Bahla Club	1971	n/a	n/a
Dhofar Club Salalah	1970	Al Saada Sports Complex, Salalah	12,000
Ibri Club	1971	Ibri Sports Complex, Ibri	15,000
Oman Club Muscat	1942	Royal Oman Police Club, Muscat	18,000
Sohar Sports Club	1972	Sohar Regional Sports Complex, Sohar	19,000
Sur Sports Club	1969	Sur Sports Complex, Sur	8,000

NATIONAL TEAM
INTERNATIONAL MATCHES 2023/2024

Date	Venue	Match	Score	Type
06.09.2023	Muscat	Oman - Palestine	2-1(2-1)	(F)
12.09.2023	Saint Paul	United States - Oman	4-0(1-0)	(F)
16.11.2023	Muscat	Oman - Chinese Taipei	3-0(2-0)	(WCQ)
21.11.2023	Bishkek	Kyrgyz Republic - Oman	1-0(0-0)	(WCQ)
29.12.2023	Abu Dhabi	Oman - China P.R.	2-0(0-0)	(F)
06.01.2024	Abu Dhabi	United Arab Emirates - Oman	0-1(0-1)	(F)
16.01.2024	Al Rayyan	Saudi Arabia - Oman	2-1(0-1)	(AFC)
21.01.2024	Doha	Oman - Thailand	0-0	(AFC)
25.01.2024	Doha	Kyrgyz Republic - Oman	1-1(0-1)	(AFC)
21.03.2024	Muscat	Oman - Malaysia	2-0(0-0)	(WCQ)
26.03.2024	Kuala Lumpur	Malaysia - Oman	0-2(0-1)	(WCQ)
06.06.2024	Taipei	Chinese Taipei - Oman	0-3(0-1)	(WCQ)
11.06.2024	Muscat	Oman - Kyrgyz Republic	1-1(0-1)	(WCQ)

06.09.2023, Friendly International
"Sultan Qaboos" Sports Complex; Attendance: n/a
Referee: Khalid Saleh Al Turais (Saudi Arabia)
OMAN - PALESTINE 2-1(2-1)
OMA: Faiz Issa Khadoom Al Rushaidi, Khalid Nasser Fadhil Al Braiki, Ahmed Mohammed Khalfan Al Khamisi, Abdullah Fawaz Arfah Bait Abdulghafur, Ahmed Khalifa Said Al Kaabi, Harib Jamil Zaid Al Saadi, Omar Mohammed Rashid Al Malki (29.Abdulrahman Al Mushaifri), Zahir Sulaiman Abdullah Al Aghbari, Jameel Saleem Jameel Al Yahmadi, Issam Abdallah Saif Al Sabhi, Muhsen Saleh Abdullah Ali Al Ghassani. Trainer: Branko Ivanković (Croatia).
Goals: Omar Mohammed Rashid Al Malki (20), Muhsen Saleh Abdullah Ali Al Ghassani (36).

12.09.2023, Friendly International
Allianz Field, Saint Paul; Attendance: 13,665
Referee: Mario Alberto Escobar Toca (Guatemala)
UNITED STATES - OMAN 4-0(1-0)
OMA: Ibrahim Saleh Al Mukhaini, Ahmed Khalifa Said Al Kaabi, Ahmed Mohammed Khalfan Al Khamisi, Khalid Nasser Fadhil Al Braiki, Harib Jamil Zaid Al Saadi, Abdullah Fawaz Arfah Bait Abdulghafur (64.Abdulrahman Al Mushaifri), Jameel Saleem Jameel Al Yahmadi, Zahir Sulaiman Abdullah Al Aghbari (64.Musaab Hamed Al Mamari), Tameem Haitham Shambeh Al Balushi (80.Mahmood Mabrook Nasib Al Mushaifri), Muhsen Saleh Abdullah Ali Al Ghassani, Issam Abdallah Saif Al Sabhi. Trainer: Branko Ivanković (Croatia).

16.11.2023, 23rd FIFA World Cup Qualifiers / 19th AFC Asian Cup Qualifiers second round
"Sultan Qaboos" Sports Complex, Muscat; Attendance: 4,155
Referee: Sadullo Gulmurodi (Tajikistan)
OMAN - CHINESE TAIPEI 3-0(2-0)
OMA: Faiz Issa Khadoom Al Rushaidi, Ahmed Khalifa Said Al Kaabi, Khalid Nasser Fadhil Al Braiki, Mohamed Ramadhan Balushi Al Amri, Harib Jamil Zaid Al Saadi, Omer Mohammed Rashid Al Malki (68.Muhsen Saleh Abdullah Ali Al Ghassani), Abdullah Fawaz Arfah Bait Abdulghafur (87.Tameem Haitham Shambeh Al Balushi), Jameel Saleem Jameel Al Yahmadi, Zahir Sulaiman Abdullah Al Aghbari (68.Mataz Saleh Abd-Raboh Bait), Amjad Abdullah Sulaiman Al Harthi (27.Ahmed Mohammed Khalfan Al Khamisi), Issam Abdallah Saif Al Sabhi. Trainer: Branko Ivanković (Croatia).
Goals: Omer Mohammed Rashid Al Malki (17), Pan Wen-chieh (41 own goal), Mataz Saleh Abd-Raboh Bait (90+2).

21.11.2023, 23rd FIFA World Cup Qualifiers / 19th AFC Asian Cup Qualifiers second round
"Dolen Omurzakov" Stadium, Bishkek; Attendance: 10,783
Referee: Mooud Bonyadifard (Iran)

KYRGYZ REPUBLIC - OMAN   **1-0(0-0)**

OMA: Faiz Issa Khadoom Al Rushaidi, Ahmed Khalifa Said Al Kaabi (88.Ali Sulaiman Al Busaidi), Ahmed Mohammed Khalfan Al Khamisi (79.Omer Mohammed Rashid Al Malki), Khalid Nasser Fadhil Al Braiki, Mohamed Ramadhan Balushi Al Amri, Harib Jamil Zaid Al Saadi, Abdullah Fawaz Arfah Bait Abdulghafur (61.Omar Talib Ahmed Al Fazari), Jameel Saleem Jameel Al Yahmadi, Zahir Sulaiman Abdullah Al Aghbari (79.Mataz Saleh Abd-Raboh Bait), Muhsen Saleh Abdullah Ali Al Ghassani, Issam Abdallah Saif Al Sabhi. Trainer: Branko Ivanković (Croatia).

29.12.2023, Friendly International
Baniyas Stadium, Abu Dhabi (United Arab Emirates); Attendance: n/a
Referee: Yahya Mohammed Ali Hassan Al Mulla (United Arab Emirates)

OMAN - CHINA P.R.   **2-0(0-0)**

OMA: Ibrahim Saleh Al Mukhaini, Ahmed Mohammed Khalfan Al Khamisi, Issam Abdallah Saif Al Sabhi (46.Muhsen Saleh Abdullah Ali Al Ghassani), Khalid Nasser Fadhil Al Braiki, Abdullah Fawaz Arfah Bait Abdulghafur (46.Zahir Sulaiman Abdullah Al Aghbari), Salaah Said Salim Al Yahyaei (46.Abdulaziz Mubarak Zayid Al Gheilani), Omar Mohammed Rashid Al Malki (46.Abdulrahman Al Mushaifri), Ahmed Khalifa Said Al Kaabi (46.Ali Sulaiman Al Busaidi), Harib Jamil Zaid Al Saadi (71.Tameem Haitham Shambeh Al Balushi), Jameel Saleem Jameel Al Yahmadi, Arshad Said Saleh Al Alawi. Trainer: Branko Ivanković (Croatia).
Goals: Arshad Said Saleh Al Alawi (48), Muhsen Saleh Abdullah Ali Al Ghassani (65).

06.01.2024, Friendly International
Al Nahyan Stadium, Abu Dhabi; Attendance: n/a
Referee: Abdulla Dhafer Al Shehri (Saudi Arabia)

UNITED ARAB EMIRATES - OMAN   **0-1(0-1)**

OMA: Ibrahim Saleh Al Mukhaini, Ahmed Khalifa Said Al Kaabi (69.Ali Sulaiman Al Busaidi), Ahmed Mohammed Khalfan Al Khamisi, Khalid Nasser Fadhil Al Braiki (85.Fahmi Said Rajab Nasib Bait Durbin), Harib Jamil Zaid Al Saadi, Abdullah Fawaz Arfah Bait Abdulghafur (46.Zahir Sulaiman Abdullah Al Aghbari), Jameel Saleem Jameel Al Yahmadi, Arshad Said Saleh Al Alawi, Salaah Said Salim Al Yahyaei (69.Mataz Saleh Abd-Raboh Bait), Muhsen Saleh Abdullah Ali Al Ghassani (69.Abdullah Salim Said Al Mushaifri), Issam Abdallah Saif Al Sabhi (69.Abdulrahman Al Mushaifri). Trainer: Branko Ivanković (Croatia).
Goal: Abdullah Fawaz Arfah Bait Abdulghafur (5).

16.01.2024, 18th AFC Asian Cup, Final Tournament, Group Stage
Khalifa International Stadium, Al Rayyan (Qatar); Attendance: 41,987
Referee: Shaun Evans (Australia)

SAUDI ARABIA - OMAN   **2-1(0-1)**

OMA: Ibrahim Saleh Al Mukhaini, Ahmed Khalifa Said Al Kaabi, Ahmed Mohammed Khalfan Al Khamisi, Khalid Nasser Fadhil Al Braiki, Harib Jamil Zaid Al Saadi, Abdullah Fawaz Arfah Bait Abdulghafur (73.Tameem Haitham Shambeh Al Balushi; 87.Ali Sulaiman Al Busaidi), Jameel Saleem Jameel Al Yahmadi, Arshad Said Saleh Al Alawi, Salaah Said Salim Al Yahyaei (78.Fahmi Said Rajab Nasib Bait Durbin), Muhsen Saleh Abdullah Ali Al Ghassani (73.Abdulrahman Al Mushaifri), Issam Abdallah Saif Al Sabhi (46.Mataz Saleh Abd-Raboh Bait). Trainer: Branko Ivanković (Croatia).
Goal: Salaah Said Salim Al Yahyaei (14 penalty).

21.01.2024, 18th AFC Asian Cup, Final Tournament, Group Stage
„Abdullah bin Khalifa" Stadium, Doha (Qatar); Attendance: 6,340
Referee: Mooud Bonyadifard (Iran)
OMAN - THAILAND **0-0**
OMA: Ibrahim Saleh Al Mukhaini, Ahmed Khalifa Said Al Kaabi, Ahmed Mohammed Khalfan Al Khamisi, Khalid Nasser Fadhil Al Braiki, Harib Jamil Zaid Al Saadi, Abdullah Fawaz Arfah Bait Abdulghafur (67.Zahir Sulaiman Abdullah Al Aghbari), Jameel Saleem Jameel Al Yahmadi, Arshad Said Saleh Al Alawi (67.Abdulrahman Al Mushaifri), Salaah Said Salim Al Yahyaei, Muhsen Saleh Abdullah Ali Al Ghassani (90.Abdullah Salim Said Al Mushaifri), Issam Abdallah Saif Al Sabhi (81.Omer Mohammed Rashid Al Malki).Trainer: Branko Ivanković (Croatia).

25.01.2024, 18th AFC Asian Cup, Final Tournament, Group Stage
„Abdullah bin Khalifa" Stadium, Doha (Qatar); Attendance: 6,231
Referee: Ahmad Al Ali (Kuwait)
KYRGYZ REPUBLIC - OMAN **1-1(0-1)**
OMA: Ibrahim Saleh Al Mukhaini, Ahmed Khalifa Said Al Kaabi, Ahmed Mohammed Khalfan Al Khamisi (31.Fahmi Said Rajab Nasib Bait Durbin), Khalid Nasser Fadhil Al Braiki, Harib Jamil Zaid Al Saadi, Abdullah Fawaz Arfah Bait Abdulghafur (67.Issam Abdallah Saif Al Sabhi), Jameel Saleem Jameel Al Yahmadi, Arshad Said Saleh Al Alawi (89.Abdullah Salim Said Al Mushaifri), Salaah Said Salim Al Yahyaei, Muhsen Saleh Abdullah Ali Al Ghassani (67.Zahir Sulaiman Abdullah Al Aghbari), Abdulrahman Al Mushaifri. Trainer: Branko Ivanković (Croatia).
Goal: Muhsen Saleh Abdullah Ali Al Ghassani (8).

21.03.2024, 23rd FIFA World Cup Qualifiers / 19th AFC Asian Cup Qualifiers second round
"Sultan Qaboos" Sports Complex, Muscat; Attendance: 21,836
Referee: Fu Ming (China P.R.)
OMAN - MALAYSIA **2-0(0-0)**
OMA: Ibrahim Saleh Al Mukhaini, Mohammed Saleh Ali Al Musalami, Ahmed Mohammed Khalfan Al Khamisi (78.Ghanim Ramadhan Bashir Al Habashi), Abdul Aziz Khalfan Salim Al Shamousi, Harib Jamil Zaid Al Saadi, Omer Mohammed Rashid Al Malki (69.Jameel Saleem Jameel Al Yahmadi), Arshad Said Saleh Al Alawi, Ali Sulaiman Al Busaidi, Salaah Said Salim Al Yahyaei (78.Abdullah Fawaz Arfah Bait Abdulghafur), Muhsen Saleh Abdullah Ali Al Ghassani (89.Mohammed Mubarak Hamood Mubarak Al Ghafri), Issam Abdallah Saif Al Sabhi (79.Abdulrahman Al Mushaifri). Trainer: Jaroslav Šilhavý (Czech Republic).
Goals: Issam Abdallah Saif Al Sabhi (58), Muhsen Saleh Abdullah Ali Al Ghassani (88).

26.03.2024, 23rd FIFA World Cup Qualifiers / 19th AFC Asian Cup Qualifiers second round
Bukit Jalil National Stadium, Kuala Lumpur; Attendance: 26,499
Referee: Ko Hyung-jin (Korea Republic)
MALAYSIA - OMAN **0-2(0-1)**
OMA: Ibrahim Saleh Al Mukhaini, Mohammed Saleh Ali Al Musalami, Ahmed Mohammed Khalfan Al Khamisi, Abdul Aziz Khalfan Salim Al Shamousi, Harib Jamil Zaid Al Saadi, Omer Mohammed Rashid Al Malki (75.Hatem Sultan Abdallah Al Rushadi), Jameel Saleem Jameel Al Yahmadi (65.Zahir Sulaiman Abdullah Al Aghbari), Arshad Said Saleh Al Alawi (84.Abdullah Fawaz Arfah Bait Abdulghafur), Ali Sulaiman Al Busaidi, Salaah Said Salim Al Yahyaei (65.Abdulrahman Al Mushaifri), Muhsen Saleh Abdullah Ali Al Ghassani (75.Mohammed Mubarak Hamood Mubarak Al Ghafri). Trainer: Jaroslav Šilhavý (Czech Republic).
Goals: Omer Mohammed Rashid Al Malki (45+4 penalty), Mohammed Mubarak Hamood Mubarak Al Ghafri (90+4).

06.06.2024, 23rd FIFA World Cup Qualifiers / 19th AFC Asian Cup Qualifiers second round
Taipei Municipal Stadium, Taipei; Attendance: 5,700
Referee: Zaid Thamer (Iraq)
CHINESE TAIPEI - OMAN **0-3(0-1)**
OMA: Ibrahim Saleh Al Mukhaini, Mohammed Saleh Ali Al Musalami, Ahmed Mohammed Khalfan Al Khamisi, Abdul Aziz Khalfan Salim Al Shamousi (82.Amjad Abdullah Sulaiman Al Harthi), Harib Jamil Zaid Al Saadi (87.Musaab Hamed Al Mamari), Omer Mohammed Rashid Al Malki (69.Abdullah Fawaz Arfah Bait Abdulghafur), Zahir Sulaiman Abdullah Al Aghbari (69.Jameel Saleem Jameel Al Yahmadi), Arshad Said Saleh Al Alawi, Ali Sulaiman Al Busaidi, Issam Abdallah Saif Al Sabhi (69.Mohammed Mubarak Hamood Mubarak Al Ghafri), Abdulrahman Al Mushaifri. Trainer: Jaroslav Šilhavý (Czech Republic).
Goals: Abdulrahman Al Mushaifri (31, 55, 75).

11.06.2024, 23rd FIFA World Cup Qualifiers / 19th AFC Asian Cup Qualifiers second round
"Sultan Qaboos" Sports Complex, Muscat; Attendance: 13,754
Referee: Alireza Faghani (Australia)
OMAN - KYRGYZ REPUBLIC **1-1(0-1)**
OMA: Ibrahim Saleh Al Mukhaini, Mohammed Saleh Ali Al Musalami (74.Khalid Nasser Fadhil Al Braiki), Ahmed Mohammed Khalfan Al Khamisi, Abdul Aziz Khalfan Salim Al Shamousi (84.Amjad Abdullah Sulaiman Al Harthi), Harib Jamil Zaid Al Saadi, Arshad Said Saleh Al Alawi, Ali Sulaiman Al Busaidi, Salaah Said Salim Al Yahyaei (58.Abdullah Fawaz Arfah Bait Abdulghafur), Muhsen Saleh Abdullah Ali Al Ghassani (75.Mohammed Mubarak Hamood Mubarak Al Ghafri), Issam Abdallah Saif Al Sabhi (58.Zahir Sulaiman Abdullah Al Aghbari), Abdulrahman Al Mushaifri. Trainer: Jaroslav Šilhavý (Czech Republic).
Goal: Alimardon Shukurov (57 own goal).

NATIONAL TEAM PLAYERS 2023/2024		
Name	DOB	Club
Goalkeepers		
Ibrahim Saleh AL MUKHAINI	20.06.1997	*Al Nahda Club Al Buraimi*
Faiz Issa Khadoom AL RUSHAIDI	19.07.1988	*Manama Club (BHR)*
Defenders		
Khalid Nasser Fadhil AL BRAIKI	03.07.1993	*Al-Shabab SC Barka*
Abdulaziz Mubarak Zayid AL GHEILANI	14.05.1995	*Al Nahda Club Al Buraimi*
Ghanim Ramadhan Bashir AL HABASHI	04.08.1994	*Al Nahda Club Al Buraimi*
Ahmed Mohammed Khalfan AL KHAMISI	26.11.1991	*Al-Seeb Club*
Mohammed Saleh Ali AL MUSALAMI	20.04.1990	*Al-Seeb Club*
Mahmood Mabrook Nasib AL MUSHAIFRI	14.01.1993	*Al-Nasr SCS Salalah*
Abdul Aziz Khalfan Salim AL SHAMOUSI	20.05.1992	*Al Nahda Club Al Buraimi*
Fahmi Said Rajab Nasib Bait DURBIN	10.10.1993	*Al-Nasr SCS Salalah*

Midfielders

Name	DOB	Club
Mataz Saleh ABD-RABOH Bait	05.12.1994	*Dhofar Club Salalah*
Zahir Sulaiman Abdullah AL AGHBARI	28.05.1999	*Al-Seeb Club; 29.01.2024-> Al Muharraq Sports Club (BHR)*
Arshad Said Saleh AL ALAWI	12.04.2000	*Al-Seeb Club*
Tameem Haitham Shambeh AL BALUSHI	03.11.1999	*Al-Seeb Club*
Ali Sulaiman AL BUSAIDI	21.01.1991	*Al-Seeb Club*
Mohamed Ramadhan Balushi AL AMRI	20.09.1994	*Al-Seeb Club*
Omar Talib Ahmed AL FAZARI	19.05.1993	*Al-Seeb Club*
Amjad Abdullah Sulaiman AL HARTHI	1994	*Al-Seeb Club*
Ahmed Khalifa Said AL KAABI	15.09.1996	*Al Nahda Club Al Buraimi*
Omar Mohammed Rashid AL MALKI	04.01.1994	*Al Nahda Club Al Buraimi*
Musaab Hamed AL MAMARI	22.01.2000	*Al-Nasr SCS Salalah*
Hatem Sultan Abdallah AL RUSHADI	15.02.1996	*Al Faisaly Club Amman (JOR)*
Harib Jamil Zaid AL SAADI	01.02.1990	*Al Nahda Club Al Buraimi*
Salaah Said Salim AL YAHYAEI	17.08.1998	*Al Nahda Club Al Buraimi*
Abdullah FAWAZ Arfah Bait Abdulghafur	03.10.1996	*Al Nahda Club Al Buraimi; 31.01.2024-> Al Qadisia SC Kuwait City (KUW)*

Forwards

Name	DOB	Club
Mohammed Mubarak Hamood Mubarak AL GHAFRI		*Oman Club Muscat*
Muhsen Saleh Abdullah Ali AL GHASSANI	27.03.1997	*Al-Seeb Club*
Omer Mohammed Rashid AL MALKI	04.01.1994	*Al Nahda Club Al Buraimi*
Abdullah Salim Said AL MUSHAIFRI	17.11.2001	*Dhofar Club Salalah*
Abdulrahman AL MUSHAIFRI	28.11.1997	*Al-Seeb Club*
Issam Abdallah Saif AL SABHI	01.05.1997	*Al Nahda Club Al Buraimi*
Jameel Saleem Jameel AL YAHMADI	04.01.1994	*Al Kharaitiyat SC (QAT)*

National coaches

Name	DOB
Branko IVANKOVIĆ (Croatia) [20.01.2020 – 31.01.2024]	28.02.1954
Jaroslav ŠILHAVÝ (Czech Republic) [from 01.02.2024]	03.11.1961

PAKISTAN

Federation Directory:
Pakistan Football Federation
FIFA Pakistan, Service Rd., Block E2 Gulberg III, Lahore
Year of Formation: 1947
Member of FIFA since: 1948
Member of AFC since: 1954
Internet: www.pff.com.pk

The Country: Islāmī Jomhuri-ye Pākistān (Islamic Republic of Pakistan)
Capital: Islamabad
Surface: 803,940 km^2 / **Population**: 241,499,431 [2023] / **Time**: UTC+5

NATIONAL TEAM RECORDS

First international match:
27.10.1950, Tehran: Iran - Pakistan 5-1

Most international caps:	Most international goals:
Haroon Yousaf	Muhamad Essa Khan
51 caps (1993-2003)	**11 goals** / 38 caps (2001-2009)

NATIONAL TEAM COMPETITIONS

ASIAN NATIONS CUP		FIFA WORLD CUP	
1956	*Withdrew*	1930	
1960	Qualifiers	1934	*Part of United Kingdom*
1964	*Withdrew*	1938	
1968	Qualifiers	1950	Did not enter
1972	*Withdrew*	1954	Did not enter
1976	*Withdrew*	1958	Did not enter
1980	*Withdrew*	1962	Did not enter
1984	Qualifiers	1966	Did not enter
1988	Qualifiers	1970	Did not enter
1992	Qualifiers	1974	Did not enter
1996	Qualifiers	1978	Did not enter
2000	Qualifiers	1982	Did not enter
2004	Qualifiers	1986	Did not enter
2007	Qualifiers	1990	Qualifiers
2011	Did not enter	1994	Qualifiers
2015	Did not enter	1998	Qualifiers
2019	Qualifiers	2002	Qualifiers
2023	Qualifiers	2006	Qualifiers
		2010	Qualifiers
		2014	Qualifiers
		2018	Qualifiers
		2022	Qualifiers

OLYMPIC FOOTBALL TOURNAMENTS 1908-2020

1908 to 1928	Teams from Asia did not enter		1980	Did not enter
			1984	Did not enter
			1988	Qualifiers
1936	Not an IOC member		1992	Qualifiers
1948			1996	Qualifiers
1952	Did not enter		2000	Did not enter
1956	Did not enter		2004	Qualifiers
1960	Did not enter		2008	Qualifiers
1964	Qualifiers		2012	Qualifiers
1968	Did not enter		2016	Qualifiers
1972	Did not enter		2020	Qualifiers
1976	Did not enter			

ASIAN GAMES 1951-2022		AFC CHALLENGE CUP 2006-2014		SOUTH ASIAN FEDERATION GAMES 1984-2019		SOUTH ASIAN FOOTBALL FEDERATION CHAMPIONSHIP 1993-2023	
1951	-	2006	Group Stage	1984	-	1993	4th Place
1954	Group Stage	2008	Qualifiers	1985	4th Place	1995	Group Stage
1958	Group Stage	2010	Qualifiers	1987	3rd Place	1997	3rd Place
1962	-	2012	Qualifiers	1989	**Winners**	1999	Group Stage
1966	-	2014	Qualifiers	1991	**Winners**	2003	4th Place
1970	-	AFC SOLIDARITY CUP 2016		1993	Group Stage	2005	Semi-Finals
1974	Group Stage			1995	-	2008	Group Stage
1978	-	2016	Withdrew	1999	Group Stage	2009	Group Stage
1982	-			2004	**Winners**	2011	Group Stage
1986	Group Stage			2006	**Winners**	2013	Group Stage
1990	Group Stage			2010	Group Stage	2015	-
1994	-			2016	-	2018	Semi-Finals
1998	-			2019	-	2021	-
2002	Group Stage					2023	Group Stage
2006	Group Stage						
2010	Group Stage						
2014	Group Stage						
2018	Group Stage						
2022	-						

PAKISTANI CLUB HONOURS IN ASIAN CLUB COMPETITIONS

AFC Champions League 1967-1971 & 1985/1986-2024
None

Asian Football Confederation Cup 2004-2024
None

AFC President's Cup 2005-2014*
None

Asian Cup Winners Cup 1975-2003*
None

	Asian Super Cup 1995-2002*
None	

*defunct competitions

NATIONAL COMPETITIONS
TABLE OF HONOURS

	CHAMPIONS	CUP WINNERS
1948	Sindh Red	-
1950	Balochistan Red	-
1952	Punjab	-
1953	Punjab	-
1954	Punjab Blue	-
1955	Punjab	-
1956	Balochistan	-
1957	Punjab	-
1958	Punjab Blue	-
1959	Balochistan	-
1960	East Pakistan	-
1961/1962	Dacca	-
1962	Dacca	-
1963	Karachi	-
1964/1965	Karachi	-
1966	Karachi	-
1968	Peshawar	-
1969	Pakistan Railways FC Lahore	-
1969/1970	Chittagong	-
1971	Pakistan International Airlines Karachi	-
1972	Pakistan International Airlines Karachi	-
1973	Karachi Yellow	-
1975-1	Pakistan International Airlines Karachi	-
1975-2	Sindh Red	-
1976	Pakistan International Airlines Karachi	-
1978	Pakistan International Airlines Karachi	-
1979	Karachi Red	Sindh Government Press FC Sukkur
1980	Karachi Red	-
1981	Pakistan International Airlines Karachi	-
1982	Habib Bank Limited FC Karachi	-
1983	Water & Power Development Authority FC Lahore	-
1984	Pakistan Railways FC Lahore	Pakistan International Airlines Karachi
1985	Quetta	Habib Bank Limited FC Karachi
1986	Pakistan Air Force FC Islamabad	-
1987	Crescent Textile Mills FC Faisalabad	Crescent Textile Mills FC Faisalabad
1989-1	Punjab Red	-
1989-2	Pakistan International Airlines Karachi	-
1990	Punjab Red	Karachi Port Trust FC
1991	Water & Power Development Authority FC Lahore	Marker Club FC Quetta
1992	-	Crescent Textile Mills FC Faisalabad
1992/1993	Pakistan International Airlines Karachi	National Bank of Pakistan FC Karachi
1993/1994	Pakistan Army FC Rawalpindi	Gujranwala Frontier Constabulary

1994	Crescent Textile Mills FC Faisalabad	-
1995	Pakistan Army FC Rawalpindi	-
1996	-	Allied Bank Limited FC
1997-1	Allied Bank Limited FC	-
1997-2	Pakistan International Airlines Karachi	-
1998	-	Allied Bank Limited FC
1999	Allied Bank Limited FC	Allied Bank Limited FC
2000	Allied Bank Limited FC	Pakistan Army FC Rawalpindi
2001	Water & Power Development Authority FC Lahore	Pakistan Army FC Rawalpindi
2002	-	Allied Bank Limited FC
2003	Water & Power Development Authority FC Lahore	Pakistan Telecommunication Company Limited FC
2004	Water & Power Development Authority FC Lahore	-
2005	Pakistan Army FC Rawalpindi	Pakistan Telecommunication Company Limited FC
2006/2007	Pakistan Army FC Rawalpindi	-
2007/2008	Water & Power Development Authority FC Lahore	-
2008	Water & Power Development Authority FC Lahore	Pakistan Navy FC Islamabad
2009	Khan Research Laboratories FC Rawalpindi	Khan Research Laboratories FC Rawalpindi
2010	Water & Power Development Authority FC Lahore	Khan Research Laboratories FC Rawalpindi
2011	Khan Research Laboratories FC Rawalpindi	Khan Research Laboratories FC Rawalpindi
2012/2013	Khan Research Laboratories FC Rawalpindi	National Bank of Pakistan FC Karachi
2013/2014	Khan Research Laboratories FC Rawalpindi	Pakistan Air Force FC Islamabad
2014/2015	Karachi Electric Supply Corporation FC	Khan Research Laboratories FC Rawalpindi
2015/2016	*No competition*	Khan Research Laboratories FC Rawalpindi
2016/2017	*No competition*	*No competition*
2017/2018	*No competition*	Pakistan Air Force FC Islamabad
2018/2019	Khan Research Laboratories FC Rawalpindi	Pakistan Army FC Rawalpindi
2019/2020	*No competition*	Water & Power Development Authority FC Lahore
2020/2021	*No competition*	*No competition*
2021/2022	*Championship abandoned*	*No competition*
2022/2023	*No competition*	*No competition*
2023/2024	*No competition*	*No competition*

Please note: the National Cup competition was called Inter-Departmental Championship (1979), Inter Provincial Championship (1984-1985), National Departmental Championship (1990-1991), Pakistan Inter-Departmental Championship (1992-1994), PFF President's Cup (1996-2003) and later National Football Challenge Cup (from 2004 until today).

	NATIONAL CHAMPIONSHIP
	Pakistan Premier League 2023/2024

The championship was not held in 2023/2024.

	NATIONAL TEAM
	INTERNATIONAL MATCHES 2023/2024

Date	Venue	Match	Result	
12.10.2023	Phnom Penh	Cambodia - Pakistan	0-0	(WCQ)
17.10.2023	Islamabad	Pakistan - Cambodia	1-0(0-0)	(WCQ)
16.11.2023	Al Mubarraz	Saudi Arabia - Pakistan	4-0(1-0)	(WCQ)
21.11.2023	Islamabad	Pakistan - Tajikistan	1-6(1-4)	(WCQ)
21.03.2024	Islamabad	Pakistan - Jordan	0-3(0-2)	(WCQ)
26.03.2024	Amman	Jordan - Pakistan	7-0(2-0)	(WCQ)
06.06.2024	Islamabad	Pakistan - Saudi Arabia	0-3(0-2)	(WCQ)
11.06.2024	Dushanbe	Tajikistan - Pakistan	3-0(1-0)	(WCQ)

12.10.2023, 23rd FIFA World Cup Qualifiers / 19th AFC Asian Cup Qualifiers first round
National Olympic Stadium, Phnom Penh; Attendance: 11,718
Referee: Baraa Aisha (Palestine)
CAMBODIA - PAKISTAN   **0-0**
PAK: Yousuf Ijaz Butt, Easah Zaheer Suliman, Mohammad Umar Hayat, Abdullah Iqbal, Syed Junaid Shah, Rahis Qumar Nabi, Shayak Dost, Moin Ahmed (63.Harun Ar-Rashid Faheem Hamid), Alamgir Ali Khan Ghazi (82.Rajab Ali), Muhammad Waheed (82.Ali Uzair Mahmood), Fareed Ullah Khan (64.Muhammad Waleed Khan). Trainer: Stephen Phillip Constantine (England).

17.10.2023, 23rd FIFA World Cup Qualifiers / 19th AFC Asian Cup Qualifiers first round
Jinnah Sports Stadium, Islamabad; Attendance: 9,562
Referee: Feras Taweel (Syria)
PAKISTAN - CAMBODIA   **1-0(0-0)**
PAK: Yousuf Ijaz Butt, Easah Zaheer Suliman, Mohammad Umar Hayat, Abdullah Iqbal, Syed Junaid Shah, Rahis Qumar Nabi (90+5.Mamoon Moosa Khan), Shayak Dost (76.Muhammad Waleed Khan), Moin Ahmed (46.Harun Ar-Rashid Faheem Hamid), Alamgir Ali Khan Ghazi (79.Ali Uzair Mahmood), Muhammad Waheed (46.Abdul Samad Shahzad Arshad), Fareed Ullah Khan. Trainer: Stephen Phillip Constantine (England).
Goal: Harun Ar-Rashid Faheem Hamid (68).

16.11.2023, 23rd FIFA World Cup Qualifiers / 19th AFC Asian Cup Qualifiers second round
Al Fateh SC Stadium, Al Mubarraz; Attendance: 11,150
Referee: Hanna Hattab (Syria)
SAUDI ARABIA - PAKISTAN   **4-0(1-0)**
PAK: Yousuf Ijaz Butt, Mohammad Umar Hayat, Abdullah Iqbal, Mamoon Moosa Khan, Syed Junaid Shah, Rahis Qumar Nabi, Shayak Dost (46.Harun Ar-Rashid Faheem Hamid), Alamgir Ali Khan Ghazi (80.Rajab Ali), Otis Jan Mohammed Khan, Abdul Samad Shahzad Arshad (81.Ali Uzair Mahmood), Fareed Ullah Khan (46.Imran Shahid Kayani). Trainer: Stephen Phillip Constantine (England).

21.11.2023, 23rd FIFA World Cup Qualifiers / 19th AFC Asian Cup Qualifiers second round
Jinnah Sports Stadium, Islamabad; Attendance: 18,316
Referee: Yusuke Araki (Japan)
PAKISTAN - TAJIKISTAN 1-6(1-4)
PAK: Yousuf Ijaz Butt, Abdullah Iqbal, Mamoon Moosa Khan (71.Muhammad Sohail Khan), Mohib Ullah (63.Muhammad Saddam, Syed Junaid Shah, Rahis Qumar Nabi, Harun Ar-Rashid Faheem Hamid (46.Muhammad Waleed Khan), Alamgir Ali Khan Ghazi (63.Ali Uzair Mahmood), Otis Jan Mohammed Khan, Imran Shahid Kayani, Abdul Samad Shahzad Arshad (71.Fareed Ullah Khan). Trainer: Stephen Phillip Constantine (England).
Goal: Rahis Qumar Nabi (21).

21.03.2024, 23rd FIFA World Cup Qualifiers / 19th AFC Asian Cup Qualifiers second round
Jinnah Sports Stadium, Islamabad; Attendance: 9,625
Referee: Rustam Lutfullin (Uzbekistan)
PAKISTAN - JORDAN 0-3(0-2)
PAK: Yousuf Ijaz Butt, Easah Zaheer Suliman, Mohammad Umar Hayat, Abdullah Iqbal, Muhammad Saddam (79.Muhammad Sohail Khan), Rahis Qumar Nabi, Shayak Dost (46.Imran Shahid Kayani), Alamgir Ali Khan Ghazi (79.Ali Uzair Mahmood), Abdul Samad Shahzad Arshad (62.Harun Ar-Rashid Faheem Hamid), Fareed Ullah Khan, Muhammad Adeel Younas (79.Muhammad Waleed Khan). Trainer: Stephen Phillip Constantine (England).

26.03.2024, 23rd FIFA World Cup Qualifiers / 19th AFC Asian Cup Qualifiers second round
Amman International Stadium, Amman; Attendance: 14,695
Referee: Nivon Robesh Gamini (Sri Lanka)
JORDAN - PAKISTAN 7-0(2-0)
PAK: Yousuf Ijaz Butt, Easah Zaheer Suliman, Mohammad Umar Hayat, Haseeb Ahmed Khan, Muhammad Saddam, Rahis Qumar Nabi, Harun Ar-Rashid Faheem Hamid, Alamgir Ali Khan Ghazi, Imran Shahid Kayani (72.Ali Uzair Mahmood), Abdul Samad Shahzad Arshad, Fareed Ullah Khan (36.Muhammad Waleed Khan; 62.Shayak Dost). Trainer: Stephen Phillip Constantine (England).

06.06.2024, 23rd FIFA World Cup Qualifiers / 19th AFC Asian Cup Qualifiers second round
Jinnah Sports Stadium, Islamabad; Attendance: 20,124
Referee: Ammar Ebrahim Mahfoodh (Bahrain)
PAKISTAN - SAUDI ARABIA 0-3(0-2)
PAK: Yousuf Ijaz Butt, Mohammad Umar Hayat, Abdullah Iqbal, Mohammad Fazal (90+3.Abdul Rehman), Haseeb Ahmed Khan, Mamoon Moosa Khan (46.Waqar Ihtisham), Rahis Qumar Nabi, Umair Ali (46.Ali Uzair Mahmood), Otis Jan Mohammed Khan, Fareed Ullah Khan (70.Imran Shahid Kayani), Muhammad Adeel Younas (90+3.McKeal Aroon Abdullah). Trainer: Stephen Phillip Constantine (England).

11.06.2024, 23rd FIFA World Cup Qualifiers / 19th AFC Asian Cup Qualifiers second round
Pamir Stadium, Dushanbe; Attendance: 7,800
Referee: Moood Bonyadifard (Iran)
TAJIKISTAN - PAKISTAN 3-0(1-0)
PAK: Yousuf Ijaz Butt, Mohammad Umar Hayat (83.Moin Ahmed), Abdullah Iqbal, Mohammad Fazal, Muhammad Saddam, Waqar Ihtisham, Rahis Qumar Nabi, Ali Uzair Mahmood (83.Shayak Dost), Alamgir Ali Khan Ghazi (72.Umair Ali), Fareed Ullah Khan (56.McKeal Aroon Abdullah), Muhammad Adeel Younas (83.Imran Shahid Kayani). Trainer: Stephen Phillip Constantine (England).

NATIONAL TEAM PLAYERS
2023/2024

Name	DOB	Club
Goalkeepers		
Yousuf Ijaz BUTT	18.10.1989	*Ishøj IF (DEN)*
Defenders		
Mohammad FAZAL	29.05.2002	*Nordic United FC Södertälje (SWE)*
Alamgir Ali Khan GHAZI	09.11.2002	*Water & Power Development Authority FC*
Mohammad Umar HAYAT	22.09.1996	*Water & Power Development Authority FC*
Waqar IHTISHAM	28.11.1996	*Khan Research Laboratories FC Rawalpindi*
Abdullah IQBAL	27.07.2002	*B1893 København (DEN)*
Haseeb Ahmed KHAN	04.04.2000	*Pakistan Air Force FC Islamabad*
Muhammad Sohail KHAN	1996	*Khan Research Laboratories FC Rawalpindi*
Mamoon MOOSA Khan	28.11.2000	*Pakistan Air Force FC Islamabad*
Abdul REHMAN	25.02.2008	*Popo FC Islamabad*
Muhammad SADDAM	2005	*Popo FC Islamabad*
Syed Junaid SHAH	09.10.2000	*SA Gardens Lahore FC*
Easah Zaheer SULIMAN	26.01.1998	*Sumqayıt FK (AZE)*
Midfielders		
Rajab ALI	06.03.1997	*Khan Research Laboratories FC Rawalpindi*
Shayak DOST	01.05.2002	*Water & Power Development Authority FC; 28.12.2024-> Abu Muslim Farah (AFG); 01.05.2024-> Water & Power Development Authority FC*
Harun Ar-Rashid Faheem HAMID	10.11.2003	*St. Albans City FC (ENG)*
Otis Jan Mohammed KHAN	05.09.1995	*Grimsby Town FC (ENG); 25.01.2024-> Hartlepool United FC (ENG)*
Rahis Qumar NABI	15.04.1999	*Digenis Akritas Morphou (CYP)*
Ali UZAIR Mahmood	14.10.1996	*Water & Power Development Authority FC*
Forwards		
McKeal Aroon ABDULLAH	07.07.2005	*Mansfield Town FC (ENG)*
Moin AHMED	28.11.2003	*Khan Research Laboratories FC Rawalpindi*
Abdul Samad Shahzad ARSHAD	26.02.2003	*Hellerup IK (DEN)*
Imran Shahid KAYANI	24.12.2001	*Whitehawk FC (ENG)*
Muhammad Waleed KHAN	08.12.2004	*Popo FC Islamabad*
Fareed ULLAH Khan	2001	*Muslim FC Chaman*
Muhammad WAHEED	15.10.2002	*Sui Southern Gas Company FC Karachi*
Muhammad Adeel YOUNAS	23.03.2006	*Popo FC Islamabad*

National coaches

Stephen Phillip CONSTANTINE (England) [30.09.2023 – 08.12.2023]   16.10.1962

PALESTINE

Federation Directory:
Palestinian Football Federation
Near Faisal Al-Husseini Stadium, Jerusalem Al-Ram
Year of Formation: 1998
Member of FIFA since: 1995 Provisional / 1998
Member of AFC since: 1995 Provisional / 1998
Internet: www.pfa.ps

The Country: Dawlat Filastīn (State of Palestine)
Capital: Jerusalem / Ramallah (Administrative centre)
Surface: 6,220 km^2 / **Population**: 5,483,450 [2023] / **Time**: UTC+2

NATIONAL TEAM RECORDS

First international match:
26.07.1953, Cairo: Egypt - Palestine 8-1

Most international caps:	Most international goals:
Abdelatif Bahdari	Oday Ibrahim Mohammad Dabbagh
82 caps (2007-2021)	**17 goals** / 38 caps (since 2018)

NATIONAL TEAM COMPETITIONS

ASIAN NATIONS CUP		FIFA WORLD CUP	
1956		1930	
1960		1934	
1964		1938	
1968		1950	
1972		1954	
1976	*Not a member of the AFC*	1958	
1980		1962	
1984		1966	*Not a member of FIFA*
1988		1970	
1992		1974	
1996		1978	
2000	Qualifiers	1982	
2004	Qualifiers	1986	
2007	Qualifiers	1990	
2011	Qualifiers	1994	
2015	Final Tournament (Group Stage)	1998	
2019	Final Tournament (Group Stage)	2002	Qualifiers
2023	Final Tournament (2nd Round of 16)	2006	Qualifiers
		2010	Qualifiers
		2014	Qualifiers
		2018	Qualifiers
		2022	Qualifiers

OLYMPIC FOOTBALL TOURNAMENTS 1908-2020

1908 to 1928	Teams from Asia did not enter	1980	
		1984	
		1988	
1936		1992	
1948		1996	Did not enter
1952		2000	Did not enter
1956		2004	Qualifiers
1960	Not an IOC member	2008	Qualifiers
1964		2012	Qualifiers
1968		2016	Qualifiers
1972		2020	Qualifiers
1976			

ASIAN GAMES 1951-2022		AFC CHALLENGE CUP 2006-2014		WEST ASIAN CHAMPIONSHIP 2000-2019		ARAB NATIONS CUP 1963-2021	
1951	-	2006	Quarter-Finals	2000	Group Stage	1963	-
1954	-	2008	*Withdrew*	2002	Group Stage	1964	-
1958	-	2010	Qualifiers	2004	Group Stage	1966	Group Stage
1962	-	2012	4th Place	2007	Group Stage	1985	-
1966	-	2014	**Winners**	2008	Group Stage	1988	-
1970	-			2010	Group Stage	1992	Group Stage
1974	-			2012	Group Stage	1998	Qualifiers
1978	-			2014	Group Stage	2002	Group Stage
1982	-			2019	Group Stage	2012	Group Stage
1986	-					2021	Group Stage
1990	-						
1994	-						
1998	-						
2002	Group Stage						
2006	Group Stage						
2010	Group Stage						
2014	2nd Round of 16						
2018	2nd Round of 16						
2022	2nd Round of 16						

PALESTINIAN CLUB HONOURS IN ASIAN CLUB COMPETITIONS

AFC Champions League 1967-1971 & 1985/1986-2024
None
Asian Football Confederation Cup 2004-2024
None
AFC President's Cup 2005-2014*
None
Asian Cup Winners Cup 1975-2003*
None
Asian Super Cup 1995-2002*
None

*defunct competitions

OTHER CLUB COMPETITIONS

Arab Champions League / Arab Club Champions Cup 1982-2023
None

Arab Cup Winners Cup 1989-2002*
None

Arab Super Cup 1992-2002*
None

*defunct competition

NATIONAL COMPETITIONS
TABLE OF HONOURS

There are two separate League competitions in Palestine, the West Bank Premier League (founded 1977, regularly played since 2005) and the Gaza Strip League (since 1984).

	GAZA STRIP LEAGUE CHAMPIONS	CUP WINNERS
1984/1985	Al-Ahli Gaza	-
1985/1986	Khadamat Al-Shatea	-
1986/1987	Khadamat Al-Shatea	-
1987/1988	*Not known*	-
1988/1989	*Not known*	-
1989/1990	*Not known*	-
1990/1991	*Not known*	-
1991/1992	*Not known*	-
1992/1993	*Not known*	-
1993/1994	*Not known*	-
1994/1995	*Not known*	-
1995/1996	Khadamat Rafah	-
1996/1997	*Not known*	-
1997/1998	Khadamat Rafah	-
1998/1999	*Not known*	-
1999/2000	*Not known*	-
2000/2001	*Not known*	-
2001/2002	*Not known*	-
2002/2003	*Not known*	-
2003/2004	*Not known*	-
2004/2005	*Not known*	-
2005/2006	Khadamat Rafah	-
2006/2007	*No competition*	-
2007/2008	*No competition*	-
2008/2009	Shabab Rafah	-
2009/2010	Gaza Sports Club	-
2010/2011	Shabab Khanyounis	-
2011/2012	*Not known*	-
2012/2013	Jamiyat Al-Salah	-
2013/2014	Shabab Rafah	-
2014/2015	Al-Ittihad Shejaia	Al-Ittihad Shejaia
2015/2016	Khadamat Rafah	Shabab Khan Younes

2016/2017	Al-Sadaqa	Shabab Rafah
2017/2018	Shabab Khan Younes	Shabab Khan Younes
2018/2019	Khadamat Rafah	Khadamat Rafah
2019/2020	Khadamat Rafah	Shabab Rafah
2020/2021	Shabab Rafah	*No competition*
2021/2022	Shabab Rafah	*No competition*
2022/2023	Khadamat Rafah	*No competition*
2023/2024	*Competition suspended*	*Competition suspended*

	WEST BANK PREMIER LEAGUE CHAMPIONS	CUP WINNERS
1996	Rafah Services Club	-
1997	Shabab Al-Amari	Rafah Services Club
1998	Khadamat Rafah	*Not known*
1999	*Not known*	*Not known*
2000	*Not known*	*Not known*
2001	*Championship cancelled*	*Not known*
2002	Al-Aqsa	*Not known*
2003	*No competition*	*Not known*
2004	*No competition*	*Not known*
2005	*No competition*	*Not known*
2006	*Not known*	*Not known*
2007	Wadi Al-Nes	Al-Birah
2008	*No competition*	Thaqafi Tulkarem
2008/2009	Wadi Al-Nes	*Final abandoned*
2009/2010	Jabal Al-Mokaber Jerusalem	Wadi Al-Nes
2010/2011	Shabab Al-Amari	Hilal Al-Quds Jerusalem
2011/2012	Hilal Al-Quds Jerusalem	Shabab Al-Thahriyeh
2012/2013	Shabab Al-Dhahiriya SC Dura	Shabab Al-Khalil SC
2013/2014	Tarji Wadi Al-Nes	Hilal Al-Quds Jerusalem
2014/2015	Shabab Al-Dhahiriya SC Dura	Al Ahli Al-Khalil Hebron
2015/2016	Shabab Al-Khalil SC	Al Ahli Al-Khalil Hebron
2016/2017	Hilal Al-Quds Jerusalem	Al Ahli Al-Khalil Hebron
2017/2018	Hilal Al-Quds Jerusalem	Hilal Al-Quds Jerusalem
2018/2019	Hilal Al-Quds Jerusalem	Markaz Balata Nablus
2019/2020	Markaz Balata Nablus	*Competition abandoned*
2020/2021	Shabab Al-Khalil SC	*No competition*
2021/2022	Shabab Al-Khalil SC	*No competition*
2022/2023	Jabal Al-Mokaber Jerusalem	Jabal Al-Mokaber Jerusalem
2023/2024	*Competition suspended*	*Competition suspended*

	PALESTINE CUP WINNERS
2015	Al Ahli Al-Khalil Hebron
2016	Al Ahli Al-Khalil Hebron
2017	Shabab Rafah
2018	Hilal Al-Quds Jerusalem
2019	*Not awarded*
2020	*Not awarded*
2021	*Not awarded*
2022	*Not awarded*

NATIONAL CHAMPIONSHIP
Gaza Strip League 2023/2024

The championship was suspended since 06.10.2023 due to political situation.

NATIONAL CHAMPIONSHIP
West Bank Premier League 2023/2024

The championship was suspended since 06.10.2023 due to political situation.

NATIONAL TEAM
INTERNATIONAL MATCHES 2023/2024

Date	Venue	Match	Score	Type
06.09.2023	Muscat	Oman - Palestine	2-1(2-1)	(F)
11.09.2023	Nam Định	Vietnam - Palestine	2-0(0-0)	(F)
16.11.2023	Sharjah	Lebanon - Palestine	0-0	(WCQ)
21.11.2023	Kuwait City	Palestine - Australia	0-1(0-1)	(WCQ)
07.01.2024	Doha	Palestine - Uzbekistan	0-1(0-0)	(F)
09.01.2024	Doha	Palestine - Saudi Arabia	0-0	(F)
14.01.2024	Al Rayyan	Iran - Palestine	4-1(3-1)	(AFC)
18.01.2024	Al Wakrah	Palestine - United Arab Emirates	1-1(0-1)	(AFC)
23.01.2024	Doha	Hong Kong - Palestine	0-3(0-1)	(AFC)
29.01.2024	Al Khor	Qatar - Palestine	2-1(1-1)	(AFC)
21.03.2024	Kuwait City	Palestine - Bangladesh	5-0(3-0)	(WCQ)
26.03.2024	Dhākā	Bangladesh - Palestine	0-1(0-0)	(WCQ)
06.06.2024	Doha	Palestine - Lebanon	0-0	(WCQ)
11.06.2024	Perth	Australia - Palestine	5-0(3-0)	(WCQ)

06.09.2023, Friendly International
"Sultan Qaboos" Sports Complex; Attendance: n/a
Referee: Khalid Saleh Al Turais (Saudi Arabia)
OMAN - PALESTINE   **2-1(2-1)**
PLE: Rami Kamal Anis Hamada, Musab Khaled Ismail Battat Al Battat, Samer Samer Saber Jondi (63.Camilo Ignacio Saldaña Inostroza), Michel Milad Tareq Ziad Termanini, Yaser Mohammed Abdulrahman Hamed Mayor, Ataa Jaber, Tamer Mohammed Sobhi Seyam, Mohammed Bassim Ahmed Rashid, Mahmoud Naser Mahmoud Abu Warda (9.Jonathan Eduardo Cantillana Zorrilla; 63.Mohammed Iyad Ghaleb Yameen), Saleh Ahmed Saleh Chihadeh, Alaa Eddin Hassan (75.Ali Wissam Abu Alfa). Trainer: Makram Daboub (Tunisia).
Goal: Mahmoud Naser Mahmoud Abu Warda (3).

11.09.2023, Friendly International
Thiên Trường Stadium, Nam Dinh; Attendance: n/a
Referee: Muhammad Taqi Aljaafari Jahari (Singapore)
VIETNAM - PALESTINE   **2-0(0-0)**
PLE: Rami Kamal Anis Hamada, Musab Khaled Ismail Battat Al Battat (43.Camilo Ignacio Saldaña Inostroza), Amid Mahajna, Mohammed Abdulkarim Mohammed Khalil, Yaser Mohammed Abdulrahman Hamed Mayor, Michel Milad Tareq Ziad Termanini (43.Mousa Basheer Mousa Farawi), Ataa Jaber, Mohammed Iyad Ghaleb Yameen (46.Ameed Thaer Fayez Sawafta), Tamer Mohammed Sobhi Seyam (82.Jonathan Eduardo Cantillana Zorrilla), Alaa Edin Hassan (74.Oday Ali Abdulrahim Kharoub), Ali Wissam Abu Alfa (46.Sameh Fares Mohammed Maraba). Trainer: Makram Daboub (Tunisia).

16.11.2023, 23rd FIFA World Cup Qualifiers / 19th AFC Asian Cup Qualifiers second round
"Khalid bin Mohammed" Stadium, Sharjah (United Arab Emirates); Attendance: 200
Referee: Adham Mohammad Tumah Makhadmeh (Jordan)
LEBANON - PALESTINE **0-0**
PLE: Rami Kamal Anis Hamada, Mohammed Nuaman Abdelfatah Saleh, Michel Milad Tareq Ziad Termanini, Ataa Jaber, Musab Khaled Ismail Battat Al Battat, Mohammed Iyad Ghaleb Yameen (65.Mohammed Bassim Ahmed Rashid), Camilo Ignacio Saldaña Inostroza (90+2.Mohammed Abdulkarim Mohammed Khalil), Saleh Ahmed Saleh Chihadeh (65.Zaid Ashraf Omar Qunbar), Tamer Mohammed Sobhi Seyam, Mahmoud Naser Mahmoud Abu Warda (86.Islam Mohamed Mousa Al Batran), Oday Ibrahim Mohammad Dabbagh. Trainer: Makram Daboub (Tunisia).

21.11.2023, 23rd FIFA World Cup Qualifiers / 19th AFC Asian Cup Qualifiers second round
"Jaber Al Ahmad" International Stadium, Kuwait City (Kuwait); Attendance: 14,537
Referee: Qasim Matar Ali Al Hatmi (Oman)
PALESTINE - AUSTRALIA **0-1(0-1)**
PLE: Rami Kamal Anis Hamada, Mohammed Nuaman Abdelfatah Saleh, Michel Milad Tareq Ziad Termanini, Ataa Jaber, Musab Khaled Ismail Battat Al Battat, Camilo Ignacio Saldaña Inostroza, Mohammed Bassim Ahmed Rashid (72.Oday Ali Abdulrahim Kharoub), Tamer Mohammed Sobhi Seyam (81.Islam Mohamed Mousa Al Batran), Mahmoud Naser Mahmoud Abu Warda, Oday Ibrahim Mohammad Dabbagh, Zaid Ashraf Omar Qunbar (87.Mahmoud Manar Said Wadi). Trainer: Makram Daboub (Tunisia).

07.01.2024, Friendly International [Unofficial]
"Hamad bin Khalifa" Stadium, Doha (Qatar); Attendance: n/a; Referee: n/a
PALESTINE - UZBEKISTAN **0-1(0-0)**
PLE: Rami Kamal Anis Hamada (46.Amr Kaddoura), Michel Milad Tareq Ziad Termanini (46.Musab Khaled Ismail Battat Al Battat), Mohammed Abdulkarim Mohammed Khalil, Mousa Basheer Mousa Farawi (46.Samer Samer Saber Jondi), Yaser Mohammed Abdulrahman Hamed Mayor (46.Mahdi Issa), Samer Mustafa Ramadan Zubaida, Oday Ali Abdulrahim Kharoub (46.Mahmoud Naser Mahmoud Abu Warda), Oday Ibrahim Mohammad Dabbagh (46.Mohammed Bassim Ahmed Rashid), Alaa Edin Hassan, Tamer Mohammed Sobhi Seyam, Shehab Rizq Ibrahim Qumbor (46.Zaid Ashraf Omar Qunbar). Trainer: Makram Daboub (Tunisia).

09.01.2024, Friendly International [Unofficial]
Al Janoub Stadium, Doha (Qatar); Attendance: n/a; Referee: n/a
PALESTINE - SAUDI ARABIA **0-0**
PLE: Amr Kaddoura (46.Rami Kamal Anis Hamada), Musab Khaled Ismail Battat Al Battat (46.Mousa Basheer Mousa Farawi), Mohammed Nuaman Abdelfatah Saleh (46.Michel Milad Tareq Ziad Termanini), Camilo Ignacio Saldaña Inostroza, Samer Samer Saber Jondi, Yaser Mohammed Abdulrahman Hamed Mayor (46.Oday Ali Abdulrahim Kharoub), Mohammed Bassim Ahmed Rashid (46.Mahdi Issa), Samer Mustafa Ramadan Zubaida, Mahmoud Naser Mahmoud Abu Warda (46.Tamer Mohammed Sobhi Seyam), Zaid Ashraf Omar Qunbar (46.Oday Ibrahim Mohammad Dabbagh), Shehab Rizq Ibrahim Qumbor (46.Alaa Edin Hassan). Trainer: Makram Daboub (Tunisia).

14.01.2024, 18th AFC Asian Cup, Final Tournament, Group Stage
Education City Stadium, Al Rayyan (Qatar); Attendance: 27,691
Referee: Abdulrahman Ibrahim Al Jassim (Qatar)
IRAN - PALESTINE **4-1(3-1)**
PLE: Rami Kamal Anis Hamada, Michel Milad Tareq Ziad Termanini, Yaser Mohammed Abdulrahman Hamed Mayor (46.Mohammed Nuaman Abdelfatah Saleh), Musab Khaled Ismail Battat Al Battat, Oday Ali Abdulrahim Kharoub, Camilo Ignacio Saldaña Inostroza (46.Mohammed Abdulkarim Mohammed Khalil), Mohammed Bassim Ahmed Rashid, Tamer Mohammed Sobhi Seyam (84.Samer Mustafa Ramadan Zubaida), Mahmoud Naser Mahmoud Abu Warda, Shehab Rizq Ibrahim Qumbor (65.Oday Ibrahim Mohammad Dabbagh), Zaid Ashraf Omar Qunbar (65.Alaa Eddin Hasan). Trainer: Makram Daboub (Tunisia).
Goal: Tamer Mohammed Sobhi Seyam (45+6).

18.01.2024, 18th AFC Asian Cup, Final Tournament, Group Stage
Al Janoub Stadium, Al Wakrah (Qatar); Attendance: 41,986
Referee: Ahmad Faisal Al Ali (Kuwait)
PALESTINE - UNITED ARAB EMIRATES   **1-1(0-1)**
PLE: Rami Kamal Anis Hamada, Mohammed Nuaman Abdelfatah Saleh, Michel Milad Tareq Ziad Termanini, Musab Khaled Ismail Battat Al Battat, Oday Ali Abdulrahim Kharoub (90.Samer Mustafa Ramadan Zubaida), Camilo Ignacio Saldaña Inostroza (90.Samer Samer Saber Jondi), Mohammed Bassim Ahmed Rashid (63.Ataa Jaber), Tamer Mohammed Sobhi Seyam, Mahmoud Naser Mahmoud Abu Warda (80.Islam Mohamed Mousa Al Batran), Oday Ibrahim Mohammad Dabbagh, Zaid Ashraf Omar Qunbar (80.Shehab Rizq Ibrahim Qumbor). Trainer: Makram Daboub (Tunisia).
Goal: Bader Nasser Al Huwaidi (50 own goal).

23.01.2024, 18th AFC Asian Cup, Final Tournament, Group Stage
„Abdullah bin Khalifa" Stadium, Doha (Qatar); Attendance: 6,568
Referee: Shaun Evans (Australia)
HONG KONG - PALESTINE   **0-3(0-1)**
PLE: Rami Kamal Anis Hamada, Mohammed Nuaman Abdelfatah Saleh, Michel Milad Tareq Ziad Termanini, Mohammed Abdulkarim Mohammed Khalil, Musab Khaled Ismail Battat Al Battat, Oday Ali Abdulrahim Kharoub, Amid Mahajna (82.Samer Mustafa Ramadan Zubaida), Tamer Mohammed Sobhi Seyam (82.Islam Mohamed Mousa Al Batran), Mahmoud Naser Mahmoud Abu Warda (69.Mohammed Bassim Ahmed Rashid), Oday Ibrahim Mohammad Dabbagh (85.Mahmoud Manar Said Wadi), Zaid Ashraf Omar Qunbar (69.Alaa Eddin Hasan). Trainer: Makram Daboub (Tunisia).
Goals: Oday Ibrahim Mohammad Dabbagh (12), Zaid Ashraf Omar Qunbar (48), Oday Ibrahim Mohammad Dabbagh (60).

29.01.2024, 18th AFC Asian Cup, Final Tournament, Second Round of 16
Al Bayt Stadium, Al Khor; Attendance: 63,753
Referee: Ma Ning (China P.R.)
QATAR - PALESTINE   **2-1(1-1)**
PLE: Rami Kamal Anis Hamada, Mohammed Nuaman Abdelfatah Saleh, Michel Milad Tareq Ziad Termanini, Musab Khaled Ismail Battat Al Battat, Oday Ali Abdulrahim Kharoub (75.Mohammed Bassim Ahmed Rashid), Amid Mahajna, Camilo Ignacio Saldaña Inostroza, Tamer Mohammed Sobhi Seyam (58.Islam Mohamed Mousa Al Batran), Mahmoud Naser Mahmoud Abu Warda, Oday Ibrahim Mohammad Dabbagh, Zaid Ashraf Omar Qunbar (83.Shehab Rizq Ibrahim Qumbor). Trainer: Makram Daboub (Tunisia).
Goal: Oday Ibrahim Mohammad Dabbagh (37).

21.03.2024, 23rd FIFA World Cup Qualifiers / 19th AFC Asian Cup Qualifiers second round
"Jaber Al Ahmad" International Stadium, Kuwait City (Kuwait); Attendance: 37,432
Referee: Shen Yinhao (China P.R.)
PALESTINE - BANGLADESH   **5-0(3-0)**
PLE: Rami Kamal Anis Hamada, Mohammed Nuaman Abdelfatah Saleh (46.Mohammed Bassim Ahmed Rashid), Michel Milad Tareq Ziad Termanini, Musab Khaled Ismail Battat Al Battat (61.Mousa Basheer Mousa Farawi), Islam Mohamed Mousa Al Batran (46.Mahmoud Khair Mohammed Eid Dahadha), Oday Ali Abdulrahim Kharoub, Amid Mahajna, Camilo Ignacio Saldaña Inostroza (46.Samer Samer Saber Jondi), Mahmoud Naser Mahmoud Abu Warda, Oday Ibrahim Mohammad Dabbagh, Shehab Rizq Ibrahim Qumbor (74.Alaa Eddin Hasan). Trainer: Makram Daboub (Tunisia).
Goals: Oday Ibrahim Mohammad Dabbagh (43), Shehab Rizq Ibrahim Qumbor (45+1, 49), Oday Ibrahim Mohammad Dabbagh (53, 77).

26.03.2024, 23rd FIFA World Cup Qualifiers / 19th AFC Asian Cup Qualifiers second round
Bashundhara Kings Arena, Ḍhākā; Attendance: 5,195
Referee: Nasrullo Kabirov (Tajikistan)
BANGLADESH - PALESTINE   **0-1(0-0)**
PLE: Rami Kamal Anis Hamada, Michel Milad Tareq Ziad Termanini, Mohammed Abdulkarim Mohammed Khalil (46.Camilo Ignacio Saldaña Inostroza), Musab Khaled Ismail Battat Al Battat, Oday Ali Abdulrahim Kharoub, Amid Mahajna [*sent off 90+2*], Mohammed Bassim Ahmed Rashid (76.Islam Mohamed Mousa Al Batran), Mahmoud Naser Mahmoud Abu Warda, Oday Ibrahim Mohammad Dabbagh, Shehab Rizq Ibrahim Qumbor (46.Mahmoud Khair Mohammed Eid Dahadha), Zaid Ashraf Omar Qunbar (61.Alaa Eddin Hasan; 90+4.Samer Mustafa Ramadan Zubaida). Trainer: Makram Daboub (Tunisia).
Goal: Michel Milad Tareq Ziad Termanini (90+4).

06.06.2024, 23rd FIFA World Cup Qualifiers / 19th AFC Asian Cup Qualifiers second round
„Jassim bin Hamad" Stadium, Al Rayyan (Qatar); Attendance: 2,428
Referee: Abdulrahman Ibrahim Al Jassim (Qatar)
PALESTINE - LEBANON   **0-0**
PLE: Rami Kamal Anis Hamada, Mohammed Nuaman Abdelfatah Saleh, Michel Milad Tareq Ziad Termanini, Mohammed Abdulkarim Mohammed Khalil, Ataa Jaber, Jonathan Eduardo Cantillana Zorrilla (53.Zaid Ashraf Omar Qunbar), Musab Khaled Ismail Battat Al Battat, Oday Ali Abdulrahim Kharoub (81.Mohammed Bassim Ahmed Rashid), Tamer Mohammed Sobhi Seyam (81.Moustafa Zeidan Khalili), Wessam Haissam Abou Ali (90+5.Omar Faraj), Oday Ibrahim Mohammad Dabbagh. Trainer: Makram Daboub (Tunisia).

11.06.2024, 23rd FIFA World Cup Qualifiers / 19th AFC Asian Cup Qualifiers second round
Perth Rectangular Stadium, Perth; Attendance: 18,261
Referee: Khalid Saleh Al Turais (Saudi Arabia)
AUSTRALIA - PALESTINE   **5-0(3-0)**
PLE: Rami Kamal Anis Hamada, Mohammed Nuaman Abdelfatah Saleh, Michel Milad Tareq Ziad Termanini, Mousa Basheer Mousa Farawi, Yaser Mohammed Abdulrahman Hamed Mayor, Jonathan Eduardo Cantillana Zorrilla (66.Moustafa Zeidan Khalili), Islam Mohamed Mousa Al Batran (82.Samer Samer Saber Jondi), Amid Mahajna (66.Mohammed Yousef Khalil Darwish), Camilo Ignacio Saldaña Inostroza, Mohammed Bassim Ahmed Rashid (59.Ameed Thaer Fayez Sawafta), Omar Faraj (59.Oday Ibrahim Mohammad Dabbagh). Trainer: Makram Daboub (Tunisia).

NATIONAL TEAM PLAYERS 2023/2024		
Name	**DOB**	**Club**
Goalkeepers		
Rami Kamal Anis HAMADA	24.03.1994	*Jabal Al-Mokaber Jerusalem*
Amr KADDOURA	01.07.1994	*Landskrona BoIS (SWE)*
Defenders		
Musab Khaled Ismail Battat AL BATTAT	12.11.1993	*Shabab Al-Dhahiriya SC Dura; 05.02.2024-> Al Faisaly Club Amman (JOR)*
Mousa Basheer Mousa FARAWI	22.03.1998	*Hilal Al-Quds Jerusalem; 24.01.2024-> National Bank of Egypt SC (EGY)*
Yaser Mohammed Abdulrahman HAMED Mayor	09.12.1997	*NorthEast United FC Guwahati (IND); 30.01.2024-> Zamalek SC Cairo (EGY)*
Mahdi ISSA	03.11.1998	*Jabal Al-Mokaber Jerusalem*

Samer Samer Saber JONDI	27.09.1996	Hilal Al-Quds Jerusalem; 24.01.24 -> Al Ahli SC Tripoli (LBY)
Mohammed Abdulkarim Mohammed KHALIL	05.04.1998	Hilal Al-Quds Jerusalem; 02.02.24 -> Ascharara SC Sabha (LBY)
Camilo Ignacio SALDAÑA Inostroza	13.07.1999	Unión San Felipe (CHI)
Mohammed Nuaman Abdelfatah SALEH	18.07.1993	Unattached; 24.04.2024-> Muaither SC Doha (QAT)
Ameed Thaer Fayez SAWAFTA	10.07.2000	Al Salt SC (JOR)
Michel Milad Tareq Ziad TERMANINI	08.05.1998	Kazma Sporting Club (KUW)
Moustafa ZEIDAN Khalili	07.06.1998	Hatta Club (UAE)

Midfielders

Mahmoud Naser Mahmoud ABU WARDA	31.05.1995	Markaz Balata Nablus; 04.02.2024 -> Al Ittihad SCSC Tripoli (LBY)
Jonathan Eduardo CANTILLANA Zorrilla	26.05.1992	Al Shomooa SC Misrata (LBY)
Mohammed Yousef Khalil DARWISH	02.06.1991	Hilal Al-Quds Jerusalem
Ataa JABER	03.10.1994	Neftçi PFK Bakı (AZE)
Oday Ali Abdulrahim KHAROUB	05.02.1993	Hilal Al-Quds Jerusalem; 27.02.2024-> Kelantan FC Kota Bharu (MAS)
Amid MAHAJNEH	11.10.1996	Hapoel Umm al-Fahm FC (ISR) 29.02.2024-> Al-Rayyan SC (QAT)
Mohammed Bassim Ahmed RASHID	03.07.1995	Bali United FC Gianyar (IDN)
Mohammed Iyad Ghaleb YAMEEN	19.09.1994	Shabab Al-Khalil SC
Samer Mustafa Ramadan ZUBAIDA	26.04.2001	Hilal Al-Quds Jerusalem

Forwards

Wessam Haissam ABOU ALI	04.01.1999	Al-Ahly SC Cairo (EGY)
Ali Wissam ABU ALFA	28.08.1999	VSG Altglienicke (GER)
Islam Mohamed Mousa AL BATRAN	01.10.1994	Al Ahli SC Tripoli (LBY)
Saleh Ahmed Saleh CHIHADEH	25.08.1994	SC Kriens (SUI)
Oday Ibrahim Mohammad DABBAGH	03.12.1998	Royal Charleroi SC (BEL)
Mahmoud Khair Mohammed EID Dahadha	26.06.1993	Bangkok United FC (THA)
Omar FARAJ	09.03.2002	AIK Stockholm (SWE)
Alaa Edin HASSAN	31.01.2000	Bnei Sakhnin FC (ISR); 25.02.2024 -> Al-Arabi SC Doha (QAT)
Sameh Fares Mohammed MARABA	19.03.1992	Jabal Al-Mokaber Jerusalem
Shehab Rizq Ibrahim QUMBOR	10.08.1997	Jabal Al-Mokaber Jerusalem
Zaid Ashraf Omar QUNBAR	04.09.2002	Jabal Al-Mokaber Jerusalem; 31.01.2024-> Al Ittihad SCSC Tripoli (LBY)
Tamer Mohammed Sobhi SEYAM	25.11.1992	PT Prachuap FC (THA)
Mahmoud Manar Said WADI	19.12.1994	Al-Moqawloon al-Arab Nasr City (EGY)

National coaches

Makram DABOUB (Tunisia) [from 21.04.2021]		30.12.1972

PHILIPPINES

Federation Directory:
Philippine Football Federation
27 Danny Floro corner, "Captain Henry Javier Streets", Oranbo, 1600 Pasig City
Year of Formation: 1907
Member of FIFA since: 1930
Member of AFC since: 1954
Internet: www.pff.org.ph

The Country: Republika ng Pilipinas (Republic of the Philippines)
Capital: Manila
Surface: 300,000 km^2 / **Population**: 114,163,719 [2024] / **Time**: UTC+8

NATIONAL TEAM RECORDS

First international match:
04.02.1913, Manila: Philippines - China 2-1

Most international caps:	Most international goals:
Philip James Placer Younghusband	Philip James Placer Younghusband
108 caps (2006-2019)	**52 goals** / 108 caps (2006-2019)

NATIONAL TEAM COMPETITIONS

ASIAN NATIONS CUP	
1956	Qualifiers
1960	Qualifiers
1964	*Withdrew*
1968	Qualifiers
1972	*Withdrew*
1976	*Withdrew*
1980	Qualifiers
1984	Qualifiers
1988	Did not enter
1992	Did not enter
1996	Qualifiers
2000	Qualifiers
2004	Did not enter
2007	Did not enter
2011	Qualifiers
2015	Qualifiers
2019	Final Tournament (Group Stage)
2023	Qualifiers

FIFA WORLD CUP	
1930	Did not enter
1934	Did not enter
1938	Did not enter
1950	*Withdrew*
1954	Did not enter
1958	Did not enter
1962	Did not enter
1966	*Entry not accepted by FIFA*
1970	Did not enter
1974	*Withdrew*
1978	Did not enter
1982	Did not enter
1986	Did not enter
1990	Did not enter
1994	Did not enter
1998	Qualifiers
2002	Qualifiers
2006	Did not enter
2010	Did not enter
2014	Qualifiers
2018	Qualifiers
2022	Qualifiers

OLYMPIC FOOTBALL TOURNAMENTS 1908-2020

1908 to 1928	*Teams from Asia did not enter*
1936	Did not enter
1948	Did not enter
1952	Did not enter
1956	*Withdrew*
1960	Did not enter
1964	*Withdrew*
1968	Qualifiers
1972	Qualifiers
1976	Qualifiers

1980	Qualifiers
1984	Qualifiers
1988	Qualifiers
1992	Qualifiers
1996	Did not enter
2000	Qualifiers
2004	Did not enter
2008	Did not enter
2012	Did not enter
2016	Qualifiers
2020	Qualifiers

ASIAN GAMES 1951-2022		AFC CHALLENGE CUP 2006-2014		ASEAN („TIGER") CUP / AFF CUP 1996-2022		SOUTH EAST ASIAN GAMES 1959-2023	
1951	-	2006	Group Stage	1996	Group Stage	1959	-
1954	Group Stage	2008	Qualifiers	1998	Group Stage	1961	-
1958	Quarter-Finals	2010	Qualifiers	2000	Group Stage	1965	-
1962	Group Stage	2012	3rd Place	2002	Group Stage	1967	-
1966	-	2014	Runners-up	2004	Group Stage	1969	-
1970	-			2007	Group Stage	1971	-
1974	Group Stage			2008	Qualifiers	1973	-
1978	-			2010	Semi-Finals	1975	-
1982	-			2012	Semi-Finals	1977	Group Stage
1986	-			2014	Semi-Finals	1979	-
1990	-			2016	Group Stage	1981	Group Stage
1994	-			2018	Semi-Finals	1983	Group Stage
1998	-			2020	Group Stage	1985	Group Stage
2002	-			2022	Group Stage	1987	-
2006	-					1989	Group Stage
2010	-					1991	Semi-Finals
2014	-					1993	Group Stage
2018	-					1995	Group Stage
2022	-					1997	Group Stage
						1999	Group Stage
						2001	-
						2003	-
						2005	Group Stage
						2007	-
						2009	-
						2011	Group Stage
						2013	Group Stage
						2015	Group Stage
						2017	Group Stage
						2019	Group Stage
						2021	Group Stage
						2023	Group Stage

FILIPINO CLUB HONOURS IN ASIAN CLUB COMPETITIONS

AFC Champions League 1967-1971 & 1985/1986-2024
None
Asian Football Confederation Cup 2004-2024
None
AFC President's Cup 2005-2014*
None
Asian Cup Winners Cup 1975-2003*
None
Asian Super Cup 1995-2002*
None

*defunct competition

NATIONAL COMPETITIONS
TABLE OF HONOURS

It is particularly difficult to find a list with accurate past championship winners. Some sources present a list of champions of a competition called „Philippine Football Federation National Men's Open Championship", but by check out this list we can find as winner Hungarian club Ferencvárosi TC Budapest for 1923! Other competitions such as the „University Athletic Association of the Philippines Football Championship" or the „National Collegiate Athletic Association Football Championship" have seasonal character.

We can mention for several years a league system under the name „Ang League", whose winners are listed in the table below.

	ANG LEAGUE CHAMPIONS
2003	San Beda FC
2004	San Beda FC
2005	St. Benilde FC
2006	Philippine Army FC

In 2008 was established the „Filipino Premier League", the new top level of club football competitions of the Philippines.

	FILIPINO PREMIER LEAGUE
2008	Philippine Army FC
2009	*No competition*

The Filipino Premier League was discontinued after the inaugural season.

	UNITED FOOTBALL LEAGUE	NATIONAL CUP
2009/2010	Air Force Rider FC	Philippine Air Force FC
2010/2011	Air Force Rider FC	Global FC Cebu City
2011/2012	Global FC Cebu City	Philippine Air Force FC
2012/2013	Stallion FC Biñan	Stallion FC Biñan
2013/2014	Global FC Cebu City	Loyola Meralco Sparks FC Manila
2015	Ceres - La Salle FC Bacolod	Kaya FC Makati City
2016	Global FC Cebu City	Global FC Cebu City
	PHILIPPINES FOOTBALL LEAGUE	---------------------------------
2017	Ceres - Negros FC Bacolod	*No competition*
2018	Ceres - Negros FC Bacolod	Kaya FC Makati City
2019	Ceres - Negros FC Bacolod	Ceres - Negros FC Bacolod

2020	United City FC Bacolod	*No competition*
2021	*Championship cancelled*	Kaya FC Makati City
2022/2023	Kaya FC Iloilo	United City FC Bacolod [2022]
2024	*In progress*	

NATIONAL CHAMPIONSHIP
Philippines Football League 2024

The Philippine Football Federation decided to shifting the season back to spring-autumn format, the new edition started in February 2024. Final table and results will be presented in next year's yearbook

NATIONAL TEAM
INTERNATIONAL MATCHES 2023/2024

08.09.2023	Kaohsiung	Chinese Taipei - Philippines	1-1(0-1)	(F)
12.09.2023	Manila	Philippines - Afghanistan	2-1(0-0)	(F)
15.10.2023	Arad	Kyrgyz Republic - Philippines	0-1(0-0)	(F)
16.10.2023	Manama	Bahrain - Philippines	1-0(1-0)	(F)
16.11.2023	Manila	Philippines - Vietnam	0-2(0-1)	(WCQ)
21.11.2023	Manila	Philippines - Indonesia	1-1(1-0)	(WCQ)
21.03.2024	Basra	Iraq - Philippines	1-0(0-0)	(WCQ)
26.03.2024	Manila	Philippines - Iraq	0-5(0-3)	(WCQ)
06.06.2024	Hà Nội	Vietnam - Philippines	3-2(0-0)	(WCQ)
11.06.2024	Jakarta	Indonesia - Philippines	2-0(-0)	(WCQ)

08.09.2023, Friendly International
National Stadium, Kaohsiung; Attendance: n/a
Referee: Lê Vũ Linh (Vietnam)
CHINESE TAIPEI - PHILIPPINES   **1-1(0-1)**
PHI: Neil Leonard Dula Etheridge, Carlos Alberto Martínez de Murga Olaivar, Amani Manuel Santos Aguinaldo, Daisuke Caumanday Sato, Santiago Colminas Rublico, Jesse Thomas Curran, John-Patrick Strauss (66.Mikel Justin Cagurangan Baas), Mike Rigoberto Ott (66.Bienvenido Marañón Morejón "Bienve"), Manuel Gelito Ott, José Elmer Poblete Porteria (87.Jens Sebastian Beraque Rasmussen), Patrick Gerry-Anthony Alcala Reichelt (87.Javier Augustine Ocampo Gayoso). Trainer: Michael Weiß (Germany).
Goal: Patrick Gerry-Anthony Alcala Reichelt (18).

12.09.2023, Friendly International
Rizal Memorial Stadium, Manila; Attendance: n/a
Referee: Muhammad Nazmi Nasaruddin (Malaysia)
PHILIPPINES - AFGHANISTAN   **2-1(0-0)**
PHI: Neil Leonard Dula Etheridge, Santiago Colminas Rublico (55.Jens Sebastian Beraque Rasmussen), Jesse Thomas Curran, John-Patrick Strauss (66.Bienvenido Marañón Morejón "Bienve"), Carlos Alberto Martínez de Murga Olaivar, Daisuke Caumanday Sato, Manuel Gelito Ott (89.Jesus Joaquin Gaquit Melliza), Mike Rigoberto Ott, Christian Mangaron Rontini, José Elmer Poblete Porteria Patrick Gerry-Anthony Alcala Reichelt. Trainer: Michael Weiß (Germany).
Goals: Jens Sebastian Beraque Rasmussen (77), Christian Mangaron Rontini (81).

15.10.2023, Friendly International [Unofficial]
"Sheikh Ali bin Mohammed Al Khalifa" Stadium, Arad (Bahrain); Attendance: n/a
Referee: n/a
KYRGYZ REPUBLIC - PHILIPPINES　　　　　　　　　　**0-1(0-0)**
PHI: *No line-up available*. Trainer: Michael Weiß (Germany).
Goal: Audie Bantas Menzi (71).

16.10.2023, Friendly International
"Sheikh Ali bin Mohammed Al Khalifa" Stadium, Arad; Attendance: n/a
Referee: n/a
BAHRAIN - PHILIPPINES　　　　　　　　　　**1-0(1-0)**
PHI: Neil Leonard Dula Etheridge, Enrique "Kike" Linares Fernández, Jefferson David Tabinas, Dennis Jaramel Villanueva, Pocholo Arellano Bugas, Mike Rigoberto Ott, Kevin Langbehn Ingreso, Kenshiro Daniels (73.Sandro Miguel Reyes Sison), José Elmer Poblete Porteria, Patrick Gerry-Anthony Alcala Reichelt, Bienvenido Marañón Morejón "Bienve" (81.Stephan Markus Cabizares Schröck). Trainer: Michael Weiß (Germany).

16.11.2023, 23rd FIFA World Cup Qualifiers / 19th AFC Asian Cup Qualifiers second round
Rizal Memorial Stadium, Manila; Attendance: 10,378
Referee: Rustam Lutfullin (Uzbekistan)
PHILIPPINES - VIETNAM　　　　　　　　　　**0-2(0-1)**
PHI: Neil Leonard Dula Etheridge, Daisuke Caumanday Sato (69.Dennis Jaramel Villanueva), Jefferson David Tabinas, Mikel Justin Cagurangan Baas (68.Bienvenido Marañón Morejón "Bienve"), Christian Mangaron Rontini, Santiago Colminas Rublico, Patrick Gerry-Anthony Alcala Reichelt, Manuel Gelito Ott, Mike Rigoberto Ott (74.Pocholo Arellano Bugas), Jesse Thomas Curran, José Elmer Poblete Porteria (68.Stephan Markus Cabizares Schröck). Trainer: Michael Weiß (Germany).

21.11.2023, 23rd FIFA World Cup Qualifiers / 19th AFC Asian Cup Qualifiers second round
Rizal Memorial Stadium, Manila; Attendance: 9,880
Referee: Kim Jong-hyeok (Korea Republic)
PHILIPPINES - INDONESIA　　　　　　　　　　**1-1(1-0)**
PHI: Neil Leonard Dula Etheridge, Carlos Alberto Martínez de Murga Olaivar, Daisuke Caumanday Sato, Jefferson David Tabinas, Santiago Colminas Rublico, Patrick Gerry-Anthony Alcala Reichelt, Manuel Gelito Ott (90+5.Christian Mangaron Rontini), Kevin Langbehn Ingreso (76.Mikel Justin Cagurangan Baas), Mike Rigoberto Ott (64.Bienvenido Marañón Morejón "Bienve"), Jesse Thomas Curran (76.Pocholo Arellano Bugas; 90+5.Dennis Jaramel Villanueva), José Elmer Poblete Porteria. Trainer: Michael Weiß (Germany).
Goal: Patrick Gerry-Anthony Alcala Reichelt (23).

21.03.2024, 23rd FIFA World Cup Qualifiers / 19th AFC Asian Cup Qualifiers second round
Basra International Stadium, Basra; Attendance: 63,750
Referee: Abdullah Jamali (Kuwait)
IRAQ - PHILIPPINES　　　　　　　　　　**1-0(0-0)**
PHI: Neil Leonard Dula Etheridge, Amani Manuel Santos Aguinaldo, Simen Alexander Santos Lyngbø, Christian Mangaron Rontini, Paul Bismarck Tabinas, Patrick Gerry-Anthony Alcala Reichelt (68.Pocholo Arellano Bugas), Kevin Langbehn Ingreso (79.Mikel Justin Cagurangan Baas), Jesse Thomas Curran (79.José Elmer Poblete Porteria), Oskari Johannes Orevillo Kekkonen, Michael Baldisimo (78.Mike Rigoberto Ott), Javier Augustine Ocampo Gayoso (63.Jens Sebastian Beraque Rasmussen). Trainer: Tom Saintfiet (Belgium).

26.03.2024, 23rd FIFA World Cup Qualifiers / 19th AFC Asian Cup Qualifiers second round
Rizal Memorial Stadium, Manila; Attendance: 10,014
Referee: Muhammad Nazmi Nasaruddin (Malaysia)
PHILIPPINES - IRAQ   **0-5(0-3)**
PHI: Neil Leonard Dula Etheridge, Amani Manuel Santos Aguinaldo, Jefferson David Tabinas (46.Simen Alexander Santos Lyngbø), Mikel Justin Cagurangan Baas (68.Michael Baldisimo), Christian Mangaron Rontini, Paul Bismarck Tabinas (46.Jens Sebastian Beraque Rasmussen), Santiago Colminas Rublico, Kevin Langbehn Ingreso (67.Mark Francis Mercenes Swainston), Jesse Thomas Curran, Oskari Johannes Orevillo Kekkonen, Javier Augustine Ocampo Gayoso (67.Pocholo Arellano Bugas). Trainer: Tom Saintfiet (Belgium).

06.06.2024, 23rd FIFA World Cup Qualifiers / 19th AFC Asian Cup Qualifiers second round
Mỹ Đình National Stadium, Hà Nội; Attendance: 11,568
Referee: Hanna Hattab (Syria)
VIETNAM - PHILIPPINES   **3-2(0-0)**
PHI: Neil Leonard Dula Etheridge, Jesper Gunnar Fernando Nyholm, Zico Alika Lefroy Locquiao Bailey, Adrian Cortes Ugelvik, Santiago Colminas Rublico (79.Pocholo Arellano Bugas), Patrick Gerry-Anthony Alcala Reichelt (70.Javier Augustine Ocampo Gayoso), Kevin Langbehn Ingreso, Michael Robert Otucan Baldisimo, Alex James Weathers Monis (70.José Elmer Poblete Porteria), Scott Phillip Galang Woods (70.Paul Bismarck Tabinas), Dylan Sylvaan Kelly Elizalde Demuynck (88.Mark Francis Mercenes Swainston). Trainer: Tom Saintfiet (Belgium).
Goals: Patrick Gerry-Anthony Alcala Reichelt (62), Kevin Langbehn Ingreso (89).

11.06.2024, 23rd FIFA World Cup Qualifiers / 19th AFC Asian Cup Qualifiers second round
Gelora Bung Karno Stadium, Jakarta; Attendance: 64,942
Referee: Rustam Lutfullin (Uzbekistan)
INDONESIA - PHILIPPINES   **2-0(1-0)**
PHI: Kevin Ray Mendoza Hansen, Jesper Gunnar Fernando Nyholm, Zico Alika Lefroy Locquiao Bailey, Adrian Cortes Ugelvik (90+2.Christian Mangaron Rontini), Santiago Colminas Rublico, Patrick Gerry-Anthony Alcala Reichelt (67.Pocholo Arellano Bugas), Kevin Langbehn Ingreso (84.Griffin Connor Isip McDaniel), Michael Robert Otucan Baldisimo (72.Amani Manuel Santos Aguinaldo), Alex James Weathers Monis (67.Paul Bismarck Tabinas), Scott Phillip Galang Woods, Dylan Sylvaan Kelly Elizalde Demuynck (83.Javier Augustine Ocampo Gayoso). Trainer: Tom Saintfiet (Belgium).

NATIONAL TEAM PLAYERS 2023/2024		
Name	**DOB**	**Club**
Goalkeepers		
Neil Leonard Dula ETHERIDGE	07.02.1990	*Birmingham City FC (ENG)*
Kevin Ray MENDOZA Hansen	29.09.1994	*Persatuan Sepakbola Indonesia Bandung (IDN)*
Defenders		
Amani Manuel Santos AGUINALDO	24.04.1995	*Trat FC (THA)*
Pocholo Arellano BUGAS	03.12.2001	*Angkor Tiger FC Siem Reap (THA)*
Jesse Thomas CURRAN	16.07.1996	*Ratchaburi FC (THA)*
Carlos Alberto Martínez DE MURGA Olaivar	30.11.1988	*Persatuan Sepakbola Barito Putera Banjarmasin (IDN)*
Enrique "KIKE" LINARES Fernández	12.07.1999	*Persatuan Sepakbola Makassar (IDN)*
Simen Alexander Santos LYNGBØ	18.02.1998	*Persatuan Sepakbola Indonesia Kediri (IDN)*

Jesper Gunnar Fernando NYHOLM	10.09.1993	Perak FC Ipoh (MAS)
Christian Mangaron RONTINI	20.07.1999	Persatuan Sepakbola Indonesia Tangerang
Santiago Colminas RUBLICO	16.08.2005	Club Atlético de Madrid (ESP)
Daisuke Caumanday SATO	20.09.1994	Persatuan Sepakbola Indonesia Bandung (IDN)
Jefferson David TABINAS	07.08.1998	Mito HollyHock (JPN); 07.01.2024-> Buriram United FC (THA)
Paul Bismarck TABINAS	05.07.2002	HNK Vukovar 1991 (CRO)
Adrian Cortes UGELVIK	21.09.2001	Levanger FK (NOR)

Midfielders

Mikel Justin Cagurangan BAAS	16.03.2000	Kaya FC Iloilo; 24.01.2024-> unattached
Zico Alika Lefroy Locquiao BAILEY	27.08.2000	New Mexico United Albuquerque (USA)
Michael Robert Otucan BALDISIMO	13.04.2000	San Jose Earthquakes (USA)
Kevin Langbehn INGRESO	10.02.1993	Sri Pahang FC Kuantan (MAS); 07.02.2024-> One Taguig FC
Oskari Johannes Orevillo KEKKONEN	24.09.1999	Lamphun Warriors FC (THA)
Griffin Connor Isip McDANIEL	30.03.2000	Stallion Laguna FC Biñan
Jesus Joaquin Gaquit MELLIZA	20.04.1992	Kaya FC Iloilo
Manuel Gelito OTT	06.05.1992	Kedah Darul Aman FC Alor Setar (MAS)
Mike Rigoberto OTT	02.03.1995	Persatuan Sepakbola Barito Putera Banjarmasin (IDN)
José Elmer "OJ" Poblete PORTERIA	09.05.1994	Dewa United FC Bandar Lampung (IDN)
Sandro Miguel REYES Sison	29.03.2003	SpVgg Greuther Fürth II (GER)
Stephan Markus Cabizares SCHRÖCK	21.08.1986	CF Manila
John-Patrick STRAUSS	28.01.1996	FC Hansa Rostock (GER)
Mark Francis Mercenes SWAINSTON	13.11.1999	Kaya FC Iloilo
Dennis Jaramel VILLANUEVA	28.04.1992	Police Tero FC Bangkok (THA)
Scott Phillip Galang WOODS	07.05.2000	Muangthong United FC Nonthaburi (THA)

Forwards

Bienvenido Marañón Morejón "BIENVE"	15.05.1986	Chanthaburi FC (THA)
Dylan Sylvaan Kelly Elizalde DEMUYNCK	06.05.2004	SV Zulte Waregem (BEL)
Javier Augustine Ocampo GAYOSO	11.02.1997	Kaya FC Iloilo
Alex James Weathers MONIS	20.03.2003	New England Revolution II Boston (USA)
Jens Sebastian Beraque RASMUSSEN	17.06.2002	Hobro IK (DEN)
Patrick Gerry-Anthony Alcala REICHELT	15.06.1988	Kuala Lumpur City FC (MAS)

National coaches

Michael WEIß (Germany) [06.06.2023 – 25.02.2024]	11.03.1965
Tom SAINTFIET (Belgium) [from 26.02.2024]	29.03.1973

QATAR

Federation Directory:
Qatar Football Association
Al Bidda Tower, Corniche Street, P.O.Box 5333, Doha
Year of Formation: 1960
Member of FIFA since: 1963
Member of AFC since: 1967
Internet: www.qfa.qa

The Country: Dawlat Qatar (State of Qatar)
Capital: Doha
Surface: 11,437 km^2 / **Population**: 2,795,484 [2020] / **Time**: UTC+3

NATIONAL TEAM RECORDS

First international match:
27.03.1970, Bahrain: Bahrain - Qatar 2-1

Most international caps:	Most international goals:
Hassan Khalid Hassan Al Haydos	Almoez Ali Zainalabedeen Mohamed Abdulla
183 caps (since 2008)	**54 goals** / 112 caps (since 2005)

NATIONAL TEAM COMPETITIONS

ASIAN NATIONS CUP		FIFA WORLD CUP	
1956		1930	
1960		1934	
1964	*Protectorate of United Kingdom*	1938	
1968		1950	
1972		1954	*Protectorate of United Kingdom*
1976	Qualifiers	1958	
1980	Final Tournament (Group Stage)	1962	
1984	Final Tournament (Group Stage)	1966	
1988	Final Tournament (Group Stage)	1970	
1992	Final Tournament (Group Stage)	1974	*Withdrew from qualifiers*
1996	Qualifiers	1978	Qualifiers
2000	Final Tournament (Quarter-Finals)	1982	Qualifiers
2004	Final Tournament (Group Stage)	1986	Qualifiers
2007	Final Tournament (Group Stage)	1990	Qualifiers
2011	Final Tournament (Quarter-Finals)	1994	Qualifiers
2015	Final Tournament (Group Stage)	1998	Qualifiers
2019	**Final Tournament (Winners)**	2002	Qualifiers
2023	**Final Tournament (Winners)**	2006	Qualifiers
		2010	Qualifiers
		2014	Qualifiers
		2018	Qualifiers
		2022	Final Tournament (Group Stage)

OLYMPIC FOOTBALL TOURNAMENTS 1908-2020

1908 to 1928	*Teams from Asia did not enter*
1936	
1948	
1952	
1956	*Protectorate of United Kingdom*
1960	
1964	
1968	
1972	
1976	Did not enter
1980	Did not enter
1984	Final Tournament (Group Stage)
1988	Qualifiers
1992	Final Tournament (Quarter-Finals)
1996	Qualifiers
2000	Qualifiers
2004	Qualifiers
2008	Qualifiers
2012	Qualifiers
2016	Qualifiers
2020	Qualifiers

ASIAN GAMES 1951-2022		WEST ASIAN CHAMPIONSHIP 2000-2019		GULF CUP OF NATIONS 1970-2023		ARAB NATIONS CUP 1963-2021	
1951	-	2000	-	1970	4th Place	1963	-
1954	-	2002	-	1972	4th Place	1964	-
1958	-	2004	-	1974	3rd Place	1966	-
1962	-	2007	-	1976	3rd Place	1985	4th Place
1966	-	2008	Semi-Finals	1979	5th Place	1988	-
1970	-	2010	-	1982	5th Place	1992	-
1974	-	2012	-	1984	Runners-up	1998	Runners-up
1978	Group Stage	2014	**Winners**	1986	4th Place	2002	-
1982	-	2019	Did not enter	1988	6th Place	2012	-
1986	-			1990	Runners-up	2021	3rd Place
1990	-			1992	**Winners**		
1994	Group Stage			1994	4th Place		
1998	Quarter-Finals			1996	Runners-up		
2002	Group Stage			1998	6th Place		
2006	**Winners**			2002	Runners-up		
2010	1/8-Finals			2003	3rd Places		
2014	-			2004	**Winners**		
2018	Group Stage			2007	Group Stage		
2022	2nd Round of 16			2009	Semi-Finals		
				2010	Group Stage		
				2013	Group Stage		
				2015	**Winners**		
				2017	Group Stage		
				2019	Semi-Finals		
				2023	Semi-Finals		

QATARI CLUB HONOURS IN ASIAN CLUB COMPETITIONS

AFC Champions League 1967-1971 & 1985/1986-2024

Al-Sadd Sports Club Doha	1	2011

Asian Football Confederation Cup 2004-2024

None

AFC President's Cup 2005-2014*

None

Asian Cup Winners Cup 1975-2003*

None

Asian Super Cup 1995-2002*

None

*defunct competitions

OTHER CLUB COMPETITIONS:

Arab Champions League / Arab Club Champions Cup 1982-2023

Al-Sadd Sports Club Doha	1	2001

Gulf Club Champions Cup 1982-2017

Al-Sadd Sports Club Doha	1	1991

Arab Cup Winners Cup 1989-2002*

Al Ittihad Doha	1	1999/2000

Arab Super Cup 1992-2002*

None

*defunct competition

NATIONAL COMPETITIONS
TABLE OF HONOURS

	CHAMPIONS	CUP WINNERS
1963/1964	Al-Maref	-
1964/1965	Al-Maref	-
1965/1966	Al-Maref	-
1966/1967	Al-Oruba	-
1967/1968	Al-Oruba	-
1968/1969	Al-Oruba	-
1969/1970	Al-Oruba	-
1970/1971	Al-Sadd Sports Club Doha	-
1971/1972	Al-Sadd Sports Club Doha	-
1972/1973	Al-Esteqlal Doha*	Al-Ahli Doha
1973/1974	Al-Sadd Sports Club Doha	Al-Esteqlal Doha
1974/1975	*No competition*	Al-Sadd Sports Club Doha
1975/1976	Al-Rayyan Sports Club	Al-Esteqlal Doha
1976/1977	Al-Esteqlal Doha	Al-Sadd Sports Club Doha
1977/1978	Al-Rayyan Sports Club	Al-Arabi Sports Club Doha
1978/1979	Al-Sadd Sports Club Doha	Al-Arabi Sports Club Doha
1979/1980	Al-Sadd Sports Club Doha	Al-Arabi Sports Club Doha
1980/1981	Al-Sadd Sports Club Doha	Al-Ahli Doha
1981/1982	Al-Rayyan Sports Club	Al-Sadd Sports Club Doha
1982/1983	Al-Arabi Sports Club Doha	Al-Arabi Sports Club Doha
1983/1984	Al-Rayyan Sports Club	Al-Arabi Sports Club Doha

1984/1985	Al-Arabi Sports Club Doha	Al-Sadd Sports Club Doha
1985/1986	Al-Rayyan Sports Club	Al-Sadd Sports Club Doha
1986/1987	Al-Sadd Sports Club Doha	Al-Ahli Doha
1987/1988	Al-Sadd Sports Club Doha	Al-Sadd Sports Club Doha
1988/1989	Al-Sadd Sports Club Doha	Al-Arabi Sports Club Doha
1989/1990	Al-Rayyan Sports Club	Al-Arabi Sports Club Doha
1990/1991	Al-Arabi Sports Club Doha	Al-Sadd Sports Club Doha
1991/1992	Al-Ittihad Doha**	Al-Ahli Doha
1992/1993	Al-Arabi Sports Club Doha	Al-Arabi Sports Club Doha
1993/1994	Al-Arabi Sports Club Doha	Al-Sadd Sports Club Doha
1994/1995	Al-Rayyan Sports Club	Al-Ittihad Doha
1995/1996	Al-Arabi Sports Club Doha	Al-Ittihad Doha
1996/1997	Al-Arabi Sports Club Doha	Al-Ittihad Doha
1997/1998	Al-Ittihad Doha	Al-Ittihad Doha
1998/1999	Al-Wakrah Sports Club	Al-Rayyan Sports Club
1999/2000	Al-Sadd Sports Club Doha	Al-Sadd Sports Club Doha
2000/2001	Al-Wakrah Sports Club	Qatar Sports Club
2001/2002	Al-Ittihad Doha	Al-Ittihad Doha
2002/2003	Qatar Sports Club	Al-Sadd Sports Club Doha
2003/2004	Al-Sadd Sports Club Doha	Al-Rayyan Sports Club
2004/2005	Al-Gharafa Sports Club Doha	Al-Sadd Sports Club Doha
2005/2006	Al-Rayyan Sports Club	Al-Rayyan Sports Club
2006/2007	Al-Sadd Sports Club Doha	Al-Sadd Sports Club Doha
2007/2008	Al-Gharafa Sports Club Doha	Umm-Salal Sports Club
2008/2009	Al-Gharafa Sports Club Doha	Al-Gharafa Sports Club Doha
2009/2010	Al-Gharafa Sports Club Doha	Al-Rayyan Sports Club
2010/2011	Lekhwiya Sports Club	Al-Rayyan Sports Club
2011/2012	Lekhwiya Sports Club	Al-Gharafa Sports Club Doha
2012/2013	Al-Sadd Sports Club Doha	Al-Rayyan Sports Club
2013/2014	Lekhwiya Sports Club	Al-Sadd Sports Club Doha
2014/2015	Lekhwiya Sports Club	Al-Sadd Sports Club Doha
2015/2016	Al-Rayyan Sports Club	Lekhwiya Sports Club
2016/2017	Lekhwiya Sports Club***	Al-Sadd Sports Club Doha
2017/2018	Al-Duhail Sports Club Doha	Al-Duhail Sports Club Doha
2018/2019	Al-Sadd Sports Club Doha	Al-Duhail Sports Club Doha
2019/2020	Al-Duhail Sports Club Doha	Al-Sadd Sports Club Doha
2020/2021	Al-Sadd Sports Club Doha	Al-Sadd Sports Club Doha
2021/2022	Al-Sadd Sports Club Doha	Al-Duhail Sports Club Doha
2022/2023	Al-Duhail Sports Club Doha	Al-Arabi Sports Club Doha
2023/2024	Al-Sadd Sports Club Doha	Al-Sadd Sports Club Doha

*called later Qatar Sports Club.
**called later Al-Gharafa Sports Club Doha.
***called later Al-Duhail Sports Club Doha.

NATIONAL CHAMPIONSHIP
Qatar Stars League 2023/2024

1. Al-Sadd Sports Club Doha	22	15	4	3	65	-	21	49
2. Al-Rayyan Sports Club	22	15	2	5	50	-	26	47
3. Al-Gharafa Sports Club Doha	22	13	5	4	53	-	36	44
4. Al-Wakrah SC	22	11	5	6	40	-	30	38
5. Al-Arabi Sports Club Doha	22	7	8	7	42	-	38	29
6. Al-Duhail Sports Club Doha	22	8	4	10	42	-	45	28
7. Umm-Salal Sports Club	22	7	7	8	32	-	37	28
8. Qatar SC Doha	22	7	4	11	39	-	47	25
9. Al-Shamal SC Madinat ash Shamal	22	6	7	9	28	-	37	25
10. Al Ahli SC Doha	22	7	2	13	37	-	58	23
11. Al-Markhiya SC Doha (*Relegation Play-off*)	22	5	3	14	20	-	50	18
12. Muaither SC Doha (*Relegated*)	22	3	5	14	34	-	57	14

Relegation Play-off [05.05.2024]
Al-Markhiya SC Doha – Al Shahaniya SC   1-3(0-1)

Best goalscorer 2023/2024:
Akram Hassan Afif Yahya Afif (Al-Sadd Sports Club Doha) – 26 goals

Promoted for the 2024/2025 season:
Al-Khor Sports Club, Al Shahaniya SC

NATIONAL CUP
Emir of Qatar Cup - Final 2023/2024

24.05.2024, Education City Stadium, Al Rayyan; Attendance: 36,175
Referee: Salman Ahmad Falahi
Al-Sadd Sports Club Doha - Qatar SC Doha   1-0(0-0,0-0)
Al-Sadd SC: Meshaal Aissa Barsham, Abdullah Badr Al Yazidi (114.Pedro Miguel Carvalho Deus Correia "Ró-Ró"), Boualem Khoukhi, Paulo Otávio Rosa Silva, Mohammed Waad Abdulwahhab Jadoua Al Bayati (103.Hassan Khalid Hassan Al Haydos), Andrés Mateus Uribe Villa, Gonzalo Jordy Plata Jiménez, Akram Hassan Afif Yahya Afif Al Yafei [*sent off 109*], Yusuf Abdurisag (68.Mostafa Tarek Meshaal), Baghdad Bounedjah (Cap). Trainer: Wesam Rizik Abdulmajid.
Qatar SC: Sataa Abdul Al Abbasi, Nasir Peer Baksh Abbas (119.Ali Malolah Karami), Javier Martínez Aginaga „Javi Martínez" (100.Khalid Ahmed Mahmoudi), Badr Benoun, Ibrahim Majid Abdulmajid, Raoul Danzabe Sanda, Abdullah Abdulsalam Ali Al Ahrak (90.Abdurahman Mohammad Ali Al Korbi), Bruno Vinícius Souza Ramos "Bruno Tabata", Eisa Ahmad Palangi (68.Ben Malango Ngita), Yohan Alexandre Mady Boli (119.Jassim Ahmed Al Jalabi), Andrés Sebastián Soria Quintana (Cap) (68.Ali Awad Bujaloof). Trainer: Yousef Al Noobi.
Goal: 1-0 Andrés Mateus Uribe Villa (118).

THE CLUBS 2023/2024

AL AHLI SPORTS CLUB DOHA

Year of Formation: 1950 (*as Al Najah Doha*)
Stadium: "Hamad bin Khalifa" Stadium, Doha (12,000)

Trainer:		
	Nebojša Jovović (MNE)	28.08.1974
[08.09.2023]	Khalid Taj (BHR)	
[03.10.2023]	Pedro Miguel Marques da Costa Filipe "Pepa" (POR)	14.12.1980
[09.04.2024]	Khalid Taj (BHR)	

THE SQUAD	DOB	M	(s)	G
Goalkeepers:				
Marwan Sherif Badredlin	17.04.1999	15	(2)	
Yazan Naim Jamil Al Shaikh Hussein	05.06.1997	7		
Defenders:				
Islam Yassine Al Sharif	16.08.1993	8	(4)	1
Mohammed Abdulla Al Ishaq	17.12.2004	5	(5)	
Danilo Arboleda Hurtado (COL)	16.05.1995	12		
Ramón Gínes Arias Quinteros (URU)	27.07.1992	8	(1)	
Mohammed Emad Ayesh	27.02.2001	13	(1)	
Ahmed Azhari Abdelrahim	06.04.2003		(2)	
Talal Abdulla Bahzad	06.09.1999	1		
Eissa Abdelbaset El Nagar	17.01.2004	4	(8)	1
Yasin Abdulla Lafrid	20.06.2000	7	(7)	
Yousef Zeyad Marei	02.02.2007		(2)	
Jassem Mohammed Abdulaziz Omar	18.04.1995	17		
Ali Mohammad Shahabi	29.01.2006		(2)	
Robin Amin Tihi (FIN)	16.03.2002	17	(1)	2
Midfielders:				
Ahmad Mohammad Yasser Al Sebaie	06.01.1999	9	(9)	
Sayed Al Dokali Al Seyed (LBY)	20.12.1993	11	(4)	
Jassem Mohammed Al Sharshani	02.01.2003	7	(6)	
Abubakar Mohammed Bayomi	01.01.1997	3	(4)	
Idrissa Doumbia (CIV)	14.04.1998	19		1
Ali Ahmed Qaderi	20.02.1994	7	(2)	
Forwards:				
Nasser Saleh Al Khalfan	17.10.1993		(2)	
Yaizan Abdallah Ayed Al Naimat (JOR)	04.06.1999	16	(2)	5
Navid Mohammad Dorzadeh	09.08.2000	10	(7)	
Julian Draxler (GER)	20.09.1993	9	(2)	6
Abdulrasheed Umaru Ibrahim	12.08.1999	5	(6)	2
Yassin Ali Jeera			(1)	
Naïm Sliti (TUN)	27.07.1992	12	(4)	10
Sekou Yansané (GUI)	28.04.2003	20	(1)	8

AL-ARABI SPORTS CLUB DOHA
Year of Formation: 1952
Stadium: Grand Hamad Stadium, Doha (13,000)

Trainer:	Younes Ali Rahmati	03.01.1983			

	THE SQUAD	DOB	M	(s)	G
Goalkeepers:	Jasem Adel Al Hail	29.01.1992	22		
	Amir Hassan Katoul	22.04.2004		(1)	
Defenders:	Mohamed Alaaeldin Abdelmotaal	24.01.1994	2	(2)	
	Abdulla Issa Mobarak Haji Al Sulaiti	11.08.2002	7	(5)	
	Abdou Diallo (SEN)	04.05.1996	20		1
	Jassem Gaber Abdulsallam	20.02.2002	16	(1)	2
	Hamid Ismaeil Hassan Khaleefa Hamid	16.06.1986	1	(3)	
	Hilal Mohammed Ibrahim	25.03.1993	18	(2)	
	Yousuf Muftah	16.05.1988	6	(7)	
	Simo Wassim Keddari Boulif (ESP)	03.02.2005	16		
Midfielders:	Abdulrahman Anad Al Deri	06.09.1996		(4)	
	Ibrahim Al Saeed	10.12.2001		(2)	
	Ahmad Moein Doozandeh	20.10.1995	3	(4)	
	Ahmed Fathi Abdulla Mansi	25.01.1993	19	(2)	2
	Abdulla Hassan Abdulla Mohammed Maarafiya	13.04.1992	18	(2)	2
	Rafael Alcántara do Nascimento „Rafinha" (BRA)	12.02.1993	12	(4)	5
	Salem Reda	30.07.2006	1	(2)	
	Mohammed Bader Sayyar (BHR)	16.02.1991	2	(2)	
	Marco Verratti (ITA)	05.11.1992	17		
Forwards:	Abdulaziz Rashid Al Ansari	19.02.1992		(1)	
	Hassan Alaa Aldeen (PLE)	31.01.2000	3	(3)	1
	Omar Jehad Al Somah (SYR)	23.03.1989	21	(1)	17
	Youssef Msakni (TUN)	28.10.1990	18	(1)	9
	Abdulla Nasser Al Murisi	24.08.1999	1	(5)	
	Ibrahim Nasser Kala	26.01.1997	6	(8)	
	Rami Suhali Ali	27.05.2000		(8)	
	Mohamed Taabouni (NED)	29.03.2002	13	(5)	1

AL-DUHAIL SPORTS CLUB DOHA
Year of Formation: 2009 (*as Al-Lekhwiya Doha*)
Stadium: „Abdullah bin Khalifa" Stadium, Doha (12,000)

Trainer:	Christophe Galtier (FRA)	23.08.1966			

	THE SQUAD	DOB	M	(s)	G
Goalkeepers:	Shehab Mamdouh Abdelfadel Ellethy	18.04.2000	9		
	Salah Zakaria Mohamed Mousa Hassan	24.04.1999	13		
Defenders:	Sultan Hussain Al Braik	07.04.1996	21		1
	Mohammed Khaled Al Naimi	25.03.2000	2	(2)	
	Youssef Aymen Hafez Farahat	21.03.1999	13	(2)	2

Ibrahima Bamba (CIV)	22.04.2002	13	(4)	
Kim Moon-hwan (KOR)	01.08.1995	17	(1)	
Lucas Veríssimo da Silva (BRA)	02.07.1995	10		
Mohammed Musa Abbas Ali	23.03.1986	5	(4)	
Rúben Afonso Borges *Semedo* (POR)	04.04.1994	8		

Midfielders:				
Karim Boudiaf	16.09.1990	12	(5)	1
Ibrahima Diallo (FRA)	08.03.1999	12	(1)	3
Abdulaziz Mohamad Hassan	28.11.2002	1	(4)	
Luiz Martin Carlos Júnior „Luiz Ceará"	13.01.1989	6	(5)	
Assim Omer Al Haj Madibo	22.10.1996	13	(6)	
Khaled Mohammed Mohammed Saleh	07.06.2000	8	(8)	1
Philippe Coutinho Correia (BRA)	12.06.1992	12	(4)	3
Fares Said Amer	07.01.2003		(2)	

Forwards:				
Rashid Al Abdulla	21.02.2004		(3)	1
Almoez Ali Zainalabedeen Mohamed Abdulla	19.08.1996	19		7
Abdelrahman Mohamed Fahmi Moustafa	05.04.1997		(2)	
Suhaib Gannan	13.11.2003	5	(11)	2
Tahsin Mohammed Jamshid	16.06.2006	2	(2)	
Isaac Lihadji (FRA)	10.04.2002	7	(11)	1
Lotfi Rabah Madjer	22.03.2002		(4)	
Ismail Mohammed Mohammed	05.04.1990	12	(8)	2
Mohammed Muntari	20.12.1993	5	(3)	2
Ogada Michael Olunga (KEN)	26.03.1994	17	(1)	15

AL-GHARAFA SPORTS CLUB DOHA

Year of Formation: 1979 (*as Al-Ittihad Doha*)
Stadium: "Thani bin Jassim" Stadium, Doha (21,872)

Trainer:		
Pedro Rui da Mota Vieira Martins (POR)	17.07.1970	

THE SQUAD	**DOB**	**M**	**(s)**	**G**
Goalkeepers:				
Khalifa Ababacar N'Diaye	07.07.1989	17		
Yousef Hassan Mohamed Ali	24.05.1996	5		
Defenders:				
Chalpan Abdulnasir	26.06.2003		(1)	
Homam El Amin Ahmed	25.08.1999	11	(4)	
Ayoub Mohamed Al Oui	11.03.2005	1	(1)	
Mostafa Essam Qadeera (EGY)	20.12.2001	1		
Saifeldeen Hassan Abdulkareem Fadlalla	31.03.2003	4	(3)	
Hamid Ismaeil Hassan Khaleefa Hamid	16.06.1986		(1)	
Mohammed Ali Jamin Rahman	28.02.2000	1		
Jang Hyun-soo (KOR)	28.09.1991	10	(1)	
Lyanco Evangelista Silveira Neves Vojnovic (BRA)	01.02.1997	13		1
Seydou Sano (SEN)	28.10.2004	14	(3)	
Dame Traoré (FRA)	19.05.1986	15	(3)	2
Abdalla Sirelkhatim Abdallah Yousif	10.04.2002	14	(2)	
Midfielders:				
Nasser Abdulsalam Al Ahrak	05.01.1999	7	(8)	
Farid Boulaya (ALG)	25.02.1993	19	(2)	5
Fabricio Díaz Badaracco (URU)	03.02.2003	13	(2)	
Abdollah Ali Saei	17.03.1999	1	(10)	

		DOB	M	(s)	G
	Yousef Saaed Ahmed	07.01.2003		(1)	
	Ferjani Sassi (TUN)	18.03.1992	21		6
Forwards:	Ahmed Alaaeldin Abdelmotaal	31.01.1993	12	(8)	4
	Ahmed Mohamed Al Ganehi	22.09.2000	14	(5)	7
	Othman Alawi Al Yahri	24.06.1993	1	(10)	
	Jassim Al Zarra	29.06.2002		(4)	
	Yohan Alexandre Mady Boli (CIV)	17.11.1993	12		6
	Yacine Brahimi (ALG)	08.02.1990	21		21
	Amro Abdelfatah Ali Surag	08.04.1998	15	(6)	

AL-MARKHIYA SPORTS CLUB

Year of Formation: 1995
Stadium: Al-Markhiya Stadium, Al- Markhiya (200)

Trainer:	Anthony Patrick Hudson (ENG)	11.03.1981
[16.08.2023]	Sultan Al Musaifri	
[18.10.2023]	Madjid Bougherra (ALG)	07.10.1982

	THE SQUAD	DOB	M	(s)	G
Goalkeepers:	Loukay Sherif Ashour	15.05.1996	12	(1)	
	Oumar Barry	18.07.1986	6		
	Mahmood Gamal Mohamed (EGY)	26.10.2001	3		
	Mohamed Abdallah Kadik	29.05.1999	1	(1)	
Defenders:	Tameem Mohammed Al Muhaza	21.07.1996	11	(2)	
	Mohammed Khaled Al Naimi	25.03.2000	9		1
	Ali Nasser Al Marri	22.05.2001	8	(3)	
	Hamad Saieed Balgheit	13.02.1996	4	(1)	
	Abdelghani Laallam (ALG)	06.07.2004	13		
	Abdel Aziz Mitwali	20.03.1996	5	(1)	
	Noor Rahman Noor Hashim Arsla Khan	28.03.1997	5		
	Rúben Afonso Borges *Semedo* (POR)	04.04.1994	9		1
	Naby Sarr (SEN)	13.08.1993	21	(1)	
	Mohamed Abdullah Tarkhan	19.05.2002	3	(3)	
Midfielders:	Ahmed Mohamed Mohamed Mohamed Aboutrika	14.03.2003	1	(2)	
	Mohamad Abdulnaser Al Abbasi	10.01.1998	9	(1)	
	Mohamed Nasser Al Manai	25.10.2002		(1)	
	Talal Ali Al Shila	02.12.1991	20	(1)	1
	Driss Fettouhi (MAR)	30.09.1989	22		4
	Ali Mohammed Jasimi	19.04.1991		(2)	
	João Rafael Brito *Teixeira* (POR)	06.02.1994	12		
	Bashar Resan Bonyan Albu-Mohammed (IRQ)	22.12.1996	9		3
	Mohammed Abdullah Soltani	13.09.1995	2	(2)	
Forwards:	Sayed Ahmed Mohammed	15.06.2002		(2)	
	Ali Said Al Muhannadi	11.09.1993	6	(12)	
	Yousef Hani Ballan Al Raeesi	09.12.1996	1	(2)	
	Naoufal Bannis (MAR)	11.03.2002	8	(11)	1
	Abdelrahman Mohamed Fahmi Moustafa	05.04.1997	6	(4)	
	Moayad Hassan Fedaily Hassan	28.01.1992	7	(10)	
	Ibrahim Abdelhalim Masoud	25.11.1997		(2)	

Yusupha Njie (GAM)		03.01.1994	19	(2)	6
Diogo Filipe Costa Rocha „Rochinha" (POR)		03.05.1995	10	(1)	

AL-RAYYAN SPORTS CLUB
Year of Formation: 1967
Stadium: "Ahmad bin Ali" Stadium, Al-Rayyan (47,343)

Trainer:	José Leonardo Nunes Alves Sousa Jardim (POR)	01.08.1974			

	THE SQUAD	DOB	M	(s)	G
Goalkeepers:	Fahad Younis Ahmed Baker	30.07.1994	22		
Defenders:	Abdulla Ismail Al Ali	20.11.2001	2	(3)	
	Hassan Mohammed Al Ghareeb	22.05.2004		(1)	
	Ahmed Albakheet Al Minhali	05.05.1999	13	(6)	
	Bassam Hisham Ali Al Rawi	16.12.1997	20	(1)	
	André Fonseca *Amaro* (POR)	13.08.2002	21		1
	Amid Mahajna (PLE)	11.10.1996		(3)	
	Khaled Muftah Muftah	02.07.1992	8	(4)	
	Murad Naji Kamal Hussein	12.06.1991	9	(1)	
	Hazem Ahmed Mohamed Ahmed Shehata	02.02.1998		(2)	
	Shogo Taniguchi (JPN)	15.07.1991	22		1
Midfielders:	Abdulaziz Hatem Mohammed Abdullah	28.10.1990	16		
	Mostafa Osama Abouelela	20.05.2003		(1)	
	Naif Abdulraheem Al Hadhrami	18.07.2001	3	(3)	
	Ibrahim Mohammed Mohammadali Al Hassan	26.10.2005	2	(4)	
	Osamah Abdulkarim Al Tairi	16.06.2002	4	(3)	
	Moameen Mutasem	04.08.2002	3	(5)	
	Ali Ahmed Qadri	20.02.1994	4	(2)	
	Rodrigo Barbosa Tabata	19.11.1980	3	(11)	2
	Thiago Henrique *Mendes* Ribeiro (BRA)	15.03.1992	14	(2)	1
Forwards:	Tameem Mansour Muftah Al Abdullah	05.10.2002	1	(6)	
	Ahmed Husham Ali Al Rawi	30.05.2004	3	(10)	4
	Achraf Bencharki (MAR)	24.09.1994	17	(2)	10
	Sofiane Boufal (MAR)	17.09.1993	2		
	Gabriel Pereira dos Santos (BRA)	01.08.2001	16	(6)	3
	Rodrigo Moreno Machado (ESP)	06.03.1991	14	(1)	8
	Roger Krug *Guedes* (BRA)	02.10.1996	22		19
	Khalid Ali Sabah	05.10.2001	1	(5)	1

AL-SADD SPORTS CLUB DOHA
Year of Formation: 1969
Stadium: „Jassim Bin Hamad" Stadium, Doha (13,030)

Trainer:		
[13.11.2023]	Bruno Miguel Nogueira *Pinheiro* (POR)	30.10.1976
	Wesam Rizik Abdulmajid	05.02.1981

THE SQUAD		DOB	M	(s)	G
Goalkeepers:	Saad Abdullah Al Sheeb Al Dossary	19.02.1990	8		
	Yousef Abdulrahman Baliadeh	30.10.2002	1		
	Meshaal Aissa Barsham	14.02.1998	13		
Defenders:	Ahmed Suhail Saber Al Hamawende	08.02.1999	3	(7)	
	Musab Kheder Kamal Djebril Mohamed Al Khader	26.09.1993	5	(4)	
	Abdullah Badr Al Yazidi	28.03.2002	3	(4)	
	Mohammad Amin Hazbavi (IRN)	06.05.2003	16	(3)	1
	Boualem Khoukhi	09.07.1990	19	(1)	
	Paulo Otávio Rosa Silva (BRA)	23.11.1994	21	(1)	2
	Pedro Miguel Carvalho Deus Correia "Ró-Ró"	06.08.1990	5		
	Tarek Salman Suleiman Odeh	05.12.1997	17	(3)	1
Midfielders:	Mohammed Waad Abdulwahhab Jadoua Al Bayati	18.09.1999	16	(3)	
	Hassan Khalid Hassan Al Haydos	11.12.1990	14	(7)	4
	Ali Assadalla Thaimn Qambar	19.01.1993	5	(10)	2
	Guilherme dos Santos Torres (BRA)	05.04.1991	13	(1)	3
	Mostafa Tarek Meshaal	28.03.2001	6	(6)	
	Ahmed Bader Sayyar (BHR)	06.10.1993	1	(7)	
	Andrés Mateus Uribe Villa (COL)	21.03.1991	9		
Forwards:	Yusuf Abdurisag	06.08.1999	10	(7)	5
	Ahmad Mohammed Al Saeed	31.10.2003		(3)	
	Akram Hassan Afif Yahya Afif Al Yafei	18.11.1996	21	(1)	26
	Hashim Ali Abdullatif Ali	17.08.2000	1	(11)	1
	Baghdad Bounedjah (ALG)	24.11.1991	14	(6)	8
	Ilyes Housni (FRA)	14.05.2005		(6)	1
	Gonzalo Jordy Plata Jiménez (ECU)	01.11.2000	21		8

AL-SHAMAL SPORTS CLUB MADINAT ASH SHAMAL
Year of Formation: 1980
Stadium: Al-Shamal SC Stadium, Madinat ash Shamal (5,000)

Trainer:	Poya Asbaghi (SWE)	17.07.1985

THE SQUAD		DOB	M	(s)	G
Goalkeepers:	Abdullah Mohamed Al Radhy	24.06.1998	17		
	Babacar Seck (GUI)	15.06.1995	5		
Defenders:	Jassim Ali Al Hashemi	27.01.1996	14	(2)	
	Khalaf Saad Khalaf Al Malki	02.03.1998		(9)	
	Mohsen Hassan Al Yazidi	25.02.1987		(2)	1
	Mouafak Awad	11.05.1997	10	(4)	

		DOB	M	(s)	G
	Younes El Hannach (FRA)	04.06.2004	14	(1)	
	Diyab Haroon Taha	15.05.2001		(1)	
	Jeison Fabián Murillo Cerón (COL)	27.05.1992	19		
	Matías Germán Nani (ARG)	26.03.1998	22		1
	Fahad Waad (IRQ)	18.09.1999	7	(11)	
Midfielders:	Salem Ali Al Hajri	10.04.1996		(1)	
	Mohammed Ahmed Al Jabri	30.03.1991	11	(6)	
	Mahdi Salem Al Mejaba	04.04.2004	13	(3)	2
	Faisal Mohamed Azadi	13.01.2001	10	(7)	2
	Younès Belhanda (MAR)	25.02.1990	10		1
	Omid Ebrahimi (IRN)	16.09.1987	21		2
	Magid Mohammed Hassan	01.10.1985	4	(10)	1
	Hamad Mansour Rajah	13.08.1994	14	(5)	
Forwards:	Abdulaziz Rashid Al Ansari	19.02.1992	2	(1)	
	Jassim Mohammed Al Mehairi	30.08.2002		(2)	
	Salmin Atiq Al Rumaihi	11.01.1997	8	(12)	
	Mohammed Al Sayed Abdulmotaleb "Jeddo"	27.01.1987		(6)	
	Ali Iyad Ali Olwan (JOR)	26.03.2000	12		3
	Mohamed Omar (ALG)	10.01.2004	7	(8)	2
	Ricardo Jorge Pires *Gomes* (CPV)	18.12.1991	22		12

AL-WAKRAH SPORTS CLUB

Year of Formation: 1959
Stadium: „Saoud bin Abdulrahman Al Thani" Stadium, Al Wakrah (12,000)

Trainer:	Bartolomé "Tintín" Márquez López (ESP)	07.01.1962			
[19.12.2023]	José "Pepe" Murcia González (ESP)	03.12.1964			

	THE SQUAD	DOB	M	(s)	G
Goalkeepers:	Mohammed Ahmed Al Bakri	28.03.1997	1		
	Saoud Mubarak Al Khater	09.04.1991	18		
	Omair Abdulla Al Sayed	31.01.2000	3	(1)	
Defenders:	Ibrahim Ahmed Al Sadek	03.01.1999	1	(2)	
	Youssef Tarek Ahmed El Khatib	04.08.2004	11	(5)	1
	Lucas Michel *Mendes* (BRA)	03.07.1990	20		
	Abdel Aziz Mitwali	20.03.1996	2	(4)	
	Almahdi Ali Mohamed Mukhtar	02.03.1992	13		
	Murad Naji Kamal Hussein	12.06.1991	2		
	Trent Lucas Sainsbury (AUS)	05.01.1992	18	(1)	
	Hazem Ahmed Mohamed Ahmed Shehata	02.02.1998	9		
Midfielders:	Nasser Saleh Al Yazidi	02.02.2000	1	(2)	
	Omar Salah Mohammad Al Osad (JOR)	18.04.2003	14	(5)	
	Ahmed El Sayed	23.03.1990	12	(4)	
	Ahmed Fadhel Hasabah	07.04.1993	10	(11)	
	Hamdy Fathy Abdelhalim Fattah (EGY)	29.09.1994	17	(1)	4
	Nabil Irfan	07.02.2004	2	(8)	
	Adam Maher (NED)	20.07.1993	1	(1)	

Forwards:	Fayiz Marwan Al Farsi	13.09.2005		(2)	
	Omar Ali	10.10.1992	2	(10)	1
	Ayoub Assal (MAR)	21.01.2002	20		6
	Mohamed Benyettou (ALG)	01.11.1989	20	(2)	16
	Rabeh Yahia Boussafi	18.05.2000	12	(7)	1
	Jacinto Muondo "*Gelson*" *Dala* (ANG)	13.07.1996	20	(1)	7
	Mohamed Khaled Hassan	08.01.2003	2	(3)	
	Khalid Muneer Ali Abu Bakr Mazeed	24.02.1998	9	(10)	2
	Khalid Ali Sabah	05.10.2001	2	(3)	1
	Muhammad Taher Khan	05.11.2003		(1)	

MUAITHER SPORTS CLUB

Year of Formation: 1996
Stadium: **Stadium**: "Thani bin Jassim" Stadium, Doha (21,872)

Trainer:	José "Pepe" Murcia González (ESP)	03.12.1964
[01.11.2023]	Emilio Josep Iserte Aguilar (ESP)	13.11.1963
[20.11.2023]	Jorge Orosmán da Silva Echeverrito (URU)	11.12.1961

	THE SQUAD	**DOB**	**M**	**(s)**	**G**
Goalkeepers:	*Ivanildo Rodrigues* dos Santos (BRA)	12.12.1988	22		
Defenders:	Yazan Mousa Mahmoud Abu Al Arab (JOR)	31.01.1996	8		
	Muattaz Majed Bostami Al Bistamy	16.05.1996	9	(1)	
	Mubarak Eid Al Nasser	01.02.1999		(4)	
	Ramón Gínes Arias Quinteros (URU)	27.07.1992	11		2
	Abdoulaye Bakayoko (CIV)	15.12.2002	3	(1)	
	Bahaa Ellethy Mamdouh	18.04.1999	19	(1)	
	Abdelrahman Rashid Gomaa	20.11.2001	15	(4)	
	Hugo Domingos *Gomes* (BRA)	04.01.1995	10		1
	Eltayed Kamal Ali Mohamed			(1)	
	Fouad Hanfoug Saleh	23.01.2004	14	(6)	
	Mamadou Sekou Traoré (MLI)	03.10.1994	8		
Midfielders:	Saif Hassan Al Mohanadi	14.04.1997	6	(11)	1
	Mohammed Saad Marzouq Al Sulaiti	21.05.1985	5	(4)	
	Nassim Benaissa (ALG)	03.04.2002	7	(3)	
	Abdulrahman Balal Elsadig	11.01.2001	3	(2)	
	Malik Hassan (FRA)	25.07.1999		(1)	
	Abdulghani Munir Mazeed	13.09.1992	4	(10)	
	Andri Syahputra Sudarmanto	29.06.1999	17	(1)	1
	Yousef Sabri Yahri	22.01.1998		(6)	
Forwards:	Abdulaziz Hazaa Al Hasia	31.08.1999	1	(6)	
	Mohamed Salah Al Neel	20.04.1991	2	(9)	1
	Denis Alibec (ROU)	05.01.1991	20	(1)	5
	Aymane El Hassouni (MAR)	22.02.1995	21		5
	Jamal Hamed Mayor (PLE)	10.03.2002	16	(6)	3
	Guy Carel Mbenza Kamboleke (COD)	01.04.2000	11		5
	Tiago de Leonço (BRA)	11.11.1992	10		7

QATAR SPORTS CLUB DOHA

Year of Formation: 1961
Stadium: "Suheim bin Hamad" Stadium, Doha (12,000)

Trainer:		
	Youssef Safri (MAR)	03.01.1977
[18.10.2023]	Hélio Filipe Dias de *Sousa* (POR)	12.08.1969
[23.04.2024]	Yousef Al Noobi	1972

THE SQUAD	DOB	M	(s)	G
Goalkeepers:				
Sataa Abdul Al Abbasi	17.08.1993	15		
Motasem Majed Al Bustami	06.06.1996	7		
Defenders:				
Omar Ahmad Al Emadi	05.04.1995	1		
Mohamed Salim Musabah Al Rabiei	26.04.1990		(1)	
Nasir Peer Baksh Abbas	27.01.1999	11	(1)	
Badr Benoun (MAR)	30.09.1993	18		2
Ali Malolah Karami (IRN)	26.02.1999	12	(4)	
Khalid Ahmed Mahmoudi	22.03.1993	7	(7)	
Ibrahim Majid Abdulmajid	12.05.1990	20		
Midfielders:				
Abdullah Abdulsalam Ali Al Ahrak	10.05.1997	15	(3)	1
Muattaz Majed Bostami Al Bistamy	16.05.1996	3	(2)	
Abdurahman Mohammad Ali Al Korbi	18.08.1994	1	(8)	
Ahmed Mohammed Al Saadi	29.10.1995		(2)	
Zakariya Jaber Al Wahaibi			(1)	
Youssef Mohamed Ali	27.09.2002	11	(4)	4
Ali Awad Bujaloof	27.04.1995	1	(15)	
Raoul Danzabe Sanda (CMR)	18.07.2004	12	(5)	2
Javier Martínez Aginaga „Javi Martínez" (ESP)	02.09.1988	22		6
Bashar Resan Bonyan (IRQ)	22.12.1996	11	(1)	
Forwards:				
Jassim Ahmed Al Jalabi	21.02.1996	4	(5)	
Abdallah Hussein Al Muftah	23.06.1998	3	(4)	
Yohan Alexandre Mady Boli (CIV)	17.11.1993	10		7
Ben Malango Ngita (COD)	10.11.1993	18	(4)	5
Eisa Ahmad Palangi	21.02.1999	17	(5)	1
Andrés Sebastián Soria Quintana	08.11.1983	4	(14)	
Bruno Vinícius Souza Ramos "Bruno Tabata" (BRA)	30.03.1997	19	(2)	8

UMM-SALAL SPORTS CLUB

Year of Formation: 1979
Stadium: "Thani bin Jassim" Stadium, Doha (21,872)

Trainer:		
Patrice Carteron (FRA)		30.07.1970

	THE SQUAD	DOB	M	(s)	G
Goalkeepers:	Landing Badji (SEN)	21.09.2003	15		
	Sami Habib Beldi	09.07.1994	7		
Defenders:	Abdulrahman Faiz Al Rashidi	09.10.1994	12	(4)	
	Hossam Kamal Hassunin El Sayed	25.01.1996	9	(2)	
	Walid Fathi Aly	28.05.2002		(2)	
	Naïm Laidouni (ALG)	24.09.2002	20	(1)	
	Marouane Louadni (MAR)	01.01.1995	21		3
	Omar Yahya Ahmed Rabah	20.06.1992	5	(10)	
Midfielders:	Abdulaziz Mohamed Al Bakri			(1)	
	Adel Alawi Al Sulimane	25.08.1995	17	(3)	
	Khaled Abdulraaof Al Zereqi	14.12.1990	10	(7)	
	Sayed Hassan Issa	14.09.1997	7	(3)	
	Victor Lekhal (FRA)	27.02.1994	15	(1)	2
	Khaled Waleed Mansour	25.12.1999	6	(13)	
	Oussama Tannane (MAR)	23.03.1994	19		5
	Abdel Rahman Rafaat Zaky	08.09.2002	2	(8)	
Forwards:	Ali Hasan Afif Yahya	20.01.1988	15		
	Saud Ibrahim Al Nasr	01.02.1998		(4)	
	Nasser Ibrahim Al Nasr	11.07.1995	11	(5)	2
	Meshaal Qasim Al Shammari	19.01.1995	2	(9)	2
	Elyas Barimil	18.04.2001	4	(10)	1
	Andy Delort (ALG)	09.10.1991	12		5
	Kenji Joel Gorré (CUW)	29.09.1994	22		9
	Lucas Eduardo Santos *João* (ANG)	04.09.1993	10		3
	Abdallah Khaled Sheikh	04.10.1998	1	(5)	

NATIONAL TEAM
INTERNATIONAL MATCHES 2023/2024

07.09.2023	Al Wakrah	Qatar - Kenya	1-2(1-1)	(F)
12.09.2023	Al Wakrah	Qatar - Russia	1-1(0-0)	(F)
12.10.2023	Amman	Qatar - Iraq	0-0 aet; 6-5 pen	(F)
17.10.2023	Amman	Iran - Qatar	4-0(0-0)	(F)
16.11.2023	Al Rayyan	Qatar - Afghanistan	8-1(6-1)	(WCQ)
21.11.2023	Bhubaneswar	India - Qatar	0-3(0-1)	(WCQ)
31.12.2023	Doha	Qatar - Cambodia	3-0(3-0)	(F)
05.01.2024	Doha	Qatar - Jordan	1-2(1-0)	(F)
12.01.2024	Lusail	Qatar - Lebanon	3-0(1-0)	(AFC)
17.01.2024	Al Khor	Tajikistan - Qatar	0-1(0-1)	(AFC)
22.01.2024	Al Rayyan	Qatar - China P.R.	1-0(0-0)	(AFC)
29.01.2024	Al Khor	Qatar - Palestine	2-1(1-1)	(AFC)
03.02.2024	Al Khor	Qatar - Uzbekistan	1-1 aet; 3-2 pen	(AFC)
07.02.2024	Doha	Iran - Qatar	2-3(1-2)	(AFC)
10.02.2024	Lusail	Jordan - Qatar	1-3(0-1)	(AFC)
21.03.2024	Doha	Qatar - Kuwait	3-0(0-0)	(WCQ)
26.03.2024	Farwaniya	Kuwait - Qatar	1-2(0-0)	(WCQ)
06.06.2024	Hofuf	Afghanistan - Qatar	0-0	(WCQ)
11.06.2024	Al Rayyan	Qatar - India	2-1(0-1)	(WCQ)

07.09.2023, Friendly International
Al Janoub Stadium, Al Wakrah; Attendance: n/a
Referee: Abdulrahman Ibrahim Al Jassim (Qatar)
QATAR - KENYA   **1-2(1-1)**
QAT: Meshaal Aissa Mohammed Barsham (46.Salah Zakaria Mohamed Mousa Hassan), Tarek Salman Suleiman Odeh (63.Pedro Miguel Carvalho Deus Correia), Bassam Hisham Ali Al Rawi (46.Boualem Khoukhi), Homam El Amin Mohamed Ahmed (46.Hazem Ahmed Mohamed Ahmed Shehata), Ahmed Suhail Saber Ali Al Hamawende (63.Yousef Ayman Hafez Farahat), Abdulla Hassan Abdulla Mohammed Maarafiya (46.Abdulaziz Hatem Mohammed Abdullah), Ahmed Fathi Abdulla Mansi (63.Abdullah Abdulsalam Ali Al Ahraq), Moustafa Tarek Moustafa Mashaal (46.Mohammed Waad Abdulwahhab Jadoua Al Bayati), Hassan Khalid Hassan Al Haydos (46.Karim Boudiaf), Almoez Ali Zainalabedeen Mohamed Abdulla (46.Ahmed Alaaeldin Abdelmotaal), Yusuf Abdurisag Yusuf (46.Akram Hassan Afif Yahya Afif Al Yafei). Trainer: Carlos Manuel Brito Leal de Queiroz (Portugal).
Goal: Hassan Khalid Hassan Al Haydos (34 penalty).

12.09.2023, Friendly International
Al Janoub Stadium, Al Wakrah; Attendance: n/a
Referee: Ahmed Abu Bakar Said Al Kaf (Oman)
QATAR - RUSSIA   **1-1(0-0)**
QAT: Meshaal Aissa Mohammed Barsham (46.Saad Abdullah Mohammed Ibrahim Al Sheeb), Boualem Khoukhi, Pedro Miguel Carvalho Deus Correia (60.Bassam Hisham Ali Al Rawi), Tarek Salman Suleiman Odeh (59.Ahmed Suhail Saber Ali Al Hamawende), Homam El Amin Mohamed Ahmed, Karim Boudiaf (88.Abdulla Hassan Abdulla Mohammed Maarafiya), Ahmed Fathi Abdulla Mansi, Mohammed Waad Abdulwahhab Jadoua Al Bayati (46.Abdulaziz Hatem Mohammed Abdullah), Almoez Ali Zainalabedeen Mohamed Abdulla (46.Ahmed Alaaeldin Abdelmotaal), Akram Hassan Afif Yahya Afif Al Yafei (90+5.Hazem Ahmed Mohamed Ahmed Shehata), Yusuf Abdurisag Yusuf (59.Hassan Khalid Hassan Al Haydos). Trainer: Carlos Manuel Brito Leal de Queiroz (Portugal).
Goal: Ahmed Alaaeldin Abdelmotaal (70).

12.10.2023, Friendly International [Jordan International Tournament]
Amman International Stadium, Amman (Jordan); Attendance: n/a
Referee: Mohammad Hasan Mahmoud Arafah (Jordan)
QATAR - IRAQ 0-0 a.e.t.; 6-5 on penalties
QAT: Meshaal Aissa Mohammed Barsham, Tarek Salman Suleiman Odeh (46.Hassan Khalid Hassan Al Haydos), Bassam Hisham Ali Al Rawi, Homam El Amin Mohamed Ahmed (48.Sultan Hussain Mohamed Al Brake), Ahmed Suhail Saber Ali Al Hamawende, Abdulaziz Hatem Mohammed Abdullah (69.Abdulla Hassan Abdulla Mohammed Maarafiya), Karim Boudiaf (46.Jassem Gaber Abdulsallam), Ahmed Fathi Abdulla Mansi, Almoez Ali Zainalabedeen Mohamed Abdulla (69.Ahmed Alaaeldin Abdelmotaal), Akram Hassan Afif Yahya Afif Al Yafei, Yusuf Abdurisag Yusuf (46.Moustafa Tarek Moustafa Mashaal). Trainer: Carlos Manuel Brito Leal de Queiroz (Portugal).
Penalties: Hassan Khalid Hassan Al Haydos, Ahmed Fathi Abdulla Mansi (saved), Ahmed Alaaeldin Abdelmotaal (missed), Ahmed Suhail Saber Ali Al Hamawende, Akram Hassan Afif Yahya Afif Al Yafei, Sultan Hussain Mohamed Al Brake, Jassem Gaber Abdulsallam, Moustafa Tarek Moustafa Mashaal.

17.10.2023, Friendly International [Jordan International Tournament]
Amman International Stadium, Amman (Jordan); Attendance: 1,000
Referee: Ahmad Ibrahim Yacoub (Jordan)
IRAN - QATAR 4-0(0-0)
QAT: Meshaal Aissa Mohammed Barsham, Tarek Salman Suleiman Odeh, Bassam Hisham Ali Al Rawi (76.Musab Kheder Kamal Djebril Mohamed Al Khader), Homam El Amin Mohamed Ahmed, Ahmed Suhail Saber Ali Al Hamawende, Abdulaziz Hatem Mohammed Abdullah (80.Jassem Gaber Abdulsallam), Ahmed Fathi Abdulla Mansi, Mohammed Waad Abdulwahhab Jadoua Al Bayati (46.Moustafa Tarek Moustafa Mashaal), Almoez Ali Zainalabedeen Mohamed Abdulla (89.Hazem Ahmed Mohamed Ahmed Shehata), Akram Hassan Afif Yahya Afif Al Yafei, Yusuf Abdurisag Yusuf (76.Ahmed Alaaeldin Abdelmotaal). Trainer: Carlos Manuel Brito Leal de Queiroz (Portugal).

16.11.2023, 23rd FIFA World Cup Qualifiers / 19th AFC Asian Cup Qualifiers second round
Khalifa International Stadium, Al Rayyan; Attendance: 19,374
Referee: Nasrullo Kabirov (Tajikistan)
QATAR - AFGHANISTAN 8-1(6-1)
QAT: Meshaal Aissa Mohammed Barsham, Boualem Khoukhi, Pedro Miguel Carvalho Deus Correia (64.Bassam Hisham Ali Al Rawi), Homam El Amin Mohamed Ahmed, Yousef Ayman Hafez Farahat, Ahmed Fathi Abdulla Mansi, Moustafa Tarek Moustafa Mashaal, Hassan Khalid Hassan Al Haydos (61.Mohammed Muntari), Ahmed Alaaeldin Abdelmotaal (61.Ahmed Husham Ali Al Rawi), Almoez Ali Zainalabedeen Mohamed Abdulla (61.Tameem Mansour Muftah Al Abdullah), Akram Hassan Afif Yahya Afif Al Yafei (79.Jassem Gaber Abdulsallam). Trainer: Carlos Manuel Brito Leal de Queiroz (Portugal).
Goals: Hassan Khalid Hassan Al Haydos (11), Almoez Ali Zainalabedeen Mohamed Abdulla (15), Moustafa Tarek Moustafa Mashaal (18), Almoez Ali Zainalabedeen Mohamed Abdulla (26, 33 penalty, 45+3 penalty), Ahmed Alaaeldin Abdelmotaal (53 penalty), Tameem Mansour Muftah Al Abdullah (90+4).

21.11.2023, 23rd FIFA World Cup Qualifiers / 19th AFC Asian Cup Qualifiers second round
Kalinga Stadium, Bhubaneswar; Attendance: 11,389
Referee: Sivakorn Pu-udom (Thailand)
INDIA - QATAR 0-3(0-1)
QAT: Meshaal Aissa Mohammed Barsham, Lucas Michel Mendes, Boualem Khoukhi, Pedro Miguel Carvalho Deus Correia (88.Bassam Hisham Ali Al Rawi), Homam El Amin Mohamed Ahmed, Ahmed Fathi Abdulla Mansi, Moustafa Tarek Moustafa Mashaal (70.Jassem Gaber Abdulsallam), Hassan Khalid Hassan Al Haydos (77.Mohammed Waad Abdulwahhab Jadoua Al Bayati), Almoez Ali Zainalabedeen Mohamed Abdulla (69.Mohammed Muntari), Akram Hassan Afif Yahya Afif Al Yafei, Tameem Mansour Muftah Al Abdullah (46.Yusuf Abdurisag Yusuf). Trainer: Carlos Manuel Brito Leal de Queiroz (Portugal).

Goals: Moustafa Tarek Moustafa Mashaal (4), Almoez Ali Zainalabedeen Mohamed Abdulla (47), Yusuf Abdurisag Yusuf (86).

31.12.2023, Friendly International
„Thani bin Jassim" Stadium, Doha; Attendance: 0
Referee: Mahmood Salim Said Al Majarafi (Oman)
QATAR - CAMBODIA 3-0(3-0)
QAT: Saad Abdullah Mohammed Ibrahim Al Sheeb (46.Salah Zakaria Mohamed Mousa Hassan), Lucas Michel Mendes (46.Tarek Salman Suleiman Odeh), Boualem Khoukhi (46.Almahdi Ali Mukhtar Mohammed), Pedro Miguel Carvalho Deus Correia (46.Jassem Gaber Abdulsallam), Homam El Amin Mohamed Ahmed (46.Sultan Hussain Mohamed Al Brake), Abdulaziz Hatem Mohammed Abdullah (46.Mohammed Waad Abdulwahhab Jadoua Al Bayati), Ahmed Fathi Abdulla Mansi (46.Bassam Hisham Ali Al Rawi, Moustafa Tarek Moustafa Mashaal (46.Ahmed Mohamed Hussein Kassim Al Ganehi), Almoez Ali Zainalabedeen Mohamed Abdulla (46.Ahmed Alaaeldin Abdelmotaal), Akram Hassan Afif Yahya Afif Al Yafei (46.Mohammed Muntari; 52.Yusuf Abdurisag Yusuf), Khalid Muneer Ali Abu Bakr Mazeed (46.Ali Assadalla Thaimn Qambar). Trainer: Bartolomé Márquez López (Spain).
Goals: Almoez Ali Zainalabedeen Mohamed Abdulla (12, 20, 43).

05.01.2023, Friendly International
„Thani bin Jassim" Stadium, Doha; Attendance: n/a
Referee: Ammar Ashkanani (Kuwait)
QATAR - JORDAN 1-2(1-0)
QAT: Meshaal Aissa Mohammed Barsham (59.Saoud Mubarak Al Khater), Lucas Michel Mendes (46.Boualem Khoukhi), Pedro Miguel Carvalho Deus Correia (46.Jassem Gaber Abdulsallam), Tarek Salman Suleiman Odeh (66.Sultan Hussain Mohamed Al Brake), Homam El Amin Mohamed Ahmed (46.Abdulaziz Hatem Mohammed Abdullah), Ahmed Fathi Abdulla Mansi (46.Bassam Hisham Ali Al Rawi), Mohammed Waad Abdulwahhab Jadoua Al Bayati (66.Almahdi Ali Mukhtar Mohammed), Moustafa Tarek Moustafa Mashaal (46.Ismaeel Mohammad Mohammad), Hassan Khalid Hassan Al Haydos (46.Khaled Mohammed Mohammed Saleh), Almoez Ali Zainalabedeen Mohamed Abdulla (59.Ahmed Mohamed Hussein Kassim Al Ganehi), Akram Hassan Afif Yahya Afif Al Yafei (59.Ahmed Alaaeldin Abdelmotaal). Trainer: Bartolomé Márquez López (Spain).
Goal: Akram Hassan Afif Yahya Afif Al Yafei (11 penalty).

12.01.2024, 18th AFC Asian Cup, Final Tournament, Group Stage
Lusail Stadium, Lusail; Attendance: 82,490
Referee: Alireza Faghani (Australia)
QATAR - LEBANON 3-0(1-0)
QAT: Meshaal Aissa Mohammed Barsham, Lucas Michel Mendes, Almahdi Ali Mukhtar Mohammed, Pedro Miguel Carvalho Deus Correia, Abdulaziz Hatem Mohammed Abdullah (79.Jassem Gaber Abdulsallam), Ahmed Fathi Abdulla Mansi, Mohammed Waad Abdulwahhab Jadoua Al Bayati (72.Homam El Amin Mohamed Ahmed), Hassan Khalid Hassan Al Haydos (57.Moustafa Tarek Moustafa Mashaal), Almoez Ali Zainalabedeen Mohamed Abdulla (78.Ahmed Alaaeldin Abdelmotaal), Akram Hassan Afif Yahya Afif Al Yafei, Yusuf Abdurisag Yusuf (57.Ismaeel Mohammad Mohammad). Trainer: Bartolomé Márquez López (Spain).
Goals: Akram Hassan Afif Yahya Afif Al Yafei (45), Almoez Ali Zainalabedeen Mohamed Abdulla (56), Akram Hassan Afif Yahya Afif Al Yafei (90+6).

17.01.2024, 18th AFC Asian Cup, Final Tournament, Group Stage
Al Bayt Stadium, Al Khor; Attendance: 57,460
Referee: Hiroyuki Kimura (Japan)
TAJIKISTAN - QATAR **0-1(0-1)**
QAT: Meshaal Aissa Mohammed Barsham, Lucas Michel Mendes, Tarek Salman Suleiman Odeh, Bassam Hisham Ali Al Rawi, Ismaeel Mohammad Mohammad (46.Ahmed Mohamed Hussein Kassim Al Ganehi), Ahmed Fathi Abdulla Mansi (65.Boualem Khoukhi), Mohammed Waad Abdulwahhab Jadoua Al Bayati, Moustafa Tarek Moustafa Mashaal (59.Hassan Khalid Hassan Al Haydos), Jassem Gaber Abdulsallam (87.Pedro Miguel Carvalho Deus Correia), Almoez Ali Zainalabedeen Mohamed Abdulla, Akram Hassan Afif Yahya Afif Al Yafei. Trainer: Bartolomé Márquez López (Spain).
Goal: Akram Hassan Afif Yahya Afif Al Yafei (17).

22.01.2024, 18th AFC Asian Cup, Final Tournament, Group Stage
Khalifa International Stadium, Al Rayyan (Qatar); Attendance: 42,104
Referee: Abdullah Jamali (Kuwait)
QATAR - CHINA P.R. **1-0(0-0)**
QAT: Saad Abdullah Mohammed Ibrahim Al Sheeb (46.Salah Zakaria Mohamed Mousa Hassan; 64.Meshaal Aissa Mohammed Barsham), Boualem Khoukhi, Almahdi Ali Mukhtar Mohammed, Sultan Hussain Mohamed Al Brake, Bassam Hisham Ali Al Rawi, Abdulaziz Hatem Mohammed Abdullah (46.Jassem Gaber Abdulsallam), Ali Assadalla Thaimn Qambar, Moustafa Tarek Moustafa Mashaal (64.Hassan Khalid Hassan Al Haydos), Ahmed Alaaeldin Abdelmotaal (46.Ahmed Mohamed Hussein Kassim Al Ganehi), Khalid Muneer Ali Abu Bakr Mazeed, Yusuf Abdurisag Yusuf (64.Akram Hassan Afif Yahya Afif Al Yafei). Trainer: Bartolomé Márquez López (Spain).
Goal: Hassan Khalid Hassan Al Haydos (66).

29.01.2024, 18th AFC Asian Cup, Final Tournament, Second Round of 16
Al Bayt Stadium, Al Khor; Attendance: 63,753
Referee: Ma Ning (China P.R.)
QATAR - PALESTINE **2-1(1-1)**
QAT: Meshaal Aissa Mohammed Barsham, Lucas Michel Mendes, Boualem Khoukhi (46.Tarek Salman Suleiman Odeh), Pedro Miguel Carvalho Deus Correia, Bassam Hisham Ali Al Rawi (46.Ahmed Mohamed Hussein Kassim Al Ganehi), Ahmed Fathi Abdulla Mansi, Mohammed Waad Abdulwahhab Jadoua Al Bayati, Jassem Gaber Abdulsallam (89.Almahdi Ali Mukhtar Mohammed), Hassan Khalid Hassan Al Haydos (59.Abdulaziz Hatem Mohammed Abdullah), Almoez Ali Zainalabedeen Mohamed Abdulla, Akram Hassan Afif Yahya Afif Al Yafei. Trainer: Bartolomé Márquez López (Spain).
Goals: Hassan Khalid Hassan Al Haydos (45+6), Akram Hassan Afif Yahya Afif Al Yafei (49 penalty).

03.02.2024, 18th AFC Asian Cup, Final Tournament, Quarter-Finals
Al Bayt Stadium, Al Khor; Attendance: 58,791
Referee: Kim Hee-gon (Korea Republic)
QATAR - UZBEKISTAN **1-1(1-0,1-1,1-1); 3-2 on penalties**
QAT: Meshaal Aissa Mohammed Barsham, Lucas Michel Mendes, Almahdi Ali Mukhtar Mohammed, Pedro Miguel Carvalho Deus Correia, Tarek Salman Suleiman Odeh (90.Ismaeel Mohammad Mohammad), Ahmed Fathi Abdulla Mansi (104.Moustafa Tarek Moustafa Mashaal), Mohammed Waad Abdulwahhab Jadoua Al Bayati (108.Sultan Hussain Mohamed Al Brake), Jassem Gaber Abdulsallam (80.Abdulaziz Hatem Mohammed Abdullah), Hassan Khalid Hassan Al Haydos (54.Khalid Muneer Ali Abu Bakr Mazeed), Almoez Ali Zainalabedeen Mohamed Abdulla, Akram Hassan Afif Yahya Afif Al Yafei. Trainer: Bartolomé Márquez López (Spain).
Goal: Otabek Shukurov (27 own goal).
Penalties: Akram Hassan Afif Yahya Afif Al Yafei, Almoez Ali Zainalabedeen Mohamed Abdulla (saved), Almahdi Ali Mukhtar Mohammed (missed), Sultan Hussain Mohamed Al Brake, Pedro Miguel Carvalho Deus Correia.

07.02.2024, 18th AFC Asian Cup, Final Tournament, Semi-Finals
Al Thumama Stadium, Doha; Attendance: 40,342
Referee: Ahmad Faisal Al Ali (Kuwait)
IRAN - QATAR **2-3(1-2)**
QAT: Meshaal Aissa Mohammed Barsham, Lucas Michel Mendes, Almahdi Ali Mukhtar Mohammed (68.Boualem Khoukhi), Pedro Miguel Carvalho Deus Correia (64.Tarek Salman Suleiman Odeh), Homam El Amin Mohamed Ahmed (46.Ismaeel Mohammad Mohammad), Ahmed Fathi Abdulla Mansi, Mohammed Waad Abdulwahhab Jadoua Al Bayati, Jassem Gaber Abdulsallam (81.Abdulaziz Hatem Mohammed Abdullah), Almoez Ali Zainalabedeen Mohamed Abdulla, Akram Hassan Afif Yahya Afif Al Yafei, Yusuf Abdurisag Yusuf (63.Hassan Khalid Hassan Al Haydos). Trainer: Bartolomé Márquez López (Spain).
Goals: Jassem Gaber Abdulsallam (17), Akram Hassan Afif Yahya Afif Al Yafei (43), Almoez Ali Zainalabedeen Mohamed Abdulla (82).

10.02.2024, 18th AFC Asian Cup, Final Tournament, Final
Lusail Stadium, Lusail; Attendance: 86,492
Referee: Ma Ning (China P.R.)
JORDAN - QATAR **1-3(0-1)**
QAT: Meshaal Aissa Mohammed Barsham, Lucas Michel Mendes, Almahdi Ali Mukhtar Mohammed (81.Boualem Khoukhi), Tarek Salman Suleiman Odeh, Ahmed Fathi Abdulla Mansi, Mohammed Waad Abdulwahhab Jadoua Al Bayati, Jassem Gaber Abdulsallam (53.Ali Assadalla Thaimn Qambar), Hassan Khalid Hassan Al Haydos (53.Abdulaziz Hatem Mohammed Abdullah), Almoez Ali Zainalabedeen Mohamed Abdulla, Akram Hassan Afif Yahya Afif Al Yafei, Yusuf Abdurisag Yusuf (63.Ismaeel Mohammad Mohammad). Trainer: Bartolomé Márquez López (Spain).
Goals: Akram Hassan Afif Yahya Afif Al Yafei (22 penalty, 73 penalty, 90+5 penalty).

21.03.2024, 23rd FIFA World Cup Qualifiers / 19th AFC Asian Cup Qualifiers second round
„Jassim bin Hamad" Stadium, Al Rayyan; Attendance: 9,826
Referee: Jumpei Iida (Japan)
QATAR - KUWAIT **3-0(0-0)**
QAT: Meshaal Aissa Mohammed Barsham (70.Salah Zakaria Mohamed Mousa Hassan), Lucas Michel Mendes, Tarek Salman Suleiman Odeh, Abdulla Hassan Abdulla Mohammed Maarafiya (46.Ismaeel Mohammad Mohammad), Ahmed Fathi Abdulla Mansi (81.Abdullah Abdulsalam Ali Al Ahraq), Mohammed Waad Abdulwahhab Jadoua Al Bayati, Jassem Gaber Abdulsallam, Mahdi Salem Saeedan Al Mejaba (46.Ahmed Husham Ali Al Rawi), Almoez Ali Zainalabedeen Mohamed Abdulla, Akram Hassan Afif Yahya Afif Al Yafei, Yusuf Abdurisag Yusuf (61.Ahmed Mohamed Hussein Kassim Al Ganehi). Trainer: Bartolomé Márquez López (Spain).
Goals: Akram Hassan Afif Yahya Afif Al Yafei (47), Ahmed Husham Ali Al Rawi (51), Akram Hassan Afif Yahya Afif Al Yafei (68).

26.03.2024, 23rd FIFA World Cup Qualifiers / 19th AFC Asian Cup Qualifiers second round
Ali Sabah Al Salem Stadium, Farwaniya; Attendance: 8,460
Referee: Sadullo Gulmurodi (Tajikistan)
KUWAIT - QATAR **1-2(0-0)**
QAT: Meshaal Aissa Mohammed Barsham, Lucas Michel Mendes, Tarek Salman Suleiman Odeh, Homam El Amin Mohamed Ahmed (71.Mohammed Waad Abdulwahhab Jadoua Al Bayati), Ismaeel Mohammad Mohammad, Ahmed Fathi Abdulla Mansi (71.Moustafa Tarek Moustafa Mashaal), Abdullah Abdulsalam Ali Al Ahraq (46.Almahdi Ali Mukhtar Mohammed), Jassem Gaber Abdulsallam, Almoez Ali Zainalabedeen Mohamed Abdulla, Akram Hassan Afif Yahya Afif Al Yafei (88.Ahmed Mohamed Hussein Kassim Al Ganehi), Ahmed Husham Ali Al Rawi (68.Yusuf Abdurisag Yusuf). Trainer: Bartolomé Márquez López (Spain).
Goals: Almoez Ali Zainalabedeen Mohamed Abdulla (77, 80).

06.06.2024, 23rd FIFA World Cup Qualifiers / 19th AFC Asian Cup Qualifiers second round
"Prince Abdullah bin Jalawi" Sport City, Hofuf (Saudi Arabia); Attendance: 651
Referee: Sivakorn Pu-udom (Thailand)
AFGHANISTAN - QATAR **0-0**
QAT: Saad Abdullah Mohammed Ibrahim Al Sheeb, Homam El Amin Mohamed Ahmed (74.Hazem Ahmed Mohamed Ahmed Shehata), Mohammed Emad Omar Ayash, Abdalla Sirelkhatim Abdalla Yousif, Yousef Zeyad Al Abd Marei, Moustafa Tarek Moustafa Mashaal, Naif Abdulrahim Omar Al Hadrami (73.Abdullah Abdulsalam Ali Al Ahraq), Abdullah Badr Abdrab Abdulla Al Yazidi (54.Mahdi Salem Saeedan Al Mejaba), Ibrahim Mohammed Al Hassan Ibrahim Mohammadali (74.Yusuf Abdurisag Yusuf), Ahmed Husham Ali Al Rawi, Tahsin Mohammed Jamshid (60.Mohamed Khaled Ahmed Gamal Al Deen Gouda). Trainer: Bartolomé Márquez López (Spain).

11.06.2024, 23rd FIFA World Cup Qualifiers / 19th AFC Asian Cup Qualifiers second round
„Jassim bin Hamad" Stadium, Al Rayyan; Attendance: 2,816
Referee: Kim Woo-sung (Korea Republic)
QATAR - INDIA **2-1(0-1)**
QAT: Shehab Mamdouh Mamdouh Abdelfadel Ellethy (46.Ali Nader Mahmoud), Hazem Ahmed Mohamed Ahmed Shehata (46.Homam El Amin Mohamed Ahmed), Yousef Ayman Hafez Farahat, Al Hashmi Al Hussain Mohialdin, Abdullah Abdulsalam Ali Al Ahraq, Ahmed Mohamed Hussein Kassim Al Ganehi (46.Khaled Ali Ahmed Nasser Sabah), Naif Abdulrahim Omar Al Hadrami, Ibrahim Mohammed Al Hassan Ibrahim Mohammadali, Nabil Irfan (70.Abdullah Badr Abdrab Abdulla Al Yazidi), Ahmed Husham Ali Al Rawi, Mohamed Khaled Ahmed Gamal Al Deen Gouda (59.Tameem Mansour Muftah Al Abdullah). Trainer: Bartolomé Márquez López (Spain).
Goals: Yousef Ayman Hafez Farahat (73), Ahmed Husham Ali Al Rawi (85).

NATIONAL TEAM PLAYERS 2023/2024		
Name	DOB	Club

Goalkeepers		
Saoud Mubarak AL KHATER	09.04.1991	*Al-Wakrah SC*
Saad Abdullah Mohammed Ibrahim AL SHEEB	19.02.1990	*Al-Sadd SC Doha*
Meshaal Aissa Mohammed BARSHAM	14.02.1998	*Al-Sadd SC Doha*
Shehab Mamdouh Mamdouh Abdelfadel ELLETHY	18.04.2000	*Al-Duhail SC Doha*
Salah Zakaria Mohamed Mousa HASSAN	24.04.1999	*Al-Duhail SC Doha*
Ali Nader MAHMOUD	07.07.2002	*Al-Khor SC*

Defenders		
Homam El Amin Mohamed AHMED	25.08.1999	*Al-Gharafa SC Doha*
Mohammed Emad Omar AYASH	27.02.2001	*Al Ahli SC Doha*
Sultan Hussain Mohamed AL BRAKE	07.04.1996	*Al-Duhail SC Doha*
Ahmed Suhail Saber Ali AL HAMAWENDE	08.02.1999	*Al-Sadd SC Doha*
Al Hashmi AL HUSSAIN Mohialdin	15.08.2003	*CD Calahorra "B" (ESP)*
Musab Kheder Kamal Djebril Mohamed AL KHADER	26.09.1993	*Al-Sadd SC Doha*
Bassam Hisham Ali AL RAWI	16.12.1997	*Al-Rayyan SC*
Yousef Ayman Hafez FARAHAT	21.03.1999	*Al-Duhail SC Doha*
Jassem GABER Abdulsallam	20.02.2002	*Al-Arabi SC Doha*
Boualem KHOUKHI	07.09.1990	*Al-Sadd SC Doha*
LUCAS Michel MENDES	03.07.1990	*Al-Wakrah SC*

Yousef Zeyad Al Abd MAREI	02.02.2007	*Al Ahli SC Doha*
Almahdi Ali MUKHTAR Mohammed	02.03.1992	*Al-Wakrah SC*
PEDRO MIGUEL Carvalho Deus Correia "Ró-Ró"	06.06.1990	*Al-Sadd SC Doha*
Tarek SALMAN Suleiman Odeh	05.12.1997	*Al-Sadd SC Doha*
Hazem Ahmed Mohamed Ahmed SHEHATA	02.02.1998	*Al-Wakrah SC; 02.01.2024-> Al-Rayyan SC*
Abdalla Sirelkhatim Abdalla YOUSIF	10.04.2002	*Al-Gharafa SC Doha*

Midfielders

Abdulaziz Hatem Mohammed ABDULLAH	28.10.1990	*Al-Rayyan SC*
Abdullah Abdulsalam Ali AL AHRAQ	10.05.1997	*Qatar SC Doha*
Mohammed Waad Abdulwahhab Jadoua AL BAYATI	18.09.1999	*Al-Sadd SC Doha*
Naif Abdulrahim Omar AL HADRAMI	18.07.2001	*Al-Rayyan SC*
Mahdi Salem Saeedan AL MEJABA	04.04.2004	*Al-Shamal SC Madinat ash Shamal*
Abdullah Badr Abdrab Abdulla AL YAZIDI	28.03.2002	*Al-Sadd SC Doha*
Ali ASSADALLA Thaimn Qambar	19.01.1993	*Al-Sadd SC Doha*
Karim BOUDIAF	16.09.1990	*Al-Duhail SC Doha*
Ahmed FATHI Abdulla Mansi	25.01.1993	*Al-Arabi SC Doha*
Nabil IRFAN	07.02.2004	*Al-Wakrah SC*
Abdulla Hassan Abdulla Mohammed MAARAFIYA	13.04.1992	*Al-Arabi SC Doha*
Moustafa Tarek Moustafa MASHAAL	28.03.2001	*Al-Sadd SC Doha*
Khalid Muneer Ali Abu Bakr MAZEED	24.02.1998	*Al-Wakrah SC*
Khaled Mohammed MOHAMMED Saleh	07.06.2000	*Al-Duhail SC Doha*
Khaled Ali Ahmed Nasser SABAH	05.10.2001	*Al-Wakrah SC*

Forwards

Ahmed Alaaeldin ABDELMOTAAL	31.01.1993	*Al-Gharafa SC Doha*
Yusuf ABDURISAG Yusuf	06.08.1999	*Al-Sadd SC Doha*
Tameem Mansour Muftah AL ABDULLAH	05.10.2002	*Al-Rayyan SC*
Ahmed Mohamed Hussein Kassim AL GANEHI	22.09.2000	*Al-Gharafa SC Doha*
Ibrahim Mohammed AL HASSAN Ibrahim Mohammadali	26.10.2005	*Al-Rayyan SC*
Hassan Khalid Hassan AL HAYDOS	11.12.1990	*Al-Sadd SC Doha*
Ahmed Husham Ali AL RAWI	30.05.2004	*Al-Rayyan SC*
Akram Hassan Afif Yahya Afif AL YAFEI	18.11.1996	*Al-Sadd SC Doha*
Almoez ALI Zainalabedeen Mohamed Abdulla	19.08.1996	*Al-Duhail SC Doha*
Mohamed Khaled Ahmed Gamal Al Deen GOUDA	26.01.2005	*CD Calahorra "B" (ESP)*
Tahsin Mohammed JAMSHID	16.06.2006	*Al-Duhail SC Doha*
Ismaeel Mohammad MOHAMMAD	05.04.1990	*Al-Duhail SC Doha*
Mohammed MUNTARI	20.12.1993	*Al-Duhail SC Doha*

National coaches

CARLOS Manuel Brito Leal de QUEIROZ (Portugal) [06.02.2023 – 06.12.2023]	01.03.1953
Bartolomé MÁRQUEZ López (Spain) [from 06.12.2023]	07.01.1962

SAUDI ARABIA

Federation Directory:
Saudi Arabia Football Federation
Al Yasmin District, "King Abdul Aziz" Road, Riyadh
Year of Formation: 1956
Member of FIFA since: 1956
Member of AFC since: 1972
Internet: www.saff.com.sa

The Country: al-Mamlaka al-Arabiyya as-Suūdiyya (Kingdom of Saudi Arabia)
Capital: Riyadh
Surface: 2,149,690 km² / **Population:** 32,175,224 [2022] / **Time:** UTC+3

NATIONAL TEAM RECORDS

First international match:
18.01.1957, Beirut: Lebanon - Saudi Arabia 1-1

Most international caps:	Most international goals:
Mohamed Abdullaziz Al Deayea	Majed Ahmed Abdullah Al Mohammed
173 caps (1993-2006)	**72 goals** / 116 caps (1978-1994)

NATIONAL TEAM COMPETITIONS

ASIAN NATIONS CUP		FIFA WORLD CUP	
1956		1930	
1960		1934	
1964	*Not a member of the AFC*	1938	*Not a member of FIFA*
1968		1950	
1972		1954	
1976	*Withdrew after qualifiers*	1958	Did not enter
1980	*Withdrew*	1962	Did not enter
1984	**Final Tournament (Winners)**	1966	Did not enter
1988	**Final Tournament (Winners)**	1970	Did not enter
1992	Final Tournament (Runners-up)	1974	Did not enter
1996	**Final Tournament (Winners)**	1978	Qualifiers
2000	Final Tournament (Runners-up)	1982	Qualifiers
2004	Final Tournament (Group Stage)	1986	Qualifiers
2007	Final Tournament (Runners-up)	1990	Qualifiers
2011	Final Tournament (Group Stage)	1994	Final Tournament (2nd Round of 16)
2015	Final Tournament (Group Stage)	1998	Final Tournament (Group Stage)
2019	Final Tournament (2nd Round of 16)	2002	Final Tournament (Group Stage)
2023	Final Tournament (2nd Round of 16)	2006	Final Tournament (Group Stage)
		2010	Qualifiers
		2014	Qualifiers
		2018	Final Tournament (Group Stage)
		2022	Final Tournament (Group Stage)

OLYMPIC FOOTBALL TOURNAMENTS 1908-2020

1908 to 1928	*Teams from Asia did not enter*	1980	Did not enter
		1984	Final Tournament (Group Stage)
		1988	Qualifiers
1936		1992	Qualifiers
1948		1996	Final Tournament (Group Stage)
1952		2000	Qualifiers
1956	*Not an IOC member*	2004	Qualifiers
1960		2008	Qualifiers
1964		2012	Qualifiers
1968		2016	Qualifiers
1972	Did not enter	2020	Final Tournament (Group Stage)
1976	Qualifiers		

F.I.F.A. CONFEDERATIONS CUP 1992-2017

1992 (Runners-up), 1995 (Group Stage), 1997 (Group Stage), 1999 (4th Place)

ASIAN GAMES 1951-2022		GULF CUP OF NATIONS 1970-2023		ARAB NATIONS CUP 1963-2021	
1951	-	1970	3rd Place	1963	Qualifiers
1954	-	1972	Runners-up	1964	Qualifiers
1958	-	1974	Runners-up	1966	Qualifiers
1962	-	1976	5th Place	1985	3rd Place
1966	-	1979	3rd Place	1988	Group Stage
1970	-	1982	4th Place	1992	Runners-up
1974	-	1984	3rd Place	1998	**Winners**
1978	Group Stage	1986	3rd Place	2002	**Winners**
1982	3rd Place	1988	3rd Place	2012	4th Place
1986	Runners-up	1990	Withdrew	2021	Group Stage
1990	Quarter-Finals	1992	3rd Place		
1994	Quarter-Finals	1994	**Winners**		
1998	-	1996	3rd Place		
2002	-	1998	Runners-up		
2006	-	2002	**Winners**		
2010	-	2003	**Winners**		
2014	Quarter-Finals	2004	Group Stage		
2018	Quarter-Finals	2007	3rd Place		
2022	Quarter-Finals	2009	Runners-up		
		2010	Runners-up		
		2013	Group Stage		
		2015	Runners-up		
		2017	Group Stage		
		2019	Runners-up		
		2023	Group Stage		

WEST ASIAN GAMES 1997-2005		WEST ASIAN CHAMPIONSHIP 2000-2019	
1997	-	2000	-
2002	-	2002	-
2005	4th Place	2004	-
		2007	-
		2008	-
		2010	-
		2012	Group Stage
		2014	Group Stage
		2019	Group Stage

SAUDI ARABIAN CLUB HONOURS IN ASIAN CLUB COMPETITIONS

AFC Champions League 1967-1971 & 1985/1986-2024		
Al-Hilal FC Riyadh	4	1991/1992, 1999/2000, 2019, 2021
Al-Ittihad Club Jeddah	2	2004, 2005
Asian Football Confederation Cup 2004-2024		
None		
AFC President's Cup 2005-2014*		
None		
Asian Cup Winners Cup 1975-2003*		
Al-Qadisiya Al Khubar	1	1994
Al-Hilal FC Riyadh	2	1997, 2002
Al-Nassr FC Riyadh	1	1998
Al-Ittihad Club Jeddah	1	1999
Al-Shabab FC Riyadh	1	2001
Asian Super Cup 1995-2002*		
Al-Hilal FC Riyadh	2	1997, 2000
Al-Nassr FC Riyadh	1	1998

*defunct competition

OTHER CLUB COMPETITIONS:

Arab Champions League / Arab Club Champions Cup 1982-2023		
Al-Ettifaq Club Dammam	2	1984, 1988
Al-Shabab FC Riyadh	2	1992, 1999
Al-Hilal FC Riyadh	2	1994, 1995
Al-Ahli Saudi Club Jeddah	1	2002
Al-Ittihad Club Jeddah	1	2004/2005
Al-Nassr FC Riyadh	1	2023
Gulf Club Champions Cup 1982-2017		
Al-Ettifaq Club Dammam	3	1983, 1988, 2006
Al-Ahli Saudi Club Jeddah	3	1985, 2002, 2008
Al-Hilal FC Riyadh	2	1986, 1998
Al-Shabab FC Riyadh	2	1993, 1994
Al-Nassr FC Riyadh	2	1996, 1997
Al-Ittihad Club Jeddah	1	1999
Arab Cup Winners Cup 1989-2002*		
Al-Hilal FC Riyadh	1	2000/2001
Arab Super Cup 1992-2002*		
Al-Shabab FC Riyadh	2	1995/1996, 2000/2001

Al-Hilal FC Riyadh	1	2001/2002

Afro-Asian Club Championship 1986–1998*		
None		

*defunct competition

NATIONAL COMPETITIONS
TABLE OF HONOURS

	CHAMPIONS	**CUP WINNERS (Crown Prince Cup)**
1956/1957	-	Al-Thaghar Jeddah
1957/1958	-	Al-Ittihad Club Jeddah
1958/1959	-	Al-Ittihad Club Jeddah
1959/1960	-	Al-Wahda Club Mecca
1960/1961	-	West Team
1961/1962	-	East Team
1962/1963	-	Al-Ittihad Club Jeddah
1963/1964	-	Al-Hilal FC Riyadh
1964/1965	-	Al-Ettifaq Club Dammam
1965/1966	-	*No competition*
1966/1967	-	West Team
1967/1968	-	West Team
1968/1969	-	Central Team
1969/1970	-	Al-Ahli Saudi Club Jeddah
1970/1971	-	*No competition*
1971/1972	-	*No competition*
1972/1973	-	Al-Nassr FC Riyadh
1973/1974	-	Al-Nassr FC Riyadh
1974/1975	-	1974-1990: *No competition*
1975/1976	Al-Nassr FC Riyadh	
1976/1977	Al-Hilal FC Riyadh	
1977/1978	Al-Ahli Saudi Club Jeddah	
1978/1979	Al-Hilal FC Riyadh	
1979/1980	Al-Nassr FC Riyadh	
1980/1981	Al-Nassr FC Riyadh	
1981/1982	Al-Ittihad Club Jeddah	
1982/1983	Al-Ettifaq Club Dammam	
1983/1984	Al-Ahli Saudi Club Jeddah	
1984/1985	Al-Hilal FC Riyadh	
1985/1986	Al-Hilal FC Riyadh	
1986/1987	Al-Ettifaq Club Dammam	
1987/1988	Al-Hilal FC Riyadh	
1988/1989	Al-Nassr FC Riyadh	
1989/1990	Al-Hilal FC Riyadh	
1990/1991	Al-Shabab FC Riyadh	Al-Ittihad Club Jeddah
1991/1992	Al-Shabab FC Riyadh	Al-Qadisiya Al Khubar
1992/1993	Al-Shabab FC Riyadh	Al-Shabab FC Riyadh
1993/1994	Al-Nassr FC Riyadh	Al-Riyadh SC
1994/1995	Al-Nassr FC Riyadh	Al-Hilal FC Riyadh
1995/1996	Al-Hilal FC Riyadh	Al-Shabab FC Riyadh
1996/1997	Al-Ittihad Club Jeddah	Al-Ittihad Club Jeddah
1997/1998	Al-Hilal FC Riyadh	Al-Ahli Saudi Club Jeddah
1998/1999	Al-Ittihad Club Jeddah	Al-Shabab FC Riyadh
1999/2000	Al-Ittihad Club Jeddah	Al-Hilal FC Riyadh

2000/2001	Al-Ittihad Club Jeddah	Al-Ittihad Club Jeddah
2001/2002	Al-Hilal FC Riyadh	Al-Ahli Saudi Club Jeddah
2002/2003	Al-Ittihad Club Jeddah	Al-Hilal FC Riyadh
2003/2004	Al-Shabab FC Riyadh	Al-Ittihad Club Jeddah
2004/2005	Al-Hilal FC Riyadh	Al-Hilal FC Riyadh
2005/2006	Al-Shabab FC Riyadh	Al-Hilal FC Riyadh
2006/2007	Al-Ittihad Club Jeddah	Al-Ahli Saudi Club Jeddah
2007/2008	Al-Hilal FC Riyadh	Al-Hilal FC Riyadh
2008/2009	Al-Ittihad Club Jeddah	Al-Hilal FC Riyadh
2009/2010	Al-Hilal FC Riyadh	Al-Hilal FC Riyadh
2010/2011	Al-Hilal FC Riyadh	Al-Hilal FC Riyadh
2011/2012	Al-Shabab FC Riyadh	Al-Hilal FC Riyadh
2012/2013	Al Fateh Sports Club Al-Hasa	Al-Hilal FC Riyadh
2013/2014	Al-Nassr FC Riyadh	Al-Nassr FC Riyadh
2014/2015	Al-Nassr FC Riyadh	Al-Ahli Saudi Club Jeddah
2015/2016	Al-Ahli Saudi Club Jeddah	Al-Hilal FC Riyadh
2016/2017	Al-Hilal FC Riyadh	Al-Ittihad Club Jeddah
2017/2018	Al-Hilal FC Riyadh	*No competition*
2018/2019	Al-Nassr FC Riyadh	Al-Taawoun FC Buraidah
2019/2020	Al-Hilal FC Riyadh	Al-Hilal FC Riyadh
2020/2021	Al-Hilal FC Riyadh	Al-Faisaly FC Harmah
2021/2022	Al-Hilal FC Riyadh	Al-Fayha FC Al Majma'ah
2022/2023	Al-Ittihad Club Jeddah	Al-Hilal Saudi FC Riyadh
2023/2024	Al-Hilal Saudi FC Riyadh	Al-Hilal Saudi FC Riyadh

NATIONAL CHAMPIONSHIP
Saudi Professional League 2023/2024

1. **Al-Hilal Saudi FC Riyadh**	34	31	3	0	101	-	23	96
2. Al-Nassr FC Riyadh	34	26	4	4	100	-	42	82
3. Al-Ahli Saudi Club Jeddah	34	19	8	7	67	-	35	65
4. Al-Taawoun FC Buraidah	34	16	11	7	51	-	35	59
5. Al-Ittihad Club Jeddah	34	16	6	12	63	-	54	54
6. Al-Ettifaq FC Dammam	34	12	12	10	43	-	34	48
7. Al Fateh Sports Club Al-Hasa	34	12	9	13	57	-	55	45
8. Al-Shabab FC Riyadh	34	12	8	14	45	-	42	44
9. Al-Fayha FC Al Majma'ah	34	11	11	12	44	-	52	44
10. Damac FC Khamis Mushait	34	10	11	13	44	-	45	41
11. Al-Khaleej FC Saihat	34	9	10	15	36	-	47	37
12. Al-Raed FC Buraidah	34	9	10	15	41	-	49	37
13. Al-Wehda FC Makkah	34	10	6	18	45	-	60	36
14. Al-Riyadh Saudi Club	34	8	11	15	33	-	57	35
15. Al-Okhdood Club Najran	34	9	6	19	33	-	52	33
16. Abha FC (*Relegated*)	34	9	5	20	38	-	87	32
17. Al-Tai FC Ha'il (*Relegated*)	34	8	7	19	34	-	64	31
18. Al-Hazem SC Ar Rass (*Relegated*)	34	4	12	18	34	-	76	24

Best goalscorer 2023/2024:
Cristiano Ronaldo dos Santos Aveiro (POR, Al-Nassr FC Riyadh) – 35 goals

Promoted for the 2024/2025 season:
Al-Qadsiah FC Khobar, Al-Orobah FC Sakakah, Al-Kholood Club Ar Rass

NATIONAL CUP
King's Cup - Final 2023/2024

16.05.2024, „King Abdullah" Sports City, Jeddah; Attendance: 56,870
Referee: Darío Humberto Herrera (Argentina)
Al-Hilal Saudi FC Riyadh - Al-Nassr FC Riyadh 1-1(1-0,1-1,1-1); 5-4 on penalties
Al-Hilal Saudi FC: Yassine Bounou „Bono", Saud Abdullah Salem Abdulhamid, Kalidou Koulibaly [*sent off 90*], Ali Hadi Mohammed Al Bulaihi [*sent off 87*], Renan Augusto Lodi dos Santos (46.Yasser Gharsan Saeed Al Mohammadi Al Shahrani), Salman Mohammed Al Faraj (Cap) (74.Mohamed Ibrahim Abdullah Kanno), Rúben Diogo da Silva Neves, Michael Richard Delgado de Oliveira (86. Mohammed Ibrahim Mohammed Al Burayk; 90+7.Hassan Mohammed Osama Al Tambakti), Malcom Filipe Silva de Oliveira (109.Nasser Essa Al Dawsari), Salem Mohammed Shafi Al Dawsari (110.Abdullah Abdulrahman Al Hamdan), Aleksandar Mitrović. Trainer: Jorge Fernando Pinheiro de Jesus (Portugal).
Al-Nassr FC: David Ospina Ramírez [*sent off 56*], Sultan Abdullah Salem Al Ghanam, Ali Mohammed Lajami, Abdulelah Ali Awadh Al Amri (59.Waleed Abdullah Nasser Ali), Alex Nicolao Telles, Abdullah Mohammed Al Khaibari, Marcelo Brozović (69.Sami Khalil Nasser Al Najei), Otávio Edmilson da Silva Monteiro (81.Ali Sadiq Nasser Al Hassan), Muhammad Ahmed Yahya Sahlouli (105.Meshari Fahad Al Nemer), Sadio Mané (59.Abdulrahman Abdullah Ghareeb), Cristiano Ronaldo dos Santos Aveiro. Trainer: Luís Manuel Ribeiro de Castro (Portugal).
Goals: 1-0 Aleksandar Mitrović (8), 1-1 Muhammad Ahmed Yahya Sahlouli (88).
Penalties: Rúben Diogo da Silva Neves (missed); Alex Nicolao Telles (missed); Aleksandar Mitrović 1-0; Cristiano Ronaldo dos Santos Aveiro 1-1; Mohamed Ibrahim Abdullah Kanno 2-1; Sami Khalil Nasser Al Najei 2-2; Hassan Mohammed Osama Al Tambakti 3-2; Abdulrahman Abdullah Ghareeb 3-3; Abdullah Abdulrahman Al Hamdan 4-3; Ali Mohammed Lajami 4-4; Saud Abdullah Salem Abdulhamid (saved); Ali Sadiq Nasser Al Hassan (saved); Nasser Essa Al Dawsari 5-4; Meshari Fahad Al Nemer (saved).

THE CLUBS 2023/2024

ABHA FOOTBALL CLUB

Year of Formation: 1966 (*as Al Farouk Abha*)
Stadium: "Prince Sultan bin Abdul Aziz" Stadium, Abha (20,000)

	Trainer:		
	Czeslaw Michniewicz (POL)	12.02.1970	
[01.10.2023]	George Timiş (ROU)	13.11.1968	
[16.10.2023]	Youssef Manai (TUN)	06.09.1975	
[19.12.2023]	George Timiş (ROU)	13.11.1968	
[11.01.2024]	Pitso John Hamilton Mosimane (RSA)	26.07.1964	

THE SQUAD	DOB	M	(s)	G
Goalkeepers:				
Devis Rogers Epassy Mboka (CMR)	02.02.1993	1		
Ciprian Anton Tătăruşanu (ROU)	09.02.1986	33		
Defenders:				
Ahmad Jamal Al Habeab	02.01.1993	5	(5)	
Mohammed Raji Al Kunaydiri	11.10.2000	7	(16)	
Mohammed Awad Mohammed Al Oufi	08.08.2002	4	(7)	
Saleh Saad Al Qumayzi	30.10.1991	20	(8)	
Ziyad Abdulwahed Al Sahafi Al Muwallad	17.10.1994	18	(2)	1
Ibrahim Salem Al Zubaidi	10.04.1989	14		
Mohammed Naji Abdulrahman Abu Ayed	30.10.1993	16	(2)	

	Saad Natiq Naji (IRQ)	19.03.1994	6	(2)	
	Fabián Ariel Noguera (ARG)	20.03.1993	29	(1)	3
	Marcel Jany Emile Tisserand (COD)	10.01.1993	11		
Midfielders:	Nasser Al Omran	13.07.1997		(2)	
	Saad Ali Al Salouli	25.05.1998	4	(9)	
	Abdulelah Milwah Afraih Al Mansouri Al Shammeri	24.01.1999	10	(11)	
	Zakaria Sami Al Sudani	27.07.1992	20		3
	Saâd Abdullah Bguir (TUN)	22.03.1994	17	(11)	3
	Grzegorz Krychowiak (POL)	29.01.1990	31	(2)	9
	Uroš Matić (SRB)	23.05.1990	26	(3)	
Forwards:	Ahmad Abdu Jaber	08.08.1996	10	(14)	3
	Hassan Hashem Mohammed Al Ali	01.07.2001	14	(7)	3
	Sulaiman Al Asiri	10.03.2001		(1)	
	Fahad Mohammed Al Jumayah	10.05.1995	24	(2)	1
	Meshal Ibrahim Al Mutairi	25.03.1999	9	(10)	
	Mohammed Saad Al Qahtani	17.03.2002	3	(1)	
	Omar Damen Al Ruwaili	17.03.1999		(6)	1
	Luka Đorđević (MNE)	09.07.1994	4	(3)	
	François Kamano (GUI)	02.05.1996	25	(6)	2
	Karl Brillant Toko Ekambi (CMR)	14.09.1992	13	(1)	5
	Nawaf Amer Al Saadi	21.10.2000		(2)	

AL-AHLI SAUDI CLUB JEDDAH

Year of Formation: 1937
Stadium: "King Abdullah" Sports City, Jeddah (62,345)

Trainer:	Matthias Jaissle (GER)	05.04.1988			

THE SQUAD	DOB	M	(s)	G

Goalkeepers:	Abdulrahman Salem Al Sanbi	03.02.2001	1		
	Édouard Osoque Mendy (SEN)	01.03.1992	33		
Defenders:	Abdullah Khaled Mohammed Al Ammar	01.03.1994	13	(5)	1
	Fahad Reshid Al Hamad	01.07.1998	1	(3)	
	Abdulbasit Mohammed Ali Al Hindi	02.02.1997	22	(2)	2
	Mohammed Bassam Al Hurayji	29.03.2000	10	(6)	
	Ahmed Hussain Al Nakhli	15.03.2002		(1)	
	Ibrahim Salem Al Zubaidi	10.04.1989	1	(1)	
	Ezgjan Alioski (MKD)	12.02.1992	4		
	Merih Demiral (TUR)	05.03.1998	17	(3)	1
	Rayane Hamed Hamidou	13.04.2002	7	(3)	
	Roger *Ibañez* da Silva (BRA)	23.11.1998	30		3
	Ali Majrashi	01.10.1999	18	(3)	1
	Saad Yaslam Balobaid	27.01.2000	15	(8)	
Midfielders:	Ali Hassan Al Asmari	12.01.1997	3	(10)	
	Ziyad Mubarak Eid Al Marwani Al Johani	11.11.2001	10	(12)	2
	Mohammed Abdullah Al Majhad	16.07.1998	20	(7)	
	Ryad Boudebouz (ALG)	19.02.1990	2		
	Abdulkarim Darisi	18.04.2003		(8)	
	Gabriel „*Gabri*" *Veiga* Novas (ESP)	27.05.2002	16	(2)	4

	Franck Yannick Kessié (CIV)	19.12.1996	31		10
	Abdullah Ibrahim Otayf	03.08.1992		(1)	
Forwards:	Hassan Hashem Mohammed Al Ali	01.07.2001		(4)	
	Firas Tariq Nasser Al Buraikan	14.05.2000	23	(4)	13
	Abdullah Al Mogren	16.11.1996		(1)	
	Sumayhan Dhaidan Al Nabit Al Baqaawi	27.03.1996	6	(21)	3
	Fahad Ayidh Al Rashidi	16.05.1997	4	(27)	
	Haitham Mohammed Ali Abu Hawi Asiri	25.03.2001		(6)	
	Riyad Mahrez (ALG)	21.02.1991	32		11
	Roberto Firmino Barbosa de Oliveira (BRA)	02.10.1991	25	(7)	9
	Allan Irénée Saint-Maximin (FRA)	12.03.1997	30		4

AL-ETTIFAQ FOOTBALL CLUB DAMMAM

Year of Formation: 1945
Stadium: Al-Ettifaq Club Stadium, Khobar (15,000)

Trainer:	Steven George Gerrard (ENG)	30.05.1980			

	THE SQUAD	**DOB**	**M**	**(s)**	**G**
Goalkeepers:	*Paulo Victor* Mileo Vidotti (BRA)	12.01.1987	34		
Defenders:	Mohammed Abdulrahman Yousef	14.01.2003	17	(9)	
	Meshal Yousef Al Alaeli	17.06.2004		(1)	
	Mohammed Dakhilallah Allah Al Dosari	31.03.2003	1	(4)	
	Sanousi Mohammed Malem Sanousi Al Hawsawi	08.08.1998	3	(1)	
	Abdullah Ahmed Al Khateeb	12.03.1995	20	(10)	
	Saad Muhammad Misfer Al Mousa	10.12.2002		(1)	
	Radhi Al Otaibe	18.05.1999	19	(7)	
	Hamdan Atiah Hamdan Al Shamrani	14.12.1996	19	(6)	1
	Jack William Hendry (SCO)	07.05.1995	34		
	Abdullah Mohammed Musa Madu	15.07.1993	12		
	Marcel Jany Emile Tisserand (COD)	10.01.1993	15		
Midfielders:	Faisal Abdulrahman Saeed Al Ghamdi	13.08.2001	4	(1)	
	Hamed Abdullah Al Ghamdi	02.04.1999	3	(10)	1
	Majed Mohammed Yazid Dawran	16.08.2003	1	(7)	1
	Seko Fofana (CIV)	07.05.1995	13	(1)	2
	Ali Abdullah Hazzazi	18.02.1994	20	(4)	
	Jordan Brian Henderson (ENG)	17.06.1990	17		
	Mohammed Mater Mohsin Mahzari	19.05.2002	2	(9)	
	Álvaro *Medrán* Just (ESP)	15.03.1994	15		1
	Berat Özdemir (TUR)	23.05.1998	3	(1)	
	Georginio Gregion Emile Wijnaldum (NED)	11.11.1990	29		6
Forwards:	Abdulrahman Ali Hassan Al Aboud	01.06.1995	1	(6)	
	Ahmed Mazen Al Ghamdi	20.09.2001	2	(9)	
	Khalid Essa Muhammad Al Ghannam	07.11.2000		(6)	
	Thamer Fathi Al Khaibri	03.12.2005		(7)	
	Mohammed Marzouq Al Kuwaykibi	02.12.1994	7	(9)	1
	Muhannad Yahya Saeed Al Saad	29.06.2003		(3)	
	Haroune Camara	01.01.1998	4	(5)	1
	Moussa Dembélé (FRA)	12.07.1996	24	(1)	12

Demarai Ramelle Gray (JAM)	28.06.1996	21	(2)	4
Robin Kwamina Quaison (SWE)	09.10.1993	16	(2)	3
Karl Brillant Toko Ekambi (CMR)	14.09.1992	15		6
Victor Vinícius Coelho dos Santos „Vitinho" (BRA)	09.10.1993	3	(1)	2

AL FATEH SPORTS CLUB AL-HASA
Year of Formation: 1958
Stadium: „Prince Abdullah bin Jalawi" Stadium, Al-Hasa (19,550)

Trainer:	Slaven Bilić (CRO)	11.09.1968		

THE SQUAD	DOB	M	(s)	G
Goalkeepers: Mustafa Reda Malayekah	21.05.1986	1		
Jacob Karl Anders Rinne (SWE)	20.06.1993	33		
Defenders: Saeed Baattia Al Basisi	23.09.2000	26	(3)	
Ammar Ali Hussein Al Daheem	31.08.1993	5	(3)	
Fahad Mohammed Habib Al Alawi Al Harbi	25.02.1997	8	(5)	
Ziyad Maher Al Jari	15.11.2001		(1)	
Ahmed Yousef Al Julaydan	08.03.2004	1	(1)	
Salem Abdullah Al Najdi	27.01.2003	13	(11)	3
Mohammed Khalifah Al Saeed	14.11.1996	2	(10)	
Abdullah Ahmad Abdul Rahman Al Yousif	29.10.1997	4	(1)	
Ali Faraj Al Zubaidi	04.01.1993	6	(14)	
Tawfiq Hejji Buhumaid	29.10.1987	16	(5)	1
Jason Grégory Marianne Denayer (BEL)	28.06.1995	20	(1)	1
Qassem Mohammed Ali Lajami	24.04.1996	17	(4)	
Marwane Saâdane (MAR)	17.01.1992	27		3
Midfielders: Hassan Abdullah Al Mohammed Saleh	02.08.1998		(3)	
Mohammed Salah Ahmed Al Fuhaid	08.01.1990	12	(13)	
Abbas Sadiq Nasser Al Hassan	22.02.2004	13	(12)	2
Nooh Ibrahim Mousa Al Mousa	23.02.1991		(8)	
Mukhtar Ali Abdullahi Shaikh	30.10.1997	26	(1)	
Sofiane Bendebka (ALG)	09.08.1992	28	(1)	4
Petros Matheus dos Santos Araújo (BRA)	29.05.1989	5		
Lucas Manuel Zelarayán (ARM)	20.06.1992	30		8
Forwards: Firas Tariq Nasser Al Buraikan	14.05.2000	5		4
Ali Hassan Al Masoud	03.01.2004	2	(8)	
Abdullah Al Mogren	16.11.1996	5	(3)	
Othman Ramzi Jasim Al Othman	15.04.2003	5	(3)	
Hassan Ali Ahmed Al Slis	05.07.2000		(2)	
Saad Fahad Al Shurafa	23.10.2004	3	(12)	4
Mourad Batna (MAR)	27.06.1990	22		8
Jorge *Djaniny* Tavares Semedo (CPV)	21.03.1991	11	(8)	8
Cristian *Tello* Herrera (ESP)	11.08.1991	28	(1)	11

AL-FAYHA FOOTBALL CLUB AL MAJMA'AH

Year of Formation: 1953
Stadium: Al Maajma'ah Sports City, Al Maajma'ah (7,000)

Trainer:	Vuk Rašović (SRB)	03.01.1973		

THE SQUAD	DOB	M	(s)	G
Goalkeepers: Abdulraouf Al Dakheel	04.08.1995	4	(2)	
Ahmed Ali Al Kassar	08.05.1991		(1)	
Vladimir Stojković (SRB)	28.07.1983	30		
Defenders: Abdulrahman Al Anazi	14.06.1998		(4)	
Mohammed Kareem Hamid Al Baqawi	12.07.1995	29	(2)	
Sami Muhammad Saleh Al Khaibari	18.09.1989	20		
Osama Yousef Al Khalaf	26.12.1996	7	(11)	
Muhannad Ahmed Al Qaydhi	26.05.1998	12	(8)	
Mukhair Saleh Mukhir Al Rashidi	20.05.1999	25	(3)	
Hussain Hassan Kazim Al Shuwaish	07.11.1988	26	(4)	1
Yousef Hussain Haqawi	11.10.2002	1	(5)	
Ghislain Niclomande Konan (CIV)	27.12.1995	25	(1)	
Midfielders: Nawaf Al Harthi	12.10.1998	12	(13)	1
Abdulrahman Salem Al Safari	31.03.1993	20	(9)	
Gojko Cimirot (BIH)	19.12.1992	26	(3)	
Rakan Al Kaabi	02.12.2002	5	(11)	
Hussam Shami Ali Majrashi	03.11.2003		(1)	
Ricardo Ryller Ribeiro Lino Silva (BRA)	27.02.1994	11	(4)	1
Abdelhamid Sabiri (MAR)	28.11.1996	17	(2)	5
Víctor Ruiz Abril (ESP)	02.11.1993	2	(2)	
Saud Saad Abdullah Zaydan	06.11.1999	10	(14)	1
Forwards: Malek Al Abdulmenem	08.03.1998		(1)	
Ali Al Jubaya	25.05.2003		(2)	
Khalid Hussain Hassan Al Kaabi	23.05.1990		(5)	
Satam Al Lehiyani	16.07.2004	1	(3)	
Mohammed Majrashi	20.05.1991		(6)	
Sultan Ahmed Mohammed Mandash	17.10.1994	17	(15)	2
Anthony Nwakaeme (NGA)	21.03.1989	17	(3)	4
Henry Chukwuemeka Onyekuru (NGA)	05.06.1997	26	(1)	10
Milan Pavkov (SRB)	09.02.1994	1	(2)	
Fashion Sakala (ZAM)	14.03.1997	30	(1)	19

AL-HAZEM SPORTS CLUB AR RASS
Year of Formation: 1957
Stadium: Al-Hazem Club Stadium, Ar Rass (8,000)

Trainer:		
	António Filipe de Sousa Gouveia (POR)	12.05.1973
[09.10.2023]	José Daniel Carreño Izquierdo (URU)	01.05.1963
[19.04.2024]	Saleh Al Mohammadi	17.11.1980

THE SQUAD	DOB	M	(s)	G
Goalkeepers: Aymen Dahmen (TUN)	28.01.1997	24		
Ibrahim Zaied Zaied	22.01.1990	10		
Defenders: Farhan Al Aazmi	31.07.1994	7	(6)	
Talal Ali Al Absi	22.02.1993	11	(3)	
Yazeed Bakr Abdullah Al Bakr	11.11.1995	12	(3)	
Abdurahman Al Dakheel	26.05.1996	8	(3)	
Ahmad Al Mhemaid	01.07.1999	20	(6)	1
Fahad Al Obaid	03.11.1992	2	(1)	
Radhi Al Otaibe	18.05.1999	5		
Mansour Hamdan Ridha Al Rabei Al Shammari	21.08.2000	1	(2)	
Bruno Viana Willemen Da Silva (BRA)	05.02.1995	27	(1)	2
Paulo Ricardo Ferreira (BRA)	13.07.1994	26	(1)	3
Majed Mohammed Qasheesh	04.12.2001	25	(1)	
Sultan Tanker	01.09.1998	1		
Midfielders: Mohammed Abdullah Abusabaan	20.01.1990	8	(5)	
Nawaf Al Habashi	23.06.1998	5	(23)	1
Ahmed Al Juwaid	03.02.1995	5	(5)	
Rayan Siddiq Eisa Al Mousa	24.07.1994	8	(4)	
Azzam Al Salman	06.02.2003	3	(2)	
Basil Yousef Al Sayyali	22.06.2001	8	(13)	
Júnior Leonardo Moreno Borrero (VEN)	20.07.1993	14		
António José Pinheiro de Carvalho „Tózé" (POR)	14.01.1993	34		9
Ben Hassan Traoré (CIV)	20.12.1999	11		
Vinicius Goes Barbosa de Souza „Vina" (BRA)	15.04.1991	18	(4)	2
Forwards: Khalil Ibrahim Yahya Al Absi	28.05.2001		(3)	
Abdulaziz Al Harbi	13.08.2003	2	(1)	
Turki Fahad Al Mutairi	31.05.2001		(9)	
Ammar Siraj Al Najjar	24.02.1997		(6)	
Omar Damen Al Ruwaili	17.03.1999		(3)	
Yousef Sami Al Mozairib Al Shammari	09.12.1997	9	(14)	
Mohammed Fuad Ibrahim Al Thani	10.02.1997	22	(8)	5
Muhammed Badamosi (GAM)	27.12.1998	23	(7)	4
Faïz Selemani (COM)	14.11.1993	25	(1)	7

AL-HILAL FOOTBALL CLUB RIYADH
Year of Formation: 1957 (*as Olympic Club Riyadh*)
Stadium: „King Fahd" International Stadium, Riyadh (68,752)

Trainer:	*Jorge* Fernando Pinheiro de *Jesus* (POR)	24.07.1957			

THE SQUAD	DOB	M	(s)	G
Goalkeepers: Abdullah Ibrahim Al Maiouf	23.01.1987	2		
Mohammed Khalil Ibrahim Al Owais	10.10.1991	1	(1)	
Yassine Bounou „Bono" (MAR)	05.04.1991	31		
Defenders: Saud Abdullah Salem Abdulhamid	18.07.1999	29	(3)	3
Ali Hadi Mohammed Al Bulaihi	21.11.1989	31	(1)	2
Mohammed Ibrahim Mohammed Al Burayk	15.09.1992	11	(17)	1
Khalifah Adel Al Dawsari	02.01.1999		(4)	
Muteb Abdullah Al Mufarraj	19.08.1996		(1)	
Yasser Gharsan Saeed Al Mohammadi Al Shahrani	25.05.1992	15	(13)	1
Hassan Mohammed Osama Al Tambakti	09.02.1999	5	(11)	
Mohammed Yahya Saghir Jahfali	24.10.1990	3	(2)	
Kalidou Koulibaly (SEN)	20.06.1991	30		2
Renan Augusto *Lodi* dos Santos (BRA)	08.04.1998	10	(1)	
Midfielders: Nasser Essa Al Dawsari	19.12.1998	6	(19)	1
Salman Mohammed Al Faraj	01.08.1989	5	(16)	
Musab Fahd Zaid Al Juwayr	20.06.2003	1	(1)	
Abdulellah Saad Hameed Al Wahbi Al Malki	11.10.1994		(3)	
Mohamed Ibrahim Abdullah Kanno	22.09.1994	11	(19)	4
Sergej Milinković-Savić (SRB)	27.02.1995	28	(2)	11
Rúben Diogo da Silva *Neves* (POR)	13.03.1997	30	(2)	3
Forwards: Salem Mohammed Shafi Al Dawsari	19.08.1991	27		14
Abdullah Abdulrahman Al Hamdan	13.09.1999	4	(17)	3
Mohammed Hamad Dwaihi Al Swaidan Al Qahtani	23.07.2002	2	(6)	1
Saleh Khaled Mohammed Al Shehri	01.11.1993	4	(10)	5
Malcom Filipe Silva de Oliveira (BRA)	26.02.1997	31		15
Michael Richard Delgado de Oliveira (BRA)	12.03.1996	28	(5)	5
Aleksandar Mitrović (SRB)	16.09.1994	27	(1)	28
Neymar da Silva Santos Júnior (BRA)	05.02.1992	2	(1)	
Abdullah Hadi Jaber Radif	20.01.2003		(2)	

AL-ITTIHAD FOOTBALL CLUB JEDDAH
Year of Formation: 1927
Stadium: "King Abdullah" Sports City, Jeddah (62,345)

Trainer:	Nuno Herlander Simões Espírito Santo (POR)	25.01.1974
[07.11.2023]	Hassan Khalifa Adam	29.07.1966
[18.11.2023]	Marcelo Daniel Gallardo (ARG)	18.01.1976

THE SQUAD	DOB	M	(s)	G
Goalkeepers: Mohammed Jasim Habib Al Mahasna	28.04.1997	5		
Abdullah Ibrahim Al Maiouf	23.01.1987	12		

		DOB	M	(s)	G
	Marcelo Grohe (BRA)	13.01.1987	17		
Defenders:	Zakaria Siraj Ahmed Al Hawsawi	11.01.2001	7	(3)	1
	Turki Mohamed Al Jaadi	30.03.2003	2	(4)	
	Suwailem Abdullah Awadh Al Manhali	17.04.2004	2	(7)	
	Saad Muhammad Misfer Al Mousa	10.12.2002	9	(1)	1
	Madallah Ali Al Olayan	25.08.1994	14	(6)	
	Fawaz Ali Marzouq Al Saqour Al Yami	23.04.1996	12	(1)	
	Muhannad Mustafa Al Shanqeeti	12.03.1999	14	(7)	1
	Ahmed Mohammed Bamsaud	22.11.1995	12	(3)	
	Omar Ibrahim Omar Othman Hawsawi	27.09.1985	9	(3)	
	Ahmed Elsayed Ali Elsayed Hegazy (EGY)	25.01.1991	10		
	Hassan Kadesh Mahboob	27.09.1992	23	(1)	1
	Luiz Felipe Ramos Marchi (ITA)	22.03.1997	17	(1)	
	Ahmed Mohammed Sharahili	08.05.1994	7		
Midfielders:	Sultan Al Farhan	25.09.1996	6	(7)	
	Faisal Abdulrahman Saeed Al Ghamdi	13.08.2001	17	(1)	1
	Hammam Al Hammami	30.01.2004		(3)	
	Awad Haidar Al Nashri	15.03.2002	4	(3)	
	Farhah Ali Saeed Al Qahtah Al Shamrani	27.02.2006	5	(10)	2
	Fabio Henrique Tavares „Fabinho" (BRA)	23.10.1993	17	(2)	1
	Igor Caique *Coronado* (BRA)	18.08.1992	15		5
	N'Golo Kanté (FRA)	29.03.1991	30		2
Forwards:	Abdulrahman Ali Hassan Al Aboud	01.06.1995		(3)	
	Saleh Mohammed Al Jamaan Al Amri	14.10.1993	9	(20)	3
	Ahmed Mazen Ahmed Al Ghamdi	20.09.2001	6	(4)	2
	Marwan Saeed Masoud Al Sahafi	17.02.2004	10	(10)	2
	Karim Mostafa Benzema (FRA)	19.12.1987	21		9
	Haroune Moussa Camara	01.01.1998	2	(6)	
	Talal Abubakr Abdullah Haji	16.09.2007	3	(6)	2
	Abderrazak Hamdallah (MAR)	17.12.1990	22	(2)	19
	João Pedro Neves Filipe „Jota" (POR)	30.03.1999	9	(7)	4
	Romário Ricardo da Silva "Romarinho" (BRA)	12.12.1990	26	(2)	5

AL-KHALEEJ FOOTBALL CLUB SAIHAT
Year of Formation: 1945
Stadium: "Prince Mohamed bin Fahd" Stadium, Dammam (35,000)

Trainer:	*Pedro Emanuel* dos Santos Martins Silva (POR)	11.02.1975			

	THE SQUAD	**DOB**	**M**	**(s)**	**G**
Goalkeepers:	Marwan Abdulaziz Al Haidari	12.04.1996	7	(1)	
	Ibrahim Šehić (BIH)	02.09.1988	27		
Defenders:	Saad Mubarak Al Hamsal	18.04.1996	27	(3)	1
	Arif Saleh Hamed Al Haydar	20.06.1997	4	(17)	
	Mohammed Abdoh Ibrahim Al Khabrani	14.10.1993	27		
	Bandar Nasser Al Mutairi	14.03.1990	3	(8)	
	Omar Hamad Al Owdah	29.12.1998	3	(3)	
	Abdullah Al Shanqiti	22.12.1998	2	(8)	
	Lisandro Ezequiel López (ARG)	01.09.1989	31		2

		DOB	M	(s)	G
	Pedro Miguel Braga *Rebocho* (POR)	23.01.1995	34		
Midfielders:	Mohammed Adams (ENG)	23.09.1996	2	(4)	
	Hamad Al Abdan	26.05.2000	1	(6)	
	Hassan Al Majhad	18.05.1992		(4)	
	Khaled Mohammed Saad Al Samiri	1997	5	(13)	
	Abdulelah Mohamed Saeed Hawsawi	02.06.2001	17	(9)	1
	Jung Woo-young (KOR)	14.12.1989	31		1
	Naif Masoud	08.03.2001	8	(3)	
Forwards:	Hisham Al Dubais	26.09.2001		(3)	1
	Riad Hassan Al Ibrahim	14.12.1993	1	(1)	
	Abdullah Ibrahim Ahmed Al Salem	19.12.1992	9	(25)	3
	Fawaz Awadh Jamaan Al Torais	24.04.1997	5	(12)	1
	Fábio Santos *Martins* (POR)	24.07.1993	28	(1)	7
	Mansour Ibrahim Hamzi	17.01.1992	19	(11)	2
	Ivo Tiago dos Santos *Rodrigues* (POR)	30.03.1995	30		1
	Khaled Narey (TOG)	23.07.1994	27	(1)	7
	Mohamed Sherif Mohamed Ragaei Bakr (EGY)	04.02.1996	26	(6)	6

AL-NASSR FOOTBALL CLUB RIYADH

Year of Formation: 1955
Stadium: „King Saud" University Stadium [Al-Awwal Park], Riyadh (25,000)

Trainer:	Luís Manuel Ribeiro de Castro (POR)	03.09.1971			
	THE SQUAD	**DOB**	**M**	**(s)**	**G**
Goalkeepers:	Waleed Abdullah Nasser Ali	19.04.1986	3	(1)	
	Nawaf Dhahi Faisal Al Suwaiti Al Aqidi	10.05.2000	16		
	Raghed Alaa Mohammed Al Najjar	20.09.1996	4		
	David Ospina Ramírez (COL)	31.08.1988	11		
Defenders:	Abdulelah Ali Awadh Al Amri	15.01.1997	13	(5)	2
	Abdulaziz Al Faraj	23.06.2003		(1)	
	Mohammed Abdulhakim Mahdi Al Fatil	04.01.1992	12	(5)	1
	Sultan Abdullah Salem Al Ghanam	06.05.1994	22	(1)	1
	Mohammed Qassem Hamza Al Nakhli	19.01.1995	2	(4)	
	Alex Nicolao *Telles* (BRA)	15.12.1992	26	(1)	2
	Awad Dahal Mushen Aman	16.01.2005		(2)	
	Nawaf Mashari Abdulrahman Boushal	16.09.1999	8	(6)	
	Ghislain Niclomande Konan (CIV)	27.12.1995	5		
	Ali Mohammed Lajami	24.04.1996	17	(1)	
	Aymeric Jean Louis Gerard Alphonse Laporte (ESP)	27.05.1994	27		4
	Abdullah Mohammed Musa Madu	15.07.1993	1		
Midfielders:	Ali Sadiq Nasser Al Hassan	04.03.1997	4	(15)	
	Abdullah Mohammed Al Khaibari	16.08.1996	22	(4)	1
	Sami Khalil Nasser Al Najei	07.02.1997	9	(11)	1
	Abdulmajeed Mohammed Al Sulaiheem	15.05.1994	4	(12)	1
	Mukhtar Ali Abdullahi Shaikh	30.10.1997	1	(2)	
	Anderson Souza Conceição „*Talisca*" (BRA)	01.02.1994	16	(1)	16
	Marcelo Brozović (CRO)	16.11.1992	27	(3)	4
	Seko Mohamed Fofana (CIV)	07.05.1995	9	(5)	

		DOB	M	(s)	G
	Otávio Edmilson da Silva Monteiro (POR)	09.02.1995	28	(1)	10
	Muhammad Ahmed Yahya Sahlouli	21.11.2004		(1)	
Forwards:	Abdulfattah Adam Ahmad Mohammed	1995		(1)	
	Abdulaziz Saud Al Elewai	11.02.2004	2	(7)	2
	Khalid Essa Muhammad Al Ghannam	07.11.2000		(8)	
	Meshari Fahad Al Nemer	05.08.2003	1	(8)	2
	Cristiano Ronaldo dos Santos Aveiro (POR)	05.02.1985	30	(1)	35
	Abdulrahman Abdullah Ghareeb	31.03.1997	15	(12)	4
	Sadio Mané (SEN)	10.04.1992	31	(1)	13
	Mohammed Khalil Nasser Maran	15.02.2001		(4)	
	Ayman Yahya Salem Ahmed	14.05.2001	8	(9)	1

AL-OKHDOOD CLUB NAJRAN

Year of Formation: 1976
Stadium: „Prince Hathloul bin Abdul Aziz" Sports City, Najran (12,000)

Trainer:	Jorge Alberto Lobo Mendonça (POR)	26.11.1972
[10.11.2023]	Martin Ševela (SVK)	20.11.1975
[17.04.2024]	Noureddine Zekri (ALG)	04.11.1964

	THE SQUAD	DOB	M	(s)	G
Goalkeepers:	Abdulaziz Abdulrahman Mohammed Al Awardi	05.04.2002	3		
	Paulo Vítor Fagundes dos Anjos (BRA)	21.11.1988	31		
Defenders:	Hamad Fares Hadi Al Mansour	19.05.1993	16	(4)	1
	Abdulrahman Khalid Al Rio	15.05.1994		(4)	
	Awadh Khamis Bakhit Al Faraj Al Suqoor	15.07.1988	19	(6)	
	Saeed Awadh Al Rubaie Al Yami	04.06.1994	26		2
	Hussain Al Zabdani	15.04.1995	25	(3)	
	Naif Asiri	18.02.2001	2	(1)	
	Andrei Andonie Burcă (ROU)	15.04.1993	28		6
	Solomon Kvirkvelia (GEO)	06.02.1992	32	(1)	1
Midfielders:	Hassan Jamal Al Habib	14.09.1994	7	(7)	1
	Abdulaziz Saleh Al Hatila	17.05.1998	2	(12)	1
	Mohammed Naif Saleh Al Jahif	29.11.1998	3	(12)	
	Eid Al Muwallad	14.02.2001	23	(4)	
	Sharaf Ali Salem Al Salim	16.08.1999	2	(4)	
	Rayan Essa Hattan	03.09.2002		(1)	
	Ahmed Mostafa Kotb (EGY)	21.10.1997	3	(5)	
	Juan Sebastián Pedroza Perdomo (COL)	08.04.1999	26		1
	Saud Salem	14.08.2005		(1)	
	Florin Lucian Tănase (ROU)	30.12.1994	24	(1)	2
Forwards:	Saleh Al Harthi	10.08.1995	8	(16)	
	Masalah Al Shaekh	25.04.1996	5	(7)	1
	Yaseen Atiah Al Zubaidi	26.04.2003	5	(7)	2
	Álex Collado Gutiérrez (ESP)	22.04.1999	31	(2)	4
	Saviour Amunde Godwin (NGA)	22.08.1996	26	(1)	6
	Mourad Mohammed Abdullah Khodari	12.03.2003		(6)	
	Léandre Gaël Tawamba Kana (CMR)	20.12.1989	27	(2)	5

AL-RAED FOOTBALL CLUB BURAIDAH

Year of Formation: 1954
Stadium: „King Abdullah Sport City" Stadium, Buraidah (25,000)

Trainer:	Igor Jovićević (CRO)	30.11.1973			

THE SQUAD	DOB	M	(s)	G
Goalkeepers: Ahmad Ali Saleem Al Rehaili Al Harbi	06.10.1994	5		
André Campos *Moreira* (POR)	02.12.1995	29		
Defenders: Saud Al Dosari	01.05.2003		(1)	
Mohammed Salem Al Dosari	11.07.1999	29		1
Abdullah Fahad Al Fahad	15.06.1994	14	(5)	
Hamad Sulaiman Al Jayzani	04.03.1993	24	(4)	
Mubarak Abdul Rahman Al Rajeh	01.08.2003	8	(5)	
Abdullah Ahmad Abdul Rahman Al Yousif	29.10.1997	8	(4)	
Abdullah Saad Al Shalgoot	29.04.2002		(2)	
Khalid Mohammed Al Subaei	26.10.1999	27	(4)	1
Oumar Gonzalez (CMR)	25.02.1998	31		3
Yahya Sunbul Mubarak	07.01.1998	11	(12)	1
Bandar Hussein Wahishi	16.04.2002	9	(4)	
Midfielders: Mansoor Fayez Al Bishi	24.04.2000	25	(6)	
Nasser Majed Al Hadhood	31.05.2002		(1)	
Mohammed Fouzair (MAR)	24.12.1991	25	(2)	8
Naif Abdullah Ali Hazazi	30.09.1992	2	(16)	
Mamadou Loum (SEN)	30.12.1996	27	(2)	
Abdullah Yahya Majrashi	24.08.1997		(4)	
Mathias Antonsen Normann (NOR)	28.05.1996	22		1
Amir Sayoud (ALG)	30.09.1990	25	(3)	6
Omar Ahmed Shami	23.03.2004	1	(2)	
Forwards: Rakan Misfer Al Dosari	27.01.2002		(6)	
Feras Siraj Al Ghamdi	03.12.1999	5	(11)	
Raed Abdullah Al Ghamdi	06.05.1994	1	(11)	
Hamoud Bassam (SYR)	04.08.2004		(1)	
Karim El Berkaoui (MAR)	13.12.1995	26	(4)	12
Júlio Tavares (CPV)	19.11.1988	20	(9)	7

AL-RIYADH SAUDI CLUB

Year of Formation: 1953 (*as Ahli Al-Riyadh*)
Stadium: „Prince Turki bin Abdul Aziz" Stadium, Riyadh (15,000)

Trainer:	Yannick Ferrera y Caro (BEL)	24.09.1980
[17.09.2023]	Bandar Al Kubaishan	
[23.10.2023]	Odair Hellmann (BRA)	22.01.1977

THE SQUAD	DOB	M	(s)	G
Goalkeepers: Abdurahman Al Shammeri	07.08.1999	1	(1)	
Martín Nicolás Campaña Delgado (URU)	29.05.1989	33		
Rakan Bassam Mohammed Siraj Najjar	31.05.1995		(1)	

Defenders:				
Abdullah Al Dossari	27.08.1993	10	(8)	
Abdulelah Al Khaibari	22.05.1997	27	(1)	
Hussain Ali Al Nuwaiqi	03.12.1995	17	(3)	
Khalid Al Shuwayyi	08.04.1996	23	(6)	1
Mohammed Al Shwirekh	19.11.1998	23		1
Dino Arslanagić (BEL)	24.04.1993	19	(5)	
Ahmed Hassan Asiri	14.11.1991	21	(1)	
Amiri Fahad Sadeeq Kurdi	11.09.1991	2	(9)	
Alin Dorinel Toşca (ROU)	14.03.1992	10	(1)	

Midfielders:				
Abdulhadi Radan Al Harajin	27.10.1994	14	(15)	2
Moayad Mohammed Al Houti	03.10.2004		(4)	
Mohamed Al Oqil	29.07.1997		(9)	
Fajad Muqbil Al Rashidi	08.06.1991	13	(14)	
Saleh Al Saeed	26.08.2004		(1)	
Yahya Sulaiman Ali Al Shehri	26.06.1990	17	(6)	
Knowledge Musona (ZIM)	21.06.1990	20	(2)	4
Didier Ibrahim Ndong (GAB)	17.06.1994	29	(1)	1
Birama Touré (MLI)	06.06.1992	33		4

Forwards:				
Saleh Yahya Al Abbas	06.12.1993	18	(9)	8
Mohammed Saleh Al Aqel	07.02.2000	7	(10)	1
Abdulrahman Al Yami	19.06.1997		(4)	
Ali Ahmed Tahir Al Zaqaan	01.11.1991	3	(15)	1
Andre Anthony Gray (JAM)	26.06.1991	21	(5)	7
Juan Miguel Jiménez López „Juanmi" (ESP)	20.05.1993	13	(3)	1

AL-SHABAB FOOTBALL CLUB RIYADH

Year of Formation: 1947
Stadium: „Prince Khalid bin Sultan" Stadium, Riyadh (15,000)

Trainer:		
Marcel Keizer (NED)	15.01.1969	
[07.09.2023] Juan Ignacio Brown (ARG)	30.09.1977	
[18.10.2023] Igor Bišćan (CRO)	04.05.1978	
[28.12.2023] Saad Al Subaie		
[04.02.2024] Vítor Manuel de Oliveira Lopes Pereira (POR)	26.07.1968	

THE SQUAD	DOB	M	(s)	G
Goalkeepers:				
Mohammed Saleem Hamid Al Absi	24.09.2002	6		
Kim Seung-gyu (KOR)	30.09.1990	19		
Mustafa Reda Malayekah	21.05.1986	9		
Defenders:				
Khalid Abdullah Saeed Al Asiri	27.11.2004		(2)	
Moteb Saad Al Harbi	20.02.2000	16	(4)	
Fawaz Ali Marzouq Al Saqour Al Yami	23.04.1996	15	(1)	1
Nader Abdullah Al Sharari	08.05.1996	24	(2)	
Hussain Khaled Ali Al Sibyani	24.06.2001	11	(6)	2
Hassan Mohammed Osama Al Tambakti	09.02.1999	1		
Hamad Turki Al Tuhayfan Al Yami	17.05.1999	22	(2)	
Mohammed Essa Harbush	24.04.2003	3	(5)	
Iago Azevedo dos *Santos* (BRA)	22.05.1992	30		2
Romain Saïss (MAR)	26.03.1990	25		4

Midfielders:	Abdullah Ahmed Abdulrahman Al Jouei	02.03.1995	2	(2)	
	Musab Fahad Al Juwayr	20.06.2003	10	(5)	3
	Hussain Massoud Al Monassar Al Qahtani	20.12.1994	19	(10)	1
	Abdulelah Milwah Afraih Al Mansouri Al Shammeri	24.01.1999	1	(1)	
	Mohammed Issa Al Yami	02.04.2002		(2)	
	Éver Maximiliano David Banega (ARG)	29.06.1988	16		2
	Gustavo Leonardo Cuéllar Gallego (COL)	14.10.1992	29	(1)	
	Majed Omar Kanabah	27.02.1993	4	(20)	
	Ivan Rakitić (CRO)	10.03.1988	7	(1)	1
	Riyadh Mohammed Sharahili	28.04.1993	3	(6)	
Forwards:	Ahmad Abdu Jaber	08.08.1996		(2)	1
	Turki Marwan Saad Al Ammar	23.09.1999	3		
	Fahad Mosaed Al Muwallad Al Harbi	14.09.1994	7	(12)	2
	Saad Abdullah Naseeb Al Muwallad	11.05.2002		(1)	
	Nawaf Amer Al Saadi	21.10.2000	7	(8)	
	Hattan Sultan Ahmed Bahebri	16.07.1992	14	(6)	
	Carlos Alberto Carvalho da Silva *Júnior* (BRA)	15.08.1995	14	(10)	6
	Yannick Ferreira Carrasco (BEL)	04.09.1993	23	(1)	7
	Habib Diallo (SEN)	18.06.1995	24	(6)	5
	Abdullah Matuq Ahmed Saeed	02.04.2003		(1)	
	Abdullah Hadi Jaber Radif	20.01.2003	5	(15)	3
	Victor Vinícius Coelho dos Santos „Vitinho" (BRA)	09.10.1993	5	(3)	1

AL-TAAWOUN FOOTBALL CLUB BURAIDAH
Year of Formation: 1956
Stadium: „King Abdullah" Sport City Stadium / Al-Taawoun Club Stadium, Buraidah (25,000 / 5,961)

Trainer:	Péricles Raimundo Oliveira Chamusca (BRA)	29.09.1975			

THE SQUAD	DOB	M	(s)	G

Goalkeepers:	*Mailson* Tenório dos Santos (BRA)	20.08.1996	34		
Defenders:	Fahad Khalid Al Abdulrazzaq	24.04.2000	7	(12)	
	Waleed Abdulwahab Al Ahmad Abdulaziz	03.05.1999	20	(3)	2
	Mohammed Zayed Al Ghamdi	04.02.1994	10	(7)	
	Abdulmalik Ahmed Al Oyayari	10.11.2003	23	(2)	2
	Abdulmalek Milwah Al Shammary	16.08.1995	2	(7)	1
	Ibrahim Al Shuayl	21.11.1994	6	(3)	
	Awn Mutlaq Al Slaluli Al Bishi	02.09.1998	20	(6)	
	Andrei Girotto (BRA)	17.02.1992	28		3
	Muath Abdulaziz Faqeehi	30.05.2002	20	(4)	
	Hassan Kadesh Mahboob	06.09.1992	4		
	Saad Yaslam Balobaid	27.01.2000		(3)	
Midfielders:	Saleh Waheeb Saeed Aboulshamat	11.08.2002		(2)	
	Ahmed Ashraf Mohammed Al Fiqi	31.12.1993		(7)	
	Saad Fahad Saleh Al Nasser	08.01.2001	7	(4)	
	Nawaf Sufyan Al Rashwodi	18.08.2000		(1)	
	Rakan Rajeh Al Tulayhi	20.11.2002		(1)	
	Mohammed Abdulrahman Baker	16.03.2002		(1)	
	Aschraf El Mahdioui (NED)	24.05.1996	33		4

	Flávio Medeiros da Silva (BRA)	10.02.1996	32		1
	Cristian David Guanca (ARG)	27.03.1993	11	(3)	
	Iyad Luay Ali Madani	05.07.2001		(1)	
	Mohammed Mater Mohsin Mahzari	19.05.2002	2	(5)	
	Álvaro *Medrán* Just (ESP)	15.03.1994	17		1
Forwards:	Abdulfattah Adam Ahmad Mohammed	01.01.1995	6	(15)	6
	Hassan Mohammed Hassan Al Amri	21.04.1994		(1)	
	Mohammed Marzouq Aqeel Al Khamsawi Al Kuwaykibi	02.12.1994	13	(2)	3
	Sattam Al Roqi	28.03.2002	2	(17)	2
	Ahmed Saleh Bahusayn	09.02.2001	11	(16)	1
	Musa Barrow (GAM)	14.11.1998	18	(3)	6
	Rayan Fourig	25.05.2003		(1)	
	João Pedro Pereira dos Santos (BRA)	22.04.1993	25		11
	Mateus dos Santos Castro (BRA)	11.09.1994	19		6
	Léandre Gaël Tawamba Kana (CMR)	20.12.1989	4		1

AL-TAI FOOTBALL CLUB HA'IL
Year of Formation: 1961
Stadium: „Prince Abdul Aziz bin Musa'ed" Stadium, Ha'il (12,000)

Trainer:	Krešimir Režić (CRO)	13.10.1981			
[25.09.2023]	Laurențiu Aurelian Reghecampf (ROU)	19.09.1975			
[04.04.2024]	Cristinel Florin Țermure (ROU)	26.03.1972			
[15.04.2024]	Leonardo Alfredo Ramos Girón (URU)	11.09.1969			

THE SQUAD		DOB	M	(s)	G
Goalkeepers:	Moataz Abdulrahman Muhammad Al Baqaawi	04.01.1998	14		
	Victor Hugo Silva *Braga* (BRA)	17.02.1992	20		
Defenders:	Tareq Mohammed Abdullah	06.09.1995	17	(3)	1
	Ibrahim Hussain Al Nakhli	09.03.1997	29	(3)	1
	Nawaf Al Qamiri	10.06.2001	5	(6)	
	Abdulkarim Saud Sultan Al Sulaiman	24.06.2000	1	(5)	
	Robert Bauer (GER)	09.04.1995	33		1
	Abdulaziz Yaseen Majrashi	21.07.1991	11	(7)	
	Hussain Saleh Qasim Salem	21.09.1997	11		
	Enzo Pablo Roco Roco (CHI)	16.08.1992	30		1
Midfielders:	Hassan Mohammed Hassan Al Amri	21.04.1994	1	(3)	
	Abdulaziz Abdulrahman Abdulaziz Al Harabi	28.05.1997	2	(12)	1
	Safwan Saud Al Johani	28.06.2003	12	(2)	
	Mohammed Abdulaziz Al Qunaian	09.01.1999	1	(3)	
	Alfa Semedo Esteves (GNB)	30.08.1997	32		1
	Abdulfattah Tawfiq Asiri	26.02.1994	8	(8)	
	Jamal Abdullah Salmeen Bajandouh	12.08.1992	4	(8)	
	Bernard Mensah (GHA)	17.10.1994	30		14
Forwards:	Abdulrahman Al Harthi	06.09.1998	4	(17)	
	Adeeb Mamdouh Samhan Al Haizan	30.05.2001	4	(15)	
	Hazaa Ibrahim Habl Al Hazaa	08.08.1991	2	(7)	
	Salman Mohammed Al Moasher	05.10.1988	10	(8)	
	Rakan Al Shamlan Al Enezi	14.07.1998	16	(7)	2

Salem Abdullah Salem Al Toiawy	06.07.2001	8	(8)	
Andrei Îoan Cordea (ROU)	24.06.1999	25	(4)	3
Marko Dugandžić (CRO)	07.04.1994	19	(4)	2
Amer Khalil	23.11.2003		(2)	
Virgil Roy Misidjan (SUR)	24.07.1993	25	(4)	4

AL-WEHDA FOOTBALL CLUB MAKKAH
Year of Formation: 1946
Stadium: "King Abdul Aziz" Stadium, Makkah (38,000)

Trainer:	Georgios Donis (GRE)	22.10.1969			

THE SQUAD		DOB	M	(s)	G
Goalkeepers:	Abdulquddus Atiah Mohammed Atiah Khaoud	01.03.1997	7		
	Munir Mohand Mohamedi El Kajoui (MAR)	10.05.1989	27		
Defenders:	Abdulelah Abdulaziz Al Bukhari	18.07.1994	5	(15)	
	Abdullah Fareed Al Hafith	25.12.1992	20	(4)	1
	Saeed Fawaz Samir Al Muwallad	09.03.1991	24	(2)	1
	Óscar Esau Duarte Gaitan (CRC)	03.06.1989	17	(2)	2
	Jawad El-Yamiq (MAR)	29.02.1992	22	(1)	3
	Islam Ahmed Hawsawi	27.12.2001	29	(3)	
	Naif Mohammed Kireiri	16.04.1998		(3)	
	Ali Abdulqader Makki	20.04.1999	12	(3)	
Midfielders:	Nawaf Saleh Al Azizi	10.08.1999	1	(4)	
	Yousef Saad Al Harbi	16.03.1997		(2)	
	Ala'a Haji Al Hajji	03.12.1995	15	(15)	
	Abdulkarim Ayidh Al Qahtani	09.02.1993	1	(3)	
	Mohammed Salem Al Qarni	24.11.1989		(3)	
	Sattam Mahmoud Al Tumbukti	04.09.2001		(1)	
	Anselmo de Moraes (BRA)	20.02.1989	30	(1)	5
	Waleed Rashid Bakshween	12.11.1989	24	(6)	
	Fayçal Fajr (MAR)	01.08.1988	33		4
Forwards:	Sultan Sami Al Akouz	24.04.2001		(7)	
	Azzam Mohammed Al Bishi	08.03.2002		(2)	
	Hussain Ahmed Al Eisa	29.12.2000	13	(4)	1
	Hazzaa Ahmed Al Ghamdi	12.01.2001	7	(15)	
	Odion Jude Ighalo (NGA)	16.06.1989	29	(2)	15
	Yahya Mahdi Naji	02.03.1999	2	(15)	2
	Jaber Nasser Asiri	24.09.1997	1	(5)	
	Craig Alexander Goodwin (AUS)	16.12.1991	19	(3)	6
	Abdulaziz Sheikh Noor	18.01.1999	23	(9)	4
	Vito van Crooij (NED)	29.01.1996	13	(10)	

DAMAC FOOTBALL CLUB KHAMIS MUSHAIT
Year of Formation: 1972
Stadium: "Prince Sultan bin Abdul Aziz" Stadium / Damac Club Stadium, Abha / Khamis Mushait (20,000 / 5,000)

Trainer:	Cosmin Marius Contra (ROU)	15.12.1975		

	THE SQUAD	DOB	M	(s)	G
Goalkeepers:	Mohammed Jasim Habib Al Mahasna	28.04.1997	8		
	Abdullah Abdalbaset Hawswi	12.12.2000	5	(1)	
	Moustapha Zeghba (ALG)	21.11.1990	21		
Defenders:	Abdullah Khaled Al Ammar	01.03.1994	5		2
	Dhari Sayyar Al Anazi	06.05.2000	25	(5)	
	Abdullah Ahmed Musa Al Hawsawi	01.02.1996	4	(3)	
	Sanousi Mohammed Malem Sanousi Al Hawsawi	08.08.1998	24		
	Abdulrahman Ahmed Abdullah Al Obaid	30.04.1993	1	(8)	
	Noor Al Rashidi	12.03.1995	11	(5)	
	Hassan Ahmad Saleh Al Shamrani	16.11.1992	2	(2)	
	Abdelkader Bedrane (ALG)	02.04.1992	27		1
	Farouk Chafaï (ALG)	23.06.1990	28		5
	Sultan Abood Faqihi	01.03.1995	6	(11)	1
Midfielders:	Rayan Siddiq Eisa Al Mousa	24.07.1994		(1)	
	Abdullah Ibrahim Al Qahtani	31.01.1999	4	(15)	
	Abdulaziz Saeed Al Sarhan Al Shahrani	30.10.1994	13	(11)	1
	Domagoj Antolić (CRO)	30.06.1990	30		3
	Tarek Hamed Elsaid Hamed (EGY)	24.10.1988	22		
	Adam Maher (NED)	20.07.1993	2	(2)	
	Abdulaziz Rasheed Majrashi	10.03.1996	3	(17)	
	Bader Mohammed Yousef Munshi	22.06.1999	13	(10)	
	Nicolae Claudiu Stanciu (ROU)	07.05.1993	27		4
Forwards:	Hassan Abusharara	03.05.1997	2	(1)	
	Abdulaziz Ali Mohammed Al Bishi	11.03.1994	11	(5)	
	Fahed Ayed Awadh Al Johani	26.10.1991	4	(10)	
	Ahmed Yousef Al Zain	02.07.1991	22	(4)	2
	Assan Torrez Ceesay (GAM)	17.03.1994	12	(7)	6
	Ahmed Mohamed Yahya Harisi	16.08.2000	4	(8)	
	Abdulaziz Mohammed Nasir Makin	29.06.2001	2	(8)	
	Georges-Kévin N'Koudou Mbida (CMR)	13.02.1995	29	(2)	15
	Ramzi Fateh El Deen Solan	18.04.1998	7	(12)	1

NATIONAL TEAM
INTERNATIONAL MATCHES 2023/2024

08.09.2023	Newcastle	Saudi Arabia - Costa Rica	1-3(0-2)	(F)
12.09.2023	Newcastle	Saudi Arabia - Korea Republic	0-1(0-1)	(F)
13.10.2023	Portimão	Saudi Arabia - Nigeria	2-2(0-0)	(F)
17.10.2023	Portimão	Saudi Arabia - Mali	1-3(0-2)	(F)
16.11.2023	Al Mubarraz	Saudi Arabia - Pakistan	4-0(1-0)	(WCQ)
21.11.2023	Amman	Jordan - Saudi Arabia	0-2(0-2)	(WCQ)
09.01.2024	Doha	Palestine - Saudi Arabia	0-0	(F)
10.01.2024	Al Wakrah	Saudi Arabia - Hong Kong	2-0(1-0)	(F)
16.01.2024	Al Rayyan	Saudi Arabia - Oman	2-1(0-1)	(AFC)
21.01.2024	Al Rayyan	Kyrgyz Republic - Saudi Arabia	0-2(0-1)	(AFC)
25.01.2024	Al Rayyan	Saudi Arabia - Thailand	0-0	(AFC)
30.01.2024	Al Rayyan	Saudi Arabia - Korea Republic	1-1 aet; 2-4 pen	(AFC)
21.03.2024	Riyadh	Saudi Arabia - Tajikistan	1-0(1-0)	(WCQ)
26.03.2024	Dushanbe	Tajikistan - Saudi Arabia	1-1(0-0)	(WCQ)
06.06.2024	Islamabad	Pakistan - Saudi Arabia	0-3(0-2)	(WCQ)
11.06.2024	Riyadh	Saudi Arabia - Jordan	1-2(1-2)	(WCQ)

08.09.2023, Friendly International
St. James' Park, Newcastle (England); Attendance: 5,000
Referee: John Brooks (England)
SAUDI ARABIA - COSTA RICA   **1-3(0-2)**
KSA: Nawaf Dhahi Faisal Al Suwaiti Al Aqidi, Yasser Gharsan Saeed Al Mohammadi Al Shahrani, Ali Hadi Mohammed Al Bulaihi, Hassan Mohammed Osama Al Tambakti, Saud Abdullah Salem Abdulhamid, Salem Mohammed Shafi Al Dawsari, Mohamed Ibrahim Abdullah Kanno, Ali Abdullah Ali Dahsh Hazazi (82.Fahad Mosaed Al Muwallad Al Harbi), Abdullah Mohammed Al Khaibari, Abdulrahman Abdullah Ghareeb (59.Abdullah Abdulrahman Al Hamdan), Firas Tariq Nasser Al Buraikan. Trainer: Roberto Mancini (Italy).
Goal: Ali Hadi Mohammed Al Bulaihi (68).

12.09.2023, Friendly International
St. James' Park, Newcastle upon Tyne (England); Attendance: 3,000
Referee: Andrew Madley (England)
SAUDI ARABIA - KOREA REPUBLIC   **0-1(0-1)**
KSA: Mohammed Khalil Ibrahim Al Owais, Yasser Gharsan Saeed Al Mohammadi Al Shahrani (78.Sultan Abdullah Salem Al Ghanam), Ali Hadi Mohammed Al Bulaihi, Hassan Mohammed Osama Al Tambakti (76.Abdulelah Ali Awadh Al Amri), Saud Abdullah Salem Abdulhamid (65.Ahmed Mohammed Bamasud), Salem Mohammed Shafi Al Dawsari, Mohamed Ibrahim Abdullah Kanno, Nasser Eissa Shafi Al Shardan Al Dawsari (78.Abdulaziz Ali Mohammed Al Bishi), Abdullah Mohammed Al Khaibari (65.Ali Abdullah Ali Dahsh Hazazi), Abdulrahman Abdullah Ghareeb (46.Firas Tariq Nasser Al Buraikan), Abdullah Abdulrahman Al Hamdan. Trainer: Roberto Mancini (Italy).

13.10.2023, Friendly International
Estádio Municipal de Portimão, Portimão (Portugal); Attendance: n/a
Referee: Luís Miguel Branco Godinho (Portugal)
SAUDI ARABIA - NIGERIA   **2-2(0-0)**
KSA: Mohammed Khalil Ibrahim Al Owais, Ali Hadi Mohammed Al Bulaihi, Abdulelah Ali Awadh Al Amri, Hassan Mohammed Osama Al Tambakti, Ali Abdullah Ali Dahsh Hazazi (63.Mohamed Ibrahim Abdullah Kanno), Nasser Eissa Shafi Al Shardan Al Dawsari, Abdullah Mohammed Al Khaibari (86.Yasser Gharsan Saeed Al Mohammadi Al Shahrani), Faisal Abdulrahman Saeed Al Ghamdi (46.Salman Mohammed Al Faraj), Fahad Mosaed Al Muwallad Al Harbi (63.Saleh Khaled Mohammed Al Shehri), Firas Tariq Nasser Al Buraikan (46.Salem Mohammed Shafi Al Dawsari), Abdullah

Abdulrahman Al Hamdan (86.Mohammed Khalil Nasser Maran). Trainer: Roberto Mancini (Italy).
Goals: Salman Mohammed Al Faraj (60), Mohamed Ibrahim Abdullah Kanno (90+10).

17.10.2023, Friendly International
Estádio Municipal de Portimão, Portimão (Portugal); Attendance: n/a
Referee: António Emanuel Carvalho Nobre (Portugal)
SAUDI ARABIA - MALI   **1-3(0-2)**
KSA: Mohammed Khalil Ibrahim Al Owais, Yasser Gharsan Saeed Al Mohammadi Al Shahrani, Sultan Abdullah Salem Al Ghanam (64.Abdulrahman Abdullah Ghareeb), Ali Mohammed Lajami (46.Ali Abdullah Ali Dahsh Hazazi), Ali Hadi Mohammed Al Bulaihi, Salman Mohammed Al Faraj (38.Nasser Eissa Shafi Al Shardan Al Dawsari), Salem Mohammed Shafi Al Dawsari, Mohamed Ibrahim Abdullah Kanno (73.Abdulellah Saad Hameed Al Wahbi Al Malki), Abdullah Mohammed Al Khaibari (74.Abdulelah Ali Awadh Al Amri), Saleh Khaled Mohammed Al Shehri, Abdullah Abdulrahman Al Hamdan (64.Firas Tariq Nasser Al Buraikan). Trainer: Roberto Mancini (Italy).
Goal: Salem Mohammed Shafi Al Dawsari (58).

16.11.2023, 23rd FIFA World Cup Qualifiers / 19th AFC Asian Cup Qualifiers second round
Al Fateh SC Stadium, Al Mubarraz; Attendance: 11,150
Referee: Hanna Hattab (Syria)
SAUDI ARABIA - PAKISTAN   **4-0(1-0)**
KSA: Mohammed Khalil Ibrahim Al Owais, Ali Hadi Mohammed Al Bulaihi, Awn Mutlaq Al Saluli Al Bishi, Hassan Mohammed Osama Al Tambakti, Saud Abdullah Salem Abdulhamid, Muath Abdulaziz Ahmad Fagihy (79.Hassan Kadesh Mahboob), Mukhtar Abdullahi Ali (78.Abdulellah Saad Hameed Al Wahbi Al Malki), Faisal Abdulrahman Saeed Al Ghamdi (64.Ali Abdullah Ali Dahsh Hazazi), Abbas Sadiq Nasser Al Hassan, Saleh Khaled Mohammed Al Shehri (64.Abdullah Hadi Radif), Mohammed Khalil Nasser Maran (79.Abdulrahman Abdullah Ghareeb). Trainer: Roberto Mancini (Italy).
Goals: Saleh Khaled Mohammed Al Shehri (6, 48 penalty), Abdulrahman Abdullah Ghareeb (90+1), Abdullah Hadi Radif (90+6).

21.11.2023, 23rd FIFA World Cup Qualifiers / 19th AFC Asian Cup Qualifiers second round
Amman International Stadium, Amman; Attendance: 13,845
Referee: Ahmed Abu Bakar Said Al Kaf (Oman)
JORDAN - SAUDI ARABIA   **0-2(0-2)**
KSA: Mohammed Khalil Ibrahim Al Owais, Hassan Kadesh Mahboob, Ali Hadi Mohammed Al Bulaihi, Awn Mutlaq Al Saluli Al Bishi, Hassan Mohammed Osama Al Tambakti, Saud Abdullah Salem Abdulhamid, Ali Abdullah Ali Dahsh Hazazi (46.Mukhtar Abdullahi Ali), Abdulellah Saad Hameed Al Wahbi Al Malki (82.Faisal Abdulrahman Saeed Al Ghamdi), Abbas Sadiq Nasser Al Hassan (56.Abdulrahman Abdullah Ghareeb), Saleh Khaled Mohammed Al Shehri (66.Eid Mohammed Saeed Al Muwallad), Abdullah Hadi Radif (82.Mohammed Khalil Nasser Maran). Trainer: Roberto Mancini (Italy).
Goals: Saleh Khaled Mohammed Al Shehri (8, 30).

09.01.2024, Friendly International
Al Janoub Stadium, Doha (Qatar); Attendance: n/a
Referee: n/a
PALESTINE - SAUDI ARABIA   **0-0**
KSA: *Line-up not available.* Trainer: Roberto Mancini (Italy).

10.01.2024, Friendly International
"Saoud Bin Abdulrahman" Stadium, Al Wakrah (Qatar); Attendance: n/a
Referee: n/a
SAUDI ARABIA - HONG KONG   **2-0(1-0)**
KSA: *Line-up not available.* Trainer: Roberto Mancini (Italy).
Goals: Abdulrahman Abdullah Ghareeb (21 penalty), Fawaz Ali Marzouq Al Saqour Al Yami (86).

16.01.2024, 18th AFC Asian Cup, Final Tournament, Group Stage
Khalifa International Stadium, Al Rayyan (Qatar); Attendance: 41,987
Referee: Shaun Evans (Australia)

SAUDI ARABIA - OMAN **2-1(0-1)**

KSA: Ahmed Ali Al Kassar, Ali Mohammed Lajami, Ali Hadi Mohammed Al Bulaihi, Hassan Mohammed Osama Al Tambakti, Saud Abdullah Salem Abdulhamid, Salem Mohammed Shafi Al Dawsari (83.Firas Tariq Nasser Al Buraikan), Mohamed Ibrahim Abdullah Kanno (83.Faisal Abdulrahman Saeed Al Ghamdi), Sami Khalil Nasser Al Najei (63.Abdullah Hadi Radif), Nasser Eissa Shafi Al Shardan Al Dawsari, Abdullah Mohammed Al Khaibari (75.Mukhtar Abdullahi Ali), Saleh Khaled Mohammed Al Shehri (75.Abdulrahman Abdullah Ghareeb). Trainer: Roberto Mancini (Italy).
Goals: Abdulrahman Abdullah Ghareeb (78), Ali Hadi Mohammed Al Bulaihi (90+6).

21.01.2024, 18th AFC Asian Cup, Final Tournament, Group Stage
„Ahmad bin Ali" Stadium, Al Rayyan (Qatar); Attendance: 39,557
Referee: Jumpei Iida (Japan)

KYRGYZ REPUBLIC - SAUDI ARABIA **0-2(0-1)**

KSA: Ahmed Ali Al Kassar, Mohammed Ibrahim Mohammed Al Burayk, Ali Mohammed Lajami, Ali Hadi Mohammed Al Bulaihi, Hassan Mohammed Osama Al Tambakti (54.Saleh Khaled Mohammed Al Shehri), Saud Abdullah Salem Abdulhamid, Salem Mohammed Shafi Al Dawsari (64.Abdulrahman Abdullah Ghareeb), Mohamed Ibrahim Abdullah Kanno, Abdulellah Saad Hameed Al Wahbi Al Malki (77.Mukhtar Abdullahi Ali), Sami Khalil Nasser Al Najei (64.Abdullah Hadi Radif), Firas Tariq Nasser Al Buraikan (77.Faisal Abdulrahman Saeed Al Ghamdi). Trainer: Roberto Mancini (Italy).
Goals: Mohamed Ibrahim Abdullah Kanno (35), Faisal Abdulrahman Saeed Al Ghamdi (84).

25.01.2024, 18th AFC Asian Cup, Final Tournament, Group Stage
Education City Stadium, Al Rayyan (Qatar); Attendance: 38,773
Referee: Kim Hee-gon (Korea Republic)

SAUDI ARABIA - THAILAND **0-0**

KSA: Raghid Alaa Mohammed Al Najjar, Hassan Kadesh Mahboob (64.Nasser Eissa Shafi Al Shardan Al Dawsari), Fawaz Ali Marzouq Al Saqour Al Yami (79.Mohamed Ibrahim Abdullah Kanno), Ali Hadi Mohammed Al Bulaihi, Awn Mutlaq Al Saluli Al Bishi, Salem Mohammed Shafi Al Dawsari, Mukhtar Abdullahi Ali (87.Saleh Khaled Mohammed Al Shehri), Abdullah Mohammed Al Khaibari, Faisal Abdulrahman Saeed Al Ghamdi (64.Mohammed Ibrahim Mohammed Al Burayk), Abdulrahman Abdullah Ghareeb, Abdullah Hadi Radif (64.Talal Abubakr Abdullah Haji). Trainer: Roberto Mancini (Italy).

30.01.2024, 18th AFC Asian Cup, Final Tournament, Second Round of 16
Education City Stadium, Al Rayyan (Qatar); Attendance: 42,389
Referee: Ilgiz Tantashev (Uzbekistan)

SAUDI ARABIA - KOREA REPUBLIC **1-1(0-0,1-1,1-1); 2-4 on penalties**

KSA: Ahmed Ali Al Kassar, Mohammed Ibrahim Mohammed Al Burayk (89.Hassan Kadesh Mahboob), Ali Mohammed Lajami, Ali Hadi Mohammed Al Bulaihi, Hassan Mohammed Osama Al Tambakti (108.Sami Khalil Nasser Al Najei), Saud Abdullah Salem Abdulhamid, Salem Mohammed Shafi Al Dawsari (84.Abdulrahman Abdullah Ghareeb), Mohamed Ibrahim Abdullah Kanno, Nasser Eissa Shafi Al Shardan Al Dawsari (72.Eid Mohammed Saeed Al Muwallad), Abdullah Mohammed Al Khaibari (105.Awn Mutlaq Al Saluli Al Bishi), Saleh Khaled Mohammed Al Shehri (46.Abdullah Hadi Radif). Trainer: Roberto Mancini (Italy).
Goal: Abdullah Hadi Radif (46).
Penalties: Mohamed Ibrahim Abdullah Kanno, Saud Abdullah Salem Abdulhamid, Sami Khalil Nasser Al Najei (saved), Abdulrahman Abdullah Ghareeb (saved).

21.03.2024, 23rd FIFA World Cup Qualifiers / 19th AFC Asian Cup Qualifiers second round
"King Saud" University Stadium, Riyadh; Attendance: 18,756
Referee: Muhammad Taqi Aljaafari Jahari (Singapore)

SAUDI ARABIA - TAJIKISTAN **1-0(1-0)**

KSA: Mohammed Khalil Ibrahim Al Owais, Ali Mohammed Lajami, Ali Hadi Mohammed Al Bulaihi,

Awn Mutlaq Al Saluli Al Bishi (69.Hassan Kadesh Mahboob), Saud Abdullah Salem Abdulhamid, Salem Mohammed Shafi Al Dawsari, Mohamed Ibrahim Abdullah Kanno (69.Abdullah Hadi Radif), Mukhtar Abdullahi Ali, Nasser Eissa Shafi Al Shardan Al Dawsari (82.Yasser Gharsan Saeed Al Mohammadi Al Shahrani), Saleh Khaled Mohammed Al Shehri (56.Abbas Sadiq Nasser Al Hassan), Abdulrahman Abdullah Ghareeb (69.Faisal Abdulrahman Saeed Al Ghamdi). Trainer: Roberto Mancini (Italy).
Goal: Salem Mohammed Shafi Al Dawsari (23).

26.03.2024, 23rd FIFA World Cup Qualifiers / 19th AFC Asian Cup Qualifiers second round
Pamir Stadium, Dushanbe; Attendance: 13,300
Referee: Kim Jong-hyeok (Korea Republic)
TAJIKISTAN - SAUDI ARABIA   **1-1(0-0)**
KSA: Mohammed Khalil Ibrahim Al Owais, Hassan Kadesh Mahboob, Mohammed Ibrahim Mohammed Al Burayk, Ali Mohammed Lajami, Awn Mutlaq Al Saluli Al Bishi, Salem Mohammed Shafi Al Dawsari, Mohamed Ibrahim Abdullah Kanno, Mukhtar Abdullahi Ali, Ayman Yahya Salem Ahmed, Firas Tariq Nasser Al Buraikan (90+3.Abdulrahman Abdullah Ghareeb), Abdullah Hadi Radif (74.Saleh Khaled Mohammed Al Shehri). Trainer: Roberto Mancini (Italy).
Goal: Firas Tariq Nasser Al Buraikan (46).

06.06.2024, 23rd FIFA World Cup Qualifiers / 19th AFC Asian Cup Qualifiers second round
Jinnah Sports Stadium, Islamabad; Attendance: 20,124
Referee: Ammar Ebrahim Mahfoodh (Bahrain)
PAKISTAN - SAUDI ARABIA   **0-3(0-2)**
KSA: Mohammed Khalil Ibrahim Al Owais, Hassan Kadesh Mahboob, Sultan Abdullah Salem Al Ghanam (77.Marwan Saeed Masoud Al Sahafi), Ali Mohammed Lajami (66.Awn Mutlaq Al Saluli Al Bishi), Moteb Saad Al Harbi, Rayan Mohammed Bilko Hamed, Salem Mohammed Shafi Al Dawsari (78.Sami Khalil Nasser Al Najei), Mukhtar Abdullahi Ali (66.Mohamed Ibrahim Abdullah Kanno), Musab Fahd Zaid Al Juwayr, Abdulrahman Abdullah Ghareeb (66.Abdullah Abdulrahman Al Hamdan), Firas Tariq Nasser Al Buraikan. Trainer: Roberto Mancini (Italy).
Goals: Firas Tariq Nasser Al Buraikan (26, 41), Musab Fahd Zaid Al Juwayr (59).

11.06.2024, 23rd FIFA World Cup Qualifiers / 19th AFC Asian Cup Qualifiers second round
"King Saud" University Stadium, Riyadh; Attendance: 17,871
Referee: Adel Ali Ahmed Al Naqbi (United Arab Emirates)
SAUDI ARABIA - JORDAN   **1-2(1-2)**
KSA: Mohammed Khalil Ibrahim Al Owais (35.Ahmed Ali Al Kassar), Ali Mohammed Lajami, Ali Hadi Mohammed Al Bulaihi, Saud Abdullah Salem Abdulhamid, Rayan Mohammed Bilko Hamed, Salem Mohammed Shafi Al Dawsari (86.Mukhtar Abdullahi Ali), Mohamed Ibrahim Abdullah Kanno, Nasser Eissa Shafi Al Shardan Al Dawsari (46.Moteb Saad Al Harbi), Abdullah Mohammed Al Khaibari (63.Abdulrahman Abdullah Ghareeb), Musab Fahd Zaid Al Juwayr, Firas Tariq Nasser Al Buraikan (63.Abdullah Hadi Radif). Trainer: Roberto Mancini (Italy).
Goal: Ali Mohammed Lajami (16).

NATIONAL TEAM PLAYERS 2023/2024		
Name	DOB	Club
Goalkeepers		
Nawaf Dhahi Faisal Al Suwaiti AL AQIDI	10.05.2000	*Al-Nassr FC Riyadh*
Ahmed Ali AL KASSAR	08.05.1991	*Al-Fayha FC Al Majma'ah; 30.01.2024-> Al-Qadsiah FC Khobar*
Raghid Alaa Mohammed AL NAJJAR	20.09.1996	*Al-Nassr FC Riyadh*
Mohammed Khalil Ibrahim AL OWAIS	10.10.1991	*Al-Hilal Saudi FC Riyadh*

Defenders

Name	Date of birth	Club
Saud Abdullah Salem ABDULHAMID	18.07.1999	*Al-Hilal Saudi FC Riyadh*
Abdulelah Ali Awadh AL AMRI	15.01.1997	*Al-Nassr FC Riyadh*
Ali Hadi Mohammed AL BULAIHI	21.11.1989	*Al-Hilal Saudi FC Riyadh*
Mohammed Ibrahim Mohammed AL BURAYK	15.09.1992	*Al-Hilal Saudi FC Riyadh*
Sultan Abdullah Salem AL GHANAM	06.05.1994	*Al-Nassr FC Riyadh*
Moteb Saad AL HARBI	20.02.2000	*Al-Shabab FC Riyadh*
Yasser Gharsan Saeed Al Mohammadi AL SHAHRANI	25.05.1992	*Al-Hilal Saudi FC Riyadh*
Awn Mutlaq AL SALULI Al Bishi	02.09.1998	*Al-Taawoun FC Buraidah*
Fawaz Ali Marzouq AL SAQOUR Al Yami	23.04.1996	*Al-Shabab FC Riyadh; 30.01.2024-> Al-Ittihad Club Jeddah*
Hassan Mohammed Osama AL TAMBAKTI	09.02.1999	*Al-Hilal Saudi FC Riyadh*
Ahmed Mohammed BAMSAUD	22.11.1995	*Al-Ittihad Club Jeddah*
Muath Abdulaziz Ahmad FAGIHY	30.05.2002	*Al-Taawoun FC Buraidah*
Rayan Mohammed Bilko HAMED	13.04.2002	*Al-Ahli Saudi Club Jeddah*
Ali Mohammed LAJAMI	24.04.1996	*Al-Nassr FC Riyadh*

Midfielders

Name	Date of birth	Club
Nasser Eissa Shafi Al Shardan AL DAWSARI	19.12.1998	*Al-Hilal Saudi FC Riyadh*
Salman Mohammed AL FARAJ	01.08.1989	*Al-Hilal Saudi FC Riyadh*
Faisal Abdulrahman Saeed AL GHAMDI	13.08.2001	*Al-Ittihad Club Jeddah*
Fahad Mosaed Al Muwallad AL HARBI	14.09.1994	*Al-Shabab FC Riyadh*
Abbas Sadiq Nasser AL HASSAN	22.02.2004	*Al Fateh Sports Club Al-Hasa*
Musab Fahd Zaid AL JUWAYR	20.06.2003	*Al-Shabab FC Riyadh*
Abdullah Mohammed AL KHAIBARI	16.08.1996	*Al-Nassr FC Riyadh*
Abdulellah Saad Hameed Al Wahbi AL MALKI	11.10.1994	*Al-Hilal Saudi FC Riyadh*
Eid Mohammed Saeed AL MUWALLAD	14.02.2001	*Al-Okhdood Club Najran*
Sami Khalil Nasser AL NAJEI	07.02.1997	*Al-Nassr FC Riyadh*
Marwan Saeed Masoud AL SAHAFI	17.02.2004	*Al-Ittihad Club Jeddah*
Mukhtar Abdullahi ALI	30.10.1997	*Al Fateh Sports Club Al-Hasa*
Abdulrahman Abdullah GHAREEB	31.03.1997	*Al-Nassr FC Riyadh*
Ali Abdullah Ali Dahsh HAZAZI	18.02.1994	*Al-Ettifaq FC Dammam*
Mohamed Ibrahim Abdullah KANNO	22.09.1994	*Al-Hilal Saudi FC Riyadh*
Hassan Kadesh MAHBOOB	06.09.1992	*Al-Ittihad Club Jeddah*

Forwards

Name	Date of birth	Club
Abdulaziz Ali Mohammed AL BISHI	11.03.1994	*Abha FC*
Firas Tariq Nasser AL BURAIKAN	14.05.2000	*Al-Ahli Saudi Club Jeddah*
Salem Mohammed Shafi AL DAWSARI	19.08.1991	*Al-Hilal Saudi FC Riyadh*
Abdullah Abdulrahman AL HAMDAN	12.09.1999	*Al-Hilal Saudi FC Riyadh*
Saleh Khaled Mohammed AL SHEHRI	01.11.1993	*Al-Hilal Saudi FC Riyadh*
Talal Abubakr Abdullah HAJI	16.09.2007	*Al-Ittihad Club Jeddah*
Mohammed Khalil Nasser MARAN	15.02.2001	*Al-Nassr FC Riyadh*
Abdullah Hadi RADIF	21.01.2003	*Al-Shabab FC Riyadh*
Ayman Yahya SALEM Ahmed	14.05.2001	*Al-Nassr FC Riyadh*

National coaches

Name	Date of birth
Roberto MANCINI (Italy) [from 27.08.2023]	27.11.1964

SINGAPORE

Federation Directory:
Football Association of Singapore
100 Tyrwhitt Road, Singapore 207542
Year of Formation: 1892
Member of FIFA since: 1952
Member of AFC since: 1954
Internet: www.fas.org.sg

The Country: Republic of Singapore
Capital: Singapore
Surface: 710 km^2 / **Population**: 5,917,600 [2023] / **Time**: UTC+8

NATIONAL TEAM RECORDS

First international match:
22.05.1948, Singapore: Singapore - Republic of China 1-0

Most international caps:
Daniel Mark Bennett
146 caps (2002-2017)

Most international goals:
Fandi Ahmad
55 goals / 101 caps (1979-1997)

NATIONAL TEAM COMPETITIONS

ASIAN NATIONS CUP	
1956	Withdrew
1960	Qualifiers
1964	Withdrew
1968	Qualifiers
1972	Withdrew
1976	Qualifiers
1980	Qualifiers
1984	Final Tournament (Group Stage)
1988	Withdrew
1992	Qualifiers
1996	Qualifiers
2000	Qualifiers
2004	Qualifiers
2007	Qualifiers
2011	Qualifiers
2015	Qualifiers
2019	Qualifiers
2023	Qualifiers

FIFA WORLD CUP	
1930	
1934	Not a member of FIFA
1938	
1950	
1954	Did not enter
1958	Did not enter
1962	Did not enter
1966	Did not enter
1970	Did not enter
1974	Did not enter
1978	Qualifiers
1982	Qualifiers
1986	Qualifiers
1990	Qualifiers
1994	Qualifiers
1998	Qualifiers
2002	Qualifiers
2006	Qualifiers
2010	Qualifiers
2014	Qualifiers
2018	Qualifiers
2022	Qualifiers

OLYMPIC FOOTBALL TOURNAMENTS 1908-2020

1908 to 1928	Teams from Asia did not enter	1980	Qualifiers
		1984	Qualifiers
		1988	Qualifiers
1936	Not an IOC member	1992	Qualifiers
1948	Did not enter	1996	Qualifiers
1952	Did not enter	2000	Qualifiers
1956	Did not enter	2004	Qualifiers
1960	Did not enter	2008	Qualifiers
1964	Did not enter	2012	Qualifiers
1968	Did not enter	2016	Qualifiers
1972	Did not enter	2020	Qualifiers
1976	Qualifiers		

ASIAN GAMES 1951-2022		ASEAN („TIGER") CUP / AFF CUP 1996-2022		SOUTH EAST ASIAN GAMES 1959-2023	
1951	-	1996	Group Stage	1959	-
1954	Group Stage	1998	**Winners**	1961	-
1958	Group Stage	2000	Group Stage	1965	Group Stage
1962	-	2002	Group Stage	1967	-
1966	4th Place	2004	**Winners**	1969	-
1970	-	2007	**Winners**	1971	Group Stage
1974	-	2008	Semi-Finals	1973	4th Place
1978	-	2010	Group Stage	1975	3rd Place
1982	-	2012	**Winners**	1977	Group Stage
1986	-	2014	Group Stage	1979	4th Place
1990	Group Stage	2016	Group Stage	1981	4th Place
1994	-	2018	Group Stage	1983	Runners-up
1998	-	2020	Semi-Finals	1985	Runners-up
2002	-	2022	Group Stage	1987	Group Stage
2006	Group Stage			1989	Runners-up
2010	Group Stage			1991	3rd Place
2014	Group Stage			1993	3rd Place
2018	-			1995	3rd Place
2022	-			1997	4th Place
				1999	4th Place
				2001	Group Stage
				2003	Group Stage
				2005	Group Stage
				2007	3rd Place
				2009	3rd Place
				2011	Group Stage
				2013	3rd Place
				2015	Group Stage
				2017	Group Stage
				2019	Group Stage
				2021	Group Stage
				2023	Group Stage

SINGAPOREAN CLUB HONOURS IN ASIAN CLUB COMPETITIONS

AFC Champions League 1967-1971 & 1985/1986-2024
None

Asian Football Confederation Cup 2004-2024
None

AFC President's Cup 2005-2014*
None

Asian Cup Winners Cup 1975-2003*
None

Asian Super Cup 1995-2002*
None

*defunct competition

NATIONAL COMPETITIONS
TABLE OF HONOURS

	CHAMPIONS	CUP WINNERS
		Singapore Amateur Football Association Challenge Cup
1892	-	Singapore Engineers
1893	-	Royal Engineers
1894	-	2nd Battalion Tenth Lincolnshire Regiment
1895	-	Royal Artillery
1896	-	5th North Humberland Fusilliers
1897	-	1st Battalion The Rifle Brigade
1898	-	12th Company Royal Artillery
1899	-	1st BKOR Lancaster Regiment
1900	-	12th Company Royal Artillery
1901	-	Singapore Cricket Club
1902	-	12th Company Royal Artillery
1903	-	Singapore Cricket Club
	Singapore Amateur Football Association League	
1904	1st Battalion Manchester Regiment	Harlequins
1905	1st Battalion Sherwood Foresters	1st Battery Sherwood Foresters
1906	*No competition*	1st Battery Sherwood Foresters
1907	Singapore Cricket Club	2nd Battalion West Kentshire Regiment (2nd Team)
1908	2nd Battalion West Kentshire Regiment	2nd Battalion West Kentshire Regiment (1st Team)
1909	3rd Battalion Middlesex Regiment	3rd Battalion Middlesex Regiment
1910	3rd Battalion Middlesex Regiment	3rd Battalion Middlesex Regiment
1911	Singapore Cricket Club	2nd Battalion West Kentshire Regiment
1912	Singapore Cricket Club	2nd Battalion West Kentshire Regiment
1913	Singapore Cricket Club	1st Battalion King's Own Yorkshire Light Infantry
1914	Singapore Cricket Club	1st Battalion King's Own Yorkshire Light Infantry
1915	*No competition*	*No competition*
1916	*No competition*	*No competition*
1917	*No competition*	*No competition*
1918	*No competition*	*No competition*

Year		
1919	*No competition*	*No competition*
1920	*No competition*	1st Battalion South Staffordshire
1921	1st Battalion South Staffordshire	Singapore Cricket Club
1922	2nd Battalion Middlesex Regiment	2nd Battalion Middlesex Regiment
1923	2nd Battalion Middlesex Regiment	2nd Battalion Middlesex Regiment
1924	Singapore Cricket Club	HMS „Pegasus"
1925	Singapore Chinese Football Association	Singapore Chinese Football Association
1926	2nd Duke of Wellington's Regiment	2nd Duke of Wellington's Regiment
1927	2nd Duke of Wellington's Regiment	2nd Duke of Wellington's Regiment
1928	2nd Duke of Wellington's Regiment	2nd Duke of Wellington's Regiment
1929	Singapore Cricket Club	Singapore Cricket Club
1930	Singapore Chinese Football Association	Singapore Malays Football Association
1931	Singapore Malays Football Association	Singapore Malays Football Association
1932	Singapore Malays Football Association	Wiltshire Regiment
1933	Singapore Malays Football Association	Singapore Malays Football Association
1934	Singapore Chinese Football Association	Singapore Malays Football Association
1935	Royal Engineers	Singapore Chinese Football Association
1936	Royal Air Force	Royal Artillery
1937	Singapore Chinese Football Association	Singapore Chinese Football Association
1938	Singapore Chinese Football Association	Royal Artillery
1939	Singapore Malays Football Association	Singapore Chinese Football Association
1940	Royal Air Force	The Loyal Regiment
1941	Royal Air Force	Royal Air Force
1942	*No competition*	*No competition*
1943	*No competition*	*No competition*
1944	*No competition*	*No competition*
1945	*No competition*	*No competition*
1946	*No competition*	*No competition*
1947	*No competition*	*No competition*
1948	*No competition*	*No competition*
1949	*No competition*	*No competition*
1950	Kota Raja Club	Royal Navy
1951	Tiger Standard	Royal Navy
	Football Association of Singapore League	**Football Association of Singapore Challenge Cup**
1952	Pasir Panjang Rovers Sport Club	Tiger SA
1953	Tiger Standard	Tiger SA
1954	Star Soccerites SC	Pasir Panjang Rovers Sport Club
1955	Marine Department SC	AAA
1956	Tiger Standard	Tiger SA
1957	Marine Department SC	Marine Department SC
1958	Darul Afiah FC	Fathul Karib FC[1]
1959	Darul Afiah FC	Darul Afiah FC
1960	IRC	RAF Select
1961	*No competition*	*No competition*
1962	*No competition*	*No competition*
1963	*No competition*	*No competition*
1964	*No competition*	*No competition*
1965	*No competition*	*No competition*
1966	*No competition*	*No competition*
1967	*No competition*	*No competition*
1968	*No competition*	Police Sports Association[2]
1969	*No competition*	*No competition*

Year		
1970	No competition	No competition
1971	No competition	No competition
1972	No competition	No competition
1973	No competition	No competition
1974	No competition	No competition
	National Football League	**President's Cup**
1975	Geylang International[3]	Singapore Armed Forces SA
1976	Geylang International	Geylang International
1977	Geylang International	Toa Payoh United
1978	Singapore Armed Forces SA[4]	Geylang International
1979	Tampines Rovers FC	Toa Payoh United
1980	Tampines Rovers FC	Police Sports Association
1981	Singapore Armed Forces SA	Farrer Park United
1982	Farrer Park United	Tiong Bahru Constituency Sports Club
1983	Tiong Bahru Constituency Sports Club[5]	Farrer Park United
1984	Tampines Rovers FC	Singapore Armed Forces SA
1985	Police Sports Association	Tiong Bahru Constituency Sports Club
1986	Singapore Armed Forces SA	Singapore Armed Forces SA
1987	Tiong Bahru Constituency Sports Club	Tiong Bahru Constituency Sports Club
	Premier League	
1988	Geylang International	Tiong Bahru Constituency Sports Club
1989	Geylang International	Jurong Town FC
1990	Geylang International	Geylang International
1991	Geylang International	Geylang International
1992	Geylang International	Balestier United[6]
1993	Geylang International	No competition
1994	Perth Kangaroos International FC (AUS)	Tiong Bahru Constituency Sports Club
1995	No competition	Geylang International
	S.League	**Singapore FA Cup**
1996	Geylang United FC	Geylang United FC
1997	Singapore Armed Forces FC	Singapore Armed Forces FC
		Singapore Cup
1998	Singapore Armed Forces FC	Tanjong Pagar United FC
1999	Home United FC Bishan	Singapore Armed Forces FC
2000	Singapore Armed Forces FC	Home United FC Bishan
2001	Geylang United FC	Home United FC Bishan
2002	Singapore Armed Forces FC	Tampines Rovers FC
2003	Home United FC Bishan	Home United FC Bishan
2004	Tampines Rovers FC	Tampines Rovers FC
2005	Tampines Rovers FC	Home United FC Bishan
2006	Singapore Armed Forces FC	Tampines Rovers FC
2007	Singapore Armed Forces FC	Singapore Armed Forces FC
2008	Singapore Armed Forces FC	Singapore Armed Forces FC
2009	Singapore Armed Forces FC	Geylang United FC
2010	Etoile FC	Bangkok Glass FC (THA)
2011	Tampines Rovers FC	Home United FC Bishan
2012	Tampines Rovers FC	Singapore Armed Forces FC
2013	Tampines Rovers FC	Home United FC Bishan
2014	Warriors FC Singapore	Balestier Khalsa FC
2015	Brunei DPMM	Albirex Niigata Singapore FC
2016	Albirex Niigata Singapore FC	Albirex Niigata Singapore FC
2017	Albirex Niigata Singapore FC	Albirex Niigata Singapore FC
2018	Albirex Niigata Singapore FC	Albirex Niigata Singapore FC

2019	Brunei DPMM	Tampines Rovers FC
2020	Albirex Niigata Singapore FC	*Competition cancelled*
2021	Lion City Sailors FC	*No competition*
2022	Albirex Niigata Singapore FC	Hougang United FC
2023	Albirex Niigata Singapore FC	Lion City Sailors FC

[1] became later Balestier Khalsa FC.
[2] became later Home United FC Bishan
[3] changed its name to Geyland United FC in 1996.
[4] Singapore Armed Forces Sports Association, changed its name to Singapore Armed Forces FC in 1996, to Warriors FC Singapore in 2012.
[5] changed its name to Tiong Bahru United FC (1996), then Tanjong Pagar United FC (1998).
[6] changed its name to Balestier Khalsa FC in 2002 after fusioning with Clementi Khalsa FC.

NATIONAL CHAMPIONSHIP
Singapore Premier League 2023

1.	**Albirex Niigata Singapore FC**	24	20	2	2	86 - 20	62
2.	Lion City Sailors FC	24	17	3	4	79 - 39	54
3.	Tampines Rovers FC	24	14	6	4	47 - 32	48
4.	Balestier Khalsa FC	24	12	0	12	60 - 71	36
5.	Geylang International FC Bedok	24	10	3	11	41 - 52	33
6.	Hougang United FC	24	9	2	13	37 - 57	29
7.	Brunei DPMM	24	6	5	13	39 - 43	23
8.	Tanjong Pahar United FC	24	6	3	15	39 - 62	21
9.	Young Lions FC	24	1	2	21	24 - 76	5

Best goalscorer 2023:
Maxime Christophe Lestienne (BEL, Lion City Sailors FC) – 25 goals

NATIONAL CUP
Singapore Cup - Final 2023

09.12.2023, Jalan Besar Stadium, Kallang; Attendance: 2,296
Referee: Andrea Verolino
Hougang United FC - Lion City Sailors FC   **1-3(0-2)**
Hougang United: Zaiful Nizam Abdullah, Kazuma Takayama, Naoki Kuriyama, Abdil Qaiyyim Abdul Mutalib (90+3.Idraki Mohd Adnan), Anders Eric Aplin, Muhammad Irwan Shah Arismail, Ajay Robson Muralithran, Jordan Nicolas Vestering (69.Amy Recha Pristifana Samion), Muhammad Nazrul Ahmad Nazari (Cap), Mohamad Sahil Suhaimi (77.Louka Vaissierre Tan Jun Cheng), Đorđe Maksimović. Trainer: Marko Kraljević (Croatia).
Lion City: Mohamad Izwan Mahbud, Muhammad Zulqarnaen Suzliman (88.Mohammad Hafiz Mohd Nor), Bailey Colin Wright, Lionel Tan Han Wei, Christopher James van Huizen, Hariss Harun (Cap), Anumanthan Mohan Kumar (79.Muhammad Hami Syahin Said), Nathan Mao Zhixuan (46.Muhammad Shawal Anuar), Maxime Christophe Lestienne, Diego Hipólito da Silva Lopes (86.Adam Swandi), Richairo Juliano Živković (86.Haiqal Pashia Anugrah). Trainer: Aleksandar Ranković (Serbia).
Goals: 0-1 Richairo Juliano Živković (27 penalty), 0-2 Naoki Kuriyama (42 own goal), 0-3 Muhammad Shawal Anuar (84), 1-3 Kazuma Takayama (90+1).

THE CLUBS 2023

ALBIREX NIIGATA SINGAPORE FOOTBALL CLUB
Year of Formation: 2004 [*satellite team of Albirex Niigata (Japan)*]
Stadium: Jurong Eat Stadium, Jurong East, Singapore (2,700)

Trainer:	Kazuaki Yoshinaga (JPN)	17.03.1968			

	THE SQUAD	DOB	M	(s)	G
Goalkeepers:	Hyrulnizam Juma'at	14.11.1986	2	(3)	
	Hassan Sunny	02.04.1984	19		
	Kai Yamamoto	21.06.2005	3	(1)	
Defenders:	Kenji Austin	24.02.2004		(1)	
	Sho Fuwa	02.10.2000	21	(1)	1
	Keito Hariya	18.05.2003	6	(7)	
	Koki Kawachi	10.05.2000	21		5
	Shunsaku Kishimoto	14.06.2000	24		2
	Ryo Takahashi	11.07.2000	9	(10)	2
	Asahi Yokokawa	26.05.2002	22		4
Midfielders:	Riku Fukashiro	12.04.2000	5	(19)	8
	Shuto Komaki	30.05.2000	20	(4)	8
	Hilman Norhisam	05.05.2004		(5)	1
	Kaisei Ogawa	25.02.2001	21	(2)	1
	Shakthi Vinayagavijayan	28.05.2003	1	(6)	
	Masaya Watanabe	01.03.2003	1	(14)	
	Shodai Yokoyama	14.10.2000	22	(2)	5
	Zamani Zamri	31.05.2001		(2)	
Forwards:	Keito Komatsu	22.05.2000	2	(21)	13
	Seia Kunori	31.03.2001	21	(2)	21
	Tadanari Lee (JPN)	19.12.1985	21	(2)	11
	Nicky Melvin Singh	13.06.2002	6	(3)	1
	Junki Kenn Yoshimura	20.07.2004	17	(1)	1

BALESTIER KHALSA FOOTBALL CLUB
Year of Formation: 1898 (*as Fathul Karib*)
Stadium: Bishan Stadium, Bishan, Singapore (6,254)

Trainer:	Peter de Roo (NED)	16.02.1970			

	THE SQUAD	DOB	M	(s)	G
Goalkeepers:	Hairul Syirhan Mardan	21.08.1995	24		
Defenders:	Jordan Efa Okwudili Emaviwe	09.04.2001	9	(1)	1
	Muhammad Amer Hakeem Mohamad Nazri	08.11.1998	2	(2)	
	Muhammad Syabil Hisham	20.09.2002		(1)	
	Muhammad Fudhil I'yadh Ahmad Zaki	18.08.2001	22	(1)	
	Aidil Johari	05.04.2003	1		
	Fabian Kwok Wing Hong	17.03.1989	8	(2)	1

	Muhammad Irfan Mika'il Abdullah	11.05.2003	(1)	
	Madhu Mohana	06.03.1991	21	3
	Muhammad Syukri Noorhaizam	14.12.1999	(16)	1
	Emmeric Ong Yu Min	25.01.1991	6 (6)	
	Iqram Rifqi Mohammad Yazid	25.02.1996	2 (8)	
	Darren Teh Ting Wei	09.09.1996	24	
Midfielders:	Alen Kozar (SVN)	07.04.1995	22	2
	Ho Wai Loon	20.08.1993	23	4
	Garv Sahoo	26.03.2006	(1)	
	Masahiro Sugita (JPN)	24.11.1999	20	5
	Ryoya Taniguchi (JPN)	31.08.1999	24	23
Forwards:	Ignatius Ang Yu Heng	11.11.1992	7 (13)	1
	Kian Jared Ghadessy	30.11.2005	(8)	
	Daniel Goh Ji Xiong	13.08.1999	23	8
	Shuhei Hoshino (JPN)	19.12.1995	22	11
	Max Vijay Callum McCoy (ENG)	03.04.2004	4 (2)	
	Puvan Raj Sivalingam	29.08.2001	(1)	

DULI PENGIRAN MUDA MAHKOTA FOOTBALL CLUB BANDAR SERI BEGAWAN

Year of Formation: 2000 [*Club from Brunei Darussalam*]
Stadium: Jalan Besar Stadium, Kallang, Singapore (6,000)

Trainer:	Adrian Barry Pennock (ENG)	27.03.1971		
Goalkeepers:	Kristijan Naumovski (MKD)	17.09.1988	5	
	Haimie Nyaring (BRU)	31.05.1998	8	
	Akmal Tursunboev (UZB)	14.04.1993	11	
Defenders:	Muhammad Wafi Aminuddin (BRU)	20.09.2000	2 (1)	
	Muhammad Hanif Abdul Hadi Hamir (BRU)	22.02.1997	16 (5)	1
	Awangku Yura Indera Putera Pengiran Yunos (BRU)	25.03.1996	19	1
	Ángel *Martínez* Ortega (ESP)	17.05.1991	20 (2)	
	Mohammad Hirzi Zulfaqar Mahzan (BRU)	13.08.2000	4 (3)	
Midfielders:	Mohd Hendra Azam Mohd Idris (BRU)	10.08.1988	6 (7)	
	Muhammad Hanif Farhan Azman (BRU)	02.11.2000	21 (2)	1
	Josip Balić (CRO)	08.07.1993	16 (1)	3
	Awangku Mohammad Fakharazzi Pengiran Haji Hassan	15.07.1989	10 (11)	
	Awangku Mohd Syafiq Hilmi Pengiran Mohd Shahnom (BRU)	03.04.2006	2 (9)	
	Abdul Mu'iz Sisa (BRU)	20.04.1991	8 (9)	
	Farshad Noor (AFG)	02.10.1994	5	1
	Muhammad Azwan Ali Rahman (BRU)	11.01.1992	18	4
	Mohd Azwan Mohd Saleh (BRU)	06.01.1988	1 (4)	
	Mohammad Eddy Shahrol Izzat Haji Omar (BRU)	04.10.2003	(5)	
	Mohamad Najib Haji Tarif (BRU)	05.02.1988	23	
	Mohammad Helmi Zambin (BRU)	30.03.1987	12 (5)	
Forwards:	Abdul Azizi Ali Rahman (BRU)	17.01.1987	8 (10)	2
	Nazirrudin Haji Ismail (BRU)	27.12.1998	5 (9)	3
	Muhammad Razimie Ramlli (BRU)	06.08.1990	3 (14)	
	Andrey Voronkov (BLR)	08.02.1989	19 (1)	9
	Muhammad Hakeme Yazid Said (BRU)	08.02.2003	22	12

GEYLANG INTERNATIONAL FOOTBALL CLUB BEDOK
Year of Formation: 1973
Stadium: Our Tampines Hub Stadium / Jalan Besar Stadium, Kallang, Tampines / Singapore (5,000 / 6,000)

Trainer: Mohd Noor Ali 16.05.1975

THE SQUAD	DOB	M	(s)	G
Goalkeepers:				
Muhammad Hafiz Ahmad	30.12.1998	20		
Ridhwan Fikri Aban	29.04.1999	1		
Rudy Khairullah Adi Negara	19.07.1994	3		
Defenders:				
Akmal Azman	21.11.2000	20		
Amirul Adli Azmi	13.01.1996	18		1
Danish Irfan Azman	10.03.1999	2	(3)	
Muhammad Nazhiim Harman	02.03.1999		(5)	
Muhammad Fadli Kamis	07.11.1992	13	(4)	
Rio Sakuma (JPN)	14.04.1997	22		3
Delwinder Singh Ranjit Singh	05.08.1992	1	(4)	1
Mohamal Haikal Mohamat Sukri	31.12.2003	1		
Ahmad Syahir Sahimi	10.04.1992	11		
Midfielders:				
Muhammad Shahfiq Ghani	17.03.1992	2	(13)	1
Izz Anaqi Fauzi	05.09.2004		(1)	
Muhammad Noor Mohammad Ariff	06.09.1998		(7)	
Huzaifah Abdul Aziz	26.07.1994	10		
Vincent Bezecourt (FRA)	10.06.1993	16		7
Gareth Low Jun Kit	28.02.1997	8	(12)	3
Muthukumaran Navaretthinam	18.02.2003		(1)	
Joshua Bernard Pereira	10.10.1997	21		2
Syady Sufwan Putra Rashid	28.04.2002		(1)	
Faisal Shahril	07.05.1997	1	(5)	
Muhammad Azri Suhaili Muhammad Azar	12.07.2002	2	(2)	
Takahiro Tezuka (JPN)	25.06.1998	24		1
Zach Sebastian Whitehouse (ENG)	03.12.2005		(2)	
Forwards:				
Naufal Azman	10.07.1998	11	(9)	5
Christos Chua	29.10.2004		(1)	
Muhammad Danish Haziq Mohammad Hanafi	12.06.2002	3	(1)	
Mohamed Iqbal Hamid Hussain	06.06.1993	21	(2)	6
Muhammad Syazwan Abdul Latiff	21.02.2006		(2)	
Sham Mohamed	18.03.2003	1	(2)	
Mohammed Arshad Shamim	09.12.1999	8	(1)	
Yushi Yamaya (JPN)	11.06.2000	24		10

HOUGANG UNITED FOOTBALL CLUB

Year of Formation: 1998 (*as Marine Castle United*)
Stadium: Jalan Besar Stadium, Kallang, Singapore (6,000)

Trainer:			
	Firdaus Kassim	07.07.1987	
[18.04.2023]	Marko Kraljević (CRO)	01.11.1965	

THE SQUAD	DOB	M	(s)	G
Goalkeepers:				
Muhammad Zainol Gulam Mohamed	04.02.1992	2		
Zaiful Nizam Abdullah	24.07.1987	22		
Defenders:				
Anders Eric Aplin	21.06.1991	13	(3)	
Iryan Fandi Ahmad	09.08.2006		(2)	
Naoki Kuriyama (JPN)	08.12.1990	19		
Muhammad Nazrul Ahmad Nazari	11.02.1991	20	(1)	2
Muhammad Nasrul Pujiyono	07.08.2002		(1)	
Abdil Qaiyyim Abdul Mutalib	14.05.1989	2	(1)	
Kazuma Takayama (JPN)	14.07.1996	23		2
Jordan Nicolas Vestering	25.09.2000	14	(1)	1
Midfielders:				
Umar Akhbar Ramle	02.05.1996	1	(3)	
Muhammad Zulfahmi Mohd Arifin	05.10.1991	19		
Brian Federico Ferreira (ARG)	24.05.1994	7	(2)	
Amy Recha Pristifana Samion	13.05.1992	14	(6)	6
Ajay Robson Muralithran	06.12.2003	9	(6)	
Muhammad Irwan Shah Arismail	02.11.1988	21	(2)	
Mohamad Sahil Suhaimi	08.07.1992	16	(7)	2
Shahdan Sulaiman	09.05.1988		(3)	
Muhammad Amir Zalani	04.12.1996	3	(14)	
Forwards:				
Idraki Mohd Adnan	13.03.1999		(2)	
Muhammad Hazzuwan Mohammad Halim	02.02.1994	14	(5)	4
Muhammad Fairoz Hasan	26.11.1988		(10)	
Raimi Ishraq Danial Abdullah	03.04.2003		(1)	
Kristijan Krajček (CRO)	01.10.1993	20		9
Đorđe Maksimović (SRB)	09.10.1999	10		4
Gabriel Quak Jun Yi	22.12.1990	10	(13)	6
Louka Vaissierre Tan Jun Cheng	13.06.2005	5	(1)	

LION CITY SAILORS FOOTBALL CLUB BISHAN

Year of Formation: 1945 (*as Police SA*); 1997 (*as Home United FC*)
Stadium: Bishan Stadium, Bishan, Singapore (6,254)

Trainer:			
	Risto Vidaković (SRB)	05.01.1969	
[19.06.2023]	Daan van Oudheusden (NED)	21.07.1992	
[30.06.2023]	Aleksandar Ranković (SRB)	31.08.1978	

THE SQUAD	DOB	M	(s)	G
Goalkeepers:				
Muhammad Zharfan Rohaizad	21.02.1997	24		
Defenders:				
Muhammad Nur Adam Abdullah	13.04.2001	15	(2)	

		DOB	M	(s)	G
	Muhammad Idzham Eszuan Shah	14.02.2007		(1)	
	Bah Bill Abuzar Mamadou	08.09.2001	5	(2)	
	Mohammad Hafiz Mohd Nor	22.08.1988	18	(4)	2
	Manuel Herrera López „Súper" (ESP)	21.11.1991	8	(1)	1
	Muhammad Zulqarnaen Suzliman	29.03.1998	6	(12)	
	Lionel Tan Han Wei	05.06.1997	19	(5)	2
	Christopher James van Huizen	28.11.1992	14	(3)	1
	Bailey Colin Wright (AUS)	28.07.1992	4		2
Midfielders:	Nur Muhammad Asis Ijilrali	04.03.2004		(3)	
	Diego Hipólito da Silva *Lopes* (BRA)	03.05.1994	22	(1)	8
	Hariss Harun	19.11.1990	20	(2)	
	Anumanthan Mohan Kumar	14.07.1994	18	(3)	
	Nathan Mao Zhixuan	26.03.2008	1	(2)	
	Muhamad Rusyaidi Salime	25.04.1998		(8)	
	Adam Swandi	12.01.1996	14	(8)	3
	Muhammad Hami Syahin Said	16.11.1998	19	(4)	2
	Jonan Tan En Yuan	27.06.2006		(2)	
Forwards:	Abdul Rasaq Ishiekwene Akeem	16.06.2001	12	(6)	10
	Muhammad Shawal Anuar	29.04.1991	9	(12)	10
	Bernie Alpha Ibini-Isei (AUS)	12.09.1992	3	(5)	
	Maxime Christophe Lestienne (BEL)	17.06.1992	24		25
	Haiqal Pashia Anugrah	29.11.1998		(10)	2
	Danish Qayyum Putra Shahrin Azhar	02.02.2002		(1)	
	Mohammed Arshad Shamim	09.12.1999		(4)	
	Kodai Tanaka (JPN)	23.12.1999	3		3
	Richairo Juliano Živković (CUW)	05.09.1996	6	(1)	6

TAMPINES ROVERS FOOTBALL CLUB
Year of Formation: 1945
Stadium: **Stadium**: Our Tampines Hub Stadium / Jalan Besar Stadium, Kallang, Tampines / Singapore (5,000 / 6,000)

Trainer:	Gavin Lee	08.09.1990			
	THE SQUAD	**DOB**	**M**	**(s)**	**G**
Goalkeepers:	Muhammad Ridhuan Barudin	23.03.1987	3	(1)	
	Muhammad Syazwan Buhari	22.09.1992	21		
Defenders:	Muhammad Amirul Haikal Mohamed Hassim	11.10.1999	1	(5)	
	Glenn Kweh Jia Jin	26.03.2000	22	(1)	1
	Mohammad Irfan Mohammad Najeeb	31.07.1999	22		
	Kegan Phang Jun	23.01.2006		(1)	1
	Adam Reefdy Muhammad Hasyim	08.05.2004		(2)	
	Muhammad Ryaan Sanizal	31.05.2002	3	(8)	1
	Shuya Yamashita (JPN)	16.04.1999	23	(1)	1
	Miloš Zlatković (SRB)	01.01.1997	16	(2)	1
Midfielders:	Jovan Ang	23.08.2006	1	(1)	
	Caelan Cheong Tze Jay	22.01.2006		(1)	
	Joel Chew Joon Herng	09.02.2000	17	(7)	

		DOB	M	(s)	G
	Syed Firdaus Hassan	30.05.1998	2	(10)	
	Muhammad Yasir Hanapi	21.06.1989	21		7
	Mohammad Firdaus Kasman	24.01.1988		(4)	
	Kyoga Nakamura (JPN)	25.04.1996	23		3
	Rezza Rezky Ramadhani	08.11.2000	1	(9)	
	Shah Shahiran (JPN)	14.11.1999	22		1
	Anton Yen Goh	26.05.2005		(1)	
	Ong Yu En	03.10.2003	3	(6)	1
Forwards:	Muhammad Saifullah Mohammad Akbar	31.01.1999	9	(12)	1
	Matthias Josaphat Koesno	13.07.2006		(1)	
	Boris Kopitović (MNE)	27.04.1995	22	(1)	17
	Muhammad Faris Ramli	24.08.1992	24		9
	Mohamad Taufik Suparno	31.10.1995	8	(11)	2

TANJONG PAGAR UNITED FOOTBALL CLUB

Year of Formation: 1974 (*as Tiong Bahru Constituency SC*)
Stadium: Jurong Eat Stadium, Jurong East, Singapore (2,700)

Trainer:	Hasrin Jailani	22.11.1975			
	THE SQUAD	**DOB**	**M**	**(s)**	**G**
Goalkeepers:	Mohammad Fashah Iskandar Rosedin	15.02.1995	6	(1)	
	Kenji Syed Rusydi Al Asyraf bin Syed Ali	12.07.1998	18		
Defenders:	Syed Muhamad Akmal Syed Abdul Aziz	28.04.2000	4		
	Ahmad Dzulfaqar Mohamed Mustaffa	19.03.2004		(1)	
	Muhammad Shakir Hamzah	20.10.1992	18	(3)	4
	Pedro Henrique *Dias* de Amorim (BRA)	23.09.1992	7	(1)	1
	Febryan Putra Pradana	08.02.2004	3	(2)	
	Muhammad Raihan Abdul Rahman	07.02.1991		(1)	
	Mohammad Faizal Roslan	30.05.1995	21	(2)	3
	Muhammad Shahrin Saberin	14.02.1995	10	(1)	1
	Tajeli Salamat	07.02.1994	15	(5)	1
Midfielders:	Azim Akbar	17.12.2001	9	(6)	
	Akram Azman	21.11.2000	19	(2)	2
	Mohammad Daniel Elfian Mohammad Faizal	23.11.2004	2	(1)	
	Muhammad Naqiuddin Ahmad Eunos	12.01.1997	15	(9)	1
	Mohamad Naufal Ilham Mohamad Ismail	16.08.2002	4	(5)	
	Muhammad Farid Jafiri	05.01.2004		(1)	
	Muhammad Raihan Abdul Rahman	07.02.1991	13	(7)	
	Muhammad Zahil Abdul Rahman	03.03.2003		(1)	
	Muhammad Fathullah Rahmat	05.09.2002	8	(4)	
	Blake Ashley Ricciuto Harriott (AUS)	02.09.1992	19	(2)	4
	Mirko Šugić (CRO)	25.04.1994	23		1
	Muhammad Zulfadhmi Suzliman	10.02.1996	4	(13)	
	George Lloyd Thomas (ENG)	12.06.2006	1		
Forwards:	Khairul Hairie Abdul Hamid	09.04.2000	6	(7)	1
	Mohammad Khairul Amri Mohammad Kamal	14.03.1985	5	(14)	3
	Muhammad Syukri Mohd Bashir	11.04.1998	14	(8)	6
	Marin Mudražija (CRO)	30.06.1995	18	(3)	9

Saiful Azhar Saifuddin	19.12.2004	1	(1)	
Charlie Traynor (AUS)	21.03.2005	1		

YOUNG LIONS FOOTBALL CLUB (Singapore U-23 Team)
Year of Formation: 2002
Stadium: Jalan Besar Stadium, Kallang, Singapore (6,000)

Trainer: Philippe Aw Thiam Hor	01.01.1970
[18.05.2023] Mohamed Fadzuhasny Juraimi	03.09.1979
[13.07.2023] Mohamed Nazri Nasir	17.01.1971

THE SQUAD	DOB	M	(s)	G
Goalkeepers: Wayne Chew	22.10.2001	3		
Prathip Ekamparam	21.08.2001	1		
Umayr Sujuandy	18.02.2003	1		
Muhammad Aizil Mohamed Yazid	24.12.2004	19	(1)	
Defenders: Andrew Aw Yong Rei	29.03.2003	10	(3)	
Danial Scott Crichton	11.03.2003	2	(1)	
Jordan Efa Okwudili Emaviwe	09.04.2001	6	(1)	3
Muhammad Fairuz Muhammad Fazli Koh	20.01.2005	17	(6)	1
Muhammad Danish Haqimi Mohamad Syaruddin	22.03.2007		(2)	
Syafi Nur Hilman Norhisam	11.01.2003		(2)	
Kieran Teo Jia Jun	06.04.2004	18		1
Mohamed Sahffee Jubpre	31.03.2001		(1)	
Muhammad Harith Kanadi	01.08.2000	9	(8)	1
Jun Kobayashi (JPN)	07.05.1999	24		2
Keshav Kumar Kishore Kumar	06.02.2001	1	(1)	
Muhammad Ikram Mikhail Mustaqim	05.08.2005		(4)	
Mohamed Ilhan Mohamed Noor	19.12.2002	10	(4)	
Adam Reefdy Muhammad Hasyim	08.05.2004	4	(3)	
Raoul Suhaimi	18.09.2005	9		
Muhammad Aqil Mohamed Yazid	09.01.2004	11	(4)	1
Midfielders: Jared Sean Gallagher	18.01.2002	19		2
Ryu Hardy Yussri	20.04.2005	3	(5)	1
Iman Hakim Ibrahim	09.03.2002	5	(3)	
Kan Kobayashi (JPN)	27.04.1999	18		1
Kai Sheng Loo	09.01.2007		(2)	
Elijah Lim Teck Yong	08.05.2001	9	(6)	2
Jacob William Mahler	10.04.2000	3	(1)	
Amir Syafiz Abdul Rashid	21.06.2004	6	(1)	
Harhys Rizal Gareth Stewart	20.03.2001	18	(3)	3
Forwards: Muhammad Amiruldin Asraf Muhammad Nodin	08.01.1997	4	(2)	2
Vasileios Zikos Chua Ming Xun	15.04.2002	2	(2)	1
Muhammad Haziq Kamarudin	06.03.2001	4	(11)	1
Muhammad Syahadat Masnawi	07.11.2001	15	(5)	1
Ryan Praveen Tamil Selven	28.05.2002		(8)	
Syafi'ie Basheer Redzuan	25.10.2003	7	(7)	1
Muhammad Farhan Zulkifli	10.11.2002	6	(1)	

NATIONAL TEAM
INTERNATIONAL MATCHES 2023/2024

08.09.2023	Bishan	Singapore - Tajikistan	0-2(0-1)	(F)
12.09.2023	Bishan	Singapore - Chinese Taipei	3-1(1-1)	(F)
12.10.2023	Kallang	Singapore - Guam	2-1(2-0)	(WCQ)
17.10.2023	Dededo	Guam - Singapore	0-1(0-0)	(WCQ)
16.11.2023	Seoul	Korea Republic - Singapore	5-0(1-0)	(WCQ)
21.11.2023	Kallang	Singapore - Thailand	1-3(1-1)	(WCQ)
21.03.2024	Kallang	Singapore - China P.R.	2-2(0-2)	(WCQ)
26.03.2024	Tianjin	China P.R. - Singapore	4-1(1-1)	(WCQ)
06.06.2024	Kallang	Singapore - Korea Republic	0-7(0-2)	(WCQ)
11.06.2024	Bangkok	Thailand - Singapore	3-1(1-0)	(WCQ)

08.09.2023, Friendly International
Bishan Stadium, Bishan; Attendance: 2,211
Referee: Thoriq Munir Alkatiri (Indonesia)
SINGAPORE - TAJIKISTAN   **0-2(0-1)**
SIN: Hassan Abdullah Sunny, Ryhan Euan Griffin Stewart (60.Muhammad Zulqarnaen Suzliman), Mohammad Hafiz Mohd Nor (60.Christopher James van Huizen), Jacob Mahler, Lionel Tan Han Wei, Hariss Harun, Song Ui-young (78.Muhammad Zulfahmi Mohd Arifin), Anumanthan Mohan Kumar (78.Daniel Goh Ji Xiong), Nur Muhammad Shah Shahiran (89.Shahdan Sulaiman), Adam Swandi [*sent off 73*], Muhammad Faris Ramli (60.Muhammad Shawal Anuar). Trainer: Takayuki Nishigaya (Japan).

12.09.2023, Friendly International
Bishan Stadium, Bishan; Attendance: n/a
Referee: Pineda Mick Jon (Philippines)
SINGAPORE - CHINESE TAIPEI   **3-1(1-1)**
SIN: Hassan Abdullah Sunny, Muhammad Zulqarnaen Suzliman (86.Mohammad Hafiz Mohd Nor), Lionel Tan Han Wei, Jacob Mahler, Shakir Hamzah (46.Christopher James van Huizen), Muhammad Zulfahmi Mohd Arifin (77.Shahdan Sulaiman), Song Ui-young (58.Hariss Harun), Anumanthan Mohan Kumar, Nur Muhammad Shah Shahiran, Joel Chew Joon Herng (46.Muhammad Shawal Anuar), Mohamed Iqbal Hamid Hussain (58.Muhammad Hami Syahin Said). Trainer: Takayuki Nishigaya (Japan).
Goals: Song Ui-young (42), Lionel Tan Han Wei (65), Muhammad Shawal Anuar (80).

12.10.2023, 23rd FIFA World Cup Qualifiers / 19th AFC Asian Cup Qualifiers first round
National Stadium, Kallang; Attendance: 10,355
Referee: Mohammad Ghabayen (Jordan)
SINGAPORE - GUAM   **2-1(2-0)**
SIN: Hassan Abdullah Sunny, Hariss Harun, Christopher James van Huizen (90+1.Muhammad Amirul Adli Azmi), Muhammad Zulqarnaen Suzliman (61.Mohammad Hafiz Mohd Nor), Lionel Tan Han Wei, Jacob Mahler, Song Ui-young (77.Muhammad Zulfahmi Mohd Arifin), Anumanthan Mohan Kumar, Muhammad Hami Syahin Said (61.Adam Swandi), Nur Muhammad Shah Shahiran, Muhammad Shawal Anuar (61.Ilhan Fandi Ahmad). Trainer: Takayuki Nishigaya (Japan).
Goals: Christopher James van Huizen (35), Jacob Mahler (41).

17.10.2023, 23rd FIFA World Cup Qualifiers / 19th AFC Asian Cup Qualifiers first round
GFA National Training Center, Dededo; Attendance: 1,012
Referee: Chen Hsin-chuan (Chinese Taipei)
GUAM - SINGAPORE   **0-1(0-0)**
SIN: Hassan Abdullah Sunny, Hariss Harun, Christopher James van Huizen (46.Mohammad Hafiz Mohd Nor), Muhammad Zulqarnaen Suzliman (90+3.Muhammad Amirul Adli Azmi), Lionel Tan Han Wei, Jacob Mahler, Song Ui-young (74.Shahdan Sulaiman), Anumanthan Mohan Kumar, Muhammad Hami Syahin Said (46.Muhammad Shawal Anuar), Nur Muhammad Shah Shahiran, Ilhan Fandi Ahmad (61.Mohamed Iqbal Hamid Hussain). Trainer: Takayuki Nishigaya (Japan).
Goal: Muhammad Shawal Anuar (82).

16.11.2023, 23rd FIFA World Cup Qualifiers / 19th AFC Asian Cup Qualifiers second round
Seoul World Cup Stadium, Seoul; Attendance: 64,381
Referee: Bijan Heydari (Iran)
KOREA REPUBLIC - SINGAPORE   **5-0(1-0)**
SIN: Hassan Abdullah Sunny, Hariss Harun, Muhammad Safuwan Baharudin, Muhammad Nazrul Ahmad Nazari (73.Christopher James van Huizen), Irfan Fandi Ahmad (46.Anumanthan Mohan Kumar), Lionel Tan Han Wei, Ryhan Euan Griffin Stewart (46.Mohammad Hafiz Mohd Nor), Jacob Mahler, Song Ui-young (82.Ilhan Fandi Ahmad), Nur Muhammad Shah Shahiran, Muhammad Shawal Anuar (61.Adam Swandi). Trainer: Takayuki Nishigaya (Japan).

21.11.2023, 23rd FIFA World Cup Qualifiers / 19th AFC Asian Cup Qualifiers second round
National Stadium, Kallang; Attendance: 29,644
Referee: Ahmad Faisal Al Ali (Kuwait)
SINGAPORE - THAILAND   **1-3(1-1)**
SIN: Hassan Abdullah Sunny, Hariss Harun, Jacob Mahler, Muhammad Safuwan Baharudin, Muhammad Nazrul Ahmad Nazari, Lionel Tan Han Wei (77.Ikhsan Fandi Ahmad), Ryhan Euan Griffin Stewart (77.Christopher James van Huizen), Shahdan Sulaiman (20.Muhammad Shawal Anuar), Song Ui-young (77.Muhammad Zulfahmi Mohd Arifin), Anumanthan Mohan Kumar, Ilhan Fandi Ahmad (61.Muhammad Hami Syahin Said). Trainer: Takayuki Nishigaya (Japan).
Goal: Muhammad Shawal Anuar (41).

21.03.2024, 23rd FIFA World Cup Qualifiers / 19th AFC Asian Cup Qualifiers second round
National Stadium, Kallang; Attendance: 28,414
Referee: Shaun Evans (Australia)
SINGAPORE - CHINA P.R.   **2-2(0-2)**
SIN: Hassan Abdullah Sunny, Hariss Harun, Muhammad Safuwan Baharudin, Muhammad Nazrul Ahmad Nazari, Muhammad Zulqarnaen Suzliman (46.Muhammad Faris Ramli), Lionel Tan Han Wei (67.Jacob Mahler), Ryhan Euan Griffin Stewart (77.Song Ui-young), Anumanthan Mohan Kumar (46.Harhys Rizal Gareth Stewart Muhammad Ian Stewart), Nur Muhammad Shah Shahiran, Ikhsan Fandi Ahmad (67.Muhammad Shawal Anuar), Glenn Kweh Jia Jin. Trainer: Tsutomu Ogura (Japan).
Goals: Muhammad Faris Ramli (53), Jacob Mahler (81).

26.03.2024, 23rd FIFA World Cup Qualifiers / 19th AFC Asian Cup Qualifiers second round
Tianjin Olympic Centre, Tianjin; Attendance: 42,977
Referee: Omar Mohamed Al Ali (United Arab Emirates)
CHINA P.R. - SINGAPORE   **4-1(1-1)**
SIN: Hassan Abdullah Sunny, Hariss Harun, Muhammad Nazrul Ahmad Nazari, Jacob Mahler (70.Muhammad Zulfahmi Mohd Arifin), Irfan Fandi Ahmad, Muhammad Zulqarnaen Suzliman (46.Glenn Kweh Jia Jin), Ryhan Euan Griffin Stewart, Nur Muhammad Shah Shahiran, Harhys Rizal Gareth Stewart Muhammad Ian Stewart (76.Joel Chew Joon Herng), Muhammad Faris Ramli (59.Song Ui-young), Muhammad Shawal Anuar (60.Ikhsan Fandi Ahmad). Trainer: Tsutomu Ogura (Japan).
Goal: Muhammad Faris Ramli (22).

06.06.2024, 23rd FIFA World Cup Qualifiers / 19th AFC Asian Cup Qualifiers second round
National Stadium, Kallang; Attendance: 49,097
Referee: Sadullo Gulmurodi (Tajikistan)
SINGAPORE - KOREA REPUBLIC **0-7(0-2)**
SIN: Hassan Abdullah Sunny, Hariss Harun, Muhammad Safuwan Baharudin, Christopher James van Huizen (80.Glenn Kweh Jia Jin), Lionel Tan Han Wei (62.Muhammad Amirul Adli Azmi), Ryhan Euan Griffin Stewart (62.Ilhan Fandi Ahmad), Song Ui-young (62.Muhammad Faris Ramli), Muhammad Hami Syahin Said (62.Mohamad Taufik Suparno), Nur Muhammad Shah Shahiran, Harhys Rizal Gareth Stewart Muhammad Ian Stewart, Ikhsan Fandi Ahmad. Trainer: Tsutomu Ogura (Japan).

11.06.2024, 23rd FIFA World Cup Qualifiers / 19th AFC Asian Cup Qualifiers second round
Rajamangala Stadium, Bangkok; Attendance: 39,404
Referee: Mohanad Qasim Eessee Sarray (Iraq)
THAILAND - SINGAPORE **3-1(1-0)**
SIN: Hassan Abdullah Sunny, Hariss Harun, Muhammad Safuwan Baharudin, Ryhan Euan Griffin Stewart (46.Ilhan Fandi Ahmad), Jacob Mahler (83.Christopher James van Huizen), Muhammad Hami Syahin Said (68.Mohamad Taufik Suparno), Nur Muhammad Shah Shahiran, Harhys Rizal Gareth Stewart Muhammad Ian Stewart, Muhammad Faris Ramli (90+1.Muhammad Farhan Zulkifli), Ikhsan Fandi Ahmad, Glenn Kweh Jia Jin (68.Muhammad Nur Adam Abdullah). Trainer: Tsutomu Ogura (Japan).
Goal: Ikhsan Fandi Ahmad (57).

Name	DOB	Club
NATIONAL TEAM PLAYERS 2023/2024		
Goalkeepers		
Hassan Abdullah SUNNY	02.04.1984	*Albirex Niigata Singapore FC*
Defenders		
Muhammad Amirul ADLI Azmi	13.01.1996	*Geylang International FC Bedok*
Muhammad Safuwan BAHARUDIN	22.09.1991	*Selangor FC Shah Alam (MAS)*
Irfan FANDI Ahmad	13.08.1997	*BG Pathum United FC (THA)*
Hariss HARUN	19.11.1990	*Lion City Sailors FC*
Jacob MAHLER	10.04.2000	*Madura United FC Pamekasan (IDN)*
Muhammad Nazrul Ahmad NAZARI	11.02.1991	*Hougang United FC*
Ryhan Euan Griffin STEWART	15.02.2000	*BG Pathum United FC (THA)*
Muhammad Zulqarnaen SUZLIMAN	29.03.1998	*Lion City Sailors FC*
Lionel TAN Han Wei	05.06.1997	*Lion City Sailors FC*
Midfielders		
Muhammad Nur Adam ABDULLAH	13.04.2001	*Young Lions FC*
Muhammad Zulfahmi Mohd ARIFIN	05.10.1991	*Hougang United FC; 09.11.2023-> Bhayangkara Presisi Indonesia FC Bekasi (IDN)*
Joel CHEW Joon Herng	09.02.2000	*Tampines Rovers FC*
Anumanthan Mohan KUMAR	14.07.1994	*Lion City Sailors FC*

Mohammad Hafiz Mohd NOR	22.08.1988	*Lion City Sailors FC*
Nur Muhammad Shah SHAHIRAN	14.11.1999	*Tampines Rovers FC*
SONG Ui-young	08.11.1993	*Persatuan Sepakbola Surabaya (IDN); 07.03.2024-> Lion City Sailors FC*
Harhys Rizal Gareth Stewart Muhammad Ian STEWART	20.03.2001	*Chiangrai United FC (THA)*
Shahdan SULAIMAN	09.05.1988	*Hougang United FC*
Adam SWANDI	12.01.1996	*Lion City Sailors FC*
Muhammad Hami SYAHIN Said	16.12.1998	*Lion City Sailors FC*
Christopher James VAN HUIZEN	28.11.1992	*Lion City Sailors FC*

Forwards

Muhammad Shawal ANUAR	29.04.1991	*Lion City Sailors FC*
Ikhsan FANDI Ahmad	09.04.1999	*BG Pathum United FC (THA)*
Ilhan FANDI Ahmad	08.11.2002	*KMSK Deinze II (BEL)*
Daniel GOH Ji Xiong	13.08.1999	*Balestier Khalsa FC*
Mohamed Iqbal Hamid HUSSAIN	06.06.1993	*Geylang International FC Bedok*
Glenn KWEH Jia Jin	26.03.2000	*Tampines Rovers FC*
Muhammad Faris RAMLI	24.08.1992	*Tampines Rovers FC*
Mohamad Taufik SUPARNO	31.10.1995	*Tampines Rovers FC*
Muhammad Farhan ZULKIFLI	10.11.2002	*Young Lions FC*

National coaches

Takayuki NISHIGAYA (Japan) [25.04.2022 – 29.01.2024]	12.05.1973
Tsutomu OGURA (Japan) [from 01.02.2024]	18.07.1966

SRI LANKA

Federation Directory:
Football Federation of Sri Lanka
Football House 100/9 Independence Avenue, Colombo 07
Year of Formation: 1939
Member of FIFA since: 1952
Member of AFC since: 1954
Internet: www.football.lk

The Country: Democratic Socialist Republic of Sri Lanka
Capital: Sri Jayawardenapura Kotte (legislative) / Colombo (executive & judicial)
Surface: 65,610 km² / **Population**: 22,037,000 [2022] / **Time**: UTC+5.30

NATIONAL TEAM RECORDS

First international match:
01.01.1952, Colombo: Ceylon – India 0-2 (*Sri Lanka was known until 1972 as Ceylon*)

Most international caps:	Most international goals:
Channa Ediri Bandanage	Kasun Nadika Jayasuriya
64 caps (1999-2009)	**27 goals** / 56 caps (2000-2009)

NATIONAL TEAM COMPETITIONS

ASIAN NATIONS CUP		FIFA WORLD CUP	
1956	*Withdrew*	1930	
1960	*Withdrew*	1934	*Part of United Kingdom*
1964	*Withdrew*	1938	
1968	*Withdrew*	1950	*Not a member of FIFA*
1972	Qualifiers	1954	Did not enter
1976	*Withdrew*	1958	Did not enter
1980	Qualifiers	1962	Did not enter
1984	Qualifiers	1966	Did not enter
1988	Did not enter	1970	Did not enter
1992	Did not enter	1974	*Withdrew*
1996	Qualifiers	1978	*Withdrew*
2000	Qualifiers	1982	Did not enter
2004	Qualifiers	1986	Did not enter
2007	Did not enter	1990	Did not enter
2011	Qualifiers	1994	Qualifiers
2015	Qualifiers	1998	Qualifiers
2019	Qualifiers	2002	Qualifiers
2023	Qualifiers	2006	Qualifiers
		2010	Qualifiers
		2014	Qualifiers
		2018	Qualifiers
		2022	Qualifiers

OLYMPIC FOOTBALL TOURNAMENTS 1908-2020

1908 to 1928	Teams from Asia did not enter	1980	Qualifiers
		1984	Did not enter
		1988	Did not enter
1936	Part of United Kingdom	1992	Qualifiers
1948	Did not enter	1996	Did not enter
1952	Did not enter	2000	Qualifiers
1956	Did not enter	2004	Qualifiers
1960	Did not enter	2008	Did not enter
1964	Qualifiers*	2012	Qualifiers
1968	Qualifiers*	2016	Qualifiers
1972	Qualifiers*	2020	Qualifiers
1976	Did not enter		

*as Ceylon

AFC CHALLENGE CUP 2006-2014		SOUTH ASIAN FEDERATION GAMES 1984-2019		SOUTH ASIAN FOOTBALL FEDERATION CHAMPIONSHIP 1993-2023	
2006	Runners-up	1984	-	1993	Runners-up
2008	Group Stage	1985	-	1995	**Winners**
2010	Group Stage	1987	-	1997	4th Place
2012	Qualifiers	1989	Group Stage	1999	Group Stage
2014	Qualifiers	1991	Group Stage	2003	Group Stage
		1993	3rd Place	2005	Group Stage
		1995	3rd Place	2008	Semi-Finals
		1999	Group Stage	2009	Semi-Finals
AFC SOLIDARITY CUP 2016		2004	3rd Place	2011	Group Stage
		2006	Runners-up	2013	Group Stage
		2010	Group Stage	2015	Semi-Finals
2016	Group Stage	2016	Group Stage	2018	Group Stage
		2019	Group Stage	2021	Group Stage
				2023	Did not enter

SRI LANKAN CLUB HONOURS IN ASIAN CLUB COMPETITIONS

AFC Champions League 1967-1971 & 1985/1986-2024
None
Asian Football Confederation Cup 2004-2024
None
AFC President's Cup 2005-2014*
None
Asian Cup Winners Cup 1975-2003*
None
Asian Super Cup 1995-2002*
None

*defunct competitions

NATIONAL COMPETITIONS
TABLE OF HONOURS

FA Cup winners before 1985:
1948: Sunrise SC Colombo; 1949: Saunders SC Colombo; 1951: Sunrise SC Colombo; 1952: Saunders SC Colombo; 1954: Saunders SC Colombo; 1955: Saunders SC Colombo; 1960: Saunders SC Colombo; 1960: Army SC Colombo; 1963: Saunders SC Colombo; 1964: Saunders SC Colombo; 1967: Sunrise SC Colombo; 1967: Victory SC Colombo; 1969: Colombo Municipal Council SC; 1971: Colombo Municipal Council SC; 1972: Colombo Municipal Council SC; 1973: Colombo Municipal Council SC; 1982: Saunders SC Colombo; 1983/84: Saunders SC Colombo.

	CHAMPIONS	CUP WINNERS
1985	Saunders SC Colombo	Saunders SC Colombo
1986	Saunders SC Colombo	Air Force SC Colombo
1987	Saunders SC Colombo	Renown SC Colombo
1988	Old Benedictans SC Colombo	Saunders SC Colombo
1989	Saunders SC Colombo	Renown SC Colombo
1990	Renown SC Colombo	Renown SC Colombo
1991	Saunders SC Colombo	York SC Kandy
1992	Saunders SC Colombo	Saunders SC Colombo
1993	Renown SC Colombo	Saunders SC Colombo
1994	Renown SC Colombo	Renown SC Colombo
1995	Pettah United SC	Renown SC Colombo
1996	Saunders SC Colombo	Old Benedictans SC Colombo
1997	Saunders SC Colombo	Saunders SC Colombo
1997/1998	Ratnam SC Colombo	*Not known*
1998/1999	Saunders SC Colombo	Saunders SC Colombo
1999/2000	Ratnam SC Colombo	Ratnam SC Colombo
2000/2001	Saunders SC Colombo	Saunders SC Colombo
2001/2002	Saunders SC Colombo	*Not known*
2002/2003	Negombo Youth SC	Renown SC Colombo
2003	Blue Star SC Kalutara	-
2004/2005	Saunders SC Colombo	Ratnam SC Colombo
2005/2006	Negombo Youth SC	Ratnam SC Colombo
2006/2007	Ratnam SC Colombo	Negombo Youth SC
2007/2008	Ratnam SC Colombo	Police SC Colombo
2008/2009	Army SC Colombo	Ratnam SC Colombo
2009/2010	Renown SC Colombo	Navy SC Colombo
2010/2011	Don Bosco SC Negombo	Army SC Colombo
2011/2012	Ratnam SC Colombo	Navy SC Colombo
2013	Air Force SC Colombo	Army SC Colombo
2014/2015	Solid SC Anuradhapura	Colombo FC
2015/2016	Colombo FC	Army SC Colombo
2016/2017	Colombo FC	Army SC Colombo
2017/2018	Colombo FC	Army SC Colombo
2018/2019	Defenders FC Homagama	*No competition*
2019/2020	*Championship not held*	Police SC Colombo
2020/2021	*No championship*	*No competition*
2021/2022	Blue Star SC Kalutara	*No competition*
2022/2023	*No championship*	*No competition*
2023/2024	*No championship*	*No competition*

NATIONAL TEAM
INTERNATIONAL MATCHES 2023/2024

12.10.2023	Abha	Yemen - Sri Lanka	3-0(1-0)	(WCQ)
17.10.2023	Colombo	Sri Lanka - Yemen	1-1(0-1)	(WCQ)
22.03.2024	Colombo	Papua New Guinea - Sri Lanka	0-0	(F)
25.03.2024	Colombo	Sri Lanka - Bhutan	2-0(0-0)	(F)
08.06.2024	Bandar Seri Begawan	Brunei Darussalam - Sri Lanka	1-0(0-0)	(F)
11.06.2024	Bandar Seri Begawan	Sri Lanka - Brunei Darussalam	0-1(0-1)	(F)

12.10.2023, 23rd FIFA World Cup Qualifiers / 19th AFC Asian Cup Qualifiers first round
Damac Club Stadium, Khamis Mushait (Saudi Arabia); Attendance: 1,526
Referee: Nasrullo Kabirov (Tajikistan)
YEMEN - SRI LANKA   **3-0(1-0)**
SRI: Weerasinghe Sinnath Thommelage Don Sujan Perera, Niculas Harsha Fernando Kurukulasuriya, Chalana Chameera Migalahandige (90+5.Jude Supan Sebamalalainayakam), Chamod Dilshan Unkiri Hettige Don, Charitha Bandara Rathnayake Bammanne Mudiyanselage, Adhavan Rajamohan Govindarajah, Barath Sanjai Anthony Suresh, Nitharshan Santhiya Mariyathas (78.Mohamed Aman Mohamed Faizer), Mohamed Aman Mohamed Faizer (64.Mohamed Shabeer Razooniya), Ahmed Waseem Razeek (90+5.Mohamed Fasal Mohamed Naizer), Mohamed Jahufar Rifkhan Mohamed (78.Mohamed Aakib Mohamed Faizal). Trainer: Andrew Charles Morrison (Scotland).

17.10.2023, 23rd FIFA World Cup Qualifiers / 19th AFC Asian Cup Qualifiers first round
Colombo Racecourse, Colombo; Attendance: 3,000
Referee: Clifford Daypuyat (Philippines)
SRI LANKA - YEMEN   **1-1(0-1)**
SRI: Weerasinghe Sinnath Thommelage Don Sujan Perera, Asikur Rahuman Mohamed Alawadeen (55.Mohamed Aman Mohamed Faizer), Charitha Bandara Rathnayake Bammanne Mudiyanselage, Jude Supan Sebamalalainayakam, Afeel Mohamed Mohamed Nawshad, Adhavan Rajamohan Govindarajah, Barath Sanjai Anthony Suresh (38.Mohamed Fasal Mohamed Naizer), Kavindu Ishan Landa Hewage (83.Rahul Kavin Anthony Suresh), Mohamed Aakib Mohamed Faizal, Ahmed Waseem Razeek, Mohamed Jahufar Rifkhan Mohamed (83.Balapitiya Liyanaralalaghe Shenal Sandesh Pingho). Trainer: Andrew Charles Morrison (Scotland).
Goal: Charitha Bandara Rathnayake Bammanne Mudiyanselage (89).

22.03.2024, Friendly International [FIFA World Series]
Colombo Racecourse, Colombo; Attendance: 5,089
Referee: Meshari Ali Al Shammari (Qatar)
PAPUA NEW GUINEA - SRI LANKA   **0-0**
SRI: Weerasinghe Sinnath Thommelage Don Sujan Perera, Jack David Hingert, Claudio Matthias Kammerknecht (44.Chalana Chameera Migalahandige), Jason Thayaparan, Jude Supan Sebamalalainayakam, Niculas Harsha Fernando Kurukulasuriya (81.Woranda Manaram Perera Pathiranage), Steven Sacayaradjy (46.Balapitiya Liyanaralalaghe Shenal Sandesh Pingho), Adhavan Rajamohan Govindarajah (90+2.Mohamed Aakib Mohamed Faizal), Manimeldura Leon Perera (81.Oliver James Kelaart Torres), Dillon Senan De Silva, Ahmed Waseem Razeek. Trainer: Andrew Charles Morrison (Scotland).

25.03.2024, Friendly International [FIFA World Series]
Colombo Racecourse, Colombo; Attendance: 6,320
Referee: Meshari Ali Al Shammari (Qatar)
SRI LANKA - BHUTAN   **2-0(0-0)**
SRI: Weerasinghe Sinnath Thommelage Don Sujan Perera, Jack David Hingert, Jason Thayaparan, Chalana Chameera Migalahandige, Jude Supan Sebamalalainayakam, Niculas Harsha Fernando Kurukulasuriya, Adhavan Rajamohan Govindarajah, Barath Sanjai Anthony Suresh (74.Manimeldura Leon Perera), Oliver James Kelaart Torres (90+3.Mohamed Fasal Mohamed Naizer), Dillon Senan De Silva (75.Mohamed Aakib Mohamed Faizal), Ahmed Waseem Razeek (86.Rahul Kavin Anthony Suresh). Trainer: Andrew Charles Morrison (Scotland).
Goals: Dillon Senan De Silva (46), Oliver James Kelaart Torres (54).

08.06.2024, Friendly International
„Hassanal Bolkiah" National Stadium, Bandar Seri Begawan; Attendance: 500
Referee: Thorpong Somsing (Thailand)
BRUNEI DARUSSALAM - SRI LANKA   **1-0(0-0)**
SRI: Weerasinghe Sinnath Thommelage Don Sujan Perera, Jude Supan Sebamalalainayakam, Chalana Chameera Migalahandige, Woranda Manaram Perera Pathiranage (90+3.Mohamed Asmeer Lathif Mohamed), Niculas Harsha Fernando Kurukulasuriya (76.Steven Sacayaradjy), Adhavan Rajamohan Govindarajah, Manimeldura Leon Perera, Barath Sanjai Anthony Suresh, Dillon Senan De Silva (76.Mohamed Aakib Mohamed Faizal), Mohamed Jahufar Rifkhan Mohamed (56.Oliver James Kelaart Torres), Ahmed Waseem Razeek (56.Wade Dekker). Trainer: Andrew Charles Morrison (Scotland).

11.06.2024, Friendly International
„Hassanal Bolkiah" National Stadium, Bandar Seri Begawan; Attendance: 800
Referee: Usaid Jamal (Malaysia)
SRI LANKA - BRUNEI DARUSSALAM   **0-1(0-1)**
SRI: Weerasinghe Sinnath Thommelage Don Sujan Perera, Jude Supan Sebamalalainayakam, Chalana Chameera Migalahandige, Niculas Harsha Fernando Kurukulasuriya (75.Mohamed Aman Mohamed Faizer), Steven Sacayaradjy (56.Barath Sanjai Anthony Suresh), Adhavan Rajamohan Govindarajah, Manimeldura Leon Perera, Oliver James Kelaart Torres (56.Ahmed Waseem Razeek), Dillon Senan De Silva, Wade Dekker [sent off 90+3], Mohamed Jahufar Rifkhan Mohamed. Trainer: Andrew Charles Morrison (Scotland).

NATIONAL TEAM PLAYERS 2023/2024		
Name	DOB	Club
Goalkeepers		
Weerasinghe Sinnath Thommelage Don Sujan PERERA	18.07.1992	*TC Sports Club Malé (MDV)*
Defenders		
Chalana CHAMEERA Migalahandige	10.01.1993	*Colombo FC*
Chamod DILSHAN Unkiri Hettige Don	11.03.1997	*Da Grande Amigos New Generation SC (MDV)*
Niculas Harsha FERNANDO Kurukulasuriya	21.11.1992	*Blue Star SC Kalutara*
Jack David HINGERT	26.09.1990	*Brisbane RoarFC (AUS)*
Claudio Matthias KAMMERKNECHT	07.07.1999	*SG Dynamo Dresden (GER)*

Mohamed Asmeer LATHIF Mohamed	03.05.1983	*Blue Star SC Kalutara*
Woranda Manaram PERERA Pathiranage	23.06.1998	*Navy Sea Hawks FC Welisara*
Charitha Bandara RATHNAYAKE Bammanne Mudiyanselage	26.12.1993	*Colombo FC*
Jude SUPAN Sebamalalainayakam	30.07.1998	*Renown SC Colombo*
Jason THAYAPARAN	01.10.1995	*SV Eintracht Trier 05 (GER)*

Midfielders

Asikur Rahuman Mohamed ALAWADEEN	31.12.1993	*Defenders FC Homagama*
Dillon Senan DE SILVA	18.04.2002	*Wealdstone FC (ENG)*
Mohamed Aman Mohamed FAIZER	12.03.1999	*Renown SC Colombo*
Kavindu ISHAN Landa Hewage	17.10.1992	*Up Country Lions SC Nawalapitiya*
Nitharshan Santhiya MARIYATHAS	14.05.1994	*Up Country Lions SC Nawalapitiya*
Afeel Mohamed MOHAMED Nawshad	09.07.1996	*Colombo FC*
Mohamed Fasal Mohamed NAIZER	10.04.1990	*Blue Star SC Kalutara*
Manimeldura Leon PERERA	1997	*MTV Treubund Lüneburg (GER)*
Adhavan RAJAMOHAN Govindarajah	21.02.1993	*Nordic United FC Södertälje (SWE)*
Steven SACAYRADJY	22.01.1997	*FC Borgo "B" (FRA)*
Barath Sanjai Anthony SURESH	11.06.2003	*Niendorfer TSV II (GER); 05.11.2023-> Landgwarrin SC (AUS)*

Forwards

Mohamed AAKIB Mohamed Faizal	26.06.2000	*Colombo FC*
Wade DEKKER	21.04.1994	*Dandenong Thunder SC (AUS)*
Oliver James KELAART Torres	16.04.1998	*Haukar Hafnarfjörður (ISL)*
Ahmed Waseem RAZEEK	13.09.1994	*Eastern Sports Club (HKG)*
Mohamed Shabeer RAZOONIYA	27.05.2001	*Al-Etihad Abu Dhabi (UAE)*
Mohamed Jahufar Rifkhan MOHAMED	25.10.1999	*Defenders FC Homagama*
Balapitiya Liyanaralalaghe Shenal SANDESH Pingho	09.05.2002	*Up Country Lions SC Nawalapitiya*
Mohamed SHIFAN Mohamed Nazeer	19.12.1997	*Up Country Lions SC Nawalapitiya*
Rahul Kavin Anthony SURESH	04.06.2004	*Niendorfer TSV II (GER); 01.02.2024-> Landgwarrin SC (AUS)*

National coaches

Andrew Charles MORRISON (Scotland) [from 11.05.2022]	30.07.1970

SYRIA

Federation Directory:
Syrian Arab Federation for Football
Al Faihaa Sports Complex, P.O.Box. 421, Damascus
Year of Formation: 1936
Member of FIFA since: 1937
Member of AFC since: 1970
Internet: www.sfa.sy

The Country: Al-Jumhūriyyah al-Arabiyyah as-Sūriyyah (Syrian Arab Republic)
Capital: Damascus
Surface: 185,180 km^2 / **Population**: 22,933,531 [2023] / **Time**: UTC+3

NATIONAL TEAM RECORDS

First international match:
19.04.1942, Beirut: Lebanon - Syria 1-2

Most international caps:	Most international goals:
Maher Al Sayed	Firas Mohamad Al Khatib
109 caps (1999-2013)	**36 goals** / 72 caps (2001-2019)

NATIONAL TEAM COMPETITIONS

ASIAN NATIONS CUP		FIFA WORLD CUP	
1956	Not a member of the AFC	1930	Not a member of FIFA
1960		1934	
1964		1938	Did not enter
1968		1950	*Withdrew*
1972	Qualifiers	1954	Did not enter
1976	*Withdrew*	1958	Qualifiers
1980	Final Tournament (Group Stage)	1962	*Withdrew*
1984	Final Tournament (Group Stage)	1966	*Withdrew*
1988	Final Tournament (Group Stage)	1970	Did not enter
1992	Qualifiers	1974	Qualifiers
1996	Final Tournament (Group Stage)	1978	*Withdrew*
2000	Qualifiers	1982	Qualifiers
2004	Qualifiers	1986	Qualifiers
2007	Qualifiers	1990	Qualifiers
2011	Final Tournament (Group Stage)	1994	Qualifiers
2015	Qualifiers	1998	Qualifiers
2019	Final Tournament (Group Stage)	2002	Qualifiers
2023	Final Tournament (2nd Round of 16)	2006	Qualifiers
		2010	Qualifiers
		2014	*Disqualified*
		2018	Qualifiers
		2022	Qualifiers

OLYMPIC FOOTBALL TOURNAMENTS 1908-2020

1908 to 1928	Teams from Asia did not enter	1980	Final Tournament (Group Stage)
		1984	Qualifiers
		1988	Qualifiers
1936	Not an IOC member	1992	Qualifiers
1948	Did not enter	1996	Qualifiers
1952	Did not enter	2000	Qualifiers
1956	Did not enter	2004	Qualifiers
1960	Did not enter	2008	Qualifiers
1964	Did not enter	2012	Qualifiers
1968	Did not enter	2016	Qualifiers
1972	Qualifiers	2020	Qualifiers
1976	Did not enter		

ASIAN GAMES 1951-2022		WEST ASIAN CHAMPIONSHIP 2000-2019		WEST ASIAN GAMES 1997-2005		ARAB NATIONS CUP 1963-2021	
1951	-	2000	Runners-up	1997	Runners-up	1963	Runners-up
1954	-	2002	4th Place	2002	3rd Place	1964	-
1958	-	2004	Runners-up	2005	Runners-up	1966	Runners-up
1962	-	2007	Semi-Finals			1985	-
1966	-	2008	Semi-Finals			1988	Runners-up
1970	-	2010	Group Stage			1992	4th Place
1974	-	2012	**Winners**			1998	Group Stage
1978	-	2014	*Withdrew*			2002	Group Stage
1982	Group Stage	2019	Group Stage			2012	-
1986	-					2021	Group Stage
1990	-						
1994	-						
1998	-						
2002	-						
2006	Group Stage						
2010	-						
2014	-						
2018	Quarter-Finals						
2022	*Withdrew*						

SYRIAN CLUB HONOURS IN ASIAN CLUB COMPETITIONS

AFC Champions League 1967-1971 & 1985/1986-2024		
None		
Asian Football Confederation Cup 2004-2024		
Al-Jaish Damascus	1	2004
Al Ittihad Aleppo	1	2010
AFC President's Cup 2005-2014*		
None		
Asian Cup Winners Cup 1975-2003*		
None		
Asian Super Cup 1995-2002*		
None		

*defunct competitions

OTHER CLUB COMPETITIONS

Arab Champions League / Arab Club Champions Cup 1982-2023
None

Arab Cup Winners Cup 1989-2002*
None

Arab Super Cup 1992-2002*
None

*defunct competition

NATIONAL COMPETITIONS
TABLE OF HONOURS

	CHAMPIONS	CUP WINNERS
1959/1960	-	Al-Ahly SC Cairo (EGY)
1960/1961	-	*No competition*
1961/1962	-	Rmeilan
1962/1963	-	*No competition*
1963/1964	-	Al Yarmouk Aleppo
1964/1965	-	*No competition*
1965/1966	-	Al Ahly Aleppo
1966/1967	Al Ahly Aleppo[1]	Al Shorta Damascus
1967/1968	Al Ahly Aleppo	Al Shorta Damascus
1968/1969	Barada Damascus	Rmeilan
1969/1970	Barada Damascus	Maghazel
1970/1971	*No competition*	*No competition*
1971/1972	*No competition*	*No competition*
1972/1973	Al Jaish SC Damascus	Al Ittihad Aleppo
1973/1974	*No competition*	*No competition*
1974/1975	Al Karamah SC Homs	*No competition*
1975/1976	Al Jaish SC Damascus	*No competition*
1976/1977	Al Ittihad Aleppo	*No competition*
1977/1978	*No competition*	Al Majd Damascus
1978/1979	Al Jaish SC Damascus	*No competition*
1979/1980	Al Shorta Damascus	Al Shorta Damascus
1980/1981	*No competition*	Al Shorta Damascus
1981/1982	Teshrin SC Latakia	Al Ittihad Aleppo
1982/1983	Al Karamah SC Homs	Al Karamah SC Homs
1983/1984	Al Karamah SC Homs	Al Ittihad Aleppo
1984/1985	Al Jaish SC Damascus	Al Ittihad Aleppo
1985/1986	Al Jaish SC Damascus	Al Jaish SC Damascus
1986/1987	Jableh SC	Al Karamah SC Homs
1987/1988	Jableh SC	Al Futowa Deir ez-Zor
1988/1989	Jableh SC	Al Futowa Deir ez-Zor
1989/1990	Al Futowa Deir ez-Zor	Al Futowa Deir ez-Zor
1990/1991	Al Futowa Deir ez-Zor	Al Futowa Deir ez-Zor
1991/1992	Al Horriya Aleppo	Al Horriya Aleppo
1992/1993	Al Ittihad Aleppo	Al Wahda SC Damascus
1993/1994	Al Horriya Aleppo	Al Ittihad Aleppo
1994/1995	Al Ittihad Aleppo	Al Karamah SC Homs
1995/1996	Al Karamah SC Homs	Al Karamah SC Homs
1996/1997	Teshrin SC Latakia	Al Jaish SC Damascus

1997/1998	Al Jaish SC Damascus	Al Jaish SC Damascus
1998/1999	Al Jaish SC Damascus	Jableh SC
1999/2000	Jableh SC	Al Jaish SC Damascus
2000/2001	Al Jaish SC Damascus	Hutteen SC Latakia
2001/2002	Al Jaish SC Damascus	Al Jaish SC Damascus
2002/2003	Al Jaish SC Damascus	Al Wahda SC Damascus
2003/2004	Al Wahda SC Damascus	Al Jaish SC Damascus
2004/2005	Al Ittihad Aleppo	Al Ittihad Aleppo
2005/2006	Al Karamah SC Homs	Al Ittihad Aleppo
2006/2007	Al Karamah SC Homs	Al Karamah SC Homs
2007/2008	Al Karamah SC Homs	Al Karamah SC Homs
2008/2009	Al Karamah SC Homs	Al Karamah SC Homs
2009/2010	Al Jaish SC Damascus	Al Karamah SC Homs
2010/2011	*No competition*	Al Ittihad Aleppo
2011/2012	Al Shorta Damascus	Al Wahda SC Damascus (*title awarded*)
2012/2013	Al Jaish SC Damascus	Al Wahda SC Damascus
2013/2014	Al Wahda SC Damascus	Al Jaish SC Damascus
2014/2015	Al Jaish SC Damascus	Al Wahda SC Damascus
2015/2016	Al Jaish SC Damascus	Al Wahda SC Damascus
2016/2017	Al Jaish SC Damascus	Al Wahda SC Damascus
2017/2018	Al Jaish SC Damascus	Al Jaish SC Damascus
2018/2019	Al Jaish SC Damascus	Al Wathba SC Homs
2019/2020	Tishreen SC Latakia	Al Wahda SC Damascus
2020/2021	Tishreen SC Latakia	Jableh Sporting Club
2021/2022	Tishreen SC Latakia	Al Ittihad SC Aleppo
2022/2023	Al Fotuwa SC Deir ez-Zor	Tishreen SC Latakia
2023/2024	Al Fotuwa SC Deir ez-Zor	Al Fotuwa SC Deir ez-Zor

[1] became later Al Ittihad Aleppo and Al Ittihad Ahli SC Aleppo (2022).

NATIONAL CHAMPIONSHIP
Syrian Premier League 2023/2024

1. **Al Fotuwa SC Deir ez-Zor**	22	15	4	3	31	-	10	49
2. Jableh Sporting Club	22	11	7	4	29	-	10	40
3. Tishreen SC Latakia	22	11	7	4	24	-	15	40
4. Hutteen Sporting Club Latakia	22	11	5	6	28	-	18	38
5. Al Ittihad Ahli SC Aleppo	22	10	7	5	35	-	27	37
6. Al Karamah SC Homs	22	7	11	4	22	-	17	32
7. Al Wathba SC Homs	22	5	11	6	17	-	18	26
8. Al Jaish SC Damascus	22	7	5	10	28	-	29	26
9. Al Taliya SC Hama	22	7	4	11	13	-	29	25
10. Al Wahda SC Damascus	22	6	6	10	19	-	24	24
11. Al Sahel SC Tartus (*Relegated*)	22	3	5	14	16	-	36	14
12. Al Hurriya SC Aleppo (*Relegated*)	22	2	2	18	16	-	45	8

Best goalscorer 2023/2024:
Mohammed Al Wakid (Al Jaish SC Damascus) – 10 goals

Promoted for the 2024/2025 season:
Al Shouleh SC Daraa, Al Shorta SC Damascus

NATIONAL CUP
Syrian Cup - Final 2023/2024

24.05.2024
Al Wahda SC Damascus - Al Fotuwa SC Deir ez-Zor   0-0; 4-5 pen

THE CLUBS 2023/2024			
Club	**Founded**	**Stadium**	**Capacity**
Al Fotuwa Sports Club Deir ez-Zor	1930 (a)	Deir ez-Zor Stadium, Deir ez-Zor	13,000
Al Hurriya Sports Club Aleppo	1952	Al Hamadaniah Stadium, Aleppo	15,000
Al Ittihad Ahli of Aleppo Sports Club	1949	Al Hamadaniah Stadium, Aleppo	15,000
Al Jaish Sports Club Damascus	1947	Al-Fayhaa Stadium, Damascus	15,000
Al Karamah Sports Club Homs	1928 (b)	„Khaled bin Walid" Stadium, Homs	35,000
Al Sahel Sports Club Tartus	1971	"Bassel Al Assad" Stadium, Tartus	10,000
Al Taliya Sports Club Hama	1941	Hama Municipal Stadium, Hama	22,000
Al Wahda Sports Club Damascus	1928 (c)	Al-Jalaa Stadium, Damascus	10,000
Al Wathba Sports Club Homs	1937 (d)	„Khaled bin Walid" Stadium, Homs	35,000
Hutteen Sporting Club Latakia	1945	"Al Assad" Stadium, Latakia	28,000
Jableh Sporting Club	1958	Al Baath Stadium, Jableh	10,000
Tishreen Sports Club Latakia	1947 (e)	"Al Assad" Stadium, Latakia	28,000

(a) *as Ghazi Club Deir ez-Zor.*
(b) *as Khalid ibn Al Walid Club Homs.*
(c) *as Qasioun SC Damascus.*
(d) *as Al Fedaa Club.*
(e) *as Al Jalaa Club Latakia.*

NATIONAL TEAM
INTERNATIONAL MATCHES 2023/2024

06.09.2023	Chengdu	Syria - Malaysia	2-2(2-0)	(F)
12.09.2023	Chengdu	China P.R. - Syria	0-1(0-0)	(F)
17.10.2023	Dubai	Syria - Kuwait	1-2(1-2)	(F)
16.11.2023	Keddah	Syria - Korea D.P.R.	1-0(1-0)	(WCQ)
21.11.2023	Jeddah	Syria - Japan	0-5(0-3)	(WCQ)
05.01.2024	Dubai	Syria - Kyrgyz Republic	1-1(0-0)	(F)
13.01.2024	Al Rayyan	Uzbekistan - Syria	0-0	(AFC)
18.01.2024	Al Rayyan	Syria - Australia	0-1(0-0)	(AFC)
23.01.2024	Al Khor	Syria - India	1-0(0-0)	(AFC)
31.01.2024	Doha	Iran - Syria	1-1 aet; 5-3 pen	(AFC)
21.03.2024	Yangon	Myanmar - Syria	1-1(1-0)	(WCQ)
26.03.2024	Dammam	Syria - Myanmar	7-0(1-0)	(WCQ)
06.06.2024	Vientiane	Korea D.P.R. - Syria	1-0(0-0)	(WCQ)
11.06.2024	Hiroshima	Japan - Syria	5-0(3-0)	(WCQ)

06.09.2023, Friendly International
East-Town Football Park Stadium, Chengdu (China P.R.); Attendance: n/a
Referee: Shen Yinhao (China P.R.)
SYRIA - MALAYSIA   **2-2(2-0)**
SYR: Ahmad Madania (Taha Mosa), Moayad Samir Al Ajan (Khaled Kurdaghli), Amro Jenyat, Omar Al Midani, Thaer Sami Krouma, Mouhamad Anez, Kamel Hmeisheh (Ahmad Abdelfattah Al Ashkar), Mohammad Al Hallak (Abdul Rahman Weiss), Mahmoud Al Mawas, Yassin Samia (Alaa-Aldin Yasin Dali), Mardig Kevork Mardigian (Mohammed Osman). Trainer: Héctor Raúl Cúper (Argentina).
Goals: Mardig Kevork Mardigian (12), Yassin Samia (41).

12.09.2023, Friendly International
Chengdu Phoenix Hill Football Stadium, Chengdu; Attendance: 12,367
Referee: Sami Al Jires (Saudi Arabia)
CHINA P.R. - SYRIA   **0-1(0-0)**
SYR: Ibrahim Rafik Almeh, Thaer Sami Krouma, Omar Al Midani, Khaled Kurdaghli, Moayad Aref Al Khouli, Abdul Rahman Weiss, Mohammad Al Marmour (46.Mohammad Al Hallak), Mohammed Osman, Mahmoud Al Mawas, Omar Jihad Al Somah (73.Alaa-Aldin Yasin Dali), Yassin Samia (83.Mustafa Jneid). Trainer: Héctor Raúl Cúper (Argentina).
Goal: Thaer Sami Krouma (59).

17.10.2023, Friendly International
Police Officers Club Stadium, Dubai (United Arab Emirates); Attendance: n/a
Referee: n/a
SYRIA - KUWAIT   **1-2(1-2)**
SYR: Ibrahim Rafik Almeh, Abdul Rahman Weiss, Thaer Sami Krouma, Moayad Aref Al Khouli, Khaled Kurdaghli, Alessio Ezequiel Naim Ham, Mohammed Osman, Ammar Manaf Ramadan, Mahmoud Al Mawas, Omar Jihad Al Somah, Mardig Kevork Mardigian (*Substitutes are not known*). Trainer: Héctor Raúl Cúper (Argentina).
Goal: Omar Jihad Al Somah (18).

16.11.2023, 23rd FIFA World Cup Qualifiers / 19th AFC Asian Cup Qualifiers second round
"Prince Abdullah Al Faisal" Sports City, Jeddah (Saudi Arabia); Attendance: 4,285
Referee: Alireza Faghani (Australia)
SYRIA - KOREA D.P.R.   **1-0(1-0)**
SYR: Ibrahim Rafik Almeh, Thaer Sami Krouma, Omar Al Midani (77.Moayad Aref Al Khouli), Khaled Kurdaghli (60.Fahad Youssef Youssef), Abdul Rahman Weiss, Alessio Ezequiel Naim Ham, Mohammed Osman, Mahmoud Al Mawas (70.Mohammad Al Hallak), Omar Mader Khribin

(70.Mardig Kevork Mardigian), Omar Jihad Al Somah, Ammar Manaf Ramadan (77.Ibrahim Fares Hesar). Trainer: Héctor Raúl Cúper (Argentina).
Goal: Omar Jihad Al Somah (37 penalty).

21.11.2023, 23rd FIFA World Cup Qualifiers / 19th AFC Asian Cup Qualifiers second round
"Prince Abdullah Al Faisal" Sports City, Jeddah (Saudi Arabia); Attendance: 6,130
Referee: Ma Ning (China P.R.)
SYRIA - JAPAN   **0-5(0-3)**
SYR: Ibrahim Rafik Almeh, Thaer Sami Krouma, Omar Al Midani, Amro Jenyat, Abdul Rahman Weiss (62.Ammar Manaf Ramadan), Fahad Youssef Youssef, Alessio Ezequiel Naim Ham, Mohammed Osman, Mouhamad Anez (86.Kamel Hmeisheh), Ibrahim Fares Hesar (62.Mahmoud Al Mawas), Omar Jihad Al Somah (46.Mardig Kevork Mardigian). Trainer: Héctor Raúl Cúper (Argentina).

05.01.2024, Friendly International
"Maktoum bin Rashid Al Maktoum" Stadium, Dubai (United Arab Emirates); Attendance: n/a
Referee: n/a
SYRIA - KYRGYZ REPUBLIC   **1-1(0-0)**
SYR: *No line-up available.* Trainer: Héctor Raúl Cúper (Argentina).
Goal: Ibrahim Fares Hesar (71).

13.01.2024, 18th AFC Asian Cup, Final Tournament, Group Stage
"Jassim bin Hamad" Stadium, Al Rayyan (Qatar); Attendance: 10,198
Referee: Ahmed Abu Bakar Said Al Kaf (Oman)
UZBEKISTAN - SYRIA   **0-0**
SYR: Ahmad Madania, Thaer Sami Krouma, Moayad Samir Al Ajan, Abdul Rahman Weiss, Aiham Hanz Ousou, Alessio Ezequiel Naim Ham, Jalil Juan José Elías, Ibrahim Fares Hesar, Mahmoud Al Aswad (70.Fahad Youssef Youssef), Pablo David Sabbag Daccarett (70.Omar Mader Khribin), Ammar Manaf Ramadan. Trainer: Héctor Raúl Cúper (Argentina).

18.01.2024, 18th AFC Asian Cup, Final Tournament, Group Stage
"Jassim bin Hamad" Stadium, Al Rayyan (Qatar); Attendance: 10,097
Referee: Adel Ali Ahmed Khamis Al Naqbi (United Arab Emirates)
SYRIA - AUSTRALIA   **0-1(0-0)**
SYR: Ahmad Madania, Thaer Sami Krouma, Moayad Samir Al Ajan, Abdul Rahman Weiss, Aiham Hanz Ousou, Alessio Ezequiel Naim Ham, Jalil Juan José Elías, Ibrahim Fares Hesar (78.Antonio Tino Lucas Yakoub), Mahmoud Al Aswad (65.Fahad Youssef Youssef), Pablo David Sabbag Daccarett (65.Omar Mader Khribin), Ammar Manaf Ramadan. Trainer: Héctor Raúl Cúper (Argentina).

23.01.2024, 18th AFC Asian Cup, Final Tournament, Group Stage
Al Bayt Stadium, Al Khor (Qatar); Attendance: 42,787
Referee: Sivakorn Pu-udom (Thailand)
SYRIA - INDIA   **1-0(0-0)**
SYR: Ahmad Madania, Thaer Sami Krouma, Moayad Samir Al Ajan, Abdul Rahman Weiss, Aiham Hanz Ousou, Alessio Ezequiel Naim Ham, Jalil Juan José Elías, Ibrahim Fares Hesar, Mahmoud Al Aswad (82.Mouhamad Anez), Pablo David Sabbag Daccarett (46.Omar Mader Khribin), Ammar Manaf Ramadan (69.Alaa-Aldin Yasin Dali). Trainer: Héctor Raúl Cúper (Argentina).
Goal: Omar Mader Khribin (76).

31.01.2024, 18th AFC Asian Cup, Final Tournament, Second Round of 16
"Abdullah bin Khalifa" Stadium, Doha (Qatar); Attendance: 8,720
Referee: Kim Jong-hyeok (Korea Republic)
IRAN - SYRIA   **1-1(0-0,1-1,1-1); 5-3 on penalties**
SYR: Ahmad Madania, Thaer Sami Krouma, Moayad Samir Al Ajan, Abdul Rahman Weiss, Aiham Hanz Ousou, Alessio Ezequiel Naim Ham, Jalil Juan José Elías, Ibrahim Fares Hesar, Mahmoud Al Aswad (58.Pablo David Sabbag Daccarett), Omar Mader Khribin (87.Alaa-Aldin Yasin Dali), Ammar

Manaf Ramadan (87.Fahad Youssef Youssef). Trainer: Héctor Raúl Cúper (Argentina).
Goal: Omar Mader Khribin (64 penalty).
Penalties: Pablo David Sabbag Daccarett, Fahad Youssef Youssef (saved), Aiham Hanz Ousou, Alaa-Aldin Yasin Dali.

21.03.2024, 23rd FIFA World Cup Qualifiers / 19th AFC Asian Cup Qualifiers second round
Thuwunna Stadium, Yangon; Attendance: 7,580
Referee: Hassan Akrami (Iran)
MYANMAR - SYRIA   **1-1(1-0)**
SYR: Ahmad Madania, Thaer Sami Krouma, Moayad Samir Al Ajan, Abdul Rahman Weiss, Aiham Hanz Ousou, Alessio Ezequiel Naim Ham (89.Elmar Abraham), Jalil Juan José Elías, Ibrahim Fares Hesar (77.Noah Leon Shamoun), Mahmoud Al Aswad (60.Daleho Irandust), Mardig Kevork Mardigian (60.Alaa-Aldin Yasin Dali), Ammar Manaf Ramadan. Trainer: Héctor Raúl Cúper (Argentina)
Goal: Alaa-Aldin Yasin Dali (71).

26.03.2024, 23rd FIFA World Cup Qualifiers / 19th AFC Asian Cup Qualifiers second round
"Prince Mohamed bin Fahd" Stadium, Dammam (Saudi Arabia); Attendance: 3,252
Referee: Pranjal Banerjee (India)
SYRIA - MYANMAR   **7-0(1-0)**
SYR: Ahmad Madania, Thaer Sami Krouma, Moayad Samir Al Ajan, Abdul Rahman Weiss, Aiham Hanz Ousou, Alessio Ezequiel Naim Ham (73.Elmar Abraham), Jalil Juan José Elías, Ibrahim Fares Hesar (84.Antonio Tino Lucas Yakoub), Mahmoud Al Aswad (64.Ammar Manaf Ramadan), Omar Mader Khribin (73.Alaa-Aldin Yasin Dali), Daleho Irandust (64.Noah Leon Shamoun). Trainer: Héctor Raúl Cúper (Argentina).
Goals: Omar Mader Khribin (30), Ibrahim Fares Hesar (47), Moayad Samir Al Ajan (51), Omar Mader Khribin (54, 63 penalty), Moayad Samir Al Ajan (68), Alaa-Aldin Yasin Dali (80).

06.06.2024, 23rd FIFA World Cup Qualifiers / 19th AFC Asian Cup Qualifiers second round
New Laos National Stadium, Vientiane (Laos); Attendance: 100
Referee: Salman Ahmad Falahi (Qatar)
KOREA D.P.R. - SYRIA   **1-0(0-0)**
SYR: Ahmad Madania, Thaer Sami Krouma, Moayad Samir Al Ajan, Omar Al Midani, Abdul Rahman Weiss, Alessio Ezequiel Naim Ham, Jalil Juan José Elías, Ibrahim Fares Hesar (76.Alaa-Aldin Yasin Dali), Omar Jihad Al Somah, Mohammad Al Hallak (46.Moayad Aref Al Khouli), Ammar Manaf Ramadan (62.Fahad Youssef Youssef). Trainer: Héctor Raúl Cúper (Argentina).

11.06.2024, 23rd FIFA World Cup Qualifiers / 19th AFC Asian Cup Qualifiers second round
Edion Peace Wing Hiroshima, Hiroshima; Attendance: 26,650
Referee: Ahmad Faisal Al Ali (Kuwait)
JAPAN - SYRIA   **5-0(3-0)**
SYR: Esteban Alejandro Glellel, Thaer Sami Krouma, Moayad Samir Al Ajan, Emiliano Javier Amor, Abdul Rahman Weiss, Alessio Ezequiel Naim Ham (89.Mouhamad Anez), Jalil Juan José Elías, Elmar Abraham (62.Ammar Manaf Ramadan), Ibrahim Fares Hesar, Tobías Ariel Cervera Cadi, Omar Jihad Al Somah. Trainer: Héctor Raúl Cúper (Argentina).

NATIONAL TEAM PLAYERS 2023/2024		
Name	DOB	Club
Goalkeepers		
Ibrahim Rafik ALMEH	18.10.1991	*Tishreen SC Latakia*
Esteban Alejandro GLELLEL	06.01.1999	*Quilmes AC Buenos Aires (ARG)*
Ahmad MADANIA	1990	*Jableh Sporting Club;* *23.02.2024-> Al Faisaly Club Amman (JOR)*

Taha MOSA	30.05.1987	Al Fotuwa SC Deir ez-Zor

Defenders

Moayad Samir AL AJAN	16.02.1993	Al Jaish SC Damascus
Moayad Aref AL KHOULI	16.10.1993	Al Jaish SC Damascus
Omar AL MIDANI	26.01.1994	Al Nasr SC Ardiyah (KUW)
Emiliano Javier AMOR	16.05.1995	CSD Colo-Colo Santiago (CHI)
Amro JENYAT	15.01.1993	Al Wahda SC Damascus
Khaled KURDAGHLI	31.01.1997	Al Wehdat Club Amman (JOR)
Aiham Hanz OUSOU	09.01.2000	BK Häcken Göteborg (SWE); 01.02.2024-> Cádiz CF (ESP)
Abdul Rahman WEISS	14.06.1998	PAE Athens Kallithea (GRE)

Midfielders

Elmar ABRAHAM	01.03.1999	Skövde AIK (SWE)
Ahmad Abdelfattah AL ASHKAR	1996	Al Fotuwa SC Deir ez-Zor
Mahmoud AL ASWAD	14.09.2003	Al Karamah SC Homs
Mohammad AL MARMOUR	17.09.1995	Al Ahed FC Beirut (LIB)
Mouhamad ANEZ	14.05.1995	Al Riffa Sports Club (BHR)
Jalil Juan José ELÍAS	25.04.1996	Johor Darul Ta'zim FC Johor Bahru (MAS)
Alessio Ezequiel Naim HAM	10.03.1994	CS Independiente Rivadavia Mendoza (ARG)
Ibrahim Fares HESAR	15.11.1993	CA Belgrano Córdoba (ARG); 04.02.2024-> Foolad Khuzestan FC Ahvaz (IRN)
Kamel HMEISHEH	23.07.1998	Al-Ahli SC Manama (BHR)
Daleho IRANDUST	04.06.1998	IF Brommapojkarna (SWE)
Mustafa JNEID	11.01.2000	Al Fotuwa SC Deir ez-Zor
Thaer Sami KROUMA	02.02.1990	Al Fotuwa SC Deir ez-Zor; 03.02.2024-> Mumbai City FC (IND)
Mohammed OSMAN	1994	Lamphun Warriors FC (THA)
Ammar Manaf RAMADAN	05.01.2001	FK DAC 1904 Dunajská Streda (SVK)
Fahad Youssef YOUSSEF	15.05.1987	Al Shorta SC Baghdad (IRQ)

Forwards

Mohammad AL HALLAK	26.11.1999	Al Ahed FC Beirut (LIB)
Mahmoud AL MAWAS	30.11.1992	Al Shorta SC Baghdad (IRQ)
Omar Jihad AL SOMAH	23.03.1989	Al-Arabi SC Doha (QAT)
Tobías Ariel CERVERA Cadi	06.08.2002	CA Rosario Central (ARG)
Alaa-Aldin Yasin DALI	03.01.1997	Naft Maysan FC Amarah (IRQ)
Omar Mader KHRIBIN	01.02.1993	Al Wahda FC Abu Dhabi (UAE)
Mardig Kevork MARDIGIAN	14.03.1992	Al Shorta SC Baghdad (IRQ)
Pablo David SABBAG Daccarett	11.06.1997	Club Alianza Lima (PER)
Yassin SAMIA	22.02.1998	Erbil SC (IRQ)
Noah Leon SHAMOUN	08.12.2002	Randers FC (DEN)
Antonio Tino Lucas YAKOUB	12.06.2002	Gefle IF (SWE)

National coaches

Héctor Raúl CÚPER (Argentina) [from 02.02.2023]	16.11.1955

TAJIKISTAN

Federation Directory:
Tajikistan National Football Federation
14/3 Ayni Street, 734025 Dushanbe City
Year of Formation: 1936
Member of FIFA since: 1994
Member of AFC since: 1994
Internet: www.fft.tj

The Country: Jumhurii Tojikiston (Republic of Tajikistan)
Capital: Dushanbe
Surface: 143,100 km^2 / **Population**: 9,750,065 [2022] / **Time**: UTC+5

NATIONAL TEAM RECORDS

First international match:
17.06.1992, Dushanbe: Tajikistan - Uzbekistan 2-2

Most international caps:
Akhtam Nazarov
86 caps (since 2011)

Most international goals:
Manuchekhr Jalilov
20 goals / 51 caps (since 2011)

NATIONAL TEAM COMPETITIONS

ASIAN NATIONS CUP		FIFA WORLD CUP	
1956		1930	
1960		1934	
1964		1938	
1968		1950	
1972	Was part of the Soviet Union	1954	
1976		1958	
1980		1962	Was part of the Soviet Union
1984		1966	
1988		1970	
1992	Did not enter	1974	
1996	Qualifiers	1978	
2000	Qualifiers	1982	
2004	Qualifiers	1986	
2007	Did not enter	1990	
2011	Qualifiers	1994	Did not enter
2015	Qualifiers	1998	Qualifiers
2019	Qualifiers	2002	Qualifiers
2023	Final Tournament (Quarter-Finals)	2006	Qualifiers
		2010	Qualifiers
		2014	Qualifiers
		2018	Qualifiers
		2022	Qualifiers

OLYMPIC FOOTBALL TOURNAMENTS 1908-2020

1908 to 1928	Teams from Asia did not enter
1936	
1948	
1952	
1956	
1960	Was part of the Soviet Union
1964	
1968	
1972	
1976	
1980	
1984	
1988	
1992	Did not enter
1996	Qualifiers
2000	Qualifiers
2004	Qualifiers
2008	Qualifiers
2012	Qualifiers
2016	Qualifiers
2020	Qualifiers

ASIAN GAMES 1951-2022		AFC CHALLENGE CUP 2006-2014		CENTRAL ASIAN NATIONS CUP 2023->	
1951	-	2006	**Winners**	2023	Group Stage
1954	-	2008	Runners-up		
1958	-	2010	3rd Place		
1962	-	2012	Group Stage		
1966	-	2014	Qualifiers		
1970	-				
1974	-				
1978	-				
1982	-				
1986	-				
1990	-				
1994	-				
1998	2nd Round				
2002	Banned by AFC				
2006	Group Stage				
2010	-				
2014	2nd Round of 16				
2018	-				
2022	-				

TAJIK CLUB HONOURS IN ASIAN CLUB COMPETITIONS

AFC Champions League 1967-1971 & 1985/1986-2024		
None		
Asian Football Confederation Cup 2004-2024		
None		
AFC President's Cup 2005-2014*		
Regar-TadAZ Tursunzoda	3	2005, 2008, 2009
Istiqlol FK Dushanbe	1	2012
Asian Cup Winners Cup 1975-2003*		
None		
Asian Super Cup 1995-2002*		
None		

*defunct competition

NATIONAL COMPETITIONS
TABLE OF HONOURS

Champions during the Soviet Union time (Tajiki SSR):
1937: Dinamo Stalinabad; 1938-47: *No competition*; 1948: Sbornaya Gissara; 1949: Dinamo Stalinabad; 1950: Dinamo Stalinabad; 1951: Dinamo Stalinabad; 1952: Profsoyuz Leninabad; 1953: Dinamo Stalinabad; 1954: Profsoyuz Leninabad; 1955: Dinamo Stalinabad; 1956: Metallurg Leninabad; 1957: Taksobaza Stalinabad; 1958: Dinamo Stalinabad; 1959: Kuroma Taboshary; 1960: Pogranichnik Dushanbe; 1961. Vakhsh Kurgan-Tyube; 1962: Pogranichnik Dushanbe; 1963: DSA Dushanbe; 1964: Zvezda Dushanbe; 1965: Zvezda Dushanbe; 1966: Volga Dushanbe; 1967. Irrigator Dushanbe; 1968; Irrigator Dushanbe; 1969: Irrigator Dushanbe; 1970: Pedagogichesky Institut Dushanbe; 1971: TIFK Dushanbe; 1972: Neftyanik Leninsky Rayon; 1973: Politekhnichesky Institut Dushanbe; 1974: SKIF Dushanbe; 1975: SKIF Dushanbe; 1976: SKIF Dushanbe; 1977: Metallurg Regar; 1978: Pakhtakor Kurgan-Tyube; 1979: Trudovye Rezervy Dushanbe; 1980: Chashma Shaartuz; 1981: Trikotazhnik Ura-Tyube; 1982: Trikotazhnik Ura-Tyube; 1983: Trikotazhnik Ura-Tyube; 1984: Trikotazhnik Ura-Tyube; 1985: Vakhsh Kurgan-Tyube; 1986: SKIF Dushanbe; 1987: SKIF Dushanbe; 1988: SKIF Dushanbe; 1989: Metallurg Tursun-Zade; 1990: Avtomobilist Kurgan-Tyube; 1991: Sokhibkor Dushanbe.

Cup winners during the Soviet Union time (Tajiki SSR):
1938: Dinamo Stalinabad; 1939: Dinamo Stalinabad; 1940: Dinamo Stalinabad; 1941: Dinamo Stalinabad; 1942: Kharkovskoe Voennoe Avia Uchilische; 1943-45: *No competition*; 1946: Dinamo Stalinabad; 1947: Sbornaya Gissara; 1948: Sbornaya Gissara; 1949: Dinamo Stalinabad; 1950: Dinamo Stalinabad; 1951: ODO Stalinabad; 1952: Dinamo Stalinabad; 1953: Dinamo Stalinabad; 1954: Profsoyuzy 1 Leninabad; 1955: Dinamo Stalinabad; 1956: Taksobaza Stalinabad; 1957: Metallurg Leninabad; 1958: Pedagogichesky Institut Leninabad; 1959: Dinamo Stalinabad; 1960: Pogranichnik Stalinabad; 1961: Pedinstitut Dushanbe; 1962: Pogranichnik Leninabad; 1963: DSA Dushanbe; 1964: Kuroma Taboshary; 1965: Vashkh Kurgan-Tyube; 1966: Volga Dushanbe; 1967: Pedagogichesky Institut Dushanbe; 1968: Stroitel' Kumsangir; 1969: Pedagogichesky Institut Dushanbe; 1970: Kommunal'nik Chkalovsky; 1971: Dinamo Dushanbe; 1972: TPI Dushanbe; 1973: TIFK Dushanbe; 1974: SKIF Dushanbe; 1975: SKIF Dushanbe; 1976: SKIF Dushanbe; 1977: Volga Dushanbe; 1978: Kuroma Taboshary; 1979: Metallurg Tursun-Zade; 1980: Chashma Shaartuz; 1981: Trikotazhnik Ura-Tyube; 1982: Irrigator Dushanbe; 1983: Volga Dushanbe; 1984: Metallurg Tursun-Zade; 1985: Avtomobilist Kurgan-Tyube; 1986: SKIF Dushanbe; 1987: Metallurg Tursun- Zade; 1988: Avtomobilist Kurgan-Tyube; 1989: Metallurg Tursun-Zade; 1990: Volga Dushanbe; 1991: Avtomobilist Kurgan-Tyube.

	CHAMPIONS	CUP WINNERS
1992	SKA-Pomir Dushanbe	SKA-Pomir Dushanbe
1993	Sitora Dushanbe	Sitora Dushanbe
1994	Sitora Dushanbe	Ravshan Kulyab
1995	SKA-Pomir Dushanbe	Pakhtakor Dzhabarrasulovsk
1996	Dinamo Dushanbe	FC Vakhsh Qurghonteppa
1997	FC Vakhsh Qurghonteppa	FK Khujand
1998	Varzob Dushanbe	Varzob Dushanbe
1999	Varzob Dushanbe	Varzob Dushanbe
2000	Varzob Dushanbe	Regar-TadAZ Tursunzoda
2001	Regar-TadAZ Tursunzoda	Regar-TadAZ Tursunzoda
2002	Regar-TadAZ Tursunzoda	FK Khujand
2003	Regar-TadAZ Tursunzoda	FC Vakhsh Qurghonteppa
2004	Regar-TadAZ Tursunzoda	Parvoz Bobojon Ghafurov
2005	FC Vakhsh Qurghonteppa	Regar-TadAZ Tursunzoda
2006	Regar-TadAZ Tursunzoda	Regar-TadAZ Tursunzoda

2007	Regar-TadAZ Tursunzoda	Parvoz Bobojon Ghafurov
2008	Regar-TadAZ Tursunzoda	FK Khujand
2009	FC Vakhsh Qurghonteppa	Istiqlol FK Dushanbe
2010	Istiqlol FK Dushanbe	Istiqlol FK Dushanbe
2011	Istiqlol FK Dushanbe	Regar-TadAZ Tursunzoda
2012	Ravshan Kulyab	Regar-TadAZ Tursunzoda
2013	Ravshan Kulyab	Istiqlol FK Dushanbe
2014	Istiqlol FK Dushanbe	Istiqlol FK Dushanbe
2015	Istiqlol FK Dushanbe	Istiqlol FK Dushanbe
2016	Istiqlol FK Dushanbe	Istiqlol FK Dushanbe
2017	Istiqlol FK Dushanbe	FK Khujand
2018	Istiqlol FK Dushanbe	Istiqlol FK Dushanbe
2019	Istiqlol FK Dushanbe	Istiqlol FK Dushanbe
2020	Istiqlol FK Dushanbe	Ravşan Kulob
2021	Istiqlol FK Dushanbe	FK Khujand
2022	Istiqlol FK Dushanbe	Istiqlol FK Dushanbe
2023	Istiqlol FK Dushanbe	Istiqlol FK Dushanbe

NATIONAL CHAMPIONSHIP
Ligai Olii Tojikiston 2023

Regular Season

```
 1. Istiqlol FK Dushanbe       18  12  4   2   42 -  8    40
 2. Ravşan Kulob               18   8  7   3   23 - 13    31
 3. FC Kuktosh Rudaki          18   9  2   7   30 - 25    29
 4. FK Eskhata Xuçand          18   8  2   8   24 - 28    26
 5. FK Fayzkand Hulbuk         18   6  7   5   24 - 22    25
 6. FK Khujand                 18   5  7   6   18 - 26    22
 7. CSKA Pomir Dushanbe        18   4  8   6   14 - 14    20
 8. Hosilot Farkhor            18   5  5   8   14 - 20    20
 9. FC Khatlon Bokhtar         18   5  1  12   11 - 33    16
10. Regar-TadAZ Tursunzoda     18   3  7   8   17 - 28    16
```

Please note: teams ranked 1-5 were qualfied for the Championship Round, while teams ranked 6-10 were qualified for the Relegation Round.

Relegation Round

```
 6. CSKA Pomir Dushanbe            22  5  11   6   16 - 15    26
 7. FK Khujand                     22  5  11   6   19 - 27    26
 8. Hosilot Farkhor                22  6   7   9   17 - 22    25
 9. Regar-TadAZ Tursunzoda (Relegated)  22  5   9   8   21 - 30    24
10. FC Khatlon Bokhtar (Relegated)  22  5   2  15   12 - 38    17
```

Championship Round

```
 1. Istiqlol FK Dushanbe       22  16  4   2   56 - 12    52
 2. Ravşan Kulob               22   9  8   5   29 - 20    35
 3. FC Kuktosh Rudaki          22  10  3   9   38 - 36    33
 4. FK Eskhata Xuçand          22  10  3   9   30 - 32    33
 5. FK Fayzkand Hulbuk         22   6  8   8   29 - 36    26
```

Best goalscorer 2023:
Alisher Jalilov (Istiqlol FK Dushanbe) – 13 goals

Promoted for the 2024 season:
Hosilot Farkhor, FC Kuktosh Rudaki

NATIONAL CUP
Tajik Cup - Final 2023

01.11.2023, Kulyab Arena, Kulyab
Istiqlol FK Dushanbe - Ravşan Kulob 1-1 aet; 4-2 pen

THE CLUBS 2023

Club	Founded	Stadium	Capacity
CSKA Pomir Dushanbe	1950	Stadion CSKA, Dushanbe	7,000
Futboli Klub Eskhata Xuçand	n/a	Stadion Bistsolagii Istiqloliyati, Khujand	20,000
Futboli Klub Fayzkand Hulbuk	1938	Stadion Central, Hulbuk	n/a
Hosilot Farkhor	n/a	Stadion Central, Farkhor	n/a
Istiqlol Futboli Klub Dushanbe	2007	Central Republican Stadium, Dushanbe	22,000
Football Club Khatlon Bokhtar	1960	Tsentralnyi Stadium, Bokhtar	10,000
Futboli Klub Khujand	1976	Stadion Bistsolagii Istiqloliyati, Khujand	20,000
Football Club Kuktosh Rudaki	2011	Stadion Neftyanik, Rudaki	6,000
Ravşan Kulob	1965	Stadion Central, Kulob	20,000
Regar-TadAZ Tursunzoda	1975	TALCO Arena, Tursunzoda	10,000

NATIONAL TEAM
INTERNATIONAL MATCHES 2023/2024

Date	Venue	Match	Result	
08.09.2023	Bishan	Singapore - Tajikistan	0-2(0-1)	(F)
17.10.2023	Kuala Lumpur	Malaysia - Tajikistan	0-2(0-1)	(F)
16.11.2023	Dushanbe	Tajikistan - Jordan	1-1(0-0)	(WCQ)
21.11.2023	Islamabad	Pakistan - Tajikistan	1-6(1-4)	(WCQ)
04.01.2024	Abu Dhabi	Hong Kong - Tajikistan	1-2(1-1)	(F)
13.01.2024	Doha	China P.R. - Tajikistan	0-0	(AFC)
17.01.2024	Al Khor	Tajikistan - Qatar	0-1(0-1)	(AFC)
22.01.2024	Al Rayyan	Tajikistan - Lebanon	2-1(0-0)	(AFC)
28.01.2024	Al Rayyan	Tajikistan United Arab Emirates	1-1 aet; 5-3 pen	(AFC)
02.02.2024	Al Rayyan	Tajikistan - Jordan	0-1(0-0)	(AFC)
21.03.2024	Riyadh	Saudi Arabia - Tajikistan	1-0(1-0)	(WCQ)
26.03.2024	Dushanbe	Tajikistan - Saudi Arabia	1-1(0-0)	(WCQ)
06.06.2024	Amman	Jordan - Tajikistan	3-0(0-0)	(WCQ)
11.06.2024	Dushanbe	Tajikistan - Pakistan	3-0(1-0)	(WCQ)

08.09.2023, Friendly International
Bishan Stadium, Bishan; Attendance: 2,211
Referee: Thoriq Munir Alkatiri (Indonesia)
SINGAPORE - TAJIKISTAN 0-2(0-1)
TJK: Dalerçon Barotov, Zoir Juraboev, Vahdat Hanonov, Tabriz Islomov, Kholmurod Nazarov, Parvizjon Umarbaev, Vajsiddin Safarov (90+1.Murodali Aqnazarov), Amirbek Juraboev, Abubakr Sulaymonov (46.Komron Tursunov), Hasan Muhammadjon Rakhimov (86.Daler Imomnazarov), Nuriddin Khamrokulov (77.Muhammadali Azizboev). Trainer: Petar Šegrt (Croatia).
Goals: Hasan Muhammadjon Rakhimov (6), Vakhdat Khanonov (90+1).

17.10.2023, Friendly International [Merdeka Tournament]
Bukit Jalil National Stadium, Kuala Lumpur; Attendance: 36,558
Referee: Hoàng Ngọc Hà (Vietnam)
MALAYSIA - TAJIKISTAN 0-2(0-1)
TJK: Dalerçon Barotov, Manuchehr Safarov, Zoir Juraboev, Vahdat Hanonov, Kholmurod Nazarov, Parvizjon Umarbaev, Alisher Shukurov (46.Nuriddin Khamrokulov), Ruslan Khayloev (69.Vajsiddin Safarov), Amirbek Juraboev, Hasan Muhammadjon Rakhimov (90+3.Murodali Aqnazarov), Rustam Soirov (81.Shakhrom Samiev). Trainer: Petar Šegrt (Croatia).
Goals: Rustam Soirov (44), Shahrom Samiev (88).

16.11.2023, 23rd FIFA World Cup Qualifiers / 19th AFC Asian Cup Qualifiers second round
Pamir Stadium, Dushanbe; Attendance: 13,650
Referee: Ali Sabah Adday Al Qaysi (Iraq)
TAJIKISTAN - JORDAN 1-1(0-0)
TJK: Rustam Yatimov, Akhtam Nazarov (77.Tabriz Islomov), Vahdat Hanonov, Manuchehr Safarov, Alisher Jalilov, Parvizjon Umarbaev, Amirbek Juraboev, Zoir Juraboev, Ehsoni Panjshanbe, Hamadoni Kamolov (90+3.Shervoni Mabatshoev), Rustam Soirov (74.Shakhrom Samiev). Trainer: Petar Šegrt (Croatia).
Goal: Shakhrom Samiev (89).

21.11.2023, 23rd FIFA World Cup Qualifiers / 19th AFC Asian Cup Qualifiers second round
Jinnah Sports Stadium, Islamabad; Attendance: 18,316
Referee: Yusuke Araki (Japan)
PAKISTAN - TAJIKISTAN 1-6(1-4)
TJK: Rustam Yatimov, Akhtam Nazarov, Vahdat Hanonov, Manuchehr Safarov (84.Sodiqjon Qurbonov), Alisher Jalilov (68.Alijoni Ayni), Parvizjon Umarbaev (88.Ruslan Khayloev), Amirbek Juraboev, Zoir Juraboev, Ehsoni Panjshanbe, Hamadoni Kamolov (84.Shervoni Mabatshoev), Rustam

Soirov (68.Shakhrom Samiev). Trainer: Petar Šegrt (Croatia).
Goals: Hamadoni Kamolov (9), Rustam Soirov (13), Parvizjon Umarbaev (26), Ehsoni Panjshanbe (45), Hamadoni Kamolov (66), Shakhrom Samiev (90+1).

04.01.2024, Friendly International
"Sheikh Zayed" Sports City, Abu Dhabi (United Arab Emirates); Attendance: n/a
Referee: n/a

HONG KONG - TAJIKISTAN   **1-2(1-1)**
TJK: Muhriddin Hasanov, Vahdat Hanonov, Zoir Juraboev, Akhtam Nazarov, Manuchehr Safarov, Ehsoni Panjshanbe, Parvizjon Umarbaev, Amirbek Juraboev, Alisher Jalilov, Rustam Soirov, Hamadoni Kamolov. *Substitutes*: Sodiqjon Qurbonov, Alisher Shukurov, Ruslan Khayloev, Hasan Muhammadjon Rakhimov, Shakhrom Samiev, Tabriz Islomov, Shervoni Mabatshoev, Alijoni Ayni. Trainer: Petar Šegrt (Croatia).
Goals: Rustam Soirov (25), Shakhrom Samiev (51).

13.01.2024, 18th AFC Asian Cup, Final Tournament, Group Stage
„Abdullah bin Khalifa" Stadium, Doha (Qatar); Attendance: 4,001
Referee: Mohammed Khaled Al Hoish (Saudi Arabia)

CHINA P.R. - TAJIKISTAN   **0-0**
TJK: Rustam Yatimov, Akhtam Nazarov, Vahdat Hanonov, Manuchehr Safarov, Alisher Jalilov, Parvizjon Umarbaev, Zoir Juraboev, Ehsoni Panjshanbe, Alisher Shukurov (89.Alijoni Ayni), Hamadoni Kamolov (90+6.Shervoni Mabatshoev), Rustam Soirov (88.Shakhrom Samiev). Trainer: Petar Šegrt (Croatia).

17.01.2024, 18th AFC Asian Cup, Final Tournament, Group Stage
Al Bayt Stadium, Al Khor; Attendance: 57,460
Referee: Hiroyuki Kimura (Japan)

TAJIKISTAN - QATAR   **0-1(0-1)**
TJK: Rustam Yatimov, Akhtam Nazarov (82.Tabriz Islomov), Vahdat Hanonov, Manuchehr Safarov, Alisher Jalilov (90+1.Nuriddin Khamrokulov), Parvizjon Umarbaev (82.Shervoni Mabatshoev), Zoir Juraboev, Ehsoni Panjshanbe, Alisher Shukurov (90+1.Alijoni Ayni), Hamadoni Kamolov [*sent off 81*], Rustam Soirov (46.Shakhrom Samiev). Trainer: Petar Šegrt (Croatia).

22.01.2024, 18th AFC Asian Cup, Final Tournament, Group Stage
„Jassim bin Hamad" Stadium, Al Rayyan (Qatar); Attendance: 11,843
Referee: Mohanad Qasim Eessee Sarray (Iraq)

TAJIKISTAN - LEBANON   **2-1(0-0)**
TJK: Rustam Yatimov, Akhtam Nazarov (90+12.Tabriz Islomov), Vahdat Hanonov, Manuchehr Safarov, Alisher Jalilov (88.Ruslan Khayloev), Parvizjon Umarbaev, Zoir Juraboev, Ehsoni Panjshanbe, Alisher Shukurov (72.Hasan Muhammadjon Rakhimov), Shervoni Mabatshoev (72.Nuriddin Khamrokulov), Rustam Soirov (72.Shakhrom Samiev). Trainer: Petar Šegrt (Croatia).
Goals: Parvizjon Umarbaev (80), Nuriddin Khamrokulov (90+2).

28.01.2024, 18th AFC Asian Cup, Final Tournament, Second Round of 16
„Ahmad bin Ali" Stadium, Al Rayyan (Qatar); Attendance: 33,584
Referee: Yusuke Araki (Japan)

TAJIKISTAN UNITED ARAB EMIRATES   **1-1(1-0,1-1,1-1); 5-3 on penalties**
TJK: Rustam Yatimov, Akhtam Nazarov, Vahdat Hanonov, Manuchehr Safarov, Alisher Jalilov (72.Nuriddin Khamrokulov), Parvizjon Umarbaev (85.Tabriz Islomov), Zoir Juraboev, Ehsoni Panjshanbe, Alisher Shukurov, Shervoni Mabatshoev (85.Hasan Muhammadjon Rakhimov), Shakhrom Samiev (72.Rustam Soirov). Trainer: Petar Šegrt (Croatia).
Goal: Vahdat Hanonov (30).
Penalties: Akhtam Nazarov, Vahdat Hanonov, Ehsoni Panjshanbe, Rustam Soirov, Alisher Shukurov.

02.02.2024, 18th AFC Asian Cup, Final Tournament, Quarter-Finals
„Ahmad bin Ali" Stadium, Al Rayyan (Qatar); Attendance: 35,530
Referee: Fu Ming (China P.R.)
TAJIKISTAN - JORDAN **0-1(0-0)**
TJK: Rustam Yatimov, Akhtam Nazarov, Vahdat Hanonov, Manuchehr Safarov, Alisher Jalilov (77.Nuriddin Khamrokulov), Parvizjon Umarbaev, Zoir Juraboev, Ehsoni Panjshanbe, Alisher Shukurov, Shervoni Mabatshoev, Shakhrom Samiev (29.Rustam Soirov; 82.Alijoni Ayni). Trainer: Petar Šegrt (Croatia).

21.03.2024, 23rd FIFA World Cup Qualifiers / 19th AFC Asian Cup Qualifiers second round
"King Saud" University Stadium, Riyadh; Attendance: 18,756
Referee: Muhammad Taqi Aljaafari Jahari (Singapore)
SAUDI ARABIA - TAJIKISTAN **1-0(1-0)**
TJK: Rustam Yatimov, Akhtam Nazarov (85.Nuriddin Khamrokulov), Vahdat Hanonov, Manuchehr Safarov, Alisher Jalilov, Parvizjon Umarbaev, Zoir Juraboev, Ehsoni Panjshanbe, Shervoni Mabatshoev (73.Alijoni Ayni), Shakhrom Samiev (73.Rustam Soirov), Hamadoni Kamolov. Trainer: Gela Shekiladze (Georgia).

26.03.2024, 23rd FIFA World Cup Qualifiers / 19th AFC Asian Cup Qualifiers second round
Pamir Stadium, Dushanbe; Attendance: 13,300
Referee: Kim Jong-hyeok (Korea Republic)
TAJIKISTAN - SAUDI ARABIA **1-1(0-0)**
TJK: Rustam Yatimov, Akhtam Nazarov, Vahdat Hanonov (35.Sodiqjon Qurbonov), Manuchehr Safarov, Alisher Jalilov, Parvizjon Umarbaev, Zoir Juraboev, Ehsoni Panjshanbe, Alijoni Ayni (52.Shervoni Mabatshoev), Shakhrom Samiev (52.Rustam Soirov), Hamadoni Kamolov (87.Tabriz Islomov). Trainer: Gela Shekiladze (Georgia).
Goal: Rustam Soirov (80).

06.06.2024, 23rd FIFA World Cup Qualifiers / 19th AFC Asian Cup Qualifiers second round
Amman International Stadium, Amman; Attendance: 14,795
Referee: Ahmed Abu Bakar Said Al Kaf (Oman)
JORDAN - TAJIKISTAN **3-0(0-0)**
TJK: Rustam Yatimov, Akhtam Nazarov, Vahdat Hanonov, Manuchehr Safarov (80.Shakhrom Samiev), Parvizjon Umarbaev, Amirbek Juraboev, Zoir Juraboev, Ehsoni Panjshanbe, Shervoni Mabatshoev (71.Nuriddin Khamrokulov), Hamadoni Kamolov (90+7.Rakhmatsho Rakhmatzoda), Rustam Soirov (90+7.Fatkhullo Olimzoda). Trainer: Gela Shekiladze (Georgia).

11.06.2024, 23rd FIFA World Cup Qualifiers / 19th AFC Asian Cup Qualifiers second round
Pamir Stadium, Dushanbe; Attendance: 7,800
Referee: Moood Bonyadifard (Iran)
TAJIKISTAN - PAKISTAN **3-0(1-0)**
TJK: Rustam Yatimov, Akhtam Nazarov (73.Tabriz Islomov), Vahdat Hanonov, Manuchehr Safarov, Parvizjon Umarbaev (84.Alisher Shukurov), Zoir Juraboev, Ehsoni Panjshanbe, Shervoni Mabatshoev (73.Sharafjon Solehov), Shakhrom Samiev (84.Abubakr Sulaymonov), Hamadoni Kamolov, Rustam Soirov (66.Nuriddin Khamrokulov). Trainer: Gela Shekiladze (Georgia).
Goals: Shervoni Mabatshoev (35), Manuchehr Safarov (65), Vahdat Hanonov (70).

NATIONAL TEAM PLAYERS 2023/2024		
Name	DOB	Club
Goalkeepers		
Dalerçon BAROTOV	29.01.1999	*FK Istaravshan*

Muhriddin HASANOV	23.09.2002	*Istiqlol FK Dushanbe*
Rustam YATIMOV	13.07.1998	*Istiqlol FK Dushanbe*

Defenders

Vahdat HANONOV	25.07.2000	*Persepolis Tehran FC (IRN)*
Daler IMOMNAZAROV	31.05.1995	*FK Eskhata Xuçand*
Tabriz ISLOMOV	06.06.1998	*Istiqlol FK Dushanbe*
Zoir JURABOEV	16.09.1998	*Neftchi Fergana FK (UZB)*
Akhtam NAZAROV	08.02.1988	*Istiqlol FK Dushanbe*
Kholmurod NAZAROV	04.02.1992	*Ravşan Kulob*
Sodiqjon QURBONOV	19.01.2003	*Istiqlol FK Dushanbe*
Rakhmatsho RAKHMATZODA	06.04.2004	*Ravşan Kulob*
Manuchehr SAFAROV	31.05.2001	*FK Lokomotiv Tashkent (UZB), 01.01.2024-> Neftchi Fergana FK*

Midfielders

Murodali AQNAZAROV	19.11.2004	*Antalyaspor Kulübü (TUR)*
Alijoni AYNI	06.08.2004	*Istiqlol FK Dushanbe; 17.02.2024-> FC Samgurali Tskhaltubo (GEO)*
Alisher JALILOV	29.08.1993	*Istiqlol FK Dushanbe*
Amirbek JURABOEV	13.04.1996	*Kedah Darul Aman FC Alor Setar (MAS); 18.03.2024-> Istiqlol FK Dushanbe*
Ruslan KHAYLOEV	29.10.2003	*FK Tyumen (RUS)*
Shervoni MABATSHOEV	04.12.2000	*Istiqlol FK Dushanbe*
Fatkhullo OLIMZODA	03.08.2005	*FC Atyrau (KAZ)*
Ehsoni PANJSHANBE	12.05.1998	*Istiqlol FK Dushanbe*
Hasan Muhammadjon RAKHIMOV	15.10.1998	*FK Buxoro (UZB)*
Alisher SHUKUROV	30.03.2002	*FC Kuktosh Rudaki; 11.02.2024-> FC Dinamo Tbilisi (GEO)*
Abubakr SULAYMONOV	18.09.2006	*FK Barkchi Hisor*
Komron TURSUNOV	24.04.1996	*Gokulam Kerala FC Kozhikode (IND)*
Parvizjon UMARBAEV	01.11.1994	*FC CSKA 1948 Sofia (BUL)*

Forwards

Muhammadali AZIZBOEV	04.01.2003	*Hosilot Farkhor*
Hamadoni KAMOLOV	16.01.2003	*Istiqlol FK Dushanbe*
Nuriddin KHAMROKULOV	25.10.1999	*Regar-TadAZ Tursunzoda; 01.02.2024-> Hosilot Farkhor*
Vajsiddin SAFAROV	15.04.1996	*CSKA Pomir Dushanbe*
Shakhrom SAMIEV	08.02.2001	*FC Milsami Orhei (MDA); 24.02.2024-> Andijon PFK (UZB)*
Rustam SOIROV	12.09.2002	*FK Lokomotiv Tashkent (UZB); 24.02.2024-> Istiqlol FK Dushanbe*
Sharafjon SOLEHOV	14.12.1999	*Regar-TadAZ Tursunzoda*

National coaches

Petar ŠEGRT (Croatia) [27.01.2022 - 16.02.2024]	08.05.1966
Gela SHEKILADZE (Georgia) [from 21.02.2024]	14.09.1970

THAILAND

Federation Directory:
Football Association of Thailand
40th Anniversary Building 286 Ramkhamhaeng Road, 10240 Bangkok
Year of Formation: 1916
Member of FIFA since: 1925
Member of AFC since: 1954
Internet: www.fathailand.org

The Country: Ratcha Anachak Thai (Kingdom of Thailand)
Capital: Bangkok
Surface: 513,115 km^2 / **Population**: 69,648,117 [2022] / **Time**: UTC+7

NATIONAL TEAM RECORDS

First international match:
20.08.1948: Thailand – China P.R. 1-6

Most international caps:	Most international goals:
Kiatisuk Senamuang	Kiatisuk Senamuang
134 caps (1993-2007)	**71 goals** / 134 caps (1993-2007)

NATIONAL TEAM COMPETITIONS

ASIAN NATIONS CUP		FIFA WORLD CUP	
1956	*Withdrew*	1930	Did not enter
1960	*Withdrew*	1934	Did not enter
1964	Qualifiers	1938	Did not enter
1968	Qualifiers	1950	Did not enter
1972	Final Tournament (3rd Place)	1954	Did not enter
1976	*Withdrew after qualifying*	1958	Did not enter
1980	Qualifiers	1962	Did not enter
1984	Qualifiers	1966	Did not enter
1988	Qualifiers	1970	Did not enter
1992	Final Tournament (Group Stage)	1974	Qualifiers
1996	Final Tournament (Group Stage)	1978	Qualifiers
2000	Final Tournament (Group Stage)	1982	Qualifiers
2004	Final Tournament (Group Stage)	1986	Qualifiers
2007	Final Tournament (Group Stage)	1990	Qualifiers
2011	Qualifiers	1994	Qualifiers
2015	Qualifiers	1998	Qualifiers
2019	Final Tournament (2nd Round of 16)	2002	Qualifiers
2023	Final Tournament (2nd Round of 16)	2006	Qualifiers
		2010	Qualifiers
		2014	Qualifiers
		2018	Qualifiers
		2022	Qualifiers

OLYMPIC FOOTBALL TOURNAMENTS 1908-2020

1908 to 1928	*Teams from Asia did not enter*	1980	Did not enter
		1984	Qualifiers
		1988	Qualifiers
1936	Did not enter	1992	Qualifiers
1948	Did not enter	1996	Qualifiers
1952	Did not enter	2000	Qualifiers
1956	Final Tournament (First Round)	2004	Qualifiers
1960	Qualifiers	2008	Qualifiers
1964	Qualifiers	2012	Qualifiers
1968	Final Tournament (Group Stage)	2016	Qualifiers
1972	Qualifiers	2020	Qualifiers
1976	*Withdrew*		

ASIAN GAMES 1951-2022		ASEAN („TIGER") CUP / AFF CUP 1996-2022		SOUTH EAST ASIAN GAMES 1959-2023	
1951	-	1996	Winners	1959	Runners-up
1954	-	1998	4th Place	1961	3rd Place
1958	-	2000	Winners	1965	Winners
1962	Group Stage	2002	Winners	1967	3rd Place
1966	Quarter-Finals	2004	Group Stage	1969	Runners-up
1970	Quarter-Finals	2007	Runners-up	1971	3rd Place
1974	Group Stage	2008	Runners-up	1973	Group Stage
1978	2nd Round	2010	Group Stage	1975	Winners
1982	Group Stage	2012	Runners-up	1977	Runners-up
1986	Group Stage	2014	Winners	1979	3rd Place
1990	4th Place	2016	Winners	1981	Winners
1994	Group Stage	2018	Semi-Finals	1983	Winners
1998	4th Place	2020	Winners	1985	Winners
2002	4th Place	2022	Winners	1987	3rd Place
2006	Quarter-Finals			1989	Semi-Finals
2010	Quarter-Finals			1991	Runners-up
2014	4th Place			1993	Winners
2018	Group Stage			1995	Winners
2022	2nd Round of 16			1997	Winners
				1999	Winners
				2001	Winners
				2003	Winners
				2005	Winners
				2007	Winners
				2009	Group Stage
				2011	Group Stage
				2013	Winners
				2015	Winners
				2017	Winners
				2019	Group Stage
				2021	Runners-up
				2023	Runners-up

THAI CLUB HONOURS IN ASIAN CLUB COMPETITIONS

AFC Champions League 1967-1971 & 1985/1986-2024		
Thai Farmers Bank FC	2	1993/1994, 1994/1995

Asian Football Confederation Cup 2004-2024		
None		

AFC President's Cup 2005-2014*		
None		

Asian Cup Winners Cup 1975-2003*		
None		

Asian Super Cup 1995-2002*		
None		

*defunct competitions

OTHER CLUB COMPETITIONS

Afro-Asian Club Championship 1986–1998*		
Thai Farmers Bank FC	1	1994

*defunct competition

NATIONAL COMPETITIONS
TABLE OF HONOURS

Until the foundation of the Thailand Premier League in 1995, The Yai Cup was the prime club competition of Thailand.

List of winners:

1916: Department of Performing Arts; 1917: Vajiravudh College; 1918: Vajiravudh College; 1919: Vajiravudh College; 1920: Chulalongkorn University; 1921: Royal Military Academy; 1922: Royal Military Academy; 1923: Royal Thai Naval Academy; 1924: Royal Thai Naval Academy; 1925: *No competition*; 1926: Kong Dem Rot; 1927: Kong Dem Rot; 1928: Suankularb Wittayalai School; 1929: Suankularb Wittayalai School; 1930: Assumption Academy; 1931: Thailand Post; 1932-1947 *No competition*; 1948: Bang Rak Academy; 1949: Assumption Academy; 1950: *No competition*; 1951: Chai Sod; 1952: Royal Thai Air Force FC; 1953: Royal Thai Air Force FC; 1954: Hakka Association of Thailand; 1955: Chula-Alumni Association; 1956: Hainan Association of Thailand; 1957: Royal Thai Air Force FC; 1958: Royal Thai Air Force FC; 1959: Royal Thai Air Force FC; 1960: Royal Thai Air Force FC; 1961: Royal Thai Air Force FC; 1962: Royal Thai Air Force FC; 1963: Royal Thai Air Force FC; 1964: Bangkok Bank FC; 1965: Royal Thai Police; 1966: Bangkok Bank FC; 1967: Bangkok Bank FC & Royal Thai Air Force FC (shared); 1968: Port Authority FC of Thailand; 1969: Raj-Vithi FC; 1970: Raj Pracha- Nonthaburi FC; 1971: Raj Pracha-Nonthaburi FC; 1972: Port Authority FC of Thailand; 1973: Raj-Vithi FC; 1974: Port Authority FC of Thailand; 1975: Raj-Vithi FC; 1976: Port Authority FC of Thailand; 1977: Raj-Vithi FC; 1978: Port Authority FC of Thailand; 1979: Port Authority FC of Thailand; 1980: Raj Pracha-Nonthaburi FC; 1981: Bangkok Bank FC; 1982: Raj Pracha-Nonthaburi FC; 1983: Royal Thai Army FC; 1984: Bangkok Bank FC; 1985: Port Authority FC of Thailand; 1986: Bangkok Bank FC; 1987: Royal Thai Air Force FC; 1988: Krung Thai Bank FC; 1989: Krung Thai Bank FC; 1990: Port Authority FC of Thailand; 1991: Thai Farmers Bank FC; 1992: Thai Farmers Bank FC; 1993: Thai Farmers Bank FC; 1994: Bangkok Bank FC; 1995: Thai Farmers Bank FC; 1996: Royal Thai Air Force FC; 1997: Sinthana FC; 1998: Sinthana FC; 1999: Royal Thai Air Force FC; 2000: Thai Farmers Bank FC; 2001: BEC Tero Sasana FC; 2002: Osotspa Saraburi FC; 2003: *No competition*; 2005: Thailand Tobacco Monopoly; 2006: Osotspa M-150; 2007: Chonburi FC; 2008: Chonburi FC.

	CHAMPIONS	CUP WINNERS
1980	-	Bangkok Bank FC
1981	-	Bangkok Bank FC
1982	-	*Not known*
1983	-	*Not known*
1984	-	Lopburi FC
1985	-	Raj Pracha-Nonthaburi FC
1986	-	*Not known*
1987	-	*Not known*
1988	-	*Not known*
1989	-	*Not known*
1990	-	*Not known*
1991	-	*Not known*
1992	-	*Not known*
1993	-	Telephone Organization of Thailand FC Kanchaburi
1994	-	UCOM Raj Pracha-Nonthaburi FC
1995	-	Royal Thai Air Force FC
1996	-	Royal Thai Air Force FC
1996/1997	Bangkok Bank FC	-
1997	Royal Thai Air Force FC	Sinthana FC
1998	Sinthana FC[1]	Bangkok Bank FC
1999	Royal Thai Air Force FC	Bangkok Bank FC
2000	BEC Tero Sasana FC	BEC Tero Sasana FC
2001	-	Royal Thai Air Force FC
2001/2002	BEC Tero Sasana FC	-
2002/2003	Krung Thai Bank FC	-
2003/2004	Krung Thai Bank FC	-
2004/2005	Thailand Tobacco Monopoly FC[2]	-
2006	Bangkok University FC[3]	-
2007	Chonburi FC	-
2008	Provincial Electricity Authority FC	-
2009	Muangthong United FC	Thai Port FC Bangkok
2010	Muangthong United FC Nonthaburi	Chonburi FC
2011	Buriram PEA FC	Buriram PEA FC
2012	Muangthong United FC Nonthaburi	Buriram PEA FC
2013	Buriram United FC	Buriram United FC
2014	Buriram United FC	Bangkok Glass FC
2015	Buriram United FC	Buriram United FC
2016	Muangthong United FC Nonthaburi	Chainat FC Chonburi FC Ratchaburi Mitr Phol FC Sukhothai FC (*shared winners*)
2017	Buriram United FC	Chiangrai United FC
2018	Buriram United FC	Chiangrai United FC
2019	Chiangrai United FC	Port FC Bangkok
2020/2021	Bangkok Glass Pathum United FC	Chiangrai United FC
2021/2022	Buriram United FC	Buriram United FC
2022/2023	Buriram United FC	Buriram United FC
2023/2024	Buriram United FC	Bangkok United FC

[1] became later Chula-Sinthana FC (2004) and Chula United FC (2008).
[2] became TTM Samut Sakhon FC in 2009.
[3] became Bangkok United FC in 2009.

NATIONAL CHAMPIONSHIP
Hilux Revo Thai League 1 - 2023/2024

1.	**Buriram United FC**	30	20	9	1	70 - 27	69
2.	Bangkok United FC	30	17	10	3	58 - 24	61
3.	Port FC Bangkok	30	16	9	5	72 - 37	57
4.	Bangkok Glass Pathum United FC	30	15	9	6	59 - 38	54
5.	Muangthong United FC Nonthaburi	30	16	4	10	64 - 45	52
6.	Ratchaburi FC	30	11	6	13	39 - 35	39
7.	Uthai Thani FC	30	9	8	13	39 - 55	35
8.	Khon Kaen United FC	30	8	11	11	44 - 58	35
9.	Lamphun Warriors FC	30	9	8	13	45 - 47	35
10.	PT Prachuap FC	30	8	10	12	33 - 39	34
11.	Chiangrai United FC	30	8	10	12	31 - 35	34
12.	Nakhon Pathom United FC	30	8	9	13	37 - 53	33
13.	Sukhothai FC	30	9	5	16	34 - 60	32
14.	Chonburi FC (*Relegated*)	30	7	9	14	33 - 52	30
15.	Police Tero FC Bangkok (*Relegated*)	30	7	7	16	38 - 67	28
16.	Trat FC (*Relegated*)	30	6	8	16	40 - 64	26

Best goalscorer 2023/2024:
Supachai Chaided (Buriram United FC) – 21 goals

Promoted for the 2024/2025 season:
Nakhon Ratchasima Mazda FC, Nongbua Pitchaya FC, Rayong FC

NATIONAL CUP
Thai FA Cup - Final 2023/2024

15.06.2024, Dragon Solar Park Stadium, Mueang; Attendance: 3,833
Referee: Songkran Bunmeekiart
Bangkok United FC – Kanchanaburi FC Mueang   1-1(0-0,1-1,1-1); 4-1 on penalties
Bangkok United: Patiwat Khammai, Nitipong Selanon (84.Wanchai Jarunongkran), Suphan Thongsong, Everton Gonçalves Saturnino (Cap), Peerapat Notchaiya (84.Kritsada Nontharat), Weerathep Pomphan, Thossawat Limwannasthian (60.Wisarut Imura), Pokklaw A-nan (77.Chayawat Srinawong), Rungrath Poomchantuek (77.Mahmoud Eid), Amadou Soukouna (99.Adisak Kraisorn), Vander Luiz Silva Souza. Trainer: Totchtawan Sripan.
Kanchanaburi FC: Chinnapong Raksri, Jirasak Kumthaisong [*sent off 71*], Jeferson de Sousa Ferreira (Cap), Prachya Fudsuparp (110.Thanachach Phocha), Kitinun Suttiwiriyakul (62.Athatcha Rahongthong), Anuwat Matarat (110.Kittiwet Lochit), Ittipol Akpatcha (85.Anusorn Phrmprasit), Richard Gertsch (77.Pichitchai Sienkrahok), Anawat Koedsombat (62.Phanthamit Praphanth), Elias Fernandes de Oliveira, Ricardo Pires Santos Júnior. Trainer: Somchai Makmool.
Goals: 0-1 Ricardo Pires Santos Júnior (65), 1-1 Vander Luiz Silva Souza (74 penalty).
Penalties: Vander Luiz Silva Souza 1-0; Elias Fernandes de Oliveira (saved); Mahmoud Eid 2-0; Phanthamit Praphanth (missed); Everton Gonçalves Saturnino 3-0; Pichitchai Sienkrahok 3-1; Adisak Kraisorn 4-1.

THE CLUBS 2023/2024

BANGKOK UNITED FOOTBALL CLUB
Year of Formation: 1988 (*as Bangkok University FC*)
Stadium: Thammasat Stadium, Rangsit (19,375)

Trainer:		
Totchtawan Sripan		13.12.1971

THE SQUAD	DOB	M	(s)	G
Goalkeepers: Patiwat Khammai	24.12.1994	26		
Warut Mekmusik	21.02.1992	4		
Defenders: Manuel Tom Bihr	17.09.1993	7	(5)	
Everton Gonçalves Saturnino (BRA)	05.04.1990	29		5
Wanchai Jarunongkran	04.02.1993	6	(12)	
Kritsada Nontharat	16.02.2001	2	(5)	
Peerapat Notchaiya	04.02.1993	24	(4)	1
Nitipong Selanon	26.05.1993	26	(3)	2
Boontawee Thepwong	02.01.1996	3	(8)	
Suphan Thongsong	26.08.1994	22	(3)	
Putthinan Wannasri	05.09.1992	1	(4)	
Midfielders: Anon Amornlerdsak	06.11.1997		(4)	
Pokklaw A-nan	04.03.1991	25	(2)	3
Ratchanat Aranpiroj	22.06.1996	1	(1)	
Wisarut Imura	18.10.1997	9	(8)	1
Bassel Zakaria Jradi (LIB)	06.07.1993	13	(4)	4
Thossawat Limwannasthian	17.05.1993	24	(3)	2
Tassanapong Mhuaddarak	12.01.1991	1	(12)	1
Weerathep Pomphan	19.09.1996	11	(3)	
Thitiphan Puangchan	01.09.1993	6		
Chayathorn Tapsuvanavon	11.03.1995		(1)	
Forwards: Mahmoud Eid (PLE)	26.06.1993	21	(3)	9
Guntapon Keereeleang	22.01.2001		(1)	
Adisak Kraisorn	01.02.1991	2	(9)	1
Chananan Pombuppha	17.03.1992		(5)	
Rungrath Poomchantuek	17.05.1992	22	(6)	6
Amadou Soukouna (FRA)	21.06.1992	2	(3)	
Chayawat Srinawong	12.01.1993	6	(13)	1
Vander Luiz Silva Souza (BRA)	17.04.1990	9	(5)	2
Willen Mota Inácio (BRA)	29.08.1988	28	(2)	20

BANGKOK GLASS PATHUM UNITED FOOTBALL CLUB
Year of Formation: 2006
Stadium: Bangkok Glass Stadium, Thanyaburi (10,114)

Trainer:		
Thongchai Sukkoki		17.08.1973
[01.01.2024] Makoto Teguramori (JPN)		14.11.1967

THE SQUAD	DOB	M	(s)	G
Goalkeepers: Chatchai Budprom	04.02.1987	11		

		DOB	M	(s)	G
	Pisan Dorkmaikaew	10.05.1984	4		
	Kittipong Phuthawchueak	26.09.1989	15		
Defenders:	Chanapach Buaphan	22.03.2004	13	(5)	
	Santiphap Channgom	23.09.1996	17	(5)	1
	Waris Chuthong	08.01.2004	8	(5)	1
	Irfan Fandi Ahmad (SIN)	13.08.1997	10	(4)	1
	Renato Kelić (CRO)	31.03.1991	5		2
	Shinnaphat Leeaoh	02.02.1997	13	(4)	1
	Seydine Mohamadou N'Diaye (NIG)	23.04.1998	6		1
	Jakkaphan Praisuwan	16.08.1994	20	(2)	3
	Wattanakorn Sawatlakhorn	23.05.1998	14	(7)	
	Apisit Sorada	28.02.1997	12	(8)	1
	Ryhan Euan Griffin Stewart (SIN)	15.02.2000	8	(7)	
	Victor Mattos *Cardozo* (BRA)	19.12.1989	12		1
Midfielders:	Freddy Antonio Álvarez Rodríguez (CRC)	26.04.1995	25	(3)	5
	Kritsada Kaman	18.03.1999	9	(2)	
	Chanathip Songkrasin	05.10.1993	15	(8)	4
	Phitiwat Sookjitthammakul	01.02.1995	22	(2)	1
	Chatmongkol Thongkiri	05.05.1997		(6)	
	Chaowat Veerachat	23.06.1996	10	(8)	1
	Sarach Yooyen	30.05.1992	21	(8)	1
Forwards:	Denis Bušnja (CRO)	14.04.2000	4	(3)	
	Teerasil Dangda	06.06.1988	11	(6)	6
	Danilo Almeida *Alves* (BRA)	11.04.1991	10	(11)	6
	Thitipat Ekarunpong	18.09.2005		(1)	
	Ikhsan Fandi Ahmad (SIN)	09.04.1999	12	(6)	8
	Patrik Gustavsson	19.04.2001	1	(6)	2
	Chananan Pombuppha	17.03.1992	5	(7)	4
	Chenrop Samphaodi	02.06.1995	6	(7)	3
	Surachat Sareepim	24.05.1986		(3)	
	Igor Sergeyev (UZB)	30.04.1993	11	(4)	5

BURIRAM UNITED FOOTBALL CLUB

Year of Formation: 1970
Stadium: Chang Arena, Buriram (32,600)

Trainer:	Arthur Papas (AUS)	12.02.1980			
[25.03.2024]	Jorge de Amorim Campos "Jorginho" (BRA)	17.08.1964			
[22.05.2024]	Emerson Pereira da Silva (BRA)	21.08.1973			

THE SQUAD		DOB	M	(s)	G
Goalkeepers:	Siwarak Tedsungnoen	20.04.1984	30		
Defenders:	Theerathon Bunmathan	06.02.1990	25	(2)	2
	Dion-Johan Chai Cools (MAS)	04.06.1996	26	(2)	2
	Sasalak Haiprakhon	08.01.1996	24	(2)	
	Pansa Hemviboon	08.07.1990	10	(8)	
	Thawatchai Inprakhon	31.03.2003	2	(1)	1
	Kim Min-hyeok (KOR)	27.02.1992	26	(2)	1
	Suporn Peenagatapho	21.07.1995	6	(6)	

		DOB	M	(s)	G
	Jefferson David Tabinas (PHI)	07.08.1998	10	(5)	1
	Chitipat Tanklang	11.04.1991	2	(5)	
	Narubadin Weerawatnodom	12.07.1994	14	(4)	1
Midfielders:	Peeradol Chamrasamee	15.09.1992	14	(5)	4
	Thanakrit Chotmuangpak	01.09.2006	8	(11)	2
	Goran Čaušić (SRB)	05.05.1992	24	(3)	8
	Kenneth William Dougall	07.05.1993	15		1
	Jonah Natan Duchowny	02.06.2005		(2)	
	Leon Pitchaya James	29.09.2001		(4)	1
	Lucas de Figueiredo Crispim (BRA)	19.06.1994	11	(1)	2
	Rattbanakorn Maikami	07.01.1998	13	(14)	2
	Seksan Ratree	14.03.2003	2	(8)	
Forwards:	Guilherme Bissoli Campos (BRA)	09.01.1998	15		16
	Arthit Boodjinda	07.08.1994	1	(5)	
	Nicolao Manuel Dumitru Cardoso (ITA)	12.10.1991	4	(1)	
	Supachai Chaided	01.12.1998	28	(1)	21
	Lonsana Doumbouya (GUI)	26.09.1990	9	(3)	3
	Piyawat Petra	15.03.2005		(2)	
	Ramil Sheydayev (AZE)	15.03.1996	10		1
	Haris Vučkić (SVN)	21.08.1992	1	(2)	
	Siam Yapp	27.05.2004		(2)	

CHIANGRAI UNITED FOOTBALL CLUB
Year of Formation: 2009
Stadium: Leo Chiang Rai Stadium, Chiangrai (13,000)

Trainer:	Gabriel Magalhães (BRA)	03.09.1983			
	THE SQUAD	**DOB**	**M**	**(s)**	**G**
Goalkeepers:	Saranon Anuin	24.03.1994	29		
	Apirak Worawong	07.01.1996	1		
Defenders:	Marco Ballini	12.06.1998	14	(3)	1
	Diego Luiz Landis (BRA)	03.05.1998	26		1
	Athibordee Etirat	28.02.1992	1	(8)	
	Veljko Filipović (SRB)	11.10.1999	11		
	Banphakit Phrmanee	28.05.1998	24	(1)	
	Suriya Singmui	07.04.1995	10	(3)	
	Tanasak Srisai	25.09.1989	6	(7)	1
	Santipap Yaemsaen	01.03.2000	3	(6)	
	Yu Yong-hyeon (KOR)	27.02.2000	17	(4)	1
Midfielders:	Thakdanai Jaihan	12.01.2002	11	(9)	1
	Phongrawit Jantawong	07.10.2000		(4)	
	Atikhun Meethoum	18.01.1995	27		
	Ronnayod Mingmitwan	14.09.1998	4	(17)	
	Suradis Pateh	21.08.2003	1	(5)	
	Apisorn Phumchat	22.03.1994	2	(8)	
	Montree Promsawat	27.08.1995	24	(2)	
	Harhys Rizal Gareth Stewart Muhammad Ian Stewart (SIN)	20.03.2001	8	(5)	2
	Settasit Suvannaseat	06.03.2002	14	(5)	1

		DOB	M	(s)	G
	Sanukran Thinjom	12.09.1993	14	(12)	1
	Siwakorn Tiatrakul	07.07.1994	26	(1)	1
	Gionata Verzura	27.05.1992	7	(14)	
Forwards:	Rosimar Amâncio „Bill" (BRA)	02.07.1984	13		7
	Fellipe Cabral *Veloso* Santos (BRA)	22.01.1994	10	(2)	5
	Nethithorn Kaewcharoen	31.07.2001		(7)	
	Kim Ji-min (KOR)	05.06.1993	4	(6)	1
	Miguel Antônio *Bianconi* Kohl (BRA)	14.05.1992	10		4
	Chinnawat Prachuabmon	04.03.2004		(9)	
	Rodrigo Araújo da Silva Filho „Rodriguinho" (BRA)	17.04.2001	11	(2)	3
	Pardsakorn Sripudpong	28.10.1994	2	(2)	
	Varrintorn Watcharapringam	18.01.2003		(1)	

CHONBURI FOOTBALL CLUB

Year of Formation: 1997

Trainer:	Makoto Teguramori (JPN)	14.11.1967
[07.12.2023]	Nutthawut Vijitwechakarn	
[09.02.2024]	Withaya Laohakul	01.02.1954

	THE SQUAD	**DOB**	**M**	**(s)**	**G**
Goalkeepers:	Patrick Phillip Bravo Deyto (PHI)	15.02.1990	27		
	Chanin Sae-Ear	05.07.1992	3		
Defenders:	Suksan Bunta	05.05.2002		(1)	
	Chalermpong Kerdkaew	07.10.1986	14		
	Noppanon Kotchpalayuk	02.08.1991	10	(1)	
	Bukkoree Lemdee	11.03.2004	10	(6)	
	Joseph Yannick M'Boné (CMR)	16.04.1993	19		
	Parinya Nusong	07.04.2005	3	(2)	
	Chatmongkol Rueangthanarot	09.05.2002	17	(6)	
	Jakkrapong Sanmahung	06.04.2002	8	(7)	
	Kittipong Sansanit	22.03.1999	15	(8)	
	Songchai Thongcham	09.06.2001	12	(2)	
	Phongsakon Trisat	19.03.2001	6	(12)	1
Midfielders:	Lee Chan-dong (KOR)	10.01.1993	18	(2)	
	Naphat Chumpanya	26.02.2007	2		
	Benjamin James Davis	24.11.2000	4	(3)	
	Leon Pitchaya James	29.08.2001	4	(5)	1
	Theerapat Kaewphung	26.12.2000		(12)	
	Kasidit Kalasin	02.07.2004	16	(3)	
	Kritsada Kaman	18.03.1999	15		
	Rachata Moraksa	21.02.2000	1	(5)	
	Phitak Phimpae	14.01.2000	1	(14)	
	Phanuphong Phonsa	03.06.1994	7	(9)	1
	Channarong Promsrikaew	17.04.2001	27	(2)	5
	Saharat Sontisawat	13.01.1998	19	(4)	
	Siraphop Wandee	22.01.2004		(2)	
Forwards:	Yotsakorn Burapha	08.06.2005	4	(22)	4
	Herlison *Caion* de Sousa Ferreira (BRA)	05.10.1990	5		

Murilo Oliveira de Freitas (BRA)	12.05.1996	15	(1)	1
Amadou Ouattara (CIV)	30.12.1990	18	(2)	3
Sittichok Paso	28.01.1999		(4)	
Nurul Sriyankem	08.02.1992		(8)	
Kroekrit Thawikan	19.11.1990		(3)	
Willian Lira Sousa (BRA)	09.12.1993	30		15

KHON KAEN UNITED FOOTBALL CLUB
Year of Formation: 2014

Trainer:	Patipat Robroo	03.06.1981
[23.10.2023]	Ekalak Thong-am	05.01.1983
[30.04.2024]	Tana Chanabut	06.06.1984

	THE SQUAD	DOB	M	(s)	G
Goalkeepers:	Chirawat Wangthaphan	26.07.1998	30		
Defenders:	Tinnakorn Asurin	19.02.1990	20		1
	Chatchai Chiakklang	10.02.1990	17	(9)	3
	Joshua Jake Bulan Grommen (PHI)	10.07.1996	8	(1)	
	Panupong Hansuri	11.01.1996	18	(2)	1
	Wasan Homsan	02.08.1991	14		
	Saksit Jitvijan	09.10.1997	10	(5)	
	Jung Han-cheol (KOR)	20.06.1996	11		4
	Sampan Kesi	03.07.1999	4	(4)	
	Ernesto Phumipha	16.04.1990	7	(1)	
	Rachata Somporn	03.06.1998		(2)	
	Shunya Suganuma (JPN)	17.05.1990	14		
Midfielders:	Chitsanuphong Choti	29.09.2001	11	(3)	4
	David Cuerva Barroso (ESP)	06.04.1991	12		
	Alongkorn Jornnathong	24.08.1989	13	(6)	1
	Lossémy Karaboué (CIV)	18.03.1988	23	(1)	3
	Parndecha Ngernprasert	22.10.1994	9	(3)	
	Wichakorn Saenwim	21.08.2004		(3)	
	Pongsapark Tangsap	20.11.2003	4	(10)	1
	Woranat Thongkruea	28.03.1993	5	(6)	
	Thanawat Ueathanaphaisarn	14.03.2000	4	(5)	
	Phalakon Wokiang	12.12.1994		(9)	1
Forwards:	*Brenner* Alves Sabino (BRA)	10.01.1999	23	(4)	9
	Thawin Butsombat	22.06.1987	19	(9)	7
	Niphitpon Hadchan	29.01.2002		(7)	
	Phattharaphon Jansuwan	22.04.1997	10	(2)	2
	Steeven Langil (MTQ)	04.03.1988	19	(6)	4
	Worrarit Mungkhun	09.12.2004	3	(11)	
	Jakkit Palapon	01.07.1999	22	(7)	3

LAMPHUN WARRIORS FOOTBALL CLUB
Year of Formation: 2011

| Trainer: | *Alexandre* Torreira da *Gama* Lima Casado (BRA) | 04.01.1968 | | |

THE SQUAD	DOB	M	(s)	G
Goalkeepers: Nont Muangngam	20.04.1997	30		
Korraphat Nareechan	07.10.1997		(1)	
Defenders: Kittipong Buathong	01.10.1992		(3)	
Chaiyawat Buran	26.10.1996	23	(1)	1
Tossaporn Chuchin	02.02.1993	9	(4)	
Mika Chunuonsee	26.03.1989	15	(3)	1
Aly Cissokho (FRA)	15.09.1987	29		2
Witthawin Clorwuttiwat	29.08.1991	5	(10)	
Sarawut Inpaen	03.03.1992	14	(4)	2
Todsapol Lated	07.05.1989	14	(5)	
Enrique „Kike" Linares Fernández (PHI)	12.07.1999	5	(4)	
Wittaya Moonwong	09.10.1993	5	(11)	1
Jakree Pankam	06.04.1992	1	(2)	
Akkarin Pittaso	17.03.1996		(1)	
Sila Srikampang	18.03.1989	5	(5)	
Midfielders: Natithorn Inntranon	14.01.2001		(2)	
Patcharapol Inthanee	12.10.1998	6	(10)	
Oskari Johannes Orevillo Kekkonen (PHI)	24.09.1999	15	(5)	1
Guilherme Ferreira Pinto „Negueba" (BRA)	07.04.1992	10		4
Mohammed Osman (SYR)	1994	27	(1)	7
Akarapong Pumwisat	23.11.1995	30		9
Baworn Tapla	20.02.1988	12	(8)	
Forwards: Siroch Chatthong	08.12.1992	15	(11)	2
Dennis Murillo Skrzypiec (BRA)	28.04.1992	12	(5)	6
Lucca Borges de Brito (BRA)	14.02.1990	4		
Maung Maung Lwin (MYA)	18.06.1995	12	(16)	2
Thanathorn Namchan	23.09.2001		(4)	
Tauã Ferreira dos Santos (BRA)	29.12.1993	24	(2)	4
Anan Yodsangwal	09.07.2001	8	(16)	3

MUANGTHONG UNITED FOOTBALL CLUB NONTHABURI
Year of Formation: 1989
Stadium: Thunderdome Stadium, Muang Thong (12,505)

Trainer:	Mario Gjurovski (MKD)	11.12.1985
[18.09.2023]	Uthai Boonmoh	01.01.1970
[27.11.2023]	Miloš Joksić (SRB)	26.03.1968

THE SQUAD	DOB	M	(s)	G
Goalkeepers: Korrakot Pipatnadda	15.07.1999	12		
Soponwit Rakyart	25.01.2001	5		
Peerapong Ruennin	14.09.1995		(1)	

		Kawin Thamsatchanan	26.01.1990	13		
Defenders:		Jean-Claude Billong (CMR)	28.12.1993	22	(1)	1
		Sathaporn Daengsee	13.05.1988	15		
		Tristan Do	31.01.1993	26		2
		Lee Jae-sung (KOR)	05.07.1988	8	(1)	1
		Songwut Kraikruan	06.11.2001	13	(10)	
		Theerapat Laohabut	23.02.1999	16	(4)	
		Suwit Paipromat	30.09.1996	5	(4)	
		Chatchai Saengdao	11.01.1997	4	(4)	
		Chayapol Supma	06.02.1997	9	(7)	1
		Natthawat Thobansong	22.04.1998	1	(1)	
Midfielders:		Picha Autra	07.01.1996	27	(1)	1
		Wongsakorn Chaikultewin	16.09.1996	4	(16)	
		Kakana Khamyok	21.05.2004	11	(10)	3
		Thiraphat Nuntagowat	05.01.2005		(1)	
		Kotaro Omori (JPN)	28.04.1992	4	(4)	1
		Weerathep Pomphan	27.07.1997	14		
		Thanawat Suengchitthawon	08.01.2000	10	(4)	1
		Kannarin Thawornsak	27.05.1997	16	(10)	1
		Payanat Thodsanid	10.07.2002		(7)	
		Purachet Thodsanid	09.05.2001		(11)	
		Teeraphol Yoryoei	25.10.1994	3	(19)	5
Forwards:		Poramet Arjvirai	20.07.1998	22	(5)	11
		Phumin Kaewta	12.03.1995	1	(2)	
		Jessadakorn Noysri	18.07.1999		(1)	
		Willian Popp (BRA)	13.04.1994	23		17
		Stefan Šćepović (SRB)	10.01.1990	20	(5)	9
		Jaroensak Wonggorn	18.05.1997	26	(2)	8

NAKHON PATHOM UNITED FOOTBALL CLUB

Year of Formation: 1999
Stadium: Nakhon Pathom Municipality Sport School Stadium, Nakhon Pathom (6,000)

Trainer:	Mohamad Akbar Abdul Nawas (SIN)	28.11.1975			

	THE SQUAD	DOB	M	(s)	G
Goalkeepers:	Watchara Buathong	20.04.1993	2	(1)	
	Wattanachai Srathongjan	06.02.1991	28		
Defenders:	Parinya Autapol	30.01.1988	17	(2)	
	Amir Ali Chegini (IRN)	11.07.1995	29		1
	Raungchai Choothongchai	23.03.1993	4	(1)	
	Chokchai Chuchai	19.04.1988	1	(7)	
	Anusak Jaiphet	23.06.1999	3	(4)	
	Natthaphat Kamonchit	20.04.1987	9	(3)	
	Zaw Min Tun (MYA)	20.05.1992	2		
	Nuttee Noiwilai	27.04.1998	22	(5)	
	Chaiyaphon Otton	04.04.2003		(1)	
	Pitipol Prachayamongkol	06.12.1998	3		
	Anukorn Sangrum	02.10.1984	21	(7)	

		DOB	M	(s)	G
	Satsanapong Wattayuchutikul	06.08.1992	9	(3)	
Midfielders:	Lesley Ablorh (GHA)	08.06.1988	28		10
	Athit Berg	11.01.1998	26	(2)	5
	Nattanan Biesamrit	15.02.2000	25	(2)	1
	Kanokpon Buspakom	20.09.1999	1	(1)	
	Sunchai Chaolaokhwan	13.03.2000	5	(16)	
	Jennarong Phupha	06.05.1997	1	(4)	1
	Apinat Suksanguan	30.09.1993	3	(3)	
	Chitpanya Tisud	08.02.1991	14	(3)	
	Kitsada Wongkeaw	29.04.1988	1	(9)	
	Nattapon Worasut	19.01.1997	4	(4)	
Forwards:	Kongnateechai Boonma	07.03.1987	11	(7)	
	Gafar Adefolarin Durosinmi (NGA)	02.01.1991	19	(3)	8
	Evandro Silva do Nascimento „Evandro Paulista" (BRA)	26.09.1987	5	(2)	
	Taku Ito (JPN)	08.10.1993	24	(2)	7
	Thanawat Montree	18.02.1998		(2)	
	Samuel Onyedikachuwu Nnamani (NGA)	03.06.1995	3		1
	Kittisak Phutchan	02.02.2001	3		1
	Nopphakao Prachobklang	26.03.2002	6	(7)	
	Sajjaporn Tumsuwan	09.11.2000	1	(18)	

POLICE TERO FOOTBALL CLUB BANGKOK
Year of Formation: 1992 (*as BEC Tero Sasana*)
Stadium: Boonyachinda Stadium, Bangkok (3,550)

Trainer:	Rangsan Viwatchaichok	22.01.1979
[10.11.2023]	Sinthaweechai Hathairattanakool	23.03.1982
[29.02.2024]	Tan Cheng Hoe (MAS)	30.05.1968

	THE SQUAD	**DOB**	**M**	**(s)**	**G**
Goalkeepers:	Natthapat Makthuam	01.01.2005	13		
	Sarut Nasri	08.06.1995	8	(1)	
	Yotsapon Teangdar	06.04.1992	8		
	Ukrit Wongmeema	09.07.1991	1		
Defenders:	Chompon Buangam	02.09.1986		(3)	
	Suksan Bunta	05.05.2002	2	(9)	
	Maxx Creevey	28.04.1995	17	(4)	2
	Anukun Fomthaisong	02.03.1997	10	(6)	
	Parkin Harape	30.06.2001	4	(4)	1
	Issac Honey (GHA)	06.06.1993	30		2
	Thawatchai Inprakhon	31.03.2003	8	(4)	
	Ernesto Phumipha	16.04.1990	1	(5)	
	Ekkachai Samre	28.11.1988	17	(8)	2
	Adisak Sosungnoen	13.03.1996	7	(2)	
	Jirawat Thongsaengphrao	31.03.1998	11	(1)	
Midfielders:	Abdulhafiz Beraheng	17.10.1995	13	(6)	
	Teerawut Churok	04.07.1998	13	(5)	
	Peerapat Kaminthong	22.03.2000	3	(8)	

	Rachata Moraksa	21.02.2000	7	(2)	
	Songkhramsamut Namphueng	07.11.2003	5	(9)	1
	Anuwat Noicheunphan	21.09.1988	4	(3)	
	Sorawit Panthong	20.02.1997	24	(2)	2
	Pongsakon Srevaurai	08.10.1997		(5)	
	Dennis Jaramel Villanueva (PHI)	28.04.1992	15	(9)	2
	Wellington Cirino *Priori* (BRA)	21.02.1990	20		
Forwards:	Marc Landry Babo (CIV)	13.03.1991	7		2
	Yodsak Chaowana	20.04.1996	7	(9)	
	Choi Ho-ju (KOR)	10.03.1992	3	(2)	1
	Denis Darbellay	05.06.1998	9	(7)	1
	Yashir Islame Pinto (PLE)	06.02.1991	10	(2)	1
	Jeong Woo-geun (KOR)	01.03.1991	14		10
	Kwame Amponsah Karikari (GHA)	21.01.1992	17	(1)	2
	Nattawut Munsuwan	24.05.1998	4	(8)	2
	Janepob Phokhi	04.04.1996	4	(5)	
	Hama Juvhel Fred Tsoumou (CGO)	27.12.1990	12	(1)	6
	Siam Yapp	27.05.2004	2	(6)	1

PORT FOOTBALL CLUB BANGKOK
Year of Formation: 1967
Stadium: PAT Stadium, Bangkok (12,000)

Trainer:	Choketawee Promrut &	16.03.1975			
	Surapong Kongthep	18.01.1979			
[08.11.2023]	Rangsan Viwatchaichok	22.01.1979			

THE SQUAD		DOB	M	(s)	G
Goalkeepers:	Sumethee Khokpho	05.11.1998	4	(1)	
	Worawut Srisupha	25.05.1992	1	(1)	
	Somporn Yos	23.06.1993	25		
Defenders:	Chalermsak Aukkee	25.08.1994	22	(1)	1
	Suphanan Bureerat	10.10.1993	27	(1)	1
	Charles David Clough (ENG)	04.09.1990	15	(2)	1
	Kevin Deeromram	11.09.1997	24	(2)	4
	Asnawi Mangkualam Bahar (IDN)	04.10.1999	5	(7)	
	Worawut Namvech	04.07.1995		(4)	
	Frans Dhia Jirjis Haddad "Putros" (IRQ)	14.07.1993	25		1
	Jaturapat Sattham	15.06.1999	4	(8)	
	Thiti Thumporn	27.04.1999		(1)	
Midfielders:	Sittha Boonlha	02.09.2004	1	(7)	
	Pathompon Charoenrattanapirom	21.04.1994	17	(6)	3
	Worachit Kanitsribumphen	24.08.1997	22	(7)	4
	Chanukan Karin	24.04.1997	3	(18)	1
	Tanaboon Kesarat	21.09.1993	17	(9)	
	Guilherme Ferreira Pinto „Negueba" (BRA)	07.04.1992	4		
	Noboru Shimura (JPN)	11.03.1993	20		3
	Nattawut Sombatyotha	01.05.1996		(4)	
	Chayapipat Supunpasuch	25.02.2001		(1)	
	Chinnawat Wongchai	08.12.1996	3	(6)	

Forwards:					
	Felipe da Silva *Amorim* (BRA)	04.01.1991	11		7
	Hamilton Soares de Sá (BRA)	31.05.1991	10	(4)	10
	Pakorn Prempak	02.02.1993	13	(10)	1
	Bordin Phala	18.12.1994	24	(2)	6
	Janepob Phokhi	04.04.1996		(1)	
	Teerasak Poeiphimai	21.09.2002	2	(20)	15
	Gustav Sahlin	30.07.1999		(2)	
	Tanasith Siripala	09.08.1995	3	(16)	1
	Nurul Siriyankem	08.02.1992		(2)	
	Tardeli Barros Machado Reis (BRA)	02.03.1990	28		12

PT PRACHUAP FOOTBALL CLUB

Year of Formation: 2009
Stadium: Sam Ao Stadium, Ptachuap Khiri Khan (5,000)

Trainer:	Dusit Chalermsan	22.04.1970
[01.10.2023]	Weerayut Binabdullahman	09.11.1983
[11.10.2023]	Božidar Bandović (MNE)	30.08.1969
[12.12.2023]	Dusit Chalermsan	22.04.1970
[31.01.2024]	Sasom Pobprasert	10.10.1967

THE SQUAD		**DOB**	**M**	**(s)**	**G**
Goalkeepers:	Chatchai Bootprom	04.02.1987	13		
	Pisan Dorkmaikaew	10.05.1984	7		
	Rattanai Songsangchan	10.06.1995	10		
Defenders:	*Airton* Tirabassi (BRA)	03.12.1990	24		
	Peerawat Akkratum	03.12.1998	24	(4)	
	Rudolof Yanto Basna (IDN)	12.06.1995		(1)	
	Wanchat Choosong	01.02.2000		(2)	
	Phetcharat Chotipala	20.12.1997		(1)	
	Sirisak Faidong	15.04.1993	2	(11)	
	Adisak Hantes	09.02.1992	3	(1)	
	Nattapon Malapun	10.01.1994	2	(3)	
	Phon-Ek Jensen	30.05.2003	4	(2)	
	Saharat Pongsuwan	11.06.1996	16	(1)	
	Sean Behnam Sabetkar (SWE)	28.04.1995	7		
	Chatchai Saengdao	11.01.1997	6	(1)	1
	Pawee Tanthatemee	22.10.1996	21	(2)	
Midfielders:	Prasit Jantum	30.04.1995	21	(3)	1
	Saharat Kanyaroj	09.06.1994	10	(10)	3
	Nopphon Phonkam	19.07.1996	19	(8)	
	Pathomchai Seaisakul	10.10.1988	6	(12)	
	Chatmongkol Tongkiri	05.05.1997	8	(1)	
	Chutipol Thongthae	23.01.1991	18	(5)	4
	Jittiphat Wasungnoen	07.06.2005		(1)	
	Kasidech Wattayawong	21.01.1994	2	(7)	1
Forwards:	Arthit Boodjinda	07.08.1994	2	(6)	
	Apichart Denman	20.07.1997		(17)	1
	Vanderley Dias Marinho „Derley" (BRA)	29.12.1987	27	(1)	6

Chakkit Laptrakul	02.12.1994	8	(12)	1
Jirapan Phasukihan	08.08.1993	20	(9)	
Chitsanuphong Phimpsang	01.11.2002		(1)	
Phanthamit Prapanth	12.11.2003		(2)	
Samuel Rosa Gonçalves (BRA)	25.02.1991	28	(1)	8
Tamer Mohammed Sobhi Seyam (PLE)	25.11.1992	14	(2)	3
Jeong Woo-geun (KOR)	01.03.1991	8	(3)	4

RATCHABURI FOOTBALL CLUB
Year of Formation: 2004
Stadium: Dragon Solar Park Stadium, Ratchaburi (10,000)

Trainer:	Carlos González Peña (ESP)	28.07.1983		

THE SQUAD		DOB	M	(s)	G
Goalkeepers:	Kampol Pathomakkakul	27.07.1992	30		
Defenders:	Chakorn Chantarumporn	19.08.2001		(1)	
	Kiatisak Chiamudom	19.03.1995	18	(12)	
	Jesse Thomas Curran (PHI)	16.07.1996	21	(7)	
	Park Jun-heong (KOR)	25.01.1993	25		
	Jonathan Khemdee	09.05.2002	25	(1)	1
	Sanchai Nonthasila	30.03.1996	26	(1)	1
	Hein Phyo Win (MYA)	19.09.1998		(12)	
	Adisorn Promrak	21.10.1993	20	(4)	
	Jirawat Thongsaengphrao	31.03.1998	9	(4)	
Midfielders:	Ibrahim Samuel Amada (MAD)	28.02.1990	6	(2)	
	Siwakorn Jakkuprasat	23.04.1992	13	(12)	1
	Jakkaphan Kaewprom	24.05.1988	24	(3)	3
	Sirawit Kesornsumon	23.09.2004		(1)	
	Chotipat Poomkaew	28.05.1998	6	(10)	
	Kritsananon Srisuwan	11.01.1995	24	(3)	1
	Wongsathon Tamoputasiri	01.02.2006		(1)	
	Mehdi Terki (ALG)	27.09.1991	13		1
	Tyronne Gustavo del Pino Ramos (ESP)	27.01.1991	15		5
	Kasidech Wettayawong	21.01.1994		(5)	
Forwards:	Faiq Jefri Bolkiah (BRU)	09.05.1998	3	(10)	2
	Alvin Mateus Fortes (CPV)	25.04.1994	3	(1)	2
	Sittichok Kannoo	09.08.1996	4	(15)	
	Mateus Lima Cruz (BRA)	18.01.1993	12		5
	Njiva Tsilavina Martin Rakotoharimalala (MAD)	06.08.1992	11	(2)	9
	Phongsakorn Sangkasopha	19.10.2006	2	(3)	
	Giovanni-Guy Yann Sio (CIV)	31.03.1989	9		3
	Korawich Tasa	07.04.2000	11	(10)	4

SUKHOTAI FOOTBALL CLUB

Year of Formation: 2009
Stadium: Thuang Thalay Luang Stadium, Sukhotai (8,000)

Trainer:		
	Chusak Sribhum	16.09.1976
[04.10.2023]	Laksana Kamruen	15.07.1986
[25.11.2023]	Sugao Kambe (JPN)	02.08.1961

THE SQUAD	DOB	M	(s)	G
Goalkeepers: Sutthipong Pisansarb	31.08.1999	1		
Kittipun Saensuk	09.12.1994	29		
Defenders: Kirati Kaewnongdang	16.04.1997	7	(13)	
Sarawut Kanlayanabandit	27.05.1991	16	(9)	
Suwannapat Kingkaew	10.06.1994		(4)	
Piyarat Lajungreed	18.09.1991	24	(5)	
Surawich Logarwit	11.02.1993	18	(5)	1
Saringkan Promsupa	29.03.1997	25	(4)	
Laércio Soldá (BRA)	22.03.1993	22	(2)	
Pattarapon Suksakit	19.08.2003	1	(1)	
Jakkit Wachpirom	26.01.1997	15	(10)	2
Midfielders: Ryohei Arai (JPN)	03.11.1990	22	(2)	1
Ekkasit Chaobut	30.03.1991	10	(4)	
Suwicha Chittabut	27.12.2001		(2)	
Athirat Jantrapho	03.11.2006	2	(5)	
Sansern Limwatthana	31.07.1997	4	(6)	
Anuchit Ngoenbokkhol	23.07.1993	7	(7)	
Rafael Galhardo de Souza (BRA)	30.10.1991	5	(1)	
Chaowasit Sapysakunphon	25.07.1995	11	(9)	2
Lursan Thiamrat	18.09.1991	27	(2)	1
Forwards: Nelson David Bonilla Rivera (SLV)	11.09.1990	18	(7)	8
Somkid Chamnarnsilp	07.01.1993	14	(11)	2
Kitsana Kasemkulwirai	15.09.1990	18	(11)	5
Jakkapong Polmart	06.04.2000	6	(12)	1
John Baggio Martial Rakotonomenjanahary (MAD)	19.12.1991	28	(1)	10
Reon Saito (JPN)	16.04.1999		(3)	

TRAT FOOTBALL CLUB

Year of Formation: 2012
Stadium: Trat Provincial Stadium, Trat (5,000)

Trainer:	
Santi Chaiyaphuak	19.07.1978

THE SQUAD	DOB	M	(s)	G
Goalkeepers: Thatpicha Auksornsri	14.06.1994	13	(1)	
Suppawat Srinothai	05.09.1988	12		
Worawut Sukhuna	24.06.2000	5	(1)	
Defenders: Amani Manuel Santos Aguinaldo	24.04.1995	10	(4)	1

		DOB	M	(s)	G
	Thitawee Auksornsri	08.11.1997	23	(2)	
	Thitathorn Auksornsri	08.11.1997	11	(2)	1
	Marut Budrak	21.05.1998	1	(14)	
	Jorge Fellipe de Oliveira Figueiro (BRA)	27.10.1988	22	(1)	7
	Poomipat Kantanet	21.05.1995		(9)	
	Pharadon Phatthaphon	23.09.2001	18	(7)	
	Chiraphong Raksongkham	19.06.2001	9	(7)	
	Thanaset Sujarit	15.11.1994	28	(1)	1
Midfielders:	Reungyos Janchaichit	20.07.1997	13	(9)	
	Pornpreecha Jarunai	27.12.1985	25	(2)	1
	Adisak Klinkosoom	18.08.1992		(2)	
	Pakpoom Poomsongtham	16.06.2001		(1)	
	Santipap Ratniyom	04.09.1992	24	(3)	3
	Nattawut Sombatyotha	01.05.1996	7	(7)	3
	Sarawut Thongkot	15.01.1997	2	(18)	
	Rangsan Wiroonsri	12.02.1992	22	(2)	
Forwards:	Ben Azubel (ISR)	19.09.1993	9	(1)	2
	Lidor Cohen (ISR)	16.12.1992	30		8
	Evandro Silva do Nascimento „*Paulista*" (BRA)	26.09.1987	13		4
	Daizo Horikoshi (JPN)	14.09.1996	13	(1)	2
	Yashir Islame Pinto (PLE)	06.02.1991	9	(4)	1
	Lee Keun-ho (KOR)	21.05.1996	8	(3)	3
	Rittiporn Wanchuen	16.08.1994	3	(16)	1

UTHAI THANI FOOTBALL CLUB

Year of Formation: 1937 (*as Royal Thai Air Force FC*)
Stadium: Uthai Thani Provincial Stadium, Uthai Thani (4,477)

Trainer:	Pattaraphon Naprasert	01.01.1994
[22.08.2023]	Jukkapant Punpee	02.04.1979
[08.09.2023]	Mikael Lennart Tage Stahre (SWE)	05.07.1975
[21.04.2024]	Jukkapant Punpee	02.04.1979

	THE SQUAD	DOB	M	(s)	G
Goalkeepers:	Kwanchai Suklom	12.01.1995	3		
	Boonyakait Wongsajaem	29.06.1994	27		
Defenders:	James Beresford	17.04.2002	28	(2)	
	Brinner Henrique Santos Souza (BRA)	16.07.1987	27		3
	Charalampos Charalampous	01.07.1999	26		
	Wattana Klomjit	05.03.1999	3	(12)	
	Possawee Muanmart	08.10.1996	13		1
	Nam Yun-jae (KOR)	14.04.2001	7	(2)	
	Netipong Sanmahung	04.03.1996	4	(5)	
	Adisak Seebunmee	12.01.2000	6	(7)	
	Apichoak Seerawong	02.02.1995		(2)	
Midfielders:	Aung Thu (MYA)	22.05.1996	15	(14)	4
	Pavarit Boonmalert	13.10.2007		(1)	
	Narong Chansawek	10.08.1986	17	(11)	
	Benjamin James Davis	24.11.2000	4	(6)	

Airfan Doloh	26.01.2001	26	(1)	
Jiloan Mohammed Hamad Amin Alla Werdi (IRQ)	06.11.1990	21	(2)	6
Watcharakorn Manoworn	17.06.1996	5	(7)	
Wattana Playnum	19.08.1989	27		
Sumanya Purisay	05.12.1986	11	(8)	1
William Weidersjö	10.06.2001	7	(3)	1

Forwards:

Aung Kaung Mann (MYA)	18.02.1998		(2)	
Phattharaphon Jansuwan	22.04.1997		(2)	
Lee Ki-joon (KOR)	13.01.2001		(3)	
Chigozie Emmanuel Mbah (NGA)	18.09.1997	22	(5)	4
Nontapat Naksawat	20.06.2000		(7)	
Kittisak Phutchan	02.02.2001	1	(2)	
Ricardo Henrique da Silva dos *Santos* (BRA)	13.02.1987	30		16

NATIONAL TEAM
INTERNATIONAL MATCHES 2023/2024

07.09.2023	*Chiang Mai*	*Thailand - Lebanon*	*2-1(1-0)*	*(F)*
10.09.2023	*Chiang Mai*	*Thailand - Iraq*	*2-2 aet; 4-5 pen*	*(F)*
12.10.2023	*Tbilisi*	*Georgia - Thailand*	*8-0(6-0)*	*(F)*
17.10.2023	*Tallinn*	*Estonia - Thailand*	*1-1(0-0)*	*(F)*
16.11.2023	*Bangkok*	*Thailand - China P.R.*	*1-2(1-1)*	*(WCQ)*
21.11.2023	*Kallang*	*Singapore - Thailand*	*1-3(1-1)*	*(WCQ)*
01.01.2024	*Tokyo*	*Japan - Thailand*	*5-0(0-0)*	*(F)*
16.01.2024	*Doha*	*Thailand - Kyrgyz Republic*	*2-0(1-0)*	*(AFC)*
21.01.2024	*Doha*	*Oman - Thailand*	*0-0*	*(AFC)*
25.01.2024	*Al Rayyan*	*Saudi Arabia - Thailand*	*0-0*	*(AFC)*
30.01.2024	*Al Wakrah*	*Uzbekistan - Thailand*	*2-1(1-0)*	*(AFC)*
21.03.2024	*Seoul*	*Korea Republic - Thailand*	*1-1(1-0)*	*(WCQ)*
26.03.2024	*Bangkok*	*Thailand - Korea Republic*	*0-3(0-1)*	*(WCQ)*
06.06.2024	*Shenyang*	*China P.R. - Thailand*	*1-1(0-1)*	*(WCQ)*
11.06.2024	*Bangkok*	*Thailand - Singapore*	*3-1(1-0)*	*(WCQ)*

07.09.2023, Friendly International [King's Cup]
700th Anniversary Stadium, Chiang Mai; Attendance: 16,583
Referee: Kim Hee-gon (Korea Republic)
THAILAND - LEBANON **2-1(1-0)**
THA: Chatchai Budprom, Theerathon Bunmathan, Pansa Hemviboon, Look Saa Nicholas Kengkhetkid Mickelson, Kritsada Kaman, Thitiphan Puangchan (70.Pokklaw A-nan), Sarach Yooyen, Bordin Phala (77.Pathompol Charoenrattanapirom), Supachok Sarachat, Weerathep Pomphan (90.Elias Dolah), Teerasil Dangda (90.Peerapat Notchaiya). Trainer: Alexandre Pölking (Brazil).
Goals: Jihad Khaled Ayoub (45+3 own goal), Teerasil Dangda (85).

10.09.2023, Friendly International [King's Cup]
700th Anniversary Stadium, Chiang Mai (Thailand); Attendance: 16,500
Referee: Kim Hee-gon (Korea Republic)
THAILAND - IRAQ **2-2(1-1,2-2,2-2); 4-5 on penalties**
THA: Chatchai Budprom, Theerathon Bunmathan, Elias Dolah (71.Poramet Arjvirai), Pansa Hemviboon, Look Saa Nicholas Kengkhetkid Mickelson (76.Nitipong Selanon), Kritsada Kaman, Sarach Yooyen (89.Pokklaw A-nan), Bordin Phala (88.Thitiphan Puangchan), Supachok Sarachat, Weerathep Pomphan, Teerasil Dangda (88.Pathompol Charoenrattanapirom). Trainer: Alexandre Pölking (Brazil).
Goals: Look Saa Nicholas Kengkhetkid Mickelson (37), Bordin Phala (82).
Penalties: Kritsada Kaman, Thitiphan Puangchan, Pokklaw A-nan, Pathompol Charoenrattanapirom (saved), Theerathon Bunmathan.

12.10.2023, Friendly International
Stadioni „Mikheil Meskhi", Tbilisi; Attendance: 9,274
Referee: Rohit Saggi (Norway)
GEORGIA - THAILAND   **8-0(6-0)**
THA: Kampol Pathomakkakul, Tristan Do, Elias Dolah, Jakkaphan Praisuwan (74.Chanukun Karin), Bordin Phala (87.Athit Berg), Phitiwat Sukjitthammakul, Kritsada Kaman, Channarong Promsrikaew (74.Benjamin James Davis), Weerathep Pomphan (46.Picha Autra), Purachet Thodsanit (46.Yotsakorn Burapha), Teerasak Poeiphimai (46.Chakkit Laptrakul). Trainer: Alexandre Pölking (Brazil).

17.10.2023, Friendly International
A. Le Coq Arena, Tallinn; Attendance: 1,502
Referee: Trustin Farrugia Cann (Malta)
ESTONIA - THAILAND   **1-1(0-0)**
THA: Kampol Pathomakkakul, Tristan Do, Elias Dolah, Kritsada Kaman, Jakkaphan Praisuwan (81.Chanukun Karin), Bordin Phala, Phitiwat Sukjitthammakul, Channarong Promsrikaew (60.Picha Autra), Chakkit Laptrakul (60.James Beresford), Weerathep Pomphan, Yotsakorn Burapha (60.Athit Berg; 86.Teerasak Poeiphimai). Trainer: Alexandre Pölking (Brazil).
Goal: Jakkaphan Praisuwan (76).

16.11.2023, 23rd FIFA World Cup Qualifiers / 19th AFC Asian Cup Qualifiers second round
Rajamangala Stadium, Bangkok; Attendance: 35,009
Referee: Salman Ahmad Falahi (Qatar)
THAILAND - CHINA P.R.   **1-2(1-1)**
THA: Patiwat Khammai, Theerathon Bunmathan, Tristan Do (75.Nitipong Selanon), Pansa Hemviboon (35.Manuel Tom Bihr), Kritsada Kaman, Pokklaw A-nan (63.Kevin Deeromram), Chanathip Songkrasin (75.Ekanit Panya), Sarach Yooyen, Bordin Phala (75.Supachai Chaided), Supachok Sarachat, Suphanat Mueanta. Trainer: Alexandre Pölking (Brazil).
Goal: Sarach Yooyen (23).

21.11.2023, 23rd FIFA World Cup Qualifiers / 19th AFC Asian Cup Qualifiers second round
National Stadium, Kallang; Attendance: 29,644
Referee: Ahmad Faisal Al Ali (Kuwait)
SINGAPORE - THAILAND   **1-3(1-1)**
THA: Kampol Pathomakkakul, Theerathon Bunmathan, Elias Dolah, Nitipong Selanon (66.Bordin Phala), Suphan Thongsong (46.Kritsada Kaman), Sarach Yooyen, Phitiwat Sukjitthammakul (65.Weerathep Pomphan), Supachok Sarachat, Ekanit Panya (76.Suphanan Bureerat), Supachai Chaided (66.Teerasil Dangda), Suphanat Mueanta. Trainer: Alexandre Pölking (Brazil).
Goals: Supachok Sarachat (5), Suphanat Mueanta (66, 87).

01.01.2024, Friendly International
Japan National Stadium, Tokyo; Attendance: 61,916
Referee: Kim Woo-sung (Korea Republic)
JAPAN - THAILAND   **5-0(0-0)**
THA: Patiwat Khammai, Elias Dolah, Look Saa Nicholas Kengkhetkid Mickelson, Suphanan Bureerat (46.Theerathon Bunmathan), Kritsada Kaman, Pathompol Charoenrattanapirom (68.Ekanit Panya), Bordin Phala (46.Supachok Sarachat), Picha Autra (46.Sarach Yooyen), Weerathep Pomphan (46.Phitiwat Sukjitthammakul), Jaroensak Wonggorn (77.Santiphap Channgom), Teerasak Poeiphimai. Trainer: Masatada Ishii (Japan).

16.01.2024, 18th AFC Asian Cup, Final Tournament, Group Stage
„Abdullah bin Khalifa" Stadium, Doha (Qatar); Attendance: 4,530
Referee: Adham Mohammad Tumah Makhadmeh (Jordan)

THAILAND - KYRGYZ REPUBLIC   **2-0(1-0)**

THA: Patiwat Khammai, Theerathon Bunmathan, Elias Dolah, Pansa Hemviboon, Look Saa Nicholas Kengkhetkid Mickelson, Bordin Phala (69.Pathompol Charoenrattanapirom), Supachok Sarachat (88.Worachit Kanitsribampen), Peeradon Chamrasamee (46.Sarach Yooyen), Weerathep Pomphan, Supachai Chaided (78.Teerasak Poeiphimai), Suphanat Mueanta (69.Jaroensak Wonggorn). Trainer: Masatada Ishii (Japan).
Goals: Supachai Chaided (26, 48).

21.01.2024, 18th AFC Asian Cup, Final Tournament, Group Stage
„Abdullah bin Khalifa" Stadium, Doha (Qatar); Attendance: 6,340
Referee: Mooud Bonyadifard (Iran)

OMAN - THAILAND   **0-0**

THA: Patiwat Khammai, Theerathon Bunmathan, Elias Dolah, Pansa Hemviboon, Look Saa Nicholas Kengkhetkid Mickelson, Bordin Phala (71.Jaroensak Wonggorn), Supachok Sarachat, Peeradon Chamrasamee (90.Sarach Yooyen), Weerathep Pomphan (86.Suphanan Bureerat), Supachai Chaided, Suphanat Mueanta (86.Pathompol Charoenrattanapirom). Trainer: Masatada Ishii (Japan).

25.01.2024, 18th AFC Asian Cup, Final Tournament, Group Stage
Education City Stadium, Al Rayyan (Qatar); Attendance: 38,773
Referee: Kim Hee-gon (Korea Republic)

SAUDI ARABIA - THAILAND   **0-0**

THA: Saranon Anuin, Santiphap Channgom, Suphan Thongsong, Suphanan Bureerat, Kritsada Kaman (65.Weerathep Pomphan), Jakkaphan Praisuwan, Sarach Yooyen, Pathompol Charoenrattanapirom (88.Channarong Promsrikaew), Worachit Kanitsribampen (74.Peeradon Chamrasamee), Jaroensak Wonggorn (88.Rungrath Poomchantuek), Teerasak Poeiphimai (74.Supachai Chaided). Trainer: Masatada Ishii (Japan).

30.01.2024, 18th AFC Asian Cup, Final Tournament, Second Round of 16
Al Janoub Stadium, Al Wakrah (Qatar); Attendance: 18,691
Referee: Muhammad Nazmi Nasaruddin (Malaysia)

UZBEKISTAN - THAILAND   **2-1(1-0)**

THA: Patiwat Khammai, Theerathon Bunmathan, Elias Dolah, Pansa Hemviboon, Look Saa Nicholas Kengkhetkid Mickelson, Sarach Yooyen (82.Peeradon Chamrasamee), Pathompol Charoenrattanapirom (46.Supachok Sarachat), Worachit Kanitsribampen (46.Suphanat Mueanta), Rungrath Poomchantuek (73.Channarong Promsrikaew), Weerathep Pomphan (82.Picha Autra), Supachai Chaided. Trainer: Masatada Ishii (Japan).
Goal: Supachok Sarachat (58).

21.03.2024, 23rd FIFA World Cup Qualifiers / 19th AFC Asian Cup Qualifiers second round
Seoul World Cup Stadium, Seoul; Attendance: 64,912
Referee: Khalid Saleh Al Turais (Saudi Arabia)

KOREA REPUBLIC - THAILAND   **1-1(1-0)**

THA: Patiwat Khammai, Theerathon Bunmathan (83.Suphanan Bureerat), Pansa Hemviboon, Look Saa Nicholas Kengkhetkid Mickelson, Suphan Thongsong, Chanathip Songkrasin (90+1.Sarach Yooyen), Supachok Sarachat, Peeradon Chamrasamee, Weerathep Pomphan, Supachai Chaided, Jaroensak Wonggorn (58.Suphanat Mueanta). Trainer: Masatada Ishii (Japan).
Goal: Suphanat Mueanta (61).

26.03.2024, 23rd FIFA World Cup Qualifiers / 19th AFC Asian Cup Qualifiers second round
Rajamangala Stadium, Bangkok; Attendance: 45,458
Referee: Adham Mohammad Tumah Makhadmeh (Jordan)
THAILAND - KOREA REPUBLIC　　　　　　　　　　　　　　　　　**0-3(0-1)**
THA: Patiwat Khammai, Theerathon Bunmathan (22.Suphanan Bureerat), Pansa Hemviboon, Look Saa Nicholas Kengkhetkid Mickelson, Suphan Thongsong, Chanathip Songkrasin (65.Poramet Arjvirai), Supachok Sarachat, Peeradon Chamrasamee (45+2.Sarach Yooyen), Weerathep Pomphan, Supachai Chaided, Jaroensak Wonggorn (65.Suphanat Mueanta). Trainer: Masatada Ishii (Japan).

06.06.2024, 23rd FIFA World Cup Qualifiers / 19th AFC Asian Cup Qualifiers second round
Shenyang Olympic Sports Centre Stadium, Shenyang; Attendance: 46,979
Referee: Ilgiz Tantashev (Uzbekistan)
CHINA P.R. - THAILAND　　　　　　　　　　　　　　　　　**1-1(0-1)**
THA: Patiwat Khammai (79.Saranon Anuin), Theerathon Bunmathan, Suphan Thongsong, Suphanan Bureerat, Kritsada Kaman, Sarach Yooyen, Supachok Sarachat, Weerathep Pomphan, Supachai Chaided (64.Peeradon Chamrasamee), Suphanat Mueanta, Jaroensak Wonggorn (79.Santiphap Channgom). Trainer: Masatada Ishii (Japan).
Goal: Supachok Sarachat (20).

11.06.2024, 23rd FIFA World Cup Qualifiers / 19th AFC Asian Cup Qualifiers second round
Rajamangala Stadium, Bangkok; Attendance: 39,404
Referee: Mohanad Qasim Eessee Sarray (Iraq)
THAILAND - SINGAPORE　　　　　　　　　　　　　　　　　**3-1(1-0)**
THA: Patiwat Khammai, Theerathon Bunmathan, Elias Dolah, Suphanan Bureerat, Kritsada Kaman, Chanathip Songkrasin (65.Peeradon Chamrasamee), Sarach Yooyen (65.Jaroensak Wonggorn), Supachok Sarachat (71.Poramet Arjvirai), Weerathep Pomphan (89.Airfan Doloh), Supachai Chaided (65.Teerasil Dangda), Suphanat Mueanta. Trainer: Masatada Ishii (Japan).
Goals: Suphanat Mueanta (37), Poramet Arjvirai (79), Jaroensak Wonggorn (86).

NATIONAL TEAM PLAYERS 2023/2024		
Name	DOB	Club
Goalkeepers		
Saranon ANUIN	24.03.1994	*Chiangrai United FC*
Chatchai BUDPROM	04.02.1987	*PT Prachuap FC*
Patiwat KHAMMAI	24.02.1994	*Bangkok United FC*
Kampol PATHOMAKKAKUL	27.07.1992	*Ratchaburi Mitr Phol FC*
Defenders		
Manuel Tom BIHR	17.09.1993	*Bangkok United FC*
James BERESFORD	17.04.2002	*Uthai Thani FC*
Theerathon BUNMATHAN	06.02.1990	*Buriram United FC*
Suphanan BUREERAT	10.10.1993	*Port FC Bangkok*
Kevin DEEROMRAM	11.09.1997	*Port FC Bangkok*
Tristan DO	31.01.1993	*Muangthong United FC Nonthaburi*
Elias DOLAH	21.04.1993	*Bali United FC Gianyar (IDN)*
Pansa HEMVIBOON	08.07.1990	*Buriram United FC*
Look Saa Nicholas Kengkhetkid MICKELSON	24.07.1999	*Odense Boldklub (DEN)*

Peerapat NOTCHAIYA	04.02.1993	*Bangkok United FC*
Jakkaphan PRAISUWAN	16.08.1994	*BG Pathum United FC*
Nitipong SELANON	25.05.1993	*Bangkok United FC*

Midfielders

Pokklaw A-NAN	04.03.1991	*Bangkok United FC*
Picha AUTRA	07.01.1996	*Muangthong United FC Nonthaburi*
Athit BERG	11.01.1998	*Nakhon Pathom United FC*
Peeradon CHAMRASAMEE	15.09.1992	*Buriram United FC*
Santiphap CHANNGOM	23.09.1996	*BG Pathum United FC*
Pathompol CHAROENRATTANAPIROM	21.04.1994	*Port FC Bangkok*
Benjamin James DAVIS	24.11.2000	*Chonburi FC*
Airfan DOLOH	26.01.2001	*Uthai Thani FC*
Kritsada KAMAN	18.03.1999	*Chonburi FC; 01.01.2024-> BG Pathum United FC*
Worachit KANITSRIBAMPEN	24.08.1997	*Port FC Bangkok*
Chanukun KARIN	24.04.1997	*Police Tero FC Bangkok*
Chakkit LAPTRAKUL	02.12.1994	*PT Prachuap FC*
Ekanit PANYA	21.10.1999	*Urawa Red Diamonds (JPN)*
Weerathep POMPHAN	27.07.1997	*Muangthong United FC Nonthaburi; 26.01.2024-> Bangkok United FC*
Rungrath POOMCHANTUEK	05.01.1992	*Bangkok United FC*
Channarong PROMSRIKAEW	17.04.2001	*Chonburi FC*
Thitiphan PUANGCHAN	01.09.1993	*Bangkok United FC*
Chanathip SONGKRASIN	05.10.1993	*BG Pathum United FC*
Phitiwat SUKJITTHAMMAKUL	01.02.1995	*BG Pathum United FC*
Purachet THODSANIT	09.05.2001	*Muangthong United FC Nonthaburi*
Suphan THONGSONG	26.08.1994	*Bangkok United FC*
Jaroensak WONGGORN	18.05.1997	*Muangthong United FC Nonthaburi*
Sarach YOOYEN	30.05.1992	*BG Pathum United FC*

Forwards

Poramet ARJVIRAI	20.07.1998	*Muangthong United FC Nonthaburi*
Yotsakorn BURAPHA	08.06.2005	*Chonburi FC*
Supachai CHAIDED	01.12.1998	*Buriram United FC*
Teerasil DANGDA	06.06.1988	*BG Pathum United FC*
Suphanat MUEANTA	02.08.2002	*Oud-Heverlee Leuven (BEL)*
Bordin PHALA	20.12.1994	*Port FC Bangkok*
Teerasak POEIPHIMAI	21.09.2002	*Port FC Bangkok*
Supachok SARACHAT	22.05.1998	*Hokkaido Consadole Sapporo (JPN)*

National coaches

Alexandre PÖLKING (Brazil) [28.09.2021 – 22.11.2023]	12.03.1976
Masatada ISHII (Japan) [from 12.12.2023]	01.02.1967

TIMOR-LESTE

Federation Directory:
Federação de Futebol de Timor-Leste
FFTL House, Campo Democracioa, Av. Nú Laran 04, Dili
Year of Formation: 2002
Member of FIFA since: 2005
Member of AFC since: 2002
Internet: www.fftl.tl

The Country: República Democrática de Timor-Leste (Democratic Republic of Timor-Leste)
Capital: Dili
Surface: 14,874 km^2 / **Population**: 1,340,513 [2021] / **Time**: UTC+9

NATIONAL TEAM RECORDS

First international match:
21.03.2003, Colombo: Sri Lanka - Timor-Leste 3-2

Most international caps:	Most international goals:
Anggisu Correia de Almeida Barbosa	Rufino Walter Gama
30 caps (2008-2016)	**7 goals** / 22 caps (since 2016)

NATIONAL TEAM COMPETITIONS

ASIAN NATIONS CUP		FIFA WORLD CUP	
1956		1930	
1960		1934	
1964	Part of Portugal	1938	
1968		1950	
1972		1954	Part of Portugal
1976		1958	
1980		1962	
1984	Part of Indonesia	1966	
1988		1970	
1992		1974	
1996		1978	
2000	Under United Nations	1982	
2004	Qualifiers	1986	Part of Indonesia
2007	Did not enter	1990	
2011	Did not enter	1994	
2015	Did not enter	1998	
2019	Qualifiers	2002	Not a member of FIFA
2023	Qualifiers	2006	Did not enter
		2010	Qualifiers
		2014	Qualifiers
		2018	Qualifiers
		2022	Qualifiers

OLYMPIC FOOTBALL TOURNAMENTS 1908-2020
2016 (Qualifiers), 2020 (Qualifiers)

Please note: East Timor, known our days as Timor-Leste, gained independence from Indonesia in 2000 following more than 20 years of occupation at the end of the Portuguese rule which resulted in a long running battle against Jakarta-led forces.

ASIAN GAMES 1951-2022		AFC CHALLENGE CUP 2006-2014		ASEAN („TIGER") CUP / AFF CUP 1996-2022		SOUTH EAST ASIAN GAMES 2003-2023	
1951		2006	Did not enter	2003	-	2003	-
1954		2008	*Withdrew*	2005	-	2005	Did not enter
1958	Part	2010	-	2008	-	2007	Did not enter
1962	of	2012	-	2010	-	2009	Group Stage
1966	Portugal	2014	-	2013	Group Stage	2011	Group Stage
1970				2007	Qualifiers	2013	Group Stage
1974		AFC SOLIDARITY CUP 2016		2008	Qualifiers	2015	Group Stage
1978				2010	Qualifiers	2017	Group Stage
1982	Part			2012	Qualifiers	2019	Group Stage
1986	of	2016	Group Stage	2014	Qualifiers	2021	Group Stage
1990	Indonesia			2016	Qualifiers	2023	Group Stage
1994				2018	Group Stage		
1998				2020	Group Stage		
2002	-			2022	Qualifiers		
2006	-						
2010	-						
2014	Group Stage						
2018	Group Stage						
2022	-						

NATIONAL COMPETITIONS
TABLE OF HONOURS

	CHAMPIONS	CUP WINNERS
2013	*Not known*	*Not known*
2014	*Not known*	*Not known*
2015	*Not known*	FC Aitana
2015/2016	AD Sport Laulara e Benfica	AS Ponta Leste
2017	Karketu Dili FC	Atlético Ultramar FC Manatuto
2018	Boavista FC Timor Leste	Atlético Ultramar FC Manatuto
2019	Lalenok United FC Dili	Lalenok United FC Dili
2020	*No championship*	Lalenok United FC Dili
2021	Karketu Dili FC	*No competition*
2022	*No championship*	*No competition*
2023	Karketu Dili FC	*No competition*

NATIONAL CHAMPIONSHIP
Liga Futebol Amadora – Primeira Divisaun 2023

1.	**Karketu Dili FC**	8	6	0	2	16	-	7	18
2.	Emmanuel FC	8	5	0	3	21	-	10	15
3.	AD Sport Laulara e Benfica (*Relegated*)*	8	5	2	1	13	-	11	14
4.	AS Ponta Leste	8	4	1	3	13	-	9	13
5.	Atlético Ultramar FC Manatuto/Coração FC	8	3	2	3	8	-	9	11
6.	Assalam FC Nafatin	8	3	2	3	11	-	11	11
7.	Porto Taibesse FC	8	2	2	4	8	-	13	8
8.	CF Académica Dili	8	1	2	5	9	-	15	5
9.	FC Aitana (*Relegated*)*	8	1	1	6	11	-	25	4
10.	Lalenok United FC Dili (*Withdrew & Relegated*)	0	0	0	0	0		0	0

*Please note: AD Sport Laulara e Benfica had 3 points deducted for no show in Round 9 and was additionaly punished to be relegated! As a result, FC Aitana keep their place at first level for 2024.

Promoted for the 2024 season:
Dili Institute of Technology FC, AS Marca FC

NATIONAL TEAM
INTERNATIONAL MATCHES 2023/2024

12.10.2023	*Kaohsiung*	*Chinese Taipei - Timor-Leste*	*4-0(1-0)*	*(WCQ)*
17.10.2023	*Kaohsiung*	*Timor-Leste - Chinese Taipei*	*0-3(0-3)*	*(WCQ)*

12.10.2023, 23rd FIFA World Cup Qualifiers / 19th AFC Asian Cup Qualifiers first round
National Stadium, Kaohsiung; Attendance: 1,894
Referee: Ismaeel Habib Ali (Bahrain)
CHINESE TAIPEI - TIMOR-LESTE   **4-0(1-0)**
TLS: Filonito Rodrigues Pereira Nogueira "Filo", Olagar Fernando Malik Xavier (67.Elias Joao da Costa Ximenes Mesquita), Ricardo Rorinho dos Santos Bianco (90+3.João Bosco Halle), Filomeno Junior da Costa, Cristevão Moniz Fernandes, Alexandre Moreira (90+3.Lourenço Paulo Freitas), Luís Berdila da Silva (46.João Pedro da Silva Freitas), Luis Figo Pereira Ribeiro, Miguel Kieran da Costa Oliveira Silva (67.Freteliano de Jesus dos Santos), Anizo Correia, Mário Donasio Requis Dias Quintão. Trainer: Park Sun-tae (Korea Republic).

17.10.2023, 23rd FIFA World Cup Qualifiers / 19th AFC Asian Cup Qualifiers first round
National Stadium, Kaohsiung (Taiwan); Attendance: 745
Referee: Tejas Nagvenkar (India)
TIMOR-LESTE - CHINESE TAIPEI   **0-3(0-3)**
TLS: Filonito Rodrigues Pereira Nogueira "Filo", João Bosco Halle (56.Ricardo Rorinho dos Santos Bianco), Olagar Fernando Malik Xavier (78.Lourenço Paulo Freitas), Filomeno Junior da Costa, Cristevão Moniz Fernandes, Alexandre Moreira (65.Elias Joao da Costa Ximenes Mesquita), Freteliano de Jesus dos Santos (65.Luís Berdila da Silva), Luis Figo Pereira Ribeiro, João Pedro da Silva Freitas, Anizo Correia, Mário Donasio Requis Dias Quintão. Trainer: Park Sun-tae (Korea Republic).

NATIONAL TEAM PLAYERS
2023/2024

Name	DOB	Club

Goalkeepers

Name	DOB	Club
Filonito Rodrigues Pereira Nogueira "FILO"	16.11.2004	*AD Sport Laulara e Benfica*

Defenders

Name	DOB	Club
Luís Berdila DA SILVA	20.05.2006	*AD Sport Laulara e Benfica*
JOÃO BOSCO Halle	02.03.2003	*AS Ponta Leste*
OLAGAR Fernando Malik Xavier	15.03.2003	*Siem Reap FC (CAM)*
RICARDO Rorinho dos Santos BIANCO	15.01.2006	*AS Ponta Leste*

Midfielders

Name	DOB	Club
Cristevão Moniz FERNANDES	16.01.2004	*Angkor City FC (CAM)*
FILOMENO Junior da Costa	21.06.1998	*Casa do Sport Lisboa e Benfica Macau (MAC)*
FRETELIANO de Jesus dos Santos	09.08.2004	*Emmanuel FC*
JOÃO PEDRO da Silva Freitas	24.06.1998	*Persatuan Sepakbola Makassar (IDN)*
MIGUEL KIERAN da Costa Oliveira Silva	01.09.2000	*Porto Taibesse FC*
Alexandre MOREIRA	24.09.2001	*Emmanuel FC*

Forwards

Name	DOB	Club
Anizo CORREIA	23.05.2003	*AS Ponta Leste*
ELIAS Joao da Costa Ximenes MESQUITA	27.03.2002	*Lalenok United FC Dili*
LOURENÇO PAULO Freitas	10.08.2000	*Assalam FC Nafatin*
Mário Donasio Requis Dias QUINTÃO	08.12.2004	*Emmanuel FC*
Luis Figo Pereira RIBEIRO	17.04.2005	*AS Ponta Leste*

National coaches

Name	DOB
PARK Sun-tae (Korea Republic) [01.07.2023 – 31.12.2023]	01.12.1968
Simón Pablo ELISSETCHE Correa (Chile) [from 11.05.2024]	28.09.1977

TURKMENISTAN

Federation Directory:
Football Federation of Turkmenistan
Sportcomlex „Kopetdag" 245 A, Niyazov Street, 744 001 Ashgabat
Year of Formation: 1992
Member of FIFA since: 1994
Member of AFC since: 1994
Internet: www.tff.com/tk

The Country: Türkmenistan (Turkmenistan)
Capital: Aşgabat (Ashgabat)
Surface: 488,100 km² / **Population**: 7,057,841 [2022] / **Time**: UTC+5

NATIONAL TEAM RECORDS

First international match:
01.06.1992, Almaty: Kazakhstan - Turkmenistan 1-0

Most international caps:	Most international goals:
Arslanmyrat Amanow	Wladimir Baýramow
63 caps (since 2009)	**16 goals** / 35 caps (200-2013)

NATIONAL TEAM COMPETITIONS

ASIAN NATIONS CUP		FIFA WORLD CUP	
1956		1930	
1960		1934	
1964		1938	
1968		1950	
1972	*Part of Soviet Union*	1954	
1976		1958	
1980		1962	*Part of Soviet Union*
1984		1966	
1988		1970	
1992	*Not a member of the AFC*	1974	
1996	Qualifiers	1978	
2000	Qualifiers	1982	
2004	Final Tournament (Group Stage)	1986	
2007	Did not enter	1990	
2011	Qualifiers	1994	Did not enter
2015	Qualifiers	1998	Qualifiers
2019	Final Tournament (Group Stage)	2002	Qualifiers
2023	Qualifiers	2006	Qualifiers
		2010	Qualifiers
		2014	Qualifiers
		2018	Qualifiers
		2022	Qualifiers

OLYMPIC FOOTBALL TOURNAMENTS 1908-2020

1908 to 1928	Teams from Asia did not enter	1980 1984 1988	
1936 1948 1952 1956 1960 1964 1968 1972 1976	Part of Soviet Union	1992	Did not enter
		1996	Qualifiers
		2000	Qualifiers
		2004	Qualifiers
		2008	Qualifiers
		2012	Qualifiers
		2016	Qualifiers
		2020	Qualifiers

ASIAN GAMES 1951-2022		AFC CHALLENGE CUP 2006-2014		CENTRAL ASIAN NATIONS CUP 2023->	
1951	-	2006	Did not enter	2023	Group Stage
1954	-	2008	Group Stage		
1958	-	2010	Runners-up		
1962	-	2012	Runners-up		
1966	-	2014	Group Stage		
1970	-				
1974	-				
1978	-				
1982	-				
1986	-				
1990	-				
1994	Quarter-Finals				
1998	Quarter-Finals				
2002	Group Stage				
2006	-				
2010	2nd Round				
2014	-				
2018	-				
2022	-				

TURKMEN CLUB HONOURS IN ASIAN CLUB COMPETITIONS

AFC Champions League 1967-1971 & 1985/1986-2024		
None		
Asian Football Confederation Cup 2004-2024		
None		
AFC President's Cup 2005-2014*		
FC Balkan Balkanabat	1	2013
HTTU Aşgabat	1	2014
Asian Cup Winners Cup 1975-2003*		
None		
Asian Super Cup 1995-2002*		
None		

*defunct competitions

NATIONAL COMPETITIONS
TABLE OF HONOURS

Champions during the Soviet Union time (Turkmen SSR):
1937/1938: Lokomotiv Aşgabat; 1938: Dinamo Aşgabat; 1939-1945: *No competition*; 1946: Dinamo Aşgabat; 1947: Spartak Aşgabat; 1948: Dinamo Aşgabat; 1949: Lokomotiv Aşgabat; 1950: Spartak Aşgabat; 1951: DOSA Aşgabat; 1952: DOSA Aşgabat; 1953: Dinamo Aşgabat; 1954: Sbornaya Maryiskoi Oblasti; 1955: Sbornaya Aşgabata; 1956: Krasny Metallist Aşgabat; 1957: Sbornaya Aşgabatskoy Oblasti; 1958: Sbornaya Aşgabata; 1959: Sbornaya Nebit-Daga; 1960: Sbornaya Chardzhou; 1961: Energetik Nebit-Dag; 1962: Energetik Nebit-Dag; 1963: Stroitel' Mary; 1964: Pogranichnik Aşgabat; 1965: Pogranichnik Aşgabat; 1966: Pogranichnik Aşgabat; 1967: Pogranichnik Aşgabat; 1968: Pogranichnik Aşgabat; 1969: Pogranichnik Aşgabat; 1970: Karakum Mary; 1971: Mayak Chardzhou; 1972: Energostroitel' Mary; 1973: Tsementnik Bezmein; 1974: Avtomobilist Aşgabat; 1975: Neftyanik Kvasnovodsk; 1976: Energetik Mary; 1977: Shatlyk Mary; 1978: Neftyanik Krasnovodsk; 1979: Neftyanik Krasnovodsk; 1980: Neftyanik Krasnovodsk; 1981: Stroitel' Nebit-Dag; 1982: Lokomotiv Aşgabat; 1983: Sel'khoztekhnika Chardzhou; 1984: Neftyanik Krasnovodsk; 1985: Lokomotiv Aşgabat; 1986: Neftyanik Krasnovodsk; 1987: SKIF Aşgabat; 1988: Akhal Aşgabatsky Rayon; 1989: Medik Nebit-Dag; 1990: Avtomobilist Aşgabat; 1991: Sel'khoztekhnika Aşgabat.

Cup winners during the Soviet Union time (Turkmen SSR):
1936: Lokomotiv Aşgabat; 1937: Dom Krasnoy Armii Aşgabat; 1938: Lokomotiv Aşgabat; 1939: Dinamo Aşgabat; 1940: Dinamo Aşgabat; 1941-1943: *No competition*; 1944: Lokomotiv Aşgabat; 1945: Dinamo Aşgabat; 1946: Dinamo Aşgabat; 1947: Dinamo Aşgabat; 1948: *No competition*; 1949: Spartak Aşgabat; 1950: *No competition*; 1951: Lokomotiv Mary; 1952: DOSA Aşgabat; 1953: DOSA Aşgabat; 1954: Urozhay Aşgabat; 1955: Dinamo Aşgabat; 1956: Spartak Aşgabat; 1957: Krasny Metallist Aşgabat; 1958: Krasny Metallist Aşgabat; 1959: DOSA Aşgabat; 1960: Sudoremontny Zavod Chardzhou; 1961: Pogranichnik Aşgabat; 1962: Zvezda Kizyl-Arvat; 1963: Poganichnik Aşgabat; 1964: Zvezda Kizyl-Arvat; 1965: Pogranichnik Aşgabat; 1966: Pogranichnik Aşgabat; 1967: Pogranichnik Aşgabat; 1968: Pogranichnik Aşgabat; 1969: Pogranichnik Aşgabat; 1970: Tsementnik Bezmein; 1971: Tsementnik Bezmein; 1972: Energostroitel' Mary; 1973: Lokomotiv Chardzhou; 1974: Neftyanik Krasnovodsk; 1975: Neftyanik Krasnovodsk; 1976: Neftyanik Krasnovodsk; 1977: Shatlyk Mary; 1978: Shatlyk Mary; 1979: Shatlyk Mary; 1980: Neftyanik Krasnovodsk; 1981-1986: *No competition*; 1987: Rotor Aşgabat; 1988: Rassvet Aşgabat; 1989: Neftyanik Krasnovodsk; 1990 *No competition*; 1991: Sel'khoztekhnika Aşgabat.

	CHAMPIONS	CUP WINNERS
1992	Köpetdag Aşgabat	Köpetdag Aşgabat
1993	Köpetdag Aşgabat	Köpetdag Aşgabat
1994	Köpetdag Aşgabat	Köpetdag Aşgabat
1995	Köpetdag Aşgabat	Turan Daşoguz
1996	Nisa Aşgabat	No competition
1997	No competition	Köpetdag Aşgabat
1998	Köpetdag Aşgabat	Nisa Aşgabat
1999	Nisa Aşgabat	Köpetdag Aşgabat
2000	Köpetdag Aşgabat	Köpetdag Aşgabat
2001	Nisa Aşgabat	Köpetdag Aşgabat
2002	Şagadam Türkmenbaşy	Garagum Türkmenabat
2003	Nisa Aşgabat	Nebitçi Balkanabat
2004	Nebitçi Balkanabat	Nebitçi Balkanabat
2005	HTTU Aşgabat	Merw Mary BS FK
2006	HTTU Aşgabat	HTTU Aşgabat
2007	Aşgabat FK	Şagadam Türkmenbaşy
2008	Aşgabat FK	Merw Mary BS FK

2009	HTTU Aşgabat	FK Altyn Asyr Aşgabat
2010	FC Balkan Balkanabat	FC Balkan Balkanabat
2011	FC Balkan Balkanabat	HTTU Aşgabat
2012	FC Balkan Balkanabat	FC Balkan Balkanabat
2013	HTTU Aşgabat	FK Ahal Änew
2014	FK Altyn Asyr Aşgabat	FK Ahal Änew
2015	FK Altyn Asyr Aşgabat	FK Altyn Asyr Aşgabat
2016	FK Altyn Asyr Aşgabat	FK Altyn Asyr Aşgabat
2017	FK Altyn Asyr Aşgabat	FK Ahal Änew
2018	FK Altyn Asyr Aşgabat	FK Köpetdag Aşgabat
2019	FK Altyn Asyr Aşgabat	FK Altyn Asyr Aşgabat
2020	FK Altyn Asyr Aşgabat	FK Altyn Asyr Aşgabat
2021	FK Altyn Asyr Aşgabat	FK Şagadam Türkmenbaşy
2022	FK Ahal Änew	FK Ahal Änew
2023	Arkadag FK	Arkadag FK

NATIONAL CHAMPIONSHIP
Ýokary Liga 2023

1. **Arkadag FK**   24 24 0   0   83 - 17   72
2. FK Altyn Asyr Aşgabat   24 17 3   4   57 - 26   54
3. Nebitçi FT Balkanabat   24 13 4   7   41 - 31   43
4. FK Ahal Änew   24 12 2 10   41 - 32   38
5. Aşgabat FK   24   9 3 12   35 - 51   30
6. FK Köpetdag Aşgabat   24   8 4 12   31 - 49   28
7. FK Energetik Türkmenbaşy 24   5 2 17   16 - 46   17
8. FK Şagadam Türkmenbaşy   24   3 5 16   16 - 41   14
9. Merw Mary BS FK   24   3 5 16   17 - 44   14

Best goalscorer 2023:
Didar Durdyýew (Arkadag FK) – 27 goals

NATIONAL CUP
Türkmenistanyň Kubogy - Final 2023

24.12.2023
Arkadag FK - FK Ahal Änew　　　　　　　　　　　　　　**3-0(1-0)**
Goals: 1-0 Abdy Başimow (29), 2-0 Abdy Başimow (52), 3-0 Ilýa Tamurkin (68).

THE CLUBS 2023

Club	Founded	Stadium	Capacity
Arkadag Futbol Kluby	2023	Nusaý Stadium, Aşgabat	5,000
Futbol Kluby Ahal Änew	1989	Aşgabat Stadium, Aşgabat	20,000
Futbol Kluby Altyn Asyr Aşgabat	2008	Büzmeyin Sport Complex, Aşgabat	10,000
Aşgabat Futbol Kluby	2006	Aşgabat Stadium, Aşgabat	20,000
Futbol Kluby Energetik Türkmenbaşy	2010 (a)	Energetik Stadium, Mary	3,000
Futbol Kluby Köpetdag Aşgabat	1947	Köpetdag Stadium, Köpetdag	26,000

Merw Mary Bedenterbiýe-Sport Futbol Kluby Merw Mary	1990 (b)	Mary Sport Toplumy, Mary	10,000
Nebitçi Football Team Balkanabat	1960	Sport Toplumy Stadium, Balkanabat	10,000
Futbol Kluby Şagadam Türkmenbaşy	1949	Şagadam Stadium, Türkmenbaşy	5,000

(a) *as Kuwwat Türkmenbasy.*
(b) *re-founded 1990; former club names: Lokomotiv Mary (until 1966), Murgab Mary (1967), Garagum Mary (1968-1989).*

NATIONAL TEAM
INTERNATIONAL MATCHES 2023/2024

08.09.2023	Surabaya	Indonesia - Turkmenistan	2-0(1-0)	(F)
12.09.2023	Dubai	Bahrain - Turkmenistan	1-1(1-1)	(F)
16.11.2023	Aşgabat	Turkmenistan - Uzbekistan	1-3(1-0)	(WCQ)
21.11.2023	Hong Kong	Hong Kong - Turkmenistan	2-2(1-2)	(WCQ)
14.03.2024	Dubai	Kazakhstan - Turkmenistan	2-0(1-0)	(F)
21.03.2024	Tehran	Iran - Turkmenistan	5-0(2-0)	(WCQ)
26.03.2024	Aşgabat	Turkmenistan - Iran	0-1(0-1)	(WCQ)
06.06.2024	Tashkent	Uzbekistan - Turkmenistan	3-1(2-1)	(WCQ)
11.06.2024	Aşgabat	Turkmenistan - Hong Kong	0-0	(WCQ)

08.09.2023, Friendly International
Gelora Bung Tomo Stadium, Surabaya; Attendance: 13,814
Referee: Muhammad Usaid Jamal (Malaysia)
INDONESIA - TURKMENISTAN **2-0(1-0)**
TKM: Batyr Babaýew, Şöhrat Söýünow (75.Hoşgeldi Hojowow), Güýçmyrat Annagulyýew, Abdy Bäşimow, Ybraýym Mämmedow, Ruslan Mingazow (65.Selim Nurmyradow), Elman Tagaýew, Ilýa Tamurkin (58.Teýmur Çaryýew), Welmyrat Ballakow (58.Ahmet Ataýew), Myrat Annaýew (65.Alibek Abdyrahmanow), Şanazar Tirkişow (65.Ýazgylyç Gurbanow). Trainer: Mergen Orazow.

12.09.2023, Friendly International
Police Officers Club Stadium, Dubai (United Arab Emirates); Attendance: n/a
Referee: n/a
BAHRAIN - TURKMENISTAN **1-1(1-1)**
TKM: Rusul Çaryýew, Ata Geldiýew, Abdy Bäşimow, Teýmur Çaryýew, Welmyrat Ballakow, Ybraýym Mämmedow, Myrat Annaýew, Hoşgeldi Hojowow, Ilýa Tamurkin, Elman Tagaýew, Şanazar Tirkişow (*Substitutes are not known*). Trainer: Mergen Orazow.
Goal: Teymur Charyyev (28).

16.11.2023, 23rd FIFA World Cup Qualifiers / 19th AFC Asian Cup Qualifiers second round
Aşgabat Stadium, Aşgabat; Attendance: 19,500; Attendance: n/a
Referee: Hiroyuki Kimura (Japan)
TURKMENISTAN - UZBEKISTAN **1-3(1-0)**
TKM: Rahat Japarow, Şöhrat Söýünow, Güýçmyrat Annagulyýew, Abdy Bäşimow, Ruslan Mingazow (78.Şanazar Tirkişow), Elman Tagaýew (87.Myrat Annaýew), Welmyrat Ballakow (61.Selim Nurmyradow), Teýmur Çaryýew, Meýlis Durdyýew (78.Alibek Abdyrahmanow), Ýazgylyç Gurbanow, Altymyrat Annadurdyýew (61.Arslanmyrat Amanow). Trainer: Mergen Orazow.
Goal: Meýlis Durdyýew (44).

21.11.2023, 23rd FIFA World Cup Qualifiers / 19th AFC Asian Cup Qualifiers second round
Hong Kong Stadium, Hong Kong; Attendance: 6,601
Referee: Adel Ali Ahmed Khamis Al Naqbi (United Arab Emirates)
HONG KONG- TURKMENISTAN   **2-2(1-2)**
TKM: Rusul Çaryýew, Ata Geldiýew, Abdy Başimow, Ruslan Mingazow, Arslanmyrat Amanow, Elman Tagaýew (76.Yhlas Magtymow), Welmyrat Ballakow (76.Selim Nurmyradow), Wepa Jumaýew, Teýmur Çaryýew (89.Myrat Annaýew), Meýlis Durdyýew (55.Ybraýym Mämmedow), Altymyrat Annadurdyýew (55.Şanazar Tirkişow). Trainer: Mergen Orazow.
Goals: Ruslan Mingazow (4, 36).

14.03.2024, Friendly International
Jebel Ali Shhoting Club Football Stadium, Dubai (United Arab Emirates); Attendance: 0
Referee: Dejan Dimitrijević (Serbia)
KAZAKHSTAN - TURKMENISTAN   **2-0(1-0)**
TKM: Rusul Çaryýew, Güýçmyrat Annagulyýew, Abdy Başimow, Ybraýym Mämmedow, Arslanmyrat Amanow, Selim Nurmyradow, Begmyrat Baýow, Mirza Beknazarow, Wepa Jumaýew, Ýazgylyç Gurbanow, Didar Durdyýew (*Substitutes are not known*). Trainer: Mergen Orazow.

21.03.2024, 23rd FIFA World Cup Qualifiers / 19th AFC Asian Cup Qualifiers second round
Azadi Stadium, Tehran; Attendance: 23,109
Referee: Yusuke Araki (Japan)
IRAN - TURKMENISTAN   **5-0(2-0)**
TKM: Rüstem Ahallyýew, Güýçmyrat Annagulyýew, Ybraýym Mämmedow, Röwşengeldi Halmämmedow, Arslanmyrat Amanow, Begmyrat Baýow (61.Meýlis Diniýew), Mirza Beknazarow, Wepa Jumaýew, Teýmur Çaryýew (61.Selim Nurmyradow), Ýazgylyç Gurbanow (76.Şanazar Tirkişow), Didar Durdyýew (46.Altymyrat Annadurdyýew). Trainer: Mergen Orazow.

26.03.2024, 23rd FIFA World Cup Qualifiers / 19th AFC Asian Cup Qualifiers second round
Aşgabat Stadium, Aşgabat; Attendance: 10,230
Referee: Sivakorn Pu-udom (Thailand)
TURKMENISTAN - IRAN   **0-1(0-1)**
TKM: Rüstem Ahallyýew, Ata Geldiýew, Güýçmyrat Annagulyýew, Abdy Başimow, Arslanmyrat Amanow, Alibek Abdyrahmanow (67.Ybraýym Mämmedow), Begmyrat Baýow (54.Begenç Akmämmedow), Mirza Beknazarow, Teýmur Çaryýew (90+2.Selim Nurmyradow), Ýazgylyç Gurbanow (46.Şanazar Tirkişow), Didar Durdyýew (46.Altymyrat Annadurdyýew). Trainer: Mergen Orazow.

06.06.2024, 23rd FIFA World Cup Qualifiers / 19th AFC Asian Cup Qualifiers second round
Milliy Stadium, Tashkent; Attendance: 27,306
Referee: Yusuke Araki (Japan)
UZBEKISTAN - TURKMENISTAN   **3-1(2-1)**
TKM: Rüstem Ahallyýew, Güýçmyrat Annagulyýew, Abdy Başimow (76.Meýlis Durdyýew), Ykhlas Toýjanow (46.Mäkan Saparow), Hakmuhammet Başimow, Alibek Abdyrahmanow, Welmyrat Ballakow (84.Selim Nurmyradow), Mirza Beknazarow, Didar Durdyýew (58.Myrat Annaýew), Altymyrat Annadurdyýew (58.Arslanmyrat Amanow), Şanazar Tirkişow. Trainer: Mergen Orazow.
Goal: Şanazar Tirkişow (25).

11.06.2024, 23rd FIFA World Cup Qualifiers / 19th AFC Asian Cup Qualifiers second round
Aşgabat Stadium, Aşgabat; Attendance: 10,324
Referee: Hussein Abo Yehia (Lebanon)
TURKMENISTAN - HONG KONG   **0-0**
TKM: Rüstem Ahallyýew, Mäkan Saparow, Güýçmyrat Annagulyýew, Abdy Başimow, Hakmuhammet Başimow (90+1.Meýlis Durdyýew), Arslanmyrat Amanow, Elman Tagaýew (73.Didar Durdyýew), Mirza Beknazarow, Teýmur Çaryýew (57.Welmyrat Ballakow), Ýazgylyç Gurbanow (73.Şanazar Tirkişow), Altymyrat Annadurdyýew (57.Begenç Akmämmedow). Trainer: Mergen Orazow.

NATIONAL TEAM PLAYERS
2023/2024

Name	DOB	Club
Goalkeepers		
Rüstem AHALLYÝEW	16.11.2002	*FK Ahal Änew*
Batyr BABAÝEW	21.08.1991	*FK Altyn Asyr Aşgabat*
Rusul ÇARYÝEW	30.09.1999	*FK Altyn Asyr Aşgabat*
Rahat JAPAROW	22.01.1996	*FK Ahal Änew*
Defenders		
Alibek ABDYRAHMANOW	05.06.1990	*FK Ahal Änew*
Güýçmyrat ANNAGULYÝEW	10.06.1996	*FK Arkadag*
Abdy BÄŞIMOW	12.12.1995	*FK Ahal Änew*
Hakmuhammet BÄŞIMOW	30.10.1999	*FK Ahal Änew*
Teýmur ÇARYÝEW	26.11.2000	*FC Abdish-Ata Kant (KGZ)*
Ata GELDIÝEW	27.01.1990	*FK Ahal Änew*
Röwşengeldi HALMÄMMEDOW	07.07.1997	*FK Altyn Asyr Aşgabat*
Hoşgeldi HOJOWOW	28.02.1996	*FK Altyn Asyr Aşgabat*
Wepa JUMAÝEW	18.12.2000	*FC Energetik-BGU Minsk (BLR); 05.02.2024-> FC Vitebsk (BLR)*
Ybraýym MÄMMEDOW	13.01.1996	*FK Ahal Änew*
Mäkan SAPAROW	22.04.1994	*FK Altyn Asyr Aşgabat*
Şöhrat SÖÝÜNOW	08.03.1992	*FK Ahal Änew*
Ykhlas TOÝJANOW	08.01.2001	*FK Arkadag*
Midfielders		
Myrat ANNAÝEW	06.05.1993	*FK Altyn Asyr Aşgabat*
Ahmet ATAÝEW	19.09.1990	*FK Altyn Asyr Aşgabat*
Welmyrat BALLAKOW	04.04.1999	*FK Altyn Asyr Aşgabat*
Mirza BEKNAZAROW	15.05.2000	*FK Ahal Änew*
Meýlis DURDYÝEW	26.05.2002	*FK Arkadag*
Ruslan MINGAZOW	23.11.1991	*Kitchee SC (HKG)*
Elman TAGAÝEW	02.06.1989	*FK Ahal Änew*
Ilýa TAMURKIN	09.05.1989	*FK Ahal Änew*
Şanazar TIRKIŞOW	16.02.1997	*FK Arkadag*
Forwards		
Begenç AKMÄMMEDOW	01.06.1998	*FK Altyn Asyr Aşgabat*
Arslanmyrat AMANOW	28.03.1990	*FK Ahal Änew*
Altymyrat ANNADURDYÝEW	13.04.1993	*FK Altyn Asyr Aşgabat*
Begmyrat BAÝOW	05.07.1998	*FK Arkadag*
Meýlis DINIÝEW	11.07.2000	*FK Ahal Änew*
Didar DURDYÝEW	16.07.1993	*FK Arkadag*
Ýazgylyç GURBANOW	07.03.1997	*FK Ahal Änew*
Yhlas MAGTYMOW	20.04.1992	*FK Şagadam Türkmenbaşy*
Selim NURMYRADOW	22.03.1996	*FK Ahal Änew*
National coaches		
Mergen ORAZOW [since 07.01.2023]		22.02.1988

UNITED ARAB EMIRATES

Federation Directory:
United Arab Emirates Football Association
Zayed Athletic City, P.O.Box. 916, Abu Dhabi
Year of Formation: 1971
Member of FIFA since: 1974
Member of AFC since: 1974
Internet: www.uaefa.ae

The Country: Dawlat al-Imārāt al-'Arabīyah al-Muttahidah (United Arab Emirates)
Capital: Abu Dhabi
Surface: 83,600 km^2 / **Population**: 9,282,410 [2020] / **Time**: UTC+4

NATIONAL TEAM RECORDS

First international match:
17.03.1972, in Saudi Arabia: United Arab Emirates – Qatar 1-0

Most international caps:	Most international goals:
Adnan Khamees Al Talyani	Ali Ahmed Mabkhout Mohsin Omran Al Hajeri
161 caps (1983-1997)	**85 goals** / 114 caps (since 2009)

NATIONAL TEAM COMPETITIONS

ASIAN NATIONS CUP		FIFA WORLD CUP	
1956		1930	
1960		1934	
1964	*Protectorate of the United Kingdom*	1938	
1968		1950	
1972		1954	*Protectorate of the United Kingdom*
1976	Did not enter	1958	
1980	Final Tournament (Group Stage)	1962	
1984	Final Tournament (Group Stage)	1966	
1988	Final Tournament (Group Stage)	1970	
1992	Final Tournament (4th Place)	1974	Did not enter
1996	Final Tournament (Runners-up)	1978	Did not enter
2000	Qualifiers	1982	Did not enter
2004	Final Tournament (Group Stage)	1986	Qualifiers
2007	Final Tournament (Group Stage)	1990	Final Tournament (Group Stage)
2011	Final Tournament (Group Stage)	1994	Qualifiers
2015	Final Tournament (3rd Place)	1998	Qualifiers
2019	Final Tournament (Semi-Finals)	2002	Qualifiers
2023	Final Tournament (2nd Round of 16)	2006	Qualifiers
		2010	Qualifiers
		2014	Qualifiers
		2018	Qualifiers
		2022	Qualifiers

OLYMPIC FOOTBALL TOURNAMENTS 1908-2020

1908 to 1928	Teams from Asia did not enter	1980	Did not enter
		1984	Qualifiers
		1988	Qualifiers
1936		1992	Qualifiers
1948		1996	Qualifiers
1952		2000	Qualifiers
1956	Protectorate of the United Kingdom	2004	Qualifiers
1960		2008	Qualifiers
1964		2012	Final Tournament (Group Stage)
1968		2016	Qualifiers
1972		2020	Qualifiers
1976	Did not enter		

F.I.F.A. CONFEDERATIONS CUP 1992-2017

1997 (Group Stage)

ASIAN GAMES 1951-2022		GULF CUP OF NATIONS 1970-2023		ARAB NATIONS CUP 1963-2021	
1951	-	1970	-	1963	-
1954	-	1972	3rd Place	1964	-
1958	-	1974	4th Place	1966	-
1962	-	1976	3rd Place	1985	-
1966	-	1979	6th Place	1988	-
1970	-	1982	3rd Place	1992	-
1974	-	1984	4th Place	1998	4th Place
1978	-	1986	Runners-up	2002	-
1982	-	1988	Runners-up	2012	-
1986	Quarter-Finals	1990	5th Place	2021	Quarter-Finals
1990	-	1992	4th Place		
1994	Quarter-Finals	1994	Runners-up		
1998	2nd Round	1996	4th Place		
2002	Group Stage	1998	3rd Place		
2006	Group Stage	2002	6th Place		
2010	Runners-up	2003	5th Place		
2014	Quarter-Finals	2004	Group Stage		
2018	3rd Place	2007	**Winners**		
2022	-	2009	Group Stage		
		2010	Semi-Finals		
		2013	**Winners**		
		2014	3rd Place		
		2017	Runners-up		
		2019	Group Stage		
		2023	Group Stage		

EMIRATI CLUB HONOURS IN ASIAN CLUB COMPETITIONS

AFC Champions League 1967-1971 & 1985/1986-2024		
Al-Ain FC	2	2002/2003, 2023/2024
Asian Football Confederation Cup 2004-2024		
None		
AFC President's Cup 2005-2014*		
None		
Asian Cup Winners Cup 1975-2003*		
None		
Asian Super Cup 1995-2002*		
None		

*defunct competitions

OTHER CLUB COMPETITIONS:

Arab Champions League / Arab Club Champions Cup 1982-2023		
None		
Gulf Club Champions Cup 1982-2017		
Al Shabab Al Arabi Club Dubai	3	1992, 2011, 2015
Al-Ain Sports and Cultural Club	1	2001
Al Jazira Sports & Culture Club Abu Dhabi	1	2007
Baniyas Sports & Culture Club	1	2012/2013
Al-Nasr Sports Club Dubai	1	2014
Arab Cup Winners Cup 1989-2002*		
None		
Arab Super Cup 1992-2002*		
None		
Afro-Asian Club Championship 1986–1998*		
None		

*defunct competition

NATIONAL COMPETITIONS
TABLE OF HONOURS

	CHAMPIONS	CUP WINNERS
1973/1974	Al Orouba Club[1]	Al Shabab Al Arabi Club Dubai
1974/1975	Al Ahli Club Dubai	Al Ahli Club Dubai
1975/1976	Al Ahli Club Dubai	*Competition not played to end*
1976/1977	Al-Ain Sports and Cultural Club	Al Ahli Club Dubai
1977/1978	Al-Nasr Sports Club Dubai	*Competition not played to end*
1978/1979	Al-Nasr Sports Club Dubai	Sharjah Cultural Sports Club
1979/1980	Al Ahli Club Dubai	Sharjah Cultural Sports Club
1980/1981	Al-Ain Sports and Cultural Club	Al Shabab Al Arabi Club Dubai
1981/1982	Al Wasl Sports Club Dubai	Sharjah Cultural Sports Club
1982/1983	Al Wasl Sports Club Dubai	Sharjah Cultural Sports Club
1983/1984	Al-Ain Sports and Cultural Club	Ajman Club
1984/1985	Al Wasl Sports Club Dubai	Al-Nasr Sports Club Dubai
1985/1986	Al-Nasr Sports Club Dubai	Al-Nasr Sports Club Dubai
1986/1987	Sharjah Cultural Sports Club	Al Wasl Sports Club Dubai

1987/1988	Al Wasl Sports Club Dubai	Al Ahli Club Dubai
1988/1989	Sharjah Cultural Sports Club	Al-Nasr Sports Club Dubai
1989/1990	Al Shabab Al Arabi Club Dubai	Al Shabab Al Arabi Club Dubai
1990/1991	*Competition not played to end*	Sharjah Cultural Sports Club
1991/1992	Al Wasl Sports Club Dubai	Bani Yas Club
1992/1993	Al-Ain Sports and Cultural Club	Al-Sha'ab Cultural & Sports Club Sharjah
1993/1994	Sharjah Cultural Sports Club	Al Shabab Al Arabi Club Dubai
1994/1995	Al Shabab Al Arabi Club Dubai	Sharjah Cultural Sports Club
1995/1996	Sharjah Cultural Sports Club	Al Ahli Club Dubai
1996/1997	Al Wasl Sports Club Dubai	Al Shabab Al Arabi Club Dubai
1997/1998	Al-Ain Sports and Cultural Club	Sharjah Cultural Sports Club
1998/1999	Al Wahda FC Abu Dhabi	Al-Ain Sports and Cultural Club
1999/2000	Al-Ain Sports and Cultural Club	Al Wahda FC Abu Dhabi
2000/2001	Al Wahda FC Abu Dhabi	Al-Ain Sports and Cultural Club
2001/2002	Al-Ain Sports and Cultural Club	Al Ahli Club Dubai
2002/2003	Al-Ain Sports and Cultural Club	Sharjah Cultural Sports Club
2003/2004	Al-Ain Sports and Cultural Club	Al Ahli Club Dubai
2004/2005	Al Wahda FC Abu Dhabi	Al-Ain Sports and Cultural Club
2005/2006	Al Ahli Club Dubai	Al-Ain Sports and Cultural Club
2006/2007	Al Wasl Sports Club Dubai	Al Wasl Sports Club Dubai
2007/2008	Al Shabab Al Arabi Club Dubai	Al Ahli Club Dubai
2008/2009	Al Ahli Club Dubai	Al-Ain Sports and Cultural Club
2009/2010	Al Wahda FC Abu Dhabi	Emirates Cultural Sport Club Ras al-Khaimah
2010/2011	Al Jazira Sports & Culture Club Abu Dhabi	Al Jazira Sports & Culture Club Abu Dhabi
2011/2012	Al-Ain Sports and Cultural Club	Al Jazira Sports & Culture Club Abu Dhabi
2012/2013	Al-Ain Sports and Cultural Club	Al Ahli Club Dubai
2013/2014	Al Ahli Club Dubai	Al-Ain Sports and Cultural Club
2014/2015	Al-Ain Sports and Cultural Club	Al-Nasr Sports Club Dubai
2015/2016	Al Ahli Club Dubai	Al Jazira Sports & Culture Club Abu Dhabi
2016/2017	Al Jazira Sports & Culture Club Abu Dhabi	Al Wahda FC Abu Dhabi
2017/2018	Al-Ain Sports and Cultural Club	Al-Ain Sports and Cultural Club
2018/2019	Sharjah FC	Shabab Al Ahli Dubai FC
2019/2020	*Championship abandoned*	*Competition abandoned*
2020/2021	Al Jazira Sports & Culture Club Abu Dhabi	Shabab Al Ahli Dubai FC
2021/2022	Al-Ain Sports and Cultural Club	Sharjah FC
2022/2023	Shabab Al Ahli Dubai FC	Sharjah FC
2023/2024	Al Wasl Sports Club Dubai	Al Wasl Sports Club Dubai

[1] became in 1978 Sharjah Cultural Sports Club.

Please note: at the end of the season 2016/2017, Al Shabab Al Arabi Club Dubai, Al Ahli Club Dubai and Dubai Cultural Sports Club merged to Shabab Al Ahli Dubai FC.

NATIONAL CHAMPIONSHIP
UAE Pro League 2023/2024

1.	**Al Wasl Sports Club Dubai**	26	21	4	1	70 - 27	67
2.	Shabab Al Ahli Dubai FC	26	18	4	4	73 - 34	58
3.	Al-Ain FC	26	14	3	9	54 - 37	45
4.	Sharjah FC	26	10	12	4	53 - 40	42
5.	Al Wahda FC Abu Dhabi	26	12	6	8	45 - 34	42
6.	Al-Nasr Sports Club Dubai	26	11	6	9	39 - 36	39
7.	Al Bataeh Club	26	10	7	9	42 - 44	37
8.	Al Jazira Sports & Culture Club Abu Dhabi	26	9	8	9	50 - 47	35
9.	Ajman Club	26	8	10	8	39 - 47	34
10.	Baniyas Sports & Culture Club	26	7	5	14	33 - 46	26
11.	Al Ittihad Kalba Sports & Cultural Club	26	6	8	12	39 - 50	26
12.	Khor Fakkan Club	26	6	5	15	34 - 55	23
13.	Emirates Club Ras Al Khaimah (*Relegated*)	26	4	5	17	32 - 60	17
14.	Hatta Club (*Relegated*)	26	1	7	18	20 - 66	10

Best goalscorer 2023/2024:
Omar Khibrin (SYR, Al Wahda FC Abu Dhabi) – 19 goals

Promoted for the 2024/2025 season:
Al Urooba Club Qirda / Mirbah, Dibba Al-Hisn SC

NATIONAL CUP
UAE President's Cup - Final 2023/2024

17.05.2024, „Hazza bin Zayed" Stadium, Al Ain; Attendance: n/a
Referee: Ismail Elfath (United States)
Al Wasl Sports Club Dubai - Al-Nasr Sports Club Dubai   4-0(1-0)
Al Wasl SC: Khalid Saif Hamad Ali Al Senaani, Jung Seung-hyun, Alexis Rafael Pérez Fontanilla, Abdulrahman Saleh Radi Rida Khamis, Soufiane Bouftini, Fábio Virginio de Lima, Nicolás Giménez, Ali Hassan Ali Salmeen Al Balooshi (49.Rodrigo Oliveira de Almeida; 79.Malek Janeer), Siaka Sidibe, Haris Seferović (81.Caio Canedo Corrêa), Ali Saleh Ali Saleh Amro (73.Yousif Ali Al Mheiri). Trainer: Miloš Milojević (Serbia).
Al-Nasr SC: Ahmed Mohamed Shambieh, Mohamed Saleh Barghash Jaralla Al Menhali (81.Abdulla Abbas Ibrahim Salem Al Baloosh), Samir Memišević, Gustavo Alex Mueller „Guatavo Alemão", Gláuber Siqueira dos Santos Lima, Rashed Mohammad Omar Mohammad Musabbah (68.Ahmed Abdulla Jshak), Adel Taarabt, Hussain Mahdi Mohammed, Moussa Ndiaye [*sent off 50*], Iuri José Picanço Medeiros (81.Kevin Andrés Agudelo Ardila), Manolo Gabbiadini (68.Evans Ampofo). Trainer: Alfred Schreuder (Netherlands).
Goals: 1-0 Fábio Virginio de Lima (45+3 penalty), 2-0 Fábio Virginio de Lima (53), 3-0 Haris Seferović (63), 4-0 Ali Saleh Ali Saleh Amro (82).

THE CLUBS 2023/2024

AJMAN CLUB
Year of Formation: 1974
Stadium: Ajman Stadium, Ajman (5,537)

Trainer: Caio César *Zanardi* Gomes da Silva (BRA)   08.08.1973

THE SQUAD	DOB	M	(s)	G
Goalkeepers: Yousuf Ahmed Safar Shah Al Blooshi	17.05.1989	4		
Ali Mohammed Al Hosani	26.05.1988	20		
Mohamed Yousef Khalaf Yousef Husain Al Hosani	25.05.1991	2	(1)	
Defenders: Mohamed Jaber Naser Jaber Al Hammadi	28.01.1989	1	(2)	
Mohammed Ismael Sayed Ali Al Hosani	12.11.1991	21	(1)	
Abdullah Saleh Khamis Al Mukhaini Al Junaibi	14.06.1988	17	(2)	1
Waleed Abdullah Al Yamahi	19.11.1990	2	(2)	
Saoud Saeed Suhail Ali Mohamed Al Zahmi	28.06.1990	21	(2)	
Nader Ghandri (TUN)	18.02.1995	6	(2)	
Miloš Kosanović (SRB)	28.05.1990	12		
Gianluca Muniz Estevam „Gian" (BRA)	09.05.2001	12	(8)	1
Mohammad Nasser Abdelaziz Mohammed	29.12.2003	5	(1)	
Abdulrahman Ahmed Abdullah Rakan	16.12.1999	18	(2)	
Novak Vuković (MNE)	11.04.2001	1		
Midfielders: Hussain Abdulrahman Hassan Al Jafri	31.10.1994		(2)	
Nasir Abdelhadi Sayed Abdalla Sayed Mohamed Al Maazmi	16.12.1989	10	(5)	
Obaid Mohammed Saeed Hamad Al Mehri	02.08.2001	1	(6)	
Mohammed Hilal Khalifa Hilal Al Nuaimi	10.08.1995		(3)	1
Bilal Yousif Abdalla Ali Al Raesi	25.05.1995	22	(1)	
Obaid Raed Obaid Mohammed Al Zaabi	02.01.2000		(6)	
Haykeul Chikhaoui (TUN)	04.09.1996	23	(2)	4
Issam Faiz (MAR)	06.03.2000	17		1
Anas Mittache (MAR)	24.03.2002	4	(3)	
Sebil Jassim Saleh	05.07.2000		(1)	
Forwards: Abdulla Abdulaziz Ahmed Saeed Al Raeesi	10.06.2002		(12)	1
Saif Rashid Nasir Ahmed Al Shemili	25.11.1994		(7)	
Walid Azaro (MAR)	11.06.1995	20		12
Raphael Guimarães de Paula „Dodô" (BRA)	05.09.1994	11	(2)	2
Ali Jaafar Mohamed Ahmed Madan (BHR)	30.11.1995	21	(3)	5
Rocky Marciano Tchatchoua Tchato (CMR)	03.01.2002	7	(18)	8
Vieljeux Prestige Mboungou (CGO)	10.07.2000	8	(4)	2

AL-AIN FOOTBALL CLUB
Year of Formation: 1968
Stadium: „Hazza bin Zayed" Stadium, Al Ain (25,965)

Trainer: Alfred Schreuder (NED)   02.11.1972
[14.11.2023] Hernán Jorge Crespo (ARG)   05.07.1975

THE SQUAD	DOB	M	(s)	G

		DOB	M	(s)	G
Goalkeepers:	Mohammed Saeed Abo Sandah	20.06.1995	5	(1)	
	Sultan Abdulla Saeed Al Mantheri	05.01.1995	1		
	Khalid Eisa Mohammed Bilal Saeed	15.09.1989	20		
Defenders:	Khalid Mohammed Ahmed Al Hashemi	18.03.1997	15	(1)	
	Manea Saeed Musabbeh Al Mahyoubi Al Shamsi	19.09.2001		(1)	
	Mansour Saeed Musabbeh Al Mahyoubi Al Shamsi	19.09.2001	1	(1)	
	Khalid Ali Ahmed Abdulla Al Baloushi	20.04.2002	2	(3)	
	Mohammed Ali Shaker Ali Al Mahri	27.04.1997	4	(5)	
	Saeed Juma Hassan Juma Al Saadi	08.07.1998	8	(7)	
	Erik Jorgens de Menezes (BRA)	18.02.2001	21		1
	Yohan Gonzalez (VEN)	28.04.2005	1	(1)	
	Mohammed Hamid	25.08.2005	2	(3)	
	Kouame Autonne Kouadio	22.09.2000	20		2
	Dramane Koumare	23.01.2005	12	(2)	
	Ismaila Okpoti (GHA)	19.10.2007	1		
	Solomon Sosu (GHA)	05.03.2005	6		
Midfielders:	Yousef Abdou	18.02.2003		(1)	
	Bandar Mohammed Mohammed Saeed Mahdi Al Ahbabi	09.07.1990	12		1
	Mohammed Abbas Ahmed Abdulla Hasan Al Baloushi	30.09.2002	7	(4)	1
	Khalid Mohammed Hussain Al Baloushi	22.03.1999	7	(7)	1
	Falah Waleed Juma Al Souri Al Junaibi	13.09.1998	2	(9)	
	Khalid Saleh Al Saadi	10.01.2003		(1)	
	Sultan Saeed Suwaid Saeed Al Shamsi	22.06.1996	3	(6)	3
	Ahmed Barman Ali Shamroukh Hammoudi	05.02.1994	5	(9)	
	Yahya Nader Mostafa Sherif	11.09.1998	11	(2)	2
	Matías Damián Palacios (ARG)	10.05.2002	12	(4)	3
	Alejandro Sebastián Romero Gamarra (PAR)	11.01.1995	17	(3)	5
	Jonatas da Anunciação *Santos* (BRA)	16.12.2001	4	(6)	2
	Park Yong-woo (KOR)	10.09.1993	16	(1)	1
	Abdoul Karim Traoré (MLI)	11.01.2005	13	(6)	1
Forwards:	Hazem Mohammad Abdullah Abbas	18.03.2005	2	(8)	1
	Eisa Khalfan Zayed Barout Al Harasi	12.03.2003		(1)	
	Omer Yosef Atzili (ISR)	27.07.1993	13	(7)	4
	Kodjo Fo-Doh Laba (TOG)	27.01.1992	19		12
	Josna Epifani Loulendo (CGO)	15.01.2004	7	(8)	3
	Soufiane Rahimi (MAR)	02.06.1996	17	(1)	8
	Rilwanu Haliru Sarki (NGA)	02.02.2004		(6)	1

AL BATAEH CLUB

Year of Formation: 2012
Stadium: Al Bataeh Stadium, Al Bataeh (2,000)

Trainer:	Mirel Matei Rădoi (ROU)	22.03.1981			
[06.01.2024]	Goran Tomić (CRO)	18.02.1977			

	THE SQUAD	**DOB**	**M**	**(s)**	**G**
Goalkeepers:	Ibrahim Essa Ali Ibrahim Al Balooshi	10.10.1994	12		
	Zayed Ahmed Husain Ahmed Al Hammadi	23.02.1996	1		
	Rashid Abdalla Suhail Abdalla Al Musharrkh	31.08.2000	3		

	Darwish Mohamed Obaid Mohamed Habib	07.06.1995	10		
Defenders:	Omar Ahmad Salem Abdulla Saleh	1999		(1)	
	Abdulaziz Hussain Haikal Mubarak Al Balooshi	10.09.1990	10	(3)	
	Rashed Muhayer Saeed Sari Al Ktebi	20.02.1994	13	(7)	
	Ahmed Sulaiman Ahmed Kharkhash Al Zeyoudi	21.05.1996	13	(8)	
	Abdalla El Refaey (EGY)	19.11.1995	5	(6)	
	Mohamed Ahmad Ali Gharib Juma	16.04.1989	24		1
	Eisa Ahmed Hussain	11.12.1993	5	(13)	
	Edilson Alberto Monteiro Sanches "*Diney*" *Borges* (CPV)	17.01.1995	19		1
Midfielders:	Saud Khalil Ibrahim Mohamed Al Ansari	18.06.2001		(5)	
	Hamad Mohammad Ibrahim Hassan Al Balooshi	15.07.1995	6	(8)	
	Mohammad Juma Eid Gharib Juma Al Balooshi	28.01.1997	10	(2)	2
	Ali Mohamed Khameis Ali Al Dhanhani	01.06.1991	6	(2)	
	Hamad Mohamed Jalal Hassan Al Mazam	07.05.1995	1	(1)	
	Ismail Omar Sultan Faraj Al Zaabi	14.07.2001	3	(7)	
	Petrus Boumal Mayega (CMR)	20.04.1993	20		2
	Sainey Corr (GAM)	02.01.2002	3	(3)	
	Sékou Baba Gassama (MLI)	04.01.2001	15	(6)	5
	Ulrich Meleke (CIV)	24.05.1999	26		
	Paulo Henrique Soares dos Santos „Paulinho" (BRA)	10.07.1994	17	(4)	4
	Weberty Cristiano Cruz *Silva* (BRA)	26.12.2003	1	(4)	1
Forwards:	Anatole Bertrand Abang (CMR)	06.07.1996	20	(5)	8
	Mohamed Rashid Al Hammadi	11.05.1997	21	(2)	6
	Ahmed Khalil Sebait Mubarak Al Junaibi	08.06.1991	2	(16)	2
	Abdalla Abdulrahman Mohammed Aalmushtaghl Al Naqbi	25.01.2000	8	(5)	1
	Álvaro de Oliveira (BRA)	27.05.2001	12	(10)	7
	Nicolas Clemente (ARG)	26.06.2003		(1)	
	Ahmed Moosa Saqer Murad Sabah	23.06.1995		(1)	

AL JAZIRA SPORTS & CULTURE CLUB ABU DHABI

Year of Formation: 1974
Stadium: „Mohammed Bin Zayed" Stadium, Abu Dhabi (42,056)

Trainer:	Marcel Keizer (NED)	15.01.1969			

THE SQUAD	DOB	M	(s)	G

Goalkeepers:	Abdullrahman Abdulla Khamis Mubarak Al Ameri	30.04.1998	2		
	Rakaan Waleed Saleh Mubarak Al Menhali	27.03.2001	1	(1)	
	Ali Khaseif Humad Khaseif Housani	09.06.1987	23		
Defenders:	Mohammed Omar Zain Mohsen Zain Al Attas	05.09.1997	15	(2)	
	Abdulla Idrees Saqer Mubarak Al Hammadi	16.08.1999	19	(2)	1
	Khalifa Mubarak Khalfan Khairi Al Hammadi	07.11.1998	19		1
	Johan Bångsbo (SWE)	10.02.2003		(2)	
	Mohammed Rabii (MAR)	29.09.2001	5	(4)	
	Karim Rekik (NED)	02.12.1994	17	(1)	
	Chahine Jilali van Bohemen (MAR)	25.01.2004	1	(1)	
Midfielders:	Ahmed Mahmoud Hasan Ahmed Al Hammadi	06.01.2001	3	(11)	
	Khalfan Mubarak Khalfan Obaid Al Rezzi Al Shamsi	09.05.1995	6	(9)	3

		DOB	M	(s)	G
	Zayed Sultan Ahmed Jassim Ibra Al Zaabi	11.04.2001	20	(3)	3
	Mamadou Coulibaly (CIV)	03.06.2003	23		1
	Fernando Lucas Martins (BRA)	03.03.1992	20	(4)	1
	Alejandro *Pozuelo* Melero (ESP)	20.09.1991	21		3
	Abdalla Ramadan Bekheet Soliman Bekheet	07.05.1998	12	(4)	2
	Oumar Traoré (MLI)	20.07.2002	17	(8)	5
	Nikola Vukić (SRB)	20.05.2004		(2)	
	Mubarak Ahmed Mubarak Saeed Salem Beni Zamah	29.11.2003		(7)	
Forwards:	Richard Akonnor (GHA)	06.02.2004	6	(13)	1
	Ali Ahmed Mabkhout Mohsen Omran Al Hajeri	05.10.1990	19	(1)	10
	Zayed Abdulla Braik Saeed Al Ameri	14.01.1997	1	(7)	1
	Ahmed Mohamed Ahmed Al Attas Husain Al Hashmi	28.09.1995	2	(5)	2
	Ali Mohamed Saeed Mohamed Abdulla Al Memari	17.10.2004		(3)	
	Bruno Conçeicão de Oliveira (BRA)	10.06.2001	7	(9)	6
	Ahmed Fawzi Johar Faraj Abdulla	26.11.2001		(3)	
	Aboubakar Kamara (MTN)	07.03.1995	3	(7)	3
	Neeskens Kebano (COD)	10.03.1992	24	(2)	6
	Hermann Niava Behiratche (CIV)	24.01.2002		(2)	

AL-NASR SPORTS CLUB DUBAI

Year of Formation: 1945
Stadium: Al-Maktoum Stadium, Dubai (15,058)

Trainer:	Goran Tufegdžić (SRB)	15.11.1971			
[27.11.2023]	Alfred Schreuder (NED)	02.11.1972			

	THE SQUAD	DOB	M	(s)	G
Goalkeepers:	Abdullah Mohammad Ismail Abdulghafoor Al Tamimi	02.03.1993	2		
	Ahmed Mohamed Shambieh	20.12.1993	24		
Defenders:	Yousef Abdulkareem Mohamed Saeed Al Ameri	16.01.1998	10	(5)	
	Abdulla Abbas Ibrahim Salem Al Baloosh	2001	13	(6)	
	Ahmad Jassim Al Balooshi	22.05.2003		(1)	
	Hamdan Ismail Mohamed Al Kamali	02.05.1989	8	(3)	
	Abdelaziz Mohamed Sanqour Qambar Al Mazam	07.05.1989	3	(2)	
	Mohamed Saleh Barghash Jaralla Al Menhali	27.10.1990	7	(4)	
	Ahmed Rashid Sultan Al Khabail Al Mehrzi	19.01.1997		(2)	
	Mayed Ali Abdulrahman Al Mahmoodi Al Teneiji	21.06.2002	4	(13)	
	Gustavo Alex Mueller „Guatavo Alemão" (BRA)	23.03.2000	18		1
	Gláuber Siqueira dos Santos Lima (BRA)	22.05.2000	22		2
	Samir Memišević (BIH)	13.08.1993	23		2
	Rashed Mohammad Omar Mohammad Musabbah	06.12.1985	8	(6)	
Midfielders:	Ali Abdulaziz Abbas	16.07.2003	2	(14)	
	Khalid Jalal Mohamed Yousef Al Marzouqi	05.04.1991	8	(6)	
	Saud Abdelrazaq Saif Buhair Al Mheiri	23.01.1998	4	(3)	
	Kevin Andrés Agudelo Ardila (COL)	14.11.1998	20	(2)	5
	Evans Ampofo (GHA)	06.01.2003	5	(4)	
	Mohamed Jamal Nasser Mubarak Badhafari	11.05.1994		(5)	
	Ahmed Abdulla Jshak (COM)	26.04.1994	15	(5)	1
	Hussain Mahdi Mohammed	24.07.2000	10		
	Moussa Ndiaye (SEN)	23.02.2004	14	(4)	2

		DOB	M	(s)	G
	Adel Taarabt (MAR)	24.05.1989	22		8
	Isaac Tshikuna Tshibangu (COD)	17.05.2003	2	(15)	1
Forwards:	Abdullah Anwar Abdulla Naser Al Ameri	02.06.1999		(2)	
	Manolo Gabbiadini (ITA)	26.11.1991	21	(1)	11
	Iuri José Picanço *Medeiros* (POR)	10.07.1994	20	(6)	4
	Bogdan Petrović (SRB)	26.02.2003		(3)	
	Abdoulaye Toure (CIV)	2004	1	(6)	1

AL WAHDA FOOTBALL CLUB ABU DHABI
Year of Formation: 1974
Stadium: Al Nahyan Stadium, Abu Dhabi (12,201)

Trainer:	Pitso John Hamilton Mosimane (RSA)	26.07.1964	
[10.11.2023]	Arno Buitenweg (NED)	18.03.1971	
[04.01.2024]	Goran Tufegdžić (SRB)	15.11.1971	

	THE SQUAD	DOB	M	(s)	G
Goalkeepers:	Zayed Ahmed Husain Ahmed Al Hammadi	23.02.1996	1	(1)	
	Mohamed Hasan Khalifa Mohamed Al Shamsi	04.01.1997	9		
	Rashed Ali Salem Mubarak Al Suwaidi	02.12.1989	16		
Defenders:	Mahmoud Khamis Saeed Khamis Al Hammadi	28.10.1987		(1)	
	Abdullah Faisal Nasser Al Karbi	26.08.1998	13	(2)	
	Mansour Saleh Barghash Jaralla Al Menhali	12.11.2004	3	(2)	
	Fares Juma Hasan Juma Al Saadi	30.12.1988		(2)	
	Sultan Saeed Rashid Saif Al Zaabi	26.10.1998	7	(5)	
	Rashed Issam Eid Ashtai	18.01.2004		(1)	
	Lucas Pimenta Peres Lopes (BRA)	17.07.2000	24		2
	Rúben Filipe *Canedo* Amaral (POR)	10.10.2001	13	(8)	
	Abdurahman Saleh	13.10.2002	1	(1)	
	Alaeddine Zouhir (TUN)	07.03.2000	24		1
Midfielders:	Abdelaziz Mohamed Abdalla Mohamed Al Balushi	03.03.2002	2	(1)	
	Suhail Salem Yeslam Ahmed Al Mansoori	19.05.1993	1	(2)	
	Abdulla Hamad Mohamed Salmeen Al Menhali	18.09.2001	12	(5)	
	Mohamed Ali Hussain Abdulla Al Obaidi	24.01.2001	8	(4)	
	Manea Aydh Al Ruwais	16.10.2000	5	(8)	
	Khalid Butti Musabah Rashid Al Zaabi	29.08.1991	11	(4)	
	Tahnoon Hamdan Saeed Salem Salmeen Al Badaol Al Zaabi	10.04.1999	6	(8)	
	Allan Marques Loureiro (BRA)	08.01.1991	23		3
	Cristian David Guanca (ARG)	26.03.1993	8	(2)	2
	Ahmad Nourollahi (IRN)	01.02.1993	25	(1)	6
Forwards:	Ismail Matar Ibrahim Khamis Al Mukhaini Al Junaibi	07.04.1993	2	(17)	2
	Mansoor Saeed Abdulla Maqtoof Al Menhali	29.03.2003		(8)	
	Abdulla Mohammad Kazim Mohammad Al Shams	31.07.1996	1	(2)	
	Salem Abdullah Abdulqader Al Somhi	02.03.2003	3	(3)	
	Zelimkhan Bakaev (RUS)	01.07.1996	13	(6)	1
	Avtandil Duyshoev (KGZ)	27.10.2004	2	(3)	1
	Khozhimat Erkinov (UZB)	29.05.2001	9		1
	João Pedro Pereira dos Santos (BRA)	22.04.1993	2		1
	Omar Khibrin (SYR)	15.01.1994	23	(2)	19

Facundo Daniel Kruspzky (ARG)	28.07.2002	19	(4)	5	
Moussa Senghor (SEN)	02.12.2005		(1)		

AL WASL SPORTS CLUB DUBAI

Year of Formation: 1960
Stadium: Zabeel Stadium, Dubai (8,439)

Trainer:	Miloš Milojević (SRB)	29.09.1982			

THE SQUAD	DOB	M	(s)	G
Goalkeepers: Khalid Saif Hamad Ali Al Senaani	04.10.1989	25		
Mohamed Ali Ahmed Mohamed Qayoudhi	16.05.1998	1		
Defenders: Ali Abdulla Ali Al Ansari Al Bloushi	04.09.1998	1	(1)	
Salem Juma Awad Mubarak Al Azizi	25.02.1993	16	(4)	
Yousif Ali Al Mheiri	30.11.1999	6	(9)	
Soufiane Bouftini (MAR)	03.05.1994	25		5
Faris Khalil Mohamed Ahmed Al Marzooqi	08.10.2000		(6)	
Alexis Rafael Pérez Fontanilla (COL)	25.03.1994	16	(4)	1
Rodrigo Oliveira de Almeida (BRA)	14.01.2002	9	(6)	
Abdulrahman Saleh Radi Rida Khamis	03.06.1999	19	(6)	2
Jung Seung-hyun (KOR)	03.04.1994	13		3
Aleksandar Vasiljević (SRB)	29.08.2001	1	(1)	
Midfielders: Ali Hassan Ali Salmeen Al Balooshi	04.02.1995	7	(14)	
Nicolás Giménez (ARG)	16.01.1996	26		5
Rabee Hassan Salmin	25.04.2003		(1)	
Hassan Ibrahim Juma Hassan Safar	19.10.1990		(3)	
Malek Janeer (SYR)	2003	3	(5)	
Jean Frederic Kouadio N'Guessan (CIV)	17.04.2003	1	(3)	
Gerónimo Gastón Poblete (ARG)	02.01.1993	15		
Siaka Sidibe (MLI)	24.01.2001	22	(4)	5
Forwards: *Caio Canedo* Corrêa (BRA)	09.08.1990	9	(16)	7
Adama Alain Diallo (CIV)	27.10.2002	10	(15)	7
Fábio Virginio de *Lima*	30.06.1993	25		17
Ali Saleh Ali Saleh Amro	22.01.2000	21	(3)	7
Haris Seferović (SUI)	22.02.1992	15	(10)	11

BANIYAS SPORTS AND CULTURAL CLUB ABU DHABI

Year of Formation: 1981
Stadium: Baniyas Club Stadium, Abu Dhabi (9,047)

Trainer:	Daniel Ionuț Isăilă (ROU)	29.06.1972			

THE SQUAD	DOB	M	(s)	G
Goalkeepers: Fahad Mohamed Ahmed Hassan Al Dhanhani	03.09.1991	26		
Defenders: Hussain Abbas Juma Kharam	30.11.1994	15	(2)	
Khamis Saleh Ismaeel Halil Al Hammadi	11.08.1998	22		
Khalaf Mohammed Al Hosani	23.02.1996	2	(11)	

		DOB	M	(s)	G
	Khamis Ahmed Jar Allah Hussain Al Mansoori	15.01.2004	12		
	Hasan Mohamed Hasan Ali Al Muharrami	06.06.1996		(3)	
	Eisa Ali Abbas Mohamed Bashir Al Maazmi	29.09.1996	5	(16)	
	Adham Khalid Hegazy	14.01.2002	1	(2)	
	Saša Ivković (SRB)	13.05.1993	25		2
	Abdullah Jassim Ali	22.02.1997	3	(4)	
	João Victor Lucas Wesner (BRA)	23.03.2000	21		
Midfielders:	Abdallah Sultan Nasser Al Balushi	21.03.1999	3	(9)	
	Mohammed Salem Abdulla Kamaas Al Menhali	23.03.1997		(4)	
	Fawaz Awana Ahmed Hussein Al Musabi	25.11.1988	21		1
	Francisco "*Chico*" de Oliveira *Geraldes* (POR)	18.04.1995	8	(4)	
	Saile Samuelda Silva Souza (BRA)	14.09.2000	8	(11)	
	Gastón Maximiliano Álvarez Suárez (ARG)	05.04.1993	25		4
Forwards:	Ahmed Shehda Abu Namous	05.10.1999	11	(13)	1
	Hamdan Ahmed Saeed Mohamed Al Mahri	09.03.1999		(2)	
	Suhail Ahmed Al Noobi	09.01.1996	24		3
	Aboubacar Cissé (SEN)	20.02.2004		(5)	
	Vieljeux Prestige Mboungou (CGO)	10.07.2000	4	(7)	1
	Youssoufou Niakaté (MLI)	16.12.1992	25	(1)	9
	Taulant Seferi (ALB)	15.11.1996	25		11

EMIRATES CULTURAL AND SPORTS CLUB RAS AL KHAIMAH
Year of Formation: 1969
Stadium: Emirates Club Stadium, Ras Al Khaimah (5,200)

Trainer:	Mohammed Ahmed Hassan Al Jalboot	18.10.1968
[03.09.2023]	Lluís Planagumà Ramos (ESP)	25.10.1980
[05.01.2024]	Walter Zenga (ITA)	28.04.1960
[24.04.2024]	Benito Carbone (ITA)	14.08.1971

	THE SQUAD	DOB	M	(s)	G
Goalkeepers:	Saud Hassan Abdalla Hassan Al Hosani	26.06.2000	2		
	Ibrahim Abdulla Ali Shaoon Al Kaabi	03.03.1993	2		
	Suhail Abdulla Ibrahim Ali Al Mutawa	26.08.1999	22		
Defenders:	Ali Abdulla Ali Alabdulla Al Ansaari	04.09.1998	12		
	Ahmad Eisa Juma Mohammad Al Blooshi	03.04.1997	13	(5)	
	Amran Amur Humaid Al Jassasi	11.03.1996	1	(3)	
	Feras Saleh Hamed Al Khaseebi	28.01.1996	10	(5)	
	Mohamed Jalal Mahmoud Al Shaer	09.06.2000	11	(10)	
	Marwan Fahad Hamza Hassan Al Watani	16.08.1999	9	(3)	4
	Rashed Ebrahim Al Zaabi	06.03.2003		(1)	
	Felipe de Souza *Motta* Marins (BRA)	03.08.2003	7	(2)	
	Luan de Oliveira *Martins* (BRA)	11.05.2000	11	(2)	
	Rashed Abdulla Malalla Obaid Suroor	27.05.2001	7	(4)	
	Fahad Sebil Obaid Saeed Ibrahim	10.03.1989	9	(1)	
	Philemon Seyi Olawoyin (NGA)	12.02.2001		(1)	
	Uroš Vitas (SRB)	06.07.1992	12	(2)	
Midfielders:	Fahad Badr Tarish Jumah Barout Al Barout	09.03.2001	9	(13)	2
	Khalifa Abdullah Mohammed Al Bloushi	20.02.1991	3	(5)	

		DOB	M	(s)	G
	Tariq Ahmed Mohamed Hassan Al Hammadi	12.03.1988	12		
	Salim Ali Ibrahim Hassan Al Hammadi	27.09.1993	3	(6)	1
	Abdulla Ahmed Abdulla Ahmed Al Nuaimi	17.03.2000		(5)	
	Nizar Mahmoud Ahmed Al Rashdan	23.03.1999	13		1
	Sultan Ali Qasem Al Rubaiani	11.11.2002	1	(5)	
	Andrés *Iniesta* Luján (ESP)	11.05.1984	17	(3)	5
	Oumar Keita (GUI)	2003	22	(2)	
	Franck Kom (CMR)	18.09.1991	11	(1)	1
	Diaa Sabi'a (ISR)	18.11.1992	5	(2)	2
Forwards:	Ismail Salem Ismail Saeed Al Hammadi	01.07.1988	14	(8)	3
	Mohammed Khalil Ebrahim Ahmed Al Hammadi	27.02.2003		(1)	
	Ebraheim Khameis Khameis Hassan Al Mesmari	27.06.1993	1	(10)	
	Mohamed Ammar Al Sanousi Al Hadi	26.02.1994	9	(2)	
	Diogo da Silva Farias „Diogo Acosta" (BRA)	13.06.1990	2		
	Francisco *"Paco" Alcácer* García (ESP)	30.08.1993	22		8
	Lithierry da Silva Neves (BRA)	14.05.2001	10	(10)	4
	Pavle Obradović (SRB)	04.07.2001	1	(1)	
	Salem Saif Salem Al Rawahi	14.04.1994	3	(2)	

HATTA CLUB

Year of Formation: 1981
Stadium: „Hamdan bin Rashid" Stadium, Hatta (5,000)

Trainer:	Željko Markov (SRB)	20.09.1976			
[14.09.2023]	Fabio Viviani (ITA)	29.09.1966			

	THE SQUAD	**DOB**	**M**	**(s)**	**G**
Goalkeepers:	Salam Khairi Ahmed Khairi Muftah	22.07.1999	26		
Defenders:	Abdul Rahman Adel Mohammad Abdul Rahim Abdul Ghafoor	24.03.2002	9		
	Hamdan Abdulrahman Khamis Mubarak Al Ameri	31.08.2002	12	(5)	
	Abdulrahman Ali Hassan Mohammed Al Saqatri	02.01.1993	16	(1)	
	Kayque Soares *Campos* (BRA)	20.02.2003	12	(2)	
	Vernon De Marco Morlacchi (SVK)	18.11.1972	21		
	Tamimou Ouorou (BEN)	03.05.2003	12	(3)	
	Saeed Ali Ibrahim Ali Suwaidan	19.05.1997	2		
Midfielders:	Ghanem Ahmed			(2)	
	Jassim Yaqoob Salman Mohammed Al Balooshi	16.03.1997		(6)	
	Mansoor Mohamed Abbas Hassan Al Baloushi	18.03.1991	9	(3)	
	Sultan Ali Mohamad Al Bedwawi	06.10.2001	15	(2)	
	Mansoor Al Bedwawi	05.03.2004	1	(3)	
	Abdullah Al Hammadi	03.08.1996		(1)	
	Younis Mohammed Said Al Kaabi	01.07.2006		(1)	
	Khalfan Hassan Khalfa Al Noobi Al Hammadi	07.01.1999		(6)	
	Fahad Salim Hadeed Obeid Gharib Al Khamisi	07.07.1993	1	(1)	
	Mohammed Abdulrahman Ahmed Al Raqi Al Almoudi	04.02.1989	16	(1)	
	Gabriel Airtonde Souza „Gabrielzinho" (BRA)	29.03.1996	13	(2)	3
	Amer Khalifa Haider Hussain Ali	06.03.2001	3	(1)	
	Aniss Karimi (MAR)	12.04.2000	15	(4)	2
	Alexander Merkel (KAZ)	22.02.1992	10		2
	Anass Taouil (MAR)	22.05.2003	2	(4)	

Aaron Tshibola (COD)	02.01.1995	18			
Atiq Walid Atiq Malalla	07.03.2002	5	(4)		
Mohammed Yousuf Ghulam	12.04.2000	5	(5)		
Moustafa Zeidan Khalili (PLE)	07.06.1998	4		1	

Forwards:	Khaled Ali Al Asbahi (YEM)	11.07.2003	8	(1)	1
	Shabaib Abdulaziz Shabaib Al Khaldi	11.08.1998	5		
	Abdulla Mohammad Kazim Mohammad Al Shams	31.07.1996	5	(7)	
	Ali Eid Ghumail Amer Al Yahyaee	01.03.1998	5	(9)	3
	Doro Dabo (SEN)	15.07.2003	1	(6)	
	Chisom Charles Egbuchulam (NGA)	22.02.1992	7	(3)	5
	Goodnews Igbokwe (NGA)	26.02.2003	1		
	Ángel Luis Lezama Montilla (VEN)	22.04.2003		(4)	
	César Lobi Manzoki (CTA)	12.10.1996	6	(4)	
	Jamal Ibrahim Hassain Maroof	23.11.1991	8	(9)	1
	Saif Salem Khalfan Ghamil Mubarak	07.10.2003	1	(1)	
	Ayman Rchoq (MAR)	24.01.2001	12	(4)	1

ITTIHAD KALBA SPORTS & CULTURAL CLUB
Year of Formation: 1972
Stadium: Ittihad Kalba Stadium, Kalba (8,500)

Trainer:	Farhad Majidi (IRN)	03.06.1976
[02.03.2024]	Ghazi Fahad Khazaal Al Shammari (IRQ)	1979

THE SQUAD	DOB	M	(s)	G
Goalkeepers: Hamad Abdulla Nasser Abdulla Al Mansoori	28.03.1996	9		
Eisa Ahmed Eisa Ali Al Houti	06.12.2000	17		
Defenders: Omar Ahmed Rashed Al Khaddeim Al Antali	09.12.1992		(2)	
Yaqoub Hassan Mohamed Hassan Al Baloushi	10.07.1990		(4)	
Abdul Sallam Mohameed Suliman Al Dabdoub	19.06.1992	16	(4)	
Abdulaziz Hamad Al Hamhami	28.07.1998	14	(2)	1
Waleed Rashid Sultan Ali Al Mehrizi	02.07.2002	9	(4)	
Khalid Nasir Rashid Al Zari Al Nabhani	13.05.1996	1	(3)	
Ivanildo Jorge Mendes Fernandes (CPV)	26.03.1996	2		
Michel Zanata Dreifke (BRA)	08.05.2003	16	(2)	1
Salem Rashid Obaid Sanad Rashid	21.12.1993	22		
Mohammed Sabeel Mousa Shahin	08.09.1991	14	(5)	
Wallace Fortuna dos Santos (BRA)	14.10.1994	9	(2)	
Midfielders: Sultan Adil Mohamed Abdalla Al Ameeri	04.05.2004	9	(11)	
Fahad Barout Othman Al Barout Al Baroudi	17.10.1999		(1)	
Yaser Hassan Mohamed Hassan Al Blooshi	25.04.2001	1	(7)	
Khalid Ali Khamis Obaid Mahmoud Al Darmaki	02.01.1992	12	(8)	
Habib Fardan Abdulla Fardan Al Fardan	11.11.1990	13	(6)	
Saif Obaid Yousif Al Awasia Al Zaabi	18.05.2001		(1)	
Daniel Sartori Bessa (ITA)	14.01.1993	21		7
Caio Eduardo de Souza Germano (BRA)	09.04.2003	10	(6)	
Mehdi Abdolhamid Ghayedi (IRN)	05.12.1998	25		12
Gustavo Silva de Oliveira (BRA)	11.09.2002	10	(8)	1
Filip Kiss (SVK)	13.10.1990	20	(1)	3
Zackariah Mohammed (GHA)	26.04.2001	1	(1)	

	Brian Aramís Ramírez (ARG)	29.08.2000	2	(5)	
Forwards:	Mohmed Ali Khamis Salmin Al Marashda	05.06.2000		(1)	
	Ahmed Amir Saeed Amir Rashid Al Naqbi	09.03.1998	1	(9)	1
	Nigel Robertha (CUW)	13.02.1998		(2)	
	Leandro Spadacio Leite (BRA)	17.02.2000	17	(6)	4
	Andrés Vombergar (SVN)	20.11.1994	15	(8)	8

KHOR FAKKAN SPORTS & CULTURAL CLUB

Year of Formation: 1981 (*as Al Khaleej*)
Stadium: "Saqr bin Mohammed al Qassimi" Stadium, Khorfakkan (7,500)

Trainer:	Abdulaziz Al Anbari Al Yassi	16.09.1977			
[21.09.2023]	Gerard Zaragoza Mulet (ESP)	20.02.1982			
[29.10.2023]	Nebojša Jovović (MNE)	28.08.1974			

THE SQUAD		**DOB**	**M**	**(s)**	**G**
Goalkeepers:	Ahmed Hamdan Ibrahim Saeed Al Hosani	01.07.1995	18		
	Jamal Ismail Jamal Abdulla Al Hosani	22.06.1995	1		
	Ahmed Mahmoud Mohamed Juma Ashoori	30.03.1989	7		
Defenders:	Sultan Fayez Ahmed Mohamed Al Blooshi	31.08.2000	5	(2)	
	Omar Saeed Mohammed Saleem Souaf Al Esmaili	29.01.1999	13	(6)	1
	Khalifa Mubarak Ghanim Mubarak Al Hammadi	30.10.1993	9	(4)	
	Masoud Sulaiman Ahmed Sulaiman Al Hammadi	16.06.1992	21		1
	Hamdan Nasser Masoud Al Baroud	24.04.1997	1	(5)	
	Abdulrahman Yousef Khamis Mubarak Khamis	28.08.1993	7	(3)	
	Rafael António *Pereira* (BRA)	17.04.2000	22		2
	Adel Sabil Moosa Shahin Sarfash	01.02.1998	13	(4)	
Midfielders:	Waleed Hussain Hassan Abdulla	15.05.1992	14	(4)	
	Abdulla Abdullayev (UZB)	01.09.1997	21		
	Shahin Surour Saif Surour Al Dermaki	21.06.1996	3	(5)	1
	Mohamed Ismail Ali Ismail Al Junaibi	29.05.1998	7	(11)	1
	Khaleil Khameis Salem Mohamed Al Mazrouei	15.07.1992	3	(13)	
	Benjamin Ayim (GHA)	19.02.2000	6	(2)	
	Saîf-Eddine Khaoui (TUN)	27.04.1995	2	(4)	
	David Roy Nyengue (CMR)	05.01.2002	9	(5)	
	Pedro Henrique de *Castro* Silva (BRA)	05.02.1993	2		
	Thulani Caleb Serero (RSA)	11.04.1990	16	(5)	1
Forwards:	Saeed Ahmed Abdulla Mohammad Al Bloushi	17.01.1994	4	(9)	
	Mohammed Khalfan Zayed Barout Al Harasi	28.08.1998	3	(6)	
	Mohamad Abdulla Eissa Ahmed Al Madani	06.02.2000		(3)	
	Omar Jumaa Rabeeh Mubarak Al Shuweihi	02.08.1995	8	(5)	2
	Azizbek Amonov (UZB)	30.10.1997	7	(6)	2
	Mohamed Awadalla Hassan Ibrahim	16.07.2002	14	(9)	3
	Antonio Valmor Assis Da Silva Junior "Juninho" (BRA)	06.03.2000	13	(6)	3
	Lourency do Nascimento Rodrigues (BRA)	02.01.1996	24	(1)	10
	Nélson Gomes Matos *Pereira* (POR)	10.04.2003		(1)	
	Raniel Santana de Vasconcelos (BRA)	11.06.1996	5	(5)	3
	Tiago de *Leonço* (BRA)	11.11.1992	8	(3)	4

SHABAB AL AHLI DUBAI FOOTBALL CLUB
Year of Formation: 1958 / re-founded 2017
Stadium: Al Rashid Stadium, Dubai (12,052)

Trainer:	Marko Nikolić (SRB)	20.07.1979			

THE SQUAD	DOB	M	(s)	G
Goalkeepers: Adel Abubaker Hussain Fadaq Al Hashmi	12.09.1992	5		
Majed Naser Humaid Bakheit Al Maqdemi	01.04.1984	2		
Hassan Hamza Ali Hussain Al Mazam	10.11.1994	18		
Hamad Al Meqebaali	13.07.2003	1		
Defenders: Ahmed Abdulla Jamil Abdulla Suroor	16.01.1999	16		
Waleed Abbas Murad Yousuf Al Balooshi	11.06.1985	10	(2)	
Yousif Jaber Naser Al Hammadi	25.02.1985	3	(8)	
Mohammed Marzooq Abdulla Mohd Al Matroushi	23.01.1989	7	(2)	
Marwan Fahad Hamza Hassan Al Watani	16.08.1999		(1)	
Bader Nasser Abdelaziz Mohammad	16.09.2001	12	(2)	
Salmin Khamis Salmin Saqer Salmin	09.10.1991		(1)	
Bogdan Planić (SRB)	19.01.1992	16		
Renan Victor da Silva (BRA)	19.05.2002	23		4
Saeed Sulaiman Salem Mobarak	18.04.1999	11	(5)	
Midfielders: Tariq Ahmed Mohamed Hassan Al Hammadi	12.03.1988	5	(3)	
Abdalla Ali Hassan Mohamed Rashid Al Naqbi	28.04.1993	2	(5)	
Eid Khamis Al Nuaimi	20.05.1999		(4)	
Yassine Boualam (MAR)	03.01.2005		(1)	
Breno Cascardo Lemos (BRA)	25.09.2003	5	(9)	1
Saeid Ezatolahi Afagh (IRN)	01.10.1996	10	(2)	2
Aziz Ganiev (UZB)	22.02.1998	14	(5)	
Luka Milivojević (SRB)	07.04.1991	16	(3)	1
Forwards: Mohammed Jumaa Eid Gharib Juma Al Balooshi	28.01.1997		(7)	
Yahya Ali Saeed Al Ghassani	18.04.1998	19	(5)	5
Harib Abdalla Suhail Al Musharrakh Al Maazmi	26.11.2002	14	(7)	6
Federico Nicolás Cartabia (ARG)	20.01.2003	14	(4)	4
Mu'nas Dabbur (ISR)	14.05.1992	18	(3)	14
Cheickna Doumbia (MLI)	14.06.2003		(3)	
Guilherme da Silva Gonçalves „Guilherme Bala" (BRA)	16.09.2001	14	(9)	6
Igor Jesus Maciel da Cruz (BRA)	25.02.2001	13	(6)	14
Kauan Santos Silva (BRA)	17.06.2004		(1)	1
Mateus Dias Lima „Mateusão" (BRA)	23.04.2004	8	(7)	5
Yuri César Santos de Oliveira Silva (BRA)	06.05.2000	10	(15)	6

SHARJAH FOOTBALL CLUB

Year of Formation: 1966
Stadium: Sharjah Stadium, Sharjah (20,000)

Trainer:	Cosmin Aurelian Olăroiu (ROU)	10.06.1969			
THE SQUAD		**DOB**	**M**	**(s)**	**G**
Goalkeepers:	Adel Mohamed Ali Mohamed Al Hosani	23.08.1989	24		
	Khaled Tawhid Mohammad Taher Abdulla Al Mohtadi	16.02.2004	1		
	Mayed Muhsin Musabeh Faraj Fayrouz	19.08.1996		(1)	
	Darwish Mohammed Obaid Habib	07.06.1995	1		
Defenders:	Abdullah Ghanem Jumaa Al Alawi	21.05.1995	13	(2)	1
	Khaled Ibrahim Helal Al Dhanhani	17.01.1997	14	(7)	
	Alhassan Saleh Easa Ali Qutaif Al Hennawi	25.06.1991	16	(2)	
	Abdelaziz Salim Ali Salim Al Kaabi	12.08.1998	5	(6)	
	Hamad Fahad Mousa Ibrahim Al Maazmi	25.09.2002	2		1
	Shaheen Abdalla Abdelrahman Shaheen Al Maazmi	16.11.1992	2	(1)	
	Salem Sultan Salem Saeed Al Sharji	09.05.1993	8	(4)	
	Cho Yu-min (KOR)	17.11.1996	13		2
	Maro Katinić (CRO)	13.04.2004	17	(3)	
	Konstantinos Manolas (GRE)	14.06.1991	4	(4)	
	Marcus Vinicius Barbosa *Meloni* (BRA)	25.06.2000	21		
Midfielders:	Mohammad Abdulbasit Mohammad Amin Abbas Al Abdulla	19.10.1995	5	(3)	1
	Majed Hassan Ahmad Abdulla Al Ahmadi	01.08.1992	3	(3)	
	Dhari Fahad Mousa Ibrahim Al Mazam	23.12.2003		(5)	
	Majid Rashid Sultan Al Khabeel Al Mehrzi	16.05.2000	18	(6)	1
	Majed Suroor Masouz Al Yassi	14.10.1997	7	(6)	1
	Khalid Abdulraheem Mohamed Salem Bawazir	08.05.1995	4	(16)	
	Mohamed Firas Ben Arbi (TUN)	27.05.1996	9	(6)	3
	Luan Martins Pereira "Luanzinho" (BRA)	21.04.2000	12	(7)	7
	Miralem Pjanić (BIH)	02.04.1990	22	(1)	
Forwards:	Mayed Saeed Hassan Al Kass Al Awani	06.05.2003		(2)	
	Saeed Obaid Saeed Obaid Al Kaabi	25.11.1999		(2)	
	Salem Saleh Mussallam Salem Al Rejaibi	14.05.1991	1	(6)	1
	Caio Lucas Fernandes (BRA)	19.04.2004	20	(2)	11
	Ousmane Camara (GUI)	23.01.2001	19	(4)	9
	Moussa Marega (FRA)	14.04.1991	19	(2)	7
	Sebastián Lucas Tagliabúe	22.02.1985	6	(12)	5

NATIONAL TEAM
INTERNATIONAL MATCHES 2023/2024

12.09.2023	Zagreb	Costa Rica - United Arab Emirates	1-4(0-3)	(F)
12.10.2023	Dubai	United Arab Emirates - Kuwait	1-0(1-0)	(F)
17.10.2023	Dubai	United Arab Emirates - Lebanon	2-1(1-1)	(F)
16.11.2023	Dubai	United Arab Emirates - Nepal	4-0(4-0)	(WCQ)
21.11.2023	Riffa	Bahrain - United Arab Emirates	0-2(0-1)	(WCQ)
30.12.2023	Abu Dhabi	United Arab Emirates - Kyrgyz Republic	1-0(0-0)	(F)
06.01.2024	Abu Dhabi	United Arab Emirates - Oman	0-1(0-1)	(F)
14.01.2024	Al Rayyan	United Arab Emirates - Hong Kong	3-1(1-0)	(AFC)
18.01.2024	Al Wakrah	Palestine - United Arab Emirates	1-1(0-1)	(AFC)
23.01.2024	Al Rayyan	Iran - United Arab Emirates	2-1(1-0)	(AFC)
28.01.2024	Al Rayyan	Tajikistan - United Arab Emirates	1-1 aet; 5-3 pen	(AFC)
21.03.2024	Abu Dhabi	United Arab Emirates - Yemen	2-1(1-0)	(WCQ)
26.03.2024	Khobar	Yemen - United Arab Emirates	0-3(0-3)	(WCQ)
06.06.2024	Dammam	Nepal - United Arab Emirates	0-4(0-2)	(WCQ)
11.06.2024	Dubai	United Arab Emirates - Bahrain	1-1(1-1)	(WCQ)

12.09.2023, Friendly International
Stadion Maksimir, Zagreb (Croatia); Attendance: n/a
Referee: Ante Čulina (Croatia)
COSTA RICA - UNITED ARAB EMIRATES **1-4(0-3)**
UAE: Khalid Eisa Mohammad Bilal Saeed, Khalid Mohammed Ahmed Al Hashemi, Khaled Ibrahim Helal Al Dhanhani (69.Mubarak Ahmed Mubarak Saeed Bani Zamah), Abdulla Idrees Saqer Mubarak Al Hammadi (60.Abdelrahman Saleh Rade Reda Khamis), Khalifa Mubarak Khalfan Khairi Al Hammadi, Ali Hassan Ali Salmeen Al Balooshi (60.Abdalla Ramadan Bekheet Soliman Bekheet), Yahia Nader Mostafa Al Sherif (79.Majid Rashid Sultan Al Khabeel Al Mehrzi), Caio Canedo Corrêa, Fábio Virginio de Lima (79.Hazim Mohammad Abdalla Abbas), Ali Saleh Ali Saleh Amro (79.Mohammed Juma Eid Gharib Juma Al Bloushi), Yahya Ali Saeed Al Ghassani. Trainer: Paulo Jorge Gomes Bento (Portugal).
Goals: Yahya Ali Saeed Al Ghassani (16), Caio Canedo Corrêa (23), Ali Hassan Ali Salmeen Al Balooshi (38), Yahya Ali Saeed Al Ghassani (53).

12.10.2023, Friendly International
Al Maktoum Stadium, Dubai (United Arab Emirates); Attendance: n/a
Referee: Ibrahim Nour El Din (Egypt)
UNITED ARAB EMIRATES - KUWAIT **1-0(1-0)**
UAE: Ali Khaseif Humad Khaseif Housani, Khalid Mohammed Ahmed Al Hashemi, Abdulla Idrees Saqer Mubarak Al Hammadi, Khalifa Mubarak Khalfan Khairi Al Hammadi, Tahnoon Hamdan Saeed Salem Salmeen Al Badaol Al Zaabi (59.Ali Saleh Ali Saleh Amro), Abdalla Ramadan Bekheet Soliman Bekheet (59.Ali Hassan Ali Salmeen Al Balooshi), Yahia Nader Mostafa Al Sherif (84.Majid Rashid Sultan Al Khabeel Al Mehrzi), Zayed Sultan Ahmed Jassim Ibrahim Al Zaabi (84.Khaled Ibrahim Helal Al Dhanhani), Caio Canedo Corrêa, Yahya Ali Saeed Al Ghassani (72.Fábio Virginio de Lima), Sultan Adil Mohamed Abdalla Al Ameeri (59.Ali Ahmed Mabkhout Mohsen Omran Al Hajeri). Trainer: Paulo Jorge Gomes Bento (Portugal).
Goal: Tahnoon Hamdan Saeed Salem Salmeen Al Badaol Al Zaabi (27).

17.10.2023, Friendly International
Al Maktoum Stadium, Dubai (United Arab Emirates); Attendance: n/a
Referee: Mohamed Adel Mohamed Ali Hasan Hussein (Egypt)
UNITED ARAB EMIRATES - LEBANON **2-1(1-1)**
UAE: Khalid Eisa Mohammad Bilal Saeed, Khalid Mohammed Ahmed Al Hashemi, Khaled Ibrahim Helal Al Dhanhani, Abdulla Idrees Saqer Mubarak Al Hammadi, Khalifa Mubarak Khalfan Khairi Al Hammadi, Ali Hassan Ali Salmeen Al Balooshi (80.Majid Rashid Sultan Al Khabeel Al Mehrzi), Tahnoon Hamdan Saeed Salem Salmeen Al Badaol Al Zaabi (62.Hazim Mohammad Abdalla Abbas), Yahia Nader Mostafa Al Sherif (71.Abdalla Ramadan Bekheet Soliman Bekheet), Caio Canedo Corrêa, Ali Ahmed Mabkhout Mohsen Omran Al Hajeri (62.Sultan Adil Mohamed Abdalla Al Ameeri), Yahya Ali Saeed Al Ghassani (46.Ali Saleh Ali Saleh Amro). Trainer: Paulo Jorge Gomes Bento (Portugal).
Goals: Caio Canedo Corrêa (26), Sultan Adil Mohamed Abdalla Al Ameeri (90+4).

16.11.2023, 23rd FIFA World Cup Qualifiers / 19th AFC Asian Cup Qualifiers second round
Al Maktoum Stadium, Dubai; Attendance: 3,640
Referee: Crishantha Dilan Perera Hettikankanamge (Sri Lanka)
UNITED ARAB EMIRATES - NEPAL **4-0(4-0)**
UAE: Khalid Eisa Mohammad Bilal Saeed, Khalid Mohammed Ahmed Al Hashemi, Abdulla Idrees Saqer Mubarak Al Hammadi, Khalifa Mubarak Khalfan Khairi Al Hammadi (46.Mohammed Omar Zain Mohsen Zain Al Attas), Abdalla Ramadan Bekheet Soliman Bekheet (46.Mohammed Abbas Ahmed Abdulla Hasan Al Blooshi), Yahia Nader Mostafa Al Sherif, Zayed Sultan Ahmed Jassim Ibrahim Al Zaabi, Caio Canedo Corrêa, Ali Ahmed Mabkhout Mohsen Omran Al Hajeri (76.Tahnoon Hamdan Saeed Salem Salmeen Al Badaol Al Zaabi), Fábio Virginio de Lima (68.Harib Abdalla Suhail Al Musharrakh Al Maazmi), Ali Saleh Ali Saleh Amro (68.Sultan Adil Mohamed Abdalla Al Ameeri). Trainer: Paulo Jorge Gomes Bento (Portugal).
Goals: Khalifa Mubarak Khalfan Khairi Al Hammadi (11), Ali Ahmed Mabkhout Mohsen Omran Al Hajeri (36 penalty, 44), Fábio Virginio de Lima (45+1).

21.11.2023, 23rd FIFA World Cup Qualifiers / 19th AFC Asian Cup Qualifiers second round
Bahrain National Stadium, Riffa; Attendance: 18,267
Referee: Mohammed Khaled Al Hoaish (Saudi Arabia)
BAHRAIN - UNITED ARAB EMIRATES **0-2(0-1)**
UAE: Khalid Eisa Mohammad Bilal Saeed, Khalid Mohammed Ahmed Al Hashemi, Khaled Ibrahim Helal Al Dhanhani, Abdulla Idrees Saqer Mubarak Al Hammadi, Khalifa Mubarak Khalfan Khairi Al Hammadi, Ali Hassan Ali Salmeen Al Balooshi (58.Yahia Nader Mostafa Al Sherif), Abdalla Ramadan Bekheet Soliman Bekheet, Harib Abdalla Suhail Al Musharrakh Al Maazmi (57.Majid Rashid Sultan Al Khabeel Al Mehrzi), Caio Canedo Corrêa (87.Zayed Sultan Ahmed Jassim Ibrahim Al Zaabi), Ali Saleh Ali Saleh Amro (77.Yahya Ali Saeed Al Ghassani), Sultan Adil Mohamed Abdalla Al Ameeri (78.Ali Ahmed Mabkhout Mohsen Omran Al Hajeri). Trainer: Paulo Jorge Gomes Bento (Portugal).
Goals: Abdalla Ramadan Bekheet Soliman Bekheet (36), Ali Ahmed Mabkhout Mohsen Omran Al Hajeri (90 penalty).

30.12.2023, Friendly International
"Mohammed bin Zayed" Stadium, Abu Dhabi (United Arab Emirates); Attendance: n/a
Referee: Sami Ahmed Al Jurays (Saudi Arabia)
UNITED ARAB EMIRATES - KYRGYZ REPUBLIC **1-0(0-0)**
UAE: Ali Khaseif Humad Khaseif Housani, Khalid Mohammed Ahmed Al Hashemi (74.Mohammed Omar Zain Mohsen Zain Al Attas), Abdulla Idrees Saqer Mubarak Al Hammadi (46.Abdelrahman Saleh Rade Reda Khamis), Khalifa Mubarak Khalfan Khairi Al Hammadi, Tahnoon Hamdan Saeed Salem Salmeen Al Badaol Al Zaabi (74.Mohammed Abbas Ahmed Abdulla Hasan Al Blooshi), Abdalla Ramadan Bekheet Soliman Bekheet (46.Ali Hassan Ali Salmeen Al Balooshi), Yahia Nader Mostafa Al Sherif (46.Abdulla Hamad Mohamed Salmeen Al Menhali), Zayed Sultan Ahmed Jassim Ibrahim Al Zaabi, Caio Canedo Corrêa, Ali Ahmed Mabkhout Mohsen Omran Al Hajeri, Ali Saleh Ali Saleh Amro (65.Fábio Virginio de Lima). Trainer: Paulo Jorge Gomes Bento (Portugal).
Goal: Ali Ahmed Mabkhout Mohsen Omran Al Hajeri (90+1 penalty).

06.01.2024, Friendly International
Al Nahyan Stadium, Abu Dhabi; Attendance: n/a
Referee: Abdulla Dhafer Al Shehri (Saudi Arabia)
UNITED ARAB EMIRATES - OMAN   **0-1(0-1)**
UAE: Khalid Eisa Mohammad Bilal Saeed, Khalid Mohammed Ahmed Al Hashemi, Abdulla Idrees Saqer Mubarak Al Hammadi (73.Bader Nasser Abdelaziz Mohammad), Khalifa Mubarak Khalfan Khairi Al Hammadi, Ali Hassan Ali Salmeen Al Balooshi (46.Abdalla Ramadan Bekheet Soliman Bekheet), Abdulla Hamad Mohamed Salmeen Al Menhali, Zayed Sultan Ahmed Jassim Ibrahim Al Zaabi (62.Ahmed Abdulla Jamil Abdulla Suroor), Harib Abdalla Suhail Al Musharrakh Al Maazmi (62.Tahnoon Hamdan Saeed Salem Salmeen Al Badaol Al Zaabi), Caio Canedo Corrêa, Ali Ahmed Mabkhout Mohsen Omran Al Hajeri (46.Sultan Adil Mohamed Abdalla Al Ameeri), Yahya Ali Saeed Al Ghassani (46.Fábio Virginio de Lima). Trainer: Paulo Jorge Gomes Bento (Portugal).

14.01.2024, 18th AFC Asian Cup, Final Tournament, Group Stage
Khalifa International Stadium, Al Rayyan (Qatar); Attendance: 15,586
Referee: Muhammad Taqi Aljaafari Jahari (Singapore)
UNITED ARAB EMIRATES - HONG KONG   **3-1(1-0)**
UAE: Khalid Eisa Mohammad Bilal Saeed, Abdulla Idrees Saqer Mubarak Al Hammadi, Khalifa Mubarak Khalfan Khairi Al Hammadi, Bader Nasser Abdelaziz Mohammad, Tahnoon Hamdan Saeed Salem Salmeen Al Badaol Al Zaabi (68.Abdulla Hamad Mohamed Salmeen Al Menhali), Abdalla Ramadan Bekheet Soliman Bekheet (88.Ahmed Abdulla Jamil Abdulla Suroor), Yahia Nader Mostafa Al Sherif (81.Ali Hassan Ali Salmeen Al Balooshi), Zayed Sultan Ahmed Jassim Ibrahim Al Zaabi (88.Khalid Mohammed Ahmed Al Hashemi), Caio Canedo Corrêa, Fábio Virginio de Lima (68.Yahya Ali Saeed Al Ghassani), Sultan Adil Mohamed Abdalla Al Ameeri. Trainer: Paulo Jorge Gomes Bento (Portugal).
Goals: Sultan Adil Mohamed Abdalla Al Ameeri (34 penalty), Zayed Sultan Ahmed Jassim Ibrahim Al Zaabi (52), Yahya Ali Saeed Al Ghassani (90+5 penalty).

18.01.2024, 18th AFC Asian Cup, Final Tournament, Group Stage
Al Janoub Stadium, Al Wakrah (Qatar); Attendance: 41,986
Referee: Ahmad Faisal Al Ali (Kuwait)
PALESTINE - UNITED ARAB EMIRATES   **1-1(0-1)**
UAE: Khalid Eisa Mohammad Bilal Saeed, Khaled Ibrahim Helal Al Dhanhani (65.Zayed Sultan Ahmed Jassim Ibrahim Al Zaabi), Abdulla Idrees Saqer Mubarak Al Hammadi, Khalifa Mubarak Khalfan Khairi Al Hammadi [sent off 37], Bader Nasser Abdelaziz Mohammad, Majid Rashid Sultan Al Khabeel Al Mehrzi, Abdalla Ramadan Bekheet Soliman Bekheet (65.Ali Hassan Ali Salmeen Al Balooshi), Caio Canedo Corrêa (55.Yahya Ali Saeed Al Ghassani), Fábio Virginio de Lima (40.Khalid Mohammed Ahmed Al Hashemi), Ali Saleh Ali Saleh Amro (66.Harib Abdalla Suhail Al Musharrakh Al Maazmi), Sultan Adil Mohamed Abdalla Al Ameeri. Trainer: Paulo Jorge Gomes Bento (Portugal).
Goal: Sultan Adil Mohamed Abdalla Al Ameeri (23).

23.01.2024, 18th AFC Asian Cup, Final Tournament, Group Stage
Education City Stadium, Al Rayyan (Qatar); Attendance: 34,259
Referee: Ilgiz Tantashev (Uzbekistan)
IRAN - UNITED ARAB EMIRATES   **2-1(1-0)**
UAE: Khalid Eisa Mohammad Bilal Saeed, Khalid Mohammed Ahmed Al Hashemi, Khaled Ibrahim Helal Al Dhanhani (74.Abdulla Idrees Saqer Mubarak Al Hammadi), Bader Nasser Abdelaziz Mohammad, Majid Rashid Sultan Al Khabeel Al Mehrzi (85.Abdulla Hamad Mohamed Salmeen Al Menhali), Tahnoon Hamdan Saeed Salem Salmeen Al Badaol Al Zaabi (57.Caio Canedo Corrêa), Abdalla Ramadan Bekheet Soliman Bekheet, Zayed Sultan Ahmed Jassim Ibrahim Al Zaabi, Harib Abdalla Suhail Al Musharrakh Al Maazmi, Ali Saleh Ali Saleh Amro (85.Fábio Virginio de Lima), Yahya Ali Saeed Al Ghassani. Trainer: Paulo Jorge Gomes Bento (Portugal).
Goal: Yahya Ali Saeed Al Ghassani (90+3).

28.01.2024, 18th AFC Asian Cup, Final Tournament, Second Round of 16
„Ahmad bin Ali" Stadium, Al Rayyan (Qatar); Attendance: 33,584
Referee: Yusuke Araki (Japan)
TAJIKISTAN - UNITED ARAB EMIRATES   1-1(1-0,1-1,1-1); 5-3 on penalties
UAE: Khalid Eisa Mohammad Bilal Saeed, Khalid Mohammed Ahmed Al Hashemi (46.Abdulla Idrees Saqer Mubarak Al Hammadi), Khalifa Mubarak Khalfan Khairi Al Hammadi, Bader Nasser Abdelaziz Mohammad, Tahnoon Hamdan Saeed Salem Salmeen Al Badaol Al Zaabi (90.Ali Hassan Ali Salmeen Al Balooshi), Abdalla Ramadan Bekheet Soliman Bekheet (16.Abdulla Hamad Mohamed Salmeen Al Menhali; 61.Ali Saleh Ali Saleh Amro), Yahia Nader Mostafa Al Sherif (73.Majid Rashid Sultan Al Khabeel Al Mehrzi), Zayed Sultan Ahmed Jassim Ibrahim Al Zaabi (61.Khaled Ibrahim Helal Al Dhanhani), Caio Canedo Corrêa, Fábio Virginio de Lima, Yahya Ali Saeed Al Ghassani. Trainer: Paulo Jorge Gomes Bento (Portugal).
Goals: Khalifa Mubarak Khalfan Khairi Al Hammadi (90+5).
Penalties: Abdulla Idrees Saqer Mubarak Al Hammadi, Caio Canedo Corrêa (saved), Fábio Virginio de Lima, Ali Saleh Ali Saleh Amro.

21.03.2024, 23rd FIFA World Cup Qualifiers / 19th AFC Asian Cup Qualifiers second round
Al Nahyan Stadium, Abu Dhabi; Attendance: 2,948
Referee: Mohanad Qasim Eessee Sarray (Iraq)
UNITED ARAB EMIRATES - YEMEN   2-1(1-0)
UAE: Khalid Eisa Mohammad Bilal Saeed, Khalid Mohammed Ahmed Al Hashemi (46.Abdulla Idrees Saqer Mubarak Al Hammadi), Khalifa Mubarak Khalfan Khairi Al Hammadi, Ahmed Abdulla Jamil Abdulla Suroor (22.Zayed Sultan Ahmed Jassim Ibrahim Al Zaabi), Bader Nasser Abdelaziz Mohammad, Majid Rashid Sultan Al Khabeel Al Mehrzi (46.Mohammed Abbas Ahmed Abdulla Hasan Al Blooshi), Abdulla Hamad Mohamed Salmeen Al Menhali, Caio Canedo Corrêa (63.Tahnoon Hamdan Saeed Salem Salmeen Al Badaol Al Zaabi), Ali Saleh Ali Saleh Amro (80.Fábio Virginio de Lima), Yahya Ali Saeed Al Ghassani, Sultan Adil Mohamed Abdalla Al Ameeri. Trainer: Paulo Jorge Gomes Bento (Portugal).
Goals: Ali Saleh Ali Saleh Amro (24 penalty), Sultan Adil Mohamed Abdalla Al Ameeri (72).

26.03.2024, 23rd FIFA World Cup Qualifiers / 19th AFC Asian Cup Qualifiers second round
"Prince Saud bin Jalawi" Stadium, Khobar (Saudi Arabia); Attendance: 1,135
Referee: Ilgiz Tantashev (Uzbekistan)
YEMEN - UNITED ARAB EMIRATES   0-3(0-3)
UAE: Khalid Eisa Mohammad Bilal Saeed, Mohammed Omar Zain Mohsen Zain Al Attas, Khaled Ibrahim Helal Al Dhanhani, Khalifa Mubarak Khalfan Khairi Al Hammadi, Bader Nasser Abdelaziz Mohammad, Tahnoon Hamdan Saeed Salem Salmeen Al Badaol Al Zaabi (74.Harib Abdalla Suhail Al Musharrakh Al Maazmi), Yahia Nader Mostafa Al Sherif (64.Ali Hassan Ali Salmeen Al Balooshi), Mohammed Abbas Ahmed Abdulla Hasan Al Blooshi (74.Issam Faiz), Fábio Virginio de Lima (64.Hazim Mohammad Abdalla Abbas), Yahya Ali Saeed Al Ghassani, Sultan Adil Mohamed Abdalla Al Ameeri (64.Caio Canedo Corrêa). Trainer: Paulo Jorge Gomes Bento (Portugal).
Goals: Fábio Virginio de Lima (14, 22), Sultan Adil Mohamed Abdalla Al Ameeri (35).

06.06.2024, 23rd FIFA World Cup Qualifiers / 19th AFC Asian Cup Qualifiers second round
"Prince Mohamed bin Fahd" Stadium, Dammam (Saudi Arabia); Attendance: 2,450
Referee: Payam Heydari (Iran)
NEPAL - UNITED ARAB EMIRATES **0-4(0-2)**
UAE: Khaled Tawhid Mohammad Taher Abdulla Al Mohtadi, Khalid Mohammed Ahmed Al Hashemi (66.Khamis Ahmed Jarallah Hussain Al Mansoori), Abdulla Idrees Saqer Mubarak Al Hammadi, Bader Nasser Abdelaziz Mohammad, Ali Hassan Ali Salmeen Al Balooshi, Tahnoon Hamdan Saeed Salem Salmeen Al Badaol Al Zaabi (77.Fahad Bader Taresh Jumah Barout), Zayed Sultan Ahmed Jassim Ibrahim Al Zaabi (62.Mubarak Ahmed Mubarak Saeed Bani Zamah), Harib Abdalla Suhail Al Musharrakh Al Maazmi, Mohammed Abbas Ahmed Abdulla Hasan Al Blooshi (62.Hazim Mohammad Abdalla Abbas), Ali Saleh Ali Saleh Amro (62.Abdulla Hamad Mohamed Salmeen Al Menhali), Mohammed Juma Eid Gharib Juma Al Bloushi Al Mansouri. Trainer: Paulo Jorge Gomes Bento (Portugal).
Goals: Harib Abdalla Suhail Al Musharrakh Al Maazmi (12, 14), Ali Saleh Ali Saleh Amro (53), Hazim Mohammad Abdalla Abbas (75).

11.06.2024, 23rd FIFA World Cup Qualifiers / 19th AFC Asian Cup Qualifiers second round
Zabeel Stadium, Dubai; Attemdance: 953
Referee: Ma Ning (China P.R.)
UNITED ARAB EMIRATES - BAHRAIN **1-1(1-1)**
UAE: Khalid Eisa Mohammad Bilal Saeed, Mohammed Omar Zain Mohsen Zain Al Attas, Abdulla Idrees Saqer Mubarak Al Hammadi, Bader Nasser Abdelaziz Mohammad, Majid Rashid Sultan Al Khabeel Al Mehrzi (64.Ali Hassan Ali Salmeen Al Balooshi), Tahnoon Hamdan Saeed Salem Salmeen Al Badaol Al Zaabi, Issam Faiz (57.Abdulla Hamad Mohamed Salmeen Al Menhali), Mubarak Ahmed Mubarak Saeed Bani Zamah (64.Zayed Sultan Ahmed Jassim Ibrahim Al Zaabi), Ali Saleh Ali Saleh Amro (82.Fahad Bader Taresh Jumah Barout), Yahya Ali Saeed Al Ghassani (57.Harib Abdalla Suhail Al Musharrakh Al Maazmi), Sultan Adil Mohamed Abdalla Al Ameeri. Trainer: Paulo Jorge Gomes Bento (Portugal).
Goal: Sultan Adil Mohamed Abdalla Al Ameeri (10).

NATIONAL TEAM PLAYERS 2023/2024		
Name	DOB	Club
Goalkeepers		
Khaled Tawhid Mohammad Taher Abdulla AL MOHTADI	16.02.2004	*Sharjah FC*
Khalid Eisa Mohammad Bilal SAEED	15.09.1989	*Al-Ain FC*
Ali Khaseif Humad Khaseif HOUSANI	09.06.1987	*Al Jazira SCC Abu Dhabi*
Defenders		
Bader Nasser ABDELAZIZ Mohammad	16.09.2001	*Shabab Al Ahli Dubai FC*
Mohammed Omar Zain Mohsen Zain AL ATTAS	05.09.1997	*Al Jazira SCC Abu Dhabi*
Khaled Ibrahim Helal AL DHANHANI	17.01.1997	*Sharjah FC*
Abdulla Idrees Saqer Mubarak AL HAMMADI	16.08.1999	*Al Jazira SCC Abu Dhabi*
Khalifa Mubarak Khalfan Khairi AL HAMMADI	07.11.1998	*Al Jazira SCC Abu Dhabi*
Khalid Mohammed Ahmed AL HASHEMI	18.03.1997	*Al-Ain FC*
Khamis Ahmed Jarallah Hussain AL MANSOORI	15.01.2004	*Baniyas SCC*
Mubarak Ahmed Mubarak Saeed BANI ZAMAH	29.11.2003	*Al Jazira SCC Abu Dhabi*
Abdelrahman Saleh Rade Reda KHAMIS	03.06.1999	*Al Wasl SC Dubai*

Midfielders

Hazim Mohammad Abdalla ABBAS	18.03.2005	*Al-Ain FC*
Ali Hassan Ali Salmeen AL BALOOSHI	04.02.1995	*Al Wasl SC Dubai*
Mohammed Abbas Ahmed Abdulla Hasan AL BLOOSHI	30.09.2002	*Al-Ain FC*
Majid Rashid Sultan Al Khabeel AL MEHRZI	16.05.2000	*Sharjah FC*
Abdulla Hamad Mohamed Salmeen AL MENHALI	18.09.2001	*Al Wahda FC Abu Dhabi*
Yahia Nader Mostafa AL SHERIF	11.09.1998	*Al-Ain FC*
Tahnoon Hamdan Saeed Salem Salmeen Al Badaol AL ZAABI	10.04.1999	*Al Wahda FC Abu Dhabi*
Zayed Sultan Ahmed Jassim Ibrahim AL ZAABI	11.04.2001	*Al Jazira SCC Abu Dhabi*
Fahad Bader Taresh Jumah BAROUT	09.03.2001	*Emirates Club Ras Al Khaimah*
Abdalla Ramadan Bekheet Soliman BEKHEET	07.03.1998	*Al Jazira SCC Abu Dhabi*
FÁBIO Virginio de LIMA	30.06.1993	*Al Wasl SC Dubai*
Issam FAIZ	06.03.2000	*Ajman Club*
Ahmed Abdulla Jamil Abdulla SUROOR	16.01.1999	*Shabab Al Ahli Dubai FC*

Forwards

Sultan Adil Mohamed Abdalla AL AMEERI	04.05.2004	*Al Ittihad Kalba SCC*
Mohammed Juma Eid Gharib Juma AL BLOUSHI	28.01.1997	*Shabab Al Ahli Dubai FC; 20.02.2024-> Al Bataeh Club*
Yahya Ali Saeed AL GHASSANI	18.04.1998	*Shabab Al Ahli Dubai FC*
Ali Ahmed Mabkhout Mohsen Omran AL HAJERI	05.10.1990	*Al Jazira SCC Abu Dhabi*
Harib Abdalla Suhail Al Musharrakh AL MAAZMI	26.11.2002	*Shabab Al Ahli Dubai FC*
Ali Saleh Ali Saleh AMRO	22.01.2000	*Al Wasl SC Dubai*
CAIO CANEDO Corrêa	09.08.1990	*Al Wasl SC Dubai*

National coaches

PAULO Jorge Gomes BENTO (Portugal) [09.07.2023]	20.06.1969

UZBEKISTAN

Federation Directory:
Uzbekistan Football Federation
Uzbekistanskaya 98/A, 100011 Tashkent
Year of Formation: 1946
Member of FIFA since: 1994
Member of AFC since: 1994
Internet: www.ufa.uz

The Country: Oʻzbekiston Respublikasi (Republic of Uzbekistan)
Capital: Tashkent
Surface: 447,400 km^2 / **Population**: 36,799,000 [2024] / **Time**: UTC+5

NATIONAL TEAM RECORDS

First international match:
17.06.1992, Dushanbe: Tajikistan - Uzbekistan 2-2

Most international caps:	Most international goals:
Server Djeparov	Eldor Shomurodov
128 caps (2002-2017)	**39 goals** / 70 caps (since 2015)

NATIONAL TEAM COMPETITIONS

ASIAN NATIONS CUP		FIFA WORLD CUP	
1956		1930	
1960		1934	
1964		1938	
1968	*Part of Soviet Union*	1950	
1972		1954	
1976		1958	
1980		1962	*Part of Soviet Union*
1984		1966	
1988		1970	
1992	*Not a member of the AFC*	1974	
1996	Final Tournament (Group Stage)	1978	
2000	Final Tournament (Group Stage)	1982	
2004	Final Tournament (Quarter-Finals)	1986	
2007	Final Tournament (Quarter-Finals)	1990	
2011	Final Tournament (4th Place)	1994	*Not a member of FIFA*
2015	Final Tournament (Quarter-Finals)	1998	Qualifiers
2019	Final Tournament (2nd Round of 16)	2002	Qualifiers
2023	Final Tournament (Quarter-Finals)	2006	Qualifiers
		2010	Qualifiers
		2014	Qualifiers
		2018	Qualifiers
		2022	Qualifiers

OLYMPIC FOOTBALL TOURNAMENTS 1908-2020

1908 to 1928	Teams from Asia did not enter	1980 1984 1988	
1936 1948 1952 1956 1960 1964 1968 1972 1976	Part of Soviet Union	1992	Did not enter
		1996	Qualifiers
		2000	Qualifiers
		2004	Qualifiers
		2008	Qualifiers
		2012	Qualifiers
		2016	Qualifiers
		2020	Qualifiers

ASIAN GAMES 1951-2022		CENTRAL ASIAN NATIONS CUP 2023->	
1951	-	2023	Runners-up
1954	-		
1958	-		
1962	-		
1966	-		
1970	-		
1974	-		
1978	-		
1982	-		
1986	-		
1990	-		
1994	**Winners**		
1998	Quarter-Finals		
2002	Group Stage		
2006	Quarter-Finals		
2010	Quarter-Finals		
2014	2nd Round of 16		
2018	Quarter-Finals		
2022	3rd Place		

UZBEKISTAN CLUB HONOURS IN ASIAN CLUB COMPETITIONS

AFC Champions League 1967-1971 & 1985/1986-2024
None
Asian Football Confederation Cup 2004-2024
None
AFC President's Cup 2005-2014*
None
Asian Cup Winners Cup 1975-2003*
None
Asian Super Cup 1995-2002*
None

*defunct competitions

NATIONAL COMPETITIONS
TABLE OF HONOURS

Champions during the Soviet Union time (Uzbek SSR):
1926: Sbornaya Tashkenta; 1927: Sbornaya Tashkenta; 1928: Sbornaya Fergany; 1929: Sbornaya Tashkenta; 1930: Sbornaya Tashkenta; 1931-1932: *No competition*; 1933: Sbornaya Tashkenta; 1934: Sbornaya Tashkenta; 1935: Sbornaya Tashkenta; 1936: Sbornaya Tashkenta; 1937: Spartak Tashkent; 1938: Spartak Tashkent; 1939: Dinamo Tashkent; 1940-1947: *No competition*; 1948: Polyarnaya Zvezda Tashkentskaya Oblast'; 1949: Dinamo Tashkent; 1950: Spartak Tashkent; 1951: Spartak Tashkent; 1952: Dinamo Tashkent; 1953: FShM Tashkent; 1954: Dinamo Tashkent; 1955: ODO Tashkent; 1956: ODO Tashkent; 1957: Mashinostroitel' Tashkent; 1958: Khimik Chirchik; 1959: Mekhnat Tashkent; 1960: Sokol Tashkent; 1961: Sokol Tashkent; 1962: Sokol Tashkent; 1963: Sokol Tashkent; 1964: Sokol Tashkent; 1965: Sokol Tashkent; 1966: Zvezda Tashkent; 1967: Tashavtomash Tashkent; 1968: Chust Namanganshaya Oblast'; 1969: Tashkabel' Tashkent; 1970: SKA Tashkent; 1971: Yangiaryk Khorezmskaya Oblast'; 1972: Trud Dzhizak; 1973: Stroitel' Samarkand; 1974: Pakhtakor Gulistan; 1975: Zarafshan Navoi; 1976: Traktor Tashkent; 1977: Khiva; 1978: Khorezm Karimanova; 1979: Khisar Shakhrisabz; 1980: *No competition*; 1981: Ekipress Samarkand; 1982: Beshkent; 1983: Tselinnik Turtkul'; 1984: Khorezm Khanki; 1985: Shakhtyor Angren; 1986: Traktor Tashkent; 1987: Avtomobilist Fergana; 1988: Selmashevets Chirchik; 1989: Nurafshon Bukhoro; 1990: Naryn Khakulabad; 1991: Politotdel Tashkentskaya Oblast'

Cup winners during the Soviet Union time (Uzbek SSR):
1939: Dinamo Tashkent; 1940: Dinamo Tashkent; 1941: *No competition*; 1942: Dinamo Tashkent; 1943: Dinamo Tashkent; 1944: Khar'kovskoye Tankovoye Uchilishche Chirchik; 1945: Khar'kovskoye Tankovoye Uchilishche Chirchik; 1946: DO Tashkent; 1947: Pishchevik Tashkent; 1948: Avtozavod im. Chkalova Tashkent; 1949: Dinamo Tashkent; 1950: Start Tashkent; 1951: Start Tashkent; 1952: Dinamo Tashkent; 1953: Khimik Chirchik; 1954: ODO Tashkent; 1955: Spartak Samarkand; 1956: Sbornaya Fergany; 1957: Khimik Chirchik; 1958: Mekhnat Tashkent; 1959: Khimik Chirchik; 1960: SKA-2 Tashkent; 1961: Vostok Yangiabad; 1962: Sokol Tashkent; 1963: Tekstilshchik Tashkent; 1964: Tashkentkabel' Tashkent; 1965: Tashkabel' Tashkent'; 1966: Zvezda Tashkent'; 1967: Vostok Tashkent'; 1968: Tashkabel' Tashkent'; 1969: Zvezda Tashkent'; 1970: DYuSSh-2 Tashkent'; 1971: SKA Tashkent'; 1972: Lenin-yuly Karshi'; 1973: Stroitel' Samarkand'; 1974: Tong Karshi'; 1975: Traktor Tashkent'; 1976: Narimanovets Khorezmskaya Obl.'; 1977: Karshistroy Karshi'; 1978: Khorezm Karimanova; 1979: Khizar Shakhrisabz; 1980: Khiva; 1981: *No competition*; 1982: *No competition*; 1983: Tselinnik Turtkul'; 1984: Avtomobilist Fergana; 1985: Metallurg Bekabad; 1986: Avtomobilist Tashkent; 1987: Avtomobilist Tashkent; 1988: Avtomobilist Tashkent; 1989: Korazhida Ferganskaya Oblast'; 1990: Metallurg Bekabad; 1991: Instrumentalshchik Tashkent.

	CHAMPIONS	CUP WINNERS
1992	FK Neftchi Farg'ona & Pakhtakor FC Tashkent (shared winners)	Navbahor Namangan FK
1993	FK Neftchi Farg'ona	Pakhtakor FC Tashkent
1994	FK Neftchi Farg'ona	FK Neftchi Farg'ona
1995	FK Neftchi Farg'ona	Navbahor Namangan FK
1996	Navbahor Namangan FK	FK Neftchi Farg'ona
1997	MHSK Tashkent	Pakhtakor FC Tashkent
1998	Pakhtakor FC Tashkent	Navbahor Namangan FK
1999	Dustlik Tashkent	*No competition*
2000	Dustlik Tashkent	Dustlik Tashkent
2001	FK Neftchi Farg'ona	Pakhtakor FC Tashkent
2002	Pakhtakor FC Tashkent	Pakhtakor FC Tashkent
2003	Pakhtakor FC Tashkent	Pakhtakor FC Tashkent
2004	Pakhtakor FC Tashkent	Pakhtakor FC Tashkent
2005	Pakhtakor FC Tashkent	Pakhtakor FC Tashkent

Year	Champion	Cup Winner
2006	Pakhtakor FC Tashkent	Pakhtakor FC Tashkent
2007	Pakhtakor FC Tashkent	Pakhtakor FC Tashkent
2008	FC Bunyodkor Tashkent	FC Bunyodkor Tashkent
2009	FC Bunyodkor Tashkent	Pakhtakor FC Tashkent
2010	FC Bunyodkor Tashkent	FC Bunyodkor Tashkent
2011	FC Bunyodkor Tashkent	Pakhtakor FC Tashkent
2012	Pakhtakor FC Tashkent	FC Bunyodkor Tashkent
2013	FC Bunyodkor Tashkent	FC Bunyodkor Tashkent
2014	Pakhtakor FC Tashkent	FK Lokomotiv Tashkent
2015	Pakhtakor FC Tashkent	Nasaf Qarshi FC
2016	FK Lokomotiv Tashkent	FK Lokomotiv Tashkent
2017	FK Lokomotiv Tashkent	FK Lokomotiv Tashkent
2018	FK Lokomotiv Tashkent	FC AGMK Olmaliq
2019	Pakhtakor FC Tashkent	Pakhtakor FC Tashkent
2020	Pakhtakor FC Tashkent	Pakhtakor FC Tashkent
2021	Pakhtakor FC Tashkent	Nasaf Qarshi FC
2022	Pakhtakor FC Tashkent	Nasaf Qarshi FC
2023	Pakhtakor FC Tashkent	Nasaf Qarshi FC

NATIONAL CHAMPIONSHIP
Uzbekistan Super League 2023

	Team	P	W	D	L	GF	-	GA	Pts
1.	**Pakhtakor FC Tashkent**	26	16	5	5	41	-	25	53
2.	Nasaf Qarshi FC	26	13	9	4	31	-	16	48
3.	Navbahor Namangan FK	26	14	5	7	44	-	19	47
4.	FC AGMK Olmaliq	26	13	7	6	43	-	34	46
5.	Neftchi Fergana FK	26	11	12	3	33	-	18	45
6.	Surkhon Termiz FK	26	11	7	8	28	-	24	40
7.	Andijon PFK	26	12	4	10	27	-	25	40
8.	FC Bunyodkor Tashkent	26	10	7	9	30	-	33	37
9.	FK Olimpik Tashkent	26	8	7	11	26	-	32	31
10.	PFK Metallurg Bekabad	26	8	6	12	26	-	35	30
11.	Sogdiana Jizzakh FK	26	7	6	13	29	-	38	27
12.	Qizilqum Zarafshon FK (*Relegation Play-offs*)	26	6	7	13	22	-	33	25
13.	FK Turon Yaypan (*Relegated*)	26	3	7	16	16	-	41	16
14.	FK Buxoro (*Relegated*)	26	4	3	19	12	-	35	15

Relegation Play-offs [25.11.2023]

FK Qo'qon 1912 - Qizilqum Zarafshon FK　　　　　　　　　　1-2(0-2)

Best goalscorer 2023:
Dragan Ćeran (SRB, FK Pakhtakor Tashkent) – 13 goals

Promoted for the 2024 season:
FK Lokomotiv Tashkent, FC Dinamo Samarqand

NATIONAL CUP
Uzbekistan Cup - Final 2023

12.11.2023, Markaziy Stadium, Qarshi; Attendance: 17,710
Referee: Aziz Asimov
Nasaf Qarshi FC - FC AGMK Olmaliq   1-0(0-0)
Nasaf Qarshi: Abduvohid Nematov, Zafarmurod Abdirakhmatov, Alibek Davronov, Golib Gaybullaev (Cap), Sherzod Nasrullayev, Akmal Mozgovoy, Javokhir Sidikov (80.Jaba Jigauri), Marko Stanojević (60.Bakhrom Abdurakhimov), Sukhrob Nurullaev (60.Azizbek Amanov), Oybek Bozorov (90+5.Doniyor Narzullaev), Mateus Lima Cruz (90+5.Andrés Eliseo Chávez). Trainer: Ruziqul Berdiev.
AGMK Olmaliq: Botirali Ergashev, Vitaliy Denisov (88.Murat Ermatov), Islom Tukhtakhuzhaev, Sardor Rakhmanov, Akramjon Komilov, Oybek Rustamov, Sanzhar Tursunov (Cap) (79.Siavash Haghnazari), Mirzhamol Kosimov (88.Azilbek Umirzakov), Dilshod Akhmadaliev, Khurshid Giyosov (79.Mukhammadanas Khasanov), Martin Boakye. Trainer: Mirjalol Qosimov.
Goal: 1-0 Javokhir Sidikov (71).

THE CLUBS 2023

FOOTBALL CLUB A.G.M.K. OLMALIQ
Year of Formation: 2004
Stadium: AGMK Stadium, Olmaliq (12,415)

Trainer:	Mirjalol Qosimov	17.09.1970		

THE SQUAD	DOB	M	(s)	G
Goalkeepers: Botirali Ergashev	23.06.1995	17	(1)	
Valijon Rakhimov	16.02.1995	9		
Defenders: Eldorbek Begimov	29.01.2001		(4)	
Vitaliy Denisov	23.02.1987	7	(6)	
Anzur Ismoilov	21.04.1985	20	(1)	1
Akramjon Komilov	14.03.1996	18	(3)	1
Sardor Rakhmanov	09.07.1994	23	(2)	
Oybek Rustamov	02.04.1997	11	(14)	1
Islom Tukhtakhuzhaev	30.10.1989	8	(2)	
Midfielders: Abdulla Abdullaev	01.09.1997	18		2
Nodir Abdurazzakov	27.05.2004			
Dilshod Akhmadaliev	02.11.1994	20	(1)	1
Iskandar Businov	16.01.2003		(1)	
Murat Ermatov	16.10.2003		(5)	1
Shokhrukh Gadoev	31.12.1991	15	(3)	3
Siavash Haghnazari (IRN)	03.08.1995	18	(4)	3
Mukhammadanas Khasanov	22.01.1996	4	(12)	2
Mirjamol Kosimov	24.09.1995	13	(5)	
Irakli Rukhadze	28.10.1996	2	(6)	1
Forwards: Martin Boakye (ITA)	10.02.1995	22	(3)	6
Khurshid Giyosov	13.04.1995	23	(3)	9
Mirjakhon Mirakhmadov	15.07.1997	4	(21)	2
Rubén Sánchez Pérez-Cejuela (ESP)	25.11.1994	13	(6)	4
Sanjar Tursunov	29.12.1986	21	(3)	3

ANDIJON PROFESSIONAL FUTBOL KLUBI

Year of Formation: 1964
Stadium: Bobur Arena ["Soghlom Avlod" Stadium], Andijon (18,360)

Trainer:	Aleksandr Khomyakov (RUS)	05.03.1969			

THE SQUAD		DOB	M	(s)	G
Goalkeepers:	Eldor Adkhamov	02.06.1996	2		
	Igor Lytovka	05.06.1988	24		
Defenders:	Ilkhom Alijonov	05.03.1998	18	(1)	3
	Vladimir Bubanja (SRB)	02.08.1989	13	(4)	
	Abduvokhid Gulomov	27.05.1999	19	(1)	
	Dilshod Komilov	16.05.1999	11	(1)	
	Ildar Mamatkazin	25.10.1988	16	(3)	2
	Islombek Mamatkazin	22.12.2002	12	(2)	
	Akhtam Nazarov (TJK)	29.09.1992	5		
Midfielders:	Levan Arveladze (UKR)	06.04.1993	16	(7)	1
	Farkhod Bekmuradov	08.10.1994	19	(4)	
	Sherzod Esanov	01.02.2003		(5)	
	Abdurakhmon Komilov	24.12.1997	11	(8)	
	Farkhod Sokhibjonov	14.11.2001	15	(5)	1
	Mukhammadkarim Toirov	25.09.2000	25		
Forwards:	Ilkhomjon Abduganiev	19.09.1996	13	(9)	
	Izzatillo Abdulkhaqov	04.03.2002		(1)	
	Sardor Abdunabiev	10.02.1999	6	(10)	3
	Sardorbek Azimov	01.06.1995	17	(2)	1
	Sukhrob Berdiev	12.04.1990	5	(12)	2
	Armin Bošnjak (MNE)	20.04.1994	9	(3)	2
	Abbos Ergashboev	28.03.2003		(1)	
	Shakhboz Erkinov	16.07.1986	1	(10)	
	Bobur Farkhodov	11.02.1996	5	(10)	
	Ibrokhim Ganikhonov	14.07.2000		(1)	
	Rubin Hebaj (ALB)	30.07.1998	21	(3)	12
	Nodar Kavtaradze (GEO)	02.01.1993	3	(8)	
	Saidumar Sodikov	05.06.2002		(2)	

FUTBOL KLUBI BUXORO

Year of Formation: 1989
Stadium: Buxoro Arena, Buxoro (22,700)

Trainer:	Khakim Fuzaylov (TJK)	12.08.1964
[06.04.2023]	Ulugbek Bakaev	28.11.1978

THE SQUAD		DOB	M	(s)	G
Goalkeepers:	Sardor Kobuljanov	02.02.1987	10		
	Luka Kukić (BIH)	16.05.1996	10		
	Nikola Stošić (SRB)	15.03.1994	6		

Defenders:	Asiljon Begimkulov	19.08.1991	11	(7)	
	Farrukhjon Ibrokhimov	15.05.1996	21	(1)	
	Frane Ikić (CRO)	19.06.1994	11		
	Sardorbek Izzatov	28.09.2002	1	(2)	
	Obid Jo'raboev	17.02.1986	11	(1)	
	Mirdjalol Jumaev	16.03.1996	1	(7)	
	Diyor Ortiqboyev	06.01.2003	12		
	Abbos Otakhonov	25.08.1995	13	(2)	
	Izzatillo Pulatov	15.06.2003	12		
	Ikhtiyor Toshpulatov	04.03.1993	5	(1)	
Midfielders:	Rustamjon Abdukhamidov	07.08.1994	6	(2)	
	Jasur Azimov	11.03.1994	5	(1)	
	Khumoyunmirzo Iminov	15.01.2000	15	(9)	2
	Dilshod Juraev	21.04.1992	18	(2)	1
	Bekhzod Kamolov	04.11.2002		(2)	
	Jasur Khasanov	24.07.1989	2	(3)	
	Vsevolod Nihaev (MDA)	04.05.1999	16	(8)	
	Javokhir Roziyev	01.10.2004	14	(1)	
	Aleksandar Stanisavljević (SRB)	11.06.1989	18	(6)	2
	Asliddin Tursunpulatov	07.01.2003	2	(6)	
	Jamoliddin Ubaydullaev	25.05.1992	18	(5)	
Forwards:	Ruzimboy Akhmedov	03.05.1987	7	(3)	1
	Temur Ismoilov	31.03.1996	1	(4)	1
	Makhmud Jo'raboyev	13.01.2004	3	(6)	1
	Fayzullo Jumankuziev	05.06.1998	4	(7)	
	Oleksandr Kasyan (UKR)	27.01.1989	6	(6)	
	Jasur Kholturaev	20.09.1997	5	(7)	
	Sokhib Mukhammadiev	13.07.2004		(7)	
	Shokhruz Norkhonov	13.04.1993	10	(2)	2
	Asilbek Qayumov	06.08.2002	4	(8)	2
	Mukhammadjon Rakhimov (TJK)	15.10.1998	8	(2)	

FOOTBALL CLUB BUNYODKOR TASHKENT

Year of Formation: 2005
Stadium: Milliy Stadium, Tashkent (35,000)

Trainer:	Ivan Bošković (MNE)	01.01.1982			
[10.02.2023]	Murat Atadzhanov	09.05.1966			
[07.07.2023]	Aleksandr Krestinin (RUS)	19.09.1978			

	THE SQUAD	DOB	M	(s)	G
Goalkeepers:	Sarvar Karimov	25.12.1996	8		
	Sukhrob Sultonov	26.03.1990	18		
Defenders:	Akhmadjon Anvarov	24.10.2002		(7)	
	Davronjon Ergashev (TJK)	19.03.1988	19		1
	Usmonali Ismonaliev	09.02.1998	15	(9)	3
	Makhmud Makhamadzhonov	30.06.2003	11	(3)	1
	Viktor Sotnikov (BLR)	27.07.2001	6	(2)	
	Azizbek Tulkinbekov	10.02.2007		(1)	
	Avazbek Ulmasaliev	27.03.2000	25		1

		DOB	M	(s)	G
	Jakhongir Urozov	18.01.2004	3		
	Welington Matsukichi da Silva *Taira* (BRA)	10.04.1996	10	(1)	1
	Jasur Yakubov	26.03.1999	2	(2)	
Midfielders:	Shokhrukh Abdurakhmonov	08.03.1999	21	(1)	2
	Mukhammad Safo Fozilov	28.11.2002		(3)	1
	Akbar Ismatullaev	10.01.1991	12	(7)	
	Sukhrob Izzatov	15.02.1999	20	(3)	3
	Diyorbek Jaloliddinov	12.10.2001		(1)	
	Mukhammadodil Kakhramonov	10.03.1996		(2)	
	Milan Marčić (SRB)	14.03.1996	6	(1)	1
	Aleksey Nosko (BLR)	15.08.1996	25		2
	Umid Sultonov	16.05.2003	1	(19)	3
	Bilol Tupliyev	28.08.2003	7	(6)	
	Rasul Yuldoshev	26.10.2000	11	(13)	1
Forwards:	Doniyor Abdumannopov	12.10.2000	11	(2)	1
	Farrukh Ikromov	09.07.1998	7	(1)	
	Igor Ivanović (MNE)	09.09.1990	16	(4)	2
	Jasur Khakimov	24.05.1994	19	(5)	6
	Muzaffar Olimjonov	24.07.2001	6	(7)	
	Amir Turakulov	30.09.2004		(3)	
	Farkhod Utkirov	30.11.1999	7	(9)	1

PROFESIONAL FUTBOL KLUBI METALLURG BEKABAD

Year of Formation: 1945
Stadium: Metallurg Stadium, Bekabad (15,000)

Trainer:	Luis Manuel Hernández Martín (ESP)	24.11.1972			
[28.03.2023]	Veselin Stesević (MNE)	18.12.1965			

	THE SQUAD	**DOB**	**M**	**(s)**	**G**
Goalkeepers:	Aleksandr Lobanov	04.01.1986	5		
	Akmal Ortikov	30.01.1987	21		
Defenders:	Mukhammadali Alikulov	14.03.1997	11		
	Ruziboy Fayzullaev	16.10.2005		(1)	
	Ergash Ismoilov	28.07.1995	4	(6)	1
	Ivan Josović (SRB)	27.12.1989	11	(2)	
	Vladislav Kosmynin (BLR)	17.01.1990	11		
	Danial Mahini (IRN)	25.09.1993	11		
	Izzatillo Pulatov	15.06.2003		(1)	
	Khudoyshukur Sattorov	10.02.1998	16	(4)	
	Filip Stamenković (SRB)	15.09.1998	2	(2)	
	Reza Yazdandoost (IRN)	07.11.1991	11		1
Midfielders:	Bektemir Abdumannonov	12.07.2002	11	(5)	1
	Sarvar Abdukhamidov	14.04.2004		(1)	
	Sardor Abduraimov	06.10.1994	11	(2)	
	Shakhzod Gafurbekov	19.09.1998	24	(1)	1
	Ibrokhim Ibrokhimov	12.01.2001	7	(2)	2
	Mukhammadaziz Ibrakhimov	29.03.2001		(4)	
	Abdujalil Manazarov	12.10.1998	5	(6)	

		DOB	M	(s)	G
	Shakhzod Nematjonov	06.08.2003	6	(1)	2
	Kerim Palić (BIH)	24.01.1997	24		1
	Iskandar Shaykulov	26.04.1993	9	(1)	
	Bekhruz Shodmonov	21.07.1999	5	(8)	
	Damir Temirov	28.07.1998	8	(10)	1
Forwards:	Khushiddin Goturov	29.07.1994	8	(9)	4
	Marko Obradović (MNE)	30.06.1991	7	(3)	
	Asilbek Qayumov	06.08.2002		(2)	
	Daler Sharipov (TJK)	13.02.2004	2	(7)	1
	Diyor Toirov	10.05.2003		(4)	
	Abror Toshkuziev	09.04.1998	24		
	Shakhzod Ubaydullaev	02.03.1998	10	(3)	4
	Zabikhillo Urinboev	30.03.1995	22	(1)	7

NASAF QARSHI FOOTBALL CLUB
Year of Formation: 1986
Stadium: Markaziy Stadium, Qarshi (21,000)

	Trainer:	Ruziqul Berdiev	22.10.1971			

		THE SQUAD	**DOB**	**M**	**(s)**	**G**
Goalkeepers:		Umid Ergashev	20.03.1999	8		
		Abduvohid Nematov	20.03.2001	18		
Defenders:		Zafarmurod Abdirakhmatov	28.04.2003	8	(8)	1
		Husniddin Aliqulov	04.04.1999	12		5
		Alibek Davronov	28.12.2002	16	(5)	3
		Umar Eshmurodov	30.11.1992	21	(1)	
		Golib Gaybullaev	22.01.1996	23		1
		Jurabek Mannonov	14.03.1997	4	(7)	
		Shukhrat Mukhammadiev	24.06.1989	15	(6)	
		Sherzod Nasrullayev	23.07.1998	24	(1)	2
		Sardor Sadulloev	01.12.1998	1		
Midfielders:		Bakhrom Abdurakhimov	11.12.1988	10	(13)	
		Jaba Jigauri (GEO)	08.07.1992	11	(1)	2
		Shokhmalik Komilov	14.03.2000	1	(2)	
		Akmal Mozgovoy	02.04.1999	23	(1)	3
		Mukhammadzhon Rakhimov	15.10.1998		(2)	
		Bekjon Rakhmatov	29.04.2003		(2)	
		Javokhir Sidikov	08.12.1996	16	(5)	1
		Marko Stanojević (SRB)	22.06.1988	8	(6)	1
		Abubakrrizo Turdialiev	04.02.2001		(2)	
Forwards:		Azizjon Akhrorov	16.10.2004		(1)	
		Azizbek Amanov	30.10.1997	17	(9)	3
		Shakhzod Akromov	07.02.2004		(1)	
		Oybek Bozorov	07.08.1997	23	(3)	2
		Andrés Eliseo Chávez (ARG)	21.03.1991	3	(7)	1
		Aziz Kholmurodov	18.09.2003		(4)	
		Mateus Lima Cruz (BRA)	18.01.1993	12	(9)	4
		Doniyor Narzullaev	11.04.1995	2	(5)	

Sukhrob Nurullaev		04.01.1998	10	(13)	1

NAVBAHOR NAMANGAN FUTBOL KLUBI
Year of Formation: 1978
Stadium: Markaziy Stadium, Namangan (21,913)

Trainer:	Samvel Babayan	19.05.1971			

	THE SQUAD	DOB	M	(s)	G
Goalkeepers:	Utkir Yusupov	04.01.1991	26		
Defenders:	Luka Čermelj (SRB)	29.07.1995	7	(2)	
	Igor Golban	31.07.1990	26		2
	Azimjon Ismoilov	2003	1	(1)	1
	Filip Ivanović (SRB)	13.02.1992	8	(1)	1
	Shakhboz Jurabekov	02.02.1997	12	(2)	1
	Davron Khoshimov	24.11.1992	7	(2)	
	Miloš Milović (MNE)	22.12.1995	21	(1)	3
	Shodiyor Shodiboyev	29.03.2006		(1)	
	Ozodbek Uktamov	10.07.2006		(1)	
	Ibrokhim Yuldoshev	05.06.1999	20	(2)	1
Midfielders:	Azimjon Akhmedov	04.01.1992		(6)	
	Jamshid Boltaboev	03.10.1996	23		4
	Jovan Đokić (SRB)	13.08.1992	20	(1)	3
	Jamshid Iskanderov	16.10.1993	26		4
	Abrorbek Ismoilov	08.01.1998	17	(4)	1
	Asad Joraboev	17.02.2004		(1)	
	Muzaffar Muminov	17.08.2003		(3)	
	Asad Sobirjonov	03.08.2000	10	(14)	2
	Oston Urunov	19.12.2000	20	(5)	9
	Jasur Yakhshiboev	24.06.1997	9	(8)	4
Forwards:	Temurkhuja Abdukholikov	25.09.1991	19	(5)	3
	Doniyor Abdumannopov	12.10.2000	5	(5)	1
	Farrukh Ikromov	09.07.1998		(4)	
	Bekzodjon Nasimov	04.08.2005			
	Shokhruz Norkhonov	13.04.1993	1	(12)	1
	Toma Tabatadze (GEO)	17.12.1991	8	(2)	3

NEFTCHI FERGANA FUTBOL KLUBI
Year of Formation: 1962
Stadium: Istiqlol Stadium, Fergana (20,000)

Trainer:	Vitaly Levchenko (RUS)	28.03.1972			

	THE SQUAD	DOB	M	(s)	G
Goalkeepers:	Vladimir Nazarov	08.06.2002	15		
	Akbar Turaev	27.08.1989	11		

Defenders:				
Anvarjon Gofurov	28.06.1995	16		
Oleksiy Larin (UKR)	04.06.1994	14	(1)	2
Andriy Mishchenko (UKR)	07.04.1991	2	(1)	
Tomislav Mrčela (AUS)	01.10.1990	1	(7)	
Doniyor Valiev	14.09.2003		(3)	
Mukhsin Ubaydullaev	15.07.1994	22	(1)	1

Midfielders:				
Sunnatilla Abdullajonov	22.10.1996		(1)	
Yuriy Batyushyn (UKR)	07.12.1992		(6)	
Zoir Djuraboev (TJK)	16.09.1998	23	(2)	1
Mirzokhid Gofurov	22.08.1988	26		2
Gulyamkhaydar Gulyamov	21.12.1990	24	(2)	
Sharof Mukhitdinov	14.07.1997	9	(1)	1
Fozil Musaev	02.01.1989	6	(7)	
Abdullokh Olimov	11.02.1993		(1)	
Lutfulla Turaev	30.03.1988	13	(2)	
Nurillo Tukhtasinov	19.02.1997	11	(2)	3
Diyorzhon Turopov	09.07.1994	15	(9)	4

Forwards:				
Izzatilla Abdullaev	16.01.1996	2	(16)	2
Umar Adkhamzoda	04.04.1998	21	(3)	3
Bachana Arabuli (GEO)	05.01.1994	6	(4)	
Murodbek Bobojonov	04.07.1994		(6)	
Abbos Gulomov	05.07.1998	7	(16)	2
Ulugbek Khoshimov	03.01.2001	13	(11)	3
Giorgi Nikabadze (GEO)	10.01.1991	12		3
Toma Tabatadze (GEO)	17.12.1991	13		6
Bilolkhon Toshmirzaev	08.08.1997	4	(5)	

FUTBOL KLUBI OLIMPIK TASHKENT
Year of Formation: 2021
Stadium: JAR Stadium, Tashkent (8,460)

Trainer:	Timur Kapadze	05.09.1981		

THE SQUAD	DOB	M	(s)	G

Goalkeepers:				
Khamidullo Abdunabiev	20.08.2002	18		
Shukron Yuldashev	21.04.2002	8		

Defenders:				
Odil Abdumajidov	01.06.2001	23	(1)	1
Saidafzalkhon Akhrorov	20.01.2003	7	(4)	
Eldorbek Begimov	29.01.2001	7	(3)	
Rustam Jakhonov	16.01.2003		(1)	
Sardorbek Makhmudov	02.07.2001	1	(4)	
Saidazamat Mirsaidov	19.07.2001	24		1
Akhmadullo Mukimjonov	20.05.2002	1	(1)	
Javokhir Utamurodov	09.03.2004	3	(1)	
Bekhzod Shamsiev	04.06.2001	12		
Jaloliddin Sodikov	17.01.2002		(3)	
Aleksandr Zevadinov	28.03.2004	8		

Midfielders:				
Nodirbek Abdikholikov	14.05.2001	4	(11)	

		DOB	M	(s)	G
	Mustafo Abdumannopov	21.07.2003		(5)	
	Abdurauf Buriev	20.07.2002	22		
	Sherzod Esanov	01.02.2003	4	(7)	1
	Ibrokhim Ibrokhimov	12.01.2001	11		1
	Mukhammadaziz Ibrakhimov	29.03.2001	8	(5)	
	Jasurbek Jaloliddinov	15.05.2002	20	(1)	5
	Fakhriddin Mukhammadov	30.09.2004		(2)	
	Farrukhbek Mukhtorov	16.03.2002	15	(10)	
	Asadbek Rakhimjonov	17.02.2004	15	(5)	
	Sarvar Sharipov	03.06.2002		(1)	
	Shakhzod Toirov	27.09.2001	4	(3)	
Forwards:	Shakhzod Akromov	07.02.2004	5	(5)	
	Rustamkhon Azimov	27.07.2001		(8)	
	Mukhammadali Giyosov	30.08.2002		(8)	
	Rian Islamov	11.02.2004		(4)	
	Ruslanbek Jiyanov	05.06.2001	9	(2)	2
	Asad Joraboev	17.02.2004	3	(6)	1
	Otabek Jurakuziev	02.04.2002	20	(4)	2
	Temur Mamasidikov	23.08.2002	16	(4)	5
	Alisher Odilov	15.07.2001	18	(5)	6

PAKHTAKOR FOOTBALL CLUB TASHKENT

Year of Formation: 1956
Stadium: Pakhtakor Central Stadium, Tashkent (35,000)

Trainer:	Maksim Shatskikh	30.08.1978			
	THE SQUAD	**DOB**	**M**	**(s)**	**G**
Goalkeepers:	Sandjar Kuvvatov	08.01.1990	20		
	Pavel Pavlyuchenko (BLR)	01.01.1998	5		
	Eldorbek Suyunov	12.04.1991	1		
Defenders:	Mukhammadrasul Abdumajidov	23.07.2004		(1)	
	Khojiakbar Alijonov	19.04.1997	24		2
	Shakhzod Azmiddinov	07.08.2000	18	(3)	
	Mukhammadkodir Khamraliev	06.07.2001	18		1
	Dilshod Saitov	02.02.1999	5	(13)	2
	Farrukh Sayfiev	17.01.1991	20	(1)	2
	Matthew Steenvoorden (NED)	09.01.1993	6		
	Dostonbek Tursunov	13.06.1995	12		2
Midfielders:	Bekhruz Askarov	08.03.2003	3	(7)	
	Khojimat Erkinov	29.05.2001	3	(6)	2
	Abbosbek Fayzullaev	03.10.2003	6		2
	Odiljon Hamrobekov	13.02.1996	22		1
	Nurlan Ibraimov	29.08.2005		(1)	
	Dostonbek Khamdamov	24.07.1996	22	(3)	
	Diyor Kholmatov	22.07.2002	15	(8)	2
	Michał Kucharczyk (POL)	20.03.1991	1	(1)	
	Kimi Merk (KGZ)	06.07.2004	1	(5)	
	Giorgi Papava (GEO)	16.02.1993	1	(2)	
	Sardor Sabirkhodjaev	06.11.1994	25		2

		DOB	M	(s)	G
	Azizbek Turgunboev	01.10.1994	21	(3)	5
Forwards:	Przemysław Banaszak (POL)	10.05.1997	9	(4)	2
	Dragan Čeran (SRB)	06.10.1987	20	(2)	13
	Pulatkhuja Kholdorkhonov	06.07.2003	6	(12)	3
	Sardor Rashidov	14.06.1991	2	(2)	
	Saidumarkhon Saidnurullaev	13.04.2005		(2)	
	Rustam Turdimuradov	04.04.2004		(1)	
	Mukhammadali Urinboev	24.04.2005		(2)	
	Mukhammadali Usmonov	09.12.2004		(1)	

QIZILQUM ZARAFSHON FUTBOL KLUBI
Year of Formation: 1967
Stadium: Yoshlar Stadium, Zarafshon (12,500)

Trainer:	Asror Alikulov	12.09.1978
[24.06.2023]	Jamshid Saidov	14.02.1978

	THE SQUAD	DOB	M	(s)	G
Goalkeepers:	Javokhir Ilyosov	06.02.1994	24		
	Artem Makosin	29.10.1985	1		
	Dilshod Yuldoshev	28.07.2001	1		
Defenders:	Ozodbek Ergashov	18.09.2006		(1)	
	Bagtyar Gurgenov (TKM)	27.02.1998	2	(1)	
	Sherali Juraev	17.02.1988	20	(4)	
	Avazkhon Mamatkhodjaev	04.06.1995	6	(1)	
	Giyosjon Rizokulov	20.02.2005	1		
	Samandar Shukurillaev	31.05.1997	16	(3)	
	Nikolay Tarasov (RUS)	25.02.1998	22		
	Oleg Tolmasov (RUS)	23.04.1995	6	(3)	
	Abdukholik Tursunov	24.04.2003	1		
	Doston Tursunov	08.10.2004		(1)	
	Ilkhomjon Vakhobov	05.08.1999	14	(7)	
Midfielders:	Khumoyun Abdualimov	29.02.1996	1	(3)	
	Davron Anvarov	06.03.2001	3	(10)	
	Asadbek Bakhshilloev	07.09.2004		(1)	
	Ifeanyi Ifeanyi (NGA)	15.08.1995	21		2
	Islom Kenjaboev	01.09.1999	24		8
	Giorgi Kukhianidze (GEO)	01.07.1992	10	(2)	
	Jurabek Mannonov	14.03.1997	8	(3)	
	Akmal Muzaffarov	04.02.2005	1	(3)	
	Sulton Rakhmatov	06.07.2003		(1)	
	Diyor Rakhmatilloev	17.07.2003	7	(6)	
	Murodbek Rakhmatov	17.01.2002	17	(3)	
	Alisher Sanoev	19.06.1987	16	(7)	
	Jaloliddin Sodikov	17.01.2002	1		
	Islom Toshpulatov	04.01.1997	6	(8)	2
	Azizbek Usmonov	22.01.1992	13	(7)	
	Murodali Usmonov	07.01.2005		(1)	
Forwards:	Asadbek Asadov	26.05.2002	1		1

Bobomurod Bozorov	30.12.2002	1	(2)	
Mukhammadali Giyosov	30.08.2002	7	(5)	4
Jasur Kholturaev	20.09.1997	8	(5)	1
Victor Mbaoma (NGA)	20.10.1996	5	(4)	1
Oybek Nurmatov	18.08.1998	5	(3)	
Akaki Shulaia (GEO)	06.09.1996	12		3
Marko Simonovski (MKD)	02.01.1992	5	(3)	

SOGDIANA JIZZAKH FUTBOL KLUBI

Year of Formation: 1970
Stadium: Soghdiana Stadium, Jizzakh (11,650)

Trainer:	Ulugbek Bakaev	28.11.1978		

	THE SQUAD	DOB	M	(s)	G
Goalkeepers:	Shirinboy Abdullaev	04.08.1992	4		
	Milan Mitrović (SRB)	27.02.1991	22		
Defenders:	Ulugbek Abdullaev	22.02.1998	1	(4)	
	Otabek Akhadov	31.12.2004		(1)	
	Stanislav Andreev	06.05.1988	20	(2)	
	Tarik Isić (BIH)	08.10.1994	21	(2)	2
	Marko Kolaković (SRB)	09.02.1993	24		1
	Abdullokh Omonaliev	10.01.2005	7	(6)	
	Elyor Orifov	19.09.1992	6	(4)	
	Alisher Salimov	22.07.1999	19	(5)	
	Samandar Sindorov	08.09.2004	3	(4)	
	Jasur Yakubov	26.03.1999	5	(4)	
	Boburbek Yuldashov	08.04.1993	7	(2)	
Midfielders:	Mirjalol Abdumutalov	10.09.2001	11	(8)	
	Mukhammad-Safo Fazilov	28.11.2002	12	(1)	
	Ollobergan Karimov	17.06.2006	6	(1)	
	Ulugbek Kenjaev	03.06.2005	3	(7)	
	Khislat Khalilov	02.07.2003	8	(3)	1
	Jasur Khasanov	02.08.1983	12	(4)	1
	Shokhrukh Mukhsinov	03.07.2003		(1)	
	Daniel Nasriddinov	08.12.1999	2	(2)	
	Ayubkhon Numonov	22.07.1991	2	(5)	
	Nodirzhon Orzukulov	04.07.2004		(1)	
	Sanzhar Shaakhmedov	23.09.1990	20	(3)	
	Iskandar Shaykulov	26.04.1993	6	(3)	1
	Nodir Soyibov	15.12.2003	3	(10)	
	Ibrokhimjon Turakulov	03.05.2007		(1)	
	Mukhammad Yuldoshev	17.02.1999	4	(4)	
Forwards:	Ljupco Doriev (MKD)	13.09.1995	10		3
	Javokhir Kakhramonov	21.03.1996	25		6
	Samandarjon Mavlonkulov	08.03.2004	9	(7)	4
	Serder Serderov (RUS)	10.03.1994	3	(8)	1
	Dzenan Zajmović (BIH)	11.11.1994	11	(4)	8

SURKHON TERMIZ FUTBOL KLUBI
Year of Formation: 1968
Stadium: Alpamish Stadium, Termez (10,000)

Trainer: [09.09.2022]	Miguel Ángel López Pérez (ESP) Miguel Álvarez Sánchez (ESP)	05.04.1983 27.11.1982			

THE SQUAD		DOB	M	(s)	G
Goalkeepers:	Azizkhon Isokov	23.12.2000	2		
	Artem Potapov	28.06.1994	24		
Defenders:	Bobur Askarov	09.02.1999	20	(5)	1
	Shamil Gasanov (RUS)	30.07.1993		(2)	
	Sunnatillokh Hamidjonov	08.01.2001	23	(3)	4
	Javokhir Juraev	10.09.2001			
	Bekhzod Shamsiev	04.06.2001	7	(1)	
	Bekhruz Shaydulov	01.12.2000	21	(2)	
	Artsyom Sokol (BLR)	30.03.1994	17		
	Shakhzod Toirov	27.09.2001	2		
	Dostonbek Tursunov	03.01.2001	24		
Midfielders:	Tamirlan Dzhamalutdinov (RUS)	28.07.1996	13	(6)	3
	Asilbek Jumaev	25.03.2005	19	(4)	2
	Nuriddin Khasanov	20.07.1994	14	(9)	
	Azizbek Pirmukhamedov	20.04.2002	7	(15)	
	Diyor Ramazonov	05.06.2001	15	(7)	
	Kamron Saidazimov	14.02.1999	4	(12)	
	Khumoyun Sherbutaev	30.04.2001	21	(1)	1
	Shokhzhakhon Sultonmurodov	19.03.2001	15	(1)	
Forwards:	Mukhammad-Ali Abdurakhmonov	05.10.2000		(7)	
	Jakhongir Abdusalomov	21.05.1999	2	(12)	2
	Nodirbek Bobomurodov	17.05.1999	2		
	Asadbek Karimov	10.05.2003	8	(13)	3
	Sylvanus Nimely (LBR)	04.09.1998	26		12
	Kadamboy Nurmetov	19.12.1996		(1)	

FUTBOL KLUBI TURON YAYPAN
Year of Formation: 2017
Stadium: Uzbekistan Stadium, Yaypan (5,000)

THE SQUAD		DOB	M	(s)	G
Trainer:	Bakhtiyor Ashurmatov	23.03.1976			
[16.04.2023]	Mirjalol Juraev	01.04.1993			
[18.04.2023]	Denis Bushuev (RUS)	15.02.1982			
[19.06.2023]	Mirjalol Juraev	01.04.1993			
[03.07.2023]	Yorkin Nazarov	11.10.1974			

THE SQUAD		DOB	M	(s)	G
Goalkeepers:	Rakhimjon Davronov	03.10.1996	24		
	Khumoyunshokh Sayyotov	08.02.2003	2		

Defenders: Akbar Abdirasulov	31.03.2003	5		
Saidafzalkhon Akhrorov	20.01.2003		(2)	
Abubakir Ashurov	12.06.2003	11		
Khushnudbek Avilov	04.08.1998	6	(1)	
Anri Chichinadze (GEO)	05.10.1997	11		1
Marlen Chobanov	10.10.2000	11	(5)	
Abdugani Kamolov	22.03.2000	14	(3)	
Sardorbek Khursandov	29.03.2000	2		
Nikola Kumburović (MNE)	13.11.1999	8	(2)	
Khurshidbek Mukhtorov	09.02.1994	20	(1)	4
Sardor Sadulloev	01.12.1998	4		
Asliddin Toshtemirov	01.07.2001	15	(1)	
Midfielders: Sardor Abduraimov	06.10.1994	9	(4)	
Abduvosidkhon Abdurashidov	07.11.2001	1		
Azimjon Akhmedov	04.01.1992	8	(1)	
Azam Aliev	07.07.1991	11	(3)	
Asilbek Aysarov	13.10.2003	5	(3)	
Zakaria Beglarishvili (GEO)	30.04.1990	2	(6)	
Ural Choriev	01.04.2002	1	(1)	
Ravshan Khayrullaev	21.08.2005	2	(4)	
Aziz Kholmurodov	18.09.2003	5	(2)	
Shokhmalik Komilov	14.03.2000	4	(4)	1
Lazizkhon Muydinov	15.12.2002		(1)	
Nodirbek Mukarov	30.06.2002	9	(3)	
Shakhzod Rakhmatullaev	07.05.2003	4	(2)	
Kuvondik Ruziev	06.10.1994	12	(1)	1
Asadbek Saidkhonov	17.10.2002	9	(7)	1
Abdurakhimjon Saydullaev	06.05.2004		(1)	
Forwards: Abdulazizkhon Abdurashidov	10.07.2000	12	(6)	
Nodir Abdurazzakov	27.05.2004	1	(4)	
Javokhir Alijonov	28.01.2000		(3)	
Rustamkhon Azimov	27.07.2001	4	(4)	1
Milan Bojović (SRB)	13.04.1987	3	(4)	
Ngu Abega Enyang (CMR)	30.01.2004	2	(12)	1
Aziz Ibragimov	21.07.1986		(7)	
Fayzullo Jumankuziev	05.06.1998	9	(2)	2
Farrukhjon Kodirov	09.06.2004		(2)	
Miraziz Mukhamadaliev	18.11.2004		(4)	
Khumoyun Murtazoev	08.11.1992	13	(6)	3
Shokhnazar Norbekov	18.07.1994	6	(5)	1
Abdulkhafizkhon Nosirkhonov	16.08.2005		(1)	
Dušan Stoiljković (SRB)	05.09.1994	8	(1)	
Bilolkhon Toshmirzaev	08.08.1997	13		

NATIONAL TEAM INTERNATIONAL MATCHES 2023/2024

Date	City	Match	Score	
09.09.2023	St. Louis	United States - Uzbekistan	3-0(1-0)	(F)
12.09.2023	Atlanta	Mexico - Uzbekistan	3-3(1-2)	(F)
13.10.2023	Dalian	Vietnam - Uzbekistan	0-2(0-1)	(F)
16.10.2023	Dalian	China P.R. - Uzbekistan	1-2(1-0)	(F)
16.11.2023	Aşgabat	Turkmenistan - Uzbekistan	1-3(1-0)	(WCQ)
21.11.2023	Tashkent	Uzbekistan - Iran	2-2(0-2)	(WCQ)
25.12.2023	Dubai	Kyrgyz Republic - Uzbekistan	1-4(0-1)	(F)
07.01.2024	Doha	Palestine - Uzbekistan	0-1(0-0)	(F)
13.01.2024	Al Rayyan	Uzbekistan - Syria	0-0	(AFC)
18.01.2024	Al Rayyan	India - Uzbekistan	0-3(0-3)	(AFC)
23.01.2024	Al Wakrah	Australia - Uzbekistan	1-1(1-0)	(AFC)
30.01.2024	Al Wakrah	Uzbekistan - Thailand	2-1(1-0)	(AFC)
03.02.2024	Al Khor	Qatar - Uzbekistan	1-1 aet; 3-2 pen	(AFC)
21.03.2024	Hong Kong	Hong Kong - Uzbekistan	0-2(0-0)	(WCQ)
26.03.2024	Tashkent	Uzbekistan - Hong Kong	3-0(1-0)	(WCQ)
06.06.2024	Tashkent	Uzbekistan - Turkmenistan	3-1(2-1)	(WCQ)
11.06.2024	Tehran	Iran - Uzbekistan	0-0	(WCQ)

09.09.2023, Friendly International
CityPark Stadium, St. Louis; Attendance: 15,569
Referee: Nelson Alcídes Salgado Trujillo (Honduras)
UNITED STATES - UZBEKISTAN 3-0(1-0)
UZB: Utkir Yusupov, Farrukh Sayfiyev (68.Azizbek Turgunboev), Umar Eshmurodov, Rustam Ashurmatov (68.Azizjon Ganiev), Khojiakbar Alijonov, Husniddin Aliqulov, Odiljon Hamrobekov, Otabek Shukurov (82.Jamshid Iskanderov), Oston Urunov (68.Sherzod Nasrullayev), Jaloliddin Masharipov (86.Abrorbek Ismoilov), Eldor Shomurodov (82.Bobur Abdikholikov). Trainer: Srečko Katanec (Slovenia).

12.09.2023, Friendly International
Mercedes-Benz Stadium, Atlanta (United States); Attendance: 33,817
Referee: Victor Rivas (United States)
MEXICO - UZBEKISTAN 3-3(1-2)
UZB: Utkir Yusupov, Farrukh Sayfiyev, Umar Eshmurodov, Husniddin Aliqulov, Odiljon Hamrobekov, Otabek Shukurov, Azizbek Turgunboev, Dilshod Saitov (46.Sherzod Nasrullayev), Abdulla Abdullaev, Jaloliddin Masharipov (80.Abrorbek Ismoilov), Bobur Abdikholikov (71.Oston Urunov). Trainer: Srečko Katanec (Slovenia).
Goals: Bobur Abdikholikov (18), Azizbek Turgunboev (45+1), Otabek Shukurov (90+2).

13.10.2023, Friendly International
Dalian Sports Centre Stadium, Dalian (China P.R.); Attendance: n/a
Referee: Zhang Lei (China P.R.)
VIETNAM - UZBEKISTAN 0-2(0-1)
UZB: Utkir Yusupov (46.Botirali Ergashev), Khojiakbar Alijonov (58.Abdukodir Khusanov), Rustam Ashurmatov (58.Abbosbek Fayzullaev), Umar Eshmurodov (79.Alibek Davronov), Husniddin Aliqulov (79.Abdulla Abdullaev), Sherzod Nasrullayev (46.Farrukh Sayfiyev), Oston Urunov (46.Jamshid Iskanderov), Azizjon Ganiev (46.Otabek Shukurov), Odiljon Hamrobekov (46.Azizbek Turgunboev), Igor Sergeyev (46.Bobur Abdikholikov), Jaloliddin Masharipov (58.Jasurbek Yakhshiboev). Trainer: Srečko Katanec (Slovenia).
Goals: Oston Urunov (27), Khusniddin Alikulov (66).

16.10.2023, Friendly International
Dalian Sports Centre Stadium, Dalian; Attendance: 12,868
Referee: Tam Ping Wun (Hong Kong)
CHINA P.R. - UZBEKISTAN   **1-2(1-0)**
UZB: Utkir Yusupov, Farrukh Sayfiyev (89.Sherzod Nasrullayev), Umar Eshmurodov (71.Rustam Ashurmatov), Khojiakbar Alijonov, Husniddin Aliqulov, Abdukodir Khusanov, Odiljon Hamrobekov (72.Jamshid Iskanderov), Otabek Shukurov, Oston Urunov (46.Jasurbek Yakhshiboev), Igor Sergeyev (46.Bobur Abdikholikov), Jaloliddin Masharipov (46.Abbosbek Fayzullaev). Trainer: Srečko Katanec (Slovenia).
Goals: Otabek Shukurov (78), Jamshid Iskanderov (86).

16.11.2023, 23rd FIFA World Cup Qualifiers / 19th AFC Asian Cup Qualifiers second round
Aşgabat Stadium, Aşgabat; Attendance: 19,500; Attendance: n/a
Referee: Hiroyuki Kimura (Japan)
TURKMENISTAN - UZBEKISTAN   **1-3(1-0)**
UZB: Utkir Yusupov, Farrukh Sayfiyev, Rustam Ashurmatov, Khojiakbar Alijonov (75.Sherzod Nasrullayev), Husniddin Aliqulov, Abdukodir Khusanov, Odiljon Hamrobekov, Otabek Shukurov, Azizbek Turgunboev (56.Abbosbek Fayzullaev), Oston Urunov (56.Igor Sergeyev), Eldor Shomurodov (90+3.Azizjon Ganiev). Trainer: Srečko Katanec (Slovenia).
Goals: Otabek Shukurov (57, 77), Eldor Shomurodov (90+1).

21.11.2023, 23rd FIFA World Cup Qualifiers / 19th AFC Asian Cup Qualifiers second round
Milliy Stadium, Tashkent; Attendance: 32,551
Referee: Mohammed Abdulla Hassan Mohamed (United Arab Emirates)
UZBEKISTAN - IRAN   **2-2(0-2)**
UZB: Utkir Yusupov, Farrukh Sayfiyev, Umar Eshmurodov, Rustam Ashurmatov (82.Igor Sergeyev), Khojiakbar Alijonov, Husniddin Aliqulov, Odiljon Hamrobekov, Otabek Shukurov, Oston Urunov (89.Abdukodir Khusanov), Jaloliddin Masharipov (62.Abbosbek Fayzullaev), Eldor Shomurodov. Trainer: Srečko Katanec (Slovenia).
Goals: Oston Urunov (52), Igor Sergeyev (83).

25.12.2023, Friendly International
Al Maktoum Stadium, Dubai (United Arab Emirates); Attendance: n/a
Referee: Sultan Mohamed Al Hammadi (United Arab Emirates)
KYRGYZ REPUBLIC - UZBEKISTAN   **1-4(0-1)**
UZB: Utkir Yusupov, Mukhammadkodir Khamraliev (46.Golib Gaybullaev), Rustam Ashurmatov, Umar Eshmurodov, Sherzod Nasrullayev, Diyor Kholmatov, Odiljon Hamrobekov, Azizbek Turgunboev, Abbosbek Fayzullaev, Bobur Abdikholikov (46.Azizbek Amonov), Khojimat Erkinov (46.Jaloliddin Masharipov). Trainer: Srečko Katanec (Slovenia).
Goals: Abbos Fayzullaev (23), Azizbek Amonov (53), Jaloliddin Masharipov (55), Golib Gaybullaev (80).

07.01.2024, Friendly International (Unofficial]
"Hamad bin Khalifa" Stadium, Doha (Qatar); Attendance: n/a; Referee: n/a
PALESTINE - UZBEKISTAN   **0-1(0-0)**
UZB: *No line-up available*. Trainer: Srečko Katanec (Slovenia).
Goal: Nodir Abdikholikov (79).

13.01.2024, 18th AFC Asian Cup, Final Tournament, Group Stage
„Jassim bin Hamad" Stadium, Al Rayyan (Qatar); Attendance: 10,198
Referee: Ahmed Abu Bakar Said Al Kaf (Oman)

UZBEKISTAN - SYRIA   **0-0**

UZB: Utkir Yusupov, Farrukh Sayfiyev, Umar Eshmurodov, Rustam Ashurmatov, Khojiakbar Alijonov (46.Sherzod Nasrullayev), Abdukodir Khusanov, Odiljon Hamrobekov, Otabek Shukurov, Oston Urunov (90.Azizbek Turgunboev), Khojimat Erkinov (46.Abbosbek Fayzullaev), Jaloliddin Masharipov (73.Igor Sergeyev). Trainer: Srečko Katanec (Slovenia).

18.01.2024, 18th AFC Asian Cup, Final Tournament, Group Stage
„Ahmad bin Ali" Stadium, Al Rayyan (Qatar); Attendance: 38,491
Referee: Fu Ming (China P.R.)

INDIA - UZBEKISTAN   **0-3(0-3)**

UZB: Utkir Yusupov, Farrukh Sayfiyev, Umar Eshmurodov, Sherzod Nasrullayev (46.Zafarmurod Abdurakhmatov), Abdukodir Khusanov, Odiljon Hamrobekov (83.Jamshid Boltaboev), Otabek Shukurov, Oston Urunov (74.Khojimat Erkinov), Abbosbek Fayzullaev (83.Jamshid Iskanderov), Igor Sergeyev, Jaloliddin Masharipov (74.Azizbek Turgunboev). Trainer: Srečko Katanec (Slovenia).
Goals: Abbosbek Fayzullaev (4), Igor Sergeyev (18), Sherzod Nasrullayev (45+4).

23.01.2024, 18th AFC Asian Cup, Final Tournament, Group Stage
Al Janoub Stadium, Al Wakrah (Qatar); Attendance: 15,290
Referee: Yusuke Araki (Japan)

AUSTRALIA - UZBEKISTAN   **1-1(1-0)**

UZB: Utkir Yusupov, Farrukh Sayfiyev, Umar Eshmurodov, Rustam Ashurmatov, Odiljon Hamrobekov, Otabek Shukurov, Oston Urunov (46.Jaloliddin Masharipov), Abdulla Abdullaev, Khojimat Erkinov (63.Azizbek Turgunboev), Abbosbek Fayzullaev (63.Igor Sergeyev; 84.Jamshid Iskanderov), Zafarmurod Abdurakhmatov. Trainer: Srečko Katanec (Slovenia).
Goal: Azizbek Turgunboev (78).

30.01.2024, 18th AFC Asian Cup, Final Tournament, Second Round of 16
Al Janoub Stadium, Al Wakrah (Qatar); Attendance: 18,691
Referee: Muhammad Nazmi Nasaruddin (Malaysia)

UZBEKISTAN - THAILAND   **2-1(1-0)**

UZB: Utkir Yusupov, Farrukh Sayfiyev, Umar Eshmurodov, Rustam Ashurmatov, Abdukodir Khusanov, Odiljon Hamrobekov, Azizbek Turgunboev (81.Zafarmurod Abdurakhmatov), Oston Urunov (67.Khojimat Erkinov), Diyor Kholmatov, Abbosbek Fayzullaev (90+1.Jamshid Boltaboev), Jaloliddin Masharipov (82.Jamshid Iskanderov). Trainer: Srečko Katanec (Slovenia).
Goals: Azizbek Turgunboev (37), Abbosbek Fayzullaev (65).

03.02.2024, 18th AFC Asian Cup, Final Tournament, Quarter-Finals
Al Bayt Stadium, Al Khor; Attendance: 58,791
Referee: Kim Hee-gon (Korea Republic)

QATAR - UZBEKISTAN   **1-1(1-0,1-1,1-1); 3-2 on penalties**

UZB: Utkir Yusupov, Farrukh Sayfiyev (99.Zafarmurod Abdurakhmatov), Umar Eshmurodov, Rustam Ashurmatov, Odiljon Hamrobekov, Otabek Shukurov, Azizbek Turgunboev (105.Mukhammadkodir Khamraliev), Oston Urunov (75.Shokhboz Umarov), Abdulla Abdullaev, Abbosbek Fayzullaev (114.Khojimat Erkinov), Jaloliddin Masharipov. Trainer: Srečko Katanec (Slovenia).
Goal: Odiljon Hamrobekov (59).
Penalties: Otabek Shukurov, Rustam Ashurmatov (saved), Shokhboz Umarov, Zafarmurod Abdurakhmatov (saved), Jaloliddin Masharipov (saved).

21.03.2024, 23rd FIFA World Cup Qualifiers / 19th AFC Asian Cup Qualifiers second round
Mong Kok Stadium, Hong Kong; Attendance: 6,263
Referee: Kim Woo-sung (Korea Republic)
HONG KONG - UZBEKISTAN 0-2(0-0)
UZB: Utkir Yusupov, Farrukh Sayfiyev, Umar Eshmurodov, Rustam Ashurmatov (70.Husniddin Aliqulov), Abdukodir Khusanov, Odiljon Hamrobekov (90.Diyor Kholmatov), Otabek Shukurov, Azizbek Turgunboev, Khojimat Erkinov (46.Abbosbek Fayzullaev), Jaloliddin Masharipov (82.Azizbek Amonov), Eldor Shomurodov (90.Bobur Abdikholikov). Trainer: Srečko Katanec (Slovenia).
Goals: Eldor Shomurodov (49), Rustam Ashurmatov (66).

26.03.2024, 23rd FIFA World Cup Qualifiers / 19th AFC Asian Cup Qualifiers second round
Milliy Stadium, Tashkent; Attendance: 29,584
Referee: Ahmed Faisal Al Ali (Jordan)
UZBEKISTAN - HONG KONG 3-0(1-0)
UZB: Utkir Yusupov, Farrukh Sayfiyev, Umar Eshmurodov, Husniddin Aliqulov, Abdukodir Khusanov, Odiljon Hamrobekov (90+1.Diyor Kholmatov), Otabek Shukurov (81.Jamshid Iskanderov), Azizbek Turgunboev, Abbosbek Fayzullaev (57.Khojimat Erkinov), Jaloliddin Masharipov (90+1.Bobur Abdikholikov), Eldor Shomurodov (46.Oston Urunov). Trainer: Srečko Katanec (Slovenia).
Goals: Eldor Shomurodov (20), Khojimat Erkinov (63), Oston Urunov (70).

06.06.2024, 23rd FIFA World Cup Qualifiers / 19th AFC Asian Cup Qualifiers second round
Milliy Stadium, Tashkent; Attendance: 27,306
Referee: Yusuke Araki (Japan)
UZBEKISTAN - TURKMENISTAN 3-1(2-1)
UZB: Utkir Yusupov, Umar Eshmurodov (50.Abdukodir Khusanov), Rustam Ashurmatov, Sherzod Nasrullayev, Husniddin Aliqulov, Odiljon Hamrobekov, Otabek Shukurov (76.Abdulla Abdullaev), Azizbek Turgunboev (50.Abbosbek Fayzullaev), Oston Urunov (84.Khojimat Erkinov), Jaloliddin Masharipov (76.Jamshid Iskanderov), Eldor Shomurodov. Trainer: Srečko Katanec (Slovenia).
Goals: Husniddin Aliqulov (17), Oston Urunov (29), Sherzod Nasrullayev (70).

11.06.2024, 23rd FIFA World Cup Qualifiers / 19th AFC Asian Cup Qualifiers second round
Azadi Stadium, Tehran; Attendance: 15,468
Referee: Kim Jong-hyeok (Korea Republic)
IRAN - UZBEKISTAN 0-0
UZB: Utkir Yusupov, Farrukh Sayfiyev (90+1.Abdulla Abdullaev), Rustam Ashurmatov, Sherzod Nasrullayev, Husniddin Aliqulov, Abdukodir Khusanov, Odiljon Hamrobekov, Otabek Shukurov (71.Azizbek Amonov), Oston Urunov (90+1.Khojimat Erkinov), Jaloliddin Masharipov (71.Diyor Kholmatov), Eldor Shomurodov (57.Abbosbek Fayzullaev). Trainer: Srečko Katanec (Slovenia).

NATIONAL TEAM PLAYERS 2023/2024		
Name	DOB	Club
Goalkeepers		
Botirali ERGASHEV	23.06.1995	*FC AGMK Olmaliq*
Utkir YUSUPOV	04.01.1991	*Navbahor Namangan FK*
Defenders		
Abdulla ABDULLAEV	01.09.1997	*Khor Fakkan Club (UAE)*
Khojiakbar ALIJONOV	19.04.1997	*Pakhtakor FC Tashkent*

Husniddin ALIQULOV	04.04.1999	*Çaykur Rizespor Kulübü (TUR)*
Rustam ASHURMATOV	07.07.1996	*FK Rubin Kazan (RUS)*
Alibek DAVRONOV	28.12.2002	*Nasaf Qarshi FC*
Umar ESHMURODOV	30.11.1992	*Nasaf Qarshi FC; 02.02.2024-> Selangor FC Shah Alam (MAS)*
Golib GAYBULLAEV	22.01.1996	*Nasaf Qarshi FC*
Mukhammadkodir KHAMRALIEV	06.07.2001	*Pakhtakor FC Tashkent*
Abdukodir KHUSANOV	29.02.2004	*Racing Club de Lens (FRA)*
Sherzod NASRULLAYEV	23.07.1998	*Nasaf Qarshi FC*
Dilshod SAITOV	02.02.1999	*Pakhtakor FC Tashkent*
Farrukh SAYFIYEV	17.01.1991	*Pakhtakor FC Tashkent; 30.01.2024-> Navbahor Namangan FK*

Midfielders

Zafarmurod ABDURAKHMATOV	28.04.2003	*Nasaf Qarshi FC*
Azizbek AMONOV	30.10.1997	*Nasaf Qarshi FC; 09.01.2024-> Khor Fakkan Club (UAE)*
Jamshid BOLTABOEV	03.10.1996	*Navbahor Namangan FK*
Khojimat ERKINOV	29.05.2001	*FK Torpedo Moskva (RUS); 07.02.2024-> Al Wahda FC Abu Dhabi (UAE)*
Abbosbek FAYZULLAEV	03.10.2003	*FK CSKA Moskva (RUS)*
Azizjon GANIEV	22.02.1998	*Shabab Al Ahli Dubai FC (UAE)*
Odiljon HAMROBEKOV	13.02.1996	*Pakhtakor FC Tashkent; 30.01.2024-> Navbahor Namangan FK*
Jamshid ISKANDEROV	16.10.1993	*Navbahor Namangan FK*
Abrorbek ISMOILOV	08.01.1998	*Navbahor Namangan FK*
Jaloliddin MASHARIPOV	01.09.1993	*Al-Nassr FC Riyadh (KSA); 27.09.2024-> PAE Panserraikos Serres (GRE); 04.02.2024-> Esteghlal Tehran FC (IRN)*
Otabek SHUKUROV	22.06.1996	*Fatih Karagümrük SK (TUR); 08.02.2024-> Kayserispor Kulübü (TUR)*
Azizbek TURGUNBOEV	01.10.1994	*Pakhtakor FC Tashkent; 08.02.2024-> Sivasspor Kulübü (TUR)*
Shokhboz UMAROV	09.03.1999	*FC Ordabasy Shymkent (KAZ)*
Oston URUNOV	19.12.2000	*Navbahor Namangan FK; 07.02.2024-> Persepolis Tehran FC (IRN)*

Forwards

Bobur ABDIKHOLIKOV	23.04.1997	*FC Ordabasy Shymkent (KAZ); 02.02.2024-> Nasaf Qarshi FC*
Diyor KHOLMATOV	22.07.2002	*Pakhtakor FC Tashkent*
Igor SERGEYEV	30.04.1993	*BG Pathum United FC (THA)*
Eldor SHOMURODOV	29.06.1995	*Cagliari Calcio (ITA)*
Jasurbek YAKHSHIBOEV	24.06.1997	*Navbahor Namangan FK*

National coaches

Srečko KATANEC (Slovenia) [from 12.08.2021]	16.07.1963

VIETNAM

Federation Directory:
Football Federation of the Socialist Republic of Vietnam
Lê Quang Đạo Str., Phú Đô Ward, Nam Từ Liêm District, Hà Nội
Year of Formation: 1960 (*North Vietnam*)
Member of FIFA since: 1952 (*South Vietnam*)
Member of AFC since: 1954 (*South Vietnam*); 1978 (readmitted)
Internet: www.org.vn

The Country: Cộng hòa xã hội chủ nghĩa Việt Nam (Socialist Republic of Vietnam)
Capital: Hà Nội
Surface: 331,690 km² / **Population**: 100,300,000 [2023] / **Time**: UTC+7

NATIONAL TEAM RECORDS

First international match:
26.11.1991, Manila: Philippines - Vietnam 2-2

Most international caps:	Most international goals:
Lê Công Vinh	Lê Công Vinh
83 caps (2004-2016)	**51 goals** / 83 caps (2004-2016)

NATIONAL TEAM COMPETITIONS

ASIAN NATIONS CUP		
1956	Final Tournament (4th Place)	
1960	Final Tournament (4th Place)	(*as South Vietnam*)
1964	Qualifiers	
1968	Qualifiers	
1972	*Withdrew*	
1976	Qualifiers	
1980	Did not enter	
1984	Did not enter	
1988	Did not enter	
1992	Did not enter	
1996	Qualifiers	
2000	Qualifiers	
2004	Qualifiers	
2007	Final Tournament (Quarter-Finals)	
2011	Qualifiers	
2015	Qualifiers	
2019	Final Tournament (Quarter-Finals)	
2023	Final Tournament (Group Stage)	

FIFA WORLD CUP		
1930		
1934	*Part of France*	
1938		
1950	Not a member of FIFA	
1954	*Entry not accepted by FIFA*	
1958	Did not enter	(*as South Vietnam*)
1962	Did not enter	
1966	Did not enter	
1970	Did not enter	
1974	Qualifiers	
1978	Did not enter	
1982	Did not enter	
1986	Did not enter	
1990	Did not enter	
1994	Qualifiers	
1998	Qualifiers	
2002	Qualifiers	
2006	Qualifiers	
2010	Qualifiers	
2014	Qualifiers	
2018	Qualifiers	
2022	Qualifiers	

OLYMPIC FOOTBALL TOURNAMENTS 1908-2020

1908 to 1928	Teams from Asia did not enter
1936	Part of France
1948	Did not enter
1952	Did not enter
1956	Qualifiers*
1960	Did not enter
1964	Qualifiers*
1968	Qualifiers*
1972	Did not enter
1976	Did not enter

1980	Did not enter
1984	Did not enter
1988	Did not enter
1992	Did not enter
1996	Did not enter
2000	Qualifiers
2004	Qualifiers
2008	Qualifiers
2012	Qualifiers
2016	Qualifiers
2020	Qualifiers

*as South Vietnam

ASIAN GAMES 1951-2022		ASEAN („TIGER") CUP / AFF CUP 1996-2022		SOUTH EAST ASIAN GAMES 1959-2023	
1951	-	1996	3rd Place	1959	**Winners***
1954	Group Stage*	1998	Runners-up	1961	3rd Place*
1958	Quarter-Finals*	2000	4th Place	1965	3rd Place*
1962	4th Place*	2002	3rd Place	1967	Runners-up*
1966	Group Stage*	2004	Group Stage	1969	Group Stage*
1970	Group Stage*	2007	Semi-Finals	1971	3rd Place*
1974	-	2008	**Winners**	1973	Runners-up*
1978	-	2010	Semi-Finals	1975	-
1982	-	2012	Group Stage	1977	-
1986	-	2014	Semi-Finals	1979	-
1990	-	2016	Semi-Finals	1981	-
1994	-	2018	**Winners**	1983	-
1998	Group Stage	2020	Semi-Finals	1985	-
2002	Group Stage	2022	Runners-up	1987	-
2006	Group Stage			1989	-
2010	1/8-Finals			1991	Group Stage
2014	2nd Round of 16			1993	Group Stage
2018	4th Place			1995	Runners-up
2022	Group Stage			1997	3rd Place
				1999	Runners-up
				2001	Group Stage
				2003	Runners-up
				2005	Runners-up
				2007	4th Place
				2009	Runners-up
				2011	4th Place
				2013	Group Stage
				2015	3rd Place
				2017	Group Stage
				2019	**Winners**
				2021	**Winners**
				2023	3rd Place

*as South Vietnam

VIETNAMESE CLUB HONOURS IN ASIAN CLUB COMPETITIONS

AFC Champions League 1967-1971 & 1985/1986-2024	
None	

Asian Football Confederation Cup 2004-2024	
None	

AFC President's Cup 2005-2014*	
None	

Asian Cup Winners Cup 1975-2003*	
None	

Asian Super Cup 1995-2002*	
None	

*defunct competition

NATIONAL COMPETITIONS
TABLE OF HONOURS

	CHAMPIONS	CUP WINNERS
1980	Đường sắt Việt Nam	-
1981/1982	Thể Công Hà Nội	-
1982/1983	Thể Công Hà Nội	-
1984	Công An Hà Nội	-
1985	Công nghiệp Hà Nam Ninh[1]	-
1986	Thép Miền Nam Cảng Sài Gòn	-
1987	Thể Công Hà Nội	-
1988	No competition	-
1989	Đồng Tháp FC Cao Lãnh	-
1990	Thể Công Hà Nội	-
1991	Hải Quan Hồ Chí Minh	-
1992	Quảng Nam-Đà Nẵng[2]	Thép Miền Nam Cảng Sài Gòn
1993/1994	Thép Miền Nam Cảng Sài Gòn	Quảng Nam-Đà Nẵng (in 1993)
1994	-	Song Be Thủ Dầu Một[3]
1995	Công An Hồ Chí Minh	Công An Hải Phòng
1996	Đồng Tháp FC Cao Lãnh	Hải Quan Hồ Chí Minh
1997	Thép Miền Nam Cảng Sài Gòn	Hải Quan Hồ Chí Minh
1998	Thể Công Hà Nội	Công An Hồ Chí Minh
1999	No competition	No competition
1999/2000	Sông Lam Nghệ An Vinh	Thép Miền Nam Cảng Sài Gòn
2000/2001	Sông Lam Nghệ An Vinh	Công An Hồ Chí Minh
2001/2002	Thép Miền Nam Cảng Sài Gòn	Sông Lam Nghệ An Vinh
2003	Hoàng Anh Gia Lai FC	Bình Định Qui Nhơn
2004	Hoàng Anh Gia Lai FC	Bình Định Qui Nhơn
2005	Đồng Tâm Long An FC	Đồng Tâm Long An FC
2006	Đồng Tâm Long An FC	Hòa Phát Hà Nội
2007	Becamex Bình Dương FC Thủ Dầu Một	Đạm Phú Mỹ Nam Định
2008	Becamex Bình Dương FC Thủ Dầu Một	Hà Nội ACB
2009	Saigon Hà Nội Bank-Đà Nẵng FC	Saigon Hà Nội Bank-Đà Nẵng FC
2010	Hà Nội T&T FC	Sông Lam Nghệ An Vinh
2011	Sông Lam Nghệ An Vinh	Navibank Sài Gòn FC
2012	Saigon Hà Nội Bank-Đà Nẵng FC	Sài Gòn Xuân Thành FC
2013	Hà Nội T&T FC	XM The Vissai Ninh Bình

2014	Becamex Bình Dương FC Thủ Dầu Một	Hải Phòng FC
2015	Becamex Bình Dương FC Thủ Dầu Một	Becamex Bình Dương FC Thủ Dầu Một
2016	Hà Nội T&T FC[4]	Than Quảng Ninh FC
2017	QNK Quảng Nam FC	Sông Lam Nghệ An Vinh
2018	Hà Nội FC	Becamex Bình Dương FC Thủ Dầu Một
2019	CLB Hà Nội	CLB Hà Nội
2020	CLB Viettel Hà Nội	CLB Viettel Hà Nội
2021	Championship cancelled	Competition cancelled
2022	CLB Hà Nội	CLB Hà Nội
2023	CLB Công An Hà Nội	CLB Thanh Hóa
2023/2024	CLB Nam Định	CLB Thanh Hóa

[1] became later Song Da Nam Định (2003), Mikado-Nam Định (2006), Dam Phu My-Nam Định (2007), Đạm Phú Mỹ Nam Định (2008).
[2] became later SHB Đà Nẵng.
[3] became later Becamex Bình Dương Thủ Dầu Một.
[4] became in 2017 January Hà Nội FC.

NATIONAL CHAMPIONSHIP
Night Wolf V-League 1 2023

Regular Season

1.	CLB Công An Hà Nội	13	7	3	3	29 - 15	24
2.	CLB Thanh Hóa	13	6	5	2	20 - 15	23
3.	CLB Hà Nội	13	6	4	3	18 - 12	22
4.	CLB Viettel Hà Nội	13	5	6	2	14 - 11	21
5.	CLB Hải Phòng	13	4	7	2	14 - 13	19
6.	CLB Bình Định	13	5	4	4	17 - 17	19
7.	CLB Nam Định	13	4	7	2	12 - 13	19
8.	CLB Hồng Lĩnh Hà Tĩnh	13	4	6	3	20 - 20	18
9.	CLB Sông Lam Nghệ An Vinh	13	3	7	3	14 - 15	16
10.	CLB Hoàng Anh Gia Lai	13	2	8	3	15 - 16	14
11.	CLB Khánh Hòa	13	2	7	4	11 - 14	13
12.	CLB Saigon Hà Nội Bank-Đà Nẵng	13	1	7	5	8 - 15	10
13.	CLB TP Hồ Chí Minh	13	2	2	9	19 - 27	8
14.	CLB Becamex Bình Dương Thủ Dầu Một	13	0	7	6	13 - 21	7

Top-8 qualified for the Championship Group, while teams ranked 9-14 were qualified for the Relegation Group.

Championship Group

1.	**CLB Công An Hà Nội**	20	11	5	4	39 - 21	38
2.	CLB Hà Nội	20	11	5	4	35 - 22	38
3.	CLB Viettel Hà Nội	20	8	8	4	23 - 17	32
4.	CLB Thanh Hóa	20	8	7	5	27 - 22	31
5.	CLB Nam Định	20	7	8	5	19 - 19	29
6.	CLB Hải Phòng	20	6	8	6	20 - 23	26
7.	CLB Bình Định	20	6	6	8	23 - 28	24
8.	CLB Hồng Lĩnh Hà Tĩnh	20	4	11	5	24 - 30	23

Relegation Group

9.	CLB Sông Lam Nghệ An Vinh	18	6	7	5	19 - 20	25
10.	CLB Hoàng Anh Gia Lai	18	5	8	5	19 - 19	23
11.	CLB Khánh Hòa	18	4	7	7	18 - 22	19
12.	CLB Becamex Bình Dương Thủ Dầu Một	18	2	9	7	19 - 23	15
13.	CLB TP Hồ Chí Minh	18	4	3	11	21 - 32	15
14.	CLB Saigon Hà Nội Bank-Đà Nẵng *(Relegated)*	18	2	8	8	11 - 19	14

Best goalscorer 2023:
Rafaelson Bezerra Fernandes (BRA, CLB Bình Định) – 14 goals

Promoted for the 2023/2024 season:
CLB Quảng Nam (the spring-to-autumn rhythm was changed to autumn-to-spring).

NATIONAL CHAMPIONSHIP
Night Wolf V-League 1 2023/2024

Please note following club name changes:
CLB Bình Định -> CLB Quy Nhơn Bình Địn (22.09.2023)
CLB Viettel Hà Nội -> CLB Thể Công - Viettel Hà Nội

1.	**CLB Nam Định**	26	16	5	5	60 - 38	53
2.	CLB Quy Nhơn Bình Địn	26	13	8	5	47 - 28	47
3.	CLB Hà Nội	26	13	4	9	45 - 37	43
4.	CLB TP Hồ Chí Minh	26	11	7	8	30 - 26	40
5.	CLB Thể Công - Viettel Hà Nội	26	10	8	8	29 - 28	38
6.	CLB Công An Hà Nội	26	11	4	11	44 - 35	37
7.	CLB Hải Phòng	26	9	8	9	42 - 39	35
8.	CLB Becamex Bình Dương Thủ Dầu Một	26	10	5	11	33 - 34	35
9.	CLB Thanh Hóa	26	9	8	9	34 - 39	35
10.	CLB Quảng Nam	26	8	8	10	34 - 36	32
11.	CLB Hoàng Anh Gia Lai	26	8	8	10	22 - 35	32
12.	CLB Sông Lam Nghệ An Vinh	26	7	9	10	27 - 32	30
13.	CLB Hồng Lĩnh Hà Tĩnh *(Relegation Play-offs)*	26	7	9	10	25 - 32	30
14.	CLB Khánh Hòa *(Relegated)*	26	2	5	19	19 - 52	11

Relegation Play-offs [06.07.2024]
CLB Hồng Lĩnh Hà Tĩnh – CLB PVF-Công An Nhân Dân   3-2(0-1)

Best goalscorer 2023/2024:
Rafaelson Bezerra Fernandes (BRA, CLB Quy Nhơn Bình Địn) – 31 goals

Promoted for the 2024/2025 season:
CLB Saigon Hà Nội Bank-Đà Nẵng

NATIONAL CUP
Vietnamese National Cup - Final 2023

20.08.2023, Thanh Hóa Stadium, Thanh Hóa; Attendance: 16,000
Referee: Vũ Nguyên Vũ
CLB Thanh Hóa - CLB Viettel Hà Nội **0-0 a.e.t.; 5-3 on penalties**
Thanh Hóa: Nguyễn Thanh Diệp, Gustavo Sant'Ana Santos, Nguyễn Minh Tùng (46.Nguyễn Trọng Hùng), Trịnh Văn Lợi (84.Đinh Tiến Thành), Hoàng Thái Bình (91.Đàm Tiến Dũng), Lê Phạm Thành Long, Nguyễn Thái Sơn, Doãn Ngọc Tân, A Mít (91.Lê Thanh Bình), Lâm Ti Phông (46.Paulo Conrado do Carmo Sardin), Bruno Cunha Catanhede. Trainer: Velizar Popov (Bulgaria).
Viettel: Phạm Văn Phong, Bùi Tiến Dũng, Nguyễn Thanh Bình, Phan Tuấn Tài (46.Nguyễn Xuân Kiên), Vũ Văn Quyết (55.Bùi Duy Thường), Nguyễn Hoàng Đức, Jahongir Abdumominov, Trương Tiến Anh (63.Nguyễn Đức Chiến), Dương Văn Hào (46.Nguyễn Hữu Thắng), Nhâm Mạnh Dũng (86.Nguyễn Đức Hoàng Minh), Mohammed Essam Mohammed. Trainer: Thạch Bảo Khanh.
Penalties: Paulo Conrado do Carmo Sardin 1-0; Nguyễn Hoàng Đức 1-1; Lê Thanh Bình 2-1; Bùi Tiến Dũng (missed); Gustavo Sant'Ana Santos 3-1; Nguyễn Đức Chiến 3-2; Đàm Tiến Dũng 4-2; Mohammed Essam Mohammed 4-3; Bruno Cunha Catanhede 5-3.

NATIONAL CUP
Vietnamese National Cup - Final 2023/2024

07.07.2024, Thanh Hóa Stadium, Thanh Hóa; Attendance: 13,500
Referee: Muhammad jamal (Malaysia)
CLB Thanh Hóa - CLB Hà Nội **0-0 a.e.t.; 9-8 on penalties**
Thanh Hóa: Trịnh Xuân Hoàng, Đinh Viết Tú, Đinh Tiến Thành, Nguyễn Thanh Long, Hoàng Thái Bình, Đoàn Ngọc Hà (66.Trương Thanh Nam), Doãn Ngọc Tân (Cap) (90+5.Hoàng Đình Tùng), Nguyễn Thái Sơn, A Mít (90+5.Lê Thanh Bình), Lâm Ti Phông, Luiz Antônio de Souza Soares. Trainer: Velizar Popov (Bulgaria).
Hà Nội: Nguyễn Văn Hoàng, Tim Hall (68.Vũ Đình Hai), Đỗ Duy Mạnh, Nguyễn Thành Chung, Phạm Xuân Mạnh, Đỗ Hùng Dũng, Nguyễn Văn Trường, Lê Văn Xuân (62.Diederrick Joel Tagueu Tadjo), Đậu Văn Toàn (68.Nguyễn Hai Long), Phạm Tuấn Hải (86.Nguyễn Văn Tùng), Nguyễn Văn Quyết (Cap). Trainer: Daiki Iwamasa (Japan).
Goals: Đậu Văn Toàn 0-1; Luiz Antônio de Souza Soares 1-1; Đỗ Hùng Dũng 1-2; Hoàng Đình Tùng (saved); Nguyễn Văn Tùng 1-3; Lê Thanh Bình 2-3; Nguyễn Hai Long 2-4; Lâm Ti Phông 3-4; Diederrick Joel Tagueu Tadjo (saved); Đinh Viết Tú 4-4; Phạm Xuân Mạnh 4-5; Đinh Tiến Thành 5-5; Vũ Đình Hai 5-6; Nguyễn Thanh Long 6-6; Nguyễn Thành Chung 6-7; Trương Thanh Nam 7-7; Đỗ Duy Mạnh 7-8; Nguyễn Thái Sơn 8-8; Nguyễn Văn Quyết (saved); Hoàng Thái Bình 9-8.

THE CLUBS 2023 & 2023/2024

CÂU LẠC BỘ BÓNG ĐÁ QUY NHƠN BÌNH ĐỊN

Year of Formation: 1975
Stadium: Qui Nhơn Stadium, Qui Nhơn (15,000)

Trainer:			
	Nguyen Duc Thang	28.05.1976	23
[01.09.2023]	Bùi Đoàn Quang Huy	26.02.1977	23/24

THE SQUAD

	DOB	2023 M	(s)	G	2023/2024 M	(s)	G
Goalkeepers:							
Đặng Văn Lâm	13.08.1993	19			19		
Huỳnh Tuấn Linh	17.04.1991				5		
Nguyễn Mạnh Cường	03.09.1997					(1)	
Trần Đình Minh Hoàng	08.01.1993	1	(2)		2	(1)	
Defenders:							
Đỗ Thanh Thịnh	18.08.1998	19	(1)		12		2
Lê Ngọc Bảo	23.09.1998	13	(5)		13		1
Marlon Rangel de Almeida (BRA)	22.05.1996	14			22	(2)	2
Nguyễn Công Thành	26.07.1991	1	(2)				
Nguyễn Hùng Thiện Đức	08.12.1999				3	(3)	
Nguyễn Tiến Duy	29.04.1991	4	(3)				
Nguyễn Văn Đức	13.01.1996				21	(4)	6
Phạm Minh Nghĩa	25.09.1994					(3)	
Adriano Schmidt (Bùi Đức Duy)	09.05.1994	15	(3)		19	(3)	
Trần Văn Thái	04.09.2001	2					
Trịnh Đức Lợi	22.08.1994	8			16	(3)	
Trần Đình Trọng	25.04.1997				15	(3)	
Midfielders:							
Cao Văn Triền	18.06.1993	18	(1)		21	(2)	
Đỗ Văn Thuận	25.05.1992	12	(3)		24	(1)	1
Đinh Thành Luân	13.03.2004				2	(4)	
Viktor Le (RUS)	10.11.2003	9	(7)				
Leonardo Artur de Melo „Léo Artur" (BRA)	23.03.1995				22	(1)	8
Lý Công Hoàng Anh	01.09.1999	9	(9)				
Mạc Hồng Quân	1992	6	(13)		5	(13)	2
Nghiêm Xuân Tú	28.08.1988	2	(9)			(8)	
Nguyễn Đức Hữu	20.05.2001		(8)			(1)	
Nguyễn Võ Minh Hiếu	02.02.2003					(1)	
Phạm Văn Thành	16.03.1994				20	(5)	1
Phan Ngọc Tín	09.03.2004	2	(4)		7	(2)	
Vũ Minh Tuấn	19.09.1990				1	(19)	4
Vũ Xuân Cường	06.08.1992				2	(7)	
Forwards:							
Alan Sebastião Alexandre „Alan Grafite" (BRA)	08.02.1998				21	(1)	17
Đào Gia Việt	20.06.2003					(9)	
Đinh Thành Luân	13.03.2004	2	(1)				
Hà Đức Chinh	22.09.1997	14	(6)	2	7	(5)	1
Huỳnh Tiến Đạt	26.01.2000	10	(10)	1			

Jermie Dwayne Lynch (JAM)	24.03.1991	6	(2)	3			
Ngô Hồng Phước	03.07.1998				7	(9)	2
Ganiyu Bolaji Oseni (NGA)	19.09.1991	1					
Phạm Văn Thành	16.03.1994	16	(3)	1			
Rafaelson Bezerra Fernandes (BRA)	30.03.1997	17	(1)	16			

CÂU LẠC BỘ BÓNG ĐÁ BECAMEX BÌNH DƯƠNG THỦ DẦU MỘT

Year of Formation: 1976
Stadium: Gò Đậu Stadium, Thủ Dầu Một (13,035)

Trainer:	Lư Đình Tuấn	17.08.1968	23
[09.03.2023]	Nguyễn Quốc Tuấn		23
[11.05.2023]	Lê Huỳnh Đức	20.04.1972	23 & 23/24
[19.06.2024]	Nguyễn Đức Cảnh		23/24

THE SQUAD							
	DOB	2023			2023/2024		
		M	(s)	G	M	(s)	G
Goalkeepers:							
Nguyễn Sơn Hải	01.07.1994	1					
Phan Minh Thành	1998		(1)				
Trần Minh Toàn	26.01.1996	17			26		
Defenders:							
A Sân	16.07.1996	2	(5)	1			
Bùi Duy Thường	05.04.1996				11	(12)	1
Cassius Vinicius Coelho (BRA)	15.06.1995	6					
Đặng Thanh Hoàng (Steven Đặng)	21.07.1997	2	(3)				
Đoàn Anh Việt	15.08.1999	1					
Đoàn Tuấn Cảnh	27.07.1998	11	(1)		3	(5)	
Jean Almeida Santos „Janclesio" (BRA)	22.04.1993				23		3
Lê Quang Hùng	07.06.1992	7		1	23		
Guy Olivier N'Diaye (SEN)	05.05.1994	5		1			
Nguyễn Thành Kiên	16.01.2003				2	(3)	
Nguyễn Thành Lộc	23.02.1997	10	(1)	1	2	(3)	
Nguyễn Thanh Long	10.01.1993	9	(3)				
Quế Ngọc Hải	15.05.1993				9	(4)	
Trần Đình Khương	10.01.1996	10	(2)		21	(1)	
Trần Hoàng Bảo	15.05.2001	1	(1)		2	(3)	
Trương Dũ Đạt	25.07.1997	6	(1)		1	(3)	
Võ Minh Trọng	24.10.2001				13	(1)	1
Midfielders:							
Bùi Vĩ Hào	24.02.2003	10	(8)	1	22	(3)	5
Đoàn Hải Quân	12.02.1997	10	(3)	2	1	(4)	
Geoffrey Baba Kizito (UGA)	02.02.1993	18			23	(2)	
Lưu Tự Nhân	18.12.2001		(4)				
Nguyễn Hải Huy	18.06.1991				11	(9)	
Nguyễn Thanh Thảo	13.05.1995	2	(8)				
Nguyễn Trần Việt Cường	27.12.2000	11	(3)	1	11	(11)	1
Nguyễn Trọng Huy	25.06.1997		(2)				
Moses Oloya (UGA)	22.10.1992	6	(1)				
Joseph Onoja (NGA)	06.11.1998				15		
Cyrus Ryuichi Taniguchi (USA)	04.10.1994					(4)	
Tống Anh Tỷ	24.01.1997	7	(6)	1		(5)	

	DOB	2023			2023/2024		
Trần Duy Khánh	20.07.1997	1	(2)			(2)	
Trần Hoàng Phương	11.04.1994		(3)				
Võ Hoàng Minh Khoa	12.03.2001	6	(5)		14	(9)	2

Forwards:							
Charles Atshimene (NGA)	05.02.2001				15		9
Arsène Elogo Guintangui (CMR)	22.04.1995				9	(1)	5
Rimario Allando Gordon (JAM)	06.07.1994	15	(2)	7			
Ryan Hà (FRA)	24.08.1997					(4)	
Hà Trung Hậu	03.10.2002	1	(3)				
Hồ Sỹ Giáp	18.04.1994		(3)		2	(13)	1
Huỳnh Tiến Đạt	26.01.2000					(9)	
Prince Vinny Ibara Doniama (CGO)	07.02.1996				6	(4)	1
João Guilherme Barcelos Neto Nogueira (BRA)	27.07.1994	2					
Nguyễn Tiến Linh	20.10.1997	14	(4)	3	20	(6)	8
Nguyễn Văn Đô	11.07.1998				1	(1)	
Nicholas John Olsen (AUS)	26.09.1995	7					

CÂU LẠC BỘ BÓNG ĐÁ CÔNG AN HÀ NỘI

Year of Formation: 1956
Stadium: Hàng Đẫy Stadium, Hà Nội (22,500)

Trainer:	Paulo Foiani (BRA)	29.11.1976	23
[28.04.2023]	*Flavio Luiz* Neto da Silva Cruz (BRA)	21.01.1979	23
[23.08.2023]	Trần Tiến Đại	01.01.1966	23 & 23/24
[12.11.2023]	Gong Oh-kyun (KOR)	10.09.1974	23/24
[16.01.2024]	Kiatisuk Senamuang (THA)	11.08.1973	23/24
[15.05.2024]	Trần Tiến Đại	1966	23/24
[23.05.2024]	Alexandré „*Mano*" Pölking (BRA)	12.03.1976	23/24

THE SQUAD

	DOB	2023			2023/2024		
		M	(s)	G	M	(s)	G
Goalkeepers:							
Bùi Tiến Dũng	28.02.1997	3					
Đỗ Sỹ Huy	16.04.1998	2			1		
Patrik Lê Giang (SVK)	08.09.1992	7	(1)				
Filip Nguyễn	14.09.1992	8			25		
Defenders:							
Bùi Hoàng Việt Anh	1999				25	(1)	5
Bùi Tiến Dụng	23.11.1998	18	(1)		9	(8)	
Bùi Xuân Thịnh	15.09.2001				2	(4)	
Đoàn Văn Hậu	19.04.1999	17	(1)				
Elton Monteiro Almada (POR)	22.02.1994	5					
Giáp Tuấn Dương	07.09.2002	6	(5)		16	(5)	
Hồ Tấn Tài	06.11.1997	16	(3)	1	19	(4)	4
Hồ Văn Cường	15.01.2003				5	(7)	
Huỳnh Tấn Sinh	06.04.1998	12	(3)		6	(6)	
Nguyễn Hữu Thực	08.08.2001		(1)				
Trần Quang Thịnh	12.05.2001					(1)	
Trương Văn Thiết	07.06.1995				1	(7)	
Vũ Văn Thanh	14.04.1996	15	(3)	3	21	(1)	3

Midfielders:								
Bùi Ngọc Long	06.10.2001					(7)		
Geovane Magno Cândido Silveira (BRA)	14.04.1994				24		2	
Hà Văn Phương	07.01.2001	1	(4)	1	8	(7)		
Hồ Ngọc Thắng	10.02.1994				1	(8)		
Hoàng Văn Toản	01.04.2001	8	(7)	1	16	(6)		
Huỳnh Tấn Tài	17.08.1994		(2)			(3)		
Lê Văn Đô	07.08.2001	6	(10)	3				
La Nguyễn Bảo Trung	05.10.2002				3	(5)		
Lê Phạm Thành Long	05.06.1996				23	(2)	1	
Nguyễn Bảo Trung La	05.10.2002		(2)					
Nguyễn Quang Hải	12.04.1997	7	(1)	1	21	(1)	8	
Nguyễn Trọng Long	06.01.2000	10	(2)	1				
Phạm Văn Luân	26.05.1999	7			16	(7)		
Phan Văn Hiếu	23.08.2000		(12)					
Sầm Ngọc Đức	18.05.1992	8	(7)					
Akwa Raphael Success (NGA)	10.03.1998	6	(2)	4				
Tô Văn Vũ	20.10.1993	4	(6)					

Forwards:								
Gustavo Henrique Rodrigues (BRA)	08.11.1995	19	(1)	6				
Jeferson Elías Braga Montimor (BRA)	12.01.1998				21	(2)	13	
Jhon Cley Jesus Silva Coelho (BRA)	09.03.1994	20		11				
Jânio Fialho de Aquino Júnior „Júnior Fialho" (BRA)	19.08.1998				12	(7)	3	
Nguyễn Xuân Nam	18.01.1994	6	(10)	1	1	(3)		
Phạm Gia Hưng	26.04.2000				2	(7)		
Phan Văn Đức	11.04.1996	2	(2)		6	(6)	3	
Akwa Raphael Success (NGA)	10.03.1998				2		1	
Trần Văn Trung	27.01.1998	6	(6)	2		(7)		
Hama Juvhel Fred Tsoumou (CGO)	27.12.1990	1		3				

CÂU LẠC BỘ BÓNG ĐÁ HÀ NỘI

Year of Formation: 2006
Stadium: Hàng Đẫy Stadium, Hà Nội (22,500)

Trainer:			
	Bozidar Bandović (MNE)	30.08.1969	23
[07.10.2023]	Lê Đức Tuấn	13.06.1982	23/24
[30.10.2023]	Đinh Thế Nam	30.04.1965	23/24
[01.02.2024]	Daiki Iwamasa (JPN)	30.01.1982	23/24

THE SQUAD	DOB	2023			2023/2024		
		M	(s)	G	M	(s)	G
Goalkeepers:							
Bùi Tấn Trường	28.02.1997	19			3		
Nguyễn Văn Công	01.08.1992		(1)				
Nguyễn Văn Hoàng	17.02.1995				11		
Quan Văn Chuẩn	07.01.2001	1			12		
Defenders:							
Bùi Hoàng Việt Anh	1999	20		1			
Đào Văn Nam	10.05.1996				10	(6)	1
Đỗ Duy Mạnh	29.09.1996	17		2	17	(4)	
Tim Hall (LUX)	05.04.1997				10		

Name	DOB	2023 M	(s)	G	2023/2024 M	(s)	G
Lê Văn Xuân	27.02.1999	4	(6)		16	(8)	
Nguyễn Đức Anh	16.05.2003	5	(1)			(2)	
Nguyễn Sỹ Đức	10.02.2004					(1)	
Nguyễn Thành Chung	08.09.1997	15	(1)		20	(1)	
Nguyễn Văn Dũng	14.04.1994					(1)	
Nguyễn Văn Vĩ	12.02.1998	8	(5)	1			
Phạm Xuân Mạnh	09.02.1996				24	(1)	3
Trần Văn Kiên	13.05.1996	10	(7)				
Trần Văn Thắng	06.07.2001				1	(4)	
Vũ Tiến Long	04.04.2002	3	(6)		4	(3)	
Vũ Văn Sơn	10.05.2003		(1)				

Midfielders:

Name	DOB	2023 M	(s)	G	2023/2024 M	(s)	G
Đậu Văn Toàn	07.04.1997	4	(7)		13	(10)	
Đỗ Hùng Dũng	08.09.1993	16		1	19	(2)	2
Ewerton da Silva Pereira (BRA)	01.12.1992				3	(2)	
Mạch Ngọc Hà	2000	1	(2)				
Marcos Antônio Almeida Silva „Marcão" (BRA)	14.01.1991	15		1	4		
Nguyễn Hai Long	27.08.2000	5	(9)		14	(12)	4
Nguyễn Văn Trường	09.10.2003	3	(6)		6	(17)	
Phạm Thành Lương	10.09.1988	1	(6)				
Trương Văn Thái Quý	22.08.1997	2	(3)			(4)	
Vũ Đình Hai	13.01.2000				11	(11)	1
Vũ Minh Tuấn	19.09.1990	2	(4)				
Brandon James Wilson (BOT)	28.01.1997				10		

Forwards:

Name	DOB	2023 M	(s)	G	2023/2024 M	(s)	G
Herlison Caion de Sousa Ferreira (BRA)	05.10.1990	8	(1)	8			
Denílson Pereira Júnior (BRA)	18.07.1995				11	(7)	6
Ryan Ha (FRA)	24.08.1997					(4)	
Milan Jevtović (SRB)	13.06.1993	7		1		(1)	
Lê Xuân Tú	06.09.1999	3	(5)				
Lucas Vinícius Gonçalves Silva „Lucão do Break" (BRA)	14.09.1991	10	(1)	3			
Mirlan Murzayev (KGZ)	29.03.1990	3					
Nguyễn Văn Quyết	27.06.1991	13		9	24	(1)	11
Nguyễn Văn Tùng	02.06.2001	3	(7)	1	2	(14)	1
Phạm Tuấn Hải	19.05.1998	16	(4)	6	22	(3)	9
Diederrick Joel Tagueu Tadjo (CMR)	06.12.1993				19	(3)	7
William Henrique Rodrigues da Silva (BRA)	28.01.1992	6	(1)				

CÂU LẠC BỘ BÓNG ĐÁ HẢI PHÒNG

Year of Formation: 1952
Stadium: Lạch Tray Stadium, Hải Phòng (30,000)

Trainer:	Chu Đình Nghiêm	18.08.1972	23 & 23/24

THE SQUAD

Name	DOB	2023 M	(s)	G	2023/2024 M	(s)	G

Goalkeepers:

Name	DOB	2023 M	(s)	G	2023/2024 M	(s)	G
Nguyễn Đình Triệu	04.11.1991	17			25		
Nguyễn Văn Toản	26.11.1999	3	(1)		1	(1)	

Defenders:

Name	DOB	2023 M	(s)	G	2023/2024 M	(s)	G
A Sân	16.07.1996				6		
Đặng Văn Tới	20.01.1999	16			21		1
Dương Văn Khoa	06.05.1994	2	(4)		4	(3)	
Nguyễn Anh Hùng	08.06.1992	2	(3)		2	(1)	
Nguyễn Nhật Minh	27.07.2003				14	(1)	
Nguyễn Như Đức Anh (GER)	02.01.2000		(1)				
Nguyễn Trọng Đại	07.04.1997					(2)	
Nguyễn Trọng Hiếu	17.01.2001		(1)				
Nguyễn Văn Đạt	20.05.1998	1	(5)		5	(8)	1
Nguyễn Văn Minh	08.02.1999	3			6	(10)	1
Phạm Hoài Dương	19.06.1994	3	(1)		7	(1)	1
Phạm Trung Hiếu	02.09.1998	19			12	(1)	
Phạm Mạnh Hùng	03.03.1993	10	(1)		4	(3)	
Thái Khắc Huy Hoàng	04.08.1999					(1)	
Benjamin Patrick van Meurs (AUS)	31.01.1998	6					

	Midfielders:						
Bicou Bissainthe (HAI)	15.03.1999	18	(1)		25		3
Đàm Tiến Dũng	10.01.1996				7	(6)	
Arsène Elogo Guintangui (CMR)	22.04.1995				1	(5)	
Hồ Minh Dĩ	17.02.1998	4	(11)	1	6	(11)	
Lê Mạnh Dũng	10.02.1994	7	(5)		16	(7)	
Lê Trung Hiếu	16.02.1995	1	(2)				
Martin Lo (AUS)	03.09.1996	5	(5)		5	(13)	
Lương Hoàng Nam	02.03.1997	11	(1)	1	17	(2)	3
Lương Xuân Trường	28.04.1995	4	(7)		3	(3)	
Nguyễn Hải Huy	18.06.1991	15	(5)	4			
Nguyễn Hữu Sơn	27.09.1996	17	(3)	1	22	(2)	5
Nguyễn Kiên Quyết	14.11.1996	2					
Nguyễn Phú Nguyên	29.10.1995		(1)				
Nguyễn Thành Đồng	06.02.1995		(5)			(5)	
Nguyễn Tuấn Anh	1999	6	(12)	2	10	(13)	1
Triệu Việt Hưng	19.01.1997	16	(2)	3	23	(3)	2

	Forwards:						
Carlos Fernández Herrera (ESP)	07.02.1991	10		2			
Lucas Vinícius Gonçalves Silva „Lucão do Break" (BRA)	14.09.1991				22		12
Joseph Mbolimbo Mpande (UGA)	12.03.1994	16		4	22		11
Yuri Souza Almeida „Yuri Mamute" (BRA)	07.05.1995	6		2			

CÂU LẠC BỘ BÓNG ĐÁ HOÀNG ANH GIA LAI

Year of Formation: 1976 (*as Gia Lai-Kon Tum*)
Stadium: Pleiku Stadium, Pleiku (12,000)

Trainer:				
	Kiatisuk Senamuang (THA)	11.08.1973	23 & 23/24	
[16.01.2024]	Vũ Tiến Thành	1964	23/24	

THE SQUAD

Name	DOB	2023 M	(s)	G	2023/2024 M	(s)	G
	Goalkeepers:						
Bùi Tiến Dũng	28.02.1997				15		
Dương Văn Lợi	02.12.2000	3			1		
Huỳnh Tuấn Linh	17.04.1991	13					
Phan Đình Vũ Hải	06.06.1994				5		

Trần Trung Kiên	09.02.2003	2		5	(1)		

Defenders:							
A Hoàng	31.07.1995		(2)	4	(6)	1	
Papé Abdoulaye Diakité (SEN)	22.12.1992	17		2			
Gabriel Ferreira Dias (BRA)	01.04.1997			13		1	
Jairo Rodrigues Peixoto Filho (BRA)	31.12.1992			26		4	
Lê Văn Đại	02.08.1996	1	(2)				
Lê Văn Sơn	20.12.1996	17		21	(2)	1	
Nguyễn Hữu Anh Tài	28.02.1996	1	(1)		(6)		
Nguyễn Thanh Nhân	25.10.2000	10	(4)	9	(14)	1	
Nguyễn Văn Triệu	17.01.2003	4	(3)	2	(11)		
Phan Du Học	01.11.2001			9	(4)		
Trần Đình Bảo	18.06.1997	6	(4)	1			
Trần Quang Thịnh	12.05.2001			1	(9)		

Midfielders:							
Châu Ngọc Quang	01.02.1996	17		3	25		3
Dụng Quang Nho	2000	10			26		1
Huỳnh Tấn Tài	17.08.1994				10	(4)	4
Jhon Cley Jesus Silva Coelho (BRA)	09.03.1994				7		1
Nguyễn Đức Việt	2004	1	(5)		7	(15)	
Nguyễn Kiên Quyết	14.11.1996					(3)	
Nguyễn Tuấn Anh	16.05.1995	16			9		
Trần Bảo Toàn	14.07.2000	17			15	(2)	
Trần Minh Vương	28.03.1995	15	(3)	3	21	(3)	2
Trần Thanh Sơn	30.12.1997		(6)		8	(1)	
Võ Đình Lâm	10.01.2000		(6)		5	(15)	

Forwards:							
Đinh Thanh Bình	19.03.1998	10	(5)	2	14	(2)	4
Martin Dzilah (GHA)	27.10.1997				3		
João Henrique Oliveira *Veras* (BRA)	26.10.2000				11	(1)	1
Lê Hữu Phước	07.05.2001		(2)			(6)	
Lê Minh Bình	25.12.1999		(1)				
Nguyễn Quốc Việt	04.05.2003	3	(10)	1	12	(11)	1
Nguyễn Văn Anh	20.10.1996	1	(2)				
Paollo Madeira Oliveira (BRA) (†**12.08.2023**)	08.07.1996	16	(1)	6			
Washington Brandão dos Santos (BRA)	18.08.1990	18		2			

CÂU LẠC BỘ BÓNG ĐÁ KHÁNH HÒA

Year of Formation: 1976 (*as Phú Khánh*)
Stadium: Hà Tĩnh Stadium, Hà Tĩnh (20,000)

Trainer:	Võ Đình Tân			23 & 23/24
[14.12.2023]	Trần Thiện Hảo		1978	23/24
[20.12.2023]	Trần Trọng Bình		05.06.1983	23/24

THE SQUAD							
	DOB	2023			2023/2024		
		M	(s)	G	M	(s)	G
Goalkeepers:							
Lê Văn Trường	25.12.1995	3	(1)				
Nguyễn Hoài Anh	10.03.1993	1			4	(1)	

Nguyễn Tuấn Mạnh	31.07.1990				2		
Trần Thế Kiệt	15.09.1993	1					
Võ Ngọc Cường	22.02.1994	13			20		

Defenders:							
Cao Văn Khánh	14.05.1992	1	(1)				
Đinh Văn Trường	22.10.1996					(3)	
Đoàn Công Thành	30.03.1997	12	(1)	2	16	(6)	
Hứa Quốc Thắng	18.04.2001				5	(2)	
Jairo Rodrigues Peixoto Filho (BRA)	31.12.1992	14		3			
Lê Ngọc Hải	29.10.2001	2					
Nguyễn Duy Dương	01.08.1991	14	(1)		15	(1)	1
Nguyễn Thanh Thụ	01.12.1993	7	(1)				
Nguyễn Văn Ngọ	01.08.1991	4					
Nguyễn Văn Việt	08.12.1989	2	(1)				
Alie Sesay (SLE)	02.08.1994				20	(2)	
Trần Trọng Hiếu	15.05.1996	8	(3)		13	(2)	

Midfielders:							
Bùi Đình Châu	06.02.1996				1		
Bùi Nguyễn Tấn Kiệt	03.03.2002				3	(1)	
Đỗ Trường Trân	27.01.2002				7	(1)	
Hồ Hổ	02.07.1998				4	(7)	
Huỳnh Nhật Tân	25.10.1997	1			8	(5)	
Lê Duy Thanh	19.12.1990	17			17	(5)	
Lê Nguyễn Thanh Vị	06.05.1999	1	(1)		8	(3)	
Lê Tiến Anh	23.03.1998	8	(4)				
Nguyễn Đình Mạnh	25.04.1998				5	(3)	
Nguyễn Đức Cường	31.01.1996	13	(2)		12	(6)	
Nguyễn Hoàng Quốc Chí	04.12.1991				5	(2)	1
Nguyễn Minh Huy	08.08.1992		(8)				
Nguyễn Minh Lợi	13.09.2002				12	(7)	2
Nguyễn Văn Hiệp	08.04.1994				15	(5)	2
Nguyễn Văn Sang	06.05.1997					(1)	
Phạm Trùm Tình	02.05.1995	11	(4)	1			
Trần Mạnh Hùng	17.03.1997				1	(5)	
Truong Quoc Minh (DEN)	07.11.2000					(7)	
Võ Út Cường	12.06.1990	3	(3)				

Forwards:							
Douglas Coutinho Gomes de Souza (BRA)	08.02.1994				8	(4)	5
Douglas Starnley Ferreira „Douglas Mineiro" (BRA)	11.02.1993	2		1			
Douglas Rosa *Tardin* (BRA)	08.01.1992		(1)				
Dương Đoàn Công Hậu	20.09.2000	1			1	(9)	
Mamadou Guirassy (FRA)	13.10.1995				9	(2)	
Ryan Ha (FRA)	24.08.1997	12	(5)	2			
Watz Landy Leazard (HAI)	17.06.2003				22	(1)	4
Muacir Abdul Pacheco Cassamá (POR)	24.11.1995	9	(2)	3			
Nguyễn Hữu Khôi	01.04.1991	5	(4)		5	(3)	
Nguyễn Thành Nhân	14.04.2000	3	(9)	1	21	(3)	
Nguyễn Văn Thạnh	26.05.1991	2	(10)				
Trần Đình Kha	21.03.1994	8	(8)		7	(3)	1
Trần Khánh Dũng	08.02.2003				1	(6)	
Trần Văn Tùng	12.06.1990	6	(7)		19	(5)	2
Trần Lê Duy	18.04.1998	1	(2)				
Yago Gonçalves Nogueira Ramos (BRA)	04.03.1996	13		4			

CÂU LẠC BỘ BÓNG ĐÁ HỒNG LĨNH HÀ TĨNH

Year of Formation: 2019
Stadium: Hà Tĩnh Stadium, Hà Tĩnh (20,000)

Trainer: Nguyễn Thành Công — 23 & 23/24

THE SQUAD

	DOB	2023 M	(s)	G	2023/2024 M	(s)	G
Goalkeepers:							
Dương Quang Tuấn	20.06.1996	12			3		
Dương Tùng Lâm	22.05.1999				3		
Nguyễn Thanh Tùng	23.06.1998	8	(1)		20		
Defenders:							
Bùi Văn Đức	15.03.1997	19	(1)	1	21	(4)	
Đào Tấn Lộc	15.08.1998	2	(3)				
Đào Văn Nam	10.05.1996	9	(2)				
Jean Almeido Santos „Janclesio" (BRA)	22.04.1993	17		2			
Lâm Anh Quang	24.04.1991				13	(4)	2
Nguyễn Ngọc Thắng	02.08.2002	9	(3)		6	(6)	
Nguyễn Văn Hạnh	04.04.1998	11			13	(4)	
Nguyễn Văn Nhuần	24.04.1991				2		
Nguyễn Văn Trường	16.11.2003					(1)	
Nguyễn Xuân Hùng	01.02.1991	6	(4)		12	(3)	
Vũ Viết Triều	23.02.1997	19	(1)	1	24		
Midfielders:							
Bruno Edgar Silva Almeida „Bruno Ramires" (BRA)	18.03.1994				26		
Đặng Văn Trâm	02.01.1995	4	(3)		4	(1)	
Đinh Thanh Trung	24.01.1988	11	(9)	2	2	(5)	1
Hồ Sỹ Sâm	02.09.1993				3	(11)	
Viktor Le (RUS)	10.11.2003				6	(8)	
Lương Xuân Trường	28.04.1995				12	(1)	
Ngô Xuân Toàn	10.02.1993	7	(7)			(9)	
Nguyễn Trọng Hoàng	14.04.1989				7	(5)	
Nguyễn Trung Học	30.03.1998	13	(1)	4	15	(1)	
Nguyễn Văn Đức	13.01.1996	9	(4)				
Nguyễn Văn Hiệp	08.04.1994	2	(1)				
Nguyễn Vũ Linh	12.03.1997		(3)			(3)	
Phạm Văn Long	09.01.1997	3	(12)	1	4	(12)	
Trần Đình Tiến	09.11.1998				20	(2)	4
Trần Phi Sơn	14.03.1992	7	(3)	2	15	(6)	1
Trần Văn Bửu	17.07.1998				16	(4)	
Trần Văn Công	15.02.1999	7	(4)	1			
José Paulo de Oliveira Pinto „Zé Paulo" (BRA)	26.03.1994	17	(1)	2			
Forwards:							
Abdoulaye Diallo (SEN)	15.01.1996	17	(3)	8	11	(9)	7
Prince Vinny Ibara Doniama (CGO)	07.02.1996				13	(2)	5
Micheal Gopey Stephen (NGA)	15.01.2000				8	(1)	1
Trần Đức Nam	12.11.1998		(1)				
Vũ Quang Nam	22.08.1992	10	(3)		7	(11)	4

CÂU LẠC BỘ BÓNG ĐÁ THÀNH PHỐ HỒ CHÍ MINH

Year of Formation: 1975 (*as Cảng Sài Gòn*)
Stadium: Thống Nhất Stadium, Hồ Chí Minh City (16,000)

Trainer: Vũ Tiến Thành		1964	23 & 23/24
[24.11.2023] Phùng Thanh Phương		30.03.1978	23/24

THE SQUAD

	DOB	2023 M	(s)	G	2023/2024 M	(s)	G
Goalkeepers:							
Patrik Lê Giang (SVK)	08.09.1992	5			25		
Nguyễn Thanh Thắng	14.12.1988	6					
Phạm Hữu Nghĩa	12.05.1992	7			1		
Defenders:							
Brendon Lucas da Silva Estevam (BRA)	29.05.1995	7			20	(3)	1
Jonathan David Ward Campbell (USA)	24.09.1991	9					
Dương Văn Trung	03.01.1997	1	(5)				
Lê Cao Hoài An	19.09.1993	14	(2)		1		
Ngô Tùng Quốc	27.01.1998	12			23	(1)	1
Nguyễn Minh Tùng	09.08.1992				20	(1)	
Nguyễn Tăng Tiến	31.01.1994	4	(2)				
Thân Thành Tín	30.05.1993	3	(2)				
Trần Hoàng Phúc	28.04.2001	5	(6)		11	(4)	
Võ Hữu Việt Hoàng	22.05.2002		(2)		1	(1)	
Midfielders:							
Bùi Ngọc Long	06.10.2001		(5)		11	(2)	1
Chu Văn Kiên	12.05.1998	15			13	(11)	2
Đào Quốc Gia	25.08.1996	9	(5)		2	(16)	
Daniel Michael Green (JAM)	10.06.1997	18		2			
Hoàng Vĩnh Nguyên	02.03.2002		(11)		11	(4)	
Huỳnh Tấn Tài	17.08.1994	6					
Nguyễn Hạ Long	09.03.1994				13	(4)	1
Nguyễn Minh Trung	09.12.1992	10	(3)		3	(3)	
Nguyễn Thanh Khôi	18.11.2001		(2)		16	(4)	
Nguyễn Thanh Thảo	13.05.1995				19		2
Nguyễn Vũ Tín	10.02.1998	5	(6)		9	(14)	
Phan Nhật Thanh Long	07.07.2002				7	(3)	2
Sầm Ngọc Đức	18.05.1992				21	(3)	
Trần Thanh Bình	22.12.1993	3	(6)				
Uông Ngọc Tiến	23.03.2000	9	(5)		1	(8)	
Võ Huy Toàn	15.03.1993	13	(1)		12	(4)	1
Forwards:							
Alexander Bruce (ENG)	28.10.1998	1					
Vincent Trong Tri Guyenne (FRA)	16.03.1992	1					
Hồ Tuấn Tài	16.03.1995	3	(5)		11	(8)	3
Lâm Thuận	20.11.1998		(6)			(14)	1
Victor Mansaray Nabay (USA)	22.02.1997	15		9			
Nguyễn Ngọc Hậu	07.06.2001					(1)	
Paul-Georges Ntep de Madiba (CMR)	29.07.1992				6	(3)	1
Samson Kayode Olaleye (Hoàng Vũ Samson)	06.10.1988	17	(1)	9			
Santiago Pizano Patiño (COL)	10.03.1997				9	(2)	4

Cheick Aymar Timité (CIV)		20.11.1997		17	(5)	8
Wander Luiz Queiroz Dias (BRA)		17.02.1992		3		1

CÂU LẠC BỘ BÓNG ĐÁ SAIGON HÀ NỘI BANK-ĐÀ NẴNG

Year of Formation: 1976 (*as CLB Quảng Nam-Đà Nẵng*)
Stadium: Hòa Xuân Stadium, Đà Nẵng (20,500)

Trainer:			
[03.06.2023]	Phan Thanh Hùng	30.07.1960	23
	Phạm Minh Đức	05.05.1976	23

THE SQUAD

	DOB	2023			2023/2024		
		M	(s)	G	M	(s)	G
Goalkeepers:							
Phạm Văn Cường	19.07.1990	3			/		
Phan Văn Biểu	1998	15			/		
Defenders:							
Aylton Ferreira Ananias „Aylton Alemão" (BRA)	22.04.1988	2			/		
Lâm Anh Quang	24.04.1991	4	(1)		/		
Lê Văn Đại	02.08.1996	2	(1)		/		
Liễu Quang Vinh	30.05.1999	4	(1)		/		
Lương Duy Cương	07.11.2001	14	(2)		/		
Maurício Pinto (BRA)	09.10.1996	15		1	/		
Phan Đức Lễ	17.10.1993	6	(1)		/		
Trịnh Văn Quang	13.01.1996	3			/		
Võ Hoàng Quảng	02.05.1987	2	(2)		/		
Midfielders:							
Đặng Anh Tuấn	01.08.1994	13	(3)		/		
Đào Nhật Minh	27.04.1992	1	(11)		/		
Giang Trần Quách Tân	08.03.1992	4	(9)		/		
Hoàng Minh Tâm	28.10.1990	7	(5)		/		
Nguyễn Công Nhật	12.05.1993	11	(4)		/		
Nguyễn Phi Hoàng	27.03.2003	12	(4)		/		
Nguyễn Trọng Nam	17.03.2002	3			/		
Phạm Văn Hữu	03.06.2001	3	(2)		/		
Phan Văn Long	01.06.1996	14	(1)		/		
Võ Minh Đan	06.07.2002	2	(5)		/		
Võ Ngọc Toàn	26.10.1994	12	(2)		/		
Brandon James Wilson (BOT)	28.01.1997	7			/		
Forwards:							
Hà Minh Tuấn	15.03.1990	5	(10)	2	/		
Lucas Vinícius Gonçalves Silva „Lucão do Break" (BRA)	14.09.1991	6		4	/		
Nicholas John Olsen (AUS)	26.09.1995	4	(3)		/		
Phạm Đình Duy	02.04.2002	13	(4)		/		
Rodrigo da Silva *Dias* (BRA)	26.01.1994	11		3	/		

CÂU LẠC BỘ BÓNG ĐÁ QUẢNG NAM

Year of Formation: 1997
Stadium: Tam Kỳ Stadium, Tam Kỳ (15,000)

Trainer:			
	Văn Sỹ Sơn	26.08.1972	23/24

THE SQUAD	DOB	M	(s)	G
Goalkeepers:				
Tống Đức An	21.03.1991	6		
Nguyễn Tiến Mạnh	20.01.2003	1		
Nguyễn Văn Công	01.08.1992	19		
Defenders:				
Mạc Đức Việt Anh	16.01.1997	14	(4)	
Stephen Eze (NGA)	08.03.1994	25		2
Lê Hải Đức	24.02.2000	3	(5)	
Nguyễn Tăng Tiến	31.01.1994	5	(4)	
Nguyễn Tiến Duy	29.04.1991	1		
Nguyễn Văn Ngọc	05.01.1999	2	(2)	
Trần Hoàng Hưng	19.09.1996	21	(1)	
Trần Ngọc Hiệp	03.02.1999	10	(7)	
Truong Quoc Minh (DEN)	07.11.2000	1	(3)	
Võ Ngọc Đức	10.10.1994	8	(3)	
Vũ Văn Sơn	10.05.2003	1		
Midfielders:				
Hoàng Thế Tài	23.06.1998	1	(10)	
Pierre Lamothe (CAN)	18.09.1997	10	(2)	1
Mạch Ngọc Hà	2000	16	(4)	
Nguyễn Đình Mạnh	25.04.1998	1	(2)	
Nguyễn Văn Ka	30.07.1999	2	(3)	
Nguyễn Văn Trạng	15.06.1998	5	(13)	
Nguyễn Vũ Hoàng Dương	20.08.1992	4	(14)	1
Phan Thanh Hậu	12.01.1997	12	(3)	
Phù Trung Phong	08.06.1998	13	(4)	1
Forwards:				
Paulo *Conrado* do Carmo Sardin (BRA)	18.07.1991	24	(2)	5
Samson Kayode Olaleye (NGA) [Hoàng Vũ Samson]	06.10.1988	16	(10)	13
Lê Văn Nam	30.10.1999	4	(6)	
Lê Xuân Tú	06.09.1999	22		3
Ngân Văn Đại	09.02.1992	2	(10)	
Nguyễn Đình Bắc	19.08.2004	4	(8)	2
Võ Văn Toàn	28.04.1999	11	(4)	
Yago Gonçalves Nogueira *Ramos* (BRA)	04.03.1996	22	(3)	5

CÂU LẠC BỘ BÓNG ĐÁ SÔNG LAM NGHỆ AN VINH

Year of Formation: 1979
Stadium: Vinh Stadium, Vinh (18,000)

Trainer:	Nguyễn Huy Hoàng	04.01.1981	23
[03.06.2023]	Phan Như Thuật	11.03.1984	23 & 23/24
[11.05.2024]	Phạm Anh Tuấn	1970	23/24

THE SQUAD

	DOB	2023 M	(s)	G	2023/2024 M	(s)	G
Goalkeepers:							
Cao Văn Bình	09.07.2005				1		
Nguyễn Văn Hoàng	17.02.1995	4					
Nguyễn Văn Việt II	12.07.2002	9			24		
Trần Văn Tiến	26.06.1994	5			1		
Defenders:							
Bùi Thanh Đức	06.03.2006				5		
Vytas Gašpuitis (LTU)	04.03.1994	16		1			
Hồ Khắc Lương	10.01.2001	2	(2)		2		
Hồ Văn Cường	15.01.2003	8	(3)				
Lê Nguyên Hoàng	14.02.2005				4	(3)	
Lê Văn Thành	24.07.2001	2			15	(5)	
Mai Sỹ Hoàng	1999	8	(3)		11	(4)	2
Phạm Xuân Mạnh	09.02.1996	17					
Quế Ngọc Hải	15.05.1993	16	(1)				
Thái Bá Sang	21.05.1999	6	(3)				
Trần Đình Hoàng	08.12.1991	13	(1)		19	(2)	
Vương Văn Huy	10.08.2001	6	(5)		22	(1)	
Mario Zebić (CRO)	17.12.1995				25		
Midfielders:							
Bùi Đình Châu	06.02.1996	1	(3)		2		
Đặng Quang Tú	13.06.2001				6	(5)	
Đặng Văn Lắm	06.12.1999	5	(6)		5	(6)	
Đinh Xuân Tiến	10.01.2003	8	(9)	4	3	(11)	2
Hồ Sỹ Sâm	02.09.1993		(2)				
Lê Văn Quý	18.02.2004				3	(4)	
Nguyễn Trọng Hoàng	14.04.1989	17		1	1		
Ngô Văn Bắc	27.03.2004				1	(6)	
Nguyễn Quang Vinh	27.01.2005				15	(8)	2
Nguyễn Văn Bách	02.01.2003	1	(2)		6	(6)	1
Nguyễn Văn Việt I	06.04.1999	1	(3)		9	(4)	
Nguyễn Xuân Bình	24.05.2001				1	(3)	
Phan Bá Quyền	13.08.2002				19	(1)	1
Akwa Raphael Success (NGA)	10.03.1998				7	(4)	
Jordy Solly Soladio Kandolo (BEL)	12.02.1998	14		5			
Trần Mạnh Quỳnh					19	(6)	3
Trần Nam Hải	05.02.2004	9	(2)	1	13	(4)	
Forwards:							
Hồ Phúc Tịnh	28.08.1994		(1)		1	(1)	
Lê Đình Long Vũ	27.05.2006				5	(7)	

Ngô Văn Lương	03.06.2001	3	(5)		6	(11)	1
Michael Onyedikachi Olaha (NGA)	04.07.1996	18		5	26		13
Phan Xuân Đại	2003		(4)	1	9	(7)	2
Trần Đình Tiến	09.11.1998	5	(6)				
Trần Mạnh Quỳnh	18.01.2001	4	(6)	1			

CÂU LẠC BỘ BÓNG ĐÁ THÉP-XANH NAM-ĐỊNH

Year of Formation: 1965
Stadium: Thiên Trường Stadium, Nam Định (30,000)

Trainer: Vũ Hồng Việt   16.03.1979   23 & 23/24

THE SQUAD

	DOB	2023			2023/2024		
		M	(s)	G	M	(s)	G
Goalkeepers:							
Lê Vũ Phong	23.10.2001					(1)	
Trần Đức Dũng	31.05.1997	1					
Trần Liêm Điều	19.02.2001	1			1		
Trần Nguyên Mạnh	20.12.1991	18			25		
Defenders:							
Đinh Văn Trường	22.10.1996		(4)				
Đinh Viết Tú	16.08.1992	5	(6)				
Đỗ Thanh Thịnh	18.08.1998				2	(7)	
Dương Thanh Hào	23.06.1991	13		1	19	(1)	
Hoàng Văn Khánh	05.04.1995	9	(2)		5	(10)	
Hoàng Xuân Tân	22.02.2001	7	(4)				
Lê Ngọc Bảo	29.03.1998				5	(4)	
Lucas Alves de Araújo (BRA)	22.07.1992				14		3
Ngô Đức Huy	22.02.2000	4	(1)		2	(2)	
Nguyễn Hữu Tuấn	06.05.1992	18			12		
Nguyễn Phong Hồng Duy	13.06.1996	18	(1)	1	21	(3)	1
Nguyễn Văn Vĩ	12.02.1998				7	(13)	2
Phạm Minh Nghĩa	25.09.1994	1					
Phan Thế Hưng	21.10.2002	1	(2)				
Trần Văn Kiên	13.05.1996				13	(2)	1
Midfielders:							
André Luiz Guimarães Siqueira Junior (BRA)	22.08.1995	9		1			
Đoàn Thanh Trường	2000	5	(8)	1			
Hêndrio Araújo da Silva (BRA)	16.05.1994	15	(1)	3	24		10
Hồ Khắc Ngọc	02.08.1992	10			3	(17)	1
Lý Công Hoàng Anh	01.09.1999				20	(3)	1
Mai Xuân Quyết	1999	3	(13)				
Ngô Hoàng Thịnh	21.04.1992	5	(5)				
Nguyễn Đình Mạnh	25.04.1998	2	(4)				
Nguyễn Đình Sơn	03.03.2001	6	(4)			(2)	
Nguyễn Hạ Long	09.03.1994	8	(2)				
Nguyễn Trọng Đại	07.04.1997	4	(2)				
Nguyễn Tuấn Anh	16.05.1995				4	(7)	
Phạm Đức Huy	20.01.1995	10	(5)		8	(5)	
Tô Văn Vũ	20.10.1993	8		1	15	(7)	1
Trần Mạnh Hùng	17.03.1997	1	(5)				

		2023			2023/2024		
	DOB	M	(s)	G	M	(s)	G
Trần Ngọc Sơn	27.01.2003	10	(4)	3	2	(12)	1
Trần Văn Công	15.02.1999				17	(4)	

Forwards:							
Dominic Vinícius Eberechukwu Uzoukwu (BRA)	05.01.1995	6	(3)	1			
Douglas Coutinho Gomes de Souza (BRA)	08.02.1994	9		3	4	(6)	1
Hoàng Minh Tuấn	26.08.1995	4	(2)	2	1	(2)	
Nguyễn Văn Anh	20.10.1996				1	(1)	1
Nguyễn Văn Toàn	12.04.1996				23	(1)	5
Samuel Onyedikachuwu Nnamani (NGA)	03.06.1995	8		2			
Rafaelson Bezerra Fernandes (BRA)	30.03.1997				24		31
Trần Văn Đạt	26.12.2000				14	(4)	1
Wilker Henrique da Silva (BRA)	26.10.1995	1					

CÂU LẠC BỘ BÓNG ĐÁ THANH HÓA

Year of Formation: 1962
Stadium: Thanh Hóa Stadium, Thanh Hóa (12,000)

Trainer:	Velizar Popov (BUL)	07.02.1976	23 & 23/24

THE SQUAD

		2023			2023/2024		
	DOB	M	(s)	G	M	(s)	G
Goalkeepers:							
Nguyễn Thanh Diệp	06.09.1991	16			1		
Nguyễn Thanh Thắng	14.12.1988				7		
Trịnh Xuân Hoàng	06.11.2000	4			18		
Defenders:							
Đàm Tiến Dũng	10.01.1996	2	(8)				
Đinh Tiến Thành	24.01.1991	6	(4)		14	(2)	
Đinh Viết Tú	16.08.1992				26		
Gustavo Sant'Ana Santos (BRA)	23.02.1995	17		4	7		
Hoàng Thái Bình	22.01.1998	18	(1)		24		
Nguyễn Đình Huyên	12.08.2001		(1)				
Nguyễn Minh Tùng	09.08.1992	13	(2)				
Nguyễn Sỹ Nam	07.03.1993	11	(3)		1	(3)	
Nguyễn Thanh Long	10.01.1993				14	(3)	2
Trần Đình Bảo	18.06.1997					(2)	
Trịnh Văn Lợi	26.05.1995	6	(4)		15		1
Trương Thanh Nam	22.04.2004	2			3	(4)	
Benjamin Patrick van Meurs (AUS)	31.01.1998				6	(2)	
Midfielders:							
A Mít	24.07.1997	14	(4)	1	26		2
Đoàn Ngọc Hà	22.02.2004	3	(5)			(12)	
Doãn Ngọc Tân	14.09.1994	12	(6)		25		3
Lê Ngọc Nam	26.02.1993		(1)				
Lê Phạm Thành Long	05.06.1996	18	(1)				
Lê Quốc Phương	05.09.1991	2	(9)		1	(10)	
Lê Văn Thắng	08.02.1990	1	(4)	2	2	(10)	1
Luiz Antônio de Souza Soares (BRA)	11.03.1991				26		9
Nguyễn Hữu Dũng	28.08.1995	12	(1)	1			
Nguyễn Thái Sơn	13.07.2003	6	(9)		24		

Nguyễn Trọng Hùng	03.10.1997	13	(4)	1	4	(6)	
Nguyễn Trọng Phú	30.06.1999					(4)	
Phạm Trùm Tỉnh	02.05.1995				1	(4)	

Forwards:

Bruno Cunha *Catanhede* (BRA)	22.07.1993	20		12			
Paulo *Conrado* do Carmo Sardin (BRA)	18.07.1991	10	(3)	2			
Rimario Allando Gordon (JAM)	06.07.1994				25		10
Hoàng Đình Tùng	24.08.1988		(1)			(2)	
Lâm Ti Phông	01.02.1996	12	(5)	2	13	(8)	3
Lê Thanh Bình	08.08.1995	2	(8)	1	2	(8)	1
Nguyễn Văn Tùng I	02.06.2001					(2)	
Nguyễn Văn Tùng II	07.03.2002					(1)	
Võ Nguyên Hoàng	07.02.2002		(2)		1	(16)	1

CÂU LẠC BỘ BÓNG ĐÁ THỂ CÔNG - VIETTEL HÀ NỘI

Year of Formation: 1954 (*as CLB Quân Đội Hà Nội*)
Stadium: Hàng Đẫy Stadium, Hà Nội (40,192)

Trainer:				
	Thạch Bảo Khanh	25.04.1979	23 & 23/24	
[18.12.2023]	Thomas Dennis Dooley (USA)	12.05.1961	23/24	
[08.01.2024]	Nguyễn Đức Thắng	28.05.1976	23/24	

THE SQUAD

	DOB	2023			2023/2024		
		M	(s)	G	M	(s)	G
Goalkeepers:							
Ngô Xuân Sơn	17.01.1997				5		
Phạm Văn Phong	03.06.1993	19			12		
Quảng Thế Tài	10.09.1996	1			9		
Defenders:							
Bùi Tiến Dũng	02.10.1995	15		2	22	(1)	1
Cao Trần Hoàng Hùng	04.04.1999	6	(3)		2	(1)	
Đặng Tuấn Phong	02.02.2003				4	(2)	
Nguyễn Hồng Phúc	31.05.2003				7	(1)	
Nguyễn Thanh Bình	02.11.2000	19		1	24	(1)	
Nguyễn Xuân Kiên	04.01.2000	1	(4)		1	(5)	
Phan Tuấn Tài	07.01.2001	19	(1)		18	(6)	
Trần Mạnh Cường	27.01.1993	8	(2)		10	(9)	1
Trương Văn Thiết	07.06.1995		(1)				
Vũ Văn Quyết	04.05.1999	1	(7)			(4)	
Midfielders:							
Jahongir Abdumominov (UZB)	09.02.1993	19		1	16		
Adriano Aparecido Narciso (BRA)	30.08.1994					(2)	
Bùi Duy Thường	05.04.1996	11	(4)				
Bùi Quang Khải	19.05.1993		(1)				
Đinh Tuấn Tài	08.05.1999		(1)		2	(2)	
Dương Văn Hào	15.02.1997	10	(9)	2	5	(6)	
Geovane Magno Cândido Silveira (BRA)	14.04.1994	1					
Khuất Văn Khang	11.05.2003	1	(7)		15	(9)	3
Nguyễn Công Phượng	03.06.2006					(5)	
Nguyễn Đức Chiến	24.08.1998	13	(3)	7	23	(1)	2

Name	DOB						
Nguyễn Đức Hoàng Minh	20.02.1998	5	(6)		4	(7)	
Nguyễn Hoàng Đức	11.01.1998	20		5	24		2
Nguyễn Hữu Thắng	19.05.2000	4	(12)		10	(8)	2
Nguyễn Huy Hùng	02.03.1992	1	(3)		3	(1)	
Trần Ngọc Sơn	29.10.1996				5	(4)	
Trương Tiến Anh	25.04.1999	14	(4)		17	(5)	1

Forwards:

Name	DOB						
Bùi Quang Khải	19.05.1993				1	(2)	
Bruno Cunha *Cantanhede* (BRA)	22.07.1993				9		2
Jeferson Elías Braga Montimor (BRA)	12.01.1998	11	(2)		1		
Mohammed Essam Mohammed (EGY)	1994	7		2	6	(4)	
João Pedro Boeira Duarte (BRA)	30.05.2000				7	(5)	2
Nhâm Mạnh Dũng	12.04.2000	14	(6)	2	11	(10)	2
Pedro Henrique Oliveira da Silva (BRA)	02.02.1997				10	(1)	7
Trần Danh Trung	03.10.2000		(14)	1	3	(21)	2
Trần Hoàng Sơn	31.03.1997		(4)				

NATIONAL TEAM INTERNATIONAL MATCHES 2023/2024

Date	Venue	Match	Result	Type
11.09.2023	Nam Định	Vietnam - Palestine	2-0(0-0)	(F)
10.10.2023	Dalian	China P.R. - Vietnam	2-0(0-0)	(F)
13.10.2023	Dalian	Vietnam - Uzbekistan	0-2(0-1)	(F)
17.10.2023	Suwon	Korea Republic - Vietnam	6-0(2-0)	(F)
16.11.2023	Manila	Philippines - Vietnam	0-2(0-1)	(WCQ)
21.11.2023	Hà Nội	Vietnam - Iraq	0-1(0-0)	(WCQ)
09.01.2024	Doha	Kyrgyz Republic - Vietnam	2-1(1-0)	(F)
14.01.2024	Doha	Japan - Vietnam	4-2(3-2)	(AFC)
19.01.2024	Doha	Vietnam - Indonesia	0-1(0-1)	(AFC)
24.01.2024	Al Rayyan	Iraq - Vietnam	3-2(1-0)	(AFC)
21.03.2024	Jakarta	Indonesia - Vietnam	1-0(0-0)	(WCQ)
26.03.2024	Hà Nội	Vietnam - Indonesia	0-3(0-2)	(WCQ)
06.06.2024	Hà Nội	Vietnam - Philippines	3-2(0-0)	(WCQ)
11.06.2024	Basra	Iraq - Vietnam	3-1(1-0)	(WCQ)

11.09.2023, Friendly International
Thiên Trường Stadium, Nam Dinh; Attendance: n/a
Referee: Muhammad Taqi Aljaafari Jahari (Singapore)
VIETNAM - PALESTINE **2-0(0-0)**
VIE: Nguyễn Đình Triệu, Đỗ Duy Mạnh, Nguyễn Thanh Bình (46.Giáp Tuấn Dương), Bùi Hoàng Việt Anh, Phạm Trung Hiếu (11.Hồ Tấn Tài), Đỗ Hùng Dũng (46.Nguyễn Công Phượng), Nguyễn Tuấn Anh (71.Phạm Văn Luân), Nguyễn Hoàng Đức, Triệu Việt Hưng (25.Trương Tiến An), Nguyễn Quang Hải (71.Nguyễn Văn Toàn), Phạm Tuấn Hải. Trainer: Philippe Omar Troussier (France).
Goals: Nguyễn Công Phượng (62), Phạm Tuấn Hải (77).

10.10.2023, Friendly International
Dalian Sports Centre Stadium, Dalian; Attendance: 9,219
Referee: Woo Chun Sing (Hong Kong)
CHINA P.R. - VIETNAM **2-0(0-0)**
VIE: Đặng Văn Lâm, Quế Ngọc Hải, Đỗ Duy Mạnh, Phan Tuấn Tài, Nguyễn Tuấn Anh (61.Hồ Văn Cường; 79.Nguyễn Tiến Linh [*sent off 89*]), Đỗ Hùng Dũng, Triệu Việt Hưng (79.Khuất Văn Khang), Nguyễn Hoàng Đức, Nguyễn Văn Toàn (46.Nguyễn Đình Bắc), Trương Tiến Anh (61.Nguyễn Thái Sơn), Phạm Tuấn Hải. Trainer: Philippe Omar Troussier (France).

13.10.2023, Friendly International
Dalian Sports Centre Stadium, Dalian (China P.R.); Attendance: n/a
Referee: Zhang Lei (China P.R.)
VIETNAM - UZBEKISTAN 0-2(0-1)
VIE: Nguyễn Đình Triệu (46.Nguyễn Văn Việt), Bùi Hoàng Việt Anh, Phan Tuấn Tài (46.Giáp Tuấn Dương), Võ Minh Trọng (67.Khuất Văn Khang), Đỗ Duy Mạnh (46.Nguyễn Thanh Bình), Nguyễn Thái Sơn (67.Nguyễn Tiến Linh), Đỗ Hùng Dũng (33.Bùi Vĩ Hào), Nguyễn Quang Hải (20.Nguyễn Hoàng Đức; 67.Hoàng Văn Toản), Trương Tiến An (46.Nguyễn Đức Chiến), Phạm Tuấn Hải (33.Phạm Văn Luân), Nguyễn Đình Bắc (46.Nguyễn Văn Toàn). Trainer: Philippe Omar Troussier (France).

17.10.2023, Friendly International
Suwon World Cup Stadium, Suwon; Attendance: 42,175
Referee: Mohd Amirul Izwan Yaacob (Malaysia)
KOREA REPUBLIC - VIETNAM 6-0(2-0)
VIE: Đặng Văn Lâm, Đỗ Duy Mạnh, Bùi Hoàng Việt Anh [*sent off 61*], Võ Minh Trọng, Phan Tuấn Tài, Nguyễn Tuấn Anh (46.Nguyễn Thái Sơn), Đỗ Hùng Dũng (81.Hoàng Văn Toản), Nguyễn Hoàng Đức (66.Giáp Tuấn Dương), Trương Tiến Anh (66.Hồ Văn Cường), Phạm Tuấn Hải (67.Khuất Văn Khang), Nguyễn Đình Bắc (67.Nguyễn Văn Toàn). Trainer: Philippe Omar Troussier (France).

16.11.2023, 23rd FIFA World Cup Qualifiers / 19th AFC Asian Cup Qualifiers second round
Rizal Memorial Stadium, Manila; Attendance: 10,378
Referee: Rustam Lutfullin (Uzbekistan)
PHILIPPINES - VIETNAM 0-2(0-1)
VIE: Đặng Văn Lâm, Vũ Văn Thanh (46.Hồ Văn Cường), Bùi Hoàng Việt Anh, Nguyễn Thanh Bình, Võ Minh Trọng, Phan Tuấn Tài, Nguyễn Tuấn Anh, Nguyễn Thái Sơn, Nguyễn Văn Toàn (84.Nguyễn Văn Tùng), Nguyễn Tiến Linh (46.Nguyễn Văn Quyết), Phạm Tuấn Hải (76.Nguyễn Đình Bắc). Trainer: Philippe Omar Troussier (France).
Goals: Nguyễn Văn Toàn (16), Nguyễn Đình Bắc (90+4).

21.11.2023, 23rd FIFA World Cup Qualifiers / 19th AFC Asian Cup Qualifiers second round
Mỹ Đình National Stadium, Hà Nội; Attendance: 20,568
Referee: Abdulla Ali Al Marri (Qatar)
VIETNAM - IRAQ 0-1(0-0)
VIE: Đặng Văn Lâm, Quế Ngọc Hải (66.Bùi Hoàng Việt Anh), Vũ Văn Thanh, Nguyễn Thanh Bình, Võ Minh Trọng (60.Khuất Văn Khang), Phan Tuấn Tài, Nguyễn Tuấn Anh (55.Lê Phạm Thành Long), Nguyễn Thái Sơn, Nguyễn Văn Toàn (46.Nguyễn Thanh Nhàn), Nguyễn Tiến Linh (46.Nguyễn Đình Bắc), Phạm Tuấn Hải. Trainer: Philippe Omar Troussier (France).

09.01.2024, Friendly International
Al Egla Training Facility Field, Doha (Qatar); Attendance: n/a
Referee: n/a
KYRGYZ REPUBLIC - VIETNAM 2-1(1-0)
VIE: Filip Nguyễn (60.Nguyễn Đình Triệu), Bùi Hoàng Việt Anh (60.Hồ Tấn Tài), Nguyễn Thanh Bình (60.Võ Minh Trọng), Triệu Việt Hưng (30.Nguyễn Thái Sơn; 60.Giáp Tuấn Dương), Lê Ngọc Bảo (60.Phan Tuấn Tài), Nguyễn Văn Tùng (30.Nguyễn Hải Long), Lê Phạm Thành Long (30.Nguyễn Tuấn Anh; 60.Phạm Văn Luân), Đỗ Hùng Dũng (30.Phạm Tuấn Hải; 60. Nguyễn Văn Trường), Nguyễn Quang Hải (30.Nguyễn Văn Toàn; 60.Lê Văn Đô), Vũ Văn Thanh (30.Phạm Xuân Mạnh; 60.Bùi Vĩ Hào), Nguyễn Đình Bắc (30.Khuất Văn Khang; 60.Trương Tiến An). Trainer: Philippe Omar Troussier (France).
Goal: Trương Tiến Anh (63).

14.01.2024, 18th AFC Asian Cup, Final Tournament, Group Stage
Al Thumama Stadium, Doha (Qatar); Attendance: 17,385
Referee: Kim Jong-hyeok (Korea Republic)
JAPAN - VIETNAM **4-2(3-2)**
VIE: Filip Nguyễn, Phạm Xuân Mạnh (78.Trương Tiến Anh), Bùi Hoàng Việt Anh, Nguyễn Thanh Bình, Võ Minh Trọng (64.Khuất Văn Khang), Phan Tuấn Tài, Nguyễn Tuấn Anh (46.Lê Phạm Thành Long), Đỗ Hùng Dũng, Nguyễn Thái Sơn, Phạm Tuấn Hải, Nguyễn Đình Bắc (64. Nguyễn Văn Trường). Trainer: Philippe Omar Troussier (France).
Goals: Nguyễn Đình Bắc (16), Phạm Tuấn Hải (33).

19.01.2024, 18th AFC Asian Cup, Final Tournament, Group Stage
„Abdullah bin Khalifa" Stadium, Doha (Qatar); Attendance: 7,253
Referee: Sadullo Gulmurodi (Tajikistan)
VIETNAM - INDONESIA **0-1(0-1)**
VIE: Filip Nguyễn, Phạm Xuân Mạnh (89.Vũ Văn Thanh), Bùi Hoàng Việt Anh, Nguyễn Thanh Bình, Võ Minh Trọng, Phan Tuấn Tài, Nguyễn Tuấn Anh, Nguyễn Quang Hải (72.Nguyễn Văn Toàn), Nguyễn Thái Sơn (46.Lê Phạm Thành Long [*sent off 90+1*]), Phạm Tuấn Hải (46.Khuất Văn Khang), Nguyễn Văn Tùng (79.Nguyễn Văn Trường). Trainer: Philippe Omar Troussier (France).

24.01.2024, 18th AFC Asian Cup, Final Tournament, Group Stage
„Jassim bin Hamad" Stadium, Al Rayyan (Qatar); Attendance: 8,932
Referee: Muhammad Nazmi Nasaruddin (Malaysia)
IRAQ - VIETNAM **3-2(0-1)**
VIE: Filip Nguyễn, Phạm Xuân Mạnh (77.Vũ Văn Thanh), Lê Ngọc Bảo (77.Đỗ Duy Mạnh), Bùi Hoàng Việt Anh, Võ Minh Trọng, Phan Tuấn Tài (52.Nguyễn Thanh Bình), Nguyễn Tuấn Anh (52.Nguyễn Quang Hải), Đỗ Hùng Dũng, Nguyễn Thái Sơn, Khuất Văn Khang [*sent off 45+4*], Nguyễn Đình Bắc (46.Nguyễn Văn Toàn). Trainer: Philippe Omar Troussier (France).
Goals: Bùi Hoàng Việt Anh (42), Nguyễn Quang Hải (90+1).

21.03.2024, 23rd FIFA World Cup Qualifiers / 19th AFC Asian Cup Qualifiers second round
Gelora Bung Karno Stadium, Jakarta; Attendance: 57,696
Referee: Salman Ahmad Falahi (Qatar)
INDONESIA - VIETNAM **1-0(0-0)**
VIE: Filip Nguyễn, Bùi Tiến Dũng (82.Nguyễn Văn Toàn), Phạm Xuân Mạnh, Bùi Hoàng Việt Anh, Võ Minh Trọng (73.Hồ Tấn Tài), Phan Tuấn Tài, Đỗ Hùng Dũng (73.Lê Phạm Thành Long), Nguyễn Hoàng Đức, Nguyễn Thái Sơn, Nhâm Mạnh Dũng (61.Nguyễn Tiến Linh), Nguyễn Đình Bắc (61.Vũ Văn Thanh). Trainer: Philippe Omar Troussier (France).

26.03.2024, 23rd FIFA World Cup Qualifiers / 19th AFC Asian Cup Qualifiers second round
Mỹ Đình National Stadium, Hà Nội; Attendance: 27,832
Referee: Alireza Faghani (Australia)
VIETNAM - INDONESIA **0-3(0-2)**
VIE: Filip Nguyễn, Bùi Tiến Dũng, Vũ Văn Thanh (31.Nguyễn Đình Bắc), Phạm Xuân Mạnh (59.Nguyễn Văn Toàn), Bùi Hoàng Việt Anh, Phan Tuấn Tài, Đỗ Hùng Dũng, Nguyễn Hoàng Đức, Nguyễn Thái Sơn (46.Lê Phạm Thành Long), Khuất Văn Khang (66.Võ Minh Trọng), Nguyễn Tiến Linh (59.Hồ Tấn Tài). Trainer: Philippe Omar Troussier (France).

06.06.2024, 23rd FIFA World Cup Qualifiers / 19th AFC Asian Cup Qualifiers second round
Mỹ Đình National Stadium, Hà Nội; Attendance: 11,568
Referee: Hanna Hattab (Syria)
VIETNAM - PHILIPPINES   **3-2(0-0)**
VIE: Đặng Văn Lâm, Bùi Tiến Dũng (90+3.Nguyễn Văn Trường), Đỗ Duy Mạnh, Phạm Xuân Mạnh, Nguyễn Quang Hải (72.Phạm Tuấn Hải), Đỗ Hùng Dũng (88.Nguyễn Tuấn Anh), Nguyễn Đức Chiến, Nguyễn Hoàng Đức, Khuất Văn Khang (46.Phan Tuấn Tài), Nguyễn Văn Toàn, Nguyễn Tiến Linh (88.Đinh Thanh Bình). Trainer: Kim Sang-sik (Korea Republic).
Goals: Nguyễn Tiến Linh (65), Nguyễn Tiến Linh (76), Phạm Tuấn Hải (90+5).

11.06.2024, 23rd FIFA World Cup Qualifiers / 19th AFC Asian Cup Qualifiers second round
Basra International Stadium, Basra; Attendance: 42,791
Referee: Omar Mohamed Al Ali (United Arab Emirates)
IRAQ - VIETNAM   **3-1(1-0)**
VIE: Filip Nguyễn, Đỗ Duy Mạnh, Vũ Văn Thanh (46.Phạm Xuân Mạnh), Bùi Hoàng Việt Anh, Nguyễn Thanh Bình, Phan Tuấn Tài (76.Nguyễn Tuấn Anh), Nguyễn Quang Hải (58.Đinh Thanh Bình), Nguyễn Đức Chiến (46.Đỗ Hùng Dũng) , Nguyễn Hoàng Đức, Khuất Văn Khang (46.Phạm Tuấn Hải), Nguyễn Tiến Linh. Trainer: Kim Sang-sik (Korea Republic).
Goal: Phạm Tuấn Hải (84).

NATIONAL TEAM PLAYERS 2023/2024		
Name	DOB	Club
Goalkeepers		
ĐẶNG Văn Lâm	13.08.1993	*CLB Bình Định*
NGUYỄN Đình Triệu	04.11.1991	*CLB Hải Phòng*
Filip NGUYỄN	14.09.1992	*CLB Công An Hà Nội*
NGUYỄN Văn Việt	12.07.2002	*CLB Sông Lam Nghệ An Vinh*
Defenders		
BÙI Hoàng Việt Anh	01.01.1999	*CLB Công An Hà Nội*
BÙI Tiến Dũng	02.10.1995	*CLB Viettel Hà Nội*
ĐỖ Duy Mạnh	29.09.1996	*CLB Hà Nội*
GIÁP Tuấn Dương	07.09.2002	*CLB Công An Hà Nội*
HỒ Tấn Tài	06.11.1997	*CLB Công An Hà Nội*
HỒ Văn Cường	15.01.2003	*CLB Công An Hà Nội*
LÊ Ngọc Bảo	29.03.1998	*CLB Bình Định*
LÊ Văn Đô	07.08.2001	*CLB PVF-Công An Nhân Dân*
NGUYỄN Đức Chiến	24.08.1998	*CLB Viettel Hà Nội*
NGUYỄN Thanh Bình	02.11.2000	*CLB Viettel Hà Nội*
PHẠM Trung Hiếu	02.09.1998	*CLB Hải Phòng*
PHẠM Xuân Mạnh	09.02.1996	*CLB Hà Nội*
PHAN Tuấn Tài	07.01.2001	*CLB Viettel Hà Nội*
QUẾ Ngọc Hải	15.05.1993	*CLB Becamex Bình Dương Thủ Dầu Một*
VÕ Minh Trọng	24.10.2001	*CLB Becamex Bình Dương Thủ Dầu Một*
VŨ Văn Thanh	14.04.1996	*CLB Công An Hà Nội*

Midfielders

Name	Date of Birth	Club
ĐỖ Hùng Dũng	08.09.1993	*CLB Hà Nội*
HOÀNG Văn Toản	01.04.2001	*CLB Công An Hà Nội*
KHUẤT Văn Khang	11.05.2003	*CLB Viettel Hà Nội*
LÊ Phạm Thành Long	05.06.1996	*CLB Công An Hà Nội*
NGUYỄN Công Phượng	21.01.1995	*Yokohama FC (JPN)*
NGUYỄN Hải Long	27.08.2000	*CLB Hà Nội*
NGUYỄN Hoàng Đức	11.01.1998	*CLB Viettel Hà Nội*
NGUYỄN Quang Hải	12.04.1997	*CLB Công An Hà Nội*
NGUYỄN Thái Sơn	13.07.2003	*CLB Thanh Hóa*
NGUYỄN Văn Trường	09.10.2003	*CLB Hà Nội*
NGUYỄN Văn Tùng	02.06.2001	*CLB Hà Nội*
PHẠM Văn Luân	26.05.1999	*CLB Công An Hà Nội*
TRIỆU Việt Hưng	19.01.1997	*CLB Hải Phòng*

Forwards

Name	Date of Birth	Club
BÙI Vĩ Hào	24.02.2003	*CLB Becamex Bình Dương Thủ Dầu Một*
ĐINH Thanh Bình	19.03.1998	*CLB Hoàng Anh Gia Lai*
NGUYỄN Đình Bắc	19.08.2004	*CLB Quảng Nam*
NGUYỄN Thanh Nhàn	28.07.2003	*CLB PVF-Công An Nhân Dân*
NGUYỄN Tiến Linh	20.10.1997	*CLB Becamex Bình Dương Thủ Dầu Một*
NGUYỄN Văn Quyết	01.07.1991	*CLB Hà Nội*
NGUYỄN Văn Toàn	12.04.1996	*CLB Nam Định*
NHÂM Mạnh Dũng	12.04.2000	*CLB Viettel Hà Nội*
PHẠM Tuấn Hải	19.05.1998	*CLB Hà Nội*
TRƯƠNG Tiến An	25.04.1999	*CLB Viettel Hà Nội*

National coaches

Name	Date of Birth
Philippe Omar TROUSSIER (France) [16.02.2023 – 26.03.2024]	21.03.1955
KIM Sang-sik (Korea Republic) [from 03.05.2024]	17.12.1976

YEMEN

Federation Directory:
Yemen Football Association
Quarter of Sport Al Jeraf, P.O.Box 908, Alhasbah-Sana'a
Year of Formation: 1962
Member of FIFA since: 1980
Member of AFC since: 1980
Internet: www.yemenfa.com

The Country: Al-Gumhūriyyah al-Yamaniyyah (Republic of Yemen)
Capital: Sana'a
Surface: 527,968 km^2 / **Population**: 34,449,825 [2023] / **Time**: UTC+3

NATIONAL TEAM RECORDS

First international match:
08.09.1990, Kuala Lumpur: Malaysia - Yemen 0-1

Most international caps:	Most international goals:
Ala Mohammed Abdullah Al Sasi	Ali Mohammed Mohammed Al Nono
84 caps (2006-2019)	**30 goals** / 65 caps (2000-2010)

NATIONAL TEAM COMPETITIONS

ASIAN NATIONS CUP		FIFA WORLD CUP	
1956		1930	
1960		1934	
1964		1938	
1968	*Not a member of the AFC*	1950	
1972		1954	
1976		1958	*Not a member of FIFA*
1980		1962	
1984	Qualifiers	1966	
1988	Qualifiers	1970	
1992	Did not enter	1974	
1996	Qualifiers	1978	
2000	Qualifiers	1982	Did not enter
2004	Qualifiers	1986	Qualifiers
2007	Qualifiers	1990	Qualifiers
2011	Qualifiers	1994	Qualifiers
2015	Qualifiers	1998	Qualifiers
2019	Final Tournament (Group Stage)	2002	Qualifiers
2023	Qualifiers	2006	Qualifiers
		2010	Qualifiers
		2014	Qualifiers
		2018	Qualifiers
		2022	Qualifiers

OLYMPIC FOOTBALL TOURNAMENTS 1908-2020

1908 to 1928	Teams from Asia did not enter	1980	Qualifiers*
		1984	
		1988	
1936		1992	Qualifiers
1948		1996	Did not enter
1952		2000	Qualifiers
1956		2004	Qualifiers
1960	Not a member of FIFA and AFC	2008	Qualifiers
1964		2012	Qualifiers
1968		2016	Qualifiers
1972		2020	Qualifiers
1976			

*as South Yemen

ASIAN GAMES 1951-2022		GULF CUP OF NATIONS 1970-2023		WEST ASIAN CHAMPIONSHIP 2000-2019		ARAB NATIONS CUP 1963-2021	
1951	-	1970	-	2000	-	1963	-
1954	-	1972	-	2002	-	1964	-
1958	-	1974	-	2004	-	1966	Group Stage**
1962	-	1976	-	2007	-	1985	-
1966	-	1979	-	2008	-	1988	-
1970	-	1982	-	2010	Semi-Finals	1992	-
1974	-	1984	-	2012	Group Stage	1998	Withdrew
1978	-	1986	-	2014	Withdrew	2002	Group Stage
1982	Group Stage*	1988	-	2019	Group Stage	2012	Group Stage
1986	-	1990	-			2021	Qualifiers
1990	Group Stage	1992	-				
1994	Group Stage	1994	-				
1998	-	1996	-				
2002	Group Stage	1998	-				
2006	-	2002	-				
2010	-	2003	7th Place				
2014	-	2004	Group Stage				
2018	-	2007	Group Stage				
2022	-	2009	Group Stage				
		2010	Group Stage				
		2013	Group Stage				
		2015	Group Stage				
		2017	Group Stage				
		2019	Group Stage				
*as South Yemen		2023	Group Stage				

**as North Yemen

YEMENI CLUB HONOURS IN ASIAN CLUB COMPETITIONS

AFC Champions League 1967-1971 & 1985/1986-2024
None

Asian Football Confederation Cup 2004-2024
None

AFC President's Cup 2005-2014*
None

Asian Cup Winners Cup 1975-2003*
None

	Asian Super Cup 1995-2002*
None	

*defunct competitions

OTHER CLUB COMPETITIONS:

	Arab Champions League / Arab Club Champions Cup 1982-2023
None	
	Arab Cup Winners Cup 1989-2002*
None	
	Arab Super Cup 1992-2002*
None	

*defunct competition

NATIONAL COMPETITIONS
TABLE OF HONOURS

	CHAMPIONS	CUP WINNERS
1977/1978	-	Al-Wahda Sana'a
1978/1979	Al-Wahda Sana'a	Al-Zuhra Sana'a
1979/1980	Al-Zuhra Sana'a	Al Ahli Sana'a
1980/1981	Al Ahli Sana'a	Al-Shaab Sana'a
1981/1982	Al-Shaab Sana'a	Al Ahli Sana'a
1982/1983	Al Ahli Sana'a	Al Ahli Sana'a
1983/1984	Al Ahli Sana'a	Al Ahli Sana'a
1984/1985	*No competition*	-
1985/1986	Al-Shorta Sana'a	-
1986/1987	*No competition*	-
1987/1988	Al Ahli Sana'a	-
1988/1989	Al Yarmouk Al-Rawda Sana'a	-
1989/1990	Al Yarmouk Al-Rawda Sana'a	-
1990/1991	Al Tilal Sports Club Aden	-
1991/1992	Al Ahli Sana'a	-
1992/1993	*No competition*	-
1993/1994	Al Ahli Sana'a	-
1994/1995	Al-Wahda Sana'a	-
1995/1996	*No competition*	Al-Ahli Al Hudaydah
1996/1997	Al-Wahda Sana'a	*No competition*
1997/1998	Al-Wahda Sana'a	Al-Ittihad Ibb
1998/1999	Al Ahli Sana'a	*No competition*
1999/2000	Al Ahli Sana'a	Al-Sha'ab Hadramaut Al-Mukalla
2000/2001	Al Ahli Sana'a	Al Ahli Sana'a
2002	Al-Wahda Sana'a	Al Sha'ab Ibb
2002/2003	Al Sha'ab Ibb	Al Sha'ab Ibb
2003/2004	Al Sha'ab Ibb	Al Ahli Sana'a
2005	Al Tilal Sports Club Aden	Al-Hilal Al-Sahili Al Hudaydah
2006	Al Saqr SCC Ta'izz	Al-Sha'ab Hadramaut Al-Mukalla
2007	Al Ahli Sana'a	Al Tilal Sports Club Aden
2007/2008	Al-Hilal Al-Sahili Al Hudaydah	Al-Hilal Al-Sahili Al Hudaydah
2008/2009	Al-Hilal Al-Sahili Al Hudaydah	Al Ahli Sana'a
2009/2010	Al Saqr SCC Ta'izz	Al Tilal Sports Club Aden
2010/2011	Al-Oruba Club Sana'a	*No competition*
2011/2012	Al Sha'ab Ibb	Al-Ahli Ta'izz

2012/2013	Al Yarmouk Al-Rawda Sana'a	No competition
2013/2014	Al Saqr SCC Ta'izz	Al Saqr SCC Ta'izz
2014/2015	Championship not finished	No competition
2015/2016	No competition	No competition
2016/2017	No competition	Al Wahda Aden
2017/2018	No competition	No competition
2018/2019	No competition	No competition
2019/2020	No competition	No competition
2020	Al-Sha'ab Hadramaut Al-Mukalla	No competition
2021	Fahman Abyan Club	No competition
2022	No competition	No competition
2023/2024	Al Ahli Club Sana'a	No competition

Please note: Winning teams (Champions and Cup Winners) from 1978/1979 to 1989/1990 belong North Yemen. South Yemen winners: Al-Shorta Aden (Championship) and Al-Wahda Aden (National Cup), both 1983/1984.

NATIONAL CHAMPIONSHIP
Yemeni League Division One 2023/2024

Groupe Stage

Top-2 of each group were qualified for the Championship Play-offs.

Group 1

1. Al Ahli Club Sana'a	10	8	1	1	21 - 2	25
2. Al-Tadamun Hadramaut Al-Mukalla	10	5	3	2	14 - 10	18
3. SCC Al-Urooba Zabid Sana'a	10	3	4	3	13 - 10	13
4. Al-Ittihad SCC Ibb	10	3	2	5	8 - 12	11
5. Al-Hilal Al-Sahili Al Hudaydah	10	2	5	3	5 - 14	11
6. Samaon Sana'a (*Relegated*)	10	1	1	8	6 - 19	4
7. Al Saqr SCC Ta'izz	(excluded after 2 no-shows)					

Group 2

1. Al-Wahda SCC Sana'a	10	6	3	1	13 - 8	21
2. Al-Sha'ab Hadramaut Club Al-Mukalla	10	5	3	2	16 - 10	18
3. Fahman SCC Mudiyah	10	4	2	4	17 - 12	14
4. Salam Al-Garfa	10	3	2	5	13 - 13	11
5. Al Yarmouk Al-Rawda Sana'a	10	3	2	5	17 - 7	11
6. Al Sha'ab SCC Ibb (*Relegated*)	10	2	2	6	13 - 19	8
7. Al-Tali'aa Taizz SC	(excluded after 2 no-shows)					

Championship Play-offs

Semi-Finals [27/28.01.-06/07.02.2024]

Al-Sha'ab Hadramaut Club Al-Mukalla - Al Ahli Club Sana'a	0-0	0-1
Al-Tadamun Hadramaut Al-Mukalla - Al-Wahda SCC Sana'a	0-0	1-1; 4-2 pen

Third Place Play-off [10.02.2024]

Al-Wahda SCC Sana'a - Al-Sha'ab Hadramaut Club Al-Mukalla 0-0; 2-4 pen

Final [11.02.2024 / Wahda Stadium, Sana'a]

Al Ahli Club Sana'a - Al-Tadamun Hadramaut Al-Mukalla 2-0

2023/2024 Yemeni League Division One Champions: **Al Ahli Club Sana'a**

THE CLUBS 2023/2024

Club	Founded	Stadium	Capacity
Al Ahli Club Sana'a	1952	„Ali Mohsen Al Muraisi" Stadium, Sana'a	25,000
Al-Hilal Al-Sahili Al Hudaydah	1971	Al Ulufi Stadium, Al Hudaydah	15,000
Al-Ittihad Sports & Cultural Club Ibb	1967	22 May Stadium, Ibb	40,000
Al Saqr Sports & Cultural Club Ta'izz	1969	Al Shohada Stadium, Ta'izz	15,000
Al Sha'ab Sports & Cultural Club Ibb	1964	22 May Stadium, Ibb	40,000
Al-Sha'ab Hadramaut Club Al-Mukalla	1972	Baradem Mukalla Stadium, Al-Mukalla	20,000
Al-Tadamun Hadramaut Al-Mukalla	n/a	Baradem Mukalla Stadium, Al-Mukalla	20,000
Al-Tali'aa Taizz Sport Club	1966	Al Shohada Stadium, Ta'izz	15,000
Sports & Cultural Club Al-Urooba Zabid Sana'a	2008	„Ali Mohsen Al Muraisi" Stadium, Sana'a	25,000
Al-Wahda Sports & Cultural Club Sana'a	1954	„Ali Mohsen Al Muraisi" Stadium, Sana'a	25,000
Al Yarmouk Al-Rawda Sana'a	1978	„Ali Mohsen Al Muraisi" Stadium, Sana'a	25,000
Fahman Sports & Cultural Club Mudiyah	1969	Mudiyah Stadium, Mudiyah	n/a
Salam Al-Garfa	n/a	Al Garfa Stadium, Al Garfa	n/a
Samaon Sana'a	n/a	„Ali Mohsen Al Muraisi" Stadium, Sana'a	25,000

NATIONAL TEAM INTERNATIONAL MATCHES 2023/2024

12.10.2023	Abha	Yemen - Sri Lanka	3-0(1-0)	(WCQ)
17.10.2023	Colombo	Sri Lanka - Yemen	1-1(0-1)	(WCQ)
16.11.2023	Abha	Yemen - Bahrain	0-2(0-1)	(WCQ)
21.11.2023	Kathmandu	Nepal - Yemen	0-2(0-0)	(WCQ)
21.03.2024	Abu Dhabi	United Arab Emirates - Yemen	2-1(1-0)	(WCQ)
26.03.2024	Khobar	Yemen - United Arab Emirates	0-3(0-3)	(WCQ)
06.06.2024	Riffa	Bahrain - Yemen	0-0	(WCQ)
11.06.2024	Dammam	Yemen - Nepal	2-2(1-1)	(WCQ)

12.10.2023, 23rd FIFA World Cup Qualifiers / 19th AFC Asian Cup Qualifiers first round Damac Club Stadium, Khamis Mushait (Saudi Arabia); Attendance: 1,526
Referee: Nasrullo Kabirov (Tajikistan)
YEMEN - SRI LANKA   **3-0(1-0)**
YEM: Abdullah Abdulhakim Hasan Mohammed Al Saadi, Ahmed Mohammed Noman Ghaleb Al Wajih, Mohammed Saeed Awadh Ahmed Al Ghaili, Harwan Yousef Al Zubaidi, Al Khader Salem Al Khader Sheikh Al Douh, Nasser Ahmed Mohammedoh Al Gahwashi (46.Anes Salem Ahmed Al Maari), Abdulwasea Abdullah Mohammed Al Matari (90+4.Mohammed Naji Mohamed Al Qashmi), Mohammed Hasan Mohammed Ali Al Tairi, Hamzah Mohammad Ali Hanash (46.Omar Abdullah Ali Abdullah Al Dahi), Ahmed Abdulhakim Ahmed Al Sarori (64.Mohammed Abdullah Ali Al Dahi), Ahmed Maher Gamal Khalil. Trainer: Miroslav Soukup (Czech Republic).

Goals: Ahmed Maher Gamal Khalil (34), Nasser Ahmed Mohammedoh Al Gahwashi (67), Abdulwasea Abdullah Mohammed Al Matari (90+3).

17.10.2023, 23rd FIFA World Cup Qualifiers / 19th AFC Asian Cup Qualifiers first round
Colombo Racecourse, Colombo; Attendance: 3,000
Referee: Clifford Daypuyat (Philippines)
SRI LANKA - YEMEN   **1-1(0-1)**
YEM: Abdullah Abdulhakim Hasan Mohammed Al Saadi, Nasser Ahmed Mohammedoh Al Gahwashi (82.Wahid Mohammed Al Khyat), Ahmed Mohammed Noman Ghaleb Al Wajih, Mohammed Saeed Awadh Ahmed Al Ghaili, Harwan Yousef Al Zubaidi, Al Khader Salem Al Khader Sheikh Al Douh, Abdulwasea Abdullah Mohammed Al Matari (46.Omar Abdullah Ali Abdullah Al Dahi), Anes Salem Ahmed Al Maari (76.Mohammed Naji Mohamed Al Qashmi), Mohammed Hasan Mohammed Ali Al Tairi (46.Hamzah Mohammad Ali Hanash), Ahmed Abdulhakim Ahmed Al Sarori, Ahmed Maher Gamal Khalil (64.Mohammed Abdullah Ali Al Dahi). Trainer: Miroslav Soukup (Czech Republic).
Goal: Abdulwasea Abdullah Mohammed Al Matari (4).

16.11.2023, 23rd FIFA World Cup Qualifiers / 19th AFC Asian Cup Qualifiers second round
"Prince Sultan bin Abdul Aziz" Stadium, Abha (Saudi Arabia); Attendance: 1,291
Referee: Kim Jong-hyeok (Korea Republic)
YEMEN - BAHRAIN   **0-2(0-1)**
YEM: Abdullah Abdulhakim Hasan Mohammed Al Saadi, Nasser Ahmed Mohammedoh Al Gahwashi (55.Anes Salem Ahmed Al Maari), Ahmed Mohammed Noman Ghaleb Al Wajih, Hamzah Mohammed Hamood Ghaleb Al Rimi, Harwan Yousef Al Zubaidi, Al Khader Salem Al Khader Sheikh Al Douh, Abdulwasea Abdullah Mohammed Al Matari (71.Mohammed Abdullah Ali Al Dahi), Mohammed Hasan Mohammed Ali Al Tairi (55.Mohammed Naji Mohamed Al Qashmi), Hamzah Mohammad Ali Hanash, Ahmed Abdulhakim Ahmed Al Sarori (55.Omar Abdullah Ali Abdullah Al Dahi), Ahmed Maher Gamal Khalil (78.Hamzah Ahmed Yahya Omar Mahross). Trainer: Miroslav Soukup (Czech Republic).

21.11.2023, 23rd FIFA World Cup Qualifiers / 19th AFC Asian Cup Qualifiers second round
Dasharath Rangasala, Kathmandu; Attendance: 13,735
Referee: Shen Yinhao (China P.R.)
NEPAL - YEMEN   **0-2(0-0)**
YEM: Abdullah Abdulhakim Hasan Mohammed Al Saadi, Ahmed Mohammed Noman Ghaleb Al Wajih, Mohammed Saeed Awadh Ahmed Al Ghaili, Hamzah Mohammed Hamood Ghaleb Al Rimi, Al Khader Salem Al Khader Sheikh Al Douh, Abdulwasea Abdullah Mohammed Al Matari (67.Nasser Ahmed Mohammedoh Al Gahwashi), Abdul Majeed Mohamed Saleh Sabarah (90+4.Ahmed Abdulhakim Ahmed Al Sarori), Anes Salem Ahmed Al Maari, Hamzah Mohammad Ali Hanash, Ahmed Maher Gamal Khalil (85.Mohammed Abdullah Ali Al Dahi), Hamzah Ahmed Yahya Omar Mahross (46.Omar Abdullah Ali Abdullah Al Dahi). Trainer: Miroslav Soukup (Czech Republic).
Goals: Omar Abdullah Ali Abdullah Al Dahi (72), Mohammed Abdullah Ali Al Dahi (90).

21.03.2024, 23rd FIFA World Cup Qualifiers / 19th AFC Asian Cup Qualifiers second round
Al Nahyan Stadium, Abu Dhabi; Attendance: 2,948
Referee: Mohanad Qasim Eessee Sarray (Iraq)
UNITED ARAB EMIRATES - YEMEN   **2-1(1-0)**
YEM: Abdullah Abdulhakim Hasan Mohammed Al Saadi, Nasser Ahmed Mohammedoh Al Gahwashi, Ahmed Mohammed Noman Ghaleb Al Wajih, Hamzah Mohammed Hamood Ghaleb Al Rimi, Harwan Yousef Al Zubaidi, Al Khader Salem Al Khader Sheikh Al Douh, Abdulwasea Abdullah Mohammed Al Matari (82.Mohammed Abdullah Ali Al Dahi), Anes Salem Ahmed Al Maari, Hamzah Mohammad Ali Hanash (87.Osamah Ahmed Hezam Anbar), Ahmed Maher Gamal Khalil (46.Omar Abdullah Ali Abdullah Al Dahi), Hamzah Ahmed Yahya Omar Mahross (60.Ahmed Abdulhakim Ahmed Al Sarori). Trainer: Noureddine Ould Ali (Algeria).
Goal: Abdulla Idrees Saqer Mubarak Al Hammadi (69 own goal).

26.03.2024, 23rd FIFA World Cup Qualifiers / 19th AFC Asian Cup Qualifiers second round
"Prince Saud bin Jalawi" Stadium, Khobar (Saudi Arabia); Attendance: 1,135
Referee: Ilgiz Tantashev (Uzbekistan)

YEMEN - UNITED ARAB EMIRATES   0-3(0-3)

YEM: Mohammed Aman Fateh Khairalah, Nasser Ahmed Mohammedoh Al Gahwashi, Ahmed Mohammed Noman Ghaleb Al Wajih (46.Radhawan Ali Mohammed Al Hubaishi), Mohammed Saeed Awadh Ahmed Al Ghaili, Hamzah Mohammed Hamood Ghaleb Al Rimi, Al Khader Salem Al Khader Sheikh Al Douh, Osamah Ahmed Hezam Anbar (67.Hamzah Mohammad Ali Hanash), Abdulwasea Abdullah Mohammed Al Matari, Anes Salem Ahmed Al Maari, Haidar Aslam Saeed Barakat Khamisi (67.Ahmed Maher Gamal Khalil), Hamzah Ahmed Yahya Omar Mahross (46.Omar Abdullah Ali Abdullah Al Dahi; 80.Abdul Majeed Mohamed Saleh Sabarah). Trainer: Noureddine Ould Ali (Algeria).

06.06.2024, 23rd FIFA World Cup Qualifiers / 19th AFC Asian Cup Qualifiers second round
Bahrain National Stadium, Riffa; Attendance: 2,632
Referee: Muhammad Nazmi Nasaruddin (Malaysia)

BAHRAIN - YEMEN   0-0

YEM: Mohammed Aman Fateh Khairalah, Rami Ali Yahya Al Wasmani, Hamzah Mohammed Hamood Ghaleb Al Rimi, Harwan Yousef Al Zubaidi, Radhawan Ali Mohammed Al Hubaishi, Osamah Ahmed Hezam Anbar, Abdulwasea Abdullah Mohammed Al Matari (87.Mohammed Hasan Mohammed Ali Al Tairi), Mohammed Hashem Saif Abdullah Al Najjar (87.Hamzah Mohammad Ali Hanash), Anes Salem Ahmed Al Maari, Abdulaziz Awadh Khamis Masoum (54.Abdul Majeed Mohamed Saleh Sabarah), Omar Abdullah Ali Abdullah Al Dahi (75.Hamzah Ahmed Yahya Omar Mahross). Trainer: Noureddine Ould Ali (Algeria).

11.06.2024, 23rd FIFA World Cup Qualifiers / 19th AFC Asian Cup Qualifiers second round
"Prince Mohamed bin Fahd" Stadium, Dammam (Saudi Arabia); Attendance: 905
Referee: Ahmad Yacoub Ibrahim (Jordan)

YEMEN - NEPAL   2-2(1-1)

YEM: Mohammed Aman Fateh Khairalah, Rami Ali Yahya Al Wasmani, Nasser Ahmed Mohammedoh Al Gahwashi (64.Abdul Majeed Mohamed Saleh Sabarah), Hamzah Mohammed Hamood Ghaleb Al Rimi, Harwan Yousef Al Zubaidi, Radhawan Ali Mohammed Al Hubaishi, Osamah Ahmed Hezam Anbar, Abdulwasea Abdullah Mohammed Al Matari, Mohammed Hashem Saif Abdullah Al Najjar (69.Hamzah Ahmed Yahya Omar Mahross), Anes Salem Ahmed Al Maari (81.Qasim Hussein Ahmed Al Sharafi), Omar Abdullah Ali Abdullah Al Dahi (69.Mohammed Abdullah Ali Al Dahi). Trainer: Noureddine Ould Ali (Algeria).

Goal: Nasser Ahmed Mohammedoh Al Gahwashi (9 penalty), Mohammed Abdullah Ali Al Dahi (90+1).

NATIONAL TEAM PLAYERS
2023/2024

Name	DOB	Club
Goalkeepers		
Abdullah Abdulhakim Hasan Mohammed AL SAADI	23.04.2002	*Shamsan SC Aden*
Mohammed Aman Fateh KHAIRALAH	14.04.1997	*Al-Sha'ab Hadramaut Al-Mukalla*
Defenders		
Al Khader Salem Al Khader Sheikh AL DOUH	01.11.2004	*Fahman Abyan Club*
Mohammed Saeed Awadh Ahmed AL GHAILI	01.10.2001	*Naft Al-Basra SC (IRQ)*
Mohammed Naji Mohamed AL QASHMI	07.10.2005	*Fahman Abyan Club*
Hamzah Mohammed Hamood Ghaleb AL RIMI	12.02.2002	*Isa Town SC (BHR)*
Ahmed Mohammed Noman Ghaleb AL WAJIH	14.07.1985	*Al Najaf FC (IRQ)*
Rami Ali Yahya AL WASMANI	01.02.1997	*Naft Maysan FC Amarah (IRQ)*
Harwan Yousef AL ZUBAIDI	15.10.1999	*Al Hala SC Muharraq (BHR)*
Midfielders		
Mohammed Abdullah Ali AL DAHI	03.04.1996	*Al-Karmah SC (IRQ)*
Nasser Ahmed Mohammedoh AL GAHWASHI	24.05.1999	*Al Muharraq Sports Club (BHR)*
Radhawan Ali Mohammed AL HUBAISHI	03.07.1993	*Al-Wahda SCC Sana'a*
Wahid Mohammed AL KHYAT	1986	*Al Ahli Club Sana'a*
Anes Salem Ahmed AL MAARI	09.01.2000	*Naft Al-Wasat SC Najaf (IRQ)*
Abdulwasea Abdullah Mohammed AL MATARI	04.07.1994	*Sitra Club (BHR)*
Mohammed Hashem Saif Abdullah AL NAJJAR	08.04.1997	*Al-Wahda SCC Sana'a*
Mohammed Hasan Mohammed Ali AL TAIRI	04.02.2000	*Al-Wahda SCC Sana'a*
Osamah Ahmed Hezam ANBAR	20.01.1995	*Malkiya SCC (BHR)*
Hamzah Mohammad Ali HANASH	28.01.2002	*Fahman Abyan Club*
Haidar Aslam Saeed Barakat KHAMISI	11.07.1994	*Al Ahli Club Sana'a*
Abdul Majeed Mohamed Saleh SABARAH	22.08.2000	*Al-Wahda SCC Sana'a*
Forwards		
Omar Abdullah Ali Abdullah AL DAHI	15.12.1999	*Al Najma SC Manama (BHR)*
Ahmed Abdulhakim Ahmed AL SARORI	09.08.1998	*Al Quwa Al Jawiya FC Baghdad (IRQ)*
Qasim Hussein Ahmed AL SHARAFI	15.10.2004	*Al-Wahda SCC Sana'a*
Ahmed Maher Gamal KHALIL	24.01.2002	*Al-Wahda SC Sur (OMA)*
Hamzah Ahmed Yahya Omar MAHROSS	05.05.2004	*Al-Ahli Ta'izz*
Abdulaziz Awadh Khamis MASOUM	06.02.2006	*Al-Tadamun Hadramaut Al-Mukalla*
National coaches		
Miroslav SOUKUP (Czech Republic) [30.09.2022 – 31.01.2024]		13.11.1965
Noureddine OULD Ali (Algeria) [from 01.02.2024]		23.06.1972